WISSEN FÜR DIE PRAXIS

WALHALLA

WALHALLA Fachredaktion

Waffenrecht 2026

Für Verwaltung und Vereine
Mit Jagd- und Vereinsrecht

19. Auflage, 2026

Bibliographische Information der Deutschen Nationalbibliothek
Die Deutsche Nationalbibliothek verzeichnet diese Publikation in der Deutschen Nationalbibliografie, detaillierte bibliografische Daten sind im Internet über www.dnb.de abrufbar.

Zitiervorschlag:
Waffenrecht 2026
in der Reihe WALHALLA – Textausgabe
Walhalla Fachverlag, Regensburg 2026

Walhalla
Mediengruppe

WALHALLA – eine Marke der Walhalla Mediengruppe

19. Auflage
Rechtsstand: 1. Februar 2026

Kontakt bei Fragen zur Produktsicherheit:
Walhalla u. Praetoria Verlag GmbH & Co. KG, Haus an der Eisernen Brücke, 93042 Regensburg, E-Mail: produktsicherheit@walhalla.de, Telefon: 0941 5684-0

Produktion: Walhalla Mediengruppe, Regensburg
Umschlaggestaltung: grubergrafik, Augsburg
Printed in Germany
ISBN 978-3-8029-5241-8

Zur Walhalla Mediengruppe gehören die Marken WALHALLA, Deichmann+Fuchs, metropolitan und Annual Multimedia Award.

3WP-CPI-0326-10191-0

Die Vorschriften kennen und einhalten

Jeder Schütze sowie die Verantwortlichen in Verwaltung, Schießsport-, Schützen- und Jagdvereinen müssen zuverlässig Bescheid wissen über den korrekten Umgang mit Waffen, Munition, deren Lagerung, Instandsetzung einschließlich Kauf und Verkauf.

Die kompakte Textausgabe enthält die entscheidenden Vorschriften, Definitionen wichtiger Fachbegriffe und Sachverhalte, eine Fundstellenübersicht von A–Z zum Waffengesetz und Allgemeinen Waffen-Verordnung sowie den Fragenkatalog zur prüfungsrelevanten Sachkunde.

Die klare thematische Gliederung führt schnell zur gesuchten Vorschrift. Das jedem Gesetz vorgeschaltete Inhaltsverzeichnis, die Fundstellenübersicht sowie das Stichwortverzeichnis helfen beim schnellen Auffinden des einschlägigen Paragraphen.

Die Leitziffernsystematik bietet schnelle Orientierung

Die erste Zahl entspricht der Abschnittsnummer.

Die zweite Zahl stellt die Ordnungsnummer innerhalb des Abschnitts dar.

I.1 WaffG: Waffengesetz

Diese Textausgabe beruht auf dem Rechtsstand 1. Februar 2026.

Wir wünschen erfolgreiches Arbeiten mit der vorliegenden Textausgabe „Waffenrecht 2026".

Ihr Walhalla Fachverlag

Abkürzungen

AO	Abgabenordnung
AWaffV	Allgemeine Waffengesetz-Verordnung
BE	Berlin
BeschG	Beschussgesetz
BeschV	Beschussverordnung
BGB	Bürgerliches Gesetzbuch
BGebG	Bundesgebührengesetz
BImSchG	Bundes-Immissionsschutzgesetz
BjagdG	Bundesjagdgesetz
BR	Brandenburg
BW	Baden-Württemberg
BY	Bayern
DVO	Durchführungsverordnung
HB	Bremen
HE	Hessen
HH	Hamburg
JuSchG	Jugendschutzgesetz
KrWaffKontrG	Kriegswaffenkontrollgesetz
LSA	Sachsen-Anhalt
MV	Mecklenburg-Vorpommern
NI	Niedersachsen
NW	Nordrhein-Westfalen
RP	Rheinland-Pfalz
SH	Schleswig-Holstein
SL	Saarland
SN	Sachsen
SprengG	Sprengstoffgesetz
SprengKostV	Kostenverordnung zum Sprengstoffgesetz
SprengV	Verordnung zum Sprengstoffgesetz
StGB	Strafgesetzbuch
TH	Thüringen
VereinsG	Vereinsgesetz
WaffBeschR-VO	Waffen- und Beschussrechtsverordnung
WaffG	Waffengesetz
WaffKostV	Kostenverordnung zum Waffengesetz
WaffRG	Waffenregistergesetz
WaffVwV	Allgemeine Verwaltungsvorschrift zum Waffengesetz
WBK	Waffenbesitzkarte
ZustVO-NGefAG	Verordnung über Zuständigkeiten auf verschiedenen Gebieten der Gefahrenabwehr

Schnellübersicht

I Waffenrechtliche Vorschriften

II Jagdrecht

III Vorschriften für die Vereinsarbeit

IV Durchführungsverordnungen der Länder

V Fragenkatalog Sachkundeprüfung

I Waffenrechtliche Vorschriften

I

Wichtige waffenrechtliche Fundstellen

	WaffG	AWaffV
Abhandenkommen von Waffen, Munition	§ 37b Abs. 3	
Alkoholabhängigkeit	§ 6 Abs. 1 Nr. 2, § 41 Abs. 1 Nr. 2	
Altbesitz	§ 58	
Altersbeschränkung beim Schießen	§ 27 Abs. 3, Abs. 4	
Alterserfordernis	§ 4 Abs. 1, § 14 Abs. 1, § 6 Abs. 3	
Amtsärztliches Zeugnis	§ 6 Abs. 2 und Abs. 3, § 41 Abs. 1	
Anerkennung als Schießsportverband	§ 15	
Anscheinswaffen, Definition	Anlage 1 Abschnitt 1 Unterabschnitt 1 Nr. 1.6	
Anscheinswaffen, Führungsverbot	§ 42a Abs. 1 Nr. 1	
Arbeitsverhältnis	§ 12 Abs. 1 Nr. 3a	
Ärztliches Zeugnis	§ 6 Abs. 2 und Abs. 3, § 41 Abs. 1	
Aufbewahrung von Waffen	§ 36 (siehe auch I.1.3)	§ 13 ff.
Aufbewahrung, vorübergehende	§ 12 Abs. 1	§ 13 Abs. 9
Aufbewahrungsregeln, Schießstätte	§ 36 Abs. 5	§ 14
Auflagen	§ 9 Abs. 2	
Aufsicht in Schießstätten	§ 27 Abs. 7 Satz 2 Nr. 1	§ 11
Aufsichtspersonen, Anforderungen	§ 27	§ 10 Abs. 6
Aufsichtspersonen, Kinder- und Jugendarbeit	§ 27 Abs. 2	§ 10
Aufsichtspersonen, Qualifizierung		§ 10 Abs. 6
Ausbildungsverhältnis	§ 12 Abs. 1 Nr. 3a	
Ausgeschlossene Schusswaffen, Schießsport		§ 6
Auskunftspflicht, Waffenbesitzer	§ 39	
Auskunftspflicht, Schießstätte	§ 39	
Auslandsadresse, Mitteilungspflicht	§ 37i	
Ausnahmeregelung, Waffenbesitzkarte	§ 3 Abs. 3	
Ausscheiden aus dem Verein	§ 15 Abs. 5	
Ausstellungen, gewerbliche	§ 42	
Ausweispflichten	§ 38	
Automatische Schusswaffe	Anlage 1 Abschnitt 1 Unterabschnitt Nr. 2.2	
Bedürfnis, Nachweis	§ 8	
Befriedetes Besitztum, Schießerlaubnis	§ 12 Abs. 3, Abs. 4 Nr. 1	
Begriffsbestimmungen, Waffenrecht	§ 1 Abs. 4 WaffG, Anlage 1	

	WaffG	AWaffV
Beirat, schießsportliche Angelegenheiten	§ 15b	§ 8
Berechtigtes Interesse	§ 2 Abs. 5 Nr. 1, § 42a Abs. 3	
Beschränkung der Sachkunde		§ 1 Abs. 2
Besitz, Definition	Anlage 1 Abschnitt 2 Nr. 2	
Besitzerlangung als Erbe	§ 20, § 37c Abs. 1, § 40 Abs. 5	
Besitzerlangung als Finder	§ 37c Abs.1, Abs. 5	
Bewachungsunternehmen	§ 28	
Blasrohre	§ 42a, Anlage 2 Abschnitt 3 Unterabschnitt 2	
Brauchtumsschütze, Nachweis eines Bedürfnisses	§ 8	
Brauchtumsschütze, Schießen außerhalb der Schießstätte	§ 16 Abs. 3	
Brauchtumsschützen, Definition	§ 16 Abs. 1	
Bußgeldvorschriften	§ 53	§ 34
Datenermittlung	§ 43 ff.	
Dauerhaft unbrauchbare Schusswaffe	Anlage 1 Abschnitt 1 Unterabschnitt 1 Nr. 1.4	
Definitionen, Waffen- und munitionstechnische Begriffe	Anlage 1 Abschnitt 1	
Dekorationswaffe	Anlage 1 Abschnitt 1 Unterabschnitt 1 Nr. 1.4	
Einfuhr von Waffen, Drittstaaten	§ 29 ff.	
Einhandmesser, Führungsverbot	§ 42a Abs. 1 Nr. 3	
Einteilung in Kategorien, Schusswaffen oder Munition	Anlage 1 Abschnitt 3	
Erbe, Besitzerlangung	§ 20, § 37c	
Erbe, Fortführung der Sammlung	§ 17 Abs. 3	
Erbwaffen	§ 20	
Erlaubnisfreier Umgang mit Waffen	Anlage 2 Abschnitt 2 Unterabschnitt 2	
Erlaubnispflicht, Definitionen	Anlage 2 Abschnitt 2 Unterabschnitt 1	
Erlaubnispflichtige Waffen	Anlage 2 Abschnitt 2	
Erlaubnisschein	§ 10 Abs. 5	
Erlaubnisvoraussetzungen, Entbehrlichkeit	Anlage 2 Abschnitt 2 Unterabschnitt 3	
Erwerb von Waffen, Erlaubnispflicht	§ 12 Abs. 1 Nr. 5	
Erwerb von Waffen, in Schießstätte	§ 12 Abs. 1 Nr. 5, Abs. 2 Nr. 2	

I

	WaffG	AWaffV
Instandsetzung	Anlage 1 Abschnitt 2 Nr. 8.2.3	
Jagdscheininhaber, Nachweis eines Bedürfnisses	§ 13 Abs. 1	
Jäger	§ 13	
Jugendbasislizenz		§ 10 Abs. 6
Jugendliche, Definition	Anlage 1 Abschnitt 2 Nr. 11	
Jugendliche, Umgang mit Waffen	§ 3	
Kampfmäßiges Schießen	§ 15a	
Katastrophenschutz, Sprengarbeiten	§ 40 Abs. 3	
Kategorien, Schusswaffen oder Munition	Anlage 1 Abschnitt 3	
Kennzeichnungspflicht	§ 24	
Kinder, Definition	Anlage 1 Abschnitt 2 Nr. 10	
Kleiner Waffenschein	§ 10 Abs. 4, Anlage 2 Abschnitt 2 Unterabschnitt 3 Nr. 2 und 2.1	
Kriegswaffen, Abgrenzung	§ 57	
Kurzwaffen	Anlage 1 Abschnitt 1 Unterabschnitt 1 Nr. 2.5	
Langwaffen	Anlage 1 Abschnitt 1 Unterabschnitt 1 Nr. 2.5	
Lauf, Definition	Anlage 1 Unterabschnitt 1 Nr. 1.3.1.1	
Legitimationspapiere, mitführende	§ 38	
Lehrgänge	§ 27 Abs. 7 Satz 2	§ 22
Lehrgänge, Untersagung	§ 27 Abs. 7 Satz 2 Nr. 2e	§ 25
Markierung, Waffen	§ 24	
Mitnahme von Waffen und Munition aus dem Ausland	§ 47, § 7 Abs. 2	§ 30
Munition, Abhandenkommen	§ 37 Abs. 2	
Munition, Begriff	Anlage 1 Abschnitt 1 Unterabschnitt 3	
Munition, Definitionen	Anlage 1 Abschnitt 1 Unterabschnitt 3	
Munition, Kennzeichnung	§ 24 Abs. 4	
Munitionserwerb, auf Schießstätte	§ 12 Abs. 2 Nr. 2	
Munitionserwerb, durch Brauchtumsschützen	§ 16 Abs. 1	
Munitionserwerb, durch Sportschützen	§ 14	

I

	WaffG	AWaffV
Munitionserwerb, EU-Ausland	§ 11 Abs. 2	
Munitionserwerbsschein	§ 10 Abs. 3	
Munitionssachverständiger	§ 8, § 18	
Munitionssammler	§ 17	
Munitionssammler, Nachweis eines Bedürfnisses	§ 8	
Nachweis der Sachkunde	§ 7 Abs. 2	§§ 1 bis 3
Nachweis über Aktivitäten des Schützen	§ 15 Abs. 1 Nr. 7b	
Nationales Waffenregister	WaffRG	
Obhutspflichten, Aufsichtspersonen	§ 27 Abs. 7 Satz 2 Nr. 1	§ 10
Örtliche Zuständigkeit	§ 49	
Persönliche Eignung	§ 6	§ 4
Psychische Krankheit	§ 6 Abs. 1 Nr. 2, § 41 Abs. 1 Nr. 2	
Registrierung, Waffen	§ 24	
Reizstoffwaffen	Anlage 1 Abschnitt 1 Unterabschnitt 1 Nr. 2.7	
Rettungsübungen	§ 12 Abs. 3 Nr. 4, Abs. 4 Nr. 4	
Rote Waffenbesitzkarte, Waffensachverständige	§ 18	
Rote Waffenbesitzkarte, Waffensammler	§ 17	
Rücknahme, Waffenerlaubnis	§ 45	
Sachkunde	§ 7	§§ 1 bis 3
Sachkundelehrgänge		§ 3 Abs. 3
Sachkundenachweis Sportschütze		§ 3 Abs. 1 Nr. 2c
Sachliche Zuständigkeit	§ 48	
Schießberechtigung, Umfang auf Schießstätte	§ 12 Abs. 4	
Schießen außerhalb der Schießstätte, Brauchtumsschütze	§ 16 Abs. 3	
Schießen außerhalb der Schießstätte, Erlaubnis	§ 12 Abs. 5	
Schießen außerhalb der Schießstätte, im befriedeten Besitztum	§ 12 Abs. 4 Nr. 1	
Schießen, auf Schießstätte	§ 27	
Schießen, Ausnahme von der Erlaubnispflicht in Schießstätte	§ 12 Abs. 1 Nr. 5	

I

I

I

Wichtige waffenrechtliche Definitionen

Alterserfordernis

Fundstelle: §2 Abs. 1 WaffG

Grundsatz im Waffenrecht ist die Vollendung des 18. Lebensjahres, also die Volljährigkeit (§2 Abs. 1 WaffG, §2 BGB).

Abweichende Regelungen im Waffengesetz:

- §6 Abs. 3 Satz 1 WaffG: 25. Lebensjahr
- §13 Abs. 8 WaffG: 14. Lebensjahr
- §14 Abs. 1 Satz 1 WaffG: 21. Lebensjahr
- §27 Abs. 3 Satz 1 Nr. 1 WaffG: zwischen 12 und 14 Jahren
- §27 Abs. 3 Satz 1 Nr. 2 WaffG: zwischen 14 und 18 Jahren
- §27 Abs. 5 WaffG: 14. Lebensjahr
- §58 Abs. 9 WaffG: 25. Lebensjahr

Anscheinswaffen

Fundstelle: Anlage 1 Abschnitt 1 Unterabschnitt 1 Nr. 1.6 WaffG

Schusswaffen, die ihrer äußeren Form nach im Gesamterscheinungsbild den Anschein von Feuerwaffen (siehe Anlage 1 Abschnitt 1 Unterabschnitt 1 Nr. 2.1) hervorrufen und bei denen zum Antrieb der Geschosse keine heißen Gase verwendet werden; dies gilt auch für Nachbildungen von Schusswaffen oder unbrauchbar gemachte Schusswaffen.

Ausgenommen sind solche Gegenstände, die erkennbar nach ihrem Gesamterscheinungsbild zum Spiel oder für Brauchtumsveranstaltungen bestimmt sind oder die Teil einer kulturhistorisch bedeutsamen Sammlung sind oder werden sollen oder Schusswaffen, für die eine Erlaubnis zum Führen erforderlich ist. Erkennbar nach ihrem Gesamterscheinungsbild zum Spiel bestimmt sind insbesondere Gegenstände, deren Größe die einer entsprechenden Feuerwaffe um 50 Prozent über- oder unterschreiten, neonfarbene Materialien enthalten oder keine Kennzeichnungen von Feuerwaffen aufweisen.

Armbrust

Fundstelle: Anlage 1 Abschnitt 1 Unterabschnitt 1 Nr. 1.2.3 WaffG; Nr. 10.4 Schießstandrichtlinien

Tragbarer Gegenstand (gleichgestellt mit Schusswaffe), bei dem bestimmungsgemäß feste Körper gezielt verschossen werden, deren Antriebsenergie durch Muskelkraft oder eine andere Energiequelle eingebracht und durch eine Sperrvorrichtung gespeichert oder gehalten werden kann.

Das Schießen mit der Armbrust ist rechtlich kein Schießen nach der Legaldefinition der Anlage 1 Abschnitt 2 Nummer 7 zum WaffG. In den Schießstandrichtlinien wird wegen des allgemeinen Sprachgebrauchs (so auch in den Sportordnungen der Sport treibenden Verbände) der Begriff des Schießens für das Werfen der Pfeile bzw. Bolzen verwendet.

Austauschlauf

Fundstelle: Anlage 1 Abschnitt 1 Unterabschnitt 1 Nr. 3.1 WaffG

Lauf für ein bestimmtes Waffenmodell oder -system, die ohne Nacharbeit ausgetauscht werden können.

Ausübung der tatsächlichen Gewalt

Wer die Möglichkeit hat über eine Waffe nach eigenem Willen zu verfügen, übt die tatsächliche Gewalt darüber aus; auf die Eigentumsverhältnisse kommt es nicht an.

Automatische Schusswaffe

Fundstelle: Anlage 1 Abschnitt 1 Unterabschnitt 1 Nr. 2.2 WaffG

Schusswaffe, die nach Abgabe eines Schusses selbsttätig erneut schussbereit wird und bei der aus demselben Lauf durch einmalige Betätigung des Abzuges oder einer anderen Schussauslösevorrichtung mehrere Schüsse abgegeben werden können (Vollautomat) oder durch einmalige Betätigung des Abzuges oder einer anderen Schussauslösevorrichtung jeweils nur ein Schuss abgegeben werden kann (Halbautomat).

Bearbeitung

Fundstelle: Anlage 1 Abschnitt 2 Nr. 8.2 WaffG

Bearbeitet wird eine Schusswaffe, wenn sie verkürzt, in der Schussfolge verändert oder so geändert wird, dass andere Munition oder Geschosse anderer Kaliber aus ihr verschossen werden können (Umbau), oder wenn wesentliche Teile, zu deren Einpassung eine Nacharbeit erforderlich ist, ausgetauscht werden oder Arbeiten an der Schusswaffe durchgeführt werden, die eine Beschusspflicht auslösen, wenn nicht die vorgenannten Möglichkeiten zutreffen (Instandsetzung); eine Schusswaffe wird weder bearbeitet noch instand gesetzt, wenn lediglich geringfügige Änderungen, insbesondere am Schaft oder an der Zieleinrichtung, vorgenommen werden.

Besitz (Waffe/Munition)

Fundstelle: Anlage 1 Abschnitt 2 Nr. 2 WaffG

Ausübung tatsächlicher Gewalt über die Waffe/Munition.

Butterflymesser

Fundstelle: Anlage 1 Unterabschnitt 2 Nr. 2.1.4 WaffG

Faltmesser mit zweigeteilten, schwenkbaren Griffen.

Dekorationswaffe

Fundstelle: Anlage 1 Abschnitt 1 Unterabschnitt 1 Nr. 1.4 WaffG

Unbrauchbar gemachte Schusswaffe; zur Definition „unbrauchbar" siehe Anlage 1 Nr. 1.4

Druckluftwaffe (DL-Waffe)

Fundstelle: Anlage 1 Abschnitt 1 Unterabschnitt 1 Nr. 2.9 WaffG; Nr. 10.4 Schießstandrichtlinien

Schusswaffe, bei denen Luft in einen Druckbehälter vorkomprimiert und gespeichert sowie über ein Ventilsystem zum Geschossantrieb freigegeben wird.

Als DL-Waffen werden Druckluft-, Federdruckwaffen und Waffen bezeichnet, bei denen zum Antrieb der Geschosse kalte Treibgase bis zu einer E_0 von 7,5 J verwendet werden.

Einsätze

Fundstelle: Anlage 1 Abschnitt 1 Unterabschnitt 1 Nr. 3.7 WaffG

Teile, die den Innenmaßen des Patronenlagers der Schusswaffe angepasst und zum Verschießen von Munition kleinerer Abmessungen bestimmt sind.

Einstecklauf

Fundstelle: Anlage 1 Abschnitt 1 Unterabschnitt 1 Nr. 3.3 WaffG

Lauf ohne eigenen Verschluss, der in den Lauf einer Waffe größeren Kalibers eingesteckt werden kann.

Einstecksystem

Fundstelle: Anlage 1 Abschnitt 1 Unterabschnitt 1 Nr. 3.6 WaffG

Einstecklauf einschließlich des für ihn bestimmten Verschlusses.

Einzelladerwaffe

Fundstelle: Anlage 1 Abschnitt 1 Unterabschnitt 1 Nr. 2.4 WaffG

Schusswaffe ohne Magazin mit einem oder mehreren Läufen, die vor jedem Schuss aus demselben Lauf von Hand geladen wird.

Entschuldigender Notstand

Fundstelle: § 35 StGB

Wer in einer gegenwärtigen, nicht anders abwendbaren Gefahr für Leben, Leib oder Freiheit eine rechtswidrige Tat begeht, um die Gefahr von sich, einem Angehörigen oder einer anderen ihm nahestehenden Person abzuwenden, handelt ohne Schuld.

Erwerb (Waffe/Munition)

Fundstelle: Anlage 1 Abschnitt 2 Nr. 1 WaffG

Erlangung tatsächlicher Gewalt über die Waffe/Munition; auf die Eigentumsverhältnisse kommt es nicht an.

Fallmesser

Fundstelle: Anlage 1 Unterabschnitt 2 Nr. 2.1.2 WaffG

Messer, deren Klingen beim Lösen einer Sperrvorrichtung durch ihre Schwerkraft oder durch eine Schleuderbewegung aus dem Griff hervorschnellen und selbsttätig oder beim Loslassen der Sperrvorrichtung festgestellt werden

Faustmesser

Fundstelle: Anlage 1 Unterabschnitt 2 Nr. 2.1.3 WaffG

Messer, mit einem quer zur feststehenden oder feststellbaren Klinge verlaufenden Griff, die bestimmungsgemäß in der geschlossenen Faust geführt oder eingesetzt werden.

Federdruckwaffe

Fundstelle: Anlage 1 Abschnitt 1 Unterabschnitt 1 Nr. 2.9 WaffG

Schusswaffe, bei der entweder Federkraft direkt ein Geschoss antreibt (auch als Federkraftwaffen bezeichnet) oder ein federbelasteter Kolben in einem Zylinder bewegt wird und ein vom Kolben erzeugtes Luftpolster das Geschoss antreibt.

Feuerwaffe

Fundstelle: Anlage 1 Abschnitt 1 Unterabschnitt 1 Nr. 2.1 WaffG

Feuerwaffen sind Schusswaffen, bei denen ein Geschoss mittels heißer Gase durch einen oder aus einem Lauf getrieben wird.

Führen einer Waffe

Fundstelle: Anlage 1 Abschnitt 2 Nr. 4 WaffG

Ausübung der tatsächlichen Gewalt über die Waffe außerhalb der eigenen Wohnung, den Geschäftsräumen, des eigenen befriedeten Besitztums oder einer Schießstätte.

Gaslauf

Fundstelle: Anlage 1 Unterabschitt 1 Nr. 1.3.1.1 WaffG

Der Gaslauf ist ein Lauf, der ausschließlich der Ableitung der Verbrennungsgase dient.

Gefahrenbereich

Die Höchstreichweite von aus Schusswaffen abgefeuerten Geschossen.

Gegenwärtiger rechtswidriger Angriff

Gegenwärtig: Der Angriff muss unmittelbar bevorstehen, gerade stattfinden oder andauern

Rechtswidrig: Der Angriff ist rechtswidrig, wenn er gegen eine Rechtsnorm verstößt und ein Rechtfertigungsgrund nicht gegeben ist

Geladene Waffe

Fundstelle: Anlage 1 Abschnitt 2 Nr. 12 WaffG

Geladene Waffe, das heißt, dass Munition oder Geschosse in der Trommel, im in die Waffe eingefügten Magazin oder im Patronen- oder Geschosslager sind, auch wenn sie nicht gespannt ist.

Geschosse

Fundstelle: Anlage 1 Unterabschnitt 3 Nr. 3 WaffG; Nr. 10.4 Schießstandrichtlinien

Als Waffen oder für Schusswaffen bestimmte feste Körper oder gasförmige, flüssige oder feste Stoffe in Umhüllungen, die zum Verschießen aus Schusswaffen bestimmt sind.

Je nach Munitionsart unterscheidet man Einzelgeschosse und Schrote. Einzelgeschosse können wie Schrote vollkommen aus Blei oder aus überwiegend bleihaltigen Geschosskernen bestehen, die von Geschossmänteln aus Kupfer, Tombak oder Stahl ummantelt sind (Mantelgeschosse).

Herstellung

Fundstelle: Anlage 1 Abschnitt 2 Nr. 8.1 WaffG

Waffen oder Munition werden hergestellt, wenn aus Rohteilen oder Materialien ein Endprodukt oder wesentliche Teile eines Endproduktes erzeugt werden oder bei einer Waffe das führende wesentliche Teil durch ein Teil, das noch nicht in einer Waffe verbaut war, ersetzt wird; eine Schusswaffe ist hergestellt, wenn sie nach dem Beschussgesetz weißfertig ist oder der Austausch des führenden wesentlichen Teils abgeschlossen ist; als Herstellen von Munition gilt auch das Wiederladen von Hülsen.

Hieb- und Stoßwaffen

Fundstelle: Anlage 1 Unterabschnitt 2 Nr. 1.1

Gegenstände, die ihrem Wesen nach dazu bestimmt sind, unter unmittelbarer Ausnutzung der Muskelkraft durch Hieb, Stoß, Stich, Schlag oder Wurf Verletzungen beizubringen.

Hülse

Fundstelle: Nr. 10.4 Schießstandrichtlinie

Nach dem Abschießen einer Patrone bzw. Verschießen der Projektile bleibt die Hülse als Träger der Anzündung und Treibladung zurück. Hülsen bestehen bei Munition für Einzelgeschosse meist aus Messing, bei Schrotpatronen weitgehend aus Pappe oder Plastik.

Hülsenlose Munition

Fundstelle: Anlage 1 Unterabschnitt 3 Nr. 1.3 WaffG

Ladung mit oder ohne Geschoss, wobei die Treibladung eine den Innenabmessungen einer Schusswaffe oder gleichgestellten Gegenstandes angepasste Form hat.

Instandsetzen

Fundstelle: Anlage 1 Abschnitt 2 Nr. 8.2.3 WaffG

Instand gesetzt wird eine Schusswaffe, wenn Arbeiten an der Schusswaffe durchgeführt werden, die eine Beschusspflicht gemäß § 3 Absatz 2 des Beschussgesetzes auslösen, wenn nicht eine Herstellung, ein Umbau oder der Austausch wesentlicher Teile mit erforderlicher Nacharbeit erfolgt; eine Schusswaffe wird nicht bearbeitet, wenn lediglich geringfügige Änderungen, insbesondere am Schaft oder an der Zieleinrichtung, vorgenommen werden.

Jugendliche

Fundstelle: Anlage 1 Abschnitt 2 Nr. 11 WaffG

Personen, die mindestens vierzehn, aber noch nicht 18 Jahre alt sind.

Kaliber

Fundstelle: Nr. 10.4 Schießstandrichtlinie

Das Kaliber ist ein Maß sowohl für den Durchmesser von Geschossen als auch für den Innendurchmesser des Laufes einer Waffe. Handelt es sich um einen gezogenen Lauf, so unterscheidet man zwischen Feldkaliber (Durchmesser zwischen den Feldern) und dem Zugkaliber (Durchmesser zwischen den Zügen). Oft wird das Wort Kaliber auch in der Bedeutung einer Munitionsbezeichnung benutzt.

Kartuschenmunition

Fundstelle: Anlage 1 Unterabschnitt 3 Nr. 1.2 WaffG

Hülsen mit Ladungen, die ein Geschoss nicht enthalten.

Kinder

Fundstelle: Anlage 1 Abschnitt 2 Nr. 10 WaffG

Personen, die noch nicht 14 Jahre alt sind.

Kleiner Waffenschein

Fundstelle: § 10 Abs. 4 Satz 4 WaffG

Erlaubnis zum Führen von Signal-, Reizstoff- und Schreckschusswaffen; die Waffen müssen mit dem PTB-Prüfzeichen (Physikalisch-Technische Bundesanstalt) versehen sein.

Voraussetzungen für die Erteilung:

- Volljährigkeit
- Persönliche Eignung
- Zuverlässigkeit

Kurzwaffen

Fundstelle: Anlage 1 Abschnitt 1 Unterabschnitt 1 Nr. 2.5 WaffG

Kurzwaffen sind alle anderen Schusswaffen als Langwaffen.

Ladungen

Fundstelle: Anlage 1 Unterabschnitt 3 Nr. 2 WaffG

Hauptenergieträger, die in loser Schüttung in Munition oder als vorgefertigte Ladung oder in loser Form in Waffen nach Abschnitt 1 Unterabschnitt 1 Nr. 1.1 oder Gegenstände nach Abschnitt 1 Unterabschnitt 1 Nr. 1.2.1 eingegeben werden und zum Antrieb von Geschossen oder Wirkstoffen oder zur Erzeugung von Schall- oder Lichtimpulsen bestimmt sind, sowie Anzündsätze, die direkt zum Antrieb von Geschossen dienen.

Langwaffen (LW)

Fundstelle: Anlage 1 Abschnitt 1 Unterabschnitt 1 Nr. 2.5 WaffG; Nr. 10.4 Schießstandrichtlinie

Schusswaffen, deren Lauf und Verschluss in geschlossener Stellung insgesamt länger als 30 cm sind und deren kürzeste bestimmungsgemäß verwendbare Gesamtlänge 60 cm überschreitet.

Kurzwaffen sind alle anderen Schusswaffen.

Laser

Fundstelle: Anlage 1 Abschnitt 1 Unterabschnitt 1 Nr. 4.2 WaffG

Für Schusswaffen bestimmte Vorrichtungen, die das Ziel markieren. Ein Ziel wird markiert, wenn auf diesem für den Schützen erkennbar ein Zielpunkt projiziert wird.

Lauf

Fundstelle: Anlage 1 Unterabschitt 1 Nr. 1.3.1.1

Der Lauf ist ein aus einem ausreichend festen Werkstoff bestehender rohrförmiger Gegenstand, der Geschossen, die hindurchgetrieben werden, ein gewisses Maß an Führung gibt, wobei dies in der Regel als gegeben anzusehen ist, wenn die Länge des Laufteils, der die Führung des Geschosses bestimmt, mindestens das Zweifache des Kalibers beträgt.

Mitnahme (Waffe/Munition)

Fundstelle: Anlage 1 Abschnitt 2 Nr. 6 WaffG

Eine Waffe oder Munition nimmt mit, wer diese Waffe oder Munition vorübergehend auf einer Reise ohne Aufgabe des Besitzes zur Verwendung über die Grenze in den, durch den oder aus dem Geltungsbereich des Gesetzes bringt.

Munition

Munitionsarten nach dem Waffengesetz:

- Patronenmunition
- Kartuschenmunition
- Pyrotechnische Munition
- Hülsenlose Munition

Nachbildungen

Fundstelle: Anlage 1 Abschnitt 1 Unterabschnitt 1 Nr. 6 WaffG

Gegenstände,

- die nicht als Schusswaffen hergestellt wurden,
- die die äußere Form einer Schusswaffe haben,
- aus denen nicht geschossen werden kann und
- die nicht mit allgemein gebräuchlichen Werkzeugen so umgebaut oder verändert werden können, dass aus ihnen Munition, Ladungen oder Geschosse verschossen werden können.

Nachtsichtgeräte/Nachtzielgeräte

Fundstelle: Anlage 1 Abschnitt 1 Unterabschnitt 1 Nr. 4.3 WaffG

Für Schusswaffen bestimmte Vorrichtungen, die eine elektronische Verstärkung oder einen Bildwandler und eine Montageeinrichtung für Schusswaffen besitzen. Zu Nachtzielgeräten zählen auch Nachtsichtvorsätze und Nachtsichtaufsätze für Zielhilfsmittel (Zielfernrohre).

Notstand

Fundstelle: § 34 StGB, § 228 BGB, § 904 BGB

Bei einem Notstand besteht eine gegenwärtige Gefahr für ein Rechtsgut, die nur durch Verletzung eines anderen Rechtsgutes abgewendet werden kann, wobei eine Abwägung der widerstreitenden Interessen stattfinden muss, in deren Ergebnis das als minderwertig erkannte Rechtsgut geopfert wird.

Siehe auch rechtfertigender Notstand, entschuldigender Notstand

Notwehr

Fundstelle: § 32 StGB, § 227 BGB

Notwehr ist die Verteidigung, die erforderlich ist, um einen gegenwärtigen rechtswidrigen Angriff von sich oder einem anderen abzuwenden.

Die Notwehr setzt voraus:

- eine Notwehrlage, d.h. auf seiten des Angreifers einen gegenwärtigen rechtswidrigen Angriff und
- eine Notwehrhandlung, d.h. eine vom Verteidigungswillen getragene, erforderliche und gebotene Verteidigung.

Notwehrüberschreitung/Notwehrexzess

Fundstelle: § 33 StGB

Überschreitet der Angegriffene das Maß der gegenüber dem Angreifer erforderlichen Verteidigung, so ist der überschießende, durch die geforderte Verhältnismäßigkeit zwischen Angriff und Abwehr nicht mehr gedeckte Teil eine Notwehrüberschreitung.

Patrone

Fundstelle: Nr. 10.4 Schießstandrichtlinie

Eine Patrone besteht als sogenannte Einheitsmunition aus Hülse, Anzündung (Zündhütchen), Treib- bzw. Pulverladung sowie Einzelgeschoss oder Schrotvorlage.

Patronenmunition

Fundstelle: Anlage 1 Unterabschnitt 3 Nr. 1.1 WaffG

Hülsen mit Ladungen, die ein Geschoss enthalten, und Geschosse mit Eigenantrieb.

Präzisionsschleudern

Fundstelle: Anlage 1 Unterabschnitt 2 Nr. 1.3 WaffG

Schleudern, die zur Erreichung einer höchstmöglichen Bewegungsenergie eine Armstütze oder eine vergleichbare Vorrichtung besitzen oder für eine solche Vorrichtung eingerichtet sind.

Putativnotwehr

Putativnotwehr ist gegeben, wenn der Täter irrig einen Sachverhalt annimmt, bei dessen Vorliegen das Handeln des Täters als Notwehr gerechtfertigt wäre.

Pyrotechnische Munition

Fundstelle: Anlage 1 Unterabschnitt 3 Nr. 1.4 WaffG

Gegenstände, die Geschosse mit explosionsgefährlichen Stoffen oder Stoffgemischen enthalten, die Licht-, Schall-, Rauch-, Nebel-, Heiz-, Druck- oder Bewegungswirkungen erzeugen und keine zweckbestimmte Durchschlagskraft im Ziel entfalten.

Rechtfertigender Notstand

Fundstelle: § 34 StGB

Wer in einer gegenwärtigen, nicht anders abwendbaren Gefahr für Leben, Leib, Freiheit, Ehre, Eigentum oder ein anderes Rechtsgut eine Tat begeht, um die Gefahr von sich oder einem anderen abzuwenden, handelt nicht rechtswidrig, wenn bei Abwägung der widerstreitenden Interessen, namentlich der betroffenen Rechtsgüter und des Grades der ihnen drohenden Gefahren, das geschützte Interesse das beeinträchtigte wesentlich überwiegt. Dies gilt jedoch nur, soweit die Tat ein angemessenes Mittel ist, die Gefahr abzuwenden.

Reizstoffe

Fundstelle: Anlage 1 Abschnitt 1 Unterabschnitt 1 Nr. 5

Stoffe, die bei ihrer bestimmungsgemäßen Anwendung auf den Menschen eine belästigende Wirkung durch Haut- und Schleimhautreizung, insbesondere durch einen Augenreiz ausüben und resorptiv nicht giftig wirken.

Reizstoffsprühgeräte

Fundstelle: Anlage 1 Unterabschnitt 2 Nr. 1.2.2 WaffG

Gegenstände aus denen Reizstoffe versprüht oder ausgestoßen werden, die eine Reichweite bis zu 2 Meter haben.

Reizstoffwaffen

Fundstelle: Anlage 1 Abschnitt 1 Unterabschnitt 1 Nr. 2.7 WaffG

Schusswaffen mit einem Patronen- oder Kartuschenlager, die zum Verschießen von Reiz- oder anderen Wirkstoffen bestimmt sind.

Repetierwaffen

Fundstelle: Anlage 1 Abschnitt 1 Unterabschnitt 1 Nr. 2.3

Schusswaffen, bei denen das Zuführen der Patrone aus einem Magazin, das Abfeuern und das Entfernen der Patrone oder Patronenhülse mit Hilfe eines nur von Hand zu betätigenden Mechanismus erfolgt.

Salutwaffen

Fundstelle: Anlage 1 Abschnitt 1 Unterabschnitt 1 Nr. 1.5 WaffG

Salutwaffen sind veränderte Langwaffen, die u. a. für Theateraufführungen, Foto-, Film- oder Fernsehaufnahmen bestimmt sind, wenn sie die Anforderungen nach Anlage 1 Abschnitt 1 Unterabschnitt 1 Nr. 1.5 erfüllen

Schalldämpfer

Fundstelle: Anlage 1 Abschnitt 1 Unterabschnitt 1 Nr. 1.3.3 WaffG

Schalldämpfer sind Vorrichtungen, die der wesentlichen Dämpfung des Mündungsknalls dienen und für Schusswaffen bestimmt sind.

Schießen

Fundstelle: Anlage 1 Abschnitt 2 Nr. 7 WaffG

Es schießt, wer mit einer Schusswaffe Geschosse durch einen Lauf verschießt, Kartuschenmunition abschießt, mit Patronen- oder Kartuschenmunition Reiz- oder andere Wirkstoffe verschießt oder pyrotechnische Munition verschießt.

Schießerlaubnis

Fundstelle: § 10 Abs. 5 WaffG

Erlaubnis mit einer Waffe zu schießen

Voraussetzungen:

- Volljährigkeit
- Zuverlässigkeit
- Persönliche Eignung
- Bedürfnis
- Haftpflichtversicherung

Schießstätte

Fundstelle: § 27 Abs. 1 WaffG; Nr. 10.4 Schießstandrichtlinien

Ortsfeste oder ortsveränderliche Anlage, die ausschließlich oder neben anderen Zwecken dem Schießsport oder sonstigen Schießübungen mit Schusswaffen, der Erprobung von Schusswaffen oder dem Schießen mit Schusswaffen zur Belustigung dient.

Als Schießstätte (Schießanlage) bezeichnet man die gesamte Anlage, die aus einem oder mehreren Schießständen sowie logistischen Einrichtungen, Umkleide- und Aufenthaltsräumen besteht. Zur Schießstätte gehört auch das Betriebsgrundstück mit eventuellen Parkplätzen.

Schreckschusswaffen

Fundstelle: Anlage 1 Abschnitt 1 Unterabschnitt 1 Nr. 2.6 WaffG

Schusswaffen mit einem Kartuschenlager, die zum Abschießen von Kartuschenmunition bestimmt sind.

Schussbereite Waffe

Fundstelle: Anlage 1 Abschnitt 2 Nr. 12 WaffG

Eine Waffe ist schussbereit, wenn sie geladen ist, das heißt, dass Munition oder Geschosse in der Trommel, im in die Waffe eingefügten Magazin oder im Patronen- oder Geschosslager sind, auch wenn sie nicht gespannt ist.

Schusswaffen

Fundstelle: Anlage 1 Abschnitt 1 Abschnitt 1 Unterabschnitt 1 Nr. 1.1 WaffG

Schusswaffen sind Gegenstände, die zum Angriff oder zur Verteidigung, zur Signalgebung, zur Jagd, zur Distanzinjektion, zur Markierung, zum Sport oder zum Spiel bestimmt sind und bei denen Geschosse durch einen Lauf getrieben werden.

Gleichgestellte Gegenstände sind tragbare Gegenstände; siehe Anlage 1 Abschnitt 1 Unterabschnitt 1 Nr. 1.2.

Wesentliche Teile von Schusswaffen siehe Anlage 1 Abschnitt 1 Unterabschnitt 1 Nr. 1.3.

Signalwaffen

Fundstelle: Anlage 1 Abschnitt 1 Unterabschnitt 1 Nr. 2.8 WaffG

Schusswaffen mit einem Patronen- oder Kartuschenlager oder tragbare Gegenstände, die zum Verschießen pyrotechnischer Munition bestimmt sind.

Sportliches Schießen

Fundstelle: § 15a Abs. 1 WaffG

Sportliches Schießen liegt dann vor, wenn nach festen Regeln einer genehmigten Sportordnung geschossen wird. Schießübungen des kampfmäßigen Schießens, insbesondere die Verwendung von Zielen oder Scheiben, die Menschen darstellen oder symbolisieren, sind im Schießsport nicht zulässig.

Springmesser

Fundstelle: Anlage 1 Unterabschnitt 2 Nr. 2.1.1 WaffG

Messer, deren Klingen auf Knopf- oder Hebeldruck hervorschnellen und hierdurch oder beim Loslassen der Sperrvorrichtung festgestellt werden können.

Subsonic-Munition

Fundstelle: Nr. 10.4 Schießstandrichtlinien

Munition, bei der die Geschwindigkeit der Geschosse nach Verlassen der Waffenmündung unterhalb der Schallgeschwindigkeit (343 m/s bei 20 °C) liegt.

Tragbare Gegenstände

Fundstelle: Anlage 1 Abschnitt 1 Unterabschnitt 1 Nr. 1.2 WaffG

Gegenstände, die zum Abschießen von Munition für die zum Angriff oder zur Verteidigung, zur Signalgebung, zur Jagd, zur Distanzinjektion, zur Markierung, zum Sport oder zum Spiel bestimmt sind bestimmt sind

oder

Gegenstände, bei denen bestimmungsgemäß feste Körper gezielt verschossen werden, deren Antriebsenergie durch Muskelkraft eingebracht und durch eine Sperrvorrichtung gespeichert werden kann (z. B. Armbrust).

Überlassung (Waffe/Munition)

Fundstelle: Anlage 1 Abschnitt 2 Nr. 3 WaffG

Einräumung der tatsächlichen Gewalt gegenüber einem Dritten; auf die Eigentumsverhältnisse kommt es nicht an.

Umgang mit einer Waffe

Fundstelle: § 1 Abs. 3 WaffG

Umgang mit einer Waffe oder Munition hat, wer diese erwirbt, besitzt, überlässt, führt, verbringt, mitnimmt, damit schießt, herstellt, bearbeitet, instand setzt oder damit Handel treibt.

Unbrauchbare Schusswaffe

Fundstelle: Anlage 1 Abschnitt 1 Unterabschnitt 1 Nr. 1.4 WaffG

Dauerhaft unbrauchbar gemacht oder geworden ist eine Schusswaffe dann, wenn mit allgemein gebräuchlichen Werkzeugen die Schussfähigkeit der Waffe oder die Funktionsfähigkeit der wesentlichen Teile nicht wiederhergestellt werden kann; die Schusswaffeneigenschaft nach dem Waffengesetz geht in diesen Fällen verloren.

Verbotene Waffen

Fundstelle: § 40 WaffG, Anlage 2

Eine Waffe, mit der der Umgang verboten ist.

Verbringen einer Waffe/Munition

Fundstelle: Anlage 1 Abschnitt 2 Nr. 5

Waffen oder Munition verbringt, wer diese über die Landesgrenze zum dortigen Verbleib oder mit dem Ziel des Besitzwechsels in den, durch den oder aus dem Geltungsbereich des Gesetzes zu einer anderen Person oder zu sich selbst transportieren lässt oder selbst transportiert.

Verschluss

Fundstelle: Anlage 1 Abschnitt 1 Unterabschnitt 1 Nr. 1.3.1.2 WaffG

Der Verschluss ist das unmittelbar das Patronen- oder Kartuschenlager oder den Lauf abschließende Teil.

I

Vorderladerwaffen (VL-Waffen)

Fundstelle: Nr. 10.4 Schießstandrichtlinien

Waffen, bei denen Treibmittel und Geschoss nur von vorne in den Lauf oder in die Kammer (Perkussionsrevolver) eingebracht werden können. Hierzu zählen auch Modellkanonen.

Waffen

Fundstelle: § 1 Abs. 2 WaffG, Anlage 1 (Begriffsbestimmungen) WaffG

Waffen sind

- Schusswaffen oder ihnen gleichgestellte Gegenstände
- Tragbare Gegenstände, die ihrem Wesen nach dazu bestimmt sind, die Angriffs- oder Abwehrfähigkeit von Menschen zu beseitigen oder herabzusetzen, insbesondere Hieb- und Stoßwaffen
- Tragbare Gegenstände, die, ohne dazu bestimmt zu sein, insbesondere wegen ihrer Beschaffenheit, Handhabung oder Wirkungsweise geeignet sind, die Angriffs- oder Abwehrfähigkeit von Menschen zu beseitigen oder herabzusetzen, und die in diesem Gesetz genannt sind.

Waffenbesitzkarte

Fundstelle: § 10, 13, 14, 15, 17, 18 WaffG

In einer Waffenbesitzkarte werden die Schusswaffen des Besitzers behördlich registriert und eingetragen.

Voraussetzungen zur Erteilung:

- Volljährigkeit
- Zuverlässigkeit
- Persönliche Eignung
- Nachgewiesene Sachkunde
- Bedürfnis

Arten von Waffenbesitzkarten:

- Grüne Waffenbesitzkarte: für Jäger nach § 10 i.V.m. § 13 WaffG; für Sportschützen nach § 10 i.V.m. 14 und 15 WaffG
- Gelbe Waffenbesitzkarte: für Sportschützen nach § 14 Abs. 4 WaffG
- Rote Waffenbesitzkarte: für Waffensammler nach § 17 WaffG; für Waffensachverständige nach § 18 WaffG

Waffenschein

Erlaubnis zum Führen einer Waffe.

Voraussetzungen für die Erteilung eines Waffenscheins:

- Volljährigkeit
- Persönliche Eignung
- Zuverlässigkeit
- Sachkundenachweis
- Haftpflichtversicherung
- Glaubhafter Nachweis einer erhöhten Gefährdung

Wechselläufe

Fundstelle: Anlage 1 Abschnitt 1 Unterabschnitt 1 Nr. 3.2 WaffG

Austauschläufe einschließlich des für sie bestimmten Verschlusses. Verschlusses sowie der für sie bestimmten Gehäuseteile, sofern diese Gehäuseteile technisch erforderlich sind.

Wechselsysteme

Fundstelle: Anlage 1 Abschnitt 1 Unterabschnitt 1 Nr. 3.5 WaffG

Austauschläufe einschließlich des für sie bestimmten Verschlusses sowie der für sie bestimmten Gehäuseteile, sofern diese Gehäuseteile technisch erforderlich sind.

Wechseltrommeln

Fundstelle: Anlage 1 Abschnitt 1 Unterabschnitt 1 Nr. 3.4 WaffG

Trommeln für ein bestimmtes Revolvermodell, die ohne Nacharbeit gewechselt werden können.

Wesentliche Teile

Fundstelle: Anlage 1 Abschnitt 1 Unterabschnitt 1 Nr. 1.3.1 bis 1.3.3 WaffG

Wesentliche Teile sind

- der Lauf oder Gaslauf
- der Verschluss
- das Patronen- oder Kartuschenlager, wenn diese nicht bereits Bestandteil des Laufes sind

- die Verbrennungskammer, wenn zum Antrieb ein entzündbares flüssiges oder gasförmiges Gemisch verwendet wird
- die Antriebsvorrichtung, sofern sie fest mit der Schusswaffe verbunden ist
- das Griffstück oder sonstige Waffenteile von Kurzwaffen, wenn sie für die Aufnahme des Auslösemechanismus bestimmt sind.

Zielpunktprojektoren

Fundstelle: Anlage 1 Abschnitt 1 Unterabschnitt 1 Nr. 4.2 WaffG

Für Schusswaffen bestimmte Vorrichtungen, die das Ziel markieren. Ein Ziel wird markiert, wenn auf diesem für den Schützen erkennbar ein Zielpunkt projiziert wird.

Zielscheinwerfer

Fundstelle: Anlage 1 Abschnitt 1 Unterabschnitt 1 Nr. 4.1 WaffG

Für Schusswaffen bestimmte Vorrichtungen, die das Ziel beleuchten. Ein Ziel wird dann beleuchtet, wenn es mittels Lichtstrahlen bei ungünstigen Lichtverhältnissen oder Dunkelheit für den Schützen erkennbar dargestellt wird. Dabei ist es unerheblich, ob das Licht sichtbar oder unsichtbar (z. B. infrarot) ist und ob der Schütze weitere Hilfsmittel für die Zielerkennung benötigt.

Zimmerstutzen

Fundstelle: Nr. 10.4 Schießstandrichtlinien

Langwaffen für Randfeuerpatronen im Kaliber $\leq$ 4,65 mm bis zu einer E_0 von 30 J.

Zugriffsbereite Waffe

Fundstelle: Anlage 1 Abschnitt 2 Nr. 13 WaffG

Zugriffsbereit ist eine Schusswaffe, wenn sie unmittelbar (mit wenigen schnellen Handgriffen) in Anschlag gebracht werden kann; sie ist nicht zugriffsbereit, wenn sie in einem verschlossenen Behältnis mitgeführt wird.

I

Waffengesetz (WaffG)

in der Fassung der Bekanntmachung vom 11. Oktober 2002 (BGBl. I S. 3970, S. 4592, 2003 S. 1957, 2008 S. 426)

Zuletzt geändert durch
Gesetz zur Anpassung von Regelungen über den polizeilichen Informationsverbund im Bundeskriminalamtgesetz sowie zur Einführung der Erlaubnispflicht für bestimmte Druckluftwaffen und zur Änderung weiterer waffen- und sprengstoffrechtlicher Vorschriften vom 17. Juli 2025 (BGBl. I Nr. 171)

Inhaltsübersicht

Abschnitt 1
Allgemeine Bestimmungen

§ 1 Gegenstand und Zweck des Gesetzes, Begriffsbestimmungen

(1) Dieses Gesetz regelt den Umgang mit Waffen oder Munition unter Berücksichtigung der Belange der öffentlichen Sicherheit und Ordnung.

(2) Waffen sind

1. Schusswaffen oder ihnen gleichgestellte Gegenstände und
2. tragbare Gegenstände,
   a) die ihrem Wesen nach dazu bestimmt sind, die Angriffs- oder Abwehrfähigkeit von Menschen zu beseitigen oder herabzusetzen, insbesondere Hieb- und Stoßwaffen;
   b) die, ohne dazu bestimmt zu sein, insbesondere wegen ihrer Beschaffenheit, Handhabung oder Wirkungsweise geeignet sind, die Angriffs- oder Abwehrfähigkeit von Menschen zu beseitigen oder herabzusetzen, und die in diesem Gesetz genannt sind.

(3) Umgang mit einer Waffe oder Munition hat, wer diese erwirbt, besitzt, überlässt, führt, verbringt, mitnimmt, damit schießt, herstellt, bearbeitet, instand setzt oder damit Handel treibt. Umgang mit einer Schusswaffe hat auch, wer diese unbrauchbar macht.

(4) Die Begriffe der Waffen und Munition sowie die Einstufung von Gegenständen nach Absatz 2 Nr. 2 Buchstabe b als Waffen, die Begriffe der Arten des Umgangs und sonstige waffenrechtliche Begriffe sind in der Anlage 1 (Begriffsbestimmungen) zu diesem Gesetz näher geregelt.

§ 2 Grundsätze des Umgangs mit Waffen oder Munition, Waffenliste

(1) Der Umgang mit Waffen oder Munition ist nur Personen gestattet, die das 18. Lebensjahr vollendet haben.

(2) Der Umgang mit Waffen oder Munition, die in der Anlage 2 (Waffenliste) Abschnitt 2 zu diesem Gesetz genannt sind, bedarf der Erlaubnis.

(3) Der Umgang mit Waffen oder Munition, die in der Anlage 2 Abschnitt 1 zu diesem Gesetz genannt sind, ist verboten.

(4) Waffen oder Munition, mit denen der Umgang ganz oder teilweise von der Erlaubnispflicht oder von einem Verbot ausgenommen ist, sind in der Anlage 2 Abschnitt 1 und 2 genannt. Ferner sind in der Anlage 2 Abschnitt 3 die Waffen und Munition genannt, auf die dieses Gesetz ganz oder teilweise nicht anzuwenden ist.

(5) Bestehen Zweifel darüber, ob ein Gegenstand von diesem Gesetz erfasst wird oder wie er nach Maßgabe der Begriffsbestimmungen in Anlage 1 Abschnitt 1 und 3 und der Anlage 2 einzustufen ist, so entscheidet auf Antrag die zuständige Behörde. Antragsberechtigt sind

1. Hersteller, Importeure, Erwerber oder Besitzer des Gegenstandes, soweit sie ein berechtigtes Interesse an der Entscheidung nach Satz 1 glaubhaft machen können,
2. die zuständigen Behörden des Bundes und der Länder.

Die nach Landesrecht zuständigen Behörden sind vor der Entscheidung zu hören. Die Entscheidung ist für den Geltungsbereich dieses Gesetzes allgemein verbindlich. Sie ist im Bundesanzeiger bekannt zu machen.

§ 3 Umgang mit Waffen oder Munition durch Kinder und Jugendliche

(1) Jugendliche dürfen im Rahmen eines Ausbildungs- oder Arbeitsverhältnisses abweichend von § 2 Abs. 1 unter Aufsicht eines weisungsbefugten Waffenberechtigten mit Waffen oder Munition umgehen.

(2) Jugendliche dürfen abweichend von § 2 Abs. 1 Umgang mit geprüften Reizstoffsprühgeräten haben.

(3) Die zuständige Behörde kann für Kinder und Jugendliche allgemein oder für den Einzelfall Ausnahmen von Alterserfordernissen zulassen, wenn besondere Gründe vorliegen und öffentliche Interessen nicht entgegenstehen.

Abschnitt 2
Umgang mit Waffen oder Munition

Unterabschnitt 1
Allgemeine Voraussetzungen für Waffen- und Munitionserlaubnisse

§ 4 Voraussetzungen für eine Erlaubnis

(1) Eine Erlaubnis setzt voraus, dass der Antragsteller

1. das 18. Lebensjahr vollendet hat (§ 2 Abs. 1),
2. die erforderliche Zuverlässigkeit (§ 5) und persönliche Eignung (§ 6) besitzt,
3. die erforderliche Sachkunde nachgewiesen hat (§ 7),
4. ein Bedürfnis nachgewiesen hat (§ 8) und
5. bei der Beantragung eines Waffenscheins oder einer Schießerlaubnis eine Versicherung gegen Haftpflicht in Höhe von 1 Million Euro – pauschal für Personen- und Sachschäden – nachweist.

(2) Die Erlaubnis zum Erwerb, Besitz, Führen oder Schießen kann versagt werden, wenn der Antragsteller seinen gewöhnlichen Aufenthalt nicht seit mindestens fünf Jahren im Geltungsbereich dieses Gesetzes hat.

(3) Die zuständige Behörde hat die Inhaber von waffenrechtlichen Erlaubnissen in regelmäßigen Abständen, mindestens jedoch nach Ablauf von drei Jahren, erneut auf ihre Zuverlässigkeit und ihre persönliche Eignung zu prüfen sowie in den Fällen des Absatzes 1 Nr. 5 sich das Vorliegen einer Versicherung gegen Haftpflicht nachweisen zu lassen.

(4) Die zuständige Behörde hat das Fortbestehen des Bedürfnisses bei Inhabern einer waffenrechtlichen Erlaubnis alle fünf Jahre erneut zu überprüfen.

(5) Zur Erforschung des Sachverhalts kann die zuständige Behörde in begründeten Einzelfällen das persönliche Erscheinen des Antragstellers oder des Erlaubnisinhabers verlangen. Ein begründeter Einzelfall liegt insbesondere vor, wenn Tatsachen Zweifel an der Zuverlässigkeit oder persönlichen Eignung begründen. Anhaltspunkte hierfür können sich beispielsweise aus dem Schriftverkehr oder aus Telefonaten des Antragstellers oder des Erlaubnisinhabers mit der zuständigen Behörde oder aus allgemein zugänglichen Quellen ergeben.

(6) Zur Erforschung des Sachverhalts ist die zuständige Behörde befugt, in öffentlich zugänglichen Quellen zu recherchieren und diese Erkenntnisse insbesondere in die Prüfung nach den §§ 5 und 6 einfließen zu lassen.

§ 5 Zuverlässigkeit

(1) Die erforderliche Zuverlässigkeit besitzen Personen nicht,

1. die rechtskräftig verurteilt worden sind
   a) wegen eines Verbrechens,
   b) wegen sonstiger vorsätzlicher Straftaten zu einer Freiheitsstrafe von mindestens einem Jahr oder
   c) zu einer Freiheitsstrafe oder Geldstrafe von mindestens 90 Tagessätzen wegen einer Straftat nach den §§ 80a, 83 Absatz 2, § 84 Absatz 1 bis 3, § 85 Absatz 1 Satz 1 und Absatz 2, § 87 Absatz 1, § 88 Absatz 1, § 89 Absatz 1, § 89a Absatz 1 bis 3, § 89b Absatz 1, § 89c Absatz 1 und 2, § 91 Absatz 1, § 95 Absatz 1, § 96 Absatz 2 oder § 97b des Strafgesetzbuches, nach § 98 des Strafgesetzbuches, soweit nicht ein Fall des § 98 Absatz 2 des Strafgesetzbuches vorliegt, nach § 99 Absatz 2 des Strafgesetzbuches, soweit nicht ein Fall des § 99 Absatz 3 des Strafgesetzbuches vorliegt, nach § 100a Absatz 1 in Verbindung mit Absatz 4 des Strafgesetzbuches oder nach den §§ 129, § 129a Absatz 3 und 5 des Strafgesetzbuches, auch in Verbindung mit § 129b Absatz 1 des Strafgesetzbuches,

   wenn seit dem Eintritt der Rechtskraft der letzten Verurteilung zehn Jahre noch nicht verstrichen sind,
2. bei denen Tatsachen die Annahme rechtfertigen, dass sie
   a) Waffen oder Munition missbräuchlich oder leichtfertig verwenden werden,

b) mit Waffen oder Munition nicht vorsichtig oder sachgemäß umgehen oder diese Gegenstände nicht sorgfältig verwahren werden,

c) Waffen oder Munition Personen überlassen werden, die zur Ausübung der tatsächlichen Gewalt über diese Gegenstände nicht berechtigt sind.

(2) Die erforderliche Zuverlässigkeit besitzen in der Regel Personen nicht,

1. a) die wegen einer vorsätzlichen Straftat,
   b) die wegen einer fahrlässigen Straftat im Zusammenhang mit dem Umgang mit Waffen, Munition oder explosionsgefährlichen Stoffen oder wegen einer fahrlässigen gemeingefährlichen Straftat,
   c) die wegen einer Straftat nach dem Waffengesetz, dem Gesetz über die Kontrolle von Kriegswaffen, dem Sprengstoffgesetz oder dem Bundesjagdgesetz

   zu einer Freiheitsstrafe, Jugendstrafe, Geldstrafe von mindestens 60 Tagessätzen oder mindestens zweimal zu einer geringeren Geldstrafe rechtskräftig verurteilt worden sind oder bei denen die Verhängung von Jugendstrafe ausgesetzt worden ist, wenn seit dem Eintritt der Rechtskraft der letzten Verurteilung fünf Jahre noch nicht verstrichen sind,

2. die Mitglied
   a) in einem Verein, der nach dem Vereinsgesetz als Organisation unanfechtbar verboten wurde oder der einem unanfechtbaren Betätigungsverbot nach dem Vereinsgesetz unterliegt, oder
   b) in einer Partei, deren Verfassungswidrigkeit das Bundesverfassungsgericht nach § 46 des Bundesverfassungsgerichtsgesetzes festgestellt hat,

   waren, wenn seit der Beendigung der Mitgliedschaft zehn Jahre noch nicht verstrichen sind,

3. Bei denen Tatsachen die Annahme rechtfertigen, dass sie in den letzten fünf Jahren
   a) Bestrebungen einzeln verfolgt haben, die
      aa) gegen die verfassungsmäßige Ordnung gerichtet sind,
      bb) gegen den Gedanken der Völkerverständigung, insbesondere gegen das friedliche Zusammenleben der Völker, gerichtet sind oder
      cc) durch Anwendung von Gewalt oder darauf gerichtete Vorbereitungshandlungen auswärtige Belange der Bundesrepublik Deutschland gefährden,
   b) Mitglied in einer Vereinigung waren, die solche Bestrebungen verfolgt oder verfolgt hat, oder
   c) eine solche Vereinigung unterstützt haben,

4. die innerhalb der letzten fünf Jahre mehr als einmal wegen Gewalttätigkeit mit richterlicher Genehmigung in polizeilichem Präventivgewahrsam waren,

5. die wiederholt oder gröblich gegen die Vorschriften eines der in Nummer 1 Buchstabe c genannten Gesetze verstoßen haben.

(3) In die Frist nach Absatz 1 Nr. 1 oder Absatz 2 Nr. 1 nicht eingerechnet wird die Zeit, in welcher die betroffene Person auf behördliche oder richterliche Anordnung in einer Anstalt verwahrt worden ist.

(4) Ist ein Verfahren wegen Straftaten im Sinne des Absatzes 1 Nr. 1 oder des Absatzes 2 Nr. 1 noch nicht abgeschlossen, so kann die zuständige Behörde die Entscheidung über den Antrag auf Erteilung einer waffenrechtlichen Erlaubnis bis zum rechtskräftigen Abschluss des Verfahrens aussetzen.

(5) Die zuständige Behörde hat im Rahmen der Zuverlässigkeitsprüfung folgende Erkundigungen einzuholen:

1. die unbeschränkte Auskunft aus dem Bundeszentralregister;
2. die Auskunft aus dem zentralen staatsanwaltschaftlichen Verfahrensregister hinsichtlich der in Absatz 2 Nummer 1 genannten Straftaten;
3. die Stellungnahmen der zuständigen Behörde der Landespolizei oder der zentralen Polizeidienststelle oder des zuständigen Landeskriminalamtes sowie der in der Rechtsverordnung nach § 58 Absatz 1 des

Bundespolizeigesetzes bestimmten Bundespolizeibehörde und des Zollkriminalamtes sowie, soweit im Einzelfall erforderlich, des Bundeskriminalamtes (Bedarfsabfragebehörde), ob Tatsachen vorliegen, die Bedenken gegen die Zuverlässigkeit begründen; die zuständige Behörde der Landespolizei oder die zentrale Polizeidienststelle oder das zuständige Landeskriminalamt und die in der Rechtsverordnung nach § 58 Absatz 1 des Bundespolizeigesetzes bestimmte Bundespolizeibehörde schließen in ihre Stellungnahme das Ergebnis der von ihnen vorzunehmenden Prüfung nach Absatz 2 Nummer 4 ein;

4. die Auskunft der für den Wohnsitz der betroffenen Person zuständigen Verfassungsschutzbehörde, ob Tatsachen bekannt sind, die Bedenken gegen die Zuverlässigkeit nach Absatz 2 Nummer 2 und 3 begründen; liegt der Wohnsitz der betroffenen Person außerhalb des Geltungsbereichs dieses Gesetzes, ist das Bundesamt für Verfassungsschutz für die Erteilung der Auskunft zuständig.

Die nach Satz 1 Nummer 2 erhobenen personenbezogenen Daten dürfen nur für den Zweck der waffenrechtlichen Zuverlässigkeitsprüfung verwendet werden.

§ 6 Persönliche Eignung

(1) Die erforderliche persönliche Eignung besitzen Personen nicht, wenn Tatsachen die Annahme rechtfertigen, dass sie

1. geschäftsunfähig sind,
2. abhängig von Alkohol oder anderen berauschenden Mitteln, psychisch krank oder debil sind oder
3. auf Grund in der Person liegender Umstände mit Waffen oder Munition nicht vorsichtig oder sachgemäß umgehen oder diese Gegenstände nicht sorgfältig verwahren können oder dass die konkrete Gefahr einer Fremd- oder Selbstgefährdung besteht.

Die erforderliche persönliche Eignung besitzen in der Regel Personen nicht, wenn Tatsachen die Annahme rechtfertigen, dass sie in ihrer Geschäftsfähigkeit beschränkt sind. Die zuständige Behörde holt die Stellungnahme der folgenden Behörden ein, ob dort Erkenntnisse nach den Sätzen 1 und 2 vorliegen:

1. der zuständigen Behörde der Landespolizei oder der zentralen Polizeidienststelle oder des zuständigen Landeskriminalamtes,
2. der Polizeidienststellen der innegehabten Wohnsitze im Inland der betroffenen Person, beschränkt auf die letzten zehn Jahre vor Durchführung der Prüfung der persönlichen Eignung,
3. der in der Rechtsverordnung nach § 58 Absatz 1 des Bundespolizeigesetzes bestimmten Bundespolizeibehörde,
4. des Zollkriminalamtes.

Der persönlichen Eignung können auch im Erziehungsregister eingetragene Entscheidungen oder Anordnungen nach § 60 Abs. 1 Nr. 1 bis 7 des Bundeszentralregistergesetzes entgegenstehen.

(2) Sind Tatsachen bekannt, die Bedenken gegen die persönliche Eignung nach Absatz 1 begründen, oder bestehen begründete Zweifel an vom Antragsteller beigebrachten Bescheinigungen, so hat die zuständige Behörde der betroffenen Person auf Kosten der betroffenen Person die Vorlage eines amts- oder fachärztlichen oder fachpsychologischen Zeugnisses über die geistige oder körperliche Eignung aufzugeben.

(3) Personen, die noch nicht das 25. Lebensjahr vollendet haben, haben für die erstmalige Erteilung einer Erlaubnis zum Erwerb und Besitz einer Schusswaffe auf eigene Kosten ein amts- oder fachärztliches oder fachpsychologisches Zeugnis über die geistige Eignung vorzulegen. Satz 1 gilt nicht für den Erwerb und Besitz von Schusswaffen im Sinne von § 14 Abs. 1 Satz 2.

(4) Das Bundesministerium des Innern, für Bau und Heimat wird ermächtigt, durch Rechtsverordnung mit Zustimmung des Bundesrates Vorschriften über das Verfahren zur Erstellung, über die Vorlage und die Anerkennung der in den Absätzen 2 und 3 genannten Gutachten bei den zuständigen Behörden zu erlassen.

§ 6a Nachbericht

(1) Erlangt die für die Auskunft nach § 5 Absatz 5 Satz 1 Nummer 4 zuständige Verfassungsschutzbehörde im Nachhinein für die Beurteilung der Zuverlässigkeit nach § 5 Absatz 2 Nummer 2 und 3 bedeutsame Erkenntnisse, teilt sie dies der zuständigen Behörde unverzüglich mit (Nachbericht). Zu diesem Zweck speichert sie Name, Vorname, Geburtsdatum, Geburtsname, Geschlecht, Geburtsort, Geburtsland, Wohnort und Staatsangehörigkeit der betroffenen Person, Ausstellungsdatum sowie Befristung der Erlaubnis, Art der Erlaubnis, Behördenkennziffer der anfragenden Behörde und Aktenfundstelle in den gemeinsamen Dateien nach § 6 des Bundesverfassungsschutzgesetzes.

(2) Erlangen die in § 5 Absatz 5 Satz 1 Nummer 3 genannten Behörden im Nachhinein Erkenntnisse über Tatsachen nach § 5 Absatz 5 Satz 1 Nummer 3 oder erlangen die in § 6 Absatz 1 Satz 3 genannten Behörden im Nachhinein Erkenntnisse über Tatsachen nach § 6 Absatz 1 Satz 1 und 2, so sind sie zum Nachbericht verpflichtet. Absatz 1 Satz 2 gilt entsprechend mit der Maßgabe, dass die dort genannten Daten zu speichern sind oder dass durch andere Maßnahmen sicherzustellen ist, dass diese Daten für die Erfüllung der Nachberichtspflicht bereitstehen.

(3) Lehnt die zuständige Behörde einen Antrag ab oder nimmt sie eine erteilte Erlaubnis zurück oder widerruft sie diese oder fällt die Nachberichtspflicht aus einem anderen Grund weg, so hat sie die nach den Absätzen 1 und 2 zum Nachbericht verpflichteten Behörden mit Angabe des Grundes hiervon unverzüglich in Kenntnis zu setzen. In diesem Fall sind die nach Absatz 1 Satz 2 und Absatz 2 Satz 2 gespeicherten Daten unverzüglich von diesen Behörden zu löschen. Im Übrigen sind die gespeicherten personenbezogenen Daten drei Monate nach Ende der regelmäßigen Gültigkeitsdauer einer Zuverlässigkeitsüberprüfung, gerechnet ab dem Zeitpunkt der Anfrage durch die zuständige Behörde, zu löschen.

§ 6b Mitteilungspflichten der Waffenbehörden an die Jagdbehörden

Stellt die Waffenbehörde fest, dass eine Person mit besonders anzuerkennenden persönlichen oder wirtschaftlichen Interessen als Jäger (Bedürfnisgrund) die erforderliche Zuverlässigkeit nach § 5 oder die persönliche Eignung nach § 6 nicht mehr besitzt, so informiert die Waffenbehörde die zuständige Jagdbehörde hierüber unverzüglich.

§ 7 Sachkunde

(1) Den Nachweis der Sachkunde hat erbracht, wer eine Prüfung vor der dafür bestimmten Stelle bestanden hat oder seine Sachkunde durch eine Tätigkeit oder Ausbildung nachweist.

(2) Das Bundesministerium des Innern, für Bau und Heimat wird ermächtigt, durch Rechtsverordnung mit Zustimmung des Bundesrates Vorschriften über die Anforderungen an die waffentechnischen und waffenrechtlichen Kenntnisse, über die Prüfung und das Prüfungsverfahren einschließlich der Errichtung von Prüfungsausschüssen sowie über den anderweitigen Nachweis der Sachkunde zu erlassen.

§ 8 Bedürfnis, allgemeine Grundsätze

Der Nachweis eines Bedürfnisses ist erbracht, wenn gegenüber den Belangen der öffentlichen Sicherheit oder Ordnung

1. besonders anzuerkennende persönliche oder wirtschaftliche Interessen, vor allem als Jäger, Sportschütze, Brauchtumsschütze, Waffen- oder Munitionssammler, Waffen- oder Munitionssachverständiger, gefährdete Person, als Waffenhersteller oder -händler oder als Bewachungsunternehmer, und
2. die Geeignetheit und Erforderlichkeit der Waffen oder Munition für den beantragten Zweck

glaubhaft gemacht sind.

§ 9 Inhaltliche Beschränkungen, Nebenbestimmungen und Anordnungen

(1) Eine Erlaubnis nach diesem Gesetz kann zur Abwehr von Gefahren für die öffentliche

I

Sicherheit oder Ordnung inhaltlich beschränkt werden, insbesondere um Leben und Gesundheit von Menschen gegen die aus dem Umgang mit Schusswaffen oder Munition entstehenden Gefahren und erheblichen Nachteile zu schützen.

(2) Zu den in Absatz 1 genannten Zwecken können Erlaubnisse befristet oder mit Auflagen verbunden werden. Auflagen können nachträglich aufgenommen, geändert und ergänzt werden.

(3) Gegenüber Personen, die die Waffenherstellung oder den Waffenhandel nach Anlage 2 Abschnitt 2 Unterabschnitt 2 Nr. 4 bis 6 oder eine Schießstätte nach § 27 Abs. 2 ohne Erlaubnis betreiben dürfen, können Anordnungen zu den in Absatz 1 genannten Zwecken getroffen werden.

Unterabschnitt 2
Erlaubnisse für einzelne Arten des Umgangs mit Waffen oder Munition, Ausnahmen

§ 10 Erteilung von Erlaubnissen zum Erwerb, Besitz, Führen und Schießen

(1) Die Erlaubnis zum Erwerb und Besitz von Waffen wird durch eine Waffenbesitzkarte oder durch Eintragung in eine bereits vorhandene Waffenbesitzkarte erteilt. Für die Erteilung einer Erlaubnis für Schusswaffen sind Art, Anzahl und Kaliber der Schusswaffen anzugeben. Die Erlaubnis zum Erwerb einer Waffe gilt für die Dauer eines Jahres, die Erlaubnis zum Besitz wird in der Regel unbefristet erteilt.

(2) Eine Waffenbesitzkarte über Schusswaffen, die mehrere Personen besitzen, kann auf diese Personen ausgestellt werden. Eine Waffenbesitzkarte kann auch einem schießsportlichen Verein oder einer jagdlichen Vereinigung als juristischer Person erteilt werden. Sie ist mit der Auflage zu verbinden, dass der Verein der Behörde vor Inbesitznahme von Vereinswaffen unbeschadet des Vorliegens der Voraussetzung des § 4 Abs. 1 Nr. 5 eine verantwortliche Person zu benennen hat, für die die Voraussetzungen nach § 4 Abs. 1 Nr. 1 bis 3 nachgewiesen sind; diese benannte Person muss nicht vertretungsberechtigtes Organ des Vereins sein. Scheidet die benannte verantwortliche Person aus dem Verein aus oder liegen in ihrer Person nicht mehr alle Voraussetzungen nach § 4 Abs. 1 Nr. 1 bis 3 vor, so ist der Verein verpflichtet, dies unverzüglich der zuständigen Behörde mitzuteilen. Benennt der Verein nicht innerhalb von zwei Wochen eine neue verantwortliche Person, für die die Voraussetzungen nach § 4 Abs. 1 Nr. 1 bis 3 nachgewiesen werden, so ist die dem schießsportlichen Verein erteilte Waffenbesitzerlaubnis zu widerrufen und die Waffenbesitzkarte zurückzugeben.

(3) Die Erlaubnis zum Erwerb und Besitz von Munition wird durch Eintragung in eine Waffenbesitzkarte für die darin eingetragenen Schusswaffen erteilt. In den übrigen Fällen wird die Erlaubnis durch einen Munitionserwerbsschein für eine bestimmte Munitionsart erteilt; sie ist für den Erwerb der Munition auf die Dauer von sechs Jahren zu befristen und gilt für den Besitz der Munition unbefristet. Die Erlaubnis zum nicht gewerblichen Laden von Munition im Sinne des Sprengstoffgesetzes gilt auch als Erlaubnis zum Erwerb und Besitz dieser Munition. Nach Ablauf der Gültigkeit des Erlaubnisdokuments gilt die Erlaubnis für den Besitz dieser Munition für die Dauer von sechs Monaten fort.

(4) Die Erlaubnis zum Führen einer Waffe wird durch einen Waffenschein erteilt. Eine Erlaubnis nach Satz 1 zum Führen von Schusswaffen wird für bestimmte Schusswaffen auf höchstens drei Jahre erteilt; die Geltungsdauer kann zweimal um höchstens je drei Jahre verlängert werden, sie ist kürzer zu bemessen, wenn nur ein vorübergehendes Bedürfnis nachgewiesen wird. Der Geltungsbereich des Waffenscheins ist auf bestimmte Anlässe oder Gebiete zu beschränken, wenn ein darüber hinausgehendes Bedürfnis nicht nachgewiesen wird. Die Voraussetzungen für die Erteilung einer Erlaubnis zum Führen von Schreckschuss-, Reizstoff- und Signalwaffen sind in der Anlage 2 Abschnitt 2 Unterabschnitt 3 Nr. 2 und 2.1 genannt (Kleiner Waffenschein).

(5) Die Erlaubnis zum Schießen mit einer Schusswaffe wird durch einen Erlaubnisschein erteilt.

§ 11 Erwerb und Besitz von Schusswaffen oder Munition mit Bezug zu einem anderen Mitgliedstaat

(1) Eine Erlaubnis zum Erwerb und Besitz einer Schusswaffe nach Anlage 1 Abschnitt 3 Nr. 1 bis 3 (Kategorien A bis C) oder von Munition für eine solche darf einer Person, die ihren gewöhnlichen Aufenthalt in einem anderen Mitgliedstaat hat, nur erteilt werden, wenn sie

1. die Schusswaffen oder die Munition in den Mitgliedstaat im Wege der Selbstvornahme verbringen wird oder
2. eine schriftliche oder elektronische Erklärung vorlegt, dass und aus welchen Gründen sie die Schusswaffen oder die Munition nur im Geltungsbereich dieses Gesetzes zu besitzen beabsichtigt.

Die Erlaubnis zum Erwerb oder Besitz einer Schusswaffe nach Anlage 1 Abschnitt 3 Nr. 2 (Kategorie B) oder Munition für eine solche darf nur erteilt werden, wenn über die Voraussetzungen des Satzes 1 hinaus eine vorherige Zustimmung dieses Mitgliedstaates hierzu vorgelegt wird.

(2) Für eine Person mit gewöhnlichem Aufenthalt im Geltungsbereich dieses Gesetzes, die eine Schusswaffe nach Anlage 1 Abschnitt 3 Nr. 2 (Kategorie B) oder Munition für eine solche in einem anderen Mitgliedstaat mit einer Erlaubnis dieses Staates erwerben will, wird eine Erlaubnis erteilt, wenn die Voraussetzungen nach § 4 Abs. 1 Nr. 2 vorliegen.

§ 12 Ausnahmen von Erlaubnispflichten

(1) Einer Erlaubnis zum Erwerb und Besitz einer Waffe bedarf nicht, wer diese

1. als Inhaber einer Waffenbesitzkarte von einem Berechtigten
   a) lediglich vorübergehend, höchstens aber für einen Monat für einen von seinem Bedürfnis umfassten Zweck oder im Zusammenhang damit, oder
   b) vorübergehend zum Zweck der sicheren Verwahrung oder der Beförderung

   erwirbt;
2. vorübergehend von einem Berechtigten zur gewerbsmäßigen Beförderung, zur gewerbsmäßigen Lagerung oder zur gewerbsmäßigen Ausführung von Verschönerungen oder ähnlicher Arbeiten an der Waffe erwirbt;
3. von einem oder für einen Berechtigten erwirbt, wenn und solange er
   a) auf Grund eines Arbeits- oder Ausbildungsverhältnisses,
   b) als Beauftragter oder Mitglied einer jagdlichen oder schießsportlichen Vereinigung, einer anderen sportlichen Vereinigung zur Abgabe von Startschüssen oder einer zur Brauchtumspflege Waffen tragenden Vereinigung,
   c) als Beauftragter einer in § 55 Abs. 1 Satz 1 bezeichneten Stelle,
   d) als Charterer von seegehenden Schiffen zur Abgabe von Seenotsignalen

   den Besitz über die Waffe nur nach den Weisungen des Berechtigten ausüben darf;
4. von einem anderen,
   a) dem er die Waffe vorübergehend überlassen hat, ohne dass es hierfür der Eintragung in die Erlaubnisurkunde bedurfte, oder
   b) nach dem Abhandenkommen

   wieder erwirbt;
5. auf einer Schießstätte (§ 27) lediglich vorübergehend zum Schießen auf dieser Schießstätte erwirbt;
6. auf einer Reise in den oder durch den Geltungsbereich dieses Gesetzes nach § 32 berechtigt mitnimmt.

(2) Einer Erlaubnis zum Erwerb und Besitz von Munition bedarf nicht, wer diese

1. unter den Voraussetzungen des Absatzes 1 Nr. 1 bis 4 erwirbt;
2. unter den Voraussetzungen des Absatzes 1 Nr. 5 zum sofortigen Verbrauch lediglich auf dieser Schießstätte (§ 27) erwirbt;

3. auf einer Reise in den oder durch den Geltungsbereich dieses Gesetzes nach § 32 berechtigt mitnimmt.

(3) Einer Erlaubnis zum Führen von Waffen bedarf nicht, wer

1. diese mit Zustimmung eines anderen in dessen Wohnung, Geschäftsräumen oder befriedetem Besitztum oder dessen Schießstätte zu einem von seinem Bedürfnis umfassten Zweck oder im Zusammenhang damit führt;
2. diese nicht schussbereit und nicht zugriffsbereit von einem Ort zu einem anderen Ort befördert, sofern der Transport der Waffe zu einem von seinem Bedürfnis umfassten Zweck oder im Zusammenhang damit erfolgt;
3. eine Langwaffe nicht schussbereit den Regeln entsprechend als Teilnehmer an genehmigten Sportwettkämpfen auf festgelegten Wegstrecken führt;
4. eine Signalwaffe beim Bergsteigen, als verantwortlicher Führer eines Wasserfahrzeugs auf diesem Fahrzeug oder bei Not- und Rettungsübungen führt;
5. eine Schreckschuss- oder eine Signalwaffe zur Abgabe von Start- oder Beendigungszeichen bei Sportveranstaltungen führt, wenn optische oder akustische Signalgebung erforderlich ist;
6. in Fällen der vorübergehenden Aufbewahrung von Waffen außerhalb der Wohnung diesen ein wesentliches Teil entnimmt und mit sich führt; mehrere mitgeführte wesentliche Teile dürfen nicht zu einer schussfähigen Waffe zusammengefügt werden können.

(4) Einer Erlaubnis zum Schießen mit einer Schusswaffe bedarf nicht, wer auf einer Schießstätte (§ 27) schießt. Das Schießen außerhalb von Schießstätten ist darüber hinaus ohne Schießerlaubnis nur zulässig

1. durch den Inhaber des Hausrechts oder mit dessen Zustimmung im befriedeten Besitztum
   a) mit Schusswaffen, deren Geschossen eine Bewegungsenergie von nicht mehr als 7,5 Joule (J) erteilt wird oder deren Bauart nach § 7 des Beschussgesetzes zugelassen ist, sofern die Geschosse das Besitztum nicht verlassen können,
   b) mit Schusswaffen, aus denen nur Kartuschenmunition verschossen werden kann,
2. durch Personen, die den Regeln entsprechend als Teilnehmer an genehmigten Sportwettkämpfen nach Absatz 3 Nr. 3 mit einer Langwaffe an Schießständen schießen,
3. mit Schusswaffen, aus denen nur Kartuschenmunition verschossen werden kann,
   a) durch Mitwirkende an Theateraufführungen und diesen gleich zu achtenden Vorführungen,
   b) zum Vertreiben von Vögeln in landwirtschaftlichen Betrieben,
4. mit Signalwaffen bei Not- und Rettungsübungen,
5. mit Schreckschuss- oder mit Signalwaffen zur Abgabe von Start- oder Beendigungszeichen im Auftrag der Veranstalter bei Sportveranstaltungen, wenn optische oder akustische Signalgebung erforderlich ist.

(5) Die zuständige Behörde kann im Einzelfall weitere Ausnahmen von den Erlaubnispflichten zulassen, wenn besondere Gründe vorliegen und Belange der öffentlichen Sicherheit und Ordnung nicht entgegenstehen.

Unterabschnitt 3
Besondere Erlaubnistatbestände für bestimmte Personengruppen

§ 13 Erwerb und Besitz von Schusswaffen und Munition durch Jäger, Führen und Schießen zu Jagdzwecken

(1) Ein Bedürfnis für den Erwerb und Besitz von Schusswaffen und der dafür bestimmten Munition wird bei Personen anerkannt, die Inhaber eines gültigen Jagdscheines im Sinne von § 15 Abs. 1 Satz 1 des Bundesjagdgesetzes sind (Jäger), wenn

1. glaubhaft gemacht wird, dass sie die Schusswaffen und die Munition zur Jagdausübung oder zum Training im jagdlichen Schießen einschließlich jagdlicher Schießwettkämpfe benötigen, und

2. die zu erwerbende Schusswaffe und Munition nach dem Bundesjagdgesetz in der zum Zeitpunkt des Erwerbs geltenden Fassung nicht verboten ist (Jagdwaffen und -munition).

(2) Für Jäger gilt § 6 Abs. 3 Satz 1 nicht. Bei Jägern, die Inhaber eines Jahresjagdscheines im Sinne von § 15 Abs. 2 in Verbindung mit Abs. 1 Satz 1 des Bundesjagdgesetzes sind, erfolgt keine Prüfung der Voraussetzungen des Absatzes 1 Nr. 1 sowie des § 4 Abs. 1 Nr. 4 für den Erwerb und Besitz von Langwaffen und zwei Kurzwaffen, sofern die Voraussetzungen des Absatzes 1 Nr. 2 vorliegen.

(3) Inhaber eines gültigen Jahresjagdscheines im Sinne des § 15 Abs. 2 in Verbindung mit Abs. 1 Satz 1 des Bundesjagdgesetzes bedürfen zum Erwerb von Langwaffen nach Absatz 1 Nr. 2 keiner Erlaubnis. Der Jagdscheininhaber nach Satz 1 hat binnen zwei Wochen nach Erwerb einer Langwaffe bei der zuständigen Behörde die Ausstellung einer Waffenbesitzkarte zu beantragen.

(4) Für den Erwerb und vorübergehenden Besitz gemäß § 12 Abs. 1 Nr. 1 von Langwaffen nach Absatz 1 Nr. 2 steht ein Jagdschein im Sinne von § 15 Abs. 1 Satz 1 des Bundesjagdgesetzes einer Waffenbesitzkarte gleich.

(5) Jäger bedürfen für den Erwerb und Besitz von Munition für Langwaffen nach Absatz 1 Nr. 2 keiner Erlaubnis, sofern sie nicht nach dem Bundesjagdgesetz in der jeweiligen Fassung verboten ist.

(6) Ein Jäger darf Jagdwaffen zur befugten Jagdausübung einschließlich des Ein- und Anschießens im Revier, zur Ausbildung von Jagdhunden im Revier, zum Jagdschutz oder zum Forstschutz ohne Erlaubnis führen und mit ihnen schießen; er darf auch im Zusammenhang mit diesen Tätigkeiten die Jagdwaffen nicht schussbereit ohne Erlaubnis führen. Der befugten Jagdausübung gleichgestellt ist der Abschuss von Tieren, die dem Naturschutzrecht unterliegen, wenn die naturschutzrechtliche Ausnahme oder Befreiung die Tötung durch einen Jagdscheininhaber vorsieht.

(7) Inhabern eines Jugendjagdscheines im Sinne von § 16 des Bundesjagdgesetzes wird eine Erlaubnis zum Erwerb und Besitz von Schusswaffen und der dafür bestimmten Munition nicht erteilt. Sie dürfen Schusswaffen und die dafür bestimmte Munition nur für die Dauer der Ausübung der Jagd oder des Trainings im jagdlichen Schießen einschließlich jagdlicher Schießwettkämpfe ohne Erlaubnis erwerben, besitzen, die Schusswaffen führen und damit schießen; sie dürfen auch im Zusammenhang mit diesen Tätigkeiten die Jagdwaffen nicht schussbereit ohne Erlaubnis führen.

(8) Personen in der Ausbildung zum Jäger dürfen nicht schussbereite Jagdwaffen in der Ausbildung ohne Erlaubnis unter Aufsicht eines Ausbilders erwerben, besitzen und führen, wenn sie das 14. Lebensjahr vollendet haben und der Sorgeberechtigte und der Ausbildungsleiter ihr Einverständnis in einer schriftlichen oder elektronischen Berechtigungsbescheinigung erklärt haben. Die Person hat in der Ausbildung die Berechtigungsbescheinigung mit sich zu führen.

(9) Auf Schalldämpfer finden die Absätze 1 bis 4 und 6 bis 8 entsprechende Anwendung. Die Schalldämpfer gemäß Satz 1 dürfen ausschließlich mit für die Jagd zugelassenen Langwaffen für Munition mit Zentralfeuerzündung im Rahmen der Jagd und des jagdlichen Übungsschießens verwendet werden.

§ 14 Erwerb und Besitz von Schusswaffen und Munition durch Sportschützen

(1) Die Erlaubnis zum Erwerb und Besitz von Schusswaffen und Munition zum Zweck des sportlichen Schießens wird abweichend von § 4 Abs. 1 Nr. 1 nur erteilt, wenn der Antragsteller das 21. Lebensjahr vollendet hat. Satz 1 gilt nicht für den Erwerb und Besitz von Schusswaffen bis zu einem Kaliber von 5,6 mm lfB (.22 l.r.) für Munition mit Randfeuerzündung, wenn die Mündungsenergie der Geschosse höchstens 200 Joule (J) beträgt, und Einzellader-Langwaffen mit glatten Läufen mit Kaliber 12 oder kleiner, sofern das sportliche Schießen mit solchen Waffen durch

die genehmigte Sportordnung eines Schießsportverbandes zugelassen ist.

(2) Ein Bedürfnis für den Erwerb und Besitz von Schusswaffen und der dafür bestimmten Munition wird bei Mitgliedern eines Schießsportvereins anerkannt, der einem nach § 15 Abs. 1 anerkannten Schießsportverband angehört.

(3) Für das Bedürfnis zum Erwerb von Schusswaffen und der dafür bestimmten Munition ist durch eine Bescheinigung des Schießsportverbandes oder eines ihm angegliederten Teilverbandes glaubhaft zu machen, dass

1. das Mitglied seit mindestens zwölf Monaten den Schießsport in einem Verein mit erlaubnispflichtigen Schusswaffen betreibt,
2. das Mitglied den Schießsport in einem Verein innerhalb der vergangenen zwölf Monate mindestens
   a) einmal in jedem ganzen Monat dieses Zeitraums ausgeübt hat, oder
   b) 18 Mal insgesamt innerhalb dieses Zeitraums ausgeübt hat,

   und
3. die zu erwerbende Waffe für eine Sportdisziplin nach der Sportordnung des Schießsportverbandes zugelassen und erforderlich ist.

Innerhalb von sechs Monaten dürfen in der Regel nicht mehr als zwei Schusswaffen erworben werden.

(4) Für das Bedürfnis zum Besitz von Schusswaffen und der dafür bestimmten Munition ist durch eine Bescheinigung des Schießsportverbandes oder eines ihm angegliederten Teilverbandes glaubhaft zu machen, dass das Mitglied in den letzten 24 Monaten vor Prüfung des Bedürfnisses den Schießsport in einem Verein mit einer eigenen erlaubnispflichtigen Waffe

1. mindestens einmal alle drei Monate in diesem Zeitraum betrieben hat oder
2. mindestens sechsmal innerhalb eines abgeschlossenen Zeitraums von jeweils zwölf Monaten betrieben hat.

Besitzt das Mitglied sowohl Lang- als auch Kurzwaffen, so ist der Nachweis nach Satz 1 für Waffen beider Kategorien zu erbringen. Sind seit der ersten Eintragung einer Schusswaffe in die Waffenbesitzkarte oder der erstmaligen Ausstellung einer Munitionserwerbserlaubnis zehn Jahre vergangen, genügt für das Fortbestehen des Bedürfnisses des Sportschützen die Mitgliedschaft in einem Schießsportverein nach Absatz 2; die Mitgliedschaft ist im Rahmen der Folgeprüfungen nach § 4 Absatz 4 durch eine Bescheinigung des Schießsportvereins nachzuweisen.

(5) Ein Bedürfnis von Sportschützen nach Absatz 2 für den Erwerb und Besitz von mehr als drei halbautomatischen Langwaffen und mehr als zwei mehrschüssigen Kurzwaffen für Patronenmunition sowie der hierfür erforderlichen Munition wird unter Beachtung des Absatzes 2 durch Vorlage einer Bescheinigung des Schießsportverbandes des Antragstellers glaubhaft gemacht, wonach die weitere Waffe

1. von ihm zur Ausübung weiterer Sportdisziplinen benötigt wird oder
2. zur Ausübung des Wettkampfsports erforderlich ist

und der Antragsteller regelmäßig an Schießsportwettkämpfen teilgenommen hat.

(6) Sportschützen, die dem Schießsport in einem Schießsportverband nach § 15 Absatz 1 als gemeldetes Mitglied nachgehen, wird abweichend von § 10 Absatz 1 Satz 3 unter Beachtung des Absatzes 3 Satz 1 Nummer 1 und 2 und Satz 2 eine unbefristete Erlaubnis erteilt, die zum Erwerb von insgesamt bis zu zehn Einzellader-Langwaffen mit glatten und gezogenen Läufen, Repetier-Langwaffen mit gezogenen Läufen sowie einläufigen Einzellader-Kurzwaffen für Patronenmunition und mehrschüssigen Kurz- und Langwaffen mit Zündhütchenzündung (Perkussionswaffen) berechtigt.

§ 15 Schießsportverbände, schießsportliche Vereine

(1) Als Schießsportverband im Sinne dieses Gesetzes wird ein überörtlicher Zusammenschluss schießsportlicher Vereine anerkannt, der

1. wenigstens in jedem Land, in dem seine Sportschützen ansässig sind, in schießsportlichen Vereinen organisiert ist,

2. mindestens 10 000 Sportschützen, die mit Schusswaffen schießen, als Mitglieder insgesamt in seinen Vereinen hat,
3. den Schießsport als Breitensport und Leistungssport betreibt,
4. a) auf eine sachgerechte Ausbildung in den schießsportlichen Vereinen und
   b) zur Förderung des Nachwuchses auf die Durchführung eines altersgerechten Schießsports für Kinder oder Jugendliche in diesen Vereinen

   hinwirkt,
5. regelmäßig überregionale Wettbewerbe organisiert oder daran teilnimmt,
6. den sportlichen Betrieb in den Vereinen auf der Grundlage einer genehmigten Schießsportordnung organisiert und
7. im Rahmen eines festgelegten Verfahrens die ihm angehörenden schießsportlichen Vereine verpflichtet und regelmäßig darauf überprüft, dass diese
   a) die ihnen nach diesem Gesetz oder auf Grund dieses Gesetzes obliegenden Pflichten erfüllen,
   b) einen Nachweis über die Häufigkeit der schießsportlichen Aktivitäten jedes ihrer Mitglieder während der letzten 24 Monate vor Prüfung des Bedürfnisses nach § 4 Absatz 4 führen, sofern nicht ein Fall des § 14 Absatz 4 Satz 3 vorliegt, und
   c) über eigene Schießstätten für die nach der Schießsportordnung betriebenen Disziplinen verfügen oder geregelte Nutzungsmöglichkeiten für derartige Schießstätten nachweisen.

(2) Von den Voraussetzungen des Absatzes 1 Nr. 1, 2 oder 4 Buchstabe b kann abgewichen werden, wenn die besondere Eigenart des Verbandes dies erfordert, öffentliche Interessen nicht entgegenstehen und der Verband die Gewähr dafür bietet, die sonstigen Anforderungen nach Absatz 1 an die geordnete Ausübung des Schießsports zu erfüllen. Ein Abweichen von dem Erfordernis nach Absatz 1 Nr. 2 ist unter Beachtung des Satzes 1 nur bei Verbänden zulässig, die mindestens 2000 Sportschützen, die mit Schusswaffen schießen, als Mitglieder in ihren Vereinen haben.

(3) Die Anerkennung nach Absatz 1 erfolgt durch das Bundesverwaltungsamt im Benehmen mit den nach § 48 Abs. 1 zuständigen Behörden des Landes, in dem der Schießsportverband seinen Sitz hat, und, soweit nicht der Schießsportverband nur auf dem Gebiet dieses Landes tätig ist, im Benehmen mit den nach § 48 Abs. 1 zuständigen Behörden der übrigen Länder.

(4) Die zuständige Behörde hat das Recht, jederzeit den Nachweis über das Vorliegen der Voraussetzungen für die Anerkennung zu verlangen. Die Anerkennung kann zurückgenommen werden, wenn die Voraussetzungen nach Absatz 1 für ihre Erteilung nicht vorgelegen haben; sie ist zurückzunehmen, wenn die Voraussetzungen weiterhin nicht vorliegen. Die Anerkennung ist zu widerrufen, wenn eine der Voraussetzungen für ihre Erteilung nachträglich entfallen ist. Anerkennung, Rücknahme und Widerruf sind im Bundesanzeiger zu veröffentlichen. Vom Zeitpunkt der Unanfechtbarkeit der Aufhebung der Anerkennung an sind die Bescheinigungen des betreffenden Verbandes nach § 14 Absatz 3, 4 und 5 nicht mehr als geeignete Mittel zur Glaubhaftmachung anzuerkennen. Sofern der Grund für die Aufhebung der Anerkennung Zweifel an der inhaltlichen Richtigkeit von Bescheinigungen aufkommen lässt, können die Behörden bereits ab der Einleitung der Anhörung von der Anerkennung der Bescheinigungen absehen. Die Anerkennungsbehörde unterrichtet die nach Absatz 3 an der Anerkennung beteiligten Stellen von der Einleitung und dem Abschluss des Verfahrens zur Aufhebung der Anerkennung.

(5) Der schießsportliche Verein ist verpflichtet, der zuständigen Behörde Sportschützen, die Inhaber einer Waffenbesitzkarte sind und die aus ihrem Verein ausgeschieden sind, unverzüglich zu benennen.

§ 15a Sportordnungen

(1) Sportliches Schießen liegt dann vor, wenn nach festen Regeln einer genehmigten Sportordnung geschossen wird. Schießübungen

des kampfmäßigen Schießens, insbesondere die Verwendung von Zielen oder Scheiben, die Menschen darstellen oder symbolisieren, sind im Schießsport nicht zulässig.

(2) Das Bundesverwaltungsamt entscheidet über die erstmalige Genehmigung und die Änderung der Teile der Sportordnungen von Verbänden und Vereinen, die für die Ausführung dieses Gesetzes und der auf seiner Grundlage erlassenen Rechtsverordnungen erheblich sind. Die erstmalige Genehmigung oder die Genehmigung von Änderungen erfolgt, wenn die zu prüfenden Teile der Sportordnungen den Anforderungen dieses Gesetzes und der auf Grundlage von Absatz 4 erlassenen Rechtsverordnung genügen. Eine Änderung gilt als genehmigt, wenn das Bundesverwaltungsamt nicht binnen drei Monaten nach Zugang aller erforderlichen Prüfunterlagen Änderungen verlangt oder dem Betroffenen mitteilt, dass die Prüfung aus anderen wichtigen Gründen nicht abgeschlossen werden kann.

(3) Die Genehmigung von Sportordnungen ohne gleichzeitige Anerkennung als Verband nach § 15 Absatz 1 erfolgt, wenn die Vorgaben des § 15 Absatz 1 Nummer 4 Buchstabe a und Nummer 7 sowie die Vorgaben des Absatzes 2 Satz 2 erfüllt sind.

(4) Das Bundesministerium des Innern, für Bau und Heimat wird ermächtigt, durch Rechtsverordnung mit Zustimmung des Bundesrates zur Abwehr von Gefahren für die öffentliche Sicherheit oder Ordnung unter Berücksichtigung der berechtigten Interessen des Schießsports Vorschriften über die Anforderungen und die Inhalte der Sportordnungen zum sportlichen Schießen zu erlassen und insbesondere zu bestimmen, dass vom Schießsport bestimmte Schusswaffen wegen ihrer Konstruktion, ihrer Handhabung oder Wirkungsweise ganz oder teilweise ausgeschlossen sind.

§ 15b Fachbeirat Schießsport

Das Bundesministerium des Innern, für Bau und Heimat wird ermächtigt, durch Rechtsverordnung mit Zustimmung des Bundesrates einen Ausschuss zu bilden, in den neben Vertretern der beteiligten Bundes- und Landesbehörden auch Vertreter des Sports zu berufen sind und der das Bundesverwaltungsamt in Fragen der Anerkennung eines Schießsportverbandes und der Genehmigung von Schießsportordnungen nach § 15a Abs. 2 und 3 unter Berücksichtigung waffentechnischer Fragen berät.

§ 16 Erwerb und Besitz von Schusswaffen und Munition durch Brauchtumsschützen, Führen von Waffen und Schießen zur Brauchtumspflege

(1) Ein Bedürfnis für den Erwerb und Besitz von Einzellader-Langwaffen und bis zu drei Repetier-Langwaffen sowie der dafür bestimmten Munition wird bei Mitgliedern einer zur Brauchtumspflege Waffen tragenden Vereinigung (Brauchtumsschützen) anerkannt, wenn sie durch eine Bescheinigung der Brauchtumsschützenvereinigung glaubhaft machen, dass sie diese Waffen zur Pflege des Brauchtums benötigen.

(2) Für Veranstaltungen, bei denen es Brauch ist, aus besonderem Anlass Waffen zu tragen, kann für die Dauer von fünf Jahren die Ausnahmebewilligung zum Führen von in Absatz 1 Satz 1 genannten Schusswaffen sowie von sonstigen zur Brauchtumspflege benötigten Waffen im Sinne des § 1 Abs. 2 Nr. 2 einem verantwortlichen Leiter der Brauchtumsschützenvereinigung unter den Voraussetzungen des § 42 Abs. 2 erteilt werden, wenn gewährleistet ist, dass die erforderliche Sorgfalt beachtet wird.

(3) Die Erlaubnis zum Schießen mit den in Absatz 1 Satz 1 genannten Schusswaffen außerhalb von Schießstätten mit Kartuschenmunition bei Veranstaltungen nach Absatz 2 kann für die Dauer von fünf Jahren einem verantwortlichen Leiter der Brauchtumsschützenvereinigung erteilt werden. Sie ist zu versagen, wenn

1. in dessen Person eine Voraussetzung nach § 4 Abs. 1 Nr. 1 bis 4 nicht vorliegt,
2. die Beachtung der erforderlichen Sorgfalt nicht gewährleistet ist,
3. Gefahren oder erhebliche Nachteile für Einzelne oder die Allgemeinheit zu be-

fürchten sind und nicht durch Auflagen verhindert werden können oder

4. kein Haftpflichtversicherungsschutz gemäß § 4 Abs. 1 Nr. 5 nachgewiesen ist.

Die Erlaubnis nach Satz 1 kann mit der Ausnahmebewilligung nach Absatz 2 verbunden werden.

(4) Brauchtumsschützen dürfen in den Fällen der Absätze 2 und 3 oder bei Vorliegen einer Ausnahmebewilligung nach § 42 Abs. 2 die Schusswaffen ohne Erlaubnis führen und damit schießen. Sie dürfen die zur Pflege des Brauchtums benötigten Schusswaffen auch im Zusammenhang mit Veranstaltungen, bei denen es Brauch ist, aus besonderem Anlass Waffen zu tragen, für die eine Erlaubnis nach Absatz 2 oder nach § 42 Abs. 2 erteilt wurde, ohne Erlaubnis führen.

§ 17 Erwerb und Besitz von Schusswaffen oder Munition durch Waffen- oder Munitionssammler

(1) Ein Bedürfnis zum Erwerb und Besitz von Schusswaffen oder Munition wird bei Personen anerkannt, die glaubhaft machen, dass sie Schusswaffen oder Munition für eine kulturhistorische bedeutsame Sammlung (Waffensammler, Munitionssammler) benötigen; kulturhistorisch bedeutsam ist auch eine wissenschaftlich-technische Sammlung.

(2) Die Erlaubnis zum Erwerb von Schusswaffen oder Munition wird in der Regel unbefristet erteilt. Sie kann mit der Auflage verbunden werden, der Behörde in bestimmten Zeitabständen eine Aufstellung über den Bestand an Schusswaffen vorzulegen.

(3) Die Erlaubnis zum Erwerb und Besitz von Schusswaffen oder Munition wird auch einem Erben, Vermächtnisnehmer oder durch Auflage Begünstigten (Erwerber infolge eines Erbfalls) erteilt, der eine vorhandene Sammlung des Erblassers im Sinne des Absatzes 1 fortführt.

§ 18 Erwerb und Besitz von Schusswaffen oder Munition durch Waffen- oder Munitionssachverständige

(1) Ein Bedürfnis zum Erwerb und Besitz von Schusswaffen oder Munition wird bei Personen anerkannt, die glaubhaft machen, dass sie Schusswaffen oder Munition für wissenschaftliche oder technische Zwecke, zur Erprobung, Begutachtung, Untersuchung oder zu einem ähnlichen Zweck (Waffen-, Munitionssachverständige) benötigen.

(2) Die Erlaubnis zum Erwerb von Schusswaffen oder Munition wird in der Regel

1. für Schusswaffen oder Munition jeder Art und
2. unbefristet

erteilt. Sie kann mit der Auflage verbunden werden, der Behörde in bestimmten Zeitabständen eine Aufstellung über den Bestand an Schusswaffen vorzulegen.

§ 19 Erwerb und Besitz von Schusswaffen und Munition, Führen von Schusswaffen durch gefährdete Personen

(1) Ein Bedürfnis zum Erwerb und Besitz einer Schusswaffe und der dafür bestimmten Munition wird bei einer Person anerkannt, die glaubhaft macht,

1. wesentlich mehr als die Allgemeinheit durch Angriffe auf Leib oder Leben gefährdet zu sein und
2. dass der Erwerb der Schusswaffe und der Munition geeignet und erforderlich ist, diese Gefährdung zu mindern.

(2) Ein Bedürfnis zum Führen einer Schusswaffe wird anerkannt, wenn glaubhaft gemacht ist, dass die Voraussetzungen nach Absatz 1 auch außerhalb der eigenen Wohnung, Geschäftsräume oder des eigenen befriedeten Besitztums vorliegen.

§ 20 Erwerb und Besitz von Schusswaffen durch Erwerber infolge eines Erbfalls

(1) Der Erbe hat binnen eines Monats nach der Annahme der Erbschaft oder dem Ablauf der für die Ausschlagung der Erbschaft vorgeschriebenen Frist die Ausstellung einer Waffenbesitzkarte für die zum Nachlass gehörenden erlaubnispflichtigen Schusswaffen oder ihre Eintragung in eine bereits ausgestellte Waffenbesitzkarte zu beantragen; für den Vermächtnisnehmer oder durch Auflage

I

Begünstigten beginnt diese Frist mit dem Erwerb der Schusswaffen.

(2) Dem Erwerber infolge eines Erbfalls ist die gemäß Absatz 1 beantragte Erlaubnis abweichend von § 4 Abs. 1 zu erteilen, wenn der Erblasser berechtigter Besitzer war und der Antragsteller zuverlässig und persönlich geeignet ist.

(3) Für erlaubnispflichtige Schusswaffen und erlaubnispflichtige Munition, für die der Erwerber infolge eines Erbfalles ein Bedürfnis nach § 8 oder §§ 13 ff. geltend machen kann, sind die Vorschriften des § 4 Abs. 1 Nr. 1 bis 3 und des § 8 und der §§ 13 bis 18 anzuwenden. Kann kein Bedürfnis geltend gemacht werden, sind Schusswaffen durch ein dem Stand der Technik entsprechendes Blockiersystem zu sichern und ist erlaubnispflichtige Munition binnen angemessener Frist unbrauchbar zu machen oder einem Berechtigten zu überlassen. Einer Sicherung durch ein Blockiersystem bedarf es nicht, wenn der Erwerber der Erbwaffe bereits auf Grund eines Bedürfnisses nach § 8 oder §§ 13 ff. berechtigter Besitzer einer erlaubnispflichtigen Schusswaffe ist. Für den Transport der Schusswaffe im Zusammenhang mit dem Einbau des Blockiersystems gilt § 12 Abs. 3 Nr. 2 entsprechend.

(4) Das Bundesministerium des Innern, für Bau und Heimat erstellt nach Anhörung eines Kreises von Vertretern der Wissenschaft, der betroffenen Personen, der beteiligten Wirtschaft und der für das Waffenrecht zuständigen obersten Landesbehörden dem Stand der Sicherheitstechnik entsprechende Regeln (Technische Richtlinie – Blockiersysteme für Erbwaffen) für ein Blockiersystem nach Absatz 3 Satz 2 sowie für dessen Zulassungsverfahren und veröffentlicht diese im Bundesanzeiger. Die Prüfung der Konformität und die Zulassung neu entwickelter Blockiersysteme gemäß der Technischen Richtlinie erfolgt durch die Physikalisch-Technische Bundesanstalt.

(5) Der Einbau und die Entsperrung von Blockiersystemen dürfen nur durch hierin eingewiesene Inhaber einer Waffenherstellungserlaubnis oder einer Waffenhandelserlaubnis nach § 21 Abs. 1 oder durch deren hierzu bevollmächtigten Mitarbeiter erfolgen. Die vorübergehende Entsperrung aus besonderem Anlass ist möglich. § 39 Abs. 1 Satz 1 gilt entsprechend.

(6) Die Waffenbehörde hat auf Antrag Ausnahmen von der Verpflichtung, alle Erbwaffen mit einem dem Stand der Sicherheitstechnik entsprechenden Blockiersystem zu sichern, zuzulassen, wenn oder so lange für eine oder mehrere Erbwaffen ein entsprechendes Blockiersystem noch nicht vorhanden ist. Eine Ausnahme kann auch für Erbwaffen erteilt werden, die Bestandteil einer kulturhistorisch bedeutsamen Sammlung gemäß § 17 sind oder werden sollen.

Unterabschnitt 4
Besondere Erlaubnistatbestände für Waffenherstellung, Waffenhandel, Schießstätten, Bewachungsunternehmer

§ 21 Gewerbsmäßige Waffenherstellung, Waffenhandel

(1) Die Erlaubnis zur gewerbsmäßig oder selbstständig im Rahmen einer wirtschaftlichen Unternehmung betriebenen Herstellung, Bearbeitung oder Instandsetzung von Schusswaffen oder Munition wird durch eine Waffenherstellungserlaubnis, die Erlaubnis zum entsprechend betriebenen Handel mit Schusswaffen oder Munition durch eine Waffenhandelserlaubnis erteilt. Sie kann auf bestimmte Schusswaffen- und Munitionsarten beschränkt werden.

(2) Die Waffenherstellungserlaubnis nach Absatz 1 Satz 1 schließt für Schusswaffen oder Munition, auf die sich die Erlaubnis erstreckt, die Erlaubnis zum vorläufigen oder endgültigen Überlassen an Inhaber einer Waffenherstellungs- oder Waffenhandelserlaubnis sowie zum Erwerb für Zwecke der Waffenherstellung ein. Bei in die Handwerksrolle eingetragenen Büchsenmachern schließt die Waffenherstellungserlaubnis die Erlaubnis zum Waffenhandel ein.

(3) Die Erlaubnis ist zu versagen, wenn

1. der Antragsteller die erforderliche Zuverlässigkeit (§ 5) oder persönliche Eignung (§ 6) nicht besitzt,

2. der Antragsteller die für die erlaubnispflichtige Tätigkeit bei handwerksmäßiger Betriebsweise erforderlichen Voraussetzungen nach der Handwerksordnung nicht erfüllt, soweit eine Erlaubnis zu einer entsprechenden Waffenherstellung beantragt wird,
3. der Antragsteller nicht die erforderliche Fachkunde nachweist, soweit eine Erlaubnis zum Waffenhandel beantragt wird; dies gilt nicht, wenn der Antragsteller weder den Betrieb, eine Zweigniederlassung noch eine unselbstständige Zweigstelle selbst leitet.

(4) Die Erlaubnis kann versagt werden, wenn der Antragsteller

1. nicht Deutscher im Sinne des Artikels 116 des Grundgesetzes ist oder
2. weder seinen gewöhnlichen Aufenthalt noch eine gewerbliche Niederlassung im Geltungsbereich dieses Gesetzes hat.

(5) Die Erlaubnis erlischt, wenn der Erlaubnisinhaber die Tätigkeit nicht innerhalb eines Jahres nach Erteilung der Erlaubnis begonnen oder ein Jahr lang nicht ausgeübt hat. Die Fristen können aus besonderen Gründen verlängert werden.

(6) Der Inhaber einer Erlaubnis nach Absatz 1 hat die Aufnahme und Einstellung des Betriebs sowie die Eröffnung und Schließung einer Zweigniederlassung oder einer unselbstständigen Zweigstelle innerhalb von zwei Wochen der zuständigen Behörde anzuzeigen.

(7) Die zuständige Behörde unterrichtet das Bundesverwaltungsamt und das Bundesamt für Wirtschaft und Ausfuhrkontrolle über das Erlöschen einer Erlaubnis nach Absatz 5 Satz 1 und über die Rücknahme oder den Widerruf einer Erlaubnis nach Absatz 1.

§ 21a Stellvertretungserlaubnis

Wer ein erlaubnisbedürftiges Waffengewerbe durch einen Stellvertreter betreiben will, bedarf einer Stellvertretererlaubnis; sie wird dem Erlaubnisinhaber für einen bestimmten Stellvertreter erteilt und kann befristet werden. Dies gilt auch für die Beauftragung einer Person mit der Leitung einer Zweigniederlassung oder einer unselbstständigen Zweigstelle. Die Vorschriften des § 21 gelten entsprechend.

§ 22 Fachkunde

(1) Die Fachkunde ist durch eine Prüfung vor der zuständigen Behörde nachzuweisen. Die Fachkunde braucht nicht nachzuweisen, wer die Voraussetzungen für die Eintragung eines Büchsenmacherbetriebes in die Handwerksrolle erfüllt.

(2) Das Bundesministerium des Innern, für Bau und Heimat wird ermächtigt, durch Rechtsverordnung mit Zustimmung des Bundesrates Vorschriften über

1. die notwendigen Anforderungen an die waffentechnischen und waffenrechtlichen Kenntnisse, auch beschränkt auf bestimmte Waffen- und Munitionsarten (Fachkunde),
2. die Prüfung und das Prüfungsverfahren einschließlich der Errichtung von Prüfungsausschüssen,
3. die Anforderungen an Art, Umfang und Nachweis der beruflichen Tätigkeit nach Absatz 1 Satz 2

zu erlassen.

§ 23 (weggefallen)

§ 24 Kennzeichnungspflicht, Markenanzeigepflicht

(1) Wer Schusswaffen im Geltungsbereich dieses Gesetzes herstellt oder in diesen verbringt, hat unverzüglich auf den in einer Rechtsverordnung nach § 25 Nummer 2 festgelegten wesentlichen Teilen der Schusswaffe deutlich sichtbar und dauerhaft folgende Angaben anzubringen:

1. den Namen, die Firma oder eine eingetragene Marke des Herstellers der Schusswaffe,
2. für das Herstellungsland das zweistellige Landeskürzel nach ISO-Norm 3166-1[1]),

[1]) Die ISO-Norm ist im Beuth Verlag GmbH, 10772 Berlin, erschienen. Sie ist beim Deutschen Patent- und Markenamt archivmäßig gesichert hinterlegt.

3. die Bezeichnung der Munition oder, wenn keine Munition verwendet wird, die Bezeichnung des Laufkalibers,
4. bei Schusswaffen, die aus einem Staat, der nicht Mitgliedstaat ist (Drittstaat) in den Geltungsbereich dieses Gesetzes verbracht werden, zusätzlich das Landeskürzel nach ISO-Norm 3166-1 für den Drittstaat und das Jahr des Verbringens und
5. eine fortlaufende Nummer (Seriennummer).

Die in Satz 1 Nummer 2, 4 und 5 genannten Angaben sind nicht anzubringen auf

1. Schusswaffen,
   a) deren Bauart nach den §§ 7 und 8 des Beschussgesetzes zugelassen ist oder
   b) die der Anzeigepflicht nach § 9 des Beschussgesetzes unterliegen,

   sowie
2. wesentlichen Teilen von erlaubnisfreien Schusswaffen.

Satz 1 gilt nicht

1. für Schusswaffen, die Bestandteil einer kulturhistorisch bedeutsamen Sammlung im Sinne des § 17 sind oder werden sollen;
2. beim Verbringen unbrauchbar gemachter Schusswaffen in den Geltungsbereich dieses Gesetzes.

(2) Schusswaffen, deren Geschossen eine Bewegungsenergie von nicht mehr als 7,5 Joule erteilt wird, müssen eine Typenbezeichnung sowie das Kennzeichen nach Anlage 1 Abbildung 1 zur Ersten Verordnung zum Waffengesetz vom 24. Mai 1976 (BGBl. I S. 1285) in der zum Zeitpunkt des Inkrafttretens dieses Gesetzes geltenden Fassung oder ein durch Rechtsverordnung nach § 25 Nummer 1 bestimmtes Zeichen tragen.

(3) Auf Schusswaffen, die für die in § 55 Absatz 1 Satz 1 bezeichneten Stellen in den Geltungsbereich dieses Gesetzes verbracht werden oder im Geltungsbereich dieses Gesetzes hergestellt und den in § 55 Absatz 1 Satz 1 bezeichneten Stellen überlassen werden, sind neben den in Absatz 1 genannten Angaben zusätzlich Angaben anzubringen, aus denen die verfügungsberechtigte Stelle ersichtlich ist.

(4) Wer gewerbsmäßig Munition im Geltungsbereich dieses Gesetzes herstellt oder in diesen verbringt, hat unverzüglich auf der kleinsten Verpackungseinheit Zeichen anzubringen, die den Hersteller, die Fertigungsserie (Fertigungszeichen), die Zulassung und die Bezeichnung der Munition erkennen lassen; das Herstellerzeichen und die Bezeichnung der Munition sind auch auf der Hülse anzubringen. Munition, die wiedergeladen wird, ist außerdem mit einem besonderen Kennzeichen zu versehen. Als Hersteller gilt, sofern er Inhaber der Zulassung nach § 11 des Beschussgesetzes ist, auch derjenige, unter dessen Namen, Firma oder Marke die Munition vertrieben oder anderen überlassen wird und der die Verantwortung dafür übernimmt, dass die Munition den Vorschriften dieses Gesetzes entspricht.

(5) Wer Waffenhandel betreibt, darf Schusswaffen oder Munition anderen gewerbsmäßig nur überlassen, wenn er festgestellt hat, dass die Schusswaffen gemäß Absatz 1 gekennzeichnet sind, oder wenn er auf Grund von Stichproben überzeugt ist, dass die Munition nach Absatz 4 mit dem Herstellerzeichen gekennzeichnet ist.

(6) Wer gewerbsmäßig Schusswaffen, Munition oder Geschosse für Schussapparate herstellt, Munition wiederlädt oder im Geltungsbereich dieses Gesetzes mit diesen Gegenständen Handel treibt und eine Marke für diese Gegenstände benutzen will, hat dies der Physikalisch-Technischen Bundesanstalt unter Vorlage der Marke vorher schriftlich oder elektronisch anzuzeigen. Verbringer, die die Marke eines Herstellers aus einem anderen Staat benutzen wollen, haben diese Marke anzuzeigen.

(7) Die Absätze 4 und 5 gelten nicht, sofern es sich um Munition handelt, die Teil einer Sammlung (§ 17 Abs. 1) oder für eine solche bestimmt ist.

§ 25 Verordnungsermächtigungen

Das Bundesministerium des Innern, für Bau und Heimat wird ermächtigt, durch Rechtsverordnung mit Zustimmung des Bundesrates zur Durchführung des § 24

1. Vorschriften zu erlassen über eine besondere Kennzeichnung bestimmter Waffen- und Munitionsarten sowie über die Art, Form und Aufbringung dieser Kennzeichnung,
2. zu bestimmen,
   a) auf welchen wesentlichen Teilen der Schusswaffe die Kennzeichen anzubringen sind und wie die Schusswaffen nach einem Austausch, einer Veränderung oder einer Umarbeitung wesentlicher Teile zu kennzeichnen sind,
   b) dass bestimmte Waffen- und Munitionsarten von der in § 24 vorgeschriebenen Kennzeichnung ganz oder teilweise befreit sind.

§ 25a Anordnungen zur Kennzeichnung

Sofern eine kennzeichnungspflichtige Schusswaffe nicht mit einer fortlaufenden Nummer (§ 24 Absatz 1 Satz 1 Nummer 5) gekennzeichnet ist, kann die zuständige Behörde auch nachträglich anordnen, dass der Besitzer an ihr ein bestimmtes Kennzeichen anbringen lässt.

§ 26 Nichtgewerbsmäßige Waffenherstellung

(1) Die Erlaubnis zur nichtgewerbsmäßigen Herstellung, Bearbeitung oder Instandsetzung von Schusswaffen wird durch einen Erlaubnisschein erteilt. Sie schließt den Erwerb von zu diesen Tätigkeiten benötigten wesentlichen Teilen von Schusswaffen sowie den Besitz dieser Gegenstände ein.

(2) Die Erlaubnis ist auf höchstens drei Jahre zu befristen und auf eine bestimmte Zahl und Art von Schusswaffen und wesentlichen Teilen zu beschränken. Personen, denen Schusswaffen zur Erprobung, Begutachtung, Untersuchung oder für ähnliche Zwecke, die insbesondere eine Bearbeitung oder Instandsetzung erforderlich machen können, überlassen werden, kann die Erlaubnis nach Absatz 1 ohne Beschränkung auf eine bestimmte Zahl und Art von Schusswaffen und wesentlichen Teilen erteilt werden.

§ 27 Schießstätten, Schießen durch Minderjährige auf Schießstätten

(1) Wer

1. eine ortsfeste Anlage oder
2. eine ortsveränderliche Anlage,

die ausschließlich oder neben anderen Zwecken dem Schießsport oder sonstigen Schießsportübungen mit Schusswaffen, der Erprobung von Schusswaffen oder dem Schießen mit Schusswaffen zur Belustigung dient (Schießstätte), betreiben oder in ihrer Beschaffenheit oder in der Art ihrer Benutzung wesentlich ändern will, bedarf der Erlaubnis der zuständigen Behörde. Die Erlaubnis darf nur erteilt werden, wenn der Antragsteller die erforderliche Zuverlässigkeit (§ 5) und persönliche Eignung (§ 6) besitzt und eine Versicherung gegen Haftpflicht für aus dem Betrieb der Schießstätte resultierende Schädigungen in Höhe von mindestens 1 Million Euro – pauschal für Personen- und Sachschäden – sowie gegen Unfall für aus dem Betrieb der Schießstätte resultierende Schädigungen von bei der Organisation des Schießbetriebs mitwirkenden Personen in Höhe von mindestens 10 000 Euro für den Todesfall und 100 000 Euro für den Invaliditätsfall bei einem im Geltungsbereich dieses Gesetzes zum Geschäftsbetrieb befugten Versicherungsunternehmen nachweist. § 10 Abs. 2 Satz 2 bis 5 gilt entsprechend. Abweichend von Satz 2 richtet sich die Haftpflichtversicherung für Schießgeschäfte, die der Schaustellerhaftpflichtverordnung unterliegen, nach § 1 Abs. 2 Nr. 2 dieser Verordnung. Bei ortsveränderlichen Schießstätten ist eine einmalige Erlaubnis vor der erstmaligen Aufstellung ausreichend. Der Inhaber einer Erlaubnis nach Satz 5 hat Aufnahme und Beendigung des Betriebs der Schießstätte der örtlich zuständigen Behörde zwei Wochen vorher schriftlich oder elektronisch anzuzeigen.

(2) Absatz 1 Satz 1 ist nicht anzuwenden auf Schießstätten, bei denen in geschlossenen Räumen ausschließlich zur Erprobung von Schusswaffen oder Munition durch Waffen- oder Munitionshersteller, durch Waffen- oder Munitionssachverständige oder durch wis-

senschaftliche Einrichtungen geschossen wird. Der Betreiber hat die Aufnahme und Beendigung des Betriebs der Schießstätte der zuständigen Behörde zwei Wochen vorher schriftlich oder elektronisch anzuzeigen.

(3) Unter Obhut des zur Aufsichtsführung berechtigten Sorgeberechtigten oder verantwortlicher und zur Kinder- und Jugendarbeit für das Schießen geeigneter Aufsichtspersonen darf

1. Kindern, die das zwölfte Lebensjahr vollendet haben und noch nicht 14 Jahre alt sind, das Schießen in Schießstätten mit Druckluft, Federdruckwaffen und Waffen, bei denen zum Antrieb der Geschosse kalte Treibgase verwendet werden (Anlage 2 Abschnitt 2 Unterabschnitt 2 Nr. 1.1 und 1.2),
2. Jugendlichen, die das 14. Lebensjahr vollendet haben und noch nicht 18 Jahre alt sind, auch das Schießen mit sonstigen Schusswaffen bis zu einem Kaliber von 5,6 mm lfB (.22 l.r.) für Munition mit Randfeuerzündung, wenn die Mündungsenergie höchstens 200 Joule (J) beträgt und Einzellader-Langwaffen mit glatten Läufen mit Kaliber 12 oder kleiner

gestattet werden, wenn der Sorgeberechtigte schriftlich oder elektronisch sein Einverständnis erklärt hat oder beim Schießen anwesend ist. Die verantwortlichen Aufsichtspersonen haben die schriftlichen Einverständniserklärungen der Sorgeberechtigten vor der Aufnahme des Schießens entgegenzunehmen und während des Schießens aufzubewahren. Sie sind der zuständigen Behörde oder deren Beauftragten auf Verlangen zur Prüfung auszuhändigen. Die verantwortliche Aufsichtsperson hat die Geeignetheit zur Kinder- und Jugendarbeit glaubhaft zu machen. Der in Satz 1 genannten besonderen Obhut bedarf es nicht beim Schießen durch Jugendliche mit Waffen nach Anlage 2 Abschnitt 2 Unterabschnitt 2 Nr. 1.1 und 1.2 und nicht beim Schießen mit sonstigen Schusswaffen durch Jugendliche, die das 16. Lebensjahr vollendet haben.

(4) Die zuständige Behörde kann einem Kind zur Förderung des Leistungssports eine Ausnahme von dem Mindestalter des Absatzes 3 Satz 1 bewilligen. Diese soll bewilligt werden, wenn durch eine ärztliche Bescheinigung die geistige und körperliche Eignung und durch eine Bescheinigung des Vereins die schießsportliche Begabung glaubhaft gemacht sind.

(5) Personen in der Ausbildung zum Jäger dürfen in der Ausbildung ohne Erlaubnis mit Jagdwaffen schießen, wenn sie das 14. Lebensjahr vollendet haben und der Sorgeberechtigte und der Ausbildungsleiter ihr Einverständnis in einer schriftlichen oder elektronischen Berechtigungsbescheinigung erklärt haben. Die Person hat in der Ausbildung die Berechtigungsbescheinigung mit sich zu führen.

(6) An ortsveränderlichen Schießstätten, die dem Schießen zur Belustigung dienen, darf von einer verantwortlichen Aufsichtsperson Minderjährigen das Schießen mit Druckluft-, Federdruckwaffen und Waffen, bei denen zum Antrieb der Geschosse kalte Treibgase verwendet werden (Anlage 2 Abschnitt 2 Unterabschnitt 2 Nr. 1.1 und 1.2), gestattet werden. Bei Kindern hat der Betreiber sicherzustellen, dass die verantwortliche Aufsichtsperson in jedem Fall nur einen Schützen bedient.

(7) Das kampfmäßige Schießen auf Schießstätten ist nicht zulässig. Das Bundesministerium des Innern, für Bau und Heimat wird ermächtigt, durch Rechtsverordnung mit Zustimmung des Bundesrates zur Abwehr von Gefahren für die öffentliche Sicherheit oder Ordnung sowie von sonstigen Gefahren oder erheblichen Nachteilen für die Benutzer einer Schießstätte, die Bewohner des Grundstücks, die Nachbarschaft oder die Allgemeinheit

1. die Benutzung von Schießstätten einschließlich der Aufsicht über das Schießen und der Anforderungen an das Aufsichtspersonal und dessen besondere Ausbildung für die Kinder- und Jugendarbeit zu regeln,
2. Vorschriften über den Umfang der Verpflichtungen zu erlassen, die bei Lehrgängen zur Ausbildung in der Verteidigung mit Schusswaffen und bei Schießübungen dieser Art einzuhalten sind; darin kann bestimmt werden,

a) dass die Durchführung dieser Veranstaltungen einer Anzeige bedarf,
b) dass und in welcher Weise der Veranstalter die Einstellung und das Ausscheiden der verantwortlichen Aufsichtsperson und der Ausbilder anzuzeigen hat,
c) dass nur Personen an den Veranstaltungen teilnehmen dürfen, die aus Gründen persönlicher Gefährdung, aus dienstlichen oder beruflichen Gründen zum Besitz oder zum Führen von Schusswaffen einer Erlaubnis bedürfen,
d) dass und in welcher Weise der Veranstalter Aufzeichnungen zu führen, aufzubewahren und der zuständigen Behörde vorzulegen hat,
e) dass die zuständige Behörde die Veranstaltungen untersagen darf, wenn der Veranstalter, die verantwortliche Aufsichtsperson oder ein Ausbilder die erforderliche Zuverlässigkeit, die persönliche Eignung oder Sachkunde nicht oder nicht mehr besitzt.

§ 27a Sicherheitstechnische Prüfung von Schießstätten; Verordnungsermächtigung

(1) Schießstätten sind vor ihrer ersten Inbetriebnahme und bei wesentlichen Änderungen in der Beschaffenheit hinsichtlich der sicherheitstechnischen Anforderungen durch die zuständige Behörde unter Hinzuziehung eines anerkannten Schießstandsachverständigen zu überprüfen. Schießstätten, auf denen mit erlaubnispflichtigen Schusswaffen geschossen wird, sind zusätzlich alle vier Jahre nach Satz 1 durch die zuständige Behörde zu überprüfen. Ist das Schießen auf einer Schießstätte nur mit erlaubnisfreien Schusswaffen zulässig, so beträgt der Abstand zwischen den Überprüfungen nach Satz 2 höchstens sechs Jahre. Falls Zweifel an dem ordnungsgemäßen Zustand oder den erforderlichen schießtechnischen Einrichtungen bestehen, kann die zuständige Behörde die Schießstätte in sicherheitstechnischer Hinsicht unter Hinzuziehung eines anerkannten Schießstandsachverständigen überprüfen oder von dem Erlaubnisinhaber die Vorlage eines Gutachtens eines anerkannten Schießstandsachverständigen verlangen. Die Kosten für die Hinzuziehung eines anerkannten Schießstandsachverständigen bei den Überprüfungen nach den Sätzen 1 bis 4 hat der Betreiber der Schießstätte zu tragen.

(2) Werden bei der Überprüfung Mängel festgestellt, die eine Gefährdung der Benutzer der Schießstätte oder Dritter befürchten lassen, kann die zuständige Behörde die weitere Benutzung der Schießstätte bis zur Beseitigung der Mängel untersagen. Der weitere Betrieb oder die Benutzung der Schießstätte ist im Fall der Untersagung nach Satz 1 verboten.

(3) Die sicherheitstechnischen Anforderungen, die an Schießstätten zu stellen sind, ergeben sich aus den „Richtlinien für die Errichtung, die Abnahme und das Betreiben von Schießständen" (Schießstandrichtlinien). Das Bundesministerium des Innern, für Bau und Heimat erstellt die Schießstandrichtlinien nach Anhörung von Vertretern der Wissenschaft, der Betroffenen und der für das Waffenrecht zuständigen obersten Landesbehörden als dem Stand der Sicherheitstechnik entsprechende Regeln. Das Bundesministerium des Innern, für Bau und Heimat macht die Schießstandrichtlinien im Bundesanzeiger bekannt; anzugeben ist, ab wann die Schießstandrichtlinien zu nutzen sind. Die Sätze 2 und 3 gelten entsprechend für Änderungen der Schießstandrichtlinien. Die Schießstandrichtlinien sind in der jeweils aktuell geltenden Fassung anzuwenden.

(4) Die Landesregierungen werden ermächtigt, durch Rechtsverordnung die Qualifikationsanforderungen für die Anerkennung als Schießstandsachverständiger nach Absatz 1 sowie das Verfahren der Anerkennung zu regeln. Wird eine Rechtsverordnung nach Satz 1 erlassen, ist in ihr insbesondere vorzusehen, dass eine Anerkennung als Schießstandsachverständiger nur erfolgen darf, wenn der Betreffende durch eine Prüfung hinreichende Kenntnisse der in Absatz 3 genannten Schießstandrichtlinien nachgewiesen hat.

§ 28 Erwerb, Besitz und Führen von Schusswaffen und Munition durch Bewachungsunternehmer und ihr Bewachungspersonal

(1) Ein Bedürfnis zum Erwerb, Besitz und Führen von Schusswaffen wird bei einem Bewachungsunternehmer (§ 34a der Gewerbeordnung) anerkannt, wenn er glaubhaft macht, dass Bewachungsaufträge wahrgenommen werden oder werden sollen, die aus Gründen der Sicherung einer gefährdeten Person im Sinne des § 19 oder eines gefährdeten Objektes Schusswaffen erfordern. Satz 1 gilt entsprechend für Wachdienste als Teil wirtschaftlicher Unternehmungen. Ein nach den Sätzen 1 und 2 glaubhaft gemachtes Bedürfnis umfasst auch den Erwerb und Besitz der für die dort genannten Schusswaffen bestimmten Munition.

(2) Die Schusswaffe darf nur bei der tatsächlichen Durchführung eines konkreten Auftrages nach Absatz 1 geführt werden. Der Unternehmer hat dies auch bei seinem Bewachungspersonal in geeigneter Weise sicherzustellen.

(3) Wachpersonen, die auf Grund eines Arbeitsverhältnisses Schusswaffen des Erlaubnisinhabers nach dessen Weisung besitzen oder führen sollen, sind der zuständigen Behörde zur Prüfung zu benennen; der Unternehmer soll die betreffende Wachperson in geeigneter Weise vorher über die Benennung unter Hinweis auf die Erforderlichkeit der Verarbeitung personenbezogener Daten bei der Behörde unterrichten. Die Überlassung von Schusswaffen oder Munition darf erst erfolgen, wenn die zuständige Behörde zugestimmt hat. Die Zustimmung ist zu versagen, wenn die Wachperson nicht die Voraussetzungen des § 4 Abs. 1 Nr. 1 bis 3 erfüllt oder die Haftpflichtversicherung des Bewachungsunternehmers das Risiko des Umgangs mit Schusswaffen durch die Wachpersonen nicht umfasst.

(4) In einen Waffenschein nach § 10 Abs. 4 kann auch der Zusatz aufgenommen werden, dass die in Absatz 3 bezeichneten Personen die ihnen überlassenen Waffen nach Weisung des Erlaubnisinhabers führen dürfen.

§ 28a Erwerb, Besitz und Führen von Schusswaffen und Munition durch Bewachungsunternehmen und ihr Bewachungspersonal für Bewachungsaufgaben nach § 31 Absatz 1 der Gewerbeordnung

(1) Für den Erwerb, Besitz und das Führen von Schusswaffen und Munition durch Bewachungsunternehmen und ihr Bewachungspersonal für Bewachungsaufgaben nach § 31 Absatz 1 der Gewerbeordnung auf Seeschiffen, die die Bundesflagge führen, ist § 28 entsprechend anzuwenden. Abweichend von § 28 Absatz 1 wird ein Bedürfnis für derartige Bewachungsaufgaben bei Bewachungsunternehmen anerkannt, die eine Zulassung nach § 31 Absatz 1 der Gewerbeordnung besitzen. Abweichend von § 28 Absatz 3 wird die Erlaubnis mit Auflagen erteilt, die die Unternehmer verpflichten,

1. als Bewachungspersonal nur Personen zu beschäftigen, welche die Voraussetzungen nach § 4 Absatz 1 Nummer 1 bis 3 erfüllen,
2. der zuständigen Behörde die eingesetzten Personen in einem von der Behörde bestimmten Zeitraum zu benennen und
3. auf Verlangen der zuständigen Behörde Nachweise vorzulegen, die belegen, dass die eingesetzten Personen die Anforderungen nach § 4 Absatz 1 Nummer 1 bis 3 erfüllen.

(2) Die Erlaubnis ist auf die Dauer der Zulassung nach § 31 der Gewerbeordnung zu befristen. Sie kann verlängert werden. Die Verlängerung der Erlaubnis ist insbesondere zu versagen, wenn die Auflagen nach Absatz 1 Satz 3 nicht eingehalten wurden. Im Übrigen gelten die allgemeinen Bestimmungen dieses Gesetzes. Die Erlaubnis schließt die Erlaubnis zum Verbringen in den Geltungsbereich dieses Gesetzes an Bord des Seeschiffes nach § 29 Absatz 1 ein.

(3) Die zuständige Behörde kann zur Prüfung der Zuverlässigkeit, Eignung und Sachkunde der im Bewachungsunternehmen verantwortlichen Geschäftsleitung sowie der mit der Leitung des Betriebes oder einer Zweig-

niederlassung beauftragten Personen und der im Zusammenhang mit der Bewachungsaufgabe tätigen Personen auf die Erkenntnisse und Bewertungen der für die Zulassung nach § 31 Absatz 2 Satz 1 der Gewerbeordnung zuständigen Behörde zurückgreifen. Abweichend von § 7 Absatz 2 orientieren sich die Anforderungen an die Sachkunde an den auf der Grundlage von § 31 Absatz 4 Satz 1 Nummer 3 Buchstabe a der Gewerbeordnung in einer Rechtsverordnung festgelegten besonderen Anforderungen für den Einsatz auf Seeschiffen. Die für das gewerberechtliche Verfahren zuständige Behörde sowie die Bundespolizei dürfen der zuständigen Behörde auch ohne Ersuchen Informationen einschließlich personenbezogener Daten übermitteln, soweit dies zur Erfüllung der waffenbehördlichen Aufgaben erforderlich ist. Die Bundespolizei ist im Rahmen der Prüfung nach § 8 Nummer 2 zu beteiligen.

(4) Absatz 3 Satz 3 ist entsprechend anzuwenden auf die Übermittlung von Informationen einschließlich personenbezogener Daten durch die zuständige Behörde, soweit dies zur Erfüllung der Aufgaben nach § 31 Absatz 2 der Gewerbeordnung erforderlich ist.

(5) Hat das Bewachungsunternehmen seinen Sitz im Inland, so erfolgt die Erteilung der Erlaubnis durch die nach § 48 Absatz 1 Satz 2 bestimmte Behörde im Benehmen mit der für die gewerbliche Hauptniederlassung zuständigen Behörde.

(6) Eine auf der Grundlage des § 28 erteilte Erlaubnis gilt befristet bis zum 31. Dezember 2013 für Aufträge nach § 31 der Gewerbeordnung mit der Maßgabe fort, dass der Inhaber der Erlaubnis der zuständigen Behörde unverzüglich anzuzeigen hat, dass er Aufträge im Sinne des § 31 der Gewerbeordnung wahrnimmt oder wahrnehmen möchte. Die nach § 48 Absatz 1 Satz 1 zuständige Behörde übermittelt der nach § 48 Absatz 1 Satz 2 zuständigen Behörde die Anzeige einschließlich der für die Entscheidung erforderlichen Unterlagen. Weist der in Satz 1 genannte Inhaber der Erlaubnis der nach § 48 Absatz 1 Satz 2 zuständigen Behörde bis zum 31. Dezember 2013 die Zulassung nach § 31 Absatz 1 der Gewerbeordnung und das Vorliegen der Voraussetzungen nach Absatz 1 nach, erteilt diese eine auf die Durchführung von Bewachungsaufgaben nach § 31 Absatz 1 der Gewerbeordnung beschränkte Erlaubnis. Absatz 1 Satz 3, Absatz 2 Satz 1, 4 und 5 sowie Absatz 5 gelten für diese Erlaubnis ntsprechend.

Unterabschnitt 5
Verbringen und Mitnahme von Waffen oder Munition in den, durch den oder aus dem Geltungsbereich des Gesetzes

§ 29 Verbringen von Waffen oder Munition in den, durch den oder aus dem Geltungsbereich dieses Gesetzes

(1) Eine Erlaubnis zum Verbringen von Waffen oder Munition in den, durch den oder aus dem Geltungsbereich dieses Gesetzes kann erteilt werden, wenn der Antragsteller den sicheren Transport durch einen zum Erwerb oder Besitz dieser Waffen oder Munition Berechtigten gewährleistet. Für eine Erlaubnis zum Verbringen von Waffen oder Munition in den Geltungsbereich dieses Gesetzes ist zusätzlich erforderlich, dass der Empfänger zum Erwerb und Besitz dieser Waffen oder Munition berechtigt ist.

(2) Sollen Waffen oder Munition nach Anlage 1 Abschnitt 3 (Kategorien A 1.2 bis C) aus dem Geltungsbereich dieses Gesetzes in einen anderen Mitgliedstaat verbracht werden, wird die Erlaubnis nur erteilt, wenn der andere Mitgliedstaat das Verbringen erlaubt hat oder der Antragsteller glaubhaft gemacht hat, dass nach dem Recht des anderen Mitgliedstaates keine solche Erlaubnis erforderlich ist. Satz 1 gilt entsprechend für das Verbringen aus einem Drittstaat durch den Geltungsbereich dieses Gesetzes in einen anderen Mitgliedstaat.

§ 30 Allgemeine Erlaubnis zum Verbringen von Waffen oder Munition aus dem Geltungsbereich dieses Gesetzes in andere Mitgliedstaaten

Gewerbsmäßigen Waffenherstellern oder Waffenhändlern nach § 21 kann abweichend von § 29 allgemein die Erlaubnis zum Verbringen von Waffen oder Munition nach Anlage 1 Abschnitt 3 (Kategorien A 1.2 bis C) aus dem Geltungsbereich dieses Gesetzes zu Waffenhändlern in anderen Mitgliedstaaten für die Dauer von bis zu drei Jahren erteilt werden. Die Erlaubnis kann auf bestimmte Arten von Waffen oder Munition und auf bestimmte Mitgliedstaaten beschränkt werden. Der Inhaber einer Erlaubnis nach Satz 1 hat ein Verbringen auf Grund dieser Erlaubnis dem Bundesverwaltungsamt vorher schriftlich oder elektronisch anzuzeigen.

§ 31 (weggefallen)

§ 32 Mitnahme von Waffen oder Munition in den, durch den oder aus dem Geltungsbereich des Gesetzes, Europäischer Feuerwaffenpass

(1) Die Erlaubnis zur Mitnahme von Waffen oder Munition in den oder durch den Geltungsbereich des Gesetzes kann erteilt werden, wenn die Voraussetzungen des § 4 Abs. 1 Nr. 1 bis 4 vorliegen. Die Erlaubnis kann für die Dauer von bis zu einem Jahr für einen oder für mehrere Mitnahmevorgänge erteilt werden und kann mehrfach um jeweils ein Jahr verlängert werden. Für Personen aus einem Drittstaat wird die Erlaubnis zur Mitnahme von Schusswaffen oder Munition nach Anlage 1 Abschnitt 3 (Kategorien A 1.2 bis C) durch den Geltungsbereich des Gesetzes in einen anderen Mitgliedstaat nur erteilt, wenn der andere Mitgliedstaat die Mitnahme erlaubt hat.

(1a) Die Erlaubnis zur Mitnahme von Waffen oder Munition in einen anderen Mitgliedstaat kann erteilt werden, wenn der Antragsteller

1. zum Erwerb und Besitz der Waffen nach Maßgabe dieses Gesetzes berechtigt ist,
2. die nach dem Recht des anderen Mitgliedstaates erforderliche vorherige Zustimmung vorliegt und
3. der sichere Transport durch den Antragsteller gewährleistet ist.

Absatz 1 Satz 2 gilt entsprechend.

(2) Eine Erlaubnis nach Absatz 1 darf Personen, die ihren gewöhnlichen Aufenthalt in einem anderen Mitgliedstaat haben und Schusswaffen nach Anlage 1 Abschnitt 3 (Kategorien A 1.2 bis C) und die dafür bestimmte Munition nach Absatz 1 mitnehmen wollen, nur erteilt werden, wenn sie Inhaber eines durch diesen Mitgliedstaat ausgestellten Europäischen Feuerwaffenpasses sind und die Waffen in den Europäischen Feuerwaffenpass eingetragen sind.

(3) Sofern sie den Grund der Mitnahme nachweisen können, Inhaber eines Europäischen Feuerwaffenpasses sind und die Waffen in den Europäischen Feuerwaffenpass eingetragen sind, bedarf es einer Erlaubnis nach Absatz 1 oder Absatz 1a nicht für

1. Jäger, die bis zu drei Langwaffen nach Anlage 1 Abschnitt 3 der Kategorie C und die dafür bestimmte Munition im Sinne des § 13 Absatz 1 Nummer 2, Absatz 5 zum Zweck der Jagd mitnehmen,
2. Sportschützen, die bis zu sechs Schusswaffen nach Anlage 1 Abschnitt 3 der Kategorien B oder C und die dafür bestimmte Munition zum Zweck des Schießsports mitnehmen,
3. Brauchtumsschützen, die bis zu drei Einzellader- oder Repetier-Langwaffen nach Anlage 1 Abschnitt 3 der Kategorie C und die dafür bestimmte Munition zur Teilnahme an einer Brauchtumsveranstaltung mitnehmen.

(4) Zu den in Absatz 3 Nr. 1 bis 3 beschriebenen Zwecken kann für die dort jeweils genannten Waffen und Munition Personen, die ihren gewöhnlichen Aufenthalt in einem Drittstaat haben, abweichend von Absatz 1 eine Erlaubnis erteilt werden, es sei denn, dass Tatsachen die Annahme rechtfertigen, dass die Voraussetzungen des § 4 Abs. 1 Nr. 2 nicht vorliegen.

(5) Einer Erlaubnis zur Mitnahme von Waffen oder Munition in den oder durch den Geltungsbereich des Gesetzes bedarf es nicht

1. für Waffen oder Munition, die durch Inhaber einer Erlaubnis zum Erwerb oder Besitz für diese Waffen oder Munition mitgenommen werden,
2. für Signalwaffen und die dafür bestimmte Munition, die aus Gründen der Sicherheit an Bord von Schiffen mitgeführt werden, oder

3. für Waffen und Munition, die an Bord von Schiffen oder Luftfahrzeugen mitgeführt, während des Aufenthalts im Geltungsbereich dieses Gesetzes unter Verschluss gehalten, der zuständigen Überwachungsbehörde unter Angabe des Hersteller- oder Warenzeichens, der Modellbezeichnung und, wenn die Waffen eine Herstellungsnummer haben, auch dieser, unverzüglich gemeldet und spätestens innerhalb eines Monats wieder aus dem Geltungsbereich des Gesetzes befördert werden.

Ein Jagdschein im Sinne von § 15 Absatz 1 Satz 1 des Bundesjagdgesetzes stellt keine Erlaubnis im Sinne des Satzes 1 Nummer 1 dar.

(6) Personen, die nach diesem Gesetz zum Besitz von Schusswaffen oder Munition nach Anlage 1 Abschnitt 3 (Kategorien A 1.2 bis C) berechtigt sind und diese Schusswaffen oder diese Munition in einen anderen Mitgliedstaat mitnehmen wollen, wird auf Antrag ein Europäischer Feuerwaffenpass ausgestellt.

§ 33 Anmelde- und Nachweispflichten, Befugnisse der Überwachungsbehörden beim Verbringen oder der Mitnahme von Waffen oder Munition in den, durch den oder aus dem Geltungsbereich dieses Gesetzes

(1) Wer beabsichtigt, Waffen oder Munition, deren Verbringen oder Mitnahme einer Erlaubnis bedarf, aus einem Drittstaat in den oder durch den Geltungsbereich dieses Gesetzes zu verbringen oder mitzunehmen, ist verpflichtet,

1. diese Waffen oder diese Munition bei der nach Absatz 3 zuständigen Überwachungsbehörde beim Verbringen oder bei der Mitnahme anzumelden,
2. auf Verlangen der nach Absatz 3 zuständigen Überwachungsbehörde ihr diese Waffen oder diese Munition vorzuführen und
3. die Berechtigung zum Verbringen oder zur Mitnahme nachzuweisen.

Auf Verlangen sind diese Nachweise den Überwachungsbehörden zur Prüfung auszuhändigen.

(2) Die nach Absatz 3 zuständigen Überwachungsbehörden können Beförderungsmittel und -behälter sowie deren Lade- und Verpackungsmittel anhalten, um zu prüfen, ob die für das Verbringen oder die Mitnahme in den, durch den oder aus dem Geltungsbereich dieses Gesetzes geltenden Bestimmungen eingehalten sind. Werden Verstöße gegen die in Satz 1 genannten Bestimmungen festgestellt, so können die zuständigen Überwachungsbehörden, soweit erforderlich, Vor-, Familien- und gegebenenfalls Geburtsname, Geburtsdatum und -ort, Wohnort und Staatsangehörigkeit der betroffenen Personen erheben und diese Daten sowie Feststellungen zum Sachverhalt den zuständigen Behörden zum Zweck der Ahndung übermitteln. Für Postsendungen gilt dies nur, wenn zureichende tatsächliche Anhaltspunkte für eine Straftat vorliegen. Das Brief- und Postgeheimnis nach Artikel 10 des Grundgesetzes wird nach Maßgabe der Sätze 2 und 3 eingeschränkt.

(3) Das Bundesministerium der Finanzen bestimmt die Zolldienststellen, das Bundesministerium des Innern, für Bau und Heimat bestimmt die Behörden der Bundespolizei, die bei der Überwachung des Verbringens und der Mitnahme von Waffen oder Munition mitwirken. Soweit der grenzpolizeiliche Einzeldienst von Kräften der Länder wahrgenommen wird (§ 2 Abs. 1 und 3 des Bundespolizeigesetzes), wirken diese bei der Überwachung mit.

Unterabschnitt 6
Obhutspflichten, Anzeige-, Hinweis- und Nachweispflichten

§ 34 Überlassen von Waffen oder Munition, Prüfung der Erwerbsberechtigung, Anzeigepflicht

(1) Waffen oder Munition dürfen nur berechtigten Personen überlassen werden. Die Berechtigung muss offensichtlich sein oder nachgewiesen werden. Der Inhaber einer Erlaubnis nach § 21 Absatz 1 Satz 1 kann vor einer Überlassung zum Zweck der Prüfung der Erwerbsberechtigung des Erwerbers die Absicht zur Überlassung der zuständigen Be-

hörde elektronisch anzeigen. Die zuständige Behörde prüft die Gültigkeit des Erlaubnisdokuments und teilt dem Anzeigenden nach Satz 3 elektronisch mit, wenn das Erlaubnisdokument im Nationalen Waffenregister nicht oder als nicht gültig registriert ist; Satz 2 bleibt unberührt. Für die Sätze 3 und 4 gilt § 9 des Waffenregistergesetzes.

(2) Werden Waffen oder Munition zur gewerbsmäßigen Beförderung überlassen, so muss die ordnungsgemäße Beförderung sichergestellt sein und es müssen Vorkehrungen gegen ein Abhandenkommen getroffen sein. Munition darf gewerbsmäßig nur in verschlossenen Packungen überlassen werden; dies gilt nicht beim Überlassen auf Schießstätten gemäß § 12 Absatz 2 Nummer 2 oder soweit einzelne Stücke von Munitionssammlern erworben werden. Wer Waffen oder Munition einem anderen lediglich zur gewerbsmäßigen Beförderung gemäß § 12 Absatz 1 Nummer 2 oder Absatz 2 Nummer 1 an einen Dritten übergibt, überlässt sie dem Dritten.

(3) Die Absätze 1 und 2 gelten nicht für denjenigen, der Schusswaffen oder Munition einem anderen, der sie außerhalb des Geltungsbereichs des Gesetzes erwirbt, insbesondere im Versandwege unter eigenem Namen überlässt. Die Vorschriften der §§ 29 und 30 bleiben unberührt.

(4) Wer Personen, die ihren gewöhnlichen Aufenthalt in einem anderen Mitgliedstaat haben, eine Schusswaffe nach Anlage 1 Abschnitt 3 (Kategorien B und C) oder Munition für eine solche überlässt, hat dies unverzüglich dem Bundesverwaltungsamt schriftlich anzuzeigen; dies gilt nicht in den Fällen des § 12 Abs. 1 Nr. 1 und 5.

(5) Wer erlaubnispflichtige Feuerwaffen nach Anlage 1 Abschnitt 1 Unterabschnitt 1 Nr. 2, ausgenommen Einzellader-Langwaffen mit nur glattem Lauf oder glatten Läufen, und deren wesentliche Teile, Schalldämpfer und tragbare Gegenstände nach Anlage 1 Abschnitt 1 Unterabschnitt 1 Nr. 1.2.1 einem anderen, der seinen gewöhnlichen Aufenthalt in einem Mitgliedstaat des Übereinkommens vom 28. Juni 1978 über die Kontrolle des Erwerbs und Besitzes von Schusswaffen durch Einzelpersonen (BGBl. 1980 II S. 953) hat, überlässt, dorthin versendet oder ohne Wechsel des Besitzers endgültig dorthin verbringt, hat dies unverzüglich dem Bundesverwaltungsamt schriftlich anzuzeigen. Dies gilt nicht

1. für das Überlassen und Versenden der in Satz 1 bezeichneten Gegenstände an staatliche Stellen in einem dieser Staaten und in den Fällen, in denen Unternehmen Schusswaffen zur Durchführung von Kooperationsvereinbarungen zwischen Staaten oder staatlichen Stellen überlassen werden, sofern durch Vorlage einer Bescheinigung von Behörden des Empfangsstaates nachgewiesen wird, dass diesen Behörden der Erwerb bekannt ist, oder
2. soweit Anzeigepflichten nach Absatz 4 oder nach § 30 Satz 3 bestehen.

(6) Das Bundesministerium des Innern, für Bau und Heimat wird ermächtigt, durch Rechtsverordnung mit Zustimmung des Bundesrates zur Abwehr von Gefahren für Leben und Gesundheit von Menschen zu bestimmen, dass in den in den Absätzen 2, 4 und 5 bezeichneten Anzeigen weitere Angaben zu machen oder den Anzeigen weitere Unterlagen beizufügen sind.

§ 35 Werbung, Hinweispflichten, Handelsverbote

(1) Wer Waffen oder Munition zum Kauf oder Tausch in Anzeigen oder Werbeschriften anbietet, hat bei den nachstehenden Waffenarten auf das Erfordernis der Erwerbsberechtigung jeweils wie folgt hinzuweisen:

1. bei erlaubnispflichtigen Schusswaffen und erlaubnispflichtiger Munition: Abgabe nur an Inhaber einer Erwerbserlaubnis,
2. bei nicht erlaubnispflichtigen Schusswaffen und nicht erlaubnispflichtiger Munition sowie sonstigen Waffen: Abgabe nur an Personen mit vollendetem 18. Lebensjahr,
3. bei verbotenen Waffen: Abgabe nur an Inhaber einer Ausnahmegenehmigung,

sowie seinen Namen, seine Anschrift und gegebenenfalls seine eingetragene Marke bekannt zu geben. Anzeigen und Werbeschriften nach Satz 1 dürfen nur veröffentlicht werden, wenn sie den Namen und die Anschrift des Anbieters sowie die von ihm je nach Waffenart mitzuteilenden Hinweise enthalten. Satz 2 gilt nicht für die Bekanntgabe der Personalien des nicht gewerblichen Anbieters, wenn dieser der Bekanntgabe widerspricht. Derjenige, der die Anzeige oder Werbeschrift veröffentlicht, ist im Fall des Satzes 3 gegenüber der zuständigen Behörde verpflichtet, die Urkunden über den Geschäftsvorgang ein Jahr lang aufzubewahren und dieser auf Verlangen Einsicht zu gewähren.

(2) Dürfen Schusswaffen nur mit Erlaubnis geführt oder darf mit ihnen nur mit Erlaubnis geschossen werden, so hat der Inhaber einer Erlaubnis nach § 21 Abs. 1 bei ihrem Überlassen im Einzelhandel den Erwerber auf das Erfordernis des Waffenscheins oder der Schießerlaubnis hinzuweisen. Beim Überlassen von Schreckschuss-, Reizstoff- oder Signalwaffen im Sinne des § 10 Abs. 4 Satz 4 hat der Inhaber einer Erlaubnis nach § 21 Abs. 1 überdies auf die Strafbarkeit des Führens ohne Erlaubnis (Kleiner Waffenschein) hinzuweisen und die Erfüllung dieser sowie der Hinweispflicht nach Satz 1 zu protokollieren.

(3) Der Vertrieb und das Überlassen von Schusswaffen, Munition, Hieb- oder Stoßwaffen ist verboten:

1. im Reisegewerbe, ausgenommen in den Fällen des § 55b Abs. 1 der Gewerbeordnung,
2. auf festgesetzten Veranstaltungen im Sinne des Titels IV der Gewerbeordnung (Messen, Ausstellungen, Märkte), ausgenommen die Entgegennahme von Bestellungen auf Messen und Ausstellungen,
3. auf Volksfesten, Schützenfesten, Märkten, Sammlertreffen oder ähnlichen öffentlichen Veranstaltungen, ausgenommen das Überlassen der benötigten Schusswaffen oder Munition in einer Schießstätte sowie von Munition, die Teil einer Sammlung (§ 17 Abs. 1) oder für eine solche bestimmt ist.

Die zuständige Behörde kann Ausnahmen von den Verboten für ihren Bezirk zulassen, wenn öffentliche Interessen nicht entgegenstehen.

§ 36 Aufbewahrung von Waffen oder Munition

(1) Wer Waffen oder Munition besitzt, hat die erforderlichen Vorkehrungen zu treffen, um zu verhindern, dass diese Gegenstände abhanden kommen oder Dritte sie unbefugt an sich nehmen.

(2) (weggefallen)

(3) Wer erlaubnispflichtige Schusswaffen, Munition oder verbotene Waffen besitzt oder die Erteilung einer Erlaubnis zum Besitz beantragt hat, hat der zuständigen Behörde die zur sicheren Aufbewahrung getroffenen oder vorgesehenen Maßnahmen nachzuweisen. Besitzer von erlaubnispflichtigen Schusswaffen, Munition oder verbotenen Waffen haben außerdem der Behörde zur Überprüfung der Pflichten aus Absatz 1 in Verbindung mit einer Rechtsverordnung nach Absatz 5 Zutritt zu den Räumen zu gestatten, in denen die Waffen und die Munition aufbewahrt werden. Wohnräume dürfen gegen den Willen des Inhabers nur zur Verhütung dringender Gefahren für die öffentliche Sicherheit betreten werden; das Grundrecht der Unverletzlichkeit der Wohnung (Artikel 13 des Grundgesetzes) wird insoweit eingeschränkt.

(4) Die in einer Rechtsverordnung nach Absatz 5 festgelegten Anforderungen an die Aufbewahrung von Schusswaffen und Munition gelten nicht bei Aufrechterhaltung der bis zum 6. Juli 2017 erfolgten Nutzung von Sicherheitsbehältnissen, die den Anforderungen des § 36 Absatz 2 Satz 1 zweiter Halbsatz und Satz 2 in der Fassung des Gesetzes vom 11. Oktober 2002 (BGBl. I S. 3970, 4592; 2003 I S. 1957), das zuletzt durch Artikel 6 Absatz 34 des Gesetzes vom 13. April 2017 (BGBl. I S. 872) geändert worden ist, entsprechen oder die von der zuständigen Behörde als gleichwertig anerkannt wurden. Diese Sicherheitsbehältnisse können nach Maßgabe des § 36 Absatz 1 und 2 in der Fassung des Gesetzes vom 11. Oktober 2002 (BGBl. I S. 3970, 4592; 2003 I S. 1957), das zuletzt durch Artikel 6 Absatz 34 des Gesetzes vom 13. April 2017 (BGBl. I S. 872) geändert worden ist, sowie des § 13 der Allgemeinen Waffengesetz-Verordnung vom 27. Oktober

2003 (BGBl. I S. 2123), die zuletzt durch Artikel 108 des Gesetzes vom 29. März 2017 (BGBl. I S. 626) geändert worden ist,

1. vom bisherigen Besitzer weitergenutzt werden sowie
2. für die Dauer der gemeinschaftlichen Aufbewahrung auch von berechtigten Personen mitgenutzt werden, die mit dem bisherigen Besitzer nach Nummer 1 in häuslicher Gemeinschaft leben.

Die Berechtigung zur Nutzung nach Satz 2 Nummer 2 bleibt über den Tod des bisherigen Besitzers hinaus für eine berechtigte Person nach Satz 2 Nummer 2 bestehen, wenn sie infolge des Erbfalls Eigentümer des Sicherheitsbehältnisses wird; die berechtigte Person wird in diesem Fall nicht bisheriger Besitzer im Sinne des Satzes 2 Nummer 1. In den Fällen der Sätze 1 bis 3 finden § 53 Absatz 1 Nummer 19 und § 52a in der Fassung des Gesetzes vom 11. Oktober 2002 (BGBl. I S. 3970, 4592; 2003 I S. 1957), das zuletzt durch Artikel 6 Absatz 34 des Gesetzes vom 13. April 2017 (BGBl. I S. 872) geändert worden ist, und § 34 Nummer 12 der Allgemeinen Waffengesetz-Verordnung vom 27. Oktober 2003 (BGBl. I S. 2123), die zuletzt durch Artikel 108 des Gesetzes vom 29. März 2017 (BGBl. I S. 626) geändert worden ist, weiterhin Anwendung.

(5) Das Bundesministerium des Innern, für Bau und Heimat wird ermächtigt, nach Anhörung der beteiligten Kreise durch Rechtsverordnung mit Zustimmung des Bundesrates unter Berücksichtigung des Standes der Technik, der Art und Zahl der Waffen, der Munition oder der Örtlichkeit die Anforderungen an die Aufbewahrung oder an die Sicherung der Waffe festzulegen. Dabei können

1. Anforderungen an technische Sicherungssysteme zur Verhinderung einer unberechtigten Wegnahme oder Nutzung von Schusswaffen,
2. die Nachrüstung oder der Austausch vorhandener Sicherungssysteme,
3. die Ausstattung der Schusswaffe mit mechanischen, elektronischen oder biometrischen Sicherungssystemen

festgelegt werden.

(6) Ist im Einzelfall, insbesondere wegen der Art und Zahl der aufzubewahrenden Waffen oder Munition oder wegen des Ortes der Aufbewahrung, ein höherer Sicherheitsstandard erforderlich, hat die zuständige Behörde die notwendigen Ergänzungen anzuordnen und zu deren Umsetzung eine angemessene Frist zu setzen.

§ 37 Anzeigepflichten der gewerblichen Waffenhersteller und Waffenhändler

(1) Der Inhaber einer Waffenherstellungserlaubnis oder Waffenhandelserlaubnis nach § 21 Absatz 1 Satz 1 hat der zuständigen Behörde den folgenden Umgang mit fertiggestellten Schusswaffen, deren Erwerb oder Besitz der Erlaubnis bedarf, unverzüglich elektronisch anzuzeigen:

1. die Herstellung, jedoch erst nach Fertigstellung,
2. die Überlassung,
3. den Erwerb,
4. die Bearbeitung durch
   a) Umbau oder
   b) Austausch eines wesentlichen Teils.

Die Pflicht zur Anzeige besteht auch dann, wenn ein Blockiersystem eingebaut oder entsperrt wird.

(2) Für die elektronischen Anzeigen gilt § 9 des Waffenregistergesetzes.

§ 37a Anzeigepflichten der Inhaber einer Waffenbesitzkarte oder einer gleichgestellten anderen Erlaubnis zum Erwerb und Besitz und der Inhaber einer nichtgewerbsmäßigen Waffenherstellungserlaubnis

Der Inhaber einer Erlaubnis zum Erwerb und Besitz von Waffen nach § 10 Absatz 1 Satz 1 oder einer gleichgestellten anderen Erlaubnis zum Erwerb und Besitz sowie der Inhaber einer Erlaubnis zur nichtgewerbsmäßigen Herstellung, Bearbeitung oder Instandsetzung von Schusswaffen nach § 26 Absatz 1 Satz 1 hat der zuständigen Behörde den folgenden Umgang mit fertiggestellten Schusswaffen, deren Erwerb oder Besitz der Erlaubnis bedarf, binnen zwei Wochen schriftlich oder elektronisch anzuzeigen:

1. die Überlassung,
2. den Erwerb,
3. die Bearbeitung durch
   a) Umbau oder
   b) Austausch eines wesentlichen Teils.

Der Inhaber einer Erlaubnis zur nichtgewerbsmäßigen Herstellung, Bearbeitung oder Instandsetzung von Schusswaffen nach § 26 Absatz 1 Satz 1 hat auch die Herstellung, jedoch erst nach Fertigstellung, gemäß Satz 1 anzuzeigen. Die Pflicht zur Anzeige nach Satz 1 besteht auch dann, wenn ein Blockiersystem eingebaut oder entsperrt wird.

§ 37b Anzeige der Vernichtung, der Unbrauchbarmachung und des Abhandenkommens

(1) Der Besitzer einer Schusswaffe, deren Erwerb oder Besitz einer Erlaubnis bedarf, hat der zuständigen Behörde nach Satz 2 oder Satz 3 anzuzeigen, wenn die Schusswaffe vernichtet wird. Inhaber einer Erlaubnis nach § 21 Absatz 1 Satz 1 haben die Anzeige unverzüglich vorzunehmen. Im Übrigen hat die Anzeige innerhalb von zwei Wochen zu erfolgen. Die zuständige Behörde kann einen Nachweis darüber verlangen, dass die Schusswaffe vernichtet wurde.

(2) Der Besitzer einer Schusswaffe, deren Erwerb oder Besitz einer Erlaubnis bedarf, hat der zuständigen Behörde nach Satz 2 oder Satz 3 anzuzeigen, wenn die Schusswaffe unbrauchbar gemacht wird. Inhaber einer Erlaubnis nach § 21 Absatz 1 Satz 1 haben die Anzeige unverzüglich vorzunehmen. Im Übrigen hat die Anzeige innerhalb von zwei Wochen zu erfolgen. Die zuständige Behörde kann einen Nachweis darüber verlangen, dass die Schusswaffe unbrauchbar gemacht wurde.

(3) Sind einer Person Waffen oder Munition, deren Erwerb oder Besitz der Erlaubnis bedarf, oder Erlaubnisurkunden abhandengekommen, so hat sie dies der zuständigen Behörde unverzüglich nach Feststellung des Abhandenkommens anzuzeigen.

(4) Hat der Besitzer einer Schusswaffe keine Waffenherstellungserlaubnis oder Waffenhandelserlaubnis nach § 21 Absatz 1 Satz 1, so hat die Anzeige nach den Absätzen 1 und 2 schriftlich oder elektronisch zu erfolgen. Hat der Besitzer eine Waffenherstellungserlaubnis oder Waffenhandelserlaubnis nach § 21 Absatz 1 Satz 1, so hat die Anzeige nach den Absätzen 1 bis 3 elektronisch zu erfolgen und es gilt hierfür § 9 des Waffenregistergesetzes.

(5) Ist bei der zuständigen Behörde eine Anzeige zum Abhandenkommen von Schusswaffen, von Munition oder Erlaubnisurkunden eingegangen, so unterrichtet sie die örtliche Polizeidienststelle über das Abhandenkommen.

§ 37c Anzeigepflichten bei Inbesitznahme

(1) Wer Waffen oder Munition, deren Erwerb der Erlaubnis bedarf, in Besitz nimmt

1. beim Tod eines Waffenbesitzers, als Finder oder in ähnlicher Weise,
2. als Insolvenzverwalter, Zwangsverwalter, Gerichtsvollzieher oder in ähnlicher Weise,

hat dies der zuständigen Behörde unverzüglich anzuzeigen.

(2) Die zuständige Behörde kann

1. die Waffen oder Munition sicherstellen oder
2. anordnen, dass die Waffen oder Munition innerhalb angemessener Frist
   a) unbrauchbar gemacht werden oder
   b) einem Berechtigten überlassen werden,
   c) und dies der zuständigen Behörde nachgewiesen wird.

(3) Nach fruchtlosem Ablauf der Frist kann die zuständige Behörde die Waffen oder Munition einziehen. Ein Erlös aus der Verwertung steht dem nach bürgerlichem Recht bisher Berechtigten zu.

§ 37d Anzeige von unbrauchbar gemachten Schusswaffen

(1) Wer eine nach Anlage 1 Abschnitt 1 Unterabschnitt 1 Nummer 1.4 unbrauchbar gemachte Schusswaffe

1. überlässt,
2. erwirbt oder
3. vernichtet,

hat dies der zuständigen Behörde anzuzeigen.

(2) Der Besitzer einer unbrauchbar gemachten Schusswaffe hat der zuständigen Behörde unverzüglich nach Feststellung des Abhandenkommens anzuzeigen, wenn die Waffe abhandengekommen ist.

(3) Hat der Besitzer der unbrauchbar gemachten Schusswaffe keine Waffenherstellungserlaubnis oder Waffenhandelserlaubnis nach § 21 Absatz 1 Satz 1, hat die Anzeige nach Absatz 1 binnen zwei Wochen schriftlich oder elektronisch zu erfolgen. Hat der Besitzer eine Waffenherstellungserlaubnis oder Waffenhandelserlaubnis nach § 21 Absatz 1 Satz 1, so hat die Anzeige nach Absatz 1 unverzüglich elektronisch zu erfolgen und es gilt hierfür § 9 des Waffenregistergesetzes.

(4) Hat der Besitzer eine Waffenherstellungserlaubnis oder Waffenhandelserlaubnis nach § 21 Absatz 1 Satz 1, so hat die Anzeige nach Absatz 2 elektronisch zu erfolgen und es gilt hierfür § 9 des Waffenregistergesetzes.

(5) Ist bei der zuständigen Behörde eine Anzeige zum Abhandenkommen von unbrauchbar gemachten Schusswaffen eingegangen, so unterrichtet sie die örtliche Polizeidienststelle über das Abhandenkommen.

§ 37e Ausnahmen von der Anzeigepflicht

(1) Die Pflicht zur Anzeige einer Überlassung oder eines Erwerbs nach § 37 Absatz 1 Satz 1 Nummer 2 und 3 besteht nicht bei

1. Überlassung einzelner wesentlicher Teile zum Zweck der gewerbsmäßigen Ausführung von Verschönerungen oder ähnlichen Arbeiten an der Waffe, sofern eine Rücküberlassung an den Überlassenden erfolgen soll,
2. Überlassung im Rahmen eines Arbeits- oder Ausbildungsverhältnisses nach § 12 Absatz 1 Nummer 3 Buchstabe a,
3. vorübergehendem Überlassen zum Schießen auf einer Schießstätte nach § 12 Absatz 1 Nummer 5.

Satz 1 gilt im Fall der Überlassung und des Erwerbs einer unbrauchbar gemachten Schusswaffe im Sinne von § 37d Absatz 1 Satz 1 Nummer 1 und 2 durch den Inhaber einer Erlaubnis nach § 21 Absatz 1 Satz 1 entsprechend.

(2) Der Inhaber der Erlaubnis nach § 21 Absatz 1 Satz 1 kann von einer Anzeige des Erwerbs nach § 37 Absatz 1 Satz 1 Nummer 3 oder § 37d Absatz 1 Nummer 2 und bei der anschließenden Rücküberlassung an den Überlassenden von der Anzeige der Überlassung nach § 37 Absatz 1 Satz 1 Nummer 2 oder § 37d Absatz 1 Nummer 1 absehen, wenn der Inhaber der Erlaubnis nach § 21 Absatz 1 Satz 1 von einem Überlassenden erwirbt, der nicht Inhaber einer Erlaubnis nach § 21 Absatz 1 Satz 1 ist, und die Rücküberlassung innerhalb eines Monats nach dem Erwerb erfolgt. Erfolgt die Rücküberlassung im Fall des Satzes 1 nicht innerhalb eines Monats nach dem Erwerb, hat der Inhaber der Erlaubnis nach § 21 Absatz 1 Satz 1 die Anzeige des Erwerbs gemäß § 37 Absatz 1 Satz 1 Nummer 3 oder § 37d Absatz 1 Nummer 2 unverzüglich nachzuholen sowie die Rücküberlassung gemäß § 37 Absatz 1 Satz 1 Nummer 2 oder § 37d Absatz 1 Nummer 1 unverzüglich anzuzeigen. Im Fall des Satzes 1 sind Erwerb und Überlassung durch den Inhaber der Erlaubnis nach § 21 Absatz 1 Satz 1 schriftlich oder elektronisch zu dokumentieren (Ersatzdokumentation).

(2a) Von der Anzeige einer Überlassung oder eines Erwerbs nach § 37 Absatz 1 Satz 1 Nummer 2 und 3 kann abgesehen werden, wenn

1. sowohl der Überlassende als auch der Erwerbende Inhaber der Erlaubnis nach § 21 Absatz 1 Satz 1 ist, und
2. die Rücküberlassung und der Rückerwerb zwischen diesen beiden innerhalb von 14 Tagen nach dem Erwerb erfolgt.

Erfolgt die Rücküberlassung im Fall des Satzes 1 nicht innerhalb von 14 Tagen nach dem Erwerb, hat

1. der Erwerbende
   a) die Anzeige des Erwerbs gemäß § 37 Absatz 1 Satz 1 Nummer 3 und
   b) die Anzeige der Rücküberlassung gemäß § 37 Absatz 1 Satz 1 Nummer 2

   sowie

2. der Überlassende
   a) die Anzeige der Überlassung gemäß § 37 Absatz 1 Satz 1 Nummer 2 und
   b) die Anzeige des Rückerwerbs gemäß § 37 Absatz 1 Satz 1 Nummer 3

jeweils unverzüglich nachzuholen. Im Fall des Satzes 1 sind Erwerb und Überlassung durch die Inhaber der Erlaubnis nach § 21 Absatz 1 Satz 1 in der Ersatzdokumentation festzuhalten. Über die Nutzung der Ersatzdokumentation muss zwischen überlassendem und erwerbendem Inhaber der Erlaubnis nach § 21 Absatz 1 Satz 1 im Vorwege Einigung erzielt werden.

(3) Die Pflicht zur Anzeige einer Überlassung gemäß § 37a Satz 1 Nummer 1 besteht nicht in den Fällen des § 12 Absatz 1 sowie beim Überlassen an einen Erlaubnisinhaber nach § 21 Absatz 1 Satz 1 zum Zweck

1. der Verwahrung,
2. der Instandsetzung oder Vornahme geringfügiger Änderungen oder
3. des Kommissionsverkaufs.

(4) Die Pflicht zur Anzeige eines Erwerbs gemäß § 37a Satz 1 Nummer 2 besteht nicht

1. in den Fällen des § 12 Absatz 1 Nummer 1 bis 3, 4 Buchstabe a oder Nummer 5, außer es handelt sich um den Wiedererwerb nach einer Instandsetzung, die zum Umbau oder Austausch eines wesentlichen Teils geführt hat, oder
2. für einen Waffensachverständigen, der die Waffe auf Grund eines Bedürfnisses nach § 18 Absatz 1 erwirbt und sie höchstens drei Monate lang besitzt.

(5) Die Absätze 3 und 4 gelten im Fall der Überlassung und des Erwerbs einer unbrauchbar gemachten Schusswaffe im Sinne von § 37d Absatz 1 Satz 1 Nummer 1 und 2 durch Personen, die nicht Inhaber einer Erlaubnis nach § 21 Absatz 1 Satz 1 sind, entsprechend.

§ 37f Inhalt der Anzeigen

(1) Für die Anzeige nach den §§ 37 bis 37d hat der Anzeigende folgende Daten anzugeben:

1. die Art des in den §§ 37 bis 37d bezeichneten Sachverhalts, der der Anzeigepflicht zugrunde liegt;
2. das Datum, an dem der Sachverhalt eingetreten ist, bei Abhandenkommen das Datum der Feststellung des Abhandenkommens;
3. die folgenden Daten des Anzeigenden:
   a) Familienname,
   b) früherer Name,
   c) Geburtsname,
   d) Vorname,
   e) Doktorgrad,
   f) Geburtstag,
   g) Geburtsort,
   h) Geschlecht,
   i) jede Staatsangehörigkeit sowie
   j) Straße, Hausnummer, Postleitzahl und Ort, bei einer ausländischen Adresse auch den betreffenden Staat (Anschrift);
4. die folgenden Daten zu einem Kaufmann, einer juristischen Person oder einer Personenvereinigung:
   a) Namen oder Firma,
   b) frühere Namen,
   c) Anschrift und
   d) bei Handelsgesellschaften und Vereinen den Gegenstand des Unternehmens oder des Vereins;
5. die folgenden Daten der Waffe, die Gegenstand der Anzeige ist:
   a) Hersteller,
   b) Modellbezeichnung,
   c) Kaliber- oder Munitionsbezeichnung,
   d) Seriennummer,
   e) Jahr der Fertigstellung,
   f) Verbringen in den Geltungsbereich dieses Gesetzes,
   g) Kategorie nach Anlage 1 Abschnitt 3,
   h) Art der Waffe;
6. die folgenden Daten des Magazins, das Gegenstand der Anzeige ist:
   a) Kapazität des Magazins,
   b) kleinste verwendbare Munition und
   c) dauerhafte Beschriftung des Magazins, sofern vorhanden;

7. Art und Gültigkeit der Erlaubnis, die zur Art des anzuzeigenden Sachverhalts berechtigt oder verpflichtet;
8. die Nummer der Erlaubnisurkunde und
9. die zuständige Behörde, die die Erlaubnisurkunde ausgestellt hat.

(2) Bei Überlassung und Erwerb sind zusätzlich anzuzeigen

1. folgende Daten des Erwerbers:
   a) Familienname,
   b) Vorname,
   c) Geburtsdatum,
   d) Geburtsort,
   e) Anschrift;
2. bei Nachweis der Erwerbs- und Besitzberechtigung durch eine Waffenbesitzkarte:
   a) die Nummer der Waffenbesitzkarte und
   b) die ausstellende Behörde;
3. folgende Daten des Überlassenden:
   a) Familienname,
   b) früherer Name,
   c) Geburtsname,
   d) Vorname,
   e) Doktorgrad,
   f) Geburtsdatum,
   g) Geburtsort,
   h) Geschlecht,
   i) jede Staatsangehörigkeit sowie
   j) Anschrift.

(3) Ist der Erwerber oder der Überlassende vom Anwendungsbereich dieses Gesetzes nicht erfasst, so sind ausschließlich sein Name und seine Anschrift anzuzeigen.

(4) Anzuzeigen sind Änderungen der Daten der Waffe, die sich auf Grund einer der in § 37 Absatz 1 bezeichneten Umgangshandlungen ergeben.

§ 37g Eintragungen in die Waffenbesitzkarte

(1) Der Inhaber einer Erlaubnis zum Erwerb und Besitz von Waffen nach § 10 Absatz 1 Satz 1 oder einer gleichgestellten anderen Erlaubnis zum Erwerb und Besitz hat gleichzeitig mit der Anzeige nach § 37a oder § 37b Absatz 1 die Waffenbesitzkarte und, sofern die betreffende Waffe in den Europäischen Feuerwaffenpass des Erlaubnisinhabers eingetragen ist, auch diesen zur Eintragung oder Berichtigung bei der zuständigen Behörde vorzulegen.

(2) Bei Austausch eines wesentlichen Teils entfällt die Vorlagepflicht nach Absatz 1.

(3) Die zuständige Behörde trägt Anlass und Inhalt der Anzeige in die Waffenbesitzkarte oder den Europäischen Feuerwaffenpass ein.

§ 37h Ausstellung einer Anzeigebescheinigung

(1) Über die Anzeige

1. der Unbrauchbarmachung nach § 37b Absatz 2 Satz 1,
2. des Umgangs mit einer unbrauchbar gemachten Schusswaffe nach § 37d Absatz 1 Nummer 1 und 2 sowie
3. des Besitzes eines Magazins oder Magazingehäuses nach § 58 Absatz 17 Satz 1

hat die zuständige Behörde dem Anzeigenden eine Anzeigebescheinigung auszustellen. Satz 1 gilt nicht, wenn der Anzeigende Inhaber einer Erlaubnis nach § 21 Absatz 1 Satz 1 ist.

(2) Die Anzeigebescheinigung enthält

1. vom Anzeigenden die Daten nach § 37f Absatz 1 Nummer 3,
2. den Anlass der Anzeige nach § 37b Absatz 2 Satz 1, § 37d Absatz 1 Nummer 1 oder 2 oder § 58 Absatz 17 Satz 1,
3. den Zeitpunkt, an dem der zuständigen Behörde die Anzeige zugegangen ist, sowie
4. die Angaben nach § 37f Absatz 1 Nummer 5 und 6.

§ 37i Mitteilungspflicht bei Umzug ins Ausland und bei Umzug im Ausland

Zieht der Inhaber einer waffenrechtlichen Erlaubnis oder Bescheinigung ins Ausland, so ist er verpflichtet, seine Anschrift im Ausland der Waffenbehörde mitzuteilen, die zuletzt für ihn zuständig gewesen ist. Zieht der im Ausland lebende Inhaber einer waffenrechtlichen Erlaubnis oder Bescheinigung im Ausland um, so ist er verpflichtet, dem Bundesverwaltungsamt seine neue Anschrift im Ausland mitzuteilen.

§ 38 Ausweispflichten

(1) Wer eine Waffe führt, muss folgende Dokumente mit sich führen:

1. seinen Personalausweis oder Pass und
   a) wenn es einer Erlaubnis zum Erwerb bedarf, die Waffenbesitzkarte oder, wenn es einer Erlaubnis zum Führen bedarf, den Waffenschein,
   b) im Fall des Verbringens einer Waffe oder von Munition gemäß § 29 den Erlaubnisschein,
   c) im Fall des Verbringens einer Waffe oder von Munition aus dem Geltungsbereich des Gesetzes gemäß § 30 den Erlaubnisschein oder eine Ablichtung hiervon sowie zusätzlich zum Erlaubnisschein oder der Ablichtung hiervon die Bestätigung der Anzeige durch das Bundesverwaltungsamt, bei elektronischer Anzeigebestätigung einen Ausdruck der Bestätigung des Bundesverwaltungsamts,
   d) im Fall der Mitnahme einer Waffe oder von Munition aus einem Drittstaat gemäß § 32 Absatz 1 den Erlaubnisschein, im Fall der Mitnahme auf Grund einer Erlaubnis nach § 32 Absatz 4 auch den Beleg für den Grund der Mitnahme,
   e) im Fall der Mitnahme einer Schusswaffe oder von Munition nach Anlage 1 Abschnitt 3 (Kategorien A 1.2 bis C)
      aa) aus einem anderen Mitgliedstaat gemäß § 32 Absatz 1 und 2 den Erlaubnisschein und den Europäischen Feuerwaffenpass,
      bb) aus dem Geltungsbereich dieses Gesetzes gemäß § 32 Absatz 1a den Erlaubnisschein,
      cc) aus einem anderen Mitgliedstaat oder aus dem Geltungsbereich dieses Gesetzes gemäß § 32 Absatz 3 den Europäischen Feuerwaffenpass und einen Beleg für den Grund der Mitnahme,
   f) im Fall der vorübergehenden Berechtigung zum Erwerb oder zum Führen auf Grund des § 12 Absatz 1 Nummer 1 und 2 oder § 28 Absatz 4 einen Beleg, aus dem der Name des Überlassers und des Besitzberechtigten sowie das Datum der Überlassung hervorgeht, oder
   g) im Fall des Schießens mit einer Schießerlaubnis nach § 10 Absatz 5 diese und
2. in den Fällen des § 13 Absatz 6 den Jagdschein.

In den Fällen des § 13 Absatz 3 sowie im Fall des Führens einer Waffe, die auf Grund einer unbefristeten Erlaubnis gemäß § 14 Absatz 6 erworben wurde, genügt an Stelle der Waffenbesitzkarte ein schriftlicher Nachweis darüber, dass die Antragsfrist noch nicht verstrichen oder ein Antrag gestellt worden ist. Satz 1 gilt nicht in Fällen des § 12 Absatz 3 Nummer 1.

(2) Die nach Absatz 1 Satz 1 und 2 mitzuführenden Dokumente sind Polizeibeamten oder sonst zur Personenkontrolle Befugten auf Verlangen zur Prüfung auszuhändigen.

§ 39 Auskunfts- und Vorzeigepflicht, Nachschau

(1) Wer Waffenherstellung, Waffenhandel oder eine Schießstätte betreibt, eine Schießstätte benutzt oder in ihr die Aufsicht führt, ein Bewachungsunternehmen betreibt, Veranstaltungen zur Ausbildung im Verteidigungsschießen durchführt oder sonst den Besitz über Waffen oder Munition ausübt, hat der zuständigen Behörde auf Verlangen oder, sofern dieses Gesetz einen Zeitpunkt vorschreibt, zu diesem Zeitpunkt die für die Durchführung dieses Gesetzes erforderlichen Auskünfte zu erteilen; eine entsprechende Pflicht gilt ferner für Personen, gegenüber denen ein Verbot nach § 41 Abs. 1 oder 2 ausgesprochen wurde. Sie können die Auskunft auf solche Fragen verweigern, deren Beantwortung sie selbst oder einen der in § 383 Abs. 1 Nr. 1 bis 3 der Zivilprozessordnung bezeichneten Angehörigen der Gefahr strafrechtlicher Verfolgung oder eines Verfahrens nach dem Gesetz über Ordnungswidrigkeiten aussetzen würde. Darüber hinaus hat der Inhaber der Erlaubnis die Einhaltung von Auflagen nachzuweisen.

(2) Betreibt der Auskunftspflichtige Waffenherstellung, Waffenhandel, eine Schießstätte oder ein Bewachungsunternehmen, so sind die von der zuständigen Behörde mit der Überwachung des Betriebs beauftragten Personen berechtigt, Betriebsgrundstücke und

Geschäftsräume während der Betriebs- und Arbeitszeit zu betreten, um dort Prüfungen und Besichtigungen vorzunehmen, Proben zu entnehmen und Einsicht in die geschäftlichen Unterlagen zu nehmen; zur Abwehr dringender Gefahren für die öffentliche Sicherheit oder Ordnung dürfen diese Arbeitsstätten auch außerhalb dieser Zeit sowie die Wohnräume des Auskunftspflichtigen gegen dessen Willen besichtigt werden. Das Grundrecht der Unverletzlichkeit der Wohnung (Artikel 13 des Grundgesetzes) wird insoweit eingeschränkt.

(3) Aus begründetem Anlass kann die zuständige Behörde anordnen, dass der Besitzer von

1. Waffen oder Munition, deren Erwerb der Erlaubnis bedarf, oder
2. in Anlage 2 Abschnitt 1 bezeichneten verbotenen Waffen

ihr diese sowie Erlaubnisscheine oder Ausnahmebescheinigungen binnen angemessener, von ihr zu bestimmender Frist zur Prüfung vorlegt.

§ 39a Verordnungsermächtigung für die Ersatzdokumentation

Das Bundesministerium des Innern, für Bau und Heimat wird ermächtigt, durch Rechtsverordnung mit Zustimmung des Bundesrates zur Durchführung des § 37e Absatz 2 Satz 3 und Absatz 2a Satz 3 Vorschriften über Inhalt, Führung, Aufbewahrung und Vorlage der Ersatzdokumentation zu erlassen.

Unterabschnitt 6a
Besondere Regelungen zum Umgang mit Salutwaffen und unbrauchbar gemachten Schusswaffen, zur Unbrauchbarmachung von Schusswaffen und zur Aufbewahrung von Salutwaffen

§ 39b Erwerb, Besitz und Aufbewahrung von Salutwaffen

(1) Ein Bedürfnis für den Erwerb und Besitz von Salutwaffen nach Anlage 1 Abschnitt 1 Unterabschnitt 1 Nummer 1.5 ist insbesondere anzuerkennen, wenn der Antragsteller die Salutwaffen für

1. Theateraufführungen,
2. Foto-, Film- oder Fernsehaufnahmen oder
3. für die Teilnahme an kulturellen Veranstaltungen oder Veranstaltungen der Brauchtumspflege

benötigt.

(2) Ein Nachweis der Sachkunde nach § 7 ist für die Erteilung der Erlaubnis nicht erforderlich.

(3) § 36 Absatz 3, 4 und 6 ist auf Salutwaffen nicht anzuwenden. Sind Regelungen einer auf Grund von § 36 Absatz 5 erlassenen Rechtsverordnung anwendbar, sind Salutwaffen wie von der Erlaubnispflicht freigestellte Waffen zu behandeln.

§ 39c Unbrauchbarmachung von Schusswaffen und Umgang mit unbrauchbar gemachten Schusswaffen; Verordnungsermächtigung

(1) Das Bundesministerium des Innern wird ermächtigt, durch Rechtsverordnung, die nicht der Zustimmung des Bundesrates bedarf, nähere Regelungen zur Unbrauchbarmachung von Schusswaffen zu treffen; insbesondere kann es

1. auf die Unbrauchbarmachung bezogene Dokumentationen und Mitteilungen verlangen und
2. Regelungen in Bezug auf vor Inkrafttreten dieser Bestimmung unbrauchbar gemachte Schusswaffen treffen.

(2) Das Bundesministerium des Innern wird ermächtigt, durch Rechtsverordnung, die nicht der Zustimmung des Bundesrates bedarf, die Anwendbarkeit von Vorschriften des Waffengesetzes auf unbrauchbar gemachte Schusswaffen zu regeln sowie den Umgang mit unbrauchbar gemachten Schusswaffen (Anlage 1 Abschnitt 1 Unterabschnitt 1 Nummer 1.4) zu verbieten oder zu beschränken oder mit bestimmten Verpflichtungen zu verbinden; insbesondere kann es

1. bestimmte Arten des Umgangs mit unbrauchbar gemachten Schusswaffen verbieten oder unter Genehmigungsvorbehalt stellen und
2. Anzeigen oder Begleitdokumente vorschreiben.

Durch die Verordnung können diejenigen Teile der Anlage 2zu diesem Gesetz, die unbrauchbar gemachte Schusswaffen betreffen, aufgehoben werden.

Unterabschnitt 7 Verbote

§ 40 Verbotene Waffen

(1) Das Verbot des Umgangs umfasst auch das Verbot, zur Herstellung der in Anlage 2 Abschnitt 1 Nr. 1.3.4 bezeichneten Gegenstände anzuleiten oder aufzufordern.

(2) Das Verbot des Umgangs mit Waffen oder Munition ist nicht anzuwenden, soweit jemand auf Grund eines gerichtlichen oder behördlichen Auftrags tätig wird.

(3) Inhaber einer jagdrechtlichen Erlaubnis und Angehörige von Leder oder Pelz verarbeitenden Berufen dürfen abweichend von § 2 Abs. 3 Umgang mit Faustmessern nach Anlage 2 Abschnitt 1 Nr. 1.4.2 haben, sofern sie diese Messer zur Ausübung ihrer Tätigkeit benötigen. Inhaber sprengstoffrechtlicher Erlaubnisse (§§ 7 und 27 des Sprengstoffgesetzes) und Befähigungsscheine (§ 20 des Sprengstoffgesetzes) sowie Teilnehmer staatlicher oder staatlich anerkannter Lehrgänge dürfen abweichend von § 2 Absatz 3 Umgang mit explosionsgefährlichen Stoffen oder Gegenständen nach Anlage 2 Abschnitt 1 Nummer 1.3.4 haben, soweit die durch die Erlaubnis oder den Befähigungsschein gestattete Tätigkeit oder die Ausbildung hierfür dies erfordern. Dies gilt insbesondere für Sprengarbeiten sowie Tätigkeiten im Katastrophenschutz oder im Rahmen von Theatern, vergleichbaren Einrichtungen, Film- und Fernsehproduktionsstätten sowie die Ausbildung für derartige Tätigkeiten. Inhaber eines gültigen Jagdscheins im Sinne von § 15 Absatz 2 Satz 1 des Bundesjagdgesetzes dürfen abweichend von § 2 Absatz 3 für jagdliche Zwecke Umgang mit Nachtsichtvorsätzen und Nachtsichtaufsätzen nach Anlage 2 Abschnitt 1 Nummer 1.2.4.2 haben. Jagdrechtliche Verbote oder Beschränkungen der Nutzung von Nachtsichtvorsatzgeräten und Nachtsichtaufsätzen bleiben unberührt. Satz 4 gilt entsprechend für Inhaber einer gültigen Erlaubnis nach § 21 Absatz 1 und 2.

(4) Das Bundeskriminalamt kann auf Antrag von den Verboten der Anlage 2 Abschnitt 1 allgemein oder für den Einzelfall Ausnahmen zulassen, wenn die Interessen des Antragstellers auf Grund besonderer Umstände das öffentliche Interesse an der Durchsetzung des Verbots überwiegen. Dies kann insbesondere angenommen werden, wenn die in der Anlage 2 Abschnitt 1 bezeichneten Waffen oder Munition zum Verbringen aus dem Geltungsbereich dieses Gesetzes, für wissenschaftliche oder Forschungszwecke oder zur Erweiterung einer kulturhistorisch bedeutsamen Sammlung bestimmt sind und eine erhebliche Gefahr für die öffentliche Sicherheit nicht zu befürchten ist.

(5) Wer eine in Anlage 2 Abschnitt 1 bezeichnete Waffe als Erbe, Finder oder in ähnlicher Weise in Besitz nimmt, hat dies der zuständigen Behörde unverzüglich anzuzeigen. Die zuständige Behörde kann die Waffen oder Munition sicherstellen oder anordnen, dass innerhalb einer angemessenen Frist die Waffen oder Munition unbrauchbar gemacht, von Verbotsmerkmalen befreit oder einem nach diesem Gesetz Berechtigten überlassen werden, oder dass der Erwerber einen Antrag nach Absatz 4 stellt. Das Verbot des Umgangs mit Waffen oder Munition wird nicht wirksam, solange die Frist läuft oder eine ablehnende Entscheidung nach Absatz 4 dem Antragsteller noch nicht bekannt gegeben worden ist.

§ 41 Waffenverbote für den Einzelfall

(1) Die zuständige Behörde kann jemandem den Besitz von Waffen oder Munition, deren Erwerb nicht der Erlaubnis bedarf, und den Erwerb solcher Waffen oder Munition untersagen,

1. soweit es zur Verhütung von Gefahren für die Sicherheit oder zur Kontrolle des Umgangs mit diesen Gegenständen geboten ist oder
2. wenn Tatsachen vorliegen, die die Annahme rechtfertigen, dass der rechtmäßige Besitzer oder Erwerbswillige abhängig von Alkohol oder anderen berauschenden Mitteln, psychisch krank oder debil ist oder sonst die erforderliche persönliche Eignung nicht besitzt oder ihm die für den Erwerb

I

oder Besitz solcher Waffen oder Munition erforderliche Zuverlässigkeit fehlt.

Tatsachen für das Fehlen der erforderlichen Zuverlässigkeit nach Satz 1 Nummer 2 liegen außer in den Fällen des § 5 Absatz 1 Nummer 1 Buchstabe a oder c, Nummer 2 oder Absatz 2 Nummer 2 bis 4 insbesondere vor, wenn die betroffene Person

1. wegen einer vorsätzlichen Straftat gegen die körperliche Unversehrtheit oder einer vorsätzlichen Straftat, die mit Gewalt oder durch Drohung mit gegenwärtiger Gefahr für Leib oder Leben begangen wurde, zu einer Freiheitsstrafe, Jugendstrafe oder Geldstrafe von mindestens 90 Tagessätzen rechtskräftig verurteilt worden ist oder bei der die Verhängung von Jugendstrafe ausgesetzt worden ist, wenn seit dem Eintritt der Rechtskraft der letzten Verurteilung fünf Jahre noch nicht verstrichen sind, oder
2. wegen einer vorsätzlichen Straftat nach dem Waffengesetz, dem Gesetz über die Kontrolle von Kriegswaffen, dem Sprengstoffgesetz oder dem Bundesjagdgesetz zu einer Freiheitsstrafe, Jugendstrafe oder Geldstrafe von mindestens 90 Tagessätzen rechtskräftig verurteilt worden ist oder bei der die Verhängung von Jugendstrafe ausgesetzt worden ist, wenn seit dem Eintritt der Rechtskraft der letzten Verurteilung fünf Jahre noch nicht verstrichen sind.

Im Fall des Satzes 1 Nummer 2 ist die betroffene Person darauf hinzuweisen, dass sie die Annahme mangelnder persönlicher Eignung im Wege der Beibringung eines amts- oder fachärztlichen oder fachpsychologischen Zeugnisses über die geistige oder körperliche Eignung ausräumen kann; § 6 Absatz 2 findet entsprechende Anwendung.

(2) Die zuständige Behörde kann jemandem den Besitz von Waffen oder Munition, deren Erwerb der Erlaubnis bedarf, untersagen, soweit es zur Verhütung von Gefahren für die Sicherheit oder Kontrolle des Umgangs mit diesen Gegenständen geboten ist.

(3) Die zuständige Behörde unterrichtet die örtliche Polizeidienststelle über den Erlass eines Waffenbesitzverbotes.

§ 42 Verbot des Führens von Waffen und Messern bei öffentlichen Veranstaltungen; Verordnungsermächtigungen für Verbotszonen

(1) Wer an öffentlichen Vergnügungen, Volksfesten, Sportveranstaltungen, Messen, Ausstellungen, Märkten oder ähnlichen öffentlichen Veranstaltungen teilnimmt, darf keine Waffen im Sinne des § 1 Abs. 2 führen. Dies gilt auch, wenn für die Teilnahme ein Eintrittsgeld zu entrichten ist, sowie für Theater-, Kino-, und Diskothekenbesuche und für Tanzveranstaltungen.

(2) Die zuständige Behörde kann allgemein oder für den Einzelfall Ausnahmen von Absatz 1 zulassen, wenn

1. der Antragsteller die erforderliche Zuverlässigkeit (§ 5) und persönliche Eignung (§ 6) besitzt,
2. der Antragsteller nachgewiesen hat, dass er auf Waffen bei der öffentlichen Veranstaltung nicht verzichten kann, und
3. eine Gefahr für die öffentliche Sicherheit oder Ordnung nicht zu besorgen ist.

(3) Unbeschadet des § 38 muss der nach Absatz 2 Berechtigte auch den Ausnahmebescheid mit sich führen und auf Verlangen zur Prüfung aushändigen.

(4) Die Absätze 1 bis 3 sind nicht anzuwenden

1. auf die Mitwirkenden an Theateraufführungen und diesen gleich zu achtenden Vorführungen, wenn zu diesem Zweck ungeladene oder mit Kartuschenmunition geladene Schusswaffen oder Waffen im Sinne des § 1 Abs. 2 Nr. 2 geführt werden,
2. auf das Schießen in Schießstätten (§ 27),
3. soweit eine Schießerlaubnis nach § 10 Abs. 5 vorliegt,
4. auf das gewerbliche Ausstellen der in Absatz 1 genannten Waffen auf Messen und Ausstellungen.

(4a) Absatz 1 gilt entsprechend für das Führen von Messern. Ausgenommen vom Verbot des Führens von Messern sind:

1. Anlieferverkehr,
2. Gewerbetreibende und ihre Beschäftigten und von den Gewerbetreibenden Be-

auftragte, die Messer im Zusammenhang mit ihrer Berufsausübung führen,
3. Personen, die ein Messer nicht zugriffsbereit von einem Ort zum anderen befördern,
4. Personen, die ein Messer in oder auf bestimmten Gebäuden oder Flächen mit öffentlichem Verkehr sowie in Verkehrsmitteln und Einrichtungen des öffentlichen Personenverkehrs, in oder auf denen Menschenansammlungen auftreten können und die einem Hausrecht unterliegen mit Zustimmung des Hausrechtsbereichsinhabers führen, wenn das Führen dem Zweck des Aufenthaltes in dem Hausrechtsbereich dient oder im Zusammenhang damit steht,
5. das gewerbliche Ausstellen von Messern auf Messen, Märkten und Ausstellungen,
6. Rettungskräfte und Einsatzkräfte im Zivil- und Katastrophenschutz im Zusammenhang mit der Tätigkeit,
7. Mitwirkende an Foto-, Film- oder Fernsehaufnahmen, Theateraufführungen oder historischen Darstellungen, wenn zu diesem Zweck Messer geführt werden,
8. Personen, die Messer im Zusammenhang mit der Brauchtumspflege, der Jagd oder der Ausübung des Sports führen,
9. Inhaber gastronomischer Betriebe, ihre Beschäftigten und Beauftragten sowie deren Kundinnen und Kunden,
10. Personen, die Messer im Zusammenhang mit einem allgemein anerkannten Zweck führen.

(5) Die Landesregierungen können durch Rechtsverordnung das Führen von Waffen im Sinne des § 1 Absatz 2 und von Messern verbieten oder beschränken

1. auf bestimmten öffentlichen Straßen, Wegen oder Plätzen, soweit an dem jeweiligen Ort wiederholt begangen worden sind
   a) Straftaten unter Einsatz von Waffen oder
   b) Raubdelikte, Körperverletzungsdelikte, Bedrohungen, Nötigungen, Sexualdelikte, Freiheitsberaubungen oder Straftaten gegen das Leben,
2. auf bestimmten öffentlichen Straßen, Wegen oder Plätzen, auf denen Menschenansammlungen auftreten können,
3. in oder auf bestimmten Gebäuden oder Flächen mit öffentlichem Verkehr sowie in Verkehrsmitteln und Einrichtungen des öffentlichen Personenverkehrs, soweit diese nicht von § 42b Absatz 1 oder einer Rechtsverordnung nach § 42b Absatz 2 erfasst sind, in oder auf denen Menschenansammlungen auftreten können, und die einem Hausrecht unterliegen,
4. in bestimmten Jugend- und Bildungseinrichtungen sowie
5. auf bestimmten öffentlichen Straßen, Wegen oder Plätzen, die an die in den Nummern 3 und 4 genannten Orte oder Einrichtungen angrenzen,

wenn Tatsachen die Annahme rechtfertigen, dass im Fall der Nummer 1 auch künftig mit der Begehung solcher Straftaten zu rechnen ist oder im Fall der Nummern 2 bis 5 das Verbot oder die Beschränkung zur Abwehr von Gefahren für die öffentliche Sicherheit erforderlich ist. In der Rechtsverordnung nach Satz 1 ist eine Ausnahme vom Verbot oder von der Beschränkung für Fälle vorzusehen, in denen für das Führen der Waffe oder des Messers ein berechtigtes Interesse vorliegt. Ein berechtigtes Interesse liegt in der Regel vor

1. für das Führen von Waffen
   a) für Inhaber waffenrechtlicher Erlaubnisse, mit Ausnahme einer Erlaubnis nach § 10 Absatz 4 Satz 4,
   b) für Personen, die eine Waffe nicht zugriffsbereit von einem Ort zum anderen befördern,
   c) in den Fällen des Satzes 1 Nummer 3 für Personen, die eine Waffe mit Zustimmung eines anderen in dessen Hausrechtsbereich nach Satz 1 Nummer 3 führen, wenn das Führen dem Zweck des Aufenthaltes in dem Hausrechtsbereich dient oder im Zusammenhang damit steht,
   d) für Rettungskräfte und Einsatzkräfte im Zivil- und Katastrophenschutz im Zusammenhang mit der Tätigkeit;

2. für das Führen von Messern in den Fällen des Absatzes 4a Satz 2.

Die Landesregierungen können die Ermächtigung nach Satz 1 in Verbindung mit Satz 2 durch Rechtsverordnung auf die zuständige oberste Landesbehörde übertragen; diese kann die Ermächtigung durch Rechtsverordnung weiter übertragen.

§ 42a Verbot des Führens von Anscheinswaffen und bestimmten tragbaren Gegenständen

(1) Es ist verboten

1. Anscheinswaffen,
2. Hieb- und Stoßwaffen nach Anlage 1 Abschnitt 1 Unterabschnitt 2 Nr. 1.1 oder
3. Messer mit einhändig feststellbarer Klinge (Einhandmesser) oder feststehende Messer mit einer Klingenlänge über 12 cm

zu führen.

(2) Absatz 1 gilt nicht

1. für die Verwendung bei Foto-, Film- oder Fernsehaufnahmen oder Theateraufführungen,
2. für den Transport in einem verschlossenen Behältnis,
3. für das Führen der Gegenstände nach Absatz 1 Nr. 2 und 3, sofern ein berechtigtes Interesse vorliegt.

Weitergehende Regelungen bleiben unberührt.

(3) Ein berechtigtes Interesse nach Absatz 2 Satz 1 Nr. 3 liegt insbesondere vor, wenn das Führen der Gegenstände im Zusammenhang mit der Berufsausübung erfolgt, der Brauchtumspflege, dem Sport oder einem allgemein anerkannten Zweck dient.

§ 42b Verbot des Führens von Waffen und Messern im öffentlichen Personenfernverkehr; Verordnungsermächtigung für Verbotszonen

(1) Es ist verboten

1. Waffen im Sinne des § 1 Absatz 2 oder
2. Messer

in Verkehrsmitteln des öffentlichen Personenfernverkehrs und in seitlich umschlossenen Einrichtungen des öffentlichen Personenfernverkehrs, insbesondere Gebäuden und Haltepunkten, zu führen, soweit nicht eine Rechtsverordnung nach Absatz 2 besteht. Satz 1 gilt nicht

1. für das Führen von Waffen in den Fällen des § 42 Absatz 5 Satz 3 Nummer 1 Buchstabe a, b und d,
2. für das Führen von Messern in den Fällen des § 42 Absatz 4a Satz 2,
3. für Personen, die eine Waffe oder ein Messer mit Zustimmung des Verkehrsunternehmens führen, wenn das Führen dem Zweck des Aufenthalts in dem Hausrechtsbereich dient oder im Zusammenhang damit steht.

(2) Für das Gebiet der Bahnanlagen der Eisenbahnen des Bundes wird das Bundesministerium des Innern und für Heimat ermächtigt, durch Rechtsverordnung ohne Zustimmung des Bundesrates das Führen von Waffen im Sinne des § 1 Absatz 2 und von Messern zu verbieten oder zu beschränken, wenn das Verbot oder die Beschränkung zur Abwehr von Gefahren für die öffentliche Sicherheit erforderlich ist. In der Rechtsverordnung nach Satz 1 sind Ausnahmen vom Verbot oder von der Beschränkung entsprechend Absatz 1 Satz 2 vorzusehen. Die Ermächtigung nach Satz 1 kann durch Rechtsverordnung auf das Bundespolizeipräsidium übertragen werden. Die Befugnis der Bundespolizeibehörden, das Mitführen von Waffen und gefährlichen Gegenständen durch Allgemeinverfügung zu regeln, bleibt unberührt.

§ 42c Kontrollbefugnis zum Verbot des Führens von Waffen und Messern bei öffentlichen Veranstaltungen, im öffentlichen Personenfernverkehr und in Verbotszonen

Die zuständige Behörde kann zur Durchsetzung gesetzlicher Waffen- und Messerverbote nach § 42 Absatz 1 Satz 1, Absatz 4a Satz 1 und § 42b Absatz 1 sowie von Waffen- und Messerverbotszonen nach § 42 Absatz 5 im räumlichen Geltungsbereich dieser gesetzlichen Waffen- und Messerverbote sowie im räumlichen Geltungsbereich der Waffen- und Messerverbotszonen Personen kurzzeitig anhalten, befragen, mitgeführte Sachen in Augenschein nehmen sowie die Person durchsuchen. Die Auswahl der nach Satz 1 kontrollierten Person anhand eines Merkmals im Sinne des Artikels 3 Absatz 3 des Grundgesetzes ohne sachlichen, durch den Zweck der Maßnahme gerechtfertigten Grund ist unzulässig.

Abschnitt 3 Sonstige waffenrechtliche Vorschriften

§ 43 Erhebung und Übermittlung personenbezogener Daten

(1) Die für die Ausführung dieses Gesetzes zuständigen Behörden dürfen personenbezogene Daten auch ohne Mitwirkung der betroffenen Person in den Fällen des § 5 Abs. 5 und des § 6 Abs. 1 Satz 3 und 4 erheben. Sonstige Rechtsvorschriften des Bundes- oder Landesrechts, die eine Erhebung ohne Mitwirkung der betroffenen Person vorsehen oder zwingend voraussetzen, bleiben unberührt.

(2) Öffentliche Stellen im Geltungsbereich dieses Gesetzes sind auf Ersuchen der zuständigen Behörde verpflichtet, dieser im Rahmen datenschutzrechtlicher Übermittlungsbefugnisse personenbezogene Daten zu übermitteln, soweit die Daten nicht wegen überwiegender öffentlicher Interessen geheim gehalten werden müssen. § 30 der Abgabenordnung steht der Übermittlung nicht entgegen.

§ 44 Übermittlung an und von Meldebehörden

(1) Die zuständige Behörde teilt der Meldebehörde mit:

1. die erstmalige Erteilung einer waffenrechtlichen Erlaubnis,
2. den Verlust aller waffenrechtlichen Erlaubnisse einer Person,
3. den Erlass und den Wegfall eines Waffenbesitzverbotes.

(2) Die zuständige Behörde teilt der Jagdbehörde die Ergebnisse sowie tragenden Gründe der Prüfung nach den §§ 5 und 6 mit.

(3) Die Meldebehörden teilen den Waffenerlaubnisbehörden Namensänderungen, Zuzug, Änderungen der derzeitigen Anschrift im Zuständigkeitsbereich der Meldebehörde, Wegzug und Tod des Einwohners mit, für den das Vorliegen einer waffenrechtlichen Erlaubnis oder eines Waffenbesitzverbotes gespeichert ist. Die Waffenerlaubnisbehörden übermitteln diese Daten an die zuständigen Verfassungsschutzbehörden.

§ 44a Behördliche Aufbewahrungspflichten

Die für die Ausführung dieses Gesetzes zuständigen Behörden haben alle Unterlagen, die für die Feststellung der gegenwärtigen und früheren Besitzverhältnisse sowie die Rückverfolgung von Verkaufswegen erforderlich sind, einschließlich der Aufzeichnungen zu Verbringungen 30 Jahre aufzubewahren. Ferner haben die in Satz 1 genannten Behörden zehn Jahre alle Unterlagen aufzubewahren, aus denen sich die Versagung einer waffenrechtlichen Erlaubnis

1. wegen fehlender Zuverlässigkeit nach § 4 Absatz 1 Nummer 2 in Verbindung mit § 5 Absatz 1 Nummer 2 oder Absatz 2 Nummer 2, 3 oder Nummer 4 oder
2. wegen fehlender persönlicher Eignung nach § 4 Absatz 1 Nummer 2 in Verbindung mit § 6 Absatz 1 Satz 1 und 2,

einschließlich der Gründe hierfür, ergibt.

§ 45 Rücknahme und Widerruf

(1) Eine Erlaubnis nach diesem Gesetz ist zurückzunehmen, wenn nachträglich bekannt wird, dass die Erlaubnis hätte versagt werden müssen.

(2) Eine Erlaubnis nach diesem Gesetz ist zu widerrufen, wenn nachträglich Tatsachen eintreten, die zur Versagung hätten führen müssen. Eine Erlaubnis nach diesem Gesetz kann auch widerrufen werden, wenn inhaltliche Beschränkungen nicht beachtet werden.

(3) Bei einer Erlaubnis kann abweichend von Absatz 2 Satz 1 im Fall eines vorübergehenden Wegfalls des Bedürfnisses, aus besonderen Gründen auch in Fällen des endgültigen Wegfalls des Bedürfnisses, von einem Widerruf abgesehen werden. Satz 1 gilt nicht, sofern es sich um eine Erlaubnis zum Führen einer Waffe handelt.

I

(4) Verweigert eine betroffene Person im Fall der Überprüfung des weiteren Vorliegens von in diesem Gesetz oder in einer auf Grund dieses Gesetzes erlassenen Rechtsverordnung vorgeschriebenen Tatbestandsvoraussetzungen, bei deren Wegfall ein Grund zur Rücknahme oder zum Widerruf einer Erlaubnis oder Ausnahmebewilligung gegeben wäre, ihre Mitwirkung, so kann die Behörde deren Wegfall vermuten. Die betroffene Person ist hierauf hinzuweisen.

(5) Widerspruch und Anfechtungsklage gegen Maßnahmen nach Absatz 1 und Absatz 2 Satz 1 haben keine aufschiebende Wirkung, sofern die Erlaubnis wegen des Nichtvorliegens oder Entfallens der Voraussetzungen nach § 4 Abs. 1 Nr. 2 zurückgenommen oder widerrufen wird.

§ 46 Weitere Maßnahmen

(1) Werden Erlaubnisse nach diesem Gesetz zurückgenommen oder widerrufen, so hat der Inhaber alle Ausfertigungen der Erlaubnisurkunde der zuständigen Behörde unverzüglich zurückzugeben. Das Gleiche gilt, wenn die Erlaubnis erloschen ist.

(2) Hat jemand auf Grund einer Erlaubnis, die zurückgenommen, widerrufen oder erloschen ist, Waffen oder Munition erworben oder befugt besessen und besitzt er sie noch, so ordnet die zuständige Behörde an, dass er binnen angemessener Frist die Waffen oder Munition dauerhaft unbrauchbar macht oder einem Berechtigten überlässt und den Nachweis darüber gegenüber der Behörde führt. Nach fruchtlosem Ablauf der Frist stellt die zuständige Behörde die Waffen oder Munition sicher.

(3) Besitzt jemand ohne die erforderliche Erlaubnis eine Waffe oder Munition, so ordnet die zuständige Behörde an, dass er binnen angemessener Frist

1. die Waffe oder Munition dauerhaft unbrauchbar macht oder einem Berechtigten überlässt oder
2. im Fall einer verbotenen Waffe oder Munition die Verbotsmerkmale beseitigt und
3. den Nachweis darüber gegenüber der Behörde führt.

Nach fruchtlosem Ablauf der Frist stellt die zuständige Behörde die Waffe oder Munition sicher.

(4) Die zuständige Behörde stellt Erlaubnisurkunden sowie die in den Absätzen 2 und 3 bezeichneten Waffen oder Munition sofort sicher

1. in Fällen eines vollziehbaren Verbots nach § 41 Absatz 1 oder 2,
2. soweit Tatsachen die Annahme rechtfertigen, dass die Waffen oder Munition missbräuchlich verwendet sollen oder
3. soweit Tatsachen vorliegen, die die Annahme rechtfertigen, dass die Waffen oder Munition von einem Nichtberechtigten erworben werden sollen.

Die zuständige Behörde kann darüber hinaus für die Dauer der Prüfung von Rücknahme oder Widerruf Erlaubnisurkunden sowie Waffen oder Munition für einen Zeitraum von sechs Monaten sofort vorläufig sicherstellen,

1. sofern Tatsachen vorliegen, die die Annahme rechtfertigen, dass Personen, denen eine Erlaubnis nach diesem Gesetz erteilt worden ist, nicht die erforderliche Zuverlässigkeit oder Eignung besitzen, und
2. soweit tatsächliche Anhaltspunkte vorliegen, dass durch den weiteren Umgang mit Waffen oder Munition eine Gefährdung bedeutender Rechtsgüter droht.

(5) Zum Zweck der sofortigen Sicherstellung nach Absatz 4 sind die Beauftragten der zuständigen Behörde berechtigt, die Wohnung der betroffenen Person zu betreten und diese Wohnung nach Urkunden, Waffen oder Munition zu durchsuchen; Durchsuchungen dürfen nur durch den Richter, bei Gefahr im Verzug auch durch die zuständige Behörde angeordnet werden; das Grundrecht der Unverletzlichkeit der Wohnung (Artikel 13 des Grundgesetzes) wird insoweit eingeschränkt.

(6) Widerspruch und Anfechtungsklage gegen Maßnahmen der Absätze 1 bis 5 haben keine aufschiebende Wirkung.

(7) Sofern der bisherige Inhaber nicht innerhalb eines Monats nach einer Sicherstellung nach Absatz 2 Satz 2, Absatz 3 Satz 2 oder Absatz 4 Satz 1 einen empfangsbereiten Be-

rechtigten benennt oder im Fall der Sicherstellung verbotener Waffen oder Munition nicht in dieser Frist eine Ausnahmezulassung nach § 40 Absatz 4 beantragt, kann die zuständige Behörde die sichergestellten Waffen oder die sichergestellte Munition einziehen und verwerten oder vernichten. Dieselben Befugnisse besitzt die zuständige Behörde im Fall der unanfechtbaren Versagung einer für verbotene Waffen oder Munition vor oder rechtzeitig nach der Sicherstellung beantragten Ausnahmezulassung nach § 40 Absatz 4. Der Erlös aus einer Verwertung der Waffen oder Munition steht nach Abzug der Kosten der Sicherstellung, Verwahrung und Verwertung dem nach bürgerlichem Recht bisher Berechtigten zu.

§ 47 Verordnungen zur Erfüllung internationaler Vereinbarungen oder zur Angleichung an Gemeinschaftsrecht

Das Bundesministerium des Innern, für Bau und Heimat wird ermächtigt, mit Zustimmung des Bundesrates zur Erfüllung von Verpflichtungen aus internationalen Vereinbarungen oder zur Erfüllung bindender Beschlüsse der Europäischen Union, die Sachbereiche dieses Gesetzes betreffen, Rechtsverordnungen zu erlassen, die insbesondere

1. Anforderungen an das Überlassen und Verbringen von Waffen oder Munition an Personen, die ihren gewöhnlichen Aufenthalt außerhalb des Geltungsbereichs des Gesetzes haben, festlegen und
2. das Verbringen und die vorübergehende Mitnahme von Waffen oder Munition in den Geltungsbereich des Gesetzes sowie
3. die zu den Nummern 1 und 2 erforderlichen Bescheinigungen, Mitteilungspflichten und behördlichen Maßnahmen regeln.

§ 48 Sachliche Zuständigkeit

(1) Die Landesregierungen oder die von ihnen durch Rechtsverordnung bestimmten Stellen können durch Rechtsverordnung die für die Ausführung dieses Gesetzes zuständigen Behörden bestimmen, soweit nicht Bundesbehörden zuständig sind. Abweichend von Satz 1 ist für die Erteilung von Erlaubnissen an Bewachungsunternehmen für Bewachungsaufgaben nach § 28a Absatz 1 Satz 1 die für das Gebiet der Freien und Hansestadt Hamburg bestimmte Waffenbehörde zuständig.

(1a) Die Landesregierungen oder die von ihnen durch Rechtsverordnung bestimmten Stellen bestimmen durch Rechtsverordnung die nach Artikel 6 Absatz 5 Satz 2 der Verordnung (EU) Nr. 1214/2011 des Europäischen Parlaments und des Rates vom 16. November 2011 über den gewerbsmäßigen grenzüberschreitenden Straßentransport von Euro-Bargeld zwischen den Mitgliedstaaten des Euroraums (ABl. L 316 vom 29. 11. 2011, S. 1) zuständige Kontaktstelle.

(2) Das Bundesverwaltungsamt ist die zuständige Behörde für

1. ausländische Diplomaten, Konsularbeamte und gleichgestellte sonstige bevorrechtigte ausländische Personen,
2. ausländische Angehörige der in der Bundesrepublik Deutschland stationierten ausländischen Streitkräfte sowie deren Ehegatten und unterhaltsberechtigte Kinder,
3. Personen, die zum Schutze ausländischer Luftfahrzeuge und Seeschiffe eingesetzt sind,
4. Deutsche im Sinne des Artikels 116 des Grundgesetzes, die ihren gewöhnlichen Aufenthalt außerhalb des Geltungsbereichs dieses Gesetzes haben; dies gilt nicht für die in den §§ 21 und 28 genannten Personen, wenn sich der Sitz des Unternehmens im Geltungsbereich dieses Gesetzes befindet,
5. natürliche und juristische Personen, die im Geltungsbereich dieses Gesetzes im Sinne des § 21 Handel treiben, hier aber keinen Unternehmenssitz haben.

(3) Zuständig für die Entscheidungen nach § 2 Abs. 5 ist das Bundeskriminalamt.

(3a) Das Bundesamt für Wirtschaft und Ausfuhrkontrolle ist die zuständige Behörde zur Erteilung von Genehmigungen nach Artikel 4 der Verordnung (EU) Nr. 258/2012 des Europäischen Parlaments und des Rates vom 14. März 2012 zur Umsetzung des Artikels 10 des Protokolls der Vereinten Nationen gegen

I

die unerlaubte Herstellung von Schusswaffen, dazugehörigen Teilen und Komponenten und Munition und gegen den unerlaubten Handel damit, in Ergänzung des Übereinkommens der Vereinten Nationen gegen die grenzüberschreitende organisierte Kriminalität (VN-Feuerwaffenprotokoll) und zur Einführung von Ausfuhrgenehmigungen für Feuerwaffen, deren Teile, Komponenten und Munition sowie von Maßnahmen betreffend deren Einfuhr und Durchfuhr (ABl. L 94 vom 30. 3. 2012, S. 1).

(4) Verwaltungsverfahren nach diesem Gesetz oder auf Grund dieses Gesetzes können über eine einheitliche Stelle nach den Vorschriften der Verwaltungsverfahrensgesetze abgewickelt werden.

§ 49 Örtliche Zuständigkeit

(1) Die Vorschriften der Verwaltungsverfahrensgesetze über die örtliche Zuständigkeit gelten mit der Maßgabe, dass örtlich zuständig ist

1. für einen Antragsteller oder Erlaubnisinhaber, der keinen gewöhnlichen Aufenthalt im Geltungsbereich dieses Gesetzes hat,
   a) die Behörde, in deren Bezirk er sich aufhält oder aufhalten will, oder,
   b) soweit sich ein solcher Aufenthaltswille nicht ermitteln lässt, die Behörde, in deren Bezirk der Grenzübertritt erfolgt,
2. für Antragsteller oder Inhaber einer Erlaubnis nach § 21 Abs. 1 sowie Bewachungsunternehmer die Behörde, in deren Bezirk sich die gewerbliche Hauptniederlassung befindet oder errichtet werden soll.

(2) Abweichend von Absatz 1 ist örtlich zuständig für

1. Schießerlaubnisse nach § 10 Abs. 5 die Behörde, in deren Bezirk geschossen werden soll, soweit nicht die Länder nach § 48 Abs. 1 eine abweichende Regelung getroffen haben,
2. Erlaubnisse nach § 27 Abs. 1 sowie für Maßnahmen auf Grund einer Rechtsverordnung nach § 27 Abs. 7 bei ortsfesten Schießstätten die Behörde, in deren Bezirk die ortsfeste Schießstätte betrieben wird oder betrieben oder geändert werden soll,
3. a) Erlaubnisse nach § 27 Abs. 1 sowie für Maßnahmen auf Grund einer Rechtsverordnung nach § 27 Abs. 7 bei ortsveränderlichen Schießstätten die Behörde, in deren Bezirk der Betreiber seinen gewöhnlichen Aufenthalt hat,
   b) Auflagen bei den in Buchstabe a genannten Schießstätten die Behörde, in deren Bezirk die Schießstätte aufgestellt werden soll,
4. Ausnahmebewilligungen nach § 35 Abs. 3 Satz 2 die Behörde, in deren Bezirk die Tätigkeit ausgeübt werden soll,
5. Ausnahmebewilligungen nach § 42 Abs. 2 die Behörde, in deren Bezirk die Veranstaltung stattfinden soll oder, soweit Ausnahmebewilligungen für mehrere Veranstaltungen in verschiedenen Bezirken erteilt werden, die Behörde, in deren Bezirk die erste Veranstaltung stattfinden soll,
6. die Sicherstellung nach § 46 Abs. 2 Satz 2, Abs. 3 Satz 2 und Abs. 4 Satz 1 auch die Behörde, in deren Bezirk sich der Gegenstand befindet.

§ 50 (weggefallen)

Abschnitt 4
Straf- und Bußgeldvorschriften

§ 51 Strafvorschriften

(1) Mit Freiheitsstrafe von einem Jahr bis zu fünf Jahren wird bestraft, wer entgegen § 2 Absatz 3 in Verbindung mit Anlage 2 Abschnitt 1 Nummer 1.2.1.1 oder 1.2.1.2 eine dort genannte Schusswaffe zum Verschießen von Patronenmunition nach Anlage 1 Abschnitt 1 Unterabschnitt 3 Nr. 1.1 erwirbt, besitzt, überlässt, führt, verbringt, mitnimmt, herstellt, bearbeitet, instand setzt oder damit Handel treibt.

(2) In besonders schweren Fällen ist die Strafe Freiheitsstrafe von einem Jahr bis zu zehn Jahren. Ein besonders schwerer Fall liegt in der Regel vor, wenn der Täter gewerbsmäßig oder als Mitglied einer Bande, die sich zur

fortgesetzten Begehung solcher Straftaten verbunden hat, unter Mitwirkung eines anderen Bandenmitgliedes handelt.

(3) In minder schweren Fällen ist die Strafe Freiheitsstrafe bis zu drei Jahren oder Geldstrafe.

(4) Handelt der Täter fahrlässig, so ist die Strafe Freiheitsstrafe bis zu zwei Jahren oder Geldstrafe.

§ 52 Strafvorschriften

(1) Mit Freiheitsstrafe von sechs Monaten bis zu fünf Jahren wird bestraft, wer

1. entgegen § 2 Absatz 3 in Verbindung mit Anlage 2 Abschnitt 1 Nr. 1.1 oder 1.3.4 eine dort genannte Schusswaffe oder einen dort genannten Gegenstand erwirbt, besitzt, überlässt, führt, verbringt, mitnimmt, herstellt, bearbeitet, instand setzt oder damit Handel treibt,
2. ohne Erlaubnis nach
   a) § 2 Abs. 2 in Verbindung mit Anlage 2 Abschnitt 2 Unterabschnitt 1 Satz 1, eine Schusswaffe oder Munition erwirbt, um sie entgegen § 34 Abs. 1 Satz 1 einem Nichtberechtigten zu überlassen,
   b) § 2 Abs. 2 in Verbindung mit Anlage 2 Abschnitt 2 Unterabschnitt 1 Satz 1, eine halbautomatische Kurzwaffe zum Verschießen von Patronenmunition nach Anlage 1 Abschnitt 1 Unterabschnitt 3 Nr. 1.1 erwirbt, besitzt oder führt,
   c) § 2 Abs. 2 in Verbindung mit Anlage 2 Abschnitt 2 Unterabschnitt 1 Satz 1 in Verbindung mit § 21 Abs. 1 Satz 1 oder § 21a eine Schusswaffe oder Munition herstellt, bearbeitet, instand setzt oder damit Handel treibt,
   d) § 2 Abs. 2 in Verbindung mit Anlage 2 Abschnitt 2 Unterabschnitt 1 Satz 1 in Verbindung mit § 29 Absatz 1 Satz 1 oder § 32 Absatz 1 Satz 1 eine Schusswaffe oder Munition in den oder durch den Geltungsbereich dieses Gesetzes verbringt oder mitnimmt,
3. entgegen § 35 Abs. 3 Satz 1 eine Schusswaffe, Munition oder eine Hieb- oder Stoßwaffe im Reisegewerbe oder auf einer dort genannten Veranstaltung vertreibt oder anderen überlässt oder
4. entgegen § 40 Abs. 1 zur Herstellung eines dort genannten Gegenstandes anleitet oder auffordert.

(2) Der Versuch ist strafbar.

(3) Mit Freiheitsstrafe bis zu drei Jahren oder mit Geldstrafe wird bestraft, wer

1. entgegen § 2 Absatz 3 in Verbindung mit Anlage 2 Abschnitt 1 Nummer 1.2.2 bis 1.2.4.2, 1.2.5, 1.3.1 bis 1.3.3, 1.3.5 bis 1.3.8, 1.4.1 Satz 1, Nr. 1.4.2 bis 1.4.4 oder 1.5.3 bis 1.5.7 einen dort genannten Gegenstand erwirbt, besitzt, überlässt, führt, verbringt, mitnimmt, herstellt, bearbeitet, instand setzt oder damit Handel treibt,
2. ohne Erlaubnis nach § 2 Abs. 2 in Verbindung mit Anlage 2 Abschnitt 2 Unterabschnitt 1 Satz 1
   a) eine Schusswaffe erwirbt, besitzt, führt oder
   b) Munition erwirbt oder besitzt,

   wenn die Tat nicht in Absatz 1 Nr. 2 Buchstabe a oder b mit Strafe bedroht ist,
3. ohne Erlaubnis nach § 2 Abs. 2 in Verbindung mit Anlage 2 Abschnitt 2 Unterabschnitt 1 Satz 1 in Verbindung mit § 26 Abs. 1 Satz 1 eine Schusswaffe herstellt, bearbeitet oder instand setzt,
4. ohne Erlaubnis nach § 2 Absatz 2 in Verbindung mit Anlage 2 Abschnitt 2 Unterabschnitt 1 Satz 1 in Verbindung mit
   a) § 29 Absatz 1 Satz 1 eine dort genannte Schusswaffe oder Munition aus dem Geltungsbereich dieses Gesetzes in einen anderen Mitgliedstaat verbringt oder
   b) § 32 Absatz 1a Satz 1 eine dort genannte Schusswaffe oder Munition in einen anderen Mitgliedstaat mitnimmt,
5. entgegen § 28 Abs. 2 Satz 1 eine Schusswaffe führt,
6. entgegen § 28 Abs. 3 Satz 2 eine Schusswaffe oder Munition überlässt,

7. entgegen § 34 Abs. 1 Satz 1 eine erlaubnispflichtige Schusswaffe oder erlaubnispflichtige Munition einem Nichtberechtigten überlässt,

7a. entgegen § 36 Absatz 1 Satz 1 in Verbindung mit einer Rechtsverordnung nach § 36 Absatz 5 Satz 1 eine dort genannte Vorkehrung für eine Schusswaffe nicht, nicht richtig oder nicht rechtzeitig trifft und dadurch die Gefahr verursacht, dass eine Schusswaffe oder Munition abhandenkommt oder darauf unbefugt zugegriffen wird,

8. einer vollziehbaren Anordnung nach § 41 Abs. 1 Satz 1 oder Abs. 2 zuwiderhandelt,

9. entgegen § 42 Abs. 1 eine Waffe führt oder

10. entgegen § 57 Abs. 5 Satz 1 den Besitz über eine Schusswaffe oder Munition ausübt.

(4) Handelt der Täter in den Fällen des Absatzes 1 Nr. 1, 2 Buchstabe b, c oder d oder Nr. 3 oder des Absatzes 3 Nummer 1 bis 7, 8, 9 oder 10 fahrlässig, so ist die Strafe bei den bezeichneten Taten nach Absatz 1 Freiheitsstrafe bis zu zwei Jahren oder Geldstrafe, bei Taten nach Absatz 3 Freiheitsstrafe bis zu einem Jahr oder Geldstrafe.

(5) In besonders schweren Fällen des Absatzes 1 Nr. 1 ist die Strafe Freiheitsstrafe von einem Jahr bis zu zehn Jahren. Ein besonders schwerer Fall liegt in der Regel vor, wenn der Täter gewerbsmäßig oder als Mitglied einer Bande, die sich zur fortgesetzten Begehung solcher Straftaten verbunden hat, unter Mitwirkung eines anderen Bandenmitgliedes handelt.

(6) In minder schweren Fällen des Absatzes 1 ist die Strafe Freiheitsstrafe bis zu drei Jahren oder Geldstrafe.

§ 53 Bußgeldvorschriften

(1) Ordnungswidrig handelt, wer vorsätzlich oder fahrlässig

1. entgegen § 2 Abs. 1 eine nicht erlaubnispflichtige Waffe oder nicht erlaubnispflichtige Munition erwirbt oder besitzt,

2. (weggefallen)

3. ohne Erlaubnis nach § 2 Abs. 2 in Verbindung mit Abs. 4, dieser in Verbindung mit Anlage 2 Abschnitt 2 Unterabschnitt 1 Satz 1, mit einer Schusswaffe schießt,

4. einer vollziehbaren Auflage nach § 9 Abs. 2 Satz 1, § 10 Abs. 2 Satz 3, § 17 Abs. 2 Satz 2, § 18 Absatz 2 Satz 2 oder § 28a Absatz 1 Satz 3 oder einer vollziehbaren Anordnung nach § 9 Abs. 3, § 36 Abs. 3 Satz 1 oder Abs. 6, § 37c Absatz 2 Nummer 2, § 39 Abs. 3, § 40 Abs. 5 Satz 2 oder § 46 Abs. 2 Satz 1 oder Abs. 3 Satz 1 zuwiderhandelt,

5. (weggefallen)

6. entgegen § 10 Absatz 2 Satz 4 oder § 37i eine Mitteilung nicht, nicht richtig, nicht vollständig oder nicht rechtzeitig macht,

7. entgegen § 13 Absatz 3 Satz 2 oder § 20 Absatz 1 die Ausstellung einer Waffenbesitzkarte oder die Eintragung in eine Waffenbesitzkarte nicht oder nicht rechtzeitig beantragt,

8. entgegen § 21 Absatz 6, § 24 Absatz 6, § 27 Absatz 1 Satz 6 oder Absatz 2 Satz 2, § 30 Satz 3, § 34 Absatz 4 oder 5 Satz 1, § 37 Absatz 1 Satz 1, auch in Verbindung mit Satz 2, entgegen § 37a Satz 1, auch in Verbindung mit Satz 3, entgegen § 37a Satz 2, § 37b Absatz 1 Satz 1, Absatz 2 Satz 1 oder Absatz 3, § 37c Absatz 1, § 37d Absatz 1 oder 2, § 40 Absatz 5 Satz 1 oder § 58 Absatz 19 Satz 1 eine Anzeige nicht, nicht richtig, nicht vollständig, nicht in der vorgeschriebenen Weise oder nicht rechtzeitig erstattet,

9. entgegen § 24 Abs. 1, auch in Verbindung mit einer Rechtsverordnung nach § 25 Nummer 1 oder Nr. 2 Buchstabe a, oder § 24 Absatz 4 Satz 1 und 2, auch in Verbindung mit einer Rechtsverordnung nach § 25 Nummer 1, eine Angabe, ein Zeichen oder die Bezeichnung der Munition auf der Schusswaffe nicht, nicht richtig, nicht vollständig, nicht in der vorgeschriebenen Weise oder nicht

rechtzeitig anbringt oder Munition nicht, nicht richtig, nicht vollständig, nicht in der vorgeschriebenen Weise oder nicht rechtzeitig mit einem besonderen Kennzeichen versieht,

10. entgegen § 24 Absatz 5 eine Schusswaffe oder Munition anderen gewerbsmäßig überlässt,
11. ohne Erlaubnis nach § 27 Abs. 1 Satz 1 eine Schießstätte betreibt oder ihre Beschaffenheit oder die Art ihrer Benutzung wesentlich ändert,
12. entgegen § 27 Abs. 3 Satz 1 Nr. 1 und 2 einem Kind oder Jugendlichen das Schießen gestattet oder entgegen § 27 Abs. 6 Satz 2 nicht sicherstellt, dass die Aufsichtsperson nur einen Schützen bedient,
13. entgegen § 27 Abs. 3 Satz 2 Unterlagen nicht aufbewahrt oder entgegen § 27 Abs. 3 Satz 3 diese nicht herausgibt,
14. entgegen § 27 Abs. 5 Satz 2 eine Bescheinigung nicht mitführt,
15. entgegen § 33 Abs. 1 Satz 1 eine Schusswaffe oder Munition nicht anmeldet oder nicht oder nicht rechtzeitig vorführt,
16. entgegen § 34 Abs. 1 Satz 1 eine nicht erlaubnispflichtige Waffe oder nicht erlaubnispflichtige Munition einem Nichtberechtigten überlässt,
17. entgegen § 35 Abs. 1 Satz 4 die Urkunden nicht aufbewahrt oder nicht, nicht vollständig oder nicht rechtzeitig Einsicht gewährt,
18. entgegen § 35 Abs. 2 einen Hinweis nicht, nicht richtig, nicht vollständig oder nicht rechtzeitig gibt oder die Erfüllung einer dort genannten Pflicht nicht, nicht richtig, nicht vollständig oder nicht rechtzeitig protokolliert,
19. entgegen § 37g Absatz 1 ein dort genanntes Dokument nicht oder nicht rechtzeitig vorlegt,
20. entgegen § 38 Absatz 1 Satz 1 oder Absatz 2 ein dort genanntes Dokument nicht mit sich führt oder nicht oder nicht rechtzeitig aushändigt,
21. entgegen § 39 Abs. 1 Satz 1 eine Auskunft nicht, nicht richtig, nicht vollständig oder nicht rechtzeitig erteilt,

21a. entgegen § 42 Absatz 4a Satz 1 in Verbindung mit Absatz 1 ein Messer führt,

21b. entgegen § 42a Abs. 1 eine Anscheinswaffe, eine dort genannte Hieb- oder Stoßwaffe oder ein dort genanntes Messer führt,

21c. entgegen § 42b Absatz 1 eine Waffe oder ein Messer führt,

22. entgegen § 46 Abs. 1 Satz 1, auch in Verbindung mit Satz 2, eine Ausfertigung der Erlaubnisurkunde nicht oder nicht rechtzeitig zurückgibt oder
23. einer Rechtsverordnung nach § 15a Absatz 4, § 27 Absatz 7 Satz 2, § 36 Absatz 5, den §§ 39a, 39c Absatz 1 oder 2 Satz 1, § 42 Absatz 5 Satz 1 oder § 42b Absatz 2 Satz 1 oder § 47 oder einer vollziehbaren Anordnung auf Grund einer solchen Rechtsverordnung zuwiderhandelt, soweit die Rechtsverordnung für einen bestimmten Tatbestand auf diese Bußgeldvorschrift verweist.

(1a) Ordnungswidrig handelt, wer vorsätzlich oder fahrlässig ohne Genehmigung nach Artikel 4 Absatz 1 Satz 1 der Verordnung (EU) Nr. 258/2012 des Europäischen Parlaments und des Rates vom 14. März 2012 zur Umsetzung des Artikels 10 des Protokolls der Vereinten Nationen gegen die unerlaubte Herstellung von Schusswaffen, dazugehörigen Teilen und Komponenten und Munition und gegen den unerlaubten Handel damit, in Ergänzung des Übereinkommens der Vereinten Nationen gegen die grenzüberschreitende organisierte Kriminalität (VN-Feuerwaffenprotokoll) und zur Einführung von Ausfuhrgenehmigungen für Feuerwaffen, deren Teile, Komponenten und Munition sowie von Maßnahmen betreffend deren Einfuhr und Durchfuhr (ABl. L 94 vom 30. 3. 2012, S. 1) einen dort genannten Gegenstand ausführt.

(2) Die Ordnungswidrigkeit kann mit einer Geldbuße bis zu zehntausend Euro geahndet werden.

(3) Verwaltungsbehörden im Sinne des § 36 Absatz 1 Nummer 1 des Gesetzes über Ordnungswidrigkeiten sind

1. in den Fällen des Absatzes 1, soweit dieses Gesetz von der Physikalisch-Technischen Bundesanstalt, dem Bundesverwaltungsamt oder dem Bundeskriminalamt ausgeführt wird, die für die Erteilung von Erlaubnissen nach § 21 Absatz 1 zuständigen Behörden,
2. in den Fällen des Absatzes 1a die Hauptzollämter.

§ 54 Einziehung

(1) Ist eine Straftat nach den §§ 51, 52 Abs. 1, 2 oder 3 Nr. 1, 2 oder 3 oder Abs. 5 begangen worden, so werden Gegenstände,

1. auf die sich diese Straftat bezieht oder
2. die durch sie hervorgebracht oder zu ihrer Begehung oder Vorbereitung gebraucht worden oder bestimmt gewesen sind,

eingezogen.

(2) Ist eine sonstige Straftat nach § 52 oder eine Ordnungswidrigkeit nach § 53 begangen worden, so können in Absatz 1 bezeichnete Gegenstände eingezogen werden.

(3) § 74a des Strafgesetzbuches und § 23 des Gesetzes über Ordnungswidrigkeiten sind anzuwenden.

(4) Als Maßnahme im Sinne des § 74f Absatz 1 Satz 3 des Strafgesetzbuches kommt auch die Anweisung in Betracht, binnen einer angemessenen Frist eine Entscheidung der zuständigen Behörde über die Erteilung einer Erlaubnis nach § 10 vorzulegen oder die Gegenstände einem Berechtigten zu überlassen.

Abschnitt 5
Ausnahmen von der Anwendung des Gesetzes

§ 55 Ausnahmen für oberste Bundes- und Landesbehörden, Bundeswehr, Polizei und Zollverwaltung, erheblich gefährdete Hoheitsträger sowie Bedienstete anderer Staaten

(1) Dieses Gesetz ist, wenn es nicht ausdrücklich etwas anderes bestimmt, nicht anzuwenden auf

1. die obersten Bundes- und Landesbehörden und die Deutsche Bundesbank,
2. die Bundeswehr und die in der Bundesrepublik Deutschland stationierten ausländischen Streitkräfte,
3. die Polizeien des Bundes und der Länder,
4. die Zollverwaltung

und deren Bedienstete, soweit sie dienstlich tätig werden. Bei Polizeibediensteten und bei Bediensteten der Zollverwaltung mit Vollzugsaufgaben gilt dies, soweit sie durch Dienstvorschriften hierzu ermächtigt sind, auch für den Besitz über dienstlich zugelassene Waffen oder Munition und für das Führen dieser Waffen außerhalb des Dienstes.

(2) Personen, die wegen der von ihnen wahrzunehmenden hoheitlichen Aufgaben des Bundes oder eines Landes erheblich gefährdet sind, wird an Stelle einer Waffenbesitzkarte, eines Waffenscheins oder einer Ausnahmebewilligung nach § 42 Abs. 2 eine Bescheinigung über die Berechtigung zum Erwerb und Besitz von Waffen oder Munition sowie eine Bescheinigung zum Führen dieser Waffen erteilt. Die Bescheinigung ist auf die voraussichtliche Dauer der Gefährdung zu befristen. Die Bescheinigung erteilt für Hoheitsträger des Bundes das Bundesministerium des Innern, für Bau und Heimat oder eine von ihm bestimmte Stelle.

(3) Dieses Gesetz ist nicht anzuwenden auf Bedienstete anderer Staaten, die dienstlich mit Waffen oder Munition ausgestattet sind, wenn die Bediensteten im Rahmen einer zwischenstaatlichen Vereinbarung oder auf Grund einer Anforderung oder einer allgemein oder für den Einzelfall erteilten Zustimmung einer zuständigen inländischen Behörde oder Dienststelle im Geltungsbereich dieses Gesetzes tätig werden und die zwischenstaatliche Vereinbarung, die Anforderung oder die Zustimmung nicht etwas anderes bestimmt.

(4) Auf Waffen oder Munition, die für die in Absatz 1 Satz 1 bezeichneten Stellen in den Geltungsbereich dieses Gesetzes verbracht oder hergestellt und ihnen überlassen werden, ist § 40 nicht anzuwenden.

(5) Die Bundesregierung kann durch Rechtsverordnung, die nicht der Zustimmung des Bundesrates bedarf, eine dem Absatz 1 Satz 1 entsprechende Regelung für sonstige Behörden und Dienststellen des Bundes treffen. Die Bundesregierung kann die Befugnis nach Satz 1 durch Rechtsverordnung, die nicht der Zustimmung des Bundesrates bedarf, auf eine andere Bundesbehörde übertragen.

(6) Die Landesregierungen können durch Rechtsverordnung eine dem Absatz 5 Satz 1 entsprechende Regelung für sonstige Behörden und Dienststellen des Landes treffen. Die Landesregierungen können die Befugnis nach Satz 1 durch Rechtsverordnung auf andere Landesbehörden übertragen.

§ 56 Sondervorschriften für Staatsgäste und andere Besucher

Auf

1. Staatsgäste aus anderen Staaten,
2. sonstige erheblich gefährdete Personen des öffentlichen Lebens aus anderen Staaten, die sich besuchsweise im Geltungsbereich dieses Gesetzes aufhalten, und
3. Personen aus anderen Staaten, denen der Schutz der in den Nummern 1 und 2 genannten Personen obliegt,

sind § 10 und Abschnitt 2 Unterabschnitt 5 nicht anzuwenden, wenn ihnen das Bundesverwaltungsamt oder, soweit es sich nicht um Gäste des Bundes handelt, die nach § 48 Abs. 1 zuständige Behörde hierüber eine Bescheinigung erteilt hat. Die Bescheinigung, zu deren Wirksamkeit es der Bekanntgabe an die betroffene Person nicht bedarf, ist zu erteilen, wenn dies im öffentlichen Interesse, insbesondere zur Wahrung der zwischenstaatlichen Gepflogenheiten bei solchen Besuchen, geboten ist. Es muss gewährleistet sein, dass in den Geltungsbereich dieses Gesetzes verbrachte oder dort erworbene Schusswaffen oder Munition nach Beendigung des Besuches aus dem Geltungsbereich dieses Gesetzes verbracht oder einem Berechtigten überlassen werden. Sofern das Bundesverwaltungsamt in den Fällen des Satzes 1 nicht rechtzeitig tätig werden kann, entscheidet über die Erteilung der Bescheinigung die nach § 48 Abs. 1 zuständige Behörde. Das Bundesverwaltungsamt ist über die getroffene Entscheidung zu unterrichten.

§ 57 Kriegswaffen

(1) Dieses Gesetz gilt nicht für Kriegswaffen im Sinne des Gesetzes über die Kontrolle von Kriegswaffen. Auf tragbare Schusswaffen, für die eine Waffenbesitzkarte nach § 59 Abs. 4 Satz 2 des Waffengesetzes in der vor dem 1. Juli 1976 geltenden Fassung erteilt worden ist, sind unbeschadet der Vorschriften des Gesetzes über die Kontrolle von Kriegswaffen § 4 Abs. 3, § 45 Abs. 1 und 2 sowie § 36, die Vorschriften einer Rechtsverordnung nach § 36 Absatz 5 und § 52 Absatz 3 Nummer 7a anzuwenden. Auf Verstöße gegen § 59 Abs. 2 des Waffengesetzes in der vor dem 1. Juli 1976 geltenden Fassung und gegen § 58 Abs. 1 des Waffengesetzes in der vor dem 1. April 2003 geltenden Fassung ist § 52 Abs. 3 Nr. 1 anzuwenden. Zuständige Behörde für Maßnahmen nach Satz 2 ist das Bundesamt für Wirtschaft und Ausfuhrkontrolle.

(2) Wird die Anlage zu dem Gesetz über die Kontrolle von Kriegswaffen (Kriegswaffenliste) geändert und verlieren deshalb tragbare Schusswaffen ihre Eigenschaft als Kriegswaffen, so hat derjenige, der seine Befugnis zum Besitz solcher Waffen durch eine Genehmigung oder Bestätigung der zuständigen Behörde nachweisen kann, diese Genehmigung oder Bestätigung der nach § 48 Abs. 1 zuständigen Behörde vorzulegen; diese stellt eine Waffenbesitzkarte aus oder ändert eine bereits erteilte Waffenbesitzkarte, wenn kein Versagungsgrund im Sinne des Absatzes 4 vorliegt. Die übrigen Besitzer solcher Waffen können innerhalb einer Frist von sechs Monaten nach Inkrafttreten der Änderung der Kriegswaffenliste bei der nach § 48 Abs. 1 zuständigen Behörde die Ausstellung einer Waffenbesitzkarte beantragen, sofern nicht der Besitz der Waffen nach § 59 Abs. 2 des Waffengesetzes in der vor dem 1. Juli 1976 geltenden Fassung anzumelden oder ein Antrag nach § 58 Abs. 1 des Waffengesetzes in der vor dem 1. April 2003 geltenden Fassung zu stellen war und der Besitzer die Anmeldung oder den Antrag unterlassen hat.

(3) Wird die Anlage zu dem Gesetz über die Kontrolle von Kriegswaffen (Kriegswaffenliste) geändert und verliert deshalb Munition für tragbare Kriegswaffen ihre Eigenschaft als Kriegswaffe, so hat derjenige, der bei Inkrafttreten der Änderung der Kriegswaffenliste den Besitz über sie ausübt, innerhalb einer Frist von sechs Monaten einen Antrag auf Erteilung einer Erlaubnis nach § 10 Abs. 3 bei der nach § 48 Abs. 1 zuständigen Behörde zu stellen, es sei denn, dass er bereits eine Berechtigung zum Besitz dieser Munition besitzt.

(4) Die Waffenbesitzkarte nach Absatz 2 und die Erlaubnis zum Munitionsbesitz nach Absatz 3 dürfen nur versagt werden, wenn Tatsachen die Annahme rechtfertigen, dass der Antragsteller nicht die erforderliche Zuverlässigkeit oder persönliche Eignung besitzt.

(5) Wird der Antrag nach Absatz 2 Satz 2 oder Absatz 3 nicht gestellt oder wird die Waffenbesitzkarte oder die Erlaubnis unanfechtbar versagt, so darf der Besitz über die Schusswaffen oder die Munition nach Ablauf der Antragsfrist oder nach der Versagung nicht mehr ausgeübt werden. § 46 Abs. 2 findet entsprechend Anwendung.

Abschnitt 6
Übergangsvorschriften, Verwaltungsvorschriften

§ 58 Altbesitz; Übergangsvorschriften

(1) Soweit nicht nachfolgend Abweichendes bestimmt wird, gelten Erlaubnisse im Sinne des Waffengesetzes in der Fassung der Bekanntmachung vom 8. März 1976 (BGBl. I S. 432), zuletzt geändert durch das Gesetz vom 21. November 1996 (BGBl. I S. 1779), fort. Erlaubnisse zum Erwerb von Munition berechtigen auch zu deren Besitz. Hat jemand berechtigt Munition vor dem Inkrafttreten dieses Gesetzes erworben, für die auf Grund dieses Gesetzes eine Erlaubnis erforderlich ist, und übt er über diese bei Inkrafttreten dieses Gesetzes noch den Besitz aus, so hat er diese Munition bis 31. August 2003 der zuständigen Behörde schriftlich anzumelden. Die Anmeldung muss die Personalien des Besitzers sowie die Munitionsarten enthalten. Die nachgewiesene fristgerechte Anmeldung gilt als Erlaubnis zum Besitz.

(2) Eine auf Grund des Waffengesetzes in der Fassung der Bekanntmachung vom 8. März 1976 (BGBl. I S. 432) erteilte waffenrechtliche Erlaubnis für Kriegsschusswaffen tritt am ersten Tag des sechsten auf das Inkrafttreten dieses Gesetzes folgenden Monats außer Kraft.

(3) Ist über einen vor Inkrafttreten dieses Gesetzes gestellten Antrag auf Erteilung einer Erlaubnis nach § 7 des Waffengesetzes in der Fassung der Bekanntmachung vom 8. März 1976 (BGBl. I S. 432) noch nicht entschieden worden, findet für die Entscheidung über den Antrag § 21 dieses Gesetzes Anwendung.

(4) Bescheinigungen nach § 6 Abs. 2 des Waffengesetzes in der Fassung der Bekanntmachung vom 8. März 1976 (BGBl. I S. 432) gelten im bisherigen Umfang als Bescheinigungen nach § 55 Abs. 2 dieses Gesetzes.

(5) Ausnahmebewilligungen nach § 37 Abs. 3 und § 57 Abs. 7 des Waffengesetzes in der Fassung der Bekanntmachung vom 8. März 1976 (BGBl. I S. 432) gelten in dem bisherigen Umfang als Ausnahmebewilligungen nach § 40 Abs. 4 dieses Gesetzes.

(6) Die nach § 40 Abs. 1 des Waffengesetzes in der Fassung der Bekanntmachung vom 8. März 1976 (BGBl. I S. 432) ausgesprochenen Verbote gelten in dem bisherigen Umfang als Verbote nach § 41 dieses Gesetzes.

(7) Besitzt eine Person am 6. Juli 2017 ein Geschoss, das nicht dem bis zum 5. Juli 2017 geltenden Verbot der Anlage 2 Abschnitt 1 Nummer 1.5.4 unterfiel, so wird das Verbot nach Anlage 2 Abschnitt 1 Nummer 1.5.4 gegenüber dieser Person nicht wirksam, wenn

1. sie bis zum 1. Juli 2018 einen Antrag nach § 40 Absatz 4 stellt und
2. ihr daraufhin eine Erlaubnis nach § 40 Absatz 4 erteilt wird.

§ 46 Abs. 3 Satz 2 und Absatz 7 findet entsprechend Anwendung.

(8) Wer eine am 6. Juli 2017 unerlaubt besessene Waffe oder unerlaubt besessene Munition bis zum 1. Juli 2018 der zuständigen Behörde oder einer Polizeidienststelle über-

gibt, wird nicht wegen unerlaubten Erwerbs, unerlaubten Besitzes, unerlaubten Führens auf dem direkten Weg zur Übergabe an die zuständige Behörde oder Polizeidienststelle oder wegen unerlaubten Verbringens bestraft. Satz 1 gilt nicht, wenn

1. vor der Unbrauchbarmachung, Überlassung oder Übergabe dem bisherigen Besitzer der Waffe die Einleitung des Straf- oder Bußgeldverfahrens wegen der Tat bekannt gegeben worden ist oder
2. der Verstoß zum Zeitpunkt der Unbrauchbarmachung, Überlassung oder Übergabe ganz oder zum Teil bereits entdeckt war und der bisherige Besitzer dies wusste oder bei verständiger Würdigung der Sachlage damit rechnen musste.

(9) Besitzt eine Person, die noch nicht das 25. Lebensjahr vollendet hat, am 1. April 2003 mit einer Erlaubnis auf Grund des Waffengesetzes in der Fassung der Bekanntmachung vom 8. März 1976 (BGBl. I S. 432) eine Schusswaffe, so hat sie binnen eines Jahres auf eigene Kosten der zuständigen Behörde ein amts- oder fachärztliches oder fachpsychologisches Zeugnis über die geistige Eignung nach § 6 Abs. 3 vorzulegen. Satz 1 gilt nicht für den Erwerb und Besitz von Schusswaffen im Sinne von § 14 Abs. 1 Satz 2 und in den Fällen des § 13 Abs. 2 Satz 1.

(10) Die Erlaubnispflicht für Schusswaffen im Sinne der Anlage 2 Abschnitt 2 Unterabschnitt 1 Satz 3 gilt für Schusswaffen, die vor dem 1. April 2008 erworben wurden, erst ab dem 1. Oktober 2008.

(11) Hat jemand am 1. April 2008 eine bislang nicht nach Anlage 2 Abschnitt 1 Nr. 1.2.1.2 dieses Gesetzes verbotene Waffe besessen, so wird dieses Verbot nicht wirksam, wenn er bis zum 1. Oktober 2008 diese Waffe unbrauchbar macht, einem Berechtigten überlässt oder der zuständigen Behörde oder einer Polizeidienststelle überlässt oder einen Antrag nach § 40 Abs. 4 dieses Gesetzes stellt. § 46 Abs. 3 Satz 2 und Absatz 7 findet entsprechend Anwendung.

(12) Besitzt der Inhaber einer Waffenbesitzkarte am 1. April 2008 erlaubnisfrei erworbene Teile von Schusswaffen im Sinne der Anlage 2 Abschnitt 2 Unterabschnitt 2 Nr. 2, so sind diese Teile bis zum 1. Oktober 2008 in die Waffenbesitzkarte einzutragen.

(13) Hat jemand am 1. September 2020 ein erlaubnispflichtiges wesentliches Teil im Sinne von Anlage 1 Abschnitt 1 Unterabschnitt 1 Nummer 1.3.1.2 oder 1.3.1.6 besessen, das er vor diesem Tag erworben hat, so hat er spätestens am 1. September 2021 eine Erlaubnis nach § 10 Absatz 1 Satz 1 oder eine gleichgestellte andere Erlaubnis zum Besitz zu beantragen oder das wesentliche Teil einem Berechtigten, der zuständigen Behörde oder einer Polizeidienststelle zu überlassen. Für die Zeit bis zur Erteilung oder Versagung der Erlaubnis gilt der Besitz als erlaubt. § 46 Absatz 3 Satz 2 und Absatz 7 findet entsprechend Anwendung.

(14) Hat jemand am 1. September 2020 ein nach Anlage 2 Abschnitt 1 Nummer 1.1, 1.2.1.1, 1.2.1.2, 1.2.2, 1.2.3 oder 1.2.5 verbotenes wesentliches Teil im Sinne von Anlage 1 Abschnitt 1 Unterabschnitt 1 Nummer 1.3.1.2 oder 1.3.1.6 besessen, das er vor diesem Tag erworben hat, so wird das Verbot ihm gegenüber in Bezug auf dieses wesentliche Teil nicht wirksam, wenn er spätestens am 1. September 2021 das wesentliche Teil einem Berechtigten, der zuständigen Behörde oder einer Polizeidienststelle überlässt oder einen Antrag nach § 40 Absatz 4 stellt. § 46 Absatz 3 Satz 2 und Absatz 7 findet entsprechend Anwendung.

(15) Hat jemand am 1. September 2020 eine erlaubnispflichtige Salutwaffe im Sinne von Anlage 1 Abschnitt 1 Unterabschnitt 1 Nummer 1.5 besessen, die er vor diesem Tag erworben hat, so hat er spätestens am 1. September 2021 eine Erlaubnis nach § 10 Absatz 1 Satz 1 oder eine gleichgestellte andere Erlaubnis zum Besitz zu beantragen oder die Waffe einem Berechtigten, der zuständigen Behörde oder einer Polizeidienststelle zu überlassen. Für die Zeit bis zur Erteilung oder Versagung der Erlaubnis gilt der Besitz als erlaubt. § 46 Absatz 3 Satz 2 und Absatz 7 findet entsprechend Anwendung.

(16) Hat jemand am 1. September 2020 eine nach Anlage 2 Abschnitt 1 Nummer 1.2.8 verbotene Salutwaffe besessen, die er vor diesem Tag erworben hat, so wird das Verbot ihm gegenüber in Bezug auf diese Waffe nicht wirksam, wenn er bis zum 1. September 2021 die Waffe einem Berechtigten, der zuständigen Behörde oder einer Polizeidienststelle überlässt oder einen Antrag nach § 40 Absatz 4 stellt. § 46 Absatz 3 Satz 2 und Absatz 7 findet entsprechend Anwendung.

(17) Hat jemand am 13. Juni 2017 ein nach Anlage 2 Abschnitt 1 Nummer 1.2.4.3 oder 1.2.4.4 verbotenes Magazin oder ein nach Nummer 1.2.4.5 verbotenes Magazingehäuse besessen, das er vor diesem Tag erworben hat, so wird das Verbot ihm gegenüber in Bezug auf dieses Magazin oder Magazingehäuse nicht wirksam, wenn er den Besitz spätestens am 1. September 2021 bei der zuständigen Behörde anzeigt oder das Magazin oder Magazingehäuse einem Berechtigten, der zuständigen Behörde oder einer Polizeidienststelle überlässt. Hat jemand am oder nach dem 13. Juni 2017, aber vor dem 1. September 2020 ein nach Anlage 2 Abschnitt 1 Nummer 1.2.4.3 oder 1.2.4.4 verbotenes Magazin oder ein nach Nummer 1.2.4.5 verbotenes Magazingehäuse besessen, das er am oder nach dem 13. Juni 2017 erworben hat, so wird das Verbot ihm gegenüber in Bezug auf dieses Magazin oder Magazingehäuse nicht wirksam, wenn er bis zum 1. September 2021 das Magazin oder Magazingehäuse einem Berechtigten, der zuständigen Behörde oder einer Polizeidienststelle überlässt oder einen Antrag nach § 40 Absatz 4 stellt. § 46 Absatz 3 Satz 2 und Absatz 7 findet in den Fällen der Sätze 1 und 2 entsprechend Anwendung.

(18) Hat jemand am 13. Juni 2017 auf Grund einer Erlaubnis nach § 10 Absatz 1 Satz 1 oder einer gleichgestellten anderen Erlaubnis zum Besitz eine nach Anlage 2 Abschnitt 1 Nummer 1.2.6 oder 1.2.7 verbotene Schusswaffe besessen, die er vor diesem Tag erworben hat, so wird das Verbot ihm gegenüber in Bezug auf diese Schusswaffe nicht wirksam. Hat jemand nach dem 13. Juni 2017, aber vor dem 1. September 2021 eine nach Anlage 2 Abschnitt 1 Nummer 1.2.6 oder 1.2.7 verbotene Schusswaffe besessen, die er am oder nach dem 13. Juni 2017 erworben hat, so wird das Verbot ihm gegenüber in Bezug auf diese Schusswaffe nicht wirksam, wenn er bis zum 1. September 2021 die Schusswaffe einem Berechtigten, der zuständigen Behörde oder einer Polizeidienststelle überlässt oder einen Antrag nach § 40 Absatz 4 stellt. Im Fall des Satzes 2 findet § 46 Absatz 3 Satz 2 und Absatz 7 entsprechend Anwendung.

(19) Der Inhaber einer Erlaubnis nach § 21 Absatz 1 Satz 1 hat in seinem Besitz befindliche fertiggestellte Schusswaffen, deren Erwerb oder Besitz der Erlaubnis bedarf und die er vor dem 1. September 2020 erworben hat, bis zum 1. März 2021 elektronisch gemäß § 37 Absatz 2 anzuzeigen. Die wesentlichen Teile dieser Schusswaffen unterfallen dieser Anzeigepflicht nicht.

(20) Hat jemand am 1. September 2020 ein nach Anlage 1 Abschnitt 1 Unterabschnitt 2 Nummer 1.2.3 den Schusswaffen gleichgestelltes Pfeilabschussgerät besessen, das er vor diesem Tag erworben hat, so hat er spätestens am 1. September 2021 eine Erlaubnis nach § 10 Absatz 1 Satz 1 oder eine gleichgestellte andere Erlaubnis zum Besitz zu beantragen oder das Pfeilabschussgerät einem Berechtigten, der zuständigen Behörde oder einer Polizeidienststelle zu überlassen. Für die Zeit bis zur Erteilung oder Versagung der Erlaubnis gilt der Besitz als erlaubt. § 46 Absatz 3 Satz 2 und Absatz 7 findet entsprechende Anwendung.

(21) Bis zum Ablauf des 31. Dezember 2025 kann das Bedürfnis nach § 14 Absatz 4 Satz 1 auch durch eine Bescheinigung des dem Schießsportverband angehörenden Vereins glaubhaft gemacht werden.

(22) Besitzt jemand am 1. September 2020 auf Grund einer Erlaubnis nach § 14 Absatz 6 mehr als zehn Waffen, gilt die Erlaubnis abweichend von § 14 Absatz 6 Satz 1 für die eingetragene Anzahl, solange der Besitz besteht.

(23) Hat eine Landesregierung eine Rechtsverordnung nach § 27a Absatz 4 nicht erlas-

sen, so gilt für das betreffende Land § 12 Absatz 4 bis 6 der Allgemeinen Waffengesetz-Verordnung in der am 19. Februar 2020 geltenden Fassung fort.

(24) Wer ein am 31. Oktober 2024 unerlaubt besessenes Springmesser bis zum 1. Oktober 2025 einem Berechtigten, der zuständigen Behörde oder einer Polizeidienststelle übergibt, wird nicht wegen unerlaubten Erwerbs, unerlaubten Besitzes, unerlaubten Führens auf dem direkten Weg zur Übergabe an den Berechtigten, die zuständige Behörde oder die Polizeidienststelle oder wegen unerlaubten Verbringens bestraft. Der vormalige unerlaubte Erwerb, der vormalige unerlaubte Besitz oder das vormalige unerlaubte Führen oder das unerlaubte Verbringen der Springmesser bleiben für die Personen, die die Gegenstände nach Satz 1 einem Berechtigten, einer zuständigen Behörde oder einer Polizeidienststelle übergeben haben, in Bezug auf ihre im Verwaltungsverfahren zu beurteilende waffenrechtliche Zuverlässigkeit sanktionslos.

Die in Absatz 20 erwähnten Pfeilabschussgeräte werden in Anlage 1 Abschnitt 1 Unterabschnitt 1 genannt. Die Angabe „Unterabschnitt 2" ist nicht korrekt.

§ 59 Verwaltungsvorschriften

Das Bundesministerium des Innern, für Bau und Heimat erlässt allgemeine Verwaltungsvorschriften über den Erwerb und das Führen von Schusswaffen durch Behörden und Bedienstete seines Geschäftsbereichs sowie über das Führen von Schusswaffen durch erheblich gefährdete Hoheitsträger im Sinne von § 55 Abs. 2; die anderen obersten Bundesbehörden und die Deutsche Bundesbank erlassen die Verwaltungsvorschriften für ihren Geschäftsbereich im Einvernehmen mit dem Bundesministerium des Innern, für Bau und Heimat.

§ 60 (weggefallen)

§ 60a Übergangsvorschrift zu den Waffenbüchern

(1) Die Pflicht zur Führung von Waffenbüchern nach § 23 Absatz 1 oder Absatz 2 in der bis zum 19. Februar 2020 geltenden Fassung besteht bis zum Ablauf des 31. Dezember 2021 fort. Nach Durchführung der letzten Eintragung sind die Waffenbücher mit Datum und Unterschrift der Person, die das Waffenbuch führen muss, so abzuschließen, dass nachträglich keine Eintragungen mehr vorgenommen werden können.

(2) Die Person, die das Waffenbuch führen muss, hat das Waffenbuch mit den Belegen im Betrieb oder in dem Betriebsteil, in dem die Schusswaffen hergestellt oder vertrieben werden, bis zum Ablauf von zehn Jahren ab dem Tage der letzten Eintragung an aufzubewahren. Will sie das Waffenbuch nach Ablauf der in Satz 1 genannten Frist nicht weiter aufbewahren, so hat sie es der zuständigen Behörde zur Aufbewahrung zu übergeben. Gibt die Person, die das Waffenbuch führen muss, das Gewerbe auf, so hat sie das Buch ihrem Nachfolger zu übergeben oder der zuständigen Behörde zur Aufbewahrung auszuhändigen.

(3) Soweit in den Absätzen 1 und 2 nichts anderes bestimmt ist, finden auf die Führung der Waffenbücher bis zum Ablauf des 31. Dezember 2021 die Vorschriften des Abschnitts 6 Unterabschnitt 2 und § 34 Nummer 14 bis 17 der Allgemeinen Waffengesetz-Verordnung in der bis zum 19. Februar 2020 geltenden Fassung Anwendung.

(4) Die für die Ausführung dieses Gesetzes zuständigen Behörden haben die nach Absatz 2 Satz 2 oder Satz 3 übernommenen Waffenbücher bis zum Ablauf von 30 Jahren nach dem Tage der Übernahme aufzubewahren. Anschließend haben sie die Waffenbücher zu vernichten.

I

Anlage 1
(zu § 1 Abs. 4)

Begriffsbestimmungen

Abschnitt 1
Waffen- und munitionstechnische Begriffe, Einstufung von Gegenständen

Unterabschnitt 1
Schusswaffen

1. Schusswaffen im Sinne des § 1 Abs. 2 Nr. 1

1.1 Schusswaffen
Schusswaffen sind Gegenstände, die zum Angriff oder zur Verteidigung, zur Signalgebung, zur Jagd, zur Distanzinjektion, zur Markierung, zum Sport oder zum Spiel bestimmt sind und bei denen Geschosse durch einen Lauf getrieben werden.

1.2 Gleichgestellte Gegenstände
Den Schusswaffen stehen gleich tragbare Gegenstände,

1.2.1 die zum Abschießen von Munition für die in Nummer 1.1 genannten Zwecke bestimmt sind,

1.2.2 die in Anhang IV Nummer 18 der Richtlinie 2006/42/EG des Europäischen Parlaments und des Rates vom 17. Mai 2006 über Maschinen und zur Änderung der Richtlinie 95/16/EG (Neufassung) (ABl. L 157 vom 9. 6. 2006, S. 24; L 76 vom 16. 3. 2007, S. 35), die zuletzt durch die Verordnung (EU) Nr. 167/2013 (ABl. L 60 vom 2. 3. 2013, S. 1) geändert worden ist, aufgeführt sind und zum Abschießen von Munition für andere als die in Nummer 1.1 genannten Zwecke (insbesondere Schlachtzwecke, technische und industrielle Zwecke) bestimmt sind (tragbare Befestigungsgeräte mit Treibladung und andere Schussgeräte), sofern

a) sie nicht die Anforderungen des § 7 des Beschussgesetzes erfüllen und zum Nachweis das Kennzeichen der in § 20 Absatz 3 Satz 1 des Beschussgesetzes bezeichneten Stelle oder ein anerkanntes Prüfzeichen eines Staates, mit dem die gegenseitige Anerkennung der Prüfzeichen vereinbart ist, tragen oder

b) bei ihnen nicht die Einhaltung der Anforderungen nach Anhang I Nummer 2.2.2.1 der Richtlinie 2006/42/EG durch Bescheinigung einer zuständigen Stelle eines Mitgliedstaates oder des Übereinkommens über den Europäischen Wirtschaftsraum nachgewiesen ist,

1.2.3 bei denen bestimmungsgemäß feste Körper gezielt verschossen werden, deren Antriebsenergie durch Muskelkraft oder eine andere Energiequelle eingebracht und durch eine Sperrvorrichtung gespeichert oder gehalten werden kann (zum Beispiel Armbrüste, Pfeilabschussgeräte). Dies gilt nicht für feste Körper, die mit elastischen Geschossspitzen (zum Beispiel Saugnapf aus Gummi) versehen sind, bei denen eine maximale Bewegungsenergie der Geschossspitzen je Flächeneinheit von 0,16 J/cm^2 nicht überschritten wird;

1.3 Wesentliche Teile von Schusswaffen, Schalldämpfer
Wesentliche Teile von Schusswaffen und Schalldämpfer stehen, soweit in diesem Gesetz nichts anderes bestimmt ist, den Schusswaffen gleich, für die sie bestimmt sind. Dies gilt auch dann, wenn sie mit anderen Gegenständen verbunden sind und die Gebrauchsfähigkeit als Waffenteil nicht beeinträchtigt ist oder mit allgemein gebräuchlichen Werkzeugen wiederhergestellt werden kann. Teile von Kriegswaffen im Sinne des Gesetzes über die Kontrolle von Kriegswaffen, die nicht vom Gesetz über die Kontrolle von Kriegswaffen erfasst und nachstehend als wesentliche Teile aufgeführt sind sowie

Schalldämpfer zu derartigen Waffen werden von diesem Gesetz erfasst;

1.3.1 Wesentliche Teile sind

1.3.1.1 der Lauf oder Gaslauf; der Lauf ist ein aus einem ausreichend festen Werkstoff bestehender rohrförmiger Gegenstand, der Geschossen, die hindurchgetrieben werden, ein gewisses Maß an Führung gibt, wobei dies in der Regel als gegeben anzusehen ist, wenn die Länge des Laufteils, der die Führung des Geschosses bestimmt, mindestens das Zweifache des Kalibers beträgt; der Gaslauf ist ein Lauf, der ausschließlich der Ableitung der Verbrennungsgase dient;

1.3.1.2 der Verschluss; der Verschluss ist die Baugruppe einer Schusswaffe, welche das Patronen- oder Kartuschenlager nach hinten abschließt; bei teilbaren Verschlüssen sind Verschlusskopf und Verschlussträger jeweils wesentliche Teile; der Verschlusskopf ist das unmittelbar das Patronen- oder Kartuschenlager oder den Lauf abschließende Teil; der Verschlussträger ist das Bauteil, welches das Verriegeln und Entriegeln des Verschlusskopfs steuert;

1.3.1.3 das Patronen- oder Kartuschenlager, wenn dieses nicht bereits Bestandteil des Laufes ist; das Patronen- oder Kartuschenlager ist ein Hohlkörper aus einem hinreichend festen Material, dessen Abmaße für die Aufnahme von Patronenmunition, Kartuschenmunition oder Ladungen mit oder ohne Geschoss eingerichtet sind und in dem die Munition oder Ladung gezündet wird;

1.3.1.4 bei Schusswaffen, bei denen zum Antrieb ein entzündbares flüssiges oder gasförmiges Gemisch verwendet wird, die Verbrennungskammer und die Einrichtung zur Erzeugung des Gemisches;

1.3.1.5 bei Schusswaffen mit anderem Antrieb die Antriebsvorrichtung, sofern diese fest mit der Schusswaffe verbunden ist;

1.3.1.6 das Gehäuse; das Gehäuse ist das Bauteil, welches den Lauf, die Abzugsmechanik und den Verschluss aufnimmt; setzt sich das Gehäuse aus einem Gehäuseober- und einem Gehäuseunterteil zusammen, sind beide Teile wesentliche Teile; das Gehäuseoberteil nimmt den Lauf und den Verschluss auf; das Gehäuseunterteil nimmt die Abzugsmechanik auf; bei Kurzwaffen wird das Gehäuseunterteil als Griffstück bezeichnet;

1.3.1.7 vorgearbeitete wesentliche Teile von Schusswaffen sowie Teile und Reststücke von Läufen und Laufrohlingen, wenn sie mit allgemein gebräuchlichen Werkzeugen fertiggestellt werden können.

1.3.2 Führendes wesentliches Teil ist das Gehäuse; wenn dieses aus Gehäuseober- und Gehäuseunterteil zusammengesetzt ist, das Gehäuseunterteil (Griffstück bei Kurzwaffen); wenn kein Gehäuse vorhanden ist, ist der Verschluss führendes wesentliches Teil; wenn kein Verschluss vorhanden ist, ist der Lauf führendes wesentliches Teil.

1.3.3 Schalldämpfer sind Vorrichtungen, die der wesentlichen Dämpfung des Mündungsknalls dienen und für Schusswaffen bestimmt sind.

1.4 Unbrauchbar gemachte Schusswaffen (Dekorationswaffen)
Schusswaffen sind unbrauchbar gemacht, wenn die zuständige Behörde eines Mitgliedstaates der Europäischen Union für diese Schusswaffen eine Bescheinigung nach Artikel 3 Absatz 4 der Durchführungsverordnung (EU) 2015/2403 der Kommission vom 15. Dezember 2015 zur Festlegung gemeinsamer Leitlinien über Deaktivierungsstandards und -techniken, die gewährleisten, dass Feuerwaffen bei der Deaktivierung endgültig unbrauchbar gemacht werden (ABl. L 333 vom 19. 12. 2015, S. 62),

die zuletzt durch die Durchführungsverordnung (EU) 2018/337 (ABl. L 65 vom 8. 3. 2018, S. 1) geändert worden ist, ausgestellt hat und die zuständige Behörde die Schusswaffen gemäß Artikel 5 der Durchführungsverordnung (EU) 2015/2403 gekennzeichnet hat.

1.5 Salutwaffen
Salutwaffen sind

1.5.1 veränderte Langwaffen, die unter anderem für Theateraufführungen, Foto-, Film- oder Fernsehaufnahmen bestimmt sind, wenn sie die nachstehenden Anforderungen erfüllen:

a) das Patronenlager muss dauerhaft so verändert sein, dass keine Patronen- oder pyrotechnische Munition geladen werden kann,
b) der Lauf muss in dem dem Patronenlager zugekehrten Drittel mindestens sechs kalibergroße, offene Bohrungen oder andere gleichwertige Laufveränderungen aufweisen und vor diesen in Richtung der Laufmündung mit einem kalibergroßen gehärteten Stahlstift dauerhaft verschlossen sein,
c) der Lauf muss mit dem Gehäuse fest verbunden sein, sofern es sich um Waffen handelt, bei denen der Lauf ohne Anwendung von Werkzeugen ausgetauscht werden kann,
d) die Änderungen müssen so vorgenommen sein, dass sie nicht mit allgemein gebräuchlichen Werkzeugen rückgängig gemacht und die Gegenstände nicht so geändert werden können, dass aus ihnen Geschosse, Patronen- oder pyrotechnische Munition verschossen werden können, und
e) der Verschluss muss ein Kennzeichen nach Abbildung 11 der Anlage II zur Beschussverordnung tragen;

1.5.2 Schusswaffen, die vor dem 1. April 1976 entsprechend den Anforderungen des § 3 der Ersten Verordnung zum Waffengesetz vom 19. Dezember 1972 (BGBl. I S. 2522) verändert worden sind;

1.6 Anscheinswaffen
Anscheinswaffen sind

1.6.1 Schusswaffen, die ihrer äußeren Form nach im Gesamterscheinungsbild den Anschein von Feuerwaffen (Anlage 1 Abschnitt 1 Unterabschnitt 1 Nr. 2.1) hervorrufen und bei denen zum Antrieb der Geschosse keine heißen Gase verwendet werden,

1.6.2 Nachbildungen von Schusswaffen mit dem Aussehen von Schusswaffen nach Nummer 1.6.1 oder

1.6.3 unbrauchbar gemachte Schusswaffen mit dem Aussehen von Schusswaffen nach Nummer 1.6.1.
Ausgenommen sind solche Gegenstände, die erkennbar nach ihrem Gesamterscheinungsbild zum Spiel oder für Brauchtumsveranstaltungen bestimmt sind oder die Teil einer kulturhistorisch bedeutsamen Sammlung im Sinne des § 17 sind oder werden sollen oder Schusswaffen, für die gemäß § 10 Abs. 4 eine Erlaubnis zum Führen erforderlich ist. Erkennbar nach ihrem Gesamterscheinungsbild zum Spiel bestimmt sind insbesondere Gegenstände, deren Größe die einer entsprechenden Feuerwaffe um 50 Prozent über- oder unterschreiten, neonfarbene Materialien enthalten oder keine Kennzeichnungen von Feuerwaffen aufweisen.

2. Arten von Schusswaffen

2.1 Feuerwaffen; dies sind Schusswaffen nach Nummer 1.1, bei denen ein Geschoss mittels heißer Gase durch einen oder aus einem Lauf getrieben wird.

2.2 Automatische Schusswaffen; dies sind Schusswaffen, die nach Abgabe eines Schusses selbsttätig erneut schussbereit werden und bei denen aus demselben Lauf durch einmalige Betätigung des Abzuges oder einer anderen Schussauslösevorrichtung mehrere Schüsse abgegeben werden können (Vollautomaten) oder durch einmalige Betätigung des Abzuges oder einer anderen Schussauslösevorrichtung jeweils nur ein Schuss abgegeben werden kann (Halbautomaten). Als automatische Schusswaffen gelten auch Schusswaffen, die mit allgemein gebräuchlichen Werkzeugen in automatische Schusswaffen geändert werden können. Als Vollautomaten gelten auch in Halbautomaten geänderte Vollautomaten, die mit den in Satz 2 genannten Hilfsmitteln wieder in Vollautomaten zurückgeändert werden können. Double-Action-Revolver sind keine halbautomatischen Schusswaffen. Beim Double-Action-Revolver wird bei Betätigung des Abzuges durch den Schützen die Trommel weitergedreht, so dass das nächste Lager mit einer neuen Patrone vor den Lauf und den Schlagbolzen zu liegen kommt, und gleichzeitig die Feder gespannt. Beim weiteren Durchziehen des Abzuges schnellt der Hahn nach vorn und löst den Schuss aus.

2.3 Repetierwaffen; dies sind Schusswaffen, bei denen das Zuführen der Patrone aus einem Magazin, das Abfeuern und das Entfernen der Patrone oder Patronenhülse mit Hilfe eines nur von Hand zu betätigenden Mechanismus erfolgt.

2.4 Einzelladerwaffen; dies sind Schusswaffen ohne Magazin mit einem oder mehreren Läufen, die vor jedem Schuss aus demselben Lauf von Hand geladen werden.

2.5 Langwaffen; dies sind Schusswaffen, deren Lauf und Verschluss in geschlossener Stellung insgesamt länger als 30 cm sind und deren kürzeste bestimmungsgemäß verwendbare Gesamtlänge 60 cm überschreitet; Kurzwaffen sind alle anderen Schusswaffen.

2.6 Schreckschusswaffen; dies sind Schusswaffen mit einem Kartuschenlager, die zum Abschießen von Kartuschenmunition bestimmt sind.

2.7 Reizstoffwaffen; dies sind Schusswaffen mit einem Patronen- oder Kartuschenlager, die zum Verschießen von Reiz- oder anderen Wirkstoffen bestimmt sind.

2.8 Signalwaffen; dies sind Schusswaffen mit einem Patronen- oder Kartuschenlager oder tragbare Gegenstände nach Nummer 1.2.1, die zum Verschießen pyrotechnischer Munition bestimmt sind.

2.9 Druckluft- und Federdruckwaffen und Waffen, bei denen zum Antrieb der Geschosse kalte Treibgase verwendet werden; Federdruckwaffen sind Schusswaffen, bei denen entweder Federkraft direkt ein Geschoss antreibt (auch als Federkraftwaffen bezeichnet) oder ein federbelasteter Kolben in einem Zylinder bewegt wird und ein vom Kolben erzeugtes Luftpolster das Geschoss antreibt. Druckluftwaffen sind Schusswaffen, bei denen Luft in einen Druckbehälter vorkomprimiert und gespeichert sowie über ein Ventilsystem zum Geschossantrieb freigegeben wird. Waffen, bei denen zum Antrieb der Geschosse kalte Treibgase Verwendung finden, sind z. B. Druckgaswaffen.

3. Weitere Begriffe zu den wesentlichen Teilen

3.1 Austauschläufe sind Läufe für ein bestimmtes Waffenmodell oder -system, die ohne Nacharbeit ausgetauscht werden können.

3.2 Wechselläufe sind Läufe, die für eine bestimmte Waffe zum Austausch des vorhandenen Laufes vorgefertigt sind und die noch eingepasst werden müssen.

3.3 Einsteckläufe sind Läufe ohne eigenen Verschluss, die in die Läufe von Waffen größeren Kalibers eingesteckt werden können.

3.4 Wechseltrommeln sind Trommeln für ein bestimmtes Revolvermodell, die ohne Nacharbeit gewechselt werden können.

3.5 Wechselsysteme sind Austauschläufe einschließlich des für sie bestimmten Verschlusses sowie der für sie bestimmten Gehäuseteile, sofern diese Gehäuseteile technisch erforderlich sind und Austauschlauf, Verschluss und Gehäuseteile in ihrer Gesamtheit keine bestimmungsgemäß verwendbare Waffe ergeben.

3.6 Einstecksysteme sind Einsteckläufe einschließlich des für sie bestimmten Verschlusses sowie der für sie bestimmten Gehäuseteile, sofern diese Gehäuseteile technisch erforderlich sind und Einstecklauf, Verschluss und Gehäuseteile in ihrer Gesamtheit keine bestimmungsgemäß verwendbare Waffe ergeben.

3.7 Einsätze sind Teile, die den Innenmaßen des Patronenlagers der Schusswaffe angepasst und zum Verschießen von Munition kleinerer Abmessungen bestimmt sind.

4. Sonstige Vorrichtungen für Schusswaffen

4.1 Zielscheinwerfer sind für Schusswaffen bestimmte Vorrichtungen, die das Ziel beleuchten. Ein Ziel wird dann beleuchtet, wenn es mittels Lichtstrahlen bei ungünstigen Lichtverhältnissen oder Dunkelheit für den Schützen erkennbar dargestellt wird. Dabei ist es unerheblich, ob das Licht sichtbar oder unsichtbar (z. B. infrarot) ist und ob der Schütze weitere Hilfsmittel für die Zielerkennung benötigt.

4.2 Laser oder Zielpunktprojektoren sind für Schusswaffen bestimmte Vorrichtungen, die das Ziel markieren. Ein Ziel wird markiert, wenn auf diesem für den Schützen erkennbar ein Zielpunkt projiziert wird.

4.3 Nachtsichtgeräte oder Nachtzielgeräte sind für Schusswaffen bestimmte Vorrichtungen, die eine elektronische Verstärkung oder einen Bildwandler und eine Montageeinrichtung für Schusswaffen besitzen. Zu Nachtzielgeräten zählen auch Nachtsichtvorsätze und Nachtsichtaufsätze für Zielhilfsmittel (Zielfernrohre).

4.4 Magazine sind für die Verwendung in Schusswaffen bestimmte Munitionsbehältnisse, die der Aufbewahrung und Zuführung von Patronen im Rahmen des Ladevorgangs dienen.

4.4.1 Eingebaut sind Magazine, die während ihrer Befüllung bestimmungsgemäß mit der Schusswaffe verbunden bleiben.

4.4.2 Wechselmagazine sind Magazine, die während ihrer Befüllung bestimmungsgemäß von der Schusswaffe getrennt werden.

4.4.3 Magazingehäuse sind diejenigen Bestandteile von Wechselmagazinen, die dazu bestimmt sind, die Patronen aufzunehmen.

5. Reizstoffe sind Stoffe, die bei ihrer bestimmungsgemäßen Anwendung auf den Menschen eine belästigende Wirkung durch Haut- und Schleimhautreizung, insbesondere durch einen Augenreiz ausüben und resorptiv nicht giftig wirken.

6. Nachbildungen von Schusswaffen sind Gegenstände,
- die nicht als Schusswaffen hergestellt wurden,
- die die äußere Form einer Schusswaffe haben,
- aus denen nicht geschossen werden kann und
- die nicht mit allgemein gebräuchlichen Werkzeugen so umgebaut oder verändert werden können, dass aus ihnen Munition, Ladungen oder Geschosse verschossen werden können.

Unterabschnitt 2
Tragbare Gegenstände

1. Tragbare Gegenstände nach § 1 Abs. 2 Nr. 2 Buchstabe a sind insbesondere

1.1 Hieb- und Stoßwaffen (Gegenstände, die ihrem Wesen nach dazu bestimmt sind, unter unmittelbarer Ausnutzung der Muskelkraft durch Hieb, Stoß, Stich, Schlag oder Wurf Verletzungen beizubringen),

1.2 Gegenstände

1.2.1 die unter Ausnutzung einer anderen als mechanischen Energie Verletzungen beibringen (z. B. Elektroimpulsgeräte),

1.2.2 aus denen Reizstoffe versprüht oder ausgestoßen werden, die eine Reichweite bis zu 2 m haben (Reizstoffsprühgeräte),

1.2.3 bei denen in einer Entfernung von mehr als 2 m bei Menschen

a) eine angriffsunfähig machende Wirkung durch ein gezieltes Versprühen oder Ausstoßen von Reiz- oder anderen Wirkstoffen oder

b) eine gesundheitsschädliche Wirkung durch eine andere als kinetische Energie, insbesondere durch ein gezieltes Ausstrahlen einer elektromagnetischen Strahlung,

hervorgerufen werden kann,

1.2.4 bei denen gasförmige, flüssige oder feste Stoffe den Gegenstand gezielt und brennend mit einer Flamme von mehr als 20 cm Länge verlassen,

1.2.5 bei denen leicht entflammbare Stoffe so verteilt und entzündet werden, dass schlagartig ein Brand entstehen kann oder in denen unter Verwendung explosionsgefährlicher oder explosionsfähiger Stoffe eine Explosion ausgelöst werden kann,

1.2.6 die nach ihrer Beschaffenheit und Handhabung dazu bestimmt sind, durch Drosseln die Gesundheit zu schädigen,

1.3 Schleudern, die zur Erreichung einer höchstmöglichen Bewegungsenergie eine Armstütze oder eine vergleichbare Vorrichtung besitzen oder für eine solche Vorrichtung eingerichtet sind (Präzisionsschleudern), sowie Armstützen und vergleichbare Vorrichtungen für die vorbezeichneten Gegenstände.

2. Tragbare Gegenstände im Sinne des § 1 Abs. 2 Nr. 2 Buchstabe b sind

2.1 Messer,

2.1.1 deren Klingen auf Knopf- oder Hebeldruck hervorschnellen und hierdurch oder beim Loslassen der Sperrvorrichtung festgestellt werden können (Springmesser),

2.1.2 deren Klingen beim Lösen einer Sperrvorrichtung durch ihre Schwerkraft oder durch eine Schleuderbewegung aus dem Griff hervorschnellen und selbsttätig oder beim Loslassen der Sperrvorrichtung festgestellt werden (Fallmesser),

2.1.3 mit einem quer zur feststehenden oder feststellbaren Klinge verlaufenden Griff, die bestimmungsgemäß in der geschlossenen Faust geführt oder eingesetzt werden (Faustmesser),

2.1.4 Faltmesser mit zweigeteilten, schwenkbaren Griffen (Butterflymesser),

2.2 Gegenstände, die bestimmungsgemäß unter Ausnutzung einer anderen als mechanischen Energie Tieren Schmerzen beibringen (z. B. Elektroimpulsgeräte), mit Ausnahme der ihrer Bestimmung entsprechend im Bereich der Tierhaltung oder bei der sachgerechten Hundeausbildung Verwendung findenden Gegenstände (z. B. Viehtreiber),

2.2.1 die bestimmungsgemäß unter Ausnutzung einer anderen als mechanischen Energie Tieren Verletzungen beibringen (z. B. Elektroimpulsgeräte), mit Ausnahme der ihrer Bestimmung entsprechend im Bereich der Tierhaltung Verwendung findenden Gegenstände.

I

Unterabschnitt 3
Munition und Geschosse

1. Munition ist zum Verschießen aus Schusswaffen bestimmte
1.1 Patronenmunition (Hülsen mit Ladungen, die ein Geschoss enthalten, und Geschosse mit Eigenantrieb),
1.2 Kartuschenmunition (Hülsen mit Ladungen, die ein Geschoss nicht enthalten),
1.3 hülsenlose Munition (Ladung mit oder ohne Geschoss, wobei die Treibladung eine den Innenabmessungen einer Schusswaffe oder eines Gegenstandes nach Unterabschnitt 1 Nr. 1.2 angepasste Form hat),
1.4 pyrotechnische Munition (dies sind Gegenstände, die Geschosse mit explosionsgefährlichen Stoffen oder Stoffgemischen [pyrotechnische Sätze] enthalten, die Licht-, Schall-, Rauch-, Nebel-, Heiz-, Druck- oder Bewegungswirkungen erzeugen und keine zweckbestimmte Durchschlagskraft im Ziel entfalten); hierzu gehört
1.4.1 pyrotechnische Patronenmunition (Patronenmunition, bei der das Geschoss einen pyrotechnischen Satz enthält),
1.4.2 unpatronierte pyrotechnische Munition (Geschosse, die einen pyrotechnischen Satz enthalten),
1.4.3 mit der Antriebsvorrichtung fest verbundene pyrotechnische Munition.
2. Ladungen sind die Hauptenergieträger, die in loser Schüttung in Munition oder als vorgefertigte Ladung oder in loser Form in Waffen nach Unterabschnitt 1 Nr. 1.1 oder Gegenstände nach Unterabschnitt 1 Nr. 1.2.1 eingegeben werden und
   - zum Antrieb von Geschossen oder Wirkstoffen oder
   - zur Erzeugung von Schall- oder Lichtimpulsen

   bestimmt sind, sowie Anzündsätze, die direkt zum Antrieb von Geschossen dienen.
3. Geschosse im Sinne dieses Gesetzes sind als Waffen oder für Schusswaffen bestimmte
3.1 feste Körper,
3.2 gasförmige, flüssige oder feste Stoffe in Umhüllungen.

Abschnitt 2
Waffenrechtliche Begriffe

Im Sinne dieses Gesetzes

1. erwirbt eine Waffe oder Munition, wer die tatsächliche Gewalt darüber erlangt,
2. besitzt eine Waffe oder Munition, wer die tatsächliche Gewalt darüber ausübt,
3. überlässt eine Waffe oder Munition, wer die tatsächliche Gewalt darüber einem anderen einräumt,
4. führt eine Waffe, wer die tatsächliche Gewalt darüber außerhalb der eigenen Wohnung, Geschäftsräume, des eigenen befriedeten Besitztums oder einer Schießstätte ausübt,
5. verbringt eine Waffe oder Munition, wer diese Waffe oder Munition über die Grenze zum dortigen Verbleib oder mit dem Ziel des Besitzwechsels in den, durch den oder aus dem Geltungsbereich des Gesetzes zu einer anderen Person oder zu sich selbst transportieren lässt oder selbst transportiert,
6. nimmt eine Waffe oder Munition mit, wer diese Waffe oder Munition vorübergehend auf einer Reise ohne Aufgabe des Besitzes zur Verwendung über die Grenze in den, durch den oder aus dem Geltungsbereich des Gesetzes bringt,
7. schießt, wer mit einer Schusswaffe Geschosse durch einen Lauf verschießt, Kartuschenmunition abschießt, mit Patronen- oder Kartuschenmunition Reiz- oder andere Wirkstoffe verschießt oder pyrotechnische Munition verschießt,

8.

8.1 werden Waffen oder Munition hergestellt, wenn aus Rohteilen oder Materialien ein Endprodukt oder wesentliche Teile eines Endproduktes erzeugt werden oder bei einer Waffe das führende wesentliche Teil durch ein Teil, das noch nicht in einer Waffe verbaut war, ersetzt wird; eine Schusswaffe ist hergestellt, wenn sie weißfertig im Sinne von § 2 Absatz 5 des Beschussgesetzes ist oder der Austausch des führenden wesentlichen Teils abgeschlossen ist; als Herstellen von Munition gilt auch das Wiederladen von Hülsen,

8.1a ist eine Waffe fertiggestellt, sobald sie mit dem amtlichen Beschusszeichen nach § 6 des Beschussgesetzes versehen wurde oder, sofern die Waffe nicht der amtlichen Beschussprüfung unterliegt, sobald sie zum Inverkehrbringen bereitgehalten wird,

8.2 wird eine Schusswaffe bearbeitet, wenn

8.2.1 sie verkürzt, in der Schussfolge verändert oder so geändert wird, dass andere Munition oder Geschosse anderer Kaliber aus ihr verschossen werden können (Umbau),

8.2.2 wesentliche Teile, zu deren Einpassung eine Nacharbeit erforderlich ist, ausgetauscht werden, sofern nicht Nummer 8.1 zutrifft,

8.2.3 Arbeiten an der Schusswaffe durchgeführt werden, die eine Beschusspflicht gemäß § 3 Absatz 2 des Beschussgesetzes auslösen, wenn nicht die Nummern 8.1, 8.2.1 oder 8.2.2 zutreffen (Instandsetzung); eine Schusswaffe wird nicht bearbeitet, wenn lediglich geringfügige Änderungen, insbesondere am Schaft oder an der Zieleinrichtung, vorgenommen werden,

8.3 wird eine Schusswaffe unbrauchbar gemacht, wenn an ihr die Maßnahmen des Anhangs I Tabelle II bis III der Durchführungsverordnung (EU) 2015/2403 durchgeführt werden,

9. treibt Waffenhandel, wer gewerbsmäßig oder selbstständig im Rahmen einer wirtschaftlichen Unternehmung Schusswaffen oder Munition ankauft, feilhält, Bestellungen entgegennimmt oder aufsucht, anderen überlässt oder den Erwerb, den Vertrieb oder das Überlassen vermittelt,

10. sind Kinder Personen, die noch nicht 14 Jahre alt sind,

11. sind Jugendliche Personen, die mindestens vierzehn, aber noch nicht 18 Jahre alt sind;

12. ist eine Waffe schussbereit, wenn sie geladen ist, das heißt, dass Munition oder Geschosse in der Trommel, im in die Waffe eingefügten Magazin oder im Patronen- oder Geschosslager sind, auch wenn sie nicht gespannt ist;

13. ist eine Schusswaffe zugriffsbereit, wenn sie unmittelbar in Anschlag gebracht werden kann; sie ist nicht zugriffsbereit, wenn sie in einem verschlossenen Behältnis mitgeführt wird, ein Messer ist nicht zugriffsbereit, wenn es nur mit mehr als drei Handgriffen erreicht werden kann;

14. sind Mitgliedstaaten die Mitgliedstaaten der Europäischen Union und gelten als Mitgliedstaaten auch die Vertragsstaaten des Schengener Übereinkommens.

Abschnitt 3
Einteilung der Schusswaffen oder Munition in die Kategorien A bis C nach der Richtlinie 91/477/EWG des Rates vom 18. Juni 1991 über die Kontrolle des Erwerbs und des Besitzes von Waffen (ABl. L 256 vom 13. 9. 1991, S. 51), die zuletzt durch die Richtlinie (EU) 2017/853 des Europäischen Parlaments und des Rates vom 17. Mai 2017 (ABl. L 137 vom 24. 5. 2017, S. 22) geändert worden ist

1. Kategorie A

1.1 Kriegsschusswaffen der Nummern 29 und 30 der Kriegswaffenliste (Anlage zu § 1 Abs. 1 des Gesetzes über die Kontrolle von Kriegswaffen),

1.2 vollautomatische Schusswaffen,

1.3 als anderer Gegenstand getarnte Schusswaffen,

1.4 Pistolen- und Revolvermunition mit Expansivgeschossen sowie Geschosse für diese Munition mit Ausnahme solcher für Jagd- und Sportwaffen von Personen, die zur Benutzung dieser Waffen befugt sind,

1.5 panzerbrechende Munition, Munition mit Spreng- und Brandsätzen und Munition mit Leuchtspursätzen sowie Geschosse für diese Munition, soweit die Munition oder die Geschosse nicht von dem Gesetz über die Kontrolle von Kriegswaffen erfasst sind,

1.6 automatische Feuerwaffen, die zu halbautomatischen Feuerwaffen umgebaut wurden, unbeschadet des Artikels 7 Absatz 4a der Richtlinie 91/477/EWG des Rates vom 18. Juni 1991 über die Kontrolle des Erwerbs und des Besitzes von Waffen (ABl. L 256 vom 13. 9. 1991, S. 51), die zuletzt durch die Richtlinie (EU) 2017/853 des Europäischen Parlaments und des Rates vom 17. Mai 2017 (ABl. L 137 vom 24. 5. 2017, S. 22) geändert worden ist,

1.7 jede der folgenden halbautomatischen Zentralfeuerwaffen:

1.7.1 Kurz-Feuerwaffen, mit denen ohne Nachladen mehr als 21 Schüsse abgegeben werden können, sofern eine Ladevorrichtung mit einer Kapazität von mehr als 20 Patronen in diese Feuerwaffe eingebaut ist oder eine abnehmbare Ladevorrichtung mit einer Kapazität von mehr als 20 Patronen eingesetzt wird,

1.7.2 Lang-Feuerwaffen, mit denen ohne Nachladen mehr als elf Schüsse abgegeben werden können, sofern eine Ladevorrichtung mit einer Kapazität von mehr als zehn Patronen in diese Feuerwaffe eingebaut ist oder eine abnehmbare Ladevorrichtung mit einer Kapazität von mehr als zehn Patronen eingesetzt wird,

1.8 halbautomatische Lang-Feuerwaffen, die ursprünglich als Schulterwaffen vorgesehen sind und die ohne Funktionseinbuße mithilfe eines Klapp- oder Teleskopschafts oder eines ohne Verwendung eines Werkzeugs abnehmbaren Schafts auf eine Länge unter 60 cm gekürzt werden können,

1.9 sämtliche Feuerwaffen dieser Kategorie, die für das Abfeuern von Platzpatronen, Reizstoffen, sonstigen aktiven Substanzen oder pyrotechnischer Munition oder in Salutwaffen oder akustische Waffen umgebaut wurden.

2. Kategorie B

2.1 kurze Repetierfeuerwaffen,

2.2 kurze Einzellader-Feuerwaffen für Munition mit Zentralfeuerzündung,

2.3 kurze Einzellader-Feuerwaffen für Munition mit Randfeuerzündung mit einer Gesamtlänge von weniger als 28 cm,

2.4 halbautomatische Lang-Feuerwaffen, deren Ladevorrichtung und Patronenlager zusammen bei Randfeuerwaffen mehr als drei Patronen und bei Zentralfeuerwaffen mehr als drei aber weniger als zwölf Patronen aufnehmen können,

2.5 halbautomatische Kurz-Feuerwaffen, die nicht unter Nummer 1.7.1 aufgeführt sind,

2.6 halbautomatische Lang-Feuerwaffen, die unter Nummer 1.7.2 aufgeführt sind, deren Ladevorrichtung und Patronenlager zusammen nicht mehr als drei Patronen aufnehmen können, deren Ladevorrichtung auswechselbar ist oder bei denen nicht sichergestellt ist, dass sie mit allgemein gebräuchlichen Werkzeugen nicht zu Waffen, deren Ladevorrichtung und Patronenlager zusammen mehr als drei Patronen aufnehmen können, umgebaut werden können,

2.7 lange Repetier- und halbautomatische Lang-Feuerwaffen, jeweils mit glattem Lauf, deren Lauf nicht länger als 60 cm ist,

2.8 sämtliche Feuerwaffen dieser Kategorie, die für das Abfeuern von Platzpatronen, Reizstoffen, sonstigen aktiven Substanzen oder pyrotechnischer Munition oder in Salutwaffen oder akustische Waffen umgebaut wurden,

2.9 halbautomatische Feuerwaffen für den zivilen Gebrauch, die wie vollautomatische Waffen aussehen und die nicht unter den Nummern 1.6, 1.7 oder 1.8 aufgeführt sind.

3. Kategorie C

3.1 andere lange Repetier-Feuerwaffen als die, die unter Nummer 2.7 aufgeführt sind,

3.2 lange Einzellader-Feuerwaffen mit gezogenem Lauf/gezogenen Läufen,

3.3 andere halbautomatische Lang-Feuerwaffen als die, die unter Nummer 1 oder Nummer 2 aufgeführt sind,

3.4 kurze Einzellader-Feuerwaffen für Munition mit Randfeuerzündung, ab einer Gesamtlänge von 28 cm,

3.5 sämtliche Feuerwaffen dieser Kategorie, die für das Abfeuern von Platzpatronen, Reizstoffen, sonstigen aktiven Substanzen oder pyrotechnischer Munition oder in Salutwaffen oder akustische Waffen umgebaut wurden,

3.6 Feuerwaffen der Kategorien A oder B oder dieser Kategorie, die gemäß der Durchführungsverordnung (EU) 2015/2403 deaktiviert worden sind,

3.7 lange Einzellader-Feuerwaffen mit glattem Lauf oder glatten Läufen, die am oder nach dem 14. September 2018 in Verkehr gebracht wurden.

Anlage 2
(zu § 2 Abs. 2 bis 4)

Waffenliste

Abschnitt 1
Verbotene Waffen

Der Umgang, mit Ausnahme der Unbrauchbarmachung, mit folgenden Waffen und Munition ist verboten:

1.1 Waffen (§ 1 Abs. 2), mit Ausnahme halbautomatischer tragbarer Schusswaffen, die in der Anlage zum Gesetz über die Kontrolle von Kriegswaffen (Kriegswaffenliste) in der Fassung der Bekanntmachung vom 22. November 1990 (BGBl. I S. 2506) oder deren Änderungen aufgeführt sind, nach Verlust der Kriegswaffeneigenschaft;

1.2 Schusswaffen im Sinne des § 1 Absatz 2 Nummer 1 nach den Nummern 1.2.1 bis 1.2.3 sowie 1.2.5 bis 1.2.8 und Zubehör für Schusswaffen nach Nummer 1.2.4, die

1.2.1.1 Vollautomaten im Sinne der Anlage 1 Abschnitt 1 Unterabschnitt 1 Nr. 2.2 sind oder

1.2.1.2 Vorderschaftrepetierflinten, bei denen anstelle des Hinterschaftes ein Kurzwaffengriff vorhanden ist oder die Waffengesamtlänge in der kürzest möglichen Verwendungsform weniger als 95 cm oder die Lauflänge weniger als 45 cm beträgt, sind;

1.2.2 ihrer Form nach geeignet sind, einen anderen Gegenstand vorzutäuschen oder die mit Gegenständen des täglichen Gebrauchs verkleidet sind (z. B. Koppelschlosspistolen, Schießkugelschreiber, Stockgewehre, Taschenlampenpistolen);

1.2.3 über den für Jagd- und Sportzwecke allgemein üblichen Umfang hinaus zusammengeklappt, zusammengeschoben, verkürzt oder schnell zerlegt werden können;

1.2.4 für Schusswaffen bestimmte

1.2.4.1 Vorrichtungen sind, die das Ziel beleuchten (z. B. Zielscheinwerfer) oder markieren (z. B. Laser oder Zielpunktprojektoren);

1.2.4.2 Nachtsichtgeräte und Nachtzielgeräte mit Montagevorrichtung für Schusswaffen sowie Nachtsichtvorsätze und Nachtsichtaufsätze für Zielhilfsmittel (z. B. Zielfernrohre) sind, sofern die Gegenstände einen Bildwandler oder eine elektronische Verstärkung besitzen;

1.2.4.3 Wechselmagazine für Kurzwaffen für Zentralfeuermunition sind, die mehr als 20 Patronen des kleinsten nach Herstellerangabe bestimmungsgemäß verwendbaren Kalibers aufnehmen können;

1.2.4.4 Wechselmagazine für Langwaffen für Zentralfeuermunition sind, die mehr als zehn Patronen des kleinsten nach Herstellerangabe bestimmungsgemäß verwendbaren Kalibers aufnehmen können; ein Wechselmagazin, das sowohl in Kurz- als auch in Langwaffen verwendbar ist, gilt als Magazin für Kurzwaffen, wenn nicht der Besitzer gleichzeitig über eine Erlaubnis zum Besitz einer Langwaffe verfügt, in der das Magazin verwendet werden kann;

1.2.4.5 Magazingehäuse für Wechselmagazine nach den Nummern 1.2.4.3 und 1.2.4.4 sind;

1.2.5 mehrschüssige Kurzwaffen sind, deren Baujahr nach dem 1. Januar 1970 liegt, für Zentralfeuermunition in Kalibern unter 6,3 mm, wenn der Antrieb der Geschosse nicht ausschließlich durch den Zündsatz erfolgt;

1.2.6 halbautomatische Kurzwaffen für Zentralfeuermunition sind, die über ein eingebautes Magazin mit einer Kapazität von mehr als 20 Patronen des kleinsten nach Herstellerangabe bestimmungsgemäß verwendbaren Kalibers verfügen;

1.2.7 halbautomatische Langwaffen für Zentralfeuermunition sind, die über ein eingebautes Magazin mit einer Kapazität von mehr als zehn Patronen des kleinsten nach Herstellerangabe bestimmungsgemäß verwendbaren Kalibers verfügen;

1.2.8 nach diesem Abschnitt verbotene Schusswaffen sind, die zu Salutwaffen im Sinne von Anlage 1 Abschnitt 1 Unterabschnitt 1 Nummer 1.5 umgebaut worden sind;

1.3 Tragbare Gegenstände im Sinne des § 1 Abs. 2 Nr. 2 Buchstabe a nach den Nummern 1.3.1 bis 1.3.8

1.3.1 Hieb- oder Stoßwaffen, die ihrer Form nach geeignet sind, einen anderen Gegenstand vorzutäuschen, oder die mit Gegenständen des täglichen Gebrauchs verkleidet sind;

1.3.2 Stahlruten, Totschläger oder Schlagringe;

1.3.3 sternförmige Scheiben, die nach ihrer Beschaffenheit und Handhabung zum Wurf auf ein Ziel bestimmt und geeignet sind, die Gesundheit zu beschädigen (Wurfsterne);

1.3.4 Gegenstände, bei denen leicht entflammbare Stoffe so verteilt und entzündet werden, dass schlagartig ein Brand entstehen kann oder in denen unter Verwendung explosionsgefährlicher oder explosionsfähiger Stoffe eine Explosion ausgelöst werden kann;

1.3.5 Gegenstände mit Reiz- oder anderen Wirkstoffen, es sei denn, dass die Stoffe als gesundheitlich unbedenklich amtlich zugelassen sind und die Gegenstände

- in der Reichweite und Sprühdauer begrenzt sind und
- zum Nachweis der gesundheitlichen Unbedenklichkeit, der Reichweiten- und der Sprühdauerbegrenzung ein amtliches Prüfzeichen tragen;

1.3.6 Gegenstände, die unter Ausnutzung einer anderen als mechanischen Energie Verletzungen beibringen (z. B. Elektroimpulsgeräte), sofern sie nicht als gesundheitlich unbedenklich amtlich zugelassen sind und ein amtliches Prüfzeichen tragen zum Nachweis der gesundheitlichen Unbedenklichkeit sowie Distanz-Elektroimpulsgeräte, die mit dem Abschuss- oder Auslösegerät durch einen leitungsfähigen Flüssigkeitsstrahl einen Elektroimpuls übertragen oder durch Leitung verbundene Elektroden zur Übertragung eines Elektroimpulses am Körper aufbringen;

1.3.7 Präzisionsschleudern nach Anlage 1 Abschnitt 1 Unterabschnitt 2 Nr. 1.3 sowie Armstützen und vergleichbare Vorrichtungen für die vorbezeichneten Gegenstände;

1.3.8 Gegenstände, die nach ihrer Beschaffenheit und Handhabung dazu bestimmt sind, durch Drosseln die Gesundheit zu schädigen (z. B. Nun-Chakus);

1.4 Tragbare Gegenstände im Sinne des § 1 Abs. 2 Nr. 2 Buchstabe b nach den Nummern 1.4.1 bis 1.4.4

1.4.1 Spring- und Fallmesser nach Anlage 1 Abschnitt 1 Unterabschnitt 2 Nr. 2.1.1 und 2.1.2. Hiervon ausgenommen sind Springmesser, wenn die Klinge seitlich aus dem Griff herausspringt und der aus dem Griff herausragende Teil der Klinge

- höchstens 8,5 cm lang ist und
- nicht zweiseitig geschliffen ist, soweit ein berechtigtes Interesse besteht, das eine einhändige Nutzung erforderlich macht, oder der Umgang im Zusammenhang mit der Berufsausübung erfolgt;

1.4.2 Faustmesser nach Anlage 1 Abschnitt 1 Unterabschnitt 2 Nr. 2.1.3,

1.4.3 Butterflymesser nach Anlage 1 Abschnitt 1 Unterabschnitt 2 Nr. 2.1.4,

1.4.4 Gegenstände, die unter Ausnutzung einer anderen als mechanischen

Energie Tieren Verletzungen beibringen (z. B. Elektroimpulsgeräte), sofern sie nicht als gesundheitlich unbedenklich amtlich zugelassen sind und ein amtliches Prüfzeichen tragen zum Nachweis der gesundheitlichen Unbedenklichkeit oder bestimmungsgemäß in der Tierhaltung Verwendung finden;

1.5 Munition und Geschosse nach den Nummern 1.5.1 bis 1.5.7

1.5.1 Geschosse mit Betäubungsstoffen, die zu Angriffs- oder Verteidigungszwecken bestimmt sind;

1.5.2 Geschosse oder Kartuschenmunition mit Reizstoffen, die zu Angriffs- oder Verteidigungszwecken bestimmt sind ohne amtliches Prüfzeichen zum Nachweis der gesundheitlichen Unbedenklichkeit;

1.5.3 Patronenmunition für Schusswaffen mit gezogenen Läufen, deren Geschosse im Durchmesser kleiner sind als die Felddurchmesser der dazugehörigen Schusswaffen und die mit einer Treib- und Führungshülse umgeben sind, die sich nach Verlassen des Laufes vom Geschoss trennt;

1.5.4 Munition und Geschosse nach Anlage 1 Abschnitt 3 Nummer 1.5 sowie Munition mit Geschossen, die einen Hartkern (mindestens 400 HB 25 – Brinellhärte – bzw. 421 HV – Vickershärte –) enthalten, sowie entsprechende Geschosse, ausgenommen pyrotechnische Munition, die bestimmungsgemäß zur Signalgebung bei der Gefahrenabwehr dient;

1.5.5 Knallkartuschen, Reiz- und sonstige Wirkstoffmunition nach Tabelle 5 der Maßtafeln nach § 1 Abs. 3 Satz 3 der Dritten Verordnung zum Waffengesetz in der Fassung der Bekanntmachung vom 2. September 1991 (BGBl. I S. 1872), die zuletzt durch die Zweite Verordnung zur Änderung von waffenrechtlichen Verordnungen vom 24. Januar 2000 (BGBl. I S. 38) geändert wurde, in der jeweils geltenden Fassung (Maßtafeln), bei deren Verschießen in Entfernungen von mehr als 1,5 m vor der Mündung Verletzungen durch feste Bestandteile hervorgerufen werden können, ausgenommen Kartuschenmunition der Kaliber 16 und 12 mit einer Hülsenlänge von nicht mehr als 47 oder 49 mm;

1.5.6 Kleinschrotmunition, die in Lagern nach Tabelle 5 der Maßtafeln mit einem Durchmesser (P_1) bis 12,5 mm geladen werden kann;

1.5.7 Munition, die zur ausschließlichen Verwendung in Kriegswaffen oder durch die in § 55 Abs. 1 Satz 1 bezeichneten Stellen bestimmt ist, soweit die Munition nicht unter die Vorschriften des Gesetzes über die Kontrolle von Kriegswaffen oder des Sprengstoffgesetzes fällt.

Abschnitt 2
Erlaubnispflichtige Waffen

Unterabschnitt 1
Erlaubnispflicht

Der Umgang, ausgenommen das Überlassen, mit Waffen im Sinne des § 1 Absatz 2 Nummer 1 (Anlage 1 Abschnitt 1 Unterabschnitt 1 Nummer 1 bis 4.3) und der dafür bestimmten Munition bedarf der Erlaubnis, soweit solche Waffen oder Munition nicht nach Unterabschnitt 2 für die dort bezeichneten Arten des Umgangs von der Erlaubnispflicht freigestellt sind. In Unterabschnitt 3 sind die Schusswaffen oder Munition aufgeführt, bei denen die Erlaubnis unter erleichterten Voraussetzungen erteilt wird. Ist eine erlaubnispflichtige Feuerwaffe in eine Waffe umgearbeitet worden, deren Erwerb und Besitz unter erleichterten und wegfallenden Erlaubnisvoraussetzungen möglich wäre, so richtet sich die Erlaubnispflicht nach derjenigen für die ursprüngliche Waffe, soweit nicht etwas anderes bestimmt ist.

Unterabschnitt 2
Erlaubnisfreie Arten des Umgangs

1. Erlaubnisfreier Erwerb und Besitz

1.1 Druckluft-, Federdruckwaffen und Waffen, bei denen zum Antrieb der Geschosse kalte Treibgase Verwendung finden, wenn den Geschossen eine Bewegungsenergie von nicht mehr als 7,5 Joule erteilt wird, und die das Kennzeichen nach Anlage 1 Abbildung 1 zur Ersten Verordnung zum Waffengesetz vom 24. Mai 1976 (BGBl. I S. 1285) in der zum Zeitpunkt des Inkrafttretens dieses Gesetzes geltenden Fassung oder ein durch Rechtsverordnung nach § 25 Nummer 1 bestimmtes Zeichen tragen, sofern
   a) diese nicht nach ihrer Beschaffenheit in Bezug auf Geschosse mit einer Länge von mehr als 30 mm mehrschüssig sind und
   b) die Bestätigung zum Aufbringen des Kennzeichens nach § 11 Absatz 6 Satz 4 der Beschussverordnung oder das Aufbringen des Kennzeichens nach § 11 Absatz 6 Satz 5 der Beschussverordnung nicht vor dem 24. Juli 2025 erfolgt ist;

1.2 Druckluft-, Federdruckwaffen und Waffen, bei denen zum Antrieb der Geschosse kalte Treibgase Verwendung finden, die vor dem 1. Januar 1970 oder in dem in Artikel 3 des Einigungsvertrages genannten Gebiet vor dem 2. April 1991 hergestellt und entsprechend den zu diesem Zeitpunkt geltenden Bestimmungen in den Handel gebracht worden sind;

1.3 Schreckschuss-, Reizstoff- und Signalwaffen,
   a) die der zugelassenen Bauart nach § 8 des Beschussgesetzes entsprechen und das Zulassungszeichen nach Anlage 1 Abbildung 2 zur Ersten Verordnung zum Waffengesetz vom 24. Mai 1976 (BGBl. I S. 1285) in der zum Zeitpunkt des Inkrafttretens dieses Gesetzes geltenden Fassung oder ein durch Rechtsverordnung nach § 25 Nummer 1 bestimmtes Zeichen tragen oder
   b) die den Rechtsvorschriften eines anderen Mitgliedstaates entsprechen, die dieser der Europäischen Kommission nach Artikel 4 Absatz 2 der Durchführungsrichtlinie (EU) 2019/69 der Kommission vom 16. Januar 2019 zur Festlegung technischer Spezifikationen für Schreckschuss- und Signalwaffen gemäß der Richtlinie 91/477/EWG des Rates über die Kontrolle des Erwerbs und des Besitzes von Waffen als Maßnahme zur Umsetzung dieser Durchführungsrichtlinie mitgeteilt hat;

1.4 Kartuschenmunition für die in Nummer 1.3 bezeichneten Schusswaffen;

1.5 einläufige Einzelladerwaffen mit Zündhütchenzündung (Perkussionswaffen), deren Modell vor dem 1. Januar 1871 entwickelt worden ist;

1.6 Schusswaffen mit Lunten- oder Funkenzündung, deren Modell vor dem 1. Januar 1871 entwickelt worden ist;

1.7 Schusswaffen mit Zündnadelzündung, deren Modell vor dem 1. Januar 1871 entwickelt worden ist;

1.8 Armbrüste;

1.9 Kartuschenmunition für die nach Anlage 1 Abschnitt 1 Unterabschnitt 1 Nummer 1.5 abgeänderten Schusswaffen sowie für Schussapparate nach § 7 des Beschussgesetzes;

1.10 pyrotechnische Munition, die das Zulassungszeichen nach Anlage II Abbildung 5 zur Dritten Verordnung zum Waffengesetz in der Fassung der Bekanntmachung vom 2. September 1991 (BGBl. I S. 1872) mit der Klassenbezeichnung PM I trägt.

2. Erlaubnisfreier Erwerb durch Inhaber einer Waffenbesitzkarte (unbeschadet der Anzeige- und Eintragungspflichten nach den §§ 37a und 37g)

2.1 Wechsel- und Austauschläufe gleichen oder geringeren Kalibers einschließlich der für diese Läufe erforderlichen auswechselbaren Verschlüsse (Wechselsysteme);

2.2 Wechseltrommeln, aus denen nur Munition verschossen werden kann, bei der gegenüber der für die Waffe bestimmten Munition Geschossdurchmesser und höchstzulässiger Gebrauchsgasdruck gleich oder geringer sind;
für Schusswaffen, die bereits in der Waffenbesitzkarte des Inhabers einer Erlaubnis eingetragen sind.

2a. Erlaubnisfreier Erwerb und Besitz durch Inhaber einer Waffenbesitzkarte
Einsteckläufe und dazugehörige Verschlüsse (Einstecksysteme) sowie Einsätze, die dazu bestimmt sind, Munition mit kleinerer Abmessung zu verschießen, und die keine Einsteckläufe sind; für Schusswaffen, die bereits in der Waffenbesitzkarte des Inhabers einer Erlaubnis eingetragen sind.

2b. Erlaubnisfreier Erwerb und Besitz und erlaubnisfreies Überlassen unbeschadet der Anzeigepflicht nach § 37d von unbrauchbar gemachten Schusswaffen.

3. Erlaubnisfreies Führen

3.1 Schusswaffen mit Lunten- oder Funkenzündung, deren Modell vor dem 1. Januar 1871 entwickelt worden ist;

3.2 Armbrüste;

3.3 unbrauchbar gemachte Schusswaffen.

4. Erlaubnisfreier Handel und erlaubnisfreie Herstellung

4.1 Schusswaffen mit Lunten- oder Funkenzündung, deren Modell vor dem 1. Januar 1871 entwickelt worden ist;

4.2 Armbrüste.

5. Erlaubnisfreier Handel

5.1 Einläufige Einzelladerwaffen mit Zündhütchenzündung (Perkussionswaffen), deren Modell vor dem 1. Januar 1871 entwickelt worden ist;

5.2 Schusswaffen mit Zündnadelzündung, deren Modell vor dem 1. Januar 1871 entwickelt worden ist;

5.3 unbrauchbar gemachte Schusswaffen.

6. Erlaubnisfreie nichtgewerbsmäßige Herstellung

6.1 Munition.

7. Erlaubnisfreies Verbringen und erlaubnisfreie Mitnahme in den, durch den oder aus dem Geltungsbereich des Gesetzes

7.1 Druckluft-, Federdruckwaffen und Waffen, bei denen zum Antrieb der Geschosse kalte Treibgase Verwendung finden, sofern sie den Voraussetzungen der Nummer 1.1 oder 1.2 entsprechen;

7.2 Schreckschuss-, Reizstoff- und Signalwaffen,

a) die der zugelassenen Bauart nach § 8 des Beschussgesetzes entsprechen und das Zulassungszeichen nach Anlage 1 Abbildung 2 zur Ersten Verordnung zum Waffengesetz vom 24. Mai 1976 (BGBl. I S. 1285) in der zum Zeitpunkt des Inkrafttretens dieses Gesetzes geltenden Fassung oder ein durch Rechtsverordnung nach § 25 Nummer 1 bestimmtes Zeichen tragen oder

b) die den Rechtsvorschriften eines anderen Mitgliedstaates entsprechen, die dieser der Europäischen Kommission nach Artikel 4 Absatz 2 der Durchführungsrichtlinie (EU) 2019/69 der Kommission vom 16. Januar 2019 zur Festlegung technischer Spezifikationen für Schreckschuss- und Signalwaffen gemäß der Richtlinie 91/477/EWG des Rates über die Kontrolle des Erwerbs und des Besitzes von Waffen als Maßnahme zur Umsetzung dieser Durchführungsrichtlinie mitgeteilt hat;

7.3 unbrauchbar gemachte Schusswaffen;

7.4 Munition für die in Nummer 7.2 bezeichneten Waffen;

7.5 einläufige Einzelladerwaffen mit Zündhütchenzündung (Perkussionswaffen), deren Modell vor dem 1. Januar 1871 entwickelt worden ist;

7.6 Schusswaffen mit Lunten- oder Funkenzündung oder mit Zündnadelzündung, deren Modell vor dem 1. Januar 1871 entwickelt worden ist;

7.7 Armbrüste;

7.8 pyrotechnische Munition, die das Zulassungszeichen nach Anlage II Abbildung 5 zur Dritten Verordnung zum Waffengesetz in der Fassung der Bekanntmachung vom 2. September 1991 (BGBl. I S. 1872) mit der Klassenbezeichnung PM I trägt;

7.9 Kartuschenmunition für Salutwaffen nach Anlage 1 Abschnitt 1 Unterabschnitt 1 Nummer 1.5.1 sowie für Schussapparate nach § 7 des Beschussgesetzes.

8. Erlaubnisfreies Verbringen und erlaubnisfreie Mitnahme aus dem Geltungsbereich dieses Gesetzes in einen Staat, der nicht Mitgliedstaat ist (Drittstaat)

8.1 Sämtliche Waffen im Sinne des § 1 Absatz 2 und die hierfür bestimmte Munition. Außenwirtschaftsrechtliche Genehmigungspflichten, insbesondere nach der in § 48 Absatz 3a genannten Verordnung (EU) Nr. 258/2012, bleiben hiervon unberührt.

9. Erlaubnisfreies Verbringen aus dem Geltungsbereich des Gesetzes in andere Mitgliedstaaten
Sämtliche Waffen im Sinne des § 1 Absatz 2 Nummer 1 und der dafür bestimmten Munition mit Ausnahme von Waffen oder Munition gemäß Anlage 1 Abschnitt 3.

10. Erlaubnisfreie Unbrauchbarmachung unbeschadet der Anzeigepflicht nach § 37b Absatz 2
Sämtliche Schusswaffen im Sinne des § 1 Absatz 2 Nummer 1.

Sämtliche Waffen im Sinne des § 1 Absatz 2.

Unterabschnitt 3
Entbehrlichkeit einzelner Erlaubnisvoraussetzungen

1. Erwerb und Besitz ohne Bedürfnisnachweis (§ 4 Abs. 1 Nr. 4)

1.1 Feuerwaffen, deren Geschossen eine Bewegungsenergie von nicht mehr als 7,5 Joule erteilt wird und die das Kennzeichen nach Anlage 1 Abbildung 1 der Ersten Verordnung zum Waffengesetz vom 24. Mai 1976 (BGBl. I S. 1285) in der zum Zeitpunkt des Inkrafttretens dieses Gesetzes geltenden Fassung oder ein durch Rechtsverordnung nach § 25Nummer 1 bestimmtes Zeichen tragen;

1.2 für Waffen nach Nummer 1.1 bestimmte Munition.

2. Führen ohne Sachkunde-, Bedürfnis- und Haftpflichtversicherungsnachweis (§ 4 Abs. 1 Nr. 3 bis 5) – Kleiner Waffenschein

2.1 Schreckschuss-, Reizstoff- und Signalwaffen nach Unterabschnitt 2 Nr. 1.3.

Abschnitt 3
Vom Gesetz ganz oder teilweise ausgenommene Waffen

Unterabschnitt 1
Vom Gesetz mit Ausnahme von § 2 Abs. 1 und § 41 ausgenommene Waffen

Unterwassersportgeräte, bei denen zum Antrieb der Geschosse keine Munition verwendet wird (Harpunengeräte).

Unterabschnitt 2
Vom Gesetz mit Ausnahme des § 42a ausgenommene Waffen

1. Schusswaffen (Anlage 1 Abschnitt 1 Unterabschnitt 1 Nummer 1.1, ausgenommen Blasrohre),
   a) die zum Spiel bestimmt sind, wenn aus ihnen nur Geschosse verschossen werden können, denen eine Bewegungsenergie von nicht mehr als 0,5 Joule (J) erteilt wird, es sei denn, sie können mit allgemein gebräuchlichen Werkzeugen so geändert werden, dass die Bewegungsenergie der Geschosse über 0,5 Joule (J) steigt, oder
   b) die Spielzeuge im Sinne von Artikel 2 Absatz 1 der Richtlinie 2009/48/EG des Europäischen Parlaments und des Rates vom 18. Juni 2009 über die Sicherheit von Spielzeug (ABl. L 170 vom 30. 6. 2009, S. 1) sind, wenn sie
      aa) die Anforderungen nach Artikel 10 in Verbindung mit Anhang II Ab-

schnitt 1 Nummer 8 der Richtlinie 2009/48/EG in der jeweils geltenden Fassung erfüllen und

bb) die nach Artikel 16 Absatz 1 der Richtlinie 2009/48/EG erforderliche Kennzeichnung aufweisen.

2. Schusswaffen (Anlage 1 Abschnitt 1 Unterabschnitt 1 Nr. 1.1), bei denen feste Körper durch Muskelkraft ohne Möglichkeit der Speicherung der so eingebrachten Antriebsenergie durch eine Sperrvorrichtung angetrieben werden (z. B. Blasrohre).

3. Gegenstände, die zum Spiel bestimmt sind, wenn mit ihnen nur Zündblättchen, -bänder, -ringe (Amorces) oder Knallkorken abgeschossen werden können, es sei denn, sie können mit allgemein gebräuchlichen Werkzeugen in eine Schusswaffe oder einen anderen einer Schusswaffe gleichstehenden Gegenstand umgearbeitet werden.

4. Nachbildungen von Schusswaffen nach Anlage 1 Abschnitt 1 Unterabschnitt 1 Nr. 6.

Allgemeine Verwaltungsvorschrift zum Waffengesetz (WaffVwV)

Vom 5. März 2012 (BAnz. Nr. 47a)

Inhaltsübersicht

Nach Artikel 84 Absatz 2 des Grundgesetzes erlässt die Bundesregierung folgende allgemeine Verwaltungsvorschrift:

Abschnitt 1 Ausführungen zu den §§ 1 bis 58 des Waffengesetzes[1])

Zu § 1: Begriffsbestimmungen

1.1 Die Begriffsbestimmungen der Waffen ergeben sich aus Anlage 1 Abschnitt 1.

1.2 Die in § 1 Absatz 3 aufgezählten einzelnen Umgangsarten mit Waffen oder Munition sind in Anlage 1 Abschnitt 2 näher beschrieben. Auf die Erläuterungen hierzu wird verwiesen.

Sofern in dieser Verwaltungsvorschrift der Begriff „erlaubnisfrei" verwendet wird, bezieht sich dieser nur auf den Erwerb und Besitz.

1.3 Ergänzend zu der in § 1 Absatz 4 genannten Anlage 1 sind die zur Klärung von Zweifelsfragen im Verfahren nach § 2 Absatz 5 erlassenen und im Bundesanzeiger veröffentlichten Feststellungsbescheide heranzuziehen. Andere Beurteilungen unterhalb der Schwelle eines Feststellungsbescheides des Bundeskriminalamtes (BKA), die ebenfalls in geeigneter Weise (auf der Homepage des BKA) zu veröffentlichen sind, können berücksichtigt werden.

Zu § 2: Grundsätze des Umgangs mit Waffen oder Munition, Waffenliste

2.1 § 2 Absatz. 1 statuiert einen allgemeinen Grundsatz hinsichtlich des Umgangs mit Waffen oder Munition; zu Ausnahmen siehe § 3 Absatz 3, §§ 13 und 27. Das Mindestalter von 18 Jahren gilt also unabhängig von der Erlaubnispflichtigkeit (für diese Fälle siehe § 4 Absatz 1 Nummer 1). Es gilt allerdings nicht für vom Waffengesetz (WaffG) ausgenommene Waffen (Anlage 2 Abschnitt 3 Unterabschnitt 2) sowie für Nicht-Waffen, z. B. bloße Imitate von Hieb- und Stoßwaffen.

2.2 Die Kategorie der Erlaubnispflichtigkeit ist nach Anlage 2 Abschnitt 2 ausschließlich für Schusswaffen einschließlich der in Anlage 1 Abschnitt 1 Unterabschnitt 1 Nummer 1 bis 4 genannten Gegenstände (gleichgestellte Gegenstände, wesentliche Teile von Schusswaffen etc.) und die dafür bestimmte Munition vorgesehen. Eine Erlaubnispflicht für andere Waffen (insbesondere für Hieb- und Stoßwaffen) besteht nicht. Unberührt bleibt hiervon die Möglichkeit, Waffenverbote im Einzelfall (§ 41) zu verhängen. Für derartige Waffen sind jedoch das Erfordernis eines Mindestalters (dazu Nummer 2.1), das Gebot der sicheren Aufbewahrung (§ 36 Absatz 1 Satz 1) und das Verbot des Führens von Waffen (§§ 42, 42a) zu beachten.

2.3 § 2 Absatz 5 eröffnet ein Verfahren, durch das Zweifel über die Einstufung eines Gegenstandes geklärt werden können. Das Antragsrecht einer Waffenbehörde regelt das Landesrecht; dort vorgesehene Konzentrationspflichten (etwa die Pflicht zur Zuleitung von Anträgen über das Landeskriminalamt – LKA) sind zu beachten. Die Aufgaben, Befugnisse und Zuständigkeiten des BKA nach § 2 Absatz 5 in Verbindung mit § 48 Absatz 3 und die daraus resultierende Bindungswirkung der Einstufung erstrecken sich nicht auf die Rechtsfolgen einer Einstufung. Deshalb kann nur die örtlich und sachlich zuständige Waffenbehörde eine rechtsverbindliche (konstitutive) Entscheidung über die Notwendigkeit und ggf. die Erteilung einer bestimmten waffenrechtlichen Erlaubnis für einen bestimmten Sachverhalt treffen.

Das BKA sammelt die Entscheidungen und richtet eine elektronische Abrufadresse im Internet ein.

Bevor die Waffenbehörde einen Antrag stellt, ist durch Abgleich mit bereits ergangenen Feststellungsbescheiden und Einzelbeurteilungen zu prüfen, ob ein Feststellungsverfahren nötig ist.

---

[1]) Soweit nicht ausdrücklich etwas anderes vermerkt ist, beziehen sich in dieser Verwaltungsvorschrift angeführte Paragraphen auf die Bestimmungen des Waffengesetzes.

Zu § 3: Umgang mit Waffen und Munition durch Kinder oder Jugendliche

3.1 Jugendliche sind Personen zwischen dem Beginn des fünfzehnten und dem Ende des achtzehnten Lebensjahres (Anlage 1 Abschnitt 2 Nummer 11); Kinder sind Personen, die noch nicht 14 Jahre alt sind (Anlage 1 Abschnitt 2 Nummer 10). Die Freistellungen für Jugendliche in § 3 Absatz 1 sind auf vertraglich oder in ähnlicher Weise begründete und ausgestaltete Ausbildungs- und Arbeitsverhältnisse beschränkt.

3.2 Die Regelungen des § 3 Absatz 2 beziehen sich auf Geräte, die nach den entsprechenden beschussrechtlichen Vorschriften amtlich geprüft, zugelassen und gekennzeichnet sind. Zur Tierabwehr bestimmte und als solche hergestellte und vertriebene Reizstoffsprays sind keine Waffen und keine Reizstoffsprühgeräte im Sinne des Waffengesetzes. Der Umgang mit ihnen ist frei.

3.3 Ausnahmen vom Alterserfordernis (§ 3 Absatz 3, ggf. in Verbindung mit § 4 Absatz 1 Nummer 1) kommen für den selbstständigen Umgang mit Schusswaffen nur in Betracht, wenn der Antragsteller trotz seiner Jugend die erforderliche Besonnenheit (vgl. § 6) besitzt und imstande ist, die Waffe vor unbefugtem Zugriff zu sichern. Nach § 3 Absatz 3 darf eine Ausnahme nur zugelassen werden, wenn die erforderliche geistige Reife vom Antragsteller in geeigneter Weise nachgewiesen wird. Hierzu können geeignete Personen befragt werden, z. B. Sorgeberechtigte, Ausbilder und Betreuer in Vereinen. § 6 Absatz 3 bleibt unberührt. Durch die Wörter „allgemein oder für den Einzelfall" soll klargestellt werden, dass die zuständige Behörde bei Veranstaltungen der Schützenvereine (z. B. Tag der offenen Tür im Schützenheim, Kinderkönigsschießen) die Möglichkeit hat, auch pauschal für mehrere Minderjährige Ausnahmen von geltenden Alterserfordernissen zuzulassen. Nicht zulässig ist allerdings eine dauerhafte vereinsbezogene Ausnahmezulassung. Der Ausnahmecharakter der Entscheidung darf aber in Anbetracht der gesetzlichen Grundrichtung und der besonderen Belange des Kinder- und Jugendschutzes nicht außer Acht gelassen werden.

3.4 Für den beaufsichtigten Umgang mit Schusswaffen oder tragbaren Gegenständen außerhalb der in § 27 Absatz 3 bis 6 geregelten Fälle, z. B. bei Öffentlichkeitsveranstaltungen zur Nachwuchswerbung oder bei speziell ausgeschriebenen Schießveranstaltungen für Kinder zur Belustigung, sind besondere formale Anforderungen (z. B. ärztliches Attest, schriftliche Einverständniserklärung) nicht zu stellen.

Ausnahmen von Alterserfordernissen nach § 3 Absatz 3 können nicht nur personenbezogen, sondern auch veranstaltungsbezogen (z. B. zur Durchführung von sogenannten „Schnupper"-Tagen oder zur Durchführung eines Projekts der schießsportlichen Früherziehung mit Druckluftwaffen) erteilt werden.

Der Ausnahmecharakter der Entscheidung darf aber in Anbetracht der gesetzlichen Grundrichtung und der besonderen Belange des Kinder- und Jugendschutzes nicht außer Acht gelassen werden.

Das Zulassen einer Ausnahme für Veranstaltungen dieser Art ist mit folgenden Auflagen zu verbinden:

- Die (mobile) Schießstätte muss entsprechend den gültigen Schießstandsrichtlinien hergerichtet sein.
- Es darf nur mit altersgerechten Waffen (z. B. Druckluftwaffen) geschossen werden. Das Gewehr ist von einer Aufsichtsperson zu laden. Dem Schützen verbleiben nur das Feinjustieren und das Auslösen des Schusses.
- Es ist sicherzustellen, dass hinsichtlich der Aufsicht die §§ 10 und 11 der Allgemeinen Waffengesetz-Verordnung (AWaffV) beachtet werden.
- Die Aufsichtsperson darf nur solche Kinder zum Schießen zulassen, die die erforderliche geistige und körperliche Eignung zum Schießen besitzen.

Zu § 4: Voraussetzungen für eine Erlaubnis

4.1 § 4 Absatz 1 fasst die zwingenden Voraussetzungen für die Erteilung einer waffenrechtlichen Erlaubnis zusammen. Ausnahmen sind nur auf Grund gesetzlicher Regelungen möglich. Fehlt eine dieser Voraussetzungen, ist die Erlaubnis zu versagen.

Im Falle des § 4 Absatz. 2 steht die Versagung der Erlaubnis im Ermessen der Waffenbehörde; von diesem Versagungsgrund wird die Waffenbehörde Gebrauch machen, wenn ihr eigene sachnotwendige Erkenntnisse fehlen und der Antragsteller keine ausreichenden aussagekräftigen Nachweise beibringt. Die Erlaubnis soll insbesondere dann nach § 4 Absatz 2 versagt werden, wenn die Zuverlässigkeit (§ 5) wegen des Aufenthalts außerhalb des Bundesgebietes nicht den gesetzlichen Vorschriften voll entsprechend überprüft werden kann. § 4 Absatz 2 stellt auf den gewöhnlichen Aufenthalt und nicht darauf ab, ob der Antragsteller Deutscher, EU-Bürger oder Drittausländer ist. Nach Maßgabe des § 26 Absatz 5 AWaffV ist § 4 Absatz 2 auf EU-Bürger nicht anwendbar; diese Privilegierung gilt auch für deutsche Staatsangehörige.

4.2 Die Versagung einer Waffenbesitzkarte (WBK), eines Munitionserwerbsscheins oder eines Waffenscheins wegen Unzuverlässigkeit oder fehlender persönlicher Eignung ist, sobald die Entscheidung vollziehbar oder nicht mehr anfechtbar ist, dem Bundeszentralregister mitzuteilen (§ 10 Absatz 1 Nummer 3 Buchstabe b in Verbindung mit § 20 Absatz 1 des Bundeszentralregistergesetzes – BZRG). Wird eine eingetragene vollziehbare Entscheidung unanfechtbar, so ist dies dem Bundeszentralregister ebenfalls mitzuteilen (§ 10 Absatz 3 in Verbindung mit § 20 Absatz 1 BZRG).

Bei der Mitteilung sind die Vorschriften der Allgemeinen Verwaltungsvorschrift zur Durchführung des Bundeszentralregistergesetzes (BZRGVwV) vom 16. Dezember 2008 (BAnz. S. 4612) zu beachten.

4.3 Der Versicherungsschutz als Voraussetzung für eine Schießerlaubnis ist alle drei Jahre nachzuweisen. Auf die Regelung in Nummer 27.2 wird hingewiesen.

4.4 Die Möglichkeit der Waffenbehörde, aus konkretem Anlass (z. B. bei Anhaltspunkten für Missbrauch) im Einzelfall das Fortbestehen des Bedürfnisses zu überprüfen (vgl. § 45), bleibt unberührt.

Mit der Regelung des § 4 Absatz 4 Satz 3 wird der Behörde das Ermessen eingeräumt, auch nach der bisher einmaligen Regelüberprüfung nach drei Jahren, das Fortbestehen des Bedürfnisses zu überprüfen. Die Überprüfung erfolgt anlassbezogen, d. h. wenn Anhaltspunkte vorliegen, dass der Waffenbesitzer kein Bedürfnis mehr hat. Mit § 4 Absatz 4 Satz 3 wird keine Regelüberprüfung alle drei Jahre eingeführt. Hiermit soll die Grundlage geschaffen werden, Fällen nachgehen zu können, in denen der Waffenerlaubnisinhaber offensichtlich kein Bedürfnis mehr hat. Der Prüfungszeitraum umfasst in der Regel die letzten zwölf Monate.

Für die Bedürfnisüberprüfung nach Satz 3 gelten nicht die Voraussetzungen bei der Ersterteilung. Für Mitglieder eines Vereins, die einem anerkannten Schießsportverband angehören, genügt es bei der Überprüfung des Fortbestehens des Bedürfnisses nach § 4 Absatz 4, dass die fortbestehende schießsportliche Aktivität und die Mitgliedschaft im Verband durch geeignete Nachweise, z. B. durch eine Bescheinigung des Vereins oder durch Vorlage eines Schießbuchs bestätigt wird, dass der Sportschütze weiterhin schießsportlich aktiv und dem anerkannten Verband als Mitglied gemeldet ist. Bei Jägern kann das Fortbestehen des Bedürfnisses grundsätzlich bei einem gelösten Jagdschein unterstellt werden.

Die schießsportliche Aktivität orientiert sich für diejenigen, die das Waffenkontingent überschreiten, an § 14 Absatz 3.

Anknüpfungspunkt für die Feststellung eines fortbestehenden Bedürfnisses ist damit eine gewisse Teilnahmehäufigkeit, die den Schluss zulässt, dass sich der Sportschütze aktiv am Schießsport beteiligt. Die unterschiedlichen Verbandsregeln und Wettkampforganisationsformen lassen es nicht zu, eine konkrete Mindestzahl festzulegen.

Für alle anderen Sportschützen gelten für die Überprüfung des Bedürfnisses dieselben Grundsätze wie für die Prüfung der Erteilung der waffenrechtlichen Erlaubnis.

Die schießsportliche Betätigung unterliegt als Freizeitsport – wie im Übrigen in jeder Sportart – zeitlichen Schwankungen hinsichtlich der ausgeübten Intensität. Dabei muss berücksichtigt werden, dass es sich beim Sportschießen nicht nur um spitzensportliche Betätigung handelt, sondern vor allem auch um breitensportliches Schießen.

Im Rahmen der Überprüfung hat die Behörde daher auch die Gründe zu berücksichtigen, aus denen der Sportschütze bei fortbestehender Mitgliedschaft nachvollziehbar gehindert war, den Schießsport auszuüben (z. B. bei einem vorübergehenden Aufenthalt im Ausland, einem vorübergehenden Aussetzen insbesondere aus beruflichen, gesundheitlichen Gründen oder familiären Gründen). Dies gilt entsprechend auch für eine Überprüfung des Bedürfnisses bei Jägern.

Für die erneute Überprüfung des Bedürfnisses nach § 4 Absatz 4 Satz 1 gelten ansonsten dieselben Grundsätze wie für die Prüfung bei der Ersterteilung der waffenrechtlichen Erlaubnis.

Zu § 5: Zuverlässigkeit

5.1 Die waffenrechtliche Zuverlässigkeit nach dieser Vorschrift ist unabhängig von der Zuverlässigkeitsprüfung auf Grund anderer Rechtsnormen zu prüfen.

An die Zuverlässigkeit eines Ausländers sind grundsätzlich die gleichen Anforderungen zu stellen wie an die Zuverlässigkeit eines deutschen Staatsangehörigen.

§ 5 Absatz 1 nennt die Fälle der absoluten Unzuverlässigkeit. Gegenstand eines Verbrechens oder einer sonstigen Straftat können alle entsprechenden Tatbestände des Strafrechts oder des Nebenstrafrechts sein. Liegt ein derartiger Fall absoluter Unzuverlässigkeit vor, so ist der Antrag für eine Erlaubnis nach § 4 Absatz 1 Nummer 2 abzulehnen. Eine bereits erteilte Erlaubnis ist nach § 45 Absatz 1 zurückzunehmen oder nach § 45 Absatz 2 Satz 1 zu widerrufen.

Sofern die Erteilung einer Erlaubnis zum Waffenherstellungs- oder Waffenhandelsgewerbe beantragt wird (§ 21), ist die Zuverlässigkeit darüber hinaus nach allgemeinen gewerberechtlichen Grundsätzen zu prüfen. Hierzu sind regelmäßig auch Auskünfte aus dem Gewerbezentralregister einzuholen. Von besonderer Bedeutung sind die Fähigkeit und der Wille des Gewerbetreibenden zur Beachtung seiner Aufsichtspflicht gegenüber den für die Einhaltung der waffenrechtlichen Vorschriften verantwortlichen Beschäftigten; auf diese Weise wird auch auf eine verantwortungsvolle Ausübung der Weisungsbefugnis gegenüber jugendlichen Auszubildenden oder Arbeitnehmern nach § 3 Absatz 1 geachtet.

5.2 In Absatz 1 ist – gerade auch in Abgrenzung zur Regelunzuverlässigkeit nach Absatz 2 – keine Härtefallregelung vorgesehen.

Im Fall der Nummer 1 ist die rechtskräftig abgeurteilte Verletzung der Rechtsordnung von einem solchen Gewicht, dass das Vertrauen in die Zuverlässigkeit im Umgang mit Waffen und Munition für die Dauer der Zehn-Jahres-Frist als nicht wieder herstellbar anzusehen ist. Die inhaltliche Richtigkeit rechtskräftiger Verurteilungen der Strafgerichte ist insofern ebenso wie in den Fällen des § 5 Absatz 2 Nummer 1 durch die Waffenbehörden weder im Hinblick auf die Verurteilung an sich noch im Zusammenhang mit dem ausgesprochenen Strafmaß in Frage zu stellen.

Im Fall der Nummer 2 geht es um die auf Tatsachen gestützte Prognose eines spezifisch waffenrechtlich bedenklichen Verhaltens, aus dem mit hoher Wahrscheinlichkeit der Eintritt von Schäden für hohe Rechtsgüter resultiert, sei es durch das Verhalten des Antragstellers selbst (Buchstabe a und b erste Alternative) oder anderer (Buchstabe b zweite Alternative und Buchstabe c). Die Tatsachen müssen nachgewiesen und so erheblich sein, dass sie den Schluss auf die Unzuverlässigkeit des Antragstellers zulassen.

5.3 § 5 Absatz 2 nennt die Fälle der Regelunzuverlässigkeit. Hier wird die Unzuverlässigkeit widerlegbar vermutet.

Die Behörde hat strafgerichtliche Feststellungen allenfalls dann ihrer Entscheidung nicht oder doch nicht ohne weitere Ermittlungen zugrunde zu legen, wenn für sie ohne Weiteres erkennbar ist, dass die Verurteilung auf einem Irrtum beruht, oder wenn sie ausnahmsweise in der Lage ist, den Vorfall besser als die Strafverfolgungsorgane aufzuklären. Eine Unterscheidung danach, ob die begangene Straftat aus dem beruflichen Umfeld des Verurteilten herrührt, ist vom Gesetz nicht vorgesehen. Auch die Heranziehung einer Verurteilung aus der Vergangenheit verletzt keine Aspekte des Vertrauensschutzes des Antragstellers.

Nicht ausgeschlossen ist jedoch, dass im Einzelfall die Regelunzuverlässigkeitsvermutung ausnahmsweise durchbrochen werden kann. Die dazu vorliegende obergerichtliche Rechtsprechung hat diesen Ausnahmefall z. B. dann angenommen, wenn sich aus der Straftat, aus dem Strafverfahren oder aus sonstigen gewichtigen Gründen ergibt, dass der vorliegende Fall deutlich von den normalen Fällen, in denen die Vorschrift anzuwenden ist, abweicht. Eine bisher tadelsfreie Lebensweise genügt dafür nicht, auch nicht die Begehung von Straftaten ohne Waffenbezug wie z. B. das Vorenthalten von Arbeitsentgelt oder Betrug.

Bei Verurteilungen, die nur im Regelfall und nicht absolut zur Unzuverlässigkeit führen, ist in jedem Einzelfall durch die Behörde zu prüfen, ob besondere Umstände ausnahmsweise den Schluss auf die Zuverlässigkeit zulassen. In Fällen, die keinen Waffen-, Gewalt- oder Trunkenheitsbezug haben (z. B. bei bloßen Vermögens- oder Abgabedelikten), soll besonders genau geprüft werden, ob ein Regel- oder Ausnahmefall vorliegt.

Bei Jugendlichen sind nur Strafen nach dem Jugendgerichtsgesetz (JGG) berücksichtigungsfähig. Andere Folgen einer Jugendstraftat dürfen in diese Beurteilung nicht einbezogen werden.

Im Bezug auf die in § 5 Absatz 2 Nummer 1 Buchstabe b genannten Straftaten ist zu beachten: Ist beim Strafmaß eine Verurteilung nicht waffenrechtlich relevant, so ist sie außer Betracht zu lassen und lediglich auf die Summe der Einzelstrafen für die waffenrechtsrelevanten Straftaten abzustellen.

5.4 In Nummer 2 reicht die bloße Mitgliedschaft in einer als verfassungswidrig anerkannten Organisation aus, wobei die Organisation die Verbotsmerkmale besessen haben muss, als der Betreffende Mitglied der Organisation war.

Nummer 3 verlangt konkrete Aktivitäten mit entsprechender Zielrichtung in oder außerhalb einer Vereinigung. Während in § 5 Absatz 2 Nr. 2 die bloße Mitgliedschaft in einer als verfassungswidrig anerkannten Organisation ausreicht, verlangt § 5 Absatz 2 Nummer 3 aktives, ziel- und zweckgerichtetes, nicht notwendigerweise aggressiv-kämpferisches Vorgehen in oder außerhalb einer Vereinigung gegen ein in Nummer 3 genanntes Schutzgut, ohne dass vorher zwingend ein Gericht entschieden hat. Damit können auch bei entsprechender Betätigung Mitglieder einer Vereinigung unterhalb der Funktionärsebene von der Vorschrift erfasst werden.

In Nummer 5 sind auch Strafverfahren ohne Verurteilung und Ordnungswidrigkeiten zu berücksichtigen. Die Fünf-Jahres-Frist des § 5 Absatz 2 Nummer 1 gilt hier nicht. „Gröblich" meint eine schuldhafte (vorsätzliche oder fahrlässige), nach objektivem Gewicht und Vorwerfbarkeit schwerwiegende, womöglich mit Nachdruck begangene Zuwiderhandlung. Für „wiederholt" reicht eine einmalige Wiederholung aus, so dass schon der zweite Verstoß mit obigem Inhalt die Zuverlässigkeit ernstlich in Frage stellt.

5.5 § 5 Absatz 5 enthält eine Regelung zu den Erkenntnisquellen, die nach Bundesrecht verpflichtend bei der Zuverlässigkeitsprüfung heranzuziehen sind. Diese Regelung nennt die nutzbaren Erkenntnisquellen nicht abschließend. Beispielsweise bietet sich ergänzend zur Anfrage bei der örtlichen Polizeidienststelle im Einzelfall eine Anfrage bei der zuständigen Landesbehörde für Verfassungsschutz nach dort vorhandenen Erkenntnissen im Hinblick auf Unzuverlässigkeitsgründe nach § 5 Absatz 2 Nummer 2 Buchstabe b und Nummer 3 in Verbindung mit § 43 Absatz 2 an. Diese sollte insbesondere dann erfolgen, wenn sich entsprechende Hinweise aus den Stellungnahmen der nach § 5 Absatz 5 zwingend anzufragenden Stellen ergeben. Die Landesbehörde für Verfassungsschutz darf auf eine entsprechende Anfrage bei ihr vorhandene Erkenntnisse einschließlich personenbezogener Daten an die Waffenbehörde auf der Grundlage der Übermittlungsvorschriften des Landesverfassungsschutzgesetzes übermitteln; auf § 43 Absatz 2 wird hingewiesen.

Die Anfrage der Waffenbehörde bei der örtlichen Polizei nach § 5 Absatz 5 Satz 1 Nummer 3 kann auch über eine übergeordnete Polizeidienststelle (z. B. LKA) erfolgen. Sie stellt auf die Abfrage vorhandener Erkenntnisse ab. Dies sollte im Anschreiben an die Polizei mit aufgenommen werden.

Zu § 6: Persönliche Eignung

6.1 Hinsichtlich der nach § 6 Absatz 1 Satz 3 vorgesehenen Stellungnahme der örtlichen Polizeidienststelle wird auf die diesbezüglichen Ausführungen in Nummer 5.5 verwiesen.

6.2 § 6 Absatz 1 Satz 2 ist letztlich funktionslos. Beschränkte Geschäftsfähigkeit gibt es nur bei Minderjährigen (§ 106 des Bürgerlichen Gesetzbuches – BGB); kein Fall der beschränkten Geschäftsfähigkeit ist § 105 Absatz 2 BGB. Hier ist jedoch durch die waffenrechtlichen Altersbeschränkungen bereits Vorsorge getroffen, um den Umgang mit Waffen durch noch nicht hinreichend reife Personen zu unterbinden. Nicht mit beschränkter Geschäftsfähigkeit zu verwechseln sind die Institute der Betreuung bzw. des Einwilligungsvorbehaltes nach § 1903 BGB. Hier kann allerdings – je nach Einzelfall – ein Mangel der Geschäftsfähigkeit zugrunde liegen. In diesen Fällen soll die Waffenbehörde beim Vormundschaftsgericht Erkundigungen einholen. Ergeben sich in Bezug auf die Geschäftsfähigkeit keine klaren Aussagen aus den Unterlagen des Vormundschaftsgerichts, so ist das Vorgehen nach § 6 Absatz 2 eröffnet.

6.3 Ein amts- oder fachärztliches oder fachpsychologisches Zeugnis ist in den Fällen des § 6 Absatz 2 vorzulegen, wenn entweder Tatsachen bekannt sind, die Bedenken gegen die persönliche Eignung begründen (z. B. amtliche Feststellung einer Blutalkoholkonzentration von mindestens 1,6 ‰ oder wiederholt auch von weniger als 1,6 ‰ im Zusammenhang mit einer Verhaltensauffälligkeit) oder wenn begründete Zweifel an beigebrachten Bescheinigungen bestehen. Wird das Zeugnis während der von der Waffenbehörde gesetzten Frist nicht vorgelegt, gilt die persönliche Eignung als nicht nachgewiesen.

6.4 Unter Beachtung der nach § 6 Absatz 3 Satz 2 bestehenden Ausnahme bei Schusswaffen nach § 14 Absatz 1 Satz 2 sind Gutachten nach § 6 Absatz 3 z. B. notwendig für

- verantwortliche Personen nach § 10 Absatz 2 Satz 3, die das 25. Lebensjahr noch nicht vollendet haben;
- Büchsenmacher, die das 25. Lebensjahr noch nicht vollendet haben und als Sportschütze den privaten Erwerb und Besitz einer Sportwaffe begehren;
- die Erteilung einer WBK an Sportschützen/Biathleten unter 25 Jahren;
- die Erteilung einer WBK für Erben, Sammler etc. unter 25 Jahren;
- die Erteilung einer Gelben WBK für Personen unter 25 Jahren, es sei denn, sie soll eine inhaltliche Beschränkung enthalten, dass nur der Erwerb und Besitz von Schusswaffen im Sinne von § 14 Absatz 1 Satz 2 zulässig ist (vgl. Nummer 14.1 Absatz 2 Satz 1);
- die Erteilung einer uneingeschränkten Waffenherstellungs- oder Waffenhandelserlaubnis an Personen, die das 25. Lebensjahr noch nicht vollendet haben;
- die Zustimmung zur Überlassung von Schusswaffen an Mitarbeiter von Bewachungsunternehmen gemäß § 28 Absatz 3 Satz 2, sofern diese das 25. Lebensjahr noch nicht vollendet haben.

Auf einen Jäger, für den § 6 Absatz 3 gemäß § 13 Absatz 2 Satz 1 nicht gilt, ist § 6 Absatz 3 auch dann nicht anzuwenden, wenn er eine entsprechende Schusswaffe in anderer Eigenschaft (z. B. als Sportschütze) erwerben will, da die persönliche Eignung einer Person insoweit nur einheitlich beurteilt werden kann.

Die Begriffe „Zeugnis" und „Gutachten" werden beide vom Gesetz- und Verordnungsgeber gebraucht. Entscheidend ist, dass das der zuständigen Behörde vorzulegende Zeugnis über die Eignung nur die für eine Entscheidung der Behörde erforderlichen Ergebnisse des Gutachtens enthalten darf.

Es umfasst sowohl in den Fällen des Absatzes 2 – hier handelt es sich um die konkrete Fragestellung der Behörde – als auch des Absatzes 3 des § 6 – hier stellt sich kraft Rechtsvorschrift die Frage der hinreichenden Reife – nur die Antworten zu der jeweiligen Fragestellung. Hierbei ist streng zu differenzieren: Bei der Fragestellung nach § 6 Absatz 3 geht es um die Prüfung, ob der Antragsteller die geistige Reife aufweist, die von einem Menschen verlangt werden kann, der eine Schusswaffe erwerben und besitzen will, die in § 14 Absatz 1 Satz 2 nicht genannt ist. Sie ist von der Prüfung, ob eignungsausschließende Merkmale nach § 6 Absatz 2 vorliegen, deutlich zu unterscheiden. Im Regelfall wird keine Exploration des Antragstellers verlangt, sondern eine eher summarische Prüfung, ob Anhaltspunkte vorliegen, die Bedenken an der erforderlichen Eignung begründen. Erst wenn begründete Bedenken bestehen, kommt eine weitergehende Untersuchung (Exploration) in Betracht. Erforderlich ist die wertende Aussage, ob eine Eignung vorliegt oder nicht.

Außerdem sind Angaben zum Umfang der Untersuchung und der Methode, nach der das Gutachten erstellt wurde, erforderlich. Das Zeugnis muss weiter die Bestätigung nach § 4 Absatz 4 Satz 2 AWaffV enthalten, dass der Gutachter in keinem Behandlungsverhältnis zu dem Begutachteten stand oder steht und dass sich der Gutachter nach § 4 Absatz 5 Satz 1 AWaffV einen persönlichen Eindruck von dem Begutachteten verschafft hat (Vorstellungspflicht).

Das Gutachten selbst verbleibt beim Gutachter und wird entsprechend den standesrechtlichen Vorschriften aufbewahrt.

6.5 Ein Zeugnis nach § 6 Absatz 2 ist nur dann von Ärzten/Psychologen der in § 4 Absatz 2 AWaffV genannten Fachrichtungen zu erstellen, wenn Fragen der Begutachtung der geistigen Eignung überhaupt betroffen sind; in Fällen, in denen ausschließlich die körperliche Eignung zum Schießen zweifelhaft ist (z. B. infolge eines Augen- oder Ohrenleidens), kommen dagegen auch Gutachten von Ärzten der entsprechenden Fachrichtung in Betracht.

6.6 Die Prüfung der Waffenbehörde beschränkt sich in den Fällen sowohl des Absatzes 2 als auch des Absatzes 3 des § 6 auf die Feststellungen, dass der Gutachter einer der rechtlich vorgeschriebenen oder der angeordneten Fachrichtungen angehört, die Methodik der Begutachtung benannt, die persönliche Vorstellung des zu Begutachtenden, das Nichtbestehen eines Behandlungsverhältnisses versichert und ein eindeutiges Urteil zur Eignung oder Nichteignung abgegeben hat. Die erforderliche Sachkunde nach § 4 Absatz 2 Satz 2 AWaffV sowie bestimmte Fachqualifikationen als Gutachter in Waffenangelegenheiten bestimmen sich nach den Maßgaben der jeweiligen Berufs- und Standesorganisation; dasselbe gilt für die Begutachtungsstandards und die anerkannten Begutachtungsmethoden einschließlich standardisierter oder halbstandardisierter Testverfahren.

Bis zum Vorliegen ergänzender Regelungen des Bundes können die Waffenbehörden im Zusammenhang mit den letztgenannten Erfordernissen grundlegend ohne weitere Prüfung davon ausgehen, dass alle Angehörigen der in § 4 Absatz 2 Satz 1 AWaffV genannten Fachrichtungen beim Erreichen der entsprechenden Fachabschlüsse die zur Begutachtung in waffenrechtlichen Fragestellungen erforderliche Qualifikation besitzen und dass es sich bei den von diesen Gutachtern ggf. benutzten Testverfahren auch um anerkannte Testverfahren im Sinne etwa des § 4 Absatz 5 Satz 3 AWaffV handelt. Ein Anzweifeln der ausreichenden Qualifikation des konkret auftretenden Gutachters einer zugelassenen Fachrichtung oder die Ablehnung eines von diesem ausgewählten Testverfahrens werden somit im Regelfall nur bei Existenz konkreter Zweifel geboten sein.

6.7 Ein Mangel an persönlicher Eignung kann sich auch daraus ergeben, dass die für den Umgang mit Waffen und Munition erforderliche Kenntnis der deutschen Sprache in Wort und Schrift fehlt und dieser Mangel im Einzelfall nicht durch Hilfspersonen, z. B. den Betriebsleiter in einer Büchsenmacherei, ausgeglichen wird; dieser Gesichtspunkt gilt in erster Linie bei Erlaubnissen für einen dauerhaften Umgang mit Waffen in Deutschland, nicht jedoch etwa bei Fällen vorübergehenden Aufenthalts z. B. zur Teilnahme an einer jagdlichen oder schießsportlichen (Wettkampf oder Training) Brauchtums- oder Sammlerveranstaltung.

6.8 Ausnahmen für Dienstwaffenträger sind in § 4 Absatz 7 AWaffV geregelt. Der sogenannte „Amtsbonus" ist auf Soldaten nicht anzuwenden (Begr. BR-Drs. 415/03).

Zu § 7: Sachkunde

7.1 Der Umfang der zu fordernden Sachkunde und das Prüfungsverfahren sind in den §§ 1 und 2 AWaffV, der anderweitige Nachweis der Sachkunde ist in § 3 AWaffV geregelt. Nach altem Recht vor einem staatlichen Prüfungsausschuss erfolgreich abgelegte Sachkundeprüfungen und anerkannte anderweitige Sachkundenachweise gelten im bisherigen Umfang weiter.

7.2 Als anderweitige Nachweise der Sachkunde gelten die Jägerprüfung und die in § 3 Absatz 1 Nummer 1 Buchstabe a AWaffV der Jägerprüfung gleichgestellten Prüfungen, z. B. Zeugnisse, die im Rahmen des Studiums der Forstwirtschaft/-wissenschaft erworben worden sind und die den Anforderungen eines Jagdscheins nach dem Bundesjagdgesetz genügen, oder die Prüfung im Fach Jagd und Fischerei an Fachhochschulen für Forstwirtschaft.

Anderweitige Ausbildungen nach § 3 Absatz 1 Nummer 2 Buchstabe c AWaffV sind alle behördlich oder staatlich anerkannten Ausbildungen, die mit einer Prüfung abschließen und die ihrer Art nach geeignet sind, die für den Umgang mit der beantragten Waffe oder Munition erforderliche Sachkunde zu vermitteln (z. B. im Polizeidienst, in der Regel nicht die Ableistung des Wehrdienstes).

7.3 Die Sachkundevermittlung und -prüfung (u. a. für nichtorganisierte Sportschützen, Bewachungsgewerbe, gefährdete Personen) kann sich – je nach Antrag – auf verschiedene Kombinationen der Schusswaffen- und Munitionsarten (Kurzwaffe, Langwaffe, Signalwaffe) oder auf eine umfassende Sachkunde beziehen. Der Regelfall dürfte die Kombination Kurz- und Langwaffen sein, es sei denn, dass sich das Bedürfnis nur auf eine Waffenart bezieht.

Da die im Rahmen der Sachkundeprüfung nachzuweisenden Kenntnisse nur über die beantragten Waffen- und Munitionsarten und nur für den mit dem Bedürfnis geltend gemachten und den damit im Zusammenhang stehenden Zweck nachgewiesen werden müssen, reicht es aus, wenn nur Kenntnisse über die Schusswaffen- und Munitionsarten verlangt werden, die der Prüfling angibt. Die Schusswaffen- und Munitionsarten (z. B. Kurzwaffen, Langwaffen, Signalwaffen mit einem Patronenlager mit mehr als 12 mm Durchmesser) sind vor der Prüfung vom Prüfungsausschuss festzulegen. Aus der Sachkundebescheinigung müssen Art und Umfang der nachgewiesenen Sachkunde hervorgehen (§ 2 Absatz 4 AWaffV). Hierzu sind insbesondere Aussagen zu folgenden Punkten erforderlich: Bedürfniszweck des Prüflings, Umfang der Sachkundeprüfung (geprüfte Waffenarten), Aussage zu Schießfertigkeiten.

Die Prüfungsausschüsse nach § 2 AWaffV legen der Prüfung den vom Bundesverwaltungsamt herausgegebenen Fragenkatalog zugrunde.

7.4 Die Prüfung der Schießfertigkeit umfasst den Nachweis der sicheren Handhabung von Waffe und Munition im Zusammenhang mit der Schussabgabe; der Nachweis eines bestimmten Trefferniveaus ist ebenfalls abhängig von dem mit dem Bedürfnis geltend gemachten Zweck. So müssen Sportschützen ein bestimmtes Trefferniveau nicht erreichen, wohl aber Personen, die die Waffe führen wollen. Bei Waffensammlern, die keine Munitionserwerbsberechtigung besitzen (siehe auch Nummer 10.10), kann ggf. auf den Nachweis von Schießfertigkeiten verzichtet werden.

7.5 Für Sachkundelehrgänge, die gemäß § 3 Absatz 2 AWaffV staatlich anerkannt werden, gelten die vorgenannten Grundsätze entsprechend.

7.5.1 Die Anerkennung eines Sachkundelehrgangs setzt nach § 3 Absatz 3 AWaffV voraus, dass die nach § 1 Absatz 1 Nummer 1 bis 3 AWaffV erforderlichen Kenntnisse in einem theoretischen und einem praktischen Teil vermittelt werden.

Da die Dauer des Lehrgangs eine ordnungsgemäße Vermittlung gewährleisten muss, sind als Mindestdauer (ohne Prüfung) grundsätzlich 16 Vollstunden bzw. 22 Unterrichtseinheiten (zu je 45 Minuten) vorauszusetzen. Eine Unterschreitung kann nur in Ausnahmefällen in Betracht kommen, z. B. wenn eine Fertigkeit im Schießen nicht nachgewiesen werden muss. Demgegenüber ist im Hinblick auf die besonderen Anforderungen an Erlaubnisinhaber im Bewachungsgewerbe eine Lehrgangsdauer von 24 Vollzeitstunden (dies entspricht 32 Unterrichtseinheiten) Voraussetzung. In der zusätzlichen Unterrichtszeit sind über die Grundqualifikation hinaus vertiefte Rechtskenntnisse (insbesondere zu Notwehr, Notstand) sowie besondere Fertigkeiten im Schießen (insbesondere mit Kurzwaffen) zu vermitteln. Der Lehrgang mit abschließender Prüfung ist unabhängig von der nach § 34a der Gewerbeordnung in Verbindung mit der Bewachungsverordnung (BewachV) vorgesehenen Unterrichtung und Prüfung zu absolvieren.

Um zu prüfen, ob die Lehrgangsleitung sowie die Lehrkräfte geeignet sind, ist der Lehrgangsplan mit Benennung der fachlichen Leitung und der Lehrkräfte für das jeweilige Fachgebiet vorzulegen. Sowohl die Lehrkräfte als auch die Lehrgangsleitung müssen grundsätzlich sachkundig sein, d. h. eine eigene umfassende Sachkundeprüfung oder nach § 3 Absatz 1 AWaffV gleichgestellte Ausbildung oder Prüfung abgelegt haben. Allerdings sind die erforderlichen Qualifikationen der einzelnen Lehrkräfte auch unter Berücksichtigung des jeweils nach dem laut Lehrplan zu unterrichtenden Fach zu beurteilen. So kann z. B. für die Unterrichtung im Waffenrecht einschließlich Notwehr/Notstand auch eine juristische Qualifikation, hingegen für die praktische Handhabung der Waffen ein Schießausbilder oder Schießsportleiter als geeignet angesehen werden.

Unter „erforderliche Lehrmittel" sind sowohl Fachliteratur als auch Anschauungsmaterial (Waffen, Munition) zu verstehen.

Ein Unterrichtsraum muss konkret benannt werden. Ebenso muss ein Schießstand (Nachweis der Anmietung) für die praktische Ausbildung und Prüfung vorhanden sein.

7.5.2 Auch die nach § 3 Absatz 4 AWaffV zu bildenden Prüfungsausschüsse legen den vom BVA herausgegebenen Fragenkatalog zu Grunde. Bis zur Herausgabe durch das BVA sind auch die Prüfungsunterlagen Gegenstand des Anerkennungsverfahrens nach § 3 Absatz 2 AWaffV. Die Prüfung gliedert sich in einen theoretischen und einen praktischen Teil. Die theoretische Prüfung kann einen mündlichen Teil enthalten. Bei einer Prüfung im multiple-choice-Verfahren ist besonderes Augenmerk auf den Schwierigkeitsgrad und das Vorhandensein verschiedener Fragebögen zu richten; insbesondere darf die Zusammenstellung der Fragen nicht so erfolgen, dass die richtige Antwort durch einfache Plausibilitätsüberlegungen auch ohne die entsprechende Sachkunde herausgefunden werden kann.

7.5.3 Die staatliche Anerkennung gilt nach § 3 Absatz 2, 2. Halbsatz AWaffV bundesweit. Daher bedarf es auch in den Fällen, in denen der Lehrgangsträger an verschiedenen Orten Sachkundelehrgänge durchführt, keiner gesonderten Anerkennung. Hinsichtlich der Prüfung einzelner Voraussetzungen (Eignung des Unterrichtsraums) ist es aber in der Regel geboten, die Behörde(n) zu beteiligen, die für den Ort der Lehrgangsveranstaltung zuständig ist.

I

7.5.4 Die Sachkundebescheinigung gemäß § 3 Absatz 4 Satz 3 in Verbindung mit § 2 Absatz 4 AWaffV muss über die in Nummer 7.1 aufgeführten Inhalte hinaus auch eine Aussage über die erfolgte Anerkennung des Lehrgangs (Anerkennungsbehörde, Datum und Aktenzeichen der Anerkennung) enthalten.

7.6 Sachkundelehrgänge von schießsportlichen Verbänden und Vereinen, die einem anerkannten Schießsportverband angehören, erfolgen unter Anwendung des vom Bundesverwaltungsamt genehmigten Fragenkatalogs des jeweiligen Verbandes. Sie bedürfen im Falle des § 3 Absatz 5 AWaffV keiner staatlichen Anerkennung. Zwar sieht § 3 Absatz 5 AWaffV vor, dass die Vereine die Sachkundeprüfung nur für ihre Mitglieder abnehmen können; dem steht nicht entgegen, dass mehrere Vereine eines anerkannten Verbandes einen gemeinsamen Prüfungsausschuss bilden können. Gemäß § 3 Absatz 5 Satz 2 in Verbindung mit mit Absatz 4 Satz 2 und § 2 Absatz 4 AWaffV ist dem Bewerber über das Prüfungsergebnis ein Zeugnis zu erteilen, das Art und Umfang der erworbenen Sachkunde erkennen lassen muss und vom Vorsitzenden des Prüfungsausschusses zu unterzeichnen ist (Sachkundenachweis des anerkannten Verbandes).

Die als Sportschütze erworbene Sachkunde ist nicht geeignet, die Sachkunde für das Bewachungsgewerbe oder für gefährdete Personen zu vermitteln.

Zu § 8: Bedürfnis

§ 8 regelt als Generalklausel das Bedürfnis als ein zentrales Element des Waffenrechts.

Vorrang vor dieser Auffangnorm haben die in den §§ 13 ff. besonders geregelten Gründe für ein Bedürfnis. Das schließt nicht aus, dass in speziellen Einzelfällen auch bei den dort genannten Personengruppen das Bedürfnis an den Vorgaben des § 8 zu messen ist. Dies kann der Fall sein, wenn eine Spezialregelung keine oder eine nicht vollständige Aussage hinsichtlich der Verwendungsinteressen enthält.

Die in § 8 durch das Nennen von Personengruppen umrissenen Verwendungsinteressen für Waffen sind nicht abschließend.

Das Bedürfnis wird über spezifische Interessen und über die Geeignetheit und Erforderlichkeit der Waffen und Munition hierfür konkretisiert.

8.1 Ein Bedürfnis zum Erwerb von Schusswaffen und Munition kann nach § 8 anerkannt werden, wenn von der Rechtsordnung gebilligte persönliche oder wirtschaftliche Interessen bestehen.

Sportschützen im Sinne der Vorschrift sind grundsätzlich Personen, die einem Verein angehören, der einem anerkannten Schießsportverband (§ 15) angehört (organisierte Sportschützen). Personen, die einem Schießsportverein angehören, der nicht Mitglied in einem anerkannten Schießsportverband ist (nicht organisierte Sportschützen), können ein Bedürfnis nach § 8 nur in Ausnahmefällen geltend machen. Sportschütze ist somit nicht, wer ohne Einbindung in den organisatorischen und sportlichen Rahmen (Schießübungen, Wettkämpfe) eines schießsportlichen Vereins (Mitglied oder Gast) lediglich als individueller Einzelschütze regelmäßig auf einer Schießstätte schießt, auch wenn er vorgibt, dabei eine genehmigte Sportordnung beachten zu wollen.

Folgende Fallkonstellationen außerhalb von § 14 können in Betracht kommen:

8.1.1 Der Sportschütze ist

- Mitglied einer schießsportlichen Vereinigung, die einem rechtsfähigen Verband angehört, der nicht gemäß § 15 anerkannt ist,
- Mitglied eines schießsportlichen Vereins, der keinem Verband angehört.

Schießsportausübende, die nicht Mitglied in einem schießsportlichen Verein sind, und Auslandsschützen sind keine Sportschützen im engeren Sinne.

Insbesondere gebietet es die Vereinigungsfreiheit nicht, dass der Schießsportausübende, der keinem schießsportlichen Verein im Inland angehört, über eigene Waffen verfügt.

Dabei ist zu beachten, dass der Begriff „sportliches Schießen" als die Beschreibung der Tätigkeit eines Sportschützen auch im Sinne von § 8 Nummer 1 nach § 15a Absatz 1 Satz 1 auf das Schießen nach festen Regeln einer genehmigten Sportordnung beschränkt ist. Die Ausübung des Schießsports setzt daher immer eine genehmigte Sportordnung voraus.

Geprägt wird die Ausübung des Schießsports neben der breitensportlichen Betätigung durch regelmäßiges Training und die Teilnahme an Wettkämpfen bzw. zumindest vereinsinternen Vergleichsschießen.

Personen, die sich in ausländischen Schützenvereinen sportlich betätigen, können sich nur auf ein unbenanntes persönliches Interesse im Sinne des § 8 Nummer 1 berufen. Dabei ist darauf zu achten, dass bei der diesbezüglichen Einzelfallprüfung ein äußerst strenger Maßstab anzulegen ist, schon um bei inländischen Waffenbesitzern ein Ausweichen auf den nicht reglementierten Sport im Ausland zu verhindern. Gleiches gilt für Personen, die sportlich schießen, ohne einer schießsportlichen Vereinigung im Inland anzugehören, da hier das regelmäßige Training und die Teilnahme an Wettkämpfen generell in Frage gestellt werden kann.

Nicht organisierte Sportschützen dürfen nicht besser gestellt werden als Sportschützen nach § 14. Auf sie sind die Beschränkungen nach § 14 Absatz 1 und 2 uneingeschränkt anzuwenden.

Im Gegensatz zu § 14 Absatz 2 bis 4 genügt eine Glaubhaftmachung des Bedürfnisses durch den Sportschützen nach § 8 nicht. Vielmehr hat der Erlaubnisbewerber das Bedürfnis im Einzelfall zu begründen und hierzu Nachweise vorzulegen, die in vollem Umfang von der Waffenbehörde überprüfbar sind. Durch Schießnachweise und Bescheinigungen eines Schießsportvereins ist insbesondere die regelmäßige Tätigkeit als Sportschütze zu belegen. Für die Prüfung der Geeignetheit und Erforderlichkeit der Waffe sind detaillierte Angaben zur ausgeübten Disziplin und die Vorlage der Schießsportordnung und deren Genehmigung erforderlich. Ferner ist die Vorlage von Unterlagen, die Aufschluss über den Verein und die genutzte Schießstätte geben, sowie eine Aussage zur Wettkampfbetätigung unerlässlich. Nach Lage des Einzelfalls kann die Waffenbehörde weitere geeignete Nachweise fordern.

Bei der Prüfung der Erforderlichkeit des Erwerbs und Besitzes der Waffe ist auch zu berücksichtigen, ob nicht anderweitig auf eine Waffe zurückgegriffen werden kann, z. B. auf die Waffe eines Vereins, bei dem der Antragsteller den Schießsport ausübt.

Die Anerkennung eines den Regelungen des § 14 Absatz 3 vergleichbaren Bedürfnisses kommt bei nicht organisierten Sportschützen als Abweichen vom gesetzlichen Regelfall nicht in Betracht. Ebenso ist die Erteilung einer WBK nach § 14 Absatz 4 für diesen Personenkreis ausgeschlossen.

Kommt die Waffenbehörde nach sorgfältiger Prüfung zur Anerkennung eines Bedürfnisses zum Erwerb und Besitz von Schusswaffen für nicht organisierte Sportschützen, so ist die Erlaubnis mit der Auflage zu versehen, dass der Sportschütze verpflichtet ist, die Aufgabe seiner schießsportlichen Tätigkeit unverzüglich der zuständigen Waffenbehörde anzuzeigen.

Die Verpflichtung des schießsportlichen Vereins, der Waffenbehörde ausgeschiedene Mitglieder unverzüglich zu benennen, ergibt sich aus § 15 Absatz 5.

8.1.2 Voraussetzung für die Erteilung einer Vereins-WBK nach § 10 Absatz 2 Satz 2 ist der Nachweis eines Bedürfnisses nach § 8. Ein Bedürfnis ist grundsätzlich für solche Waffen anzuerkennen, die der Verein zur Ausstattung des Mitgliederkreises benötigt, der sich noch in der Übungs-/Probephase nach § 14 Absatz 2 Satz 2 Nummer 1 befindet und aus diesem Grund (noch) keine eigenen waffenrechtlichen Erlaubnisse/Waffen erhalten kann. Ferner kann die im Rahmen des Leistungssports erforderliche Ausstattung von Leistungsschützen berücksichtigt werden. Ein Reservekontingent für Mitglieder, Neumitglieder und ein Grundbestand für Waffen, die für Öffentlichkeitsveranstaltungen vorgesehen sind, kann vom Verein angeschafft werden. Ansonsten dürfen Nicht-Mitglieder in die Bedarfsanalyse nicht einbezogen werden.

Die Zahl der einem Verein zuzubilligenden Vereinswaffen bemisst sich nach den Regelungen in der Satzung und der Zahl der in der Übungs-/Probephase befindlichen Mitglieder des Vereins und der vom Verein in diesem Zusammenhang konkret nutzbaren Schießstättenkapazitäten (verfügbare Bahnen, Häufigkeit der Nutzung etc.). Unter Beachtung dieser Parameter wird dem Verein ein Waffenkontingent zugestanden, welches bei umfassender Nutzung aller in diesem enthaltenen Vereinswaffen einen nach objektiven Maßstäben effektiven Schießbetrieb in diesem Bereich ermöglicht. Bei der Festlegung der Anzahl der Vereinswaffen soll das ggf. längerfristige personenbezogene Überlassen einzelner Waffen an (Neu-)Mitglieder nicht berücksichtigt werden.

Bei der Festlegung der konkreten Zusammensetzung dieses Kontingentes sollte neben den allgemeinen Vorgaben (Zulässigkeit nach der Sportordnung) auch das Interesse des Vereins und der (Neu-)Mitglieder an den Möglichkeiten zur Nutzung einer bestimmten Bandbreite an Waffen berücksichtigt werden. Das Bedürfnis darf jedoch nicht so weit ausgelegt werden, als dass es alle nach der Sportordnung zugelassenen Waffen oder Disziplinen komplett abdecken würde. Die Zusammensetzung des Kontingentes sollte sich auf eine Auswahl von bei den vom Verein geschossenen Disziplinen möglichst breit einsetzbaren Waffen konzentrieren.

8.1.3 Die Anerkennung eines Bedürfnisses zum Erwerb und Besitz von erlaubnispflichtigen Schusswaffen in anderen als den in § 8 Nummer 1 genannten Beispielsfällen kann insbesondere in Betracht kommen bei

- dem Abschuss oder der Immobilisierung von Gehegewild,
- volljährigen Personen in der Ausbildung zum Jäger,
- Flugplatzbetreibern,
- berufsständischen Verbänden, schulischen Einrichtungen und sonstigen Trägern, deren Lehrgänge zur Vermittlung der Sachkunde staatlich anerkannt sind,
- der Vogel- oder Schädlingsbekämpfung durch Landwirte, Erwerbsfischer oder Winzer,
- Bergsteigern und Wassersportlern,
- Eignern und Charterern von seegehenden Schiffen,
- kommerziellen Schießstandbetreibern.

Je nach Art des Bedürfnisses kann es sich auch um erlaubnispflichtige Signalwaffen handeln.

Bei der Anerkennung wirtschaftlicher Interessen zum Erwerb und Besitz von Schusswaffen durch Betreiber kommerzieller Schießstätten sollen Art und Anzahl der vorgehaltenen Waffen im Interesse der öffentlichen Sicherheit und Ordnung begrenzt werden. Unter dem Gesichtspunkt der Deliktrelevanz sollten keine Waffen in größerer Zahl dort angehäuft werden.

8.1.4 Bei Eignern oder Charterern von Schiffen und Booten, die für Fahrten seewärts der Basislinie (Küstenmeer, küstennahe Seegewässer und Hohe See) geeignet und bestimmt sind, sowie bei Eignern von Schiffen und Booten, die vorwiegend auf großen Binnengewässern (z. B. Bodensee) verkehren, gilt ein Bedürfnis für Erwerb und Besitz von erlaubnispflichtigen Signalpistolen mit einem Patronenlager von mehr als 12 mm als nachgewiesen, wenn glaubhaft gemacht wurde, dass die Verwendung der erlaubnispflichtigen Waffen unter Zweckmäßigkeitsgesichtspunkten (Verschlussmöglichkeit von Bergungsleinen, Schutz des Riggs durch höhere Anfangsgeschwindigkeit der Munition, einhändige Bedienbarkeit) dem Einsatz erlaubnisfreier Signalmittel im Seenotfall vorzuziehen ist.

8.1.5 Bei Personen, die die Waffe außerhalb Deutschlands verwenden wollen, z. B. Jägern und überwiegend im Ausland tätigen und dort besonders gefährdeten Personen wie Ingenieuren, Geschäftsleuten, Entwicklungshelfern, gilt zur Feststellung des Bedürfnisses Folgendes:

Zum Nachweis des Bedürfnisses hat der Antragsteller aussagekräftige Stellungnahmen der deutschen Auslandsvertretung in dem betreffenden Staat oder – ggf. übersetzt – der Auslandsvertretung des betreffenden Staates in der Bundesrepublik Deutschland beizubringen, aus denen sich zweifelsfrei ergibt, dass unter Berücksichtigung der konkret beabsichtigten Verwendung gegen Einfuhr, Besitz sowie das jeweils erforderliche Führen der beantragten Waffen in dem Staat durch den Antragsteller keine Bedenken bestehen und der konkret angegebene Zweck für diesen dort auch grundsätzlich verwirklicht werden kann. Im Einzelfall kann die Waffenbehörde auch anderweitige Belege mit gleicher Aussagekraft anerkennen und bei Vorliegen der entsprechenden Voraussetzungen auf eine Nachweisführung durch den Antragsteller verzichten.

8.1.6 Ein Bedürfnis zum Erwerb von Schalldämpfern oder von Waffen mit eingebautem Schalldämpfer kommt nur in Ausnahmefällen in Betracht (z. B. Abschuss von Gehegewild bei weitergehend nachgewiesener Unumgänglichkeit der Verwendung eines Schalldämpfers).

Zu § 9: Inhaltliche Beschränkungen, Nebenbestimmungen und Anordnungen

9.1 Waffenrechtliche Erlaubnisse können zur Abwehr von Gefahren für die öffentliche Sicherheit und Ordnung inhaltlich beschränkt, befristet oder mit Auflagen versehen werden (§ 9 Absatz 1 in Verbindung mit Absatz 2). Derartige Maßnahmen geben die Möglichkeit, durch individuelle Regelung hinsichtlich einer für den Betroffenen nachteiligen Entscheidung (Versagung oder Entzug einer Rechtsposition) dem Übermaßverbot und hinsichtlich einer für den Betroffenen vorteilhaften Entscheidung (Gewährung einer Erlaubnis, Ausnahmebewilligung usw.) dem Untermaßverbot Rechnung zu tragen; Wiederholungen gesetzlicher Regelungen ohne individuelle Modifikation sind keine Nebenbestimmungen und sollen daher im Grundsatz unterbleiben. Denkbare Maßnahmen, die auch nachträglich ausgesprochen werden können (§ 9 Absatz 1 Satz 2), sind örtliche oder zweckgebundene Nutzungsbeschränkungen sowie besondere Anforderungen an die sichere Aufbewahrung. Befristungen kommen u. a. in Betracht für Ausländer, die sich nur vorübergehend in Deutschland aufhalten, oder wenn für den Erwerb der Waffe nur ein vorübergehendes Bedürfnis nachgewiesen wird.

9.2 Denselben Zweck verfolgen die durch § 9 Absatz 3 eröffneten Anordnungen im an sich erlaubnisfreien gewerblichen Bereich.

9.3 In einzelnen Regelungen (z. B. in § 10 Absatz 2 Satz 3, Absatz 4 Satz 2 und 3) ist der Erlass von Nebenbestimmungen ausdrücklich vorgesehen.

Zu § 10: Erteilung von Erlaubnissen zum Erwerb, Besitz, Führen und Schießen

10.1 § 10 verlangt folgende Unterscheidungen:

- die materielle Erlaubnis als Verwaltungsakt (in den Absätzen 1 und 3 die Erlaubnis zum Erwerb und Besitz, in Absatz 4 die Erlaubnis zum Führen, in Absatz 5 die Erlaubnis zum Schießen),
- die Verkörperung der jeweiligen Erlaubnis in einer Urkunde (nach Absatz 1 in Verbindung mit Absatz 2 sowie nach Absatz 3 Satz 1 die WBK, nach Absatz 3 Satz 2 der Munitionserwerbsschein, nach Absatz 4 der Waffenschein, nach Absatz 5 der (Schieß-) Erlaubnisschein) und
- das Herbeiführen der Übereinstimmung von materieller Erlaubnis und Erlaubnisurkunde (die Anzeige- und Vorlagepflicht zwecks Eintragung nach Absatz 1a, die Mitteilungspflicht bei der Vereins-WBK nach § 10 Absatz 2 Satz 4).

Die Übernahme des Regelungsgehalts des bisherigen Absatzes 1 Satz 4 in den neuen Absatz 1a bringt die Unterscheidung der Erteilung der materiellen Erlaubnis und der Sicherung der formalen Richtigkeit der Erlaubnis deutlich zum Ausdruck. Diese Unterscheidung ist wichtig vor dem Hintergrund, dass

I

die Anzeige- und Eintragungspflicht nicht entfällt, wenn der Erwerb und Besitz materiell von der Erlaubnispflicht, wie dies in Anlage 2 Abschnitt 2 Unterabschnitt 2 Nummer 2 der Fall ist, freigestellt ist.

10.2 Die materielle Erlaubnispflicht nach § 10 richtet sich nach Anlage 2 Abschnitt 2 Unterabschnitt 1. Sie bezieht sich ausschließlich auf Schusswaffen und ihnen gleichgestellte Gegenstände sowie die dafür bestimmte Munition, nicht jedoch z. B. auf Hieb- und Stoßwaffen. Die Erlaubnispflicht ist nach der Systematik der Absatzfolge des § 2 der Regelfall für die vorgenannten Gegenstände (§ 2 Absatz 2). Für einzeln genannte Gegenstände besteht nach § 2 Absatz 3 ein Verbot mit der Möglichkeit der Ausnahmebewilligung nach § 40 Absatz 4. Nach § 2 Absatz 4 wird der Grundsatz der Erlaubnispflicht gelockert oder durchbrochen; die Systematik der Anlage 2 Abschnitt 2 stellt für die Lockerung in Unterabschnitt 2 auf die jeweils genannten Umgangsarten ab und statuiert je nach Umgangsart eine Alles-oder-Nichts-Regel; in Unterabschnitt 3 werden einzelne Erlaubnisvoraussetzungen für entbehrlich erklärt.

10.3 Der Inhaber einer Erlaubnis nach § 21 ist nur in dem durch diese Erlaubnis abgedeckten Umfang von der Erlaubnispflicht nach § 10 befreit. Für die Beschäftigten des Inhabers einer Erlaubnis nach § 21 gilt § 12 Absatz 1 Nummer 3 Buchstabe a.

10.4 Die WBK dokumentieren die Erlaubnis für den Erwerb und die Ausübung der tatsächlichen Gewalt über darin genannte Waffen und dienen zugleich dem Nachweis der Berechtigung. Umfasst eine Erlaubnis nach § 10 mehrere Waffen, so ist in der WBK für die Eintragung jeder einzelnen Waffe eine Zeile zu verwenden.

Die WBK gelten im gesamten Geltungsbereich des Waffengesetzes. Auf Antrag wird für jede Waffe eine gesonderte WBK ausgestellt. Werden mehrere WBK für dieselbe Person ausgestellt, so sind diese zusätzlich in geeigneter Weise zu kennzeichnen. Auf Antrag können auch Einsteckläufe und Einstecksysteme nach Anlage 1 Abschnitt 1 Unterabschnitt 1 Nummern 3.3 und 3.6 eingetragen werden.

10.5 Die Pflicht, in bestimmten Fällen (z. B. § 37 Absatz 1, § 40 Absatz 5) den Erwerb unverzüglich anzuzeigen, bleibt unberührt.

10.6 Für Schusswaffen, über die mehrere Personen die tatsächliche Gewalt ausüben, kann *eine* gemeinsame WBK ausgestellt werden. In diesen Fällen müssen die Voraussetzungen für die Erteilung der WBK bei jedem der Berechtigten vorliegen. Eine gemeinsame WBK kann z. B. für Familienangehörige (Vater und Tochter/Sohn, Eheleute, Erbengemeinschaft) ausgestellt werden.

Die WBK ist auf eine Person (Berechtigter) auszustellen; die weiteren Personen (weitere Berechtigte), für die diese Erlaubnis auch gelten soll, sind zusätzlich unter „Amtliche Eintragungen" aufzuführen. Die Eintragung weiterer Berechtigter kann auf Antrag sowohl bei der Ausstellung der WBK als auch nachträglich erfolgen.

10.7 Eine Vereins-WBK nach § 10 Absatz 2 Satz 2 kann einem schießsportlichen Verein oder einer jagdlichen Vereinigung für Schusswaffen des Vereins oder der Vereinigung erteilt werden, wenn er die Rechtsform einer juristischen Person aufweist (z. B. eingetragener Verein, nicht ausreichend ist jedoch die Organisation als nichtrechtsfähiger Verein oder als Schießleistungs(sport)gruppe ohne Rechtspersönlichkeit). Die Mitgliedschaft des Vereins in einem anerkannten Schießsportverband ist in der Regel nicht erforderlich. Voraussetzung ist jedoch, dass der Schießsport nach den Regeln einer genehmigten Sportordnung (siehe 8.1) betrieben wird.

10.7.1 Die Vereins-WBK nach § 10 Absatz 2 Satz 2 wird durch die für den Sitz des Vereins zuständige Waffenbehörde in Form einer WBK erteilt und berechtigt die dort eingetragene(n) verantwortliche(n) Person(en) zum Erwerb und Besitz der dort aufgeführten Waffen. Der Verein ist bei Erlaubniserteilung auf die Zweckmäßigkeit der Benennung mehrerer verantwortlicher Personen (in der Regel zwei bis drei) sowie auf seine Pflichten nach § 10 Absatz 2 Satz 4 und 5 hinzuweisen.

10.7.2 Der Verein hat bei Antragstellung eine oder mehrere verantwortliche Person(en) zu benennen und alle zur waffenrechtlichen Überprüfung erforderlichen Angaben dieser Person(en) zu übermitteln. Die Betroffenen sind durch den Verein über die Benennung und die Erforderlichkeit der Übermittlung und Verarbeitung der entsprechenden personenbezogenen Daten zu informieren; ihr Einverständnis ist zu dokumentieren. Der Antragstellung ist eine Erklärung der benannten Person beizufügen, dass das Ergebnis der waffenrechtlichen Prüfung nach § 4 Absatz 1 Nummern 1 bis 3 dem Verein übermittelt werden darf.

Die Benennung als „verantwortliche Person" hat nicht zur Voraussetzung, dass es sich bei dieser Person um ein vertretungsberechtigtes Organ des Vereins oder um ein in leitender Stellung im Verein tätiges Mitglied o. Ä. handelt; es kommt auch die Benennung „einfacher" Vereinsmitglieder in Betracht.

Soll(en) die verantwortliche(n) Person(en) erst nach der Ausstellung der WBK benannt werden, ist die WBK mit der Auflage zu verbinden, dass der Verein der Waffenbehörde vor Inbesitznahme von Vereinswaffen eine verantwortliche Person zu benennen hat, für die die Voraussetzungen nach § 4 Absatz 1 Nummern 1 bis 3 nachgewiesen sind (vgl. § 10 Absatz 2 Satz 3 Halbsatz 1).

10.7.3 Die „verantwortlichen Personen" müssen alle Voraussetzungen des § 4 Absatz 1 Nummern 1 bis 3 erfüllen. § 4 Absatz 3 findet ebenfalls Anwendung. Hat die verantwortliche Person noch nicht das 25. Lebensjahr vollendet und soll die Erlaubnis nicht nur Waffen nach § 14 Absatz 1 Satz 2 erfassen, hat der Verein ein Gutachten nach § 6 Absatz 3 über die geistige Eignung der Person oder den Nachweis beizubringen, dass ein solches Gutachten in anderem Zusammenhang erbracht worden ist.

Hat eine verantwortliche Person ihren gewöhnlichen Aufenthalt nicht im Bezirk der für den Sitz des Vereins zuständigen Waffenbehörde, so hat diese Behörde im Rahmen ihrer Prüfungen eine Stellungnahme der für den gewöhnlichen Aufenthalt der Person zuständigen Waffenbehörde zur Zuverlässigkeit und Eignung einzuholen. Über die Benennung als verantwortliche Person ist die für sie zuständige Waffenbehörde zu informieren.

10.7.4 Schießsportlichen Vereinen und jagdlichen Vereinigungen als juristischen Personen kann eine Erlaubnis nach § 27 Absatz 1 zum Betreiben einer Schießstätte erteilt werden. Auch hier ist eine verantwortliche Person zu benennen, die dann die Betreiberpflichten (siehe § 10 AWaffV) zu übernehmen hat. Ansonsten gilt Nummer 10.7.2 entsprechend.

10.8 Will eine sonstige Vereinigung Schusswaffen erwerben, so ist – anders als in der Sonderregelung in § 10 Absatz 2 Satz 2 – die WBK bei juristischen Personen auf eine von einem Vertretungsberechtigten bevollmächtigte und alle einschlägigen waffenrechtlichen Erlaubnisvoraussetzungen erfüllende Person als Erlaubnisinhaber auszustellen. Beim Wechsel des Vertretungsberechtigten, auf dessen Namen die WBK ausgestellt worden ist, ist eine neue WBK auf den Namen des alle einschlägigen waffenrechtlichen Erlaubnisvoraussetzungen erfüllenden Nachfolgers als Erlaubnisinhaber auszustellen. Für die Anzahl der auf diese Weise erwerbbaren Waffen gilt Nummer 8.1.2 entsprechend.

10.9 In die WBK einzutragen hat die zuständige Behörde folgende Angaben:

10.9.1 Name, Geburtstag und Geburtsort des Inhabers;

10.9.2 laufende Nummer, konkrete Bezeichnung der Munition oder – sofern eine derartige Angabe nicht möglich ist – das Kaliber, Art der Schusswaffen und Seriennummer.

In der WBK ist die Art der zu erwerbenden oder erworbenen Waffe möglichst genau zu bestimmen.

Langwaffen können im Wesentlichen wie folgt definiert werden:

- Einzellader: z. B. Einzelladerbüchse, Einzelladerflinte;
- Repetierwaffen: Repetierwaffen mit glatten Läufen (z. B. Vorderschaftrepetierflinte, Unterhebelrepetierflinte);

- Repetierwaffen mit gezogenen Läufen (z. B. Vorderschaftrepetierbüchse, Unterhebelrepetierbüchse);
- Halbautomaten: z. B. halbautomatische Büchse, halbautomatische Flinte.

Kurzwaffen können grundsätzlich wie folgt differenziert werden:

- Revolver: z. B. Double-Action oder Single-Action-Revolver, Vorderladerrevolver;
- Pistole: z. B. Einzelladerpistole, halbautomatische Pistole, Signalpistole.

Sonstige erlaubnispflichtige Schusswaffen und ihnen gleichgestellte Gegenstände, wie z. B. bestimmte Druckluft-, Federdruckwaffen, Schreckschuss-, Reizstoff- und Signalwaffen, Perkussionswaffen.

10.9.3 In die WBK sind der Tag und der Ort der Ausstellung einzutragen.

Identifikationsmerkmale von Waffen, die erst nach dem abgeschlossenen Erwerbsvorgang festzustellen sind (z. B. Hersteller- und Modellbezeichnung, Seriennummer), werden unter Angabe des Überlassungsdatums von der für den Erwerber zuständigen Waffenbehörde in den Fällen eingetragen, in denen der Erwerber nicht Erlaubnisinhaber nach § 21 ist. Wird dieser Waffenbehörde die WBK zur Eintragung des Erwerbs vorgelegt, ohne dass sie zuvor hiervon auch durch die für den Überlassenden zuständige Waffenbehörde unterrichtet worden ist, so benachrichtigt die für den Erwerber zuständige Waffenbehörde ihrerseits die Waffenbehörde des Überlassenden.

Seitens des Überlassenden erfolgt gegenüber der für ihn zuständigen Waffenbehörde die Mitteilung, wem die Waffe überlassen wurde. Die Austragung der überlassenen Waffe erfolgt durch diese Behörde, die umgehend auch die für den Erwerber zuständige Waffenbehörde über den Vorgang des Überlassens informiert. Bei einem Eintragungsvorgang nicht benötigte Zeilen und Spalten dürfen nicht ungültig gemacht werden.

10.10 Als eine Form der Erteilung einer Berechtigung zum Erwerb und Besitz von Munition für dort bereits eingetragene Schusswaffen sieht § 10 Absatz 3 Satz 1 die behördliche Eintragung/Stempelung in der WBK (Spalte 7) vor. Die auf diesem Weg erteilte Berechtigung erstreckt sich über die in Spalte 3 der WBK konkret bezeichnete Munition (z. B. .357 Magnum) hinaus auf alle für die betreffende Waffe ebenfalls zugelassenen Munitionsvarianten (gleiches Kaliber; gleicher oder geringerer Gasdruck ..., im Beispiel etwa auch Munition .38 Spezial oder .38 Spezial WC). Die Waffenbehörden sind insofern im Rahmen der betreffenden Erteilungsverfahren berechtigt, das Vorliegen eines waffenrechtlichen Bedürfnisses auch für die in Bezug auf die betreffende Waffe ebenfalls zugelassenen Munitionsvarianten zu unterstellen; eine inhaltliche Beschränkung der erteilten Berechtigung soll nur im Ausnahmefall und nur dann erfolgen, wenn im Hinblick auf einzelne konkrete Munitionsvarianten unter jedem erdenklichen Gesichtspunkt eine Verwendungsmöglichkeit unzweifelhaft ausgeschlossen werden kann.

10.11 Solange keine neuen bundeseinheitlichen Vordrucke für waffenrechtliche Erlaubnisse eingeführt sind, sind die von der Bundesdruckerei zu beziehenden Vordrucke zu verwenden und ggf. anzupassen.

10.12 Wird eine WBK unübersichtlich, unleserlich oder gerät sie in Verlust, so ist eine neue mit dem Datum der Erstausfertigung auszustellen, die als Ersatzausfertigung zu kennzeichnen ist. Gegebenenfalls ist die Erstausfertigung einzuziehen oder zu entwerten.

10.13 Wird für einen Finder nach § 973 BGB, der auch Inhaber einer WBK ist, eine gefundene Schusswaffe in die WBK eingetragen, so ist „Fund" in die Spalte 9 der WBK einzutragen.

10.14 Munitionserwerbsschein (§ 10 Absatz 3 Satz 2)

Ein Munitionserwerbsschein kommt in Betracht z. B. bei Munitionssammlern, Munitionssachverständigen und Besitzern von Einstecksystemen, die nicht in der WBK eingetragen sind.

10.14.1 In dem Munitionserwerbsschein ist die amtliche Bezeichnung der Munition anzugeben, sofern die Erlaubnis nicht für Munition jeder Art erteilt wird. Bei Erteilung einer Munitionserwerbserlaubnis nach § 10 Absatz 3 Satz 2 hat der Antragsteller die gewünschten Kaliber zu benennen. Eine Beschränkung der Erlaubnis auf ein bestimmtes Kaliber soll nur dann erfolgen, wenn ein weitergehendes Bedürfnis auszuschließen ist.

Eine mengenmäßige Beschränkung ist nur bei Munitionssammlern vorzusehen; die Erlaubnis ist grundsätzlich auf Munitionsarten in ihrer kleinsten Verpackungseinheit zu beschränken. Der Munitionserwerbsschein gilt im gesamten Geltungsbereich des Waffengesetzes. Nicht erworben werden darf verbotene Munition nach Anlage 2 Abschnitt 1 Nummern 1.5.1 bis 1.5.7, es sei denn, es liegt zusätzlich eine Ausnahmebewilligung für verbotene Munition nach § 40 vor.

10.14.2 Keiner Munitionserwerbs- und -besitzerlaubnis (WBK oder Munitionserwerbsschein) bedarf es insbesondere zum Erwerb und Besitz von

10.14.2.1 Munition in den Fällen des § 12 Absatz 2,

10.14.2.2 Munition durch Inhaber einer Bescheinigung nach § 55 Absatz 2 für die in dieser Bescheinigung eingetragene Munition,

10.14.2.3 Munition durch Inhaber eines gültigen Jahres- oder Tagesjagdscheins für Langwaffen nach § 13 Absatz 1,

10.14.2.4 Patronen- und Kartuschenmunition, die für Schusswaffen bestimmt ist, zu deren Erwerb und Besitz es ihrer Art nach keiner Erlaubnis bedarf (z. B. Anlage 2 Abschnitt 2 Unterabschnitt 2 Nummer 1.4),

10.14.2.5 pyrotechnischer Munition nach Anlage 2 Abschnitt 2 Unterabschnitt 2 Nummer 1.12.

10.14.3 Die Erlaubnis zum nicht gewerblichen Laden von Munition im Sinne des Sprengstoffgesetzes (SprengG) gilt als Erlaubnis zum Erwerb und Besitz der dabei hergestellten Munition (§ 27 Absatz 1a SprengG).

10.14.4 § 10 Absatz 3 Sätze 3 und 4

Für (nicht gewerbliche) Wiederlader wird der Munitionserwerbsschein durch die entsprechende sprengstoffrechtliche Genehmigung zum Laden von Munition substituiert.

10.15 Waffenschein (§ 10 Absatz 4 Satz 1)

10.15.1 Besonderheiten der Ausstellung des Waffenscheines:

10.15.1.1 In dem Waffenschein ist die Schusswaffe mit den Angaben nach Nummer 10.9 genau zu bezeichnen. In einen Waffenschein können mehrere Schusswaffen eingetragen werden. Nummer 10.4 gilt entsprechend. Der Waffenschein kann auch mit Auflagen, insbesondere über die Art des Führens der Schusswaffe, verbunden werden.

10.15.1.2 Der Waffenschein wird in den Fällen des § 28 auf den Beauftragten des Unternehmens, d. h. den Unternehmer selbst oder eine von der Geschäftsführung beauftragte Person, ausgestellt. Der Waffenschein ist inhaltlich entsprechend § 28 Absatz 2 Satz 1 zu beschränken. In dem Zusatz nach § 28 Absatz 4 sind die Wachpersonen dem Namen oder ihrer Funktion nach zu benennen. Unter Umständen kann es zweckmäßig sein, für jede Waffe einen Waffenschein auszustellen. Wachpersonen kann formlos eine Bescheinigung erteilt werden, aus der sich ergibt, dass sie auf der Grundlage eines Waffenscheins nach § 28 für den Zeitraum seiner Gültigkeit berechtigt sind, dienstlich eine Waffe zu führen. Die Bescheinigung muss folgende Angaben enthalten: Genaue Personalien, Name des Bewachungsunternehmens, Aufgabenbereich und sich ggf. hieraus ergebende Beschränkungen.

Der Waffenschein ist gemäß § 14 Bewachungsverordnung mit der Auflage zu erteilen, dass der Erlaubnisinhaber dafür zu sorgen hat, dass das Überlassen der Waffe nach Zeit und Person schriftlich festgehalten wird.

Nachdem der Erlaubnisinhaber die Namen der Bediensteten, die Schusswaffen führen sollen, mitgeteilt hat, prüft die Behörde deren Zuverlässigkeit, Sachkunde und persönliche Eignung. Hinsichtlich der Erwerbsberechti-

I

gung dieser Bediensteten gilt § 12 Absatz 1 Nummer 3 Buchstabe a.

10.15.1.3 In Zweifelsfällen hat sich die Behörde darüber zu vergewissern, dass der Antragsteller über die Schusswaffe, die er führen will, befugt die tatsächliche Gewalt ausübt. Gegebenenfalls ist § 39 Absatz 3 anzuwenden.

10.15.2 Eine Erteilung kommt nur in Betracht, wenn das Bedürfnis des Waffenscheininhabers, das sich in der Regel aus § 19 und/oder § 28 ergibt, darauf gerichtet ist, die Waffe auch außerhalb des befriedeten Besitztums schussbereit und zugriffsbereit bei sich zu haben. Die Versagung des Waffenscheins wegen Unzuverlässigkeit oder fehlender persönlicher Eignung ist, sobald die Entscheidung vollziehbar und nicht mehr anfechtbar ist, nach Nummer 4.2 dem Bundeszentralregister mitzuteilen (§ 10 Absatz 1 Nummer 3 BZRG).

10.15.3 Bei der Verlängerung des Waffenscheins sind sämtliche Erteilungsvoraussetzungen erneut zu prüfen.

10.15.4 Der **Kleine Waffenschein** ist ein Waffenschein eigener Art. Das bringt § 10 Absatz 4 Satz 4 zum Ausdruck, der – schon auf Grund der Unterschiedlichkeit der Erteilungsvoraussetzungen (die sich beim Kleinen Waffenschein nach Anlage 2 Abschnitt 2 Unterabschnitt 3 Nummer 2.1 auf das Alterserfordernis, die Zuverlässigkeit und die persönliche Eignung beschränken), aber auch der für Schreckschuss-, Reizstoff- und Signalwaffen geltenden rechtlichen Bestimmungen im Vergleich zu „scharfen" Schusswaffen – so zu lesen ist, dass die Bestimmungen des § 10 Absatz 4 Satz 2 und 3 nicht bzw. nur modifiziert gelten.

Der Kleine Waffenschein ist – im Unterschied zu § 10 Absatz 4 Satz 2 und 3 –

- für die Gattung der Schreckschuss-, Reizstoff- und Signalwaffen mit Zeichen in der Physikalisch-Technischen Bundesanstalt (PTB),
- unbefristet und
- ohne ausdrückliche Beschränkung auf bestimmte Anlässe oder Gebiete

zu erteilen. Das Verbot des Führens von Waffen bei öffentlichen Veranstaltungen nach § 42 Absatz 1 bleibt unberührt; für die Erteilung insoweit erforderlicher Ausnahmebewilligungen gelten auch im Hinblick auf Schreckschuss-, Reizstoff- und Signalwaffen die in § 42 Absatz 2 genannten Voraussetzungen uneingeschränkt.

Der Kleine Waffenschein erstreckt sich nur auf solche Schreckschuss-, Reizstoff- und Signalwaffen, die das kreisförmige Zulassungszeichen der PTB tragen und daher im Erwerb und Besitz erlaubnisfrei sind (Anlage 2 Abschnitt 2 Unterabschnitt 2 Nummer 1.3). Für sonstige Schreckschuss-, Reizstoff- und Signalwaffen kommt bei Vorliegen der jeweiligen Voraussetzungen lediglich die Ausstellung eines allgemeinen Waffenscheines in Betracht.

10.16 Schießerlaubnis (§ 10 Absatz 5)

10.16.1 Wie bei der Erteilung von Waffenscheinen muss auch bei der Erteilung von Erlaubnissen nach § 10 Absatz 5 der Nachweis der vorgeschriebenen Haftpflichtversicherung gefordert werden (§ 4 Absatz 1 Nummer 5).

10.16.2 Ein Bedürfnis kommt für die Bekämpfung von Schädlingen in Betracht, soweit der Waffengebrauch ein geeignetes Mittel zur Bekämpfung der jeweiligen Tierart (z. B. Schadvogelvergrämung in der Fischereiwirtschaft und im Obst- oder Weinbau außerhalb des § 12 Absatz 4) darstellt. Weitere Bedürfnisgründe können im Brauchtumsbereich sowie beim Abschießen von Gehegewild oder anderen frei lebenden Tierarten vorliegen. Die Regelungen der Tierschutzschlachtverordnung und des Fleischhygienegesetzes, der jagd- und naturschutzrechtlichen Vorschriften sowie andere Vorschriften bleiben unberührt. Die Erlaubnis wird durch Bescheid der Waffenbehörde unter den zur Wahrung der Belange der öffentlichen Sicherheit und Ordnung erforderlichen Auflagen erteilt.

Zu § 11: Erwerb und Besitz von Schusswaffen oder Munition mit Bezug zu einem anderen Mitgliedstaat der Europäischen Union

11.1 § 11 beruht auf Artikel 7 Absatz 1 Satz 2 der EG-Waffenrichtlinie. Danach bedarf eine Person, die ihren gewöhnlichen Aufenthalt in einem anderen Mitgliedstaat hat, zum Erwerb einer Waffe nach Anlage 1 Abschnitt 3 Nummer 2 (Kategorie B) oder von dafür bestimmter Munition neben der waffenrechtlichen Erlaubnis des Mitgliedstaates, in dem der Erwerb stattfinden soll, auch der vorherigen Zustimmung ihres Heimatstaates. Der Erwerb der Schusswaffe unterliegt in diesem Fall mithin der Erlaubnispflicht sowohl des Wohnsitzstaates, als auch des Staates, in dem die Waffe erworben wird.

Der Erwerb von Waffen nach Anlage 1 Abschnitt 3 Nummern 1 bis 3 (Kategorie A bis C) oder von für diese bestimmter Munition ist in den genannten Fällen zusätzlich von einer Erlaubnis zum Verbringen der Gegenstände in den anderen EU-Mitgliedstaat oder von der Erklärung abhängig, dass und aus welchen Gründen die Gegenstände nicht in den Heimatstaat verbracht werden, sondern in dem EU-Mitgliedstaat, in dem der Erwerb stattfindet, verbleiben sollen (Artikel 9 Absatz 1 der EG-Waffenrichtlinie).

Unter die genannten Regelungen fallen auch Angehörige von Drittstaaten, die in einem EU-Mitgliedstaat ihren gewöhnlichen Aufenthalt haben.

Eine Person hat ihren gewöhnlichen Aufenthalt an dem Ort, an dem sie sich aus persönlichen oder beruflichen Gründen ständig oder nicht nur vorübergehend aufhält; die Grundsätze des Verwaltungsverfahrensrechts finden Anwendung.

11.2 § 11 Absatz 1 erfasst Staatsangehörige eines anderen EU-Mitgliedstaates, aber auch sonstige Personen, die ihren gewöhnlichen Aufenthalt in einem anderen EU-Mitgliedstaat haben, und ergänzt grundsätzlich die allgemeinen Erlaubnisvoraussetzungen des § 4 Absatz 1. Erwerb und Besitz von in § 11 Absatz 1 Satz 1 genannten Waffen oder von Munition für diese setzen – neben den allgemeinen Vorschriften – entweder eine Erlaubnis zum Verbringen der Gegenstände in den anderen Mitgliedstaat (§ 31 Absatz 1) oder – unter Angabe von Gründen – die schriftliche Erklärung voraus, sie nur in Deutschland besitzen zu wollen.

Eine Selbstvornahme des Verbringens liegt dann vor, wenn die Person, die die Waffen oder die Munition nach den Vorschriften des Waffengesetzes selbst erwirbt, sie anschließend in eigener Person verbringt oder dieses veranlasst.

Im Falle der Selbstvornahme können die in § 4 Absatz 1 Nummern 1 bis 4 aufgeführten Voraussetzungen für die Erlaubnis zum Verbringen der Gegenstände in den anderen EU-Mitgliedstaat wie folgt glaubhaft gemacht werden:

Das notwendige Alterserfordernis von 18 Jahren nach § 4 Absatz 1 Nummern 1 kann durch ein amtliches Ausweispapier mit ggf. deutscher Übersetzung hierzu glaubhaft gemacht werden.

Die erforderliche Zuverlässigkeit, die persönliche Eignung und die ausreichende Sachkunde können durch aussagekräftige amtliche Mitteilungen des Heimatstaates mit deutscher Übersetzung glaubhaft gemacht werden.

Das Bedürfnis kann anerkannt werden, wenn die Voraussetzungen nach § 8 vorliegen. Dabei ist zu beachten, dass bei sofortigem Verbringen in einen anderen EU-Mitgliedstaat die persönlichen oder wirtschaftlichen Interessen des Antragstellers höher zu bewerten sind als bei langfristigem Besitz im Geltungsbereich des Waffengesetzes. In diesen Fällen findet die Regelung in § 4 Absatz 2 keine Anwendung.

Der Europäische Feuerwaffenpass ersetzt die entsprechenden Nachweise über das Mindestalter, die Zuverlässigkeit, die persönliche Eignung und die Sachkunde.

Im Falle der Selbstvornahme soll die Erlaubnis nur befristet erteilt werden.

I

Liegt ein Fall des § 11 Absatz 1 Satz 1 Nummer 2 vor, gelten die Erleichterungen für die Glaubhaftmachung der Voraussetzungen des § 4 Absatz 1 Nummern 1 bis 4 wie bei der Selbstvornahme nicht.

Bei Waffen nach Anlage 1 Abschnitt 3 Nummer 2 (Kategorie B) und dafür bestimmter Munition ist zusätzlich die vorherige Zustimmung des anderen EU-Mitgliedstaates erforderlich (§ 11 Absatz 1 Satz 2).

11.3 § 11 Absatz 2 erfasst hauptsächlich deutsche Staatsangehörige – aber auch andere Personen, die ihren gewöhnlichen Aufenthalt in Deutschland haben –, die in einem anderen EU-Mitgliedstaat eine Waffe nach Anlage 1 Abschnitt 3 Nummer 2 (Kategorie B) oder Munition für diese erwerben und dort die tatsächliche Gewalt über diese Waffen oder Munition ausüben wollen. Der Erwerb kann auch mit dem Ziel des Verbringens nach Deutschland im Wege der Selbstvornahme erfolgen.

Die (nach Artikel 7 der EG-Waffenrichtlinie) innerhalb der EU erforderliche Erlaubnis der deutschen Behörde erfolgt nach § 28 AWaffV als (vorherige) Zustimmung durch einen Erlaubnisschein und auf der Grundlage der dort genannten Angaben.

Voraussetzung der Erlaubnis ist, dass der Antragsteller zuverlässig und persönlich geeignet ist (§ 4 Absatz 1 Nummer 2 in Verbindung mit den §§ 5 und 6).

Die Zustimmung nach § 11 Absatz 2 ist zu trennen von einer ggf. zusätzlich erforderlichen Zustimmung zu einem Verbringen der Waffen oder der Munition nach § 29.

11.4 Das Überlassen von Waffen nach Anlage 1 Abschnitt 3 Nummern 1 bis 3 (Kategorie A bis C) oder von dafür bestimmter Munition an Personen mit gewöhnlichem Aufenthalt in einem anderen EU-Mitgliedstaat und der Besitz dieser Gegenstände durch solche Personen müssen dem EU-Mitgliedstaat mitgeteilt werden, in dem diese Person ihren gewöhnlichen Aufenthalt hat. Zu diesem Zweck übermittelt das Bundeskriminalamt einerseits solche von einem anderen EU-Mitgliedstaat erhaltenen Angaben an die zuständige Behörde (§ 32 Absatz 2 Nummer 2 AWaffV) und andererseits entsprechende Angaben, die ihm auf der Grundlage des § 34 Absatz 4 angezeigt wurden, an die zuständigen Stellen des anderen EU-Mitgliedstaates (§ 32 Absatz 2 Nummer 1 AWaffV).

Zu § 12: Ausnahmen von den Erlaubnispflichten

12.1 Zu § 12 Absatz 1:

12.1.1 Die Freistellung nach Nummer 1 von der Erlaubnispflicht wird nur Inhabern von WBK oder diesen gleich zu achtenden Erwerbs- und Besitzerlaubnissen gewährt. Beispiele hierfür sind: Waffenhandelserlaubnis für erlaubnispflichtige Waffen, gültige Tages- oder Jahres-Jagdscheine, Ersatzbescheinigung nach § 55 Absatz 2.

Soll die Waffe erlaubnisfrei geführt werden (§ 12 Absatz 3), so ist der Name des Überlassenden, der Name des nach § 12 Absatz 1 Nummer 1 Besitzberechtigten und das Datum des Überlassens in einem Beleg festzuhalten (vgl. § 38 Satz 1 Nummer 1 Buchstabe e).

Es wird empfohlen, diese Bescheinigung in jedem Fall des Überlassens auszustellen.

12.1.1.1 Mit Nummer 1 Buchstabe a wird die vorübergehende Entleihe von Schusswaffen vor allem unter Sportschützen und Jägern aus Gründen der öffentlichen Sicherheit als unbedenklich auf eine eindeutige gesetzliche Grundlage gestellt. Die Befristung auf einen Monat soll das Vagabundieren von Schusswaffen – insbesondere die Dauerentleihe – verhindern. Für eine längere Entleihe ist eine Besitzerlaubnis der Waffenbehörde notwendig.

Die Freistellung ist auf das Bedürfnis des Entleihers beschränkt; Sportschützen dürfen nach dieser Vorschrift keine nach § 6 AWaffV ausgeschlossenen Waffen, Jäger keine jagdrechtlich verbotenen Waffen entleihen. Diese Beschränkung soll sicherstellen, dass der von einer Erlaubnis zum Erwerb und Besitz Freigestellte die Waffe nicht gegenüber dem ihm anerkannten Bedürfnis zweckentfremdet.

Aus Gründen der Rechtsklarheit hat es der Gesetzgeber als erforderlich angesehen, in den Regelungen des § 12 – wie hier in Absatz 1 Nummer 1 Buchstabe a – ausdrücklich auch den Umgang „im Zusammenhang" mit dem vom Bedürfnis umfassten Zweck zu gestatten. Damit sollen Tätigkeiten gestattet werden, die zur Nutzung der Waffe gehören und auf die sich daher auch das Bedürfnis erstreckt. Beispielsweise wird ein Sportschütze eine fremde Sportwaffe mit Gebrauchsanweisung zu Hause darauf prüfen können, ob ein Erwerb für ihn als Sportschütze günstig ist. Nicht gestattet ist jedoch der bedürfnisfremde (im Sinne von das Bedürfnis wechselnde oder verändernde) Umgang (etwa die Tätigkeit als „Türsteher" in einer Diskothek durch einen Sportschützen mit seiner Sportwaffe). Auch dürfen Waffen, die z. B. als Sammler erworben wurden, zum Schießen auf eine Schießstätte mitgenommen werden. Denn auch Sammler haben zuweilen ein Interesse daran, das Schießverhalten ihrer Waffen zu testen, weil es sich um eine verkehrswesentliche und wertbestimmende Eigenschaft handelt.

Auf die Eintragungen in den WBK des Verleihers und des Entleihers ist zu achten.

12.1.1.2 Der Erwerb nach § 12 Absatz 1 Nummer 1 Buchstabe b ist nur zum Zwecke der vorübergehenden sicheren Verwahrung (z. B. Urlaubs- oder berufsbedingte Abwesenheit) oder der nicht gewerbsmäßigen Beförderung zu einem Berechtigten zulässig.

Im Unterschied zu Nummer 2 wird auch hier der die Waffe übernehmende Personenkreis auf Inhaber einer WBK oder dieser gleich zu achtenden Erwerbs- und Besitzerlaubnis beschränkt. Der Zeitraum, der hinsichtlich der Verwahrung als vorübergehend angesehen werden kann, beurteilt sich nach den Umständen des Einzelfalles (z. B. Dauer einer Ortsabwesenheit wegen Urlaub, Krankheit). Das Ende – insbesondere der Verwahrzeit – muss allerdings von vornherein festgelegt oder zumindest absehbar sein.

12.1.2 Absatz 1 Nummer 2 trägt den Bedürfnissen der gewerblichen Beförderung und Lagerung Rechnung und bezieht Personen in die Freistellung von der Erlaubnispflicht ein, die – ohne Inhaber einer Erlaubnis nach § 21 Absatz 1 zu sein – Waffen gewerbsmäßig verschönern, z. B. brünieren, vernickeln oder durch Gravuren verzieren; die Befreiung tritt nur ein, wenn die Waffen von einem Berechtigten und nur vorübergehend (siehe Nummer 12.1.1.2) überlassen werden, wobei die Frist von einem Monat der Nummer 1 Buchstabe a nicht gilt. Auch für die Personen, die unter Anwendung des § 12 Absatz 1 Nummer 2 Waffen oder Munition gewerblich befördern oder lagern, gelten die Verpflichtungen des § 36 zur sicheren Aufbewahrung von Waffen.

Soll die Waffe zum Zweck des Transports erlaubnisfrei (§ 12 Absatz 3) geführt werden, so ist auch hier der Name des Überlassenden, der Name des nach § 12 Absatz 1 Nummer 2 Besitzberechtigten und das Datum der Überlassung in einem Beleg festzuhalten (vgl. § 38 Satz 1 Nummer 1 Buchstabe e). Es wird empfohlen, diese Bescheinigung in jedem Fall des Überlassens auszustellen.

Für den gewerbsmäßigen Transport im Inland gelten die nachfolgenden Bestimmungen.

Die Mengenangaben beziehen sich dabei auf die vom Versender dem Spediteur übergebenen Sendungen.

Der Transport von Waffen in den nachfolgend genannten Mengen:

- 20 bis 99 Feuerwaffen der Kategorie A,
- 20 bis 249 erlaubnispflichtige Feuerwaffen der Kategorien B bis D,

ist zulässig, wenn die nachfolgend genannten Sicherungsmaßnahmen gewährleistet werden:

- Die Verpackung darf keine sichtbaren Hinweise auf die Art der Waren enthalten.
- Die Verpackung muss so beschaffen sein, dass ein unbeabsichtigtes Öffnen unterbunden wird.
- Die Verpackung muss mit einem Etikett oder Ähnlichem versehen sein, durch das ein Öffnen erkennbar wird.
- Die Spedition muss eine ständige Rückverfolgbarkeit der Ware gewährleisten.

12.1.3 Die Anwendbarkeit der Freistellungsregeln in Absatz 1 Nummer 3 setzt voraus, dass der konkrete Umfang der durch die Weisungen des Berechtigten eingeräumten Befugnisse deutlich erkennbar und nachprüfbar ist. Ausreichend sind insoweit bei vertraglichen Weisungsverhältnissen die Bestimmungen des jeweiligen Vertrages, im Übrigen die Erklärungen des Berechtigten, die – wenn der Berechtigte z. B. wegen der räumlichen Distanz keine unmittelbare und zeitnahe Einwirkungsmöglichkeit auf den Weisungsunterworfenen hat – von der weisungsabhängigen Person in schriftlicher Form mitzuführen sind.

Der Berechtigte darf dem Weisungsabhängigen nur die Befugnisse einräumen, die zur Erfüllung konkreter Aufgaben erforderlich sind.

Insgesamt ist von einer auch zeitlich an konkrete Aufgaben gebundenen Freistellung auszugehen.

12.1.3.1 Unter die Fallgruppe Absatz 1 Nummer 3 Buchstabe a fallen auch Prüfungen im Rahmen oder als Abschluss einer Ausbildung.

Nach Buchstabe b können Sorgeberechtigte, die selbst nicht Inhaber einer waffenrechtlichen Erlaubnis sind, für ihre Schutzbefohlenen (minderjährige Jäger/Personen in der Ausbildung zum Jäger und Sportschützen) im Auftrag des schießsportlichen Vereins oder der jagdlichen Vereinigung Schusswaffen transportieren, wenn die übrigen Tatbestandsvoraussetzungen des § 12 Absatz 1 Nummer 3 Buchstabe b vorliegen.

12.1.3.2 Das Überlassen von Vereinswaffen durch Schießsportvereine an neue Mitglieder für die gesamte Dauer des ersten Jahres nach Vereinseintritt ist nach Absatz 1 Nummer 3 Buchstabe b nicht zulässig (Verbot der Umgehung des § 14 Absatz 2 Satz 2 Nummer 1).

12.1.3.3 Die Möglichkeit der erlaubnisfreien Besitzdienerschaft seitens einer Privatperson, die nicht dem Bereich der Dienstwaffenträger zuzurechnen ist, wird – einem praktischen Bedürfnis folgend – auf den Bereich der Dienstwaffen nach Absatz 1 Nummer 3 Buchstabe c erweitert.

12.1.3.4 Die Regelung in Absatz 1 Nummer 3 Buchstabe d ermöglicht den erlaubnisfreien Erwerb und Besitz von – vom Gegenstand her erlaubnispflichtigen – Seenotsignalwaffen durch Charterer seegehender Schiffe vom Schiffseigner. Damit ist die Ausrüstung durch den Schiffseigner möglich. Wenn der Schiffseigner Seenotsignalwaffen nach Satz 1 nicht zur Verfügung stellt oder zur Verfügung stellen kann, ist für den Charterer eine Bedürfnisprüfung nach § 8 möglich.

12.1.4 § 12 Absatz 1 Nummer 4 betrifft Fälle des Wiedererwerbs nach nur vorübergehendem (Buchstabe a) oder unfreiwilligem (Buchstabe b) Besitzverlust. Im Falle des Buchstabens b kommt es für die Erfüllung des Freistellungstatbestandes nicht darauf an, ob das Abhandenkommen schuldhaft erfolgte.

12.2 § 12 Absatz 2 stellt von der Erwerbs- und Besitzerlaubnispflicht von Munition und damit sowohl von dessen Dokumentation durch eine WBK als auch durch einen Munitionserwerbsschein frei.

Als Nachweis der Berechtigung wird eine Bescheinigung nach § 38 Absatz 1 Nummer 1 Buchstabe e und eine Kopie der WBK empfohlen.

Der Erwerb und Besitz von erlaubnispflichtiger Munition durch beauftragte Helfer in der Weinbergshut von durch zum Erwerb und Besitz dieser Munition Berechtigten zum Zwecke des Vertreibens von Vögeln bedarf nach § 12 Absatz 2 Nummer 1 keiner Erlaubnis, wenn die Helfer in der Weinbergshut unter den Personenkreis des § 12 Absatz 1 Nummer 1a oder Nummer 3a fallen.

Die in § 12 Absatz 2 Nummer 2 verwendeten Wörter „zum sofortigen Verbrauch lediglich auf dieser Schießstätte (§ 27)" stellen klar, dass die Munition auf der Schießstätte verbleiben muss.

12.3 Zu § 12 Absatz 3:

Neben der Erlaubnispflichtigkeit des Führens, die für bestimmte Gegebenheiten durch § 12 Absatz 3 aufgehoben wird, sind besondere Führensverbote, insbesondere die der §§ 42 und 42a, zu beachten.

12.3.1 Im Falle des § 12 Absatz 3 Nummer 1 wird neben der Zustimmung des Hausrechtsinhabers gefordert, dass zum Führen einer Schusswaffe in fremdem Besitztum ein Bedürfnis (z. B. Bewachungsunternehmer oder Bewacher auf dem Grundstück des bewachten Objekts) vorliegen muss. Mit dieser Regelung soll einer missbräuchlichen Verwendung von Schusswaffen begegnet werden.

Ein Bedürfnis in diesem Sinne ist festzustellen,

- wenn eine Erwerbs- und Besitzerlaubnis erforderlich ist, nach Sinn und Zweck dieser Erlaubnis,
- wenn für einen Berechtigten gehandelt wird (z. B. in den Fällen des § 12 Absatz 1 Nummer 3), nach Sinn und Zweck der dem Berechtigten erteilten Erlaubnis,
- wenn für die Erteilung einer Erwerbs- oder Besitzerlaubnis der Nachweis eines Bedürfnisses nicht erforderlich ist, insbesondere im Fall des § 20 Absatz 2, nach dem Sinn und Zweck der gesetzlichen Einräumung des Besitzrechts (z. B. besteht dieser im Falle des Erbenprivilegs darin, Waffen lediglich behalten und erhalten zu dürfen),
- wenn es keiner Erwerbs- und Besitzerlaubnis bedarf, nach der Zweckbestimmung der Waffe nach Anlage 1 Abschnitt 1 Unterabschnitt 1 Nummer 1.1.

12.3.2 § 12 Absatz 3 Nummer 2 betrifft die Fälle, in denen jemand Schusswaffen von seiner Wohnung, seiner eigenen Betriebsstätte, seinem eigenen Geschäftsraum oder einem anderen eigenen befriedeten Besitztum zur Schießstätte, zum Ort der Instandsetzung oder in ein anderes befriedetes Besitztum, wo er sie mit Zustimmung des Hausrechtsinhabers bei sich haben soll, bringt oder von dort wieder zurückbringt.

12.3.3 Wer Schusswaffen von einem Ort, also z. B. von seiner Wohnung zu einem anderen Ort befördern will, muss Folgendes beachten:

12.3.3.1 Jäger dürfen Jagdwaffen auf dem Weg z. B. von ihrer Wohnung in das Revier zum Zwecke der befugten Jagdausübung, zur Ausbildung von Jagdhunden, zum Jagdschutz oder zum Forstschutz nicht schussbereit führen. Dies bedeutet, dass die Waffe nicht geladen sein darf (siehe Nummer 12.3.3.2). Die Waffe kann jedoch zugriffsbereit sein, also z. B. ohne Futteral, z. B. auf der Rückbank eines Personenkraftwagens (PKW), auf einem Motorrad oder einem Fahrrad befördert werden. Dabei ist es unerheblich, ob es sich um Kurz- oder Langwaffen handelt, sofern diese Waffen zur Jagdausübung nach dem BJagdG nicht verboten sind.

Ein Jäger darf Jagdwaffen nur zur befugten Jagdausübung einschließlich des Ein- und Anschießens im Revier, zur Ausbildung von Jagdhunden im Revier und zum Jagdschutz oder zum Forstschutz uneingeschränkt führen. Die Waffe darf also auch geladen sein. Auf § 13 Absatz 6 und die Einhaltung der Sicherheitsbestimmungen gemäß Unfallverhütungsvorschrift (UVV)-Jagd wird hingewiesen.

Der Jäger darf die Jagdwaffen auch im Zusammenhang mit diesen Tätigkeiten, z. B. auf dem direkten Hin- und Rückweg zum Jagdrevier zum Zwecke der befugten Jagdausübung führen, allerdings darf die Waffe nicht schussbereit sein. Sie darf lediglich zugriffsbereit sein.

12.3.3.2 Nach § 12 Absatz 3 Nummer 2 dürfen die Schusswaffen beim Transport zum Schießstand oder Büchsenmacher weder schuss- noch zugriffsbereit sein; dies gilt auch für den Transport durch Jäger.

Für die Fahrt zum Schießstand oder Büchsenmacher folgt daraus, dass die Schusswaffe im Fahrzeug am besten in einem (mit einem kleinen Zahlen- oder Vorhängeschloss) verschlossenen Futteral oder Waffenkoffer transportiert wird, da die Waffe dann auf jeden Fall „nicht zugriffsbereit" im Sinne der Vorschrift ist.

Soweit Waffen in unverschlossenen Behältnissen transportiert werden, sind sie nur dann „nicht zugriffsbereit", wenn sie nicht innerhalb von drei Sekunden und mit weniger als drei Handgriffen unmittelbar in Anschlag gebracht werden können, vgl. BT-Drs. 16/8224, S. 32 f. (weil sie sich während der Fahrt im Kofferraum eines Fahrzeugs befinden).

Wer Schusswaffen im Fahrzeug auf Reisen beispielsweise zu einer weiter entfernten Jagdveranstaltung transportiert, muss stets gemäß § 36 Absatz 1 Satz 1 die erforderlichen Vorkehrungen treffen, um zu verhindern, dass Waffen und Munition abhanden kommen oder Dritte sie unbefugt an sich nehmen. Darüber hinaus sind Schusswaffen grundsätzlich getrennt von der Munition aufzubewahren, sofern sie nicht in einem entsprechenden Sicherheitsbehältnis aufbewahrt werden (vgl. § 36 Absatz 1 Satz 2). Welche Vorkehrungen konkret zu treffen sind, ist abhängig vom Einzelfall und vom verantwortungsbewussten Waffenbesitzer in der jeweiligen Situation abzuwägen. Dies bedeutet, dass ein Fahrzeug mit Schusswaffen nicht über einen längeren Zeitraum unbeaufsichtigt abgestellt werden darf und die Waffen nicht von außen erkennbar sein sollten. Bei Hotelübernachtungen ist die Waffe ggf. im Hotelzimmer oder Hotelsafe einzuschließen, damit sie nicht aus einem abgestellten Fahrzeug entwendet werden kann. Zusätzliche Sicherungen an der Schusswaffe in Form von Abzugs- oder Waffenschlössern sind eine sinnvolle Ergänzung. Sinnvoll sind jedenfalls auch die von der PTB zugelassenen elektronischen Sicherungssysteme. Ebenso kann die Entfernung wesentlicher Waffenteile (z. B. Schloss, Kammerstängel, Vorderschaft) sinnvoll sein.

12.3.4 Von § 12 Absatz 3 Nummer 3 erfasst ist sowohl die Wintersportdisziplin Biathlon als auch die Sportart Sommerbiathlon. Die Begriffe „genehmigte Sportwettkämpfe" und „festgelegte Wegstrecken" machen deutlich, dass es auf organisatorische Erfordernisse hinsichtlich des konkreten Ereignisses und des konkreten Parcours ankommt. „Genehmigt" bedeutet, dass die Sportart nach einer genehmigten Sportordnung abläuft. Als Sportwettkampf ist auch das Training anzusehen.

12.3.5 Keines Waffenscheins für das Führen einer Signalwaffe bedürfen nach der Regelung in § 12 Absatz 3 Nummer 4 u. a. die Bergwacht und Führer von Wasserfahrzeugen, wenn sie eine erlaubnispflichtige Signalwaffe an Bord mitführen wollen.

Die Freistellung für Not- und Rettungsübungen gilt auch für und im Zusammenhang mit Einsätzen im Ernstfall. Die Befreiungen nach § 12 Absatz 3 Nummern 3 bis 5 gelten auch bei öffentlichen Veranstaltungen im Sinne von § 42.

12.4 Zu § 12 Absatz 4:

12.4.1 In § 12 Absatz 4 Nummer 1 wird das Schießen auf befriedetem Besitztum mit Zustimmung des Hausrechtsinhabers aus zugelassenen SRS-Waffen freigestellt, wenn dabei die Geschosse das Grundstück nicht verlassen können und es nicht in der Nähe leicht entflammbarer Objekte erfolgt. Die sonstigen Tatbestandsvoraussetzungen (z. B. nur Kartuschenmunition, Geschossenergie unter 7,5 Joule) müssen ebenfalls gegeben sein. Pyrotechnische Munition der Klasse PM I erfüllt diese Voraussetzungen.

Inhaber des Hausrechts ist, wer die Berechtigung zum Zugang gestatten oder verwehren kann. Es muss sich dabei nicht zwingend um den Eigentümer oder Besitzer handeln. Auch ein Veranstaltungsleiter kann Inhaber des Hausrechts sein.

Diese Regelung gilt nicht außerhalb des befriedeten Besitztums. Die Eigenschaft des befriedeten Besitztums richtet sich nach dem Schutzgut des § 123 des Strafgesetzbuches (StGB).

12.4.2 § 12 Absatz 4 Nummer 2:

Diese Regelung betrifft den Biathlon-Sport.

Bei den Schießständen für Sportwettkämpfe wird es sich regelmäßig um Schießstätten im Sinne der Begriffsbestimmung in § 27 Absatz 1 Satz 1 handeln.

12.4.3 Zu den in § 12 Absatz 4 Nummer 3 Buchstabe a genannten „gleich zu achtenden Vorführungen" gehören z. B. Film- und Fernsehaufnahmen oder Öffentlichkeitsvorführungen in Film- und Fernsehstudios.

„Landwirtschaftliche Betriebe" nach § 12 Absatz 4 Nummer 3 Buchstabe b umfassen u. a. Wein- und Obstbau und die Fischereiwirtschaft.

Aus einer Zusammenschau der Vorschriften des § 12 Absatz 3 Nummer 2, Absatz 4 Satz 2 Nummer 1 und 3 Buchstabe b ergibt sich, dass es für den Transport von erlaubnisfreien Schreckschuss-, Reizstoff- und Signalwaffen zum Weinberg und das Schießen aus solchen Waffen mit Kartuschenmunition oder pyrotechnischer Munition zum Zwecke des Vertreibens von Vögeln in Weinbergen einer Schießerlaubnis nicht bedarf. Sofern der Weinberg nicht als befriedetes Besitztum anzusehen ist, bedarf es aber für das mit dem Schießen untrennbar verbundene Führen auch dann eines Kleinen Waffenscheines, wenn die Waffe mit Zustimmung des Verfügungsberechtigten geführt werden soll.

12.5 Sinn und Zweck der Vorschrift des § 12 Absatz 5 ist in erster Linie die Verhinderung vom Gesetzgeber nicht gewollter unverhältnismäßiger Rechtsfolgen in den Fällen, die beim Erlass des WaffG auf Grund der Vielgestaltigkeit und Dynamik der Lebensverhältnisse nicht oder noch nicht vorhergesehen werden konnten.

Die Ausnahmeregelung des § 12 Absatz 5 dient insoweit nicht dazu, vorhandene Erlaubniserfordernisse generell zu umgehen. Vielmehr sollen nur solche Fälle erfasst werden, die den gesetzlichen Ausnahmen in § 12 Absatz 1 bis 4 oder an anderer Stelle des WaffG vergleichbar sind und in denen materiell sonst gegebene Erlaubnisvoraussetzungen entweder bereits feststehen oder auf Grund einer besonderen Sachlage nicht geprüft werden können.

Der Begriff „im Einzelfall" lässt auch den Erlass von Allgemeinverfügungen zu, wenn sich die Regelung auf einen als bestimmten Sonderfall klassifizierbaren, insbesondere örtlich und zeitlich eingrenzbaren, Lebenssachverhalt (z. B. bei schießsportlichen Wettkämpfen) beschränkt.

Zu § 13: Erwerb und Besitz von Schusswaffen und Munition durch Jäger, Führen und Schießen zu Jagdzwecken

13.1 Bei Jägern im Sinne des § 13 Absatz 1 wird im Allgemeinen ein besonderes Bedürfnis für den Erwerb und Besitz von Jagdwaffen und Munition anerkannt, wenn diese für die Jagdausübung in Deutschland nicht ausdrücklich nach dem BJagdG verboten sind und jeweils für die beabsichtigte Jagdausübung, das Training oder den Wettkampf im jagdlichen Schießen benötigt werden.

Jäger im Sinne des § 13 Absatz 1 ist, wer einen gültigen Jagdschein nach § 15 Absatz 1 BJagdG hat:

- Jahresjagdschein (§ 15 Absatz 1 in Verbindung mit Absatz 2 BJagdG),
- Tagesjagdschein (§ 15 Absatz 1 in Verbindung mit Absatz 2 BJagdG),
- Jahresjagdschein für Ausländer (§ 15 Absatz 1 in Verbindung mit Absatz 2 und 6 BJagdG),
- Tagesjagdschein für Ausländer (§ 15 Absatz 1 in Verbindung mit Absatz 2 und 6 BJagdG).

Jäger im waffenrechtlichen Sinn ist nicht, wer lediglich die Jägerprüfung abgelegt hat.

Gemäß der jagdrechtlichen Wertung (vgl. § 15 Absatz 4 BJagdG) ist der Ausländerjagdschein ein vollwertiger Jagdschein und damit ein Unterfall des Jahres- oder Tagesjagdscheins, zumal außer dem Bestehen der deutschen Jägerprüfung alle sonstigen Erteilungsvoraussetzungen verlangt werden.

Inhaber von Tagesjagdscheinen müssen vor dem auf Dauer angelegten Erwerb und Besitz einer Waffe ein Bedürfnis hierfür in jedem Einzelfall glaubhaft machen. Für den Erwerb und Besitz von Lang- und Kurzwaffen bedürfen sie der vorherigen behördlichen Erlaubnis (Voreintrag).

Ein Falknerjagdschein nach § 15 Absatz 1 Satz 3 BJagdG berechtigt nicht zum Erwerb und Besitz von Jagdwaffen und Munition.

In besonders zu begründenden Einzelfällen kann für die Jagd im Ausland auch ein Bedürfnis zum Erwerb und Besitz von Waffen und Munition, welche nach dem BJagdG nicht zugelassen sind, anerkannt werden; hier ist aber wie auch beim Vorliegen lediglich einer ausländischen Jagderlaubnis das Bedürfnis nach den allgemeinen Grundsätzen des § 8 zu prüfen (siehe auch Nummer 8.1.5).

In Zweifelsfällen kann eine Stellungnahme des örtlichen Kreisjagdmeisters, des Jagdberaters, des Landesjagdverbandes oder einer sonstigen sachverständigen Stelle eingeholt werden.

13.2 Bei Inhabern eines gültigen Jahresjagdscheines nach § 15 Absatz 2 BJagdD entfällt die Bedürfnisprüfung bei der Erlaubniserteilung für den Erwerb und Besitz von nach BJagdG nicht verbotenen Langwaffen und bis zu zwei Kurzwaffen sowie der zugehörigen Munition. Diese Kurzwaffen müssen nicht für den Fangschuss (Mündungsenergie der Geschosse mindestens 200 Joule, vgl. das Verbot des § 19 Absatz 1 Nummer 2 Buchstabe d BJagdG) zugelassen sein. Ein Bedürfnis für weitere Kurzwaffen (z. B. für die Bau- und Fallenjagd, zur Abgabe von Fangschüssen, das jagdliche Übungsschießen) ist jeweils im Einzelfall glaubhaft zu machen; zur Glaubhaftmachung können auch Stellungnahmen des örtlichen Kreisjägermeisters, des Jagdberaters, des Landesjagdverbandes oder einer sonstigen sachverständigen Stelle vorgelegt werden.

Ein Bedürfnis für den Erwerb und Besitz einer dritten oder weiteren Kurzwaffe ist jedoch nur dann anzuerkennen, wenn der Antragsteller insofern nachgewiesen hat, dass er sowohl die bereits vorhandenen Kurzwaffen als auch die nunmehr beantragte weitere Kurzwaffe konkret zur Jagdausübung einschließlich des jagdlichen Schießens benötigt, ihm also insbesondere auch der Verzicht auf eine bereits in seinem Bestand befindliche Kurzwaffe nicht zuzumuten ist.

13.3 Nach dem BJagdG nicht ausdrücklich verbotene Langwaffen können allein auf Grund eines gültigen Jahresjagdscheines erworben werden.

Der Erwerb von Kurzwaffen bedarf der vorherigen behördlichen Erlaubnis (Voreintrag in WBK).

Die Erlaubnis für den fortwährenden Besitz solcher Jagdwaffen ist nach dem Erwerb binnen zwei Wochen bei der zuständigen Behörde zu beantragen und wird durch Ausstellung einer WBK bzw. Eintragung in eine bereits vorhandene WBK erteilt.

13.4 Keine weitere Erlaubnis benötigen Inhaber eines gültigen Jahres- wie auch Tagesjagdscheines nach § 15 Absatz 2 BJAgdG für den Erwerb und vorübergehenden Besitz von Langwaffen nach § 12 Absatz 1 Nummer 1 (z. B. Leihe für höchstens einen Monat oder für die – ggf. auch über einen längeren Zeitraum notwendige – sichere Aufbewahrung oder Beförderung für einen anderen Berechtigten). Insoweit steht nach § 13 Absatz 4 der Jagdschein einer WBK gleich.

Der Inhaber einer WBK kann darüber hinaus gestützt auf § 12 Absatz 1 Nummer 1 von einem Berechtigten auch eine Kurzwaffe erwerben und vorübergehend besitzen (siehe auch Nummer 12.1.1).

13.5 Für Langwaffen geeignete Munition kann ein Jäger allein auf Grund eines gültigen Jahres- oder Tagesjagdscheines erwerben, sofern diese zum Zeitpunkt des Erwerbs nicht nach dem BJagdG verboten ist.

Wegen des Rechts zum Besitz empfiehlt es sich für den Jäger zur Vermeidung von Rechtsunsicherheiten (z. B. in Fällen, in denen die Verlängerung eines Jagdscheins aus persönlichen Gründen zunächst nicht beantragt wird), die Erlaubnis zum Erwerb und Besitz von Langwaffenmunition in die WBK eintragen zu lassen. Gegebenenfalls kann auch ein Munitionserwerbsschein (z. B. Jagdscheininhaber jagt nur gelegentlich mit Leihwaffen) ausgestellt werden. Anderenfalls macht sich der Munitionsbesitzer nach § 52 Absatz 3 Nummer 2b strafbar.

13.6 Inhaber eines gültigen Jagdscheines nach § 15 Absatz 1 Satz 1 des BJagdG dürfen auf Grund dieser Erlaubnis Jagdwaffen und -munition zur befugten Jagdausübung einschließlich des Ein- und Anschießens im Revier, zur Ausbildung von Jagdhunden im Revier, zum Jagd- oder Forstschutz mit sich führen und mit ihnen schießen.

Zur befugten Jagdausübung gehört auch die beschränkte Jagdausübung in befriedeten Bezirken, sofern eine entsprechende Erlaubnis von der zuständigen Jagdbehörde erteilt wurde. Eine gesonderte Schießerlaubnis nach § 10 Absatz 5 ist dann nicht erforderlich.

Der befugten Jagdausübung gleichgestellt ist der Abschuss von Tieren, die dem Naturschutzrecht unterliegen, wenn die naturschutzrechtliche Ausnahme oder Befreiung die Tötung durch einen Jagdscheininhaber vorsieht.

In diesem Fall sind für das Führen einer Schusswaffe und das Schießen zu diesem Zweck ein Waffenschein und ein Erlaubnisschein nicht erforderlich.

Inhaber eines gültigen Jagdscheins benötigen auch zum Führen von Schreckschuss-, Reizstoff- und Signalwaffen innerhalb des Jagdreviers keinen Kleinen Waffenschein. Sie dürfen mit diesen Waffen im Rahmen der befugten Jagdausübung (z. B. Jagdhundeausbildung, Wildschadensverhütung, Jagdschutz) schießen. Insoweit liegt mit dem Jagdschein bereits eine äquivalente Erlaubnis vor (siehe auch Nummer 10.15.4.)

Im Zusammenhang mit der befugten Jagdausübung einschließlich des Ein- und Anschießens im Revier, zur Ausbildung von Jagdhunden im Revier, dem Jagdschutz und Forstschutz kann ein Jagdscheininhaber die zur Jagd benötigten Waffen nicht schussbereit (siehe Nummer 12.3.3.1) führen. Einer Erlaubnis bedarf es somit weder auf den direkten Hin- und Rückwegen zur und von der Jagd, noch im Zusammenhang mit anderen jagdlichen Tätigkeiten und Veranstaltungen (z. B. Vorführungen für Aus-, Weiterbildungs- und Prüfungszwecke) sowie im Rahmen der damit einhergehenden Erledigungen und Besorgungen wie „Abstecher" zur Bank oder Post.

13.7 Inhabern von Jugendjagdscheinen im Sinne des § 16 BJagdG wird eine Erlaubnis zum Erwerb und Besitz von Schusswaffen und der dafür bestimmten Munition nicht erteilt.

Unter Berücksichtigung der jagdgesetzlichen Vorgaben, wonach ein Jugendjagdschein nur zur Ausübung der Einzeljagd in Begleitung eines jagdlich erfahrenen Erziehungs- bzw. Sorgeberechtigten oder einer von diesem schriftlich beauftragten, jagdlich erfahrenen Aufsichtsperson berechtigt, dürfen Jugendjagdscheininhaber für die Dauer der Jagdausübung bzw. des jagdlichen Übungs- und Wettkampfschießens im erforderlichen Umfang Jagdwaffen und die dafür bestimmte Munition führen und damit schießen (§ 13 Absatz 7 Satz 2).

Insbesondere dürfen sie auch Schusswaffen anderer Berechtigter (Leihwaffen) im Zusammenhang mit diesen Tätigkeiten nicht schussbereit führen; zum Beispiel also auch Jagdwaffen und Munition auf dem Weg zur Jagdausübung bzw. zur Schießstätte (insoweit auch ohne jagdlich erfahrene Aufsichtsperson) getrennt und nicht zugriffsbereit ohne behördliche Erlaubnis transportieren (siehe dazu auch Nummer 12.1.1).

13.8 Personen in der Ausbildung zum Jäger (Jagdscheinanwärter) dürfen nicht schussbereite Jagdwaffen in der Ausbildung unter Aufsicht eines Ausbilders unter den Voraussetzungen des § 13 Absatz 8 erwerben, besitzen und führen.

Der verantwortliche Ausbildungsleiter oder der von der Jagdbehörde bestätigte Lehrherr erklären hierfür zuvor schriftlich ihr Einverständnis. Diese Berechtigungsbescheinigung ist in der Ausbildung mitzuführen und muss bei jugendlichen Jagdscheinanwärtern (vom vollendeten 14. bis zur Vollendung des 18. Lebensjahres) zusätzlich auch vom Sorgeberechtigten unterzeichnet sein. Entsprechende Regelungen zum erlaubnisfreien Ausbildungsschießen finden sich in § 27 Absatz 5.

Jagdscheinanwärtern kann darüber hinaus zur Erlangung der erforderlichen Schießfertigkeiten unter folgenden Voraussetzungen ein Bedürfnis auf der Grundlage des § 8 zum Erwerb und Besitz einer Einzelladerlangwaffe mit glattem Lauf/glatten Läufen (Doppel- oder Bockdoppelflinte) mit Kaliber 12 oder kleiner anerkannt werden, wenn eine geeignete Waffe ausnahmsweise vom Ausbilder nicht zur Verfügung gestellt werden kann. Voraussetzungen hierfür sind:

- Vollendung des 18. Lebensjahres,
- Zuverlässigkeit und persönliche Eignung nach den §§ 5 und 6,

I

- Sachkundenachweis nach § 3 Absatz 1 Nummer 1 Buchstabe a, 3. Fall AWaffV oder geeigneter anderweitiger Nachweis der Sachkunde,
- Bedürfnisnachweis, Darlegung der Erforderlichkeit durch die verantwortliche Ausbildungsstelle oder die zuständige Kreisgruppe (Landesjagdverband).

Die WBK ist unter den Vorbehalt des Bestehens der Jägerprüfung zu stellen und daher mit Blick auf eine mögliche Wiederholungsprüfung in der Regel längstens für die Dauer von zwei Jahren zu befristen; maßgeblich sind die jeweiligen Jägerprüfungsordnungen der Länder. Die WBK berechtigt nicht zum Erwerb von Munition.

Zu § 14: Erwerb und Besitz von Schusswaffen und Munition durch Sportschützen

14.1 § 14 Absatz 1 Satz 1 enthält eine spezialgesetzliche Regelung über das Alterserfordernis für den Privatbesitz von Sport-Schusswaffen und -munition: Das Mindestalter für den Erwerb und Besitz von Schusswaffen bis Kaliber 5,6 mm lfB (.22 l.r.) für Munition mit Randfeuerzündung mit einer Mündungsenergie der Geschosse von höchstens 200 Joule und Einzellader-Langwaffen mit glatten Läufen mit Kaliber 12 oder kleiner zum Zweck des sportlichen Schießens beträgt unabhängig, ob das Bedürfnis nach § 8 oder nach § 14 zu bewerten ist, 18 Jahre. Für andere Schusswaffen beträgt das Mindestalter 21 Jahre, sofern ein positives Gutachten nach § 6 Absatz 3 vorgelegt werden kann; liegt dieses Gutachten nicht vor, beträgt das Mindestalter 25 Jahre.

Bei Antragstellern, die 21 und noch nicht 25 Jahre alt sind und deren geistige Eignung nicht auf der Grundlage eines Gutachtens nach § 6 Absatz 3 festgestellt ist, ist die Erlaubnis auf den Erwerb von Schusswaffen nach § 14 Absatz 1 Satz 2 zu beschränken. Diese inhaltliche Beschränkung ist bis zur Vollendung des 25. Lebensjahres zu befristen.

Für den Umgang auf Schießstätten sind die Freistellungsregelungen nach § 12 Absatz 1 Nummer 5, Absatz 2 Nummer 2, Absatz 3 Nummer 1 und Absatz 4 Satz 1 einschlägig.

14.2 § 14 Absatz 2 enthält eine besondere Regelung für Sportschützen in Vereinen anerkannter Verbände (organisierte Sportschützen). Schießsportvereine im Sinne dieser Vorschrift sind insbesondere auch Schießleistungsgruppen oder Reservistenarbeitsgemeinschaften.

In Deutschland lebende Schießsportler, die dieser Tätigkeit nur im Ausland nachgehen, können sich nicht auf die Vorschrift des § 14 berufen. Unter dem Gesichtspunkt sachgerechter Gleichbehandlung können schießsportliche Bedürfnisträger nach § 8 nicht die Erleichterungen und Vorteile in Anspruch nehmen, die organisierten Sportschützen eingeräumt sind (insbesondere die Möglichkeit einer Gelben WBK nach § 14 Absatz 4 oder der Einräumung des Sportschützen-Kontingentes ohne weitergehende Glaubhaftmachung des Bedürfnisses nach § 14 Absatz 3); andererseits können sie in Bezug auf restriktive Regelungen (z. B. die Mindestbetätigungsfrist von einem Jahr nach § 14 Absatz 2 Satz 2 Nummer 1, das Erwerbsstreckungsgebot nach § 14 Absatz 2 Satz 3) nicht besser gestellt werden als organisierte Sportschützen.

14.2.1 § 14 Absatz 2 Satz 2 verlangt für die Glaubhaftmachung eines Bedürfnisses für jede Waffe eine Bescheinigung eines anerkannten Verbandes oder angegliederten Teilverbandes darüber, dass

- der Antragsteller ihm angehört und seit mindestens 12 Monaten den Schießsport mit erlaubnispflichtigen Schusswaffen regelmäßig, also einmal pro Monat oder 18-mal verteilt über das ganze Jahr betrieben hat (Nummer 1);
- die beantragte Waffe entsprechend der Schießsportordnung nach § 15 Absatz 7 für die Disziplin zugelassen und erforderlich ist (Nummer 2); das ist der Fall, wenn mit ihr nach den tatsächlichen Nutzungsmöglichkeiten des Antragstellers auch geschossen werden kann.

Die Pflicht des Sportschützen, sein Bedürfnis glaubhaft zu machen, beschränkt sich in der

Regel auf die Vorlage der Bescheinigung. Die Waffenbehörde muss die vorgelegten Bescheinigungen lediglich auf Vollständigkeit und Plausibilität überprüfen. Glaubhaft zu machen sind Tatsachen, die belegen, dass diese gesetzlichen Voraussetzungen vorliegen. Zur Glaubhaftmachung müssen Angaben gemacht werden, die es der Waffenbehörde ermöglichen zu beurteilen, ob eine überwiegende Wahrscheinlichkeit für die Erfüllung der gesetzlichen Voraussetzungen spricht. Die Bescheinigung darf sich daher nicht in der bloßen Wiedergabe des Gesetzestextes und der bloßen Behauptung, dass diese Voraussetzungen vorliegen, erschöpfen, sondern muss nachvollziehbare Angaben darüber enthalten.

Das Bedürfnis ist zu verneinen, wenn der Antragsteller für seine Schießübungen bereits ausreichend mit Schusswaffen versehen ist.

Der Verband hat sich vor Erstellung der Bedürfnisbescheinigung zu vergewissern, über welchen Waffenbestand der Antragsteller bereits verfügt. Hierfür ist es erforderlich, dass der Sportschütze dem Verband schriftlich sämtliche erlaubnispflichtige Schusswaffen angibt, die sich in seinem Besitz befinden, und dies mit der Kopie der WBK belegt. Es sind nur solche Verbandsbescheinigungen anzuerkennen, die die Zulassung der Waffe und die Erforderlichkeit des Erwerbs unter Bezugnahme auf eine konkrete Disziplin der genehmigten Sportordnung bestätigen. Über wiederholt auftretende oder grobe Mängel in vorgelegten Bedürfnisbescheinigungen unterrichtet die jeweilige Waffenbehörde die nach § 48 Absatz 1 zuständige Landesbehörde, die das BVA unterrichtet.

Die Möglichkeit der Ausstellung durch einen angegliederten Teilverband besteht kraft Gesetzes, bedarf also keiner Delegation durch den Verband. Andererseits ist dieses Merkmal zwecks Gewährleistung von Objektivität und Kompetenz eng auszulegen und bezieht sich regelmäßig nur auf oberhalb der Vereinsebene angesiedelte Untergliederungen eines Dachverbandes. Unbeschadet dessen kann der Verband auf zivilrechtlichem Wege andere (natürliche oder juristische) Personen zur Ausstellung von Bescheinigungen bevollmächtigen; in diesem Fall wird das Verhalten des Bevollmächtigten dem Vollmachtgeber unmittelbar zugerechnet.

14.2.2 § 14 Absatz 2 Satz 3 statuiert ein Erwerbsstreckungsgebot, d. h. der Antragsteller darf in seiner Eigenschaft als Sportschütze nicht mehr als zwei Schusswaffen pro Halbjahr erwerben. Die Art der Erwerbsberechtigung als Sportschütze (Grüne/Gelbe WBK) ist unerheblich. Diese Regel wird nur in begründeten Fällen durchbrochen. Die Halbjahresfrist wird erstmalig in Lauf gesetzt durch den Eintrag des Erwerbs der ersten Waffe in die WBK.

Nach § 8 muss der Sportschütze sein waffenrechtliches Bedürfnis für den Erwerb und Besitz der erlaubnispflichtigen Schusswaffe glaubhaft machen. Die näheren Einzelheiten regelt die Vorschrift über Sportschützen in § 14. Nach § 14 Absatz 2 muss sich der Sportschütze vor Erwerb der ersten Waffe von seinem Schützenverband (nicht vom eigenen Verein) bescheinigen lassen, dass er mindestens 12 Monate im Verein mit Feuerwaffen trainiert hat und die Waffe für eine bestimmte anerkannte Schießsportdisziplin braucht. § 14 Absatz 3 Satz 1 billigt Sportschützen als Grundausstattung zur Ausübung des Schießsports drei halbautomatische Langwaffen und zwei mehrschüssige Kurzwaffen zu. Will der Schütze dieses Kontingent überschreiten, muss er dies gegenüber seinem Verband begründen und das gesteigerte schießsportliche Bedürfnis darlegen.

14.3 Nach § 14 Absatz 3 werden ohne eine über die Erfordernisse des Absatzes 2 Satz 2 hinausgehende Bedürfnisbescheinigung dem organisierten Sportschützen bis zu drei halbautomatische Langwaffen und zwei mehrschüssige Kurzwaffen zuzüglich der dazugehörigen Munition (sogenanntes Sportschützen-Kontingent) zugestanden. Neben einem Bedürfnis für den Erwerb von mehr als der üblicherweise zulässigen Anzahl von Waffen und Munition in den dort genannten Ausnahmefällen müssen auch die allgemeinen

Voraussetzungen des Absatzes 2 gegeben sein.

Um die Anzahl der Waffen von Sportschützen stärker vom Bedürfnis abhängig zu machen, erweitert die Vorschrift die Anforderungen für die Befürwortung eines waffenrechtlichen Bedürfnisses. § 14 Absatz 3 lässt eine Überschreitung des Grundkontingents nur zu, wenn der Schütze seine regelmäßige Wettkampfteilnahme (zumindest auf der untersten Vereinsebene, die auch für einfache Sportschützen zugänglich ist, um sich sportlich mit anderen zu messen) nachweist.

Wettkampfebene:

Schießsportwettkämpfe im Sinn des § 14 Absatz 3 sind alle nach den jeweiligen Verbandsregeln ausgeschriebenen schießsportlichen Veranstaltungen mindestens auf Vereinsebene, die einem Leistungsvergleich dienen. Es ist insbesondere nicht erforderlich, dass die Veranstaltung auf überörtlicher oder gar landesweiter Ebene stattfindet. Die Voraussetzungen erfüllt vielmehr auch ein organisierter vereinsinterner Wettkampf oder ein Wettkampf zwischen Vereinen. Ausreichender, verlässlicher Ansatzpunkt für das Erfordernis eines organisierten Wettkampfes ist, dass er nach den jeweiligen Verbandsregeln ausgeschrieben wurde.

Waffenart:

Ein Sportschütze muss an den Wettkämpfen mit der Waffenart, die er erwerben und besitzen will, teilgenommen haben, d. h. mit einer (erlaubnispflichtigen) Kurzwaffe oder einer (erlaubnispflichtigen) Langwaffe. Nicht erforderlich ist es dagegen, dass der Sportschütze bereits mit dem konkret gewünschten Waffentyp an Wettkämpfen geschossen hat.

Regelmäßigkeit:

Der in § 14 Absatz 3 verwendete Begriff „regelmäßig" kann nicht mit dem in Nummer 14.2.1 beschriebenen Begriff des § 14 Absatz 2 gleichgesetzt werden, da er nicht an Trainingseinheiten, sondern an eine Wettkampfteilnahme anknüpft und eine andere Zielrichtung verfolgt. Die Teilnahme an 18 Wettkämpfen im Jahr wäre selbst für Sportschützen im Leistungsbereich kaum zu erfüllen. Eine „regelmäßige" Wettkampfteilnahme im Sinne des § 14 Absatz 3 verlangt daher nur eine gewisse Teilnahmehäufigkeit, die den Schluss zulässt, dass sich der Sportschütze aktiv am Schießsport beteiligt. Die unterschiedlichen Verbandsregeln und Wettkampforganisationsformen lassen es nicht zu, wie bei § 14 Absatz 2 eine konkrete Mindestzahl festzulegen.

Nach § 14 Absatz 3 muss auch die regelmäßige Wettkampfteilnahme von der Bescheinigung des Schießsportverbands umfasst sein. Die Schießsportverbände müssen ihre Formulare für die Bedürfnisbescheinigung nach § 14 Absatz 3 daher um einen Passus ergänzen, mit dem sie bestätigen, dass der Sportschütze regelmäßig mit der zu erwerbenden Waffenart an Schießsportwettkämpfen teilgenommen hat, damit die Waffenbehörde die Sportwaffe in die WBK eintragen kann. Bei Mehrfachmitgliedschaften in verschiedenen Verbänden sollten sie alle Wettkampfteilnahmen berücksichtigen.

Die Überprüfung der Voraussetzungen liegt zunächst in der Verantwortung der Schießsportverbände. Für die Frage, ob der Schießsportverband eine Bedürfnisbescheinigung nach § 14 Absatz 2 (innerhalb des Grundkontingents) ausstellen kann oder nach § 14 Absatz 3 (über das Grundkontingent hinaus) ausstellen muss, ist die Zahl der in der Grünen WBK für das Bedürfnis „Schießsport" bereits eingetragenen Waffen entscheidend. Die Beurteilung des Verbands beruht dabei in der Regel nur auf den ihm vorliegenden schießsportlichen Bedürfnisbescheinigungen. Die Gesamtübersicht hat letztendlich nur die Waffenbehörde, die dann ggf. eine Bedürfnisbescheinigung nach § 14 Absatz 2 mit dem Hinweis an den Verband zurückverweisen muss, dass auf Grund der Waffenzahl eine Bescheinigung nach § 14 Absatz 3 erforderlich ist.

Eine rückwirkende Anwendung auf Altfälle, in denen bereits vor dem 25. Juli 2009 (Inkrafttreten der Waffenrechtsnovelle 2009) ein Überschreiten des Grundkontingents zugestanden wurde, ist nicht vorgesehen, so dass die allgemeinen waffenrechtlichen Grundsätze gelten:

- Mangels Rückwirkung können die Waffenbehörden in Altfällen keine nun um die Bestätigung der regelmäßigen Wettkampfteilnahme ergänzten Bedürfnisbescheinigungen nachfordern.
- Ein Widerruf einer Erlaubnis, das Grundkontingent zu überschreiten, kommt in Betracht, wenn die hierfür erforderlichen Voraussetzungen erkennbar dauerhaft nicht mehr erfüllt sind. § 45 Absatz 3 Satz 1 ist zu beachten.

14.4 Die Formulierung des Absatzes 2 Satz 2 Nummer 1 ist bei Erteilung einer unbefristeten Erlaubnis zu beachten. Es muss sich also um einen organisierten Sportschützen (im Sinne von § 14 Absatz 2 Satz 1) handeln, der seit mindestens 12 Monaten regelmäßig schießt (und zwar mit erlaubnispflichtigen Sportwaffen überhaupt. Diese Vorschrift ist nicht auf jede einzelne im individuellen Besitz befindliche Sportwaffe oder gar die konkret zu erwerbende Sportwaffe in vorheriger Benutzung als Vereins- oder Leihwaffe bezogen). Das Erwerbsstreckungsgebot, nach dem ein Antragsteller in seiner Eigenschaft als Sportschütze nicht mehr als zwei Schusswaffen pro Halbjahr erwerben darf, gilt auch bei der Erwerbsberechtigung auf Grund einer Gelben WBK. Diese Regel darf nur in begründeten Fällen durchbrochen werden.

Nicht gefordert wird, wie sich aus dem Verzicht auf eine Bezugnahme auf § 14 Absatz 2 Satz 2 Nummer 2 ergibt, dass die auf Gelber WBK zu erwerbende Waffe für eine Disziplin der konkreten Sportordnung des Verbandes oder gar Vereins, in dem der Sportschütze organisiert ist, zugelassen und erforderlich sein muss. Es soll dem Sportschützen also ermöglicht werden, mit eigener Waffe Schießsport etwa als Gastschütze auszuüben. Unberührt bleibt allerdings die Geltung des allgemeinen Bedürfnisprinzips nach § 8. Das heißt zum einen, dass es sich um eine Waffe für das sportliche Schießen nach § 15a Absatz 1 handeln muss, also für das Schießen auf der Grundlage einer genehmigten Schießsportordnung (wegen der isolierten Genehmigungsmöglichkeit nicht zwangsläufig derjenigen eines anerkannten Schießsportverbandes), und zum anderen, dass – schon durch die Geltung des Erwerbsstreckungsgebotes kanalisiert – ein schlichtes Waffenhorten nicht abgedeckt ist.

Aus wiederholten Verstößen gegen das Erwerbsstreckungsverbot kann die Unzuverlässigkeit nach § 5 Absatz 2 hergeleitet werden.

Zu § 15: Schießsportverbände, Schießsportvereine

15.1 Die Voraussetzungen für die Anerkennung eines Verbandes als Schießsportverband sind in § 15 in Verbindung mit den §§ 5 ff. AWaffV geregelt.

Zum Nachweis der Verbandsqualität im Sinne des WaffG sind dem BVA geeignete Nachweise zu den nachfolgenden Vorgaben des Absatz 1 vorzulegen:

– Verbandsaufbau und -struktur	(§ 15 Absatz 1 Nummer 1)
– Listen der maßgeblichen Ansprechpartner	(§ 15 Absatz 1 Nummer 1)
– Vereinsübersichten	(§ 15 Absatz 1 Nummer 1)
– Anzahl der aktiven Sportschützen	(§ 15 Absatz 1 Nummer 2)
– Veranstaltungskalender	(§ 15 Absatz 1 Nummer 3 und 5)
– Ausbildungskonzepte und -unterlagen	(§ 15 Absatz 1 Nummer 4 Buchstabe a)
– Konzepte und Tätigkeitsnachweise für die Nachwuchsarbeit	(§ 15 Absatz 1 Nummer 4 Buchstabe b)
– Schießsportordnung	(§ 15 Absatz 1 Nummer 6)
– Kontrollmechanismen im Verband	(§ 15 Absatz 1 Nummer 7 Buchstabe a und c)
– Bedürfnisrichtlinie	(§ 15 Absatz 1 Nummer 7 Buchstabe a)
– Schießbuch oder vergleichbarer Nachweis	(§ 15 Absatz 1 Nummer 7 Buchstabe b)
– Verzeichnis der Schießstätten	(§ 15 Absatz 1 Nummer 7 Buchstabe c)

15.2 Erfüllt ein Verband die nach § 15 Absatz 1 Nummer 1, 2 oder 4 Buchstabe b erforderlichen Voraussetzungen für eine Anerkennung nicht, so kann von ihnen nach Absatz 2 in berechtigten Ausnahmefällen abgewichen werden, insbesondere, wenn die Eigenart des Verbandes dies erfordert. Dies kommt in Betracht, wenn der Verband beispielsweise nur aus waffenrechtlich vertretbaren Gründen einen beschränkten Personenkreis als Mitglieder aufnimmt oder sich die Beschränkung aus der Eigenart der Waffen oder der geschossenen Disziplinen ergibt. Soll von der in § 15 Absatz 1 Nummer 2 festgeschriebenen Mindestmitgliederanzahl von 10 000 abgewichen werden, ist dies nur zulässig, wenn der Verband mindestens 2000 mit Schusswaffen schießende Sportschützen in seinem Verband nachweisen kann (§ 15 Absatz 2 Satz 2). Der Verband muss zusätzlich durch seine Organisation und Struktur gewährleisten, dass die anderen Anforderungen, die Absatz 1 für die geordnete Ausübung des Schießsports aufstellt, erfüllt werden. Es dürfen keine öffentlichen Interessen entgegenstehen. Bei der Prüfung ist zu berücksichtigen, dass der Gesetzgeber nur in rechtstreuen und verlässlichen Schießsportverbänden, die zur Aufsicht über ihre Mitgliedsvereine bereit und fähig sind, die Gewähr gegeben sah, dass nur ernsthafte Sportschützen in den Besitz von Schusswaffen gelangen und auch sachgemäß und sorgfältig mit den Waffen umgehen.

Auf Grund der sehr eng gefassten Voraussetzungen des § 15 Absatz 2 kommt ein Abweichen von den genannten Voraussetzungen des Absatzes 1 nur in wenigen Ausnahmefällen in Betracht. Ein die Anerkennung als Schießsportverband anstrebender Verband wird deshalb in der Regel alle Voraussetzungen des § 15 Absatz 1 erfüllen müssen.

Weist ein Verband die erforderliche Mindestanzahl von 10 000 Mitgliedern nicht auf und ist auch ein Abweichen mangels Vorliegens der Voraussetzungen des Absatzes 2 nicht möglich, kann er nicht als Schießsportverband anerkannt werden. Er kann sich aber seine Schießsportordnung gemäß § 15 Absatz 7 vom BVA genehmigen lassen. Dies gilt auch für Teilverbände anerkannter Dachverbände und für Schießsportvereine.

In einem Verfahren auf Genehmigung einer Sportordnung, das nicht im Zusammenhang mit einer erfolgten oder beantragten Anerkennung nach § 15 Absatz 1 steht, hat das BVA anhand der für eine Genehmigung von Sportordnungen und der für ein Anerkennungsverfahren maßgebenden Kriterien insbesondere zu prüfen, ob die Sportordnung den waffenrechtlichen Anforderungen entspricht und ob die Organisation, die Struktur und die verbandsinternen Regelungen des Schießsportverbands hinreichend Gewähr dafür bieten, dass die Sportordnung innerhalb des Verbandes rechtlich und tatsächlich beachtet wird, insbesondere ob das Bedürfnisbescheinigungswesen sachgerecht geordnet ist, ob ausreichende Nutzungsmöglichkeiten von Schießstätten bestehen und ob der Schießsportverband sichergestellt hat, dass die bei ihm organisierten Vereine Sportschützen, die Inhaber einer WBK sind und die aus ihrem Verein ausgeschieden sind, unverzüglich der Waffenbehörde benannt werden.

15.3 Kommt das BVA auf Grund seiner Prüfung zu dem Ergebnis, dass der beantragende Verband alle Voraussetzungen für eine Anerkennung als Schießsportverband erfüllt, leitet es das Verfahren zur Herstellung des Benehmens nach § 15 Absatz 3 mit den nach § 48 Absatz 1 zuständigen Behörden der Länder ein. Das BVA sendet den zuständigen Behörden die erforderlichen Unterlagen zu. Die Länder können u. a. Erkenntnisse, die sie länderbezogen auf Grund der ansässigen Sportschützen des Verbandes erlangt haben, in das Anerkennungsverfahren einbringen.

15.4 Sofern die Anerkennung eines Verbandes als Schießsportverband durch das BVA zurückzunehmen oder zu widerrufen ist, hat es die nach § 15 Absatz 3, § 48 Absatz 1 zuständigen Behörden der Länder von der Einleitung und dem Abschluss des Verfahrens zu unterrichten. Ist die Rücknahme oder der Widerruf der Anerkennung des Verbandes unanfechtbar, werden die vom betroffenen Verband nach § 14 Absatz 2 bis 4 ausgestellten

Bedürfnisbescheinigungen von den genehmigenden Behörden nicht mehr anerkannt. Sofern der Grund für die Aufhebung der Anerkennung Zweifel an der inhaltlichen Richtigkeit von Bescheinigungen aufkommen lässt, können die Behörden bereits ab der Einleitung der Anhörung von der Anerkennung der Bescheinigungen absehen (§ 15 Absatz 4 Satz 6).

15.5 § 15 Absatz 5 nimmt den schießsportlichen Verein in die Pflicht, ausgeschiedene Mitglieder zu melden. Zuständige Behörde im Sinne des § 15 Absatz 5 ist die Waffenbehörde, in deren Bezirk der Inhaber der WBK seinen gewöhnlichen Aufenthalt hat. Kommt der Verein der Verpflichtung nicht nach, so meldet dies die Waffenbehörde auf dem Dienstweg dem BVA und setzt die Anerkennung von weiteren Bescheinigungen des Verbandes, dem dieser Verein angehört, für Schützen dieses Vereins aus, bis das BVA eine Entscheidung darüber getroffen hat, wie weiter zu verfahren ist. Die Meldepflicht ist auch bei der Auflösung eines schießsportlichen Vereins zu beachten.

§ 15 Absatz 5 ist auch von schießsportlichen Vereinen, die keinem Verband angeschlossen sind, einzuhalten.

15.6 Das BVA entscheidet bei der Genehmigung der Sportordnung eines Schießsportverbandes nur über die für die Ausführung des WaffG und der auf seiner Grundlage erlassenen Rechtsverordnungen relevanten Teile. Die Relevanz bestimmt sich nach § 1 Absatz 4 in Verbindung mit Anlage 1, § 2 Absatz 2 bis 4 in Verbindung mit Anlage 2, § 15 Absatz 1 Nummer 6, sowie den §§ 5 bis 7 AWaffV. Dazu gehört die genaue Beschreibung der in § 5 Absatz 1 Nummer 5 AWaffV genannten Merkmale; bei der Visierung reicht die Angabe „original" nicht aus. Weitergehende sportbezogene Regelungen sind für die Prüfung ohne Belang. Für das Verfahren gelten die Beteiligungserfordernisse des § 15 Absatz 3 sinngemäß. Dies gilt auch für den Fall der Genehmigung oder Änderung einer Schießsportordnung. Die Genehmigung der Schießsportordnung ist notwendige Voraussetzung für die Anerkennung eines Verbandes als Schießsportverband (Argument aus § 15 Absatz 1 Nummer 6). Legt ein Verband eine Schießsportordnung als seine eigene zur Genehmigung vor, die inhaltlich auf eine bereits genehmigte Schießsportordnung eines anderen Verbandes verweist, so ist diese dennoch als solche genehmigungsbedürftig.

15.7 Das BVA übermittelt den Innenministerien/Senatsinnenverwaltungen die jeweils genehmigten Schießsportordnungen, aus denen sich die Sportdisziplinen ergeben, elektronisch zur Weiterleitung an die zuständigen Stellen. Die Schießsportordnungen werden außerdem zeitnah in ihrer jeweils genehmigten Fassung unter der Adresse http://www.bundesverwaltungsamt.de veröffentlicht.

15.8 Die Feststellung, ob ein konkretes Waffenmodell nach § 6 Absatz 1 AWaffV vom sportlichen Schießen ausgeschlossen ist, wird im Verfahren in entsprechender Anwendung des § 2 Absatz 5 vom BKA getroffen. § 6 Absatz 1 Nummer 2 AWaffV setzt sowohl den Anschein einer vollautomatischen Kriegswaffe als auch das Hinzutreten mindestens eines der in den Buchstaben a bis c genannten Merkmale voraus. Der Anschein ist nach objektiven Kriterien zu bestimmen. Er ist bei äußerer Typidentität mit einer Kriegswaffe gegeben.

Zu § 15a: Sportordnungen

In § 15a wird das sportliche Schießen auf Grund von Sportordnungen in einem Paragrafen mit entsprechender Überschrift zusammengefasst und näher geregelt.

15.a.1 Absatz 1 definiert, was sportliches Schießen heißt.

Nach Absatz 1 in Verbindung mit § 7 AWaffV sind im Rahmen des sportlichen Schießens Schießübungen des kampfmäßigen Schießens nicht zulässig. Darüber hinaus sind hier auch Schießübungen des Verteidigungsschießens im Sinne des § 22 AWaffV nicht zulässig. Zulässig ist es, wenn der Schütze seinen Schuss von einem Bauwerk aus abgibt, das zu Schallschutzzwecken um den Schützen errichtet wird (z. B. sog. Schießhütten beim

Trap- und Skeetschießen zur Dämmung von Lärmemissionen).

Ausschlusskriterium für die Annahme sportlichen Schießens bei Einzelübungen oder im Rahmen eines Parcours ist das Vorliegen eines oder mehrerer der folgenden Elemente:

- Eine Lageeinschätzung hat zu erfolgen.
- Der Schütze versucht, sich in eine durchschusssichere Deckung zu begeben.
- Der Schütze kennt den Ablauf der Übung nicht, denn es soll die Verteidigung auf einen überraschenden Angriff geübt werden.
- Es wird mit mehreren Personen gleichzeitig „vorgegangen", sog. Duellsituation; hierunter fällt nicht das klassische statische Schießen nebeneinander.
- Übungsbauten, die einen paramilitärischen oder häuserkampfähnlichen Charakter simulieren, werden verwendet und/oder eingenommen.
- Es wird auf sogenannte Mannscheiben oder andere Ziele, die Personen darstellen oder symbolisieren, geschossen.
- Es wird aus einer Fortbewegung des Schützen heraus geschossen, dabei kann es sich sowohl um Laufen oder Rennen als auch um eine Bewegung durch Einsatz technischer Mittel (z. B. Gefährt oder Schaukel) handeln.
- Das Überwinden von Hindernissen (z. B. Türöffnen, Übersteigen von Einbauten) von mehr als 40 cm Höhe erfolgt.
- Deutschusssituationen sind eingebaut.
- Das Schießen bei Dunkelheit ist vorgesehen.
- Der Schütze wird akustisch oder visuell unter Einsatz technischer Hilfsmittel in seiner Konzentrationsfähigkeit gestört.

15a.2 In Absatz 2 Satz 1 sind die vor dem in § 15 Absatz 7 enthaltenen Regelungen zum Inhalt von Sportordnungen dargestellt. Die Sätze 2 und 3 befassen sich mit der isolierten Genehmigung einer Sportordnung. Aus ihnen wird deutlich, dass hierbei nicht nur der Schießbetrieb im engeren Sinne, sondern auch die korporative Struktur und Ausrichtung vom BVA in den Blick zu nehmen sind und dass es sich dahingehend um einen Ausnahmefall handelt (Satz 2: öffentliches Interesse), als es um den im Allgemeininteresse liegenden schießsportlichen Belang der Förderung oder Weiterentwicklung des Schießsports gehen muss.

15a.3 In Absatz 3 finden sich die Regelungen des früheren § 15 Absatz 7 Satz 2 Nr. 1 zu Anforderungen und Inhalten der Sportordnungen wieder.

Durch die Trennung der Regelungen für Sportordnungen und für anerkannte Schießsportverbände wird verdeutlicht, dass auch Verbände und Vereine, die auf Grund fehlender Voraussetzungen nicht nach § 15 anerkannt werden können, Sportordnungen beim BVA zur Genehmigung vorlegen können. Mit der Genehmigung einer Schießsportordnung durch das BVA wird den Mitgliedern eines nicht anerkannten Verbandes die Möglichkeit eröffnet, ihr Bedürfnis für waffenrechtliche Erlaubnisse unter den strengeren Voraussetzungen nach § 8 nachzuweisen. In den Genuss der Privilegien des § 14 Absatz 2 bis 4 kommen diese Personen nicht; sie sind ausschließlich den Mitgliedern von Schießsportvereinen vorbehalten, die einem nach § 15 anerkannten Schießsportverband angehören.

Durch diese neue Systematik wird klar erkennbar, dass sich die Frage des sportlichen Schießens und der Genehmigungsfähigkeit von Schießsportordnungen nicht auf anerkannte Schießsportverbände und die in ihnen organisierten Schießsportvereine und Sportschützen beschränkt. Vielmehr ist grundsätzlich auch die so genannte isolierte Genehmigung von Schießsportordnungen statthaft.

Zu § 15b: Fachbeirat Schießsport

§ 15b betrifft die früher in § 15 Absatz 7 Satz 2 Nummer 2 geregelte Einrichtung eines Fachbeirates für Schießsport beim Bundesministerium des Innern. Der Gesetzgeber hatte die Einrichtung dieses Gremiums beschlossen, nachdem – erst durch das Vermittlungsverfahren zum Waffenrechtsneuregelungsgesetz – über die Anerkennung von Schießsportverbänden hinaus auch die Genehmigung von Schießsportordnungen als Voraussetzung für sportliches Schießen eingeführt worden war. Beide Aufgaben waren dem BVA zugewiesen worden. Wegen dieser weit reichenden Einwirkung in die Autonomie des Sports, nämlich in die Strukturen und Inhalte des Schießsports, war die Idee einer Relativierung dieser Reglementierung durch Einrichtung eines Fachbeirates entstanden. Es handelte sich um ein Anliegen, das von allen Seiten, also von Bund, Ländern und Verbänden, einvernehmlich gestützt wurde:

- seitens des Bundes, um zum einen dem BVA die notwendige Beratungskompetenz und fachkundige Unterstützung des Gremiums zu gewähren und zum anderen durch die Ansiedlung beim BMI und dessen Vorsitz und seinen eigenen Einfluss in dem Beirat zu sichern;
- vom BVA, das bei der Wahrnehmung dieser völlig neuen Aufgaben, die zudem komplexen sportpolitischen, technischen und sicherheitsrechtlichen Sachverstand erfordern, auf umfassende und strukturierte Beratung zugreifen kann;
- von den Ländern, die sich – ohne dass eine verfassungsrechtlich unzulässige Mischverwaltung begründet würde – in die Entscheidungsprozesse des BVA, die von weit reichender sportpolitischer und letztlich für den Vollzug relevanter Bedeutung sind, einbringen können;
- von den Verbänden, die auf diese Weise ein Forum erhalten, in dem die sportlichen Interessen und Gesichtspunkte gegenüber denen der öffentlichen Sicherheit herausgearbeitet und im Dialog abgewogen werden können.

Die Darstellung von Einrichtung und Aufgaben des Fachbeirates in einem eigenen Paragrafen wird dessen Bedeutung besser gerecht.

Zu § 16: Erwerb und Besitz von Schusswaffen und Munition durch Brauchtumsschützen, Führen von Waffen und Schießen zur Brauchtumspflege

16.1 Brauchtumsschützen haben nach § 16 Absatz 1 ein Bedürfnis für den Erwerb und Besitz von Einzellader-Langwaffen sowie von bis zu drei Repetier-Langwaffen und der dafür bestimmten Munition, sofern das Bedürfnis durch die Bescheinigung einer Brauchtumsschützenvereinigung (nicht überörtlicher Verband), bei der der Brauchtumsschütze Mitglied ist, glaubhaft gemacht wird.

Der Begriff „Brauchtum" bestimmt sich nach objektiven Kriterien; auf die Selbsteinschätzung kommt es nicht an. Wichtiges Indiz für Brauchtum ist grundsätzlich die langjährige Tradition und Übung (z. B. bei den bayerischen Gebirgsschützen). Anknüpfungspunkt des Brauchtums ist entweder ein geschichtlicher Hintergrund, also das Nachstellen historischer Gegebenheiten oder Ereignisse, oder eine regionale Gepflogenheit (z. B. Vogel- oder Ostereierschießen). Voraussetzung für die Anerkennung eines waffenrechtlichen Bedürfnisses nach § 16 ist jedoch immer auch die Feststellung des tatsächlichen Betreibens einer umfassenden und über die schlichte Nutzung der betreffenden Waffen hinausgehenden Brauchtumspflege im Sinne einer in Bezug auf die jeweiligen geschichtlichen Vorgänge oder Gepflogenheiten erfolgenden allgemeinen Auseinandersetzung und Betrachtung. Die beabsichtigte Nutzung von Waffen darf insofern also lediglich einen notwendigen Bestandteil einer derartigen Brauchtumspflege darstellen, nicht jedoch den alleinigen oder überwiegenden Zweck bilden.

Die Zulässigkeit für Erwerb und Besitz von Einzellader-Langwaffen und bis zu drei Repetier-Langwaffen und die dafür bestimmte Munition ist – ungeachtet dessen, ob es sich um klein- oder großkalibrige Schusswaffen handelt – von dem Mindestalter nach § 4 Absatz 1 Nummer 1 (18 Jahre) abhängig. § 6 Absatz 3 (psychologisches Gutachten für Personen, die das 25. Lebensjahr noch nicht vollendet haben) ist anzuwenden.

Brauchtumsvereinigungen kann, auch wenn sie juristische Personen sind, keine WBK nach § 10 Absatz 2 Satz 2 ausgestellt werden. Die in § 14 getroffenen Spezialregelungen für Sportschützen sind nicht anwendbar. Daher ist es im Rahmen des Brauchtums-Bedürfnis-

I

ses nicht gestattet, Waffen für sportliches Schießen zu erwerben.

16.2 Für Veranstaltungen nach § 16 Absatz 2 kann, unabhängig davon, ob es sich um öffentliche Veranstaltungen nach § 42 handelt oder nicht, einem verantwortlichen Leiter einer Brauchtumsschützenvereinigung, der nicht der Vorsitzende sein muss, die Erlaubnis erteilt werden, Einzellader- bzw. Repetier-Langwaffen zu führen oder aus ihnen Kartuschenmunition zu verschießen. Diese Erlaubnis ist auf eine Dauer von höchstens fünf Jahren zu begrenzen. Die Erlaubnis gilt für den gesamten Geltungsbereich des WaffG. Dem Erlaubnisinhaber ist in einer Auflage aufzugeben, jede Teilnahme mit Waffen an öffentlichen Veranstaltungen nach § 42 den für die Veranstaltung zuständigen Waffenbehörden und Polizeidienststellen zwei Wochen (in begründeten Ausnahmefällen 24 Stunden) vor Veranstaltungsbeginn mitzuteilen.

16.3 Sofern die Erlaubnisse nach § 16 Absatz 2 und 3 oder eine Ausnahmebewilligung nach § 42 Absatz 2 vorliegen, dürfen Brauchtumsschützen ohne weitere persönliche Erlaubnisse (Waffenschein, Schießerlaubnis) ihre Waffen (Schusswaffen und Hieb- und Stoßwaffen, wie z. B. Säbel) während der Veranstaltung oder im Zusammenhang damit (z. B. Hin- und Rückweg zu Brauchtumsveranstaltungen) führen und während der Veranstaltung aus ihren Schusswaffen Kartuschenmunition oder loses Pulver verschießen.

16.4 Vor Erlaubniserteilung ist durch die örtlich zuständige Waffenbehörde zu prüfen, ob durch das Verfeuern von Kartuschenmunition oder losem Pulver (unbeschadet der Beachtung sprengstoffrechtlicher oder immissionsschutzrechtlicher Bestimmungen) Personen- oder Sachschäden hervorgerufen werden können. Gegebenenfalls sind besondere Nebenbestimmungen zu treffen, um derartige Schäden zu verhindern (z. B. Mindestabstände zu Bebauungen, Zelten).

Zu § 17: Erwerb und Besitz von Schusswaffen oder Munition durch Waffen- oder Munitionssammler

17.1 Waffen- oder Munitionssammlungen im Sinne des WaffG sind eine Mehr- oder Vielzahl von Waffen oder/und Munition, die in der Regel nicht zum Gebrauch bestimmt sind und die z. B. aus geschichtlichen, wissenschaftlichen oder technischen Interessen zusammengebracht wurden oder zusammengebracht werden oder erhalten werden sollen. Eine Sammlung muss mehr als die Summe ihrer einzelnen Bestandteile darstellen. Sie ist nach einer individuellen Systematisierung anzulegen. Die der Sammlung zugrunde liegende Idee sowie ihr Ziel und Zweck halten die Gegenstände der Sammlung zusammen und geben ihr einen besonderen Wert. Die bloße Anhäufung von Waffen oder Munition in der Hand einer Person lässt sich daher nicht als Sammlung qualifizieren.

Das Schießen mit Sammlerwaffen ist unter Berücksichtigung der weiteren gesetzlichen Vorgaben nur dann zulässig, wenn die technischen Voraussetzungen der Waffe (z. B. Beschuss) erfüllt sind.

17.2 Kulturhistorisch bedeutsam ist eine Sammlung nur dann, wenn sie einen nicht ganz unerheblichen Beitrag zu der Dokumentation menschlichen Schaffens in einer historischen oder technischen Dimension zu leisten vermag. Zu diesem Zweck kann es auch erforderlich sein, Waffen oder Munition zu sammeln, die eine bestimmte Entwicklung beeinflusst oder fortgeführt haben oder diese dokumentieren.

Die geschichtlich-kulturelle Aussagekraft ist nicht materiell, sondern nach der Bedeutung der Waffen, z. B.

- aus entwicklungsgeschichtlicher Sicht,
- unter geografisch-, personen- oder organisationsorientiertem Bezug,
- nach konstruktiven Merkmalen oder
- nach verwendungsspezifischen Gesichtspunkten

zu bemessen.

Die Technikgeschichte ist Teil der Kulturgeschichte. Eine Sammlung kann daher auch nach wissenschaftlich-technischen Gesichtspunkten angelegt werden (§ 17 Absatz 1, 2. Halbsatz). Der Beginn einer technischen Entwicklung muss dabei nicht zwingend in der Vergangenheit liegen. Demnach kann eine wissenschaftlich-technische Sammlung (z. B. zur Dokumentation des Lebenswerkes eines namhaften Konstrukteurs oder zur Dokumentation der Firmengeschichte eines namhaften Waffenherstellers) auch Waffen und Munition aus unserer Zeit umfassen. Es handelt sich dabei um Waffen und Munition, deren Markt- oder Truppeneinführung nach dem 2. September 1945 begonnen hat. Die Beschränkung der Sammlung auf Waffen oder Munition eines Konstrukteurs/Unternehmens aus den letzten 20 Jahren vor der Antragstellung, deren Modellvarianten sich nur geringfügig voneinander unterscheiden, schließt es in der Regel aus, dieser Sammlung kulturhistorische Bedeutsamkeit zuzuerkennen.

17.3 Eine Sammlung im Sinne des Gesetzes kann Waffen oder Munition umfassen, die

17.3.1 nach rein chronologischen Gesichtspunkten geordnet oder mit Erinnerungen an berühmte Menschen oder an geschichtliche Ereignisse verknüpft sind oder einen exemplarischen Ausschnitt einer bestimmten Epoche darstellen,

17.3.2 nach dem Zündungssystem (z. B. Perkussions-, Randfeuer- oder Zentralfeuerzündung) geordnet sind,

17.3.3 nach dem Verschlusssystem geordnet sind,

17.3.4 nach dem Ladesystem (z. B. Vorder-, Hinter-, Seitenladung) geordnet sind,

17.3.5 an einem 20jährigen Produktionsprofil eines noch existierenden Waffen- oder Munitionsherstellers oder eines nicht mehr existenten Herstellers mit einem mehrjährigen Entwicklungs- und Produktionsprofil eines namhaften Waffen- oder Munitionsherstellers ausgerichtet sind (firmengeschichtliche Sammlung),

17.3.6 nach geografischem Bezug (Verwendungs-, Herstellungsort, -land, -zeit) geordnet sind und sich auf ein einziges Modell oder auf verschiedene Waffenmodelle oder Munitionsarten in ihrer geschichtlichen Entwicklung beziehen.

17.4 Die vorstehende Aufzählung möglicher Inhalte einer Sammlung ist nicht erschöpfend. Es sind auch Sammlungen denkbar, die nach anderen Systematisierungsgesichtspunkten aufgebaut sind (z. B. Jagd-, Duell-, Deliktswaffen, Verwendungs-, Beschuss- oder Bodenstempel auf Patronen).

Sammelthemen wie z. B. „Ordonnanzwaffen" oder „Militär-Waffen" können ohne Benennung eines zusätzlichen Bezuges als Sammelbereich nicht anerkannt werden. Der Begriff „Originalwaffe" genügt nicht; vielmehr bedarf er einer näheren Eingrenzung. Zum Beispiel dürfen bei Faustfeuerwaffen der deutschen Armee nur solche als Originalwaffen angesehen werden, die auf Grund besonderer Kennzeichnung (Abnahmestempel), sonstiger Merkmale oder durch sonstige Glaubhaftmachung als Militärwaffen identifizierbar sind; auf diese Weise wird vermieden, kulturhistorisch unbedeutsame kommerzielle Waffen in eine solche Sammlung einzufügen.

17.5 Eine WBK für Waffensammler soll auf den Erwerb von Originalwaffen beschränkt werden.

Nachbauten, so genannte Repliken, die sich in ihren Konstruktionsmerkmalen von den Originalen nicht unterscheiden, können im Einzelfall von der Waffenbehörde als sinnvolle Ergänzung einer vorhandenen kulturhistorisch bedeutsamen Sammlung anerkannt werden, insbesondere, wenn Originale nur unter erheblichen Schwierigkeiten erhältlich sind.

Waffensammler, die lediglich Dekorationsstücke erwerben wollen, fallen nicht unter § 17 Absatz 1. Sie sind auf so genannte Zier- und Sammlerwaffen nach Anlage 2 Abschnitt 2 Unterabschnitt 2 Nummer 1.5 zu verweisen, die von § 17 Absatz 1 nicht erfasst werden.

17.6 Bei Anträgen auf Erteilung einer Erwerbs- und Besitzerlaubnis für das Anlegen oder Erweitern kulturhistorisch bedeutsamer Waffen- und Munitionssammlungen soll wie folgt verfahren werden:

17.6.1 Die Erlaubnisbehörde prüft, nachdem die Vollendung des Mindestalters (§ 4 Absatz 1 Nummer 1), die Zuverlässigkeit des Antragstellers (§ 5) und die persönliche Eignung (§ 6) festgestellt sind, den Antrag, der folgende zusätzliche Angaben enthalten muss:

17.6.1.1 eingehende Darlegung des Bedürfnisses unter besonderer Berücksichtigung folgender Punkte:

a) Benennung des angestrebten Sammelbereichs (Konkretisierung der Waffen- oder Munitionsarten, Systematisierung durch Sammelplan, zeitlicher, örtlicher Bezug, vgl. Nummer 17.3),
b) Begründung der kulturhistorischen Bedeutsamkeit, insbesondere der geschichtlichen, wissenschaftlichen oder technischen Aussagekraft der angestrebten Sammlung,
c) besondere Begründung zur Erforderlichkeit, wenn eine Sammlung durch Waffen aus der Zeit nach dem 2. September 1945 ergänzt werden soll bzw. besondere Begründung der kulturhistorischen – einschließlich technikgeschichtlichen – Bedeutung insgesamt, wenn eine Sammlung hauptsächlich oder überwiegend aus solchen Waffen bestehen soll;

17.6.1.2 vollständige Aufstellung bereits vorhandener Waffen in der Art, wie sie chronologisch in die gewählte Sammelsystematik eingereiht werden sollen; erlaubnisfreie Waffen sind in die Aufstellung einzubeziehen. Vorhandene Waffen, die nicht in die Systematik passen, sind gesondert aufzuführen. Repliken alter Waffen (Nachbauten) sind als solche zu kennzeichnen;

17.6.1.3 Benennung der für einen Erwerb vorgesehenen Waffen unter genauer Bezeichnung und Angabe der modellbezogenen technischen Daten;

17.6.1.4 Nachweis der Sachkunde;

in den in § 3 Absatz 1 Nummer 1 und Nummer 2 Buchstabe a und c AWaffV genannten Fällen gilt die für Waffen- oder Munitionssammler erforderliche Sachkunde als erbracht;

an die Sachkunde von Waffen- und Munitionssammlern sind nur die in § 1 Absatz 1 AWaffV genannten Anforderungen zu stellen; d. h., dass bei einem Sammler auf den Nachweis der Schießfertigkeit verzichtet werden kann, sofern die Sammlung keine schussfähigen Waffen umfasst; die auf die Sammlung bezogenen speziellen Kenntnisse sind Gegenstand des Bedürfnisnachweises;

die Tätigkeit in einer schießsportlichen Vereinigung, die Tätigkeit in einem Waffenhandelsgeschäft sowie die Waffenausbildung im polizeilichen oder Bewachungsbereich können in einem Erlaubnisverfahren nach § 17 nur dann als Sachkundenachweis anerkannt werden, wenn sie geeignet waren, die für das Sammeln der im Antrag bezeichneten Art von Waffen oder Munition notwendigen Kenntnisse zu vermitteln;

17.6.1.5 genaue Angaben darüber, wo die Sammlung aufbewahrt wird und wie sie gegen unbefugten Zugriff gesichert werden soll.

17.6.2 Die Erlaubnisbehörde stellt fest, ob der Antragsteller

- eine Sammlung ernsthaft und in systematischer Weise anlegen oder erweitern will,
- den angestrebten Sammelbereich konkretisieren und den kulturgeschichtlichen Zusammenhang der Waffen oder der Munition darlegen kann.

Dies kann in einem persönlichen Gespräch geschehen. Die Erlaubnisbehörde kann hierzu eine sachkundige Person hinzuziehen oder mit dem Gespräch eine sachkundige Stelle oder sachkundige Person beauftragen.

17.6.3 Der Antragsteller hat die kulturhistorische Bedeutung der Sammlung nachzuweisen. Legt der Antragsteller in diesem Zusammenhang ein Privatgutachten vor, hat die Erlaubnisbehörde nach pflichtgemäßem Ermessen über die Anerkennung dieses Gutachtens und die damit verbundene Feststellung einer entsprechenden Bedeutung der Sammlung zu entscheiden. Sofern die Erlaubnisbehörde allein zu einer derartigen Bewertung nicht imstande ist, werden durch diese ggf. weitere Dienststellen mit entsprechendem Fachwissen zu beteiligen sein. Entstehende Kosten können nach Maßgabe der Verwaltungsverfahrens- und Kostengesetze der Länder den Betroffenen auferlegt werden. Soweit der Antragsteller seinerseits kein Gutachten vorlegt und die kulturhistorische Bedeutsamkeit der Sammlung auch aus dem sonstigen Vorbringen nicht ohne weiteres und eindeutig ersichtlich ist, hat die Behörde den Antrag unter Hinweis auf einen nicht erfolgreich geführten Bedürfnisnachweis abzulehnen.

17.6.4 Ergibt die Prüfung unter Berücksichtigung der Nummern 17.6.1 bis 17.6.3, dass der Antrag wegen negativer Bewertung einer der vorstehenden Punkte abgelehnt werden muss, soll die Behörde dem Antragsteller nahe legen, seinen Antrag zur Vermeidung unnötiger Kosten für ihn zurückzunehmen.

17.6.5 Bei Antragstellern, die erst eine Sammlung aufbauen wollen, soll die WBK bzw. der Munitionserwerbsschein nur für ein begrenztes Sammelgebiet erteilt werden. Erlaubnisse für Sammelgebiete, die sich auch oder vorwiegend auf Waffen aus der Zeit nach dem 2. September 1945 erstrecken, sind zu Beginn der Sammeltätigkeit in der Weise zu beschränken, dass sie nicht den Erwerb solcher Waffen oder Munition ermöglichen, die noch keinen kulturhistorischen Wert besitzen (vgl. Nummer 17.2, letzter Satz).

Bei Nachweis einer systematischen und kontinuierlichen Sammeltätigkeit können die Einschränkungen in den Erlaubnissen schrittweise zurückgenommen werden.

17.6.6 Wird für die Ergänzung einer bestehenden Waffensammlung, die im Wesentlichen aus erlaubnisfreien Schusswaffen besteht, der Erwerb einer erlaubnispflichtigen Waffe beantragt und ist absehbar, dass es sich voraussichtlich um einen einzelnen Erwerbsfall handelt, so ist lediglich eine Grüne WBK auszustellen.

17.7 Die zeitliche Bestimmung des Zeitpunkts zur Vorlage einer Aufstellung über den Waffenbestand (§ 17 Absatz 2 Satz 2) liegt im pflichtgemäßen Ermessen der Behörde.

Die Ermächtigung, Auflagen zu erteilen, verfolgt präventive Zwecke. Die Erteilung einer Auflage setzt daher keine konkrete Gefahrensituation voraus.

Je intensiver die Sammeltätigkeit ausgeübt wird, desto eher muss der erworbene Bestand der Sammlung auf die Übereinstimmung mit dem Sammlungsthema überprüft werden.

17.8 Absatz 3 enthält eine spezielle „Erbenregelung" für vererbte Waffen- und Munitionssammlungen. Aus rechtsförmlichen Gründen werden die Erwerber unter der Gruppenbezeichnung „Erwerber infolge eines Erbfalls" zusammengefasst. Damit wird – im Unterschied zum zivilrechtlichen Fachbegriff des „Erwerbs von Todes wegen" – sowohl die gesetzliche Erbfolge (beim Erben) als auch die schuldrechtliche Rechtsnachfolge (beim Vermächtnisnehmer und beim durch Auflage Begünstigten) erfasst. Die Regelung kombiniert das Erbenprivileg mit einem abgeschwächten Sammlerbedürfnis. Der Erbe einer Sammlung, der die Sammlung fortführt, ist in erster Linie ein passiver Sammler. Die ererbte Sammlung kann so in ihrem Bestand erhalten werden. Demzufolge bezieht sich die Erlaubnis zum Erwerb und Besitz von Schusswaffen oder Munition primär auf das Behaltendürfen der jeweils ererbten Waffen- oder Munitionssammlung. Der Erwerb von Einzelstücken zur Komplettierung der Sammlung durch den Rechtsnachfolger soll jedoch ggf. auch ermöglicht werden. Die Anwendung der Vorschrift setzt jedoch zunächst voraus, dass bereits überhaupt eine Sammlung des Erblassers im Sinne von § 17 Absatz 1 existiert bzw. vererbt worden ist. Unanwendbar ist diese Sonderregelung somit dann, wenn lediglich eine Anzahl von Schusswaffen vererbt wird, die als solche weder nach dem ursprünglich genehmigten Sammelthema noch nach insoweit vorstellbaren Beschränkungen auf andere Sammelthemen bereits eine kulturhistorische Bedeutsamkeit entfalten. Ausgeschlossen ist die Heranziehung des § 17 Absatz 3 somit insbesondere bei im Wesentlichen noch unvollständigen Sammlungen oder gar beim Vorliegen lediglich illegal zusammengetragener Ansammlungen.

Dem nach § 17 Absatz 3 unter Berücksichtigung dieser Voraussetzungen privilegierten Personenkreis wird bei Vorliegen der allge-

I

meinen Erteilungsvoraussetzungen (§ 4 Absatz 1 Nummer 1 bis 3) und Nachweis sowohl des ausreichenden Sammelstatus als auch der Erbengemeinschaft eine WBK nach Abschnitt 3 Anlage 1 („Grüne WBK") erteilt, in welche zunächst die entsprechend vererbten Waffen einzutragen sind. Im Feld „Amtliche Eintragungen" sind darüber hinaus ein Hinweis auf § 17 Absatz 3 und das dem Erblasser genehmigte Sammelthema einzutragen. Auf Antrag des Inhabers einer solchen Erlaubnis wird durch weiteren Eintrag ggf. die Möglichkeit zum Hinzuerwerb und Besitz von in der Sammlung noch fehlenden Einzelstücken eingeräumt, sofern der Erlaubnisinhaber deren Zugehörigkeit zum Sammelthema gegenüber der Waffenbehörde nachgewiesen hat.

Können die vererbten Waffen noch nicht als vorhandene Sammlung im Sinne des § 17 Absatz 1 angesehen werden, kommt alternativ zur Erteilung einer WBK nach allgemeinen Vorschriften – ggf. auch unter Anwendung des § 20 – lediglich die Erteilung einer grundständigen Sammler-WBK in Betracht, wenn der Erbe alle diesbezüglich erforderlichen Voraussetzungen einschließlich etwa auch des regulären Sammlerbedürfnisses (z. B. ausreichende Spezialkenntnisse; tatsächlicher Wille und ausreichende Möglichkeiten zum Aufbau/zur Vervollständigung der Sammlung; Sammelplan) erfüllt und gegenüber der Behörde nachgewiesen hat.

Zu § 18: Erwerb und Besitz von Schusswaffen oder Munition durch Waffen- oder Munitionssachverständige

18.1 Sachverständige sind Personen, die Waffen und/oder Munition oder deren jeweilige Wirkung in anderen Zusammenhängen untersuchen. Die gutachterliche Tätigkeit ist Abgrenzungskriterium zur sammlerischen Tätigkeit, beispielsweise der nach Nummer 17.2. Die Vorschrift ist nicht auf wissenschaftliche Forschung im Allgemeinen, bei der die Waffe oder Munition nur Mittel, nicht Gegenstand der Forschung ist (z. B. psychologische Untersuchungen) anzuwenden; hier ist § 8 einschlägig.

18.1.1 Eine wissenschaftliche Tätigkeit kann sich dabei z. B. auf innerballistische Untersuchungen – Einfluss des Verbrennungsraumes, der Form und Größe des Patronen- oder Kartuschenlagers, der Reibungsverhältnisse (Übergang, Feld- und Zugdurchmesser), der Laufgestaltung (Gesamtlänge, Drall und besondere Gestaltung) – und/oder auf außenballistische Untersuchungen einschließlich der Endballistik (Vorgänge beim Auftreffen der Geschosse) sowie Arbeiten über die Sicherung von Waffen und die Entwicklung konstruktiver Neuerungen beziehen.

Als Nachweis für eine solche wissenschaftliche Tätigkeit wird man in der Regel Veröffentlichungen oder sonstige abgeschlossene Arbeiten oder einen anderweitigen Nachweis des Fachwissens auf diesem Gebiet verlangen müssen.

18.1.2 Eine technische Tätigkeit erstreckt sich z. B. auf die Untersuchung mechanischer Abläufe und insbesondere deren Änderungen und Weiterentwicklungen. Hierbei kann es sich u. a. um den Zünd- und den Verschlussmechanismus und, bei voll- oder halbautomatischen Waffen, um den Auswerf- und Patronenzuführmechanismus handeln. Derartige Tätigkeiten werden z. B. von Personen ausgeübt, die entweder auf Grund ihres erlernten Berufes, durch Militärdienst oder Vereins- bzw. Verbandstätigkeit (z. B. Schießsportverein, Schießsportverband), aber auch auf Grund eines besonderen Interesses und Fachwissens mit der Herstellung, Instandsetzung und Bearbeitung von Schusswaffen, mit der Untersuchung von Waffenunfällen oder der Erstellung von Gutachten und Expertisen beschäftigt sind oder waren.

18.2 Von der Befugnis nach § 18 Absatz 2 Satz 1 Nummer 1, für Waffensachverständige eine WBK für Schusswaffen jeder Art zu erteilen, soll bei wissenschaftlich oder technisch ausgerichteten Sachverständigen dann Gebrauch gemacht werden, wenn sie zur Erfüllung ihrer Aufgaben mehrere Schusswaffenarten benötigen und sich ihre Tätigkeit über einen längeren Zeitraum erstreckt. Bei Waffensachverständigen, denen Schusswaffen zur Erprobung, Begutachtung, Untersuchung oder für ähnliche Zwecke überlassen werden, gilt dies, wenn sich deren Tätigkeit mindestens auf mehrere Schusswaffenarten bezieht.

Dies schließt das Vorhalten von Vergleichsstücken (Referenzsammlung) und die Befugnis zum Schießen mit den Untersuchungsgegenständen ein. Eine öffentlich-rechtliche Bestellung und Vereidigung durch eine Handwerkskammer ist zur Anerkennung eines Bedürfnisses als Waffen- oder Munitionssachverständiger nicht erforderlich. Vielmehr hat der Betroffene glaubhaft zu machen, dass er Schusswaffen und Munition für wissenschaftliche oder technische Zwecke benötigt.

18.3 Nummer 17.7 gilt für die Anwendung des § 18 Absatz 2 Satz 2 entsprechend.

18.4 § 18 Absatz 2 Satz 3 verlängert die Anzeige- und Vorlagepflicht in den Fällen des § 18 Absatz 2 Satz 1 Nummer 1 auf drei Monate; in allen anderen Fällen bleibt es bei der Zwei-Wochen-Frist des § 10 Absatz 1a.

Zu § 19: Erwerb und Besitz von Schusswaffen und Munition, Führen von Schusswaffen durch gefährdete Personen

19.1 § 19 bildet den Grundtatbestand für die Anerkennung des Bedürfnisses einer Person zum Erwerb und Besitz sowie Führen von Schusswaffen und Munition in Fällen einer besonderen persönlichen Gefährdung. Auf die an anderer Stelle des Gesetzes behandelten speziellen Gefährdungskonstellationen für Bewachungsunternehmer und ihr Bewachungspersonal (§ 28) oder das Verfahren bei erheblicher Gefährdung wegen der Wahrnehmung hoheitlicher Aufgaben (§ 55 Absatz 2) ist die Norm nicht anzuwenden. Ein Bedürfnis nach § 19 kann nur dann anerkannt werden und weitere waffenrechtliche Erlaubnisse auf dieser Grundlage können nur dann ergänzend erteilt werden, wenn sich – ggf. auch im Zusammenhang mit der betreffenden Tätigkeit – die besondere Gefährdung über den durch die spezielle Regelung abgedeckten Bereich hinaus erstreckt (z. B. privat, d. h. außerhalb ihrer eigentlichen Bewachungstätigkeit, gefährdete Wachpersonen).

19.2 Für die Anerkennung einer Gefährdung nach § 19 gelten folgende Grundsätze:

19.2.1 Die Gründe des Antragstellers müssen stets vollständig angegeben werden, damit eine umfassende Überprüfung durch die Behörde möglich ist. Bei der Anerkennung eines Bedürfnisses sollen die Gründe für die besondere Gefährdung des Antragstellers im Rahmen einer polizeilichen Gefährdungsanalyse bestätigt werden. Als Indiz kann herangezogen werden, ob für den Antragsteller eine Auskunftssperre im Melderegister nach § 21 Absatz 5 des Melderechtsrahmengesetzes (MRRG) eingetragen oder beantragt wurde.

Bei der Entscheidung über die Anerkennung eines Bedürfnisses ist stets eine Abwägung der persönlichen Interessen des Antragstellers an der Verbesserung seiner Sicherheit durch den Besitz einer Schusswaffe und dem öffentlichen Interesse, möglichst wenig Waffen in Umlauf zu haben, erforderlich. Dabei ist zunächst zu berücksichtigen, ob der Antragsteller eine Schusswaffe außerhalb seiner Wohnung, seiner Geschäftsräume oder seines befriedeten Besitztums führen oder ob er die tatsächliche Gewalt über eine Schusswaffe nur innerhalb der genannten Räume ausüben will. Im ersten Fall ist an die Anerkennung eines Bedürfnisses ein besonders strenger Maßstab anzulegen.

19.2.2 Maßgebend für die Beurteilung der Gefährdung ist nicht die persönliche Anschauung des Antragstellers, sondern ein objektiver Maßstab. Der Antragsteller muss bei realistischer Betrachtung und nach vernünftiger Überlegung überdurchschnittlich gefährdet sein. Diese besondere Gefährdung kann sich aus seiner Zugehörigkeit zu einem Personenkreis, der nach allgemeiner Lebenserfahrung wegen seiner beruflichen Tätigkeit oder wegen anderer besonderer Umstände wesentlich mehr als die Allgemeinheit gefährdet ist, ergeben. Jedoch begründet die schlichte Zugehörigkeit zu einer derartigen Personengruppe für sich allein noch kein waffenrechtliches Bedürfnis (keine Geltung berufsspezifischer Gefährdungsmaßstäbe). Es ist jedoch immer erforderlich, dass auch in der Person liegende objektive Kriterien hinzutreten, die eine besondere Gefährdung der Person begründen.

Hinzu kommt, dass der Gefährdungsgrad des Antragstellers sich deutlich von dem der Allgemeinheit unterscheiden und ihn in Person betreffen muss. Ein Gefühl allgemeiner Unsicherheit oder eine höhere Gefährdung, die die Allgemeinheit insgesamt oder eine unbestimmte Personenmehrheit betrifft, etwa, weil Kriminalität, allgemeine terroristische Bedrohung und ähnliche Umstände zunehmen, reichen für die Anerkennung einer überdurchschnittlichen Gefährdung nicht aus.

19.2.3 Selbst bei einer besonderen, deutlich überdurchschnittlichen Gefährdung ist ein waffenrechtliches Bedürfnis dann nicht gegeben, wenn nach den Umständen des Einzelfalles die Schusswaffe zur Minderung der Gefährdung nicht geeignet oder nicht erforderlich ist.

Erforderlichkeit ist nicht gegeben, wenn die Gefährdung sich auf zumutbare Weise so verhindern oder mindern lässt, dass der Besitz einer Schusswaffe nicht mehr erstrebt werden muss. Bevor ein waffenrechtliches Bedürfnis anerkannt werden kann, ist zu prüfen, ob die Gefährdung in zumutbarer Weise durch entsprechendes persönliches Verhalten des Antragstellers oder durch Aufwendungen für technische oder organisatorische Maßnahmen vermindert werden kann. Eine herausgehobene Bedeutung kommt dabei z. B. der abschreckenden Wirkung von Alarm- und sonstigen Überwachungsanlagen zu, der Vornahme baulicher Sicherungsmaßnahmen oder der Beauftragung professioneller Dienste etwa bei Geld- oder Werttransporten. Eine erlaubnispflichtige Schusswaffe darf niemals nur als bequemste oder kostengünstigste Alternative einer Gefährdungsminderung angesehen werden.

19.2.4 Sofern dem Betroffenen Überraschungsangriffe drohen, die einer wirksamen Verteidigung entgegenstehen, gibt es in der Regel kein Bedürfnis für den Besitz einer Schusswaffe zu Verteidigungszwecken. Dies betrifft z. B. alle Personengruppen, die im Rahmen ihrer typischen Tätigkeiten gerade nicht fortwährend mit Angriffen rechnen (müssen) und die daher kaum in der Lage sind, dauerhaft eine Verteidigungsbereitschaft aufrechtzuerhalten (z. B. von Angriffen regelmäßig völlig überraschte Geschäfts-/Gaststätteninhaber, Taxifahrer etc.).

Im Rahmen der Prüfung der Geeignetheit des Waffenbesitzes ist auch die individuelle Verteidigungsfähigkeit des Antragstellers festzustellen. Dabei kommt es darauf an, ob dieser etwa – über die Anforderungen an die allgemeine persönliche Eignung hinaus – wegen seines Alters und/oder seiner körperlichen Verfassung überhaupt zu entsprechenden Reaktionen in der Lage wäre (Mindestanforderungen an Reaktionsschnelligkeit, Behändigkeit, Kraft etc.).

19.2.5 Eine Gefährdung nach § 19 kann – bei unverändert erforderlicher Einzelfallprüfung – nach diesen Grundsätzen insbesondere angenommen werden bei Personen, die – abgesehen von den Fällen des § 55 Absatz 2 – auf Grund ihrer exponierten Stellung im öffentlichen Leben oder ihrer beruflichen Stellung mit Angriffen auf Leib und Leben rechnen müssen; zur Beurteilung dieser Frage sollte eine Stellungnahme der zuständigen Polizeidienststelle eingeholt werden.

19.3 Verfügt der Antragsteller bereits über eine für seinen Schutz geeignete Schusswaffe, so ist ein Bedürfnis für den Erwerb einer weiteren Schusswaffe im Regelfall zu verneinen.

Beschränkt sich das nachgewiesene Bedürfnis in Folge einer entsprechenden Konzentration der Gefährdung, Geeignetheit oder Erforderlichkeit nur auf ganz bestimmte (Teil-)Tätigkeiten oder Situationen, so sind auch die unter Anwendung des § 19 erteilten waffenrechtlichen Erlaubnisse nach Möglichkeit auf diese Tätigkeiten/Situationen zu beschränken. Bestehen darüber hinaus Zweifel am weiteren Fortbestand oder am ausreichenden Umfang der das Bedürfnis begründenden Umstände, ist durch die zuständige

Waffenbehörde eine erneute Überprüfung des Bedürfnisses durchzuführen.

Zu § 20: Erwerb und Besitz von Schusswaffen durch Erwerber infolge eines Erbfalls

20.1.1 Gemäß § 20 ist der Erbe einer Waffe nur privilegiert, d. h. er hat ohne eigenes Bedürfnis, ohne Sachkunde und unabhängig vom Alterserfordernis einen Rechtsanspruch auf das Erteilen einer waffenrechtlichen Erlaubnis, wenn der Erblasser legal im Besitz der Waffe war. Hierdurch wird jedoch – vorbehaltlich einer Entscheidung nach § 54 – im Einzelfall nicht ausgeschlossen, dass bei Vorliegen sämtlicher Voraussetzungen des § 4 Absatz 1 auch eine nicht legal im Besitz des Erblassers befindlich gewesene Waffe durch die Waffenbehörde legalisiert und einem Berechtigten übergeben werden kann. Die Anzeigepflicht nach § 37 Absatz 1 bleibt unberührt. Für die Praxis bedeutet dies, dass demjenigen, der die erlaubnispflichtige(n) Waffe(n) beim Tod eines Waffenbesitzers in seinen Besitz nimmt, unabhängig davon, ob er das Erbe annimmt oder nicht, (zunächst) eine Anzeigepflicht nach § 37 obliegt.

Das Erbenprivileg gilt nicht nur für den Erben, sondern auch für den Vermächtnisnehmer und den von einer Auflage Begünstigten. Sie werden unter der Gruppenbezeichnung „Erwerber infolge eines Erbfalls" zusammengefasst. Für die Vererbung von Sammlungen ist § 17 Absatz 3 einschlägig.

20.1.2 Die Ausstellung einer WBK für die infolge Erbfalls erworbenen erlaubnispflichtigen Schusswaffen oder die Eintragung in eine bereits ausgestellte WBK ist binnen eines Monats zu beantragen. Für den Erben beginnt die Frist mit der Annahme der Erbschaft oder mit dem Ablauf der für die Ausschlagung der Erbschaft vorgeschriebenen Frist. Diese beträgt nach § 1944 Absatz 1 BGB sechs Wochen, in Fällen mit Auslandsbezug nach § 1944 Absatz 3 BGB sechs Monate. Für den Vermächtnisnehmer oder den durch eine Auflage Begünstigten beginnt die Frist mit dem Erwerb der Schusswaffen im waffenrechtlichen Sinne.

20.1.3 Sind mehrere Personen Erwerber infolge eines Erbfalles, kann für diese Erbengemeinschaft eine WBK ausgestellt werden (§ 10 Absatz 2 Satz 1).

20.1.4 Die Erwerber infolge eines Erbfalls erwerben und besitzen die Waffe rechtmäßig, auch wenn eine waffenrechtliche Erlaubnis noch nicht erteilt worden ist. Die Besitzberechtigung verlängert sich bis zur Erteilung einer Waffenbesitzkarte, vorausgesetzt, dass der Antrag nach § 20 Absatz 1 rechtzeitig gestellt worden ist. § 37 Absatz 1 bleibt unberührt.

20.1.5 Derjenige, der infolge eines Erbfalls erlaubnispflichtige Waffen erwirbt und die Anmeldefristen nach § 20 Absatz 1 versäumt, begeht keine Straftat, sondern eine Ordnungswidrigkeit. Das Überschreiten der Antragsfrist nach § 20 Absatz 1 hat zur Folge, dass ein Erbe die Erteilung einer waffenrechtlichen Erlaubnis unter den erleichterten Voraussetzungen des § 20 Absatz 2 nicht mehr verlangen kann. Die Erteilung einer Erlaubnis ist nur unter Erfüllung der in § 4 Absatz 1 Nummer 1 bis 4 genannten Voraussetzungen möglich. Bei Antragstellern, denen aufgrund eines anerkannten Bedürfnisses bereits waffenrechtliche Erlaubnisse erteilt wurden (z. B. Sportschütze, Jäger, Waffensammler), ist von dieser Möglichkeit kein Gebrauch zu machen. Sie sind im Sinne von § 7 sachkundig.

20.2.1 Das Erbenprivileg besteht darin, dass nach § 20 Absatz 2 die Erlaubnis abweichend von § 4 Absatz 1 zu erteilen ist, wenn der Betroffene zuverlässig (§ 5) und persönlich geeignet (§ 6) ist. Sachkunde und Volljährigkeit sind nicht erforderlich. Bei einem minderjährigen Erwerber infolge eines Erbfalls fehlt allerdings, je nach Lage des Einzelfalles nach § 6 Absatz 1 Satz 1 Nummer 1 oder 3, die persönliche Eignung. Aus Gründen der öffentlichen Sicherheit ist daher dafür Sorge zu tragen, dass der Besitz an ererbten Schusswaffen einem waffenrechtlich Berechtigten (vorübergehend) übertragen wird. Vollendet der Minderjährige das 18. Lebensjahr, so ist ihm nach Feststellung seiner Zuverlässigkeit und persönlichen Eignung auf

Antrag die waffenrechtliche Erlaubnis zu erteilen, vorausgesetzt, es handelt sich ausschließlich um Schusswaffen nach § 14 Absatz 1 Satz 2. Bei anderen Schusswaffen tritt an die Stelle des 18. Lebensjahres das 25. Lebensjahr. Hat der Betroffene das 25. Lebensjahr noch nicht vollendet, ist ein positives Gutachten nach § 6 Absatz 3 beizubringen.

20.2.2 Befindet sich zum Zeitpunkt der Anzeige nach § 37 Absatz 1 Satz 1 oder der Antragstellung nach § 20 Absatz 1 im Nachlass des Erblassers neben den erlaubnispflichtigen Schusswaffen noch die dazugehörige Munition, so hat die Behörde nach § 37 Absatz 1 Satz 2 zu verfahren. Eine Erlaubnis nach § 10 Absatz 3 zum weiteren Besitz der geerbten Munition ist nur dann zu erteilen, wenn der Erwerber infolge eines Erbfalls selbst ein Bedürfnis, z. B. als Jäger oder Sportschütze, geltend machen kann.

Geerbte Schusswaffen werden auf die nach den §§ 13 oder 14 bestehenden Waffenkontingente nicht angerechnet.

20.2.3 § 20 Absatz 2 setzt berechtigten Besitz des Erblassers nach den Bestimmungen der deutschen Rechtsordnung voraus. Fehlt es hieran, kann eine Erlaubnis unter Inanspruchnahme des Erbenprivilegs nicht erteilt werden. § 46 Absatz 3 in Verbindung mit Absatz 5 ist anwendbar. Ferner ist in diesen Fällen zu prüfen, ob die Waffe zur Sachfahndung ausgeschrieben ist. Gegebenenfalls ist eine Verkaufswegfeststellung durchzuführen.

20.3 Zur Durchsetzung der Blockierpflicht wird keine Auflage benötigt. Eine schriftliche Aufforderung ist ausreichend. Den Waffenbesitzern ist für das Durchführen der Blockierung eine ausreichende Frist (z. B. 10 Wochen) einzuräumen. Die Frist kann wegen mangelnder Verfügbarkeit des Blockiersystems verlängert werden. Ein Nachweis über den Einbau der Blockierung kann vom Waffenbesitzer nach § 20 Absatz 3 in Verbindung mit § 36 Absatz 3 Satz 1 verlangt werden. Kommt der Erbe der Aufforderung zur Blockierung nach erfolgter Mahnung nicht nach, ist die waffenrechtliche Erlaubnis zu widerrufen (§ 20 Absatz 3, § 45, § 5 Absatz 2 Nummer 5).

Von der Pflicht, die geerbte Schusswaffe blockieren zu lassen, sind Waffenbesitzer ausgenommen, die z. B. eine waffenrechtliche Erlaubnis nach den §§ 8, 13, 14, 16 bis 19 besitzen. Unabhängig von der Art der einzelnen Erlaubnis (bzw. der einzelnen Waffe) kann bei ihnen davon ausgegangen werden, dass sie über die erforderliche Sachkunde zur Gefahreneinschätzung im Umgang mit Schusswaffen verfügen. Dies ist z. B. auch dann der Fall, wenn der Erbe (nur) eine erlaubnispflichtige Signalwaffe aufgrund eines Bootsführerscheins besitzt und eine großkalibrige Schusswaffe erbt.

20.4 Die Arbeitsgruppe „dynamische Druckmessung" der PTB hält auf ihrer Homepage Informationen über die nach der Technischen Richtlinie (TR) – Blockiersysteme für Erbwaffen – vom 01. April 2008 (BAnz. S. 1167) zertifizierten Blockiersysteme bereit. Die veröffentlichte Zulassungsliste wird von der PTB laufend fortgeschrieben.

20.5 Die Hersteller der Blockiersysteme weisen die Erlaubnisinhaber nach § 21 ein (§ 20 Absatz 5 Satz 1).

Sie informieren (ggf. über die einschlägigen Berufsverbände), welche Erlaubnisinhaber im Sinne der Vorschrift eingewiesen sind.

Entsperrt ein Erlaubnisinhaber nach § 21 eine Erbwaffe (z. B. mit Blick auf den Verkauf der Schusswaffe(n) oder zum Zweck der Reinigung), darf die Schusswaffe nicht dem Erben überlassen werden, weil dieser nur berechtigt ist, eine blockierte Schusswaffe zu besitzen. Einem Kaufinteressenten, der eine waffenrechtliche Erlaubnis für eine nicht blockierte Schusswaffe besitzt, kann die Schusswaffe gegen Leihschein ausgehändigt werden. Die Dokumentation über den Ein- bzw. Ausbau des Blockiersystems obliegt dem Erlaubnisinhaber nach § 21 (§ 20 Absatz 5 Satz 3 und 4). Er kennzeichnet die Schusswaffe beim Einbau des Blockiersystems entsprechend Nummer 8 TR.

20.6 Die Waffenbehörde trägt in die WBK ein (§ 20 Absatz 6), dass die Schusswaffe mit einem Blockiersystem gesichert wurde („Die Schusswaffe/n lfd. Nummer ist/sind mit einem Blockiersystem versehen", Unterschrift, Datum und Dienstsiegel). Die Eintragung selbst kann durch handschriftlichen Vermerk, Stempel oder automationstechnischen Eindruck vorgenommen werden.

20.7 Gibt es für die vererbte Schusswaffe kein zertifiziertes Blockiersystem, ist entsprechend § 20 Absatz 7 zu verfahren. Bei Schusswaffen aus vererbten Waffensammlungen (§ 17 Absatz 3) ist von einer Aufforderung zum Blockieren abzusehen.

Zu § 21: Gewerbsmäßige Waffenherstellung, Waffenhandel

21.1 Die für die Waffenherstellungserlaubnis maßgeblichen Umgangsarten sind in Anlage 1 Abschnitt 2 Nummer 8 beschrieben. Ergänzend gilt Folgendes: Für den Begriff „Gewerbsmäßigkeit" gelten die allgemeinen gewerberechtlichen Grundsätze. Wirtschaftliche Unternehmung ist jede von einer natürlichen oder juristischen Person vorgenommene Zusammenfassung persönlicher und sächlicher Mittel zur Erreichung eines wirtschaftlichen Zwecks, wenn hierdurch eine Teilnahme am Wirtschaftsverkehr stattfindet. Hierzu gehören insbesondere wirtschaftliche Unternehmen, die nicht mit der Absicht der Gewinnerzielung betrieben werden, z. B. Genossenschaften oder Vereine.

21.2 Herstellen ist das Anfertigen wesentlicher Teile von Schusswaffen, von Schalldämpfern für Schusswaffen und das Zusammensetzen fertiger Teile zu einer Schusswaffe, es sei denn, dass die Schusswaffe nur zur Pflege, zur Nachschau oder zum Austausch von Wechsel- oder Austauschläufen sowie Wechselsystemen auseinander genommen wird. Das Zusammenfügen von Bausätzen erlaubnisfreier Schusswaffen nach Anlage 2 Abschnitt 2 Unterabschnitt 2 Nummer 1.7 bis 1.9 ist kein Herstellen.

Eine Schusswaffe wird bearbeitet, wenn ihre Funktionsweise geändert wird (z. B. Umarbeitung einer Schreckschusswaffe in eine Waffe für Patronenmunition, einer Repetierwaffe in eine halbautomatische Waffe, einer Schusswaffe für Einzelfeuer in eine für Dauerfeuer), wenn wesentliche Teile der Waffe (Anlage 1 Abschnitt 1 Unterabschnitt 1 Nummer 1.3) ausgetauscht, geändert oder in ihrer Haltbarkeit beeinträchtigt werden (z. B. Verkürzung des Laufs, Änderung des Patronenlagers) oder wenn das Aussehen der Waffe wesentlich geändert wird (z. B. Abänderung einer Langwaffe in eine Kurzwaffe durch Verkürzung des Schaftes, Montieren von Kühlrippen, Anbringung eines Zielfernrohrs durch mechanische Veränderung an der Waffe). Auch das Umarbeiten erlaubnispflichtiger Schusswaffen in Zier- oder Sammlerwaffen bzw. Schnittmodelle ist ein Bearbeiten. Keine Bearbeitung ist es, einen Einsteck- oder Austauschlauf einzusetzen.

Das Zerstören (z. B. Einschmelzen, Zerschreddern) einer Schusswaffe oder wesentlicher Teile einer Schusswaffe ist keine erlaubnispflichtige Tätigkeit.

Eine Schusswaffe wird instand gesetzt, wenn ihre Funktionsfähigkeit durch wesentliche Änderung oder Bearbeitung wieder hergestellt wird oder wenn Mängel, welche die Schusswaffe funktionsunfähig machen, beseitigt werden.

Die Verschönerung oder Verzierung der Waffe oder die Anbringung oder Veränderung von Teilen, die für die Funktionsfähigkeit, die Funktionsweise oder die Haltbarkeit der Waffe nicht wesentlich sind, sind kein „Herstellen" im Sinne des WaffG und unterliegen daher nicht der Erlaubnispflicht. Dies gilt auch für geringfügige Änderungen am Schaft oder an der Visiereinrichtung.

21.3 Die für die **Waffenhandelserlaubnis** maßgeblichen Umgangsarten sind in Anlage 1 Abschnitt 2 Nummer 9 beschrieben. Überlassen in diesem Sinne bedeutet jede mit der Übertragung des unmittelbaren Besitzes verbundene Einräumung der tatsächlichen Möglichkeit, über den Gegenstand nach eigener Entschließung zu verfügen, unabhängig davon, ob die Verfügungsmöglichkeit als dauernd oder nur vorübergehend gedacht ist, wenn sie nur für eine gewisse Zeitspanne geplant ist. Überlassen ist hauptsächlich das Verkaufen, daneben auch das Verleihen, Versteigern, Vermieten, Verpfänden, Verwahren oder Befördernlassen. Von der Typizität der Waffenhandelserlaubnis und der Abgrenzung zu anderen besonderen Bedürfnisgründen her betrifft sie z. B. den Filmwaffenverleih, nicht jedoch den Betrieb einer Schießstätte oder das Bewachungsgewerbe. Ergänzend gilt Folgendes:

Zum Waffenhandel nach § 21 Absatz 1 gehören alle Vertriebsformen einschließlich des Angebots im Internet. Waffenvermittler können sowohl Makler als auch selbstständige Handelsvertreter sein (§ 84 Absatz 1 des Handelsgesetzbuches – HGB), nicht dagegen die unselbstständigen Handlungsreisenden (§ 84 Absatz 2, § 59 HGB), die für einen bestimmten Auftraggeber tätig sind; ihre Tätigkeit wird durch die Erlaubnis des Geschäftsherrn gedeckt. Eine erlaubnispflichtige Vermittlertätigkeit liegt auch dann vor, wenn nur einzelne Vermittlungshandlungen im Geltungsbereich des Gesetzes vorgenommen werden.

Der Erlaubnispflicht unterliegen auch Gewerbetreibende, insbesondere Waffenhandelsfirmen, mit Sitz außerhalb des Geltungsbereiches des Gesetzes, die Schusswaffen oder Munition durch angestellte Handlungsreisende bei Waffeneinzelhändlern vertreiben lassen; in solchen Fällen kann die Erlaubnis dem Unternehmen – vertreten durch seinen Repräsentanten in der Bundesrepublik Deutschland – erteilt werden. Das in Nummer 32.1 vorgesehene Verfahren ist auch hier anzuwenden. Bestehen Zweifel an der Fachkunde, insbesondere, weil auch eine mehrjährige Auslandstätigkeit im Waffenhandel nicht zum Erwerb der notwendigen Fachkunde führt, ist eine Fachkundeprüfung abzulegen.

Das Verbot des § 35 Absatz 3 bleibt unberührt.

21.4 Der Erlaubnis bedürfen nicht die Herstellung der nach Anlage 2 Abschnitt 3 Unterabschnitt 2 Nummer 1 bis 3 befreiten Gegenstände und der Handel mit ihnen. Darüber hinaus ist auch die besondere Erlaubnisbefreiung nach Anlage 2 Abschnitt 2 Unterabschnitt 2 Nummer 5 zu beachten. § 21 lässt eine Erlaubnispflicht nach anderen Rechtsvorschriften unberührt, z. B. der §§ 1 und 7 der Handwerksordnung (HWO) und § 4 des Bundes-Immissionsschutzgesetzes (BImSchG) in Verbindung mit der 4. Bundes-Immissonsschutzverordnung (BImSchV). Die Erlaubnis nach § 21 ersetzt die WBK und den Munitionserwerbschein (§ 10 Absatz 1 und 3), soweit sich die Erlaubnis auf Schusswaffen oder Munition der betreffenden Art erstreckt.

21.5 Inhaber der Erlaubnis können sowohl natürliche als auch juristische Personen sein.

Bei Gesellschaften des Bürgerlichen Rechts und bei Offenen Handelsgesellschaften wird die Erlaubnis den zur Vertretung berechtigten oder zur Geschäftsführung befugten Gesellschaftern erteilt. Sind mehrere Gesellschafter zur Geschäftsführung befugt, so muss jeder dieser Gesellschafter die Erlaubnis erwerben.

Bei Kommanditgesellschaften bedarf jeder zur Vertretung berechtigte oder zur Geschäftsführung befugte persönlich haftende Gesellschafter der Erlaubnis; der Kommanditist nur, soweit er zur Geschäftsführung befugt ist.

21.6 Die Herstellungserlaubnis deckt auch den Vertrieb der vom Erlaubnisinhaber hergestellten Schusswaffen und Munition und die Ausfuhr dieser Gegenstände (vgl. § 21 Absatz 2 Satz 1) ab. Die Herstellungserlaubnis berechtigt ferner zum Waffenerwerb zum Zwecke der Waffenherstellung, z. B. zum Erwerb von Teilen, die vom Hersteller zu Schusswaffen zusammengebaut werden sollen. Will der Hersteller – ausgenommen Büchsenmacher – Schusswaffen oder Munition an „Endverbraucher" abgeben, so bedarf er hierzu zusätzlich einer Handelserlaubnis. Die Waffenherstellungserlaubnis berechtigt auch nicht zum Erwerb bzw. Ankauf fremder Waffen oder Munition mit der Absicht, sie unverändert weiterzuveräußern.

21.7 Versagung der Erlaubnis (§ 21 Absatz 3 und 4)

21.7.1 Im Zusammenhang mit der Prüfung der waffenrechtlichen Zuverlässigkeit (§ 5) sind von den dafür zuständigen Stellen (z. B. Gewerbezentralregister – GZR, Handwerkskammer – HWK, Industrie- und Handelskammer – IHK) Angaben zu gewerberechtlichen Fragen (z. B. Niederlassungen, Qualifikation, Ausbildereignung) einzuholen. Von besonderer Bedeutung sind die Fähigkeit und der Wille des Gewerbetreibenden zur Beachtung seiner Aufsichtspflicht gegenüber den für die Einhaltung der waffenrechtlichen Vorschriften verantwortlichen Beschäftigten; für jugendliche Auszubildende oder Arbeitnehmer wird auf diese Weise auf eine verantwortungsvolle Ausübung der Weisungsbefugnis nach § 3 Absatz 1 geachtet.

Die Erlaubnisbehörde soll im Rahmen der Zuverlässigkeitsprüfung des Antragsstellers über die nach § 5 Absatz 5 vorgeschriebenen Auskünfte hinaus Auskunft aus dem GZR (§ 150a Absatz 1 Nummer 2 Buchstabe a GewO) einholen; dies gilt entsprechend für die Prüfung der Zuverlässigkeit der mit der Leitung des Betriebes, einer Zweigniederlassung oder einer unselbstständigen Zweigstelle beauftragten Personen. Das Gewerbeamt sowie die zuständige IHK – bei Handwerkern die HWK – sollen gehört werden. Der IHK ist ein Abdruck der Antragsunterlagen zu übersenden, soweit sie sich auf den Nachweis der Fachkunde zum Waffenhandel beziehen. Ferner sind bei anderen Stellen (z. B. LKA, örtliche Polizeidienststellen) die erforderlichen Erkundigungen einzuziehen. Soll das Gewerbe auch von Zweigniederlassungen oder unselbstständigen Zweigstellen aus betrieben werden, so sind auch die für den Sitz dieser Niederlassungen zuständigen Behörden zu hören. In der Regel sind Auskünfte aus den Schuldnerverzeichnissen nach § 915 der Zivilprozessordnung (ZPO) in Verbindung mit der Schuldnerverzeichnisverordnung (SchuVVO) bei den Amtsgerichten einzuholen, in deren Bezirk der Antragsteller in den letzten fünf Jahren vor der Antragstellung einen Wohnsitz, bei Fehlen eines solchen einen Aufenthaltsort oder eine gewerbliche Niederlassung gehabt hat. Das zuständige Ordnungsamt und die zuständige IHK – bei Handwerkern die HWK – sowie die für den Sitz von Zweigniederlassungen und unselbständigen Zweigstellen zuständigen Behörden sollen von der erteilten Erlaubnis unterrichtet werden. Die unanfechtbare Ablehnung der Erlaubnis wegen Unzuverlässigkeit oder – im Falle des Waffenhandels – wegen Ungeeignetheit (nicht behebbarer fachlicher Mangel) ist nach § 153a in Verbindung mit § 149 Absatz 2 Nummer 1 Buchstabe a GewO dem GZR mitzuteilen. Richtet sich die Entscheidung nicht gegen eine natürliche Person, so ist nach § 153a in Verbindung mit § 151 Absatz 1 GewO außer der Mitteilung nach Satz 1 eine weitere Mitteilung zu machen, die sich auf die vertretungsberechtigte Person bezieht, die unzuverlässig oder ungeeignet ist.

21.7.2 Bei Angehörigen der EU-Mitgliedstaaten darf von dem – nur im gewerblichen Bereich relevanten – Versagungsgrund nach § 21 Absatz 4 Nummer 1 kein und von dem Versagungsgrund nach § 21 Absatz 4 Nummer 2 nur in beschränktem Umfang Gebrauch gemacht werden.

Für die Zuverlässigkeitsprüfung von EU- und Drittausländern gilt Folgendes:

Bei Anträgen von Ausländern ist ferner von der Ausländerbehörde eine Auskunft einzuholen oder die Ausländerakte anzufordern. Die Erlaubnisbehörde kann aber auch selbst entsprechende Nachforschungen anstellen. In solchen Fällen wird die Erlaubnisbehörde dem Antragsteller aufgeben, entsprechende Unterlagen beizubringen.

Wird die Erlaubnis zur Waffenherstellung oder zum Waffenhandel von dem Angehörigen eines anderen EU-Mitgliedstaates beantragt, so kann die Erlaubnisbehörde neben dem Strafregisterauszug von dem Bewerber die Vorlage einer Bescheinigung der zuständigen Justiz- oder Verwaltungsbehörde seines Heimat- oder Herkunftslandes über bestimmte Tatsachen verlangen, die nach der Auffassung der Erlaubnisbehörde für die Beurteilung der Zuverlässigkeit erheblich sind (Artikel 8 Absatz 2 der Richtlinie des Rates der EG vom 15. Oktober 1968 über die Verwirklichung der Niederlassungsfreiheit und des freien Dienstleistungsverkehrs für die selbstständigen Tätigkeiten des Einzelhandels – aus CITI-Gruppe 612 – ABl. EG 1968 Nummer I S. 260). Die Behörde kann verlangen, dass die Bescheinigung nicht älter als drei Monate ist. Im Übrigen dürfen nur solche Tatsachen als nachgewiesen angesehen werden, die von der zuständigen Heimatbehörde bestätigt worden sind.

Im Hinblick auf Artikel 52 bis 58 des Vertrags zur Gründung der Europäischen Gemeinschaft (EGV) kann auch bei Anträgen von Waffenherstellern und -großhändlern – wie beim Einzelhandel mit Waffen und Munition – von dem Antragsteller eine Bescheinigung über weitere Tatsachen verlangt werden.

Für die Behandlung von Anträgen durch Ausländer gilt ferner die „Allgemeine Verwaltungsvorschrift für die Anwendung des Gewerberechts auf Ausländer (AuslGewVwV)".

21.7.3 Liegt keiner der in § 21 genannten Versagungsgründe vor, so muss die Erlaubnis erteilt werden. Ein Anspruch auf Erteilung der Erlaubnis besteht mangels eines rechtlichen Interesses nicht, wenn der Antragsteller das Gewerbe, für das er die Erlaubnis beantragt, erkennbar nicht betreiben will. Ein solcher Fall kann insbesondere gegeben sein, wenn der Antragsteller nicht über die für die Ausübung des Gewerbes erforderlichen Betriebs- oder Geschäftsräume verfügt.

21.7.4 Die Erteilung der Waffenhandelserlaubnis erfolgt durch Ausstellung eines entsprechenden behördlichen Schreibens. Die Erlaubnis ist für Schusswaffen oder Munition jeder Art oder für einzelne Waffen- oder Munitionsarten zu erteilen. Eine Aufstellung der Waffen- und Munitionsarten ist erforderlich.

21.7.5 Die Erlaubnis kann auf den Handel mit bestimmten Waffen- und Munitionsarten beschränkt werden. Häufig kann sich eine nähere Eingrenzung der Erlaubnis auch dadurch ergeben, dass der Antragsteller seinen Antrag auf bestimmte Arten von Schusswaffen oder Munition beschränkt. Eine Aufstellung der Waffen- und Munitionsarten ist erforderlich. Sie kann sich an der Anlage zu § 15 Absatz 2 Nummer 2 AWaffV orientieren.

21.7.5.1 Die Erlaubnis kann weiter im Wege der teilweisen Ablehnung des Antrages sachlich beschränkt werden, wenn dies im Interesse einer ordnungsgemäßen Betriebsführung erforderlich ist oder wenn die Fachkunde teilweise nicht nachgewiesen wird. In dem Erlaubnisschein muss vermerkt sein, dass es zur Herstellung verbotener Waffen bzw. Schusswaffen einer zusätzlichen Erlaubnis nach § 40 Absatz 4 bedarf.

21.7.5.2 Die Erlaubnis darf nicht von einer aufschiebenden oder auflösenden Bedingung abhängig gemacht werden.

21.7.5.3 Die erteilten Auflagen müssen ihre Rechtfertigung in dem Zweck des Gesetzes, insbesondere dem Schutz der öffentlichen Sicherheit und Ordnung vor den Gefahren bei der Waffenherstellung oder beim Waffenhandel, finden. Dies ist der Fall, wenn die Auflagen für eine ordnungsgemäße Führung des Betriebes erforderlich sind. Durch Auflagen kann insbesondere die Art und Weise der Ausübung des Betriebes, z. B. die Herstellung und der Vertrieb der Schusswaffen und Munition, näher geregelt werden. Auf die Erteilung folgender Auflage wird wegen ihrer allgemeinen Bedeutung besonders hingewiesen:

Der Erlaubnisinhaber kann in der Erlaubnisurkunde für den Versand von Schusswaffen und Munition dazu verpflichtet werden, dass die Verpackung und ihre Verschlüsse in allen Teilen so fest und stark sein müssen, dass sie sich nicht lockern oder öffnen und dass sie allen Beanspruchungen zuverlässig standhalten, denen sie erfahrungsgemäß beim Transport ausgesetzt sind.

21.7.6 Der Erlaubnisinhaber kann durch Auflage verpflichtet werden, sich über die Zuverlässigkeit der Beschäftigten, die unmittelbaren Zugang zu Schusswaffen oder Munition haben, durch die Vorlage eines Führungszeugnisses (§ 30 Absatz 5 und § 32 Absatz 3 BZRG) zu vergewissern; der Antragsteller/Erlaubnisinhaber soll hierauf in geeigneter Form hingewiesen werden.

21.8 Erlöschen der Erlaubnis (§ 21 Absatz 5):

21.8.1 Die Erlaubnis erlischt – unbeschadet des § 46 GewO – wegen ihres persönlichen Charakters mit dem Tod der natürlichen oder mit dem Erlöschen der juristischen Person, der sie erteilt worden ist.

21.8.2 Die Erlaubnis erlischt ferner durch die Stilllegung des ganzen Betriebes; eine Teilstilllegung genügt nicht. Die Frist nach § 21 Absatz 5 kann nicht dadurch unterbrochen werden, dass der Erlaubnisinhaber den Betrieb nur zum Schein wieder aufnimmt. Notwendig ist eine Tätigkeit, welche alle Merkmale des Gewerbebetriebes erfüllt; hierzu gehört, dass die Tätigkeit auf eine gewisse Dauer berechnet ist.

21.9 Die Fristen nach § 21 Absatz 5 können aus wichtigen Gründen verlängert werden, so z. B. bei längerer Erkrankung des Gewerbetreibenden.

21.10 Anzeigepflichten (§ 21 Absatz 6)

21.10.1 Anzeigen nach § 21 Absatz 6, die eine Zweigniederlassung oder eine unselbstständige Zweigstelle betreffen, sind der Erlaubnisbehörde von der für diese Zweigstelle zuständigen Behörde mitzuteilen. Die Verlegung des Betriebes in den Bezirk einer anderen Erlaubnisbehörde ist als Betriebseinstellung und Aufnahme eines neuen Betriebes anzusehen; die Betriebseinstellung ist der für den bisherigen Betriebsort zuständigen Behörde anzuzeigen. Die erteilte Erlaubnis nach § 21 Absatz 1 bleibt hiervon unberührt.

21.10.2 Die zuständigen Behörden haben darauf zu achten, dass neben den Anzeigepflichten nach § 21 Absatz 6 die weiteren nachstehend aufgeführten Anzeigepflichten erfüllt werden:

21.10.2.1 Das beabsichtigte Inverkehrbringen von Schusswaffen oder Gegenständen nach § 9 des Beschussgesetzes (BeschG);

21.10.2.2 die beabsichtigte Verwendung einer Marke für Schusswaffen oder Munition (§ 24 Absatz 5). Mit der Anzeige ist eine Kopie des Zeichens vorzulegen;

21.10.2.3 das Überlassen von erlaubnispflichtigen Schusswaffen und Munition an Personen, die ihren gewöhnlichen Aufenthalt außerhalb des Geltungsbereiches des Gesetzes haben (§ 31 Absatz 2 Satz 3);

21.10.2.4 die Anzeigepflichten nach § 37.

21.10.3 Die Anzeigepflicht nach § 14 GewO bleibt unberührt.

Zu § 21a: Stellvertretungserlaubnis

Die Regelung soll dazu dienen, auf effektive Weise Strohmannverhältnisse zu unterbinden. Sie ist dem Gaststättenrecht (§ 9 Gaststättengesetz – GastG) nachempfunden. Die Ausgestaltung der Stellvertretungserlaubnis als eigenständiger Erlaubnistypus und ihre Adressierung an den Erlaubnisinhaber bringt dessen rechtliche Verantwortlichkeit deutlich zum Ausdruck und soll damit das Verbergen hinter Strohmännern erschweren. Diesem Schutzzweck dienen auch die vorgeschriebenen Modalitäten der Erlaubniserteilung. Eine Subdelegation durch den Stellvertreter an Unterstellvertreter oder Nebenstellvertreter ist nicht zulässig. Nach § 21a Satz 3 gelten die Anforderungen des § 21 auch für den Stellvertreter.

Die Stellvertretererlaubnis ist mit der Bedingung zu verbinden, dass die Erlaubnis erlischt, wenn der Stellvertreter aus dem Arbeitsverhältnis ausscheidet.

Zu § 22: Fachkunde

22.1 Für die Fachkundeprüfung sind die §§ 15, 16 und 27 AWaffV zu beachten.

22.2 Die nötige Fachkunde besitzt insbesondere, wer die Voraussetzungen für die Eintragung eines Büchsenmacherbetriebes in die Handwerksrolle erfüllt. Die Voraussetzungen für die Eintragung als Büchsenmacher in die Handwerksrolle erfüllt nach § 7 Absatz 1, 3 oder 7 der HwO, wer die Meisterprüfung im Büchsenmacherhandwerk bestanden hat oder wer eine Ausübungsberechtigung nach § 7b HwO oder eine Ausnahmebewilligung nach den §§ 8 oder 9 HwO für das Büchsenmacherhandwerk besitzt. Aus § 21 Absatz 3 Nummer 3 lässt sich schließen, dass derjenige die Fachkunde benötigt, der eine Erlaubnis zum Waffenhandel beantragt. Für die Waffenherstellung ist ein Fachkundenachweis nicht erforderlich. Die Freistellung von konzessionierten Waffenherstellern vom Fachkundenachweis ist darin begründet, dass ihre Produkte sowohl der waffenrechtlichen Kontrolle (§ 24) als auch der beschussrechtlichen Prüfung und Überwachung unterliegen.

I

22.3 Ist vor dem 1. April 2008 eine Waffenhandelserlaubnis erteilt worden und wurde dabei die nach § 22 Absatz 1 Nummer 2 in der Fassung vom 11. Oktober 2002 (BGBl. I S. 3970) erworbene Fachkunde zugrunde gelegt, ist davon abzusehen, die Waffenhandelserlaubnis aufgrund der durch Artikel 1 Nummer 14 des Gesetzes zur Änderung des WaffG und weiterer Vorschriften vom 26. März 2008 (BGBl. I S. 426) eingetretenen Rechtsänderung zu widerrufen.

Zu § 23: Waffenbücher

23.1 Der Buchführungspflicht unterliegen alle Schusswaffen, die der Erlaubnispflicht unterliegen, auch Handfeuerwaffen mit einer Länge von nicht mehr als 60 cm, deren Geschossen eine Bewegungsenergie von weniger als 7,5 Joule erteilt wird und deren Bauart nicht nach § 8 BeschG zugelassen ist (§ 23 Absatz 1). Sie sind mit einer laufenden Nummer zu kennzeichnen. Grundsätzlich kann davon ausgegangen werden, dass alle Schusswaffen, die der Erlaubnispflicht unterliegen und mit einer laufenden Nummer zu kennzeichnen sind, der Buchführungspflicht unterliegen.

§ 23 Absatz 1 nimmt Schusswaffen von der Buchführungspflicht aus, deren Bauart nach den §§ 7 und 8 des BeschG zugelassen ist oder die der Anzeigepflicht nach § 9 des BeschG unterliegen, sowie wesentliche Teile von erlaubnisfreien Schusswaffen. Verwahr-, Reparatur- und Kommissionswaffen sowie wesentliche Teile hiervon müssen nicht in das Waffenhandelsbuch eingetragen werden. Der Herkunfts- bzw. Verbleibsnachweis dieser Gegenstände ist dann mittels WBK des Waffenbesitzers oder formloser Quittung nachvollziehbar zu führen.

Unter § 8 BeschG fallen z. B. die SRS-Waffen (mit kreisförmigen PTB-Zeichen).

§ 7 BeschG nennt neben Schussapparaten, Gasböllern usw. auch Feuerwaffen mit einem Patronen- oder Kartuschenlager bis zu 5 mm Durchmesser und bis zu 15 mm Länge oder mit einem Kartuschenlager kleiner als 6 mm Durchmesser und kleiner als 7 mm Länge, bei denen dem Geschoss eine Bewegungsenergie von nicht mehr als 7,5 Joule erteilt wird, oder zum einmaligen Abschießen von Munition oder eines festen oder flüssigen Treibmittels.

§ 9 BeschG behandelt neben unbrauchbar gemachten Schusswaffen auch veränderte Langwaffen für Zier- oder Sammlerzwecke sowie Schusswaffen, die weder einer Prüfung nach § 3 BeschG noch einer Bauartzulassung unterliegen. Demnach müssten alle anderen Schusswaffen unter die Buchführungspflicht fallen.

Bei Antikwaffen wird die Freistellung nach Anlage 2 Abschnitt 2 Unterabschnitt 2 Nummer 4 und 5 durch § 18 Absatz 4 und § 19 Absatz 4 AWaffV ergänzt.

23.2 Waffenherstellungs- und Waffenhandelsbücher sind nach einem der in den §§ 18, 19 oder 20 AWaffV vorgeschriebenen Muster entweder in gebundener Form oder in Karteiform oder mit Hilfe der elektronischen Datenverarbeitung zu führen.

Beim Führen des Waffenherstellungs- und Waffenhandelsbuches können zwei Muster verwendet werden: Entweder ist jede Waffe gesondert einzutragen (§ 18 AWaffV), oder es können mehrere Waffen desselben Typs (Waffenposten) zu einer Eintragung zusammengefasst werden (§ 19 AWaffV). Das System der Einzelbuchung ist sowohl bei der Führung der Bücher in gebundener Form als auch bei Führung in Karteiform zulässig. Dagegen darf das System der Sammeleintragung nur im Rahmen der Karteiform verwendet werden. Das gleiche System ist für den Ausdruck der Karteiblätter zu benutzen, sofern die Bücher mit Hilfe der elektronischen Datenverarbeitung geführt werden (§ 20 Absatz 2 AWaffV).

Bei dem System der Einzeleintragungen werden die den Eingang bzw. die Fertigstellung betreffenden Eintragungen denen, die den Abgang der Waffe betreffen, in einer Zeile gegenübergestellt.

Bei dem System der Sammeleintragung dürfen Neueingänge auf derselben Karteikarte erst eingetragen werden, wenn der eingetragene Waffenposten vollständig abgebucht ist. Zu einem Waffentyp gehören Waffen gleicher Ausführung, die unter derselben Modellbezeichnung in den Verkehr gebracht werden.

23.3 § 17 Absatz 3 AWaffV gestattet sowohl eine manuelle Eintragung (Tinte, Kugelschreiber, Stempel) als auch maschinelle Eintragungen (Schreibmaschine, Buchungsmaschine).

Bei der Benutzung der Karteiform ist zu verlangen, dass die verwendeten Karteikarten, um einen Missbrauch zu verhindern, fortlaufend nummeriert sind. Jedes Karteiblatt ist einzeln vor Benutzung mit dem Stempel der Erlaubnisbehörde zu versehen. Auf einem Einführungsblatt zur Kartei ist dauerhaft die zugehörige Kartenzahl festzuhalten und durch Unterschrift eines Verwaltungsangehörigen und durch das Behördensiegel zu bestätigen. Die Sätze 2 und 3 gelten nicht für Karteiblätter, die bei Führung der Bücher mit Hilfe der elektronischen Datenverarbeitung verwendet werden.

23.4 Die eine Waffe betreffenden Angaben sind jeweils nach der Fertigstellung bzw. dem Eingang der Waffe und bei ihrem Abgang einzutragen. Im Zeitpunkt der Eintragungen müssen alle sich auf die Eintragung beziehenden Tatsachen vorliegen, es sei denn, dass bei einer Eintragung bestimmte Angaben nicht gemacht werden können. Unzulässig ist es, wegen Einzelheiten auf Anlagen, z. B. Rechnungen zu verweisen, auch wenn sich die erforderlichen Feststellungen aus den Anlagen treffen lassen. Sofern bei den einzelnen Eintragungen Angaben nicht gemacht werden können, ist dies unter Angabe der Gründe zu vermerken. Ein solcher Fall ist z. B. bei zur Ausfuhr bestimmten Waffen oder Munition gegeben, die nach § 24 Absatz 2 nicht vollständig oder überhaupt nicht gekennzeichnet zu werden brauchen.

23.5 Die Bücher sind in den nach § 17 Absatz 4 AWaffV vorgeschriebenen Fällen abzuschließen. Bei der Prüfung ist darauf zu achten, dass in dem abgeschlossenen Teil des Waffenbuches später Ausgänge solcher Waffen nicht vermerkt werden dürfen, deren Eingänge auf der Einnahmeseite bereits eingetragen waren.

Zu § 24: Kennzeichnungspflicht

24.1 Die Angabe nach § 24 Absatz 1 Satz 1 Nummer 3 bezieht sich auf das Kaliber der Schusswaffe und die dafür nach den Bestimmungen des BeschG festgelegte Hauptmunitionsart. Sie umfasst nicht beschussrechtlich zulässige Kaliber mit gleichem oder geringerem Gasdruck (vgl. Nummer 10.10).

24.2 Munition, die eingeführt wird und mit dem eingetragenen Zeichen eines Herstellers mit Sitz außerhalb des Geltungsbereiches des Gesetzes versehen ist, braucht von dem einführenden Händler nicht zusätzlich mit dem eigenen Warenzeichen versehen zu werden.

24.3 Für Schusswaffen, deren Geschossen eine Bewegungsenergie von nicht mehr als 7,5 Joule erteilt wird, bedarf es keiner Kennzeichnung nach § 24 Absatz 1 Nummer 5, sofern auf diesen Schusswaffen eine Typenbezeichnung angebracht ist und sie mit den in der Anlage 2 Abb. 10 zur Beschussverordnung (BeschV) festgelegten Kennzeichen versehen sind. Auf die Kennzeichnung von Schusswaffen und Munition in den Fällen von § 21 AWaffV wird hingewiesen.

Zu § 25: Ermächtigungen und Anordnungen

25. § 25 Absatz 2 erlaubt so genannte Nachkennzeichnungsanordnungen.

Von der Ermächtigung des § 25 Absatz 2, die Anbringung eines Kennzeichens anzuordnen, ist in der Regel Gebrauch zu machen, wenn der Behörde bei der Vorlage der WBK oder auf andere Weise bekannt wird, dass die Schusswaffe keine Herstellungsnummer trägt.

Bei Handfeuerwaffen, die vor dem Jahre 1891 hergestellt worden oder die mit dem „F im Fünfeck" gekennzeichnet sind, ist von einer Anordnung nach Satz 1 abzusehen. Anstelle der fortlaufenden Nummer ist ein Ursprungszeichen zu verwenden, das sichtbar und dauerhaft anzubringen ist. Das Ursprungszeichen besteht aus einer fortlaufenden Nummer sowie folgenden Kennbuchstaben der einzelnen Länder:

I

Baden-Württemberg	BW
Bayern	BY
Berlin	BR
Brandenburg	BB
Bremen	HB
Hambrug	HH
Hessen	HE
Mecklenburg-Vorpommern	MV
Niedersachsen	NI
Nordrhein-Westfalen	NW
Rheinland-Pfalz	RP
Saarland	SL
Sachsen	SN
Sachsen-Anhalt	ST
Schleswig-Holstein	SH
Thüringen	TH

Die fortlaufende Nummer wird von einer zentralen Stelle des Landes festgesetzt.

Zu § 26: Nichtgewerbsmäßige Waffenherstellung

26.1 Wegen der Abgrenzung der Gewerblichkeit von der Nichtgewerblichkeit wird auf Nummer 21.1, wegen der Begrifflichkeiten im Zusammenhang mit der Waffenherstellung wird auf Nummer 21.2 verwiesen.

26.2 Ein Bedürfnis für die Herstellung von Schusswaffen für den eigenen Gebrauch ist nur in seltenen Fällen anzunehmen. Ein solches wird im Allgemeinen nur zu bejahen sein, wenn die Tätigkeit nicht lediglich der Liebhaberei dient, sondern z. B. der Forschung, der waffentechnischen Entwicklung, Begutachtung oder Untersuchung.

26.3 In dem Erlaubnisbescheid für die Herstellung oder Bearbeitung von Schusswaffen sollen Zahl und Art der Schusswaffen und gegebenenfalls die vorgesehene Bearbeitung möglichst genau bestimmt werden. Zumindest sind zur Beschreibung die Art des Kalibers und der hierfür bestimmten Munition, die Art der Automatik, der äußeren Abmessungen der Waffe und das Fassungsvermögen der Trommel oder des Magazins zu bestimmen. Die Angaben über Art und Zahl der Schusswaffen sind nicht in den Erlaubnisbescheid aufzunehmen, wenn die Erlaubnis einem Waffensachverständigen (§ 26 Absatz 2 Satz 2) für Schusswaffen jeder Art erteilt wird. Ferner ist die Erlaubnis mit der Auflage zu verbinden, dass die Schusswaffe, sofern es sich um eine Feuerwaffe (vgl. § 2 Absatz 1 BeschG) handelt, einem Beschussamt zur Prüfung der Bauart vorzulegen und dass die Waffe nach § 24 Absatz 1 zu kennzeichnen ist. Anstelle eines Herstellerzeichens (vgl. § 24) tritt ein Ursprungszeichen, das auf einem wesentlichen Teil der Waffe (Anlage 1 Abschnitt 1 Unterabschnitt 1 Nummer 1.3) deutlich sichtbar und dauerhaft anzubringen ist. Das Ursprungszeichen besteht aus einer fortlaufenden Nummer sowie den in Nummer 25 bezeichneten Kennbuchstaben der Länder. Die fortlaufende Nummer wird von einer zentralen Stelle des Landes festgesetzt.

In dem Erlaubnisbescheid muss vermerkt sein, dass es zur Herstellung verbotener Waffen bzw. Schusswaffen einer zusätzlichen Erlaubnis nach § 40 Absatz 4 bedarf.

26.4 Die Zeitdauer der Geltung der Erlaubnis richtet sich nach der veranschlagten Herstellungsdauer. Will der Hersteller die von ihm hergestellte Waffe darüber hinaus behalten, so bedarf er hierfür einer WBK.

Zu § 27: Schießstätten, Schießen durch Minderjährige auf Schießstätten

27.1 Allgemeines

27.1.1 Von einer Anlage nach § 27 Absatz 1 ist auszugehen, wenn der Ort, an dem geschossen werden soll, für diesen Zweck besonders hergerichtet ist. Hiervon ist dann auszugehen, wenn schießtechnische Ausstattungen und/oder sicherheitstechnische Einrichtungen zur Abwehr von Gefahren für die öffentliche Sicherheit und Ordnung sowie von sonstigen Gefahren oder erheblichen Nachteilen für die Benutzer einer Schießstätte, die Nachbarschaft oder die Allgemeinheit vorgehalten werden. Fehlt es an einer solchen Anlage, so ist das Schießen mit einer Schusswaffe nur unter den Voraussetzungen des § 10 Absatz 5 und des § 12 Absatz 4 Satz 2 erlaubt. Nicht betroffen ist das Ein- und Anschießen im Jagdrevier.

Die Begrifflichkeit der Schießstätte umfasst nicht nur die eigentlichen zum Schießen bestimmten Schießstände, sondern auch Aufenthaltsbereiche sowie Nebenräume, die einen funktionalen Bezug zum Schießen aufweisen.

Die ausschließliche Verwendung von Lasersimulationssystemen oder ähnlichen elektronischen Simulationssystemen an oder in erlaubnispflichtigen Schusswaffen ist nicht auf Schießstätten begrenzt, da es sich nicht um sonstige Schießübungen mit Schusswaffen handelt. Die Vorschriften über die Erlaubnispflicht für den Erwerb, den Besitz und das Führen erlaubnispflichtiger Schusswaffen sowie das Umgangsverbot des § 2 Absatz 1 bleiben unberührt.

Wegen der Definition der Armbrüste als Waffen in Anlage 1 Abschnitt 1 Unterabschnitt 1 Nummer 1.2.2 sind Schießstätten für Armbrüste erlaubnispflichtig.

Die periodische Überprüfung von Schießstätten ist in § 12 Absatz 1 AWaffV geregelt. Schießstätten, die von der Erlaubnispflicht nach § 27 Absatz 1 ausgenommen sind (z. B. Schießstätten nach § 27 Absatz 2 Satz 1, behördliche Schießstätten nach § 55), unterliegen nicht den periodischen Überprüfungspflichten nach § 12 AWaffV. Soweit in den Anlagen nach § 27 Absatz 2 Satz 1 jedoch erlaubnispflichtige Schusswaffen und Munition verwendet werden, ist nach § 9 Absatz 3 zu prüfen, ob gegebenenfalls Anordnungen zu Überprüfungen zu treffen sind.

Sofern für gelegentliches Schießen im befriedeten Besitztum nach § 12 Absatz 4 Satz 2 Nummer 1 Buchstabe a mit erlaubnisfreien Druckluft-, Federdruckwaffen, Armbrüsten und Waffen, bei denen zum Antrieb der Geschosse kalte Treibgase Verwendung finden, vorübergehend eine besondere Herrichtung erfolgt und schießtechnische Einrichtungen vorgehalten werden, wird im Falle privater, nichtöffentlicher, also insbesondere nicht kommerzieller oder gewerblicher Nutzung, keine erlaubnispflichtige Schießstätte nach § 27 Absatz 1 betrieben.

27.1.2 Die Erlaubnis ist zu versagen, wenn die in § 27 Absatz 1 Satz 2 und 3 genannten Voraussetzungen nicht vorliegen. Die nach § 27 Absatz 1 Satz 2 nachzuweisende Haftpflichtversicherung muss die Risiken einer Schädigung der auf einer Schießstätte anwesenden Personen gegen Personen- und Sachschäden durch den Betrieb der Schießstätte abdecken. In den Altfällen, in denen eine Erlaubnis ohne eine Auflage zum Nachweis einer entsprechenden Haftpflichtversicherung erteilt wurde, ist nachträglich eine solche Auflage zu verfügen.

27.1.3 Die Erlaubnis nach § 27 Absatz 1 Satz 1 ist mit der Auflage zu verbinden, dass der Schießbetrieb erst aufgenommen werden darf, nachdem die Erlaubnisbehörde die Schießstätte unter Hinzuziehung eines Schießstandsachverständigen für die Sicherheit von nicht militärischen Schießstätten abgenommen hat und dabei festgestellte Mängel beseitigt worden sind sowie, falls die Schießstätte der Baugenehmigung und Abnahme bedarf, die notwendigen Abnahmen stattgefunden haben. Die Kosten für die Hinzuziehung eines Schießstandsachverständigen sind vom Erlaubnisinhaber zu tragen (vgl. § 12 Absatz 1 Satz 5 AWaffV).

27.1.4 In der Erlaubnis ist darauf hinzuweisen, dass jede wesentliche Änderung der Beschaffenheit oder der Art der Benutzung der Schießstätte einer erneuten Erlaubnis bedarf. Dies gilt auch, wenn Lehrgänge in der Verteidigung mit Schusswaffen oder Schießübungen dieser Art durchgeführt werden sollen und diese nicht bereits vom Ausgangsbescheid mit erfasst sind.

27.1.5 Erlaubnisse nach § 27 dürfen erst nach ggf. erforderlichen Genehmigungen oder Anordnungen nach bau- oder immissionsschutzrechtlichen Vorschriften erteilt werden.

27.1.6 Neben der Überprüfung vor der ersten Inbetriebnahme einer Schießstätte (§ 12 Absatz 1 Satz 1 AWaffV) ist zu unterscheiden zwischen

a) der turnusmäßigen Regelüberprüfung nach § 12 Absatz 1 Satz 2 und 3 AWaffV und
b) einer anlassbezogenen Überprüfung nach § 12 Absatz 1 Satz 4 AWaffV (Sonderüberprüfung).

Bei der Regelüberprüfung nach Satz 1 Nummer 1 obliegt der Prüfauftrag der Behörde, in deren Bezirk die Schießstätte betrieben wird.

I

In der Regel wird sich die zuständige Behörde eines anerkannten Schießstandsachverständigen bedienen, indem sie diesem den Auftrag zur Prüfung erteilt.

Abweichend hiervon kann bei anlassbezogenen Prüfungen nach Satz 1 Nummer 2 die zuständige Behörde von dem Erlaubnisinhaber nach § 27 Absatz 1 die Vorlage eines Gutachtens eines anerkannten Schießstandsachverständigen verlangen.

27.2 Sicherheitstechnische Anforderungen an Schießstätten einschließlich Schießgeschäften, die der Schaustellerhaftpflicht unterliegen

27.2.1 Die sicherheitstechnischen Anforderungen, die an Schießstätten zu stellen sind, ergeben sich aus den „Richtlinien für die Errichtung, die Abnahme und das Betreiben von Schießständen (Schießstandrichtlinien)" in der jeweils gültigen Fassung. Von den Richtlinien kann im Einzelfall abgewichen werden, wenn dadurch keine Gefahren, erhebliche Nachteile oder Belästigungen für die Allgemeinheit oder Nachbarschaft entstehen können oder wenn dies zur Verhütung solcher Nachteile erforderlich erscheint. Bevor Waffenbehörden einem Abweichen von den Richtlinien zustimmen, ist in der Regel ein Schießstandsachverständiger zu hören. Gründe für das Abweichen sind schriftlich zu dokumentieren. Schießstände sind Teile einer Schießstätte oder einzelne Einrichtungen zum Schießen.

Für ortsveränderliche Schießstätten gelten ergänzend die Musterrichtlinie über den Bau und Betrieb fliegender Bauten.

Sofern im Rahmen sicherheitstechnischer Überprüfungen nach § 12 AWaffV Beschussversuche bei in fliegenden Bauten untergebrachten Schießstätten durchzuführen sind, müssen die tatsächlich auf den zu prüfenden Anlagen verwendeten Schusswaffen benutzt werden. Die Schusswaffen sind in den auszustellenden Prüfprotokollen modellmäßig zu benennen.

Die Vorschriften des Baurechts bleiben unberührt.

27.2.2 Im Erlaubnisbescheid sind die Waffenarten und die Munition und Geschosse mit der maximal zulässigen Geschossenergie zu bezeichnen, mit der in der Schießstätte geschossen werden darf. Bei in fliegenden Bauten untergebrachten Schießgeschäften sind die zur Verwendung vorgesehenen Waffen modellmäßig zu beschreiben (Waffensystem wie z. B. Druckluft-Repetierwaffe, Hersteller, Modell und Kaliber).

Im Erlaubnisbescheid sind ferner Angaben über die Art der zulässigen Nutzungsmöglichkeiten festzulegen. Insbesondere kommen Festlegungen über die zulässigen Schützenstandorte, Anschlagsarten und die Art der zulässigen Ziele (Papierscheiben, Stahlziele o. Ä.) in Betracht. Diese Angaben sind ggf. aus dem Abnahmegutachten des mit der Abnahmeprüfung betrauten Schießstandsachverständigen zu entnehmen. Diese Angaben sind in der Regel Bestandteil der Abnahmegutachten, die von Schießstandsachverständigen erstellt werden und können diesen entnommen werden.

27.2.3 Anerkannte Schießstandsachverständige sind die in § 12 Absatz 4 und 6 AWaffV genannten Personen.

27.2.4 Bei ortsveränderlichen Schießgeschäften hat die zuständige Behörde das Schießgeschäft vor seiner erstmaligen Inbetriebnahme zu prüfen und auf dieser Grundlage dem Schausteller ggf. eine Erlaubnis auszustellen. Die Prüfung ist zu dokumentieren und das Protokoll ist dem Schausteller zu übergeben. Der Schausteller hat diese Unterlagen beim Betrieb der Schießgeschäfte mit sich zu führen, so dass die Behörde sich davon überzeugen kann, dass das Schießgeschäft ordnungsgemäß geprüft worden ist. Die Prüfdokumentationen soll den für die Überwachung von Volksfesten, Schützenfesten u. Ä. zuständigen Behörden (Gewerbeämtern, Marktmeistern u. Ä.) im Zusammenhang mit der allgemeinen Marktüberwachung vorgelegt werden. Die Erlaubnis ist bei der Anzeige nach § 27 Absatz 1 Satz 6 vorzulegen.

Eine erneute Prüfung des Schießgeschäftes auf Übereinstimmung soll nur bei grundlegenden Veränderungen oder Zweifeln an dessen Sicherheit, ansonsten in der Regel nach sechs Jahren vorgenommen werden (siehe § 12 Absatz 1 AWaffV), wenn nur das Schießen mit erlaubnisfreien Waffen zugelassen ist.

27.3 Schießgeschäfte, die der Schaustellerhaftpflichtverordnung unterliegen

27.3.1 Für Schießgeschäfte, die der Schaustellerhaftpflichtverordnung vom 17. Dezember 1984 (BGBl. I S. 2785) unterliegen, gelten die dort genannten Sonderbestimmungen.

27.3.2 Die vorgeschriebene Unfallversicherung gilt für Schausteller mit der Darlegung der berufsgenossenschaftlichen Mitgliedschaft des Betreibers und seiner Beschäftigten als nachgewiesen.

27.3.3 Kann eine Anzeige nach § 27 Absatz 1 Satz 6 wegen des kurzfristigen Austausches eines Beschickers oder aus sonstigen Gründen nicht fristgerecht erstattet werden, so hat der Erlaubnisinhaber diese gegenüber der zuständigen Behörde unverzüglich unter Benennung und Nachweis der Gründe für die Verzögerung nachzuholen. Bei schuldlosem Versäumnis scheidet nach allgemeinen Grundsätzen eine Verfolgung als Ordnungswidrigkeit aus.

27.4 Aufsichtspersonal

27.4.1 Die Anforderungen an das Aufsichtspersonal werden bei Vereinen, die einem anerkannten Schießsportverband angehören, nach § 10 Absatz 6 AWaffV in den Qualifizierungsrichtlinien des Verbandes festgelegt. Bei Vereinen, die nicht einem anerkannten Schießsportverband angehören, ist das Vorliegen der Anforderungen nach § 10 Absatz 1 bis 5 AWaffV von der Waffenbehörde zu prüfen. Die Anzeigepflicht nach § 10 Absatz 2 AWaffV ist zu beachten. In jedem Fall sind die Sicherheitsstandards der erlaubten Schießdisziplinen zu beherrschen. Bei jagdlichen Vereinigungen gilt die notwendige Qualifizierung durch eine bestandene Jägerprüfung als erbracht, wenn eine Belehrung der Aufsicht gemäß dem Merkblatt des Deutschen Jagdschutz-Verbandes in der jeweils gültigen Fassung erfolgt und die Belehrung durch Unterschrift der Aufsicht nachgewiesen ist.

Durch die Änderung des § 27 Absatz 3 Satz 1 Nummer 2 soll nunmehr Jugendlichen, die das 18. Lebensjahr noch nicht vollendet haben, das Schießen mit sogenannten großkalibrigen Waffen nicht mehr möglich sein. Damit soll erreicht werden, dass dieser Altersgruppe der Umgang mit diesen deliktsrelevanten Waffen verwehrt bleibt. Das Schießen für Minderjährige bleibt grundsätzlich auf Kleinkaliberwaffen beschränkt. Die Ausnahme für Flinten – und hier nur Einzellader-Langwaffen – trägt der Besonderheit der Disziplinen des Schießens auf Wurfscheiben (Trap/Skeet) Rechnung. Die Regelung in Absatz 5, eine Spezialvorschrift für Jäger in Ausbildung, bleibt von der Neufassung des Absatzes 3 unberührt. Ebenfalls unberührt bleiben Inhaber von Jugendjagdscheinen im Rahmen des § 13 Absatz 7.

27.4.2 Für die Eignung von Aufsichtspersonen zur Kinder- und Jugendarbeit für das Schießen (§ 27 Absatz 3) gelten neben den unter Nummer 27.4.1 genannten Anforderungen die im Folgenden ausgeführten zusätzlichen Anforderungen. Dabei ist zu bedenken, dass bei der Jägerausbildung nur die Regelungen, die sich auf die Jugendarbeit beziehen, Anwendung finden. Bei Vereinen, die nicht einem nach § 15 anerkannten Schießsportverband angehören, sind die Qualifikationen für Aufsichtspersonen nach § 27 Absatz 3 Satz 1 durch das BVA festzulegen. Ansonsten reichen die Arten von Ausbildungen aus, die einen Bezug zur Jugendarbeit herstellen können (z. B. Jugendleiter, Lehrer, Geeignetheit zur beruflichen Ausbildung von Jugendlichen, spezielle sportliche Ausbildung im Jugendbereich).

27.4.2.1 Das Erziehungsrecht berechtigt den Sorgeberechtigten zur Beaufsichtigung des Schießens seines Kindes, wenn er selbst die Berechtigung für die Aufsichtsführung nach § 11 der AWaffV hat (§ 27 Absatz 3 Satz 1). Die Obhut verantwortlicher und zur Kinder- und Jugendarbeit für das Schießen geeigneter Aufsichtspersonen (§ 27 Absatz 3) ist hinreichend sichergestellt, wenn auf der

Schießstätte eine angemessene Anzahl derartig qualifizierter Personen anwesend und eine ständige Beaufsichtigung der minderjährigen Schützen durch diese Personen gewährleistet ist; die Angemessenheit richtet sich u. a. nach der Größe der Schießstätte, insbesondere auch der Anzahl der von diesen Personen insgesamt zu betreuenden Schießbahnen sowie der Zahl der gleichzeitig von Minderjährigen genutzten Schießbahnen. Die Obhut durch qualifiziertes Personal ist weder gleichzusetzen mit der Aufsicht beim Schützen noch mit der Schießstandaufsicht.

27.4.2.2 Im Ausnahmefall kann einem Kind unter 12 Jahren, das für einen Einsatz im Leistungssport besonders geeignet ist und dem dies von einem Verein glaubhaft schriftlich bestätigt worden ist, das Schießen auf einer Schießstätte nach Maßgabe des § 27 Absatz 4 und unter den Voraussetzungen des Absatzes 3 bewilligt werden. Zum Nachweis der geistigen und körperlichen Eignung genügt die Bescheinigung eines Hausarztes oder eines Facharztes z. B. für Kinder- und Jugendheilkunde; die Anforderungen des § 4 AWaffV gelten nicht. Bei Vorliegen der gesetzlichen Tatbestandsvoraussetzungen ist im Hinblick auf die Sollvorschrift des § 27 Absatz 4 Satz 2 für das Schießen mit Waffen im Sinne des § 27 Absatz 3 Satz 1 Nummer 1 durch ein Kind in der Regel von der Ermächtigung zur Bewilligung einer Ausnahme vom Mindestalter Gebrauch zu machen.

27.4.2.3 Ausnahmen von Alterserfordernissen nach § 3 Absatz 3 können nicht nur personenbezogen, sondern auch veranstaltungsbezogen (z. B. zur Durchführung von sogenannten „Schnupper"-Tagen oder zur Durchführung eines Projekts der schießsportlichen Früherziehung mit Druckluftwaffen) erteilt werden (so auch Nummer 3.4). Für den Umgang mit Armbrüsten auf Schießstätten gelten die Altersgrenzen für Druckluftwaffen (12 Jahre, mit Ausnahmemöglichkeit) entsprechend.

27.4.3 Hinsichtlich des Nachweises der Sachkunde beim Betrieb von Schießstätten, auf denen ausschließlich mit Waffen nach Anlage 2 Abschnitt 2 Unterabschnitt 2 Nummer 1.1 und 1.2 (Druckluftwaffen) geschossen wird, genügt für das Führen der Aufsicht und die Obhut Kinder und Jugendliche auch der Nachweis über eine mehrjährige Erfahrung im Betrieb entsprechender Schießanlagen.

27.5 Auf die Anzeigepflichten nach den §§ 10 Absatz 2 und 22 Absatz 2 AWaffV wird hingewiesen. Die zuständige Behörde prüft nach Eingang der Anzeigen die Zuverlässigkeit des Veranstalters sowie Zuverlässigkeit, persönliche Eignung und Sachkunde der verantwortlichen Aufsichtsperson und der Ausbilder. Die Behörde hat sich in diesem Fall das Vorliegen der Sachkunde für die beabsichtigte Tätigkeit von der verantwortlichen Aufsichtsperson oder dem Ausbilder durch Vorlage von Zeugnissen oder in sonst geeigneter Weise nachweisen zu lassen. Soweit Zuverlässigkeit, persönliche Eignung und Sachkunde bereits durch Vorlage einer waffenrechtlichen Erlaubnis nachgewiesen sind, kann in der Regel die Prüfung entfallen.

27.6 Beim jagdlichen Schießen Jugendlicher zwischen 14 und 18 Jahren ist zu unterscheiden zwischen Jugendlichen, die sich in der Ausbildung zum Jäger befinden, und Jugendlichen, die am allgemeinen Übungsschießen der Jäger teilnehmen, ohne an einem Ausbildungskurs teilzunehmen. Bei den Erstgenannten wird eine zur Kinder- und Jugendarbeit befähigte Aufsichtsperson nicht benötigt, da im Rahmen des Ausbildungslehrganges nur unter Aufsicht erfahrener Ausbilder geschossen wird und das Schießen nur ein untergeordneter Bestandteil der Ausbildung ist.

Nur die Jugendlichen zwischen 14 und 18 Jahren benötigen eine Berechtigungsbescheinigung, die vom Ausbildungsleiter und den Sorgeberechtigten unterzeichnet sein muss, und die sie während der Ausbildung mitführen müssen.

27.7 Die bei einem schießsportlichen Verein eines anerkannten Schießsportverbandes oder einer jagdlichen Vereinigung beauftragten und registrierten Aufsichtspersonen (§ 10 Absatz 3 AWaffV) sind von der zuständigen Behörde insbesondere dann zu überprüfen, wenn konkrete Anhaltspunkte für das Fehlen der erforderlichen Sachkunde bestehen. Eine Überprüfung nach § 10 Absatz 3 Satz 4 und 5 AWaffV erfolgt auf der Schießstätte. Eine Meldung der beauftragten und registrierten Aufsichtspersonen an die zuständige Behörde ist nicht erforderlich.

Zu § 28: Erwerb, Besitz und Führen von Schusswaffen und Munition durch Bewachungsunternehmer und ihr Bewachungspersonal

28.1 § 28 Absatz 1 konkretisiert die Erlaubnisvoraussetzung des Bedürfnisses nach § 4 Absatz 1 Nummer 4 in Verbindung mit § 8 für die Erlaubnis zum Umgang mit Schusswaffen und Munition seitens des Bewachungsunternehmers; die sonstigen Erlaubnisvoraussetzungen nach § 4 Absatz 1 bleiben unberührt. Die Erforderlichkeit von Schusswaffen im Sinne von § 28 Absatz 1 Satz 1 richtet sich nach der Art des wahrzunehmenden Auftrages. Für den Schutz von Personen aus dem Ausland, die durch Personen nach § 56 Nummer 3 geschützt werden sollen, entfällt in der Regel das Bedürfnis für einen zusätzlichen bewaffneten Personenschutz durch ein Bewachungsunternehmen. Ein Bedürfnis zum Erwerb und Besitz von Langwaffen kommt in der Regel nicht in Betracht. Eine Gefährdungsanalyse der zuständigen Polizeidienststelle soll eingeholt werden. Diese hat die spezifischen waffenrechtlichen Belange zu beleuchten und ist nicht identisch mit der Gefährdungsanalyse nach Polizeidienstvorschrift (PDV) 129. Vielmehr hat die Waffenbehörde die Besonderheiten jedes Einzelfalles zu würdigen.

Bei Feststellung des Bedürfnisses eines Bewachungsunternehmers zum Umgang mit Schusswaffen und Munition ist Folgendes zu beachten:

28.1.1 Vor einer waffenrechtlichen Prüfung muss zunächst festgestellt werden, ob für den Bewachungsunternehmer eine Erlaubnis nach § 34a GewO vorliegt. § 13 der Bewachungsverordnung (BewachV) bleibt unberührt.

28.1.2 Die Ausstattung eines Bewachungsunternehmers mit Schusswaffen erfordert überdies beim Unternehmer das Vorliegen aller waffenrechtlichen Erlaubnisvoraussetzungen. Aus der Zusammenschau von Gewerbe- und Waffenrecht wird deutlich, dass nur Unternehmer mit Schusswaffen ausgestattet werden sollen, die die Zuverlässigkeit sowie die Befähigung und den Willen zur Wahrnehmung von bewaffnet durchzuführenden Bewachungsaufträgen aufweisen.

Für das waffenrechtliche Bedürfnis gilt Folgendes:

28.1.2.1 Die zeitlichen und inhaltlichen Beschränkungen und Auflagen nach § 9 Absatz 1 und 2 sind regelmäßig in Erwägung zu ziehen.

Aus Gründen der Rechtssicherheit für den Antragsteller kann auch eine Zusicherung nach § 36 des Verwaltungsverfahrensgesetzes (VwVfG) oder der entsprechenden landesrechtlichen Vorschrift in Betracht kommen.

Durch entsprechende Auflagen ist sicherzustellen, dass vor der ersten Wahrnehmung eines Auftrags zum Personen- und Objektschutz eine behördliche Prüfung und Bestätigung der zuständigen Polizeidienststelle eingeleitet wird, die im Ergebnis die Aussage treffen muss, dass es sich bei der zu schützenden Person um eine im Sinne des § 19 gefährdete Person oder um ein gefährdetes Objekt handelt. Bei Anerkennung der Gefährdung ist ein Waffenschein zur Durchführung des bewaffneten Personen- oder Objektschutzes ausschließlich mit einer Einzelgenehmigung durch die Waffenbehörde zu erteilen (Nennung der Person oder des Objektes).

28.1.2.2 Die WBK und der Waffenschein werden nach den allgemeinen Regeln des § 10 Absatz 1 und 4 auf den Bewachungsunternehmer ausgestellt, sofern die einmal vorgetragenen Bedürfnisgründe fortbestehen. Gegebenenfalls hat die zuständige Behörde die Gefährdung der zu schützenden Person oder des zu schützenden Objekts erneut zu überprüfen, wenn die ursprünglich erstellte Gefährdungsanalyse der beteiligten Polizeidienststelle von einem kurzfristigeren Schutzbedürfnis ausging. Einem Unternehmer kann bei ausschließlicher Wahrnehmung bewaffneter Geld- und Werttransporte die Auflage erteilt werden, in periodischen Abständen ein Verzeichnis der wahrzunehmenden Aufträge vorzulegen. Eine regelmäßige Kontrolle der Auftragslage und damit verbunden die Prüfung des Fortbestehens der Notwendigkeit, erlaubnisbedürftige Waffen zu verwenden, ist durchzuführen.

28.1.2.3 Zu unterscheiden ist, ob

a) Geld- und Werttransporte
b) Objekte (einschließlich Alarmverfolgung) oder
c) Personen

geschützt werden sollen. In die zu erteilenden Erlaubnisse zum Führen ist die Art der Schutzaufträge nach Absatz 1 Buchstabe a bis c aufzunehmen.

Bei integriertem Werkschutz (§ 28 Absatz 1 Satz 2) bedarf es einer Erlaubnis zum Führen von Waffen nur für die Wahrnehmung von Aufträgen in einer Weise, die nicht durch § 12 Absatz 3 von der Erlaubnispflichtigkeit freigestellt ist. In die zu erteilenden Erlaubnisse zum Führen ist die Art der Schutzaufträge nach Absatz 1 Buchstabe a bis c aufzunehmen.

28.1.2.4 Handelt es sich bei der Antrag stellenden Sicherheitsfirma um einen Subunternehmer, so hat dieser alle relevanten Unterlagen, die er von der den Auftrag erteilenden Firma erhalten hat und aus denen ein Vertragsverhältnis hervorgeht, der Erlaubnisbehörde vorzulegen. Wird das vom Subunternehmer geltend gemachte Bedürfnis anerkannt, ist dies der Waffenbehörde mitzuteilen, die für die Auftrag erteilende Sicherheitsfirma zuständig ist.

28.2 Bei Prüfung des Wachpersonals nach § 28 Absatz 3 Satz 1 ist darauf zu achten, dass für jede einzelne Wachperson ein Arbeitsverhältnis besteht. Dies ist vom Bewachungsunternehmer bei Benennung seiner Arbeitnehmer zu versichern und ggf. in geeigneter Weise nachzuweisen. Die rechtlichen und tatsächlichen Möglichkeiten der Ausübung des Direktionsrechts können vom Unternehmer unternehmensbezogen dargestellt werden; dies kann durch Vorlage eines Muster-Arbeitsvertrags und einer Darlegung der Abläufe des Wach(schicht)betriebs erfolgen. Auskunft über Arbeitsverhältnisse kann auch das zuständige Gewerbeamt erteilen, dem der Bewachungsunternehmer gemäß § 9 Absatz 3 BewachV die von ihm beschäftigten Wachpersonen melden muss.

28.3 § 28 ist gegenüber § 19 die speziellere und damit vorrangige Regelung. Insofern besteht kein freies Wahlrecht zwischen der Erteilung eigenständiger waffenrechtlicher Erlaubnisse (WBK, Waffenscheine) für einzelne Mitarbeiter von Bewachungsunternehmen nach Maßgabe des § 19 und der vom Bewachungsunternehmer abgeleiteten Berechtigungen der Wachpersonen zum Erwerb, Besitz und Führen von Schusswaffen auf Grund von § 28 in Verbindung mit § 12. Für die Anwendung des § 19 ist nur insoweit Raum, als anhand der konkreten Umstände des Einzelfalles ein Bedürfnis nachgewiesen werden kann, das den Regelungsgehalt und die Reichweite des § 28 in Verbindung mit § 12 überschreitet.

28.4 Örtlich zuständig ist nach § 49 Absatz 1 Nummer 2 die Waffenbehörde am Sitz der gewerblichen Hauptniederlassung des Unternehmens. Sofern es sich um ein multinational tätiges Unternehmen handelt, ist dies der Hauptsitz der Niederlassung in Deutschland. Unterhält ein Unternehmen neben seiner Hauptniederlassung Filialniederlassungen, so ist auf einen regelmäßigen Informationsaustausch der Waffenbehörde der Hauptniederlassung mit den Waffenbehörden der Filialniederlassungen mit dem Ziel, den gleichen Kenntnisstand bei den beteiligten Waffenbehörden sicherzustellen, zu achten.

Vorbemerkungen zu den §§ 29 bis 33

Artikel 1 Absatz 1 des Beschlusses des Rates 2008/903/EG vom 27. November 2008 über die vollständige Anwendung der Bestimmungen des Schengen-Besitzstands in der Schweizerischen Eidgenossenschaft sieht vor, dass alle Bestimmungen des Assoziierungsabkommens für die Schweiz in ihren Beziehungen u. a. zu Deutschland mit Wirkung vom 12. Dezember 2008 gelten. Da Anhang B des Assoziationsabkommens auf die Richtlinie 91/477/EWG verweist, gilt auch diese seit dem 12. Dezember 2008 im DEU-CH Verhältnis. Die Richtlinie enthält neben Vorschriften zum Europäischen Feuerwaffenpass auch Vorschriften zur Harmonisierung des Feuerwaffenrechts in den Mitgliedstaaten und zu Formalitäten für den Verkehr mit Waffen in der Gemeinschaft. Mit der Umsetzung der Richtlinie sowohl in den EU-Mitgliedstaaten als auch in der Schweiz ist auch die Schweiz als Mitgliedstaat im waffenrechtlichen Sinne zu behandeln.

Diese Ausführungen gelten entsprechend hinsichtlich der Rechtslage für Norwegen und Island. Das Übereinkommen zwischen dem Rat der Europäischen Union sowie der Republik Island und dem Königreich Norwegen über die Assoziierung der beiden letztgenannten Staaten bei der Umsetzung, Anwendung und Entwicklung des Schengen-Besitzstands vom 18. Mai 1999 (ABl. L 176/36 vom 10. Juli 1999) verweist in Artikel 2 Absatz 2 auf seinen Anhang B und dort – wie auch das Assoziationsabkommen mit der Schweiz – auf die Richtlinie 91/477/EWG des Rates vom 18. Juni 1991 über die Kontrolle des Erwerbs und des Besitzes von Waffen und die Empfehlung 93/216/EWG der Kommission vom 25. Februar 1993 zum Europäischen Feuerwaffenpass in Ergänzung zur Empfehlung 96/129/EG der Kommission vom 12. Januar 1996.

Die Schweiz ist auch nach dem Schengen-Beitritt aus außenwirtschaftlicher Sicht kein EU-Staat und wird insoweit auch als assoziierter Staat den EU-Staaten nicht gleichgestellt. Dies hat zur Folge, dass die Verbringung/Ausfuhr von Gütern in die Schweiz, die in Teil I Abschnitt A der Ausfuhrliste (Anlage zur Außenwirtschaftsverordnung) aufgeführt sind, seit dem 12. Dezember 2008 eines Doppellizensierungsverfahrens mit einer waffenrechtlichen Erlaubnis nach § 31 Absatz 1 sowie einer Ausfuhrgenehmigung durch das Bundesamt für Wirtschaft und Ausfuhrkontrolle (BAFA) bedarf.

Grundsätzliche Regelungen bei der Ein-, Durch- und Ausfuhr von erlaubnispflichtigen Schusswaffen (verkürzte Darstellung)

I. Verbringen nach Deutschland (endgültig)
   a) aus EU-Staat, d. h. aus dem gesamten Bereich der Mitgliedstaaten der Europäischen Union
      - Erlaubnis notwendig;
      - Empfänger muss zum Erwerb und Besitz berechtigt sein;
      - Transport muss durch einen Berechtigten erfolgen (Inhaber deutscher waffenrechtlicher Erlaubnisse oder gewerblicher Transporteur);
      - Erlaubnis wird als Zustimmung zur Ausfuhrerlaubnis des anderen Mitgliedstaates erteilt;
   b) aus Drittstaat
      - Erlaubnis notwendig;
      - Empfänger muss zum Erwerb und Besitz berechtigt sein;
      - Transport muss durch einen Berechtigten erfolgen (Inhaber deutscher waffenrechtlicher Erlaubnisse oder gewerblicher Transporteur);

II. Mitnahme nach Deutschland (vorübergehend)
   a) aus EU-Staat
      - Erlaubnis notwendig z. B. bei Sammlern, bei Gefährdeten, bei Jägern mit mehr als drei Langwaffen, bei Sportschützen mit mehr als sechs Schusswaffen, bei Brauchtumsschützen mit mehr als drei Einzellader- oder Repetierlangwaffen.

      Voraussetzung für Erlaubniserteilung:
      - Europäischer Feuerwaffenpass
      - alle Voraussetzungen des deutschen Waffenrechts wie Mindestalter, Zuverlässigkeit, persönliche Eignung, Sachkunde, Bedürfnis
      - keine Erlaubnis notwendig bei folgenden Personen mit Europäischem Feuerwaffenpass und Einladung:
      - Jäger mit bis zu drei Langwaffen,

- Sportschützen mit bis zu sechs Schusswaffen,
- Brauchtumsschützen mit bis zu drei Einzellader- oder Repetierlangwaffen.

Ein Staatsvertrag zwischen Österreich und Deutschland sieht vor, dass Sportschützen und Brauchtumsschützen (nicht Jäger) aus Österreich oder Deutschland bestimmte Waffen auch ohne Europäischen Feuerwaffenpass in den jeweiligen Vertragsbereich (Österreich und Bayern) mitnehmen können.

b) aus Drittstaaten
- Erlaubnis immer notwendig
- Voraussetzung für Erlaubnis bei z. B. Sammlern, Gefährdeten, Jägern mit mehr als drei Langwaffen, Sportschützen mit mehr als sechs Schusswaffen, Brauchtumsschützen mit mehr als drei Einzellader- oder Repetierlangwaffen:

  Mindestalter, Zuverlässigkeit, persönliche Eignung, Sachkunde, Bedürfnis
- Voraussetzung für Erlaubnis bei Jägern mit bis zu drei Langwaffen, Sportschützen mit bis zu sechs Schusswaffen oder Brauchtumsschützen mit bis zu drei Einzellader- oder Repetierlangwaffen:

  Es dürfen keine Tatsachen vorliegen, die die Annahme rechtfertigen, dass Unzuverlässigkeit oder mangelnde persönliche Eignung im Sinne des WaffG vorliegen. Weitere Voraussetzungen wie Alter und Sachkunde sind nicht zu prüfen.

III. Verbringen aus Deutschland (endgültig)

a) in EU-Staat
- Erlaubnis immer notwendig
- Voraussetzung für Erlaubnis:

Vorherige Zustimmung des Empfängerstaates muss vorliegen.

Transport darf nur durch Berechtigten erfolgen. (Inhaber deutscher waffenrechtlicher Erlaubnis oder gewerblicher Transporteur).

b) in Drittstaat

keine waffenrechtliche Erlaubnis notwendig;

Auf eventuelle andere Erlaubnisvorbehalte (z. B. nach dem Außenwirtschaftsgesetz – AWG) hat der Verbringer selbst zu achten.

IV. Mitnahme aus Deutschland (vorübergehend)

a) in EU-Staat
- Europäischer Feuerwaffenpass;
- Vorherige Zustimmung (sofern notwendig) des Staates, in den die Waffen/Munition mitgenommen werden sollen;
- Einfuhrmodalitäten der einzelnen EU-Mitgliedstaaten sollten in jedem Fall aktuell beim Einfuhrland erfragt werden;

b) in Drittstaat
- keine deutsche waffenrechtliche Erlaubnis notwendig.

Zu § 29: Verbringen von Waffen oder Munition in den Geltungsbereich des Gesetzes

29.1 § 29 bezieht sich auf alle Waffen und Munition, deren Erwerb und Besitz nach § 2 Absatz 2 in Verbindung mit Anlage 2 Abschnitt 2 erlaubnispflichtig ist.

Ausnahmen von der Erlaubnispflicht für das Verbringen sind in Anlage 2 Abschnitt 2 Unterabschnitt 2 Nummer 7 aufgeführt.

Von einem Verbringen von Waffen oder von Munition ist auszugehen, wenn die Voraussetzungen der Anlage 1 Abschnitt 2 Nummer 5 vorliegen. Im Einzelfall ist auch das kurzzeitige Verbringen von Waffen und Munition (z. B. zur Reparatur, auf eine Verkaufsausstellung, zum Beschuss) nach § 29 zu behandeln.

Die Erlaubnis zum Verbringen von Waffen und Munition nach Deutschland erfolgt als eigenständige Erlaubnis der zuständigen deutschen Waffenbehörde (§ 29 Absatz 1), wenn die Gegenstände aus einem Staat, der nicht EU-Mitgliedstaat ist (Drittstaat), nach Deutschland verbracht werden oder wenn eine Waffe oder Munition, die nicht in Anlage 1 Abschnitt 3 genannt ist (z. B. bestimmte verbotene Waffen oder Munition nach Anlage 2 Abschnitt 1), aus einem anderen Mitgliedstaat verbracht werden soll.

Die Erlaubnis erfolgt als Zustimmung zu einer Erlaubnis des anderen Mitgliedstaates (§ 29 Abs. 2), wenn eine Waffe oder Munition nach Anlage 1 Abschnitt 3 aus diesem Mitgliedstaat nach Deutschland verbracht werden soll (Prinzip der doppelten Genehmigung nach Artikel 11 der EG-Waffenrichtlinie). Sofern eine Bestätigung des anderen Mitgliedstaates vorliegt, dass eine Verbringungserlaubnis aus diesem Staat nicht notwendig ist, kann für die Verbringung auch eine eigenständige Erlaubnis erteilt werden.

Für das Verbringen halbautomatischer Langwaffen nach Anlage 1 Abschnitt 3 Nummer 2 (Kategorie B), die Kriegswaffen nach Nummer 29 Buchstabe d der Kriegswaffenliste sind, ist eine Kriegswaffengenehmigung durch das Bundesministerium für Wirtschaft und Technologie (BMWi) erforderlich.

Waffen oder Munition unterliegen zudem in der Regel zusätzlichen Prüf- und Zulassungsvorschriften nach dem BeschG und dürfen dann nur unter Einhaltung dieser Bestimmungen nach Deutschland verbracht werden.

29.2 Die Erlaubnis nach § 29 Abs. 1 wird grundsätzlich durch einen Erlaubnisschein (§ 29 Absatz 1 AWaffV) erteilt.

In den Fällen, in denen die Erlaubnis als Zustimmung zu einem Verbringen aus einem anderen EU-Mitgliedstaat erteilt wird, ist der Erlaubnisschein zu verwenden, sofern nicht eine Bestätigung des anderen Mitgliedstaates vorliegt, dass eine Verbringungserlaubnis hierfür nicht notwendig ist.

Für die Erteilung der Erlaubnis muss der Antragsteller die in § 29 Absatz 2 Satz 1 AWaffV aufgeführten Angaben machen.

Das BKA übermittelt die von dem anderen Mitgliedstaat erhaltenen Angaben über das Verbringen an die zuständige Behörde (§ 32 Absatz 2 Nummer 2 AWaffV).

29.3 Die nach § 29 Absatz 1 Nummer 1 erforderliche Erwerbs- oder Besitzberechtigung des Empfängers muss nach deutschem Waffenrecht (in der Regel in Form einer Waffenhandelserlaubnis, einer WBK oder eines Jagdscheines) vorliegen. Die ebenfalls erforderliche Erwerbs- oder Besitzberechtigung der Person, die den Transport durchführt, kann sich aus einer Erlaubnis, z. B. einer WBK oder einem gültigen Jagdschein (insbesondere in den Fällen der Selbstvornahme des Transports durch den Empfänger und ggf. gleichzeitigen Antragsteller) oder unmittelbar aus gesetzlichen Bestimmungen (insbesondere für den gewerblichen Transporteur nach § 12 Abs. 1 Nummer 2) ergeben.

Die Voraussetzungen der Erlaubniserteilung sind in § 29 Abs. 1 abschließend genannt. Sofern Tatsachen die Annahme rechtfertigen, dass der Antragsteller die notwendige Zuverlässigkeit und persönliche Eignung nicht besitzt, ist die Erlaubnis zu versagen.

Die Prüfung der sicheren Durchführung des Transports ist dann von besonderer Bedeutung, wenn Anhaltspunkte vorliegen, die Zweifel an der Gewährleistung der öffentlichen Sicherheit oder Ordnung (z. B. Gefahr des Abhandenkommens der Waffen oder der Munition) begründen.

Im Bereich der gewerblichen Verbringung von Waffen und Munition sind aufgrund der im internationalen Warenverkehr üblichen hohen Stückzahlen deutlich höhere Anforderungen an die Transportsicherheit zu stellen.

Der gewerbsmäßige Transport von Schusswaffen oder Munition erfordert eine geschlossene Sicherheitskette. Bei gewerbsmäßigen Schusswaffen- oder Munitionstransporten müssen die für den jeweiligen Transport festgelegten Sicherheitsstandards vom Eintritt in den Geltungsbereich des WaffG bis zu seinem Verlassen durchgängig gewährleistet sein.

Die nachfolgenden Richtlinien gelten nur für den gewerbsmäßigen Transport von Schusswaffen oder Munition nach Anlage 1 Abschnitt 3 (Kategorie A bis D) WaffG, die durch den Geltungsbereich des Gesetzes von anderen Ländern in andere Länder durchgeführt (Durchfuhr) werden sollen.

Die Richtlinien gelten nicht, soweit es sich um den gewerbsmäßigen Transport einzelner Schusswaffen nebst Munition oder den Transport in geringer Menge (in der Regel weniger als 20 Stück Schusswaffen) handelt. Für Kriegswaffen gelten die besonderen Bestimmungen des Kriegswaffenkontrollgesetzes (KWKG). Sie gelten für den gewerbsmäßigen Transport von Schusswaffen nach Anlage 1 Abschnitt 3 (Kategorie A bis D) WaffG, die in den Geltungsbereich des WaffG eingeführt (Einfuhr) oder aus dem Geltungsbereich des WaffG in andere Länder ausgeführt (Ausfuhr) werden sollen, nur mit der Maßgabe, dass die in Nummer 12.1.2 genannten Mengen an Waffen zusammen mit der dazu passenden Patronenmunition in einer Sendung gemeinsam transportiert werden sollen.

Maßgebend für den Transport von Schusswaffen oder Munition sind die Bestimmungen der §§ 29 bis 31 und § 33. Sofern es während des Transportes zu Unterbrechungen kommt, die eine Umladung oder Zwischenlagerung erfordern, sind zudem die Bestimmungen des § 36 und der §§ 13 und 14 AWaffV zu beachten. Adressat dieser Bestimmungen sind jeweils diejenigen Personen, die die tatsächliche Gewalt über die Waffen ausüben.

Gewerbsmäßige Transporte von Schusswaffen oder Munition, die diesen Richtlinien unterfallen, werden nach den Sicherheitsstufen 1 bis 3 eingestuft. Maßgebend für die Einstufung ist die Gefahr, die bei einer unerlaubten Verwendung von den Waffen ausgehen könnte. Bei Transporten mit Waffen oder Munition, die unterschiedlichen Sicherheitsstufen unterfallen, ist jeweils die höhere Sicherheitsstufe maßgebend.

Sicherheitsstufe 1

Transport von Waffen nach Kategorie A (Anlage 1 Abschnitt 3) mit oder ohne zugehöriger Munition,

Sicherheitsstufe 2

Transport von Waffen nach Kategorie B (Anlage 1 Abschnitt 3) mit oder ohne zugehöriger Munition,

Sicherheitsstufe 3

Transport von Waffen nach Kategorie C (Anlage 1 Abschnitt 3) oder Kategorie D (Anlage 1 Abschnitt 3) mit oder ohne zugehöriger Munition.

Zur Sicherstellung der Transportsicherheit sind Verbringungserlaubnisse mit Auflagen zu versehen. Hierbei sind die jeweiligen Transportrisiken der verwendeten Transportmittel (Lastwagen-LKW, Zug, Schiff, Flugzeug) ebenso zu berücksichtigen wie die Risiken, die sich aus Transportunterbrechungen (Umladung, Zwischenlagerung, Begasung der Transportbehältnisse mit Schädlingsbekämpfungsmitteln) ergeben.

Adressat der Sicherheitsauflagen ist sowohl der Erlaubnisinhaber, als auch von ihm beauftragte Personen oder Unternehmen, die für ihn im Rahmen der Verbringung der Waffen tätig werden, z. B. in Form einer Umladung des Transportgutes oder einer Zwischenlagerung. Generell ist zu beachten, dass allen Personen, die im Rahmen des Verbringungsvorganges den tatsächlichen Besitz über Waffen/Munition ausüben, den Regelungen des § 36 Absatz 1 sowie der §§ 13 und 14 AWaffV unterliegen und im Falle der Feststellung von Verstößen entsprechend belangt werden können.

Umfang und Tragweite der Sicherheitsauflagen sind nach den genannten Sicherheitsstufen wie folgt gestaffelt.

Auflagen für Sicherheitsstufe 1 (Waffen/Munition der Kategorie A)

1. Der Transport darf im Bereich des Zug-, See- oder Flugverkehrs nur im verschlossenen Container oder in verschlossenen Metallbehältnissen erfolgen.

2. Beim Transport mit dem LKW ist nur die Verwendung verschlossener Container oder verschlossener Kofferaufbauten zulässig. Der

LKW ist zudem durch bewaffnetes Bewachungspersonal zu begleiten.

3. Im Falle einer Umladung des Transportgutes darf diese nur innerhalb eines umzäunten und mittels Bewachungspersonal gesicherten Geländes oder innerhalb gesicherter Räume, die mittels Videoüberwachung kontrolliert werden, erfolgen.

4. Im Falle einer Zwischenlagerung darf diese nur in für die Waffenaufbewahrung vorgesehenen Räume erfolgen, die entweder durch Alarmanlagen oder Bewachungspersonal gesichert sind.

5. Im Falle einer erforderlichen Begasung der Transportbehältnisse darf diese nur innerhalb eines umzäunten Geländes erfolgen, das mittels Bewachungspersonal gesichert wird.

6. Für den Fall, dass es zu unvorhersehbaren Änderungen im Transportablauf kommt, deren zufolge die Transportsicherheit nicht sichergestellt werden kann und die akute Gefahr eines Abhandenkommens der Waffen oder Munition oder die Gefahr eines Zugriffes unberechtigter Personen besteht, ist die örtlich zuständige Polizeidienststelle unverzüglich zu informieren und deren Anweisungen Folge zu leisten.

Auflagen für Sicherheitsstufe 2 (Waffen/Munition der Kategorie B)

1. Der Transport darf im Bereich des Zug-, See- oder Flugverkehrs nur im verschlossenen Container oder in verschlossenen Metallbehältnissen erfolgen.

2. Beim Transport mit dem LKW ist die Verwendung verschlossener Container oder verschlossener Kofferaufbauten zulässig. Sofern der Transport auf Planen-LKWs erfolgt, ist dieser zudem durch Bewachungspersonal zu begleiten.

3. Im Falle einer Umladung des Transportgutes darf diese nur innerhalb eines umzäunten und mittels Bewachungspersonal oder Videoüberwachung gesicherten Geländes oder innerhalb gesicherter Räume erfolgen.

4. Im Falle einer Zwischenlagerung darf diese nur in für die Waffenaufbewahrung vorgesehenen Räumen erfolgen, die durch Videoüberwachung gesichert sind. Erfolgt die Zwischenlagerung in einem Container, so ist dieser so zu stellen, dass die Tür durch andere Container oder Wände versperrt wird, so dass ein Öffnen der Tür nicht möglich ist.

5. Im Falle einer erforderlichen Begasung der Transportbehältnisse darf diese nur innerhalb eines umzäunten Geländes erfolgen, das mittels Bewachungspersonal oder Videoüberwachung gesichert wird.

6. Für den Fall, dass es zu unvorhersehbaren Änderungen im Transportablauf kommt, deren zufolge die Transportsicherheit nicht sichergestellt werden kann und die akute Gefahr eines Abhandenkommens der Waffen oder Munition oder die Gefahr eines Zugriffs unberechtigter Personen besteht, ist die örtlich zuständige Polizeidienststelle unverzüglich zu informieren und deren Anweisungen Folge zu leisten.

Auflagen für Sicherheitsstufe 3 (Waffen/Munition der Kategorien C und D)

1. Der Transport darf im Bereich des Zug-, See- oder Flugverkehrs nur im verschlossenen Container oder in verschlossenen Metallbehältnissen erfolgen.

2. Beim Transport mit dem LKW ist die Verwendung verschlossener Container oder verschlossener Kofferaufbauten zulässig. Sofern der Transport auf Planen-LKWs erfolgt, ist dieser zudem durch Bewachungspersonal zu begleiten.

3. Im Falle einer Umladung des Transportgutes darf diese nur innerhalb eines umzäunten Geländes, gesicherter Räume oder bei nicht umzäunten Geländen bei Überwachung des Umladevorganges durch Bewachungspersonal oder Videoüberwachung erfolgen.

4. Im Falle einer Zwischenlagerung darf diese nur in für die Waffenaufbewahrung vorgesehenen Räumen oder im videoüberwachten Raum erfolgen. Erfolgt die Zwischenlagerung in einem Container, so ist dieser so zu stellen, dass die Tür durch andere Container oder Wände versperrt wird, sodass ein Öffnen der Tür nicht möglich ist.

I

5. Im Falle einer erforderlichen Begasung der Transportbehältnisse darf diese nur innerhalb eines umzäunten Geländes erfolgen, das mittels Bewachungspersonal oder Videoüberwachung gesichert wird.

6. Für den Fall, dass es zu unvorhersehbaren Änderungen im Transportablauf kommt, deren zufolge die Transportsicherheit nicht sichergestellt werden kann und die akute Gefahr eines Abhandenkommens der Waffen oder Munition oder die Gefahr eines Zugriffs unberechtigter Personen besteht, ist die örtlich zuständige Polizeidienststelle unverzüglich zu informieren und deren Anweisungen Folge zu leisten.

Die Auflagen sind bei Erteilung der Verbringungserlaubnis in Abhängigkeit von der betroffenen Sicherheitsstufe der Erlaubnis beizufügen.

Erläuterungen/Begriffsbestimmungen zu den vorgenannten Auflagen: Transport mit LKW:

Bei LKW sind im Bereich von Waffen- und Munitionstransporten drei verschiedene Arten üblich: Container, geschlossener Metallkofferaufbau oder Planenaufbau.

Beim Transport mit dem LKW ist zu beachten, dass die Beförderung von Waffen und Munition überwiegend auf öffentlichen Straßen erfolgt und Transportunterbrechungen üblich sind (Rastzeiten, Tankstopps, u. Ä.) Das Risiko des Abhandenkommens oder des Diebstahls liegt somit höher als bei anderen Transportmitteln, die in der Regel nur über abgesperrte und zum Teil gesicherte Bereiche erreichbar sind (z. B. Güterbahnhof, Hafenflächen).

Die Sicherheitsauflagen sind daher entsprechend höher anzusetzen. Container und geschlossene Kofferaufbauten werden als sicherer eingestuft als Planenaufbauten. Letztere werden an sich für Waffen-/Munitionstransporte als ungeeignet eingestuft. In der Praxis kommen sie jedoch häufiger vor, insbesondere bei Transporten aus Staaten, in denen eine Containerinfrastruktur noch nicht so weit ausgebaut ist. Eine Zulassung solcher Transporte sollte daher nur unter erhöhten Sicherheitsauflagen erfolgen.

Transport mit dem Zug, Schiff oder Flugzeug:

Im Zug-, Schiff- und Luftverkehr erfolgt der Transport in der Regel per Container, in selteneren Fällen auch als Stückgut. Der Transport erfolgt über der Allgemeinheit normalerweise nicht zugängliche Verkehrsstraßen. Die Sicherheitsauflagen können daher entsprechend niedriger angesetzt werden.

Umladung:

In der Praxis mehren sich die Vorgänge, in denen die Behörden Kenntnis darüber erlangen, dass die Waffen/Munition während des Verbringungsvorganges umgeladen werden.

Die Notwendigkeit ergibt sich meist beim Wechsel des Verkehrsmittels, z. B. Umladen vom Planen-LKW in Schiffscontainer. Die Umladung erfolgt i. d. R. durch Mitarbeiter von Speditionen, Güterverkehrszentren oder Hafenarbeitern. Die Gefahr des unbefugten Erwerbs von Waffen/Munition beim Umladen kann nicht ausgeschlossen werden. Im Fokus dieser Gefährdung stehen nicht nur die Arbeiter, die mit der Umladung beauftragt sind, sondern primär auch Personen, die sich Zugang zum Ort der Umladung verschaffen könnten.

Die Sicherheitsauflagen betreffen somit primär auch die Sicherung des Ortes, an dem die Umladung vorgenommen werden soll.

Keine Umladung in diesem Sinne liegt vor, wenn die Ware beim Wechsel des Verkehrsmittels in einem verschlossenen Container verbleibt, ohne dass dieser geöffnet wird.

Zwischenlagerung:

In der Praxis mehren sich die Vorgänge, in denen die Behörden Kenntnis darüber erlangen, dass die Waffen/Munition während des Verbringungsvorgangs zwischengelagert werden.

Die Notwendigkeit ergibt sich oftmals beim Wechsel des Verkehrsmittels, z. B. Umladen vom LKW oder Zug auf das Schiff.

Die Zwischenlagerung erfolgt i. d. R. bei Speditionen, in Güterverkehrszentren oder Hafenbereichen.

Bei der Zwischenlagerung finden die waffenrechtlichen Vorschriften zur Sicherung von Waffen/Munition gegen Abhandenkommen und der Verhinderung unberechtigten Zugriffs Anwendung.

An den Ort der Aufbewahrung sind daher spezielle Anforderungen zu stellen. Die Sicherheitsauflagen betreffen somit primär auch die Sicherung des Ortes, an dem die Zwischenlagerung erfolgen soll.

Begasung:

Die Begasung dient der Schädlingsbekämpfung und ist erforderlich, wenn z. B. Waffen in Holzkisten in die USA verschifft werden sollen. Die Begasung erfolgt i. d. R. in speziellen Containern, die auf Freiflächen in den Hafenbereichen stehen. Nach dem Begasungsvorgang ist es erforderlich, dass der Container und die begaste Ware auslüften, bevor die Ware weitertransportiert werden kann. Dies geschieht durch Öffnen des Containers.

Die Sicherheitsauflagen sollen gewährleisten, dass aus dem offenstehenden Container keine Waffen/Munition unberechtigt entnommen werden.

Bewachungspersonal:

Bewachungspersonal sind Personen im Sinne des § 34a GewO. Bewaffnetes Bewachungspersonal sind Erlaubnisinhaber nach § 28 Absatz 1.

Gesicherte Räume:

Gesicherte Räume sind Räume, die die Voraussetzungen des § 13 Absatz 5 AWaffV erfüllen und behördlicherseits entsprechend zugelassen sind.

Videoüberwachung:

Videoüberwachte Bereiche sind Bereiche, in denen in geeigneter Weise eine Videoüberwachung erfolgt. Erforderlich ist eine ständige Überwachung der Monitore durch Wachpersonen, die ggf. Maßnahmen gegen ein Abhandenkommen der Waffen/Munition oder unberechtigten Zugriff auf diese einleiten können. Eine bloße Videoaufzeichnung reicht nicht aus.

Unzugänglicher Container:

Ein unzugänglicher Container ist dann gegeben, wenn dieser so gelagert wird, dass eine Türöffnung nicht möglich ist, da die Tür z. B. durch andere Container verstellt ist oder der Container mit der Tür gegen eine Mauer o. Ä. gestellt wird.

29.4 Waffenherstellern oder -händlern (§ 21 Absatz 1) können im Rahmen bestehender, laufender Geschäftsbeziehungen zu Herstellern oder Händlern in anderen Staaten Erlaubnisse nach § 29 Absatz 1 für einen längeren Zeitraum befristet erteilt werden. Dies gilt in erster Linie in den Fällen, in denen einem gewerblichen Waffenhersteller oder -händler in einem anderen Mitgliedstaat – zu dem die Geschäftsbeziehungen bestehen – eine längerfristige, höchstens drei Jahre dauernde Erlaubnis (Artikel 11 Absatz 3 der EG-Waffenrichtlinie) dieses Staates erteilt werden soll und die Erlaubnis der deutschen Behörde als Zustimmung zu dieser Erlaubnis (§ 29 Absatz 2) des anderen Mitgliedstaates ergeht.

Im Rahmen einer solchen Erlaubnis kann nach § 29 Absatz 3 AWaffV auf die Angaben des Kalibers und der Herstellungsnummer verzichtet werden; diese Angaben müssen dann aber beim Verbringen selbst den zuständigen Überwachungsbehörden (Bundespolizei – BPol, Zoll) mitgeteilt werden und werden anschließend der deutschen Waffenbehörde, die die Erlaubnis erteilt hat, nach § 32 Absatz 3 AWaffV übermittelt.

Für die Erteilung der genannten Erlaubnisse müssen die Eigenschaft der an dem Verbringen Beteiligten als gewerbsmäßige Waffenhersteller oder -händler und die laufenden Geschäftsbeziehungen (z. B. längerfristiger Auftrag zur Lieferung noch nicht produzierter Waffen) glaubhaft gemacht werden.

I

Zu § 30: Verbringen von Waffen oder Munition durch den Geltungsbereich des Gesetzes

30.1 Für Erlaubnisse nach § 30 gilt Nummer 29.1 entsprechend.

30.2 Eine Erlaubnis nach § 30 Absatz 1 wird grundsätzlich durch einen Erlaubnisschein (§ 29 Abs. 1 AWaffV) erteilt.

Für die Erteilung der Erlaubnis muss der Antragsteller die in § 29 Absatz 2 Satz 1 AWaffV aufgeführten Angaben machen. Als Antragsteller kommen Absender, Empfänger oder Transporteur in Betracht.

Das BKA übermittelt der zuständigen Behörde die von dem anderen Mitgliedstaat erhaltenen Angaben über das Verbringen an die zuständige Behörde (§ 32 Absatz 2 Nummer 2 AWaffV).

30.3 Die inhaltlichen Voraussetzungen und Prüfanforderungen der Erlaubnis entsprechen – mit Ausnahme der Berechtigung des Empfängers – denen der Erlaubnis nach § 29 (Nummer 29.3).

Sollen Waffen oder Munition nach Anlage 1 Abschnitt 3 aus einem Drittstaat durch Deutschland in einen oder durch einen anderen EU-Mitgliedstaat verbracht werden, so ist die vorherige Zustimmung dieses anderen EU-Mitgliedstaates erforderlich, wenn dies nach dem Recht dieses Staates vorausgesetzt wird (§ 29 Absatz 2). Die Erlaubnis wird dann erteilt. Das BMI teilt den für den Vollzug der Vorschrift zuständigen Stellen der Länder Änderungen der in den anderen Mitgliedstaaten bestehenden Rechtslage mit. Das Verfahren richtet sich hier zusätzlich nach den Maßgaben, die für ein Verbringen in andere Mitgliedstaaten gelten (vgl. Nummer 31.1).

Soll das Verbringen der Waffen oder der Munition durch einen oder mehrere andere EU-Mitgliedstaaten erfolgen, so ist der Antragsteller darüber zu belehren, dass auch nach dem Recht dieser Staaten vorherige Zustimmungspflichten oder Verbote vorliegen können.

Zu § 31: Verbringen von Waffen oder Munition aus dem Geltungsbereich des Gesetzes in andere EU-Mitgliedstaaten

31.1 Die für ein Verbringen von Waffen und Munition nach Anlage 1 Abschnitt 3 in einen anderen EU-Mitgliedstaat nach § 31 Absatz 1 erforderliche Erlaubnis wird durch einen Erlaubnisschein auf der Grundlage der Angaben erteilt, die in § 29 Absatz 4 AWaffV genannt sind.

Die zuständige Behörde übermittelt dem Bundeskriminalamt die vorliegenden Angaben auf einem Doppel des Erlaubnisscheins (§ 32 Absatz 1 AWaffV). Daneben besteht auch die Pflicht des Überlassers nach § 34 Absatz 4 in Verbindung mit § 31 Absatz 2 AWaffV das Überlassen gegenüber dem BKA anzuzeigen.

Dem Inhaber einer Erlaubnis nach § 21 (Waffenhersteller oder -händler) wird eine Erlaubnis nach § 31 Absatz 2 Satz 1 und 2 durch einen Erlaubnisschein auf der Grundlage der Angaben erteilt, die in § 29 Absatz 5 Satz 1 AWaffV genannt sind. An Stelle der Erlaubnis kann während des Transports die Erklärung mitgeführt werden, die die Angaben nach § 29 Absatz 5 Satz 3 AWaffV enthalten muss.

Das BKA übermittelt die ihm zugeleiteten Angaben der zuständigen Stelle des Empfangsstaates und teilt diese Angaben ggf. auch den EU-Mitgliedstaaten mit, durch die die Waffen oder die Munition verbracht werden sollen (§ 32 Absatz 2 Nummer 1 AWaffV).

Sollen Waffen oder Munition in einen Drittstaat verbracht werden, bedarf es keiner Erlaubnis.

Sollen die Waffen oder die Munition durch einen oder mehrere EU-Mitgliedstaaten in einen Drittstaat (Empfangsstaat) verbracht werden, so ist das Verbringen dem Bundeskriminalamt rechtzeitig durch eine Anzeige mitzuteilen. Das Bundeskriminalamt leitet die danach erhaltenen Angaben den EU-Mitgliedstaaten mit, durch die die Waffen oder die Munition verbracht werden sollen (§ 32 Absatz 2 Nummer 1 AWaffV), sofern diese nicht auf die entsprechenden Mitteilungen verzichtet haben.

31.2 Die Erlaubnis wird nur erteilt, wenn der Antragsteller eine vorherige Zustimmung des anderen EU-Mitgliedstaates nachweist oder glaubhaft macht, dass eine solche Zustimmung nach dem Recht dieses Staates nicht erforderlich ist. Das BMI teilt den für den Vollzug der Vorschrift zuständigen Stellen der Länder in regelmäßigen Abständen die in den anderen EU-Mitgliedstaaten bestehende Rechtslage mit. Soll das Verbringen der Waffen oder der Munition durch einen oder mehrere andere EU-Mitgliedstaaten erfolgen, so ist der Antragsteller darüber zu belehren, dass auch nach dem Recht dieser Staaten vorherige Zustimmungspflichten oder Verbote vorliegen können.

Für die Prüfung der sicheren Durchführung des Transports gelten die in Nummer 29.3 gemachten Ausführungen.

Zu § 32: Mitnahme von Waffen oder Munition in den, durch den oder aus dem Geltungsbereich des Gesetzes, Europäischer Feuerwaffenpass

32.1 Die Erlaubnis nach § 32 Absatz 1 zur Mitnahme der dort genannten Waffen und Munition (vgl. auch Nummer 29.1) wird durch einen Erlaubnisschein erteilt.

Für die Erteilung der Erlaubnis hat der Antragsteller die Angaben nach § 30 Absatz 1 Satz 2 AWaffV zu machen. Nach § 30 Absatz 3 AWaffV kann auf einzelne Angaben verzichtet werden, wenn diese nicht rechtzeitig gemacht werden können; der Antragsteller ist in diesen Fällen darauf hinzuweisen, dass fehlende Angaben spätestens bei der Einreise gegenüber den zuständigen Überwachungsbehörden (Nummer 33.1) nachzuholen sind.

In besonderen Fällen kann der Antrag nach § 30 Absatz 4 AWaffV durch mehrere Personen gemeinsam gestellt werden (z. B. bei schießsportlichen Großveranstaltungen für eine teilnehmende Mannschaft). In diesen Fällen wird für diese Personen gemeinsam ein Erlaubnisschein erteilt. Die jeweiligen Angaben für die einzelnen Personen sind formlos in einem gesonderten Anschreiben der zuständigen Genehmigungsbehörde aufzuführen.

Für die Erlaubnis müssen die in § 4 Absatz 1 Nummer 1 bis 4 aufgeführten Voraussetzungen vorliegen. Das notwendige Alterserfordernis von 18 Jahren nach § 4 Absatz 1 Nummer 1 kann mit der Fotokopie eines amtlichen Ausweispapiers und der deutschen Übersetzung hierzu nachgewiesen werden. Die Nachweise der erforderlichen Zuverlässigkeit, persönlichen Eignung und der ausreichenden Sachkunde können durch aussagekräftige amtliche Mitteilungen des Heimatstaates mit deutscher Übersetzung erbracht werden. Das Bedürfnis kann anerkannt werden, wenn die Voraussetzungen nach § 8 vorliegen. Bei kurzfristiger Mitnahme in den oder durch den Geltungsbereich des Gesetzes sind die persönlichen oder wirtschaftlichen Interessen des Antragstellers höher zu bewerten als bei lang dauerndem Aufenthalt. § 4 Absatz 2 soll im Regelfall hier keine Anwendung finden. Der Europäische Feuerwaffenpass ersetzt die entsprechenden Nachweise über das Mindestalter, die Zuverlässigkeit, die persönliche Eignung und die Sachkunde.

Personen mit gewöhnlichem Aufenthalt in einem anderen EU-Mitgliedstaat (z. B. Waffen- und Munitionssammler, Waffen- und Munitionssachverständige, gefährdete Personen, Waffenhersteller, Waffenhändler, Bewachungsunternehmer, Bewachungspersonal) wird die Erlaubnis nur erteilt, wenn sie einen durch die Behörden des anderen Mitgliedstaates für diese Waffen ausgestellten Europäischen Feuerwaffenpass oder eine beglaubigte Kopie dieses Dokuments vorlegen. Die Erlaubnis wird im Feld 5 des Europäischen Feuerwaffenpasses eingetragen.

Halbautomatische Langwaffen nach Anlage 1 Abschnitt 3 Nummer 2 (Kategorie B), die Kriegswaffen nach Nummer 29 Buchstabe d der Kriegswaffenliste sind, dürfen nicht mitgenommen werden, weil eine für das Mitbringen erforderliche Kriegswaffengenehmigung durch das BMWi als zuständige Genehmigungsbehörde ausnahmslos nicht erteilt wird.

Eine Erlaubnis zur Mitnahme nach § 32 Absatz 1 bis 5 berechtigt gleichzeitig zum Besitz der Waffen oder der Munition (§ 12 Absatz 1 Nummer 6 und Absatz 2 Nummer 3). Eine Berechtigung zum Erwerb von Waffen und Munition sowie zum Führen außerhalb der Befreiungen nach dem WaffG ist mit der vorgenannten Erlaubnis zur Mitnahme nicht verbunden.

Die Menge der Munition, die auf der Grundlage des § 32 Absatz 1 bis 5 berechtigt mitgenommen werden darf, richtet sich nach dem Verwendungszweck. In der Regel ist der Munitionsbedarf bei Jägern deutlich geringer als bei Sportschützen.

32.2 Für Jäger, Sportschützen und Brauchtumsschützen gelten besondere Regelungen:

Diese Personen dürfen aus anderen EU-Mitgliedstaaten nach § 32 Absatz 3 die in der Vorschrift genannten Schusswaffen bis zu der dort genannten Höchstzahl und dafür bestimmte Munition ohne Erlaubnis nach Deutschland mitnehmen, wenn sie einen Europäischen Feuerwaffenpass, in dem die Waffen eingetragen sind, und einen Beleg zum Nachweis des Grundes der Reise (z. B. die Einladung zu einer Jagd oder eine gültige deutsche Jagderlaubnis oder die Einladung zu einer schießsportlichen oder einer Brauchtumsveranstaltung oder die Ausschreibung einer solchen) mit sich führen. Nicht jede Art von Schusswaffe darf mitgenommen werden. Im Einzelnen handelt es sich um lange Repetier-Feuerwaffen Kategorien B 6 und C 1, ausgenommen Vorderschaftrepetierwaffen; lange Feuerwaffen Kat. C 2; lange Feuerwaffen Kategorie D; Druckluft-, Federdruck- und CO_2-Waffen (genannte Kategorien nach der Anlage I der EG-Waffenrichtlinie).

Der Grund der Reise kann auch im Zusammenhang mit der Jagd, dem Schießsport oder dem Brauchtum (auch Reparatur von Jagd-, Sport- und Brauchtumswaffen, Aussuchen von speziellen Munitionslosen) anerkannt werden. Bei einer schießsportlichen Veranstaltung (Wettkampf oder Training) im Nahbereich einer EU-Binnengrenze kann auch der Mitgliederausweis einer schießsportlichen Vereinigung in diesem Grenzbereich als Beleg für den Grund der Mitnahme ausreichend sein. Für die Mitnahme anderer oder der Zahl nach darüber hinausgehender Waffen und Munition verbleibt es bei der Erlaubnispflicht nach § 32 Absatz 1.

Sonderregelungen ergeben sich aus dem deutsch-österreichischen Abkommen über die gegenseitige Anerkennung von Dokumenten für die Mitnahme von Schusswaffen und Munition durch Angehörige traditioneller Schützenvereinigungen und Sportschützen vom 28. Juni 2002, das am 1. Juli 2004 in Kraft getreten ist (BGBl. 2004 II S. 788). Danach ist für Mitglieder deutscher und österreichischer traditioneller Schützenvereinigungen und Sportschützenvereine unter besonderen Voraussetzungen der Besitz eines Europäischen Feuerwaffenpasses nicht erforderlich. Dieses Abkommen gilt nur für die Mitnahme von Schusswaffen und der dafür bestimmten Munition zu besonderen Anlässen in der Republik Österreich und im Freistaat Bayern. Nach dem Inhalt des Abkommens kann die Mitnahme von Waffen aus Österreich nach Bayern nur direkt über die österreichisch-bayerische Grenze erfolgen.

Bei Jägern, Sportschützen und Brauchtumsschützen aus Drittstaaten kann die Erlaubnis ohne Prüfung des Alterserfordernisses und der Sachkunde erteilt werden, es sei denn, dass Tatsachen bei der Behörde bekannt geworden sind, die die Annahme der Unzuverlässigkeit oder der fehlenden persönlichen Eignung des Antragstellers rechtfertigen (§ 32 Absatz 4); dies gilt aber nur, wenn die Bedingungen vorliegen, unter denen solche Personen aus anderen EU-Mitgliedstaaten erlaubnisfrei Waffen oder Munition nach Deutschland mitnehmen dürfen (§ 32 Absatz 3). Ein Europäischer Feuerwaffenpass ist nicht erforderlich.

32.3 Weitere Fälle, in denen eine Erlaubnis nach § 32 Absatz 1 nicht erforderlich ist:

– für Inhaber von deutschen Erlaubnissen zum Erwerb oder Besitz für die Waffen oder Munition, die nach Deutschland zurückgebracht werden. Fälle des Erwerbs einer Waffe oder von Munition im Ausland werden durch die Vorschrift jedoch nicht erfasst; hierfür ist eine Verbringungserlaubnis nach § 29 Absatz 1 erforderlich.

Die dem Besitz zu Grunde liegende Erlaubnis wird in der Regel eine WBK sein (§ 10 Absatz 1 Satz 1), in der auch die Erlaubnis zum Besitz der Munition eingetragen ist (§ 10 Absatz 3 Satz 1). Daneben kommen ein Munitionserwerbsschein (§ 10 Absatz 3 Satz 3) und Bescheinigungen nach § 55 Absatz 2 in Betracht.

Ein gültiger Jahresjagdschein stellt keine Erlaubnis zum Erwerb und Besitz für Waffen im Sinne des § 32 Absatz 5 Nummer 1 dar und berechtigt somit nicht zur Mitnahme von Jagd-Langwaffen in den oder durch den Geltungsbereich des WaffG.

- Die Befreiung von der Erlaubnispflicht für Personen, die Signalwaffen und die dafür bestimmte Munition aus Gründen der Sicherheit an Bord von Schiffen mitführen, gilt nur, solange die Gegenstände an Bord des Schiffes verbleiben, es sei denn, sie werden zum Zweck der sicheren Verwahrung, z. B. bei zuständigen Überwachungsbehörden, außerhalb des Schiffes untergebracht. Unter diese Ausnahme fallen Signalwaffen mit einem Patronen- oder Kartuschenlager von mehr als 12 mm. Erwerb und Besitz von Signalschusswaffen mit kleineren Kalibern, deren Bauart nach § 8 BeschG zugelassen ist, unterliegen ohnehin nicht der Waffenbesitzkartenpflicht und bedürfen daher keiner Mitnahmeerlaubnis. An Bord des Schiffes ist darüber hinaus kein Kleiner Waffenschein erforderlich, da hier nicht von einem Führen der Waffe auszugehen ist (Anlage 1 Abschnitt 2 Nummer 4) oder aber dieses über § 12 Absatz 3 Nummer 1 erlaubnisfrei ist.
- Inhaber von Bescheinigungen nach § 56 (z. B. Staatsgäste aus anderen Staaten).

Abgesehen von den Fällen des § 56 sind Waffen und Munition sowie die Berechtigungen für eine Mitnahme nach Deutschland nach § 33 Absatz 1 und 2 den zuständigen Überwachungsbehörden bei der Einreise aus einem Drittstaat auch vorzuführen bzw. nachzuweisen und auszuhändigen, wenn eine Erlaubnis zu der Mitnahme nicht erforderlich ist.

Der Waffenschein (§ 10 Absatz 4 Satz 1) berechtigt nicht zur Einfuhr von Munition.

32.4 Die Ausstellung eines Europäischen Feuerwaffenpasses nach § 32 Absatz 6 erfolgt nach den Maßgaben des § 33 AWaffV. Hinsichtlich des Vordrucks „Europäischer Feuerwaffenpass" ist zu beachten, dass entsprechend der Empfehlung der Kommission vom 28. Dezember 2004 in Ergänzung zur Empfehlung 96/129/EG zum Europäischen Feuerwaffenpass (2005/11/EG) der entsprechende Vordruck nach der WaffVwV 1979 ab dem 1. Mai 2006 nicht mehr verwendet werden soll. Der Antragsteller hat dafür die Angaben nach § 30 Absatz 1 Satz 2 Nummer 1 bis 3 AWaffV zu machen.

Der Europäische Feuerwaffenpass ist ein für den grenzüberschreitenden Verkehr zwischen den EU-Mitgliedstaaten bestimmtes Dokument zum Nachweis der nationalen Berechtigungen des Inhabers zum Waffenbesitz. Der Europäische Feuerwaffenpass berechtigt zur Mitnahme der dort eingetragenen Schusswaffen und für diese bestimmte Munition in einen anderen EU-Mitgliedstaat grundsätzlich nur, wenn dieser Staat zuvor zugestimmt hat (Artikel 12 Absatz 1 der EG-Waffenrichtlinie).

Der Antragsteller ist bei der Übergabe des Europäischen Feuerwaffenpasses darauf hinzuweisen, dass er im eigenen Interesse die jeweils gültige Rechtslage des zu bereisenden Staates selbst erfragen sollte.

Im Einzelfall können in den Europäischen Feuerwaffenpass auch Waffen eingetragen werden, die nicht in Anlage 1 Abschnitt 3 genannt sind, sofern dies von dem anderen Mitgliedstaat verlangt wird. Voraussetzung hierfür ist, dass die Waffen berechtigt besessen werden (z. B. Druckluft-, Schreckschuss-, Reizstoff- oder Signalwaffen).

Zu § 33: Anmelde- und Nachweispflicht bei Verbringen oder Mitnahme von Waffen oder Munition in den oder durch den Geltungsbereich des Gesetzes

33.1 Die in § 33 Abs. 1 geregelte Verpflichtung, die in der Vorschrift genannten Waffen oder Munition bei einem Verbringen oder bei einer Mitnahme nach Deutschland aus einem Drittstaat bei der zuständigen Überwachungsbehörde (Zolldienststellen und BPoL) anzumelden und auf Verlangen vorzuführen, gilt auch in den Fällen des § 32 Abs. 5 sowie in den Fällen, in denen der Umgang mit solchen Waffen oder Munition verboten ist. Die Anmeldepflicht umfasst neben zum Verbleib im Inland bestimmter Waffen und solcher Munition, auch Waffen und Munition, die z. B. zur Durchfuhr im Rahmen eines Versandverfahrens, zur Ausbesserung im Rahmen der aktiven Veredelung, zur vorübergehenden Verwendung, oder zur Lagerung in einem Zolllager bzw. in einem Freilager oder einer Freizone bestimmt sind. Sie gilt unabhängig von der beabsichtigten zollrechtlichen Bestimmung. Weitergehende zollrechtliche Vorschriften insbesondere über die Gestellung von Waren, sowie beschussrechtliche Vorschriften über Waren, die dem BeschG unterliegen, bleiben unberührt.

Die Anmeldepflicht beim Verbringen oder der Mitnahme aus Drittstaaten (§ 33 Abs. 1) gilt unabhängig von zollrechtlichen Gestellungs- und Anmeldepflichten. Die Überwachung des Verbringens oder der Mitnahme von Waffen oder Munition im Sinne des § 29 Abs. 1 aus einem Drittstaat in den oder durch den Geltungsbereich des Gesetzes (§ 33 Abs. 1) ist Aufgabe der Zollverwaltung, die BPoL wirkt lediglich mit.

Als Berechtigung zur Verbringung oder Mitnahme ist, außer in den Fällen des § 32 Abs. 5, der nach bundeseinheitlichem Vordruck ausgestellte Erlaubnisschein vorzulegen.

Bei verbotenen Waffen und Munition, für die das BKA eine Ausnahmegenehmigung nach § 40 Abs. 4 erteilt hat, ist neben dieser Ausnahmegenehmigung ggf. die darin zusätzlich geforderte Erlaubnis zum Verbringen oder zur Mitnahme (vgl. Nummer 40.2.3) vorzulegen.

Personen, die bei der Einreise eine ihnen erteilte Erlaubnis zur Mitnahme oder zum Verbringen nicht mit sich führen, werden an die waffenrechtlich allgemein zuständige Behörde verwiesen (Bezirk des gewöhnlichen Aufenthalts oder die nach § 49 Abs. 1 Nummer 1 zuständige Behörde). Die Waffen und die Munition bleiben bis zur Vorlage der Berechtigung im Gewahrsam der Zoll- bzw. Grenzdienststelle. Dem Einreisenden ist eine angemessene Frist zu setzen, innerhalb derer die Erlaubnis vorzulegen ist.

33.2 Die ergänzenden Angaben nach § 29 Abs. 3 Satz 3 und § 30 Abs. 3 Satz 2 AWaffV sind der Überwachungsstelle vom Erlaubnisinhaber in jedem Fall mitzuteilen, auch wenn eine Abfertigung zum freien Verkehr nicht beabsichtigt ist, weil die Gegenstände beispielsweise zur Durchfuhr bestimmt sind.

33.3 Die Mitteilungen über ergänzende Angaben zum Erlaubnisschein nach § 32 Abs. 3 AWaffV sind denjenigen Behörden zuzuleiten, die die dem Verbringen oder der Mitnahme zugrunde liegende Erlaubnis – ggf. als Zustimmung – erteilt haben.

Dazu lässt die Genehmigungsbehörde die Felder des Erlaubnisscheins, die erst durch die Überwachungsstelle ausgefüllt werden sollen, frei und versieht den Erlaubnisschein mit dem Hinweis: „Die Felder Nummer 6 und 7 sind durch die Überwachungsbehörde nach § 33 Absatz 3 zu ergänzen. Eine Kopie des vervollständigten Erlaubnisscheins ist zu senden an das Bundeskriminalamt, 65173 Wiesbaden."

Zu § 34: Überlassen von Waffen und Munition, Prüfung der Erwerbsberechtigung, Anzeigepflicht

34.1 § 34 Absatz 1 Satz 1 regelt die grundlegende Verpflichtung aller Waffenbesitzer, Waffen und Munition nur berechtigten Personen zu überlassen; auf die verschiedenen Sanktionen im Fall einer Zuwiderhandlung wird hingewiesen (siehe insbesondere § 52 Absatz 3 Nr. 7 und § 53 Absatz 1 Nummer 16).

Erfasst werden alle Waffen (einschließlich Munition) unabhängig davon, ob diese allgemein oder im Einzelfall ohne behördliche Erlaubnis erworben werden dürfen oder ob waffenrechtliche Erlaubnisvorbehalte und/oder Verbote oder sonstige Erwerbsvoraussetzungen zu beachten sind.

Waffen oder Munition dürfen nur überlassen werden, wenn die ausreichende Berechtigung des Empfängers entweder offensichtlich oder aber gegenüber dem Überlassenden nachgewiesen worden ist. Die Zulässigkeit des Überlassens ist festzustellen, unabhängig von der zivilrechtlichen Ausgestaltung der berührten Rechtsverhältnisse, vom Bestehen von Aufsichtsverhältnissen oder von der Dauer des beabsichtigten Erwerbs für jede Person, die die tatsächliche Gewalt über die Waffe oder Munition erlangen will. Die Sonderregelung des § 34 Absatz 1 Satz 5 für die Fälle der gewerbsmäßigen Beförderung durch einen anderen an einen Dritten erweitert die Prüfpflichten des Überlassenden. Dieser ist sowohl für die Auswahl einer berechtigten Transportperson als auch für die Prüfung der ausreichenden Berechtigung des letztlich empfangenden Dritten verantwortlich.

Die Prüfung der Berechtigung des Empfängers hat sich auf den waffenrechtlichen Sachverhalt insgesamt zu erstrecken. Wenn beispielsweise der Erwerb auf der Grundlage allgemeiner Erlaubnisse (z. B. Jagdschein nach § 13 Absatz 3, Gelbe WBK) erfolgen soll, müssen zur Unterstützung dieser Prüfung durch den Überlasser ggf. vom Erwerber auch alle sonstigen Umstände dargetan werden, aus denen sich eine Erstreckung der betreffenden Erlaubnis auf die konkrete Waffe ergibt (z. B. jagdrechtliche Zulässigkeit der Langwaffe oder zu den im Rahmen der Gelben WBK erlaubten Waffen). Unverzichtbare Bestandteile der Berechtigungsprüfung sind immer auch eine Identitätsprüfung sowie die Kontrolle etwaiger behördlicher Beschränkungen in den Erlaubnissen (Befristungen etc.) und sonstige Umstände (Authentizität der Erlaubnisse/Einträge etc.).

Die Ausnahmegenehmigung des BKA nach § 40 Absatz 4 beseitigt lediglich die Verbotseigenschaft als solche. Ein sonstiger waffenrechtlicher Erlaubnisvorbehalt bleibt bestehen. Daher ist eine Berechtigung zum Erwerb nur gegeben, wenn der Empfänger dem Überlassenden gleichzeitig eine Ausnahmezulassung des BKA und – wenn notwendig – eine WBK oder eine vergleichbare waffenrechtliche Erwerbsberechtigung vorlegen kann.

Eine Empfangsberechtigung ist nur dann offensichtlich, wenn keine Zweifel bestehen, dass der Empfänger bei objektiver Betrachtung und unter Berücksichtigung eines etwaigen Spezialwissens des Überlassenden die konkrete Waffe/Munition besitzen dürfte. Dies wäre z. B. bei nicht verbotenen und auch ansonsten waffenrechtlich erlaubnisfreien Waffen bei Personen der Fall, die das 18. Lebensjahr vollendet haben:

Berechtigte Personen können beispielsweise sein

- Inhaber waffenrechtlicher Erlaubnisse – WBK, Munitionserwerbsberechtigung etc. –, die sich auf die betroffenen Waffen oder Munition beziehen,
- Inhaber waffen- oder jagdrechtlicher Erlaubnisse, die den erlaubnisfreien Erwerb von Waffen ermöglichen, bei Vorliegen der Voraussetzungen der jeweiligen Freistellung (siehe etwa § 12 Absatz 1 Nummer 1, § 13 Absatz 4);
- Personen, die auf Grund eines Arbeits- oder Ausbildungsverhältnisses den Weisungen des eigentlichen Erwerbsberechtigten unterliegen und in dieser Funktion für ihre Weisungsberechtigten Waffen oder Munition entgegennehmen;
- Beauftragte von jagdlichen oder schießsportlichen Vereinigungen, die ebenfalls den Weisungen der Vereinigung unterliegen und im Rahmen ihres Auftrags Waffen oder Munition für die Vereinigung entgegennehmen;
- gewerbliche Transporteure oder gewerbliche Verschönerer zum Zweck der Ausführung des Transports oder der Verschönerung (siehe Nummer 12.1.2 Absatz 1).

34.2 Bei erlaubnispflichtigen Waffen und Munition wird von einer Offensichtlichkeit der Erwerbsberechtigung nur in Ausnahmefällen ausgegangen werden können; vorstellbar wäre das Überlassen an umfassend vom Waffenrecht freigestellte Dienstpersonen (z. B. Freistellung nach § 55 Absatz 1 und 6) oder an stationäre Waffenhändler bei unzweifelhafter Zugehörigkeit zum erlaubten Sortiment. Das Risiko einer Fehleinschätzung geht jedoch immer auch zu Lasten des Überlassenden.

Ein Überlassen von Waffen oder Munition kommt immer erst in Betracht, wenn der Empfänger die Erwerbsberechtigung besitzt. In den praktisch bedeutsamsten Fällen sind jeweils die folgenden Voraussetzungen und weiteren Verfahrensweisen zu beachten:

Die Eintragungs- und Anzeigepflicht des gewerblichen Überlassers besteht nicht ausschließlich bei einem auf eine WBK gestützten Vorgang, sondern auch dann, wenn es sich um eine sonstige, funktional gleichgestellte Berechtigung, nämlich den Jagdschein oder die Ersatzbescheinigung nach § 55 Absatz 2, handelt (§ 34 Absatz 2 Satz 1).

Ergibt sich die Erwerbsberechtigung für Schusswaffen oder Munition aus einer WBK oder aus einer Ersatzbescheinigung nach § 55 Absatz 2, so ist diese vorzulegen; für das weitere Verfahren gilt § 34 Absatz 2.

Ergibt sich die Erwerbsberechtigung für Schusswaffen oder Munition aus einem Jagdschein, so ist dieser vorzulegen; für das weitere Verfahren gilt § 13 Absatz 3 Satz 2.

Ergibt sich die Erwerbsberechtigung aus einem Munitionserwerbsschein, so ist dieser vorzulegen.

Ergibt sich die Erwerbsberechtigung aus einem Ausnahmebescheid nach § 3 Absatz 3 (Waffenerwerb durch Minderjährige), so ist dieser vorzulegen.

Im Versandhandel können auch beglaubigte Kopien verwendet werden.

34.3 Die Anzeige nach § 34 Absatz 2 Satz 1 hat bei der für den Erwerber der Waffe zuständigen Waffenbehörde zu erfolgen. Auch in den Fällen des erlaubnisfreien Erwerbs von Langwaffen durch Inhaber eines Jagdscheins nach § 13 Absatz 3 Satz 1 hat der Waffenhändler das Überlassen der Schusswaffe nach § 34 Absatz 2 Satz 1 der für den Erwerber zuständigen Waffenbehörde anzuzeigen. Die Pflichten des Inhabers einer Erlaubnis nach § 21 Absatz 1 Satz 1 und eines sonstigen Überlassenden, die sich aus § 34 Absatz 2 Satz 1 und 2 ergeben, erstrecken sich jeweils auch auf wesentliche Teile von Schusswaffen. Diese sind lediglich im Einzelfall nach Anlage 2 Abschnitt 2 Unterabschnitt 2 Nummer 2 im Erwerb und Besitz erlaubnisfrei. Das Überlassen an erwerbsberechtigte Personen auf der Grundlage von § 12 Absatz 1 ist hiervon nicht erfasst; es ist zulässig.

34.4 Nach § 34 Absatz 3 gelten die Regelungen des § 34 Absatz 1 und 2 nicht für Personen, die Schusswaffen oder Munition unter eigenem Namen einem anderen, der diese außerhalb des Geltungsbereiches des WaffG erwirbt, überlassen. Ein Gegenstand wird in diesem Sinne auch dann außerhalb der Bundesrepublik Deutschland erworben, wenn dieser einem anderen zur gewerbsmäßigen Beförderung oder der Deutschen Post AG/der Deutschen Bahn AG zur Beförderung aus dem Bundesgebiet hinaus übergeben wird (§ 34 Absatz 3 in Verbindung mit Absatz 1 Satz 5).

Auf die Sonderregelung im Bereich der EU ist hinzuweisen, hier ist das Verfahren nach § 31 anzuwenden.

34.5 § 34 Absatz 4 unterwirft im Interesse der anderen EU-Mitgliedstaaten – wie in Artikel 7 Absatz 2 Satz 2 und Artikel 8 Absatz 2 der EG-Waffenrichtlinie vorgesehen – das Überlassen von Waffen nach Anlage 1 Abschnitt 3 Nummer 2 und 3 (Kategorien B und C) und von für diese Waffen bestimmter Munition an Personen mit gewöhnlichem Aufenthalt in einem anderen Mitgliedstaat einer Anzeigepflicht gegenüber dem Bundeskriminalamt. Hiervon ausgenommen ist ein erlaubnisfreies Überlassen zum lediglich vorübergehenden Gebrauch an WBK-Inhaber oder auf Schießstätten (§ 12 Absatz 1 Nummer 1 und 5 und Absatz 2 Nummer 1 und 2).

Die entsprechende schriftliche Anzeige gegenüber dem BKA ist auf dem amtlichen Vordruck unverzüglich zu erstatten. Sie muss die in § 31 Absatz 2 AWaffV geforderten Angaben enthalten; Zuwiderhandlungen in Gestalt etwa einer nicht erfolgenden oder aber einer unvollständigen und/oder verspäteten Anzeige stellen jeweils eine Ordnungswidrigkeit nach § 53 Absatz 1 Nummer 5 dar.

34.6 Sofern nicht bereits Anzeigepflichten nach § 31 Absatz 2 Satz 3 oder nach § 34 Absatz 4 bestehen und sofern das Überlassen nicht an staatliche Stellen oder an Unternehmen zur Durchführung staatlicher Kooperationsvereinbarungen erfolgt, begründet § 34 Absatz 5 Satz 1 eine Anzeigepflicht gegenüber dem BKA in den Fällen, in denen die von der Norm erfassten Waffen einem Empfänger überlassen werden, der seinen gewöhnlichen Aufenthalt in einem Mitgliedstaat des Übereinkommens über die Kontrolle des Erwerbs und Besitzes von Schusswaffen durch Einzelpersonen hat. Das Übereinkommen ist von folgenden Staaten ratifiziert worden: Bundesrepublik Deutschland, Dänemark, Italien, Irland, Luxemburg, Niederlande, Schweden und Zypern.

Die schriftliche Anzeige gegenüber dem Bundeskriminalamt ist in zweifacher Ausfertigung unverzüglich zu erstatten. Sie muss die in § 31 Absatz 3 AWaffV geforderten Angaben enthalten; Zuwiderhandlungen wie etwa eine nicht erfolgende oder aber eine unvollständige und/oder verspätete Anzeige sind Ordnungswidrigkeiten nach § 53 Absatz 1 Nummer 5. Auf die ergänzende Verpflichtung zur Vorlage von Pässen oder Personalausweisen nach § 31 Absatz 3 Satz 2 bis 4 AWaffV wird hingewiesen.

Das BKA, das dem Anzeigenden den Eingang der Anzeige auf dem Doppel bestätigt, leitet diese nach § 32 Absatz 2 AWaffV an die zuständigen Stellen des anderen Mitgliedstaates weiter.

Zu § 35: Werbung, Hinweispflichten, Handelsverbote

35.1 Vom Begriff der „Anzeigen oder Werbeschriften" sind alle Angebote unabhängig davon erfasst, ob diese in Papierform oder in sonstiger Weise – insbesondere elektronisch – abgegeben werden. § 35 Absatz 1 Satz 1 gilt für alle Waffenarten. § 35 Absatz 1 Satz 1 verpflichtet zunächst den Anbietenden selbst zur Bekanntgabe seiner Personalien gegenüber dem jeweiligen Publikationsorgan sowie zur inhaltlichen – wortgetreuen – Ergänzung seines Angebotes um den jeweils einschlägigen Hinweis nach den Nummern 1 bis 3. Nach § 35 Absatz 1 Satz 2 und 3 trifft das veröffentlichende Organ die Pflicht, auch im Rahmen der Veröffentlichung des Angebots die Aufnahme der jeweils gebotenen Hinweise und der erforderlichen Personalien des Anbietenden sicherzustellen bzw. zu kontrollieren. Hierbei darf bei der Veröffentlichung jedoch dann auf die Bekanntgabe der Personalien des nicht gewerblichen Anbieters verzichtet werden, wenn dieser der Bekanntgabe widersprochen hat. Da die vorgenannten Pflichten waffenrechtlich weder sanktionsbewehrt sind noch zu den unmittelbar auf Grundlage des WaffG durchsetzbaren Geboten gehören, kommt eine Überwachung und behördliche Durchsetzung der Befolgung nur unter ergänzender Anwendung des allgemeinen Ordnungsrechts in Betracht (etwa zwangsgeldbewehrte Unterlassungsverfügungen bei festgestellter Wiederholungsgefahr o. Ä.).

Verzichtet das Publikationsorgan bei der Veröffentlichung auf die Bekanntgabe der Personalien des nicht gewerblich Anbietenden, so sind nach § 35 Absatz 1 Satz 4 die Geschäftsvorgänge, aus denen sich sowohl der Widerspruch des Anbietenden gegen eine solche Bekanntgabe als auch dessen vollständige Personalien ergeben müssen, ein Jahr lang aufzubewahren. Der zuständigen Behörde ist auf Verlangen Einsicht in diese Vorgänge zu gewähren; auf die diesbezügliche Bußgeldbewehrung in § 53 Absatz 1 Nummer 17 wird hingewiesen.

35.2 Die das Überlassen im Einzelhandel durch Inhaber einer Erlaubnis nach § 21 Absatz 1 betreffenden Hinweispflichten nach § 35 Absatz 2 Satz 1 bestehen bei allen Schusswaffen, die im Führen oder Schießen ihrer Art nach den entsprechenden waffenrechtlichen Erlaubnisvorbehalten unterliegen. Freistellungen nur im Einzelfall bzw. unter besonderen Voraussetzungen etwa nach § 12 Absatz 3 oder 4 besitzen keine Relevanz für das Bestehen von Hinweispflichten. Eine entsprechend verpflichtete Person, die auf die Möglichkeit des im Einzelfall zulässigen erlaubnisfreien Führens oder Schießens hinweist, genügt somit nur dann ihren gesetzlichen Pflichten, wenn neben diesem Hinweis auch die grundsätzliche Erlaubnispflichtigkeit sowie die konkreten Voraussetzungen der betreffenden Freistellung im Einzelfall vollständig dargestellt werden. Bezieht sich der Vorgang des Überlassens auf eine Schreckschuss-, Reizstoff- oder Signalwaffe nach § 10 Absatz 4 Satz 4, so erweitert sich die vorgenannte Hinweispflicht nach § 35 Absatz 2 Satz 2 um den Umstand der Strafbarkeit des Führens ohne die erforderliche Erlaubnis. Der Hinweispflichtige hat darüber hinaus die Erfüllung dieser erweiterten Hinweispflicht insgesamt zu protokollieren. Den Formerfordernissen dieser Protokollierung ist Genüge getan, wenn der Inhaber einer Erlaubnis nach § 21 das Protokoll schriftlich absetzt und unterschreibt; die Gegenzeichnung des Erwerbers ist – im Eigeninteresse des gewerblichen Überlassers selbst – dringend anzuraten, jedoch rechtlich nicht zwingend vorgeschrieben.

Auf die nach § 53 Absatz 1 Nummer 18 bestehende Bußgeldbewehrung der sich aus § 35 Absatz 2 Satz 1 und 2 ergebenden Pflichten wird hingewiesen.

35.3 Das Verbot des § 35 Absatz 3 erfasst das Vertreiben und das (sonstige) Überlassen von Waffen und Munition außerhalb fester Verkaufsstellen. In diesem Sinne vertreibt Waffen und Munition, wer gewerbsmäßig oder selbstständig im Rahmen einer wirtschaftlichen Unternehmung Waffen oder Munition feilhält oder anderen überlässt, entsprechende Bestellungen entgegennimmt (wobei auf die Ausnahmeregelung nach § 35 Absatz 3 Nummer 2 zu achten ist) oder aufsucht oder aber den Erwerb oder das Überlassen vermittelt. Das Verbot des Überlassens gilt darüber hinaus unabhängig davon, ob der betreffende Umgang im Rahmen einer gewerblichen Betätigung des Anbietenden oder aber nichtgewerblich erfolgt. Von dieser Verbotsalternative werden also alle Formen des Überlassens ohne Rücksicht auf die Motivationen der Beteiligten oder die Ausgestaltung der dem Überlassen zugrunde liegenden Rechtsbeziehungen zwischen diesen erfasst. Gegenständlich erstreckt sich das Verbot des § 35 Absatz 3 auf Schusswaffen, auf die diesen nach Anlage 1 Abschnitt 1 Unterabschnitt 1 Nummer 1.2 bis 1.5 waffenrechtlich gleichgestellte Gegenstände, auf Munition sowie auf Hieb- und Stoßwaffen nach Anlage 1 Abschnitt 1 Unterabschnitt 2 Nummer 1.1.

Verstöße gegen das Verbot des § 35 Absatz 3 stellen nach § 52 Absatz 1 Nummer 3 eine Straftat dar und können in Anbetracht ihrer Gewichtigkeit regelmäßig auch die waffenrechtliche Zuverlässigkeit des Täters in Frage stellen.

Bei der Ausübung des Ermessens im Rahmen der Entscheidung über die Zulassung einer Ausnahme gemäß § 35 Absatz 3 Satz 2 ist zu berücksichtigen, dass einem ungeregelten Verkauf entgegengewirkt und dadurch Gefahren vorgebeugt werden soll, die bei diesen Formen des behördlich nicht effektiv kontrollierbaren Verhaltens bestehen (z. B. Defizite in den Aufbewahrungsmodalitäten; Überlassen an Nichtberechtigte etc.). Weiter sollen Anreize für den Erwerb von Waffen und Munition durch die allgegenwärtige Präsenz von Angeboten und Erwerbsmöglichkeiten im öffentlichen Raum oder bei speziellen Veranstaltungen vermieden werden.

Bei der Zulassung von Ausnahmen von den Verboten des § 35 Absatz 3 Satz 1 nach § 35 Absatz 3 Satz 2 ist zu berücksichtigen, dass es sich um Verbote mit Ausnahmevorbehalt handelt. Die verbotenen Handlungen sind somit grundsätzlich unerwünscht und bedürfen im Fall ihrer Zulassung einer besonderen Rechtfertigung. Von der Ausnahmemöglichkeit kann daher im öffentlichen Interesse nur äußerst zurückhaltend Gebrauch gemacht werden.

Ausnahmen durch die nach § 49 Absatz 2 Nummer 4 örtlich zuständige Waffenbehörde werden daher im Interesse der öffentlichen

Sicherheit und Ordnung nur bei Veranstaltungen in Betracht kommen, die eine besondere Gewähr des gefahrlosen Ablaufs bieten, weil auf Anreizeffekte gegenüber bestimmten Personengruppen verzichtet wird und der Schutz vor Abhandenkommen etwa durch entsprechende Aufbewahrungsvorgaben behördlich sichergestellt werden kann (z. B. Fachmessen/-ausstellungen im Gegensatz zu allgemeinen Militariabörsen oder bestimmten Anbietern auf Flohmärkten).

Der Charakter einer Veranstaltung kann z. B. durch Beschränkung des Anbieterkreises, durch Auflagen zur Art der angebotenen Waffen/Munition oder durch Zugangsbeschränkungen zur Veranstaltung beeinflusst werden. Die Behörde hat alle diesbezüglichen Umstände im Rahmen ihrer Entscheidung angemessen zu würdigen und Beschränkungen und Nebenbestimmungen nach § 9 in Betracht zu ziehen.

§ 35 Absatz 3 nennt besondere Formen des Gewerbes. Dazu im Einzelnen:

35.3.1 Das Verbot des § 35 Absatz 3 Satz 1 Nummer 1 bezieht sich in Anbetracht der Freistellung der Fälle des § 55b Absatz 1 GewO praktisch nur auf den entsprechenden Vertrieb an den Endverbraucher. Es gilt beispielsweise nicht für Handlungsreisende und andere Personen, die im Auftrag und im Namen eines Erlaubnisinhabers nach § 21 bei Bestellungen von Schusswaffen und Munition andere im Rahmen ihres Geschäftsbetriebes aufsuchen.

35.3.2 Von der Verbotsvariante des § 35 Absatz 3 Satz 1 Nummer 2 werden die nach § 69 GewO festgesetzten Veranstaltungen des Titels IV der Gewerbeordnung erfasst (Messen, Ausstellungen, Märkte). Das Verbot gilt jedoch nicht für die Entgegennahme von Bestellungen auf festgesetzten Messen und Ausstellungen.

35.3.3 Das Verbot nach § 35 Absatz 3 Satz 1 Nummer 3 erstreckt sich auch auf Märkte und Sammlertreffen. Hierdurch sowie durch den Begriff der „ähnlichen öffentlichen Veranstaltungen" werden auch der private nichtgewerbliche Trödelmarktverkehr sowie alle Veranstaltungen nach Titel IV der GewO, die in Ermangelung einer Festsetzung nicht unter die Nummer 2 fallen, erfasst. Für die insofern ggf. unter diese Verbotsvariante fallenden Ausstellungen und Messen bleibt zu beachten, dass auch die Entgegennahme von Bestellungen auf nicht festgesetzten Veranstaltungen verboten ist. Dies gilt auch für Veranstaltungen, die im Hinblick auf ihren Zweck (Vergnügung oder Warenverkehr) und das Geschehen im weiten Sinne als vergleichbar oder ähnlich anzusehen sind (z. B. auch Tauschbörsen, Kulturfeste). Vom Verbot ausgenommen ist das Überlassen von Schusswaffen und Munition in einer Schießstätte oder das Überlassen von Waffen und Munition, soweit sie Teil einer Sammlung nach § 17 Absatz 1 oder für eine solche bestimmt sind.

Zu § 36: Aufbewahrung von Waffen und Munition

36.1 Adressaten der Pflichten nach § 36 Absatz 1 bis 3 und den §§ 13 und 14 AWaffV sind alle Waffen- und Munitionsbesitzer. Für die sichere Aufbewahrung von Waffen und Munition bei der Unterbrechung eines gewerblichen Transports (etwa durch Umladung oder Zwischenlagerung) gelten die entsprechenden Bestimmungen über die sichere Aufbewahrung zu Nummer 29.3 entsprechend.

36.2 Der Verpflichtete hat die notwendigen Sicherungsvorkehrungen zu treffen. Sofern sie nicht ausreichen, sind die notwendigen Änderungen oder Ergänzungen von der zuständigen Waffenbehörde unter angemessener Fristsetzung anzuordnen.

Die gesetzlichen Standards (§ 36 Absatz 1 und 2, § 13 Absatz 1 bis 4 AWaffV) sind wie folgt festgelegt:

36.2.1 Als Mindeststandard für die Aufbewahrung von erlaubnisfreien Gegenständen, die den Waffenbegriff des Gesetzes erfüllen (also z. B. Druckluftwaffen für Sportschützen), reicht ein festes verschlossenes Behältnis oder eine vergleichbare Sicherung wie z. B. die Sicherung von Blankwaffen an der Wand durch aufschraubbare oder gleichwertig gesicherte (abschließbare) Wandhalterungen.

Als festes verschlossenes Behältnis gilt der verschlossene Schießwagen oder die verschlossene Schießbude insgesamt.

36.2.2 Als Mindeststandard für die Aufbewahrung von Munition (unabhängig, ob erlaubnisfrei oder erlaubnispflichtig) ist ebenfalls ein festes verschlossenes Behältnis anzusehen (gleichwertiges Behältnis). Geschosse, z. B. Diabolos für Druckluftwaffen, sind keine Munition.

36.2.3 Für bis zu zehn erlaubnispflichtige Langwaffen reicht ein Behältnis der Sicherheitsstufe A nach VDMA 24992 aus.

Für mehr als zehn erlaubnispflichtige Langwaffen gibt es bei der Aufbewahrung eine Wahlmöglichkeit:

Die Aufbewahrung kann in einer entsprechenden Mehrzahl von Sicherheitsbehältnissen der Sicherheitsstufe A nach VDMA 24992 erfolgen, also bis zu 20 solcher Schusswaffen in zwei Sicherheitsbehältnissen der Stufe A, bis zu 30 solcher Schusswaffen in drei Sicherheitsbehältnissen der Stufe A usw.

Alternativ hierzu ist auch die Aufbewahrung einer unbegrenzten Anzahl erlaubnispflichtiger Langwaffen in einem Sicherheitsbehältnis der Stufe B nach VDMA 24992 oder in einem Sicherheitsbehältnis der Norm DIN/EN 1143-1 Widerstandsgrad 0 möglich.

36.2.4 In einem Sicherheitsbehältnis der Sicherheitsstufe B nach dem VDMA 24992 dürfen grundsätzlich nicht mehr als fünf erlaubnispflichtige Kurzwaffen aufbewahrt werden. Die Aufbewahrung von mehr als fünf und bis zu zehn Kurzwaffen in einem Sicherheitsbehältnis der Sicherheitsstufe B nach dem VDMA 24992 oder in einem Sicherheitsbehältnis der Norm DIN/EN 1143-1 Widerstandsgrad 0 setzt voraus, dass das Sicherheitsbehältnis ein Gewicht von mindestens 200 kg hat oder es mit einem mit 200 Kilogramm vergleichbaren Gewicht gegen Abrisskräfte verankert ist. Alternativ hierzu ist auch die Aufbewahrung einer unbegrenzten Anzahl erlaubnispflichtiger Kurzwaffen in einem Sicherheitsbehältnis der Norm DIN/EN 1143-1 Widerstandsgrad I möglich.

Für mehr als zehn erlaubnispflichtige Kurzwaffen gibt es wiederum eine Wahlmöglichkeit bei der Aufbewahrung:

Die Aufbewahrung kann in einer entsprechenden Mehrzahl von Sicherheitsbehältnissen der Stufe B nach VDMA 24992 oder der Norm DIN/EN 1143-1 Widerstandsgrad 0 erfolgen. Das System ist wie bei erlaubnispflichtigen Langwaffen, also bis zwanzig Kurzwaffen zwei Behältnisse usw. Bei mehr als 30 Kurzwaffen soll im Sinne des § 36 Absatz 6 geprüft werden, ob eine einzelfallbezogene Festlegung eines höheren Sicherheitsstandards erforderlich ist.

36.2.5 Werden erlaubnispflichtige Langwaffen in einem Sicherheitsbehältnis, das der Sicherheitsstufe A nach VDMA 24992 entspricht, aufbewahrt, so ist es für die gemeinsame Aufbewahrung von bis zu fünf Kurzwaffen und der Munition für die Lang- und Kurzwaffen ausreichend, wenn sie in einem Innenfach erfolgt, das der Sicherheitsstufe B nach VDMA 24992 entspricht.

36.2.6 Werden Schusswaffen in einem Sicherheitsbehältnis, das der Sicherheitsstufe A oder B entspricht, aufbewahrt, so genügt nach § 13 Absatz 4 Satz 2, 1. Halbsatz AWaffV für die Aufbewahrung der dazugehörigen Munition ein unklassifiziertes Innenfach aus Stahlblech mit Schwenkriegelschloss. Die Aufbewahrung „über Kreuz" von Schusswaffen und nicht dazugehöriger Munition in einem Sicherheitsbehältnis der Sicherheitsstufen A oder B ist nach § 13 Absatz 4 Satz 2, 2. Halbsatz AWaffV zulässig.

36.2.7 Für die gemeinsame Aufbewahrung von Waffen und Munition in einem B-Schrank genügt als Innenfach für die Aufbewahrung von Munition ein festes verschlossenes Behältnis.

36.2.8 Für verbotene Schusswaffen gilt § 13 Absatz 1 AWaffV, es sind also dieselben Sicherheitsstandards wie bei erlaubnispflichtigen Kurzwaffen einzuhalten. Für sonstige verbotene Waffen gilt § 36 Absatz 2.

36.2.9 Bei nicht dauerhaft bewohnten Gebäuden nach § 13 Absatz 6 AWaffV handelt es sich um Gebäude, in denen nur vorübergehend Nutzungsberechtigte verweilen, wie z. B. Jagdhütten, Wochenend- oder Ferienhäuser oder -wohnungen. Die Eigenschaft als dauerhaft bewohntes Gebäude geht nicht dadurch verloren, dass sich Nutzungsberechtigte dort zeitweise nicht aufhalten, sei es infolge der Erledigung von Besorgungen oder Besuchen oder von normalen Urlaubsabwesenheiten. Auch die Wohnungen von Pendlern, die sich nur einen Teil der Woche am Arbeitsort, den anderen Teil am Hauptwohnsitz aufhalten, sind im Regelfall als dauerhaft bewohnte Gebäude einzustufen. Museen, die dem Publikumsverkehr zugänglich sind, gelten als dauerhaft bewohnte Gebäude.

36.2.10 Ist nach Prüfung des Einzelfalles auf Grund der Art der Waffen, des hohen Waffen- oder Munitionsbestandes oder wegen des Ortes der Aufbewahrung ein höherer Sicherheitsstandard notwendig, ist eine Anordnung nach § 36 Absatz 6 erforderlich.

36.2.11 Für die Aufbewahrung von Waffen- und Munitionssammlungen in anderen als der sonst vorgeschriebenen Art, z. B. in Vitrinen oder durchsichtigen Ausstellungsschränken, sind die Regelungen des § 13 Absatz 7 AWaffV anzuwenden. Danach kann auf Antrag des Sammlers die Waffenbehörde nach Prüfung des Einzelfalles geringere oder höhere Anforderungen an die Aufbewahrung stellen.

36.2.12 Härtefälle im Sinne des § 13 Absatz 8 AWaffV können z. B. in folgenden Fällen gegeben sein:

- für den Besitz nur einer üblichen Einzellader- oder Repetier-Langwaffe bei Biathleten oder Traditions- und Gebirgsschützen reicht ein festes verschlossenes Behältnis aus;
- für den Besitz von Langwaffen und Munition nach Anlage 2 Abschnitt 2 Unterabschnitt 3 (Feuerwaffen, deren Geschossen eine Bewegungsenergie von nicht mehr als 7,5 Joule erteilt wird) reicht ein festes verschlossenes Behältnis aus; für Kurzwaffen der gleichen Art ist ein A-Schrank ausreichend.

In den vorgenannten Fällen bedarf es immer einer Festsetzung der Waffenbehörde.

36.2.13 Bestehen auf konkreten Tatsachen beruhende begründete Zweifel nach § 13 Absatz 9 AWaffV, kann die Waffenbehörde eine fachlich kompetente Stellungnahme z. B. von zertifizierten Firmen der Sicherheitstechnik, kriminalpolizeilichen Beratungsstellen, dem DIN, dem TÜV, der Deutschen Versuchs- und Prüf-Anstalt für Jagd- und Sportwaffen e.V. (DEVA) oder den Materialprüfungsanstalten der Länder verlangen. Diese Gutachten sind auf eigene Kosten durch den Verwahrer von Waffen und Munition beizubringen.

36.2.14 Der Begriff „häusliche Gemeinschaft" in § 13 Absatz 10 AWaffV ist so auszulegen, dass neben dem Normalfall des gemeinsamen Bewohnens eines Hauses oder einer Wohnung durch nahe Familienangehörige auch Fälle von Studenten, Wehrpflichtigen, Wochenendheimfahrern etc. als in häuslicher Gemeinschaft Lebende anzusehen sind. Dies gilt auch, wenn ein naher Angehöriger in gewissen Abständen das Familienheim aufsucht und eine jederzeitige Zutrittsmöglichkeit besitzt. Der Begriff „berechtigte Personen" begrenzt die Statthaftigkeit der gemeinschaftlichen Aufbewahrung und des damit eingeräumten gemeinschaftlichen Zugriffs auf solche Personen, die grundsätzlich die Berechtigung zum Erwerb und Besitz von solchen Waffen haben, die gemeinschaftlich aufbewahrt werden. Alle auf die jeweilige Waffe Zugriffsberechtigten müssen also das gleiche Erlaubnisniveau aufweisen. Zulässig ist die gemeinschaftliche Aufbewahrung von Kurzwaffen z. B., wenn ein Aufbewahrer Jäger, der andere Sportschütze ist. Nicht zulässig ist die gemeinschaftliche Aufbewahrung, wenn ein Nichtberechtigter Zugriff auf Schusswaffen erhält (z. B. Inhaber eines Reizstoffsprühgeräts, einer SRS-Waffe oder einer erlaubnispflichtigen Signalwaffe auf Jagdwaffen oder Sportpistolen).

36.2.15 Bei der vorübergehenden Aufbewahrung von Waffen und Munition nach § 13 Absatz 11 AWaffV müssen sich die erforderlichen Sicherheitsvorkehrungen nach der Dauer der Aufbewahrung und der Art und Menge der zu schützenden Gegenstände richten. Bei einem Transport von Waffen und Munition in einem Fahrzeug reicht es bei kurzfristigem Verlassen des Fahrzeuges (Einnahme des Mittagessens, Tanken, Schüsseltreiben, Einkäufe etc.) aus, wenn die Waffen und die Munition in dem verschlossenen Fahrzeug so aufbewahrt werden, dass keine unmittelbaren Rückschlüsse auf die Art des Inhaltes erkennbar sind. Bei notwendigen Hotelaufenthalten, z. B. am Ort der Jagd, am Ort der Sportausübung oder im Zusammenhang mit Vertreter- oder Verkaufstätigkeiten, ist die Aufbewahrung im Hotelzimmer – auch bei kurzfristigem Verlassen des Hotelzimmers – dann möglich, wenn die Waffen und die Munition in einem Transportbehältnis oder in einem verschlossenen Schrank oder einem sonstigen verschlossenen Behältnis aufbewahrt werden. Auch das Entfernen eines wesentlichen Teils oder die Anbringung einer Abzugssperrvorrichtung ist möglich.

36.2.16 Die zentrale Geschäftsstelle Kriminalpolizeiliche Prävention (KPK) gibt Arbeitsanleitungen für die kriminalpolizeilichen Beratungsstellen betreffend der Aufbewahrung von Waffen und Munition heraus. Diese Arbeitsanleitungen sind im Rahmen der diesen Stellen obliegenden Bürgerberatung als Grundlage für ein alle Angebote des Marktes ausschöpfendes Aufbewahrungskonzept anzusehen, die weit über die gesetzlichen Anforderungen hinausgehen. Die Regelungen im WaffG und der AWaffV stellen hingegen den unter Sicherheitsaspekten erforderlichen Standard für die Aufbewahrung auf. Die Waffenbehörde hat Aufbewahrungskonzepte der Antragsteller unter Beachtung der unterschiedlichen Voraussetzungen dieser Regelungen und auf Grund der jeweiligen örtlichen und sachlichen Gegebenheiten zu beurteilen.

36.2.17 Die nach § 14 AWaffV beizubringenden Aufbewahrungskonzepte im Bereich von Schützenhäusern, Schießstätten oder im Waffengewerbe (Handel, Herstellung, Bewachung) müssen dem Stand der Technik entsprechen.

36.3 Befördert jemand, z. B. ein Erlaubnisinhaber nach § 21, Schusswaffen oder Munition, zu deren Erwerb es der Erlaubnis bedarf, so hat er sie auch während des Transportes gegen Abhandenkommen und gegen unbefugten Zugriff zu sichern. Dabei dürfen die verwendeten Fahrzeuge keine sichtbaren Hinweise auf die Art der Waren enthalten. Kennzeichnungsverpflichtungen auf Grund von Vorschriften über die Beförderung gefährlicher Güter – z. B. auf Grund der Gefahrgutverordnung Straße, Eisenbahn und Binnenschifffahrt (GGVSEB) in der Fassung der 1. Änderungsverordnung vom 4. März 2011 (BGBl. I S. 347) bleiben unberührt.

Lässt der Erlaubnisinhaber Schusswaffen oder Munition, zu deren Erwerb es der Erlaubnis bedarf, durch ein gewerbliches Unternehmen befördern, so ist er verpflichtet,

36.3.1 dafür zu sorgen, dass der Beförderer über den Inhalt der Warensendung informiert ist;

36.3.2 sicherzustellen, dass ihm der Beförderer das Abhandenkommen von Schusswaffen oder Munition unverzüglich mitteilt;

36.3.3 auf den Verpackungen von Schusswaffen keine sichtbaren Hinweise auf die Art der Waren anzubringen.

36.4 Adressat der Pflichten nach § 36 ist auch der selbstständige Beförderer von Schusswaffen und Munition. Diese Gegenstände hat der Beförderer beim Transport im Geltungsbereich des Waffengesetzes gegen Abhandenkommen und gegen unbefugten Zugriff zu sichern.

36.5 Für die Aufbewahrung erlaubnispflichtiger Seenotsignalpistolen gelten folgende Besonderheiten:

36.5.1 Für die vorübergehende Aufbewahrung einer erlaubnispflichtigen Seenotsignalpistole an Bord einer seegehenden Motor- oder Segelyacht ist ein nicht zertifiziertes Aufbewahrungsbehältnis als ausreichend anzuerkennen, wenn es die nachstehenden Sicherheitsstandards erfüllt:

- Behältnisse müssen aus Stahlblech – möglichst rostfrei – gearbeitet sein;
- das Stahlblech der Tür/Klappe muss mindestens eine Stärke von 4 mm aufweisen;

- eine Verankerung des Behältnisses mit dem Schiff ist erforderlich;
- das Behältnis muss zu verschließen sein (elektronisch codiertes Schloss, Zahlenschloss oder Riegelschloss können zum Einsatz kommen).

Die Munition ist in einem abschließbaren Blechkasten mit innenliegendem Schloss, z. B. eine Geldkassette, an den keine weiteren Anforderungen gestellt werden, aufzubewahren.

36.5.2 In Fällen der längeren und erkennbaren Abwesenheit hat der Inhaber der Erlaubnis Waffe und Munition in seiner Wohnung oder seinem Haus entsprechend den allgemeinen Vorschriften in einem Sicherheitsbehältnis der Stufe 0 oder B aufzubewahren. Erkennbar wäre dies beim Abschließen des Schiffes bei längerer Abwesenheit des Skippers oder ein längerer Aufenthalt des Schiffes zu Reparaturzwecken in einer Werft oder das Saisonende zum Winter, wenn die Schiffe im Yachthafen liegen und überholt werden.

36.6 Grundsätzlich ist der Verwendungszweck der Waffen zu berücksichtigen.

36.7 § 36 Absatz 3 Satz 1 stellt klar, dass die Maßnahmen zur sicheren Aufbewahrung auch bereits bei Antragstellung für eine Besitzerlaubnis nachgewiesen werden müssen. Es besteht also eine „Bringschuld" des Waffenbesitzers bzw. Antragstellers, da die Nachweispflicht unabhängig von einem behördlichen Verlangen besteht. Diese Verpflichtung zur Nachweisführung gilt allerdings nicht für die Besitzer, die der Behörde bis zu dem Tag des Inkrafttretens des Gesetzes bereits den Nachweis über die sichere Aufbewahrung erbracht haben.

§ 36 Absatz 3 Satz 2 räumt der Behörde die Möglichkeit ein, verdachtsunabhängig die sorgfältige Aufbewahrung von erlaubnispflichtigen Schusswaffen, Munition oder verbotenen Waffen überprüfen zu können. Bei den durchzuführenden Kontrollen ist nicht nur der Waffenschrank, sondern auch der Inhalt zu überprüfen und mit dem aktenkundigen Bestand abzugleichen. Das ist notwendig, um Fällen, in denen nachlässige Aufbewahrung das Leben von Kindern und Eltern nachhaltig beeinträchtigt hat, die Täter oder Opfer einer unachtsamen Handhabung waren, wirksam entgegentreten zu können. Nicht zuletzt ist der furchtbare Amoklauf von Winnenden im März 2009 erst durch eine nicht ordnungsgemäß verwahrte Waffe möglich gewesen. Ein wirksamer Schutz kann nur erreicht werden, wenn mit einer verdachtsunabhängigen Kontrolle (allerdings nicht zur Unzeit 21 bis 6 Uhr, vgl. hierzu auch die Regelung für Maßnahmen nach § 758a ZPO zur Nachtzeit und an Sonn- und Feiertagen) gerechnet werden muss und dadurch sowohl das Risiko des Waffenmissbrauchs als auch die Notwendigkeit sorgfältiger Aufbewahrung jederzeit im Bewusstsein ist. Wer als Waffenbesitzer bei einer verdachtsunabhängigen Kontrolle den Zutritt zum Aufbewahrungsort der Waffen oder Munition verweigert, muss wegen der zu respektierenden Unverletzlichkeit der Wohnung (Artikel 13 Absatz 1 des Grundgesetzes) zwar nicht mit einer Durchsuchung gegen seinen Willen rechnen; dennoch bleibt eine nicht nachvollziehbare Verweigerung der Mitwirkungspflicht nicht folgenlos. Denn wer wiederholt oder gröblich gegen Vorschriften des WaffG verstößt, gilt gemäß § 5 Absatz 2 Nummer 5 regelmäßig als unzuverlässig und schafft damit selbst die Voraussetzungen für den möglichen Widerruf seiner waffenrechtlichen Erlaubnis nach § 45 Absatz 2.

Die verdachtsunabhängigen Kontrollen liegen im öffentlichen Interesse, es sollten deswegen keine Gebühren erhoben werden.

Durch die Übernahme von § 36 Absatz 3 Satz 3 der geltenden Fassung wird klargestellt, dass Wohnräume gegen den Willen nur zur Verhütung dringender Gefahren für die öffentliche Sicherheit betreten werden dürfen.

Wer vorsätzlich oder fahrlässig gegen die Aufbewahrungspflichten nach § 36 Absatz 1 Satz 2 oder Absatz 2 oder gegen eine im Zusammenhang mit der Aufbewahrung vollziehbare Anordnung nach § 36 Absatz 3 Satz 1, Absatz 6 verstößt, kann wegen einer

Ordnungswidrigkeit mit einer Geldbuße belegt werden (§ 53 Absatz 1 Nummer 4, 5 und 19). Ordnungswidrig im Sinne des § 53 Absatz 1 Nummer 19 handelt beispielsweise derjenige, der seinen Waffenschrank versehentlich nicht abgeschlossen hat und daraus eine Waffe abhandenkommt. Vorsätzliche Verstöße gegen § 36 Absatz 1 Satz 2 oder Absatz 2, durch die eine konkrete Gefahr des Abhandenkommens oder des unbefugten Zugriffs Dritter auf Schusswaffen oder Munition verursacht wird, ist nach § 52a strafbewehrt.

Zu § 37: Anzeigepflichten

37.1 Die vorübergehende Inbesitznahme von Waffen und Munition nach § 37 Absatz 1 ist nicht an das Erlaubniserfordernis nach § 2 Absatz 2 gebunden.

Die Aufzählung der Anlässe für den Erwerb ist nicht abschließend, ihnen gemeinsam ist jedoch, dass dieser bei Gelegenheit der Wahrnehmung einer anderen Aufgabe stattfindet. So könnte beispielsweise auch das Auffinden einer Waffe durch die Zollbehörde, die in ganz anderem Zusammenhang tätig wird, oder durch einen Arzt oder Pfleger, der sich um eine Betreuungsperson kümmert, in Betracht kommen.

Die Anzeige nach § 37 Absatz 1 Satz 1 muss ohne schuldhaftes Zögern erfolgen.

Nach § 37 Absatz 1 Satz 2 hat die zuständige Behörde die Wahlmöglichkeit, die Waffen/Munition sofort sicherzustellen oder durch Anordnung festzulegen, dass die Waffen/Munition unverzüglich unbrauchbar gemacht werden müssen oder an Berechtigte abzugeben sind. Die „angemessene Frist" ist bei Besitznehmern von Waffen/Munition im Wege des Erbfalles so zu bemessen, dass der Betroffene Gelegenheit zu einer wirtschaftlichen Verwertung hat. Im Rahmen der Anordnung nach § 37 Absatz 1 Satz 2 kann die Behörde auch anordnen, dass die Waffen/Munition im Wege des Transportes der Waffenbehörde oder einem anderen Berechtigten, z. B. einem Waffenhändler, zuzuleiten ist.

Hinsichtlich § 37 Absatz 1 Satz 4 wird auf Nummer 46.5 verwiesen.

37.2 Erlaubnisurkunden im Sinne des § 37 Absatz 2 sind alle Erlaubnisse nach dem WaffG.

37.3 Die Fundbehörden teilen Fundanzeigen (§ 965 Absatz 2 BGB), die unter die Erlaubnispflicht fallende Schusswaffen oder Munition betreffen, unverzüglich der zuständigen Waffenbehörde mit; diese schaltet zwecks Klärung der bisherigen Besitzverhältnisse an der Waffe die Polizeidienststelle ein.

37.4 Die WBK ist nach dem Abhandenkommen einer eingetragenen Schusswaffe wie folgt zu berichtigen: In Spalte 10 ist das Datum der Verlustanzeige, der Vermerk „Abhandenkommen angezeigt" einzutragen und Spalte 12 mit dem Dienstsiegel zu versehen. Erlangt der Berechtigte die tatsächliche Gewalt über die abhandengekommene Schusswaffe zurück, so ist die Schusswaffe mit den Ursprungsdaten neu einzutragen.

37.5 Insbesondere bei dem Personenkreis nach § 48 Absatz 2 Nummer 4 führt die Notwendigkeit der Ermittlung der aktuellen Anschrift beim BVA zu einem unverhältnismäßigen Kosten- und Zeitaufwand. Die Beteiligung der zuletzt zuständigen Behörde erscheint sinnvoll, da diese dem Inhaber der waffenrechtlichen Bescheinigung eher bekannt sein dürfte als die zukünftig zuständige Stelle. Außerdem ist es der abgebenden Behörde dann möglich, die dort befindliche Waffenakte unter Angabe der aktuellen Anschrift zu übersenden (§ 37 Absatz 4).

Zu § 38: Ausweispflichten

38.1 In den Fällen, in denen ein Verbringen aus einem Drittstaat zwischen „gewerbsmäßigen" Waffenherstellern oder -händlern auf der Grundlage einer längerfristigen Erlaubnis hierzu erfolgt (vgl. Nummer 29.4), kann an Stelle des Erlaubnisscheins auch eine Bescheinigung mitgeführt werden, die auf diesen Erlaubnisschein Bezug nimmt.

38.2 Eine Bescheinigung nach § 38 Satz 1 Nr. 1 Buchstabe c ist mitzuführen.

38.3 Jäger im Sinne des § 13 Absatz 1 müssen bei Ausübung der Jagd einen Personalausweis oder Reisepass, die WBK und den Jagdschein mitführen. Das Mitführen der

WBK ist verzichtbar, sofern sie als Mitglied einer Jagdgesellschaft eine Waffe des Gastgebers führen. In diesem Fall ist ausreichend, wenn der Gastgeber als Mitglied derselben Jagdgesellschaft die entsprechende WBK mit sich führt.

Zu § 39: Auskunfts- und Vorzeigepflicht, Nachschau

39.1 Auskunft nach § 39 Absatz 1 bedeutet die Beantwortung von im Einzelfall gestellten Fragen, nicht aber eine allgemeine fortlaufende Benachrichtigung über Geschäftsvorfälle. Die Pflicht, Auskunft zu erteilen, umfasst auch die Verpflichtung, Abschriften, Auszüge und Zusammenstellungen vorzulegen. Auskünfte, die einer allgemeinen Ausforschung dienen, dürfen nicht verlangt werden.

39.2 Eine Nachschau soll grundsätzlich mit der angemessenen Rücksichtnahme durchgeführt werden. Die betrieblichen Belange sind, soweit möglich, zu wahren.

Bei Erlaubnisinhabern nach § 21 soll der Geschäftsbetrieb insbesondere anhand der Waffenherstellungs- bzw. Waffenhandelsbücher in unregelmäßigen Abständen – mindestens jedoch alle zwei Jahre – überprüft werden. Hierbei ist durch Stichproben festzustellen, ob der Gewerbetreibende die ihm nach dem WaffG und den Durchführungsbestimmungen hierzu obliegenden Pflichten erfüllt. Bei der Überprüfung der Bücher eines Hersteller- oder Großhandelsbetriebes soll die Behörde stichprobenweise Art und Menge der abgegebenen Schusswaffen unter Angabe des Empfängerbetriebes zusammenstellen und die Zusammenstellung der für die Überwachung des jeweiligen Empfängerbetriebes zuständigen Behörde übersenden. Diese überprüft anlässlich der nächsten Betriebsprüfung, ob der Empfänger die angegebenen Waffen in seinem Waffenbuch ordnungsgemäß verbucht hat.

Die behördliche Nachprüfung ist im Waffenherstellungsbuch oder im Waffenhandelsbuch unter Angabe des Datums zu vermerken. Das Ergebnis der behördlichen Nachprüfung ist durch die Waffenbehörde schriftlich zu dokumentieren. Der Erlaubnisinhaber nach § 21 erhält eine Durchschrift dieses Vermerks. Wesentliche Beanstandungen sind in den Vermerk aufzunehmen.

Ergeben sich bei der Prüfung der Waffenbücher aus den Eintragungen, insbesondere aus Zahl und Art der getätigten Geschäfte, oder aus anderen Umständen Anhaltspunkte dafür, dass ein Gewerbe nicht oder nicht mehr ausgeübt wird, so ist zu prüfen, ob die Erlaubnis erloschen oder ob sie zurückzunehmen oder zu widerrufen ist.

39.3 Bei nicht gewerblicher Ausübung der in § 39 Absatz 1 genannten Tätigkeiten gelten die Nummern 39.1 und 39.2 entsprechend.

Zu § 40: Verbotene Waffen

40.1 Verbotene Waffen (§ 2 Absatz 3)

40.1.1 § 2 Absatz 3 in Verbindung mit Anlage 2 Abschnitt 1 enthält Verbote für Waffen, Zubehör, Munition und Geschosse, denen besondere Gefährlichkeit zugeschrieben wird. Bestehen Zweifel, ob es sich um verbotene Waffe handelt, so ist eine Entscheidung des BKA einzuholen (§ 2 Absatz 5 in Verbindung mit § 48 Absatz 3). Das BKA veröffentlicht waffenrechtliche Entscheidungen in geeigneter Weise.

40.2 Für Ausnahmegenehmigungen nach § 40 Absatz 4 gilt Folgendes:

40.2.1 Bei einer Ausnahmegenehmigung zum Verbleib im Geltungsbereich des Gesetzes werden zumeist öffentliche Interessen entgegenstehen. Die Erteilung einer Ausnahmegenehmigung kann für Gegenstände in Betracht kommen, die für wissenschaftliche oder Forschungszwecke bestimmt sind. Ausnahmegenehmigungen können auf einzelne wissenschaftliche Projekte oder Forschungsprojekte beschränkt oder auf den für deren Durchführung benötigten Zeitrahmen befristet sein. Dabei muss die sichere Aufbewahrung gemäß den gesetzlichen Vorschriften gesichert sein.

40.2.2 Das BKA prüft die Zuverlässigkeit des Antragstellers im Einvernehmen mit der örtlich zuständigen Waffenbehörde.

40.2.3 Durch die Ausnahmegenehmigung nach § 40 Absatz 4 wird nur eine Ausnahme von dem Verbot zugelassen. Vorschriften, die weitere Erlaubnisse vorsehen, bleiben unberührt. Die Ausnahmegenehmigung ist ggf. mit dem Zusatz: „Dieser Bescheid ist nur in Verbindung mit einer Erlaubnis nach §§ 10, 21, 28, 29, 30, 32 WaffG gültig!" versehen.

40.2.4 Da die Befreiungsvorschriften des § 12 Absatz 1 Nummer 2, die für das gewerbliche Transportieren (z. B. durch Spedition, Transportunternehmen, Paketdienste) von Schusswaffen und Munition gelten, verbotene Schusswaffen und verbotene Waffen jeglicher Art nicht erfassen, bedarf es für den gewerblichen Transport im Geltungsbereich des Gesetzes einer Ausnahmegenehmigung durch das BKA. Diese kann z. B. für eine Spedition allgemein, auf drei Jahre befristet und für den Transport bestimmter Arten von verbotenen Waffen erteilt sein.

Zu § 41: Waffenverbote für den Einzelfall

41.1 Ein Verbot nach § 41 Absatz 1 ist anzuordnen, wenn Belange der öffentlichen Sicherheit schon durch den Umgang mit erlaubnisfreien Waffen und Munition beeinträchtigt werden. Dabei stellt Satz 1 Nummer 1 auf die eigentliche Gefahrenverhütung und Umgangskontrolle ab, während Nummer 2 sonstige tatsächliche Umstände betrifft, die die Zuverlässigkeit oder persönliche Eignung entfallen lassen.

§ 41 Absatz 2 ermöglicht zur Gefahrenverhütung oder Umgangskontrolle ein Verbot auch gegenüber den Besitzern von erlaubnispflichtigen Waffen.

Die Anordnung der sofortigen Vollziehbarkeit kommt vor allem dann in Betracht, wenn die unverzügliche Sicherstellung von Waffen und Munition nach § 46 Absatz 4 geboten ist und Maßnahmen nach § 45 nicht ausreichen. Zu beachten ist, dass es sich im Falle des § 41 Absatz 2 um eine Maßnahme handelt, die – wie auch im Falle des § 41 Absatz 1 – immer eine besondere Prüfung der Erforderlichkeit voraussetzt.

Werden amts- oder fachärztliche oder fachpsychologische Zeugnisse beigebracht, so gelten diesbezüglich die generellen erhöhten Anforderungen an den Umgang mit Gesundheitsdaten.

41.2 Eine Anordnung nach § 41 schließt das Verbot ein, die dort genannten Gegenstände zu erwerben; in den Fällen des § 41 Absatz 2 folgt daraus, dass die Ausnahmen von den Erlaubnispflichten nach § 12 nicht anwendbar sind. Darauf soll in den Anordnungen hingewiesen werden. § 41 Absatz 1 und 2 setzt nicht voraus, dass der Betroffene die tatsächliche Gewalt über Waffen oder Munition bereits ausübt.

41.3 Anordnungen nach § 41 Absatz 1 und 2 sind insbesondere dann gerechtfertigt, wenn der Betroffene eine Straftat begangen hat und aus der Tat auf eine rohe oder gewalttätige Gesinnung oder eine Schwäche des Täters zu schließen ist, sich zu Gewalttaten hinreißen zu lassen, oder wenn der Täter eine schwere Straftat mit Hilfe oder unter Mitführen von Waffen oder Sprengstoff begangen hat, besonders leichtfertig mit Waffen umgegangen ist oder Waffen an Nichtberechtigte überlassen hat oder Straftaten begangen hat, die – wie Einbruchdiebstähle oder Raub – nicht selten unter Mitführen oder Anwendung von Waffen begangen werden. Anordnungen nach § 41 setzen eine Verurteilung des Betroffenen nicht voraus.

Auch körperliche Mängel, die den sachgerechten Umgang verhindern, rechtfertigen eine Anordnung nach § 41 Absatz 1 und 2.

41.4 Die Waffenbehörde hat Anordnungen und sonstige Maßnahmen nach § 41 der für den gewöhnlichen Aufenthaltsort des Betroffenen zuständigen örtlichen Polizeidienststelle und, sofern die Entscheidung vollziehbar oder nicht mehr anfechtbar ist, dem BZR (§ 10 Absatz 1 Nummer 3 Buchstabe a BZRG) mitzuteilen. Die Polizei hat Maßnahmen nach § 41 bei der Erlaubnisbehörde anzuregen, sofern ihr entsprechende Anhaltspunkte für die Voraussetzungen bekannt werden.

Zu § 42: Verbot des Führens von Waffen bei öffentlichen Veranstaltungen

42.1 Eine Ausnahme (§ 42 Absatz 2 Nummer 2) kommt nur in Betracht, wenn das Waffentragen mit ein Grund für die Veranstaltung selbst ist (z. B. Schützen-, Brauchtums-, Karnevalsveranstaltungen) oder mit ihr in engem Zusammenhang steht (z. B. die Sicherung besonders gefährdeter Personen bei der Begleitung durch eine Menschenmenge oder Sicherung von Geldtransporten). Veranstaltungen im Sinne des § 42 liegen nur vor, wenn es sich um planmäßige, zeitlich eingegrenzte, aus dem Alltag herausgehobene Ereignisse handelt. Diese sind öffentlich, wenn jedermann, sei es auch nach Entrichtung eines Eintrittsgeldes, Zutritt haben kann. Zu den öffentlichen Veranstaltungen zählen somit z. B. auch entsprechend zugängliche Theater-, Kino- oder Tanzveranstaltungen jeder Art (einschließlich des regelmäßigen Diskothekenbetriebes). Kein grundlegender Veranstaltungscharakter und somit kein Verbot nach § 42 Absatz 1 liegt dagegen etwa beim schlichten Betrieb einer Gaststätte oder auch einer Spielhalle vor; das Eingreifen des Verbots setzt in diesen Fällen vielmehr voraus, dass über den schlichten Betrieb hinaus zusätzliche öffentliche Aktionen mit herausgehobenem Charakter durchgeführt werden (öffentliche Feste/Feiern jeder Art u. Ä.).

Gefahren für die öffentliche Sicherheit und Ordnung (§ 42 Absatz 2 Nummer 3) bestehen auch dann, wenn nach der Art der Veranstaltung oder nach sonstigen Umständen andere das Führen von Waffen als Drohung missdeuten könnten oder wenn zu befürchten ist, dass die mitgeführten Waffen in der Veranstaltung abhanden kommen oder dass sich Teilnehmer der Veranstaltung unfriedlich verhalten werden. Für Veranstaltungen, bei denen es erfahrungsgemäß, z. B. auf Grund des Ausschanks alkoholischer Getränke, zu unbedachten Handlungen kommt, dürfen Ausnahmen nicht zugelassen werden, sofern den Gefahren durch geeignete Auflagen z. B. über den sicheren Transport der Schusswaffen nicht ausreichend begegnet werden kann.

42.2 Die Entscheidung über die Zulassung einer Ausnahme soll sich nach der Art der mitzuführenden Waffe bestimmen. Eine Erlaubnis zum Mitführen einer Waffe in einer öffentlichen Veranstaltung soll sich nach Art der mitzuführenden Waffe bestimmen. Sofern die Waffen von Vereinigungen mitgeführt werden, bei denen es Brauch ist, aus besonderem Anlass Waffen zu tragen, enthält § 16 Absatz 2 bis 4 spezielle Regelungen.

Zu § 42a: Verbot des Führens von Anscheinswaffen und bestimmten tragbaren Gegenständen

42a.1 § 42a erweitert das Führensverbot für Anscheinswaffen. Deren Transport ist nur noch in einem verschlossenen Behältnis (z. B. in einer eingeschweißten Verpackung oder in einer mit Schloss verriegelten Tasche) vom Erwerbsort zu oder zwischen befriedetem Besitztum möglich. Auf diese Weise sollen für den Transport von Anscheinswaffen hohe Hürden aufgebaut werden. Inhaber von Anscheinswaffen sollen es wesentlich schwerer haben, diese außerhalb des eigenen befriedeten Besitztums zu benutzen. Die hohe Hürde für den Transport von Anscheinswaffen ist ein Beitrag zu ihrer gesellschaftlichen Ächtung.

42a.2 Zur Eindämmung von Gewalttaten mit Messern insbesondere in Großstädten wird das Führen von Hieb- und Stoßwaffen sowie bestimmter Messer verboten. Die in Absatz 1 Nummer 3 genannten Einhandmesser besonders in Gestalt von zivilen Varianten so genannter Kampfmesser haben bei vielen gewaltbereiten Jugendlichen den Kultstatus des 2003 verbotenen Butterflymessers übernommen. Auch größere feststehende Messer haben an Deliktsrelevanz gewonnen. Da derartige Messer jedoch auch nützliche Gebrauchsmesser sein können, wird von ihrer pauschalen Einordnung als Waffe in Anlage 1 des WaffG abgesehen. Die Absätze 2 und 3 regeln die für den Alltag erforderlichen Ausnahmeregelungen, um den sozial-adäquaten Gebrauch von Messern nicht durch das Führensverbot zu beeinträchtigen.

42a.3 Liegt ein berechtigtes Interesse am Führen dieser Gegenstände vor, ist der Bußgeldtatbestand nicht verwirklicht. So wird sichergestellt, dass das Mitführen nützlicher Gebrauchsmesser für sozial-adäquate Zwecke (z. B. Picknick, Bergsteigen, Gartenpflege, Ret-

I

tungswesen, Brauchtumspflege, Jagd und Fischerei) auch weiterhin nicht beanstandet wird.

Zu § 43: Erhebung und Übermittlung personenbezogener Daten

43.1 § 43 Absatz 1 Satz 1 ermöglicht bei der Überprüfung der Zuverlässigkeit und persönlichen Eignung die Erhebung personenbezogener Daten ohne Mitwirkung und Benachrichtigung des Betroffenen.

43.2 § 43 ist als punktuelle bereichsspezifische Datenschutzregelung angelegt:

43.2.1 Zum einen ergänzt sie anderweitig im WaffG getroffene Regelungen mit datenschutzrechtlichem Inhalt; das sind über die in § 43 Absatz 1 erwähnten Bestimmungen der §§ 5 und 6 hinaus z. B. diejenigen über Erlaubnisse und ihre Beurkundung (insbesondere § 10), Buchführungspflichten (§ 23), Anzeigepflichten (§ 34 Absatz 2) und den Datenaustausch zwischen Waffen- und Meldebehörden (§ 44). Sie verhält sich komplementär zu anderen bereichsspezifischen Regelungen, z. B. in den Verfassungsschutzgesetzen des Bundes und der Länder, wenn es um die Anfrage beim Verfassungsschutz im Rahmen der Zuverlässigkeitsprüfung geht.

43.2.2 Zum anderen wird sie ihrerseits ergänzt durch das allgemeine Datenschutzrecht, also für Bundesbehörden das BDSG und für Landesbehörden die datenschutzrechtlichen Regelungen des jeweiligen Landes. So richten sich etwa die Anforderungen an die Einwilligung in die Übermittlung personenbezogener Daten nach den einschlägigen Regelungen des allgemeinen Datenschutzrechts. Dasselbe gilt für den Umgang mit Akten oder Dateien der Waffenbehörden einschließlich der Anforderungen an die Aufbewahrung der behördlichen Unterlagen und der internen und externen Kontrolle der Einhaltung der einschlägigen Bestimmungen (behördlicher Datenschutz).

Zu § 44: Übermittlung an und von Meldebehörden

44.1.1 Die Verpflichtung nach § 44 Absatz 1 zur Mitteilung an die Meldebehörde trifft jede Waffenbehörde für ihren Bereich, d. h. jede Waffenbehörde ist je für ihren Zuständigkeitsbereich zur Übermittlung an die für den Antragsteller allein zuständige Meldebehörde verpflichtet. Nur auf diese Weise ist sichergestellt, dass die Meldebehörde einen aktuellen und vollständigen Überblick vor dem Hintergrund möglicherweise von unterschiedlichen Waffenbehörden unabhängig voneinander erteilter Erlaubnisse für ein und dieselbe Person behält; die Verarbeitung, insbesondere die Speicherung, der hiernach übermittelten Daten richtet sich nach den Regelungen des Melderechts. Zuständige Meldebehörde im Sinne des § 44 Absatz 1 ist die Meldebehörde, bei der der Erlaubnisinhaber für seine Wohnung, bei mehreren Wohnungen für seine Hauptwohnung gemeldet ist.

44.1.2 Auslösender Vorgang für die Datenübermittlung von der Waffen- an die Meldebehörde ist nach § 44 Absatz 1 Satz 1 die erstmalige Erteilung einer Erlaubnis. Der Begriff der Erlaubnis ist nach der Entstehungsgeschichte der Vorschrift weit auszulegen. Er umfasst auch personenbezogene begünstigende Einzelfallentscheidungen wie Ausnahmen (z. B. nach § 40 Absatz 4) oder Bescheinigungen (z. B. nach § 55 Absatz 2). Aus § 44 Absatz 1 Satz 2 ergibt sich aber, dass Erlaubnisse von kurzfristiger Bedeutung (z. B. Schießerlaubnisse für ein einmaliges bestimmtes Ereignis, Bescheinigungen für Staatsgäste und sonstige Besucher nach § 56 Absatz 1 Satz 1, Erlaubnisse für das Verbringen und die Mitnahme von Waffen, die sich mit Grenzübertritt erledigen) in aller Regel nicht unter die Mitteilungspflicht nach § 44 Absatz 1 Satz 1 fallen.

Die von der Meldebehörde den Waffenbehörden mitzuteilenden Umstände sind in § 44 Absatz 2 aufgezählt. Wegzug bedeutet in Übereinstimmung mit dem melderechtlichen Begriff des Auszugs den tatsächlichen Vorgang der räumlichen Verlegung der Wohnung (auch innerhalb derselben Gemeinde); der Begriff umfasst nicht den Statuswechsel einer Wohnung (Umwandlung von Haupt- zur Nebenwohnung und umgekehrt). Dadurch ist es möglich, dass sich die Zuständigkeit der

Waffenbehörde ändert, ohne dass eine Mitteilung der Meldebehörde erfolgt. Neu hinzugekommen ist die Meldung des Zuzugs.

Zu § 45: Rücknahme und Widerruf

45.1 Der Begriff „Erlaubnis nach diesem Gesetz" (§ 45 Absatz 1) ist weit auszulegen und umfasst alle durch Verwaltungsakt begründeten Berechtigungen ohne Rücksicht auf ihre Bezeichnung, also z. B. auch Zustimmungen, Ausnahmen, Einwilligungen sowie Zulassungen und nach § 58 Absatz 1 Satz 1 fortgeltende Erlaubnisse.

45.2 Für den Widerruf gilt – in Abgrenzung zur Rücknahme – Folgendes: Ein nachträgliches Eintreten von Tatsachen nach § 45 Absatz 2 Satz 1 liegt dann vor, wenn solche Tatsachen nach Erteilung der Erlaubnis eingetreten sind.

45.3 § 45 Absatz 3 trifft eine besondere Regelung für den Wegfall der Erlaubnisvoraussetzung des Bedürfnisses (§ 4 Absatz 1 Nummer 4 in Verbindung mit § 8).

45.3.1 Ob der Wegfall eines Bedürfnisses nur vorübergehender Natur ist, bemisst sich zum einen nach dem Zeitraum, in dem das Bedürfnis tatsächlich entfällt, und zum anderen nach der Wahrscheinlichkeit des zu erwartenden Wiederauflebens des Bedürfnisses. So kann ausnahmsweise in einem Fall, in dem das Bedürfnis für einen längeren definierten Zeitraum wegfällt – etwa über mehrere Jahre hinweg –, von einem lediglich vorübergehenden Wegfall gesprochen werden, wenn mit hoher Wahrscheinlichkeit abzusehen ist, dass nach diesem Zeitraum das Bedürfnis wieder aufleben wird (z. B. bei einem vorübergehenden Aufenthalt im Ausland, vorübergehendes Aussetzen aus beruflichen oder gesundheitlichen Gründen, aus Gründen der Schwangerschaft oder der Kinderbetreuung, etc.). Ein Widerruf wegen vorübergehenden Wegfalls des Bedürfnisses kommt in diesen Fällen in der Regel nicht in Betracht, sofern es sich nicht um eine Erlaubnis zum Führen einer Waffe handelt.

45.3.2 In den Fällen, in denen ein Bedürfnis dauerhaft wegfällt, kann dann, wenn keine Mängel bei Zuverlässigkeit und persönlicher Eignung bestehen, aus besonderen Gründen vom Widerruf der Erlaubnis abgesehen werden. Der Begriff „besonderer Grund" ist eng zu verstehen. Nicht ausreichend ist hier ein allgemeines wirtschaftliches Interesse an einem fortwährenden Besitz der Waffen etwa in Gestalt der Befürchtung von Wertverlusten bei der Veräußerung. Vorstellbar sind in diesem Zusammenhang Fallgestaltungen, die beispielsweise auf der Basis einer langjährig aktiven, nunmehr jedoch z. B. aus Altersgründen aufgegebenen Betätigung als Jäger, Sportschütze oder Sammler ein besonderes Interesse an einzelnen Waffen begründen.

45.4 Für den Widerruf von Erlaubnissen im gewerblichen Bereich gelten folgende verfahrensrechtlichen Besonderheiten:

45.4.1 Die zuständigen Gewerbeämter und die zuständige IHK sowie die ggf. zuständige HWK sollen gehört werden. Nach Rücknahme oder Widerruf der Erlaubnis hat die Erlaubnisbehörde den Erlaubnisbescheid zurückzufordern (§ 46 Absatz 1); sie hat außerdem die in Satz 1 genannten Stellen und die für den Vollzug des WaffG zuständigen Verwaltungsbehörden, in deren Bezirk sich Niederlassungen des Gewerbebetreibenden befinden, zu unterrichten.

45.4.2 Sofern eine Erlaubnis nach § 21 wegen Unzuverlässigkeit oder wegen nicht behebbarer fachlicher Mängel zurückgenommen oder widerrufen wird, ist die Entscheidung, sobald sie vollziehbar ist oder unanfechtbar geworden ist, nach § 153a in Verbindung mit § 149 Absatz 2 Nummer 1 Buchstabe a GewO dem GZR mitzuteilen. Nummer 21.8.1 Absatz 4 gilt entsprechend. Gehören Gewerbeamt und Waffenerlaubnisbehörde unterschiedlichen Behördenzweigen an, muss sichergestellt werden, dass eine Anzeige des Erlaubnisinhabers nach § 21, die nur gegenüber dem Gewerbeamt erfolgt, von dort auch an die zuständige Waffenerlaubnisbehörde übermittelt wird.

45.4.3 Falls sich aus den Unterlagen Anhaltspunkte für laufende Bestellungen ergeben, soll die Erlaubnisbehörde bei der unanfechtbaren Rücknahme, dem unanfechtbaren Widerruf oder vom Erlöschen der Erlaubnis nach § 21 Absatz 5 den Lieferanten vom Wegfall der Erlaubnis Mitteilung machen.

45.5 Wird die Erteilung einer WBK, eines Munitionserwerbsscheins oder eines Waffenscheins wegen Unzuverlässigkeit oder fehlender körperlicher Eignung zurückgenommen oder widerrufen, so ist die Entscheidung, sobald sie vollziehbar oder nicht mehr anfechtbar ist, dem Zentralregister nach Nummer 4.2 mitzuteilen (§ 10 Absatz 1 Nummer 3 Buchstabe b BZRG).

Zu § 46: Weitere Maßnahmen

46.1 Nach § 46 Absatz 1 Satz 1 sind die Erlaubnisdokumente unverzüglich, d. h. ohne schuldhaftes Zögern, herauszugeben. Die Herausgabe der Ausfertigungen innerhalb von zwei Wochen ist in der Regel als unverzüglich in diesem Sinne anzusehen.

46.2 Die Waffenbehörde hat in der Regel von einer der Ermächtigungen des § 46 Absatz 2 Satz 1, Absatz 3 Satz 1 und Absatz 4 Satz 1 Gebrauch zu machen. Beim Unbrauchbarmachen kann es sich, sofern keine Erlaubnis zur Bearbeitung einer Schusswaffe vorliegt, nur um ein Zerstören von Schusswaffen handeln (siehe Anlage 1 Abschnitt 1 Unterabschnitt 1 Nummer 1.4).

46.3 In § 46 Absatz 2 und 3 ist ein mehrstufiges Verfahren geregelt. Es handelt sich, wie bei § 37 Absatz 1 Satz 2 und 3, um ein verwaltungsrechtliches Verfahren; dieses ist zu unterscheiden vom Verfahren mit sanktionsrechtlichem Hintergrund nach § 54. Als erste Stufe ist eine Anordnungsverfügung nach § 46 Absatz 2 Satz 1 oder Absatz 3 Satz 1 vorgesehen und als zweite Stufe die Sicherstellung als Vollstreckungsmaßnahme.

In § 46 Absatz 4 Satz 1 Nummer 2 ist ein einstufiges Vollstreckungsverfahren geregelt. Hier kann die Sicherstellung sofort, d. h. ohne vorherige Verwaltungsakte nach § 41 oder § 45 oder Anordnung nach § 46 Absatz 2 Satz 1 oder Absatz 3 Satz 1, erfolgen.

Die Sicherstellung kommt auch in Betracht, wenn sich die Waffe in der Obhut der Behörde befindet.

46.4 Besonderheiten bei der sofortigen Sicherstellung, wenn sich die Gegenstände im Besitz des Betroffenen befinden:

Nach § 46 Absatz 4 Satz 2 ist die Durchsuchung einer Wohnung möglich. Hierbei ist das Grundrecht auf Unversehrtheit der Wohnung im Sinne von Artikel 13 Absatz 2 GG zu beachten. Welches Gericht für die Anordnung der Wohnungsdurchsuchung zuständig ist, bestimmt sich in Ermangelung einer speziellen Regelung im WaffG nach dem allgemeinen Gefahrenabwehrrecht der Länder.

Nach § 46 Absatz 4 Satz 2, 2. Halbsatz kann ausnahmsweise bei Gefahr im Verzug die Durchsuchung durch die zuständige Behörde angeordnet werden. Gefahr im Verzug ist gegeben, wenn im Einzelfall Tatsachen vorliegen, aus denen sich ergibt, dass die vorherige Einholung der richterlichen Anordnung den Erfolg der Durchsuchung gefährden würde.

46.5 Nach § 46 Absatz 5 Satz 1 wird den Waffenbehörden die Möglichkeit eingeräumt, auf den Verkauf von eingezogenen Waffen zu verzichten. Dies hat den Vorteil, dass sich staatliche Stellen nicht mehr als „Waffenhändler" gerieren müssen und sich die Anzahl der im „Umlauf" befindlichen Waffen reduzieren würde. Eine Entschädigungspflicht im Hinblick auf Artikel 14 Absatz 1 Satz 1 GG wird durch eine Vernichtung nicht ausgelöst. Zum einen geht das Eigentum bereits durch die Einziehung kraft Gesetzes an die einziehende Körperschaft über, zum anderen entfällt die Entschädigungspflicht bei Sachen, von denen Gefahren für Rechtsgüter ausgehen können, wozu Waffen zu zählen sind. Die Behörde kann nunmehr entscheiden, ob sie die sichergestellte Waffe oder Munition nach deren Einziehung verwertet oder vernichtet.

Im Rahmen der Verwertung nach § 46 Absatz 5 zieht die Behörde die ihr tatsächlich entstandenen Kosten (für Sicherstellung, Verwahrung und Verwertung) ab.

Wer nach § 46 Absatz 5 „nach bürgerlichem Recht bisher Berechtigter" ist, entscheidet sich nach der eigentumsrechtlichen Zuordnung der Waffe.

Zu § 47: Verordnungen zur Erfüllung internationaler Vereinbarungen oder zur Angleichung an Gemeinschaftsrecht

Von dieser Verordnungsermächtigung wurde durch die §§ 26 bis 33 AWaffV Gebrauch gemacht.

Zu § 48: Sachliche Zuständigkeit

48.1 Nach § 48 Absatz 1 gilt der Grundsatz der Zuständigkeit der Landesbehörden, der durch die in Absatz 2 und 3 getroffenen punktuellen Ausnahmen für die dort bestimmten Bundesbehörden durchbrochen wird.

48.2 Wer zu den ausländischen Diplomaten, Konsularbeamten und gleichgestellten Beamten gehört, richtet sich nach dem Rundschreiben des Auswärtigen Amtes (AA) vom 19. September 2008 (Az.: 503-90-507.00, GMBl. 2008, S. 1154).

Zu den ausländischen Angehörigen der in der Bundsrepublik Deutschland stationierten Streitkräfte zählen ausschließlich die Mitglieder der Truppe und ihres zivilen Gefolges, d. h. das die Truppe begleitende Zivilpersonal. Davon zu unterscheiden ist das zivile ausländische Personal, das bei der Truppe oder dem zivilen Gefolge beschäftigt wird (siehe Artikel IX Absatz 4 Satz 3 des Abkommens zwischen den Parteien des Nordatlantikvertrages über die Rechtsstellung ihrer Truppen vom 19. Juni 1951).

Verlegt ein Deutscher seinen gewöhnlichen Aufenthalt ins Ausland, geht die Zuständigkeit auf das BVA über. Die Akte ist in diesem Fall unverzüglich an das BVA zu übersenden.

Zu § 49: Örtliche Zuständigkeit

49.1 Das Kriterium des gewöhnlichen Aufenthaltes (§ 49 Absatz 1 Nummer 1) meint den Ort, der nicht nur vorübergehend Mittelpunkt der Lebensbeziehungen ist. Auf den Willen zur ständigen Niederlassung kommt es nicht an. Eine Person hat ihren gewöhnlichen Aufenthalt an dem Ort, an dem sie sich aus persönlichen oder beruflichen Gründen ständig oder nicht nur vorübergehend aufhält; die Grundsätze des Verwaltungsverfahrensrechts finden Anwendung.

Gewerbliche Hauptniederlassung (§ 49 Absatz 1 Nummer 2) ist dort, wo der selbstständige Betrieb eines stehenden Gewerbes nach § 14 Absatz 1 Satz 1 GewO angemeldet ist.

49.2 Geht die Zuständigkeit für einen Erlaubnisinhaber wegen Wohnsitzwechsels von einer Erlaubnisbehörde auf eine andere über, so fordert die nunmehr zuständige Behörde die waffenrechtlichen Unterlagen über den Erlaubnisinhaber bei der bisher zuständigen Behörde an. Erhält diese zuerst Kenntnis von dem Wohnsitzwechsel, so übersendet sie unaufgefordert die Unterlagen an die nunmehr zuständige Behörde.

49.3 Die für die Sicherstellung nach § 49 Absatz 2 Nummer 6 zuständige Waffenbehörde unterrichtet hierüber die Waffenbehörde, die für den von der Sicherstellung Betroffenen nach den §§ 48 und 49 Absatz 1 allgemein zuständig ist.

49.4 Wechselt der Erlaubnisinhaber seinen gewöhnlichen Aufenthalt ins Ausland, so ist seine Waffenakte an das BVA abzugeben.

49.5 Ist der gewöhnliche Aufenthalt eines bislang bei einer Waffenbehörde geführten Inhabers einer waffenrechtlichen Erlaubnis nicht bekannt, so stellt sie unter Beteiligung der Meldebehörden Ermittlungen nach dem Aufenthalt an. Auf die Möglichkeit für Behörden, Suchvermerke im BZR niederzulegen (§ 27 BZRG), wird hingewiesen. Bleiben diese erfolglos, so widerruft die bislang zuständige Waffenbehörde die Erlaubnisse im Wege der öffentlichen Bekanntmachung nach angemessener Frist, sofern die gesetzlichen Voraussetzungen hierfür vorliegen.

Zu § 50: Kosten

50.1 § 50 Absatz 1 statuiert den Grundsatz der Kostenpflichtigkeit waffenrechtlicher Verfahren.

50.2 Bis zum Erlass landesrechtlicher Regelungen zum Kostenrecht im WaffG gilt die Kostenverordnung zum Waffengesetz (WaffKostV) fort.

I

Zu § 51: Strafvorschriften

An die Qualifikation der in § 51 geregelten Straftatbestände als Verbrechen (§ 12 Absatz 1 StGB) knüpfen sich die allgemeinen unmittelbaren materiell-strafrechtlichen und strafprozessualen Rechtsfolgen an.

Zu § 52: Strafvorschriften

52.1 Für die Anwendbarkeit des § 52 Absatz 1 Nummer 1 in Verbindung mit Anlage 2 Abschnitt 1 Nummer 1.1 ist in Abgrenzung zu § 51 Absatz 1 in Verbindung mit Anlage 2 Abschnitt 1 Nummer 1.2.1 entscheidend, ob es sich um eine ehemalige Kriegswaffe handelt, die dauerhaft so abgeändert worden ist, dass sie nicht vollautomatisch funktioniert. Ursprünglich halbautomatische Gewehre, die ehemalige Kriegswaffen waren, sind hiervon nicht betroffen. Vollautomatische ehemalige Kriegswaffen fallen unter Anlage 2 Abschnitt 1 Nummer 1.2.

52.2 Die Strafbarkeit des Umgangs mit Schreckschuss-, Reizstoff- und Signalwaffen nach Anlage 2 Abschnitt 2 Unterabschnitt 2 Nummer 1.3, insbesondere des Führens ohne Kleinen Waffenschein, richtet sich nach § 52 Absatz 3 Nummer 2 Buchstabe a; dies gilt auch, wenn diese Waffe nach dem Prinzip eines Halbautomaten funktioniert, weil es sich funktional um ein Munitionsabschussgerät mit Gaslauf handelt.

Zu § 52a: Strafvorschriften

§ 52a stellt einen Verstoß gegen die Aufbewahrungsvorschriften nach § 36 Absatz 1 Satz 2 und Absatz 2 dann unter Strafe, wenn gegen diese Vorschriften vorsätzlich, d. h. wissentlich und willentlich verstoßen wird und dadurch die konkrete Gefahr des Abhandenkommens bzw. des Zugriffs Dritter entsteht.

Die Vorschrift bezieht sich nur auf die Aufbewahrungsvorschriften des § 36 Absatz 1 Satz 2 und Absatz 2, also nur auf die Vorschriften, die die stationäre Aufbewahrung von Waffen und Munition regeln und damit lediglich auf die Fälle, bei denen die Aufbewahrung der Waffen zu Hause oder in sonstigen Räumen bzw. Gebäuden ständig erfolgt.

Dieser Verstoß muss dabei auch vorsätzlich, d. h. wissentlich und willentlich erfolgen und es muss die Gefahr des Abhandenkommens bzw. des Zugriffs Dritter entstanden sein.

Mit einer solchen Regelung werden künftig solche Verstöße unter Strafe gestellt, wie sie dem Amokläufer von Winnenden den Zugriff auf die Tatwaffe erst ermöglicht haben.

Von der Strafvorschrift ausdrücklich nicht erfasst sind die Fälle der vorübergehenden Aufbewahrung im Zusammenhang mit der Jagd oder dem sportlichen Schießen, z. B. beim Transport der Waffen. Diese Verstöße bleiben nach wie vor sanktionslos. Sie sind weder mit einer Ordnungswidrigkeit belegt noch fallen sie unter die beabsichtigte Strafbewehrung.

Die Fälle, in denen zu Hause der vorhandene Waffenschrank versehentlich nicht abgeschlossen ist und die Waffe abhanden kommt, werden weiterhin lediglich als Ordnungswidrigkeit behandelt; hier liegt Unachtsamkeit vor, aber kein Vorsatz.

Die durch den vorsätzlichen Verstoß gegen die Aufbewahrungsvorschriften verursachte Gefahr muss im Übrigen in so bedrohliche Nähe gerückt sein, dass sich das Ausbleiben der Rechtsgutverletzung nur noch als Zufall darstellt. Das heißt, dass es praktisch vom Zufall abhängen muss, dass gerade durch den vorsätzlichen Verstoß (mit Wissen und Wollen falsch aufbewahren) ein Zugriff unbefugter Dritter erfolgen kann.

§ 52a bringt den gesetzgeberischen Willen zum Ausdruck, dass ein solcher Verstoß mit einer solchen konkreten Gefahr kein Kavaliersdelikt darstellt.

Zu § 53: Ordnungswidrigkeiten

53.1 Von der Rückverweisungsklausel des § 53 Absatz 1 Nummer 23 wurde durch § 34 AWaffV Gebrauch gemacht.

53.2 Bei fahrlässiger Begehungsweise der Ordnungswidrigkeit halbiert sich der Höchstsatz der Geldbuße (§ 17 Absatz 2 des Gesetzes über Ordnungswidrigkeiten – OWiG).

53.3 Ordnungswidrigkeitsverfahren werden nach § 53 Absatz 3 nicht von den dort genannten Bundesbehörden durchgeführt. Im Falle der beabsichtigten Verfolgung einer Ordnungswidrigkeit übersendet die zuständige Bundesbehörde die erforderlichen Unterlagen an die Landesbehörde, deren örtliche und sachliche Zuständigkeit nach den §§ 48 und 49 in Anknüpfung an § 21 Absatz 1 nach den Regelungen des jeweiligen Landesrechts zu ermitteln ist.

Zu § 54: Einziehung und erweiterter Verfall

54.1 § 54 Absatz 1 ordnet in den dort genannten Fällen die obligatorische Einziehung der in Nummern 1 und 2 genannten Gegenstände an; § 54 Absatz 2 eröffnet im Übrigen die fakultative Einziehung. Zuständig für Einziehung und Verfall ist bei einer Straftat das erkennende Gericht, bei einer Ordnungswidrigkeit die zuständige Bußgeldbehörde.

54.2 Einziehung und Verfall setzen eine vorsätzliche und rechtswidrige Straftat oder eine mit Bußgeld bedrohte Handlung bzw. eine Ordnungswidrigkeit voraus. Allerdings ist zu beachten, dass auch im Rahmen des § 54 die Einziehung und der Verfall nach § 76a StGB oder § 27 OWiG im selbstständigen Verfahren angeordnet werden können, wenn einer Verfolgung bestimmte tatsächliche oder rechtliche Gründe entgegenstehen oder das Verfahren eingestellt wird.

54.3 § 54 Absatz 3 Satz 1 eröffnet für sämtliche Fälle des § 54 Absatz 1 und 2 die erweiterte Einziehung, also die Einziehung bei Dritten, wenn es sich um einen leichtfertigen Beitrag oder einen verwerflichen Erwerb handelt.

Der erweiterte Verfall ist hingegen nur beschränkt auf die in § 54 Absatz 3 Satz 2 genannten Fälle zulässig. Im Unterschied zu den Fällen der verwaltungsrechtlichen Verwertung (§ 37 Absatz 1 Satz 4, § 46 Absatz 5 Satz 3) findet hier keine Auskehr des Nettoerlöses an den nach bürgerlichem Recht Berechtigten statt.

54.4 Im Falle der fakultativen Einziehung nach § 54 Absatz 2 kommt ergänzend zu den in § 73 Absatz 2 Satz 2 StGB genannten Maßnahmen die in § 54 Absatz 4 genannte Anweisung in Betracht. Die Auswahl der zu treffenden Maßnahme steht im Ermessen der Behörde.

54.5 Ordnungsrechtliche Maßnahmen der Sicherstellung und Unbrauchbarmachung nach dem WaffG stehen selbstständig neben den Regelungen über Einziehung und Verfall. Während die Ersteren präventiver Natur sind, handelt es sich bei Letzteren um Sanktionen, also repressive Maßnahmen. Jede dieser Maßnahmen kann unabhängig voneinander ergriffen werden.

Zu § 55: Ausnahmen für oberste Bundes- und Landesbehörden, Bundeswehr, Polizei und Zollverwaltung, erheblich gefährdete Hoheitsträger sowie Bedienstete anderer Staaten

55.1 Das WaffG ist außer auf die in § 55 Absatz 1 genannten Bundes- und Landesbehörden und deren Bedienstete auch auf nachgeordnete Behörden und deren Bedienstete nicht anzuwenden, soweit diese in der Fünften Verordnung zum Waffengesetz (5. WaffV) oder in Rechtsverordnungen der Länder von den Vorschriften des Gesetzes freigestellt worden sind.

55.1.1 Ein dienstlicher Erwerb oder eine dienstliche Ausübung der tatsächlichen Gewalt nach § 55 Absatz 1 ist gegeben, wenn der Bedienstete die Waffe oder Munition in Erfüllung seiner Dienstaufgaben erwirbt oder sonst Umgang hat. Diese Voraussetzungen liegen dann vor, wenn der Bedienstete vom Dienstherrn mit Schusswaffen und Munition zur Erfüllung von Dienstaufgaben ausgerüstet wird. Auch eine nicht hoheitliche Tätigkeit wird von der Befreiung erfasst, so z. B. wenn ein Bediensteter für seine Behörde Schusswaffen aufbewahrt, instand setzt oder pflegt. Die im privaten Eigentum von Bediensteten stehenden Schusswaffen, die auch dienstlich verwendet werden, sind nicht generell von den Vorschriften des WaffG freigestellt, vielmehr beschränkt sich die Freistellung aus-

I

schließlich auf die dienstliche Verwendung; in solchen Fällen bedarf der Bedienstete für die private Verwendung waffenrechtlicher Erlaubnisse.

55.1.2 Bei Verwahrung von Dienstwaffen im privaten Bereich sind die für den Dienstbereich geltenden Regelungen, etwa interne Dienstanweisungen der Polizei, einschlägig.

55.2 Das BMI oder die von ihm bestimmten Stellen sowie die zuständigen Stellen der Länder erteilen nach § 55 Absatz 2 – soweit eine Freistellung nach § 55 Absatz 1 nicht gegeben ist – Personen, die wegen der von ihnen wahrzunehmenden hoheitlichen Aufgaben persönlich erheblich gefährdet sind, eine Bescheinigung, die diese zum Erwerb und Besitz von Waffen oder Munition sowie zum Führen dieser Waffen berechtigt. Bevor solche Bescheinigungen ausgestellt werden, ist zu prüfen, ob der Bewerber zuverlässig, sachkundig und körperlich geeignet ist. Sofern die Waffe geführt werden soll, ist vom Bewerber der Nachweis zu verlangen, dass eine Haftpflichtversicherung über die in § 4 Absatz 1 Nummer 5 genannte Deckungssumme besteht.

55.2.1 Der Begriff der hoheitlichen Aufgaben umfasst auch die sogenannte schlichte hoheitliche Tätigkeit. Hoheitlich tätig ist auch derjenige, der als öffentlich Bediensteter Objekte, die hoheitlichen Aufgaben dienen, oder hoheitlich tätige Personen gegen Angriffe zu sichern hat.

55.2.2 Ob jemand erheblich gefährdet nach § 55 Absatz 2 ist, ist nach den Grundsätzen des § 19 Absatz 1 zu beurteilen. Die Gefährdung muss zumindest zum Teil auf der noch andauernden hoheitlichen Tätigkeit beruhen; dies ist in der Regel nicht mehr der Fall, sobald der Antragsteller eine andere hoheitliche oder nicht hoheitliche Aufgabe wahrnimmt, die eine Gefährdung nicht begründet.

55.2.3 Die Bescheinigung ist längstens für die Dauer des Dienst- oder Amtsverhältnisses – bei Abgeordneten für die Dauer ihrer Parlamentszugehörigkeit – zu erteilen. Scheidet der Inhaber der Bescheinigung aus seinem Dienst- oder Amtsverhältnis oder dem öffentlich-rechtlichen Wahlamt aus, so ist die Bescheinigung einzuziehen. Dauert die erhebliche Gefährdung fort, so kommen waffenrechtliche Erlaubnisse nach den allgemeinen Vorschriften (z. B. nach § 19) in Betracht.

55.2.4 Über die Berechtigung nach § 55 Absatz 2 sind dem Antragsteller ggf. zwei Bescheinigungen auszustellen: Eine, die zum Erwerb und Besitz berechtigt, sowie eine zweite, die zum Führen und ggf. zum Mitführen der Schusswaffe bei öffentlichen Veranstaltungen berechtigt.

55.3 Allgemeine Verwaltungsvorschriften der obersten Bundesbehörden, die nach § 59 erlassen werden, gehen den vorstehenden Regelungen der Allgemeinen Verwaltungsvorschrift vor.

55.4 Die Sonderregelungen des § 55 Absatz 3 und 4 bleiben unberührt.

Zu § 56: Sondervorschriften für Staatsgäste und andere Besucher

56.1 Die waffenrechtliche Bescheinigung nach § 56 Absatz 1, zu deren Wirksamkeit es der Bekanntgabe an den Betroffenen nicht bedarf, wird ohne vorgeschriebene Form durch die zuständige Behörde erteilt.

56.2 Zu der Rechtsstellung von ausländischen Diplomaten und sonstigen ausländischen bevorrechtigten Personen vgl. das Rundschreiben des AA vom 19. September 2008 (Az.: 503-90-507.00, GMBl. 2008, S. 1154).

56.3 Der Status einer „Person des öffentlichen Lebens" nach § 56 Satz 1 Nummer 2 richtet sich nach objektiven Kriterien; er wird im Wesentlichen konstituiert durch den Bekanntheitsgrad (Prominenz) und die berufliche oder gesellschaftliche Stellung. Die erhebliche Gefährdung, für die die Maßstäbe des § 19 anzulegen sind, kann sich im Einzelfall aus diesem Status ergeben.

56.4 Zu den Begleitpersonen ausländischer Staatsgäste nach § 56 Satz 1 Nummer 3 gehört insbesondere das ausländische Sicherheitspersonal; auf dessen dienstrechtlichen Status kommt es nicht an.

Anträge für Personen aus besonders gefährdeten Staaten (z. B. Israel) auf den Schutz durch bewaffnete eigene Sicherheitsbeamte werden unter den Voraussetzungen des § 56 Satz 2 genehmigt, wenn die Gefahrenlage durch die Sicherheitsbehörden des Staates als besonders hoch eingestuft worden ist und darüber der Genehmigungsbehörde eine entsprechende Bescheinigung vorgelegt wird.

Zu § 57: Kriegswaffen

57.1 Nach § 57 Absatz 1 Satz 1 gilt das WaffG grundsätzlich nicht für Kriegswaffen (KW). Durch die Anwendung nur eines Gesetzes auf einen Sachverhalt werden Unklarheiten beseitigt, die durch Überschneidungen des Waffenrechts mit dem KWKG entstanden sind.

57.2 § 57 Absatz 1 Satz 2 WaffG trägt der Sachlage Rechnung, dass Vorschriften des Waffenrechts gegenständlich nur noch für Kriegsschusswaffen, die nach dem WaffG 1972 legalisiert worden sind und bei denen die erforderlichen Prüf- und Überwachungsmaßnahmen nicht nach dem KWKG getroffen werden können, gelten. Hierunter fallen nach der Änderung der KW-Liste z. B. luftgekühlte Maschinengewehre, Sturmgewehr G 3. Insoweit muss es daher auch weiterhin bei der Regelung bleiben, dass für die periodische Überprüfung der Zuverlässigkeit und das Aufbewahren der Waffen die Vorschriften des WaffG maßgebend sind. Die Maßnahmen werden vom BAFA durchgeführt. Sofern keine Amnestie erfolgt ist, sind die einschlägigen Strafvorschriften des WaffG weiterhin anwendbar.

57.3 Bei § 57 Absatz 2 handelt es sich um eine Auffang- und Überleitungsregelung für legalen Besitz. Die Vorschrift bezieht sich auf Änderungen der KW-Liste, die durch Normativakt den Kriegswaffenstatus für tragbare Schusswaffen entfallen lassen. Hierdurch lebt die – für die Dauer der Erfassung in der KW-Liste überlagerte – Schusswaffen-Eigenschaft nach WaffG auf.

57.3.1 Falls eine Urkunde vorhanden ist, die ein Recht zum Besitz bestätigt, ist es aus rechtsstaatlichen Gesichtspunkten geboten, den rechtlichen Besitzstand materiell aufrecht zu erhalten und den bisherigen Rechtsstatus in einen entsprechenden Status nach dem WaffG zu überführen. Anstelle der KW-Bescheinigung ist eine WBK auszustellen oder ein Eintrag in eine vorhandene WBK zu machen. Die Versagungsgründe sind nach § 57 Absatz 4 beschränkt; insbesondere findet eine Bedürfnisprüfung nicht statt.

57.3.2 § 57 Absatz 2 Satz 2 bezieht sich auf die Fälle, in denen die Besitzbefugnis nicht urkundlich untermauert ist, es also an einem positiven Rechtsschein hierfür fehlt. Hier bedarf es der Neuausstellung einer WBK. Eine neue Antragsmöglichkeit für KW, die bereits auf Grund vorangegangener Übergangsregelungen hätten angemeldet werden müssen, wird hiermit nicht eröffnet (§ 57 Absatz 2 Satz 3), so dass also durch diese Bestimmung keine neue Amnestiemöglichkeit eröffnet ist.

57.4 § 57 Absatz 3 sieht für Munition eine dem § 57 Absatz 2 entsprechende Regelung vor.

57.5 Gründe für die Versagung einer Erlaubnis werden – bei sonstigem Vorliegen der Erteilungsvoraussetzungen nach § 57 Absatz 2 oder 3 – auf die Zuverlässigkeit oder die persönliche Eignung beschränkt (§ 57 Absatz 4).

57.6 § 57 Absatz 5 leitet in den dort genannten Fällen auf die Rechtsfolgen bei Aufhebung oder Erlöschen einer waffenrechtlichen Erlaubnis über. Für die Dauer einer von der Behörde nach § 46 Absatz 2 gesetzten Frist bleibt das Besitzrecht noch bestehen.

Zu § 58: Altbesitz

58.1 § 58 Absatz 1 Satz 1 ordnet die grundsätzliche Fortgeltung waffenrechtlicher Erlaubnisse an. Besondere Bedeutung hat diese Bestimmung für die nach altem Recht erteilte Gelbe WBK, weil diese nach § 28 Absatz 2 Satz 1 ab 1976 einen allgemeinen und unbefristeten Erwerb und Besitz von Einzellader-Langwaffen ermöglichte. Gelbe WBK gelten als Erwerbs- und Besitzerlaubnis im nach altem Recht gegebenen Umfang fort. Ist in einer nach altem Recht erteilten Gelben WBK kein Platz mehr für die Eintragung weiterer Einzellader-Langwaffen, so stellt die Behörde auf Antrag das sie fortsetzende Erlaubnisdo-

I

kument aus und vermerkt, dass die alte Gelbe WBK vor dem 1. April 2003 erteilt wurde; in dem Feld „Amtliche Vermerke" wird die gegenständliche Beschränkung dieser Erlaubnis auf Einzellader-Langwaffen vermerkt.

58.2 § 58 Absatz 1 Satz 2 bis 5 trifft eine spezielle Fortgeltungsbestimmung für Munition vor dem Hintergrund, dass diese nach altem Waffenrecht lediglich erwerbserlaubnispflichtig war. Bei der Nachmeldung des Altbesitzes handelt es sich um eine Ordnungsvorschrift. Hat die Anmeldung des Altbesitzes an Munition nicht den Erfordernissen des § 58 Absatz 1 Satz 4 in Verbindung mit den behördlich zur Identifizierung und Quantifizierung des Altbestandes geforderten Angaben genügt, so folgt aus diesem Umstand nicht die materielle Unrechtmäßigkeit des Besitzes; jedoch kann sich ein Einfluss auf die Beweislage ergeben.

Abschnitt 2 Ausführungen zu Anlagen 1 und 2 Waffengesetz

Zu Anlage 1:

Zu Abschnitt 1:

Zu Unterabschnitt 1:

Anlage 1 Abschnitt 1 Unterabschnitt 1 Nummer 1.1

Schusswaffen nach Anlage 1 Abschnitt 1 Unterabschnitt 1 Nummer 1.1 müssen den dort genannten Zwecken genügen.

Für die Zweckbestimmung der Schusswaffe nach § 1 Absatz 2 Nummer 1 ist der Wille des Herstellers maßgebend, soweit er in der Bauart der Waffe zum Ausdruck kommt. Eine abweichende Erklärung des Herstellers über den Verwendungszweck ist unbeachtlich.

Auf die Art des Antriebsmittels (Druck von heißen Verbrennungsgasen bei Feuerwaffen, Druck gespannter kalter Treibgase – z. B. Druckluft oder CO_2) kommt es nicht an. Geräte, bei denen Geschosse durch Muskelkraft angetrieben werden und die eingebrachte Antriebsenergie nicht gespeichert wird (z. B. Blasrohre), sind von der Anwendung des Gesetzes ausgenommen (Anlage 2 Abschnitt 3 Unterabschnitt 2 Nummer 2). Die Definition, dass Geschosse „durch einen Lauf getrieben werden", umfasst auch Schusswaffen, bei denen Geschosse aus einem Lauf getrieben werden (z. B. Vorderlader, Saugnapfwaffen).

Anlage 1 Abschnitt 1 Unterabschnitt 1 Nummer 1.2

Den Schusswaffen gleichgestellte tragbare Geräte müssen ihrer Beschaffenheit nach dazu bestimmt sein, von einer Person üblicherweise getragen und bei der Schussauslösung in der Hand gehalten zu werden. Eine Waffe ist auch dann tragbar, wenn sie mit einer aufklappbaren Stütze versehen ist, um das Zielen zu erleichtern.

Ihrer Bestimmung nach nicht tragbare Geräte, z. B. Selbstschussapparate zur Vertreibung von Tieren (z. B. in Obstplantagen), werden nicht erfasst.

Anlage 1 Abschnitt 1 Unterabschnitt 1 Nummer 1.2.1

Tragbare Gegenstände, die zum Abschießen von Munition bestimmt sind, stehen nur dann den Schusswaffen gleich, wenn sie der Zweckbestimmung wie Schusswaffen unterliegen. Die Vorschrift erfasst hauptsächlich Geräte zum Abschießen von Kartuschenmunition. Zu den Geräten gehören Schreckschuss- und Reizstoffwaffen, die einen Gaslauf haben, sowie Signalwaffen.

Schussapparate zur Ausbildung und Dressur von Hunden, bei denen Geschosse (z. B. Dummys) mittels Kartuschen angetrieben werden, fallen auf Grund ihrer Zweckbestimmung nicht unter das WaffG; sie unterliegen der Zulassungspflicht nach dem BeschG.

Anlage 1 Abschnitt 1 Unterabschnitt 1 Nummer 1.2.2

Hier werden beispielhaft Armbrüste als tragbare Gegenstände genannt, mit denen unter Speicherung der durch Muskelkraft eingebrachten Energie bestimmungsgemäß feste Körper verschossen werden und die deshalb den Schusswaffen gleichgestellt werden. Deshalb ist das Waffengesetz auf diese Gegenstände beispielsweise auch in Bezug auf die das Schießen behandelnden Vorschriften des Waffenrechts (Erforderlichkeit Schießerlaubnis; Erlaubnispflicht für Schießstätten) anwendbar, auch wenn mit ihnen nicht im waffenrechtlichen Sinne geschossen wird (siehe Anlage 1 Abschnitt 2 Nummer 7). Satz 2 nimmt Gegenstände, die feste Körper mit einem Saugnapf als Spitze verschießen, von der Regelung aus. Die Bestimmung zur Beschaffenheit des Saugnapfes ist der DIN EN 71-1 entnommen, die Vorgaben der europäischen Spielzeug-Sicherheits-Richtlinie 88/378/EWG umgesetzt hat.

Anlage 1 Abschnitt 1 Unterabschnitt 1 Nummer 1.3

Die Bestimmung eines wesentlichen Teiles und eines Schalldämpfers richtet sich in der Regel danach, ob die Basiswaffe erlaubnispflichtig oder erlaubnisfrei ist.

Vorgearbeitete Teile sind nur dann den fertigen wesentlichen Teilen gleichgestellt, wenn sie mit allgemein gebräuchlichen Werkzeugen in einen einbau- und gebrauchsfähigen Zustand versetzt werden können.

Als allgemein gebräuchlich anzusehen sind z. B. Hammer, Schraubendreher, Zange, Meißel, Durchschlag, Splinttreiber, Feile, Handbohrmaschine auch mit Ständer, biegsame Welle und Schraubstock. Werkzeugmaschinen oder andere Geräte, die nur stationär betrieben werden (z. B. Drehbänke, Fräsmaschinen, Elektroschweißgeräte), sind keine allgemein gebräuchlichen Werkzeuge.

Schalldämpfer für erlaubnisfreie Schusswaffen oder ihnen gleichgestellte tragbare Gegenstände sind entweder dem Kaliber sowie ihrer Konstruktion nach für Druckluft-, Federdruckwaffen und Waffen bestimmt, bei denen zum Antrieb der Geschosse kalte Treibgase Verwendung finden, oder nicht linear durchgängig.

Wesentliche Teile einer zerlegten Schusswaffe sind wie die ursprüngliche Schusswaffe zu behandeln.

Der funktionsfähige wesentliche Teil einer erlaubnisfreien Schusswaffe, der auch in eine Schusswaffe eingebaut werden kann, für die es z. B. einer WBK bedarf, fällt erst dann unter die Erlaubnispflicht nach § 10, wenn er von der erlaubnisfreien Schusswaffe dauernd (nicht nur zum Zwecke der Waffenpflege) getrennt oder in eine erlaubnispflichtige Schusswaffe eingesetzt wird.

Durch die Bestimmung in Satz 3 werden wesentliche Teile von Kriegsschusswaffen ohne Kriegswaffeneigenschaft im Sinne einer Auffangregelung dem WaffG unterworfen.

Anlage 1 Abschnitt 1 Unterabschnitt 1 Nummer 1.3.1

Die Voraussetzung, den Geschossen ein gewisses Maß an Führung (Richtung) zu geben, liegt in der Regel vor, wenn die Länge des Laufteils, der die Führung des Geschosses bestimmt, mindestens das Zweifache des Kalibers beträgt. Ist der Innenquerschnitt des Laufs nicht kreisförmig, gilt der Durchmesser eines flächengleichen Kreises als Kaliber.

Bei Geschossspielzeugen (siehe DIN EN 71-1 Nummer 3.29) nach Anlage 2 Abschnitt 3 Unterabschnitt 2 gilt als Lauf auch eine Einrichtung, die es ermöglicht, dass die Geschosse aus dem Spielzeug gezielt verschossen werden können (z. B. Geschossführung durch Leisten, Schienen).

Gasläufe finden sich z. B. bei Schreckschusswaffen; Geschosse nach Anlage 1 Abschnitt 1 Unterabschnitt 3 Nummer 3.1 werden durch diese nicht getrieben.

Düsen von Sprühgeräten sind keine Läufe.

Unter Verschluss im waffenrechtlichen Sinne versteht man das letzte, den Lauf bzw. das Patronen- oder Kartuschenlager abschließende Teil, das nicht weiter zerlegbar ist.

Anlage 1 Abschnitt 1 Unterabschnitt 1 Nummer 1.3.3

Zu den Schusswaffen mit anderem Antrieb zählen auch die Druckluft-, Federdruckwaffen und Waffen, bei denen zum Antrieb der Geschosse kalte Treibgase Verwendung finden. Wechselbare Gaskartuschen gehören nicht zu den wesentlichen Teilen.

Anlage 1 Abschnitt 1 Unterabschnitt 1 Nummer 1.3.4

Als wesentliche Waffenteile werden entweder solche Griffstücke erfasst, die zur Aufnahme wesentlicher Elemente des Auslösemechanismus (auch bei einfach zu trennenden Auslöseeinheiten wie bei den Pistolen

Tokarev, Mauser C 96 sowie zivilen HK MP-5 Abarten) bestimmt sind, oder sonstige Waffenteile, die zur Aufnahme wesentlicher Elemente des Auslösemechanismus dienen und die keine Griffstücke sind (z. B. Rahmen bei Single-Action-Revolvern).

Mit Zügen oder anderen Innenprofilen versehene Laufrohlinge, Laufabschnitte oder Laufstücke, die noch kein Patronen- oder Kartuschenlager enthalten, sind dann wesentliche Teile, wenn sie für eine erlaubnispflichtige Schusswaffe bestimmt sind. Läufe ohne Züge und ohne Patronen- oder Kartuschenlager sind nur dann wesentliche Teile, wenn sie ohne wesentliche Nacharbeit in eine Waffe eingebaut oder mit einer Waffe verbunden werden können und damit eine gebrauchsfähige Waffe entsteht.

Schalldämpfer können fest mit der Schusswaffe verbunden oder zur Anbringung an einer Schusswaffe bestimmt sein (siehe auch Erläuterungen zu Nummer 1.3).

Eine wesentliche Dämpfung des Mündungsknalls liegt dann vor, wenn bei Schießversuchen bereits sensitiv eine deutlich hörbare Schallminderung zwischen einer mit Schalldämpfer bestückten Schusswaffe und derselben Waffe ohne Schalldämpfer unter Verwendung gleicher Munition festgestellt werden kann.

Anlage 1 Abschnitt 1 Unterabschnitt 1 Nummer 1.4

Die Vorschriften über Schusswaffen gelten auch für unbrauchbar gemachte Schusswaffen (Dekorationswaffen).

Sofern Schusswaffen durch Zerschmelzen, Zersägen oder Zusammenstauchen der wesentlichen Waffenteile so zerstört werden, dass sie mit allgemein gebräuchlichen Werkzeugen nicht wieder schießfähig gemacht werden können, gelten diese als unbrauchbar.

Das Zerstören einer Schusswaffe stellt somit eine weitergehende Form der Unbrauchbarmachung dar, die darauf abzielt, die Waffe als Gegenstand zu vernichten.

Zu unbrauchbar gemachten Schusswaffen siehe auch Anlage 2 Abschnitt 3 Unterabschnitt 2 Nummer 4.

Anlage 1 Abschnitt 1 Unterabschnitt 1 Nummer 1.4.6

Bei stark verrosteten oder in sonstiger Weise unbrauchbar gewordenen Schusswaffen ist von einem Verlust der Schusswaffeneigenschaft auszugehen, wenn die Funktionsfähigkeit der wesentlichen Teile nicht mehr mit allgemein gebräuchlichen Werkzeugen wieder hergestellt werden kann. Dies gilt auch für jedes einzelne wesentliche Waffenteil.

Schnittmodelle verlieren ihre Eigenschaft als Schusswaffe, wenn der Lauf und die Patronenlager nach Anlage 1 Abschnitt 1 Unterabschnitt 1 Nummer 1.4 so geöffnet sind, dass Geschosse den Lauf nicht verlassen können, und der Verschluss einschließlich der Zündeinrichtung sowie das Griffstück bei Kurzwaffen so weit geändert sind, dass nur die mechanische Funktion noch erhalten bleibt, jedoch Munition nicht gezündet werden kann.

Anlage 1 Abschnitt 1 Unterabschnitt 1 Nummer 1.5

Die Nummer 1.5 betrifft nunmehr Salutwaffen; das Regelungsthema der bisherigen Nummer 1.5, Nachbildungen von Schusswaffen, wird nunmehr in Nummer 6 neu geregelt.

Salutwaffen sind Theater-, Foto-, Film- oder Fernsehwaffen, denen bestimmungsgemäß – im Unterschied zu den Dekorationswaffen nach Nummer 1.4 – eine Restschießfähigkeit, aber nicht mit Geschossmunition, erhalten bleibt. Die technischen Anforderungen, die zur Verhinderung des „scharfen Schusses" erfüllt sein müssen, sind hier aufgelistet.

Die Rechtsfolgenseite in Bezug auf die Frage der Umgangsrestriktionen sind in Anlage 2 Abschnitt 2 Unterabschnitt 2 Nummer 1.5 und Nummer 7.3 geregelt.

Unter „allgemein gebräuchlichen Werkzeugen" im Sinne der Vorschrift sind solche zu verstehen, die von der PTB im Zulassungsverfahren für Schreckschuss-, Reizstoff- und Signalwaffen nach § 8 Absatz 1 in Verbindung mit § 20 Absatz 3 BeschG eingesetzt werden. Die nicht abschließende Auflistung der dort eingesetzten Werkzeuge enthält u. a. die elektrische Handbohrmaschine, Hartmetall-, Steinbohrer, Maul- und Steckschlüssel, Kombizange, Seitenschneider, Schleifstein, Parallelschraubstock, Feilen und Heißluftgebläse.

Anlage 1 Abschnitt 1 Unterabschnitt 1 Nummer 1.6

Der Begriff „Anscheinswaffe" erstreckt sich auf alle Imitate von Feuerwaffen. Ausgenommen sind die von Sportschützen verwendeten Federdruck-, Druckluft- und Druckgaswaffen – in der Regel gekennzeichnet mit einem „F im Fünfeck" – sowie zugelassene Schreckschuss-, Reizstoff- und Signalwaffen; für diese gelten grundsätzlich die waffenrechtlichen Erlaubnisvorbehalte zum Führen einer Waffe (siehe § 10 Absatz 4).

Die Begriffsbestimmung „Anscheinswaffe" ist insoweit konstitutiv, als in Nummer 1.6.2 „Nachbildungen von Schusswaffen" (Attrappen oder Dekorationswaffen) zu gekorenen Waffen erklärt und damit dem Anwendungsbereich des WaffG unterworfen werden. Dies ist notwendig, weil solche Gegenstände keine Funktion von Schusswaffen aufweisen; mit ihnen werden keine Geschosse durch einen Lauf getrieben.

Satz 3 enthält konkrete Anhaltspunkte für Hersteller, Händler und Käufer von Spielzeugwaffen. Attrappen, deren Größe die des Originalvorbildes um die Hälfte über- oder unterschreitet, sind von echten Feuerwaffen unterscheidbar. Dies gilt insbesondere dann, wenn darüber hinaus beispielsweise an der Mündung des Laufes neonfarbene Kunststoffteile verarbeitet wurden und an der Attrappe keine Originalbeschriftungen wie z. B. Händlerlogo oder Modellbezeichnung aufgebracht sind. Bei der Abgrenzung von Anscheinswaffen und Spielzeug ist unter Berücksichtigung des objektiven Empfängerhorizonts auf das Gesamterscheinungsbild des Gegenstandes abzustellen.

Erkennbar nach ihrem Gesamterscheinungsbild zum Spiel bestimmt dürften grundsätzlich nur solche Spielzeugwaffen und Waffenimitate sein, die Miniaturen sind oder auffällige Einfärbungen der Materialien aufweisen. Hierbei gilt es aber zu berücksichtigen, dass es „echte" Feuerwaffen gibt, die ebenfalls transparent sind oder auffällige Farbgebungen besitzen.

Bei der Bewertung, wann eine Spielzeugwaffe oder ein Waffenimitat dem Erscheinungsbild nach erkennbar zum Spiel bestimmt ist, ist insbesondere auf die Merkmale

- Größe,
- neonfarbene Materialien oder
- fehlende Kennzeichnungen von Feuerwaffen

abzustellen.

Nicht zur Kennzeichnung von Feuerwaffen gerechnet werden beispielsweise Kaliberbezeichnungen oder angedeutete Beschusszeichen; hier sind nur Händlerlogos oder Modellbezeichnungen „echter" Schusswaffen maßgeblich.

Anlage 1 Abschnitt 1 Unterabschnitt 1 Nummer 2

In Nummer 2 werden die Arten von Schusswaffen definiert. Wie jetzt klar zum Ausdruck kommt, sind die eigentlichen Waffenarten davon unabhängig, wie die Geschosse angetrieben werden. „Feuerwaffe" ist daher keine – vermeintliche – „Überschrift" der Waffenarten, sondern ein Sonderfall, der durch die Art und Weise des Antriebs der Geschosse gekennzeichnet ist. Automaten, Halbautomaten usw. können daher Schusswaffen aller Art – wenn sie dem Anwendungsbereich des WaffG unterfallen – sein.

Anlage 1 Abschnitt 1 Unterabschnitt 1 Nummer 2.1

Der Antrieb der Geschosse muss bei Feuerwaffen durch heiße Gase erfolgen. Dies sind Verbrennungsgase, die durch Zündung eines Pulvers (oder auch eines entzündbaren flüssigen oder gasförmigen Stoffes/Gemisches) innerhalb der Waffe während eines Verbrennungsvorgangs entstehen. Dabei ist es unerheblich, in welcher konkreten Form (lose, in Umhüllung, als Presskörper o. ä.) das Pulver vorliegt bzw. auf welche Art das Gemisch erzeugt oder eingebracht wird. Lediglich der Verbrennungsvorgang zur Gaserzeugung für den Antrieb ist entscheidend. Nicht zu den Feuerwaffen gehören z. B. Druckluftwaffen, auch wenn darin unter Umständen enthaltene Luft bei der Kompression im Rahmen der Energieeinbringung (Spannen, Aufpumpen o. Ä.) erwärmt wird.

Die Definition der Geschosse ergibt sich aus Anlage 1 Abschnitt 1 Unterabschnitt 3 Nummer 3.

Anlage 1 Abschnitt 1 Unterabschnitt 1 Nummer 2.2

Das Nachladen bei automatischen Schusswaffen (z. B. die Zuführung einer Patrone aus einem Munitionsvorrat wie Magazin oder Gurt in das Patronenlager) erfolgt durch den Mechanismus der Waffe ohne weiteres Zutun des Schützen. Der nächste Schuss wird dann lediglich durch Betätigung des Abzuges oder einer anderen Schussauslösevorrichtung ausgelöst.

Hierzu gehören auch Schusswaffen, bei denen die Geschosse durch kalte Gase angetrieben werden, wenn die Antriebsgase und die Geschosse in einem Vorratsbehälter bereitgehalten werden und bei der Betätigung des Abzuges das neue Geschoss zugeführt und das Ventil geöffnet wird. Die Ausnahmeregelung für Double-Action-Waffen gilt auch für in gleicher Weise funktionierende Schusswaffen, bei denen zum Antrieb der Geschosse kalte Treibgase Verwendung finden.

Von Hand betriebene Maschinenwaffen (Gatling-Typ) sind nicht unter die automatischen Schusswaffen einzuordnen, weil diese nicht selbsttätig erneut schussbereit werden.

Tragbare Gegenstände nach Anlage 2 Abschnitt 2 Unterabschnitt 2 Nummer 1.3 zum Abschießen von Munition, bei denen kein Geschoss durch den Lauf getrieben wird, gelten nicht als halb- oder vollautomatische Schusswaffen.

Anlage 1 Abschnitt 1 Unterabschnitt 1 Nummer 2.4

Zu den Einzelladerwaffen zählt auch die in der Seeschifffahrt verwendete Signalpistole (Leuchtpistole im Kaliber 4 = 26,5 mm).

Anlage 1 Abschnitt 1 Unterabschnitt 1 Nummer 2.6

Schreckschuss-, Reizstoff- und Signalwaffen (SRS-Waffen), deren Bauart nach § 8 BeschG zugelassen ist, tragen das Zulassungszeichen nach der Anlage II Abb. 6 zur BeschussV („PTB" mit Kennnummer im Kreis). Das gilt auch für Zusatzgeräte zu diesen Waffen zum Verschießen pyrotechnischer Munition.

Zusatzgeräte zu diesen Waffen zum Verschießen pyrotechnischer Geschosse bedürfen erst seit dem 1. April 2003 nach § 8 BeschG einer Zulassung; sie tragen dann das Zulassungszeichen nach Anlage II Abb. 6 zur BeschussV („PTB" mit Kennnummer im Kreis).

Gegenstände, die den Zwecken nach den Nummern 2.7 bis 2.9 dienen, deren Bauart jedoch nicht nach § 8 BeschG zugelassen ist, sind keine derartigen Waffen im Sinne des WaffG.

Anlage 1 Abschnitt 1 Unterabschnitt 1 Nummer 2.7

Zu den anderen Wirkstoffen zählen solche, die mit den Reizstoffen in ihrer Wirkung vergleichbar sind.

Anlage 1 Abschnitt 1 Unterabschnitt 1 Nummer 2.8

Unter den Begriff „Signalwaffen" fallen solche nach Anlage 2 Abschnitt 2 Unterabschnitt 2 Nummer 1.3 (SRS-Waffen, die der zugelassenen Bauart nach § 8 BeschG entsprechen).

Sogenannte Notsignalgeber, die kein eigenes Patronen- oder Kartuschenlager besitzen, sind nach Anlage 1 Abschnitt 1 Unterabschnitt 1 Nummer 1.2.1 als tragbare Gegenstände zum Abschießen von Munition den Schusswaffen und somit den Signalwaffen gleichgestellt.

Anlage 1 Abschnitt 1 Unterabschnitt 1 Nummer 3.1

Bei der Verwendung von Austauschläufen kann derselbe Verschluss einer Waffe für mehrere verschiedene Läufe benutzt werden.

Austauschläufe unterliegen einer gesonderten Beschusspflicht (vgl. § 2 Absatz 2 Nummer 1 Buchstabe a und § 3 Absatz 1 BeschG).

Anlage 1 Abschnitt 1 Unterabschnitt 1 Nummer 3.2

Wechselläufe (Anlage 1 Abschnitt 1 Unterabschnitt 1 Nummer 3.2) sind Läufe, die für eine bestimmte einzelne Waffe hergerichtet sind, aber noch eingepasst werden müssen und daher nur für diese eine Waffe geeignet sind. Die Beschussprüfung erfolgt hier zusammen mit der zugehörigen Waffe.

Mit Austausch- oder Wechselläufen kann entweder eine Munition in einem anderen Kaliber verschossen oder bei Verwendung einer Munition im gleichen Kaliber eine andere Wirkung, insbesondere eine Veränderung des ballistischen Verhaltens der Geschosse, erzielt werden.

Anlage 1 Abschnitt 1 Unterabschnitt 1 Nummer 3.3

Als Fangschussgeber oder Reduzierläufe bezeichnete Gegenstände sind Einsteckläufe, die in Läufe von Waffen größeren Kalibers eingesteckt werden können. Fangschussgeber werden überwiegend von Jägern verwendet und dienen dem Verschießen von Munition kleinerer Abmessung aus Langwaffen.

Anlage 1 Abschnitt 1 Unterabschnitt 1 Nummer 3.6

Zur Begriffsbestimmung Verschluss siehe auch Erläuterungen zu Nummer 1.3.1.

Anlage 1 Abschnitt 1 Unterabschnitt 1 Nummer 3.7

Unter „Einsätzen" sind Adapter zu verstehen, bei denen Patronen kleinerer Abmessungen, jedoch mit gleichem Geschossdurchmesser verwendet werden. Diese Einsätze (sogenannte Reduzierhülsen) besitzen keinen Lauf.

Anlage 1 Abschnitt 1 Unterabschnitt 1 Nummer 4

Die in den Nummern 4.1, 4.2 und 4.3 genannten sonstigen Vorrichtungen für Schusswaffen sind keine wesentlichen Teile von Schusswaffen nach Anlage 1 Abschnitt 1 Unterabschnitt 1 Nummer 1.3.1 bis 1.3.5. Es handelt sich nach der Systematik der Anlage 1 um sonstige Teile von Schusswaffen, die in Verbindung mit § 1 Absatz 4 als Waffen im Sinne von § 1 Absatz 2 Nummer 1 einzustufen sind.

Anlage 1 Abschnitt 1 Unterabschnitt 1 Nummer 4.1 und 4.2

Zu derartigen Vorrichtungen zählen insbesondere solche Teile, die auf Grund ihrer Konstruktion zur Verwendung an Schusswaffen bestimmt sind und sichtbares oder unsichtbares Licht emittieren.

Bei den Zielscheinwerfern handelt es sich um Lampen, die mittels einer Montagevorrichtung an Schusswaffen befestigt sind. Oftmals können diese mittels Fernschalter angeschaltet werden.

Bei Lasern im Sinne dieser Vorschrift handelt es sich um Vorrichtungen, die mittels gebündelten Lichts das Ziel markieren und über eine Montagevorrichtung an der Waffe befestigt sind.

Bei den oben angeführten Definitionen von Zielscheinwerfern und Lasern handelt es sich um Begriffsbestimmungen und somit um keine waffenrechtlichen Reglementierungen (siehe Anl.II-A1-1.2.4). Die Definitionen müssen derart eng gefasst werden, um eine Ausweitung verbotener Waffen dieser Art auf allgemein gebräuchliche Taschenlampen und Laserpointer zu vermeiden.

Bei Zielpunktprojektoren handelt es sich um Lampen, die mittels einer Abschattung eines Teils des Lichtkegels den Zielpunkt markieren.

Die Wellenlängen des ausgestrahlten Lichtes der Vorrichtungen müssen nicht im sichtbaren Bereich, sondern können auch im Infrarot- oder Ultraviolett-Bereich liegen (z. B. bei Infrarot-Zielscheinwerfern).

Anlage 1 Abschnitt 1 Unterabschnitt 1 Nummer 4.3

Die Vorschriften erfassen neben den herkömmlichen Beleuchtungsvorrichtungen für Ziele auch Geräte, die unsichtbare Strahlen, z. B. Ultrakurzwellen oder Infrarotstrahlen, aussenden oder einen Bildwandler oder eine elektronische Verstärkung besitzen, mit deren Hilfe für das Auge nicht mehr wahrnehmbare Strahlen sichtbar gemacht werden.

Anlage 1 Abschnitt 1 Unterabschnitt 1 Nummer 5

Auf die Anforderungen an Reizstoffgeschosse, Reizstoffsprühgeräte und die dafür verwendeten Reizstoffe nach Anlage 4 zur BeschussV wird hingewiesen.

Zu Unterabschnitt 2:

Anl.I-A1-UA2-1.1

Hieb- und Stoßwaffen sind Geräte, die ihrem Wesen nach objektiv dazu bestimmt sind, unter unmittelbarer Ausnutzung der Muskelkraft durch Hieb, Stoß, Stich, Schlag oder Wurf (z. B. Wurfstern, Speer) Gesundheitsbeschädigungen oder Körperverletzungen beizubringen. Der damit klargestellte Begriff erstreckt sich nur auf Gegenstände, denen nach der Art ihrer ersten Anfertigung oder späteren Veränderung oder nach der herrschenden Verkehrsauffassung von vornherein der Begriff einer Waffe im technischen Sinn zukommt. Hierbei ist Hieb mit Schlag gleichzusetzen, so dass Schlagwaffen rechtlich Hieb- und Stoßwaffen gleichstehen.

Zu den Hieb- und Stoßwaffen zählen z. B. zweiseitig geschliffene Messer, Dolche und Säbel. Im Einzelfall kommt es darauf an, ob das Messer in seiner gesamten Gestaltung objektiv dazu bestimmt ist, als Waffe die Angriffs- und Abwehrfähigkeit von Menschen zu beseitigen oder herabzusetzen.

Keine Hieb- und Stoßwaffen sind solche Geräte, die zwar Hieb- und Stoßwaffen (§ 1 Absatz 2 Nummer 2 Buchstabe a in Verbindung mit Anlage 1 Abschnitt 1 Unterabschnitt 2 Nummer 1.1) nachgebildet, aber wegen abgestumpfter Spitzen und stumpfer Schneiden offensichtlich nur für den Sport (z. B. Sportflorette, Sportdegen, hingegen nicht geschliffene Mensurschläger), zur Brauchtumspflege (z. B. historisch nachgebildete Degen, Lanzen) oder als Dekorationsgegenstand (z. B. Zierdegen, Dekorationsschwerter) geeignet sind.

Nicht zu den Hieb- und Stoßwaffen zählen Werkzeuge (z. B. Macheten, Fahrtenmesser), Gleiches gilt auch für sogenannte Jagdnicker und Hirschfänger. Die als Jagdnicker bezeichneten feststehenden Messer mit einseitig geschliffener Klinge und typischer Griffform (oft mit Horngriffen) stellen heute übliche Schneidwerkzeuge zum Aufschärfen und Abhäuten von Wild dar und sind demnach nicht dazu bestimmt, die Angriffs- oder Abwehrfähigkeit von Menschen herabzusetzen. Gleiches gilt für Hirschfänger, die in der heutigen Zeit allenfalls noch als Bestandteil einer Jagd- oder Forstuniform (Zierrat) Verwendung finden.

Bei Klappmessern und feststehenden Messern ist eine Waffeneigenschaft grundsätzlich dann zu verneinen, wenn die Klinge in ihren technischen Merkmalen (Länge, Breite, Form) der eines Gebrauchsmessers (z. B. Küchenmesser, Taschenmesser) entspricht. Hiervon kann in der Regel dann ausgegangen werden, wenn der aus dem Griff herausragende Teil der Klinge

- kürzer als 8,5 cm oder
- nicht zweischneidig

ist.

In Zweifelsfällen ist ein Feststellungsbescheid gemäß § 2 Absatz 5 zu beantragen.

Anlage 1 Abschnitt 1 Unterabschnitt 2 Nummer 1.2.1

Elektroimpulsgeräte (Elektroschocker) sind zur Verteidigung bestimmte Geräte, die nach Betätigen einer Auslösevorrichtung dem mit dem Gerät Berührten schmerzhafte elektrische Impulse versetzen bzw. Verletzungen beibringen.

Darunter zählen auch Geräte, mit deren Hilfe die Elektroden als Pfeile an Leitungen verschossen werden oder die Übertragung der elektrischen Impulse über Distanzen auf einem anderen Weg erfolgt.

Laser werden hier nicht erfasst. Ebenso nicht erfasst werden zur Anwendung als Scherzartikel dienende Gegenstände mit der äußeren Form z. B. eines Schreibgeräts oder Feuerzeugs, die elektrische Impulse geringer Stärke erzeugen, weil bei diesen eine Zweckbestimmung nach § 1 Absatz 2 Nummer 2 Buchstabe a nicht gegeben ist.

Anlage 1 Abschnitt 1 Unterabschnitt 2 Nummer 1.2.3

Hierunter fallen insbesondere Geräte, bei denen die Strahlen von Elektronen oder Neutronen, elektromagnetische Strahlung (Kurzwellen), energiereiche optische Strahlung (Laser) oder eine akustische Wirkung (z. B. Infraschall) zur Anwendung gelangen.

Anlage 1 Abschnitt 1 Unterabschnitt 2 Nummer 1.2.4

Bei den tragbaren Gegenständen nach Anlage 1 Abschnitt 1 Unterabschnitt 2 Nummer 1.2.4 muss eine Zweckbestimmung nach § 1 Absatz 2 Nummer 2 Buchstabe a gegeben sein. Aus diesem Grund werden hier bestimmungsgemäß in der Land- und Forstwirtschaft überwiegend zur Unkrautbekämpfung benutzbare Geräte nicht erfasst, wohl aber selbst gefertigte Geräte in der Art militärischer Flammenwerfer.

Anlage 1 Abschnitt 1 Unterabschnitt 2 Nummer 1.2.5

Bei den tragbaren Gegenständen nach Anlage 1 Abschnitt 1 Unterabschnitt 2 Nummer 1.2.5 handelt es sich um meist mit Benzin, Benzin-Ölgemisch oder anderen leicht brennbaren Flüssigkeiten gefüllte Behältnisse, die beim Auftreffen auseinanderbrechen und hierdurch die leicht entflammbaren Stoffe verteilen (sogenannte Molotow-Cocktails).

Militärische Brandgeschosse erfüllen die Anforderungen hinsichtlich der Verteilung leicht entflammbarer Stoffe in der Regel nicht.

Anlage 1 Abschnitt 1 Unterabschnitt 2 Nummer 1.2.6

Hierunter fallen alle Variationen der Nunchakus, also auch so genannte Übungs- und Soft-Nunchakus, bei denen eine Drosselung auch mit weichen biegsamen Geräten erfolgen kann, sowie Drahtschlingen, die zum Drosseln bestimmt sind (Garotte).

Anlage 1 Abschnitt 1 Unterabschnitt 2 Nummer 1.3

Armstützen, welche der Erhöhung der Geschossenergie dienen, stützen sich auf dem Unterarm der die Schleuder haltenden Hand ab und verhindern deren Abknicken. Dadurch wird auch das Zielen erleichtert.

Vergleichbare Vorrichtungen müssen in ihrer Handhabung der einer Armstütze entsprechen.

Anlage 1 Abschnitt 1 Unterabschnitt 2 Nummer 2.1

Bei diesen Messern kommt es nicht auf eine Hieb- und Stoßwaffeneigenschaft an, das heißt, es kann dahinstehen, ob sie ihrem Wesen nach dazu bestimmt sind, die Angriffs- oder Abwehrfähigkeit von Menschen zu beseitigen oder herabzusetzen (§ 1 Absatz 2 Nummer 2 Buchstabe b).

Anlage 1 Abschnitt 1 Unterabschnitt 2 Nummer 2.1.4

Kombinationswerkzeuge (z. B. sogenannte Multitools), an denen die Messerklinge eines der Werkzeuge darstellt und zusätzlich aufgeklappt werden muss, fallen nicht unter diese Begriffsbestimmung.

Anlage 1 Abschnitt 1 Unterabschnitt 2 Nummer 2.2

Bei solchen Geräten handelt es sich z. B. um Viehtreiber, nicht aber um Insektenfallen oder Halsbänder zur Tierabrichtung, da es bei diesen an der Eignung fehlt, die Angriffs- und Abwehrfähigkeit von Menschen herabzusetzen. Ob der Einsatz der in der Vorschrift genannten Gegenstände tierschutzrechtlich zulässig ist, ist durch die für das Tierschutzrecht zuständige Behörde zu klären.

Zu Unterabschnitt 3:

Anlage 1 Abschnitt 1 Unterabschnitt 3 Nummer 1.1

Adapter mit Ladungen für Kammerladungswaffen (z. B. Gallager und Sharps), die nach Anlage 2 Abschnitt 2 Unterabschnitt 2 Nummer 1.7 von der Erlaubnispflicht zum Erwerb und Besitz befreit sind, sowie vorgefertigte Böllerladungen sind keine Patronen oder pyrotechnische Munition.

Anlage 1 Abschnitt 1 Unterabschnitt 3 Nummer 1.4

Pyrotechnische Munition sind zum Abschießen aus Schusswaffen bestimmte Gegenstände, bei denen das Geschoss einen explosionsgefährlichen Stoff (pyrotechnischen Satz) enthält, der einen Licht-, Schall-, Rauch- oder ähnlichen Effekt (§ 3 Absatz 3 des Sprengstoffgesetzes – SprengG) hervorruft.

I

Zu der pyrotechnischen Munition zählen auch pyrotechnische Geschosse (Anlage 2 Abschnitt 2 Unterabschnitt 2 Nummer 1.12). Einzelne Leuchtspurgeschosse sind von der Definition nach Nummer 1.4 nicht erfasst (siehe Anlage III Nummer 3 zum SprengG).

Anlage 1 Abschnitt 1 Unterabschnitt 3 Nummer 1.4.1

Zu der pyrotechnischen Munition nach Anlage 1 Abschnitt 1 Unterabschnitt 3 Nummer 1.4 zählt Patronenmunition, die ein pyrotechnisches Geschoss enthält (Leucht- und Signalpatronen, Feuerwerkspatronen), und Patronenmunition, die ein pyrotechnisches Raketengeschoss enthält.

Anlage 1 Abschnitt 1 Unterabschnitt 3 Nummer 1.4.2

Zu den Geschossen, die einen pyrotechnischen Satz enthalten, gehören Geschosse ohne Eigenantrieb, insbesondere Leucht- und Signalsterne, Rauch- und Knallgeschosse, die zum Verschießen aus Schreckschuss- oder Signalwaffen bestimmt sind.

Kartuschenmunition ist keine unpatronierte Munition.

Zündblättchen, -bänder, -ringe (Amorces) und Knallkorken für Spielzeugwaffen zählen zu den pyrotechnischen Gegenständen nach § 3 Absatz 1 Nummer 2 SprengG. Sie unterliegen nach § 6 Absatz 4 der Ersten Verordnung zum Sprengstoffgesetz (1. SprengV) der Zulassung und werden als Kleinstfeuerwerk der Klasse I eingestuft (Bundesamt für Materialforschung und -prüfung – BAM P I). Der Umgang mit zugelassenen pyrotechnischen Gegenständen der Klasse I unterliegt keinen waffenrechtlichen Beschränkungen.

Anlage 1 Abschnitt 1 Unterabschnitt 3 Nummer 1.4.3

Zur pyrotechnischen Munition gehören auch Raketen und Geschosse mit einem pyrotechnischen Satz, die mit einer Antriebsvorrichtung fest verbunden sind (§ 10 Absatz 1 BeschG). Diese Gegenstände sind zum Abschießen von einem besonderen Abschussgerät bestimmt, z. B. Licht-, Schall- und Rauchsignalpatronen für Signalstifte und für besondere Notsignalgeräte. Gleiches gilt für Vogelschreckraketen, Pfeifraketen, Raketenknallgeschosse zum Verschießen aus SRS-Waffen.

Anlage 1 Abschnitt 1 Unterabschnitt 3 Nummer 2

Vorgefertigte Ladungen stellen keine Munition nach Nummer 1 dar; hierzu zählen z. B. in Papier eingewickelte Schwarzpulverladungen mit Geschoss für Vorderlader. Als Munition gelten Ladungen nur dann, wenn sie als geometrisch geformte Presslinge eine den Innenmaßen einer Schusswaffe angepasste Form haben. Die bezeichneten Gegenstände müssen dazu bestimmt sein, aus Schusswaffen abgeschossen oder verschossen zu werden. Auswechselbare Reizstoffbehälter für Reizstoff-Sprühgeräte sind keine Munition.

Anlage 1 Abschnitt 1 Unterabschnitt 3 Nummer 3

Geschosse sind dazu bestimmt und geeignet, aus Schusswaffen verschossen zu werden; sie stellen keine Waffen nach § 1 Absatz 2 dar. Geschosse unterscheiden sich von Munition nach Anlage 1 Abschnitt 1 Unterabschnitt 3 Nummer 1 dadurch, dass sie keine Treibladungen oder pyrotechnische Sätze enthalten.

Anlage 1 Abschnitt 1 Unterabschnitt 3 Nummer 3.1

Zu den festen Körpern zählen auch Schrotladungen, z. B. aus Blei, Weicheisen, Gummi oder Kunststoff sowie Gummi- bzw. Kunststoffgeschosse und Schrotbeutel.

Anlage 1 Abschnitt 1 Unterabschnitt 3 Nummer 3.2

Bei Geschossen, bei denen flüssige Stoffe in Umhüllungen untergebracht sind, handelt es sich um solche, die entweder für einen einzelnen Schuss (z. B. Farbmarkierungsgeschosse oder flüssige Reizstoffe) oder aber als wieder befüllbare Behälter, z. B. für die Tierimmobilisation, mehrfach verwendbar sind.

Zu Abschnitt 2:

Anlage 1 Abschnitt 2 Nummer 1

Unter Erwerben ist das bewusste Erlangen der tatsächlichen Gewalt zu verstehen, d. h. die Möglichkeit, über den Gegenstand nach eigenem Willen zu verfügen. Als tatsächliche

Gewalt ist hierbei die unabhängig von rechtlichen Befugnissen rein tatsächlich bestehende Möglichkeit anzusehen, mit der Waffe nach eigenen Vorstellungen umgehen zu können. Die Dauer einer derartigen Sachherrschaft ist für die waffenrechtliche Bewertung wie das Bestehen einer Weisungsabhängigkeit oder die Anwesenheit weisungsberechtigter Personen unerheblich; erfasst werden in diesem Zusammenhang vielmehr auch die Sachherrschaft etwa in den Fällen eines Kurzbesitzes oder der Umgang mit Waffen als Besitzdiener. Rein schuldrechtliche Rechtsgeschäfte (z. B. Kaufvertrag, Schenkung) ohne Änderung der tatsächlichen Herrschaftsverhältnisse führen daher nicht zu einem Erwerben im waffenrechtlichen Sinn. Es kommt für die Beurteilung dieser Vorgänge ferner nicht darauf an, ob das Eigentum an der betreffenden Waffe übergeht oder ob dem Erwerben ein zweiseitiges Rechtsgeschäft zu Grunde liegt. Ein Erwerb ist daher auch in den Fällen des Erlangens der tatsächlichen Gewalt durch Erben, Finder oder deliktisch vorgehende Personen anzunehmen. Kein Erwerb und Besitz liegt dagegen im Bereich der zivilrechtlichen Besitzkonstruktionen (z. B. mittelbarer Besitz, Erbenbesitz) vor, sofern diese Rechtspositionen nicht wiederum mit einer ausreichenden tatsächlichen Einwirkungsmöglichkeit verbunden sind.

Anlage 1 Abschnitt 2 Nummer 2

Die Ausübung der tatsächlichen Gewalt setzt einen Herrschaftswillen und damit Kenntnis vom Entstehen der Sachherrschaft voraus. Die tatsächliche Gewalt erfordert nicht die Anwesenheit des Inhabers; so bleiben z. B. Waffen, die in einer Wohnung eingeschlossen sind, in der tatsächlichen Gewalt des abwesenden Inhabers. Über verlorene Gegenstände übt der bisherige Inhaber nicht mehr die tatsächliche Gewalt aus.

Nach den Umständen des Einzelfalles können auch mehrere Personen zusammen die tatsächliche Gewalt über einen Gegenstand ausüben, z. B. nach § 10 Absatz 2 oder Eheleute, die beide selbstständigen Zugriff haben.

Anlage 1 Abschnitt 2 Nummer 3

Für das Überlassen gilt das zum Erwerben (Siehe Anlage 1 Abschnitt 2 Nummer 1) Ausgeführte sinngemäß. Ein Überlassen im waffenrechtlichen Sinne liegt demnach vor, wenn die tatsächliche Gewalt einer anderen Person eingeräumt wird. Es ist nicht Voraussetzung, dass der Überlassende selbst seine tatsächliche Gewalt vollständig aufgibt. Ein Überlassen ist vielmehr auch dann anzunehmen, wenn lediglich einer weiteren Person die Ausübung der tatsächlichen Gewalt ermöglicht wird (z. B. Begründung der gemeinschaftlichen Ausübung, Mit- und Nebenbesitz im zivilrechtlichen Sinne; Aushändigung von Zweitschlüsseln).

Anlage 1 Abschnitt 2 Nummer 4

Für den Begriff des Führens kommt es nicht darauf an, ob jemand eine Waffe in der Absicht, mit ihr ausgerüstet zu sein, bei sich hat. Ebenso wenig wird darauf abgestellt, ob die Waffe zugriffsbereit oder schussbereit ist oder ob zugehörige Munition oder Geschosse mitgeführt werden. Unerheblich ist hierbei auch, ob die Waffe funktionsfähig ist.

Entscheidend ist allein die Ausübung der tatsächlichen Gewalt über die Waffe außerhalb der genannten eigenen Räume, des eigenen befriedeten Besitztums. Auf die Ausnahmen von der Erlaubnispflicht nach § 12 Absatz 3 wird hingewiesen.

Für die Begriffe „Wohnung, Geschäftsräume eigenen befriedeten Besitztums oder einer Schießstätte" ist wie im früheren Waffenrecht die Rechtsprechung zu den gleichen Begriffen in § 123 StGB heranzuziehen. Ein Fahrzeug ist kein befriedetes Besitztum, kann im Einzelfall jedoch dann einen Wohn- oder Geschäftsraum darstellen, wenn es zur ständigen Benutzung zu Wohnzwecken oder als Betriebs- und Arbeitsstätte speziell hergerichtet ist (z. B. Wohn-, Betriebs- oder Verkaufsanhänger, unabhängig von der geschäftlichen Nutzung jedoch nicht der private PKW oder der gewöhnliche Dienstwagen).

Anlage 1 Abschnitt 2 Nummer 5

Mit dem Überschreiten der Grenze nach Deutschland ist der objektive Verbringens-

I

vorgang abgeschlossen. Im Geltungsbereich des WaffG finden für den weiteren Verlauf der Mitnahme, Beförderung oder Übergabe der Waffen oder Munition an einen anderen die waffenrechtlichen Tatbestände des Besitzes, Führens oder Überlassens Anwendung. Der Vorgang des Verbringens endet im Geltungsbereich des WaffG somit nicht erst am Ort des Empfängers der Waffe (vgl. BT-Drs. 14/7758 vom 07. Dezember 2001, S. 70).

Das Verbringen kann endgültig sein (z. B. bei einer Veräußerung) und ohne Besitzwechsel erfolgen (z. B. bei einem Umzug).

Auch ein vorübergehendes Verbringen ist möglich (z. B. zu Reparatur- oder Ausstellungszwecken); es findet hierbei ein befristeter Besitzwechsel statt.

Mit Person ist sowohl eine natürliche als auch eine juristische Person gemeint.

Anlage 1 Abschnitt 2 Nummer 6

Der Vorgang der Mitnahme umfasst das Überschreiten der Grenze unter der Voraussetzung, dass die Waffe oder Munition ohne Aufgabe des Besitzes zur Verwendung (z. B. zum Zweck der Jagd oder des Schießsports) vorgesehen ist.

Anlage 1 Abschnitt 2 Nummer 7

Mit Armbrüsten, Pfeil und Bogen oder Schleudern wird nicht im Sinne dieser Definition geschossen. Auch das Abfeuern von Böllern ist kein Schießen im Sinne dieser Definition, da ein Böller keine Schusswaffe im waffenrechtlichen Sinne ist. Da Armbrüste nach Anlage 1 Abschnitt 1 Unterabschnitt 1 Unterabschnitt 1 Nummer 1.2.2 aber als den Schusswaffen gleichgestellte tragbare Gegenstände eingestuft werden, gilt jedoch das Alterserfordernis von 18 Jahren.

Anlage 1 Abschnitt 2 Nummer 8.1

Unter Herstellung von Munition ist ihre Fertigstellung zum Gebrauch (Schießen) zu verstehen, mithin das Laden von Hülsen mit dem Zünd- und Treibsatz und bei Patronenmunition auch das Einsetzen des Geschosses in die Hülse.

Anlage 1 Abschnitt 2 Nummer 8.2

Auf Nummer 21.2 wird verwiesen.

Anlage 1 Abschnitt 2 Nummer 12 und 13

Nach der gewählten Definition ist eine Waffe zugriffsbereit, wenn sie unmittelbar – also mit wenigen schnellen Handgriffen – in Anschlag gebracht werden kann. Als Faustformel lässt sich sagen, dass eine Waffe zugriffsbereit ist, wenn sie mit weniger als drei Handgriffen in unter drei Sekunden in Anschlag gebracht werden kann. Dies ist z. B. der Fall, wenn die Waffe am Körper in einem Holster getragen oder im PKW in unmittelbarer, leicht zugänglicher Reichweite des Fahrers ohne weitere Umhüllung in der Türablage oder im nur geschlossenen, aber nicht verschlossenen Handschuhfach mitgeführt wird.

Zu Abschnitt 3:

Anlage 1 Abschnitt 3

Der Begriff „Schusswaffe" steht dem in der Richtlinie 91/477/EWG verwendeten Begriff „Feuerwaffe" gegenüber, weil dort ausschließlich auf Schusswaffen abgestellt wird, bei denen Geschosse durch den Druck von Verbrennungsgasen durch einen Lauf getrieben werden (siehe auch Anlage 1 Abschnitt 1 Unterabschnitt 1 Nummer 2).

Zu Anlage 2:

Zu Abschnitt 1:

Anlage 2 Abschnitt 1 Nummer 1.1

Zu den verbotenen Waffen nach Anlage 2 Abschnitt 1 Nummer 1.1 zählen vollautomatische Kriegsschusswaffen, die nach der Änderung der KW-Liste in der Fassung der Bekanntmachung vom 22. November 1990 (BGBl. I S. 2506) ihre Kriegswaffeneigenschaft verloren haben, wenn sie vor dem 2. September 1945 eingeführt wurden. Maschinengewehre bleiben Kriegswaffen, es sei denn, es handelt sich um wassergekühlte Maschinengewehre.

Halbautomatische tragbare ehemalige Kriegsschusswaffen fallen nicht unter diese Bestimmung.

Anlage 2 Abschnitt 1 Nummer 1.2.1

Nach Anlage 2 Abschnitt 1 Nummer 1.2.1 sind vollautomatische Schusswaffen verboten. Hierbei handelt es sich um alle Arten von

Reihen-/Dauerfeuer schießenden Waffen (z. B. Pistole Mauser C 96 M 712, Stechkin APS). Gleiches gilt für vollautomatisch schießende Druckluft-, Federdruckwaffen und Waffen, bei denen zum Antrieb der Geschosse kalte Treibgase verwendet werden, die auch unter Beachtung der Freistellungen der Anlage 2 Abschnitt 3 Unterabschnitt 2 überhaupt dem WaffG unterfallen, da es auf die Art des Geschossantriebs nicht ankommt.

Anlage 2 Abschnitt 1 Nummer 1.2.1.2

Ebenso fallen unter das Verbot Vorderschaftrepetierflinten mit einem Kurzwaffengriff, unabhängig davon, ob der Kurzwaffengriff bereits werkseitig an der Waffe angebracht wurde. Es ist nicht notwendig, dass die Waffe ursprünglich mit einem Hinterschaft versehen war, der nachträglich gegen den Kurzwaffengriff ausgetauscht wurde.

Bei einem Kurzwaffengriff im Sinne dieser Vorschrift handelt es sich um einen Handgriff, der am Gehäuse hinter dem Abzug angebracht ist und nur von einer Hand des Schützen umfasst wird.

Anlage 2 Abschnitt 1 Nummer 1.2.2

Zu den nach Anlage 2 Abschnitt 1 Nummer 1.2.2 verbotenen Schusswaffen zählen zum einen solche, die einen anderen Gegenstand vortäuschen (sogenannte getarnte Schusswaffen wie z. B. Schießgeräte in Form von Kugelschreibern oder Koppelschlosspistolen) oder äußerlich nicht als Schusswaffe zu erkennen sind.

Zum anderen unterliegen dem Verbot die Schusswaffen, die mit Gegenständen des täglichen Gebrauchs verkleidet und objektiv dazu bestimmt sind, mit der Verkleidung als Schusswaffe verwendet zu werden.

Anlage 2 Abschnitt 1 Nummer 1.2.3

Das Verbot nach Anlage 2 Abschnitt 1 Nummer 1.2.3 soll ein verdecktes Führen von Langwaffen unterbinden.

Es ist auf den für Jagd- und Sportzwecke üblichen Umfang abzustellen; üblich ist z. B. das Zerlegen einer Jagd- und Sportwaffe durch Entfernen des Laufes nach Abnehmen eines Vorderschaftes oder Lösen von Laufhalteschrauben mit Werkzeugen.

Insbesondere bei modernen Sportwaffen entspricht ein Zusammenklappen oder -schieben des Hinterschaftes dem heute üblichen Umfang, wenn die bestimmungsgemäß verwendbare Länge im verkürzten Zustand mehr als 60 cm (siehe Anlage 1 Abschnitt 1 Unterabschnitt 1 Nummer 2.5 „Langwaffe") beträgt.

Das Verbot schließt eine Zerlegbarkeit zum bequemen Transport der Waffe nicht aus, wenn die Schusswaffen im zerlegten Zustand nicht schussfähig sind oder ein Zerlegen derselben zum Zwecke der Anbringung anderer Laufsysteme, z. B. Flintenläufe anstelle von Büchsenläufen oder von gemischten Laufsystemen, durchgeführt wird.

Anlage 2 Abschnitt 1 Nummer 1.2.4

Die Verbote nach Anlage 2 Abschnitt 1 Nummer 1.2.4 betreffen Waffenzubehör wie Zielscheinwerfer oder Nachtzielgeräte.

Die Vorschriften beziehen sich auf die in der Anlage 1 Abschnitt 1 Unterabschnitt 1 Nummer 4 definierten Vorrichtungen. Alleinige Voraussetzung ist, dass das Gerät dazu bestimmt und geeignet ist, mit der Waffe verbunden zu werden. Handelsübliche Alltagsgegenstände dieser Art fallen dann unter die Bestimmungen, wenn sie mit einer Schusswaffe verbunden sind.

Bei den Nachtsichtgeräten, Nachtsichtvorsätzen und -aufsätzen handelt es sich um Vorrichtungen, die mit üblichen Zielfernrohren kombiniert und dann als Nachtzielgeräte verwendet werden können.

Die Zielfernrohre selbst unterliegen hierbei nicht dem Verbot.

Anlage 2 Abschnitt 1 Nummer 1.2.5

Unter die Verbotsregelung fallen mehrschüssige Kurzwaffen (Baujahr ab dem 1. Januar 1970) für Zentralfeuermunition in Kalibern unter 6,3 mm, wenn der Antrieb der Geschosse nicht ausschließlich durch den Zündsatz erfolgt. Hierbei handelt es sich um Kurzwaffen, deren Munition auch auf größere Distanz Schutzwesten der Polizei durchschlagen und den Träger töten kann.

Anlage 2 Abschnitt 1 Nummer 1.3.1

Die nach Anlage 2 Abschnitt 1 Nummer 1.3.1 verbotenen Hieb- und Stoßwaffen müssen technisch als Hieb- und Stoßwaffe geeignet sein, z. B. Stockdegen.

Feuerzeugspringmesser, bei denen die Klinge vorne herausschnellt, unterliegen unabhängig von der Klingenlänge und -form dem Verbot nach Anlage 2 Abschnitt 1 Nummer 1.4.1.

Unter diese Bestimmungen fallen ggf. auch getarnte Schlagwaffen, die durch Hieb, Stoß oder Wurf zum Einsatz gebracht werden.

Teleskopschlagstöcke, unabhängig von der Länge im eingeschobenen Zustand, gelten grundsätzlich nicht als verbotene Waffen in diesem Sinne, weil sie keinen anderen Gegenstand vortäuschen.

Anlage 2 Abschnitt 1 Nummer 1.3.2

Stahlruten sind biegsame Gegenstände aus Metall, die zusammengeschoben werden können und in der Regel mit einem Metallkopf versehen sind.

Starre Teleskopschlagstöcke, unabhängig von der Länge im eingeschobenen Zustand, unterliegen nicht diesem Verbot.

Totschläger sind biegsame Gegenstände wie Gummischläuche, Riemen und Stricke, bei denen zumindest ein Ende durch Metall bzw. durch gleich hartes Material beschwert ist. Die Biegsamkeit ist wie bei der Stahlrute wesentliches Kriterium, da nur dadurch die beabsichtigte Verstärkung der Schlagwirkung gewährleistet wird. Mit Sand gefüllte Ledersäckchen sind nur als Hiebwaffen anzusehen, nicht aber als Totschläger.

Bei Schlagringen handelt es sich in der Regel um aus Metall hergestellte und der Hand angepasste Nahkampfwaffen. Der in der Hand liegende Teil ist mit einem Durchgriff oder mehreren Öffnungen für die Finger versehen; an der Schlagseite (über den Fingern liegend) können mehr oder weniger ausgeprägte Spitzen vorhanden sein. Zur Erhöhung der Schlagkraft stützen sich Schlagringe an der Innenhand ab.

Mit spitzen Nieten (z. B. sogenannte „Killernieten") versehene Ledermanschetten sind nur dann den Schlagringen gleichgesetzt, wenn die Manschetten so gefertigt sind, dass sie bei bestimmungsgemäßer Trageweise die Außenhand umschließen und die Nieten geeignet sind, die Schlagwirkung zu erhöhen. Dies ist dann der Fall, wenn der Druck der Nieten gleichmäßig über die Wirkfläche verteilt wird und nicht punktförmig auf die Hand des Schlagenden einwirkt.

Armbänder und Gürtel sind, ungeachtet der Art der Nietenbesetzung, den Schlagringen nicht gleichgestellt.

Schlagringmesser sind unter Schlagringe zu subsumieren.

Anlage 2 Abschnitt 1 Nummer 1.3.3

Die Definition der „Wurfsterne" geht nicht von einer bestimmten Beschaffenheit (Metall) der Gegenstände oder einem bestimmten Gewicht aus. So fallen auch Wurfsterne aus Plastik unter die Verbotsnorm, sofern sie geeignet sind, die Gesundheit zu beschädigen.

Zahnräder oder z. B. Fahrradritzel sind keine Wurfsterne. Das Verbot wird auf Grund der offenkundigen Bauweise bzw. der darin enthaltenen Widmung deutlich.

Anlage 2 Abschnitt 1 Nummer 1.3.4

Die Regelung schafft die notwendige Grundlage für die Sanktionierung von Verstößen gegen das Umgangsverbot mit selbst hergestellten Sprengsätzen (Unkonventionelle Spreng- und Brandvorrichtung – USBV) über § 52 Absatz 1 Nummer 4 in Verbindung mit § 40 Absatz 1.

Anlage 2 Abschnitt 1 Nummer 1.3.5

Gegenstände mit Reizstoffen müssen ein Zulassungszeichen nach Abb. 12/2 der Anlage II zur BeschussV aufweisen; die Anforderungen an Reizstoffgeschosse, Reizstoffsprühgeräte und die dafür verwendeten Reizstoffe ergeben sich aus Anlage IV zur BeschussV. Zur Tierabwehr bestimmte und als solche hergestellte und vertriebene Reizstoffsprays sind keine Waffen und keine Reizstoffsprühgeräte im Sinne des Gesetzes. Der Umgang mit ihnen ist frei.

Anlage 2 Abschnitt 1 Nummer 1.3.6

Die gesundheitliche Unbedenklichkeit ergibt sich aus dem in Anlage V zur BeschussV genannten Prüfverfahren. Das Zulassungszeichen für Elektroimpulsgeräte ist in Abb. 12/1 der Anlage II zur BeschussV festgelegt.

Distanz-Elektroimpulsgeräte sind verboten, denn sie weisen gegenüber herkömmlichen Elektroschockern eine objektiv und subjektiv erhöhte Gefährlichkeit auf: Die Hemmschwelle ihres (missbräuchlichen) Einsatzes ist wegen der Möglichkeit, aus einer gewissen Entfernung, also ohne unmittelbare Nahkampf-Situation, und mit ferngesteuerter Auslösung zu agieren, herabgesetzt.

Anlage 2 Abschnitt 1 Nummer 1.4

Springmesser, die auf Grund ihrer Merkmale nicht einem Verbot unterliegen, zählen aber weiterhin im Hinblick auf § 1 Absatz 2 Nummer 2 Buchstabe b in Verbindung mit § 1 Absatz 4 zu Waffen. Somit ist der Umgang mit solchen Messern nur Personen gestattet, die das 18. Lebensjahr vollendet haben.

Anlage 2 Abschnitt 1 Nummer 1.4.1

Das Verbot für Springmesser nach Anlage 2 Abschnitt 1 Nummer 1.4.1 wird schon dann wirksam, wenn nur eines der aufgeführten Merkmale nicht erfüllt ist.

Fallmesser unterliegen in jedem Fall dem Verbot nach Anlage 2 Abschnitt 1 Nummer 1.4.1.

Durch Allgemeinverfügungen nach § 40 Absatz 4 oder Feststellungsbescheide nach § 2 Absatz 5 können vom BKA Maßgaben zu bestimmten Messern getroffen werden (Beispiele: Rettungswerkzeuge, Messer für Versorgungsempfänger).

Anlage 2 Abschnitt 1 Nummer 1.4.2

Auf die Befreiungsvorschrift in § 40 Absatz 3 wird verwiesen.

Zu den Faustmessern zählen auch Messer, deren Klinge abgeklappt und in einer Position im 90 Grad-Winkel quer zum Griff arretiert werden kann (s. Feststellungsbescheid des BKA vom 4. März 2005, BAnz. S. 4431).

Anlage 2 Abschnitt 1 Nummer 1.4.3

Sofern die Griffe scherenartig miteinander verbunden sind (z. B. US-Bordmesser), handelt es sich nicht um Faltmesser im Sinne der Vorschrift.

Anlage 2 Abschnitt 1 Nummer 1.4.4

Geräte nach Anlage 2 Abschnitt 1 Nummer 1.4.4, die nicht als gesundheitlich unbedenklich zugelassen sind und kein amtliches Prüfzeichen nach Abb. 3 der Anlage IV zur BeschussV tragen, dürfen nur in der Nutztierhaltung bzw. bei der Abrichtung von Tieren Verwendung finden.

Anlage 2 Abschnitt 1 Nummer 1.5.1

Nach Anlage 2 Abschnitt 1 Nummer 1.5.1 ist die Verwendung von Geschossen, die Betäubungsstoffe enthalten, für Angriffs- und Verteidigungszwecke verboten.

Der in den Geschossen enthaltene gasförmige oder flüssige Stoff muss eine betäubende, die geistige oder die körperliche Reaktion beeinträchtigende Wirkung haben. Geschosse mit entsprechenden Inhalten, die für veterinärmedizinische, tierpflegerische bzw. tierschützerische Zwecke oder zur Tierforschung eingesetzt werden, fallen nicht darunter.

Anlage 2 Abschnitt 1 Nummer 1.5.2

Nach Anlage 2 Abschnitt 1 Nummer 1.5.2 verbotene Geschosse oder Kartuschen finden vor allem im – vom WaffG durch § 55 Absatz 1 freigestellten – Bereich der Polizei und des Militärs Verwendung.

Die gesundheitliche Unbedenklichkeit ergibt sich aus dem in Anlage 5 zur BeschussV genannten Prüfverfahren, das Prüfzeichen befindet sich auf der kleinsten Verpackungseinheit.

Anlage 2 Abschnitt 1 Nummer 1.5.3

Dem Verbot nach Anlage 2 Abschnitt 1 Nummer 1.5.3 unterliegt z. B. Munition mit Treibspiegelgeschossen wie Nadelgeschosse und Accelerator-Geschosse. Flinten mit speziellen Laufprofilen zählen nicht zu den Schusswaffen mit gezogenen Läufen im Sinne der Definition nach Anlage 2 Abschnitt 2 Nummer 1.5.3.

Anlage 2 Abschnitt 1 Nummer 1.5.4

Bei der verbotenen Patronenmunition nach Anlage 2 Abschnitt 1 Nummer 1.5.4 begründet sich die Verbotseigenschaft mit speziellen Eigenschaften der Geschosse wie Zusätzen in Form von Leuchtspur-, Brand- oder Sprengsatz oder dem Vorhandensein eines Hartkerns. Dies ergibt sich in der Regel durch eine Kennzeichnung solcher Munition, z. B. mit einer Farbmarkierung der Geschossspitze.

Zu Leuchtspurmunition zählen auch Schrotpatronen, bei denen in der Schrotvorlage ein Leuchtspursatz eingebettet ist.

Anlage 2 Abschnitt 1 Nummer 1.5.5

Eine Prüfung, ob bei Verschießen von Knallkartuschen, Reiz- oder sonstige Wirkstoffmunition nach Anlage 2 Abschnitt 1 Nummer 1.5.5 in Entfernungen von mehr als 1,5 m vor der Mündung Verletzungen durch feste Bestandteile hervorgerufen werden können, erfolgt im Rahmen des Zulassungsverfahrens nach BeschG, bei Kartuschenmunition mit Reizstoffen in Verbindung mit einer Zulassung nach § 9 Absatz 2 Nummer 4 BeschG.

Auf nach § 20 BeschussV gekennzeichnete Munition dieser Art ist demnach das Verbot nicht anzuwenden, weil eine entsprechende Zulassung zu unterstellen ist.

Anlage 2 Abschnitt 1 Nummer 1.5.6

Bei Kleinschrotmunition nach Anlage 2 Abschnitt 1 Nummer 1.5.6 handelt es sich um solche, die in Abschnitt VI der BeschussV dem Kaliber nach aufgeführt ist.

Dem Verbot unterliegen nur solche Kleinschrotpatronen, die ihren Abmessungen nach in den Lagern nach Tabelle 5 der Maßtafeln mit einem Durchmesser (P1) bis 12,5 mm verwendet werden können.

Kurzwaffenmunition (z. B. im Kaliber .38 Special oder .45 ACP) mit Schrotvorlagen fällt nicht unter das Verbot.

Zu Abschnitt 2:

Zu Unterabschnitt 1:

Anlage 2 Abschnitt 2 Unterabschnitt 1

Grundsätzlich ist für den Umgang mit Schusswaffen und ihnen gleichgestellten Gegenständen nach Anlage 2 Abschnitt 2 Unterabschnitt 1 von einer generellen Erlaubnispflicht auszugehen, es sei denn, sie werden an anderer Stelle von dieser Verpflichtung befreit.

Dies gilt auch für wesentliche Teile von Schusswaffen, auch wenn sie nur vorgearbeitet sind. Auch Schalldämpfer unterliegen ggf. der Erlaubnispflicht (s. Erläuterungen zu Anlage 1 Abschnitt 1 Unterabschnitt 1 Nummer 1.3).

Der Umgang mit verbotenen Waffen ist entweder vom Verbot nach § 40 Absatz 2 oder 3 (Faustmesser) ausgenommen oder bedarf einer Ausnahmegenehmigung nach § 40 Absatz 4 und eventuell darüber hinaus nach Maßgabe dieses Abschnitts weiterer Erlaubnisse, z. B. für den Erwerb und Besitz einer vollautomatischen Pistole nach § 10 Absatz 1.

Der Absatz ordnet an, dass bei Umarbeitung von erlaubnispflichtigen Waffen in Waffen mit erleichterten (einschließlich wegfallenden) Erlaubnisvoraussetzungen die waffenrechtliche Erlaubnispflicht sich nach der ursprünglichen Eigenschaft richtet.

Unter diese Regelung fallen auch umgearbeitete 4 mm M 20-Waffen.

Zu Unterabschnitt 2:

Anlage 2 Abschnitt 2 Unterabschnitt 2 Nummer 1.1

Bei dem in Anlage 2 Abschnitt 2 Unterabschnitt 2 Nummer 1.1 angesprochenen Kennzeichen handelt es sich um das „F" im Fünfeck nach Abb. 10 der Anlage II zur BeschussV.

Zur Messung der Bewegungsenergie der Geschosse ist Anlage VI zur BeschussV heranzuziehen.

Federdruckwaffen sind Schusswaffen, bei denen entweder Federkraft direkt ein Geschoss antreibt (auch als Federkraftwaffen bezeichnet) oder ein federbelasteter Kolben in einem Zylinder bewegt wird und ein vom Kolben erzeugtes Luftpolster das Geschoss antreibt.

Druckluftwaffen sind Schusswaffen, bei denen Luft in einem Druckbehälter vorkomprimiert und gespeichert sowie über ein Ventilsystem zum Geschossantrieb freigegeben wird.

Zu den Waffen, bei denen zum Antrieb der Geschosse kalte Treibgase Verwendung finden, zählen z. B. CO_2-Waffen.

Anlage 2 Abschnitt 2 Unterabschnitt 2 Nummer 1.3

Bei dem in Anlage 2 Abschnitt 2 Unterabschnitt 2 Nummer 1.3 angesprochenen Zulassungszeichen handelt es sich um das PTB-Zeichen im Kreis nach Abb. 6 der Anlage II zur BeschussV.

Anlage 2 Abschnitt 2 Unterabschnitt 2 Nummer 1.4

Anlage 2 Abschnitt 2 Unterabschnitt 2 Nummer 1.4 betrifft nur solche Kartuschenmunition, für die es tatsächlich entsprechend Nummer 1.3 zugelassene SRS-Waffen gibt.

Die Munition bedarf eines Prüfzeichens nach Abb. 4 der Anlage II zur BeschussV. Das Prüfzeichen befindet sich auf der kleinsten Verpackungseinheit der Munition und nicht auf der Kartusche selbst.

Bei pyrotechnischer Munition kommt diese Freistellung nur zum Tragen, soweit sie der Klasse PM I entspricht und von der BAM zugelassen ist (siehe Anlage 2 Anschnitt 2 Unterabschnitt 2 Nummer 1.12).

Anlage 2 Abschnitt 2 Unterabschnitt 2 Nummer 1.5

Zum Führen von veränderten Langwaffen als so genannten Salutwaffen ist grundsätzlich ein Waffenschein nach § 10 Absatz 4 erforderlich unbeschadet der Ausnahmeregelungen nach den §§ 12 und 42. Der Kleine Waffenschein reicht nicht aus.

Anlage 2 Abschnitt 2 Unterabschnitt 2 Nummer 1.7

Ursprünglich mehrschüssige Perkussionsrevolver, die zu einschüssigen Einzelladerwaffen abgeändert worden sind, fallen nicht unter diese Befreiung.

Anlage 2 Abschnitt 2 Unterabschnitt 2 Nummer 1.8 und 1.9

Die Befreiungsvorschriften der Anlage 2 Abschnitt 2 Unterabschnitt 2 Nummer 1.8 und 1.9 betreffen sowohl Originalwaffen als auch Repliken.

Anlage 2 Abschnitt 2 Unterabschnitt 2 Nummer 1.11

Munition nach Anlage 2 Abschnitt 2 Unterabschnitt 2 Nummer 1.11 umfasst nur solche Kartuschenmunition, die tatsächlich in veränderten Langwaffen nach Nummer 1.5 geladen werden kann. Demnach fällt Kartuschenmunition z. B. in den Kalibern .308 Win. (= 7,62 mm × 51) oder 8 × 57 IS nicht unter diese Befreiung.

Anlage 2 Abschnitt 2 Unterabschnitt 2 Nummer 1.12

Die Kennzeichnung nach Anlage 2 Abschnitt 2 Unterabschnitt 2 Nummer 1.12 kann sich auch lediglich auf der kleinsten Verpackungseinheit befinden.

Anlage 2 Abschnitt 2 Unterabschnitt 2 Nummer 2

Der Erwerb ist frei, die in Nummer 2.1 und 2.2 bezeichneten Waffenteile müssen der Waffenbehörde angezeigt und in die WBK eingetragen werden. Auf Antrag können auch die in Nummer 2a bezeichneten Waffenteile in die WBK eingetragen werden. Ohne Eintrag in die WBK ist ein Munitionserwerb im diesen Waffenteilen entsprechenden Kaliber auf der Grundlage der WBK nicht möglich.

Für den erlaubnisfreien Erwerb der genannten Gegenstände ist ein gültiger Jahresjagdschein nicht ausreichend.

Anlage 2 Abschnitt 2 Unterabschnitt 2 Nummer 3.1

Die Befreiungsvorschriften der Anlage 2 Abschnitt 2 Unterabschnitt 2 Nummer 3.1 betreffen sowohl Originalwaffen als auch Repliken.

Anlage 2 Abschnitt 2 Unterabschnitt 2 Nummer 4.1, 5.1 und 5.2

Die Befreiungsvorschriften der Anlage 2 Abschnitt 2 Unterabschnitt 2 Nummer 4.1, 5.1 und 5.2 betreffen sowohl Originalwaffen als auch Repliken.

Anlage 2 Abschnitt 2 Unterabschnitt 2 Nummer 6.1

Die Bestimmungen nach Anlage 2 Abschnitt 2 Unterabschnitt 2 Nummer 6.1 betreffen u. a. das Wiederladen von Munition; sprengstoffrechtliche Vorschriften sind zu beachten.

Anlage 2 Abschnitt 2 Unterabschnitt 2 Nummer 7.5

Anlage 2 Abschnitt 2 Unterabschnitt 2 Nummer 7.5 betrifft nur solche Munition, für die es tatsächlich entsprechend Nummer 1.3 zugelassene SRS-Waffen gibt.

Die Munition bedarf eines Zulassungszeichens eines Beschussamtes. Das Zulassungszeichen befindet sich auf der kleinsten Verpackungseinheit der Munition und nicht auf der Kartusche selbst.

Anlage 2 Abschnitt 2 Unterabschnitt 2 Nummer 7.6 und 7.7

Die Befreiungsvorschriften der Anlage 2 Abschnitt 2 Unterabschnitt 2 Nummer 7.6 und 7.7 betreffen Originalwaffen, Repliken und Antikwaffen mit Zündnadelzündung.

Anlage 2 Abschnitt 2 Unterabschnitt 2 Nummer 8

Aus Anlage 2 Abschnitt 2 Unterabschnitt 1 ergibt sich, dass auch die für Waffen nach § 1 Absatz 2 bestimmte Munition erlaubnisfrei in Drittstaaten verbracht werden kann.

Zu Unterabschnitt 3:

Anl.II-A2-UA3-1

Zum Begriff des Erwerbs siehe Anlage 1 Abschnitt 2 Nummer 1, zum Begriff des Besitzes Nummer 2.

Anlage 2 Abschnitt 2 Unterabschnitt 3 Nummer 1.1

Die Befreiungsvorschriften nach Anlage 2 Abschnitt 2 Unterabschnitt 3 Nummer 1.1 umfassen insbesondere Feuerwaffen im Kaliber 4 mm mit der entsprechenden Kennzeichnung (Prüfzeichen nach Anlage II, Abb. 5 und Kennzeichen nach Anlage II, Abb. 10 der BeschussV).

Anlage 2 Abschnitt 2 Unterabschnitt 3 Nummer 1.2

Für den Erwerb und Besitz von Munition (z. B. im Kaliber 4 mm M20) nach Anlage 2 Abschnitt 2 Unterabschnitt 3 Nummer 1.2, die für Waffen nach Nummer 1.1 bestimmt ist, bedarf es nunmehr einer Erlaubnis, wobei auf einen Bedürfnisnachweis verzichtet wird.

Anlage 2 Abschnitt 2 Unterabschnitt 3 Nummer 2

Zum Begriff des Führens siehe Anlage 1 Abschnitt 2 Nummer 4.

Anlage 2 Abschnitt 2 Unterabschnitt 3 Nummer 2.1

Anlage 2 Abschnitt 2 Unterabschnitt 3 Nummer 2.1 betrifft Schreckschuss-, Reizstoff- und Signalwaffen (auch so genannte Notsignalgeräte), die mit dem kreisförmigen Zulassungszeichen der PTB nach Abb. 6 der Anlage II der BeschussV gekennzeichnet sind und der zugelassenen Bauart entsprechen.

Zu Abschnitt 3:

Zu Unterabschnitt 1:

Anlage 2 Abschnitt 3 Unterabschnitt 1

Auf Unterwassersportgeräte, bei denen zum Antrieb der Geschosse keine Munition verwendet wird (Harpunengeräte), findet nach Anlage 2 Abschnitt 3 Unterabschnitt 1 das WaffG mit Ausnahme von § 2 Absatz 1 und § 41 keine Anwendung, so dass der Umgang mit diesen Geräten durch Erwachsene mit Ausnahme der Zulässigkeit der Anordnung eines Waffenverbotes für den Einzelfall keinen waffenrechtlichen Beschränkungen unterliegt. Ein Umgang durch Kinder und Jugendliche ist jedoch bei Fehlen einer behördlichen Ausnahmezulassung ebenso unzulässig wie ein Überlassen an diesen Personenkreis. Geräte, bei denen zum Antrieb der Harpunen bzw. Geschosse Munition verwendet wird (z. B. Haiabwehrgeräte als sogenannte „bangsticks"), unterliegen dagegen uneingeschränkt den für den jeweiligen Gerätetyp maßgeblichen waffenrechtlichen Vorschriften.

Anlage 2 Abschnitt 3 Unterabschnitt 2 Nummer 1 bis 3

In Nummern 1, 2 und 3 wird auf das Tatbestandsmerkmal der getreuen Nachahmung verzichtet. Der Begriff der getreuen Nachahmung ist – jedenfalls in der Bedeutung, die ihm im Spielzeugrecht zukommt – für das Waffenrecht unbrauchbar.

Anlage 2 Abschnitt 3 Unterabschnitt 2 Nummer 1 bis 4.2

Es können nur solche unbrauchbar gemachte Schusswaffen eine Zulassung nach Anlage II Abb. 11 zur BeschussV aufweisen, die nach dem 1. April 2008 abgeändert worden sind. Bei im Zeitraum vom 1. April 2003 bis 1. April 2008 unbrauchbar gemachten Waffen ist auf das Prüfzeichen nach Anlage 17 WaffVwV aus dem Jahr 1976 abzustellen.

Anlage 2 Abschnitt 3 Unterabschnitt 2 Nummer 4

Nummer 4 erfasst umfassend die Dekorationswaffen:

Nummer 4.1 bringt – in klarer Bezugnahme auf das seinerzeit maßgebliche Recht – den Regelungsgehalt der bisherigen Nummer 4 hinsichtlich der Altfälle der Unbrauchbarmachung zum Ausdruck.

Nummer 4.2 erfasst – systematisch korrekt an dieser Stelle in Anlage 2 – die Rechtsfolgenseite der Unbrauchbarmachung nach geltendem Recht. Er ist somit die Korrespondenzregelung zu Anlage 1 Abschnitt 1 Unterabschnitt 1 Nummer 1.4, auf den er Bezug nimmt.

Anlage 2 Abschnitt 3 Unterabschnitt 2 Nummer 5

Nummer 5 ist auf der Rechtsfolgenseite die Korrespondenzbestimmung zu Anlage 1 Abschnitt 1 Unterabschnitt 1 Nummer 1.6, auf den sie verweist.

Abschnitt 3 Inkrafttreten, Außerkrafttreten

(Inkrafttreten, Außerkrafttreten)

Diese Verwaltungsvorschrift tritt am Tag nach der Veröffentlichung im Bundesanzeiger in Kraft.

Gleichzeitig tritt die Allgemeine Verwaltungsvorschrift zum Waffengesetz in der Fassung der Bekanntmachung vom 29. November 1979 (Beilage Nr. 40/79 zum BAnz. Nr. 229 vom 7. Dezember 1979), die zuletzt durch die AVwV vom 20. Oktober 1994 (BAnz. Nr. 206a vom 28. Oktober 1994) geändert worden ist, mit Ausnahme der Anlagen 1 bis 26 des Verzeichnisses der Anlagen, außer Kraft.

Anlagen 1 bis 26

(hier nicht aufgenommen)

Allgemeine Waffengesetz-Verordnung (AWaffV)*)

Vom 27. Oktober 2003 (BGBl. I S. 2123)

Zuletzt geändert durch
Zweite Verordnung zur Änderung der Allgemeinen Waffengesetz-Verordnung
vom 11. Juli 2025 (BGBl. I Nr. 162)

Inhaltsübersicht

*) Die Verpflichtungen aus der Richtlinie 98/34/EG des Europäischen Parlaments und des Rates vom 22. Juni 1998 über ein Informationsverfahren auf dem Gebiet der Normen und technischen Vorschriften und der Vorschriften für die Dienste der Informationsgesellschaft (ABl. EG Nr. L 204 S. 37), geändert durch die Richtlinie 98/48/EG des Europäischen Parlaments und des Rates vom 20. Juli 1998 (ABl. EG Nr. L 217 S. 18), sind beachtet worden.

I

Auf Grund des § 6 Abs. 4, § 7 Abs. 2, § 15 Abs. 7 Satz 2, § 22 Abs. 2, § 25 Abs. 1, § 27 Abs. 7 Satz 2, § 34 Abs. 6, § 36 Abs. 5 und § 47 des Waffengesetzes vom 11. Oktober 2002 (BGBl. I S. 3970, 4592, 2003 I S. 1957), jeweils auch in Verbindung mit Artikel 17 des Gesetzes vom 11. Oktober 2002 (BGBl. I S. 3970, 4013), verordnet das Bundesministerium des Innern:

Abschnitt 1 Nachweis der Sachkunde

§ 1 Umfang der Sachkunde

(1) Die in der Prüfung nach § 7 Abs. 1 des Waffengesetzes nachzuweisende Sachkunde umfasst ausreichende Kenntnisse

1. über die beim Umgang mit Waffen und Munition zu beachtenden Rechtsvorschriften des Waffenrechts, des Beschussrechts sowie der Notwehr und des Notstands,
2. auf waffentechnischem Gebiet über Schusswaffen (Langwaffen, Kurzwaffen und Munition) hinsichtlich Funktionsweise, sowie Innen- und Außenballistik, Reichweite und Wirkungsweise des Geschosses, bei verbotenen Gegenständen, die keine Schusswaffen sind, über die Funktions- und Wirkungsweise sowie die Reichweite,
3. über die sichere Handhabung von Waffen oder Munition einschließlich ausreichender Fertigkeiten im Schießen mit Schusswaffen.

(2) Die nach Absatz 1 nachzuweisenden Kenntnisse über Waffen und Munition brauchen nur für die beantragte Waffen- und Munitionsart und nur für den mit dem Bedürfnis geltend gemachten und den damit im Zusammenhang stehenden Zweck nachgewiesen werden.

(3) Wird eine Erlaubnis nach § 26 des Waffengesetzes beantragt, so umfasst die nachzuweisende Sachkunde außer waffentechnischen Kenntnissen auch Werkstoff-, Fertigungs- und Ballistikkenntnisse.

§ 2 Prüfung

(1) Die zuständige Behörde bildet für die Abnahme der Prüfung Prüfungsausschüsse.

(2) Ein Prüfungsausschuss besteht aus dem Vorsitzenden und zwei Beisitzern. Die Mitglieder müssen sachkundig sein. Nicht mehr als ein Mitglied des Ausschusses darf in der Waffenherstellung oder im Waffenhandel tätig sein.

(3) Die Prüfung besteht aus einem theoretischen und einem praktischen Teil, der den Nachweis der ausreichenden Fertigkeiten nach § 1 Abs. 1 Nr. 3 einschließt. Über das Ergebnis und den wesentlichen Inhalt der Prüfung ist eine Niederschrift anzufertigen, die vom Vorsitzenden des Prüfungsausschusses zu unterzeichnen ist.

(4) Über das Prüfungsergebnis ist dem Bewerber ein Zeugnis zu erteilen, das Art und Umfang der erworbenen Sachkunde erkennen lassen muss und vom Vorsitzenden des Prüfungsausschusses zu unterzeichnen ist.

(5) Ein Prüfung kann bei Nichtbestehen auch mehrmals wiederholt werden. Der Prüfungsausschuss kann bestimmen, dass die Prüfung erst nach Ablauf einer bestimmten Frist wiederholt werden darf.

§ 3 Anderweitiger Nachweis der Sachkunde

(1) Die Sachkunde gilt insbesondere als nachgewiesen, wenn der Antragsteller

1. a) die Jägerprüfung oder eine ihr gleichgestellte Prüfung bestanden hat oder durch eine Bescheinigung eines Ausbildungsleiters für das Schießwesen nachweist, dass er die erforderlichen Kenntnisse durch Teilnahme an einem Lehrgang für die Ablegung der Jägerprüfung erworben hat,
   b) die Gesellenprüfung für das Büchsenmacherhandwerk bestanden hat oder
2. a) seine Fachkunde nach § 22 Abs. 1 Satz 1 des Waffengesetzes nachgewiesen hat,
   b) mindestens drei Jahre als Vollzeitkraft im Handel mit Schusswaffen und Munition tätig gewesen ist oder
   c) die nach § 7 des Waffengesetzes nachzuweisenden Kenntnisse auf Grund einer anderweitigen, insbesondere behördlichen oder staatlich anerkannten

Ausbildung oder als Sportschütze eines anerkannten Schießsportverbandes erworben und durch eine Bescheinigung der Behörde, des Ausbildungsträgers oder Schießsportverbandes nachgewiesen hat,

sofern die Tätigkeit nach Nummer 2 Buchstabe b oder Ausbildung nach Nummer 2 Buchstabe c ihrer Art nach geeignet war, die für den Umgang mit der beantragten Waffe oder Munition erforderliche Sachkunde zu vermitteln. Ausbildungen im Sinne der Nummer 2 Buchstabe c können auch durchgeführt werden im Rahmen von

1. Ausbildungen, die mit einer zum Führen eines Luft- oder Wasserfahrzeuges berechtigenden staatlichen Prüfung abschließen,
2. staatlich anerkannten Berufsausbildungen der Luft- und Seefahrt.

Der Nachweis der waffenrechtlichen Sachkunde wird durch eine von der Prüfungskommission erteilte Bescheinigung oder einen Eintrag im Prüfungszeugnis oder der Fahrerlaubnis geführt.

(2) Die staatliche Anerkennung von Lehrgängen zur Vermittlung der Sachkunde im Umgang mit Waffen und Munition erfolgt durch die zuständige Behörde; sie gilt für den gesamten Geltungsbereich des Waffengesetzes. Eine Anerkennung des waffenrechtlichen Teils einer zum Führen eines Luft- oder Wasserfahrzeuges berechtigenden staatlichen Prüfung soll erfolgen, wenn die theoretische Ausbildung auf der Grundlage anerkannter Grundsätze, insbesondere eines zwischen Bund, Ländern und Verbänden abgestimmten Fragenkatalogs, stattfindet und die praktische Unterweisung im Umgang mit Seenotsignalmitteln durch sachkundige Personen erfolgt.

(3) Lehrgänge dürfen nur anerkannt werden, wenn in einem theoretischen Teil die in § 1 Abs. 1 Nr. 1 und 2 bezeichneten Kenntnisse und in einem praktischen Teil ausreichende Fertigkeiten in der Handhabung von Waffen und Schießen mit Schusswaffen im Sinne des § 1 Abs. 1 Nr. 3 vermittelt werden; § 1 Abs. 2 bleibt unberührt. Außerdem dürfen Lehrgänge nur anerkannt werden, wenn

1. der Antragsteller die erforderliche Zuverlässigkeit und persönliche Eignung für die Durchführung des Lehrgangs besitzt,
2. die fachliche Leitung des Lehrgangs und die von dem Lehrgangsträger beauftragten Lehrkräfte die ordnungsgemäße Durchführung der Ausbildung gewährleisten,
3. die Dauer des Lehrgangs eine ordnungsgemäße Vermittlung der erforderlichen Kenntnisse und Fertigkeiten gewährleistet und
4. der Antragsteller mit den erforderlichen Lehrmitteln ausgestattet ist und über einen geeigneten Unterrichtsraum verfügt.

(4) Der Lehrgang ist mit einer theoretischen und einer praktischen Prüfung abzuschließen. Sie ist vor einem Prüfungsausschuss abzulegen, der von dem Lehrgangsträger gebildet wird. Im Übrigen gilt § 2 entsprechend mit der Maßgabe, dass der Lehrgangsträger verpflichtet ist,

1. die Durchführung der Prüfung und die Namen der Prüfungsteilnehmer der für den Ort der Lehrgangsveranstaltung zuständigen Behörde zwei Wochen vor dem Tag der Prüfung anzuzeigen und
2. einem Vertreter der Behörde die Teilnahme an der Prüfung zu gestatten. Im Falle seiner Teilnahme hat der Vertreter der Behörde die Stellung eines weiteren Beisitzers im Prüfungsausschuss; bei Stimmengleichheit gibt die Stimme des Vorsitzenden den Ausschlag.

(5) Schießsportliche Vereine, die einem nach § 15 Abs. 3 des Waffengesetzes anerkannten Schießsportverband angehören, können Sachkundeprüfungen für ihre Mitglieder abnehmen. Absatz 2, zweiter Halbsatz und die Absätze 3 und 4 finden hierfür entsprechende Anwendung. Zur Durchführung der Prüfung bilden die schießsportlichen Vereine eigene Prüfungsausschüsse.

Abschnitt 2
Nachweis der persönlichen Eignung

§ 4 Gutachten über die persönliche Eignung

(1) Derjenige,

1. dem gegenüber die zuständige Behörde die Vorlage eines amts- oder fachärztli-

chen oder fachpsychologischen Gutachtens angeordnet hat, weil begründete Zweifel an von ihm beigebrachten Bescheinigungen oder durch Tatsachen begründete Bedenken bestehen, dass er

a) geschäftsunfähig oder in seiner Geschäftsfähigkeit beschränkt ist,
b) abhängig von Alkohol oder anderen berauschenden Mitteln, psychisch krank oder debil ist,
c) auf Grund in seiner Person liegender Umstände mit Waffen oder Munition nicht vorsichtig oder sachgemäß umgehen oder diese Gegenstände nicht sorgfältig verwahren kann oder dass die konkrete Gefahr einer Fremd- oder Selbstgefährdung besteht, oder

2. der zur Vorlage eines Gutachtens über die geistige Eignung verpflichtet ist, weil er noch nicht das 25. Lebensjahr vollendet hat und eine erlaubnispflichtige Schusswaffe, ausgenommen Schusswaffen der in § 14 Abs. 1 Satz 2 des Waffengesetzes genannten Art, erwerben und besitzen will,

hat auf eigene Kosten mit der Begutachtung einen sachkundigen Gutachter zu beauftragen.

(2) Die Begutachtung in den Fällen des Absatzes 1 soll von Gutachtern folgender Fachrichtungen durchgeführt werden:

1. Amtsärzten,
2. Fachärzten der Fachrichtungen Psychiatrie, Psychiatrie und Psychotherapie, Psychiatrie und Neurologie, Nervenheilkunde, Kinder- und Jugendpsychiatrie oder Kinder- und Jugendpsychiatrie und -psychotherapie,
3. Psychotherapeuten, die nach dem Psychotherapeutengesetz approbiert sind,
4. Fachärzten für Psychotherapeutische Medizin oder
5. Fachpsychologen der Fachrichtungen Rechtspsychologie, Verkehrspsychologie oder klinische Psychologie.

Das Vorliegen der Sachkunde auf dem betreffenden Gebiet beurteilt sich nach berufsständischen Regeln.

(3) In den Fällen des Absatzes 1 Nr. 1 teilt die Behörde dem Betroffenen unter Darlegung der Gründe für die Zweifel oder der die Bedenken begründenden Tatsachen hinsichtlich seiner persönlichen Eignung mit, dass er sich innerhalb einer von ihr festgelegten Frist auf seine Kosten der Untersuchung zu unterziehen und ein Gutachten beizubringen hat. Der Betroffene hat die Behörde darüber zu unterrichten, wen er mit der Untersuchung beauftragt hat. Die Behörde übersendet zur Durchführung der Untersuchung auf Verlangen des Gutachters bei Vorliegen der Einwilligung des Betroffenen die zur Begutachtung erforderlichen ihr vorliegenden Unterlagen. Der Gutachter ist verpflichtet, sich mit der Erstattung des Gutachtens von den Unterlagen zu entlasten, indem er sie der Behörde übergibt oder vernichtet.

(4) Zwischen dem Gutachter und dem Betroffenen darf in den letzten fünf Jahren kein Behandlungsverhältnis bestanden haben. Der Gutachter hat in dem Gutachten zu versichern, dass der Betroffene in dem vorgenannten Zeitraum nicht in einem derartigen Behandlungsverhältnis stand oder jetzt steht. Die Sätze 1 und 2 schließen eine Konsultation des in den genannten Zeiträumen behandelnden Haus- oder Facharztes durch den Gutachter nicht aus.

(5) Der Gutachter hat sich über den Betroffenen einen persönlichen Eindruck zu verschaffen. Das Gutachten muss darüber Auskunft geben, ob der Betroffene persönlich ungeeignet ist, mit Waffen oder Munition umzugehen; die bei der Erstellung des Gutachtens angewandte Methode muss angegeben werden. In den Fällen des Absatzes 1 Nr. 2 ist in der Regel ausreichend ein Gutachten auf Grund anerkannter Testverfahren über die Frage, ob der Betroffene infolge fehlender Reife geistig ungeeignet ist für den Umgang mit den dort aufgeführten Schusswaffen. Kann allein auf Grund des Tests nicht ausgeschlossen werden, dass der Betroffene geistig ungeeignet ist, ist mit einer weitergehenden Untersuchung nach dem jeweiligen Stand der Wissenschaft vorzugehen.

(6) Weigert sich in den Fällen des Absatzes 1 Nr. 1 der Betroffene, sich untersuchen zu las-

sen, oder bringt er der zuständigen Behörde das von ihr geforderte Gutachten aus von ihm zu vertretenden Gründen nicht fristgerecht bei, darf die Behörde bei ihrer Entscheidung auf die Nichteignung des Betroffenen schließen. Der Betroffene ist hierauf bei der Anordnung nach Absatz 1 Nr. 1 in Verbindung mit Absatz 3 Satz 1 hinzuweisen.

(7) Dienstwaffenträger können an Stelle des in § 6 Abs. 3 des Waffengesetzes genannten Zeugnisses eine Bescheinigung ihrer Dienstbehörde vorlegen, dass eine Begutachtung ihrer geistigen Eignung durch einen sachkundigen Gutachter bereits stattgefunden hat und dass sie uneingeschränkt zum Umgang mit Dienstwaffen berechtigt sind.

Abschnitt 3 Schießsportordnungen; Ausschluss von Schusswaffen; Fachbeirat

§ 5 Schießsportordnungen

(1) Die Genehmigung einer Sportordnung für das Schießen mit Schusswaffen setzt insbesondere voraus, dass das Schießen nur auf zugelassenen Schießstätten veranstaltet wird und

1. jeder Schütze den Regeln der Sportordnung unterworfen ist,
2. ausreichende Sicherheitsbestimmungen für das Schießen festgelegt und dabei insbesondere Regelungen zu den erforderlichen verantwortlichen Aufsichtspersonen (§ 10) getroffen sind,
3. mit nicht vom Schießsport ausgeschlossenen Waffen (§ 6) durchgeführt wird,
4. nicht im Schießsport unzulässige Schießübungen (§ 7) durchgeführt werden,
5. jede einzelne Schießdisziplin beschrieben und die für sie zugelassenen Waffen nach Art, Kaliber, Lauflänge und Visierung bezeichnet sind, wobei bei einzelnen Schießdisziplinen auch ausdrücklich festgelegt werden kann, dass nur einzelne oder auch keine speziellen Vorgaben (freie Klassen) erfolgen, und
6. zur Ausübung der jeweiligen Schießdisziplinen zugelassene Schießstätten zur regelmäßigen Nutzung verfügbar sind.

(2) Dem Antrag auf Genehmigung einer Schießsportordnung sind die zur Prüfung des Vorliegens der Voraussetzungen wesentlichen Regelungen und Angaben, insbesondere auch die Beschreibung des Ablaufs der einzelnen Schießdisziplinen, beizufügen. Die Genehmigung von Änderungen der Schießsportordnung, insbesondere von der Neuaufnahme von Schießdisziplinen, ist vor Aufnahme des jeweiligen Schießbetriebs nach den geänderten Regeln einzuholen. Der Wegfall oder der Ersatz der regelmäßigen Nutzungsmöglichkeit von nach Absatz 1 Nr. 6 angegebenen Schießstätten ist unverzüglich anzuzeigen.

(3) Im Einzelfall kann ein Verband oder ein ihm angegliederter Teilverband zur Erprobung neuer Schießübungen Abweichungen von den Schießdisziplinen der genehmigten Schießsportordnung zulassen. Zulassungen nach Satz 1 sind auf höchstens ein Jahr zu befristen und müssen die Art der Abweichung von der genehmigten Schießsportordnung bezeichnen; sie sind dem Bundesverwaltungsamt vor Beginn der Erprobungsphase anzuzeigen. Das Bundesverwaltungsamt kann zur Abwehr von Gefahren für die öffentliche Sicherheit oder Ordnung Zulassungen nach Satz 1 untersagen oder Anordnungen treffen.

(4) Für das sportliche Schießen im Training und im Einzelfall für Schießsportveranstaltungen können Schießsportordnungen Abweichungen von den in ihr festgelegten Schießdisziplinen zulassen.

§ 6 Vom Schießsport ausgeschlossene Schusswaffen

(1) Vom sportlichen Schießen sind ausgeschlossen:

1. Kurzwaffen mit einer Lauflänge von weniger als 7,62 Zentimeter (drei Zoll) Länge;
2. halbautomatische Schusswaffen, die ihrer äußeren Form nach den Anschein einer vollautomatischen Kriegswaffe hervorrufen, die Kriegswaffe im Sinne des Gesetzes über die Kontrolle von Kriegswaffen ist, wenn

a) die Lauflänge weniger als 40 Zentimeter beträgt,
b) das Magazin sich hinter der Abzugseinheit befindet (so genannte Bul-Pup-Waffen) oder
c) die Hülsenlänge der verwendeten Munition bei Langwaffen weniger als 40 Millimeter beträgt;
3. halbautomatische Langwaffen mit einem Magazin, das eine Kapazität von mehr als zehn Patronen hat.

(2) Das Verbot des Schießsports mit Schusswaffen und Munition im Sinne der Anlage 2 Abschnitt 1 des Waffengesetzes bleibt unberührt.

(3) Das Bundesverwaltungsamt kann auf Antrag eines anerkannten Schießsportverbandes Ausnahmen von den Verboten des Absatzes 1 zulassen, insbesondere wenn es sich um in national oder international bedeutenden Schießsportwettkämpfen verwendete Schusswaffen handelt.

(4) Zuständige Behörde für die Beurteilung der Schusswaffen nach Absatz 1 ist das Bundeskriminalamt.

§ 7 Unzulässige Schießübungen im Schießsport

(1) Im Schießsport sind die Durchführung von Schießübungen in der Verteidigung mit Schusswaffen (§ 22) und solche Schießübungen und Wettbewerbe verboten, bei denen

1. das Schießen aus Deckungen heraus erfolgt,
2. nach der Abgabe des ersten Schusses Hindernisse überwunden werden,
3. das Schießen im deutlich erkennbaren Laufen erfolgt,
4. das schnelle Reagieren auf plötzlich und überraschend auftauchende, sich bewegende Ziele gefordert wird,
   a) ausgenommen das Schießen auf Wurf- und auf laufende Scheiben,
   b) es sei denn, das Schießen erfolgt entsprechend einer vom Bundesverwaltungsamt genehmigten Sportordnung,
5. das Überkreuzziehen von mehr als einer Waffe (Cross Draw) gefordert wird,
6. Schüsse ohne genaues Anvisieren des Ziels (Deutschüsse) abgegeben werden, ausgenommen das Schießen auf Wurfscheiben, oder
7. der Ablauf der Schießübung dem Schützen vor ihrer Absolvierung nicht auf Grund zuvor festgelegter Regeln bekannt ist.

Die Veranstaltung der in Satz 1 genannten Schießübungen und die Teilnahme als Sportschütze an diesen sind verboten.

(2) Das Verbot von Schießübungen des kampfmäßigen Schießens (§ 15a Absatz 1 Satz 2 des Waffengesetzes) und mit verbotenen oder vom Schießsport ausgeschlossenen Schusswaffen oder Teilen von Schusswaffen (§ 6), soweit nicht eine Ausnahme nach § 6 Abs. 3 erteilt ist, bleibt unberührt.

(3) Die Ausbildung und das Training im jagdlichen Schießen einschließlich jagdlicher Schießwettkämpfe werden durch die vorstehenden Regelungen nicht beschränkt.

§ 8 Beirat für schießsportliche Fragen

(1) Beim Bundesministerium des Innern, für Bau und Heimat wird ein Beirat für schießsportliche Fragen (Fachbeirat) gebildet. Den Vorsitz führt ein Vertreter des Bundesministeriums des Innern, für Bau und Heimat. An den Sitzungen des Fachbeirates nehmen Vertreter des Bundesverwaltungsamtes teil.

(2) Der Fachbeirat setzt sich aus dem Vorsitzenden und aus folgenden ständigen Mitgliedern zusammen:

1. je einem Vertreter jedes Landes,
2. einem Vertreter des Deutschen Olympischen Sportbundes,
3. je einem Vertreter der anerkannten Schießsportverbände,
4. einem Vertreter der Deutschen Versuchs- und Prüf-Anstalt für Jagd- und Sportwaffen e. V.

(3) Die Mitglieder des Fachbeirates sollen auf schießsportlichem Gebiet sachverständig und erfahren sein.

(4) Das Bundesministerium des Innern, für Bau und Heimat kann Vertreter weiterer Bundes- und Landesbehörden sowie weitere Sachverständige insbesondere auf schießsportlichem

oder waffentechnischem Gebiet zur Beratung hinzuziehen. In den Fällen, in denen der Fachbeirat über die Genehmigung der Schießsportordnung eines nicht anerkannten Schießsportverbandes beraten soll, lädt das Bundesministerium des Innern, für Bau und Heimat auch einen Vertreter dieses Verbandes ein.

(5) Das Bundesministerium des Innern, für Bau und Heimat beruft

1. die Vertreter jedes Landes einschließlich deren Stellvertreter auf Vorschlag des Landes;
2. die Vertreter der in Absatz 2 Nr. 2, 3 und 4 bezeichneten Verbände und Organisationen nach Anhörung der Vorstände dieser Verbände.

(6) Die Mitglieder des Fachbeirates üben ihre Tätigkeit ehrenamtlich aus, sofern sie keine Behörde vertreten.

Abschnitt 4 Benutzung von Schießstätten

§ 9 Zulässige Schießübungen auf Schießstätten

(1) Auf einer Schießstätte ist unter Beachtung des Verbots des kampfmäßigen Schießens (§ 27 Abs. 7 Satz 1 des Waffengesetzes) das Schießen mit Schusswaffen und Munition auf der Grundlage der für die Schießstätte erteilten Erlaubnis (§ 27 Abs. 1 Satz 1 des Waffengesetzes) nur zulässig, wenn

1. die Person, die zu schießen beabsichtigt, die Berechtigung zum Erwerb und Besitz von Schusswaffen nachweisen kann und das Schießen mit Schusswaffen dieser Art innerhalb des der Berechtigung zugrunde liegenden Bedürfnisses erfolgt,
2. geschossen wird
   a) auf der Grundlage einer genehmigten Schießsportordnung,
   b) im Rahmen von Lehrgängen oder Schießübungen in der Verteidigung mit Schusswaffen (§ 22),
   c) zur Erlangung der Sachkunde (§ 1 Abs. 1 Nr. 3) oder
   d) in der jagdlichen Ausbildung, oder
3. es sich nicht um Schusswaffen und Munition nach § 6 Abs. 1 handelt.

In den Fällen des Satzes 1 Nr. 1, Nr. 2 Buchstabe c und Nr. 3 gilt § 7 Abs. 1 und 3 entsprechend; beim Schießen nach Satz 1 Nr. 2 Buchstabe a bleibt § 7 unberührt. Der Betreiber der Schießstätte hat die Einhaltung der Voraussetzungen nach den Sätzen 1 und 2 zu überwachen.

(2) Die zuständige Behörde kann dem Betreiber einer Schießstätte oder im Einzelfall dem Benutzer Ausnahmen von den Beschränkungen des Absatzes 1 gestatten, soweit Belange der öffentlichen Sicherheit und Ordnung nicht entgegenstehen.

(3) Absatz 1 gilt nicht für Behörden oder Dienststellen und deren Bedienstete, die nach § 55 Abs. 1 des Waffengesetzes oder auf Grund einer nach § 55 Abs. 5 oder 6 des Waffengesetzes erlassenen Rechtsverordnung von der Anwendung des Waffengesetzes ausgenommen sind.

§ 10 Aufsichtspersonen; Obhut über das Schießen durch Kinder und Jugendliche

(1) Der Inhaber der Erlaubnis für die Schießstätte (Erlaubnisinhaber) hat unter Berücksichtigung der Erfordernisse eines sicheren Schießbetriebs eine oder mehrere verantwortliche Aufsichtspersonen für das Schießen zu bestellen, soweit er nicht selbst die Aufsicht wahrnimmt oder eine schießsportliche oder jagdliche Vereinigung oder ein Veranstalter im Sinne des § 22 durch eigene verantwortliche Aufsichtspersonen die Aufsicht übernimmt. Der Erlaubnisinhaber kann selbst die Aufsicht wahrnehmen, wenn er die erforderliche Sachkunde nachgewiesen hat und, sofern es die Obhut über das Schießen durch Kinder und Jugendliche betrifft, die Eignung zur Kinder- und Jugendarbeit besitzt. Aufsichtspersonen müssen das 18. Lebensjahr vollendet haben. Der Schießbetrieb darf nicht aufgenommen oder fortgesetzt werden, solange keine ausreichende Anzahl von verantwortlichen Aufsichtspersonen die Aufsicht wahrnimmt. Die zuständige Behörde kann gegenüber dem Erlaubnisinhaber die Zahl der nach Satz 1 erforderlichen Aufsichtspersonen festlegen.

(2) Der Erlaubnisinhaber hat der zuständigen Behörde die Personalien der verantwortlichen Aufsichtspersonen zwei Wochen vor der Übernahme der Aufsicht schriftlich oder elektronisch anzuzeigen; beauftragt eine schießsportliche oder jagdliche Vereinigung die verantwortliche Aufsichtsperson, so obliegt diese Anzeige der Aufsichtsperson selbst. Der Anzeige sind Nachweise beizufügen, aus denen hervorgeht, dass die Aufsichtsperson die erforderliche Sachkunde und, sofern es die Obhut über das Schießen durch Kinder und Jugendliche betrifft, auch die Eignung zur Kinder- und Jugendarbeit besitzt. Der Erlaubnisinhaber hat das Ausscheiden der angezeigten Aufsichtsperson und die Bestellung einer neuen Aufsichtsperson der zuständigen Behörde unverzüglich anzuzeigen.

(3) Bei der Beauftragung der verantwortlichen Aufsichtsperson durch einen schießsportlichen Verein eines anerkannten Schießsportverbandes genügt an Stelle der Anzeige nach Absatz 2 Satz 1 eine Registrierung der Aufsichtsperson bei dem Verein. Dieser hat bei der Registrierung das Vorliegen der Voraussetzungen der erforderlichen Sachkunde und, sofern es die Obhut über das Schießen durch Kinder und Jugendliche betrifft, auch der Eignung zur Kinder- und Jugendarbeit zu überprüfen und zu vermerken. Der Aufsichtsperson ist durch den Verein hierüber ein Nachweisdokument auszustellen. Die Aufsichtsperson hat dieses Dokument während der Wahrnehmung der Aufsicht mitzuführen und zur Kontrolle Befugten auf Verlangen zur Prüfung auszuhändigen. Für eine Überprüfung nach Satz 4 hat der Verein auf Verlangen Einblick in die Registrierung der Aufsichtsperson zu gewähren. Die Sätze 1 bis 5 gelten entsprechend bei der von einer jagdlichen Vereinigung beauftragten verantwortlichen Aufsichtsperson mit der Maßgabe, dass während der Ausübung der Aufsicht ein gültiger Jagdschein nach § 15 Abs. 1 Satz 1 des Bundesjagdgesetzes mitzuführen ist.

(4) Ergeben sich Anhaltspunkte für die begründete Annahme, dass die verantwortliche Aufsichtsperson die erforderliche Zuverlässigkeit, persönliche Eignung oder Sachkunde oder, sofern es die Obhut über das Schießen durch Kinder und Jugendliche betrifft, die Eignung zur Kinder- und Jugendarbeit nicht besitzt, so hat die zuständige Behörde dem Erlaubnisinhaber gegenüber die Ausübung der Aufsicht durch die Aufsichtsperson zu untersagen.

(5) Die Obhut über das Schießen durch Kinder und Jugendliche ist durch eine hierfür qualifizierte und auf der Schießstätte anwesende Aufsichtsperson auszuüben, die

1. für die Schießausbildung der Kinder oder Jugendlichen leitend verantwortlich ist und
2. berechtigt ist, jederzeit der Aufsicht beim Schützen Weisungen zu erteilen oder die Aufsicht beim Schützen selbst zu übernehmen.

(6) Die Qualifizierung zur Aufsichtsperson oder zur Eignung zur Kinder- und Jugendarbeit kann durch die Jagdverbände oder die anerkannten Schießsportverbände erfolgen; bei Schießsportverbänden sind die Qualifizierungsrichtlinien Bestandteil des Anerkennungsverfahrens nach § 15 des Waffengesetzes.

(7) Die Absätze 1 bis 6 gelten nicht für ortsveränderliche Schießstätten im Sinne von § 27 Abs. 6 des Waffengesetzes.

§ 11 Aufsicht

(1) Die verantwortlichen Aufsichtspersonen haben das Schießen in der Schießstätte ständig zu beaufsichtigen, insbesondere dafür zu sorgen, dass die in der Schießstätte Anwesenden durch ihr Verhalten keine vermeidbaren Gefahren verursachen, und zu beachten, dass die Bestimmungen des § 27 Abs. 3 oder 6 des Waffengesetzes eingehalten werden. Sie haben, wenn dies zur Verhütung oder Beseitigung von Gefahren erforderlich ist, das Schießen oder den Aufenthalt in der Schießstätte zu untersagen.

(2) Die Benutzer der Schießstätten haben die Anordnungen der verantwortlichen Aufsichtspersonen nach Absatz 1 zu befolgen.

(3) Eine zur Aufsichtsführung befähigte Person darf schießen, ohne selbst beaufsichtigt zu werden, wenn sichergestellt ist, dass sie sich allein auf dem Schießstand befindet.

§ 12 (weggefallen)

I

Abschnitt 5
Aufbewahrung von Waffen und Munition

§ 13 Aufbewahrung von Waffen oder Munition

(1) Schusswaffen, deren Erwerb und Besitz erlaubnispflichtig sind, verbotene Waffen und verbotene Munition sind ungeladen und in einem Behältnis aufzubewahren, das

1. mindestens der Norm DIN/EN 1143-1 (Stand Mai 1997, Oktober 2002, Februar 2006, Januar 2010, Juli 2012 oder Juli 2019)[1]) mit dem in Absatz 2 geregelten Widerstandsgrad und Gewicht entspricht und
2. zum Nachweis dessen über eine Zertifizierung durch eine akkreditierte Stelle gemäß Absatz 10 verfügt.

Der in Satz 1 Nummer 1 genannten Norm gleichgestellt sind Normen eines anderen Mitgliedstaates des Übereinkommens über den Europäischen Wirtschaftsraum, die das gleiche Schutzniveau aufweisen. Die zuständige Behörde kann eine andere gleichwertige Aufbewahrung der Waffen und Munition zulassen. Vergleichbar gesicherte Räume sind als gleichwertig anzusehen. Alternative Sicherungseinrichtungen, die keine Behältnisse oder Räume sind, sind zulässig, sofern sie

1. ein den jeweiligen Anforderungen mindestens gleichwertiges Schutzniveau aufweisen und
2. zum Nachweis dessen über eine Zertifizierung durch eine akkreditierte Stelle gemäß Absatz 10 verfügen.

(2) Wer Waffen oder Munition besitzt, hat diese ungeladen und unter Beachtung der folgenden Sicherheitsvorkehrungen und zahlenmäßigen Beschränkungen aufzubewahren:

1. mindestens in einem verschlossenen Behältnis: Waffen oder Munition, deren Erwerb von der Erlaubnispflicht freigestellt ist;
2. mindestens in einem Stahlblechbehältnis ohne Klassifizierung mit Schwenkriegelschloss oder einer gleichwertigen Verschlussvorrichtung oder in einem gleichwertigen Behältnis: Munition, deren Erwerb nicht von der Erlaubnispflicht freigestellt ist;
3. in einem Sicherheitsbehältnis, das mindestens der Norm DIN/EN 1143-1 Widerstandsgrad 0 (Stand Mai 1997, Oktober 2002, Februar 2006, Januar 2010, Juli 2012 oder Juli 2019)[2]) entspricht und bei dem das Gewicht des Behältnisses 200 Kilogramm unterschreitet:
   a) eine unbegrenzte Anzahl von Langwaffen und insgesamt bis zu fünf nach Anlage 2 Abschnitt 1 Nummer 1.1 bis 1.2.3 und 1.2.5 des Waffengesetzes verbotene Waffen und Kurzwaffen (Anlage 1 Abschnitt 1 Unterabschnitt 1 Nummer 2.5 des Waffengesetzes), für deren Erwerb und Besitz es ihrer Art nach einer Erlaubnis bedarf, und
   b) zusätzlich eine unbegrenzte Anzahl nach Anlage 2 Abschnitt 1 Nummer 1.2.4 bis 1.2.4.2 und 1.3 bis 1.4.4 des Waffengesetzes verbotener Waffen sowie
   c) zusätzlich Munition;
4. in einem Sicherheitsbehältnis, das mindestens der Norm DIN/EN 1143-1 Widerstandsgrad 0 (Stand Mai 1997, Oktober 2002, Februar 2006, Januar 2010, Juli 2012 oder Juli 2019)[3]) entspricht und bei dem das Gewicht des Behältnisses mindestens 200 Kilogramm beträgt:
   a) eine unbegrenzte Anzahl von Langwaffen und bis zu zehn nach Anlage 2 Abschnitt 1 Nummer 1.1 bis 1.2.3 und 1.2.5 des Waffengesetzes verbotene Waffen und Kurz-

[1]) Zu beziehen bei der Beuth-Verlag GmbH, Berlin, und in der Deutschen Nationalbibliothek archivmäßig gesichert niedergelegt.

[2]) Zu beziehen bei der Beuth-Verlag GmbH, Berlin, und in der Deutschen Nationalbibliothek archivmäßig gesichert niedergelegt.

[3]) Zu beziehen bei der Beuth-Verlag GmbH, Berlin, und in der Deutschen Nationalbibliothek archivmäßig gesichert niedergelegt.

waffen (Anlage 1 Abschnitt 1 Unterabschnitt 1 Nummer 2.5 des Waffengesetzes), für deren Erwerb und Besitz es ihrer Art nach einer Erlaubnis bedarf, und

b) zusätzlich eine unbegrenzte Anzahl nach Anlage 2 Abschnitt 1 Nummer 1.2.4 bis 1.2.4.2 und 1.3 bis 1.4.4 des Waffengesetzes verbotener Waffen sowie

c) zusätzlich Munition;

5. in einem Sicherheitsbehältnis, das mindestens der Norm DIN/EN 1143-1 Widerstandsgrad I (Stand Mai 1997, Oktober 2002, Februar 2006, Januar 2010, Juli 2012 oder Juli 2019)[4]) entspricht:

a) eine unbegrenzte Anzahl von Lang- und Kurzwaffen (Anlage 1 Abschnitt 1 Unterabschnitt 1 Nummer 2.5 des Waffengesetzes), für deren Erwerb und Besitz es ihrer Art nach einer Erlaubnis bedarf,

b) eine unbegrenzte Anzahl nach Anlage 2 Abschnitt 1 Nummer 1.1 bis 1.4.4 des Waffengesetzes verbotener Waffen sowie

c) Munition.

(3) Bei der Bestimmung der Zahl der Waffen, die nach Absatz 2 in einem Sicherheitsbehältnis aufbewahrt werden dürfen, bleiben außer Betracht:

1. wesentliche Teile von Schusswaffen und Schalldämpfer nach Anlage 1 Abschnitt 1 Unterabschnitt 1 Nummer 1.3 bis 1.3.3 des Waffengesetzes,
2. Vorrichtungen nach Anlage 2 Abschnitt 1 Nummer 1.2.4.1 des Waffengesetzes, die das Ziel beleuchten oder markieren, und
3. Nachtsichtgeräte, -vorsätze und -aufsätze sowie Nachtzielgeräte nach Anlage 2 Abschnitt 1 Nummer 1.2.4.2 des Waffengesetzes.

Satz 1 Nummer 1 gilt nur, sofern die zusammen aufbewahrten wesentlichen Teile nicht zu einer schussfähigen Waffe zusammengefügt werden können.

(4) In einem nicht dauernd bewohnten Gebäude dürfen nur bis zu drei Langwaffen, zu deren Erwerb und Besitz es einer Erlaubnis bedarf, aufbewahrt werden. Die Aufbewahrung darf nur in einem mindestens der Norm DIN/EN 1143-1 Widerstandsgrad I entsprechenden Sicherheitsbehältnis erfolgen. Die zuständige Behörde kann Abweichungen in Bezug auf die Art oder Anzahl der aufbewahrten Waffen oder das Sicherheitsbehältnis auf Antrag zulassen.

(5) Die zuständige Behörde kann auf Antrag bei einer Waffen- oder Munitionssammlung unter Berücksichtigung der Art und der Anzahl der Waffen oder der Munition und ihrer Gefährlichkeit für die öffentliche Sicherheit und Ordnung von den Vorgaben der Absätze 1, 2 und 4 insbesondere unter dem Gesichtspunkt der Sichtbarkeit zu Ausstellungszwecken abweichen und dabei geringere oder höhere Anforderungen an die Aufbewahrung stellen; bei Sammlungen von Waffen, deren Modell vor dem 1. Januar 1871 entwickelt worden ist, und bei Munitionssammlungen soll sie geringere Anforderungen stellen. Dem Antrag ist ein Aufbewahrungskonzept beizugeben.

(6) Die zuständige Behörde kann auf Antrag von Anforderungen an Sicherheitsbehältnisse, Waffenräume oder alternative Sicherungseinrichtungen nach den Absätzen 1 und 2 absehen, wenn ihre Einhaltung unter Berücksichtigung der Art und der Anzahl der Waffen und der Munition und ihrer Gefährlichkeit für die öffentliche Sicherheit und Ordnung eine besondere Härte darstellen würde. In diesem Fall hat sie die niedrigeren Anforderungen festzusetzen.

(7) Bestehen begründete Zweifel, dass Normen anderer EWR-Mitgliedstaaten im Schutzniveau den in den Absätzen 1 und 2 genannten Normen gleichwertig sind, kann die Behörde vom Verpflichteten die Vorlage

---

[4]) Zu beziehen bei der Beuth-Verlag GmbH, Berlin, und in der Deutschen Nationalbibliothek archivmäßig gesichert niedergelegt.

einer Stellungnahme insbesondere des Deutschen Instituts für Normung verlangen.

(8) Die gemeinschaftliche Aufbewahrung von Waffen oder Munition durch berechtigte Personen, die in einer häuslichen Gemeinschaft leben, ist zulässig.

(9) Bei der vorübergehenden Aufbewahrung von Waffen im Sinne des Absatzes 1 Satz 1 oder des Absatzes 2 oder von Munition außerhalb der Wohnung, insbesondere im Zusammenhang mit der Jagd oder dem sportlichen Schießen, hat der Verpflichtete die Waffen oder Munition unter angemessener Aufsicht aufzubewahren oder durch sonstige erforderliche Vorkehrungen gegen Abhandenkommen oder unbefugte Ansichnahme zu sichern, wenn die Aufbewahrung gemäß den Anforderungen des Absatzes 1 und 2 nicht möglich ist.

(10) Die Konformitätsbewertung von Sicherheitsbehältnissen und Sicherungseinrichtungen nach den Absätzen 1 und 2 erfolgt durch akkreditierte Stellen. Akkreditierte Stellen sind Stellen, die

1. Konformitätsbewertungen auf dem Gebiet der Zertifizierung von Erzeugnissen des Geldschrank- und Tresorbaus einschließlich Schlössern zum Schutz gegen Einbruchdiebstahl vornehmen und
2. hierfür über eine Akkreditierung einer nationalen Akkreditierungsstelle nach Artikel 4 Absatz 1 der Verordnung (EG) Nr. 765/2008 des Europäischen Parlaments und des Rates vom 9. Juli 2008 über die Vorschriften für die Akkreditierung und Marktüberwachung im Zusammenhang mit der Vermarktung von Produkten und zur Aufhebung der Verordnung (EWG) Nr. 339/93 des Rates (ABl. L 218 vom 13. 8. 2008, S. 30) in der jeweils geltenden Fassung verfügen.

Als nationale Akkreditierungsstellen gelten

1. Stellen, die nach § 8 des Akkreditierungsstellengesetzes vom 31. Juli 2009 (BGBl. I S. 2625), das zuletzt durch Artikel 4 Absatz 79 des Gesetzes vom 18. Juli 2016 (BGBl. I S. 1666) geändert worden ist, in der jeweils geltenden Fassung beliehen oder errichtet sind, und
2. jede andere von einem Mitgliedstaat oder einem Staat des Europäischen Wirtschaftsraums nach Artikel 4 Absatz 1 der Verordnung (EG) Nr. 765/2008 als nationale Akkreditierungsstelle benannte Stelle.

§ 14 Aufbewahrung von Waffen oder Munition in Schützenhäusern, auf Schießstätten oder im gewerblichen Bereich

Die zuständige Behörde kann auf Antrag eines Betreibers eines Schützenhauses, einer Schießstätte oder eines Waffengewerbes Abweichungen von den Anforderungen des § 13 Absatz 1, 2 und 4 Satz 1 und 2 zulassen, wenn ihr ein geeignetes Aufbewahrungskonzept vorgelegt wird. Sie hat bei ihrer Entscheidung neben der für die Aufbewahrung vorgesehenen Art und der Anzahl der Waffen oder der Munition und des Grades der von ihnen ausgehenden Gefahr für die öffentliche Sicherheit und Ordnung die Belegenheit und Frequentiertheit der Aufbewahrungsstätte besonders zu berücksichtigen.

Abschnitt 6
Vorschriften für das Waffengewerbe

Unterabschnitt 1
Fachkunde

§ 15 Umfang der Fachkunde

(1) Die in der Prüfung nach § 22 Abs. 1 Satz 1 des Waffengesetzes nachzuweisende Fachkunde umfasst ausreichende Kenntnisse

1. der Vorschriften über den Handel mit Schusswaffen und Munition, den Erwerb und das Führen von Schusswaffen sowie der Grundzüge der sonstigen waffenrechtlichen und der beschussrechtlichen Vorschriften,
2. über Art, Konstruktion und Handhabung der gebräuchlichen Schusswaffen, wenn die Erlaubnis für den Handel mit Schusswaffen beantragt ist, und
3. über die Behandlung der gebräuchlichen Munition und ihre Verwendung in der dazugehörigen Schusswaffe, wenn die Erlaubnis für den Handel mit Munition beantragt ist.

(2) Der Antragsteller hat in der Prüfung nach Absatz 1 Kenntnisse nachzuweisen über

1. Schusswaffen und Munition aller Art, wenn eine umfassende Waffenhandelserlaubnis beantragt ist,
2. die in der Anlage aufgeführten Waffen- oder Munitionsarten, für die Erlaubnis zum Handel beantragt ist.

§ 16 Prüfung

(1) Die zuständige Behörde bildet für die Abnahme der Prüfung staatliche Prüfungsausschüsse. Die Geschäftsführung kann auf die örtliche Industrie- und Handelskammer übertragen werden. Es können gemeinsame Prüfungsausschüsse für die Bezirke mehrerer Behörden gebildet werden.

(2) Der Prüfungsausschuss besteht aus dem Vorsitzenden und zwei Beisitzern. Die Mitglieder des Prüfungsausschusses müssen in dem Prüfungsgebiet sachkundig sein. Der Vorsitzende darf nicht im Waffenhandel tätig sein. Als Beisitzer sollen ein selbstständiger Waffenhändler und ein Angestellter im Waffenhandel oder, wenn ein solcher nicht zur Verfügung steht, ein Angestellter in der Waffenherstellung bestellt werden.

(3) Die Prüfung ist mündlich abzulegen.

(4) Für die Erteilung eines Zeugnisses, die Anfertigung einer Niederschrift und die Wiederholung der Prüfung gilt § 2 Abs. 3 Satz 2 und Abs. 4 und 5 entsprechend.

Unterabschnitt 2
Ersatzdokumentation

§ 17 Grundsätze für das Führen der Ersatzdokumentation

(1) Die Ersatzdokumentation ist in gebundener Form oder in Karteiform oder mit Hilfe der elektronischen Datenverarbeitung im Betrieb oder in dem Betriebsteil, in dem die Schusswaffen aufbewahrt werden, zu führen und gegen Abhandenkommen, Datenverlust und unberechtigten Zugriff gesichert aufzubewahren.

(2) Alle Eintragungen im Rahmen der Ersatzdokumentation sind unverzüglich in dauerhafter Form und in deutscher Sprache vorzunehmen; § 239 Absatz 3 des Handelsgesetzbuches gilt entsprechend. Sofern eine Eintragung nicht gemacht werden kann, ist dies unter Angabe der Gründe zu vermerken.

(3) Die Ersatzdokumentation ist zum 31. Dezember jeden zweiten Jahres sowie beim Wechsel des Betriebsinhabers oder bei der Einstellung des Betriebs mit Datum und Unterschrift so abzuschließen, dass nachträglich Eintragungen nicht mehr vorgenommen werden können. Der beim Abschluss der Ersatzdokumentation verbliebene Bestand ist vorzutragen, bevor neue Eintragungen vorgenommen werden. Eine Ersatzdokumentation, die nicht mehr verwendet wird, ist unter Angabe des Datums abzuschließen.

§ 17a Vorlage und Aufbewahrung der Ersatzdokumentation

(1) Die Ersatzdokumentation ist auf Verlangen der zuständigen Behörde auch in deren Diensträumen oder den Beauftragten der Behörde vorzulegen.

(2) Der zur Anzeige nach § 37 Absatz 1 und § 37d Absatz 1 oder 2 des Waffengesetzes Verpflichtete hat die Ersatzdokumentation im Betrieb oder in dem Betriebsteil, in dem die Schusswaffen aufbewahrt werden, bis zum Ablauf von zehn Jahren, von dem Tage der letzten Eintragung an gerechnet, aufzubewahren. Will der Verpflichtete die Ersatzdokumentation nach Ablauf der in Satz 1 genannten Frist nicht weiter aufbewahren, so hat er sie der zuständigen Behörde zur Aufbewahrung zu übergeben. Gibt der Verpflichtete das Gewerbe auf, so hat er die Ersatzdokumentation seinem Nachfolger zu übergeben oder der zuständigen Behörde zur Aufbewahrung auszuhändigen. Der Verpflichtete oder sein Nachfolger hat die Ersatzdokumentation zu vernichten, wenn seit der letzten Eintragung 30 Jahre vergangen sind.

(3) Die zuständigen Behörden haben die nach Absatz 2 Satz 2 oder Satz 3 übernommenen Ersatzdokumentationen aufzubewahren. Sie haben die Ersatzdokumentation jeweils zu vernichten, wenn seit der letzten Eintragung 30 Jahre vergangen sind.

I

§ 18 Führung der Ersatzdokumentation in gebundener Form

(1) Wird die Ersatzdokumentation in gebundener Form geführt, so sind die Seiten laufend zu nummerieren; die Zahl der Seiten ist auf dem Titelblatt anzugeben.

(2) Die in gebundener Form geführte Ersatzdokumentation hat folgende Angaben zu enthalten:

1. laufende Nummer der Eintragung,
2. Datum des Eingangs,
3. Waffentyp,
4. Name, Firma oder Marke, die auf der Waffe angebracht sind,
5. Herstellungsnummer,
6. Name und Anschrift des Überlassers,
7. Datum des Abgangs oder der Kenntnis des Verlustes,
8. Name und Anschrift des Empfängers oder Art des Verlustes,
9. sofern die Schusswaffe nicht einem Erwerber nach § 21 Absatz 1 des Waffengesetzes überlassen wird, die Bezeichnung der Erwerbsberechtigung unter Angabe der ausstellenden Behörde und des Ausstellungsdatums, und
10. sofern die Schusswaffe einem Erwerber nach § 34 Absatz 5 Satz 1 des Waffengesetzes überlassen oder an ihn versandt wird, Bezeichnung und Datum der Bestätigung der Anzeige durch das Bundesverwaltungsamt.

Die Angaben zu den Nummern 1 bis 6 sind auf den linken Seiten, die Angaben zu den Nummern 7 bis 10 jeweils auf der rechten Seite der gebundenen Ersatzdokumentation gegenüber einzutragen.

(3) Die Eintragungen nach Absatz 2 sind für jede Waffe gesondert vorzunehmen.

§ 19 Führung der Ersatzdokumentation in Karteiform

(1) Wird die Ersatzdokumentation in Karteiform geführt, so können die Eintragungen für mehrere Waffen desselben Typs (Waffenposten) nach Absatz 2 zusammengefasst werden. Auf einer Karteikarte darf nur ein Waffenposten nach Absatz 2 Nummer 1 eingetragen werden. Neueingänge dürfen auf demselben Karteiblatt erst eingetragen werden, wenn der eingetragene Waffenposten vollständig abgebucht ist. Abgänge sind mit den Angaben nach Absatz 2 Nummer 2 gesondert einzutragen. Für jeden Waffentyp ist ein besonderes Blatt anzulegen, auf dem der Waffentyp und der Name, die Firma oder die Marke, die auf der Waffe angebracht sind, zu vermerken sind. Die Karteiblätter sind der zuständigen Behörde zur Abstempelung der Blätter und zur Bestätigung ihrer Gesamtzahl vorzulegen.

(2) Die Ersatzdokumentation in Karteiform hat folgende Angaben zu enthalten:

1. bei der Eintragung des Eingangs:
   a) laufende Nummer der Eintragung,
   b) Datum des Eingangs,
   c) Stückzahl,
   d) Herstellungsnummern sowie
   e) Name und Anschrift des Überlassers,
2. bei der Eintragung von Abgängen:
   a) laufende Nummer der Eintragung,
   b) Datum des Abgangs oder der Kenntnis des Verlustes,
   c) Stückzahl,
   d) Herstellungsnummern,
   e) Name und Anschrift des Empfängers oder Art des Verlustes,
   f) die Bezeichnung der Erwerbsberechtigung unter Angabe der ausstellenden Behörde und des Ausstellungsdatums,
   g) sofern die Schusswaffe einem Erwerber nach § 34 Absatz 5 Satz 1 des Waffengesetzes überlassen oder an ihn versandt wird, Bezeichnung und Datum der Bestätigung der Anzeige durch das Bundesverwaltungsamt.

§ 20 Führung der Ersatzdokumentation in elektronischer Form

(1) Wird die Ersatzdokumentation in elektronischer Form geführt, so müssen die gespeicherten Datensätze die nach § 19 Absatz 2 geforderten Angaben enthalten. Die Datensätze sind unverzüglich zu speichern; sie sind fortlaufend zu nummerieren.

(2) Die gespeicherten Datensätze sind nach Ablauf eines jeden Monats in Klarschrift auszudrucken. Der Ausdruck hat so zu erfolgen, dass die Angaben im Ausdruck den Angaben der Ersatzdokumentation in Karteiform nach § 19 Absatz 2 entsprechen. Der Name des Überlassers, des Erwerbers und die Erwerbsberechtigung können auch in verschlüsselter Form ausgedruckt werden. In diesem Fall ist dem Ausdruck ein Verzeichnis beizugeben, das eine unmittelbare Entschlüsselung der bezeichneten Daten ermöglicht. Die Bestände sind auf den nächsten Monat vorzutragen.

(3) Der Ausdruck der nach dem letzten Monatsabschluss gespeicherten Datensätze ist auf Verlangen der zuständigen Behörde auch in deren Diensträumen oder den Beauftragten der Behörde auch während des laufenden Monats jederzeit vorzulegen.

(4) Die zuständige Behörde kann Ausnahmen von Absatz 2 Satz 1 und 5 zulassen, wenn der Gesamtbestand an Waffen zu Beginn eines jeden Jahres und die Zu- und Abgänge monatlich in Klarschrift ausgedruckt werden und sichergestellt ist, dass die während des Jahres gespeicherten Daten auf Verlangen der zuständigen Behörde jederzeit in Klarschrift ausgedruckt werden können.

Unterabschnitt 3 Kennzeichnung von Waffen

§ 21 Kennzeichnung von Schusswaffen

(1) Wer Schusswaffen im Geltungsbereich des Waffengesetzes herstellt oder in diesen verbringt, hat folgende in § 24 Absatz 1 bis 3 des Waffengesetzes genannte Angaben auf folgenden wesentlichen Teilen der Schusswaffen anzubringen:

1. die Angaben nach § 24 Absatz 1 Satz 1 Nummer 1, 2, 4 und 5 sowie Absatz 2 und 3 des Waffengesetzes auf dem führenden wesentlichen Teil der Schusswaffe;
2. die Angaben nach § 24 Absatz 1 Satz 1 Nummer 1 und 5 des Waffengesetzes auf den wesentlichen Teilen der Schusswaffe, die keine führenden wesentlichen Teile sind;
3. die Angabe nach § 24 Absatz 1 Satz 1 Nummer 3 des Waffengesetzes auf dem Lauf und auf dem Patronenlager.

Bei Schusswaffen, deren Bauart nach § 8 des Beschussgesetzes zugelassen ist, sind die nach § 24 Absatz 1 Satz 1 Nummer 1 und 3 in Verbindung mit Satz 2 Nummer 1 Buchstabe a des Waffengesetzes anzubringenden Angaben nur auf dem führenden wesentlichen Teil anzubringen. Auf Druckluft- und Federdruckwaffen nach Anlage 1 Abschnitt 1 Unterabschnitt 1 Nummer 2.9 des Waffengesetzes ist Satz 1 Nummer 2 nicht anzuwenden.

(2) Abweichend von Absatz 1 Satz 1 Nummer 2 und Satz 3 sind wesentliche Teile erlaubnispflichtiger Schusswaffen mit den Angaben nach § 24 Absatz 1 Satz 1 Nummer 1, 2, 4 und 5 des Waffengesetzes zu kennzeichnen, wenn sie einzeln gehandelt werden. Bei Wechsel- oder Einstecksystemen ist der Lauf gemäß Absatz 1 Satz 1 Nummer 1 und 3 und der Verschluss sowie zugehörige Gehäuseteile gemäß Absatz 1 Satz 1 Nummer 2 zu kennzeichnen.

(3) Wird eine Schusswaffe aus wesentlichen Teilen hergestellt, die bereits mindestens mit einer Seriennummer gekennzeichnet sind, so sind diese wesentlichen Teile abweichend von Absatz 1 Satz 1 Nummer 1 und 2 lediglich mit der Angabe nach § 24 Absatz 1 Satz 1 Nummer 1 des Waffengesetzes zu kennzeichnen. Es ist jedoch sicherzustellen, dass auf dem führenden wesentlichen Teil alle Angaben gemäß Absatz 1 Satz 1 Nummer 1 angebracht sind. Deuten Angaben auf der Schusswaffe auf einen anderen Hersteller hin, so sind diese durch zwei waagerecht dauerhaft eingebrachte Striche zu entwerten, wobei die Angaben weiterhin lesbar bleiben müssen. Angaben auf der Schusswaffe, die auf eine andere Munition oder auf ein anderes Laufkaliber hindeuten, sind zu entwerten.

(4) Wer ein wesentliches Teil einer Schusswaffe austauscht, hat das neu eingebaute wesentliche Teil wie in Absatz 1 bestimmt zu kennzeichnen. Absatz 3 gilt entsprechend.

(5) Wer eine Schusswaffe umbaut, hat auf allen wesentlichen Teilen, die beim Umbau verändert wurden, die Angaben nach § 24

Absatz 1 Satz 1 Nummer 1 des Waffengesetzes anzubringen. Bereits vorhandene Angaben müssen weiterhin lesbar bleiben. Hat der Umbau zur Folge, dass die Bewegungsenergie der Geschosse 7,5 Joule überschreitet, so sind alle wesentlichen Teile entsprechend Absatz 1 zu kennzeichnen. Das Kennzeichen nach § 24 Absatz 2 des Waffengesetzes ist zu entfernen. Auf dem führenden wesentlichen Teil ist der Buchstabe „U" anzubringen.

(6) Bei Aussonderung von Schusswaffen aus staatlicher Verfügung und dauerhafter Überführung in zivile Verwendung sind die Angaben nach § 24 Absatz 3 des Waffengesetzes durch zwei waagerecht dauerhaft eingebrachte Striche zu entwerten. Dabei muss erkennbar bleiben, welche nach § 55 Absatz 1 Satz 1 des Waffengesetzes bezeichnete Stelle verfügungsberechtigt über die Schusswaffe war. Vor der dauerhaften Überführung in zivile Verwendung hat die überführende Stelle sicherzustellen, dass die Schusswaffe gemäß Absatz 1 gekennzeichnet ist.

(7) Die Kennzeichnung gemäß den Absätzen 1 bis 6 hat eine Schriftgröße von mindestens 1,6 Millimetern und eine Markierungstiefe von mindestens 0,0762 Millimetern aufzuweisen. Die Vorgabe zur Markierungstiefe nach Satz 1 ist nicht anzuwenden auf Schalldämpfer nach Anlage 1 Abschnitt 1 Unterabschnitt 1 Nummer 1.3 des Waffengesetzes. Von der Vorgabe zur Schriftgröße nach Satz 1 kann abgewichen werden, wenn dies aufgrund der geringen Größe des zu kennzeichnenden wesentlichen Teils erforderlich ist. Für die Kennzeichnung gemäß den Absätzen 1 bis 6 sind lateinische Buchstaben sowie das arabische und das römische Zahlensystem zulässig. Wird eine Schusswaffe in den Geltungsbereich des Waffengesetzes verbracht, werden auch Kennzeichnungen in griechischer oder kyrillischer Schrift als ordnungsgemäß anerkannt, sofern die übrigen Vorgaben erfüllt sind.

(8) Besteht das gemäß den Absätzen 1 bis 7 zu kennzeichnende Gehäuse einer Schusswaffe aus Kunststoff, kann die Kennzeichnung gemäß den Absätzen 1 bis 7 auf einer Metallplatte angebracht werden, die fest mit dem Material des Gehäuses verbunden ist, sodass bei ihrer Entfernung ein Teil des Gehäuses zerstört würde.

Abschnitt 7
Ausbildung in der Verteidigung mit Schusswaffen

§ 22 Lehrgänge und Schießübungen

(1) In Lehrgängen zur Ausbildung in der Verteidigung mit Schusswaffen oder bei Schießübungen dieser Art sind unter Beachtung des Verbots des kampfmäßigen Schießens (§ 27 Abs. 7 Satz 1 des Waffengesetzes) Schießübungen und insbesondere die Verwendung solcher Hindernisse und Übungseinbauten nicht zulässig, die der Übung über den Zweck der Verteidigung der eigenen Person oder Dritter hinaus einen polizeieinsatzmäßigen oder militärischen Charakter verleihen. Die Verwendung von Zielen oder Scheiben, die Menschen darstellen oder symbolisieren, ist gestattet. Die Veranstaltung der in Satz 1 genannten Schießübungen und die Teilnahme als Schütze an diesen Schießübungen sind verboten.

(2) Wer Lehrgänge zur Ausbildung in der Verteidigung mit Schusswaffen oder Schießübungen dieser Art veranstalten will, hat die beabsichtigte Tätigkeit und den Ort, an dem die Veranstaltung stattfinden soll, zwei Wochen vorher der zuständigen Behörde schriftlich oder elektronisch anzuzeigen. Auf Verlangen der zuständigen Behörde ist ein Lehrgangsplan oder Übungsprogramm vorzulegen, aus dem die zu vermittelnden Kenntnisse und die Art der beabsichtigten Schießübungen erkennbar sind. Die Beendigung der Lehrgänge oder Schießübungen ist der zuständigen Behörde innerhalb von zwei Wochen ebenfalls anzuzeigen. Der Betreiber der Schießstätte darf die Durchführung von Veranstaltungen der genannten Art nur zulassen, wenn der Veranstalter ihm gegenüber schriftlich oder elektronisch erklärt hat, dass die nach Satz 1 erforderliche Anzeige erfolgt ist.

(3) In der Anzeige über die Aufnahme der Lehrgänge oder Schießübungen hat der Veranstalter die Personalien der volljährigen

verantwortlichen Aufsichtsperson und der Ausbilder anzugeben. § 10 Abs. 2 Satz 2 ist entsprechend anzuwenden. Die spätere Einstellung oder das Ausscheiden der genannten Person hat der Veranstalter der zuständigen Behörde unverzüglich anzuzeigen.

(4) Auf die Verpflichtung des Veranstalters zur Bestellung einer verantwortlichen Aufsichtsperson und von Ausbildern ist § 10 Abs. 1 entsprechend anzuwenden.

§ 23 Zulassung zum Lehrgang

(1) Zur Teilnahme an den Lehrgängen oder Schießübungen im Sinne des § 22 dürfen nur Personen zugelassen werden,

1. die auf Grund eines Waffenscheins oder einer Bescheinigung nach § 55 Abs. 2 des Waffengesetzes zum Führen einer Schusswaffe berechtigt sind oder
2. denen ein in § 55 Abs. 1 des Waffengesetzes bezeichneter Dienstherr die dienstlichen Gründe zum Führen einer Schusswaffe bescheinigt hat oder denen von der zuständigen Behörde eine Bescheinigung nach Absatz 2 erteilt worden ist.

Die verantwortliche Aufsichtsperson hat sich vor der Aufnahme des Schießbetriebs vom Vorliegen der in Satz 1 genannten Erfordernisse zu überzeugen.

(2) Die zuständige Behörde kann Inhabern einer für Kurzwaffen ausgestellten Waffenbesitzkarte und Inhabern eines Jagdscheins, die im Sinne des § 19 des Waffengesetzes persönlich gefährdet sind, die Teilnahme an Lehrgängen oder Schießübungen der in § 22 genannten Art gestatten.

§ 24 Verzeichnisse

(1) Der Veranstalter hat ein Verzeichnis der verantwortlichen Aufsichtspersonen, der Ausbilder und der Teilnehmer gemäß Absatz 2 zu führen.

(2) Aus dem Verzeichnis müssen folgende Angaben über die in Absatz 1 genannten Personen hervorgehen:

1. Vor- und Familiennamen, Geburtsdatum und -ort, Wohnort und Anschrift;
2. Nummer, Ausstellungsdatum und ausstellende Behörde des Waffenscheins, der Bescheinigung nach § 55 Abs. 2 des Waffengesetzes oder der Bescheinigung des Dienstherrn nach § 23 Abs. 1 Satz 1 Nr. 2 oder der Ausnahmeerlaubnis nach § 23 Abs. 2;
3. in welchem Zeitraum (Monat und Jahr) sie als Aufsichtsperson oder als Ausbilder tätig waren oder an einer Veranstaltung teilgenommen haben.

(3) Das Verzeichnis ist vom Veranstalter auf Verlangen der zuständigen Behörde auch in deren Diensträumen oder den Beauftragten der Behörde vorzulegen.

(4) Der Veranstalter hat das Verzeichnis bis zum Ablauf von fünf Jahren, vom Tage der letzten Eintragung an gerechnet, sicher aufzubewahren. Gibt der Veranstalter die Durchführung des Verteidigungsschießens auf, so hat er das Verzeichnis seinem Nachfolger zu übergeben oder der zuständigen Behörde zur Aufbewahrung auszuhändigen.

§ 25 Untersagung von Lehrgängen oder Lehrgangsteilen; Abberufung von Aufsichtspersonen oder Ausbildern

(1) Die zuständige Behörde kann Veranstaltungen im Sinne des § 22 untersagen, wenn Tatsachen die Annahme rechtfertigen, dass der Veranstalter, die verantwortliche Aufsichtsperson oder ein Ausbilder die erforderliche Zuverlässigkeit, persönliche Eignung oder Sachkunde nicht oder nicht mehr besitzt. Ergeben sich bei einer verantwortlichen Aufsichtsperson oder einem Ausbilder Anhaltspunkte für die begründete Annahme des Vorliegens von Tatsachen nach Satz 1, so hat die zuständige Behörde vom Veranstalter die Abberufung dieser Person zu verlangen.

(2) Der Veranstalter hat auf Verlangen der zuständigen Behörde die Durchführung einzelner Lehrgänge oder Schießübungen einstweilen einzustellen. Die Behörde kann die einstweilige Einstellung verlangen, solange der Veranstalter

1. eine verantwortliche Aufsichtsperson oder die unter Berücksichtigung der Erfordernisse eines sicheren Schießbetriebs erfor-

derliche Anzahl von Ausbildern nicht bestellt hat oder
2. dem Verlangen der Behörde, eine verantwortliche Aufsichtsperson oder einen Ausbilder wegen fehlender Zuverlässigkeit, persönlicher Eignung oder Sachkunde von seiner Tätigkeit abzuberufen, nicht nachkommt.

Abschnitt 7a
Bestimmungen in Bezug auf unbrauchbar gemachte Schusswaffen

§ 25a Besondere Bestimmungen in Bezug auf den Umgang mit unbrauchbar gemachten Schusswaffen

(1) Der Besitzer einer unbrauchbar gemachten Schusswaffe ist verpflichtet, die Deaktivierungsbescheinigung nach § 8a Absatz 2 Satz 3 des Beschussgesetzes aufzubewahren. Kommt ihm die Deaktivierungsbescheinigung abhanden, so hat er dies der gemäß § 48 Absatz 1 und 3 des Waffengesetzes zuständigen Behörde unverzüglich nach Feststellung des Abhandenkommens anzuzeigen. § 37b Absatz 5 des Waffengesetzes gilt entsprechend.

(2) Wer eine unbrauchbar gemachte Schusswaffe führt oder transportiert, ist verpflichtet, dabei die Deaktivierungsbescheinigung oder eine amtlich beglaubigte Abschrift hiervon mit sich zu führen.

(3) Das dauerhafte Überlassen im Geltungsbereich des Waffengesetzes sowie das Verbringen und die Mitnahme von unbrauchbar gemachten Schusswaffen

1. in den Geltungsbereich des Waffengesetzes,
2. durch den Geltungsbereich des Waffengesetzes oder
3. aus dem Geltungsbereich des Waffengesetzes in einen anderen Mitgliedstaat

ist nur zulässig gemeinsam mit der Deaktivierungsbescheinigung nach § 8a Absatz 2 Satz 3 des Beschussgesetzes oder gemeinsam mit einer entsprechenden Bescheinigung eines anderen Mitgliedstaates auf Grundlage des Anhangs III der Durchführungsverordnung (EU) 2015/2403 der Kommission vom 15. Dezember 2015 zur Festlegung gemeinsamer Leitlinien über Deaktivierungsstandards und -techniken, die gewährleisten, dass Feuerwaffen bei der Deaktivierung endgültig unbrauchbar gemacht werden (ABl. L 333 vom 19. 12. 2015, S. 62), die zuletzt durch die Durchführungsverordnung (EU) 2018/337 (ABl. L 65 vom 8. 3. 2018, S. 1) geändert worden ist.

§ 25b Vernichtung unbrauchbar gemachter Schusswaffen

Wer eine unbrauchbar gemachte Schusswaffe vernichtet, hat die Deaktivierungsbescheinigung und alle beglaubigten Abschriften, Abdrucke, Ablichtungen und dergleichen der Deaktivierungsbescheinigung unverzüglich bei der gemäß § 48 Absatz 1 und 3 des Waffengesetzes zuständigen Behörde abzugeben.

§ 25c Erwerb und Besitz von unbrauchbar gemachten Schusswaffen, die nicht den Vorgaben der Verordnung (EU) 2015/2403 entsprechen

(1) Für Schusswaffen, die

1. vor dem 1. April 2003 entsprechend den Anforderungen des § 7 der Ersten Verordnung zum Waffengesetz vom 24. Mai 1976 (BGBl. I S. 1285) in der bis zu diesem Zeitpunkt geltenden Fassung unbrauchbar gemacht worden sind,
2. vor dem 8. April 2016 entsprechend den Anforderungen der Anlage 1 Abschnitt 1 Unterabschnitt 1 Nummer 1.4 in der Fassung des Gesetzes vom 11. Oktober 2002 (BGBl. I S. 3970, 4592; 2003 I S. 1957) unbrauchbar gemacht worden sind und die ein Zulassungszeichen nach Anlage II Abbildung 11 der Beschussverordnung vom 13. Juli 2006 (BGBl. I S. 1474) in der bis zu diesem Zeitpunkt geltenden Fassung aufweisen oder
3. vor dem 28. Juni 2018 entsprechend den Anforderungen der Durchführungsverordnung (EU) 2015/2403 unbrauchbar gemacht worden sind,

besteht die Berechtigung zum Besitz fort, es sei denn, die Schusswaffen werden in einen anderen Mitgliedstaat verbracht. Im Übrigen gelten die in Satz 1 genannten Schusswaffen als Schusswaffen im Sinne von § 1 Absatz 2 Nummer 1 des Waffengesetzes.

(2) Wer gemäß Absatz 1 Satz 1 zum Besitz einer dort genannten Schusswaffe berechtigt ist, kann diese erlaubnisfrei überlassen. § 37a Satz 1 Nummer 1, § 37e Absatz 3, §§ 37f und 37h des Waffengesetzes gelten entsprechend.

(3) Für die Erteilung einer Erlaubnis zum Erwerb und Besitz von in Absatz 1 Satz 1 genannten Schusswaffen ist weder ein Nachweis der Sachkunde gemäß § 7 des Waffengesetzes noch ein Nachweis eines Bedürfnisses gemäß § 8 des Waffengesetzes erforderlich.

(4) § 39b Absatz 3 des Waffengesetzes gilt für die unter Absatz 1 Satz 1 genannten Schusswaffen entsprechend.

Abschnitt 8 Vorschriften mit Bezug zur Europäischen Union und zu Drittstaaten

Unterabschnitt 1 Anwendung des Gesetzes auf Bürger der Europäischen Union

§ 26 Allgemeine Bestimmungen

(1) Auf Staatsangehörige eines Mitgliedstaates ist § 21 Abs. 4 Nr. 1 des Waffengesetzes nicht anzuwenden.

(2) Auf Staatsangehörige eines Mitgliedstaates, die in einem anderen Mitgliedstaat ihren gewöhnlichen Aufenthalt haben, ist § 21 Abs. 4 Nr. 2 des Waffengesetzes nicht anzuwenden, soweit die Erlaubnis darauf beschränkt wird,

1. Bestellungen auf Waffen oder Munition bei Inhabern einer Waffenherstellungs- oder Waffenhandelserlaubnis aufzusuchen und diesen den Erwerb, den Vertrieb oder das Überlassen solcher Gegenstände zu vermitteln und
2. den Besitz nur über solche Waffen oder Munition auszuüben, die als Muster, als Proben oder als Teile einer Sammlung mitgeführt werden.

(3) Absatz 2 ist entsprechend anzuwenden auf Gesellschaften, die nach den Rechtsvorschriften eines Mitgliedstaates gegründet sind und ihren satzungsmäßigen Sitz, ihre Hauptverwaltung oder ihre Hauptniederlassung innerhalb der Europäischen Union haben. Soweit diese Gesellschaften nur ihren satzungsmäßigen Sitz, jedoch weder ihre Hauptverwaltung noch ihre Hauptniederlassung innerhalb der Europäischen Union haben, gilt Satz 1 nur, wenn ihre Tätigkeit in tatsächlicher und dauerhafter Verbindung mit der Wirtschaft eines Mitgliedstaates steht.

(4) Die Vorschriften der Absätze 1 bis 3 zugunsten von Staatsangehörigen eines Mitgliedstaates sind nicht anzuwenden, soweit dies zur Beseitigung einer Störung der öffentlichen Sicherheit oder Ordnung oder zur Abwehr einer bevorstehenden Gefahr für die öffentliche Sicherheit oder Ordnung im Einzelfall erforderlich ist.

(5) Auf Staatsangehörige eines Mitgliedstaates ist § 4 Abs. 2 des Waffengesetzes nicht anzuwenden, soweit sie im Geltungsbereich des Waffengesetzes ihren gewöhnlichen Aufenthalt haben und eine selbstständige oder unselbstständige Tätigkeit ausüben, die den Erwerb, den Besitz oder das Führen einer Waffe oder von Munition erfordert.

§ 27 Besondere Bestimmungen zur Fachkunde

(1) Der Nachweis der Fachkunde für den Waffenhandel im Sinne des § 22 des Waffengesetzes ist für einen Staatsangehörigen eines Mitgliedstaates als erbracht anzusehen, wenn er in einem anderen Mitgliedstaat im Handel mit Waffen und Munition wie folgt tätig war:

1. drei Jahre ununterbrochen als Selbstständiger oder in leitender Stellung,
2. zwei Jahre ununterbrochen als Selbstständiger oder in leitender Stellung, wenn er für die betreffende Tätigkeit eine vorherige Ausbildung nachweisen kann, die durch ein staatlich anerkanntes Zeugnis bestätigt oder von einer zuständigen Berufsinstitution als vollwertig anerkannt ist,
3. zwei Jahre ununterbrochen als Selbstständiger oder in leitender Stellung sowie außerdem drei Jahre als Unselbstständiger oder

4. drei Jahre ununterbrochen als Unselbstständiger, wenn er für den betreffenden Beruf eine vorherige Ausbildung nachweisen kann, die durch ein staatlich anerkanntes Zeugnis bestätigt oder von einer zuständigen Berufsinstitution als vollwertig anerkannt ist.

(2) In den in Absatz 1 Nr. 1 und 3 genannten Fällen darf die Tätigkeit als Selbstständiger oder in leitender Stellung höchstens zehn Jahre vor dem Zeitpunkt der Antragstellung beendet worden sein.

(3) Als ausreichender Nachweis ist auch anzusehen, wenn der Antragsteller die dreijährige Tätigkeit nach Absatz 1 Nr. 1 nicht ununterbrochen ausgeübt hat, die Ausübung jedoch nicht mehr als zwei Jahre vor dem Zeitpunkt der Antragstellung beendet worden ist.

(4) Eine Tätigkeit in leitender Stellung im Sinne des Absatzes 1 übt aus, wer in einem industriellen oder kaufmännischen Betrieb des entsprechenden Berufszweigs tätig war

1. als Leiter des Unternehmens oder einer Zweigniederlassung,
2. als Stellvertreter des Unternehmers oder des Leiters des Unternehmens, wenn mit dieser Stellung eine Verantwortung verbunden ist, die der des vertretenen Unternehmers oder Leiters entspricht, oder
3. in leitender Stellung mit kaufmännischen Aufgaben und mit der Verantwortung für mindestens eine Abteilung des Unternehmens.

(5) Der Nachweis, dass die Voraussetzungen der Absätze 1 bis 4 erfüllt sind, ist vom Antragsteller durch eine Bescheinigung der zuständigen Stelle des Herkunftslandes zu erbringen.

Unterabschnitt 2
Erwerb von Waffen und Munition in anderen Mitgliedstaaten; Verbringen und Mitnahme

§ 28 Erlaubnisse für den Erwerb von Waffen und Munition in einem anderen Mitgliedstaat

Eine Erlaubnis nach § 11 Abs. 2 des Waffengesetzes wird als Zustimmung durch einen Erlaubnisschein der zuständigen Behörde erteilt. Für die Erteilung hat der Antragsteller folgende Angaben zu machen:

1. über seine Person:

   Vor- und Familienname, Geburtsdatum und -ort, Anschriften sowie Nummer, Ausstellungsdatum und ausstellende Behörde des Passes oder des Personalausweises;
2. über die Waffe:

   bei Schusswaffen Anzahl, Art, Kaliber und Kategorie nach Anlage 1 Abschnitt 3 zum Waffengesetz und gegebenenfalls CIP-Beschusszeichen; bei sonstigen Waffen Anzahl und Art der Waffen;
3. über die Munition:

   Anzahl, Art, Kaliber und gegebenenfalls CIP-Prüfzeichen.

§ 29 Erlaubnisse zum Verbringen von Waffen und Munition

(1) Eine Erlaubnis nach § 29 oder § 30 des Waffengesetzes wird durch einen Erlaubnisschein der zuständigen Behörde erteilt.

(2) Für die Erteilung einer Erlaubnis nach § 29 Absatz 1 und 2 des Waffengesetzes hat der Antragsteller folgende Angaben zu machen:

1. über den Versender- und den Empfängermitgliedstaat:

   jeweils die Bezeichnung des Mitgliedstaates;
2. über die Person des Überlassers und des Erwerbers oder desjenigen, der die Waffen oder Munition ohne Besitzwechsel in einen anderen Mitgliedstaat verbringt:
   a) Vor- und Familienname,
   b) Geburtsdatum und -ort,
   c) Anschrift,
   d) bei Unternehmen auch Telefon- oder Telefaxnummer und
   e) die Angabe, ob es sich um einen Waffenhändler oder um eine Privatperson handelt;
3. über die Waffen:

   Anzahl und Art der Waffen;
4. über Schusswaffen zusätzlich zu den Angaben nach Nummer 3 die folgenden weiteren Angaben:

a) Kategorie nach der Anlage 1 Abschnitt 3 des Waffengesetzes,
b) Name, Firma oder eingetragenes Markenzeichen des Herstellers,
c) Modellbezeichnung,
d) Kaliber,
e) Herstellungsnummer und
f) sofern vorhanden, CIP-Beschusszeichen;

5. über die Munition:
   a) Anzahl und Art der Munition,
   b) Firma oder eingetragenes Markenzeichen des Herstellers, Kaliber und
   c) sofern vorhanden, CIP-Munitionsprüfzeichen;
6. über die Lieferanschrift:
   Anschrift, an die die Waffen oder die Munition versandt oder transportiert werden;
7. über die Art und Weise der Verbringung im Fall des Verbringens aus dem Geltungsbereich des Waffengesetzes in einen anderen Mitgliedstaat:
   a) das Beförderungsmittel,
   b) den Tag der Absendung,
   c) den voraussichtlichen Ankunftstag und
   d) die Durchgangsländer.

Wird eine Erlaubnis zum Verbringen in oder durch den Geltungsbereich des Waffengesetzes zwischen gewerbsmäßigen Waffenherstellern oder Waffenhändlern beantragt, kann auf die Angabe des Kalibers und der Herstellungsnummer verzichtet werden, wenn besondere Gründe hierfür glaubhaft gemacht werden. Im Fall des Satzes 2 müssen die genannten Angaben den nach § 33 Absatz 3 des Waffengesetzes zuständigen Überwachungsbehörden beim Verbringen mitgeteilt werden, wenn das Verbringen aus einem Drittstaat erfolgt.

(3) Für die Erteilung einer Erlaubnis nach § 30 des Waffengesetzes hat der Antragsteller Angaben über Name und Anschrift der Firma, Telefon- und Telefaxnummer, Vor- und Familienname, Geburtsort und -datum des Inhabers der Erlaubnis nach § 21 Abs. 1 des Waffengesetzes, Empfängermitgliedstaat und Art der Waffen und Munition zu machen.

§ 30 Erlaubnisse für die Mitnahme von Waffen und Munition nach, durch oder aus Deutschland

(1) Eine Erlaubnis nach § 32 Absatz 1 Satz 1 oder Absatz 1a Satz 1 des Waffengesetzes wird durch einen Erlaubnisschein der zuständigen Behörde erteilt. Für die Erteilung der Erlaubnis nach Satz 1 hat der Antragsteller folgende Angaben zu machen:

1. über seine Person:
   Vor- und Familienname, Geburtsdatum und -ort, Wohnort und Anschrift, bei Firmen auch Telefon- oder Telefaxnummer, sowie Nummer, Ausstellungsdatum und ausstellende Behörde des Passes oder des Personalausweises;
2. über die Waffen:
   bei Schusswaffen Anzahl und Art der Waffen, Kategorie nach der Anlage 1 Abschnitt 3 zum Waffengesetz, Firma oder eingetragenes Markenzeichen des Herstellers, Modellbezeichnung, Kaliber, Herstellungsnummer und gegebenenfalls CIP-Beschusszeichen; bei sonstigen Waffen Anzahl und Art der Waffen;
3. über die Munition:
   Anzahl und Art der Munition, Kategorie nach der Richtlinie 93/15/EWG des Rates vom 5. April 1993 zur Harmonisierung der Bestimmungen über das Inverkehrbringen und die Kontrolle von Explosivstoffen für zivile Zwecke (ABl. EG Nr. L 121 S. 20), Firma oder eingetragenes Markenzeichen des Herstellers, Kaliber und gegebenenfalls CIP-Munitionsprüfzeichen;
4. über den Grund der Mitnahme:
   genaue Angabe des Ortes, zu dem die Waffen oder die Munition mitgenommen werden sollen, und der Zweck der Mitnahme.

Der Erlaubnisschein für die Mitnahme von Waffen oder Munition aus einem Drittstaat muss alle in Satz 2 genannten Angaben enthalten.

(2) Bei der Erteilung einer Erlaubnis nach § 32 Abs. 1 Satz 1 des Waffengesetzes kann die Sachkunde auch als nachgewiesen angesehen werden, wenn eine ausreichende Kennt-

nis der geforderten Inhalte durch einen Beleg des Staates, in dem die Person ihren gewöhnlichen Aufenthalt hat, glaubhaft gemacht wird.

(3) Bei der Erteilung einer Erlaubnis nach § 32 Abs. 4 des Waffengesetzes kann die zuständige Behörde auf einzelne der in Absatz 1 Satz 2 Nr. 2 und 3 aufgeführten Angaben verzichten, wenn diese nicht rechtzeitig gemacht werden können. Die Angaben sind der zuständigen Behörde unverzüglich nachzureichen und bei der Einreise den nach § 33 Abs. 3 des Waffengesetzes zuständigen Überwachungsbehörden mitzuteilen.

(4) Die zuständige Behörde kann in besonderen Fällen gestatten, dass Antragstellungen für die Erteilung einer Erlaubnis nach § 32 Abs. 4 des Waffengesetzes durch mehrere Personen gemeinsam auf dem hierfür vorgesehenen amtlichen Vordruck erfolgen. Im Falle des Satzes 1 sind für die Antragsteller jeweils die Angaben nach Absatz 1 Satz 2 Nr. 1 und 4 vollständig zu machen, die Angaben nach Absatz 1 Satz 2 Nr. 2 und 3, soweit die Behörde hierauf nicht verzichtet hat.

§ 31 Anzeigen

(1) Eine Anzeige nach § 30 Satz 3 des Waffengesetzes an das Bundesverwaltungsamt muss folgende Angaben enthalten:

1. über die Beförderung:
   a) die Bezeichnung des Versender- und des Empfängermitgliedstaates,
   b) die Bezeichnung der Durchgangsländer,
   c) die Beförderungsart und
   d) den Beförderer;
2. zu dem Versender, dem Erklärungspflichtigen und dem Empfänger jeweils:
   a) den Namen oder bei Unternehmen, sofern vorhanden, die Firma,
   b) Anschrift und
   c) Telefon- oder Telefaxnummer;
3. zu der Erlaubnis nach § 30 des Waffengesetzes:
   a) Ausstellungsdatum,
   b) Ausstellungsnummer,
   c) ausstellende Behörde,
   d) Geltungsdauer;
4. zu der Erlaubnis oder der Freistellung von der Erlaubnis des anderen Mitgliedstaates:
   a) Ausstellungsdatum,
   b) ausstellende Behörde,
   c) Geltungsdauer,
   d) Angaben zu den von der Erlaubnis umfassten Waffen;
5. über die Waffen:
   Anzahl und Art der Waffen;
6. über Schusswaffen zusätzlich zu den Angaben nach Nummer 5 die folgenden weiteren Angaben:
   a) die Kategorie nach Anlage 1 Abschnitt 3 des Waffengesetzes,
   b) den Namen, die Firma oder das eingetragene Markenzeichen des Herstellers,
   c) die Modellbezeichnung,
   d) das Kaliber,
   e) die Herstellungsnummer und
   f) das CIP-Beschusszeichen, sofern vorhanden;
7. zu der Munition:
   a) Art und Anzahl,
   b) Name, Firma, oder eingetragenes Markenzeichen des Herstellers,
   c) Kaliber,
   d) CIP-Munitionsprüfzeichen, falls vorhanden,
   e) Anschrift, an die die Waffen oder die Munition versandt oder transportiert werden.

Im Fall des Satzes 1 Nummer 4 ist der Anzeige eine Ablichtung der Erlaubnis oder Freistellung beizufügen.

(2) Die Anzeige gemäß § 30 Satz 3 des Waffengesetzes an das Bundesverwaltungsamt hat unter Verwendung des hierfür vorgesehenen amtlichen Vordrucks oder elektronisch zu erfolgen. Für die elektronische Anzeige kann das Bundesverwaltungsamt Abweichungen von der Form, nicht aber vom Inhalt des amtlichen Vordrucks, zulassen. Das Bun-

desverwaltungsamt kann verlangen, dass der Anzeigende seine Identität auf geeignete Weise nachweist.

(3) Im Fall der Verwendung des amtlichen Vordrucks bestätigt das Bundesverwaltungsamt den Eingang der vollständigen Anzeige auf dem Anzeigevordruck oder elektronisch. Im Fall der elektronischen Anzeige bestätigt das Bundesverwaltungsamt den Eingang der vollständigen Anzeige elektronisch.

(4) Eine Anzeige nach § 34 Abs. 4, erster Halbsatz des Waffengesetzes an das Bundesverwaltungsamt ist mit dem hierfür vorgesehenen amtlichen Vordruck zu erstatten und muss folgende Angaben enthalten:

1. über die Person des Überlassers:

   Vor- und Familiennamen oder Firma, Wohnort oder Firmenanschrift, bei Firmen auch Telefon- oder Telefaxnummer, Datum der Überlassung;
2. über die Person des Erwerbers:

   Vor- und Familiennamen, Geburtsdatum und -ort, Anschriften in Mitgliedstaaten sowie Nummer, Ausstellungsdatum und ausstellende Behörde des Passes oder des Personalausweises;
3. über die Waffen oder die Munition:

   die Angaben nach § 29 Abs. 2 Satz 1 Nr. 2 und 3.

(5) Eine Anzeige nach § 34 Abs. 5 Satz 1 des Waffengesetzes an das Bundesverwaltungsamt ist mit dem hierfür vorgesehenen amtlichen Vordruck in zweifacher Ausfertigung zu erstatten und muss folgende Angaben enthalten:

1. über die Person des Erwerbers oder denjenigen, der eine Schusswaffe zum dortigen Verbleib in einen anderen Mitgliedstaat verbringt:

   Vor- und Familiennamen, Geburtsdatum und -ort, Wohnort und Anschrift, Beruf sowie Nummer, Ausstellungsdatum und ausstellende Behörde des Passes oder des Personalausweises, ferner Nummer, Ausstellungsdatum und ausstellende Behörde der Waffenerwerbsberechtigung;
2. über die Schusswaffe:

   Art der Waffe, Name, Firma oder eingetragene Marke des Herstellers, Modellbezeichnung, Kaliber und Herstellungsnummer;
3. über den Versender:

   Name und Anschrift des auf dem Versandstück angegebenen Versenders.

Beim Erwerb durch gewerbliche Unternehmen sind die Angaben nach Satz 1 Nr. 1 über den Inhaber des Unternehmens, bei juristischen Personen über eine zur Vertretung des Unternehmens befugte Person mitzuteilen und deren Pass oder Personalausweis vorzulegen. Bei laufenden Geschäftsbeziehungen entfällt die wiederholte Vorlage des Passes oder des Personalausweises, es sei denn, dass der Inhaber des Unternehmens gewechselt hat oder bei juristischen Personen zur Vertretung des Unternehmens eine andere Person bestellt worden ist. Wird die Schusswaffe oder die Munition einer Person überlassen, die sie außerhalb des Geltungsbereichs des Waffengesetzes, insbesondere im Versandwege erwerben will, so ist die Angabe der Erwerbsberechtigung nach Satz 1 Nr. 1 nicht erforderlich, ferner genügt an Stelle des Passes oder des Personalausweises eine amtliche Beglaubigung dieser Urkunden. Das Bundesverwaltungsamt bestätigt dem Anzeigenden den Eingang auf dem Doppel der Anzeige.

§ 32 Mitteilungen der Behörden

(1) Die zuständige Behörde teilt dem Bundesverwaltungsamt alle ihr vorliegenden erteilten Erlaubnisse zum Verbringen von Waffen oder Munition aus einem anderen Mitgliedstaat in den Geltungsbereich des Waffengesetzes und aus dem Geltungsbereich des Waffengesetzes in einen anderen Mitgliedstaat nach § 29 des Waffengesetzes unter Angabe des Datums der Erlaubniserteilung und des Ablaufdatums der Erlaubnis elektronisch mit. Die Mitteilung muss unverzüglich, im Fall des Verbringens aus dem Geltungsbereich des Waffengesetzes in einen anderen Mitgliedstaat spätestens bis zum nach § 29 Absatz 2 Satz 1 Nummer 6 mitgeteilten Tag der Absendung, erfolgen. Die Mitteilung muss alle gemäß § 29 Absatz 2

erforderlichen Angaben enthalten. Eine Ablichtung des Erlaubnisscheins ist der Mitteilung beizufügen.

(2) Das Bundesverwaltungsamt

1. übermittelt dem anderen Mitgliedstaat die Angaben nach § 31 Absatz 1 und die nach Absatz 1 erhaltenen Angaben nach Maßgabe der Delegierten Verordnung (EU) 2019/686 der Kommission vom 16. Januar 2019 zur Festlegung detaillierter Vorkehrungen gemäß Richtlinie 91/477/EWG des Rates für den systematischen elektronischen Austausch von Informationen im Zusammenhang mit der Verbringung von Feuerwaffen innerhalb der Union (ABl. L 116 vom 3. 5. 2019, S. 1);
2. übermittelt dem anderen Mitgliedstaat die Angaben nach § 31 Absatz 4;
3. übermittelt an die zuständige Behörde
   a) die von anderen Mitgliedstaaten in den Fällen des § 29 Absatz 1 und 2 des Waffengesetzes erhaltenen Angaben,
   b) die von anderen Mitgliedstaaten erhaltenen Angaben über die Erteilung von Erlaubnissen zum Verbringen von Schusswaffen oder Munition in das Hoheitsgebiet des anderen Mitgliedstaates aus dem Geltungsbereich des Waffengesetzes, es sei denn, es besteht für diese Verbringung eine Erlaubnis nach § 30 des Waffengesetzes, und
   c) die von anderen Mitgliedstaaten erhaltenen Angaben über das Überlassen von Waffen nach Anlage 1 Abschnitt 3 Nummer 1 bis 3 (Kategorien A 1.2 bis C) des Waffengesetzes oder von Munition an Personen und den Besitz von solchen Waffen oder Munition durch Personen, die jeweils ihren gewöhnlichen Aufenthalt im Geltungsbereich des Waffengesetzes haben;
4. übermittelt die von anderen Vertragsstaaten des Übereinkommens vom 28. Juni 1978 über die Kontrolle des Erwerbs und Besitzes von Schusswaffen durch Einzelpersonen (BGBl. 1980 II S. 953) erhaltenen Mitteilungen über das Verbringen oder das Überlassen der in § 34 Absatz 5 Satz 1 des Waffengesetzes genannten Schusswaffen erhaltenen Angaben an die zuständige Behörde;
5. soll den Erwerb von Schusswaffen und Munition durch die in § 34 Absatz 5 Satz 1 des Waffengesetzes genannten Personen der zuständigen zentralen Behörde des Heimat- oder Herkunftsstaates des Erwerbers mitteilen, sofern Gegenseitigkeit gewährleistet ist; die Mitteilung soll die Angaben nach § 31 Absatz 5 Satz 1 Nummer 1 und 2 enthalten.

(3) Die nach § 33 Abs. 3 des Waffengesetzes zuständigen Überwachungsbehörden übermitteln den zuständigen Behörden die nach § 29 Absatz 2 Satz 3 und nach § 30 Abs. 3 Satz 2 mitgeteilten Angaben.

§ 33 Europäischer Feuerwaffenpass

(1) Die Geltungsdauer des Europäischen Feuerwaffenpasses nach § 32 Abs. 6 des Waffengesetzes beträgt fünf Jahre; soweit bei Jägern oder Sportschützen in ihm nur Einzellader-Langwaffen mit glattem Lauf oder mit glatten Läufen eingetragen sind, beträgt sie zehn Jahre. Die Geltungsdauer kann zweimal um jeweils fünf Jahre verlängert werden. § 9 Abs. 1 und 2 und § 37 Abs. 2 des Waffengesetzes gelten entsprechend.

(2) Der Antragsteller hat die Angaben nach § 30 Abs. 1 Satz 2 Nr. 1 bis 3 zu machen. Er hat ein Lichtbild aus neuerer Zeit in der Größe von mindestens 45 Millimeter × 35 Millimeter im Hochformat ohne Rand abzugeben. Das Lichtbild muss das Gesicht im Ausmaß von mindestens 20 Millimeter darstellen und den Antragsteller zweifelsfrei erkennen lassen. Der Hintergrund muss heller sein als die Gesichtspartie.

Abschnitt 9
Ordnungswidrigkeiten und Schlussvorschriften

§ 34 Ordnungswidrigkeiten

Ordnungswidrig im Sinne des § 53 Abs. 1 Nr. 23 des Waffengesetzes handelt, wer vorsätzlich oder fahrlässig

1. entgegen § 7 Abs. 1 Satz 2 oder § 22 Abs. 1 Satz 3 eine Schießübung veranstaltet oder an ihr teilnimmt,
2. entgegen § 9 Abs. 1 Satz 1 auf einer Schießstätte schießt,
3. entgegen § 9 Abs. 1 Satz 3 die Einhaltung der dort genannten Voraussetzungen nicht überwacht,
4. entgegen § 10 Abs. 1 Satz 4 den Schießbetrieb aufnimmt oder fortsetzt,
5. entgegen § 10 Abs. 2 Satz 1 oder 3, § 22 Abs. 2 Satz 1 oder 3 oder Abs. 3 Satz 3 oder § 25a Absatz 1 Satz 2 eine Anzeige nicht, nicht richtig, nicht vollständig, nicht in der vorgeschriebenen Weise oder nicht rechtzeitig erstattet,
6. entgegen § 10 Abs. 3 Satz 4 oder § 25a Absatz 2 ein dort genanntes Dokument nicht mitführt oder nicht oder nicht rechtzeitig aushändigt,
7. entgegen § 10 Abs. 3 Satz 5 Einblick nicht oder nicht rechtzeitig gewährt,
8. entgegen § 11 Abs. 1 Satz 1 das Schießen nicht beaufsichtigt,
9. entgegen § 11 Abs. 1 Satz 2 das Schießen oder den Aufenthalt in der Schießstätte nicht untersagt,
10. entgegen § 11 Abs. 2 eine Anordnung nicht befolgt,
11. entgegen § 12 Abs. 2 Satz 2 eine Schießstätte betreibt oder benutzt,
12. entgegen § 13 Absatz 2 eine Waffe oder Munition nicht richtig aufbewahrt,
13. entgegen § 13 Absatz 4 Satz 1 oder 2 eine Waffe oder Munition aufbewahrt,
14. entgegen § 17a Absatz 1 oder § 24 Absatz 3 eine dort genannte Ersatzdokumentation oder ein dort genanntes Verzeichnis nicht oder nicht rechtzeitig vorlegt,
15. entgegen § 17a Absatz 2 Satz 1 eine dort genannte Ersatzdokumentation nicht oder nicht mindestens zehn Jahre aufbewahrt,
16. entgegen § 17a Absatz 2 Satz 2 eine dort genannte Ersatzdokumentation nicht oder nicht rechtzeitig übergibt,
17. entgegen § 17a Absatz 2 Satz 3 eine dort genannte Ersatzdokumentation nicht oder nicht rechtzeitig übergibt und nicht oder nicht rechtzeitig aushändigt,
18. entgegen § 22 Abs. 2 Satz 2 den Lehrgangsplan oder das Übungsprogramm nicht oder nicht rechtzeitig vorlegt,
19. entgegen § 22 Abs. 2 Satz 4 die Durchführung einer Veranstaltung zulässt,
20. entgegen § 23 Abs. 1 Satz 2 sich vom Vorliegen der dort genannten Erfordernisse nicht oder nicht rechtzeitig überzeugt,
21. entgegen § 24 Abs. 1 ein Verzeichnis nicht, nicht richtig, nicht vollständig oder nicht in der vorgeschriebenen Weise führt,
22. entgegen § 24 Abs. 4 Satz 1 das Verzeichnis nicht oder nicht mindestens fünf Jahre aufbewahrt,
23. entgegen § 25 Abs. 2 Satz 1 die Durchführung eines Lehrgangs oder einer Schießübung nicht oder nicht rechtzeitig einstellt,
24. entgegen § 25a Absatz 3 eine unbrauchbar gemachte Schusswaffe dauerhaft überlässt, verbringt oder mitnimmt oder
25. entgegen § 25b ein dort genanntes Dokument nicht oder nicht rechtzeitig abgibt.

§ 35 (weggefallen)

§ 36 Inkrafttreten, Außerkrafttreten

Diese Verordnung tritt am 1. Dezember 2003 in Kraft. Gleichzeitig treten die Erste Verordnung zum Waffengesetz in der Fassung der Bekanntmachung vom 10. März 1987 (BGBl. I S. 777), zuletzt geändert durch Artikel 10 des Gesetzes vom 11. Oktober 2002 (BGBl. I S. 3970), sowie die Zweite Verordnung zum Waffengesetz vom 13. Dezember 1976 (BGBl. I S. 3387) außer Kraft.

I

Anlage
(zu § 15 Abs. 2 Nr. 2)

Waffen- und Munitionsarten

1. Schusswaffen und ihnen gleichstehende Geräte
   - 1.1 Büchsen und Flinten einschließlich Flobertwaffen und Zimmerstutzen
   - 1.2 Pistolen und Revolver zum Verschießen von Patronenmunition; Schalldämpfer
   - 1.3 Schreckschuss-, Reizstoff- und Signalwaffen gemäß Anlage 1 Abschnitt 1 Unterabschnitt 1 Nr. 2.7 bis 2.9 des Waffengesetzes
   - 1.4 Signalwaffen mit einem Patronen- oder Kartuschenlager von mehr als 12,5 mm Durchmesser
   - 1.5 Druckluft-, Federdruck- und Druckgaswaffen
   - 1.6 Schusswaffen, die vor dem 1. Januar 1871 hergestellt worden sind
   - 1.7 Schusswaffen und ihnen gleichstehende Geräte, die nicht unter 1.1 bis 1.5 fallen.
2. Munition
   - 2.1 Munition zum Verschießen aus Büchsen und Flinten (1.1)
   - 2.2 Munition zum Verschießen aus Pistolen und Revolvern (1.2)
   - 2.3 Munition zum Verschießen aus Schreckschuss-, Reizstoff- und Signalwaffen (1.3)
   - 2.4 Munition zum Verschießen aus Signalwaffen mit einem Kartuschenlager von mehr als 12,5 mm Durchmesser (1.4)
   - 2.5 Munition zum Verschießen aus Schusswaffen, die vor dem 1. Januar 1871 hergestellt worden sind, und aus sonstigen ihnen gleichstehenden Geräten (1.6 und 1.7).

Gesetz über das Nationale Waffenregister (Waffenregistergesetz – WaffRG)

Vom 17. Februar 2020 (BGBl. I S. 166)

Zuletzt geändert durch
Elfte Zuständigkeitsanpassungsverordnung
vom 19. Juni 2020 (BGBl. I S. 1328)

Inhaltsübersicht

Abschnitt 1
Zweck des Waffenregisters, Registerbehörde, Fachliche Leitstelle Nationales Waffenregister

§ 1 Zweck des Waffenregisters

(1) Das Nationale Waffenregister dient insbesondere dem Schutz der öffentlichen Sicherheit und Ordnung. Den Waffenbehörden und den um Datenübermittlung ersuchenden öffentlichen Stellen ermöglicht es

1. Waffen und wesentliche Teile zurückzuverfolgen sowie
2. sich untereinander über die verarbeiteten Daten auszutauschen.

(2) Die Daten zu Personen, waffenrechtlichen Erlaubnissen sowie Waffen und waffenrechtlichen Erlaubnissen werden wie folgt einander zugeordnet:

1. Waffen und wesentliche Teile den waffenrechtlichen Erlaubnissen und
2. waffenrechtliche Erlaubnisse den Personen.

§ 2 Begriffsbestimmungen

(1) Waffenregister im Sinne dieses Gesetzes ist das Nationale Waffenregister.

(2) Waffenbehörden im Sinne dieses Gesetzes sind die nach § 40 Absatz 4, den §§ 48, 49 und 57 Absatz 1 Satz 4 des Waffengesetzes zuständigen Behörden.

(3) Waffen im Sinne dieses Gesetzes sind:

1. Waffen und wesentliche Teile, die nach den §§ 37 bis 37d des Waffengesetzes einer Anzeigepflicht unterfallen sowie
2. Waffen, für die eine Ausnahmegenehmigung nach § 40 Absatz 4 des Waffengesetzes erteilt wird.

(4) Waffenrechtliche Erlaubnisse im Sinne dieses Gesetzes sind:

1. Erlaubnisse, die zum Erwerb und Besitz von Waffen berechtigen, nach:
   a) § 10 Absatz 1 Satz 1 des Waffengesetzes,
   b) § 10 Absatz 2 Satz 1 des Waffengesetzes,
   c) § 10 Absatz 2 Satz 2 des Waffengesetzes,
   d) § 21 Absatz 1 Satz 1 des Waffengesetzes,
   e) § 26 Absatz 1 des Waffengesetzes,
   f) § 27 Absatz 1 Satz 3 des Waffengesetzes,
   g) § 32 Absatz 6 des Waffengesetzes sowie
   h) § 40 Absatz 4 Satz 1 des Waffengesetzes,
2. sonstige waffenrechtliche Erlaubnisse nach:
   a) § 10 Absatz 3 des Waffengesetzes,
   b) § 10 Absatz 4 Satz 1 des Waffengesetzes,
   c) § 10 Absatz 4 Satz 4 des Waffengesetzes,
   d) § 10 Absatz 5 oder § 16 Absatz 3 des Waffengesetzes,
   e) § 11 Absatz 1 des Waffengesetzes,
   f) § 21a des Waffengesetzes,
   g) § 27 Absatz 1 Satz 1 Nummer 1 des Waffengesetzes,
   h) § 29 Absatz 1 und 2 des Waffengesetzes,
   i) § 30 des Waffengesetzes,
   j) § 32 Absatz 1 des Waffengesetzes,
   k) § 42 Absatz 2 des Waffengesetzes sowie
3. die Anerkennung nach § 3 Absatz 2 der Allgemeinen Waffengesetz-Verordnung,
4. die Zustimmung nach § 28 Absatz 3 Satz 2 des Waffengesetzes und
5. die Benennung nach § 28a Absatz 1 Satz 3 Nummer 2 des Waffengesetzes.

(5) Anträge im Sinne dieses Gesetzes sind

1. Anträge auf erstmalige Erteilung einer waffenrechtlichen Erlaubnis im örtlichen Zuständigkeitsbereich einer Waffenbehörde und
2. Benennungen nach § 28 Absatz 3 Satz 1 des Waffengesetzes.

§ 3 Registerbehörde

(1) Das Waffenregister wird von der Registerbehörde geführt.

(2) Registerbehörde ist das Bundesverwaltungsamt.

(3) Die Registerbehörde verarbeitet die ihr nach diesem Gesetz übermittelten Daten nur nach Maßgabe dieses Gesetzes.

§ 4 Fachliche Leitstelle Nationales Waffenregister

(1) Wenn die nach diesem Gesetz zur Datenverarbeitung berechtigten Stellen bei der Er-

füllung ihrer Aufgaben durch eine zu diesem Zweck eingerichtete Stelle (Fachliche Leitstelle Nationales Waffenregister) unterstützt werden, übermittelt die Registerbehörde der Fachlichen Leitstelle Nationales Waffenregister in geeigneter Weise die im Waffenregister gespeicherten Daten, soweit dies zur Erfüllung der folgenden Aufgaben erforderlich ist:

1. die Unterstützung der Waffenbehörden bei der Sicherstellung der Richtigkeit der Daten sowie
2. die Unterstützung der sonstigen zum Ersuchen berechtigten öffentlichen Stellen, wenn diese ein konkretes Übermittlungsersuchen stellen.

(2) Die Registerbehörde hat der Fachlichen Leitstelle Nationales Waffenregister auf deren Verlangen nichtpersonenbezogene Daten der Waffen und der wesentlichen Teile zu übermitteln, soweit dies zur Sicherstellung der richtigen Erfassung dieser Daten im Waffenregister erforderlich ist.

Abschnitt 2 Datenbestand des Waffenregisters

§ 5 Anlass für die Verarbeitung im Waffenregister

Die Verarbeitung von Daten im Waffenregister setzt voraus, dass

1. ein Antrag auf Erteilung einer waffenrechtlichen Erlaubnis gestellt wird,
2. eine Person nach § 28 Absatz 3 Satz 1 des Waffengesetzes benannt wird,
3. die Waffenbehörde eine waffenrechtliche Erlaubnis
   a) erteilt,
   b) nach § 10 Absatz 4 Satz 2, § 21 Absatz 5 Satz 2 oder § 32 Absatz 6 des Waffengesetzes verlängert oder
   c) versagt, sofern die Versagung erfolgt auf Grund von
      aa) § 4 Absatz 1 Nummer 2 in Verbindung mit § 5 Absatz 1 Nummer 2 oder mit Absatz 2 Nummer 2, 3 oder Nummer 4 des Waffengesetzes oder
      bb) § 4 Absatz 1 Nummer 2 in Verbindung mit § 6 Absatz 1 Satz 1 und 2 des Waffengesetzes,
4. die Waffenbehörde eines der folgenden Verbote erteilt:
   a) ein Besitz- und Erwerbsverbot nach § 41 Absatz 1 des Waffengesetzes,
   b) ein Besitzverbot nach § 41 Absatz 2 des Waffengesetzes oder
   c) ein Besitz- und Erwerbsverbot nach § 41 Absatz 1 und 2 des Waffengesetzes,
5. die waffenrechtliche Erlaubnis sich erledigt durch
   a) Rücknahme,
   b) Widerruf,
   c) Zeitablauf,
   d) Erklärung eines Verzichts während oder außerhalb eines eingeleiteten Widerrufs- oder Rücknahmeverfahrens,
   e) anderweitige Aufhebung oder
   f) auf andere Weise,
6. die Waffenbehörde
   a) Beschränkungen erlässt,
   b) Nebenbestimmungen erlässt oder
   c) Anordnungen erlässt,
7. gegenüber der Waffenbehörde eine Anzeige nach den §§ 37, 37a, 37b, 37c Absatz 1 oder § 37d des Waffengesetzes erfolgt,
8. der Inhaber einer Erlaubnis nach § 10 Absatz 2 Satz 1 oder Satz 2 eine verantwortliche Person nach § 10 Absatz 2 Satz 3 des Waffengesetzes benennt oder
9. die Waffenbehörde eine Anzeigebescheinigung nach § 37h Absatz 1 Nummer 2 des Waffengesetzes erteilt.

§ 6 Grunddaten des Waffenregisters

(1) Im Waffenregister werden die folgenden Grunddaten gespeichert:

1. der Anlass und das Datum der Verarbeitung nach § 5,
2. zu einer natürlichen Person folgende Grunddaten (Grunddaten der Person):
   a) Nachname,

b) frühere Namen,
c) Geburtsname,
d) Vornamen,
e) Doktorgrad,
f) Geburtsdatum und Geburtsort,
g) Geschlecht,
h) jede Staatsangehörigkeit,
i) Todesdatum sowie
j) Straße, Hausnummer, Postleitzahl und Ort sowie bei einer ausländischen Adresse der betreffende Staat (Anschrift),

3. zu einem Kaufmann, einer juristischen Person oder einer Personenvereinigung folgende Grunddaten (Grunddaten der Kaufleute, juristischen Personen und Personenvereinigungen):
   a) Namen oder Firma,
   b) frühere Namen oder Firma,
   c) Anschrift und
   d) bei Handelsgesellschaften und Vereinen den Gegenstand des Unternehmens oder des Vereins,
4. zu Waffen folgende Grunddaten (Grunddaten der Waffe):
   a) Herstellerbezeichnung,
   b) Modellbezeichnung,
   c) Kaliber- oder Munitionsbezeichnung,
   d) Seriennummer,
   e) Jahr der Fertigstellung,
   f) Jahr des Verbringens in den Geltungsbereich des Waffengesetzes,
   g) Kategorie nach Anlage 1 Abschnitt 3 zum Waffengesetz und
   h) Art der Waffe,
5. zu wesentlichen Teilen neben den Angaben nach Nummer 4 auch die Bezeichnung des wesentlichen Teils (Grunddaten des wesentlichen Teils),
6. die Bedürfnisse für den Umgang mit der Waffe im Sinne des Waffengesetzes,
7. Verknüpfungen aus Daten nach den Nummern 1 bis 5, wenn von dem Anlass der Speicherung mehrere Personen betroffen sind; das ist insbesondere der Fall, wenn
   a) Angaben verschiedener Waffenbehörden zu derselben Person, derselben Waffe oder derselben waffenrechtlichen Erlaubnis im Waffenregister gespeichert sind,
   b) mehrere Personen Inhaber einer waffenrechtlichen Erlaubnis sind (§ 10 Absatz 2 Satz 1 des Waffengesetzes),
   c) eine verantwortliche Person nach § 10 Absatz 2 Satz 2 bis 5 des Waffengesetzes benannt ist oder
   d) eine Person nach § 28 Absatz 3 Satz 1 oder § 28a Absatz 1 Satz 3 Nummer 2 des Waffengesetzes benannt ist.

(2) Zu den nach Absatz 1 gespeicherten Daten werden jeweils gespeichert

1. die Bezeichnung der Waffenbehörde,
2. die Anschrift der Waffenbehörde sowie
3. das Datum, an dem die Waffenbehörde die Daten der Registerbehörde übermittelt hat.

§ 7 Vergabe und Verarbeitung von Ordnungsnummern

(1) Die Registerbehörde vergibt jeweils Ordnungsnummern für die im Waffenregister gespeicherten Daten. Die Registerbehörde vergibt insbesondere jeweils für

1. Daten, die nach den Speicheranlässen des § 5 Nummer 1, 2, 3 Buchstabe a, Nummer 4, 8 oder Nummer 9 zu übermitteln sind: eine Waffenrechtliche-Entscheidung-Ordnungsnummer,
2. die Grunddaten der Person: eine Personen-Ordnungsnummer,
3. die Grunddaten der Waffe: eine Waffen-Ordnungsnummer,
4. die Grunddaten des wesentlichen Teils: eine Waffenteil-Ordnungsnummer.

(2) Die Ordnungsnummer wird jeweils zu diesen Daten gespeichert.

(3) Die Ordnungsnummern dürfen keine personenbezogenen Angaben enthalten.

(4) Die Registerbehörde und die Waffenbehörden sind zum Zweck der Erfüllung ihrer Aufgaben nach dem Waffengesetz sowie diesem Gesetz berechtigt, die Ordnungsnummern zu verarbeiten. Die Waffenbehörde ist

darüber hinaus berechtigt, diese Ordnungsnummern auf den waffenrechtlichen Erlaubnisdokumenten sowie den Anzeigebescheinigungen einzutragen.

(5) Die Inhaber einer Erlaubnis nach § 21 Absatz 1 Satz 1 des Waffengesetzes sind zum Zweck der Erfüllung ihrer Aufgaben nach dem Waffengesetz sowie diesem Gesetz berechtigt, die in Absatz 1 Satz 2 genannten Ordnungsnummern zu verarbeiten.

Abschnitt 3 Datenübermittlungen an die Registerbehörde und die Waffenbehörden

§ 8 Datenübermittlung der Waffenbehörden an die Registerbehörde

(1) Tritt ein in § 5 benannter Anlass ein, übermitteln die Waffenbehörden der Registerbehörde unverzüglich die Daten, die zu einer Speicherung, Veränderung oder Löschung von Daten im Waffenregister führen. Ist Anlass der Verarbeitung der Erlass eines belastenden Verwaltungsaktes, sind die Daten erst zu übermitteln, wenn sie mit ordentlichen Rechtsbehelfen nicht mehr angefochten werden können. Wird in den Fällen des § 5 Nummer 4 und 5 Buchstabe a und b die sofortige Vollziehung angeordnet, sind die Daten zu den Verwaltungsakten mit Anordnung der sofortigen Vollziehung zu übermitteln.

(2) Die Waffenbehörden übermitteln folgende Daten:

1. die Daten, die der Waffenbehörde nach den §§ 37, 37a, 37b, 37c Absatz 1 und § 37d in Verbindung mit § 37f des Waffengesetzes angezeigt werden,
2. den Anlass für die Verarbeitung im Waffenregister (§ 5) und
3. die jeweils erforderlichen Daten nach § 6 Absatz 1.

(3) Ist Anlass für die Verarbeitung § 5 Nummer 1 oder Nummer 2, sind nur folgende Daten zu übermitteln:

1. dieser Anlass für die Verarbeitung im Waffenregister,
2. die Grunddaten der Person und
3. die Grunddaten der Kaufleute, juristischen Personen und Personenvereinigungen.

(4) Sind für in § 6 genannte Daten Ordnungsnummern nach § 7 vergeben worden, haben die Waffenbehörden insoweit jeweils nur diese Ordnungsnummern zu übermitteln.

§ 9 Datenübermittlung der gewerblichen Waffenhersteller und Waffenhändler an die Waffenbehörden

(1) Die Inhaber einer Erlaubnis nach § 21 Absatz 1 Satz 1 des Waffengesetzes haben zur Erfüllung ihrer elektronischen Anzeigepflichten nach den §§ 37, 37b, 37c Absatz 1 und § 37d des Waffengesetzes das von den Waffenbehörden bereitgestellte automatisierte Fachverfahren zu nutzen. Das automatisierte Fachverfahren übermittelt diese Daten im Auftrag der Waffenbehörden an die Registerbehörde.

(2) Sind für in § 6 genannte Daten Ordnungsnummern nach § 7 vergeben worden, hat der Inhaber einer Erlaubnis nach § 21 Absatz 1 Satz 1 bei der Datenübermittlung nach Absatz 1 insoweit jeweils nur diese Ordnungsnummern zu übermitteln. Zusätzlich zur Waffen-Ordnungsnummer sind Herstellerbezeichnung, Kaliber- oder Munitionsbezeichnung und Art der Waffe zu übermitteln.

(3) Soweit die örtliche Waffenbehörde den Zugang eröffnet hat, erteilt sie Inhabern einer Erlaubnis nach § 21 Absatz 1 Satz 1 des Waffengesetzes, die für sie Daten nach Absatz 1 übermitteln, auf Antrag Auskunft zu den zu deren Erlaubnis gespeicherten Waffendaten. Der Antrag darf in jedem Kalenderhalbjahr einmal gestellt werden. Die Beauskunftung erfolgt, in dem die entsprechenden Ordnungsnummern nach § 7 dem Erlaubnisinhaber schriftlich oder elektronisch zur Verfügung gestellt werden.

(4) Auskunftsrechte nach Artikel 15 der Verordnung (EU) 2016/679 des Europäischen Parlaments und des Rates vom 27. April 2016

zum Schutz natürlicher Personen bei der Verarbeitung personenbezogener Daten, zum freien Datenverkehr und zur Aufhebung der Richtlinie 95/46/EG (Datenschutz-Grundverordnung) (ABl. L 119 vom 4. 5. 2016, S. 1; L 314 vom 22. 11. 2016, S. 72; L 127 vom 23. 5. 2018, S. 2) bleiben unberührt.

§ 10 Zuständigkeit für Richtigkeit und Vollständigkeit der Daten

(1) Die Waffenbehörden sind für die Richtigkeit und Vollständigkeit der Daten verantwortlich, die diese nach den §§ 8 und 9 an die Registerbehörde übermitteln und von der Registerbehörde verarbeitet werden.

(2) Bevor die Registerbehörde die Daten speichert, prüft sie, ob die Daten plausibel sind. Die Registerbehörde prüft die Plausibilität ausschließlich automatisiert. Stellt die Registerbehörde fest, dass die Daten nicht plausibel sind, weist sie die Waffenbehörden darauf hin.

(3) Stellt die Registerbehörde fest, dass zu einer Person im Register mehrere Datensätze gespeichert sind, darf sie diese im Benehmen mit den Waffenbehörden zu einem Datensatz zusammenführen.

§ 11 Unterrichtung der Waffenbehörden durch die Registerbehörde

Verändert eine Waffenbehörde durch eine Datenübermittlung an die Registerbehörde Daten, die im Waffenregister gespeichert sind, unterrichtet die Registerbehörde diejenigen Waffenbehörden, die auch für diese Daten verantwortlich sind.

§ 12 Protokollierungspflicht bei der Speicherung

(1) Die Registerbehörde erstellt zu jeder Datenübermittlung nach den §§ 8 und 9 Protokolle. Das Protokoll muss folgende Daten enthalten:

1. das Datum und die Uhrzeit der Datenübermittlung,
2. die übermittelnde Stelle,
3. die übermittelnde Person und
4. die übermittelten Daten.

(2) Die Protokollierung muss nach dem jeweiligen Stand der Technik erfolgen.

(3) Die Registerbehörde darf die Protokolldaten nur zu den folgenden Zwecken verarbeiten:

1. zur Auskunftserteilung an die betroffene Person,
2. zur Datenschutzkontrolle und Datensicherung sowie
3. zur Sicherstellung eines ordnungsgemäßen Betriebs des Registers.

Die Registerbehörde hat zu gewährleisten, dass die Protokolldaten vor einer zweckfremden Verarbeitung und vor sonstigem Missbrauch geschützt sind.

(4) Die Protokolldaten sind für mindestens zwölf Monate zu speichern. Sie sind nach 18 Monaten zu löschen. Dies gilt nicht, soweit sie für ein bereits eingeleitetes Kontrollverfahren benötigt werden.

Abschnitt 4
Datenübermittlung der Registerbehörde

§ 13 Öffentliche Stellen, die zum Ersuchen berechtigt sind

Richten folgende öffentliche Stellen zu den genannten Datenverarbeitungszwecken ein Übermittlungsersuchen an die Registerbehörde, übermittelt die Registerbehörde die im Waffenregister gespeicherten Daten und die jeweils zu diesen Daten vergebenen Ordnungsnummern:

1. die für den Vollzug des Waffenrechts zuständigen Waffenbehörden zur Erfüllung ihrer Aufgaben,
2. die Gerichte und Strafverfolgungsbehörden einschließlich der Vollstreckungsbehörden zur Erfüllung der Strafrechtspflege,
3. die zur Ahndung von Ordnungswidrigkeiten zuständigen Behörden zur Durchführung von Ordnungswidrigkeitsverfahren,
4. die Polizeien des Bundes und der Länder zur Erfüllung der ihnen durch Gesetz zugewiesenen Aufgaben,

5. die Hauptzoll- und Zollfahndungsämter sowie dem Zollkriminalamt zur Erfüllung ihrer Aufgaben nach dem Zollverwaltungsgesetz, dem Zollfahndungsdienstgesetz, dem Schwarzarbeitsbekämpfungsgesetz, dem Arbeitnehmer-Entsendegesetz und dem Arbeitnehmerüberlassungsgesetz,
6. die mit der Steuerfahndung betrauten Dienststellen der Landesfinanzbehörden zur Erfüllung ihrer Aufgaben nach der Abgabenordnung,
7. die mit der Vollstreckung beauftragten Dienststellen des Bundes und der Länder sowie die Gerichtsvollzieher bei der Erfüllung ihrer Aufgaben zum Schutz von Leib, Leben oder Freiheit der tätigen Vollstreckungsbeamten,
8. die Verfassungsschutzbehörden des Bundes und der Länder, der Militärische Abschirmdienst und der Bundesnachrichtendienst zur Erfüllung der ihnen durch Gesetz übertragenen Aufgaben, sofern die Daten nicht aus allgemein zugänglichen Quellen, nur mit übermäßigem Aufwand oder nur durch die betroffene Person stärker belastende Maßnahme erhoben werden können.

§ 14 Form des Übermittlungsersuchens

Ein Übermittlungsersuchen an die Registerbehörde ist schriftlich oder elektronisch zu stellen.

§ 15 Inhalt des Übermittlungsersuchens

(1) In dem Übermittlungsersuchen sind anzugeben:

1. der Verarbeitungszweck,
2. der Anlass des Übermittlungsersuchens sowie
3. eine Ordnungsnummer nach § 7 Absatz 1.

(2) Liegt der ersuchenden Stelle keine der Ordnungsnummern vor, sind in dem Übermittlungsersuchen mindestens folgende Daten anzugeben:

1. von der betroffenen natürlichen Person
   a) Nachname oder Vorname und
   b) entweder Wohnort, Postleitzahl des Wohnortes, Geburtsdatum oder Geburtsort,

   oder,
2. von dem betroffenen Kaufmann oder der betroffenen juristischen Person oder der Personenvereinigung
   a) Name oder Firma und
   b) entweder derzeitiger Sitz oder Postleitzahl der Niederlassung,

   oder
3. von der betroffenen Waffe
   a) Seriennummer der Waffe oder
   b) für den Fall, dass die vollständige Seriennummer nicht vorliegt, ein Bestandteil der Seriennummer und mindestens zwei weitere Grunddaten der Waffe.

(3) Sind der ersuchenden Stelle Grunddaten über Absatz 2 hinaus bekannt, hat sie diese zusätzlich anzugeben.

(4) In einem Übermittlungsersuchen können die Daten nach Absatz 2 Nummer 1 oder Nummer 2 mit den Grunddaten der Waffe oder den Grunddaten des wesentlichen Teils verknüpft werden.

§ 16 Datenübermittlung der Registerbehörde an die ersuchende Stelle

(1) Voraussetzung der Datenübermittlung von der Registerbehörde an die ersuchende Stelle ist, dass

1. der im Übermittlungsersuchen angegebene Datenverarbeitungszweck die ersuchende Stelle zu einem Übermittlungsersuchen berechtigt und
2. die im Übermittlungsersuchen angegebenen Daten mit den im Waffenregister gespeicherten Daten übereinstimmen.

(2) Stimmen die angegebenen und die gespeicherten Daten nicht überein, ist die Datenübermittlung zulässig, wenn für die Registerbehörde keine Zweifel an der Identität der Daten bestehen.

(3) Kann die Registerbehörde die in einem Übermittlungsersuchen angegebenen Daten nicht eindeutig den im Waffenregister gespeicherten Daten zuordnen, übermittelt die

Registerbehörde an die ersuchende Stelle zur Identitätsprüfung und -feststellung die erforderlichen Daten:

1. in einem Übermittlungsersuchen, in dem die Daten der betroffenen natürlichen Personen angegeben sind:
   a) die Grunddaten ähnlicher natürlicher Personen sowie
   b) die zu diesen Grunddaten vergebenen Ordnungsnummern,
2. in einem Übermittlungsersuchen, in dem die Daten der Kaufleute, juristischen Personen und Personenvereinigungen angegeben sind:
   a) die Grunddaten ähnlicher Kaufleute, juristischer Personen und Personenvereinigungen sowie
   b) die zu diesen Grunddaten vergebenen Ordnungsnummern,
3. in einem Übermittlungsersuchen, in dem die Daten der Waffen angegeben sind:
   a) die Grunddaten ähnlicher Waffen,
   b) die zu diesen Grunddaten vergebenen Ordnungsnummern sowie
   c) den Ort des gegenwärtigen Hauptwohnsitzes oder der gegenwärtigen Niederlassung der betroffenen Person, der Kaufleute, der juristischen Personen oder der Personenvereinigungen,
4. in einem Übermittlungsersuchen nach § 15 Absatz 4:
   die Seriennummer der Waffe und
   a) die Grunddaten ähnlicher natürlicher Personen und die dazu vergebenen Ordnungsnummern oder
   b) die Grunddaten ähnlicher Kaufleute, juristischer Personen und Personenvereinigungen und die dazu vergebenen Ordnungsnummern.

In jedem Fall von Satz 1 teilt die Registerbehörde der ersuchenden Stelle die Bezeichnung und die Anschrift der Waffenbehörde oder der Waffenbehörden mit, denen die Daten im Waffenregister zugeordnet sind.

(4) Die Registerbehörde übermittelt die Daten schriftlich oder elektronisch an die ersuchende Stelle.

§ 17 Übermittlungsersuchen in besonderen Fällen

(1) Die Angabe der Anschrift in einem Übermittlungsersuchen ist ausreichend bei einem Ersuchen

1. der Polizeien des Bundes und der Länder, wenn dies im Einzelfall erforderlich ist zur Abwehr einer konkreten Gefahr für
   a) Leib, Leben oder Freiheit einer Person oder
   b) den Bestand oder die Sicherheit des Bundes oder eines Landes,
2. der Verfassungsschutzbehörden des Bundes und der Länder, wenn dies im Einzelfall erforderlich ist zur Aufklärung
   a) von Tätigkeiten nach § 3 Absatz 1 Nummer 2 des Bundesverfassungsschutzgesetzes,
   b) von Bestrebungen nach § 3 Absatz 1 Nummer 3 des Bundesverfassungsschutzgesetzes oder
   c) von Bestrebungen nach § 3 Absatz 1 Nummer 1 oder Nummer 4 des Bundesverfassungsschutzgesetzes, sofern diese aufzuklärende Bestrebung darauf gerichtet ist, Gewalt anzuwenden oder Gewaltanwendung vorzubereiten,
3. des Militärischen Abschirmdienstes, wenn dies im Einzelfall erforderlich ist zur Aufklärung
   a) von Tätigkeiten nach § 1 Absatz 1 Satz 1 Nummer 2 des MAD-Gesetzes oder
   b) von Bestrebungen nach § 1 Absatz 1 Satz 1 Nummer 1 oder Satz 2 des MAD-Gesetzes, sofern diese aufzuklärende Bestrebung darauf gerichtet ist, Gewalt anzuwenden oder Gewaltanwendung vorzubereiten,

   oder
4. des Bundesnachrichtendienstes, wenn dies im Einzelfall erforderlich ist zur Aufgabenerfüllung nach § 1 Absatz 2 Satz 1 des BND-Gesetzes, sofern das Aufklärungsobjekt darauf abzielt, Gewalt anzuwenden oder Gewaltanwendung vorzubereiten.

(2) In diesem Fall übermittelt die Registerbehörde die Grunddaten der natürlichen Personen oder der Kaufleute, juristischen Personen und Personenvereinigungen.

§ 18 Zulässigkeit der Datenübermittlung

Die ersuchende Stelle trägt die Verantwortung für die Zulässigkeit des Übermittlungsersuchens. Sie hat den Grund ihres Übermittlungsersuchens aktenkundig zu machen.

§ 19 Gruppenauskunft

In einem Übermittlungsersuchen kann um die Übermittlung mehrerer Daten ersucht werden, die nicht mit jeweils allen nach § 15 Absatz 2 erforderlichen Angaben bezeichnet sind (Gruppenauskunft), wenn

1. dies im Einzelfall erforderlich ist
   a) bei einem Ersuchen der Polizeien des Bundes und der Länder
      aa) zur Abwehr einer konkreten Gefahr für in § 17 Absatz 1 Nummer 1 genannten Rechtsgüter,
      bb) zur Abwehr einer konkreten Gefahr für bedeutende Sach- oder Vermögenswerte oder
      cc) für Zwecke der Strafrechtspflege,
   b) bei einem Ersuchen der Verfassungsschutzbehörden des Bundes und der Länder zur Aufklärung von Tätigkeiten und Bestrebungen im Sinne des § 17 Absatz 1 Nummer 2,
   c) bei einem Ersuchen des Militärischen Abschirmdienstes zur Aufklärung von Tätigkeiten und Bestrebungen im Sinne von § 17 Absatz 1 Nummer 3 oder
   d) bei einem Ersuchen des Bundesnachrichtendienstes zur Aufgabenerfüllung nach § 1 Absatz 2 Satz 1 des BND-Gesetzes, sofern das Aufklärungsobjekt darauf abzielt, Gewalt anzuwenden oder Gewaltanwendung vorzubereiten,
2. die Daten nicht auf andere Weise, nur mit unverhältnismäßigem Aufwand oder nicht rechtzeitig erlangt werden können,
3. die Daten auf Grund im Waffenregister gespeicherter und im Übermittlungsersuchen angegebener gemeinsamer Merkmale zu einer Gruppe gehören und
4. die Leitung der ersuchenden Stelle oder eine von der Leitung für solche Zustimmungen bestellte Vertretung in leitender Stellung zustimmt, sofern nicht ein Gericht oder eine Staatsanwaltschaft um die Übermittlung ersucht.

§ 20 Datenabruf im automatisierten Verfahren

(1) Die zum Ersuchen berechtigten Stellen werden von der Registerbehörde auf Antrag zum Datenabruf im automatisierten Verfahren zugelassen, wenn

1. die beantragende Stelle der Registerbehörde mitteilt, dass sie die technischen und organisatorischen Maßnahmen getroffen hat, die nach den Artikeln 24, 25 und 32 der Verordnung (EU) 2016/679 des Europäischen Parlaments und des Rates vom 27. April 2016 zum Schutz natürlicher Personen bei der Verarbeitung personenbezogener Daten, zum freien Datenverkehr und zur Aufhebung der Richtlinie 95/46/EG (Datenschutz-Grundverordnung) (ABl. L 119 vom 4. 5. 2016, S. 1; L 314 vom 22. 11. 2016, S. 72; L 127 vom 23. 5. 2018, S. 2) oder nach § 64 des Bundesdatenschutzgesetzes erforderlich sind,
2. technisch gesichert ist, dass bei einem Datenabruf die Identität der abfragenden Stelle zweifelsfrei feststellbar ist, und
3. der Datenabruf im automatisierten Verfahren wegen der Häufigkeit oder der Eilbedürftigkeit der zu erwartenden Übermittlungsersuchen unter Berücksichtigung der schutzwürdigen Interessen der betroffenen Person angemessen ist.

(2) Die §§ 13 bis 18 sind auf das automatisierte Abrufverfahren entsprechend anzuwenden.

(3) Im automatisierten Verfahren dürfen Daten nur von Bediensteten abgerufen werden, die von der Leitung der ersuchenden Stelle hierzu besonders ermächtigt sind.

(4) Die Registerbehörde stellt sicher, dass im automatisierten Verfahren nur Daten abgerufen werden können, wenn die abrufende Stelle einen Verarbeitungszweck angibt, der ihr den Abruf der Daten erlaubt.

(5) Die Registerbehörde unterrichtet die Bundesbeauftragte oder den Bundesbeauftragten für den Datenschutz und die Informationsfreiheit von der Zulassung und gibt dabei an, welche Maßnahme die zugelassene Stelle nach eigener Mitteilung getroffen hat. Hat die Registerbehörde eine öffentliche Stelle eines Landes zugelassen, unterrichtet sie ferner die für die Kontrolle der Einhaltung der Vorschriften zum Schutz personenbezogener Daten zuständige Stelle dieses Landes.

§ 21 Gruppenauskunft auf Abruf im automatisierten Verfahren

(1) Eine Gruppenauskunft auf Abruf im automatisierten Verfahren ist nur zulässig, wenn eine gegenwärtige Gefahr für Leib, Leben oder Freiheit einer Person nicht anders abgewendet werden kann.

(2) Die ersuchende Stelle hat zu dokumentieren, dass die in Absatz 1 genannten Voraussetzungen vorliegen und diese Dokumentation mindestens zwölf Monate aufzubewahren.

§ 22 Datenübermittlung an die Aufsichtsbehörden

Auf Aufsichtsbehörden der Waffenbehörden sind die für die beaufsichtigten Behörden jeweils geltenden Vorschriften dieses Gesetzes entsprechend anzuwenden, soweit dies für die Ausübung ihrer Aufsichtsfunktion erforderlich ist.

§ 23 Unterrichtungspflicht bei Unrichtigkeit der übermittelten Daten

Die Stellen, die berechtigt sind, ein Übermittlungsersuchen an die Registerbehörde zu stellen, haben die Waffenbehörde unverzüglich zu unterrichten, wenn ihnen konkrete Anhaltspunkte für die Unrichtigkeit der ihnen übermittelten Daten vorliegen.

§ 24 Datenübermittlung für statistische Zwecke

(1) Die Registerbehörde übermittelt auf Antrag anonymisierte Geschäftsstatistiken an folgende Stellen:

1. die obersten und oberen Bundes- und Landesbehörden, die für das Waffenrecht zuständig sind,
2. die Waffenbehörden,
3. die Landeskriminalämter, das Bundeskriminalamt und das Zollkriminalamt sowie
4. die Fachliche Leitstelle Nationales Waffenregister.

Die Geschäftsstatistik ist auf den Zuständigkeitsbereich der ersuchenden Stelle zu begrenzen. Die Bundesgeschäftsstatistik kann auf Antrag an jede nach Satz 1 berechtigte Stelle übermittelt werden.

(2) Die Registerbehörde stellt im Einvernehmen mit den Ländern Teile der Geschäftsstatistiken des Bundes und der Länder mindestens quartalsweise auf geeignete Weise öffentlich bereit.

(3) Die Registerbehörde kann auf Antrag Einzelauswertungen an die in Absatz 1 Satz 1 genannten Stellen übermitteln. Absatz 1 Satz 2 gilt entsprechend.

§ 25 Protokollierungspflicht bei der Datenübermittlung

(1) Die Registerbehörde erstellt bei Datenübermittlungen an die ersuchenden Stellen Protokolle, aus denen Folgendes hervorgeht:

1. der Tag und die Uhrzeit des Zugriffs oder der Tag und die Uhrzeit des Abrufs im Fall des automatisierten Verfahrens auf Abruf,
2. die ersuchende oder im Fall des automatisierten Verfahrens die abrufende Stelle,
3. die abrufende Person,
4. die übermittelten Daten und
5. der Anlass und Zweck der Übermittlung.

Im Fall einer Gruppenauskunft sind zusätzlich die im Übermittlungsersuchen angegebenen gemeinsamen Merkmale und die Anzahl der Treffer zu protokollieren.

(2) § 12 Absatz 2 bis 4 gilt entsprechend.

(3) Abweichend von Absatz 1 sind Abrufe der Verfassungsschutzbehörden des Bundes und der Länder, des Militärischen Abschirmdienstes und des Bundesnachrichtendienstes ausschließlich von diesen entsprechend § 6 Absatz 3 Satz 2 bis 5 des Bundesverfassungsschutzgesetzes zu protokollieren.

§ 26 Zweckänderung bei der Datenverarbeitung

Die Verarbeitung personenbezogener Daten durch die ersuchende oder abrufende Stelle zu einem anderen Zweck als zu demjenigen, zu dem die Daten übermittelt wurden, ist zulässig, soweit die Daten dieser Stelle auch zu diesem anderen Zwecke hätten übermittelt werden dürfen. § 25 ist entsprechend anzuwenden.

Abschnitt 5
Löschung und Einschränkung der Verarbeitung

§ 27 Speicherfristen

(1) Die Grunddaten einer Waffe sowie die Daten, die mit diesen Grunddaten verknüpft sind, sind spätestens 30 Jahre nach Vernichtung dieser Waffe zu löschen. Das gilt insbesondere für Daten, welche auf Grund der folgenden Speicheranlässe verarbeitet werden:

1. § 5 Nummer 3 Buchstabe a und b, Nummer 5, 6 und 8 jeweils in Verbindung mit § 2 Absatz 4 Nummer 1, 4 und 5 oder
2. § 5 Nummer 7 oder Nummer 9.

(2) Absatz 1 gilt entsprechend, wenn die Waffe aus dem Geltungsbereich des Waffengesetzes verbracht wird, es sei denn, dass diese Waffe vor Ablauf der Fristen wieder in den Geltungsbereich des Waffengesetzes verbracht und der im Waffenregister zu dieser Waffe nach § 7 Absatz 1 vergebenen Ordnungsnummer zugeordnet wird.

(3) Absatz 1 Satz 2 Nummer 1 gilt nicht, wenn von der Erwerbserlaubnis nach § 10 Absatz 1 Satz 1 des Waffengesetzes kein Gebrauch gemacht wurde; in diesem Fall sind die nach § 5 Nummer 3 Buchstabe a in Verbindung mit § 6 verarbeiteten Daten einen Monat nach Erledigung der Erwerbserlaubnis zu löschen.

(4) Im Übrigen sind die Daten, die auf Grund der folgenden Speicheranlässe an die Registerbehörde übermittelt wurden, nach Ablauf der folgenden Fristen zu löschen:

1. § 5 Nummer 1 und 2: unverzüglich nach Erteilung der waffenrechtlichen Erlaubnis oder Zustimmung, Rücknahme des Antrages oder der Benennung oder Eintritt der Unanfechtbarkeit der Versagung,
2. § 5 Nummer 3 Buchstabe a und b, Nummer 5 sowie Nummer 6 in Verbindung mit
   a) § 2 Absatz 4 Nummer 2 Buchstabe a bis g und k sowie Nummer 3: 20 Jahre nach Erledigung der Erlaubnis,
   b) § 2 Absatz 4 Nummer 2 Buchstabe h bis j: 30 Jahre nach Erteilung,
3. § 5 Nummer 3 Buchstabe c: nach Ablauf von zehn Jahren und
4. § 5 Nummer 4: ein Jahr nach der Erledigung.

§ 28 Verantwortlichkeiten für die Löschung

Die zuständige Waffenbehörde ist für die Löschung der im Waffenregister verarbeiteten Daten verantwortlich. Die Registerbehörde hat diese Daten auf Verlangen der zuständigen Waffenbehörde zu löschen. Unzulässig verarbeitete Daten sind von der Registerbehörde im Benehmen mit der zuständigen Waffenbehörde unverzüglich zu löschen.

§ 29 Einschränkung der Verarbeitung

Die Verarbeitung von Daten, die nach § 27 Absatz 1 Satz 1 spätestens nach Ablauf von 30 Jahren zu löschen sind, wird für eine in § 13 Nummer 1 oder Nummer 5 berechtigte Stelle nach Ablauf von zehn Jahren eingeschränkt.

Abschnitt 6
Rechte der betroffenen Person

§ 30 Auskunftsrecht der betroffenen Person

(1) Die betroffene Person hat bei Geltendmachung des Auskunftsrechts nach Artikel 15

der Verordnung (EU) 2016/679 ihre Identität durch Vorlage einer amtlich beglaubigten Ausweiskopie oder amtlich beglaubigten Unterschrift nachzuweisen. Die Registerbehörde sendet die Ausweiskopie auf Verlangen der betroffenen Person nach Auskunftserteilung an diese zurück. Im Übrigen hat die Registerbehörde die Ausweiskopie spätestens ein Jahr nach Auskunftserteilung zu vernichten.

(2) Über die Beschränkung des Auskunftsrechts nach Maßgabe des Bundesdatenschutzgesetzes entscheidet die Registerbehörde im Benehmen mit der Waffenbehörde, die die Daten übermittelt hat.

(3) Sind gespeicherte Daten unrichtig oder unvollständig, hat die Registerbehörde die zuständige Waffenbehörde unverzüglich zu unterrichten.

§ 31 Mitteilungspflicht im Zusammenhang mit der Berichtigung oder Löschung personenbezogener Daten oder der Einschränkung der Verarbeitung

Die Pflicht des Verantwortlichen zur Unterrichtung der betroffenen Person nach Artikel 19 Satz 2 der Verordnung (EU) 2016/679 besteht nicht, sofern das Auskunftsrecht der betroffenen Person beschränkt ist.

Abschnitt 7 Verordnungsermächtigung und Schlussvorschriften

§ 32 Verordnungsermächtigung

(1) Das Bundesministerium des Innern, für Bau und Heimat wird ermächtigt, durch Rechtsverordnung, die der Zustimmung des Bundesrates bedarf, Näheres zu bestimmen:

1. zu den Daten, die nach § 5 in Verbindung mit den §§ 6 und 7 im Waffenregister gespeichert werden,
2. zu den Voraussetzungen der Datenübermittlung nach den §§ 8 und 9,
3. zum Verfahren der Datenübermittlung an die Registerbehörde durch die Waffenbehörden,
4. zum Verfahren und den Inhalten der Datenübermittlung durch die Registerbehörde nach den §§ 13 bis 19,
5. zum Verfahren des automatisierten Verfahrens auf Abruf nach den §§ 20 und 21,
6. zu spezifischen technischen und organisatorischen Maßnahmen nach den Artikeln 24, 25 und 32 der Verordnung (EU) 2016/679 und
7. zu den Voraussetzungen und zum Verfahren zur Einschränkung der Verarbeitung von Daten nach § 29.

(2) Soweit in Rechtsverordnungen auf Grund dieses Gesetzes Form und Verfahren von Datenübermittlungen bestimmt werden, kann auf Bekanntmachungen sachverständiger Stellen verwiesen werden, wenn diese Bekanntmachungen für jede Person zugänglich sind. Wird in einer Rechtsverordnung auf Bekanntmachungen sachverständiger Stellen verwiesen, sind in der Rechtsverordnung das Datum, die Fundstelle und die Bezugsquelle jeder Bekanntmachung anzugeben. Jede Bekanntmachung sachverständiger Stellen, auf die verwiesen wird, ist beim Bundesarchiv niederzulegen; auf die Niederlegung ist in der Rechtsverordnung hinzuweisen.

§ 33 Ausschluss abweichenden Landesrechts

Von den in diesem Gesetz oder auf Grund dieses Gesetzes getroffenen Regelungen des Verwaltungsverfahrens kann nicht durch Landesrecht abgewichen werden.

§ 34 Übergangsvorschrift

§ 25 Absatz 3 ist ab dem 1. Dezember 2020 anzuwenden.

I

Verordnung zur Durchführung des Waffenregistergesetzes (Waffenregistergesetz-Durchführungsverordnung – WaffRGDV)

Vom 31. Juli 2012 (BGBl. I S. 1765)

Zuletzt geändert durch
Waffenrechtsänderungsverordnung
vom 1. September 2020 (BGBl. I S. 1977)

Inhaltsübersicht

Auf Grund des § 20 Absatz 1 und 2 sowie des § 22 Absatz 2 Satz 2 des Nationalen-Waffenregister-Gesetzes vom 25. Juni 2012 (BGBl. I S. 1366) verordnet das Bundesministerium des Innern:

§ 1 Inhalt der Datensätze

(1) Die Speicherung der Daten im Nationalen Waffenregister erfolgt nach Maßgabe des Datensatzes für das Waffenwesen (DSWaffe) vom 6. Juli 2012 (BAnz AT 22.08.2012 B2) in der jeweils aktuellen Fassung. Änderungen des DSWaffe werden vom Bundesministerium des Innern, für Bau und Heimat im Bundesanzeiger bekannt gemacht; anzugeben ist das Herausgabedatum und ab wann der geänderte DSWaffe anzuwenden ist.

(2) Der jeweils aktuelle Stand des DSWaffe ist beim Bundesverwaltungsamt, Barbarastraße 1, 50735 Köln, zu beziehen. Die Bekanntmachungen sind beim Bundesarchiv, Potsdamer Straße 1, 56075 Koblenz, jedermann zugänglich und archivmäßig gesichert niedergelegt.

§ 2 Datenübermittlung an die Registerbehörde

(1) Die Datenübermittlung der Waffenbehörden erfolgt über die informationstechnischen Netze von Bund, Ländern und Kommunen. Die Datenübermittlung zwischen dem Bund und den Ländern erfolgt gemäß § 3 des Gesetzes zur Ausführung von Artikel 91c Absatz 4 des Grundgesetzes vom 10. August 2009 (BGBl. I S. 2702, 2706) in der jeweils geltenden Fassung über das Verbindungsnetz.

(2) Die Datenübermittlung durch die Waffenbehörden an die Registerbehörde erfolgt elektronisch unter Nutzung des Datenaustauschstandards XWaffe vom 6. Juli 2012 (BAnz AT 22.08.2012 B3) in der jeweils aktuellen Fassung. Änderungen des Datenaustauschstandards XWaffe werden vom Bundesministerium des Innern, für Bau und Heimat im Bundesanzeiger bekannt gemacht; anzugeben ist das Herausgabedatum und ab wann der geänderte Datenaustauschstandard XWaffe anzuwenden ist.

(3) Der Datenübertragung werden allgemein anerkannte Standards zugrunde gelegt. Die Verschlüsselung erfolgt nach dem jeweiligen Stand der Technik. Die von der Registerbehörde im Bundesanzeiger bekannt gemachten technischen Ausführungsregeln vom 29. Juni 2012 (BAnz AT 22.08.2012 B7) sind in der jeweils aktuellen Fassung anzuwenden. Änderungen werden von der Registerbehörde im Bundesanzeiger bekannt gemacht; anzugeben ist, ab wann die geänderten Ausführungsregeln anzuwenden sind.

(4) Der jeweils aktuelle Stand des Datenaustauschstandards XWaffe und der technischen Ausführungsregeln sind beim Bundesverwaltungsamt, Barbarastraße 1, 50735 Köln, zu beziehen. Die Bekanntmachungen sind beim Bundesarchiv, Potsdamer Straße 1, 56075 Koblenz, jedermann zugänglich und archivmäßig gesichert niedergelegt.

§ 2a Datenübermittlung an die Waffenbehörden

(1) Das automatisierte Fachverfahren wird von einer zu diesem Zweck beauftragten Stelle betrieben. Die Beauftragung erfolgt durch die Länder.

(2) Das automatisierte Fachverfahren ermöglicht die Datenübermittlung über

1. ein Meldeportal (Web-Portal) und
2. eine automatisierte Schnittstelle (Web-Service).

(3) Der Inhaber einer Erlaubnis nach § 21 Absatz 1 Satz 1 des Waffengesetzes hat bei der Waffenbehörde schriftlich oder elektronisch die Zugangsdaten zu beantragen und seine Identität sowie die Identität derjenigen, die in seinem Namen elektronische Anzeigen abgeben sollen, nachzuweisen. Die Zugangsdaten haben dem aktuellen Stand der Vorgaben der IT-Sicherheit zu entsprechen. Die Bereitstellung der Zugangsdaten erfolgt über die PKI-Leistungen des Verbindungsnetzes.

(4) § 2 Absatz 2 und 3 Satz 1 und 2 gilt entsprechend.

(5) Das Bundesministerium des Innern, für Bau und Heimat macht die Schnittstellenspezifikation zur Nutzung des automatisierten Fachverfahrens nach Absatz 2 Nummer 2 im Bundesanzeiger bekannt; anzugeben ist, ab

wann die Schnittstellenspezifikation zu nutzen ist und wo die Schnittstellenspezifikation zu beziehen ist. Satz 1 gilt entsprechend für Änderungen der Schnittstellenspezifikation. Die Schnittstellenspezifikation ist in der jeweils aktuell geltenden Fassung anzuwenden. Die Bekanntmachungen sind beim Bundesarchiv, Potsdamer Straße 1, 56075 Koblenz, jedermann zugänglich und archivmäßig gesichert niedergelegt.

§ 3 Verfahren zur Datenübermittlung an die Registerbehörde

(1) Liegt zu einer Person noch kein Datensatz im Nationalen Waffenregister vor, wird ein neuer Datensatz angelegt und an die Registerbehörde übermittelt. Die Registerbehörde vergibt für die Person die Personen-Ordnungsnummer und teilt diese der Waffenbehörde mit. Die Waffenbehörde übermittelt unter Bezugnahme auf die Personen-Ordnungsnummer die Daten, die nach den Speicheranlässen des § 5 Nummer 1, Nummer 2, Nummer 3 Buchstabe a, Nummer 4, Nummer 8 oder Nummer 9 des Waffenregistergesetzes zu übermitteln sind. Die Registerbehörde vergibt zu diesen Daten die waffenrechtliche Entscheidungs-Ordnungsnummer und teilt diese der Waffenbehörde mit. Die Waffenbehörde übermittelt unter Bezugnahme auf die waffenrechtliche Entscheidungs-Ordnungsnummer die Grunddaten der Waffe oder des wesentlichen Teils. Die Registerbehörde vergibt für die Grunddaten der Waffe oder des wesentlichen Teils die Waffen- oder Waffenteil-Ordnungsnummer.

(2) Besteht im Register zu einer Person oder einer Waffe bereits ein Datensatz, werden diesem die übermittelten Daten durch Angabe der Ordnungsnummer nach § 7 Absatz 1 des Waffenregistergesetzes zugeordnet.

(3) Stimmen Angaben nach § 6 Absatz 1 Nummer 2 oder Nummer 3 des Waffenregistergesetzes zu einer Person mit den gespeicherten Angaben zu einer anderen Person überein oder weichen nur geringfügig von dieser ab, übermittelt die Waffenbehörde an die Registerbehörde einen Hinweis, dass es sich um verschiedene Personen handelt.

§ 4 Zulassung zum automatisierten Abrufverfahren

(1) Die Zulassung zum Datenabruf im automatisierten Verfahren ist schriftlich bei der Registerbehörde zu beantragen. Im Antrag ist darzulegen, ob die Voraussetzungen des § 20 Absatz 1 Nummer 3 des Waffenregistergesetzes vorliegen. Zugleich ist anzugeben, in welchem Umfang und an welchen Standorten Einrichtungen zum Datenabruf geschaffen werden sollen. Die Registerbehörde ist berechtigt, entsprechende Nachweise zu verlangen.

(2) Die Registerbehörde teilt dem Antragsteller die beabsichtigte Entscheidung mit und fordert ihn zugleich auf, die zur Datensicherung erforderlichen technischen und organisatorischen Maßnahmen zu treffen. Die Entscheidung ergeht, sobald der Antragsteller der Registerbehörde mitgeteilt hat, dass er diese Maßnahmen getroffen hat. Die Registerbehörde ist nicht verpflichtet zu überprüfen, ob die Maßnahmen tatsächlich getroffen worden sind.

(3) Die Zulassung zum Datenabruf im automatisierten Verfahren kann auf bestimmte Standorte, inhaltlich beschränkt und mit einer Auflage versehen werden, um zu verhindern, dass ein automatisierter Datenabruf erfolgt, wenn die gesetzlichen Voraussetzungen hierfür nicht vorliegen.

(4) Die Registerbehörde führt ein Verzeichnis der zum Abruf im automatisierten Verfahren zugelassenen öffentlichen Stellen und der getroffenen Maßnahmen. Die Registerbehörde hat die Zulassungsunterlagen aufzubewahren und gegen Zugriff durch Unbefugte zu sichern.

(5) Die Registerbehörde gewährleistet im automatisierten Abrufverfahren nach den §§ 20 und 21 des Waffenregistergesetzes durch programmtechnische Vorkehrungen, dass keine Daten übermittelt werden, wenn die Identität der abfragenden Stelle nicht zweifelsfrei feststeht. Sie dokumentiert für sechs Monate Anfragen ohne Kennung und Anfragen mit einer fehlerhaften Kennung.

§ 5 Datenabruf im automatisierten Verfahren

Die Datenübermittlung durch Abruf im automatisierten Verfahren erfolgt unter Nutzung des Datenaustauschstandards XWaffe oder über die von der Registerbehörde bereitgestellte Portalanwendung. § 2 Absatz 1 und 3 gilt entsprechend.

§ 6 Identitätsfeststellung durch die zum Ersuchen berechtigten Stellen

Ähnliche Personen, ähnliche Kaufleute, ähnliche juristische Personen, ähnliche Personenvereinigungen und ähnliche Waffen im Sinne des § 16 Absatz 3 des Waffenregistergesetzes sind solche, deren Daten nach § 6 Absatz 1 des Waffenregistergesetzes oder abweichende Namensschreibweisen mit den im Übermittlungsersuchen angegebenen Daten nach § 6 Absatz 1 des Waffenregistergesetzes übereinstimmen oder nur geringfügig davon abweichen.

§ 7 Datenschutz und Datensicherheit

(1) Die Registerbehörde trifft die technischen und organisatorischen Maßnahmen, die erforderlich sind, um die Verfügbarkeit, Integrität, Authentizität und Vertraulichkeit der verarbeiteten Daten entsprechend dem jeweiligen Stand der Technik sicherzustellen. Dabei ist die besondere Schutzbedürftigkeit der im Register gespeicherten Daten zu berücksichtigen.

(2) Die Waffenbehörden und die zum Ersuchen berechtigten Stellen treffen die technischen und organisatorischen Maßnahmen, die erforderlich sind, um die Verfügbarkeit, Integrität, Authentizität und Vertraulichkeit der in ihren Systemen verarbeiteten Daten für das Nationale Waffenregister entsprechend dem jeweiligen Stand der Technik sicherzustellen. Dabei ist die besondere Schutzbedürftigkeit der verarbeiteten Daten zu berücksichtigen.

(3) Die in den Absätzen 1 und 2 bezeichneten Stellen erstellen zur Erfüllung ihrer dort genannten Pflichten ein IT-Sicherheitskonzept, das den jeweils aktuellen Standards des Bundesamtes für die Sicherheit in der Informationstechnik (BSI) oder vergleichbaren Standards entspricht. Das Sicherheitskonzept legt fest, mit welchen technischen und organisatorischen Maßnahmen die Vorgaben des für die jeweilige Behörde anzuwendenden Datenschutzgesetzes und dieser Verordnung gewährleistet werden.

(4) Die Organisation der in den Absätzen 1 und 2 genannten Stellen ist so zu gestalten, dass sie den Grundsätzen der Aufgabentrennung und der Erforderlichkeit entsprechen; insbesondere ist der Zugang zu personenbezogenen Daten nur so weit gestattet, wie es der Aufgabenerfüllung dient.

§ 8 Inkrafttreten

Diese Verordnung tritt am Tag nach der Verkündung in Kraft.

I

Gesetz über die Prüfung und Zulassung von Feuerwaffen, Böllern, Geräten, bei denen zum Antrieb Munition verwendet wird, sowie von Munition und sonstigen Waffen (Beschussgesetz – BeschG)

Vom 11. Oktober 2002 (BGBl. I S. 3970)

Zuletzt geändert durch
Elfte Zuständigkeitsanpassungsverordnung
vom 19. Juni 2020 (BGBl. I S. 1328)

Inhaltsübersicht

Abschnitt 1
Allgemeine Bestimmungen

§ 1 Zweck, Anwendungsbereich

(1) Dieses Gesetz regelt die Prüfung und Zulassung von

1. Feuerwaffen und Böllern, Geräten, bei denen zum Antrieb Munition oder hülsenlose Treibladungen verwendet werden, einschließlich deren höchstbeanspruchten Teilen,
2. Munition und
3. sonstigen Waffen

zum Schutz der Benutzer und Dritter bei bestimmungsgemäßer Verwendung.

(2) Dieses Gesetz ist nicht anzuwenden auf

1. Feuerwaffen, die zum Verschießen von Munition bestimmt sind, bei der die Ladung nicht schwerer als 15 Milligramm ist,
2. veränderte Schusswaffen nach Anlage 1 Abschnitt 1 Unterabschnitt 1 Nr. 1.4 des Waffengesetzes vom 11. Oktober 2002 (BGBl. I S. 3970) in der jeweils geltenden Fassung,
3. die Lagerung der in Absatz 1 bezeichneten Gegenstände in verschlossenen Zolllagern oder in Freizonen.

(3) Der Bauartzulassung unterliegen

1. nicht tragbare Selbstschussgeräte,
2. bei anderen nicht tragbaren Geräten, in denen zum Antrieb in Hülsen untergebrachte Treibladungen verwendet werden und die für technische Zwecke bestimmt sind, nur die Auslösevorrichtungen und die Teile des Gerätes, die dem Druck der Pulvergase unmittelbar ausgesetzt sind.

Geräte nach Satz 1 Nr. 2 können außerdem der Einzelbeschussprüfung unterzogen werden.

(4) Auf Feuerwaffen, Böller, Geräte, Munition und sonstige Waffen im Sinne des Absatzes 1, die für

1. die obersten Bundes- und Landesbehörden und die Deutsche Bundesbank,
2. die Bundeswehr und die in der Bundesrepublik Deutschland stationierten ausländischen Streitkräfte,
3. die Polizeien des Bundes und der Länder,
4. die Zollverwaltung

in den Geltungsbereich dieses Gesetzes verbracht oder hergestellt und ihnen oder ihren Bediensteten im Rahmen ihrer dienstlichen Tätigkeit jeweils überlassen werden, sind, soweit nicht ausdrücklich etwas anderes bestimmt ist, die Vorschriften über die Prüfung und Zulassung nach diesem Gesetz nicht anzuwenden.

(5) Die Bundesregierung kann durch Rechtsverordnung, die nicht der Zustimmung des Bundesrates bedarf, eine dem Absatz 4 entsprechende Regelung für sonstige Behörden und Dienststellen des Bundes einschließlich deren Bediensteter im Rahmen ihrer dienstlichen Tätigkeit treffen. Die Bundesregierung kann die Befugnis nach Satz 1 durch Rechtsverordnung, die nicht der Zustimmung des Bundesrates bedarf, auf eine andere Bundesbehörde übertragen.

(6) Die Landesregierungen können durch Rechtsverordnung eine dem Absatz 4 entsprechende Regelung für sonstige Behörden und Dienststellen des Landes einschließlich deren Bediensteter im Rahmen ihrer dienstlichen Tätigkeit treffen. Die Landesregierungen können die Befugnis nach Satz 1 durch Rechtsverordnung auf andere Landesbehörden übertragen.

§ 2 Beschusstechnische Begriffe

(1) Feuerwaffen im Sinne dieses Gesetzes sind

1. Schusswaffen, bei denen ein Geschoss mittels heißer Gase durch den Lauf getrieben wird, oder
2. Geräte zum Abschießen von Munition oder hülsenlosen Treibladungen, bei denen kein Geschoss durch den Lauf getrieben wird.

(2) Höchstbeanspruchte Teile im Sinne dieses Gesetzes sind die Teile, die dem Gasdruck ausgesetzt sind. Dies sind insbesondere

1. der Lauf; dabei sind
   a) Austauschläufe Läufe für ein bestimmtes Waffenmodell oder -system, die

ohne Nacharbeit ausgetauscht werden können,

b) Wechselläufe, die für eine bestimmte Waffe zum Austausch des vorhandenen Laufs vorgefertigt sind und die noch eingepasst werden müssen,

c) Einsteckläufe Läufe ohne eigenen Verschluss, die in die Läufe von Waffen größeren Kalibers eingesteckt werden können;

2. der Verschluss als das unmittelbar das Patronen- oder Kartuschenlager oder den Lauf abschließende Teil;
3. das Patronen- oder Kartuschenlager, wenn dieses nicht bereits Bestandteil des Laufs ist;
4. bei Schusswaffen und Geräten nach § 1 Abs. 3, bei denen zum Antrieb ein entzündbares flüssiges oder gasförmiges Gemisch verwendet wird, die Verbrennungskammer und die Einrichtung zur Erzeugung des Gemisches;
5. bei Schusswaffen mit anderem Antrieb und Geräten nach § 1 Abs. 3 die Antriebsvorrichtung, sofern sie fest mit der Schusswaffe oder dem Gerät verbunden ist;
6. bei Kurzwaffen das Griffstück oder sonstige Waffenteile, soweit sie für die Aufnahme des Auslösemechanismus bestimmt sind;
7. Trommeln für ein bestimmtes Revolvermodell, die ohne Nacharbeit gewechselt werden können (Wechseltrommeln).

(3) Böller im Sinne dieses Gesetzes sind Geräte, die ausschließlich zur Erzeugung des Schussknalls bestimmt sind und die keine Feuerwaffen oder Geräte zum Abschießen von Munition sind. Böller sind auch nicht tragbare Geräte für Munition nach einer Rechtsverordnung nach § 14 Abs. 1 Nr. 1[1]). Gasböller sind Böller, bei denen die Erzeugung des Schussknalls durch die Explosion bestimmter Gase bewirkt wird.

(4) Schussapparate im Sinne dieses Gesetzes sind tragbare Geräte, die für gewerbliche oder technische Zwecke bestimmt sind und bei denen zum Antrieb Munition verwendet wird.

(5) Weißfertig im Sinne dieses Gesetzes sind Gegenstände, wenn alle materialschwächenden oder -verändernden Arbeiten, ausgenommen die üblichen Gravurarbeiten, beendet sind.

(6) Munition im Sinne dieses Gesetzes ist Munition nach Anlage 1 Abschnitt 1 Unterabschnitt 3 Nr. 1 des Waffengesetzes, darüber hinaus Munition, die der Definition entspricht, jedoch für technische Geräte nach Absatz 1 Nr. 2 oder nach Absatz 4 bestimmt ist.

(7) Soweit dieses Gesetz waffentechnische oder waffenrechtliche Begriffe verwendet, sind die Begriffsbestimmungen des Waffengesetzes in seiner jeweils geltenden Fassung maßgeblich, soweit sie nicht in diesem Gesetz abweichend definiert werden.

Abschnitt 2
Prüfung und Zulassung

§ 3 Beschusspflicht für Feuerwaffen und Böller

(1) Wer Feuerwaffen, Böller sowie höchstbeanspruchte Teile, die ohne Nacharbeit ausgetauscht werden können, herstellt oder in den Geltungsbereich dieses Gesetzes verbringt, hat sie, bevor er sie in den Verkehr bringt, durch Beschuss amtlich prüfen zu lassen. Satz 1 gilt nicht für Gasböller, die gemäß § 7 Abs. 1 Satz 1 in ihrer Bauart und Bezeichnung zugelassen sind. Wird eine Feuerwaffe aus bereits geprüften höchstbeanspruchten Teilen zusammengesetzt, so gilt Satz 1 entsprechend, wenn einzelne Teile zu ihrer Einpassung der Nacharbeit bedürfen oder nicht mit dem für diese Waffe vorgeschriebenen Beschussgasdruck beschossen sind.

---

[1]) Tabelle 5 der Maßtafeln, veröffentlicht im Bundesanzeiger Nr. 38a vom 24. Februar 2000.

(2) Wer an einer Feuerwaffe oder einem Böller, die nach Absatz 1 geprüft sind, ein höchstbeanspruchtes Teil austauscht, verändert oder instand setzt, hat den Gegenstand erneut durch Beschuss amtlich prüfen zu lassen. Dies gilt nicht für Feuerwaffen, deren höchstbeanspruchte Teile ohne Nacharbeit lediglich ausgetauscht worden sind, sofern alle höchstbeanspruchten Teile mit dem für diese Waffen vorgeschriebenen Beschussgasdruck beschossen worden sind.

§ 4 Ausnahmen von der Beschusspflicht

(1) Von der Beschusspflicht sind ausgenommen:

1. Feuerwaffen und deren höchstbeanspruchte Teile, deren Bauart nach § 7 der Zulassung bedarf,
2. Schusswaffen mit einem Patronen- oder Kartuschenlager mit einem Durchmesser kleiner als 6 Millimeter und einer Länge kleiner als 7 Millimeter sowie zum einmaligen Gebrauch bestimmte höchstbeanspruchte Teile von Schusswaffen nach § 2 Abs. 2 Satz 2 Nr. 1, soweit die Bauart nach § 7 oder § 8 der Zulassung bedarf,
3. Feuerwaffen, die
   a) zu Prüf-, Mess- oder Forschungszwecken von wissenschaftlichen Einrichtungen und Behörden, Waffen- oder Munitionsherstellern bestimmt sind,
   b) vor dem 1. Januar 1891 hergestellt und nicht verändert worden sind,
   c) aa) vorübergehend nach § 32 Abs. 1 Satz 1 des Waffengesetzes oder
      bb) zur Lagerung in einem verschlossenen Zolllager

      in den Geltungsbereich dieses Gesetzes mitgenommen werden oder
   d) für die in § 1 Abs. 4, auch in Verbindung mit Abs. 5 oder 6, genannten Behörden in den Geltungsbereich dieses Gesetzes verbracht oder hergestellt und ihnen oder ihren Bediensteten im Rahmen ihrer dienstlichen Tätigkeit jeweils überlassen werden, soweit eine diesem Gesetz entsprechende Beschussprüfung durch die jeweils zuständige Stelle sichergestellt ist,
4. höchstbeanspruchte Teile von im Fertigungsprozess befindlichen Feuerwaffen nach § 3 Abs. 1 sowie vorgearbeitete höchstbeanspruchte Teile und Laufrohlinge.

(2) Eine Beschusspflicht nach § 3 besteht nicht für Feuerwaffen und höchstbeanspruchte Teile, die das Beschusszeichen eines Staates tragen, mit dem die gegenseitige Anerkennung der Beschusszeichen vereinbart ist.

§ 5 Beschussprüfung

(1) Bei dem Beschuss von Feuerwaffen ist zu prüfen, ob

1. die höchstbeanspruchten Teile der Feuerwaffe der Beanspruchung standhalten, der sie bei der Verwendung der zugelassenen Munition oder der festgelegten Ladung ausgesetzt werden (Haltbarkeit),
2. die Verschlusseinrichtung, die Sicherung und die Zündeinrichtung sowie bei halbautomatischen Schusswaffen der Lademechanismus einwandfrei arbeiten und die Waffe sicher geladen, geschlossen und abgefeuert werden kann (Funktionssicherheit),
3. die Abmessungen des Patronen- oder Kartuschenlagers, der Verschlussabstand, die Maße des Übergangs, der Feld- und Zugdurchmesser oder des Laufquerschnitts bei gezogenen Läufen und der Laufinnendurchmesser bei glatten Läufen den Nenngrößen einer nach § 14 Abs. 1 Nr. 1 erlassenen Rechtsverordnung entsprechenden (Maßhaltigkeit) und
4. die nach § 24 Abs. 1 und 2 des Waffengesetzes vom 11. Oktober 2002 (BGBl. I S. 3970) oder die auf Grund einer Rechtsverordnung nach § 25 des Waffengesetzes vorgeschriebene Kennzeichnung auf der Waffe angebracht ist.

(2) Auf Antrag ist der Beschuss von Schusswaffen mit glatten Läufen mit einem erhöhten Gasdruck (verstärkter Beschuss) oder mit Stahlschrotmunition vorzunehmen.

(3) Bei dem Beschuss von Böllern ist zu prüfen, ob

1. die höchstbeanspruchten Teile der Beanspruchung standhalten, der sie bei der Verwendung der vorgeschriebenen Ladung ausgesetzt werden (Haltbarkeit),
2. die Verschlusseinrichtung und die Abzugseinrichtung einwandfrei arbeiten und der Böller sicher geladen, geschlossen und abgefeuert werden kann (Funktionssicherheit),
3. die Rohrinnendurchmesser, Länge und Durchmesser des Kartuschenlagers, der Zündkanaldurchmesser den Bestimmungen einer nach § 14 Abs. 1 Nr. 1 erlassenen Rechtsverordnung entsprechen (Maßhaltigkeit),
4. die durch eine Rechtsverordnung nach § 14 Abs. 1 Nr. 3 des Gesetzes vorgeschriebene Kennzeichnung auf dem Böller angebracht ist.

§ 6 Prüfzeichen

(1) Feuerwaffen, Böller und deren höchstbeanspruchte Teile sind mit dem amtlichen Beschusszeichen zu versehen, wenn sie mindestens weißfertig sind und die Beschussprüfung keine Beanstandung ergeben hat. Andernfalls sind sie mit dem amtlichen Rückgabezeichen zu versehen. Höchstbeanspruchte Teile, die nicht mehr instand gesetzt werden können, sind als unbrauchbar zu kennzeichnen.

(2) In den Fällen des § 4 Abs. 1 Nr. 3 Buchstabe d sind die Gegenstände mit einem Prüfzeichen der jeweils zuständigen Stelle zu versehen.

§ 7 Zulassung von Schussapparaten, Einsteckläufen und nicht der Beschusspflicht unterliegenden Feuerwaffen, Systemprüfungen von Schussapparaten und der in ihnen zu verwendenden Kartuschenmunition

(1) Schussapparate, Zusatzgeräte für diese Apparate, Gasböller, Einsätze für Munition mit kleinerer Abmessung sowie Einsteckläufe ohne eigenen Verschluss für Munition mit dem zulässigen höchsten Gebrauchsgasdruck dürfen als serienmäßig hergestellte Stücke nur dann in den Geltungsbereich dieses Gesetzes verbracht oder gewerbsmäßig hergestellt werden, wenn sie ihrer Bauart und Bezeichnung nach von der zuständigen Stelle zugelassen sind. Gleiches gilt für Feuerwaffen

1. mit einem Patronen- oder Kartuschenlager bis zu 5 Millimeter Durchmesser und bis zu 15 Millimeter Länge oder mit einem Patronen- oder Kartuschenlager kleiner als 6 Millimeter Durchmesser und kleiner als 7 Millimeter Länge, bei denen dem Geschoss eine Bewegungsenergie von nicht mehr als 7,5 Joule (J) erteilt wird, oder
2. zum einmaligen Abschießen von Munition oder eines festen oder flüssigen Treibmittels.

Bei Schussapparaten, die für die Verwendung magazinierter Kartuschen bestimmt sind und in denen der Gasdruck auf einen Kolben als Geräteteil wirkt, gehört zur Bauartzulassung auch eine Systemprüfung, durch die die Eignung der zu verwendenden Kartuschenmunition im Gerät festgelegt wird. Kartuschenmunition zur Verwendung in Geräten nach Satz 3 ist einer Systemprüfung zu unterziehen.

(2) Absatz 1 gilt nicht für Schussapparate, Einsteckläufe und Feuerwaffen, die ein anerkanntes Prüfzeichen eines Staates tragen, mit dem die gegenseitige Anerkennung der Prüfzeichen vereinbart ist.

(3) Die Zulassung ist zu versagen, wenn

1. die Bauart nicht haltbar, nicht funktionssicher oder nicht maßhaltig ist oder
2. es sich um eine Schusswaffe nach Absatz 1 Satz 2 Nr. 1 handelt, die mit allgemein gebräuchlichen Werkzeugen so verändert werden kann, dass die Bewegungsenergie auf mehr als 7,5 Joule (J) erhöht wird.

(4) Die Zulassung der Bauart eines Schussapparates ist zu versagen, wenn

1. aus ihm zugelassene Patronenmunition verschossen werden kann,
2. er so beschaffen ist, dass Personen, die sich bei der Verwendung des Schussapparates in seinem Gefahrenbereich befinden,

bei ordnungsgemäßer Verwendung mehr als unvermeidbar gefährdet oder belästigt werden,

3. mit ihm entgegen seiner Bestimmung in den freien Raum gezielt geschossen werden kann oder
4. der Antragsteller nicht nachweist, dass er über die für die Durchführung von Wiederholungsprüfungen erforderlichen Einrichtungen verfügt.

§ 8 Zulassung von Schreckschuss-, Reizstoff- und Signalwaffen

(1) Schusswaffen mit einem Patronen- oder Kartuschenlager bis 12,5 Millimeter Durchmesser und tragbare Geräte nach § 2 Absatz 1 Nummer 2 ohne Patronen- oder Kartuschenlager, die zum

1. Abschießen von Kartuschenmunition,
2. Verschießen von Reiz- oder anderen Wirkstoffen oder
3. Verschießen von pyrotechnischer Munition

bestimmt sind, sowie Zusatzgeräte zu diesen Waffen zum Verschießen pyrotechnischer Geschosse dürfen nur dann in den Geltungsbereich dieses Gesetzes verbracht oder gewerbsmäßig hergestellt werden, wenn sie ihrer Bauart und Bezeichnung nach von der zuständigen Stelle im Geltungsbereich dieses Gesetzes zugelassen sind. Der Zulassung nach Satz 1 steht gleich, wenn sie den Rechtsvorschriften eines anderen Mitgliedstaates entsprechen, die dieser der Europäischen Kommission nach Artikel 4 Absatz 2 der Durchführungsrichtlinie (EU) 2019/69 der Kommission vom 16. Januar 2019 zur Festlegung technischer Spezifikationen für Schreckschuss- und Signalwaffen gemäß der Richtlinie 91/477/EWG des Rates über die Kontrolle des Erwerbs und des Besitzes von Waffen als Maßnahme zur Umsetzung dieser Durchführungsrichtlinie mitgeteilt hat.

(2) Die Zulassung ist zu versagen, wenn

1. Patronenmunition in den freien Raum abgeschossen werden kann und die Geschosse mehr als 7,5 Joule (J) erreichen,
2. vorgeladene Geschosse verschossen werden können und ihnen eine Bewegungsenergie von mehr als 7,5 Joule (J) erteilt wird,
3. der Gaslauf der Waffe einen Innendurchmesser von weniger als 7 Millimeter hat,
4. mit der Waffe nach Umarbeitung mit allgemein gebräuchlichen Werkzeugen die in Nummer 1 oder 2 bezeichnete Wirkung erreicht werden kann,
5. die Waffe oder das Zusatzgerät den technischen Anforderungen an die Bauart nicht entspricht oder
6. den Anforderungen einer Rechtsverordnung nach § 14 Abs. 3 entsprechende Patronenmunition nach den Maßtafeln in die Kartuschenlager geladen und darin abgefeuert werden kann.

(3) Hat die Schusswaffe ein Patronen- oder Kartuschenlager mit einem Durchmesser kleiner als 6 Millimeter und einer Länge kleiner als 7 Millimeter, so ist die Zulassung der Bauart ferner zu versagen, wenn die Bauart nicht haltbar, nicht funktionssicher oder nicht maßhaltig ist. Das Gleiche gilt für höchstbeanspruchte Teile von Handfeuerwaffen nach § 2 Abs. 2 Satz 2 Nr. 1 bis 3, die zum einmaligen Gebrauch bestimmt sind.

§ 8a Prüfung und Zulassung von unbrauchbar gemachten Schusswaffen; Verordnungsermächtigung

(1) Wer eine Schusswaffe unbrauchbar gemacht hat, muss diese der zuständigen Behörde binnen zwei Wochen zur Einzelzulassung vorlegen. Dabei ist die Dokumentation der Unbrauchbarmachung nach dem Waffengesetz oder nach einer auf Grund des Waffengesetzes erlassenen Verordnung beizufügen.

(2) Die zuständige Behörde prüft die Einhaltung der Anforderungen nach Anlage 1 Abschnitt 1 Unterabschnitt 1 Nummer 1.4 des Waffengesetzes. Sie kennzeichnet die unbrauchbar gemachte Waffe und ihre wesentlichen Teile. Darüber hinaus stellt sie dem Besitzer eine Deaktivierungsbescheinigung in deutscher und englischer Sprache aus.

(3) Das Bundesministerium des Innern, für Bau und Heimat wird ermächtigt, durch Rechtsverordnung mit Zustimmung des Bundesrates Durchführungsregelungen zu den Maßgaben des Anhangs I Tabelle I bis III der Durchführungsverordnung (EU) 2015/2403 der Kommission vom 15. 12. 2015 zur Festlegung gemeinsamer Leitlinien über Deaktivierungsstandards und -techniken, die gewährleisten, dass Feuerwaffen bei der Deaktivierung endgültig unbrauchbar gemacht werden (ABl. L 333 vom 19. 12. 2015, S. 62), die zuletzt durch die Durchführungsverordnung (EU) 2018/337 (ABl. L 65 vom 8. 3. 2018, S. 1) geändert worden ist, zu treffen sowie Einzelheiten zur Kennzeichnung der unbrauchbar gemachten Schusswaffe und ihrer wesentlichen Teile und zur Deaktivierungsbescheinigung zu regeln.

§ 9 Anzeige, Prüfung, Zulassung von sonstigen Waffen und Kartuschenmunition mit Reizstoffen

(1) Wer Schusswaffen nach Anlage 1 Abschnitt 1 Unterabschnitt 1 Nummer 1.5.1 des Waffengesetzes eines bestimmten Modells gewerbsmäßig erstmals herstellen oder in den Geltungsbereich dieses Gesetzes verbringen will, hat dies der zuständigen Stelle zwei Monate vorher schriftlich anzuzeigen und den Gegenstand zur Prüfung und Zulassung einzureichen. Soweit es sich nicht um Einzelstücke handelt, ist der Stelle ein Muster und eine Abbildung, eine Beschreibung der Handhabung und der Konstruktion sowie der verwendeten Stoffe oder der zur Änderung nach Anlage 1 Abschnitt 1 Unterabschnitt 1 Nummer 1.5.1 zum Waffengesetz benutzten Werkstoffe unter Angabe der Arbeitstechnik in deutscher Sprache zu überlassen. Die Stelle unterrichtet die Physikalisch-Technische Bundesanstalt schriftlich oder elektronisch vom Ergebnis der Prüfung.

(2) Wer

1. Schusswaffen, die weder einer Prüfung nach § 3 noch einer Bauartzulassung nach § 7 noch der Prüfung und Zulassung nach Absatz 1 unterliegen,
2. Gegenstände nach Anlage 1 Abschnitt 1 Unterabschnitt 2 Nr. 1.2.1 und 2.2.1 zum Waffengesetz,
3. Gegenstände nach Anlage 1 Abschnitt 1 Unterabschnitt 2 Nr. 1.2.2 zum Waffengesetz oder
4. Kartuschenmunition mit Reizstoffen

eines bestimmten Modells gewerbsmäßig erstmals herstellen oder in den Geltungsbereich dieses Gesetzes verbringen will, hat dies der zuständigen Stelle zwei Monate vorher schriftlich anzuzeigen. Der Anzeige sind beizufügen ein Muster, eine Beschreibung der Handhabung und der Konstruktion. Die verwendeten Inhaltsstoffe sind zu benennen.

(3) Der Anzeige nach Absatz 2 Satz 1 Nr. 1 bis 3 ist darüber hinaus eine Erklärung des Herstellers oder seines Bevollmächtigten in der Europäischen Union beizufügen,

1. ob und wie der Anwender die Leistung der Waffe verändern kann,
2. dass es sich im Falle des Absatzes 2 Satz 1 Nr. 2 und 3 um einen Gegenstand handelt, bei dessen Verwendung keine Gefahren für das Leben zu erwarten sind.

(4) Die zuständige Stelle kann für Gegenstände nach Anlage 1 Abschnitt 1 Unterabschnitt 2 Nr. 1.2.1, 1.2.2 und 2.2.1 zum Waffengesetz, für die in § 14 Abs. 4 und 6 bezeichneten Gegenstände sowie für Geschosse, Kartuschenmunition, Stoffe und sonstige Gegenstände mit Reizstoffen die erforderlichen Maßnahmen anordnen, um sicherzustellen, dass diese Gegenstände nicht abweichend von dem geprüften Muster oder entgegen den festgelegten Anforderungen vertrieben oder anderen überlassen werden. Sie kann die nach Absatz 3 gemachten Angaben prüfen oder mit der Prüfung oder Teilprüfung andere Fachinstitute beauftragen.

(5) Werden die in den Absätzen 1 und 2 bezeichneten Geräte durch eine staatliche Stelle ihrer Bauart nach zugelassen und umfasst die Bauartzulassung die vorgeschriebenen Prüfungen, tritt die Bauartzulassung an Stelle dieser Prüfungen.

§ 10 Zulassung von pyrotechnischer Munition

(1) Pyrotechnische Munition einschließlich der mit ihr fest verbundenen Antriebsvorrichtung darf nur dann in den Geltungsbereich dieses Gesetzes verbracht oder gewerbsmäßig hergestellt werden, wenn sie ihrer Beschaffenheit, Zusammensetzung und Bezeichnung nach von der zuständigen Behörde zugelassen ist.

(2) Bei pyrotechnischer Munition, die nach Absatz 1 zugelassen ist, sind neben der gesetzlich vorgeschriebenen Kennzeichnung die Verwendungshinweise anzubringen. Soweit sich die Verwendungshinweise auf der einzelnen Munition nicht anbringen lassen, sind sie auf der kleinsten Verpackungseinheit anzubringen.

(3) Die Zulassung ist zu versagen,

1. soweit der Schutz von Leben, Gesundheit oder Sachgütern des Benutzers oder Dritter bei bestimmungsgemäßer Verwendung nicht gewährleistet ist,
2. wenn die Munition den Anforderungen an die Zusammensetzung, Beschaffenheit, Maße, den höchsten Gebrauchsgasdruck und die Bezeichnung gemäß einer nach § 14 Abs. 2 Satz 1 Nr. 1 erlassenen Rechtsverordnung nicht entspricht,
3. soweit die Munition in ihrer Wirkungsweise, Brauchbarkeit und Beständigkeit dem jeweiligen Stand der Technik nicht entspricht,
4. wenn der Antragsteller auf Grund seiner betrieblichen Ausstattung oder wegen eines unzureichenden Qualitätssicherungssystems nicht in der Lage ist, dafür zu sorgen, dass die nachgefertigte Munition in ihrer Zusammensetzung und Beschaffenheit nach dem zugelassenen Muster hergestellt wird.

§ 11 Zulassung sonstiger Munition

(1) Munition im Sinne der Anlage 1 Abschnitt 1 Unterabschnitt 3 Nr. 1.1 bis 1.3 zum Waffengesetz darf gewerbsmäßig nur vertrieben oder anderen überlassen werden, wenn sie ihrem Typ und ihrer Bezeichnung nach von der zuständigen Behörde zugelassen ist.

(2) Absatz 1 gilt nicht für

1. Munition aus Staaten, mit denen die gegenseitige Anerkennung der Prüfzeichen vereinbart ist und deren kleinste Verpackungseinheit ein Prüfzeichen eines dieser Staaten trägt,
2. Munition, die für wissenschaftliche Einrichtungen, Behörden, Waffen- oder Munitionshersteller, als Teil einer Munitionssammlung (§ 17 Abs. 1 des Waffengesetzes) oder für eine solche bestimmt, oder in geringer Menge für gewerbliche Einführer von Munition, Händler oder behördlich anerkannte Sachverständige zu Prüf-, Mess- oder Forschungszwecken hergestellt oder ihnen zu diesem Zweck überlassen wird.

(3) Die Zulassung ist zu versagen, wenn

1. der Antragsteller oder ein von ihm beauftragtes Fachinstitut nicht die zur Ermittlung der Maße, des Gebrauchsgasdrucks oder der Vergleichswerte erforderlichen Geräte besitzt,
2. der Antragsteller oder ein von ihm beauftragtes Fachinstitut nicht über das zur Bedienung der Prüfgeräte erforderliche Fachpersonal verfügt oder
3. die Prüfung der Munition ergibt, dass ihre Maße, ihr Gasdruck, die in ihr enthaltenen Reiz- oder Wirkstoffe und ihre Bezeichnung nicht den Anforderungen einer Rechtsverordnung nach § 14 Abs. 3 entsprechen.

Die Zulassung wird nach Satz 1 Nr. 1 und 2 nicht versagt, wenn der Antragsteller die Überwachung der Herstellung der zuständigen Behörde übertragen hat.

§ 12 Überlassen und Verwenden beschuss- oder zulassungspflichtiger Gegenstände

(1) Feuerwaffen, Böller und höchstbeanspruchte Teile, die nach § 3 der Beschusspflicht unterliegen, dürfen anderen nur überlassen oder zum Schießen nur verwendet werden, wenn sie das amtliche Beschusszeichen tragen. Dies gilt nicht für das Überlassen dieser Gegenstände, wenn die zuständige

Behörde bescheinigt, dass die amtliche Prüfung nicht durchgeführt werden kann.

(2) Schusswaffen, Geräte, Einsätze, Einsteckläufe und Munition, die nach den §§ 7 bis 11 der Prüfung oder der Zulassung unterliegen, dürfen gewerbsmäßig anderen nur überlassen werden, wenn sie das vorgeschriebene Prüf- oder Zulassungszeichen tragen und, im Falle des § 10 Abs. 2, die Verwendungshinweise angebracht sind.

§ 13 Ausnahmen in Einzelfällen

Die für die Zulassung jeweils zuständige Behörde kann im Einzelfall Ausnahmen von dem Erfordernis der Prüfung und Zulassung nach § 7 Abs. 1, § 8 Abs. 1, § 9 Abs. 1, § 10 Abs. 1 oder § 11 Abs. 1 bewilligen oder Abweichungen von den Versagungsgründen des § 7 Abs. 3 oder 4, des § 8 Abs. 2 oder 3, des § 10 Abs. 3 Nr. 2 bis 4 oder des § 11 Abs. 3 Satz 1 Nr. 3 zulassen, wenn öffentliche Interessen nicht entgegenstehen.

§ 14 Ermächtigungen

(1) Das Bundesministerium des Innern, für Bau und Heimat wird ermächtigt, zur Durchführung der §§ 3, 5 und 6 durch Rechtsverordnung mit Zustimmung des Bundesrates Vorschriften zu erlassen über

1. die Maße für das Patronen- und Kartuschenlager, den Übergang, die Feld- und Zugdurchmesser oder den Laufquerschnitt, den Laufinnendurchmesser und den Verschlussabstand (Maßtafeln), höchstzulässige Gebrauchsgasdrücke, Höchst- und Mindestenergien sowie die Bezeichnung der Munition und Treibladungen,
2. die Art und Durchführung der Beschussprüfung, die Gegenstände und Messmethoden sowie das Verfahren für diese Prüfung,
3. die Art, Form und Aufbringung der Prüfzeichen,
4. die Einführung einer freiwilligen Beschussprüfung für Feuerwaffen,
5. die Einbeziehung weiterer Teile von Feuerwaffen in die Beschussprüfung.

(2) Das Bundesministerium des Innern, für Bau und Heimat wird ermächtigt, durch Rechtsverordnung mit Zustimmung des Bundesrates zur Durchführung der §§ 7 bis 11

1. zu bestimmen, welche technischen Anforderungen
   a) an die Bauart einer Feuerwaffe oder eines Einstecklaufes nach § 7 Abs. 1 oder § 8 Abs. 2 und 3,
   b) an einen Gegenstand nach § 9 Abs. 1 und 2,
   c) an die Zusammensetzung, Beschaffenheit, die Maße und den höchsten Gebrauchsgasdruck von pyrotechnischer Munition nach § 10 Abs. 1 und 3 Nr. 2 und
   d) an die Beschaffenheit der Prüfgeräte für Patronen- und Kartuschenmunition und Treibladungen nach § 11 Abs. 1

   sowie welche Anforderungen an die Bezeichnung dieser Gegenstände zu stellen sind,
2. die Art und Durchführung der Zulassungsprüfungen und das Verfahren für die Prüfung und Zulassung zu regeln,
3. vorzuschreiben
   a) periodische Kontrollen für Munition nach § 11 Abs. 1,
   b) Kontrollen für Schussapparate und Einsteckläufe

   sowie das Verfahren für diese Kontrollen zu regeln,
4. weitere Feuerwaffen oder Einsteckläufe in die Bauartprüfung und -zulassung einzubeziehen,
5. Vorschriften zu erlassen über
   a) die Verpflichtung zur Aufbringung eines Zulassungszeichens sowie dessen Art und Form,
   b) die Verpflichtung von Personen, die Munition im Sinne von § 11 Abs. 1 herstellen oder in den Geltungsbereich dieses Gesetzes verbringen, zur Durchführung von Fabrikationskontrollen,
   c) Inhalt, Führung, Aufbewahrung und Vorlage von Aufzeichnungen über die in Buchstabe b genannten Kontrollen,

d) die Anordnung einer Kontrolle und die Untersagung des weiteren Vertriebs von
   aa) zugelassener Munition nach § 11 Abs. 1 durch die zuständige Behörde und
   bb) zugelassenen Feuerwaffen, Schussapparaten, Einsteckläufen und Einsätzen durch die Physikalisch-Technische Bundesanstalt,

   wenn diese Gegenstände nicht den vorgeschriebenen Anforderungen entsprechen,

e) Ausnahmen von der Zulassung, der Fabrikationskontrolle und der periodischen Kontrolle von Treibladungen nach § 11 Abs. 1, wiedergeladener Munition, Beschussmunition und von Munitionstypen, die für besondere Zwecke oder bestimmte Empfänger hergestellt oder in den Geltungsbereich dieses Gesetzes verbracht werden,

f) Anforderungen an den Vertrieb und das Überlassen der in Buchstabe e bezeichneten Munition,

g) die Durchführung von Wiederholungsprüfungen für Schussapparate und Böller, die Unterhaltung von Einrichtungen zur Durchführung dieser Prüfungen, die Aufbringung eines Prüfzeichens und dessen Art und Form sowie die Beifügung einer von der Physikalisch-Technischen Bundesanstalt gebilligten Betriebsanleitung.

Soweit die Rechtsverordnung Schussapparate betrifft, ergeht sie im Einvernehmen mit dem Bundesministerium für Arbeit und Soziales.

(3) Das Bundesministerium des Innern, für Bau und Heimat wird ermächtigt, durch Rechtsverordnung mit Zustimmung des Bundesrates zur Abwehr von Gefahren für Leben oder Gesundheit von Menschen die zulässigen höchsten normalen und überhöhten Gebrauchsgasdrücke, die Mindestgasdrücke, die Höchst- und Mindestenergien und die Bezeichnung der Munition und der Treibladungen nach § 11 Abs. 1 festzulegen. Munition, die auf Grund ihrer Beschaffenheit eine schwere gesundheitliche Schädigung herbeiführt, die über die mit der üblichen mechanischen Wirkung verbundene Schädigung hinausgeht, sowie Reiz- und Wirkstoffe, die anhaltende gesundheitliche Schäden verursachen, dürfen nicht zugelassen werden.

(4) Das Bundesministerium des Innern, für Bau und Heimat wird ermächtigt, durch Rechtsverordnung mit Zustimmung des Bundesrates zur Abwehr von Gefahren für Leben und Gesundheit von Menschen vorzuschreiben, dass bei der Verbringung in den Geltungsbereich dieses Gesetzes oder bei der Herstellung von

1. Schusswaffen,
2. Gegenständen, die aus wesentlichen Teilen von Schusswaffen hergestellt werden, oder
3. Munition

Anzeigen zu erstatten und den Anzeigen bestimmte Unterlagen oder Muster der bezeichneten Gegenstände beizufügen sind.

(5) Das Bundesministerium des Innern, für Bau und Heimat wird ermächtigt, durch Rechtsverordnung mit Zustimmung des Bundesrates zur Abwehr von Gefahren für Leben oder Gesundheit von Menschen vorzuschreiben, dass

1. Munition und Geschosse in bestimmter Weise zu verpacken und zu lagern sind und
2. deren Bestandteile oder Ausgangsstoffe nur unter bestimmten Voraussetzungen vertrieben und anderen überlassen werden dürfen.

(6) Das Bundesministerium des Innern, für Bau und Heimat wird ermächtigt, durch Rechtsverordnung mit Zustimmung des Bundesrates zur Abwehr von Gefahren für Leben oder Gesundheit von Menschen Vorschriften über

1. Gegenstände im Sinne von Anlage 1 Abschnitt 1 Unterabschnitt 2 Nr. 1.2.1, 1.2.2 und 2.2.1 zum Waffengesetz und über die Beschaffenheit und die Kennzeichnung von Geschossen, Kartuschenmunition oder sonstigen Gegenständen mit Reizstoffen und

2. die Zusammensetzung und höchstzulässige Menge von Reizstoffen im Sinne von Anlage 1 Abschnitt 1 Unterabschnitt 2 Nr. 1.2.2 zum Waffengesetz

zu erlassen und die für die Prüfung zuständige Stelle zu bestimmen.

Abschnitt 3 Sonstige beschussrechtliche Vorschriften

§ 15 Beschussrat

Das Bundesministerium des Innern, für Bau und Heimat wird ermächtigt, durch Rechtsverordnung mit Zustimmung des Bundesrates einen Ausschuss (Beschussrat) zu bilden, der es in technischen Fragen berät. In den Ausschuss sind neben den Vertretern der beteiligten Bundes- und Landesbehörden Vertreter von Fachinstituten und Normungsstellen, Vertreter der Wirtschaft nach Anhörung der Spitzenorganisationen der beteiligten Wirtschaftskreise und Vertreter sonstiger fachkundiger Verbände, die keine wirtschaftlichen Interessen verfolgen, zu berufen.

§ 16 (weggefallen)

§ 17 Auskunftspflichten und besondere behördliche Befugnisse im Rahmen der Überwachung

(1) Wer mit Gegenständen im Sinne dieses Gesetzes umgeht, insbesondere die Herstellung und den Vertrieb von diesen Gegenständen betreibt, hat der zuständigen Behörde auf Verlangen die für die Überwachung erforderlichen Auskünfte zu erteilen. Auskunftspflichtige Personen können die Auskunft auf solche Fragen verweigern, deren Beantwortung sie selbst oder einen ihrer in § 383 Abs. 1 Nr. 1 bis 3 der Zivilprozessordnung bezeichneten Angehörigen der Gefahr der Verfolgung wegen einer Straftat oder einer Ordnungswidrigkeit aussetzen würde.

(2) Die mit der Überwachung beauftragten Personen sind befugt,

1. zu den Betriebs- und Geschäftszeiten die der Herstellung oder dem Vertrieb dieser Gegenstände dienenden Grundstücke, Betriebsanlagen und Geschäftsräume zu betreten und zu besichtigen,
2. alle zur Erfüllung ihrer Aufgaben erforderlichen Prüfungen einschließlich der Entnahme von Proben durchzuführen,
3. die zur Erfüllung ihrer Aufgaben erforderlichen Unterlagen einzusehen und hieraus Ablichtungen oder Abschriften zu fertigen.

Zur Verhütung dringender Gefahren für die öffentliche Sicherheit und Ordnung können Maßnahmen nach Satz 1 auch in Wohnräumen und zu jeder Tages- und Nachtzeit getroffen werden. Der Betreiber ist verpflichtet, Maßnahmen nach Satz 1 Nr. 1 und 2 und nach Satz 2 zu dulden, die mit der Überwachung beauftragten Personen zu unterstützen, soweit dies zur Erfüllung ihrer Aufgaben erforderlich ist, sowie die erforderlichen Geschäftsunterlagen auf Verlangen vorzulegen. Das Grundrecht der Unverletzlichkeit der Wohnung (Artikel 13 des Grundgesetzes) wird insoweit eingeschränkt.

(3) Aus begründetem Anlass kann die zuständige Behörde anordnen, dass der Inhaber der tatsächlichen Gewalt über einen diesem Gesetz unterliegenden Gegenstand ihr diesen binnen angemessener, von ihr zu bestimmender Frist zur Prüfung vorzeigt.

§ 18 Inhaltliche Beschränkungen, Nebenbestimmungen und Anordnungen

(1) Zulassungen und andere Erlaubnisse nach diesem Gesetz können inhaltlich beschränkt werden, um Leben oder Gesundheit von Menschen gegen die aus dem Umgang mit Gegenständen im Sinne dieses Gesetzes entstehenden Gefahren zu schützen. Zu den in Satz 1 genannten Zwecken können Zulassungen und andere Erlaubnisse befristet oder mit Auflagen verbunden werden; die Auflagen können nachträglich aufgenommen, geändert und ergänzt werden.

(2) Die zuständige Behörde kann im Einzelfall die Anordnungen treffen, die zur Beseitigung festgestellter oder zur Verhütung künftiger Verstöße gegen dieses Gesetz oder gegen die auf Grund dieses Gesetzes erlassenen

Rechtsverordnungen notwendig sind. Sie kann insbesondere die weitere Herstellung und den Vertrieb von Gegenständen im Sinne dieses Gesetzes ganz oder teilweise untersagen, wenn

1. eine erforderliche Zulassung oder andere Erlaubnis nicht vorliegt oder die hergestellten Gegenstände nicht der Zulassung oder anderen Erlaubnis entsprechen,
2. ein Grund zur Rücknahme oder zum Widerruf einer Zulassung nach den Verwaltungsverfahrensgesetzen gegeben ist,
3. gegen Nebenbestimmungen oder Auflagen nach Absatz 1 verstoßen wird oder
4. diese Gegenstände Gefahren für Leib oder Gesundheit des Benutzers oder Dritter hervorrufen.

§ 19 Rücknahme und Widerruf

(1) Eine Zulassung oder andere Erlaubnis ist zurückzunehmen, wenn nachträglich bekannt wird, dass sie hätte versagt werden müssen.

(2) Eine Zulassung oder andere Erlaubnis ist zu widerrufen, wenn nachträglich Tatsachen eintreten, die zu ihrer Versagung hätten führen müssen. Eine Zulassung oder Erlaubnis kann auch widerrufen werden, wenn inhaltliche Beschränkungen nicht beachtet werden.

(3) Eine Zulassung kann ferner widerrufen werden, wenn der Zulassungsinhaber

1. pyrotechnische Munition abweichend von der in der Zulassung festgelegten Zusammensetzung oder Beschaffenheit gewerbsmäßig herstellt, in den Geltungsbereich des Gesetzes verbringt, vertreibt, anderen überlässt oder verwendet,
2. die zugelassene pyrotechnische Munition nicht mehr gewerbsmäßig herstellt oder die auf Grund der Zulassung hergestellten oder in den Geltungsbereich des Gesetzes verbrachten Munitionssorten nicht mehr vertreibt, anderen überlässt oder verwendet.

§ 20 Zuständigkeiten

(1) Die Landesregierungen oder die von ihnen durch Rechtsverordnung bestimmten Stellen können durch Rechtsverordnung die für die Ausführung dieses Gesetzes zuständigen Behörden bestimmen, soweit nicht Bundesbehörden zuständig sind.

(2) Zuständig für die Beschussprüfung, die Zulassung von Munition, für Kontrollen, Anordnungen und Untersagungen für Munition ist jede Behörde nach Absatz 1, bei der ein Gegenstand zur Beschussprüfung vorgelegt wird oder bei der eine Zulassung oder Kontrolle beantragt wird. Die periodische Kontrolle der Munition ist bei der Behörde zu beantragen, welche die Zulassung erteilt hat.

(2a) Zuständig für die Prüfung und Zulassung nach § 8a ist jede Behörde nach Absatz 1, bei der eine unbrauchbar gemachte Schusswaffe vorgelegt wird.

(3) Zuständig für die Zulassung der in den §§ 7 und 8 und die Prüfung der in § 9 Abs. 4 bezeichneten Schusswaffen und technischen Gegenstände ist die Physikalisch-Technische Bundesanstalt; ihr gegenüber sind auch die Anzeigen nach § 9 Abs. 2 zu machen. Für die Prüfung und Zulassung der in § 10 bezeichneten pyrotechnischen Munition sowie der in § 11 Absatz 1 in Verbindung mit Anlage 1 Abschnitt 1 Unterabschnitt 3 Nummer 1.3 zum Waffengesetz bezeichneten hülsenlosen Munition ohne Geschoss ist die Bundesanstalt für Materialforschung und -prüfung zuständig.

(4) Die Physikalisch-Technische Bundesanstalt führt eine Liste der Prüfungen und Zulassungen, die folgende Angaben enthalten soll:

1. die Bezeichnung des Prüfgegenstandes,
2. die Art der Prüfung,
3. das vergebene Prüf- oder Zulassungszeichen und
4. die prüfende oder zulassende Stelle.

Soweit andere Stellen als die Physikalisch-Technische Bundesanstalt für die Prüfung oder Zulassung nach den §§ 7 bis 11 zuständig sind, haben diese die hierfür erforderlichen Meldungen über die durchgeführten Prüfungen und Zulassungen an die Physikalisch-Technische Bundesanstalt zu machen. Die Liste ist bei der Physikalisch-Technischen Bundesanstalt während der Dienststunden auszulegen. Auf Verlangen eines Dritten ist diesem gegen Kostenerstattung eine Abschrift oder Vervielfältigung zu überlassen.

§ 21 Bußgeldvorschriften

(1) Ordnungswidrig handelt, wer vorsätzlich oder fahrlässig

1. entgegen § 3 Abs. 1 Satz 1, auch in Verbindung mit Satz 3, oder Abs. 2 Satz 1, jeweils auch in Verbindung mit einer Rechtsverordnung nach § 14 Abs. 1 Nr. 5, einen dort genannten Gegenstand nicht oder nicht rechtzeitig durch Beschuss amtlich prüfen lässt,
2. entgegen § 7 Abs. 1 Satz 1, auch in Verbindung mit Satz 2, oder § 8 Abs. 1, jeweils auch in Verbindung mit einer Rechtsverordnung nach § 14 Abs. 2 Satz 1 Nr. 4, oder entgegen § 10 Abs. 1 einen dort genannten Gegenstand in den Geltungsbereich dieses Gesetzes verbringt oder gewerbsmäßig herstellt,

2a. entgegen § 8a Absatz 1 Satz 1 eine unbrauchbar gemachte Schusswaffe nicht oder nicht rechtzeitig vorlegt,

3. entgegen § 9 Abs. 1 Satz 1 oder Abs. 2 Satz 1 eine Anzeige nicht, nicht richtig, nicht vollständig, nicht in der vorgeschriebenen Weise oder nicht rechtzeitig erstattet,
4. entgegen § 10 Abs. 2 Satz 1 Verwendungshinweise nicht oder nicht richtig anbringt,
5. entgegen § 11 Abs. 1 die dort genannte Munition anderen überlässt oder gewerbsmäßig vertreibt,
6. entgegen § 12 Abs. 1 Satz 1 einen dort genannten Gegenstand oder einen Einstecklauf anderen überlässt oder entgegen § 12 Abs. 2 einen dort genannten Gegenstand gewerbsmäßig anderen überlässt,
7. entgegen § 17 Abs. 1 Satz 1 eine Auskunft nicht, nicht richtig, nicht vollständig oder nicht rechtzeitig erteilt,
8. entgegen § 17 Abs. 2 Satz 3 eine dort genannte Maßnahme nicht duldet, eine dort genannte Person nicht unterstützt oder eine Geschäftsunterlage nicht oder nicht rechtzeitig vorlegt,
9. einer vollziehbaren Anordnung nach § 17 Abs. 3 zuwiderhandelt,
10. einer vollziehbaren Auflage nach § 18 Abs. 1 zuwiderhandelt, wenn diese nicht bereits nach einer anderen Vorschrift bewehrt ist, oder
11. einer Rechtsverordnung nach
    a) § 14 Abs. 2 Satz 1 Nr. 3 oder 5 Buchstabe a, b, d, f oder g oder
    b) § 14 Abs. 2 Satz 1 Nr. 5 Buchstabe c

    oder einer auf Grund einer Rechtsverordnung erlassenen vollziehbaren Anordnung zuwiderhandelt, soweit die Rechtsverordnung für einen bestimmten Tatbestand auf diese Bußgeldvorschrift verweist.

(2) Die Ordnungswidrigkeit kann in den Fällen des Absatzes 1 Nr. 3, 4, 7, 8, 9 oder 11 Buchstabe b mit einer Geldbuße bis zu zwanzigtausend Euro, in den übrigen Fällen mit einer Geldbuße bis zu fünfzigtausend Euro geahndet werden.

(3) Verwaltungsbehörde im Sinne des § 36 Abs. 1 Nr. 1 des Gesetzes über Ordnungswidrigkeiten ist die nach § 48 Abs. 1 des Waffengesetzes zuständige Behörde.

Abschnitt 4 Übergangsvorschriften

§ 22 Übergangsvorschriften

(1) Eine vor Inkrafttreten dieses Gesetzes erteilte Zulassung im Sinne der §§ 7 bis 11 gilt im bisherigen Umfang als Zulassung nach diesem Gesetz.

(2) Ein vor Inkrafttreten dieses Gesetzes erteiltes oder anerkanntes Prüfzeichen gilt als Prüfzeichen im Sinne dieses Gesetzes.

(3) Munition, die der Anlage III zur Dritten Verordnung zum Waffengesetz vom 22. Dezember 1976 (BGBl. I S. 3770) entspricht und die ihrer Art nach am 1. Januar 1981 im Geltungsbereich des Gesetzes hergestellt oder vertrieben wurde, darf ohne Zulassung seit dem 1. Januar 1984 nicht mehr vertrieben

und anderen überlassen werden. Munition nach Satz 1, die sich am 1. Januar 1981 im Geltungsbereich des Gesetzes bereits im Handel befand, darf seit dem 1. Januar 1986 nicht mehr vertrieben und anderen überlassen werden. Auf der bezeichneten Munition und ihrer Verpackung darf das auf Grund einer Rechtsverordnung nach § 14 Abs. 2 Satz 1 Nr. 5 Buchstabe a vorgeschriebene Zulassungszeichen nicht angebracht werden.

(4) § 8 Abs. 1 findet auf Zusatzgeräte zu diesen Waffen zum Verschießen pyrotechnischer Geschosse nach dem 30. Juni 2004 Anwendung.

(5) Der Umgang mit im Verkehr befindlichen Gegenständen, die durch dieses Gesetz erstmals einer Prüfpflicht unterworfen werden, ist längstens bis zum 31. Dezember 2003 ohne das vorgeschriebene Prüfzeichen zulässig.

(6) Bis zum Inkrafttreten einer Verordnung zu diesem Gesetz findet die Dritte Verordnung zum Waffengesetz in der Fassung der Bekanntmachung vom 2. September 1991 (BGBl. I S. 1872), zuletzt geändert durch die Verordnung vom 10. Januar 2000 (BGBl. I S. 38), sinngemäß Anwendung.

(7) (weggefallen)

(8) Prüfungsverfahren, die auf der Grundlage des § 9 Absatz 1 Satz 1 Nummer 2 oder Absatz 5 in der Fassung dieses Gesetzes vom 11. Oktober 2002 (BGBl. I S. 3970) eingeleitet worden sind, sind nach Maßgabe dieses Gesetzes abzuschließen oder in Prüfungsverfahren nach diesem Gesetz zu überführen.

I

Allgemeine Verordnung zum Beschussgesetz (Beschussverordnung – BeschussV)*)

Vom 13. Juli 2006 (BGBl. I S. 1474)

Zuletzt geändert durch
Zweite Verordnung zur Änderung der Beschussverordnung
vom 1. Oktober 2021 (BGBl. I S. 4622)

Inhaltsübersicht

---

*) Die Verpflichtungen aus der Richtlinie 98/34/EG des Europäischen Parlaments und des Rates vom 22. Juni 1998 über ein Informationsverfahren auf dem Gebiet der Normen und technischen Vorschriften und der Vorschriften für die Dienste der Informationsgesellschaft (ABl. EG Nr. L 204 S. 37), geändert durch die Richtlinie 98/48/EG des Europäischen Parlaments und des Rates vom 20. Juli 1998 (ABl. EG Nr. L 217 S. 18), sind beachtet worden.

Auf Grund der §§ 14 und 15 des Beschussgesetzes vom 11. Oktober 2002 (BGBl. I S. 3970, 4003), von denen § 14 Abs. 2 Satz 2 durch Artikel 116 der Verordnung vom 25. November 2003 (BGBl. I S. 2304) geändert worden ist, des § 25 Abs. 1 Nr. 1 Buchstabe c und des § 36 Abs. 5 des Waffengesetzes vom 11. Oktober 2002 (BGBl. I S. 3970, 4592, 2003 I S. 1957) in Verbindung mit § 1 des Zuständigkeitsanpassungsgesetzes vom 16. August 2002 (BGBl. I S. 3165) und dem Organisationserlass vom 22. November 2005 (BGBl. I S. 3197) verordnet das Bundesministerium des Innern, soweit Schussapparate betroffen sind, im Einvernehmen mit dem Bundesministerium für Arbeit und Soziales und in Bezug auf § 36 Abs. 5 des Waffengesetzes nach Anhörung der beteiligten Kreise:

Abschnitt 1
Beschussprüfung von Schusswaffen und Böllern

§ 1 Prüfverfahren

(1) Feuerwaffen, Böller sowie höchstbeanspruchte Teile nach § 2 Abs. 2 des Beschussgesetzes (Gesetzes), die ohne Nacharbeit ausgetauscht werden können (Prüfgegenstände), sind nach den §§ 3 bis 6 und der Anlage I Nr. 1 und 2 amtlich zu prüfen.

(2) Die amtliche Prüfung (Beschussprüfung) nach § 5 des Gesetzes besteht aus der Vorprüfung, dem Beschuss und der Nachprüfung.

(3) Die Vorprüfung umfasst

1. die Prüfung der Kennzeichnung nach § 24 Abs. 1 des Waffengesetzes und nach § 21 der Allgemeinen Waffengesetz-Verordnung,
2. die Prüfung der Funktionssicherheit und die Sichtprüfung,
3. die Prüfung der Maßhaltigkeit,
4. die Beschaffenheitsprüfung bei Gegenständen, die auf Grund einer Zulassung oder Bewilligung nach den §§ 8 und 9 des Gesetzes hergestellt oder in den Geltungsbereich des Gesetzes verbracht wurden.

Die Sichtprüfung besteht aus der Prüfung aller höchstbeanspruchten Teile auf Materialfehler, auf Ver- und Bearbeitungsmängel, die die Haltbarkeit beeinträchtigen können, sowie aus der Prüfung auf Lauf- und Lagerverformungen. Die Maßhaltigkeitsprüfung besteht aus der Prüfung der Maße nach Anlage I Nr. 1.1.3 in Verbindung mit den durch die Bekanntmachung des Bundesministeriums des Innern, für Bau und Heimat im Bundesanzeiger vom 10. Januar 2000 (BAnz. Nr. 38a vom 24. Februar 2000) veröffentlichten Maßtafeln in der jeweils geltenden Fassung. Neu zugelassene Munition nach § 27 Abs. 1 steht der in den Maßtafeln aufgeführten gleich. In der Beschaffenheitsprüfung überzeugt sich die zuständige Behörde durch Sichtkontrollen davon, ob die Prüfgegenstände die im Zulassungsbescheid festgelegten Merkmale aufweisen.

(4) Der Beschuss ist nach Maßgabe der Prüfvorschriften der Anlage I Nr. 1 und 2 vorzunehmen.

(5) Bei der Nachprüfung sind die Prüfgegenstände erneut auf Funktionssicherheit, Maßhaltigkeit und Mängel in der Haltbarkeit zu prüfen sowie einer Sichtprüfung nach Absatz 3 Satz 2 zu unterziehen.

§ 2 Prüfung von Schwarzpulverwaffen und Böllern

(1) Auf die Prüfung von Vorderladerwaffen sowie Hinterladerwaffen, die für die ausschließliche Verwendung von nichtpatroniertem Schwarzpulver oder dem Schwarzpulver in der Wirkung ähnlichen Treibladungsmitteln bestimmt sind (Schwarzpulverwaffen), sowie Böller sind die §§ 1, 3 bis 6 entsprechend anzuwenden. Es gelten folgende Besonderheiten:

1. Bei Schwarzpulverwaffen und Handböllern kann die Beschussprüfung an weißfertigen Läufen mit fertigem Verschluss und Zündkanal vorgenommen werden. Bei Schwarzpulverwaffen darf der Zündkanal an der engsten Stelle im Durchmesser nicht größer als 1 Millimeter, bei Böllern und Modellkanonen nicht größer als 2 Millimeter sein. Für Böller – mit Ausnahme der Handböller – kann die zuständige Behörde in begründeten Fällen Ausnahmen von der Durchmesserbegrenzung bewilligen.

2. Sofern die Böller Schildzapfenbohrungen aufweisen, dürfen diese nicht bis in die Rohrseele durchgehen; das gilt auch dann, wenn diese eingeschraubt, eingeschweißt, eingepresst oder eingelötet sind. Böller, deren Rohrende stumpf aufgeschweißt ist, werden nicht geprüft.
3. Die Vorprüfung bei Böllern umfasst auch die Prüfung der Kennzeichnung mit der größten zulässigen Masse in Gramm des in den Prüfgegenständen zu verwendenden Böllerpulvers mit den Kennbuchstaben SP und der größten zulässigen Masse der Vorlage in Gramm.
4. Die Prüfung der Maßhaltigkeit (§ 1 Abs. 3 Satz 1 Nr. 3 in Verbindung mit Satz 3) beschränkt sich auf die Ermittlung des Lauf- oder Rohrinnendurchmessers und auf die Prüfung, ob der Zündkanal den in Nummer 1 vorgeschriebenen höchstzulässigen Durchmesser nicht überschreitet.
5. Die Prüfung der Funktionssicherheit (§ 1 Abs. 3 Satz 1 Nr. 2) umfasst die Kontrolle des Zündkanals, die Geeignetheit und Sicherheit von Zündvorrichtungen und Zündbohrlochbohrungen und Zündkanälen, bei Revolvern die freie Drehbarkeit und die einwandfreie Arretierung der Trommel und das richtige Eintreten des Hahns in die Sicherungs- und Spannraste, bei Böllern auch die Ladefähigkeit der Kartuschen und die Abfeuerungsvorrichtung.

(2) Der Beschuss ist nach den Bestimmungen der Anlage I Nr. 2 durchzuführen. Die Prüfung von Schwarzpulverwaffen und Böllern kann auf Antrag mit einer anderen Ladung als in den Tabellen der Anlage I Nr. 2 aufgeführt vorgenommen werden. Auf Schwarzpulverwaffen ist in diesem Fall die größte zulässige Masse Pulver in Gramm des in der Schwarzpulverwaffe zu verwendenden Schwarzpulvers mit dem Kennbuchstaben SP und die größte zulässige Masse des Geschosses in Gramm aufzubringen.

(3) Bei der Prüfung von Böllern sind folgende Auflagen in die Böller-Beschussbescheinigung über die Prüfung aufzunehmen:

1. Die minimale Pulverladung eines Böllers muss so bemessen sein, dass eine sichere Zündung grundsätzlich gewährleistet ist.
2. Eine Zündung durch die Rohrmündung ist nicht erlaubt. Die Zündung muss bei Auslösung des Zündmechanismus sofort erfolgen. Die geprüfte und zulässige Zündungsart ist in die Böller-Beschussbescheinigung aufzunehmen.
3. Als Vorlage in einem Böller dürfen nur Materialien verwendet werden, die zu keiner Überschreitung der zulässigen Masse der Vorlage entsprechend der Ladetabellen führen. Die Einbringung der Vorlage darf darüber hinaus keine Belastungserhöhung des Böllers verursachen. Zulässig sind Kork und sehr leichte, weiche und nicht brennbare Materialien.

§ 3 Mindestzustand des Prüfgegenstandes

(1) Die Beschussprüfung ist an gebrauchsfertigen Prüfgegenständen durchzuführen. Bei Mehrladewaffen gehört zur gebrauchsfertigen Waffe auch die Mehrladeeinrichtung. Die Beschussprüfung kann auch an weißfertigen Waffen und weißfertigen Teilen vorgenommen werden.

(2) Bei der Prüfung höchstbeanspruchter Teile entfällt die Prüfung der Funktionssicherheit, sofern das Teil für eine serienmäßig gefertigte Waffe bestimmt ist. Eine aus bereits beschossenen höchstbeanspruchten Teilen zusammengesetzte Feuerwaffe ist zu beschießen, wenn Nacharbeiten an diesen Teilen erfolgt sind oder wenn nicht alle diese Teile mit dem für diese Waffen vorgeschriebenen Beschussgasdruck beschossen worden sind. Werden höchstbeanspruchte Teile als Einzelteile zur Prüfung vorgelegt, erfolgt diese in einer minimal tolerierten Referenzwaffe. Zur Identifizierung ist vom Antragsteller auf jedem höchstbeanspruchten Teil eine Nummer anzubringen.

(3) Nicht mindestens weißfertige Prüfgegenstände sind dem Antragsteller ohne Prüfung zurückzugeben.

(4) Feuerwaffen und Läufe, aus denen Munition verschossen wird, sind dem Antragsteller

auch dann ohne Prüfung zurückzugeben, wenn die Munition nicht in den Maßtafeln aufgeführt ist. Dies gilt nicht, wenn

1. eine Waffe für Munition, die nach § 11 Abs. 2 Nr. 2 des Gesetzes keiner Zulassung bedarf oder auf Grund einer Ausnahmebewilligung nach § 13 des Gesetzes oder von der Behörde eines Staates zugelassen ist, mit dem die gegenseitige Anerkennung der Prüfzeichen vereinbart ist, oder
2. eine Waffe zur Beschussprüfung vorgelegt wird, deren Abmessungen nicht in den Maßtafeln enthalten sind; in diesen Fällen kann die Prüfung auf Grund der vom Antragsteller gelieferten Waffen- und Munitionsdaten vorgenommen werden.

§ 4 Zurückweisung vom Beschuss

Die Prüfgegenstände sind zurückzuweisen und dem Antragsteller nach Aufbringung des Rückgabezeichens entsprechend § 9 Absatz 4 zurückzugeben, wenn

1. bei der Vorprüfung festgestellt wird, dass eine der in Anlage I Nr. 1.1 genannten Anforderungen nicht erfüllt ist,
2. sie durch den Beschuss erkennbar beschädigt wurden oder
3. bei der Nachprüfung gemäß § 1 Abs. 5 unter Berücksichtigung von Anlage I Nr. 1.3 Mängel festgestellt werden.

Abweichend von Satz 1 Nummer 1 kann die zuständige Behörde in technisch begründeten Ausnahmefällen dem Beschuss von Prüfgegenständen mit von den Maßtafeln abweichenden Maßen zustimmen. Die zuständige Behörde kann in diesen Fällen das Aufbringen von Warnhinweisen auf der Waffe fordern.

§ 5 Instandsetzungsbeschuss

(1) Eine erneute amtliche Prüfung nach § 5 Abs. 1 des Gesetzes ist vorzunehmen, wenn

1. ein höchstbeanspruchtes Teil nach § 2 Abs. 2 Nr. 1 bis 3 des Gesetzes ausgetauscht und dabei eine Nacharbeit vorgenommen worden ist oder
2. an einem höchstbeanspruchten Teil eines Prüfgegenstandes
   a) die Maße nach Anlage I Nr. 1.1.3 verändert oder
   b) materialschwächende oder -verändernde Arbeiten vorgenommen worden sind.

Satz 1 gilt nicht für Feuerwaffen, deren höchstbeanspruchte Teile ohne Nacharbeit lediglich ausgetauscht worden sind, sofern alle höchstbeanspruchten Teile mit dem für diese Waffen vorgeschriebenen Beschussgasdruck beschossen worden sind.

(2) Ergibt sich anlässlich der Prüfung nach Absatz 1 einer der in Anlage I Nr. 1.1 oder 1.3 angeführten Mängel, ist § 4 entsprechend anzuwenden.

§ 6 Wiederholungsbeschuss und freiwillige Beschussprüfung

(1) Böller sind vor Ablauf von fünf Jahren einer Wiederholungsprüfung zu unterziehen.

(2) Prüfgegenstände, die bereits ein Beschusszeichen tragen, sind auf Antrag einer freiwilligen Beschussprüfung zu unterziehen. Satz 1 gilt auch für Gegenstände der bezeichneten Art, die nicht der Beschusspflicht unterliegen. Eine freiwillige Beschussprüfung kann auch an einem Gegenstand nach Satz 1 durchgeführt werden, der von der Behörde eines Staates, mit dem die gegenseitige Anerkennung der Prüfzeichen vereinbart ist, geprüft worden ist und der nach dieser Prüfung keine Bearbeitung nach § 4 erfahren hat. Auf die Vornahme dieser Prüfung sind § 5 des Gesetzes sowie die §§ 1 bis 5 anzuwenden.

(3) Haben die Prüfgegenstände nach den Absätzen 1 und 2 die Beschussprüfung bestanden, so sind die Prüfzeichen nach § 9 Absatz 1 bis 3 anzubringen.

(4) Haben die Prüfgegenstände nach den Absätzen 1 und 2 die Beschussprüfung endgültig nicht bestanden, so ist auf ihnen das in § 9 Absatz 4 bezeichnete Rückgabezeichen anzubringen.

Abschnitt 2
Verfahren der Beschussprüfung

§ 7 Antragsverfahren

(1) Die Beschussprüfung ist schriftlich oder elektronisch zu beantragen; die zuständige Behörde kann in begründeten Fällen Ausnahmen zulassen. Der Antrag kann die Prüfung mehrerer Gegenstände umfassen. Er muss folgende Angaben und Unterlagen enthalten:

1. den Namen und die Anschrift des Antragstellers,
2. die Bezeichnung des Prüfgegenstandes sowie die laufende Nummer und, soweit es sich um Gegenstände nach § 1 Abs. 3 Satz 1 Nr. 4 handelt, die zugehörigen Bescheide,
3. die Bezeichnung der zugehörigen Munition oder die Angabe der Masse und der Art des Pulvers der stärksten Gebrauchsladung oder die Zusammensetzung des entzündbaren flüssigen oder gasförmigen Gemisches sowie Art und Masse der Vorlage,
4. die Angabe, ob ein höchstbeanspruchtes Teil ausgetauscht, instand gesetzt oder verändert worden ist,
5. bei Feuerwaffen mit glatten Läufen die Angabe, ob ein verstärkter Beschuss oder die Prüfung zur Verwendung von Stahlschrotmunition mit verstärkter Ladung beantragt wird,
6. bei Feuerwaffen mit Polygonläufen die Angabe, ob die Prüfung für die Verwendung von Munition mit Massivgeschoss aus Tombak oder einem ähnlichen Werkstoff beantragt wird,
7. bei Böllern auch den Rohrinnendurchmesser in Millimeter; außerdem ist dem erstmaligen Antrag eine Skizze mit Maß- und Werkstoffangaben beizufügen,
8. bei Böllern die Ladungsstärke, wenn sie geringer sein soll als nach den Tabellen der Anlage I Nr. 2, und
9. bei Schwarzpulverwaffen die Ladungsstärke, wenn sie von den in der Anlage I Nr. 2 aufgeführten Bestimmungen abweicht.

(2) Der Antragsteller hat, wenn er für Dritte tätig wird, in dem Antrag eine Vollmacht vorzulegen, den Namen und die Anschrift seines Auftraggebers anzugeben,

1. wenn er seinen eigenen Namen, seine Firma oder seine eingetragene Marke nach § 21 Abs. 3 der Allgemeinen Waffengesetz-Verordnung auf den Prüfgegenstand angebracht hat,
2. wenn der Prüfgegenstand nicht die vorgeschriebene Kennzeichnung nach § 24 Abs. 1 Satz 1 Nr. 1 des Waffengesetzes trägt oder
3. wenn er die Beschussprüfung im Auftrag einer Person vornehmen lässt, die den Prüfgegenstand in den Geltungsbereich des Gesetzes verbracht hat.

(3) Prüfgegenstände, die nach § 4 Satz 1 oder § 5 Abs. 2 mit dem Rückgabezeichen versehen worden sind, können nur bei derselben Behörde erneut zur Beschussprüfung vorgelegt werden, es sei denn, dass diese der Vorlage bei einer anderen Behörde zustimmt.

§ 8 Überlassung von Prüfhilfsmitteln

(1) Wird in Feuerwaffen und sonstigen Prüfgegenständen Munition oder eine Ladung verwendet, die von der zuständigen Behörde nicht beschafft werden kann, so kann diese vom Antragsteller die Überlassung von Gebrauchsmunition, bei Böllern von Kartuschen, Hülsen und Zündmitteln verlangen.

(2) Zur Prüfung der Austauschläufe kann die zuständige Behörde vom Antragsteller die Überlassung der zugehörigen Waffe oder eines geeigneten Verschlusses verlangen. Einsteckläufe sind in der zugehörigen Waffe zu beschießen; wenn diese nicht vorgelegt werden kann, ist eine Bescheinigung nach § 12 Abs. 1 Satz 2 des Gesetzes auszustellen mit der Auflage, dass der Beschuss vor dem bestimmungsgemäßen Gebrauch des Einstecklaufes vorzunehmen ist. Die Bescheinigung kann mehrere gleichartige Prüfgegenstände umfassen. Satz 2 gilt auch für Einsteckläufe nach § 2 Abs. 2 Satz 2 Nr. 1 Buchstabe c des Gesetzes.

(3) Liegt ein Antrag nach § 6 vor, so kann die zuständige Behörde vom Antragsteller die Überlassung der für die Prüfung erforderlichen Hilfsmittel verlangen.

(4) Für die Prüfung eines Gasböllers ist vom Antragsteller der zuständigen Behörde eine Bescheinigung der Physikalisch-Technischen Bundesanstalt darüber vorzulegen, dass das Gerät den technischen Anforderungen nach Anlage I Nr. 2.3.2 bis 2.3.5 entspricht.

§ 9 Aufbringen der Prüfzeichen

(1) Die Prüfgegenstände sind mit dem jeweiligen amtlichen Beschusszeichen nach Anlage II Abbildung 1 zu versehen. In den Fällen des § 3 Absatz 4 Satz 2 Nummer 2 und § 4 Satz 2 ist das jeweilige amtliche Beschusszeichen nach Anlage II Abbildung 2 auf dem Prüfgegenstand aufzubringen. In den Fällen des § 4 Abs. 1 Nr. 3 Buchstabe d des Gesetzes ist das Prüfzeichen der jeweils zuständigen Stelle nach Anlage II Abbildung 9 auf die Prüfgegenstände aufzubringen. Beschuss- und Prüfzeichen müssen deutlich sichtbar und dauerhaft aufgebracht werden.

(2) Das amtliche Beschusszeichen ist auf jedem höchstbeanspruchten Teil entsprechend § 2 Abs. 2 des Gesetzes aufzubringen. Als weitere Prüfzeichen sind aufzubringen:

1. das jeweilige Ortszeichen nach Anlage II Abbildung 3 auf einem höchstbeanspruchten Teil und
2. das Jahreszeichen auf einem höchstbeanspruchten Teil. Das Jahreszeichen besteht aus den beiden letzten Ziffern der Jahreszahl, denen die Monatszahl angefügt werden kann. Auf Antrag können die beiden Ziffern der Jahreszahl durch die Buchstaben A = 0, B = 1, C = 2, D = 3, E = 4, F = 5, G = 6, H = 7, I oder J = 8, K = 9 verschlüsselt werden.

(3) Jedes geprüfte höchstbeanspruchte Teil, das einzeln zur Prüfung vorgelegt wird, ist mit dem amtlichen Beschusszeichen, dem Ortszeichen und dem Jahreszeichen zu versehen.

(4) Das Rückgabezeichen besteht aus dem Ortszeichen und dem Jahreszeichen; vorhandene amtliche Beschusszeichen sind durch ein „X" auf oder neben dem amtlichen Beschusszeichen zu entwerten. Sind höchstbeanspruchte Teile unbrauchbar, so sind sie ebenfalls mit einem „X" zu kennzeichnen.

§ 10 Bescheinigung über das Beschussverfahren

(1) Die zuständige Behörde hat eine beschusstechnische Bescheinigung auszustellen

1. auf Antrag,
2. nach einer Beschussprüfung gemäß § 3 Abs. 4 Satz 2 Nr. 2 oder an Waffen nach § 7 Abs. 1 Satz 3 Nr. 6 oder
3. nach einer erstmaligen Prüfung und jeder weiteren Wiederholungsprüfung von Böllern.

(2) Bei Feuerwaffen, die der Beschusspflicht unterliegen oder die historische Waffen sind, kann die zuständige Behörde auf Antrag eine Bescheinigung darüber ausstellen, dass eine Prüfung nicht oder nur unter der Gefahr einer Beschädigung oder Zerstörung der Waffe durchgeführt werden kann. Die Bescheinigung muss den Hinweis enthalten, dass die Waffe zum Schießen nicht mehr verwendet werden darf.

(3) Für Prüfgegenstände, die die Beschussprüfung nicht bestanden haben, ist dem Antragsteller ein schriftlicher oder elektronischer Prüfhinweis auszustellen,

1. aus dem die Daten des Prüfgegenstandes, der Grund der Zurückweisung und das Datum des Beschusses hervorgehen und
2. der die Forderung enthält, dass der Prüfgegenstand zum Schießen nicht mehr verwendet werden darf.

(4) Sind höchstbeanspruchte Teile nach § 9 Absatz 4 Satz 2 als unbrauchbar gekennzeichnet worden, so stellt die zuständige Behörde auf Antrag eine Bescheinigung im Sinne des Absatzes 3 aus.

Abschnitt 3
Bauartzulassung und Zulassung für besondere Schusswaffen und besondere Munition; Einzelzulassung von unbrauchbar gemachten Schusswaffen

§ 11 Bauartzulassung für besondere Schusswaffen, pyrotechnische Munition und Schussapparate; Einzelzulassung von unbrauchbar gemachten Schusswaffen

(1) Die nach § 7 des Gesetzes der Zulassung unterliegenden Schussapparate, Einsteckläufe ohne eigenen Verschluss für Munition mit einem zulässigen höchsten Gebrauchsgasdruck bis 2000 bar und nicht der Beschusspflicht unterliegenden Feuerwaffen müssen den in Anlage I Nr. 3 bezeichneten technischen Anforderungen entsprechen. Schussapparate, die Bolzensetzwerkzeuge nach § 7 des Gesetzes sind, müssen, wenn sie einen Kolben enthalten und wenn sie zur Verwendung magazinierter Kartuschen bestimmt sind, außer der Geräteprüfung einer Prüfung des Systems aus Gerät, Kolben und Kartuschen unterzogen werden. Die Systemkomponenten werden vom Antragsteller festgelegt. Zu einem bereits zugelassenen System kann von dem Zulassungsinhaber oder einem Dritten auch die Zulassung anderer Kartuschen beantragt werden. Für die Anforderungen an die Maßhaltigkeit gilt Anlage I Nr. 1.1.3 entsprechend. Die Prüfmodalitäten für Geräte nach Satz 2 werden im Einzelnen durch die Prüfregel der Physikalisch-Technischen Bundesanstalt „Haltbarkeits- und Systemprüfung von Bolzensetzwerkzeugen" in der jeweils gültigen Fassung beschrieben.

(2) Schusswaffen und sonstige Gegenstände nach § 8 des Gesetzes, Schusswaffen nach § 9 Absatz 1 des Gesetzes, unbrauchbar gemachte Schusswaffen nach Anlage 1 Abschnitt 1 Unterabschnitt 1 Nummer 1.4 des Waffengesetzes sowie pyrotechnische Munition nach § 10 des Gesetzes müssen den technischen Anforderungen nach Anlage I Nummer 4, 5, 6 und 7 entsprechen. Hülsenlose Munition ohne Geschoss nach § 11 Absatz 1 in Verbindung mit Anlage 1 Abschnitt 1 Unterabschnitt 3 Nummer 1.3 zum Waffengesetz muss den Anforderungen nach § 6 Absatz 3 der Ersten Verordnung zum Sprengstoffgesetz entsprechen. § 12c Absatz 3 der Ersten Verordnung zum Sprengstoffgesetz findet entsprechende Anwendung.

(3) Die Zulassungsbehörde kann im Einzelfall von einzelnen Anforderungen der Anlage I Ausnahmen zulassen, wenn

1. im Falle der Zulassung nach § 7, 8 oder 10 des Gesetzes die Sicherheit des Benutzers oder Dritter in anderer Weise gesichert ist,
2. im Falle der Zulassung nach § 9 des Gesetzes die Schusswaffen keine größere Gefahr hervorrufen als diejenigen, die die Anforderungen der Anlage I Nr. 4 erfüllen.

(4) Die Zulassungsbehörde kann im Einzelfall über die Anlage I hinausgehende Anforderungen stellen, wenn der Schutz von Leben und Gesundheit des Benutzers oder Dritter dies erfordert.

(5) Nach den Anforderungen der Anlage I Nr. 5.2.1 und 5.2.2 wird pyrotechnische Munition entsprechend ihrer Gefährlichkeit in die Klassen PM I und PM II eingeteilt.

(6) Für Schusswaffen, die nach § 9 Abs. 2 Nr. 1 des Gesetzes in Verbindung mit Anlage 2 Abschnitt 2 Unterabschnitt 2 Nr. 1.1 des Waffengesetzes anzuzeigen sind und deren Geschossen eine Bewegungsenergie von höchstens 7,5 Joule erteilt wird, ist eine Messung der Bewegungsenergie nach Anlage VI durchzuführen. Die Messung kann bei einem Beschussamt beantragt werden oder durch den Antragsteller mit einer kalibrierten Geschossgeschwindigkeitsmessanlage selbst durchgeführt werden. Es sind der Physikalisch-Technischen Bundesanstalt fünf Messprotokolle und ein Hinterlegungsmuster, das aus der Serie der Prüfgegenstände ausgewählt werden muss, einzureichen. Die Physikalisch-Technische Bundesanstalt bestätigt die Anzeige und nach bestandener Prüfung die Berechtigung zum Aufbringen des Kennzeichens nach Anlage II Abbildung 10. Soweit es sich um Einzelstücke handelt, das heißt sofern nicht mehr als drei Stücke eines

bestimmten Modells hergestellt oder in den Geltungsbereich des Gesetzes verbracht werden, die nicht das Kennzeichen nach Anlage II Abbildung 10 tragen, können von einem Beschussamt auf Antrag mit diesem Kennzeichen versehen werden. Dabei müssen die Beschussämter das Ortszeichen nach Anlage II Abbildung 3 zusätzlich auf der Schusswaffe anbringen.

§ 12 Modellbezeichnung bei Bauartzulassungen

Die der Zulassung unterliegenden Gegenstände dürfen keine Modellbezeichnung haben, die zur Irreführung geeignet ist oder eine Verwechslung mit Waffen oder Munition anderer Beschaffenheit hervorrufen kann. Die Vorschriften des Markenrechts bleiben unberührt.

§ 13 Inverkehrbringen von Schussapparaten aus Staaten, mit denen die gegenseitige Anerkennung der Prüfzeichen vereinbart ist

Wer Schussapparate, die von der Stelle eines Staates zugelassen sind, mit dem die gegenseitige Anerkennung der Prüfzeichen vereinbart ist, in den Geltungsbereich des Gesetzes verbringt, darf diese nur unter Beifügung einer von der Physikalisch-Technischen Bundesanstalt inhaltlich gebilligten Betriebsanleitung in deutscher Sprache in Verkehr bringen. Der Physikalisch-Technischen Bundesanstalt ist zur Prüfung der Betriebsanleitung auch ein zugelassener, serienmäßig gefertigter Schussapparat zur Verfügung zu stellen. § 18 Abs. 2 Nr. 4 und Abs. 4 gilt entsprechend.

§ 14 Beschaffenheit pyrotechnischer Munition

(1) Wer pyrotechnische Munition herstellt oder in den Geltungsbereich des Gesetzes verbringt, darf diese anderen nur überlassen, wenn ihre Sätze

1. mechanisch oder chemisch nicht verunreinigt sind,
2. keine saure Reaktion zeigen, es sei denn, dass die Funktionssicherheit oder die Lagerbeständigkeit nicht beeinträchtigt wird,
3. folgende Ausgangsstoffe nicht enthalten:
   a) Schwefel mit freier Säure oder mit mehr als 0,1 Prozent unverbrennlichen Bestandteilen,
   b) Schwefelblüte,
   c) weißen (gelben) Phosphor,
   d) Kaliumchlorat mit mehr als 0,15 Prozent Bromatgehalt.

(2) Der Hersteller pyrotechnischer Munition und derjenige, der pyrotechnische Munition in den Geltungsbereich des Gesetzes verbringt, haben sich auf Grund einer Analyse des Herstellers der Ausgangsstoffe oder eines anerkannten Sachverständigen davon zu überzeugen, dass bei den Ausgangsstoffen die Voraussetzungen nach Absatz 1 vorliegen. Die Nachweise über die Prüfung sind drei Jahre lang aufzubewahren.

§ 15 Anforderungen an Reizstoffgeschosse, Reizstoffsprühgeräte und Reizstoffe sowie an Elektroimpulsgeräte

(1) Kartuschenmunition mit Reizstoffen und Geräte, aus denen zu Angriffs- oder Verteidigungszwecken Reizstoffe versprüht oder ausgestoßen werden, müssen hinsichtlich ihrer Beschaffenheit den Anforderungen der Anlage IV Nr. 2 und die darin verwendeten Reizstoffe hinsichtlich ihrer Reizwirkung und zulässigen Menge den Anforderungen der Anlage IV Nr. 3 und 4 entsprechen sowie nach § 16 gekennzeichnet sein.

(2) Die Vorschriften über den Verkehr mit Giften, Arzneimitteln und Betäubungsmitteln sowie des Lebensmittelrechts bleiben unberührt.

(3) Für die Prüfung der Anforderungen nach Anlage IV ist die Physikalisch-Technische Bundesanstalt zuständig. Die Physikalisch-Technische Bundesanstalt kann mit der Durchführung von Teilen der Prüfung auf Kosten des Antragstellers andere Fachinstitute beauftragen.

(4) Die Prüfung ist nach Methoden und Verfahren durchzuführen, die dem jeweiligen Stand der Wissenschaft und Technik entsprechen.

(5) Die Anforderungen an Elektroimpulsgeräte sind in Anlage V geregelt. Die Physikalisch-Technische Bundesanstalt prüft nach den anerkannten Methoden der Messtechnik an dem übersandten Muster, ob die in Anlage V festgelegten Grenzwerte eingehalten werden. Wenn die Grenzwerte eingehalten werden, wird der Antragsteller darüber unterrichtet, dass er das Prüfzeichen nach Anlage II Abbildung 12 auf die Elektroimpulsgeräte aufbringen darf. Ohne dieses Prüfzeichen dürfen keine Elektroimpulsgeräte überlassen werden. Die Physikalisch-Technische Bundesanstalt kann mit der Durchführung von Teilen der Prüfung auf Kosten des Antragstellers andere Fachinstitute beauftragen.

§ 16 Kennzeichnung der Verpackung von Reizstoffgeschossen und Reizstoffsprühgeräten

(1) Auf der kleinsten Verpackungseinheit von Reizstoffgeschossen sind außer der Kennzeichnung nach § 24 Abs. 3 des Waffengesetzes folgende Angaben anzubringen:

1. die Aufschrift „Reizstoff",
2. die gebräuchliche wissenschaftliche Bezeichnung des Reizstoffes,
3. die Masse des in einem Geschoss enthaltenen Reizstoffes,
4. der Zeitpunkt (Jahr und Monat), bis zu dem der Reizstoff versprüht oder die Geschosse verschossen werden dürfen, und
5. die Aufschrift „In Entfernungen unter 1 m Gefahr gesundheitlicher Schädigungen!".

(2) Geräte, aus denen Reizstoffe versprüht oder ausgestoßen werden, sind mit dem Namen oder einer eingetragenen Marke des Herstellers, einer Produktbezeichnung und entsprechend Absatz 1 Nr. 1, 2, 4 und 5 sowie mit der Angabe des Inhalts und der Konzentration der Reizstofflösung zu kennzeichnen. Geräte mit auswechselbaren Reizstoffbehältern sind entsprechend Absatz 1 Nr. 1 und 5, die auswechselbaren Reizstoffbehälter selbst nach Satz 1 zu kennzeichnen. Kartuschenmunition mit Reizstoffen ist auf dem Hülsenboden mit der Kurzbezeichnung des in der Kartusche enthaltenen Reizstoffes zu kennzeichnen. Soweit sich die Kennzeichnung auf dem Hülsenboden wegen der geringen Größe der Munition oder aus sonstigen technischen Gründen nicht anbringen lässt, ist folgende Farbkennzeichnung am Hülsenmund anzubringen:

Blau – Reizstoffmunition mit CN,
Gelb – Reizstoffmunition mit CS,
Rot – sonstige Reizstoffmunition.

(3) Jeder kleinsten Verpackungseinheit von Reizstoffgeschossen und jedem Sprühgerät nach Absatz 2 ist eine Gebrauchsanweisung beizufügen, in der die Methoden sachgerechter Anwendung und die Gefahren einer missbräuchlichen Benutzung zu beschreiben sind.

§ 17 Abweichungen vom Kennzeichnungsgrundsatz bei besonderen Munitionsarten

(1) Auf pyrotechnischer Munition der Klasse PM II ist außer der Kennzeichnung nach § 24 Abs. 3 des Waffengesetzes die Jahreszahl der Herstellung und die Verbrauchsdauer anzubringen. Lässt sich bei pyrotechnischer Munition der Klassen PM I und PM II die Kennzeichnung auf der Hülse oder dem Geschoss wegen deren geringer Größe oder aus sonstigen technischen Gründen nicht anbringen, genügt die Kennzeichnung der kleinsten Verpackungseinheit. Auf dieser ist ferner das Bruttogewicht der Verpackungseinheit anzugeben.

(2) Munition, bei der der Zündsatz im Rand des Hülsenbodens untergebracht ist (Randfeuermunition), ist auf dem Hülsenboden nur mit dem Herstellerzeichen zu kennzeichnen. Bei Kartuschenmunition für Schussapparate mit einem eingebuchteten oder gewölbten Boden, bei der der Zündsatz weder in einem besonderen Zündhütchen im Hülsenboden (Zentralfeuermunition) noch im Rand des Hülsenbodens untergebracht ist und bei der der Zünd- und Treibsatz nicht schwerer als 0,5 Gramm ist, braucht die Hülse nicht nach § 24 Abs. 3 des Waffengesetzes gekennzeichnet zu sein. Schreckschussmunition mit gebördeltem Hülsenmund ist auf der Abdeckung mit grüner Farbe zu kennzeichnen.

I

(3) Bei Randfeuermunition und bei Kartuschenmunition für Schussapparate genügt es, das Fertigungszeichen anstatt auf der kleinsten Verpackungseinheit auf einer besonderen Einlage in der kleinsten Verpackungseinheit anzubringen. Bei Treibladungen nach Anlage 1 Abschnitt 1 Unterabschnitt 3 Nr. 2 des Waffengesetzes für Schussapparate braucht die Kennzeichnung nach § 24 Abs. 3 des Waffengesetzes nur auf der magazinierten Verpackung angebracht werden.

(4) Bei Kartuschenmunition für Schussapparate ist auf der kleinsten Verpackungseinheit ein deutlicher Hinweis auf die Art des Gerätes und den Stärkegrad der Ladung anzubringen. Der Stärkegrad der Ladung ist durch folgende Farben zu kennzeichnen:

Ladungsstufe 1 weiß oder braun	schwächste Ladung
Ladungsstufe 2 grün	schwache Ladung
Ladungsstufe 3 gelb	mittlere Ladung
Ladungsstufe 4 blau	starke Ladung
Ladungsstufe 5 rot	sehr starke Ladung
Ladungsstufe 6 schwarz	stärkste Ladung.

Die Farbkennzeichnung ist auch auf dem Hülsenboden der Kartusche oder auf der Kartuschen- oder Zündsatzabdeckung anzubringen.

(5) Auf festen Körpern, die zum Verschießen aus Schussapparaten bestimmt sind (Bolzen), ist das der Physikalisch-Technischen Bundesanstalt angezeigte Herstellerkennzeichen anzubringen; werden Führungs- oder Halterungsstücke verwendet, die auch nach dem Schuss noch mit dem Geschoss verbunden bleiben, genügt die Angabe des Herstellerkennzeichens auf einem dieser Teile. Die kleinste Verpackungseinheit der Bolzen ist nach § 24 Abs. 3 des Waffengesetzes sowie außerdem mit der Typenbezeichnung zu kennzeichnen.

Abschnitt 4
Verfahren bei der Bauartzulassung

§ 18 Antragsverfahren

(1) Die Bauartzulassung ist schriftlich oder elektronisch zu beantragen. Der Antragsteller hat in dem Antrag anzugeben:

1. seinen Namen oder seine Firma und seine Anschrift, bei der Verbringung in den Geltungsbereich des Gesetzes den Namen oder die Firma und die Anschrift dessen, der die Gegenstände verbringt,
2. die angezeigte Marke, die auf dem Gegenstand angebracht werden soll,
3. die Modellbezeichnung der Schusswaffe oder des Einstecklaufs oder die Bezeichnung der pyrotechnischen Munition, wobei für Schusswaffen neben einer vorrangigen weitere Modellbezeichnungen verwendet werden dürfen, wenn sie der zulassenden Behörde, auch nach der Erteilung der Zulassung, angezeigt wurden,
4. im Falle der Zulassung nach § 10 des Gesetzes auch die Herstellungsstätte.

(2) Der Antragsteller hat dem Antrag beizufügen

1. bei der Zulassung nach
   a) den §§ 7, 8 und 9 Abs. 1 des Gesetzes ein oder zwei Baumuster des Gegenstandes der für die Systemprüfung benötigten Geräteteile und der dazugehörigen Munition oder Geschosse,
   b) § 10 des Gesetzes eine ausreichende Stückzahl der pyrotechnischen Munition,
2. eine nach den Regeln der Technik gefertigte Schnittzeichnung, die alle für die Zulassung wichtigen Angaben über die Maße und Werkstoffe enthält, eine Ansichtszeichnung gleicher Qualität, ersatzweise eine Fotografie, jeweils in dreifacher Ausfertigung, und eine Betriebsanleitung in deutscher Sprache, soweit sie den Gegenständen beim Vertrieb beigegeben wird,
3. bei Bolzensetzwerkzeugen mit Kolben und magazinierten Kartuschen zur Durchführung der Systemprüfung die Angaben darüber, durch welche Teile das System bestimmt sein soll, sowie deren technische Daten,
4. bei Schusswaffen, Schussapparaten oder Einsteckläufen, die zum Verschießen von nach § 11 Abs. 1 des Gesetzes zugelassener Munition bestimmt sind, die für die Prüfung erforderliche Munition und
5. bei Schussapparaten, die im Geltungsbereich des Gesetzes verwendet werden sollen, außerdem eine Erklärung, aus der hervorgeht, an welchem Ort oder an wel-

chen Orten er die für die Durchführung von Wiederholungsprüfungen erforderlichen Einrichtungen unterhält oder wen er mit der Durchführung dieser Prüfung beauftragt hat.

(3) Der Antragsteller hat der Zulassungsbehörde auf Verlangen

1. das in Absatz 2 Nr. 1 Buchstabe a bezeichnete Baumuster oder an dessen Stelle einen serienmäßig gefertigten Gegenstand des zugelassenen Modells und, im Falle der Zulassung pyrotechnischer Munition, auch eine serienmäßig gefertigte Schusswaffe zum Verschießen dieser Munition zu überlassen und
2. Teilzeichnungen des Modells einzureichen.

(4) Bei Anträgen auf Zulassung von Schussapparaten und anderen nicht tragbaren Geräten, in denen zum Antrieb in Hülsen untergebrachte Treibladungen verwendet werden und die für technische Zwecke bestimmt sind, soll die Physikalisch-Technische Bundesanstalt die Berufsgenossenschaftliche Zentrale für Sicherheit und Gesundheit der Deutschen Gesetzlichen Unfallversicherung e. V. anhören; bestehen Zweifel, ob der Prüfgegenstand den Anforderungen an den Werkstoff und die Festigkeit entspricht, ist die Bundesanstalt für Materialforschung und -prüfung zu beteiligen. Bei anderen nicht tragbaren Geräten, in denen zum Antrieb in Hülsen untergebrachte Treibladungen verwendet werden und die für technische Zwecke bestimmt sind, unterliegen der Bauartzulassung nur die Auslösevorrichtung und die Teile des Gerätes, die dem Druck der Pulvergase unmittelbar ausgesetzt sind.

(5) Bei nicht tragbaren Geräten, in denen zum Antrieb in Hülsen untergebrachte Treibladungen verwendet werden und die für technische Zwecke bestimmt sind, die ortsfest eingebaut werden, entfällt die Vorlage eines Baumusters nach Absatz 2 Nr. 1 Buchstabe a. Die Physikalisch-Technische Bundesanstalt kann im Benehmen mit der Berufsgenossenschaftlichen Zentrale für Sicherheit und Gesundheit der Deutschen Gesetzlichen Unfallversicherung e. V. Prüfungen am Betriebsort vornehmen.

§ 19 Zuständigkeit und Zulassungsbescheid

(1) Über Anträge nach den §§ 7, 8 und 9 Abs. 2 und 4 des Gesetzes entscheidet die Physikalisch-Technische Bundesanstalt. Über Anträge nach § 9 Abs. 1 und 5 des Gesetzes entscheidet die nach Landesrecht zuständige Stelle, über Anträge nach § 10 des Gesetzes die Bundesanstalt für Materialforschung und -prüfung durch schriftlichen Bescheid.

(2) Der Zulassungsbescheid hat Angaben zu enthalten über

1. den Namen und die Anschrift des Antragstellers,
2. die Art und Modellbezeichnung der Schusswaffe, des Schussapparates, des Einstecklaufes, der Schreckschuss-, Reizstoff- oder Signalwaffe und bei pyrotechnischer Munition deren Bezeichnung,
3. die wesentlichen Merkmale der Bauart
   a) der zugelassenen Schusswaffe, des Schussapparates, des Einstecklaufes, der Schreckschuss-, Reizstoff- oder Signalwaffe sowie die wesentlichen Merkmale und die Bezeichnung der daraus zu verschießenden Gebrauchsmunition,
   b) der zugelassenen pyrotechnischen Munition,
4. die Geltungsdauer der Zulassung und
5. das Zulassungszeichen nach § 20 Abs. 2.

(3) Nebenbestimmungen und inhaltliche Beschränkungen der Zulassung, welche die Verwendung der zugelassenen Waffen, Schussapparate, Einsteckläufe und Munition betreffen, sind vom Verwender zu beachten. Die Zulassung ist mit der Auflage zu verbinden, einen Auszug des Zulassungsbescheides den Verwendern auszuhändigen, soweit darin die Verwendung betreffende Nebenbestimmungen und inhaltliche Beschränkungen enthalten sind. Die Bauartzulassung nach Maßgabe des § 9 Abs. 5 des Gesetzes kann auch mit der Auflage verbunden werden, den zugelassenen Gegenständen sicherheitstechnische Hinweise und eine von der Zulassungsbehörde gebilligte und bestätigte Betriebsanleitung beizufügen und die zugelassenen Gegenstände einer Einzelbeschussprü-

fung nach § 5 des Gesetzes zu unterziehen. Dies gilt auch für andere nicht tragbare Geräte, in denen zum Antrieb in Hülsen untergebrachte Treibladungen verwendet werden und die für technische Zwecke bestimmt sind.

§ 20 Zulassungszeichen

(1) Die Zulassungsbehörde hat dem Zulassungsinhaber die Verwendung eines Zulassungszeichens vorzuschreiben.

(2) Das Zulassungszeichen setzt sich aus dem in der Anlage II Abbildung 5 bis 7 oder 10 bis 12 jeweils vorgesehenen Zeichen und einer Kennnummer zusammen. Die Kennnummer besteht aus einer fortlaufenden Nummer. Bei pyrotechnischer Munition gehört zum Zulassungszeichen außerdem die Klassenbezeichnung „PM I" oder „PM II".

(3) Der Zulassungsinhaber hat dauerhaft und deutlich sichtbar auf jedem nachgebauten Stück und bei pyrotechnischer Munition auf jeder kleinsten Verpackungseinheit das vorgeschriebene Zulassungszeichen anzubringen. Das Zulassungszeichen darf nicht auf einem Teil angebracht werden, das üblicherweise zum Austausch bestimmt ist. Soweit sich das Zulassungszeichen auf der pyrotechnischen Munition wegen deren geringen Größe oder aus sonstigen technischen Gründen nicht anbringen lässt, genügt die Anbringung auf der kleinsten Verpackungseinheit.

§ 21 Bekanntmachungen

(1) Die Zulassung der Bauart der in den §§ 7, 8 und 9 Abs. 5 des Gesetzes bezeichneten Gegenstände, ihre Änderung, Berichtigung, Rücknahme und ihr Widerruf werden im Bundesanzeiger und im Amts- und Mitteilungsblatt der Physikalisch-Technischen Bundesanstalt bekannt gemacht. Die Bekanntmachung soll die in § 19 Abs. 2 Nr. 1, 2 und 4 bezeichneten Angaben, die Kennnummer nach § 20 Abs. 2 Satz 1 und die Bezeichnung der zugehörigen Gebrauchsmunition enthalten.

(2) Bei Zulassungen nach § 10 des Gesetzes hat die Bundesanstalt für Materialforschung und -prüfung eine Liste der erteilten Zulassungen für pyrotechnische Munition zu führen und diese auf dem neuesten Stand zu halten. Die Liste soll die folgenden Angaben enthalten:

1. das vollständige Zulassungszeichen,
2. die Bezeichnung der pyrotechnischen Munition,
3. Name und Anschrift des Zulassungsinhabers,
4. Beschränkungen, Befristungen und Auflagen, insbesondere die von der Bundesanstalt für Materialforschung und -prüfung festgelegten Verwendungshinweise in Code-Nummern. Die Bedeutung der Code-Nummern wird im Vorspann der Liste erläutert.

Die Liste ist bei der Bundesanstalt für Materialforschung und -prüfung während der Dienststunden auszulegen. Auf Verlangen eines Dritten ist diesem gegen Kostenerstattung eine Abschrift oder Vervielfältigung zu überlassen.

(3) Die Physikalisch-Technische Bundesanstalt hat dem Ständigen Büro der Ständigen Internationalen Kommission für die Prüfung der Handfeuerwaffen Mitteilung zu machen über

1. Anordnungen nach § 23 Abs. 2 Satz 2,
2. die Erteilung, die Rücknahme oder den Widerruf einer Zulassung von Schussapparaten nach den §§ 7 und 8 des Gesetzes. Die Mitteilung über die Erteilung besteht aus einer Kopie des Zulassungsbescheides.

Abschnitt 4a
Verfahren bei der Prüfung von unbrauchbar gemachten Schusswaffen

§ 21a Prüfverfahren und Kennzeichnung der geprüften Schusswaffen

(1) Die zuständige Behörde prüft auf Antrag, ob die ihr auf der Grundlage des § 8a des Gesetzes vorgelegten Schusswaffen nach Maßgabe der Anlage I Nummer 7 ordnungsgemäß unbrauchbar gemacht wurden.

(2) Für den Antrag gilt § 7 Absatz 1 Satz 1 und 2 entsprechend. Der Antrag muss mindestens den Namen und die Anschrift des Antragstellers sowie die Bezeichnung der

vorgelegten Schusswaffe enthalten. Wird der Antragsteller für einen Dritten tätig, so hat er bei Einreichung des Antrags eine Vollmacht vorzulegen und den Namen und die Anschrift des Dritten anzugeben.

(3) Für die Kennzeichnung der geprüften Schusswaffen gilt Artikel 5 der Durchführungsverordnung (EU) 2015/2403 der Kommission vom 15. Dezember 2015 zur Festlegung gemeinsamer Leitlinien über Deaktivierungsstandards und -techniken, die gewährleisten, dass Feuerwaffen bei der Deaktivierung endgültig unbrauchbar gemacht werden (ABl. L 333 vom 19. 12. 2015, S. 62), die zuletzt durch die Durchführungsverordnung (EU) 2018/337 (ABl. L 65 vom 8. 3. 2018, S. 1) geändert worden ist. Dabei hat die zuständige Behörde als Ländercode die Buchstaben DE und als Symbol der Stelle, die die Deaktivierung der Schusswaffe bescheinigt hat, das Ortszeichen der zuständigen Behörde nach Anlage II Abbildung 3 zu verwenden.

(4) Stellt die zuständige Behörde fest, dass die Schusswaffe nicht ordnungsgemäß unbrauchbar gemacht worden ist, kann diese Schusswaffe nur bei derselben Behörde erneut zur Prüfung vorgelegt werden, es sei denn, dass die Behörde der Vorlage bei einer anderen Behörde zustimmt.

§ 21b Maßnahmen zur Verhinderung des Zerlegens

(1) Nachdem die zuständige Behörde die ordnungsgemäße Unbrauchbarmachung festgestellt hat, muss der Antragsteller die geprüfte Schusswaffe verschweißen oder kleben oder durch eine andere Maßnahme gemäß Anhang I Tabelle II der Durchführungsverordnung (EU) 2015/2403 verhindern, dass sich die Schusswaffe zerlegen lässt. Der Antragsteller muss die Maßnahmen, die er zur Verhinderung des Zerlegens getroffen hat, gegenüber der zuständigen Behörde auf geeignete Weise, beispielsweise durch Vorlage von Lichtbildern, nachweisen.

(2) Die zuständige Behörde kann vom Antragsteller verlangen, eine eidesstattliche Versicherung darüber abzugeben, dass die auf den nach Absatz 1 Satz 2 vorgelegten Lichtbildern abgebildete Schusswaffe mit der zuvor zur Prüfung vorgelegten Schusswaffe übereinstimmt.

§ 21c Bescheinigung über die Unbrauchbarmachung

Hat die zuständige Behörde die ordnungsgemäße Unbrauchbarmachung der Schusswaffe nach § 21a Absatz 1 festgestellt und hat der Antragsteller nachgewiesen, dass er ausreichende Maßnahmen zur Verhinderung des Zerlegens getroffen hat, so stellt ihm die zuständige Behörde eine Bescheinigung über die erfolgreiche Unbrauchbarmachung nach dem Muster in Anhang III der Durchführungsverordnung (EU) 2015/2403 aus.

Abschnitt 5 Periodische Fabrikationskontrolle, Einzelfallprüfung, Wiederholungsprüfung

§ 22 Periodische Fabrikationskontrollen für Schussapparate und Einsteckläufe

Schussapparate und Einsteckläufe, deren Bauart von der Physikalisch-Technischen Bundesanstalt zugelassen ist, sind in Abständen von höchstens zwei Jahren an fünf Gegenständen jeder Bauart durch die Physikalisch-Technische Bundesanstalt zu prüfen. Für die Prüfung sind die Vorschriften der Anlage I Nr. 3.1 bis 3.4 maßgebend. Der Zulassungsinhaber hat der Physikalisch-Technischen Bundesanstalt die fünf Prüfgegenstände nach Satz 1 spätestens zwei Jahre nach der Zulassung und dann im Abstand von zwei Jahren aus der laufenden Produktion oder, wenn dies nicht möglich ist, aus dem Lagerbestand vorzulegen.

§ 23 Überprüfung im Einzelfall

(1) Rechtfertigen Tatsachen die Annahme, dass Prüfgegenstände nach den §§ 7 und 8 des Gesetzes, deren Bauart von der Physikalisch-Technischen Bundesanstalt zugelassen worden ist, in ihren wesentlichen Merkmalen nicht den Vorschriften der Anlage I Nr. 3 oder 4 oder der Zulassung entsprechen, nimmt die

Physikalisch-Technische Bundesanstalt eine Prüfung vor. Können dabei festgestellte Mängel nicht unmittelbar behoben werden, kann diese dem Zulassungsinhaber untersagen, weitere Gegenstände dieser Bauart zu vertreiben und anderen zu überlassen.

(2) Werden der Physikalisch-Technischen Bundesanstalt Mängel nach Absatz 1 bei Prüfgegenständen nach § 7 des Gesetzes bekannt, deren Bauart von der Behörde eines Staates zugelassen worden ist, mit dem die gegenseitige Anerkennung der Zulassungszeichen vereinbart ist, unterrichtet sie diese Behörde. Die Physikalisch-Technische Bundesanstalt kann den weiteren Vertrieb untersagen, wenn diese Gegenstände Gefahren für Leben und Gesundheit des Benutzers oder Dritter hervorrufen.

§ 24 Wiederholungsprüfung betriebener Schussapparate

(1) Der Betreiber eines Schussapparates oder eines nicht tragbaren Gerätes, in dem zum Antrieb in Hülsen untergebrachte Treibladungen verwendet werden und das für technische Zwecke bestimmt ist, hat das Gerät dem Hersteller oder dessen Beauftragten jeweils nach zwei Jahren, bei wesentlichen Funktionsmängeln unverzüglich vorzulegen. Satz 1 gilt nicht für Leinenwurfgeräte, die auf Seeschiffen verwendet werden, und nicht für Industriekanonen.

(2) Die Frist bis zur ersten Wiederholungsprüfung nach Absatz 1 beginnt

1. bei Bolzensetzwerkzeugen, Press- und Kerbgeräten mit der Auslieferung des Gerätes an den Betreiber oder Händler,
2. bei anderen Schussapparaten mit der Auslieferung des Gerätes an den Betreiber.

Der Fristbeginn ist nachzuweisen im Falle von Satz 1 Nr. 1 durch eine vom Hersteller auf dem Gerät anzubringende Plakette, im Falle von Satz 1 Nr. 2 durch eine Bescheinigung, die der Hersteller oder Händler dem Schussapparat beim Überlassen an den Betreiber beizufügen hat.

(3) Der Hersteller oder sein Beauftragter hat zu prüfen, ob ein Gerät nach Absatz 1 funktionssicher (Anlage I) ist und ob es dem Baumuster entspricht. Bei aus einem anderen Staat eingeführten Schussapparaten, die ein anerkanntes Prüfzeichen tragen, gilt als Beauftragter des Herstellers der Verbringer, der im Geltungsbereich des Gesetzes eine Niederlassung besitzt.

§ 25 Prüfzeichen bei Wiederholungsprüfungen

(1) Hat die Prüfung eines Gerätes nach § 24 Abs. 1 keine Beanstandungen ergeben, so hat die prüfende Stelle das Prüfzeichen anzubringen.

(2) Das Prüfzeichen für Geräte nach § 24 Abs. 1 muss dem Muster der Anlage II Abbildung 8 entsprechen. Es ist auf dem Lauf oder dem Gehäuse dauerhaft so anzubringen, dass die Zahl des Quartals, in dem das Gerät geprüft wurde, zur Laufmündung zeigt. Wird das Prüfzeichen in Form einer Plakette angebracht, so muss diese in Schwarzdruck auf silbrigem Grund ausgeführt sein.

(3) Über die Prüfung des Gerätes nach § 24 Abs. 1 hat der Hersteller oder sein Beauftragter dem Betreiber eine Prüfbescheinigung auszustellen, aus der das Ergebnis und das Datum der Prüfung, die prüfende Stelle und der Name des mit der Prüfung Beauftragten hervorgehen.

Abschnitt 6 Festlegung der Maße und Energiewerte für Feuerwaffen (Maßtafeln), Einsteck- und Austauschläufe sowie für Munition

§ 26 Zulässige und nicht zulässige Munition

(1) In den Maßtafeln werden festgelegt

1. die Maße für die Patronen- oder Kartuschenlager und für die Übergänge, bei glatten Läufen die Innendurchmesser und bei gezogenen Läufen die Feld- und Zugdurchmesser, erforderlichenfalls auch die Laufquerschnitte von Feuerwaffen, Einsteckläufen und Austauschläufen sowie die Verschlussabstände von Feuerwaffen

(Maßtafeln – § 14 Abs. 1 Nr. 1 des Gesetzes),

2. die zulässigen Höchst- und Mindestmaße, die zulässigen höchsten Gebrauchsgasdrücke, bei Schrotmunition auch für die verstärkte Ladung, oder die Höchst- und Mindestenergien, außerdem bei Stahlschrotmunition die höchstzulässigen Mündungsgeschwindigkeiten, Mündungsimpulse und Durchmesser der Schrote, und die Bezeichnung der Munition und der Treibladungen nach Anlage 1 Abschnitt 1 Unterabschnitt 3 Nr. 1 und 2 des Waffengesetzes (§ 14 Abs. 3 des Gesetzes),
3. die zulässigen Höchstmaße, die Höchst- und Mindestgasdrücke oder -energien und die Bezeichnung der pyrotechnischen Munition (§ 14 Abs. 1 Nr. 1 des Gesetzes).

(2) Ist die Hülse einer Munition ummantelt, so gelten die in den Maßtafeln festgelegten Maße nur für die Hülse.

(3) Nicht zulässig sind

1. Munition nach Anlage 2 Abschnitt 1 Nr. 1.5.1 bis 1.5.6 des Waffengesetzes,
2. Schrotpatronen mit Schroten mit einer Vickershärte HV 1 von über 110 an der Oberfläche oder von über 100 im Inneren und
3. Stahlschrotpatronen ohne geeignete Ummantelung der Schrotladung.

§ 27 Abweichungen von den Maßtafeln

(1) Anstelle der in den Maßtafeln für Munition festgelegten Bezeichnung darf eine andere Bezeichnung zugelassen werden, wenn sie eindeutig ist und sich von Bezeichnungen anderer zugelassener Munition hinreichend unterscheidet. Die Physikalisch-Technische Bundesanstalt veröffentlicht die Bezeichnungen nach Satz 1 jeweils in ihrem Amts- und Mitteilungsblatt. Im Falle von pyrotechnischer Munition nach § 10 des Gesetzes erfolgt die Veröffentlichung durch die Bundesanstalt für Materialforschung und -prüfung in der Liste gemäß § 21 Abs. 2.

(2) Lässt sich die Bezeichnung auf der Munition wegen deren geringer Größe nicht anbringen, so genügt die Angabe des Kalibers mit einer Kurzbezeichnung, die die Munition eindeutig charakterisiert. Ist die Angabe der Hülsenlänge vorgeschrieben, muss auch diese angebracht werden.

(3) Neue, noch nicht in den Maßtafeln aufgeführte Munition darf bei übereinstimmenden oder ähnlichen Abmessungen im Vergleich zu bereits zugelassener Munition nicht zugelassen werden, wenn

1. sie einen höheren Gasdruck entwickelt und aus Waffen für zugelassene Munition mit einem niedrigeren Gasdruck verschossen werden kann oder
2. bereits zugelassene Munition mit höherem Gasdruck aus Waffen für die neue Munition mit einem niedrigeren Gasdruck verschossen werden kann.

(4) Die zuständige Behörde kann in Ausnahmefällen zulassen, dass von den normalen Feld- und Zugprofilen abgewichen wird, wenn sichergestellt ist, dass die Abweichung zu keiner Überschreitung des Gebrauchsgasdruckes führt und dass beim Beschuss mit Beschussmunition ein Überdruck von 30 Prozent in jedem Fall erreicht wird.

(5) Die zuständige Behörde kann bei der Prüfung von Prüfgegenständen auf Antrag eine Abweichung von den Maßen der Maßtafeln zulassen, wenn sie zu Versuchs- oder Erprobungszwecken bestimmt sind. In diesen Fällen wird ein Beschusszeichen nicht angebracht. In den Fällen des Satzes 1 hat die zuständige Behörde auf Antrag eine Bescheinigung darüber auszustellen, dass die Prüfgegenstände haltbar und funktionssicher sind, dass deren Maße von den Maßen der Maßtafeln abweichen und dass diese Gegenstände zu Versuchs- oder Erprobungszwecken bestimmt sind. Aus der Bescheinigung müssen die Abweichungen von den Maßen nach Anlage I Nr. 1.1.3 hervorgehen.

Abschnitt 7
Zulassung von Munition

§ 28 Begriffsbestimmungen

(1) Der Typ einer Patronen- oder Kartuschenmunition wird bestimmt durch die in den

I

Maßtafeln festgelegte Bezeichnung oder durch eine zugelassene Bezeichnung nach § 27 Abs. 1 Satz 1.

(2) Das Los einer Patronen- oder Kartuschenmunition ist

1. die Gesamtheit einer Munition desselben Typs, die von demselben Hersteller in einer Serie gefertigt wird, ohne Änderung wesentlicher Komponenten,
2. bei Munition aus Staaten, mit denen die gegenseitige Anerkennung der Prüfzeichen nicht vereinbart ist, die Gesamtheit der Munition, die von demselben Verbringer in einer Lieferung in den Geltungsbereich des Gesetzes verbracht werden soll, wenn sie die Merkmale nach Nummer 1 aufweist.

§ 29 Zulassung und Prüfung von Patronen- und Kartuschenmunition

Die Zulassungsprüfung nach § 11 des Gesetzes umfasst die Prüfung

1. der vorgesehenen Bezeichnung der Munition,
2. der vorgeschriebenen Kennzeichnung auf der kleinsten Verpackungseinheit,
3. der vorgeschriebenen Kennzeichnung auf jeder Patrone oder Kartusche,
4. der Maßhaltigkeit,
5. des Gasdruckes oder an dessen Stelle im Falle fehlender Vorgabe oder erheblicher messtechnischer Schwierigkeiten der entsprechenden Vergleichswerte,
6. des Aufbaus der Patronen, der Geschwindigkeit und des Impulses der Schrote bei Stahlschrotpatronen,
7. der Funktionssicherheit.

§ 30 Antragsverfahren

(1) Der Antrag hat Angaben zu enthalten über

1. Name, Firma oder Marke und Anschrift des Herstellers oder desjenigen, dessen Name, Firma oder Marke auf der Munition angebracht ist und der die Verantwortung für die Munition übernimmt; im Falle der Verbringung aus Staaten, mit denen die gegenseitige Anerkennung der Prüfzeichen nicht vereinbart ist, sind Name, Firma oder Marke und Anschrift des Verbringers anzugeben,
2. Typenbezeichnung der Munition,
3. Herstellungsstätte, es sei denn, der Antragsteller ist ein Verbringer nach Nummer 1,
4. Prüfstätte für die Fabrikationskontrollen, es sei denn, diese werden der zuständigen Behörde übertragen, und
5. Losgröße und Losnummer.

(2) Dem Antrag sind beizufügen:

1. Zeichnungen mit Maßangaben für Patrone, Patronenlager und Lauf,
2. Angaben über den zulässigen Höchstwert des Gebrauchsgasdruckes,
3. ein der Anlage III entsprechender Messlauf für den Patronentyp und
4. Patronenprüflehren.

Satz 1 gilt nicht für die Zulassung eines Munitionstyps, der bereits in den Maßtafeln aufgeführt ist.

(3) Die Zulassungsbehörde kann vom Antragsteller die Vorlage von 3000 Stück Patronen oder Kartuschen zur wahllosen Probennahme verlangen.

§ 31 Prüfmethoden

(1) Prüfungen nach § 29 Nr. 4, 5 und 6 und die der statistischen Grenzwerte werden nach den anerkannten Methoden der Messtechnik vorgenommen, wie sie in den Vorschriften der Anlage III und in weiteren Einzelheiten in den jeweils gültigen und einschlägigen Prüf- und Messrichtlinien der Physikalisch-Technischen Bundesanstalt niedergelegt sind.

(2) Die Messung des Gasdruckes wird mittels mechanisch-elektrischen Wandlers vorgenommen. Sofern in den Maßtafeln für das betreffende Kaliber ein zulässiger Höchstwert des Gebrauchsgasdruckes nur für die Messung mittels Kupferstauchkörperverfahren veröffentlicht ist, soll nach diesem Verfahren gemessen werden. Die Verwendung anderer Messverfahren ist zulässig, sofern sie sich zur Messung schnell veränderlicher Drücke eignen und Vergleiche mit den in Satz 1 ge-

nannten Verfahren vorliegen, die eine Umrechnung gestatten.

(3) Die Funktionssicherheit der Munition ist nach den Vorschriften der Anlage III zu prüfen.

(4) Wird die Zulassung eines Munitionstyps beantragt, der noch nicht in den Maßtafeln aufgeführt ist, sind der Prüfung die Angaben des Antragstellers über den Gasdruck und die Maße der Patrone, des Lagers und gegebenenfalls des Laufes zugrunde zu legen. Die zuständige Behörde hat in diesem Fall der Physikalisch-Technischen Bundesanstalt zur Weiterleitung an das Ständige Büro der Ständigen Internationalen Kommission für die Prüfung der Handfeuerwaffen gleichzeitig mit der Typenzulassung (§ 36) den für die Munition zulässigen Höchstwert des Gasdruckes, den gemessenen mittleren höchsten Gasdruck und die zugelassenen Maße zu übermitteln.

§ 32 Form der Zulassung

(1) Die Zulassung ist dem Hersteller oder demjenigen, dessen Name, Firma oder Marke auf der Munition angegeben ist, schriftlich zu erteilen. Für Munition, die aus Staaten eingeführt wird, mit denen die gegenseitige Anerkennung der Prüfzeichen nicht vereinbart ist, kann die Zulassung auf Antrag einem Verbringer erteilt werden, der im Geltungsbereich des Gesetzes eine gewerbliche Niederlassung hat.

(2) Der Zulassungsbescheid hat Angaben zu enthalten über

1. den Namen und die Anschrift des Antragstellers,
2. Typ und Bezeichnung der Munition und Name oder Marke, die auf der Munition angebracht sind,
3. den zulässigen höchsten Gebrauchsgasdruck, die zulässigen Maße der Patrone oder Kartusche und des Lagers bei Munition, deren Munitionstyp neu zugelassen wird,
4. das in Anlage II Abbildung 4 vorgeschriebene Prüfzeichen,
5. den Vorbehalt der endgültigen Zustimmung durch die CIP, falls die Munition noch nicht in die Maßtafeln der CIP aufgenommen ist, und
6. die Berechtigung zur Durchführung der Fabrikationskontrolle mit Angabe der Prüfstätte.

§ 33 Fabrikationskontrolle

(1) Der Zulassungsinhaber ist verpflichtet, alle Munitionslose Fabrikationskontrollen nach Anlage III zu unterziehen, bevor sie in Verkehr gebracht werden. Er kann diese Kontrollen einer zuständigen Behörde oder einem Fachinstitut übertragen, dessen Messeinrichtungen in angemessenen Abständen nach Anlage III Nr. 1.1 von der zuständigen Behörde überprüft werden. § 32 Abs. 1 gilt entsprechend.

(2) Der Zulassungsinhaber hat über die durchgeführten Fabrikationskontrollen Aufzeichnungen nach Satz 2 und Absatz 3 zu machen. Die Aufzeichnungen sind in gebundener Form, in Karteiform oder mit Hilfe der automatischen Datenverarbeitung (ADV) im Betrieb oder in dem Betriebsteil, in dem die Munition hergestellt oder vertrieben wird, zu führen.

(3) Aus den Aufzeichnungen müssen folgende Angaben hervorgehen:

1. Munitionstyp, Losgröße und Fertigungszeichen des Loses,
2. Art des Pulvers, Art und Masse der Geschosse, Zündungstyp,
3. die ermittelten Gasdrücke,
4. Art und Zahl der festgestellten Mängel
   a) bei der Maß- und Sichtprüfung,
   b) bei der Funktionsprüfung.

(4) Bei Munition, von der der Zulassungsinhaber höchstens 3000 Stück im Jahr herstellt, sind von ihm binnen zwei Wochen nach Fertigung Aufzeichnungen nach Absatz 3 Nr. 1 und 2 zu machen. Die Zulassungsbehörde kann weitere Kontrollen im Sinne von Absatz 1 und Absatz 3 Nr. 3 und 4 sowie von § 34 festlegen. Begrenzungen der Stückzahl oder zeitliche Befristungen sind zulässig.

(5) Der Zulassungsinhaber hat der zuständigen Behörde die Aufzeichnungen nach Absatz 2 oder Absatz 4 auf Verlangen vorzulegen.

(6) Die Aufzeichnungen sind bis zur übernächsten behördlichen Kontrolle, mindestens jedoch fünf Jahre aufzubewahren.

§ 34 Behördliche Kontrollen

(1) Der Zulassungsinhaber hat mindestens alle drei Jahre die Durchführung einer behördlichen Kontrolle bei der Zulassungsbehörde zu beantragen. Verbringer aus Staaten, mit denen eine gegenseitige Anerkennung der Prüfzeichen nicht vereinbart ist, haben die Durchführung dieser Kontrollen mindestens einmal jährlich zu beantragen, wenn sie nicht für jedes Los eine Fabrikationskontrolle durchführen oder durchführen lassen. Die Frist nach den Sätzen 1 und 2 beginnt mit dem auf die Zulassung folgenden Kalenderjahr.

(2) Wird Munition aus Staaten verbracht, mit denen eine gegenseitige Anerkennung der Prüfzeichen nicht vereinbart ist, hat der Verbringer eine Bescheinigung des Herstellers vorzulegen, aus der hervorgeht, dass dieser Fabrikationskontrollen durchführt, die den in der Anlage III vorgeschriebenen gleichwertig sind. Diese Bescheinigung muss jedes Jahr erneuert werden. Der Verbringer hat ferner auf Verlangen der Behörde das Protokoll über das Los, das Gegenstand der behördlichen Kontrolle ist, vorzulegen. Die Sätze 1 bis 3 gelten nicht, wenn vom Hersteller für jedes Los eine Fabrikationskontrolle durchgeführt und diese durch eine Zulassungsbehörde überwacht wird.

(3) Bei der behördlichen Kontrolle sind die in Anlage III festgelegten Prüfungen vorzunehmen.

(4) Wird bei der behördlichen Kontrolle festgestellt, dass die Munition oder die Messgeräte den Vorschriften der Maßtafeln oder der Anlage III oder der Zulassung nicht entsprechen, setzt die zuständige Behörde eine angemessene Frist zur Beseitigung der Mängel.

§ 35 Überprüfung im Einzelfall

(1) Rechtfertigen Tatsachen die Annahme, dass Munition, deren Typ von der zuständigen Behörde zugelassen ist, oder gewerbsmäßig wiedergeladene Munition den Vorschriften der Maßtafeln oder der Anlage III oder der Zulassung nicht entspricht, nimmt diese eine Kontrolle vor. Können dabei festgestellte Fehler nicht unmittelbar behoben werden, kann die zuständige Behörde den weiteren Vertrieb der beanstandeten Munition untersagen.

(2) Werden der zuständigen Behörde Mängel nach Absatz 1 bei Munition bekannt, deren Typ von der Behörde eines Staates zugelassen ist, mit dem die gegenseitige Anerkennung der Prüfzeichen vereinbart ist, unterrichtet sie diese Behörde. Die zuständige Behörde kann den weiteren Vertrieb untersagen, wenn die Munition Gefahren für Leben und Gesundheit des Benutzers oder Dritter hervorruft. Sie trifft die erforderlichen Sicherheitsmaßnahmen.

§ 36 Bekanntmachung

(1) Die Zulassung nach § 11 des Gesetzes, ihre Änderung, Rücknahme und ihr Widerruf werden im Amts- und Mitteilungsblatt der Physikalisch-Technischen Bundesanstalt bekannt gemacht. Die Bekanntmachung soll die in § 32 Abs. 2 Nr. 1 bis 3 bezeichneten Angaben enthalten.

(2) Die Physikalisch-Technische Bundesanstalt hat dem Ständigen Büro der Ständigen Internationalen Kommission für die Prüfung der Handfeuerwaffen Mitteilung zu machen über

1. andere zugelassene Bezeichnungen nach § 27 Abs. 1,
2. die Erteilung, die Rücknahme oder den Widerruf einer Zulassung,
3. Anordnungen nach § 35 Abs. 2.

§ 37 Ausnahmen

(1) Der Zulassung nach § 11 Abs. 1 des Gesetzes sowie der Fabrikationskontrolle und der periodischen behördlichen Kontrolle unterliegen nicht

1. Treibladungen nach § 11 Abs. 1 des Gesetzes,
2. nicht gewerbsmäßig wiedergeladene Munition,
3. Beschussmunition, die von der zuständigen Behörde geladen und verwendet wird oder durch einen Hersteller der zuständigen Behörde überlassen wird,

4. Munition, die nicht mehr serienmäßig hergestellt wird und ausschließlich in kleinen Mengen zum Sammeln bestimmt ist.

Beschussmunition ist jedoch der Fabrikationskontrolle zu unterziehen. Munition nach Satz 1 kann auf Antrag einer losbezogenen Zulassungsprüfung unterzogen werden und darf das Prüfzeichen nach Anlage II Abbildung 4 nur nach bestandener Zulassungsprüfung tragen.

(2) Patronen- und Kartuschenmunition nach Absatz 1 Satz 1 Nr. 3 und 4 muss den Anforderungen nach § 29 entsprechen.

Abschnitt 8
Verpackung, Kennzeichnung und Lagerung von Munition

§ 38 Verpackung von Munition

(1) Wer Munition gewerbsmäßig herstellt oder einführt, hat die Gegenstände in der Verpackung so anzuordnen und zu verteilen, dass weder durch Reibung noch durch Erschütterung, Stoß oder Flammenzündung eine Explosion des gesamten Inhalts der Verpackung herbeigeführt werden kann.

(2) Kartuschenmunition für Schussapparate, bei denen die festen Körper den Schussapparat verlassen, muss so verpackt sein, dass die Munition in der kleinsten Verpackungseinheit vor Feuchtigkeit geschützt wird. Dies gilt nicht für Munition, deren Hülse so verschlossen ist, dass auch in unverpacktem Zustand keine Feuchtigkeit eindringen kann. Die in § 17 Abs. 5 bezeichneten Geschosse müssen in Behältern verpackt sein.

(3) Treibladungen nach Anlage 1 Abschnitt 1 Unterabschnitt 3 Nr. 2 des Waffengesetzes für Schussapparate sind in magazinierter Form zu verpacken.

§ 39 Kennzeichnung der Verpackungen und Munition

(1) Außer der Kennzeichnung nach § 24 Abs. 3 des Waffengesetzes müssen auf der kleinsten Verpackungseinheit angebracht werden

1. die Anzahl der Patronen oder Kartuschen,
2. bei Munition nach § 11 Abs. 1 des Gesetzes das Prüfzeichen nach Anlage II Abbildung 4 in einwandfrei erkennbarer Ausführung,
3. bei Beschussmunition deutlich lesbar die Aufschrift: „Achtung! Beschussmunition!",
4. bei Schrotmunition die Werkstoffangabe für die Schrote, sofern es sich nicht um Blei handelt,
5. bei Stahlschrotmunition die Aufschrift: „Achtung, erhöhte Gefahr von Abprallern! Vermeiden Sie auf harte Oberflächen zu schießen!",
6. bei Munition mit verstärkter Ladung der Hinweis, dass sie nur aus verstärkt beschossenen Waffen verschossen werden darf,
7. bei Stahlschrotmunition mit verstärkter Ladung zusätzlich der Hinweis, dass sie nur aus Läufen verschossen werden darf, die der Stahlschrotprüfung unterzogen und mit dem Prüfzeichen nach Anlage II Abbildung 2 für die Stahlschrotprüfung versehen sind,
8. bei Kartuschenmunition, die zum Verschießen von pyrotechnischer Munition geeignet ist, der Hinweis: „Geeignet zum Verschießen von pyrotechnischer Munition",
9. bei Stahlschrotmunition Kaliber 12 mit Schroten über 4 Millimeter Durchmesser der Hinweis, dass sie aus Läufen mit Würgebohrung nur verschossen werden darf, wenn die Durchmesserverengung 0,5 Millimeter nicht überschreitet,
10. bei magazinierter Kartuschenmunition für Bolzensetzwerkzeuge die Gerätemodelle mit ihrer Zulassungsnummer, in denen sie auf Grund einer durchgeführten Systemprüfung verwendet werden darf.

(2) Außer der Kennzeichnung nach § 24 Abs. 3 des Waffengesetzes ist auf Schrotpatronen der Durchmesser der Schrote sowie die Länge der Hülse anzubringen, sofern sie größer ist als

- 65 Millimeter bei den Kalibern 20 und größer,
- 63,5 Millimeter bei den Kalibern 24 und kleiner,

bei Stahlschrotpatronen außerdem der Werkstoff der Schrote, bei Schrotpatronen mit einem maximalen Gasdruck von 1050 bar (Patronen mit verstärkter Ladung) außerdem dieser Gasdruck auf der Hülse. Hinweise nach Absatz 1 Nr. 3 bis 9 müssen deutlich lesbar und, sofern die Munition zum Vertrieb im Geltungsbereich des Gesetzes bestimmt ist, in deutscher Sprache abgefasst sein. Ein Beipackzettel hierfür ist zulässig.

(3) Munition, die gewerbsmäßig wiedergeladen wird, muss auf der Hülse oder dem Zündhütchen sichtbar und dauerhaft mit einem Zeichen versehen werden, aus dem der Wiederlader zu erkennen ist. Bei Munition, die zur Ausfuhr bestimmt ist, muss das Zeichen des Wiederladers auf der Hülse angebracht werden. Bei einer Kennzeichnung auf der Hülse ist das Zeichen des Herstellers oder früheren Wiederladers ungültig zu machen. Wiedergeladene Munition darf nur in geschlossenen Packungen abgegeben werden, auf denen die Anschrift des Wiederladers und die Aufschrift „Wiedergeladene Munition" angebracht ist. Auf der kleinsten Verpackungseinheit wiedergeladener Patronenmunition ist außerdem die Masse und die Bezeichnung der Geschosse anzugeben. Die Sätze 1 bis 5 sind auf Munition, die nicht gewerbsmäßig wiedergeladen wird, entsprechend anzuwenden, sofern der Wiederlader die Munition einem Dritten überlässt, der nicht Mitglied der jagdlichen oder schießsportlichen Vereinigung ist, der der Wiederlader angehört.

(4) Beschusspatronen sind auf dem Bodenrand durch eine Riffelung oder, wenn dies nicht möglich ist, durch die deutlich lesbare Aufschrift „Beschussmunition" auf dem Hülsenmantel, Schrotpatronen außerdem durch die Angabe des Beschussgasdruckes zu kennzeichnen. Die Kennzeichnung als Beschussmunition erfolgt bei Kartuschen durch rosa Farbe und bei Randfeuerpatronen auf dem Boden oder dem Hülsenmantel oder der Geschossspitze durch rote Farbe.

(5) Die Kennzeichnungs- und Verpackungsvorschriften über die Beförderung gefährlicher Güter bleiben unberührt.

§ 40 Lagerung von Munition

(1) Wer gewerbsmäßig Munition oder Geschosse mit Reizstoffen vertreibt oder anderen überlässt, darf sie nur in der verschlossenen Originalverpackung des Herstellers verwahren. Geöffnete kleinste Verpackungseinheiten sind unverzüglich wieder zu verschließen.

(2) Pyrotechnische Munition mit einer Satzmasse, bestehend aus Treibladung und pyrotechnischem Satz, von mehr als 20 Gramm, darf in der kleinsten Verpackungseinheit im Verkaufsraum nur in einem Muster verwahrt werden.

Abschnitt 9
Beschussrat

§ 41 Beschussrat

(1) Beim Bundesministerium des Innern, für Bau und Heimat wird ein Beschussrat gebildet. Den Vorsitz führt ein Vertreter des Bundesministeriums des Innern, für Bau und Heimat.

(2) Der Beschussrat setzt sich aus dem Vorsitzenden und folgenden Mitgliedern zusammen:

1. je einem Vertreter der für die Prüfung von Feuerwaffen und Munition nach Landesrecht zuständigen Behörden,
2. je einem Vertreter der Physikalisch-Technischen Bundesanstalt, der Bundesanstalt für Materialforschung und -prüfung und des Bundeskriminalamts und einer Einrichtung des Bundes, in der der Beschuss von Waffen für den Bereich der Polizeien des Bundes durchgeführt wird,
3. je einem Vertreter der Deutschen Versuchs- und Prüf-Anstalt für Jagd- und Sportwaffen e. V., des Deutschen Instituts für Normung und der Deutschen Gesetzlichen Unfallversicherung e. V.,
4. je drei Vertretern der Hersteller von Schusswaffen und der Hersteller von Munition,
5. je einem Vertreter der Hersteller von Schussapparaten und der Importeure von Schusswaffen und Munition,

6. je einem Vertreter des Büchsenmacherhandwerks und der Waffenfachhändler.

(3) Die Mitglieder des Beschussrates müssen auf waffen- oder munitionstechnischem Gebiet sachverständig und erfahren sein. Das Bundesministerium des Innern, für Bau und Heimat kann zu den Sitzungen des Beschussrates Vertreter von Bundes- und Landesministerien sowie weitere Sachverständige hinzuziehen.

(4) Das Bundesministerium des Innern, für Bau und Heimat beruft

1. die Vertreter der zuständigen Landesbehörden auf Vorschlag des Landes,
2. die Vertreter der Physikalisch-Technischen Bundesanstalt, der Bundesanstalt für Materialforschung und -prüfung auf Vorschlag des Bundesministeriums für Wirtschaft und Energie,
3. die Vertreter der in Absatz 2 Nr. 3 bezeichneten Stellen nach Anhörung der Vorstände dieser Stellen,
4. die Vertreter der in Absatz 2 Nr. 4, 5 und 6 bezeichneten Wirtschaftszweige nach Anhörung der jeweiligen Spitzenorganisationen.

(5) Die Mitglieder des Beschussrates üben ihre Tätigkeit ehrenamtlich aus.

Abschnitt 10 Ordnungswidrigkeiten und Schlussvorschriften

§ 42 Ordnungswidrigkeiten

(1) Ordnungswidrig im Sinne des § 21 Abs. 1 Nr. 11 des Gesetzes handelt, wer vorsätzlich oder fahrlässig

1. entgegen § 13 Satz 1 Schussapparate in Verkehr bringt,
2. entgegen § 20 Abs. 3 Satz 1 das Zulassungszeichen nicht, nicht richtig, nicht vollständig oder nicht rechtzeitig anbringt,
3. entgegen § 20 Abs. 3 Satz 2 das Zulassungszeichen anbringt,
4. entgegen § 22 Satz 3 oder § 24 Abs. 1 Satz 1 einen Prüfgegenstand oder ein dort bezeichnetes Gerät nicht oder nicht rechtzeitig vorlegt oder
5. entgegen § 34 Abs. 1 Satz 1 oder 2 die Durchführung einer behördlichen Kontrolle nicht oder nicht rechtzeitig beantragt.

(2) Ordnungswidrig im Sinne des § 21 Abs. 1 Nr. 11 Buchstabe b des Gesetzes handelt, wer vorsätzlich oder fahrlässig

1. entgegen § 33 Abs. 2 Satz 1 oder Abs. 4 Satz 1 eine Aufzeichnung nicht, nicht richtig, nicht vollständig, nicht in der vorgeschriebenen Weise oder nicht rechtzeitig macht,
2. entgegen § 33 Abs. 5 eine Aufzeichnung nicht oder nicht rechtzeitig vorlegt oder
3. entgegen § 33 Abs. 6 eine Aufzeichnung nicht oder nicht mindestens fünf Jahre aufbewahrt.

§ 43 Inkrafttreten, Außerkrafttreten

Diese Verordnung tritt am Tag nach der Verkündung in Kraft. Gleichzeitig tritt die Dritte Verordnung zum Waffengesetz in der Fassung der Bekanntmachung vom 2. September 1991 (BGBl. I S. 1872), zuletzt geändert durch Artikel 283 der Verordnung vom 25. November 2003 (BGBl. I S. 2304), und § 35 der Allgemeinen Waffengesetz-Verordnung vom 27. Oktober 2003 (BGBl. I S. 2123) außer Kraft.

I

Anlage I

Technische Anforderungen an und Prüfvorschriften für Feuerwaffen und sonstige Gegenstände, die der Beschussprüfung nach § 5 des Gesetzes unterliegen, und technische Anforderungen an Prüfgegenstände nach den §§ 7 bis 10 des Gesetzes

Symbole und ihre Bedeutung

V_i	Einzelwert der Geschwindigkeit
n	Gesamtzahl der Messungen
$\overline{V_n}$	Mittelwert der Geschwindigkeit bei n Messungen
$v_{e,n}$	Obere Anteilsgrenze bei einseitiger Abgrenzung für 95 % der Grundgesamtheit mit einem Vertrauensniveau von 95 % bei n Messungen
$k_{2,n}$	Anteilsfaktor für die Anteilsgrenze bei einseitiger Abgrenzung für 95 % der Grundgesamtheit bei einem Vertrauensniveau von 95 %
s_n	Standardabweichung bei n Messungen
m_k	Masse des Zwischenelementes (Kolben)
m_p	Masse des Prüfbolzens
E_{max}	Zulässiger Höchstwert der Energie der Gebrauchsmunition nach den Maßtafeln
P_{max}	Zulässiger Höchstwert des Gasdruckes der Gebrauchsmunition nach den Maßtafeln
$\overline{E_n}$	Mittelwert der Bewegungsenergie der Geschosse bei n Messungen
$\overline{E_{a,n}}$	Mittelwert der Auftreffenergie

Soweit in dieser Anlage Symbole für Abmessungen verwendet werden, wird bezüglich der Bedeutung auf die Bekanntmachung der Maßtafeln für Handfeuerwaffen und Munition verwiesen (Bundesanzeiger Nr. 38a vom 24. Februar 2000).

1
Beschussprüfung von Feuerwaffen und höchstbeanspruchten Teilen nach den §§ 5, 7 und 8 des Gesetzes

1.1 Im Zuge der Vorprüfung ist zu prüfen, ob

1.1.1 die Kennzeichnung nach § 24 des Waffengesetzes und nach § 21 der Allgemeinen Waffengesetz-Verordnung ordnungsgemäß auf dem Prüfgegenstand angebracht ist;

1.1.2 der Prüfgegenstand keine Materialfehler oder Bearbeitungsfehler aufweist, die die Funktionssicherheit und Haltbarkeit beeinträchtigen können;

1.1.3 folgende Mindest- und, soweit angegeben, Höchstmaße oder Toleranzen der Maßtafeln, unbeschadet der Regelung des § 3 Abs. 4, eingehalten sind:

1.1.3.1 bei Waffen mit gezogenen Läufen für Zentralfeuerpatronenmunition und bei Waffen für Kartuschenmunition $ØP_1$, L_3, $ØH_2$, $L_1/ØP_2$ und $L_2/ØH_1$, R bzw. E, $ØG_1$, i, G, ØF, ØZ und VA,

1.1.3.2 bei Langwaffen mit glatten Läufen für Zentralfeuerpatronenmunition ØD, L, ØH, T, <) [Winkelzeichen] $\alpha 1$, ØB und VA,

1.1.3.3 bei Waffen für Randfeuerpatronenmunition $ØP_1$, L_1, L_3, $ØH_2$, R, ØF, ØZ und VA,

1.1.3.4 im Falle der Nummer 1.1.3.2 können die Waffen, die einen Laufdurchmesser B über dem zulässigen Höchstwert haben, zur Prüfung angenommen werden, wenn das Kaliber und die entsprechende Lagerlänge sowie der Laufdurchmesser oder das entsprechende Kaliber auf dem Lauf angebracht sind;

1.1.4 der Prüfgegenstand, der auf Grund einer Zulassung nach § 7 oder § 8 des Gesetzes gefertigt oder in den Geltungsbereich des Gesetzes verbracht wurde, in seinen wesentlichen Merkmalen, insbesondere denjenigen, die für die Freistellung von ordnungsrechtlichen Vorschriften des Gesetzes entscheidend sind, dem zugehörigen Bescheid entspricht;

1.1.5 Revolver für Randfeuerpatronen in der Trommel Randeinsenkungen der Lager aufweisen;

1.1.6 der Prüfgegenstand keine Korrosionsschäden oder starke Verschmutzungen aufweist; bei gebrauchten Waffen können festgestellte Mängel unberücksichtigt bleiben, wenn der Beschuss mit der dreifachen der in Nummer 1.2 genannten Anzahl von Beschusspatronen vorgenommen wird.

1.2 Der Beschuss ist wie folgt vorzunehmen:

1.2.1 Die Haltbarkeit von Prüfgegenständen, die zum Verschießen von Munition bestimmt sind, ist mit Beschussmunition zu prüfen. Die Beschussmunition soll mit dem schwersten Geschoss der auf dem Markt befindlichen Gebrauchsmunition des entsprechenden Kalibers laboriert werden.

1.2.2 Die Haltbarkeit von Feuerwaffen, die zum Abschießen von Ladungen bestimmt sind, ist mit Beschussladungen zu prüfen.

1.2.3 Der Mittelwert des Gasdruckes der Beschussmunition muss den zulässigen Höchstwert des Gasdruckes der Gebrauchsmunition P_{max} nach den Maßtafeln, der Mittelwert des Gasdruckes der Beschussladung oder des Prüfgemisches den zulässigen Höchstwert der Gebrauchsladung oder des Gebrauchsgemisches um mindestens 30 %, bei Langwaffen mit gezogenen Läufen 25 % sowie mindestens den Energiewert $E_{Beschuss}$ übersteigen. Ist anstelle des Gasdruckes die Bewegungsenergie der Geschosse zugrunde zu legen, so muss unter Verwendung eines gleichartigen Treibmittels der Mittelwert der Bewegungsenergie der Geschosse der Beschussmunition den zulässigen Höchstwert der Bewegungsenergie der Geschosse der Gebrauchsmunition E_{max} nach den Maßtafeln, der Mittelwert der Bewegungsenergie der Beschussladung oder des Prüfgemisches den zulässigen Höchstwert der Gebrauchsladung oder des Gebrauchsgemisches um mindestens 10 % übersteigen. Kann mit der zur Verfügung stehenden Munition, der Ladung oder dem Gemisch die erforderliche Energie nicht erreicht werden, so ist unter Beibehaltung des Treibmittels ein Geschoss zu verwenden, dessen Masse um mindestens 10 % höher ist als die des Gebrauchsgeschosses. Bei Waffen mit glatten Läufen für Zentralfeuerpatronenmu-

I

nition muss der Mittelwert des Gasdruckes der Beschussmunition 162 mm vor dem Stoßboden (Messstelle II) mindestens 500 bar erreichen.

1.2.4 Langwaffen mit glatten Läufen für Zentralfeuerpatronenmunition sind dem normalen oder dem verstärkten Beschuss zu unterziehen.

1.2.4.1 Dem normalen Beschuss unterliegen Waffen mit einer Nenntiefe des Patronenlagers kleiner als 73 mm, die für Munition bestimmt sind, deren zulässiger Höchstwert des Gasdruckes der Gebrauchspatrone P_{max}

- 740 bar für Kaliber 14 und größere Durchmesser,
- 780 bar für Kaliber zwischen 14 und 20 und
- 830 bar für Kaliber 20 und kleinere Durchmesser

beträgt.

1.2.4.2 Dem verstärkten Beschuss unterliegen Waffen für Munition, deren Gasdruck die in Nummer 1.2.4.1 genannten Werte, nicht aber 1050 bar übersteigt, sowie Waffen mit einer Nenntiefe des Patronenlagers von 73 mm und größer.

1.2.4.3 Für Beschusspatronen mit Bleischroten sollen deren Durchmesser zwischen 2,5 bis 3 mm liegen; die Beschussladungen sind in der Masse wie folgt zu begrenzen:

Kaliberangabe	Schrotmasse in g	
	min.	max.
10	38	47
12	33	42
14	30	37
16	27	34
20	23	30
24	21	28
28	19	25
32	15	21
.410	7	13
9 mm	5	10

1.2.4.4 Der Beschuss ist in der Regel mit mindestens zwei Patronen vorzunehmen, deren Gasdruck sowohl den Anforderungen der Nummer 5.6.4 als auch der Nummer 5.6.5 der Anlage III genügt. Für den Fall, dass Patronen nicht verfügbar sind, deren Gasdruck beiden Anforderungen genügt, ist der Beschuss mit mindestens zwei Patronen, deren Gasdruck der Anforderung der Nummer 5.6.4 der Anlage III und einer Patrone, deren Gasdruck der Anforderung der Nummer 5.6.5 der Anlage III genügt, vorzunehmen. Für Patronen, die nur die Anforderung der Nummer 5.6.5 der Anlage III erfüllen, kann die Schrotladung größer als in Nummer 1.2.4.3 sein.

1.2.4.5 Läufe in den Kalibern 12 und 20 für Stahlschrotmunition mit verstärkter Ladung sind wie folgt zu beschießen:

- je Lauf mit drei Beschusspatronen mit Stahlschroten einer Härte nach Vickers HV 1 zwischen 80 und 110 und einem Durchmesser von 4,6 mm für Kaliber 12 und von 3,7 mm für Kaliber 20,
- mit einem Gasdruck von mindestens 1370 bar an der ersten und mindestens 500 bar an der zweiten Messstelle,
- bei einem Impuls der Schrotgabe von mindestens 17,5 Ns bei Kaliber 12/76, 15 Ns bei Kaliber 12/70, 14,5 Ns bei Kaliber 20.

1.2.5 Der Beschuss sonstiger Waffen ist wie folgt vorzunehmen:

1.2.5.1 Bei Langwaffen, die für eine Gebrauchsmunition mit einem zulässigen Höchstwert des Gasdruckes P_{max} nach den Maßtafeln von 1800 bar oder mehr bestimmt sind, durch Beschuss mit mindestens zwei Beschusspatronen,

1.2.5.2 bei Langwaffen, die für eine Gebrauchsmunition mit einem zulässigen Höchstwert des Gasdruckes P_{max} nach den Maßtafeln bis zu 1800 bar bestimmt sind, durch Beschuss mit mindestens einer Beschusspatrone,

1.2.5.3 bei Pistolen, unabhängig vom Gasdruck der Gebrauchsmunition, durch Beschuss mit mindestens zwei Beschusspatronen,

1.2.5.4 bei Revolvern und bei Waffen, bei denen das Patronenlager vom Lauf getrennt ist, unabhängig vom Gasdruck der Gebrauchsmunition durch Beschuss mit mindestens einer Beschusspatrone in jedem Patronenlager, unbeschadet der Regelung in Nummer 1.2.5.1,

1.2.5.5 bei Waffen, für die nur die kinetische Energie des Geschosses der Gebrauchsmunition in den Maßtafeln angegeben ist, durch Beschuss mit mindestens zwei Beschusspatronen.

1.2.6 Werden beim Beschuss von Waffen für Kleinschrotmunition Funktionsstörungen festgestellt, so ist die Funktionssicherheit bei Waffen mit mehreren Lagern mit zwei derartigen Patronen je Lager zu prüfen. Die Waffen sind auf normale Funktion und Deformationen des Laufes zu untersuchen. Wenn der Lauf verstopft ist, wird er vollständig gereinigt und die Prüfung mit der doppelten Anzahl der in Satz 1 genannten Patronen wiederholt. Danach darf die Waffe keine Mängel aufweisen.

1.2.7 Der Beschuss von Waffen mit mehreren Läufen ist mit der in den Nummern 1.2.4.2 bis 1.2.5.5 vorgeschriebenen Anzahl von Beschusspatronen aus jedem Lauf vorzunehmen.

1.2.8 Höchstbeanspruchte Teile im Sinne des § 2 Abs. 2 des Gesetzes sind nach den Vorschriften, die für die Waffe gelten, für die sie bestimmt sind, zu beschießen. Einsteckläufe für Waffen zum Verschießen von Zentralfeuerpatronen sind in der Waffe zu prüfen, für die sie bestimmt sind.

1.3 Nach dem Beschuss sind die Prüfgegenstände auf Funktionssicherheit und Mängel in der Haltbarkeit zu prüfen. Bei Kipplaufwaffen ist vor dem Entladen der abgeschossenen Hülse festzustellen, ob die größte zulässige Spaltweite zwischen Lauf und Basküle von 0,10 mm nicht überschritten ist. Außerdem ist zu überprüfen, ob keine Risse oder die Sicherheit der Waffe gefährdende Dehnungen am Lauf, am Patronen- oder Kartuschenlager oder am Verschluss eingetreten sind, bei mehrläufigen Waffen, ob die Laufverbindungen noch einwandfrei sind. Weist der Prüfgegenstand nach dem Beschuss Fehler auf oder ergeben sich Zweifel hinsichtlich der Haltbarkeit oder wird ein Mangel an einer abgeschossenen Beschusspatronenhülse festgestellt, so führt das Beschussamt über die vorgeschriebene Anzahl von Patronen hinaus zusätzliche Prüfungen mit Beschusspatronen durch. Wird ein Funktionsfehler vermutet, so sind für die Funktionsprüfung Gebrauchspatronen zu verwenden.

2
Beschussprüfung von Schwarzpulverwaffen und Böllern nach § 5 des Gesetzes

2.1 Schwarzpulverwaffen

2.1.1 Als Beschusspulver ist Schwarzpulver in folgender Zusammensetzung und mit folgender Kontrolle und Vorbehandlung zu verwenden:

– Feuchtegehalt		max. 1,3 %,
– Dichte		1,70 g/cm³ bis 1,80 g/cm³,
– Körnung:	0,63 mm	Rückstand max. 5 %,
	0,20 mm	Durchsatz max. 5 %,
– Chemische Zusammensetzung:		
– Gehalt an Kaliumnitrat		(75 ± 1,5) %,
– Gehalt an Schwefel		(10 ± 1) %,
– Gehalt an Holzkohle		(15 ± 1) %,
– Aschegehalt		max. 0,8 %,
– Wasseraufnahme (12 Stunden)		max. 1,8 %,
– Schüttdichte		mind. 0,85 g/cm³,

2.1.2 Zum Vergleich und zur Kontrolle des Gasdruckes wird eine Schrotpatrone im Kaliber 16 unter Verwendung folgender Bestandteile geladen:

– Hülse:	Papphülse mit einer Länge von 67,5 bis 70 mm, einer Bodenkappe aus Metall von 8 bis 20 mm Höhe sowie einer in den Boden der Hülse eingearbeiteten Einlage aus Pappe oder Plastik mit einer Stärke von ca. 0,6 mm und einer Höhe, die das Volumen des zu benutzenden Schwarzpulvers berücksichtigt,

I

- Zündung: Schrotpatronenzündung, dreiteilig, Durchmesser 6,15 bis 6,20 mm,
- Schwarzpulver nach Nummer 2.1.1: 3 g,
- Propfen: Fettfilzpfropfen mit einer Höhe von 10 bis 12 mm,
- Schrote: 33 g Schrote mit einem Durchmesser von 2,5 mm,
- Bördelung: rund mit Verschlussscheibe aus Pappe, Dicke 1,5 mm,
- Länge der geladenen Patrone: etwa 64 mm.

Vor der Ermittlung des Gasdruckes sind die Patronen mindestens 24 Stunden bei einer Temperatur von (21 ± 1) °C mit einer relativen Luftfeuchte von (60 ± 5) % zu lagern. Der Mittelwert des Gasdruckes von 10 dieser Patronen muss in einem entsprechenden Messlauf nach den Nummern 5.1.1 und 5.1.2 der Anlage III an der Messstelle I, gemessen mit einem Druckaufnehmer nach den Nummern 5.4.2 und 5.4.3 der Anlage III, Mittelwert-P_{10} = (275 ± 25) bar betragen. Andernfalls ist das Pulver für den Beschuss zu verwerfen.

2.1.2.1 Vor dem Beschuss ist das Schwarzpulver unter den in Nummer 2.1.2 Satz 2 genannten Bedingungen zu lagern.

2.1.3 Ladetabelle für Schwarzpulverwaffen

Der Beschuss ist bei den nachstehenden Kalibern mit den folgenden Beschussladungen durchzuführen:

Kaliber		zulässiger Gebrauchsgasdruck Richtwert in bar	Gebrauchsladung – zulässige Höchstwerte – in g		Beschussladung in g	
			Pulver	Schrot bzw. Langgeschoss	Pulver	Schrot bzw. Langgeschoss
a)	10	750	6,5	36	13	65
	12	750	6,5	36	13	65
	14	750	6,5	36	13	65
	16	800	5,5	32	12	60
	20	850	5	25	10	55
	24	850	5	25	10	55
	28	850	4	22	9	40
	32	850	4	22	9	40
	36	850	3,5	17	8	30
	9 mm	850	3,5	17	8	30
b)	.31	1200	2,5	6	6	10
	.36	1200	3,5	8	7	12
	.41	1200	5	12	8	16
	.44	1400	6	15	9,5	19
	.45	1400	6	16	10	19
	.50	1400	8	20	13	24
	.54	1400	9	28	14,5	28
	.58	1400	10	31	16,5	31
	.69	1400	12	40	20	45

Buchstabe a = Waffen mit glatten Läufen

Buchstabe b = Waffen mit gezogenen Läufen

2.1.4 Der Beschuss ist wie folgt durchzuführen:

Waffen mit glatten Läufen sind in der Regel mit Schrot, sofern sie jedoch für den Kugelschuss bestimmt sind, mit einem Langgeschoss, Waffen mit gezogenen Läufen grundsätzlich mit einem Langgeschoss zu laden. Nach Einfüllen der vorgeschriebenen Pulverladung wird ein Filzpfropfen von mindestens 20 mm Höhe auf das Pulver gesetzt. Anschließend werden Schrote mit einem Durchmesser zwischen 2,5 mm und 3 mm bzw. das Langgeschoss geladen. Im Falle der Schrotladung wird abschließend zur Fixierung der Schrote im Lauf ein Filzpfropfen von mindestens 10 mm Höhe gesetzt. Das Pulver darf beim Ladevorgang nicht gepresst werden.

2.1.5 Für die Pistolen mit einem oder mehreren Läufen, für die ein Beschuss nach Nummer 2.1.3 in Verbindung mit Nummer 2.1.2 nicht möglich ist, wird die Beschussladung unter Berücksichtigung der Länge des Laufes oder der Läufe nach der für diesen Waffentyp vorgesehenen maximalen Gebrauchsladung festgelegt. Das Pulver darf beim Ladevorgang nicht gepresst werden.

2.1.6 Für Revolver und Waffen, deren Pulverraum oder deren Ladehülse ohne Zündhütchen die Aufnahme der in Nummer 2.1.2 genannten Beschussladung nicht erlaubt, wird das Volumen des Pulverraumes durch die maximal mögliche Menge an Beschusspulver gefüllt. Das Geschoss wird eingeführt und bis zum glatten Abschließen eingedrückt.

2.1.7 Der Beschuss ist mit zwei Schüssen durchzuführen, bei Revolvern und Waffen, deren Lauf nicht mit dem Patronenlager verbunden ist, mit mindestens einem Schuss je Patronenlager.

2.1.8 Ladetabelle für Modellkanonen zum sportlichen Schießen

Der Beschuss ist bei den nachstehenden Innendurchmessern mit folgenden Beschussladungen durchzuführen:

Rohrinnendurchmesser in mm		Gebrauchsladung – zulässige Höchstwerte – in g		Beschussladung in g	
min.	max.	Pulver	Geschoss	Pulver	Geschoss
7	8,9	2,0	4,5	2,0	6,0
9	10,9	3,0	8,0	3,0	10,5
11	11,9	6,0	10,0	6,0	13,5
12	12,9	8,0	13,0	8,0	17,5
13	13,9	9,0	16,0	9,0	21,0
14	14,9	10,0	20,0	10,0	26,5
15	15,9	12,0	25,0	12,0	33,0
16	16,9	13,0	30,0	13,0	40,0
17	17,9	15,0	35,0	15,0	46,5
18	18,9	20,0	45,0	20,0	60,0
19	19,9	25,0	60,0	25,0	80,0
20	21,9	30,0	75,0	30,0	100,0
22	24,9	35,0	100,0	35,0	130,0
25	29,9	40,0	160,0	40,0	210,0
30	34,9	45,0	280,0	45,0	370,0
35	39,9	50,0	380,0	50,0	500,0
40	44,9	60,0	500,0	60,0	660,0
45	49,9	80,0	750,0	80,0	1000,0
50	60,0	100,0	1200,0	100,0	1600,0

2.2 Böller für Schwarzpulver

2.2.1 Als Beschusspulver ist ein Schwarzpulver nach Nummer 2.1.1 zu verwenden.

2.2.2 Böller werden wie Schwarzpulverwaffen mit glatten Läufen beschossen. Die Haltbarkeit von Böllern, die zum Abschießen von Ladungen bestimmt sind, ist unter Zugrundelegung der in den Nummern 2.2.3 bis 2.2.7 vorgeschriebenen Ladedaten mit Beschussladungen zu prüfen. Böller sind mit einem Schuss je Rohr zu beschießen. Weist der Böller nach dem Beschuss Fehler auf oder ergeben sich Zweifel hinsichtlich der Haltbarkeit, so kann das Beschussamt einen zusätzlichen Schuss abgeben. Das Beschussamt hat auf dem Böller eine fortlaufende Gerätenummer und sein Prüfzeichen anzubringen.

Ladetabellen für Böller:

2.2.3 Handböller (auch Schaftböller)

Rohrinnendurchmesser in mm		Gebrauchsladung – zulässige Höchstwerte – in g		Beschussladung in g	
min.	max.	Böllerpulver	Vorlage	Pulver	Schrot
8	8,9	4,0	3,0	4,0	15,0
9	9,9	5,0	3,0	5,0	20,0
10	10,9	6,0	4,0	6,0	25,0
11	11,9	7,0	4,0	7,0	30,0
12	12,9	8,0	5,0	8,0	35,0
13	13,9	10,0	5,0	9,0	40,0
14	14,9	12,0	6,0	10,0	45,0
15	15,9	13,0	6,0	12,0	50,0
16	16,9	15,0	7,0	14,0	55,0
17	17,9	17,0	8,0	17,0	60,0
18	18,9	20,0	8,0	20,0	65,0
19	19,9	25,0	9,0	25,0	70,0
20	22,9	30,0	10,0	30,0	75,0
23	24,9	35,0	13,0	35,0	90,0
25	30,0	40,0	15,0	40,0	100,0

2.2.4 Standböller

Rohrinnendurchmesser in mm	Gebrauchsladung – zulässige Höchstwerte – in g		Beschussladung in g	
	Böllerpulver	Vorlage	Pulver	Schrot
15,0	20,0	10,0	25,0	100,0
23,0	40,0	15,0	40,0	190,0
25,0	50,0	18,0	50,0	220,0
30,0	60,0	20,0	60,0	300,0
35,0	80,0	20,0	80,0	400,0
40,0	100,0	25,0	100,0	500,0
45,0	120,0	25,0	120,0	630,0
50,0	150,0	30,0	150,0	750,0

Rohrinnendurchmesser in mm	Gebrauchsladung – zulässige Höchstwerte – in g		Beschussladung in g	
	Böllerpulver	Vorlage	Pulver	Schrot
60,0	200,0	30,0	200,0	850,0
70,0	260,0	35,0	260,0	950,0
80,0	330,0	35,0	330,0	1100,0
90,0	400,0	40,0	400,0	1200,0

2.2.5 Vorderlader – Böller – Kanonen

Rohrinnendurchmesser in mm		Gebrauchsladung – zulässige Höchstwerte – in g		Beschussladung in g	
min.	max.	Böllerpulver	Vorlage	Pulver	Schrot
7	8,9	3,0	2,0	3,0	10,0
9	10,9	4,0	2,0	4,0	15,0
11	11,9	6,0	3,0	6,0	20,0
12	12,9	7,0	3,0	7,0	25,0
13	13,9	8,0	4,0	8,0	30,0
14	14,9	10,0	5,0	10,0	40,0
15	15,9	11,0	5,0	11,0	45,0
16	16,9	13,0	6,0	13,0	50,0
17	17,9	14,0	6,0	14,0	55,0
18	18,9	16,0	7,0	16,0	65,0
19	19,9	18,0	8,0	18,0	70,0
20	21,9	20,0	9,0	20,0	80,0
22	24,9	24,0	10,0	24,0	95,0
25	29,9	30,0	12,0	30,0	120,0
30	34,9	45,0	15,0	45,0	175,0
35	39,9	60,0	20,0	60,0	240,0
40	44,9	80,0	22,0	80,0	310,0
45	49,9	100,0	25,0	100,0	400,0
50	59,9	125,0	30,0	125,0	500,0
60	69,9	180,0	34,0	180,0	710,0
70	79,9	240,0	38,0	240,0	960,0
80	89,9	320,0	45,0	320,0	1250,0
90	99,9	410,0	45,0	410,0	1600,0
100	119,9	500,0	50,0	500,0	1950,0
120	150,0	600,0	50,0	600,0	2500,0

2.2.6 Salutkanonen mit Kartuschen

Kartuschen Außendurchmesser in mm	Gebrauchsladung – zulässige Höchstwerte – in g		Beschussladung in g	
	Böllerpulver	Vorlage	Pulver	Schrot
18	5,0	5,0	5,0	50,0
23	15,0	8,0	15,0	70,0
26	20,0	10,0	20,0	90,0
30	30,0	12,0	30,0	120,0
40	40,0	18,0	40,0	200,0
46	60,0	22,0	60,0	280,0
50	80,0	24,0	80,0	330,0
57	100,0	26,0	110,0	430,0
64	150,0	30,0	150,0	550,0
75	350,0	30,0	350,0	750,0
81	350,0	30,0	350,0	750,0

2.2.7 Bei anderen Durchmessern sind die Ladedaten zwischen zwei angrenzenden Durchmessern linear zu interpolieren.

2.3 Gasböller

2.3.1 Gasböller sind mit Propan- oder Butangas oder anderen Alkanen zu betreiben. Sie müssen haltbar und funktionssicher sein und folgenden technischen Anforderungen genügen:

2.3.2 Der dem Explosionsdruck ausgesetzte Raum des Gasböllers muss nach den Technischen Regeln für Druckbehälter (TRB) rechnerisch für mindestens 10 bar ausgelegt sein. Es dürfen keine mechanischen Beschädigungen des Gerätes auftreten.

2.3.3 Das Gerät muss über eine Dosiereinrichtung verfügen, die nach Abgabe einer bestimmten Gasmenge automatisch abschaltet und im Fehlerfall die Gaszufuhr unterbricht.

2.3.4 Das Gerät muss über eine elektrische Zündung verfügen.

2.3.5 Die zum Betrieb des Gasböllers verwendeten Zufuhrvorrichtungen und deren Verbindungen müssen gasdicht sein und den Anforderungen der Technischen Regeln Flüssiggas 1988 entsprechen.

2.3.6 Die Anforderungen nach den Nummern 2.3.2 bis 2.3.5 werden nicht geprüft, wenn die Physikalisch-Technische Bundesanstalt den Gerätetyp geprüft und die Prüfung Beanstandungen nicht ergeben hat. Die Prüfung der zuständigen Behörde beschränkt sich in diesem Fall auf die Feststellung, ob der zur Prüfung eingereichte Böller nach seiner Beschaffenheit und Funktionsweise mit dem geprüften Typ übereinstimmt.

3
Technische Anforderungen an Gegenstände nach § 7 des Gesetzes

3.1 Feuerwaffen, Einsteckläufe, Einsätze und Schussapparate müssen im Sinne der Nummern 1.1 bis 1.3 haltbar, maßhaltig und funktionssicher sein.

3.2 Der Prüfgegenstand muss den beigefügten Unterlagen, insbesondere den eingereichten Zeichnungen entsprechen.

3.3

3.3.1 Die Abmessungen des Patronen- oder Kartuschenlagers und des Laufes müssen den in den Maßtafeln festgelegten Maßen entsprechen.

3.3.2 Sofern für Schussapparate in den Maßtafeln keine oder nicht alle Maße aufgeführt sind, müssen die Abmessungen den Angaben des Herstellers und den in den Maßtafeln festgelegten Maßen L_1, L_2, R, ØR_1, ØP_1, ØP_2, ØH_1 der vorgesehenen Munition entsprechen. Die Maße L_3 und $ØH_2$ können der Faltung der Kartusche angepasst sein.

3.4 Die Festigkeitseigenschaften der verwendeten Werkstoffe, insbesondere der am höchsten beanspruchten Teile, müssen den zu erwartenden Belastungen genügen. Der Beschuss ist wie folgt vorzunehmen:

3.4.1 Bei Feuerwaffen nach § 7 Abs. 1 Satz 2 Nr. 1 des Gesetzes, Einsteckläufen und Einsätzen mit Beschusspatronen, die den nach Nummer 1.2.3 in Verbindung mit den Maßtafeln vorgeschriebenen Gasdruck entwickeln oder, falls keine Beschusspatronen hergestellt werden können, mit fünf Gebrauchspatronen des Typs, der den höchsten Gasdruck entwickelt,

3.4.2 bei Feuerwaffen zum einmaligen Abschießen nach § 7 Abs. 1 Satz 2 Nr. 2 des Gesetzes durch Abschießen von fünf Geräten gleicher Bauart,

3.4.3 bei Schussapparaten mit zehn Beschusspatronen oder -kartuschen, die den nach Nummer 1.2.3 in Verbindung mit den Maßtafeln vorgeschriebenen Gasdruck entwickeln, oder, falls keine Beschussmunition hergestellt werden kann, mit zehn Gebrauchspatronen oder -kartuschen mit der stärksten Ladung, wenn gleichzeitig Maßnahmen zur Erreichung des Gasdruckes im Sinne der Nummer 1.2.3 getroffen werden,

3.4.4 bei der behördlichen Kontrolle nach § 22 mit zwei Patronen oder Kartuschen nach Nummer 3.4.1 bzw. Nummer 3.4.3.

3.4.5 Der Prüfgegenstand darf nach dem Beschuss an den am höchsten beanspruchten Teilen keine Dehnungen, Risse oder andere Fehler aufweisen. Es dürfen keine Risse an der Hülse auftreten, ausgenommen kleine Längsrisse am Hülsenmund. Außerdem darf der Schlagbolzen den Hülsenboden nicht perforieren. Dies gilt jedoch nicht für Schussapparate, bei denen die Hülse in den Verbrennungsraum ausgestoßen wird. Bei Feuerwaffen nach § 7 Abs. 1 Satz 2 Nr. 2 des Gesetzes sind funktionsbedingte Formveränderungen und Risse zulässig, soweit sie keine Gefahr für den Benutzer darstellen.

3.4.6 Für die behördliche Kontrolle nach § 22 sind die Prüfgegenstände wahllos aus der laufenden Produktion oder dem Lager zu entnehmen.

3.5

3.5.1 Feuerwaffen, Schussapparate, nicht tragbare Geräte, andere nicht tragbare Geräte, in denen zum Antrieb in Hülsen untergebrachte Treibladungen verwendet werden und die für technische Zwecke bestimmt sind, und in Feuerwaffen eingebaute Einsteckläufe und Einsätze müssen leicht zu laden und zu entladen sein. Hülsen abgeschossener Munition und Magazine, unabhängig von der Zahl abgefeuerter Patronen oder Kartuschen, müssen sich leicht und ohne Gefahr entfernen lassen.

Feuerwaffen, Schussapparate und nicht tragbare Geräte, andere nicht tragbare Geräte, in denen zum Antrieb in Hülsen untergebrachte Treibladungen verwendet werden und die für technische Zwecke bestimmt sind, dürfen weder beim Laden noch beim Entladen unbeabsichtigt auslösen. Einsteckläufe müssen so beschaffen sein, dass sie nach Einbau in für sie vorgesehene Waffen weder beim Laden noch beim Entladen zu unbeabsichtigtem Auslösen führen. Schussapparate und nicht tragbare Geräte, andere nicht tragbare Geräte, in denen zum Antrieb in Hülsen untergebrachte Treibladungen verwendet werden und die für technische Zwecke bestimmt sind, dürfen keinen Explosionsknall oder Rückstoß verursachen, der nach dem Stand der Technik vermieden werden kann. Schussapparate müssen außerdem bei der Auslösung ohne Verkrampfung zu halten sein.

Schussapparate müssen gegen ungewolltes Auslösen beim Zureichen, Anstoßen, Andrücken und Fallen ausreichend gesichert sein.

3.5.2 Schussapparate, die zum Verschießen fester Körper bestimmt sind – ausgenommen Leinenwurfgeräte –, werden nach der maximal erreichbaren Geschwindigkeit und Energie in die Klassen A und B eingeteilt. Als Geschwindigkeit gilt die mittlere Geschwindigkeit eines Prüfbolzens nach Durchdringen einer dünnen Prüfplatte aus Aluminiumknetlegierung zwischen zwei 0,5 m und 1,5 m von der Mündung entfernten Punkten der Flugbahn. Klasse A umfasst

3.5.2.1 Schussapparate, bei denen der Mittelwert der Geschwindigkeit 100 m/s und die obere Anteilsgrenze bei einseitiger Abgrenzung für 95 % der Grundgesamtheit bei einem Vertrauensniveau von 95 % 110 m/s nicht überschreitet;

3.5.2.2 andere Schussapparate, bei denen der Mittelwert der Geschwindigkeit 100 m/s oder die obere Anteilsgrenze bei einseitiger Abgrenzung für 95 % der Grundgesamtheit bei einem Vertrauensniveau von 95 % 110 m/s überschreitet, jedoch der Mittelwert der Geschwindigkeit 160 m/s und die obere Anteilsgrenze bei einseitiger Abgrenzung 95 % der Grundgesamtheit bei einem Vertrauensniveau von 95 % 176 m/s nicht überschreitet und der Mittelwert der Auftreffenergie kleiner als 420 J ist.

3.5.2.3 Klasse B umfasst sonstige Schussapparate, die zum Verschließen fester Körper bestimmt sind.

3.5.2.4 Bei der Klassifizierung der Schussapparate ist die höchste Geschwindigkeit zugrunde zu legen, die sich mit handelsüblicher Munition und bestimmungsgemäßem Zubehör erreichen lässt. Dabei ist jeweils die stärkste Ladung aller Patronen oder Kartuschen zu berücksichtigen, die sich ohne Gewaltanwendung laden lassen. Sofern zu dem Schussapparat unterschiedliche Zwischenelemente (Kolben) gehören, muss auch das Zwischenelement zugrunde gelegt werden, mit dem sich auf Grund der innerballistischen Verhältnisse die höchste Geschwindigkeit ergibt.

3.5.3 Schussapparate, die zum Verschießen fester Körper bestimmt sind – ausgenommen Leinenwurfgeräte –,

3.5.3.1 dürfen ohne die missbräuchliche Anwendung von Hilfsmitteln oder Vornahme von Änderungen nicht in den freien Raum auszulösen sein,

3.5.3.2 dürfen mit Ausnahme der Schussapparate, die durch einen Schlag mit dem Hammer ausgelöst werden, nicht auszulösen sein, ohne dass sie vor Betätigung des Abzuges mit einer Kraft, die mindestens das 1,5fache ihres Gewichts, jedoch nicht weniger als 50 N beträgt, gegen die Arbeitsfläche gedrückt werden.

3.5.4 Schussapparate der Klasse A nach Nummer 3.5.2.2 dürfen nicht auszulösen sein, wenn die Laufachse und die Senkrechte zur Arbeitsfläche einen Winkel von mehr als 15° bilden.

3.5.5 Schussapparate der Klasse B dürfen nicht auszulösen sein, wenn die Laufachse und die Senkrechte zur Arbeitsfläche einen Winkel von mehr als 7° bilden.

3.5.6 Schussapparate der Klasse B, die zum Eintreiben eines festen Körpers in einen Werkstoff dienen, müssen mit einer Schutzkappe versehen sein, die den Benutzer gegen Rückpraller, Splitter oder sonstige sich ablösende feste Körper schützt. Dies gilt auch für Sonderschutzkappen. Der Mindestabstand zwischen Schutzkappenrand und Laufbohrungsachse muss bei zentrischer Einstellung mindestens 50 mm betragen.

3.5.7 Schussapparate, die dazu bestimmt sind, feste Körper anzutreiben, die sich nicht vom Schussapparat trennen, müssen mit einer Vorrichtung versehen sein, die den festen Körper zuverlässig abfängt. Diese Schussapparate müssen gegen ein ungewolltes Auslösen beim Fallen auf die Mündung aus einer Höhe von 1,50 m gesichert sein. Für Schussapparate, die durch einen getrennten Vorgang vor dem Auslösen von Hand gespannt werden, gilt dies sowohl in gespanntem als auch ungespanntem Zustand.

3.5.8 Sofern diese Schussapparate vor dem Ansetzen und Auslösen durch einen gesonderten Vorgang von Hand gespannt werden, brauchen sie nur in ungespanntem Zustand gegen ungewolltes Auslösen beim Zureichen und Anstoßen gesichert zu sein.

3.5.9 Aus nicht tragbaren Selbstschussgeräten, in denen zum Antrieb in Hülsen untergebrachte Treibladungen verwendet werden und die für technische Zwecke bestimmt sind, darf zugelassene Patronenmunition ohne missbräuchliche Vornahme von Änderungen nicht zu verschießen sein.

3.6 Aus Leinenwurfgeräten darf bei Verwendung zugelassener Treibsätze kein Feuerstrahl entstehen, der bei sachgemäßer Bedienung zu Brandverletzungen führen kann. Die Befestigungselemente für die Leine müssen im Gerät so geführt sein, dass sie bei sachgemäßer Bedienung nicht zu Handverletzungen des Benutzers führen können.

4
Technische Anforderungen an Schreckschuss-, Reizstoff- und Signalwaffen nach § 8 des Gesetzes

4.1 Schreckschuss-, Reizstoff- und Signalwaffen mit einem Durchmesser (P_1) des Kartuschenlagers kleiner als 6 mm, aus denen nur Kartuschen mit einer Länge (L_6) kleiner als 7 mm verschossen werden können, müssen haltbar, maßhaltig und funktionssicher sein.

4.2 An die Bauart der Schusswaffe sind folgende technische Anforderungen nach § 8 Abs. 2 Nr. 4 und 5 des Gesetzes zu stellen:

4.2.1 Über die gesamte Länge des dem Lauf entsprechenden Rohres, abgesehen von einer dem Innendurchmesser des Rohres entsprechenden Länge an der Mündung, müssen Sperren eingebaut sein, die mit allgemein gebräuchlichen Werkzeugen nicht zu entfernen sind. Die Sperren müssen eine Härte von mindestens 610 HV30 aufweisen.

4.2.2 In Kartuschenlagern darf Patronenmunition nach den Maßtafeln nicht abzufeuern sein. In Magazinen von Pistolen und in Trommelbohrungen von Revolvern darf keine handelsübliche Patronenmunition nach den Maßtafeln zu laden sein, die im Kartuschenlager gezündet werden kann. Entsprechend dürfen die Magazinschächte nur für Kartuschenmunition eingerichtete Magazine aufnehmen können.

4.2.3 Kartuschenlager und Rohr müssen mindestens 30° gegeneinander geneigt oder so gegeneinander versetzt sein, dass der Schlagbolzen zentrisch zum Rohr eingesetzte handelsübliche Munition mit einem größeren Durchmesser ($ØH_2$) als 5 mm nicht zünden kann.

4.2.4 Bei Waffen nach Nummer 4.1 mit geneigtem Kartuschenlager kann auf den Einbau von Sperren verzichtet werden, sofern zu verschießende feste Körper keine höhere Energie als 7,5 J erreichen.

4.2.5 Bei Revolvern müssen die Ausströmungsöffnungen der Trommel gegenüber den Kartuschenlagern verengt und versetzt sein.

4.2.6 Bei Waffen mit versetzten Kartuschenlagern muss die Befestigung des Rohres bei dem Versuch, dieses zu entfernen, um einen zentrischen Lauf einschließlich Patronenlager einzusetzen, aufbrechen.

4.2.7 Bei Geräten und Zusatzteilen, die der Signalgebung mittels pyrotechnischer Munition dienen, darf das Geschoss über keine größere Länge als das 1,75fache seines Durchmessers oder das 1,2fache seiner Länge geführt werden. Der für den Antrieb erforderliche mittlere Mündungsgasdruck, gemessen direkt vor der Antriebseite der pyrotechnischen Munition, darf den kritischen Gasdruckwert von 50 bar nicht überschreiten. Ein aufgeschraubter Zusatzlauf (Schießbecher) für pyrotechnische Munition muss in Verbindung mit einer Waffe gewährleisten, dass pyrotechnische Munition ohne Eigenantrieb eine Anfangsgeschwindigkeit von mindestens 20 m/s erhält und die Zuordnung zur Waffe auf Grund entsprechender Kennzeichnung eindeutig ist.

4.2.8 Bei Schreckschusswaffen, die ausschließlich zum Abfeuern von Kartuschenmunition zur akustischen Signalgebung dienen, müssen die unter Nummer 4.2.1 genannten Sperren das dem Lauf entsprechende Rohr vollständig blockieren, mit Ausnahme eines oder mehrerer Austrittsöffnungen für den Gasdruck. Die Waffe muss so beschaffen sein, dass der Gasdruck nicht an der Vorderseite der Waffe entweichen kann. Abweichend von Nummer 4.2.1 müssen die Sperren eine Härte von mindestens 700 HV30 aufweisen.

4.3 Bei Schusswaffen, die aus mehreren Teilen bestehen und auseinander genommen werden können, muss sichergestellt sein, dass mit den einzelnen Teilen nicht geschos-

I

sen werden kann. Die wesentlichen Teile müssen konstruktiv durch ihr Material und ihre Formgebung so beschaffen sein, dass sie nicht bestimmungsgemäß als wesentliche Bestandteile von Schusswaffen gemäß § 1 Absatz 2 Nummer 1 in Verbindung mit Anlage 1 Abschnitt 1 Unterabschnitt 1 Nummer 1.1 des Waffengesetzes verwendet werden können.

4.4 Ein Versagungsgrund nach § 8 Abs. 2 Nr. 4 des Gesetzes ist nicht gegeben, wenn bei der Umarbeitung der Schusswaffe

4.4.1 mit gebräuchlichen Werkzeugen nur die Wirkung erreicht werden kann, dass zu verschießende feste Körper keine höhere Energie als 7,5 J erreichen,

4.4.2 die Waffe oder wesentliche Teile der Waffe auseinander fallen oder zerstört werden.

5 Technische Anforderungen an pyrotechnische Munition nach § 10 des Gesetzes

5.1 Die pyrotechnische Munition einschließlich der mit ihr verbundenen Antriebsvorrichtung muss folgenden Anforderungen entsprechen:

5.1.1 Pyrotechnische Munition muss so beschaffen sein, dass sie bei bestimmungsgemäßer Verwendung handhabungssicher ist; ihre Sätze dürfen weder herausfallen noch sich ablösen.

5.1.2 Pyrotechnische Munition muss gegen mechanische Beanspruchungen, denen sie üblicherweise beim Umgang oder bei der Beförderung ausgesetzt ist, durch die Art ihrer Verpackung gesichert sein.

5.1.3 Der Satzinhalt pyrotechnischer Munition muss so beschaffen, angeordnet und verteilt sein, dass die üblicherweise beim Transport oder beim Umgang auftretenden Beanspruchungen bei ihr keine Gefahrenerhöhung hervorrufen.

5.1.4 Die Zündvorrichtungen pyrotechnischer Munition müssen deutlich erkennbar und gegen unbeabsichtigtes Entzünden zuverlässig gesichert sein, insbesondere durch Schutzkappen oder gleichwertige Vorrichtungen oder durch die Art ihrer Verpackung.

5.1.5 Die pyrotechnischen Sätze in pyrotechnischer Munition dürfen nicht selbstentzündlich sein; eine vierwöchige Lagerung bei + 55 °C und $\leq$ 20 % relativer Luftfeuchte (Klima 55/20 DIN 50015, Ausgabe August 1975) darf an den Sätzen und am Gegenstand keine Veränderungen hervorrufen, die eine Gefahrenerhöhung bedeuten. Enthält die pyrotechnische Munition verschiedene Sätze, so dürfen die Bestandteile dieser Sätze nicht in eine Reaktion untereinander treten können, die zur Selbstentzündung führt.

5.1.6 Die pyrotechnischen Sätze in pyrotechnischer Munition dürfen folgende Stoffe nicht enthalten:

- Chlorate zusammen mit Metallen, Antimonsulfiden oder Kaliumhexacyanoferrat (II),
- Ammoniumsalze oder Amine zusammen mit Chloraten, außer in raucherzeugenden Gemischen, wenn durch deren Zusammensetzung eine hinreichende Beständigkeit gewährleistet ist.

5.1.7 Enthält die pyrotechnische Munition mehrere zulässige Sätze, so sind diese so anzuordnen, dass keine Mischungen der in Nummer 5.1.6 genannten Art entstehen können.

5.1.8 In den Sätzen der pyrotechnischen Munition, die Chlorate enthalten, darf der Anteil an Chloraten 70 % nicht übersteigen. In Leuchtsätzen auf Bariumchloratgrundlage sowie in Pfeifsätzen darf der Chloratanteil bis auf 80 % erhöht werden.

5.1.9 Geschosse oder Geschossreste von senkrecht nach oben abgeschossener pyrotechnischer Munition dürfen nicht brennend oder glühend auf den Erdboden fallen; sie sollen spätestens fünf Meter über dem Erdboden erloschen sein. Bei pyrotechnischen Geschossen ohne Eigenantrieb, die zum Verschießen aus dem Rohr oder aufgeschraubten Zusatzlauf (Schießbecher) von Schreckschuss- und Signalwaffen bestimmt sind, bezieht sich diese Anforderung auf eine Anfangsgeschwindigkeit von 20 m/s.

5.1.10 Pyrotechnische Munition muss so beschaffen sein, dass sie einem Mindestgasdruck von 65 bar am Munitionsboden standhält.

5.2 Klasseneinteilung von pyrotechnischer Munition in PM I oder PM II

5.2.1 Pyrotechnische Munition ist der Klasse PM I zuzuordnen, wenn

5.2.1.1 sie keinen Knallsatz enthält,

5.2.1.2 die Masse ihrer pyrotechnischen Sätze und ihrer Treibladung zusammen nicht mehr als 10 g beträgt,

5.2.1.3 ihre Steighöhe 100 m nicht überschreitet,

5.2.1.4 sie auch bei einer unbeabsichtigten Zündung nicht in scharfkantige Wurfstücke zerlegt wird,

5.2.1.5 sie durch Brand nicht zur Explosion gebracht werden kann und

5.2.1.6 sie durch Schlag nicht zur Explosion gebracht werden kann.

5.2.2 Sofern eine der Forderungen nach Nummer 5.2.1 nicht erfüllt wird, ist die pyrotechnische Munition der Klasse PM II zuzuordnen.

5.3 Kaliberanforderungen an pyrotechnische Munition

5.3.1 Der Durchmesser der pyrotechnischen Munition muss dem Durchmesser des Laufes oder Rohres der Schusswaffe, aus der diese verschossen werden soll, entsprechen.

5.3.2 Bei Geschossen, die zum Verschießen aus dem Rohr oder aufgeschraubten Zusatzlauf (Schießbecher) von Schreckschuss-, Reizstoff- oder Signalwaffen bestimmt sind, muss der Durchmesser der Geschosse dem Innendurchmesser des dazugehörigen Rohres oder aufgeschraubten Zusatzlaufes (Schießbechers) entsprechen.

5.4 Gasdruckanforderungen an pyrotechnische Munition

5.4.1 Der Gasdruck muss bei pyrotechnischer Patronenmunition so bemessen sein, dass Fehlreaktionen im pyrotechnischen System des Geschosses ausgeschlossen sind.

5.4.2 Der von der Patronenmunition entwickelte Gasdruck darf den zulässigen Maximaldruck nicht überschreiten.

6
Technische Anforderungen an umgebaute Schusswaffen nach § 9 Absatz 1 des Gesetzes

6.1 Definition

Schusswaffen im Sinne von § 9 Absatz 1 des Gesetzes in Verbindung mit Anlage 1 Abschnitt 1 Unterabschnitt 1 Nr. 1.5.1 des Waffengesetzes sind veränderte Langwaffen für Zier- oder Sammlerzwecke, zu Theateraufführungen, Film- oder Fernsehaufnahmen, die nur Kartuschenmunition verschießen können.

6.2 Umbau-/Abänderungs- und Prüfvorschriften für Schusswaffen nach Nummer 6.1

6.2.1 Schusswaffen sind so abzuändern oder auszuführen, dass

– das Patronenlager dauerhaft so verändert ist, damit sich außer Kartuschenmunition nach der Tabelle 5 der Maßtafeln keine sonstige Patronen-, pyrotechnische Munition oder Treibladungen laden und abfeuern lassen,
– der Lauf in dem dem Patronenlager zugekehrten Drittel mindestens sechs kalibergroße, nach vorn gerichtete unverdeckte Bohrungen oder andere gleichwertige Laufveränderungen aufweist und vor diesen in Richtung Laufmündung mit einem kalibergroßen gehärteten Stahlstift dauerhaft durch Verschweißen im Abstand des halben Kaliberdurchmessers vor der Mündung verschlossen ist, damit sich keine Geschosse vorladen lassen,
– der Lauf mit dem Gehäuse fest verbunden ist, sofern es sich um eine Waffe handelt, bei der der Lauf ohne Anwendung von Werkzeugen ausgetauscht werden kann.

6.2.2 Die Änderungen müssen so vorgenommen sein, dass sie nicht mit allgemein gebräuchlichen Werkzeugen rückgängig gemacht und die Gegenstände nicht so geändert werden können, dass aus ihnen Geschosse, Patronen- oder pyrotechnische Munition verschossen werden kann.

6.2.3 Dem schriftlichen Antrag zur Zulassung sind ein Muster sowie Zeichnungen, aus denen die Art und Weise der Umbaumaßnahme mit Angabe der verwendeten Materialien ersichtlich ist, beizufügen. Dieses Muster ist bei der zulassenden Stelle zu hinterlegen.

6.2.4 Der Antragsteller erhält einen Zulassungsbescheid für das geprüfte Waffenmodell mit der Auflage, das Zulassungszeichen nach Anlage II Abbildung 11 mit der erteilten Kennziffer auf jeder Waffe aufzubringen.

6.2.5 Sofern es sich um Einzelstücke handelt, ist bei jeder Waffe die Umbaumaßnahme entsprechend den Nummern 6.2.1 und 6.2.2 zu prüfen. Die jeweilige Kennziffer ist unterhalb des Kennzeichens nach Anlage II Abbildung 11 aufzubringen.

6.2.6 Außerdem sind umgebaute Schusswaffen einer Beschussprüfung nach § 3 des Gesetzes zu unterziehen, mit Ausnahme der Schusswaffen nach § 4 Abs. 1 Nr. 2.

7
Technische Anforderungen an die Unbrauchbarmachung von Schusswaffen

Die technischen Anforderungen an die Unbrauchbarmachung von Schusswaffen richten sich nach Anhang I der Durchführungsverordnung (EU) 2015/2403.

Anlage II

Beschusszeichen, Prüfzeichen

Abbildung 1
Amtliche Beschusszeichen der Beschussämter
(§ 9 Absatz 1 Satz 1)

CIP N	Normaler Beschuss von Feuerwaffen oder höchstbeanspruchten Teilen nach § 2 Absatz 2 des Gesetzes, die zum Verschießen von Munition mit normaler Ladung bestimmt sind.
CIP S	Verstärkter Beschuss von Feuerwaffen mit glatten Läufen oder höchstbeanspruchten Teilen nach § 2 Absatz 2 des Gesetzes, die zum Verschießen von Munition mit verstärkter Ladung mit Bleischrot oder bleifreien Schroten vom Typ A oder D bestimmt sind.
CIP 	Stahlschrotbeschuss von Feuerwaffen mit glatten Läufen oder höchstbeanspruchten Teilen nach § 2 Absatz 2 des Gesetzes, die zum Verschießen von Munition mit verstärkter Ladung mit bleifreien Schroten vom Typ B oder C bestimmt sind.
CIP PN	Beschuss von Schwarzpulverwaffen
 B	Beschuss von Böllern

Abbildung 2
Amtliche Beschusszeichen der Beschussämter
(§ 9 Absatz 1 Satz 2)

	Beschuss von Feuerwaffen oder höchstbeanspruchten Teilen nach § 2 Absatz 2 des Gesetzes in Kalibern, die nicht den Maßtafeln entsprechen oder mit von den Maßtafeln abweichenden Maßen, die für in- oder ausländische Behörden bestimmt sind.

BA	Beschuss von Feuerwaffen oder höchstbeanspruchten Teilen nach § 2 Absatz 2 des Gesetzes in Kalibern, die nicht den Maßtafeln entsprechen oder mit von den Maßtafeln abweichenden Maßen, die für den zivilen Bereich bestimmt sind.

Abbildung 3
Ortszeichen der zuständigen Behörden
(§ 9 Absatz 2 Nummer 1 und Bezug zur PTB)

PTB

Braunschweig

Kiel

Köln

Mellrichstadt

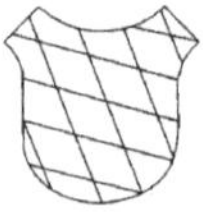

München

Suhl

Ulm

Abbildung 4
Prüfzeichen für Munition
(§ 32 Absatz 2 Nummer 4)

Kiel

Köln

Mellrichstadt

München

Suhl

Ulm

Abbildung 5a

CIP T	Zulassungszeichen für Schussapparate, Zusatzgeräte für diese Apparate, Einsteckläufe ohne eigenen Verschluss für Munition mit dem zulässigen höchsten Gebrauchsgasdruck bis 2000 bar sowie Feuerwaffen nach § 7 Absatz 1 und § 8 Absatz 3 des Gesetzes.

Abbildung 5b

Zulassungszeichen für nicht tragbare Selbstschussgeräte, andere nicht tragbare Geräte, Gasböller und Einsätze für Munition mit kleinerer Abmessung nach § 7 Absatz 1 des Gesetzes.

Abbildung 6

Zulassungszeichen für bauartgeprüfte Schreckschuss-, Reizstoff- und Signalwaffen nach § 8 Abs. 1 des Gesetzes und Zusatzgeräte zu diesen Waffen zum Verschießen pyrotechnischer Geschosse

---

Abbildung 7

Zulassungszeichen für pyrotechnische Munition nach § 10 Abs. 1 des Gesetzes

---

Abbildung 8

Prüfzeichen nach § 25 Abs. 2 für Geräte nach § 24 Abs. 1. Die Zahl im kleineren Quadrat bezeichnet die zwei letzten Ziffern der Jahreszahl, die einstellige Zahl in Richtung der Laufmündung das Quartal.

Abbildung 9
Prüfzeichen der Beschaffungsstellen für die Bundeswehr, der Bundespolizei und die Bereitschaftspolizeien der Länder
(§ 9 Abs. 1 Satz 3)

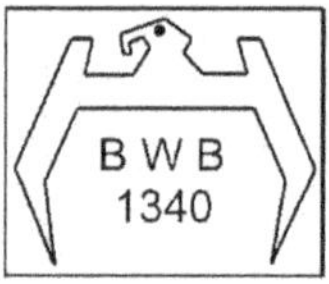

Beschuss
bei Schusswaffen, die vom Bundesamt für Wehrtechnik und Beschaffung beschlossen wurden

---

Erstbeschuss
bei Schusswaffen, die von der in der Rechtsverordnung nach § 58 Abs. 1 des Bundespolizeigesetzes bestimmten Bundespolizeibehörde beschlossen wurden

---

Instandsetzungsbeschluss
bei Schusswaffen, die von der in der Rechtsverordnung nach § 58 Abs. 1 des Bundespolizeigesetzes bestimmten Bundespolizeibehörde erneut beschossen wurden

---

Abbildung 10
Kennzeichen für Schusswaffen, deren Geschossen eine Bewegungsenergie von nicht mehr als 7,5 J erteilt wird (§ 7 Abs. 1 Satz 2 Nr. 1 und § 9 Abs. 2 Satz 1 Nr. 1 des Gesetzes)

Abbildung 11

Zulassungszeichen nach Bauartprüfung gemäß § 9 Abs. 1 des Gesetzes

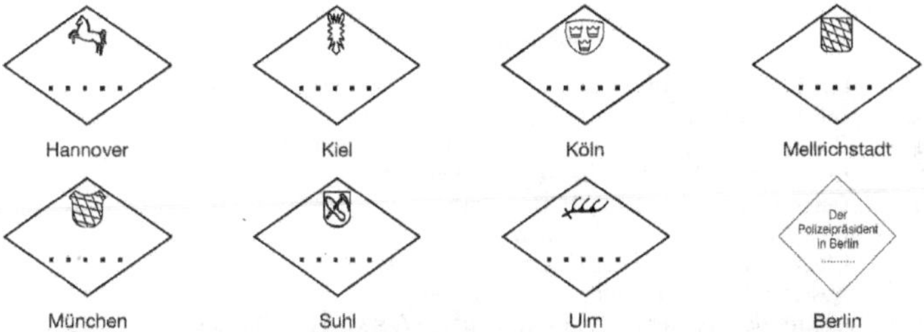

Bei Prüfungen von Einzelstücken wird die Kennziffer nicht innerhalb, sondern außerhalb direkt beim Kennzeichen von Abbildung 11 angebracht

---

Abbildung 12

Zulassungszeichen nach Bauartprüfungen gemäß § 9 Abs. 2 Nr. 2 bis 4 des Gesetzes

Anlage III

Prüfvorschriften für Patronen- und Kartuschenmunition

Symbole und ihre Bedeutung

d_D	Durchmesser der Druckübertragungsfläche des Druckaufnehmers
d_M	Durchmesser der Messbohrung
d_L	Durchmesser des Laufes an der Stelle der Messbohrung
d_S	Durchmesser des Druckübertragungsstempels
G_1	Geschossdurchmesser am Hülsenmund
L_3	Hülsenlänge nach den Maßtafeln
L_c	Länge des Messlaufes mit Patronenlager
s_M	Abstand der Messbohrung vom Stoßboden
P_u, P_o	unterer oder oberer Grenzgasdruck für die Auswahl des Stauchzylinders und des Druckübertragungsstempels
P_{max}	zulässiger Höchstwert des Gasdruckes nach den Maßtafeln
$\overline{P_n}$	aus einer Probe von n gemessenen Patronen errechneter Mittelwert des Gasdruckes
P_M	von der Kartusche für Schussapparate entwickelter Gasdruck
a/b	Koeffizient/Exponent zur Beschreibung des Gasdruckes von Kartuschen
V^+_n	auf das Patronenlager entfallender Volumenanteil des Verbrennungsraumes
V_a	Zusatzvolumen zwischen Kolben und Kartuschenlager
E_{max}	zulässiger Höchstwert der Energie nach den Maßtafeln
$\overline{E_n}$	aus einer Probe von n gemessenen Patronen errechneter Mittelwert der Energie
$E_{Beschuss}$	Minimale Energie der Beschussmunition für Langwaffen mit gezogenen Läufen
$k_{1,n}$	Anteilsfaktor für die Anteilsgrenze bei einseitiger Abgrenzung für 99 % der Grundgesamtheit bei einem Vertrauensniveau von 95 %
$k_{2,n}$	Anteilsfaktor für die Anteilsgrenze bei einseitiger Abgrenzung von 95 % der Grundgesamtheit bei einem Vertrauensniveau von 95 %
$k_{3,n}$	Anteilsfaktor für die Anteilsgrenze bei einseitiger Abgrenzung für 90 % der Grundgesamtheit bei einem Vertrauensniveau von 95 %
S_n	Standardabweichung einer Probe von n gemessenen Patronen

1
Zulassungsprüfung (Typenprüfung)

1.1 Bei der Zulassung sind zu prüfen

- die Übereinstimmung der Maße der für die Fabrikationskontrolle zu verwendenden Messgeräte mit den Vorschriften der Maßtafeln und Nummer 5 dieser Anlage, wenn eine Kalibrierung nicht möglich ist,
- die Richtigkeit der Gasdruckmesser unter Verwendung von Vergleichspatronen mit Hilfe von Standardmessläufen oder mit anderen gleichwertigen Verfahren,
- die Lehren und Geräte zur Prüfung der Munition auf Maßhaltigkeit,
- die Waffen, die zur Kontrolle der Funktionssicherheit bestimmt sind.

1.2 Für die Prüfung besteht das Los aus mindestens 3000 Stück. Die Mindestgröße kann aus besonderen Gründen unterschritten werden. Die Prüfung für eine Munitionstype, von der weniger als 3000 Stück hergestellt worden sind, ist jeweils an einer im gleichen Verhältnis zu dieser Zahl kleineren Anzahl von Munition vorzunehmen. Die Mindestzahl beträgt für die

1.2.1 Prüfung der Maßhaltigkeit und Sichtprüfung 20 Stück,
1.2.2 Gasdruckprüfung 10 Stück,
1.2.3 Prüfung der Funktionssicherheit 10 Stück.

1.3 Die Prüfung der Munition wird nach dem Verfahren der Fabrikationskontrolle (Nummer 2) und mit der doppelten Stückzahl vorgenommen.

1.4 Die Munition wird aus einem Los ausgewählt, dessen Laborierung für den vorgelegten Munitionstyp den höchsten Gasdruck erwarten lässt.

1.5 Die erste Einfuhr eines Munitionstyps aus Staaten, mit denen die gegenseitige Anerkennung der Prüfzeichen nicht vereinbart ist, in den Geltungsbereich des Gesetzes wird der Prüfung nach Nummer 1.3 unterzogen.

1.6 Die Prüfung eines Munitionstyps nach den Nummern 1.3 und 1.4 kann wiederholt werden, wenn die erste Prüfung Beanstandungen ergeben hat und der Hersteller dies fordert.

2
Fabrikationskontrolle

2.1 Die Menge einer zugelassenen Munition, die der Fabrikationskontrolle zu unterziehen ist und ein Prüflos bildet, darf nicht überschreiten

- 500 000 Stück bei Zentralfeuermunition,
- 1 500 000 Stück bei Randfeuermunition.

2.2 Entnahme der Stichproben

2.2.1 Die Entnahme ist wahllos vorzunehmen. Die Stichproben müssen für das der Prüfung unterworfene Los repräsentativ sein.

2.3 Umfang der Stichproben:

Prüfung	Losgröße			
	bis zu 35 000*)	35 001 bis 150 000	150 001 bis 500 000	500 001 bis 1 500 000
a) Prüfung der Maßhaltigkeit und Sichtprüfung	125	200	315	500
b) Gasdruckprüfung	20	30	30	50
c) Prüfung der Funktionssicherheit	20	32	32	50
d) Prüfung der Funktionssicherheit bei Kartuschenmunition für Schreckschuss-, Reizstoff- und Signalwaffen	50			

*) Für kleinere Losgrößen bis zu 3000 Stück sind die Stichprobenumfänge für die Buchstgaben a, b und c nach Losgröße linear bis auf 20, 10 und 10 zu reduzieren.

Zur Gasdruckprüfung von Kartuschen für Schussapparate werden je Zusatzvolumen zwölf Kartuschen der stärksten Ladung als Stichprobe entnommen.

2.4 Die für die Fabrikationskontrollen vorgeschriebenen Stückzahlen können vermindert werden, wenn der Zulassungsinhaber über ein wirksames Qualitätssicherungssystem verfügt. Dieser hat der zuständigen Behörde einen Prüfplan einzureichen. Die zuständige Behörde genehmigt die Änderung der Stückzahlen, wenn durch das Qualitätssicherungssystem die Maßhaltigkeit, die Funktionssicherheit sowie die Einhaltung des vorgeschriebenen Gasdruckes oder des Energiewertes gewährleistet ist und die Sichtprüfung Beanstandungen nicht ergeben hat.

3
Behördliche Kontrolle

3.1 Die behördliche Kontrolle nach § 34 Abs. 1 wird nach folgendem Verfahren durchgeführt:

3.1.1 bei Herstellern

- Kontrollen der Prüfeinrichtungen nach dem Verfahren nach Nummer 1.1,
- Prüfung, ob Fabrikationskontrollen durchgeführt worden sind, auf Grund der Aufzeichnungen über die Ergebnisse dieser Kontrollen,
- Vornahme einer Prüfung nach dem Verfahren der Fabrikationskontrolle,

3.1.2 bei Verbringern

- Prüfung, ob die in § 34 Abs. 2 genannten Bescheinigungen vorliegen,
- Prüfung, ob beim Hersteller Fabrikationskontrollen durchgeführt worden sind, auf Grund von Prüfprotokollen des Herstellers,
- Vornahme einer Prüfung nach dem Verfahren der Fabrikationskontrolle für jeden eingeführten Munitionstyp.

4
Einzelprüfungen und zulässige Anzahl von Fehlern

4.1 Sichtprüfung

4.1.0 Die entnommene Munition ist auf folgende Merkmale und Fehler zu prüfen:

- die vorgeschriebene Kennzeichnung auf jeder Patrone,
- falsche Kaliberangabe,
- Längsrisse am Hülsenmund,
- Längs- und Querrisse,
- Brüche des Hülsenbodens.

Falsche oder fehlende Kaliberangabe, Längsrisse am Hülsenmund von mehr als 3 mm Länge, Längs- und Querrisse sowie Brüche des Hülsenbodens sind unzulässig.

Bei der vorgeschriebenen Kennzeichnung auf jeder Patrone sind keine Fehler sowie bei Längsrissen am Hülsenmund von bis zu 3 mm Länge sind in Abhängigkeit von der Losgröße in der in Nummer 2.3 genannten Reihenfolge die Fehlerzahlen 2, 3, 5 und 8 zulässig.

4.1.1 Die kleinste Verpackungseinheit der entnommenen Munition ist auf folgende Merkmale und Mängel zu prüfen:

- die nach § 24 Abs. 3 des Waffengesetzes und nach § 39 vorgeschriebene Kennzeichnung,
- Vermischung von Patronen verschiedenen Typs in derselben kleinsten Verpackungseinheit.

Fehler bei der Kaliberangabe, den Angaben nach § 16 Abs. 1 Nr. 1, 2, 4 und 5 und bei den Angaben nach § 29 Abs. 1 Nr. 4, 5 und 6 und Abs. 4 sowie die Vermischung von Patronen verschiedenen Typs sind nicht zulässig.

Bei der übrigen Kennzeichnung sind je nach Losgröße dieselben Mängelzahlen zulässig wie nach Nummer 4.1.1 Satz 3.

4.1.2 Wird festgestellt, dass die in den Nummern 4.1.1 und 4.1.2 zulässigen Fehler- und Mängelzahlen überschritten sind, wird das Los zur Nachbesserung zurückgegeben und kann zu einer späteren erneuten Prüfung vorgestellt werden.

4.2 Prüfung der Maßhaltigkeit

4.2.1 Bei der Prüfung der Maßhaltigkeit ist zu prüfen, ob

- die im technischen Anhang bezeichneten Patronenmaße den in den Maßtafeln angegebenen Werten einschließlich der Toleranzen für die Maximalpatrone für das Minimalpatronenlager oder im Falle des § 31 Abs. 4 den vom Hersteller angegebenen Werten entsprechen; die Prüfung kann mit

Hilfe von Patronenprüflehren durchgeführt werden, wobei die Gesamtlänge L_3 von Kartuschen nach Tabelle 5 der Maßtafeln nach deren Verschießen aus einem Messlauf bestimmt wird,
- das Zündhütchen nicht über den Hülsenboden herausragt.

4.2.2 Werden Mängel festgestellt, wird das Los zur Nachbesserung zurückgegeben und kann zu einer späteren erneuten Prüfung vorgestellt werden.

4.3 Prüfung des Gasdruckes oder der Bewegungsenergie

4.3.1 Die Messungen und die Versuchsauswertung für Gasdruck und Energie sind nach Nummer 5 durchzuführen. Die Ergebnisse müssen die nach den Maßtafeln zulässigen Grenzwerte von Druck und Energien einhalten, soweit sie angegeben sind.

4.3.2 Die Gasdruckmessung ist unter normalen Versuchsbedingungen bei
- einer Temperatur von 21 °C ± 1 °C und
- einer relativen Luftfeuchte von 60 % ± 5 %

durchzuführen.

Unmittelbar vor der Gasdruckprüfung im Rahmen der Zulassungsprüfung ist die Munition diesen Versuchsbedingungen 24 Stunden lang auszusetzen. Die Fabrikationskontrolle kann unter Gebrauchsbedingungen durchgeführt werden. Im Zweifelsfall ist das Ergebnis der Prüfung mit klimatisierter Munition unter normalen Versuchsbedingungen zu wiederholen.

4.3.3 Wenn die errechnete obere Anteilsgrenze den zulässigen Höchstwert des Gasdruckes um nicht mehr als 25 % überschreitet, ist eine Wiederholungsprüfung mit der auf das Doppelte erweiterten Patronenzahl zulässig. Bei Kartuschen für Schussapparate ist die Wiederholungsprüfung mit zwölf Kartuschen durchzuführen.

Entspricht das Ergebnis der Wiederholungsprüfung nicht den Anforderungen, darf die Munition dieses Loses nicht vertrieben werden.

4.4 Prüfung der Funktionssicherheit

4.4.1 Die Prüfung der Funktionssicherheit im Rahmen der Zulassungsprüfung, der Fabrikationskontrolle und der behördlichen Kontrolle ist unter Verwendung eines Prüflaufes oder einer amtlich geprüften Waffe, deren Lagermaße den Maßen der Maßtafeln oder im Falle des § 31 Abs. 4 den vom Hersteller angegebenen Werten entsprechen, vorzunehmen. Für die Funktionssicherheitsprüfung der Patronen für Waffen mit glattem Lauf (glatten Läufen) wird eine Waffe verwendet, bei der die Maße des Lagers und des Verschlussabstandes Höchstmaße sind. Bei den Fabrikationskontrollen kann die Funktionssicherheit unter Verwendung einer Waffe geprüft werden, deren Maße von der zuständigen Behörde anerkannt wurden. Die Maße der Prüfläufe und der Waffen werden von der zuständigen Behörde aufgezeichnet.

4.4.2 Folgende Fehler dürfen nicht auftreten:
- Ausströmen von Gas nach hinten aus dem Verschluss auf Grund von Rissen im Hülsenboden,
- Steckenbleiben des Geschosses oder von Teilen desselben im Lauf,
- Bruch der Hülse, die ganz oder teilweise im Lager bleibt,
- Bersten des Hülsenbodens.

Werden diese Mängel festgestellt, ist das Los zurückzugeben und kann nach Nachbesserung zu einer späteren erneuten Prüfung vorgestellt werden. Bei Kartuschenmunition für Schreckschuss-, Reizstoff- und Signalwaffen darf höchstens einmal bei einer Probe von 50 Stück die Abdeckung, Teile der Abdeckung oder des Verschlusses der Kartuschen im Lauf der Waffe stecken bleiben. Die Funktionsprüfung dieser Munition ist mit den in Abbildung 3 dargestellten Läufen durchzuführen.

5
Prüfung des Gasdruckes, Energiewertes, Mündungsimpulses und der Geschwindigkeit

5.1 Gasdruckmessung

5.1.1 Die Innenmaße des Messlaufes, die den Gasdruck beeinflussen, müssen mit den in den Maßtafeln aufgeführten Maßen innerhalb der in Tabelle 1 genannten Toleranzen übereinstimmen. Die Maßhaltigkeitsprüfung der Messläufe wird mit Hilfe von Messsyste-

I

men durchgeführt, die direkten Zugang zu den zu messenden Werten ermöglichen. Der Verschlussabstand darf nicht größer als 0,1 mm sein. Die Länge des Messlaufes, die die kinetische Energie beeinflusst, soll mit dem in Tabelle 1 des Technischen Anhangs aufgeführten Maß innerhalb der genannten Toleranzen übereinstimmen.

5.1.2 Der Abstand der Achsen der Messbohrungen vom Stoßboden ist nach Tabelle 2 zu bemessen.

5.1.3 Die Messung des Gasdruckes von Patronenmunition ist gemäß der Vorschrift des § 31 Abs. 2 vorzunehmen.

5.1.4 Der Gasdruck von Kartuschenmunition – soweit für diese ein zulässiger Höchstwert P_{max} in den Maßtafeln angegeben ist – und der Vergleichspatrone nach Nummer 2.1.1.2 der Anlage I ist mittels mechanisch-elektrischem Wandler zu messen.

5.2 Stauchapparat

5.2.1 Es sind die in Tabelle 3 angegebenen Kombinationen von Druckübertragungsstempel und Kupferstauchzylinder unter folgenden Bedingungen anzuwenden:

Gebrauchs- und Beschussmunition eines Munitionstyps sind mit der gleichen Kombination von Druckübertragungsstempel und Stauchzylinder zu messen, soweit die in Tabelle 3 Spalten 5 und 6 angegebenen Auswahlbereiche dies zulassen.

Erfüllen im Grenzfall zwei Kombinationen diese Anforderungen, so ist der Stauchzylinder mit den größeren Abmessungen zu wählen. In den Fällen, in denen die Auswahlbereiche unmittelbar aneinander anschließen, muss für die Gebrauchsmunition $P_u \leq P_{max} < P_o$, für die Beschussmunition $P_u \leq 1{,}3\ P_{max} < P_o$ sein. Für alle Munition, für die 240 bar $\leq P_{max} <$ 600 bar beträgt, ist der Druckübertragungsstempel von 6,18 mm Durchmesser, in allen anderen Fällen der von 3,91 mm Durchmesser zu benutzen.

Für Munition, für die $P_{max} <$ 240 bar ist, sind Stauchkegel 5 × 13 ohne Druckübertragsstempel zu verwenden.

5.2.2 Die in Tabelle 3 Spalten 1, 2 und 3 angegebenen Durchmesser und die Massen der Druckübertragungsstempel sowie deren minimale Ausgangsführungslängen sind einzuhalten.

Die Breite des Ringspaltes zwischen Druckübertragungsstempel und Stempelführungsbüchse darf 0,002 mm nicht unter- und 0,006 mm nicht überschreiten.

5.2.3 Der Durchmesser der Messbohrung, der sich vor oder unter der Stirnfläche des Druckübertragungsstempels befindet, darf von dessen Durchmesser d_s um nicht mehr als 1,0 mm abweichen. Die Messbohrung darf in der Achse nicht länger als 3 mm sein. Sofern $d_s > 0{,}6\ d_L$ ist, soll sich der Durchmesser der Messbohrung an der Stirnfläche des Druckübertragungsstempels ansetzend konisch mit einem Winkel von 60° auf 3 mm Durchmesser verengen (Abbildung 1). Toleranzen der Durchmesser bis zu + 0,2 mm sind zulässig. Die Hülsen der Patronen- oder Kartuschenmunition müssen so mit Anbohrungen versehen werden, dass diese nach dem Laden möglichst konzentrisch zur Messbohrung sind. Der Durchmesser der Anbohrung ist bei Munition für Waffen mit glatten Läufen 3 mm, bei aller anderen Munition 2 mm. Die Messbohrungen sind mit Siliconpaste mit einer Konuspenetration zwischen 180 und 210 (DIN 51580, Ausgabe April 1989)*) und einer Dichte von 1 g/cm³ zu füllen.

Die Resthöhe des Stauchkörpers ist bei einer zulässigen Abweichung von ± 0,005 mm mit einem Mikrometer, einer Messuhr oder einem Messtaster zu ermitteln und der zugehörige Druck der beigefügten Stauchtabelle oder -kurve zu entnehmen oder mittels einer entsprechenden Gleichung (Ausgleichspolynom) zu berechnen.

5.3 Mechanisch-elektrische Wandler für die Messung des Gasdruckes von Zentralfeuerpatronenmunition für Waffen mit glatten Läufen

*) Erschienen im Beuth-Verlag Berlin und Köln und beim Deutschen Patentamt in München archivmäßig gesichert niedergelegt.

5.3.1 In der Regel ist der Gasdruck der Patronen mittels piezo-elektrischer oder gleichwertiger Druckaufnehmer in tangentialer oder zurückgesetzter Einbauweise zu messen. Es können auch mechanisch-elektrische Wandler anderer Bauart verwendet werden, wenn zwischen deren Anzeige und der der vorgenannten ein eindeutiger Zusammenhang bekannt ist. In jedem Falle ist auf die Anzeige der vorgenannten Druckaufnehmer umzurechnen.

5.3.2 Der Durchmesser und die Tiefe der Messbohrungen sind abhängig von den Abmessungen des Aufnehmers und der Einbauart. Der Einbau ist gemäß Abbildung 2 vorzunehmen.

5.3.3 Die Anbohrung der Hülse ist nach den Abbildungen 2a und 2b vorzunehmen. Bei Verwendung geeigneter Aufnehmer in tangentialer Einbauweise kann auch ohne Anbohrung der Hülse gemessen werden, sofern die Höhe der Bodenkappe 22 mm nicht übersteigt (Abbildung 2c). Im Falle von Gebrauchspatronen mit Papphülse ist dann der gemessene Wert mit 1,05 zu multiplizieren.

5.3.4 Indirekte Messung des Gasdruckes an der Messstelle II (s_M = (162 ± 0,5) mm). Die Messung des Gasdruckes an der Messstelle II erfolgt indirekt. Zu diesem Zweck wird die Zeit der des Durchgangs des Treibmittelbodens durch den Querschnitt an der Messstelle II registriert und der zur gleichen Zeit an der Messstelle I (S_M siehe Tabelle 2) herrschende Druck gemessen. Die Registrierung des Durchgangs des Treibmittelbodens kann außer mit einem mechanisch-elektrischen Wandler auch mit einem anderen geeigneten Messfühler vorgenommen werden, z. B. mittels Fotodiode hinter einem Quarzglasfenster.

5.3.5 Eigenschaften der Aufnehmer:

Mindestempfindlichkeit	1,8 pC/bar
Messbereich	0 bar bis max. 6000 bar
Kalibrierbereich	300 bar bis 1800 bar
Eigenfrequenz	≥ 100 kHz
Abweichungen von der Linearität	≤ 1 % des Endwertes.

5.3.6 Wärmeschutz vor der Druckübertragungsfläche

Zur Vermeidung bzw. Minderung des Wärmeübergangs auf Membrane und Druckplatte ist bei Anbohrung der Hülse eine geeignete Scheibe aus wärmeisolierendem, flexiblem Werkstoff (z. B. PTFE) vor der Druckübertragungsfläche anzubringen. Tangential eingebaute Abnehmer sind zusätzlich durch Aufkleben eines die Patronenanbohrung überspannenden, dehnbaren Klebebandes auf die Patrone zu schützen (siehe Abbildung 2a).

5.3.7 Verstärker:

Grenzfrequenz (– 3 dB)	≥ 80 kHz
Abweichung von der Linearität	≤ 0,1 % des Endwertes (Vollaussteuerung)
Ladungsverstärker:	
Eingangswiderstand	$\geq 10^{12}\ \Omega$.

5.3.8 Elektrischer Filter

Bessel-Tiefpass mit einer Grenzfrequenz von 20 kHz (– 3 dB), N = 2 (– 12 dB/Oktave).

5.4 Mechanisch-elektrische Wandler für die Messung des Gasdruckes von Kartuschenmunition und der Vergleichspatrone nach Nummer 2.1.2 der Anlage I für Schwarzpulverwaffen und Böller

5.4.1 Der Gasdruck von Kartuschenmunition mit Metallhülsen ist mit Aufnehmern in zurückgesetzter Einbauweise zu messen (Abbildungen 5a und 5b in Verbindung mit Abbildung 2b). Dabei sind die Messbohrungen mit Siliconpaste nach Nummer 5.2.3 zu füllen. Soweit es sich um Kartuschenmunition für nach § 8 des Gesetzes zugelassene Schreckschuss-, Reizstoff- und Signalwaffen handelt, ist die Messung in Läufen nach den Abbildungen 3a und 3b ohne Vorladung eines Geschosses durchzuführen.

Der Gasdruck von Kartuschenmunition für Schussapparate ist unter Verwendung eines Messlaufes nach Abbildung 5a und eines Kolbens nach Abbildung 5b in Abhängigkeit vom Zusatzvolumen zu messen. Störende Eigenschwingungen des Messlaufes sind durch Wahl einer ausreichenden Wandstärke gering zu halten. Im Bereich des Stoßbodens ist für gute Abdichtung durch die konstruktiven

Maßnahmen nach Abbildung 5a oder auf andere geeignete Weise zu sorgen.

Ausreißerwerte werden durch Anwendung des Dixon-Tests eliminiert.

Der Auswertung wird die Abhängigkeit

$P_M = a\,(V^+_n + V_a)^b$

zugrunde gelegt.

5.4.2 Der Gasdruck von Kartuschenmunition mit Papp- oder Kunststoffhülsen von nicht unter 9 mm Durchmesser und der Vergleichspatrone für Schwarzpulverwaffen nach Nummer 2.1 der Anlage I ist mit Aufnehmern in zurückgesetzter oder in tangentialer Einbauweise mit Anbohrung der Hülse (Abbildungen 2a und 2b) zu messen.

5.4.3 Sofern als Treibmittel Schwarzpulver geladen ist oder Gasdrücke unter 1000 bar zu erwarten sind, sind abweichend von Nummer 5.3.5 Aufnehmer mit folgenden Eigenschaften zu verwenden:

Mindestempfindlichkeit	2,0 pC/bar
Messbereich	0 bar bis max. 2500 bar
Kalibrierbereich	100 bar bis 1000 bar.

5.4.4 Bei Kartuschenmunition ist ein Filter nach Nummer 5.3.8 zu verwenden. Abweichend hiervon beträgt die Grenzfrequenz des Tiefpassfilters bei Kartuschenmunition für nach § 8 des Gesetzes zugelassene Schreckschuss-, Reizstoff- und Signalwaffen 10 kHz.

5.5 Messung des Energiewertes

Anstelle des Gasdruckes oder neben dem Gasdruck ist die auf ein bestimmtes Geschoss übertragene Bewegungsenergie zu ermitteln, wenn in den Maßtafeln die Bewegungsenergie der Geschosse festgelegt ist.

5.5.1 Sofern es im gleichen Kaliber (Laufdurchmesser) eine entsprechende Patronenmunition gibt, sollen die gleichen Geschosse und Läufe verwendet werden. Sonst sind Flugbolzen und Prüfgeräte gemäß folgenden Abbildungen zu benutzen:

Abbildung 4 für Munition der Tabelle 5 der Maßtafeln, mit einem Flugbolzen von 4 g nur für $E_{max} \leq 100$ J,

Abbildung 5 für Munition nach Tabelle 6 der Maßtafeln.

5.5.2 Die Innenabmessungen der Läufe müssen ebenfalls innerhalb der in Tabelle 1 angegebenen Toleranzen mit den in den Maßtafeln aufgeführten Maßen übereinstimmen. Die Abmessungen der Läufe für Kartuschenmunition für Schussapparate müssen außerdem den in Abbildung 5 festgelegten Maßen entsprechen. Die Lauflängen nach Tabelle 1 sind einzuhalten.

5.5.3 Die Ermittlung der Bewegungsenergie erfolgt über eine Messung der Flugzeit zwischen zwei 0,5 m und 1,5 m vor der Mündung entfernten Punkten der Flugbahn (siehe Anlage VI).

5.6 Auswertung der Messungen

Die Auswertung der Messungen erfolgt nach den Regeln der statistischen Qualitätskontrolle. Der Umfang der Stichprobe bei der Feststellung von Mittelwerten und Anteilsgrenzen richtet sich nach Nummer 2.3.

Die genannten Faktoren zur Bestimmung der Anteilsgrenze sind Tabelle 4 zu entnehmen.

5.6.1 Die Anforderungen, dass bei Gebrauchsmunition für Waffen mit gezogenen Läufen der Gasdruckmittelwert nicht über und kein Einzelwert mehr als 15 % über dem nach den Maßtafeln zulässigen Höchstwert P_{max} liegt, gelten als erfüllt, wenn

$$\overline{P_n} \leq P_{max}$$

und bei Zentralfeuermunition

$$\overline{P_n} + k_{1,n} \bullet S_n \leq 1{,}15\ P_{max}$$

und bei Randfeuermunition

$$\overline{P_n} + k_{2,n} \bullet S_n \leq 1{,}15\ P_{max}$$

ist.

5.6.2 Die Anforderungen, dass der Gasdruck bei Beschussmunition für Kurzwaffen mit gezogenen Läufen 30 % über dem zulässigen Höchstwert des Gebrauchsgasdruckes P_{max} liegt und dass eine zu starke Überlastung der Waffe vermieden wird, gelten als erfüllt, wenn

$$\overline{P_n} \geq 1{,}30\ P_{max},$$

$$\overline{P_n} - k_{3,n} \bullet S_n \geq 1{,}15\ P_{max}$$

$$P_n + k_{3,n} \bullet S_n \leq 1{,}50\ P_{max}$$

ist.

5.6.3 Die Anforderungen, dass der Gasdruck bei Beschussmunition für Langwaffen mit gezogenen Läufen 25 % über dem zulässigen Höchstwert des Gebrauchsgasdruckes P_{max} liegt, gelten als erfüllt, wenn

$\overline{P_n} \geq 1{,}25\ P_{max}$,

$\overline{P_n} - k_{3,n} \bullet S_n \geq 1{,}15\ P_{max}$,

$\overline{P_n} + k_{3,n} \bullet S_n \leq 1{,}40\ P_{max}$ und

$\bar{E}_n \geq E_{Beschuss}$

ist.

5.6.4 Die Anforderungen, dass der Gasdruck, bei Waffen mit glatten Läufen der Gasdruckmittelwert nicht über und kein Einzelwert mehr als 15 % über dem nach Nummer 1.2.4 der Anlage I nach den Maßtafeln zulässigen Höchstwert des Gebrauchsgasdruckes P_{max} liegt, gelten als erfüllt, wenn

$\overline{P_n} \leq P_{max}$

$\overline{P_n} + k_{2,n} \bullet S_n \leq 1{,}15\ P_{max}$

ist.

5.6.5 Die Anforderungen, dass der Gasdruck bei Beschussmunition für die normale oder die verstärkte Beschussprüfung für Waffen mit glatten Läufen 30 % über dem gemäß Nummer 1.2.4 der Anlage I zulässigen Höchstwert des Gebrauchsgasdruckes P_{max} liegt und dass eine zu starke Überlastung der Waffe vermieden wird, gelten als erfüllt, wenn

an der Messstelle I nach Tabelle 2

$P_n \geq 1{,}30\ P_{max}$

und $\overline{P_n} - k_{3,n} \bullet S_n \geq 1{,}15\ P_{max}$

und $\overline{P_n} + k_{3,n} \bullet S_n \leq 1{,}70\ P_{max}$

und an der Messstelle II nach Tabelle 2

$P_n + k_{3,n} \bullet S_n \leq 650$ bar

ist, wobei für 1,15 P_{max} und 1,30 P_{max} jeweils die gerundeten Werte der Maßtafeln einzusetzen sind.

5.6.6 Die Anforderungen an die Beschusspatrone gemäß Nummer 1.2.3 der Anlage I, dass der Mittelwert des Gasdruckes an der Messstelle II mindestens 500 bar sein soll und dass eine zu starke Überbelastung der Waffe vermieden wird, gelten als erfüllt, wenn

$\overline{P_n} \geq 500$ bar,

$\overline{P_n} - k_{3,n} \bullet S_n \geq 450$ bar

und $\overline{P_n} + k_{3,n} \bullet S_n \leq 650$ bar

und an der Messstelle I

$\overline{P_n} + k_{3,n} \bullet S_n \leq 1{,}70\ P_{max}$

ist.

5.6.7 Die Anforderungen, dass bei Kartuschengebrauchsmunition der Gasdruckmittelwert nicht über und kein Einzelwert mehr als 15 % über dem nach den Maßtafeln zulässigen Höchstwert P_{max} liegt, gelten als erfüllt, wenn

$\overline{P_n} \leq P_{max}$

und $\overline{P_n} + k_{3,n} \bullet S_n \leq 1{,}15\ P_{max}$

ist.

5.6.8 Die Anforderungen, dass der Gasdruck bei Kartuschenbeschussmunition 30 % über dem zulässigen Höchstwert des Gebrauchsgasdruckes liegt und dass eine zu starke Überbelastung der Waffe vermieden wird, gelten als erfüllt, wenn

$\overline{P_n} \geq 1{,}30\ P_{max}$,

$\overline{P_n} - k_{3,n} \bullet S_n \geq 1{,}15\ P_{max}$,

und

$\overline{P_n} + k_{3,n} \bullet S_n \leq 1{,}7\ P_{max}$

ist.

5.6.9 Die Anforderungen, dass bei Gebrauchsmunition der Energiemittelwert nicht über und kein Einzelwert mehr als 7 % über dem nach den Maßtafeln zulässigen Höchstwert E_{max} liegt, gelten als erfüllt, wenn

$\overline{E_n} \leq E_{max}$

und $\overline{E_n} + k_{3,n} \bullet S_n \leq 1{,}07\ E_{max}$

ist.

5.6.10 In Analogie zur Gasdruckmessung sind bei Beschussmunition die Anforderungen

$\overline{E_n} \geq 1{,}10\ E_{max}$,

$\overline{E_n} - k_{3,n} \bullet S_n \geq 1{,}07\ E_{max}$

und $\overline{E_n} + k_{3,n} \bullet S_n \leq 1{,}25\ E_{max}$

zu erfüllen.

I

Technischer Anhang zur Anlage III

1
Unter dem Gesichtspunkt der Sicherheit zu prüfende Maße

1.1 Patronen für Waffen mit gezogenen Läufen, einschließlich Patronen für Pistolen und Revolver, Patronen mit Randfeuerzündung und Kartuschen für Schusswaffen und Bolzensetzgeräte:

a) L_3 = Gesamtlänge der Hülse (maximal)
   L_6 = Gesamtlänge der Kartuschenhülse vor dem Schuss
   H_2 = Durchmesser am Hülsenmund, bei Kartuschen am Ende des zylindrischen Teils (maximal)
   G_1 = Geschossdurchmesser am Hülsenmund (maximal)
   P_1 = Pulverraumdurchmesser vor dem Rand oder im Abstand E vom Hülsenboden bei Kleinschrotmunition
   R = Randstärke der Hülse bei Kleinschrotmunition.

   Diese Maße müssen kleiner oder gleich den in den Maßtafeln vorgeschriebenen Maximalmaßen sein. Die vorgegebenen Toleranzen sind einzuhalten.

b) Die Entfernung L_3 + G (L_3: Gesamtlänge der Hülse, Patrone maximal, G: Abstand zwischen H_2 und F im Patronenlager) unter Berücksichtigung der Durchmesser von:
   F: Durchmesser der Laufbohrung – Felddurchmesser (Patronenlager minimal)
   G_1: Durchmesser am Anfang des Übergangs (Patronenlager minimal)
   H_2: Durchmesser im vorderen Teil des Patronenlagers (bei der Entfernung L_3) (Patronenlager minimal)

   und der Längen von:
   s: Entfernung von H_2 bis zum Ende des zylindrischen Teils beim Durchmesser G_1 (Patronenlager minimal)
   G: Länge der Entfernung von H_2 bis F (Patronenlager minimal) nach einer besonderen Prüfmethode.

   Die kontrollierte Entfernung muss kleiner oder darf höchstens gleich L_3 + G, wie vorstehend definiert, sein.

c) Maße, die den Verschlussabstand beeinflussen:
   1. Patronen ohne Rand mit Schulter:
      L_1: Länge von Hülsenboden bis Durchmesser P_2, Toleranz: – 0,20 mm;
      L_2: Länge von Hülsenboden bis Durchmesser H_1 des Übergangs Toleranz: – 0,20 mm;
      H_2: Durchmesser am Hülsenmund in der Entfernung L_3, Toleranz: – 0,20 mm.
   2. Patronen ohne Rand und Schulter:
      L_3: Gesamtlänge der Hülse, Toleranz: – 0,25 mm.
   3. Patronen mit Rand:
      R: Dicke des Hülsenrandes, Toleranz: – 0,25 mm.
   4. Patronen mit Magnum-Hülsenboden:
      E: Dicke des Hülsenbodens, Toleranz: – 0,20 mm.
   5. Pistolenpatronen ohne Schulter:
      L_3: Gesamtlänge der Hülse, Toleranz: – 0,25 mm.
   6. Revolverpatronen:
      R: Dicke des Hülsenrandes, Toleranz: – 0,25 mm.
   7. Randfeuerpatronen:
      R: Dicke des Hülsenrandes, Toleranz: – 0,18 mm.

Diese Maße und Toleranzen, gemessen mit Hilfe einer geeigneten Methode, müssen denen der „Maßtafeln für Handfeuerwaffen und Munition" entsprechen und sind getrennt zu kontrollieren.

1.2 Bei Patronen für Waffen mit glatten Läufen gilt entsprechend

d = Durchmesser der Bodenkappe der Hülse,
t = Randstärke der Hülse.

Diese Abmessungen und Toleranzen müssen den in den Maßtafeln vorgeschriebenen entsprechen.

2
Zur Bestimmung des Typs zu prüfende Maße

Patronen für Waffen mit gezogenen Läufen, einschließlich Patronen für Pistolen und Revolver, Patronen mit Randfeuerzündung und Kartuschen für Schusswaffen und Bolzensetzgeräte:

L_1: Länge von Hülsenboden bis Durchmesser P_2
L_2: Länge von Hülsenboden bis Durchmesser H_1 des Übergangs
L_3: Gesamtlänge der Hülse
L_6: bei Kartuschen deren Gesamtlänge vor dem Schuss
R: Dicke des Hülsenrandes
R_1: Randdurchmesser
E: Dicke des Hülsenbodens
P_1: Durchmesser der Hülse am Ende von Rille, Rand oder Gürtel
P_2: Durchmesser der Hülse in der Entfernung L_1
H_1: Durchmesser am Hülsenhals in der Entfernung L_2
H_2: Durchmesser am Hülsenmund in der Entfernung L_3
G_1: Geschoßdurchmesser am Hülsenmund.

Die Größe E ist maßgebend für die Festlegung der Position des Durchmessers P_1, ausgenommen bei Patronen mit „Magnum"-Hülsenboden, bei denen der Wert E streng eingehalten werden muss.

2.1 Patronen für Waffen mit glatten Läufen:

Die unter Nummer 1.2 angegebenen Maße und außerdem:

l = Gesamtlänge der Hülse vor dem Schuss.

Unter Berücksichtigung der Toleranzen müssen die gemessenen Maße innerhalb der Grenzen liegen, die in den Maßtafeln vorgeschrieben sind. Außerdem muss sich die Hülse leicht in ein minimales Patronenlager mit den in den Maßtafeln vorgeschriebenen Maßen einpassen.

Tabelle 1:
Innenmaße der Messläufe

a) Innenmaß-Toleranzen für gezogene Läufe für Zentralfeuermunition (Büchs- und Kurzwaffenläufe)

Linearabmessungen

Größenbezeichnung	F	Z	L_3	P_1	P_2	H_2	G_1
Toleranz in mm	+ 0,02	+ 0,03	+ 01	+ 0,03	+ 0,02	+ 0,02	+ 0,03

Übergangswinkel i

Winkelbereich	$i \leq 12°$	$i > 12°$
Toleranz	– 5/60 i	– 1°

Eine positive Toleranz für i ist ebenfalls zulässig, solange folgende Ungleichung erfüllt ist:

$\tan i_{ist} \leq \frac{G_{1\,ist} - F}{2\,G + G_1 - H_2}$ bei rein konischen Übergängen,

$\tan i_{ist} \leq \frac{G_{1\,ist} - F}{G_1 - F}$ tan i bei zylindrischen-konischen Übergängen.

Die mit $_{ist}$ indizierten Größen sind Mess-, die anderen sind Tabellenwerte aus den Maßtafeln.

b) Innenmaß-Toleranzen für galtte Läufe für Zentralfeuermunition (Flintenläufe)

Linearabmessungen

Größenbezeichnung	$Ø\,B_{min}$	G_{min}	$Ø\,D_{min}$	H_{min}	T_{min}	L_{min}	i
Toleranz in mm	+ 0,1	+ 0,05	+ 0,05	+ 0,05	+ 0,05	+ 2	– 30'

Der Übergangswinkel i_{ist} mit i = 10° ± 30' festgelegt.

c) Toleranzen für gezogene Läufe für Randfeuerpatronen

Linearabmessungen

Größenbezeichnung	F	Z	L_3	P_1	H_2	R	R_1
Toleranz in mm	+ 0,02	+ 0,02	+ 0,1	+ 0,03	+ 0,02	+ 0,03	+ 0,05

Der Übergangswinkel i ist mit ± 20' toleriert.

d) Toleranzen für glatte Läufe für Randfeuerpatronen

Linearabmessungen

Größenbezeichnung	F = Z	L_3	P_1	P_2	H_2	G_1
Toleranz in mm	+ 0,02	+ 0,1	+ 0,05	+ 0,05	+ 0,05	+ 0,03

Übergangswinkel i

Winkelbereich	$i \leq 12°$	$i > 12°$
Toleranz	– 5/60 i	– 1°

Der maximale Verschlussabstand für alle Messläufe beträgt 0,10 mm.

e) Toleranzen für Messläufe für Schreckschuss-, Reizstoff- und Signalkartuschen und Kleinschrotmunition

Größenbezeichnung	F = Z	L_3	P_1	H_2	R	R_1	G_1	i
Toleranz	H_8	H_{11}	H_8	H_8	H_9	H_{10}	H_{11}	± 20'

f) Lauflängen

lfd. Nr.	Patronenart	Lauflänge L_c in mm	Toleranz in mm
1	Pistolen- und Revolverpatronen	150	± 10
2	Kartuschenmunition für Schussapparate, die nur einen Zündsatz enthält	200	± 2
3	Randfeuerpatronen (wenn die Messung des Gasdruckes nicht möglich ist) Für Waffen mit: a) gezogenem Lauf aa) Felddurchmesser F: (4,05 ± 0,02) mm Zugdurchmesser Z: (4,30 ± 0,03) mm ab) Felddurchmesser F: (5,45 ± 0,02) mm Zugdurchmesser Z: (5,60 ± 0,03) mm Dralllänge u: 450 mm Breite der Züge b: (1,25 ± 0,10) mm Anzahl der Züge N: 6 b) glattem Lauf ba) F = (5,50 ± 0,03) mm bb) F = (8,38 ± 0,03) mm	200	± 2
4	Flobert-Schrotpatronen und Claybirding	600	± 5
5	Randfeuerpatronen	600	± 10
6	Zentralfeuerpatronen (ohne/mit Rand)	600	± 10
7	Munition für Langwaffen mit besonders hoher Leistung	650	± 10
8	Patronen mit Zentralfeuerzündung für Waffen mit glattem Lauf	700 (zylindrischer Lauf ohne Choke)	± 10

Tabelle 2:
Abstand der Messbohrungen (Bohrungsachse) vom Stoßboden

Für den Abstand der Messbohrungen gelten die nachstehenden Bestimmungen, soweit in den Maßtafeln der CIP (TDCC) hierfür keine anderen Werte angegeben sind.

a) Gezogene Läufe für Zentralfeuermunition für Langwaffen

Bereich der Hülsenlänge L_3	$L_3 < 30$ mm	30 mm $\leq L_3 \leq$ 40 mm	40 mm $< L_3$
Abstand S_M	7,5 mm $\leq S_M \leq 0{,}75 \cdot L_3$	(17,5 ± 1) mm	(25 ± 2) mm

b) Gezogene Läufe für Zentralfeuermunition für Kurzwaffen (Pistolen und Revolver)
Die Lage der Messbohrung wird individuell für jede Pistolen- und Revolvermunition festgelegt. Die Festlegungen können den Maßtafeln der CIP (TDCC) entnommen werden.

c) Gezogene Läufe für Randfeuermunition $S_M = L_3 + (1,80 \pm 0,20)$ mm

d) Glatte Läufe
Für alle Hülsenlängen
– bei Messung mittels mechanisch-elektrischem Wandler

Messstelle I: 25 mm $\leq S_M \leq$ 30 mm für Kaliber 24 und größere Durchmesser
$S_M = (17 \pm 1)$ mm für kleinere Durchmesser
ausgenommen
$S_M = (12,5 - 0,5)$ mm für Kaliber .410 mit $L_{nom} \leq$ 51 mm
Messstelle II: $S_M = (162 \pm 0,5)$ mm für alle Kaliber

Tabelle 3:
Kombination von Druckübertragungsstempeln und Stauchzylindern

Stempeldurchmesser d_s mit Toleranz	Stempelmasse m_s	Minimale Ausgangsführungslänge	Stauchzylinder d_c x h_c	Auswahlbereich $P_u \leq P_{max}$ bzw. 1,3 $P_{max} < P_o$ bzw. $P_u \leq P_{max} \leq P_o$ und $P_u \leq 1,3\ P_{max} \leq P_o$		Messbereich	
in mm	in g	in mm	in mm	P_u in bar	P_o in bar	untere Grenze in bar	obere Grenze in bar
1	2	3	4	5	6	7	8
(5)	–	–	(5 × 13)	40	240	20	300
6,18 – 0,004	3,2 ± 0,3	12	2 × 4	240	600	220	650
3,91 – 0,004	2,7 ± 0,2	14	2 × 4	600	1350	550	1500
3,91 – 0,004	2,7 ± 0,2	14	3 × 4,9	1350	3100	1200	3400
3,91 – 0,004	2,7 ± 0,2	14	4 × 6	2350	4700	2200	5200
3,91 – 0,004	2,7 ± 0,2	14	5 × 7	3600	6000	3300	7000

d_c = Durchmesser des Stauchzylinders

h_c = Höhe des Stauchzylinders

Erfüllen im Grenzfall zwei Kombinationen die Bedingungen, so ist der Stauchzylinder mit den größeren Abmessungen zu wählen.

Tabelle 4:
Faktoren zur Berechnung der Anteilsgrenzen

n	$k_{1,n}$	$k_{2,n}$	$k_{3,n}$
5	5,75	4,21	3,41
6	5,07	3,71	3,01
7	4,64	3,40	2,76
8	4,36	3,19	2,58
9	4,14	3,03	2,45
10	3,98	2,91	2,36
11	3,85	2,82	2,28
12	3,75	2,74	2,21
13	3,66	2,67	2,16
14	3,59	2,61	2,11

n	$k_{1,n}$	$k_{2,n}$	$k_{3,n}$
15	3,52	2,57	2,07
16	3,46	2,52	2,03
17	3,41	2,49	2,00
18	3,37	2,45	1,97
19	3,33	2,42	1,95
20	3,30	2,40	1,93
25	3,15	2,29	1,83
30	3,06	2,22	1,78
35	2,99	2,17	1,73
40	2,94	2,13	1,70
45	2,90	2,09	1,67
50	2,86	2,07	1,65
60	2,81	2,02	1,61
70	2,77	1,99	1,58
80	2,73	1,97	1,56
90	2,71	1,94	1,54
100	2,68	1,93	1,53

Toleranzfaktoren für n Messungen, um eine statistische Sicherheit von 95 % zu erhalten bei:
$k_{1,n}$ 99 % der Fälle.
$k_{2,n}$ 95 % der Fälle.
$k_{3,n}$ 90 % der Fälle.
Zwischenwerte für andere Zahlen n gemessener Patronen (Umfang der Probe) sind linear zu interpolieren.

Druckübertragungsstempel und Indizierkanal bei kleinen Laufinnendurchmessern

Abbildung 1:

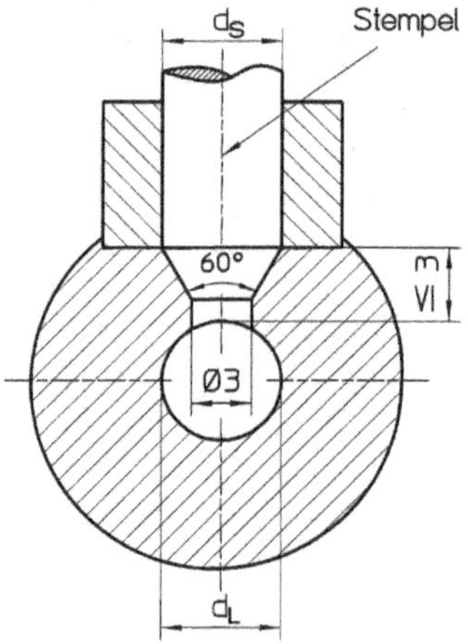

Einbauweise von Druckaufnehmern (mechanisch-elektrischer Wandler) unterschiedlicher Bauart

Abbildung 2a: Tangentialaufnehmer (Patronenhülse angebohrt)

d_M gemäß Angabe des Herstellers

d_H = Durchmesser der Druckübertragungsfläche d_D

$\Delta h \leq 0{,}25$ mm

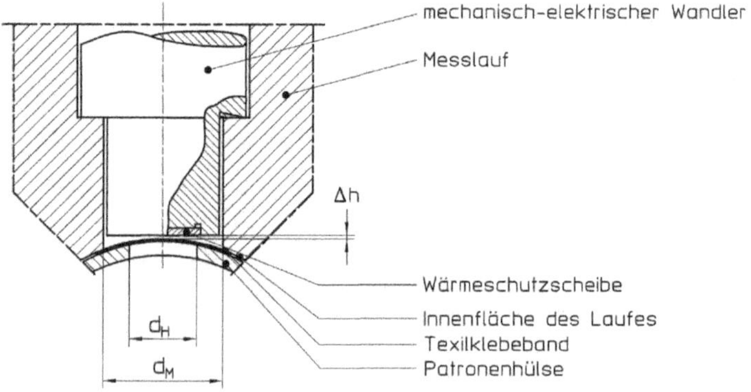

Abbildung 2b: Membranaufnehmer zurückgesetzt
$d_M = 2{,}5^{+0{,}1}$ mm
$d_H = 3{,}0^{+0{,}1}$ mm bei Munition mit glatten Läufen
$= 2{,}0^{+0{,}1}$ mm bei aller anderen Munition
$h = 2{,}5^{+0{,}25}$ mm
h_1 gemäß Angabe des Herstellers

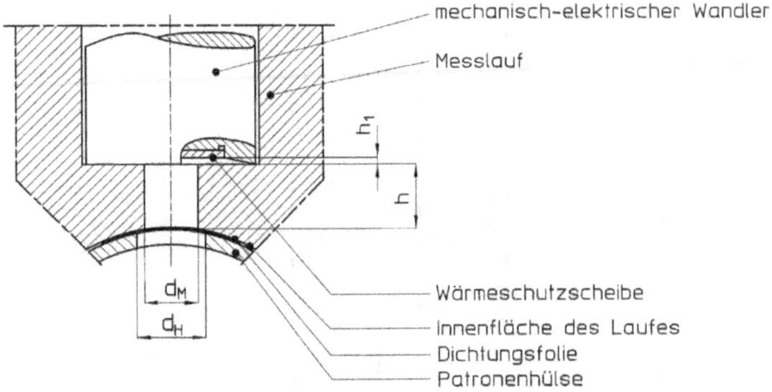

Abbildung 2c: Tangentialaufnehmer (Patronenhülse nicht angebohrt)
d_M = gemäß Angabe des Herstellers
zulässige Abweichung von der Tangentialstellung
$\Delta h \leq 0{,}07$ mm

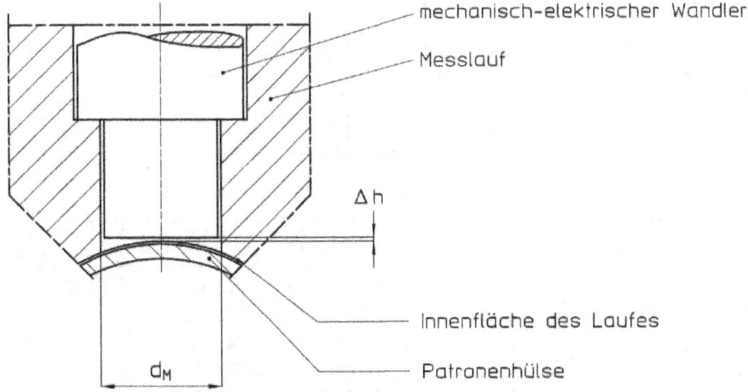

Prüfläufe zur Funktionsprüfung und Gasdruckmessung an Kartuschenmunition (Platz- und Knallpatronen sowie Reiz- und Wirkstoffmunition) nach Tabelle 5 der Maßtafeln

Abbildung 3a: Pistolen

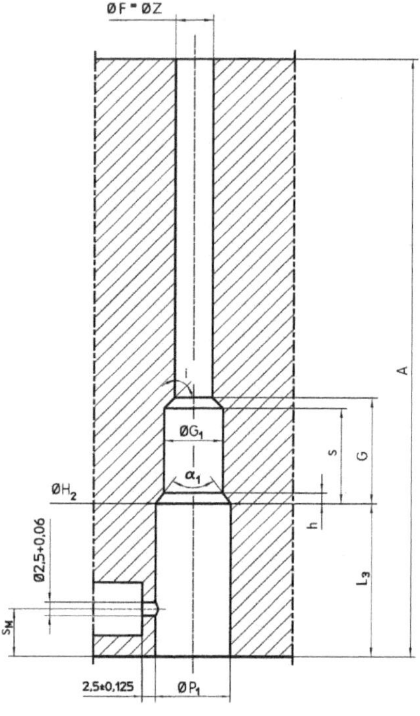

Bezeichnung (Kaliber)	A	L_3	s	h	s_m	$ØP_1$	$ØH_2$	$ØG_1$	ØF=ØZ	α_1	i
8 mm Knall	60	19,2	10,0	1,01	7,0	8,02	8,02	6,0	4,3	90°	45°
9 mm P.A. Knall	62	21,5	3,5	0,77	8,5	9,55	9,55	8,0	5,6	90°	45°
.22 lang Knall	60	15,0	5,0	0,37	7,0	5,76	5,74	5,0	4,3	90°	45°
.315 Knall	60	16,2	10,0	1,01	7,0	8,02	8,02	6,0	4,3	90°	45°
.35 R Knall	60	26,0	11,0	1,77	8,5	9,55	9,55	6,0	4,3	90°	45°
.35 Knall	62	24,8	11,0	1,77	8,5	9,55	9,55	6,0	4,3	90°	45°
.35 GR	62	24,0	11,0	1,77	8,5	9,90	9,80	6,0	4,3	90°	45°
.35 R GR	62	26,0	11,0	1,77	8,5	9,55	9,55	6,0	4,3	90°	45°
8 mm GR	62	19,2	10,0	1,01	7,0	8,45	8,45	6,0	4,3	90°	45°

Abbildung 3b: Revolver

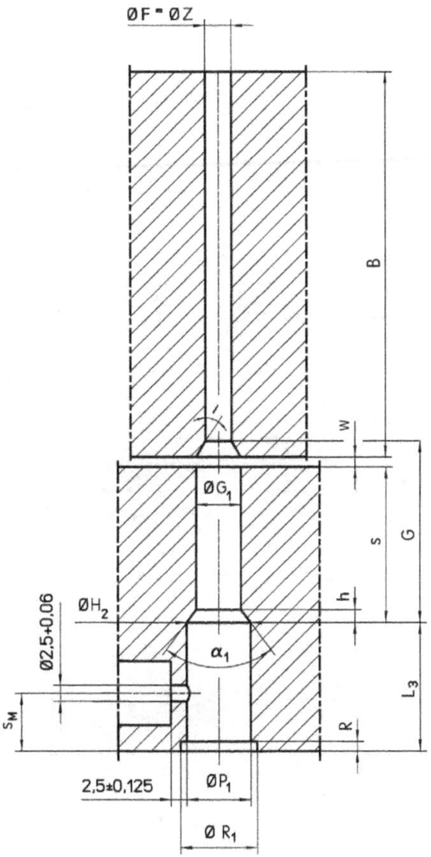

Bezeichnung (Kaliber)	B	L_3	s	h	s_m	$ØP_1$	$ØH_2$	$ØG_1$	ØF=ØZ	α_1	i	w
9 mm oder .380 Knall	50	17,5	16,5	1,30	7,5	9,60	9,60	7,0	3,0	90°	45°	1,5
.320 kurz Knall	50	16,0	13,0	0,50	7,5	8,10	8,10	7,0	3,0	90°	45°	1,5
.45 Short Knall	63	18,3	17,0	1,49	7,5	12,15	12,15	7,0	3,0	90°	45°	1,1

I

Flugbolzen und Prüfgerät für Kartuschenmunition nach Tabelle 5 der Maßtafeln

Abbildung 4:

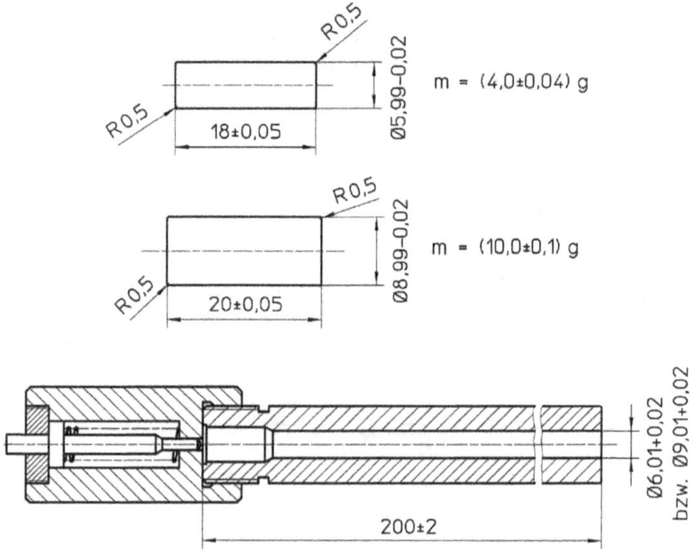

Prüfgeräte und Flugbolzen für Kartuschenmunition für Schussapparate nach Tabelle 6 der Maßtafeln

Abbildung 5a:

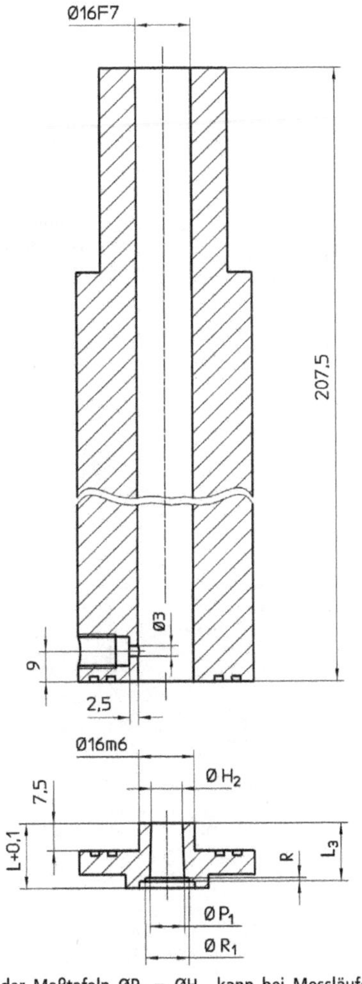

Wenn nach Tabelle 6 der Maßtafeln $ØP_1 = ØH_2$, kann bei Messläufen $ØP_1$ um $0{,}01 \cdot L_3$ vergrößert werden bei gleichzeitiger Verkleinerung von $ØH_2$ um denselben Betrag.

Abbildung 5b:

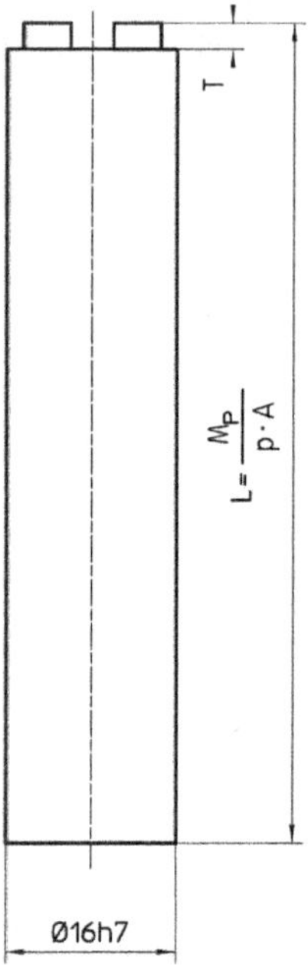

Kolben
$M_p = (80 \pm 0,5)g$

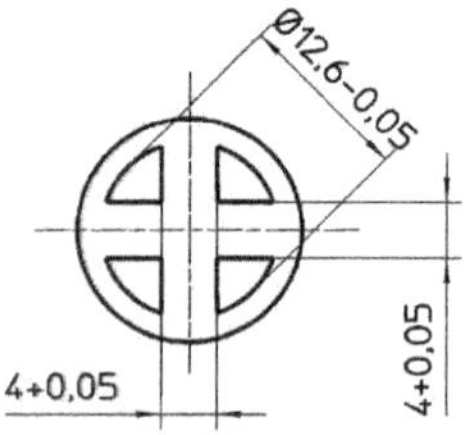

T in mm	V_a in cm^3
$0,50^{+0,01}$	0,08
$1,00^{+0,02}$	0,16
$1,56^{+0,05}$	0,25
$2,50^{+0,05}$	0,40
$3,70^{+0,05}$	0,60
$5,00^{+0,05}$	0,80
$6,88^{+0,05}$	1,10

Anlage IV

I

Anforderungen an Reizstoffgeschosse, Reizstoffsprühgeräte und die dafür verwendeten Reizstoffe

1
Im Sinne dieser Anlage sind

1.1 Reizstoffe,
Stoffe, die bei ihrer bestimmungsgemäßen Anwendung auf den Menschen eine belästigende Wirkung durch Haut- und Schleimhautreizung, insbesondere durch einen Augenreiz ausüben und resorbtiv nicht giftig wirken;

1.2 der LCt_{50}-Wert,
die Konzentration eines Reizstoffes, die nach einer Einwirkungszeit von einer Minute bei 50 % aller Versuchstiere eine tödliche Wirkung verursachen würde;

1.3 der ICt_{50}-Wert,
die Konzentration eines Reizstoffes, die nach einer Einwirkungszeit von einer Minute bei 50 % aller ungeschützten Betroffenen bewirkt, dass sie nicht mehr in der Lage sind, den Angriff fortzusetzen.

2
Geschosse mit oder aus Reizstoffen und Geräte zum Versprühen oder Ausstoßen von Reizstoffen müssen so beschaffen sein, dass

2.1 die Reizstoffe und etwaige Lösungsmittel beim Austritt aus dem Gerät nur gasförmig, als Aerosol oder in gelöster Form auftreten,

2.2 der Entladevorgang die Zeit von einer Sekunde nicht übersteigt, es sei denn, die Geräte enthalten nicht mehr Reizstoff als nach Halbsatz 2 oder 3 je Entladung zulässig ist; bei Anwendung in gasförmigem Zustand und als Aerosol darf höchstens eine Reizstoffmenge freigegeben werden, die nicht mehr als seinem vierfachen ICt_{50}-Wert in mg entspricht; bei der Anwendung in gelöster Form darf höchstens eine Reizstoffmenge freigegeben werden, die dem einfachen ICt_{50}-Wert in mg entspricht,

2.3 bei einer Anwendung im Freien der Reizstoff in einer Entfernung von mindestens 1,5 m noch wirksam ist,

2.4 die Trägermaterialien der Reizstoffe, die Behälter und die Verschlussmaterialien beim Verschießen oder Versprühen keine mechanischen Verletzungen verursachen.

3
Der verwendete Reizstoff muss folgenden Anforderungen entsprechen: Der ICt_{50}-Wert des Reizstoffes darf

3.1 100 mg × min/m^3 und

3.2 1/100 des LCt_{50}-Wertes
nicht überschreiten.

4
Der in gelöster Form angewandte Reizstoff muss folgenden Anforderungen entsprechen:

4.1 Die Konzentration des Reizstoffes darf 0,1 MOL pro Kilogramm Lösungsmittel nicht überschreiten,

4.2 die Reizwirkung der Reizstofflösung in der Anwendungskonzentration auf die Haut von Versuchstieren darf bei einer Wirkungszeit von fünf Minuten bei Raumtemperatur nicht blasenziehend oder gewebezerstörend wirken,

4.3 das Lösungsmittel oder das Lösungsmittelgemisch darf nicht giftig sein,

4.4 die Reizstofflösung darf bei - 10° Celsius nicht zur Bildung von Kristallen führen,

4.5 der gelöste Reizstoff muss in gasförmigem Zustand den Anforderungen der Nummer 3 entsprechen.

5
Arsenverbindungen sind als Reizstoffe ausgeschlossen.

6
Bei den nachstehend genannten Reizstoffen in reiner Form gelten die Anforderungen nach Nummer 3 als erfüllt:

1. Chloracetophenon (CN),
2. Ortho-Chlorbenzalmalondinitril (CS).

I

Anlage V

Grenzwerte für Elektroimpulsgeräte nach § 15 Abs. 5

1
Dauer der Anwendung (Entladezeit) bis 4 s

Stromstärke (Körperstrom) I_{eff}* $\leq$ 500 mA (Lastwiderstand 1000 Ohm)
bei einer Impulsdauer t $\leq$ 0,1 ms und Impulsfrequenz $\leq$ 50/s
und
Spezifische Energie* $\leq 5 \times 10^{-3}$ A^2s
[* = I^2_{eff} t (I_{eff} = Körperstrom (Elektrodenstrom) Effektivwert)]

2
Dauer der Anwendung (Entladezeit) bis 10 s

Stromstärke (Körperstrom) I_{eff}* $\leq$ 300 mA (Lastwiderstand 1000 Ohm)
bei einer Impulsdauer t $\leq$ 0,1 ms und Impulsfrequenz $\leq$ 50/s
und
Spezifische Energie* $\leq 5 \times 10^{-3}$ A^2s
[* = I^2_{eff} t (I_{eff} = Körperstrom (Elektrodenstrom) Effektivwert)]

3
Dauer der Anwendung (Entladezeit) bis 100 s

Stromstärke (Körperstrom) I_{eff}* $\leq$ 50 mA (Lastwiderstand 1000 Ohm)
bei einer Impulsdauer t $\leq$ 0,1 ms und Impulsfrequenz $\leq$ 50/s
und
Spezifische Energie* $\leq 5 \times 10^{-3}$ A^2s
[* = I^2_{eff} t (I_{eff} = Körperstrom (Elektrodenstrom) Effektivwert)]

4
Spezifische Energie

Die „spezifische Energie", die sich auf Einzelimpulse bezieht, wird in den Nummern 1 bis 3 mit

$$I^{2}_{eff} \cdot T$$

bezeichnet. Es handelt sich hier nicht um eine Energie im physikalischen Sinn. Für die Berechnung dieser Größe ist das Quadrat der effektiven Stromstärke multipliziert mit der Periodendauer zu bestimmen.

5
Begrenzung der Anwendungsdauer

Die Geräte sollen sich nach der genannten Dauer der Entladezeit selbsttätig abschalten. Eine erneute Auslösung des Elektroimpulses vor Ablauf von 2 s nach der Abschaltung soll nicht möglich sein.

Anlage VI

Ermittlung der Bewegungsenergie der Geschosse

Die Bewegungsenergie der Geschosse ist nach folgenden Grundsätzen zu prüfen:

1. Von einer wahllos aus einer Fertigung gegriffenen Waffe wird zunächst das arithmetische Mittel der aus zehn Einzelmessungen resultierenden Geschossenergie (Mittelwert-E_{10}) gebildet. Liegt Mittelwert-E_{10} nicht über 5,0 J, so erübrigt sich die weitere Prüfung und es ist als gesichert anzusehen, dass die Bewegungsenergie bei diesem Waffenmodell nicht über 7,5 J liegt. Im anderen Fall sind vier weitere aus der Fertigungsserie entnommene Waffen zu prüfen. Liegt das Gesamtmittel Mittelwert-$E_{5 \cdot 10}$ nicht über 7,5 J und bei keiner der fünf geprüften Waffen die jeweilige obere Toleranzgrenze für 90 % der Grundgesamtheit mit einer statistischen Sicherheit von 95 % über 8,5 J (Mittelwert-$E_{10} + k_{3,10} \cdot s_{10} \leq 8{,}5$ J, $k_{3,10} = 2{,}36$), so gilt die Bewegungsenergie der Geschosse von 7,5 J bei diesem Waffenmodell als eingehalten. Bei nur einer gegenteiligen Feststellung wird das Gegenteil angenommen. Bei den Spielzeugwaffen erfolgt die Prüfung in entsprechender Weise für das Gesamtmittel Mittelwert-$E_{5 \cdot 10}$ nicht über 0,5 J. Die Prüfung vier weiterer Waffen aus der Fertigungsserie erübrigt sich, wenn beim ersten geprüften Stück Mittelwert-E_{10} nicht über 0,4 J liegt. Die jeweilige obere Toleranzgrenze im obigen Sinne darf nicht über 0,6 J liegen (Mittelwert-$E_{10} + K_{3,10} \cdot S_{10} \leq 0{,}6$ J).
2. Wird die Prüfung der Bewegungsenergie der Geschosse von Amts wegen an einem Einzelstück durchgeführt, so gilt der Wert von 7,5 J als nicht überschritten, wenn der aus zehn Messungen resultierende Mittelwert E_{10} nicht über 8,0 J und die obere Toleranzgrenze für 90 % der Grundgesamtheit mit einer statistischen Sicherheit von 95 % nicht über 8,5 J liegt Mittelwert-$E_{10} + k_{3,10} \cdot s_{10} \leq 8{,}5$ J). Der Wert der Bewegungsenergie von 0,5 J gilt als nicht überschritten, wenn der aus zehn Messungen resultierende Mittelwert E_{10} nicht über 0,55 J und die obere Toleranzgrenze für 90 % der Grundgesamtheit mit einer statistischen Sicherheit von 95 % nicht über 0,6 J liegt (Mittelwert-$E_{10} + K_{3,10} \cdot S_{10} \leq 0{,}6$ J).
3. Die Bewegungsenergie der Geschosse wird als halbes Produkt der Masse und des Quadrates der Geschossgeschwindigkeit errechnet. Die mittlere Geschossgeschwindigkeit zwischen zwei Punkten der Geschossbahn geht aus einer Messung der Flugzeit hervor. Gemessen wird die Flugzeit mit einer Lichtschrankenanlage, wobei sich die erste Lichtschranke 0,50 m und die zweite 1,50 m vor der Mündung befinden muss. Als Anzeigegerät ist ein elektronischer Zähler mit einer Zeitauflösung von mindestens 10×10^{-6}s zu verwenden. Durch Division der Messstrecke zwischen den zwei Punkten der Flugbahn (1,00 m) durch die gemessene Zeit wird die mittlere Geschwindigkeit errechnet.

Gesetz über explosionsgefährliche Stoffe (Sprengstoffgesetz – SprengG)

in der Fassung der Bekanntmachung vom 10. September 2002 (BGBl. I S. 3518)

Zuletzt geändert durch
Gesetz zur effektiveren Ahndung und Bekämpfung von Straftaten im Zusammenhang mit explosionsgefährlichen Stoffen
vom 9. Januar 2026 (BGBl. I Nr. 3)

Inhaltsübersicht

Abschnitt I
Allgemeine Vorschriften

§ 1 Anwendungsbereich

(1) Dieses Gesetz regelt den Umgang und den Verkehr mit sowie die Einfuhr und die Durchfuhr von

1. explosionsgefährlichen Stoffen und
2. Sprengzubehör.

(2) Explosionsgefährliche Stoffe werden nach ihrem Verwendungszweck unterteilt in

1. Explosivstoffe (§ 3 Absatz 1 Nummer 2),
2. pyrotechnische Gegenstände (§ 3 Absatz 1 Nummer 3) und
3. sonstige explosionsgefährliche Stoffe (§ 3 Absatz 1 Nummer 9).

(3) Mit Ausnahme des § 2 gilt dieses Gesetz auch für explosionsfähige Stoffe, die nicht explosionsgefährlich sind, jedoch für Sprengarbeiten bestimmt sind, soweit nicht durch dieses Gesetz oder auf Grund dieses Gesetzes Abweichendes bestimmt ist.

(4) Für sonstige explosionsgefährliche Stoffe nach § 2 Absatz 3 gelten bei den in Absatz 1 bezeichneten Tätigkeiten

1. bei Zuordnung der sonstigen explosionsgefährlichen Stoffe zur Stoffgruppe A alle Vorschriften dieses Gesetzes mit Ausnahme derer, die sich ausschließlich auf Explosivstoffe, pyrotechnische Gegenstände oder Sprengzubehör beziehen,
2. bei Zuordnung der sonstigen explosionsgefährlichen Stoffe zur Stoffgruppe B die §§ 5f, 6, 14, 17 bis 25 sowie § 26 Absatz 2, die §§ 30 bis 32, § 33 Absatz 3, § 33b sowie die §§ 34 bis 39,
3. bei Zuordnung der sonstigen explosionsgefährlichen Stoffe zur Stoffgruppe C § 6 Absatz 1 Nummer 3 Buchstabe b und Nummer 4, die §§ 17 bis 19, 24, 25 sowie § 26 Absatz 2, die §§ 30 bis 32, § 33 Absatz 3, § 33b sowie die §§ 34 und 36 bis 39.

§ 1a Ausnahmen für Behörden und sonstige Einrichtungen des Bundes und der Länder und für deren Bedienstete sowie für Bedienstete anderer Staaten; Verordnungsermächtigungen

(1) Dieses Gesetz ist, soweit nicht durch dieses Gesetz oder auf Grund dieses Gesetzes ausdrücklich etwas anderes bestimmt ist, nicht anzuwenden auf

1. die obersten Bundes- und Landesbehörden,
2. die Bundeswehr und die in der Bundesrepublik Deutschland stationierten ausländischen Streitkräfte,
3. die Polizeien des Bundes und der Länder,
4. die Zollverwaltung,
5. die für die Kampfmittelbeseitigung zuständigen Dienststellen der Länder,
6. die Bediensteten der in den Nummern 1 bis 5 genannten Behörden und Einrichtungen, wenn sie dienstlich tätig werden,
7. die Bediensteten anderer Staaten, die dienstlich mit explosionsgefährlichen Stoffen oder Sprengzubehör ausgerüstet sind, wenn sie im Rahmen einer zwischenstaatlichen Vereinbarung oder auf Grund einer Anforderung oder einer allgemein oder für den Einzelfall erteilten Zustimmung einer zuständigen inländischen Behörde oder Dienststelle im Geltungsbereich dieses Gesetzes tätig werden und die zwischenstaatliche Vereinbarung, die Anforderung oder die Zustimmung nicht etwas anderes bestimmt.

(2) Dieses Gesetz ist, soweit nicht durch dieses Gesetz oder auf Grund dieses Gesetzes ausdrücklich etwas anderes bestimmt ist, nicht anzuwenden auf den Umgang mit sowie auf den Erwerb, das Überlassen und die Einfuhr von explosionsgefährlichen Stoffen durch

1. die Bundesanstalt für Materialforschung und -prüfung,
2. die auf Grund des § 36 Absatz 1 für Prüf- und Überwachungsaufgaben zuständigen Behörden,

3. das Fraunhofer-Institut für Kurzzeitdynamik – Ernst-Mach-Institut –,
4. das Fraunhofer-Institut für Chemische Technologie,
5. den obersten Bundesbehörden nachgeordnete Dienststellen, zu deren Aufgaben die Beschaffung explosionsgefährlicher Stoffe und Gegenstände gehört,

soweit diese Tätigkeiten zur Erfüllung ihrer jeweiligen öffentlichen Aufgaben erforderlich sind.

(3) Dieses Gesetz ist, soweit nicht durch dieses Gesetz oder auf Grund dieses Gesetzes ausdrücklich etwas anderes bestimmt ist, nicht anzuwenden auf das Bearbeiten, das Verarbeiten, das Wiedergewinnen, das Aufbewahren, das Verwenden, das Vernichten, den Erwerb, das Überlassen, die Einfuhr oder das Verbringen explosionsgefährlicher Stoffe und Sprengzubehör durch

1. die Physikalisch-Technische Bundesanstalt und
2. die Beschussämter,

soweit diese Tätigkeiten zur Erfüllung ihrer jeweiligen öffentlichen Aufgaben erforderlich sind.

(4) Dieses Gesetz ist mit Ausnahme der §§ 8 bis 8c nicht anzuwenden auf das Bearbeiten, das Aufbewahren, das Verwenden, das Vernichten, den Erwerb, das Überlassen, die Empfangnahme und das Verbringen explosionsgefährlicher Stoffe sowie innerhalb der Betriebsstätte auf den Transport explosionsgefährlicher Stoffe durch die Bundesanstalt Technisches Hilfswerk, soweit diese Tätigkeiten zur Erfüllung ihrer öffentlichen Aufgaben erforderlich sind. Dieses Gesetz ist mit Ausnahme der §§ 8 bis 8c auch nicht anzuwenden auf das Herstellen, Verarbeiten, Wiedergewinnen und die Einfuhr explosionsgefährlicher Stoffe durch die Bundesschule des Technischen Hilfswerks, soweit diese Tätigkeiten zur Erfüllung ihrer öffentlichen Aufgaben erforderlich sind.

(5) Soweit die nachfolgenden Tätigkeiten zur Erfüllung ihrer jeweiligen öffentlichen Aufgaben erforderlich sind, sind die §§ 7 bis 14 und § 27 nicht anzuwenden auf das Aufbewahren, das Verwenden, das Vernichten, den Erwerb, das Überlassen und das Verbringen explosionsgefährlicher Stoffe durch

1. die Einheiten und Ausbildungseinrichtungen des Katastrophenschutzes
   a) der Länder und
   b) der kommunalen Gebietskörperschaften und
2. die Behörden der Wasserstraßen- und Schifffahrtsverwaltung des Bundes.

(6) Die Bundesregierung kann durch Rechtsverordnung, die nicht der Zustimmung des Bundesrates bedarf, sonstige Behörden und Einrichtungen des Bundes vom Anwendungsbereich dieses Gesetzes ausnehmen. Die Bundesregierung kann die Befugnis zum Erlass einer Rechtsverordnung nach Satz 1 durch Rechtsverordnung, die nicht der Zustimmung des Bundesrates bedarf, auf eine andere Bundesbehörde übertragen.

(7) Die Landesregierungen können durch Rechtsverordnung sonstige Behörden und Einrichtungen der Länder vom Anwendungsbereich dieses Gesetzes ausnehmen. Die Landesregierungen können die Befugnis zum Erlass einer Rechtsverordnung nach Satz 1 durch Rechtsverordnung auf andere Landesbehörden übertragen.

§ 1b Ausnahmen für den Umgang und den Verkehr mit sowie für die Einfuhr, für die Durchfuhr und für die Beförderung von explosionsgefährlichen Stoffen

(1) Dieses Gesetz gilt nicht für

1. die Beförderung von explosionsgefährlichen Stoffen im Schienenverkehr der Eisenbahnen des öffentlichen Verkehrs, mit Seeschiffen und mit Luftfahrzeugen, jedoch mit Ausnahme des § 22 Absatz 2 und § 24 Absatz 2 Nummer 4,
2. den Umgang mit explosionsgefährlichen Stoffen in den der Bergaufsicht unterliegenden Betrieben, jedoch mit Ausnahme der §§ 3 bis 16a, 19 bis 24 Absatz 1 hinsichtlich der Gebrauchsanleitung, soweit bergrechtliche Vorschriften nicht entge-

genstehen, der §§ 33 und 33b sowie der §§ 34 bis 39a,

3. Munition im Sinne des Waffengesetzes und des Beschussgesetzes sowie für Kriegswaffen im Sinne des Gesetzes über die Kontrolle von Kriegswaffen; das Gesetz gilt jedoch
   a) für den Erwerb und Besitz selbst geladener oder wiedergeladener Munition auf Grund einer Erlaubnis nach diesem Gesetz,
   b) für das Bearbeiten und Vernichten von Munition einschließlich sprengkräftiger Kriegswaffen im Sinne des Waffengesetzes, des Beschussgesetzes und des Gesetzes über die Kontrolle von Kriegswaffen sowie für das Wiedergewinnen explosionsgefährlicher Stoffe aus solcher Munition,
   c) für das Aufbewahren von pyrotechnischer Munition und von zur Delaborierung oder Vernichtung ausgesonderter sprengkräftiger Kriegswaffen,
   d) für den Erwerb, den Besitz, das Überlassen, das Verbringen, das Bearbeiten, das Vernichten, das Aufsuchen, das Freilegen, das Bergen und das Aufbewahren sowie den innerbetrieblichen Transport von Fundmunition,
   e) für den Erwerb, den Besitz, das Bearbeiten, das Vernichten, das Aufsuchen, das Freilegen, das Bergen und das Aufbewahren, die Einfuhr, die Durchfuhr und das Verbringen sowie den innerbetrieblichen Transport von Munition, die nicht den Bestimmungen des Waffengesetzes oder des Gesetzes über die Kontrolle von Kriegswaffen unterliegt.

(2) Dieses Gesetz gilt, soweit die nachfolgenden Tätigkeiten zur Erfüllung ihrer öffentlichen Aufgaben erforderlich sind, nicht für

1. den Umgang mit sowie den Erwerb und das Überlassen von explosionsgefährlichen Stoffen durch Hochschulen und Fachhochschulen
   a) bis zu einer Gesamtmenge von 100 Gramm,
   b) bis zu einer Gesamtmenge von 3 Kilogramm, sofern die explosionsgefährlichen Stoffe Forschungszwecken dienen,
2. das Aufbewahren, das Verwenden, das Vernichten, den Erwerb, das Überlassen und das Verbringen von explosionsgefährlichen Stoffen bis zu einer Gesamtmenge von 100 Gramm durch allgemein- oder berufsbildende Schulen.

(3) Dieses Gesetz gilt nicht für

1. den Erwerb, das Aufbewahren, das Verwenden, das Vernichten, das Verbringen, das Überlassen, die Einfuhr und die Durchfuhr, wobei jeweils das Inverkehrbringen und der Konformitätsnachweis nach § 5 Absatz 1 ausgenommen sind, von
   a) Schallmessvorrichtungen zur Bestimmung der Wassertiefe mit einem Knallsatz von nicht mehr als 2 Gramm, wenn diese Gegenstände vom Schiffsführer oder von einer von ihm schriftlich beauftragten Person erworben oder verwendet werden,
   b) Schnellauslösevorrichtungen mit nicht mehr als 2 Gramm explosionsgefährlichen Stoffen, wenn diese Vorrichtungen gegen ein unbefugtes Öffnen gesichert sind sowie druckfest und splittersicher sind und von dem Leiter eines Betriebes oder einer von ihm schriftlich beauftragten Person erworben oder verwendet werden, wobei Auslöser für Gasgeneratoren nicht als Schnellauslösevorrichtungen gelten,
   c) Anzünder für Verbrennungskraftmaschinen,
2. den Verkehr mit sowie die Einfuhr, die Durchfuhr, das Verbringen, das Aufbewahren, das Verwenden und das Vernichten, wobei jeweils das Inverkehrbringen und der Konformitätsnachweis nach § 5 Absatz 1 ausgenommen sind, von
   a) Anzündpillen und Anzündlamellen,
   b) Anzündhütchen mit einem Anzündsatz von nicht mehr als 0,2 Gramm,
3. den Umgang und den Verkehr mit explosionsgefährlichen Stoffen, die an Sicher-

heitszündhölzern und Überallzündhölzern verarbeitet sind, sowie für die Einfuhr der an derartigen Anzündern verarbeiteten explosionsgefährlichen Stoffe,

4. den Umgang, wobei das Bearbeiten, das Verarbeiten, das Wiedergewinnen und das Vernichten ausgenommen sind, und den Verkehr mit sowie die Einfuhr von
   a) Fertigerzeugnissen, die aus Zellhorn hergestellt sind oder in denen Zellhorn verarbeitet ist, und die mit Membranfiltern aus Cellulosenitraten versehen sind, und
   b) Kine- und Röntgenfilmen auf Cellulosenitratbasis mit photographischer Schicht mit der Maßgabe, dass deren Aufbewahrung im Zusammenhang mit der Wiedergewinnung von der Anwendung dieses Gesetzes nicht ausgenommen ist,
5. das Herstellen, das Bearbeiten, das Verarbeiten oder das Vernichten explosionsgefährlicher Zwischenerzeugnisse,
6. das Verwenden explosionsgefährlicher Hilfsstoffe, die keine Explosivstoffe sind, und
7. den Transport, das Überlassen und die Empfangnahme explosionsgefährlicher Zwischenerzeugnisse und explosionsgefährlicher Hilfsstoffe, die keine Explosivstoffe sind, innerhalb der Betriebsstätte, soweit die Zwischenerzeugnisse und Hilfsstoffe in einer oder mehreren nach § 4 des Bundes-Immissionsschutzgesetzes genehmigungsbedürftigen Anlagen in einer Betriebsstätte zu nicht explosionsgefährlichen Stoffen verarbeitet werden.

(4) Dieses Gesetz berührt nicht

1. Rechtsvorschriften, die im Zusammenhang mit der Beförderung gefährlicher Güter aus Gründen der Sicherheit erlassen sind,
2. auf örtlichen Besonderheiten beruhende Vorschriften über den Umgang und den Verkehr mit explosionsgefährlichen Stoffen und über deren Beförderung in Seehäfen und auf Flughäfen,
3. Rechtsvorschriften, die aus Gründen der Sicherheit im Zusammenhang mit dem Inverkehrbringen von oder dem Umgang mit Gefahrstoffen erlassen sind,
4. Rechtsvorschriften, die zum Schutz vor schädlichen Umwelteinwirkungen erlassen worden sind oder deren Entstehen vorbeugen sollen,
5. Rechtsvorschriften über die Förderung der Kreislaufwirtschaft und Sicherung der umweltverträglichen Bewirtschaftung von Abfällen.

§ 2 Anwendung auf neue sonstige explosionsgefährliche Stoffe

(1) Wer einen in einer Liste nach Absatz 6 nicht aufgeführten Stoff, bei dem die Annahme begründet ist, dass er explosionsgefährlich ist und der nicht zur Verwendung als Explosivstoff bestimmt ist, einführt, aus einem anderen Mitgliedstaat der Europäischen Union in den Geltungsbereich dieses Gesetzes verbringt, herstellt, ihn vertreiben, anderen überlassen oder verwenden will, hat dies der Bundesanstalt für Materialforschung und -prüfung (Bundesanstalt) unverzüglich anzuzeigen und ihr auf Verlangen eine Stoffprobe vorzulegen. In der Anzeige sind die Bezeichnung, die Zusammensetzung und der Verwendungszweck anzugeben. Satz 1 ist nicht anzuwenden auf das gewerbsmäßige Herstellen von sonstigen explosionsgefährlichen Stoffen, die in der Betriebsstätte weiterverarbeitet, gegen Abhandenkommen gesichert und nicht aufbewahrt werden.

(2) Die Bundesanstalt stellt innerhalb von zwei Monaten nach Eingang der Anzeige oder, falls die Vorlage einer Stoffprobe verlangt wird, nach Vorlage dieser Stoffprobe auf Grund der in § 3 Absatz 1 Nummer 1 bezeichneten Prüfverfahren fest, ob der angezeigte Stoff explosionsgefährlich ist. Erweist er sich als explosionsgefährlich, erlässt die Bundesanstalt vor Ablauf der genannten Frist einen Feststellungsbescheid. Entsprechendes gilt, wenn ihr auf andere Weise ein neuer sonstiger explosionsgefährlicher Stoff nach § 1 Absatz 4 bekannt wird, der im Geltungsbereich dieses Gesetzes vertrieben, anderen überlassen oder verwendet wird.

(3) Bei einem neuen sonstigen explosionsgefährlichen Stoff nach § 1 Absatz 4 stellt die Bundesanstalt in dem Feststellungsbescheid

außerdem fest, welcher Stoffgruppe der Anlage II der Stoff zuzuordnen ist. Den Stoffgruppen A, B oder C sind Stoffe zuzuordnen, die in ihrer Empfindlichkeit und Wirkung den Stoffen der entsprechenden Stoffgruppen der Anlage II vergleichbar sind. Bei explosionsgefährlichen Stoffen, die in die Gruppe C aufzunehmen wären, kann von dem Feststellungsbescheid abgesehen werden, wenn der Stoff bei Durchführung der Prüfung der thermischen Empfindlichkeit nach § 1 Abs. 1 nicht zu einer Explosion gebracht und bei der Prüfung auch nach anderen als den in § 3 Absatz 1 Nummer 1 bezeichneten Verfahren eine örtlich eingeleitete Umsetzung nicht oder nicht in gefährlicher Weise auf die Gesamtmenge des Stoffes übertragen werden kann. Erweist sich der explosionsgefährliche Stoff nachträglich hinsichtlich seiner Empfindlichkeit und Wirkung gefährlicher oder weniger gefährlich als dies seiner Zuordnung entspricht, so kann er einer anderen Gruppe der Anlage II zugeordnet oder die Zuordnung aufgehoben werden. Die Entscheidung nach Satz 1 ist dem Anzeigenden vor Ablauf der Frist nach Absatz 2 schriftlich oder elektronisch bekannt zu geben. Die Feststellung der Explosionsgefährlichkeit ist im Bundesanzeiger bekannt zu machen. Für die Entscheidung nach Satz 4 gelten die Sätze 5 und 6 entsprechend.

(4) Vor der Feststellung nach Absatz 3 darf der Stoff nicht vertrieben, anderen überlassen oder verwendet werden. Überlässt der Hersteller oder Einführer den Stoff einem anderen, bevor die Feststellung im Bundesanzeiger bekannt gemacht worden ist, so hat er ihm spätestens beim Überlassen des Stoffes einen Abdruck des Feststellungsbescheides zu übergeben. In gleicher Weise ist verpflichtet, wer den explosionsgefährlichen Stoff einem weiteren Erwerber überlässt.

(5) Das Gesetz ist im Übrigen auf den nach Absatz 3 als explosionsgefährlich festgestellten Stoff erst anzuwenden

1. gegenüber dem Anzeigenden, wenn ihm die Feststellung nach Absatz 3 Satz 5 bekannt gegeben worden ist,
2. gegenüber den in Absatz 4 Satz 2 und 3 genannten Personen, wenn ihnen ein Abdruck des Feststellungsbescheides übergeben worden ist,
3. gegenüber Dritten, die den Stoff erwerben oder mit ihm umgehen, wenn die Feststellung nach Absatz 3 Satz 6 im Bundesanzeiger bekannt gemacht worden ist.

(6) Die Absätze 1 bis 5 finden mit Ausnahme von Absatz 3 Satz 2 bis 4 keine Anwendung auf sonstige explosionsgefährliche Stoffe, die vom Bundesministerium des Innern, für Bau und Heimat mit Bekanntmachung vom 3. Dezember 1986 (BAnz. Nr. 233a vom 16. Dezember 1986), berichtigt mit Bekanntmachung vom 5. März 1987 (BAnz. Nr. 51 S. 2635 vom 14. März 1987), veröffentlicht worden sind. Die Bundesanstalt veröffentlicht die Stoffe, deren Explosionsgefährlichkeit sie nach den Absätzen 2 und 3 festgestellt hat, im Bundesanzeiger. Die Zusammenfassung verschiedener Zubereitungen in Rahmenzusammensetzungen ist bei der Veröffentlichung nach Satz 2 zulässig, sofern die durch die Zusammenfassung erfassten Zubereitungen zweifelsfrei explosionsgefährlich, einander bezüglich ihrer chemischen Zusammensetzung hinreichend ähnlich und der gleichen Stoffgruppe der Anlage II zuzuordnen sind.

§ 3 Begriffsbestimmungen

(1) Im Sinne dieses Gesetzes sind

1. explosionsgefährliche Stoffe:
   a) feste oder flüssige Stoffe und Gemische (Stoffe), die
      aa) durch eine gewöhnliche thermische, mechanische oder andere Beanspruchung zur Explosion gebracht werden können und
      bb) sich bei Durchführung der Prüfverfahren nach Anhang Teil A.14. der Verordnung (EG) Nr. 440/2008 der Kommission vom 30. Mai 2008 zur Festlegung der Prüfmethoden gemäß der Verordnung (EG) Nr. 1907/2006 des Europäischen Parlaments und des Rates zur Registrierung, Bewertung, Zulassung und Beschrän-

kung chemischer Stoffe (REACH) (ABl. L 142 vom 31. 5. 2008, S. 1), die zuletzt durch die Verordnung (EU) 2016/266 (ABl. L 54 vom 1. 3. 2016, S. 1) geändert worden ist, in der jeweils jüngsten im Amtsblatt der Europäischen Union veröffentlichten Fassung als explosionsgefährlich erwiesen haben,

b) Gegenstände, die Stoffe nach Buchstabe a enthalten,

2. Explosivstoffe:
   a) Stoffe und Gegenstände, die nach der Richtlinie 2014/28/EU des Europäischen Parlaments und des Rates vom 26. Februar 2014 zur Harmonisierung der Rechtsvorschriften der Mitgliedstaaten über die Bereitstellung auf dem Markt und die Kontrolle von Explosivstoffen für zivile Zwecke (Neufassung) (ABl. L 96 vom 29. 3. 2014, S. 1) als Explosivstoffe für zivile Zwecke betrachtet werden oder diesen in Zusammensetzung und Wirkung ähnlich sind,
   b) die in Anlage III genannten Stoffe und Gegenstände,
3. pyrotechnische Gegenstände: Gegenstände, die explosionsgefährliche Stoffe oder Stoffgemische enthalten (pyrotechnische Sätze), mit denen auf Grund selbsterhaltender, exotherm ablaufender chemischer Reaktionen Wärme, Licht, Schall, Gas oder Rauch oder eine Kombination dieser Wirkungen erzeugt werden soll,
4. Feuerwerkskörper: pyrotechnische Gegenstände für Unterhaltungszwecke,
5. pyrotechnische Gegenstände für Fahrzeuge: Komponenten von Sicherheitsvorrichtungen in Fahrzeugen, die pyrotechnische Sätze enthalten, die zur Aktivierung dieser oder anderer Vorrichtungen verwendet werden,
6. pyrotechnische Gegenstände für Bühne und Theater: pyrotechnische Gegenstände für die Verwendung auf Bühnen im Innen- und Außenbereich, bei Film- und Fernsehproduktionen oder für eine ähnliche Verwendung,
7. Anzündmittel: pyrotechnische Gegenstände, die explosionsgefährliche Stoffe enthalten und die zur nichtdetonativen Auslösung von Explosivstoffen oder pyrotechnischen Gegenständen bestimmt sind,
8. sonstige pyrotechnische Gegenstände: pyrotechnische Gegenstände, die technischen Zwecken dienen,
9. sonstige explosionsgefährliche Stoffe: explosionsgefährliche Stoffe, die weder Explosivstoff noch pyrotechnischer Gegenstand sind; als sonstige explosionsgefährliche Stoffe gelten auch Explosivstoffe, die zur Herstellung sonstiger explosionsgefährlicher Stoffe bestimmt sind,
10. Zündmittel: Gegenstände, die explosionsgefährliche Stoffe enthalten und die zur detonativen Auslösung von Explosivstoffen bestimmt sind,
11. Hilfsstoffe: Stoffe, die einem chemischen Verfahren zugesetzt werden, um den Verfahrensablauf zu erleichtern oder die Eigenschaften des Endproduktes zu beeinflussen,
12. Zwischenerzeugnisse: Stoffe, die in einem Verfahrensgang innerhalb einer Betriebsstätte, wenn auch in mehreren nach § 4 des Bundes-Immissionsschutzgesetzes genehmigungsbedürftigen Anlagen, als explosionsgefährliche Stoffe entstehen und in demselben Verfahrensgang die Eigenschaft der Explosionsgefährlichkeit wieder verlieren,
13. Sprengzubehör:
    a) Gegenstände, die zur Auslösung einer Sprengung oder zur Prüfung der zur Auslösung einer Sprengung erforderlichen Vorrichtung bestimmt sind und keine explosionsgefährlichen Stoffe enthalten,
    b) Ladegeräte und Mischladegeräte für explosionsgefährliche oder explosi-

onsfähige Stoffe, die für Sprengarbeiten verwendet werden,

14. Sprengarbeiten: die bestimmungsgemäße Verwendung von Explosivstoffen, Anzündmitteln und Sprengzubehör zur gezielten Nutzung der Energie, die bei der Explosion in Form von Druckentwicklung und Stoßwellenbildung freigesetzt wird,
15. Munition: Geschosse, Treibladungen und Übungsmunition für Handfeuerwaffen, andere Schusswaffen, Artilleriegeschütze und technische Geräte,
16. Fundmunition: Munition oder sprengkräftige Kriegswaffen, die nicht ununterbrochen verwahrt, überwacht oder verwaltet worden sind.

(2) Im Sinne dieses Gesetzes ist

1. Umgang mit explosionsgefährlichen Stoffen: das Herstellen, Bearbeiten, Verarbeiten, Wiedergewinnen, Aufbewahren, Verbringen, Verwenden und Vernichten sowie innerhalb der Betriebsstätte der Transport, das Überlassen und die Empfangnahme explosionsgefährlicher Stoffe sowie die weiteren in § 1b Absatz 1 Nummer 3 Buchstabe a bis e bezeichneten Tätigkeiten,
2. Bereitstellung auf dem Markt: jede entgeltliche oder unentgeltliche Abgabe eines Stoffes oder Gegenstandes zum Vertrieb oder zur Verwendung auf dem Markt im Rahmen einer gewerblichen oder wirtschaftlichen Tätigkeit,
3. Inverkehrbringen: die erstmalige Bereitstellung eines Stoffes oder Gegenstandes auf dem Markt,
4. Verkehr mit explosionsgefährlichen Stoffen: die Bereitstellung auf dem Markt, der Erwerb, das Überlassen und das Vermitteln des Erwerbs, des Vertriebs und des Überlassens explosionsgefährlicher Stoffe,
5. Drittstaat: jeder Staat, der kein Mitgliedstaat der Europäischen Union ist,
6. Einfuhr: jede Ortsveränderung von explosionsgefährlichen Stoffen aus einem Drittstaat in den Geltungsbereich dieses Gesetzes einschließlich der Überführung zur Überlassung in den zollrechtlich freien Verkehr nach vorheriger Durchfuhr,
7. Ausfuhr: jede Ortsveränderung von explosionsgefährlichen Stoffen aus dem Geltungsbereich dieses Gesetzes in einen Drittstaat,
8. Durchfuhr: jede Ortsveränderung von explosionsgefährlichen Stoffen aus einem Drittstaat in einen anderen Drittstaat durch den Geltungsbereich dieses Gesetzes unter zollamtlicher Überwachung einschließlich
   a) der Überführung in das Zolllagerverfahren,
   b) des Verbringens in eine Freizone,
   c) des Versandverfahrens mit anschließender Überführung in das Zolllagerverfahren oder anschließendem Verbringen in eine Freizone,
   d) des Versandverfahrens durch das Zollgebiet der Europäischen Union oder mit Bestimmungsstelle in einem anderen Mitgliedstaat der Europäischen Union,
9. Verbringen: jede Ortsveränderung von Stoffen und Gegenständen außerhalb einer Betriebsstätte
   a) im Geltungsbereich dieses Gesetzes,
   b) aus einem anderen Mitgliedstaat der Europäischen Union in den Geltungsbereich dieses Gesetzes,
   c) aus dem Geltungsbereich dieses Gesetzes in einen anderen Mitgliedstaat der Europäischen Union,

   einschließlich der Empfangnahme und des Überlassens durch den Verbringer,
10. Beförderung: jede Ortsveränderung im Sinne verkehrsrechtlicher Vorschriften,
11. Rücknahme: jede Maßnahme, mit der verhindert werden soll, dass ein Stoff oder Gegenstand, der sich in der Lieferkette befindet, auf dem Markt bereitgestellt wird,
12. Rückruf: jede Maßnahme, die darauf abzielt, die Rückgabe eines dem Endnutzer bereits bereitgestellten Stoffes oder Gegenstandes zu erwirken.

I

(3) Im Sinne dieses Gesetzes ist oder sind

1. Hersteller: jede natürliche oder juristische Person, die einen Explosivstoff oder pyrotechnischen Gegenstand herstellt oder entwickeln oder herstellen lässt und diesen Explosivstoff oder pyrotechnischen Gegenstand unter ihrem eigenen Namen oder ihrer eigenen Marke vermarktet,
2. Einführer: jede in einem Mitgliedstaat der Europäischen Union ansässige natürliche oder juristische Person, die einen Explosivstoff oder pyrotechnischen Gegenstand aus einem Drittstaat in den Geltungsbereich dieses Gesetzes einführt,
3. Bevollmächtigter: jede in einem Mitgliedstaat der Europäischen Union ansässige natürliche oder juristische Person, die von einem Hersteller schriftlich beauftragt wurde, in seinem Namen bestimmte Aufgaben wahrzunehmen,
4. Händler: jede weitere natürliche oder juristische Person in der Lieferkette, die einen Explosivstoff oder pyrotechnischen Gegenstand auf dem Markt bereitstellt, mit Ausnahme des Herstellers oder des Einführers,
5. Wirtschaftsakteur: der Hersteller, der Bevollmächtigte nach § 16d, der Einführer und der Händler sowie beim Inverkehrbringen von Explosivstoffen zusätzlich jede juristische oder natürliche Person, die die Lagerung, die Verwendung, die Verbringung, die Einfuhr und die Ausfuhr von Explosivstoffen beziehungsweise den Handel damit betreibt.

(4) Im Sinne dieses Gesetzes ist

1. harmonisierte Norm: eine harmonisierte Norm im Sinne von Artikel 2 Nummer 1 Buchstabe c der Verordnung (EU) Nr. 1025/2012 des Europäischen Parlaments und des Rates vom 25. Oktober 2012 zur europäischen Normung, zur Änderung der Richtlinien 89/686/EWG und 93/15/EWG des Rates sowie der Richtlinien 94/9/EG, 94/25/EG, 95/16/EG, 97/23/EG, 98/34/EG, 2004/22/EG, 2007/23/EG, 2009/23/EG und 2009/105/EG des Europäischen Parlaments und des Rates und zur Aufhebung des Beschlusses 87/95/EWG des Rates und des Beschlusses Nr. 1673/2006/EG des Europäischen Parlaments und des Rates (ABl. L 316 vom 14. 11. 2012, S. 12), die zuletzt durch die Richtlinie 2014/68/EU (ABl. L 189 vom 27. 6. 2014, S. 164) geändert worden ist,
2. Akkreditierung: eine Akkreditierung im Sinne von Artikel 2 Nummer 10 der Verordnung (EG) Nr. 765/2008 des Europäischen Parlaments und des Rates vom 9. Juli 2008 über die Vorschriften für die Akkreditierung und Marktüberwachung im Zusammenhang mit der Vermarktung von Produkten und zur Aufhebung der Verordnung (EWG) Nr. 339/93 des Rates (ABl. L 218 vom 13. 8. 2008, S. 30),
3. Konformitätsbewertung: das Verfahren zur Bewertung, ob die durch eine Rechtsvorschrift der Europäischen Union zur Harmonisierung der Bedingungen für die Vermarktung von Produkten vorgeschriebenen wesentlichen Sicherheitsanforderungen an einen Explosivstoff oder pyrotechnischen Gegenstand erfüllt worden sind,
4. CE-Kennzeichnung: die Kennzeichnung, durch die der Hersteller erklärt, dass der Explosivstoff oder der pyrotechnische Gegenstand den geltenden Anforderungen genügt, die in den Rechtsvorschriften der Europäischen Union zur Harmonisierung der Bedingungen für die Vermarktung von Produkten festgelegt sind.

§ 3a Kategorien von pyrotechnischen Gegenständen und pyrotechnischen Sätzen; Klassen von Wettersprengstoffen und Wettersprengschnüren

(1) Pyrotechnische Gegenstände werden nach dem Grad der von ihnen ausgehenden Gefährdung und ihrem Verwendungszweck in folgende Kategorien eingeteilt:

1. Feuerwerkskörper
   a) Kategorie F1: Feuerwerkskörper, von denen eine sehr geringe Gefahr ausgeht, die einen vernachlässigbaren Lärmpegel besitzen und zur Verwendung in geschlossenen Bereichen vorgesehen sind, einschließlich Feuerwerkskörpern, die zur

Verwendung innerhalb von Wohngebäuden vorgesehen sind,

b) Kategorie F2: Feuerwerkskörper, von denen eine geringe Gefahr ausgeht, die einen geringen Lärmpegel besitzen und zur Verwendung in abgegrenzten Bereichen im Freien vorgesehen sind,

c) Kategorie F3: Feuerwerkskörper, von denen eine mittlere Gefahr ausgeht, deren Lärmpegel die menschliche Gesundheit jedoch nicht gefährdet und die zur Verwendung in weiten offenen Bereichen im Freien vorgesehen sind,

d) Kategorie F4: Feuerwerkskörper, von denen eine große Gefahr ausgeht, die zur Verwendung nur durch Personen mit Fachkenntnissen vorgesehen sind, deren Lärmpegel die menschliche Gesundheit jedoch nicht gefährdet,

2. pyrotechnische Gegenstände für Bühne und Theater
   a) Kategorie T1: pyrotechnische Gegenstände für die Verwendung auf Bühnen, von denen eine geringe Gefahr ausgeht,
   b) Kategorie T2: pyrotechnische Gegenstände für die Verwendung auf Bühnen, die zur Verwendung nur durch Personen mit Fachkenntnissen vorgesehen sind,
3. sonstige pyrotechnische Gegenstände
   a) Kategorie P1: pyrotechnische Gegenstände, von denen eine geringe Gefahr ausgeht, außer Feuerwerkskörpern und pyrotechnischen Gegenständen für Bühne und Theater,
   b) Kategorie P2: pyrotechnische Gegenstände, die zur Handhabung oder Verwendung nur durch Personen mit Fachkenntnissen vorgesehen sind, außer Feuerwerkskörpern und pyrotechnischen Gegenständen für Bühne und Theater.

(2) Pyrotechnische Sätze werden nach ihrer Gefährlichkeit in folgende Kategorien eingeteilt:

a) Kategorie S1: pyrotechnische Sätze, von denen eine geringe Gefahr ausgeht und die insbesondere zur Verwendung auf Bühnen, in Theatern oder in vergleichbaren Einrichtungen, zur Strömungsmessung oder zur Ausbildung von Rettungskräften vorgesehen sind,

b) Kategorie S2: pyrotechnische Sätze, von denen eine große Gefahr ausgeht und deren Umgang oder Verkehr an die Erlaubnis oder den Befähigungsschein gebunden ist.

(3) Wettersprengstoffe und Wettersprengschnüre werden nach ihrer Schlagwettersicherheit in folgende Klassen eingeteilt:

a) Klasse I: geringe Gefahr der Zündung eines zündfähigen Methan-Luft- oder Kohlenstaub-Luft-Gemisches,

b) Klasse II: sehr geringe Gefahr der Zündung eines zündfähigen Methan-Luft- oder Kohlenstaub-Luft-Gemisches,

c) Klasse III: äußerst geringe Gefahr der Zündung eines zündfähigen Methan-Luft- oder Kohlenstaub-Luft-Gemisches.

§ 4 Verordnungsermächtigung, Anwendungsbereich

Das Bundesministerium des Innern, für Bau und Heimat wird ermächtigt, durch Rechtsverordnung

1. dem Stand der Wissenschaft und Technik entsprechend
   a) die Prüfverfahren (§ 3 Absatz 1 Nummer 1),
   b) die Liste der Vergleichsstoffe (Anlage II)

   im Rahmen des § 3 Absatz 1 Nummer 1 zu ändern oder zu ergänzen,
2. zu bestimmen, dass und unter welchen Bedingungen dieses Gesetz auf explosionsgefährliche Stoffe ganz oder teilweise nicht anzuwenden ist, soweit der Schutz von Leben, Gesundheit und Sachgütern Beschäftigter oder Dritter dies zulässt,
3. zu bestimmen, dass auf die in § 1 Absatz 4 bezeichneten explosionsgefährlichen Stoffe andere als die dort bezeichneten Vorschriften anzuwenden sind, soweit der Schutz von Leben, Gesundheit und Sachgütern Beschäftigter oder Dritter dies erfordert,
4. zu bestimmen, dass dieses Gesetz auf Prüf- und Forschungsinstitute ganz oder

teilweise nicht anzuwenden ist, soweit sie in Wahrnehmung öffentlicher Aufgaben den Umgang und den Verkehr mit explosionsgefährlichen Stoffen betreiben oder diese Stoffe einführen,

5. zu bestimmen, dass dieses Gesetz auf den Schienenersatzverkehr der Eisenbahnen des öffentlichen Verkehrs und auf die Beförderung auf Anschlussbahnen ganz oder teilweise nicht anzuwenden ist,
6. zu bestimmen, dass dieses Gesetz auf Geräte anzuwenden ist, in denen zum Antrieb nicht in Hülsen untergebrachte Treibladungen verwendet werden, wenn die Handhabung der Geräte oder ihre Beanspruchung durch das Antriebsmittel eine Gefahr für Leben oder Gesundheit Beschäftigter oder Dritter herbeiführt.

§ 5 Konformitätsnachweis und CE-Kennzeichnung für Explosivstoffe und pyrotechnische Gegenstände

(1) Explosivstoffe und pyrotechnische Gegenstände dürfen nur auf dem Markt bereitgestellt werden, wenn

1. der Hersteller den Konformitätsnachweis erbracht hat und
2. sie mit der CE-Kennzeichnung versehen sind.

(1a) Explosivstoffe und pyrotechnische Gegenstände dürfen nur eingeführt, verbracht, in Verkehr gebracht, vertrieben, anderen überlassen oder verwendet werden, wenn sie die Anforderungen des Absatzes 1 erfüllen.

(2) Der Konformitätsnachweis ist durch eine Konformitätserklärung erbracht, die bestätigt, dass die Konformität in einer Einzelprüfung überprüft worden ist oder

1. die Baumuster den wesentlichen Anforderungen entsprechen, die für Explosivstoffe in Anhang II der Richtlinie 2014/28/EU und für pyrotechnische Gegenstände in Anhang I der Richtlinie 2013/29/EU des Europäischen Parlaments und des Rates vom 12. Juni 2013 zur Harmonisierung der Rechtsvorschriften der Mitgliedstaaten über die Bereitstellung pyrotechnischer Gegenstände auf dem Markt (Neufassung) (ABl. L 178 vom 28. 6. 2013, S. 27) festgelegt sind und
2. die den Baumustern nachgefertigten Explosivstoffe und pyrotechnischen Gegenstände den Baumustern entsprechen.

(3) Es ist verboten, nicht konforme Explosivstoffe oder nicht konforme pyrotechnische Gegenstände

1. mit der CE-Kennzeichnung zu versehen,
2. anderen Personen außerhalb der Betriebsstätte außer zur Ausfuhr oder zur Vernichtung zu überlassen.

(4) Nicht der Pflicht zur CE-Kennzeichnung unterliegen

1. pyrotechnische Gegenstände zur ausschließlichen Verwendung nach den Anlagen A.1 und A.2 der Richtlinie 96/98/EG des Rates vom 20. Dezember 1996 über Schiffsausrüstung (ABl. L 46 vom 17. 2. 1997, S. 25), die zuletzt durch die Richtlinie (EU) 2015/559 (ABl. L 95 vom 10. 4. 2015, S. 1) geändert worden ist,
2. Zündplättchen, die speziell konzipiert sind für Spielzeug und sonstige Gegenstände im Sinne der Richtlinie 2009/48/EG des Europäischen Parlaments und des Rates vom 18. Juni 2009 über die Sicherheit von Spielzeug (ABl. L 170 vom 30. 6. 2009, S. 1, 2013 L 355 vom 31. 12. 2013, S. 92), die zuletzt durch die Richtlinie (EU) 2015/2117 (ABl. L 306 vom 24. 11. 2015, S. 23) geändert worden ist.

§ 5a Ausnahmen vom Erfordernis des Konformitätsnachweises und der CE-Kennzeichnung

(1) § 5 Absatz 1 und 1a ist nicht anzuwenden auf

1. Explosivstoffe und pyrotechnische Gegenstände, die den von der jeweils zuständigen Stelle erlassenen technischen Lieferbedingungen entsprechen, soweit diese den Schutz von Leben und Gesundheit oder Sachgütern betreffen, und
   a) nur für militärische oder polizeiliche Zwecke hergestellt, wiedergewonnen, bearbeitet, verarbeitet, eingeführt oder verbracht werden oder

b) an eine militärische oder polizeiliche Dienststelle oder eine Dienststelle des Katastrophenschutzes vertrieben oder einer dieser Dienststellen überlassen werden,

2. Explosivstoffe und pyrotechnische Gegenstände, die
   a) der Versender ausgeführt hat und die er unverändert in der versandmäßigen Verpackung zurückbekommen hat, wobei diese Voraussetzungen nachzuweisen sind,
   b) als Muster oder Proben in der erforderlichen Menge von demjenigen, der dafür eine Konformitätsbewertung beantragen will, eingeführt oder verbracht werden,
   c) für die Forschung, Entwicklung und Prüfung hergestellt werden und den Anforderungen des Anhangs II der Richtlinie 2014/28/EU an Explosivstoffe oder den Anforderungen des Anhangs I der Richtlinie 2013/29/EU an pyrotechnische Gegenstände nicht genügen, sofern eine sichtbare Kennzeichnung deutlich darauf hinweist, dass diese Explosivstoffe und pyrotechnischen Gegenstände diesen Anforderungen nicht genügen und ausschließlich für die Forschung, Entwicklung und Prüfung verfügbar sind,
   d) zur Abfallbeseitigung oder -verwertung überlassen werden,
   e) für militärische oder polizeiliche Zwecke bestimmt sind und der zuständigen Bundesbehörde zur Prüfung überlassen werden oder
   f) nur für militärische oder polizeiliche Zwecke bestimmt sind, sofern sie zur Bearbeitung, Verarbeitung oder Erprobung
      aa) von dem Betreiber einer genehmigten Anlage im Sinne des § 4 des Bundes-Immissionsschutzgesetzes an den Betreiber einer anderen derartigen Anlage vertrieben oder diesem überlassen werden oder
      bb) eingeführt oder verbracht und an den Betreiber einer genehmigten Anlage im Sinne des § 4 des Bundes-Immissionsschutzgesetzes vertrieben oder diesem überlassen werden,

3. pyrotechnische Gegenstände, die
   a) als Seenotsignalmittel im Sinne der Richtlinie 96/98/EG zur Ausrüstung von Schiffen fremder Staaten in den Geltungsbereich dieses Gesetzes eingeführt oder verbracht werden, sofern diese Seenotsignalmittel nicht in den allgemeinen Verkehr gelangen,
   b) in der Luft- und Raumfahrtindustrie eingesetzt werden,
   c) zum Verkauf bei Messen, Ausstellungen und Vorführungen hergestellt, eingeführt, verbracht, ausgestellt oder verwendet werden und den Anforderungen der Richtlinie 2013/29/EU nicht genügen, sofern eine sichtbare Kennzeichnung den Namen und das Datum der betreffenden Messe, Ausstellung oder Vorführung trägt und deutlich darauf hinweist, dass die Gegenstände diesen Anforderungen nicht genügen und erst erworben werden können, wenn der Hersteller, der in einem Mitgliedstaat der Europäischen Union niedergelassen ist, oder anderenfalls der Einführer die Übereinstimmung mit den Anforderungen der Richtlinie 2013/29/EU hergestellt hat; bei solchen Veranstaltungen sind gemäß allen von der zuständigen Behörde des jeweiligen Mitgliedstaates der Europäischen Union festgelegten Anforderungen die geeigneten Sicherheitsmaßnahmen zu treffen, oder
   d) zur Verwendung durch Feuerwehren bestimmt sind,

4. Feuerwerkskörper, die im Geltungsbereich dieses Gesetzes hergestellt und mit Zustimmung der zuständigen Behörde vom Hersteller zu religiösen, kulturellen und traditionellen Festivitäten abgebrannt werden sollen.

(2) Der Nachweis dafür, dass die Explosivstoffe und pyrotechnischen Gegenstände nach Absatz 1 Nummer 1 den technischen

I

Lieferbedingungen entsprechen, ist durch eine Bescheinigung der zuständigen Bundesbehörde zu erbringen.

(3) Der Nachweis dafür, dass die Explosivstoffe und pyrotechnischen Gegenstände nach Absatz 1 Nummer 1 Buchstabe a für militärische oder polizeiliche Zwecke bestimmt sind, ist durch eine Bescheinigung oder durch den Auftrag der jeweiligen staatlichen Beschaffungs- oder Auftragsstelle zu erbringen. Zum Nachweis kann die zuständige Behörde auch eine Erklärung des mit der Entwicklung befassten Unternehmens anerkennen, wenn die Einfuhr, die Ausfuhr, die Durchfuhr oder das Verbringen zum Zweck der Entwicklung erfolgt und das mit der Entwicklung befasste Unternehmen in der Regel für militärische oder polizeiliche Auftraggeber tätig ist. Gegenüber Unterauftragnehmern gilt der Nachweis als erbracht durch

1. die schriftliche Bekanntgabe der Nummer des Genehmigungsbescheides nach dem Gesetz über die Kontrolle von Kriegswaffen oder
2. die Bezeichnung des Auftrages der staatlichen Beschaffungs- oder Auftragsstelle.

(4) Der Überlasser von Explosivstoffen oder pyrotechnischen Gegenständen hat sich vom Erwerber schriftlich bescheinigen zu lassen, dass die Explosivstoffe oder pyrotechnischen Gegenstände nach Absatz 1 Nummer 2 Buchstabe f zu den in dieser Vorschrift bezeichneten Endprodukten in einer genehmigten Anlage im Sinne des § 4 des Bundes-Immissionsschutzgesetzes bearbeitet oder verarbeitet werden sollen.

§ 5b Konformitätsbewertung für Explosivstoffe und pyrotechnische Gegenstände vor dem Inverkehrbringen; Baumusterprüfung; Einzelprüfung

(1) Explosivstoffe und pyrotechnische Gegenstände sind vor dem Inverkehrbringen auf Antrag des Herstellers von einer benannten Stelle gemäß § 5edurch die Baumusterprüfung nach Modul B des Anhangs III der Richtlinie 2014/28/EU oder des Anhangs II der Richtlinie 2013/29/EU oder durch die Einzelprüfung nach Modul G des Anhangs III der Richtlinie 2014/28/EU oder des Anhangs II der Richtlinie 2013/29/EU daraufhin zu prüfen, ob nach ihrer Zusammensetzung und Beschaffenheit

1. Explosivstoffe die Sicherheitsanforderungen des Anhangs II der Richtlinie 2014/28/EU und
2. pyrotechnische Gegenstände die Sicherheitsanforderungen des Anhangs I der Richtlinie 2013/29/EU

erfüllen (Konformität). Der Hersteller hat den Antrag schriftlich oder elektronisch zu stellen. Die Sätze 1 und 2 finden keine Anwendung auf pyrotechnische Gegenstände der Kategorie F4, wenn der Hersteller das Modul H nach Anhang II der Richtlinie 2013/29/EU gewählt hat.

(2) Wird die Konformität festgestellt, so wird eine Baumusterprüfbescheinigung erteilt.

(3) Die Baumusterprüfbescheinigung kann befristet, inhaltlich beschränkt sowie mit Bedingungen und Auflagen verbunden werden, soweit dies zum Schutz von Leben und Gesundheit oder von Sachgütern erforderlich ist. Die nachträgliche Verbindung mit sowie die Änderung und Ergänzung von Auflagen sind zulässig.

(4) Für die Rücknahme und den Widerruf einer Baumusterprüfbescheinigung gilt § 34 Absatz 1, 2 und 4 entsprechend.

§ 5c Konformitätsbewertung für Explosivstoffe und pyrotechnische Gegenstände in der Serienfertigung; Qualitätssicherungsverfahren; CE-Kennzeichnung

(1) Die Übereinstimmung der nach einem Baumuster gefertigten Explosivstoffe oder pyrotechnischen Gegenstände mit dem Baumuster ist auf Antrag des Herstellers in einem Qualitätssicherungsverfahren nachzuweisen, das nach der Wahl des Herstellers durchzuführen ist für

1. Explosivstoffe nach den Modulen C2, D, E oder F des Anhangs III der Richtlinie 2014/28/EU und

2. pyrotechnische Gegenstände nach den Modulen C2, D oder E des Anhangs II der Richtlinie 2013/29/EU.

Der Hersteller hat den Antrag schriftlich oder elektronisch zu stellen.

(2) Der Hersteller kann die Übereinstimmung von pyrotechnischen Gegenständen der Kategorie F4 mit dem Baumuster auch in einem Qualitätssicherungsverfahren nach Modul H der Richtlinie 2013/29/EU nachweisen.

(3) Wird im Qualitätssicherungsverfahren die Übereinstimmung der nach dem Baumuster gefertigten Explosivstoffe oder pyrotechnischen Gegenstände mit dem Baumuster festgestellt,

1. bringt der Hersteller die CE-Kennzeichnung auf den Explosivstoffen oder den pyrotechnischen Gegenständen an und
2. stellt der Hersteller Folgendes aus:
   a) für Explosivstoffe eine EU-Konformitätserklärung nach Anhang IV der Richtlinie 2014/28/EU und
   b) für pyrotechnische Gegenstände eine EU-Konformitätserklärung nach Anhang III der Richtlinie 2013/29/EU.

Ist es nicht möglich, die CE-Kennzeichnung auf den Explosivstoffen oder pyrotechnischen Gegenständen anzubringen, muss sie auf der Verpackung angebracht werden. Das Nähere regelt eine Rechtsverordnung nach § 6 Absatz 1.

§ 5d Aufbewahrungspflicht

Der Hersteller und der Bevollmächtigte haben die folgenden Unterlagen zehn Jahre lang nach der letzten Herstellung des Produkts aufzubewahren und der zuständigen Behörde auf deren Verlangen jederzeit vorzulegen:

1. die EU-Konformitätserklärung,
2. die EU-Baumusterprüfbescheinigung einschließlich Nachträgen und Nebenbestimmungen,
3. die Unterlagen über das zugelassene Qualitätssicherungssystem,
4. die Entscheidung über die Bewertung dieses Qualitätssicherungssystems und
5. die Berichte über die Nachprüfungen.

§ 5e Benannte Stellen

(1) Die Baumusterprüfung, die Einzelprüfung und die Überwachung des Qualitätssicherungsverfahrens werden von einer benannten Stelle durchgeführt; die benannte Stelle erteilt auch die Bescheinigungen. Die Artikel 28, 36 und 38 der Richtlinie 2014/28/EU und die Artikel 33 und 35 der Richtlinie 2013/29/EU sind anzuwenden. Wenn im Rahmen der in Satz 1 genannten Tätigkeiten Prüfungen erforderlich sind, darf die benannte Stelle mit der Durchführung von Teilen dieser Prüfungen auch andere Prüflaboratorien beauftragen, die die Anforderungen des Artikels 28 der Richtlinie 2014/28/EU oder des Artikels 25 der Richtlinie 2013/29/EU erfüllen.

(2) Benannte Stelle ist

1. unbeschadet des gesondert durchzuführenden Notifizierungsverfahrens die Bundesanstalt für Materialforschung und -prüfung,
2. jede Stelle, die dem Bundesministerium des Innern, für Bau und Heimat von den Ländern als Prüflaboratorium oder Zertifizierungsstelle für einen bestimmten Aufgabenbereich benannt wurde und die das Bundesministerium des Innern, für Bau und Heimat im Bundesanzeiger bekannt gemacht hat, und
3. jede Stelle, die der Europäischen Kommission von einem Mitgliedstaat der Europäischen Union auf Grund eines Rechtsakts des Rates oder der Europäischen Kommission von einer nach dem Abkommen über den Europäischen Wirtschaftsraum zuständigen Behörde auf Grund dieses Abkommens mitgeteilt worden ist.

Benannte Stelle für die Prüfungen nach § 5b Absatz 1 und die Überwachung des Qualitätssicherungsverfahrens nach § 5c Absatz 2 im Geltungsbereich dieses Gesetzes ist ausschließlich die Bundesanstalt für Materialforschung und -prüfung.

(3) Eine Stelle kann nach Absatz 2 Nummer 2 von den Ländern benannt werden, wenn in einem Akkreditierungsverfahren festgestellt worden ist, dass sie die Anforderungen der folgenden Bestimmungen erfüllt:

1. Artikel 28 der Richtlinie 2014/28/EU in Bezug auf Explosivstoffe oder
2. Artikel 25 der Richtlinie 2013/29/EU in Bezug auf pyrotechnische Gegenstände.

Die Akkreditierung ist zu befristen. Sie kann mit weiteren Nebenbestimmungen versehen werden. Die Erteilung, der Ablauf, die Rücknahme, der Widerruf und das Erlöschen der Akkreditierung sind dem Bundesministerium des Innern, für Bau und Heimat unverzüglich anzuzeigen.

(4) Das Bundesministerium des Innern, für Bau und Heimat teilt der Europäischen Kommission und den anderen Mitgliedstaaten der Europäischen Union mit, welche Stellen für die Durchführung des Konformitätsbewertungsverfahrens benannt worden sind und welche Aufgaben diesen Stellen übertragen worden sind. Das Bundesministerium des Innern, für Bau und Heimat unterrichtet die Europäische Kommission und die anderen Mitgliedstaaten der Europäischen Union über den Ablauf, die Rücknahme und den Widerruf sowie eine anderweitige Aufhebung oder Erledigung einer Benennung. Es macht den Ablauf, den Widerruf, die Rücknahme sowie eine anderweitige Aufhebung oder Erledigung einer Benennung im Bundesanzeiger bekannt.

(5) Die für die Fachaufsicht über die benannte Stelle jeweils zuständige Behörde des Bundes oder der Länder überwacht, ob die benannte Stelle die Anforderungen an benannte Stellen erfüllt, die durch Harmonisierungsrechtsvorschriften der Europäischen Union festgelegt sind. Sie kann dabei die Vorlage von Unterlagen für die Erteilung von Bescheinigungen verlangen. Die benannten Stellen und die mit den Prüfungen und der Durchführung der Fachaufgaben befassten Personen haben der zuständigen Behörde die zur Erfüllung ihrer Überwachungsaufgaben erforderlichen Auskünfte zu erteilen und die Durchführung der Überwachungsmaßnahmen zu unterstützen. § 31 Absatz 3 ist anzuwenden.

(6) Die Bediensteten der für die Fachaufsicht über die benannte Stelle jeweils zuständigen Behörde sind berechtigt, zu den Betriebs- und Geschäftszeiten Grundstücke, Geschäfts- und Laborräume der benannten Stellen zu betreten und zu besichtigen. Die benannte Stelle hat die Maßnahmen nach Satz 1 zu dulden.

§ 5f Zulassung von sonstigen explosionsgefährlichen Stoffen und Sprengzubehör

(1) Sonstige explosionsgefährliche Stoffe dürfen nur eingeführt, verbracht, vertrieben, anderen überlassen oder verwendet werden, wenn sie

1. nach ihrer Zusammensetzung, Beschaffenheit und Bezeichnung von der Bundesanstalt für Materialforschung und -prüfung zugelassen sind oder
2. durch Rechtsverordnung nach § 6 Absatz 1 Nummer 1 allgemein zugelassen sind.

Die Zulassung nach Nummer 1 wird dem Hersteller, seinem Bevollmächtigten, dem Einführer oder dem Verbringer auf schriftlichen oder elektronischen Antrag erteilt.

(2) Sprengzubehör darf nur verwendet werden, wenn es nach seiner Zusammensetzung, Beschaffenheit und Bezeichnung von der Bundesanstalt für Materialforschung und -prüfung zugelassen worden ist. Die Zulassung wird dem Hersteller oder dem Einführer auf schriftlichen oder elektronischen Antrag erteilt.

(3) Die Zulassung nach Absatz 1 oder Absatz 2 ist zu versagen, wenn

1. der Schutz von Leben und Gesundheit oder von Sachgütern bei bestimmungsgemäßer Verwendung der sonstigen explosionsgefährlichen Stoffe oder des Sprengzubehörs nicht gewährleistet ist,
2. die sonstigen explosionsgefährlichen Stoffe oder das Sprengzubehör den Anforderungen einer auf der Grundlage einer Rechtsverordnung nach § 6 Absatz 1 Nummer 2 Buchstabe a erlassenen Vorschrift über die Zusammensetzung, Beschaffenheit und Bezeichnung der explosionsgefährlichen Stoffe oder des Sprengzubehörs nicht genügen,
3. die sonstigen explosionsgefährlichen Stoffe oder das Sprengzubehör in ihrer oder in seiner Wirkungsweise, Brauchbarkeit und

Beständigkeit dem Stand der Technik nicht entsprechen oder

4. der Antragsteller nicht in der Lage ist, dafür zu sorgen, dass die nachgefertigten sonstigen explosionsgefährlichen Stoffe in ihrer Zusammensetzung und Beschaffenheit dem zur Prüfung vorgelegten Muster entsprechen.

(4) Die Zulassung nach Absatz 1 oder Absatz 2 kann befristet, inhaltlich beschränkt sowie mit Bedingungen und Auflagen verbunden werden, soweit dies zum Schutz von Leben und Gesundheit oder von Sachgütern erforderlich ist. Die nachträgliche Verbindung der Zulassung mit Auflagen sowie die Änderung und die Ergänzung von Auflagen sind zulässig. Nebenbestimmungen und inhaltliche Beschränkungen der Zulassung, die die Verwendung der sonstigen explosionsgefährlichen Stoffe und des Sprengzubehörs betreffen, sind vom Verwender zu beachten.

§ 5g Ausnahmen vom Zulassungserfordernis für sonstige explosionsgefährliche Stoffe und Sprengzubehör

(1) Eine Zulassung nach § 5f Absatz 1 ist nicht erforderlich für sonstige explosionsgefährliche Stoffe, die

1. durchgeführt werden,
2. als Muster oder Proben vom Antragsteller in der für Muster oder Proben erforderlichen Menge eingeführt oder verbracht werden,
3. nicht für militärische oder polizeiliche Zwecke bestimmt sind, wenn
   a) sie zu nicht explosionsgefährlichen Stoffen weiterverarbeitet werden,
   b) für die aus ihnen hergestellten Endprodukte eine Ausnahmegenehmigung nach Absatz 5 Nummer 1 zum Zwecke der Ausfuhr erteilt worden ist und die Voraussetzungen des Absatzes 2 Nummer 3 erfüllt sind oder
   c) die aus ihnen hergestellten Endprodukte der Zulassungspflicht unterliegen.

(2) § 5f Absatz 1 und 2 ist nicht anzuwenden auf

1. sonstige explosionsgefährliche Stoffe der Stoffgruppen A und B und Sprengzubehör, die oder das nur für militärische oder polizeiliche Zwecke hergestellt, wiedergewonnen, bearbeitet, verarbeitet, eingeführt oder verbracht werden und an eine militärische oder eine polizeiliche Dienststelle oder eine Dienststelle des Katastrophenschutzes vertrieben oder einer dieser Dienststellen überlassen werden, wenn sichergestellt ist, dass die Stoffe und Gegenstände den von der jeweils zuständigen Stelle erlassenen technischen Lieferbedingungen entsprechen, soweit diese den Schutz von Leben und Gesundheit oder von Sachgütern betreffen,
2. sonstige explosionsgefährliche Stoffe der Stoffgruppen A und B und Sprengzubehör, die oder das nur für militärische oder polizeiliche Zwecke bestimmt sind und der zuständigen Bundesbehörde zur Prüfung oder Erprobung überlassen werden,
3. sonstige explosionsgefährliche Stoffe der Stoffgruppen A und B und Sprengzubehör, die oder das nur für militärische oder polizeiliche Zwecke bestimmt sind, sofern sie oder es zur Bearbeitung, Verarbeitung oder Erprobung
   a) von dem Betreiber einer genehmigten Anlage im Sinne des § 4 des Bundes-Immissionsschutzgesetzes an den Betreiber einer anderen derartigen Anlage vertrieben oder ihm überlassen werden,
   b) eingeführt oder verbracht und an den Betreiber einer genehmigten Anlage im Sinne des § 4 des Bundes-Immissionsschutzgesetzes vertrieben oder ihm überlassen werden,
4. sonstige explosionsgefährliche Stoffe der Stoffgruppen A und B und Sprengzubehör, die oder das der Versender ausgeführt hat und die oder das er unverändert in der versandmäßigen Verpackung zurückbekommt; diese Voraussetzungen sind nachzuweisen,
5. Teile von
   a) Ladegeräten, sofern diese keinen unmittelbaren Einfluss auf das Fördern von und Laden mit Sprengstoff haben,

b) Mischladegeräten, sofern diese keinen unmittelbaren Einfluss auf das Austragen und Fördern der Ausgangsstoffe aus Vorratsbehältern, das Zuteilen, Registrieren und Mischen der Ausgangsstoffe sowie auf das Fördern und Laden des Sprengstoffes haben.

(3) Der Nachweis dafür, dass sonstige explosionsgefährliche Stoffe und Sprengzubehör den technischen Lieferbedingungen nach Absatz 2 Nummer 1 entsprechen, ist durch eine Bescheinigung der zuständigen Bundesbehörde zu erbringen. Der Nachweis dafür, dass die sonstigen explosionsgefährlichen Stoffe und das Sprengzubehör nach Absatz 2 Nummer 3 für militärische oder polizeiliche Zwecke bestimmt sind, ist durch eine Bescheinigung oder den Auftrag der jeweiligen staatlichen Beschaffungs- oder Auftragsstelle zu erbringen. Gegenüber Unterauftragnehmern gilt der Nachweis als erbracht

1. durch die schriftliche Bekanntgabe der Nummer des Genehmigungsbescheides nach dem Gesetz über die Kontrolle von Kriegswaffen oder
2. durch die Bezeichnung des Auftrages einer staatlichen Beschaffungs- oder Auftragsstelle.

Der Überlasser sonstiger explosionsgefährlicher Stoffe hat sich vom Erwerber schriftlich bescheinigen zu lassen, dass die explosionsgefährlichen Stoffe in den Fällen des Absatzes 1 Nummer 3 zu den in dieser Vorschrift bezeichneten Endprodukten in einer genehmigten Anlage im Sinne des § 4 des Bundes-Immissionsschutzgesetzes bearbeitet oder verarbeitet werden sollen.

(4) Zum Nachweis, dass die sonstigen explosionsgefährlichen Stoffe und das Sprengzubehör nach Absatz 2 Nummer 3 für militärische oder polizeiliche Zwecke bestimmt sind, kann die zuständige Behörde auch eine Erklärung des mit der Entwicklung befassten Unternehmens anerkennen, wenn die Einfuhr, die Ausfuhr, die Durchfuhr oder das Verbringen zum Zweck der Entwicklung erfolgt und das mit der Entwicklung befasste Unternehmen in der Regel für militärische oder polizeiliche Auftraggeber tätig ist.

(5) Sofern der Schutz von Leben und Gesundheit oder von Sachgütern gewährleistet ist, kann die Bundesanstalt für Materialforschung und -prüfung vom Erfordernis der Zulassung absehen

1. in den Fällen des § 5f Absatz 1 auf Antrag des Herstellers oder des Einführers,
2. in den Fällen des § 5f Absatz 2 zur Erprobung oder zu der zeitlich und örtlich begrenzten Verwendung des Sprengzubehörs.

(6) Die zuständige Behörde nach § 36 Absatz 1, auch in Verbindung mit § 36 Absatz 4 Nummer 3, kann im Einzelfall Anforderungen an die Verwendung von sonstigen explosionsgefährlichen Stoffen und Sprengzubehör stellen, die über die Anforderungen des § 5f Absatz 3 hinausgehen, soweit dies zur Abwendung von Gefahren für Leben und Gesundheit Beschäftigter oder Dritter erforderlich ist.

§ 6 Ermächtigungen, Sachverständigenausschuss

(1) Das Bundesministerium des Innern, für Bau und Heimat wird ermächtigt, durch Rechtsverordnung

1. sonstige explosionsgefährliche Stoffe und Sprengzubehör allgemein zuzulassen, soweit diese Stoffe und Gegenstände in ihrer Wirkungsweise, Brauchbarkeit und Beständigkeit dem jeweiligen Stand der Technik entsprechen und der Schutz von Leben, Gesundheit und Sachgütern Beschäftigter oder Dritter bei bestimmungsgemäßer Verwendung gewährleistet ist,
2. zum Schutze der in Nummer 1 bezeichneten Rechtsgüter Vorschriften zu erlassen über
   a) die Zulassung von sonstigen explosionsgefährlichen Stoffen und Sprengzubehör und den Konformitätsnachweis für Explosivstoffe und pyrotechnische Gegenstände; sie regeln insbesondere die Anforderungen, die an die Zusammensetzung, Beschaffenheit und Bezeichnung der explosionsgefährlichen Stoffe und des Sprengzubehörs zu stellen sind,

b) das Verfahren, nach dem die explosionsgefährlichen Stoffe und das Sprengzubehör zu prüfen sind, und die Anforderungen, die benannte Stellen für die Wahrnehmung ihrer Aufgaben im Rahmen des Konformitätsnachweises erfüllen müssen,

c) die Verpflichtung zur Anbringung eines Zulassungszeichens auf sonstigen explosionsgefährlichen Stoffen und auf Sprengzubehör, die Festlegung der CE-Kennzeichnung von Explosivstoffen und pyrotechnischen Gegenständen nach § 5 Absatz 1,

d) das Verfahren für den Konformitätsnachweis nach § 5 Absatz 1, das Verfahren für die Zulassung nach § 5f, das Verfahren der Kennzeichnung von Explosivstoffen zum Zweck der Rückverfolgung, das Verfahren der Kennzeichnung und zur Vergabe einer Registrierungsnummer für pyrotechnische Gegenstände nach Artikel 9 der Richtlinie 2013/29/EU sowie das Verfahren der Zusammenarbeit mit benannten Stellen anderer Mitgliedstaaten, das Verfahren für die Akkreditierung und Überwachung benannter Stellen und Prüflaboratorien und das Verfahren der Bekanntmachung der zugelassenen sonstigen explosionsgefährlichen Stoffe und des Sprengzubehörs sowie der Explosivstoffe und pyrotechnischen Gegenstände, für die der Konformitätsnachweis erbracht worden ist,

e) das Verbringen von explosionsgefährlichen Stoffen und dessen Kontrolle sowie die Mitteilung von erfolgten Meldungen und erteilten Genehmigungen an Behörden der Ausgangs-, Durchfuhr- und Bestimmungsstaaten oder an die Europäische Kommission durch die Bundesanstalt, die zuständigen Landesbehörden und durch die für das Verbringen Verantwortlichen,

3. zum Schutze der in Nummer 1 bezeichneten Rechtsgüter zu bestimmen,

   a) dass explosionsgefährliche Stoffe und Sprengzubehör nach ihrer Gefährlichkeit oder ihrem Verwendungszweck in Gruppen und Klassen einzuteilen sind, und welche Stoffe und Gegenstände zu ihnen gehören,

   b) dass explosionsgefährliche Stoffe und Sprengzubehör in bestimmter Weise zu kennzeichnen und zu verpacken sind,

   c) welche Pflichten beim Überlassen explosionsgefährlicher Stoffe an andere zu erfüllen sind,

   d) dass über erworbene oder eingeführte explosionsgefährliche Stoffe nach § 1 Abs. 1 Anzeigen zu erstatten und dass den Anzeigen bestimmte Unterlagen beizufügen sind,

   e) dass eine Erlaubnis nach § 7 und ein Befähigungsschein nach § 20 nicht aus den in § 8 Abs. 2 genannten Gründen versagt werden kann,

   f) dass der Nachweis der Fachkunde für den Umgang und den Verkehr mit explosionsgefährlichen Stoffen nach § 8 Abs. 1 Nr. 2 Buchstabe a in Verbindung mit § 9 oder nach § 20 Abs. 2 auch bei Vorliegen anderer Voraussetzungen als der in § 9 Abs. 1 und 2 bezeichneten Voraussetzungen als erbracht anzusehen ist,

   g) dass für den Umgang und Verkehr mit explosionsgefährlichen Stoffen in Einzelfällen eine eingeschränkte Fachkunde ausreichend ist,

4. zum Schutze vor Gefahren, erheblichen Nachteilen oder erheblichen Belästigungen Beschäftigter oder Dritter zu bestimmen, dass explosionsgefährliche Stoffe und Sprengzubehör nicht oder nur unter bestimmten Voraussetzungen vertrieben, anderen überlassen, aufbewahrt oder verwendet werden dürfen; dabei kann auch bestimmt werden, dass pyrotechnische Gegenstände nur zu bestimmten Zeiten und an bestimmten Orten verwendet werden dürfen und dass die zuständige Behörde Ausnahmen hiervon zulassen oder zusätzliche Beschränkungen anordnen kann,

5. Vorschriften zu erlassen über das Erlaubnisverfahren nach §§ 7 und 27, über das

Genehmigungsverfahren nach § 17 und das Verfahren bei der Erteilung des Befähigungsscheines nach § 20,

6. die Liste der Explosivstoffe nach § 3 Absatz 1 Nummer 2 Buchstabe b so anzupassen, dass sie alle Explosivstoffe enthält, die zu empfindlich für den Transport sind und daher nicht von Artikel 2 Nummer 1 der Richtlinie 2014/28/EU erfasst werden,
7. zur Erfüllung von Verpflichtungen aus zwischenstaatlichen Vereinbarungen zu bestimmen, dass explosionsgefährliche Stoffe zum Zwecke der Entdeckbarkeit zu markieren sind und dass der Umgang und Verkehr mit nicht markierten Stoffen sowie deren Ein- oder Ausfuhr verboten sind.

(2) Das Bundesministerium des Innern, für Bau und Heimat wird ermächtigt, durch Rechtsverordnung einen Sachverständigenausschuss für explosionsgefährliche Stoffe zu bilden, der die zuständigen Bundesministerien insbesondere in technischen Fragen berät. Vor dem Erlass von Rechtsverordnungen, die technische Fragen betreffen, soll der Sachverständigenausschuss gehört werden. Zu den Aufgaben des Ausschusses gehört es auch, dem Stand der Technik entsprechende Regeln und sonstige gesicherte wissenschaftliche Erkenntnisse für die diesem Gesetz unterliegenden Stoffe und Gegenstände, einschließlich deren Einstufung und Kennzeichnung, zu ermitteln, wie die in diesem Gesetz oder auf Grund dieses Gesetzes gestellten Anforderungen erfüllt werden können. In den Ausschuss sind Vertreter der beteiligten Bundes- und Landesbehörden, der weiteren benannten Stellen, der Träger der gesetzlichen Unfallversicherung sowie der Wirtschaft und der Gewerkschaften nach Anhörung der Spitzenorganisationen der betroffenen Wirtschaftskreise zu berufen.

(3) Zur Festlegung sicherheitstechnischer Anforderungen und sonstiger Voraussetzungen des Konformitätsnachweises nach § 5 kann in Rechtsverordnungen auf Grund dieses Gesetzes auf harmonisierte Normen verwiesen werden.

(4) Die zuständigen Bundesministerien können die nach Absatz 2 ermittelten Regeln und Erkenntnisse im Bundesanzeiger bekannt geben.

Abschnitt II
Umgang und Verkehr im gewerblichen Bereich; Einfuhr, Durchfuhr und Aufzeichnungspflicht

§ 7 Erlaubnis

(1) Wer gewerbsmäßig, selbständig im Rahmen einer wirtschaftlichen Unternehmung oder eines land- oder forstwirtschaftlichen Betriebes oder bei der Beschäftigung von Arbeitnehmern

1. mit explosionsgefährlichen Stoffen umgehen will oder
2. den Verkehr mit explosionsgefährlichen Stoffen betreiben will,

bedarf der Erlaubnis.

(2) Die Erlaubnis zur Herstellung, Bearbeitung, Verarbeitung oder zur Wiedergewinnung explosionsgefährlicher Stoffe schließt die Erlaubnis ein, explosionsgefährliche Stoffe, auf die sich die Erlaubnis bezieht, zu vertreiben und anderen zu überlassen. Die Erlaubnis zur Herstellung pyrotechnischer Gegenstände schließt die Erlaubnis ein, pyrotechnische Munition herzustellen.

§ 8 Versagung der Erlaubnis

(1) Die Erlaubnis ist zu versagen, wenn

1. Tatsachen die Annahme rechtfertigen, dass der Antragsteller oder eine der mit der Leitung des Betriebes, einer Zweigniederlassung oder einer unselbständigen Zweigstelle beauftragten Personen die erforderliche Zuverlässigkeit nicht besitzt,
2. eine der in Nummer 1 bezeichneten Personen
   a) die erforderliche Fachkunde nicht nachweist oder
   b) die erforderliche persönliche Eignung nicht besitzt oder
   c) das 21. Lebensjahr nicht vollendet hat.

   Nummer 2 ist auf Antragsteller und die mit der Leitung des Betriebes, einer Zweigniederlassung oder einer unselbständigen Zweigstelle beauftragten Personen, die den Umgang und den Verkehr mit explosionsgefährlichen Stoffen nicht selbst leiten, nicht anzuwenden.

(2) Die Erlaubnis kann versagt werden, wenn

1. der Antragsteller oder eine mit der Leitung des Betriebes, einer Zweigniederlassung oder einer unselbständigen Zweigstelle beauftragte Person nicht Deutscher im Sinne des Artikels 116 des Grundgesetzes ist oder
2. der Antragsteller weder seinen Wohnsitz oder gewöhnlichen Aufenthalt noch eine gewerbliche Niederlassung im Geltungsbereich dieses Gesetzes hat.

(3) Ist bei juristischen Personen eine nach Gesetz, Satzung oder Gesellschaftsvertrag zur Vertretung berufene Person mit der Gesamtleitung des Umgangs oder des Verkehrs mit explosionsgefährlichen Stoffen beauftragt, so darf die Erlaubnis aus Gründen des Absatzes 1 Nr. 1 in Bezug auf den Antragsteller nur wegen mangelnder Zuverlässigkeit dieser Person versagt werden.

(4) Die Behörde hat Erlaubnisinhaber in regelmäßigen Abständen, mindestens jedoch nach Ablauf von fünf Jahren, erneut auf ihre Zuverlässigkeit und persönliche Eignung zu überprüfen. Ist innerhalb von einem Jahr vor dem Zeitpunkt der Prüfung eine durch Gesetz oder auf Grund eines Gesetzes vorgeschriebene Überprüfung der Zuverlässigkeit erfolgt, kann auf eine erneute Prüfung ganz oder teilweise verzichtet werden, wenn und soweit das Ergebnis dieser Prüfung die Feststellung ermöglicht, dass die Zuverlässigkeit und die persönliche Eignung im Sinne der §§ 8a und 8b vorliegen. Ergebnis und Rechtsgrundlage der zugrunde gelegten Überprüfung sind aktenkundig zu machen.

§ 8a Zuverlässigkeit

(1) Die erforderliche Zuverlässigkeit besitzen Personen nicht,

1. die rechtskräftig verurteilt worden sind
   a) wegen eines Verbrechens,
   b) wegen sonstiger vorsätzlicher Straftaten zu einer Freiheitsstrafe von mindestens einem Jahr, oder
   c) zu einer Freiheitsstrafe oder Geldstrafe von mindestens 90 Tagessätzen wegen einer Straftat nach den §§ 80a, 83 Absatz 2, § 84 Absatz 1 bis 3, § 85 Absatz 1 Satz 1 und Absatz 2, § 87 Absatz 1, § 88 Absatz 1, § 89 Absatz 1, § 89a Absatz 1 bis 3, § 89b Absatz 1, § 89c Absatz 1 und 2, § 91 Absatz 1, § 95 Absatz 1, § 96 Absatz 2, § 97b, nach § 98 des Strafgesetzbuches, soweit nicht ein Fall des § 98 Absatz 2 des Strafgesetzbuches vorliegt, nach § 99 Absatz 2 des Strafgesetzbuches, soweit nicht ein Fall des § 99 Absatz 3 des Strafgesetzbuches vorliegt, nach § 100a Absatz 1 in Verbindung mit Absatz 4 des Strafgesetzbuches, nach den §§ 129, 129a Absatz 3 und 5 des Strafgesetzbuches, jeweils auch in Verbindung mit § 129b Absatz 1 des Strafgesetzbuches,

   wenn seit dem Eintritt der Rechtskraft der letzten Verurteilung zehn Jahre noch nicht verstrichen sind,
2. bei denen Tatsachen die Annahme rechtfertigen, dass sie
   a) explosionsgefährliche Stoffe im Sinne dieses Gesetzes missbräuchlich oder leichtfertig verwenden werden,
   b) mit explosionsgefährlichen Stoffen nicht vorsichtig oder sachgemäß umgehen oder diese nicht sorgfältig aufbewahren werden,
   c) explosionsgefährliche Stoffe Personen überlassen werden, die zur Ausübung der tatsächlichen Gewalt über diese nicht berechtigt sind.

(2) Die erforderliche Zuverlässigkeit besitzen in der Regel Personen nicht,

1. die
   a) wegen einer vorsätzlichen Straftat,
   b) wegen einer fahrlässigen Straftat im Zusammenhang mit dem Umgang mit explosionsgefährlichen Stoffen, Waffen oder Munition oder wegen einer fahrlässigen gemeingefährlichen Straftat,
   c) wegen einer Straftat nach diesem Gesetz, dem Waffengesetz, dem Gesetz

über die Kontrolle von Kriegswaffen oder dem Bundesjagdgesetz

zu einer Freiheitsstrafe, Jugendstrafe, Geldstrafe von mindestens 60 Tagessätzen oder mindestens zweimal zu einer geringeren Geldstrafe rechtskräftig verurteilt worden sind oder bei denen die Verhängung von Jugendstrafe ausgesetzt worden ist, wenn seit dem Eintritt der Rechtskraft der letzten Verurteilung fünf Jahre noch nicht verstrichen sind,

2. die Mitglied
   a) in einem Verein, der nach dem Vereinsgesetz als Organisation unanfechtbar verboten wurde oder der einem unanfechtbaren Betätigungsverbot nach dem Vereinsgesetz unterliegt, oder
   b) in einer Partei, deren Verfassungswidrigkeit das Bundesverfassungsgericht nach § 46 des Bundesverfassungsgerichtsgesetzes festgestellt hat,

   waren, wenn seit der Beendigung der Mitgliedschaft zehn Jahre noch nicht verstrichen sind,

3. bei denen Tatsachen die Annahme rechtfertigen, dass sie in den letzten fünf Jahren
   a) Bestrebungen einzeln verfolgt haben, die
      aa) gegen die verfassungsmäßige Ordnung gerichtet sind,
      bb) gegen den Gedanken der Völkerverständigung, insbesondere gegen das friedliche Zusammenleben der Völker, gerichtet sind oder
      cc) durch Anwendung von Gewalt oder darauf gerichtete Vorbereitungshandlungen auswärtige Belange der Bundesrepublik Deutschland gefährden,
   b) Mitglied in einer Vereinigung waren, die solche Bestrebungen verfolgt oder verfolgt hat, oder
   c) eine solche Vereinigung unterstützt haben,

4. die innerhalb der letzten fünf Jahre mehr als einmal wegen Gewalttätigkeit mit richterlicher Genehmigung in polizeilichem Präventivgewahrsam waren,

5. die wiederholt oder gröblich gegen die Vorschriften eines der in Nummer 1 Buchstabe c genannten Gesetze oder gegen Vorschriften des Arbeitsschutz-, Chemikalien-, Gefahrgut-, Immissionsschutz-, Gewässerschutz- oder Bergrechts verstoßen haben.

(3) In die Frist nach Absatz 1 Nr. 1 oder Absatz 2 Nr. 1 nicht eingerechnet wird die Zeit, in welcher Betroffene auf behördliche oder richterliche Anordnung in einer Anstalt verwahrt worden sind.

(4) Ist ein Verfahren wegen Straftaten im Sinne des Absatzes 1 Nr. 1 oder des Absatzes 2 Nr. 1 noch nicht abgeschlossen, so kann die zuständige Behörde die Entscheidung über den Antrag auf Erteilung einer sprengstoffrechtlichen Erlaubnis bis zum rechtskräftigen Abschluss des Verfahrens aussetzen.

(5) Die zuständige Behörde hat im Rahmen der Zuverlässigkeitsprüfung folgende Erkundigungen einzuholen:

1. die unbeschränkte Auskunft aus dem Bundeszentralregister, die Auskunft aus dem Erziehungsregister und im gewerblichen Bereich auch die Auskunft aus dem Gewerbezentralregister;
2. die Auskunft aus dem zentralen staatsanwaltschaftlichen Verfahrensregister hinsichtlich der in Absatz 2 Nummer 1 genannten Straftaten;
3. die Stellungnahme der örtlichen Polizeidienststelle, ob Tatsachen bekannt sind, die Bedenken gegen die Zuverlässigkeit begründen; die örtliche Polizeidienststelle schließt in ihre Stellungnahme das Ergebnis der von ihr vorzunehmenden Prüfung nach Absatz 2 Nummer 4 ein;
4. die Auskunft der für den Wohnsitz des Betroffenen zuständigen Verfassungsschutzbehörde, ob Tatsachen bekannt sind, die Bedenken gegen die Zuverlässigkeit nach Absatz 2 Nummer 2 und 3 begründen; liegt der Wohnsitz des Betroffenen außerhalb des Geltungsbereichs dieses Gesetzes, ist das Bundesamt für Ver-

fassungsschutz für die Erteilung der Auskunft zuständig;

5. bei Personen aus einem Staat, der nicht Mitgliedstaat der Europäischen Union ist, in der Regel auch die Auskunft der Ausländerbehörde.

Ist die Person nicht Deutscher im Sinne des Artikels 116 des Grundgesetzes oder hat sie ihren Wohnsitz oder ständigen Aufenthalt außerhalb des Geltungsbereichs dieses Gesetzes, hat die Behörde der Person außerdem aufzugeben, eine Bescheinigung der zuständigen Justiz- oder Verwaltungsbehörde des Heimat-, Herkunfts-, Wohnsitz- oder Aufenthaltsstaates über bestimmte Tatsachen, die für die Beurteilung der Zuverlässigkeit erheblich sind, in beglaubigter Übersetzung vorzulegen. Die nach Satz 1 Nummer 2 erhobenen personenbezogenen Daten dürfen nur für den Zweck der sprengstoffrechtlichen Zuverlässigkeitsprüfung und der Prüfung der persönlichen Eignung verwendet werden. Erlangt die für die Auskunft nach Satz 1 Nummer 4 zuständige Verfassungsschutzbehörde im Nachhinein für die Beurteilung der Zuverlässigkeit bedeutsame Erkenntnisse, teilt sie dies der zuständigen Behörde unverzüglich mit (Nachbericht). Zu diesem Zweck speichert sie Name, Vorname, Geburtsdatum, Geburtsname, Geburtsort, Wohnort und Staatsangehörigkeit des Betroffenen sowie die Aktenfundstelle in den gemeinsamen Dateien nach § 6 des Bundesverfassungsschutzgesetzes. Lehnt die zuständige Behörde einen Antrag ab oder nimmt sie eine erteilte Erlaubnis zurück oder widerruft diese, so hat sie die zum Nachbericht verpflichtete Behörde hiervon unverzüglich in Kenntnis zu setzen. Diese hat die nach den Sätzen 4 und 5 gespeicherten Daten unverzüglich zu löschen.

§ 8b Persönliche Eignung, Begutachtung

(1) Die erforderliche persönliche Eignung besitzen Personen nicht, wenn Tatsachen die Annahme rechtfertigen, dass sie

1. geschäftsunfähig sind,
2. abhängig von Alkohol oder anderen berauschenden Mitteln, psychisch krank oder debil sind oder
3. auf Grund in der Person liegender Umstände mit explosionsgefährlichen Stoffen nicht vorsichtig oder sachgemäß umgehen oder diese nicht sorgfältig aufbewahren können oder dass die konkrete Gefahr einer Fremd- oder Selbstgefährdung besteht.

Die persönliche Eignung schließt die körperliche Eignung ein. Der persönlichen Eignung können auch im Erziehungsregister eingetragene Entscheidungen oder Anordnungen nach § 60 Abs. 1 Nr. 1 bis 7 des Bundeszentralregistergesetzes entgegenstehen. Die zuständige Behörde soll die Stellungnahme der örtlichen Polizeidienststelle einholen.

(2) Sind Tatsachen bekannt, die Bedenken gegen die persönliche Eignung nach Absatz 1 begründen, oder bestehen begründete Zweifel an von der betroffenen Person beigebrachten Bescheinigungen, so hat die zuständige Behörde der Person unter Darlegung der Gründe für die Zweifel oder der die Bedenken begründenden Tatsachen hinsichtlich ihrer persönlichen Eignung aufzugeben, dass sie sich innerhalb einer von ihr festgelegten Frist auf eigene Kosten einer amts- oder fachärztlichen oder fachpsychologischen Untersuchung zu unterziehen und ein Gutachten beizubringen hat. In der Anordnung ist die Person darauf hinzuweisen, dass die Behörde bei Verweigerung der Untersuchung oder nicht fristgerechter Vorlage des Gutachtens auf die Nichteignung schließen darf.

§ 8c Pflichten des Gutachters

(1) Zwischen dem Gutachter und der betroffenen Person darf in den letzten fünf Jahren kein Behandlungsverhältnis bestanden haben oder im Zeitpunkt des Gutachtens bestehen. Der Gutachter hat dies in dem Gutachten zu bestätigen. Der Gutachter hat sich über die betroffene Person einen persönlichen Eindruck zu verschaffen. Er darf in dem in Satz 1 genannten Zeitraum behandelnde Haus- oder Fachärzte konsultieren.

(2) Das Gutachten muss das Vorliegen der Voraussetzungen des Absatzes 1 bestätigen und darüber Auskunft geben, ob die Person persönlich geeignet ist, mit explosionsgefährlichen Stoffen umzugehen.

I

§ 9 Fachkunde

(1) Den Nachweis der Fachkunde hat erbracht,

1. wer die erfolgreiche Teilnahme an einem staatlichen oder staatlich anerkannten Lehrgang für die beabsichtigte Tätigkeit durch ein Zeugnis nachweist oder
2. wer eine Prüfung vor der zuständigen Behörde bestanden hat.

Satz 1 Nr. 2 gilt nicht für den Nachweis der Fachkunde zur Ausführung von Sprengarbeiten und für den Umgang mit Explosivstoffen einschließlich Fundmunition im Rahmen der Kampfmittelbeseitigung.

(2) Den Nachweis der Fachkunde hat ferner erbracht, wer

1. eine mindestens dreijährige praktische Tätigkeit ausgeübt hat oder
2. eine Ausbildung an einer Hochschule, einer Fachhochschule oder einer Technikerschule abgeschlossen und eine mindestens einjährige praktische Tätigkeit ausgeübt hat,

sofern die Tätigkeit und die Ausbildung geeignet waren, die erforderliche Fachkunde zu vermitteln. Satz 1 gilt nicht für den Nachweis der Fachkunde zur Ausführung von Sprengarbeiten und für den Umgang mit Explosivstoffen einschließlich Fundmunition im Rahmen der Kampfmittelbeseitigung.

(3) Das Bundesministerium des Innern, für Bau und Heimat wird ermächtigt, durch Rechtsverordnung Vorschriften zu erlassen über

1. die Anerkennung der in Absatz 1 Nr. 1 bezeichneten Lehrgänge zuverlässiger Antragsteller, die Zulassung der Lehrgangsteilnehmer, die ihnen zu vermittelnden technischen und rechtlichen Kenntnisse und den Nachweis ihrer erfolgreichen Teilnahme,
2. die fachlichen Anforderungen an die technischen und rechtlichen Kenntnisse, an die praktischen Fertigkeiten, über die Voraussetzungen für die Prüfung nach Absatz 1 Nr. 2 und über das Prüfungsverfahren einschließlich der Errichtung von Prüfungsausschüssen,
3. die Verpflichtung des Erlaubnisinhabers, in bestimmten Abständen an einem staatlichen oder staatlich anerkannten Lehrgang oder Wiederholungslehrgang nach Nummer 1 teilzunehmen.

§ 10 Inhalt der Erlaubnis

Die Erlaubnis kann inhaltlich beschränkt, befristet und mit Auflagen verbunden werden, soweit dies erforderlich ist, um Leben, Gesundheit und Sachgüter Beschäftigter oder Dritter gegen die aus dem Umgang und dem Verkehr mit explosionsgefährlichen Stoffen entstehenden Gefahren zu schützen. Die nachträgliche Beifügung, Änderung und Ergänzung von Auflagen ist zulässig.

§ 11 Erlöschen der Erlaubnis

Die Erlaubnis erlischt, wenn der Erlaubnisinhaber die Tätigkeit nicht innerhalb eines Jahres nach Erteilung der Erlaubnis begonnen oder zwei Jahre lang nicht ausgeübt hat. Die Fristen können von der zuständigen Behörde aus besonderen Gründen verlängert werden.

§ 12 Fortführung des Betriebes

(1) Nach dem Tode des Erlaubnisinhabers dürfen der Ehegatte, die Ehegattin, der Lebenspartner, die Lebenspartnerin oder der minderjährige Erbe den Umgang und den Verkehr mit explosionsgefährlichen Stoffen auf Grund der bisherigen Erlaubnis fortsetzen. Das Gleiche gilt bis zur Dauer von zehn Jahren nach dem Erbfall für den Nachlassverwalter, Nachlassinsolvenzverwalter, Nachlasspfleger oder Testamentsvollstrecker. Die in Satz 1 und 2 bezeichneten Personen haben der zuständigen Behörde unverzüglich anzuzeigen, ob sie den Betrieb fortsetzen wollen.

(2) Die Fortsetzung des Betriebes ist zu untersagen, wenn bei der mit der Leitung des Betriebes beauftragten Person Versagungsgründe nach § 8 Abs. 1 vorliegen. Die Fortsetzung kann untersagt werden, wenn bei dieser Person Versagungsgründe nach § 8 Abs. 2 Nr. 1 vorliegen.

§ 13 Befreiung von der Erlaubnispflicht

(1) Einer Erlaubnis nach § 7 Abs. 1 bedarf nicht, wer den Umgang und den Verkehr mit

explosionsgefährlichen Stoffen betreibt, soweit hierfür eine Erlaubnis nach dem Waffengesetz erforderlich ist.

(2) Einer Erlaubnis nach § 7 Abs. 1 Nr. 1 bedarf nicht, wer explosionsgefährliche Stoffe in den oder aus dem Geltungsbereich dieses Gesetzes einführt, ausführt oder verbringt oder durch den Geltungsbereich dieses Gesetzes durchführt und keinen Wohnsitz, ständigen Aufenthaltsort oder keine Niederlassung im Geltungsbereich dieses Gesetzes hat, sofern eine Person diese Stoffe begleitet, die einen Befähigungsschein nach § 20 besitzt oder die der Bund oder ein Land mit der Begleitung schriftlich beauftragt hat.

(3) Das Bundesministerium des Innern, für Bau und Heimat wird ermächtigt, durch Rechtsverordnung, die nicht der Zustimmung des Bundesrates bedarf, von dem Erfordernis einer Begleitung der Stoffe nach Absatz 2 abzusehen, wenn

1. die Person einen Wohnsitz, einen ständigen Aufenthaltsort oder eine Niederlassung außerhalb des Geltungsbereiches dieses Gesetzes hat und dort Vorschriften über die besonderen Anforderungen an die Sicherheit der rechtmäßigen Verwendung dieser Stoffe bestehen, die diesem Gesetz vergleichbar sind, und
2. die die Stoffe begleitende Person nach den in Nummer 1 bezeichneten Vorschriften zum Verbringen befugt ist.

§ 14 Anzeigepflicht

Der Inhaber einer Erlaubnis und der Inhaber eines Betriebes, der auf Grund einer nach § 4 erlassenen Rechtsverordnung ohne Erlaubnis mit explosionsgefährlichen Stoffen umgeht oder den Verkehr mit diesen Stoffen betreibt, haben die Aufnahme des Betriebes, die Eröffnung einer Zweigniederlassung und einer unselbständigen Zweigstelle mindestens zwei Wochen vor Aufnahme dieser Tätigkeit, die Einstellung und Schließung unverzüglich der zuständigen Behörde anzuzeigen. In der Anzeige über die Aufnahme oder die Eröffnung haben sie die mit der Leitung des Betriebes, einer Zweigniederlassung oder einer unselbständigen Zweigstelle beauftragten Personen anzugeben. Die spätere Bestellung oder Abberufung einer für die Leitung des Betriebes, einer Zweigniederlassung oder einer unselbständigen Zweigstelle verantwortlichen Person und bei juristischen Personen den Wechsel einer nach Gesetz, Satzung oder Gesellschaftsvertrag zur Vertretung berufenen Person hat der Erlaubnisinhaber unverzüglich der zuständigen Behörde anzuzeigen.

§ 15 Einfuhr, Durchfuhr und Verbringen

(1) Wer explosionsgefährliche Stoffe einführen, durchführen oder verbringen oder durch einen anderen einführen, durchführen oder verbringen lassen will, muss zum Umgang mit explosionsgefährlichen Stoffen oder zum Erwerb dieser Stoffe berechtigt sein; er hat die Berechtigung auf Verlangen der nach Absatz 5 bestimmten Behörde nachzuweisen. Der Einführer oder Verbringer hat auf Verlangen der zuständigen Behörde nachzuweisen, dass für die explosionsgefährlichen Stoffe eine auf Grund einer Rechtsverordnung nach § 25 dieses Gesetzes vorgeschriebene Lager- und Verträglichkeitsgruppenzuordnung durch die zuständige Stelle erfolgt ist; dies gilt nicht für die Einfuhr oder das Verbringen zum Zwecke der Zulassung, der EU-Baumusterprüfung oder der Lager- und Verträglichkeitsgruppenzuordnung. Das Erfordernis des Konformitätsnachweises und der CE-Kennzeichnung nach § 5 Absatz 1a oder der Zulassung nach § 5f bleiben unberührt.

(2) Die Nachweispflicht des Absatzes 1 Satz 3 gilt nicht für die Durchfuhr von explosionsgefährlichen Stoffen einschließlich ihrer Lagerung in verschlossenen Zolllagern oder in Freizonen.

(3) Explosionsgefährliche Stoffe sind im Falle der Einfuhr oder Durchfuhr bei den nach Absatz 5 zuständigen Überwachungsbehörden anzumelden und auf Verlangen vorzuführen. Die Befreiung auf Grund einer Rechtsverordnung nach § 4 Nr. 4 ist durch eine Bescheinigung der einführenden Stelle, eine Berechtigung zum Umgang mit explosionsgefährlichen Stoffen oder zum Erwerb dieser Stoffe durch den Erlaubnisbescheid nach § 7 oder § 27 oder des Befähigungsscheines nach § 20 nachzu-

I

weisen. Auf Verlangen sind diese Nachweise den nach Absatz 5 zuständigen Überwachungsbehörden zur Prüfung auszuhändigen.

(4) Die nach Absatz 5 zuständigen Überwachungsbehörden können Beförderungsmittel und Behälter mit explosionsgefährlichen Stoffen sowie deren Lade- und Verpackungsmittel anhalten, um zu prüfen, ob die für die Einfuhr, die Durchfuhr oder das Verbringen geltenden Bestimmungen eingehalten sind. Sie können zu diesem Zweck den zuständigen Behörden Informationen übermitteln. Das Brief- und Postgeheimnis (Artikel 10 des Grundgesetzes) wird insoweit eingeschränkt.

(5) Das Bundesministerium der Finanzen bestimmt die Zolldienststellen, das Bundesministerium des Innern, für Bau und Heimat bestimmt die Behörden der Bundespolizei, die bei der Überwachung der Einfuhr, der Durchfuhr oder des Verbringens explosionsgefährlicher Stoffe mitwirken. Soweit der grenzpolizeiliche Einzeldienst von Kräften der Länder wahrgenommen wird (§ 2 Abs. 1 und 3 des Bundespolizeigesetzes), wirken diese bei der Überwachung mit.

(6) Explosivstoffe dürfen nur verbracht werden, wenn der Verbringungsvorgang von der zuständigen Behörde genehmigt ist. Eine Ausfertigung der Genehmigungsurkunde nach Satz 1 ist beim Verbringen mitzuführen und Polizeibeamten oder sonst zur Personen- oder Warenkontrolle Befugten auf Verlangen vorzulegen. Eine Erlaubnis nach § 7 oder § 27 oder ein Befähigungsschein nach § 20 dieses Gesetzes berechtigen den Erlaubnisinhaber oder Befähigungsscheininhaber zum Verbringen der in der Erlaubnis oder dem Befähigungsschein bezeichneten Explosivstoffe innerhalb des Geltungsbereichs dieses Gesetzes. Sie berechtigen nicht zum Verbringen von Explosivstoffen allgemein.

(7) Zuständige Behörde nach Absatz 6 Satz 1 ist

1. für das Verbringen innerhalb des Geltungsbereichs dieses Gesetzes die für den Bestimmungsort des Verbringens zuständige Landesbehörde,
2. für das Verbringen in den, durch den und aus dem Geltungsbereich dieses Gesetzes die Bundesanstalt.

§ 15a Verfahren der Genehmigung des Verbringens von Explosivstoffen

(1) Der Antrag auf Genehmigung des Verbringens von Explosivstoffen nach § 15 Absatz 6 Satz 1 ist vom Empfänger der Explosivstoffe schriftlich oder elektronisch bei der nach § 15 Absatz 7 zuständigen Behörde zu stellen. Der Antrag hat die in Anlage I Nummer 1 aufgeführten Angaben zu enthalten. Für Anträge auf Genehmigung des grenzüberschreitenden Verbringens zwischen Mitgliedstaaten der Europäischen Union soll der Antragsteller das Muster des Anhangs der Entscheidung 2004/388/EG der Kommission vom 15. April 2004 über ein Begleitformular für die innergemeinschaftliche Verbringung von Explosivstoffen (ABl. L 120 vom 24. 4. 2004, S. 43)[1]), die durch den Beschluss 2010/347/EU (ABl. L 155 vom 22. 6. 2010, S. 54) geändert worden ist, verwenden.

(2) Die nach § 15 Absatz 7 zuständige Behörde prüft, ob

1. die an dem Verbringungsvorgang beteiligten und im Geltungsbereich des Gesetzes ansässigen Personen gemäß § 15 Absatz 1 zum Verbringen berechtigt sind und
2. für den zu verbringenden Explosivstoff eine Baumusterprüfbescheinigung nach § 5b Absatz 2 vorliegt.

(3) Sind die Voraussetzungen des Absatzes 2 erfüllt, erteilt die nach § 15 Absatz 7 zuständige Behörde die Genehmigung zum Verbringen von Explosivstoffen und informiert alle zuständigen Behörden über die Genehmigung. Die Genehmigung kann befristet, inhaltlich beschränkt sowie mit Bedingungen und Auflagen verbunden werden, um den unrechtmäßigen Besitz oder die unrechtmäßige Verwendung der Explosivstoffe zu verhindern. Die Genehmigung enthält die in der Anlage I Nummer 2 aufgeführten Angaben.

[1]) Im Internet unter www.bam.de/sprengstoffgesetz.

(4) Die nach § 15 Absatz 7 zuständige Behörde hat die Genehmigung zum grenzüberschreitenden Verbringen zwischen Mitgliedstaaten der Europäischen Union mit einem Formular zu erteilen, das der Entscheidung 2004/388/EG entspricht. Die zuständige Behörde hat ein Exemplar der Genehmigung für die Dauer von zehn Jahren, gerechnet ab dem Zeitpunkt der Beendigung des letzten von der Genehmigung erfassten Verbringensvorgangs, zu verwahren.

§ 16 Aufzeichnungspflicht

(1) Der Inhaber einer Erlaubnis nach § 7 Abs. 1 hat in jedem Betrieb oder Betriebsteil ein Verzeichnis zu führen, aus dem die Art und Menge der hergestellten, wiedergewonnenen, erworbenen, eingeführten, aus einem anderen Mitgliedstaat verbrachten, überlassenen, verwendeten oder vernichteten explosionsgefährlichen Stoffe sowie ihre Herkunft und ihr Verbleib hervorgehen. Der Erlaubnisinhaber kann sich zur Erfüllung der ihm nach Satz 1 obliegenden Pflichten einer anderen Person bedienen. Der Erlaubnisinhaber hat das Verzeichnis ab dem Zeitpunkt der Eintragung für die Dauer von zehn Jahren zu verwahren und der zuständigen Behörde auf Verlangen Einsicht zu gewähren. Bei Einstellung des Betriebes hat er das Verzeichnis der zuständigen Behörde zu übergeben.

(1a) Absatz 1 ist nicht anzuwenden auf

1. explosionsgefährliche Stoffe, die von dem Inhaber einer Erlaubnis nach § 27 in einer Menge hergestellt, wiedergewonnen, erworben, eingeführt, verbracht, verwendet oder vernichtet werden, für die auf Grund einer Rechtsverordnung nach § 18 keine Genehmigung zur Aufbewahrung nach § 17 erforderlich ist,
2. Explosivstoffe und sonstige explosionsgefährliche Stoffe der Stoffgruppe A, die in einer nach § 4 des Bundes-Immissionsschutzgesetzes genehmigungsbedürftigen Anlage zur Bearbeitung oder Verarbeitung hergestellt werden, sofern sie weder vertrieben noch anderen überlassen werden,
3. pyrotechnische Gegenstände.

(2) Absatz 1 ist nicht anzuwenden auf Personen, die den Erwerb, das Überlassen oder den Vertrieb dieser Stoffe vermitteln, außer wenn sie explosionsgefährliche Stoffe einführen oder aus einem anderen Mitgliedstaat in den Geltungsbereich dieses Gesetzes verbringen.

(3) Das Bundesministerium des Innern, für Bau und Heimat wird ermächtigt, durch Rechtsverordnung Vorschriften über Inhalt, Führung, Aufbewahrung und Vorlage des Verzeichnisses und die Aufbewahrung von Unterlagen und Belegen zu erlassen.

§ 16a Kennzeichnung von Explosivstoffen

(1) Der Inhaber einer Erlaubnis zum Umgang oder zum Verkehr mit Explosivstoffen nach § 7 Absatz 1 muss diese unter Berücksichtigung der Größe, der Form oder der Gestaltung so kennzeichnen und erfassen, dass der Explosivstoff jederzeit identifiziert und zurückverfolgt werden kann. Näheres regelt eine Rechtsverordnung nach § 6 Absatz 1.

(2) Absatz 1 ist auf die folgenden Explosivstoffe nicht anzuwenden:

1. auf Explosivstoffe nach § 5a Absatz 1 Nummer 1 und 2,
2. auf Explosivstoffe die einen geringen Gefährlichkeitsgrad haben auf Grund von Merkmalen und Faktoren, wie etwa einer geringen detonierenden Wirkung und dem geringen Sicherheitsrisiko, das von ihnen wegen der geringen potentiellen Auswirkungen eines Missbrauchs ausgeht,
3. Explosivstoffe, die unverpackt in Silo- oder Pumpfahrzeugen nach Maßgabe verkehrsrechtlicher Vorschriften befördert und geliefert werden und
   a) direkt in Sprengbohrlöcher geladen werden oder
   b) direkt in Silotanks oder Behältnisse und Einrichtungen für die Aufbewahrung oder den Transport in einer der Bergaufsicht unterliegenden Betriebsstätte des Verwenders entladen werden, und
4. Explosivstoffe, die am Sprengort hergestellt und danach sofort geladen werden.

I

§ 16b Pflichten des Herstellers von Explosivstoffen und pyrotechnischen Gegenständen

(1) Der Hersteller darf nur

1. Explosivstoffe in den Verkehr bringen oder für eigene Zwecke verwenden, die gemäß den Sicherheitsanforderungen des Anhangs II der Richtlinie 2014/28/EU entworfen und hergestellt wurden,
2. pyrotechnische Gegenstände in den Verkehr bringen, die gemäß den Sicherheitsanforderungen des Anhangs I der Richtlinie 2013/29/EU entworfen und hergestellt wurden.

(2) Der Hersteller muss

1. für Explosivstoffe, die er in den Verkehr bringt, ein Konformitätsbewertungsverfahren nach Artikel 20 der Richtlinie 2014/28/EU durchführen lassen und dafür die Unterlagen nach Anhang III der Richtlinie 2014/28/EU erstellen,
2. für pyrotechnische Gegenstände, die er in den Verkehr bringt, das Konformitätsbewertungsverfahren nach Artikel 17 der Richtlinie 2013/29/EU durchführen lassen und dafür die Unterlagen nach Anhang II der Richtlinie 2013/29/EU erstellen.

(3) Der Hersteller muss durch geeignete Verfahren in der Serienfertigung gewährleisten, dass bei Explosivstoffen und bei pyrotechnischen Gegenständen stets die Konformität sichergestellt ist.

(4) Die Absätze 1 bis 3 finden keine Anwendung auf die in § 5a Absatz 1 Nummer 1 und 2 genannten Explosivstoffe und pyrotechnischen Gegenstände.

§ 16c Kennzeichnungspflicht des Herstellers von Explosivstoffen und pyrotechnischen Gegenständen; Gebrauchsanleitung; Registrierungsnummer

(1) Der Hersteller muss auf den Explosivstoffen und auf den pyrotechnischen Gegenständen, die er in Verkehr bringt, und auf der Verpackung die folgenden Angaben und Kennzeichnungen anbringen:

1. seinen Namen,
2. seinen eingetragenen Handelsnamen oder seine eingetragene Handelsmarke,
3. die Postanschrift einer zentralen Anlaufstelle, an der er kontaktiert werden kann,
4. die CE-Kennzeichnung,
5. die Kennnummer der benannten Stelle, die in der Phase der Fertigungskontrolle tätig war,
6. den Handelsnamen und Typ des Explosivstoffes oder des pyrotechnischen Gegenstandes.

Ist die Kennzeichnung des Explosivstoffes oder des pyrotechnischen Gegenstandes nicht möglich, müssen die Angaben und Kennzeichnungen auf der kleinsten Verpackungseinheit oder in den dem Explosivstoff oder dem pyrotechnischen Gegenstand beigefügten Unterlagen gemacht werden. Die Angaben zu Nummer 3 müssen in deutscher Sprache in einer für Verwender und zuständige Behörde verständlichen Weise abgefasst sein. Das Nähere regelt eine Rechtsverordnung nach § 6 Absatz 1.

(2) Der Hersteller muss dem Explosivstoff oder dem pyrotechnischen Gegenstand eine Gebrauchsanleitung mit Sicherheitsinformationen beifügen, die in deutscher Sprache in einer für Verwender und zuständige Behörde verständlichen Weise abgefasst ist. Abweichend von Satz 1 hat er bei pyrotechnischen Gegenständen für Kraftfahrzeuge professionellen Nutzern ein Sicherheitsdatenblatt in schriftlicher oder elektronischer Form in der von ihnen gewünschten Sprache zur Verfügung zu stellen, das gemäß Anhang II der Verordnung (EG) Nr. 1907/2006 des Europäischen Parlaments und des Rates vom 18. Dezember 2006 zur Registrierung, Bewertung, Zulassung und Beschränkung chemischer Stoffe (REACH), zur Schaffung einer Europäischen Agentur für chemische Stoffe, zur Änderung der Richtlinie 1999/45/EG und zur Aufhebung der Verordnung (EWG) Nr. 793/93 des Rates, der Verordnung (EG) Nr. 1488/94 der Kommission, der Richtlinie 76/769/EWG des Rates sowie der Richtlinien 91/155/EWG, 93/67/EWG, 93/105/EG und 2000/21/EG der Kommission (ABl. L 396 vom 30. 12. 2006,

S. 1), die zuletzt durch die Verordnung (EU) 2016/1017 (ABl. L 166 vom 24. 6. 2016, S. 1) geändert worden ist, zu erstellen ist und die besonderen Erfordernisse dieser professionellen Nutzer berücksichtigt.

(3) Der Hersteller muss pyrotechnische Gegenstände mit einer Registrierungsnummer kennzeichnen, die von der benannten Stelle zugeteilt wird. Der Hersteller muss ein Verzeichnis über die Registrierungsnummern der pyrotechnischen Gegenstände, die er auf dem Markt bereitstellt, führen und dieses den zuständigen Behörden auf Verlangen zur Einsichtnahme zur Verfügung stellen. Er hat das Verzeichnis vom Zeitpunkt der Eintragung für die Dauer von zehn Jahren aufzubewahren. Bei Einstellung des Betriebes hat er das Verzeichnis der zuständigen Behörde zu übergeben.

(4) Soll der Explosivstoff oder der pyrotechnische Gegenstand in einem anderen Mitgliedstaat der Europäischen Union auf dem Markt bereitgestellt und dort Verwendern überlassen werden, sind die Angaben nach Absatz 1 Nummer 3 und Absatz 2 Satz 1 auch in einer Amtssprache dieses Mitgliedstaates zu machen.

(5) Die Absätze 1 bis 4 finden keine Anwendung auf die in § 5a Absatz 1 Nummer 1 und 2 genannten Explosivstoffe und pyrotechnischen Gegenstände.

§ 16d Bevollmächtigung durch den Hersteller von Explosivstoffen

(1) Der Hersteller von Explosivstoffen kann schriftlich einen Bevollmächtigten benennen.

(2) Die Vollmacht muss mindestens folgende Pflichten umfassen:

1. Bereithaltung der EU-Konformitätserklärung und der technischen Unterlagen für die zuständigen Behörden für die Dauer von zehn Jahren ab dem Inverkehrbringen des Explosivstoffes,
2. Vorlage aller erforderlichen Informationen und Unterlagen zum Nachweis der Konformität eines Explosivstoffes auf Verlangen der zuständigen Behörde,
3. im Aufgabenbereich des Bevollmächtigten die Zusammenarbeit mit der zuständigen Behörde bei allen Maßnahmen, die dazu dienen, Risiken auszuschließen, die mit Explosivstoffen verbunden sind.

(3) Die Pflichten des § 16b Absatz 1 Nummer 1 und Absatz 2 Nummer 1 dürfen nicht Gegenstand der Vollmacht sein.

§ 16e Maßnahmen des Herstellers von Explosivstoffen und pyrotechnischen Gegenständen bei Nichtkonformität

Hat der Hersteller berechtigten Grund zu der Annahme, dass ein von ihm in Verkehr gebrachter Explosivstoff oder pyrotechnischer Gegenstand nicht den gesetzlichen Anforderungen genügt, hat er unverzüglich Maßnahmen zu ergreifen, durch die die Konformität des Explosivstoffes oder pyrotechnischen Gegenstandes hergestellt wird. Wenn dies nicht möglich ist, muss er den Explosivstoff oder pyrotechnischen Gegenstand zurücknehmen oder zurückrufen. Geht von dem Explosivstoff oder pyrotechnischen Gegenstand eine Gefahr aus, unterrichtet der Hersteller unverzüglich die zuständigen Behörden der Mitgliedstaaten der Europäischen Union, in denen er den Explosivstoff oder pyrotechnischen Gegenstand auf dem Markt bereitgestellt hat, über die Nichtkonformität und die bereits ergriffenen Maßnahmen.

§ 16f Pflichten des Einführers von Explosivstoffen und pyrotechnischen Gegenständen

(1) Der Einführer darf nur Explosivstoffe und pyrotechnische Gegenstände in Verkehr bringen, die die durch dieses Gesetz oder auf Grund dieses Gesetzes bestimmten Produktanforderungen und die Sicherheitsanforderungen des Anhangs II der Richtlinie 2014/28/EU für Explosivstoffe oder des Anhangs I der Richtlinie 2013/29/EU für pyrotechnische Gegenstände erfüllen.

(2) Bevor der Einführer einen Explosivstoff oder einen pyrotechnischen Gegenstand in Verkehr bringt, prüft er, ob

1. der Hersteller das Konformitätsbewertungsverfahren nach den §§ 5b und 5c durchgeführt hat,
2. der Hersteller die technischen Unterlagen erstellt hat,
3. die CE-Kennzeichnung an dem Explosivstoff oder dem pyrotechnischen Gegenstand angebracht ist,
4. dem Explosivstoff oder dem pyrotechnischen Gegenstand die Gebrauchsanleitung und die Sicherheitsinformationen in einer für den Verwender verständlichen Weise in einer Amtssprache des Mitgliedstaates der Europäischen Union, in dem die Bereitstellung auf dem Markt erfolgt, oder sofern die Bereitstellung in der Bundesrepublik Deutschland erfolgt, in deutscher Sprache beigefügt sind, und
5. der Hersteller die Kennzeichnungspflichten des § 16a Absatz 1 und des § 16c Absatz 1 an Explosivstoffe oder die Kennzeichnungspflichten des § 16c Absatz 1 und 3 an pyrotechnische Gegenstände erfüllt hat.

(3) Die Absätze 1 und 2 finden keine Anwendung auf die in § 5a Absatz 1 Nummer 1 und 2 genannten Explosivstoffe und pyrotechnischen Gegenstände.

§ 16g Kennzeichnungspflicht des Einführers; Registrierungsnummer; Aufbewahrungspflicht

(1) Der Einführer muss die folgenden Angaben auf dem Explosivstoff oder dem pyrotechnischen Gegenstand und auf der Verpackung anbringen:

1. seinen Namen,
2. seinen eingetragenen Handelsnamen oder seine eingetragene Handelsmarke und
3. die Postanschrift einer zentralen Anlaufstelle, an der er kontaktiert werden kann.

Wenn dies nicht möglich ist, müssen die Angaben auf der kleinsten Verpackungseinheit oder in den dem Explosivstoff oder dem pyrotechnischen Gegenstand beigefügten Unterlagen gemacht werden. Die Angaben müssen in einer Sprache abgefasst sein, die von den Verwendern und den zuständigen Behörden leicht verstanden werden kann. § 16c Absatz 3 ist entsprechend anzuwenden. Abweichend von Satz 1 Nummer 1 ist die Kennzeichnung mit dem Namen des Einführers nicht erforderlich bei pyrotechnischen Gegenständen für Kraftfahrzeuge.

(2) Der Einführer muss eine Abschrift der EU-Konformitätserklärung für die Dauer von zehn Jahren ab dem Inverkehrbringen eines Explosivstoffes oder eines pyrotechnischen Gegenstandes bereithalten. Er muss darüber hinaus gewährleisten, dass die zuständige Behörde auf Verlangen Einsicht in die technischen Unterlagen nehmen kann.

(3) Die Absätze 1 und 2 finden keine Anwendung auf die in § 5a Absatz 1 Nummer 1 und 2 genannten Explosivstoffe und pyrotechnischen Gegenstände.

§ 16h Weitere Pflichten des Einführers

(1) Solange der Einführer einen Explosivstoff oder einen pyrotechnischen Gegenstand aufbewahrt oder verbringt oder aufbewahren oder verbringen lässt, muss er gewährleisten, dass dessen Lagerungs- oder Transportbedingungen die Übereinstimmung des Explosivstoffes mit den Sicherheitsanforderungen des Anhangs II der Richtlinie 2014/28/EU oder des pyrotechnischen Gegenstandes mit den Sicherheitsanforderungen des Anhangs I der Richtlinie 2013/29/EU nicht beeinträchtigen.

(2) Hat der Einführer berechtigten Grund zu der Annahme, dass ein von ihm in Verkehr gebrachter Explosivstoff oder pyrotechnischer Gegenstand nicht die Anforderungen dieses Gesetzes erfüllt, hat er unverzüglich Maßnahmen zu ergreifen, durch die die Konformität des Explosivstoffes oder des pyrotechnischen Gegenstandes hergestellt wird. Wenn dies nicht möglich ist, muss er die Explosivstoffe oder pyrotechnischen Gegenstände zurücknehmen oder zurückrufen. Geht von dem Explosivstoff oder dem pyrotechnischen Gegenstand eine Gefahr aus, unterrichtet der Einführer unverzüglich die zuständigen Behörden derjenigen Mitgliedstaaten der Europäischen Union, in denen er den Explosivstoff oder den pyrotechnischen Gegenstand auf dem Markt bereitgestellt

hat, und den Hersteller über die Nichtkonformität und die ergriffenen Maßnahmen.

(3) Die Absätze 1 und 2 finden keine Anwendung auf die in § 5a Absatz 1 Nummer 1 und 2 genannten Explosivstoffe und pyrotechnischen Gegenstände.

§ 16i Pflichten des Händlers

(1) Solange der Händler einen Explosivstoff oder einen pyrotechnischen Gegenstand aufbewahrt oder verbringt oder aufbewahren oder verbringen lässt, muss er gewährleisten, dass dessen Lagerungs- oder Transportbedingungen die Übereinstimmung des Explosivstoffes mit den Sicherheitsanforderungen des Anhangs II der Richtlinie 2014/28/EU oder des pyrotechnischen Gegenstandes mit den Sicherheitsanforderungen des Anhangs I der Richtlinie 2013/29/EU nicht beeinträchtigen.

(2) Der Händler darf nur Explosivstoffe oder pyrotechnische Gegenstände mit einer CE-Kennzeichnung auf dem Markt bereitstellen.

(3) Bevor der Händler einen Explosivstoff oder einen pyrotechnischen Gegenstand auf dem Markt bereitstellt, prüft er, ob

1. dem Explosivstoff oder dem pyrotechnischen Gegenstand die Gebrauchsanleitung und Sicherheitsinformationen beigefügt sind, die in deutscher Sprache und in einer für den Verwender und die zuständige Behörde verständlichen Weise abgefasst sind, und
2. der Hersteller die Anforderungen des § 16c Absatz 1 und der Einführer die Anforderungen des § 16g Absatz 1 erfüllt haben.

(4) Hat der Händler berechtigten Grund zu der Annahme, dass von ihm auf dem Markt bereitgestellte Explosivstoffe oder pyrotechnische Gegenstände nicht den Anforderungen dieses Gesetzes genügen, setzt er den Handel mit diesen Explosivstoffen oder pyrotechnischen Gegenständen aus, bis durch Maßnahmen des Herstellers die Konformität hergestellt ist. Wenn dies nicht möglich ist, muss der Händler dafür sorgen, dass die Explosivstoffe oder pyrotechnischen Gegenstände durch den Hersteller oder Einführer zurückgenommen oder zurückgerufen werden. Geht von dem Explosivstoff oder dem pyrotechnischen Gegenstand eine Gefahr aus, unterrichtet der Händler unverzüglich die zuständigen Behörden der Mitgliedstaaten der Europäischen Union, in denen er den Explosivstoff oder den pyrotechnischen Gegenstand auf dem Markt bereitgestellt hat, und den Hersteller oder Einführer über die Produktmängel und die ergriffenen Maßnahmen.

(5) Die Absätze 1 bis 4 finden keine Anwendung auf die in § 5a Absatz 1 Nummer 1 und 2 genannten Explosivstoffe und pyrotechnischen Gegenstände.

§ 16j Herstellerpflichten der Einführer und Händler

Einführer oder Händler haben die Pflichten eines Herstellers, wenn sie

1. einen Explosivstoff oder einen pyrotechnischen Gegenstand unter ihrem eigenen Namen oder ihrer eigenen Marke in den Verkehr bringen oder
2. einen Explosivstoff oder pyrotechnischen Gegenstand, der bereits auf dem Markt bereitgestellt worden ist, so verändern, dass der Explosivstoff oder der pyrotechnische Gegenstand nicht mehr dem nach § 5b geprüften Baumuster oder dem Explosivstoff oder dem pyrotechnischen Gegenstand, auf den sich die Einzelprüfung bezog, entspricht.

§ 16k Pflichten der Wirtschaftsakteure gegenüber der zuständigen Behörde

(1) Der Hersteller, der Bevollmächtigte nach § 16d und der Einführer haben der zuständigen Behörde auf Anforderung alle Informationen und Unterlagen, die für den Nachweis der Konformität des Explosivstoffes oder des pyrotechnischen Gegenstandes erforderlich sind, schriftlich oder elektronisch zur Verfügung zu stellen. Die Informationen und Unterlagen müssen in deutscher Sprache in einer für die zuständige Behörde verständlichen Form abgefasst sein. Der Hersteller, der Einführer und der Händler müssen bei allen Maßnahmen zur Abwendung von Gefahren,

die von Explosivstoffen oder pyrotechnischen Gegenständen, die sie in Verkehr gebracht oder auf dem Markt bereitgestellt haben, ausgehen, mit der zuständigen Behörde zusammenarbeiten.

(2) Zum Schutz der Gesundheit und der öffentlichen Sicherheit vor Gefahren, die von pyrotechnischen Gegenständen ausgehen, kann die zuständige Behörde den Hersteller und den Einführer eines pyrotechnischen Gegenstandes auffordern,

1. Prüfungen vorzunehmen oder vornehmen zu lassen,
2. ein Verzeichnis der Beschwerden über nichtkonforme pyrotechnische Gegenstände und der Rückrufe pyrotechnischer Gegenstände zu führen und
3. die Händler über ihre Überwachungsmaßnahmen zu unterrichten.

(3) Zum Schutz der in Absatz 2 bezeichneten Rechtsgüter müssen die Wirtschaftsakteure der zuständigen Behörde auf Aufforderung kostenlos Stichproben von Explosivstoffen oder pyrotechnischen Gegenständen zur Verfügung stellen oder zu den üblichen Betriebs- oder Geschäftszeiten kostenlose Stichprobennahmen in ihren Betriebs- oder Geschäftsräumen dulden.

(4) Wenn die Prüfung der Unterlagen oder Stichproben ergibt, dass der Explosivstoff oder der pyrotechnische Gegenstand nicht den Anforderungen dieses Gesetzes genügt oder eine formale Nichtkonformität aufweist, haben der Hersteller und der Einführer auf Aufforderung der Behörde

1. innerhalb einer von ihr gesetzten, der Art der Gefahr entsprechenden Frist alle geeigneten, erforderlichen und verhältnismäßigen Maßnahmen zu ergreifen, um die Übereinstimmung des Explosivstoffes oder des pyrotechnischen Gegenstandes mit den Anforderungen dieses Gesetzes herzustellen, oder
2. den Explosivstoff oder den pyrotechnischen Gegenstand zurückzunehmen oder zurückzurufen.

Unter den Voraussetzungen des Satzes 1 erheben die zuständigen Behörden von den nach Absatz 1 oder Absatz 3 verpflichteten Wirtschaftsakteuren die Kosten für diese Prüfungen sowie für damit in Zusammenhang stehende Besichtigungen des Explosivstoffes oder pyrotechnischen Gegenstandes.

(5) Können der Hersteller oder der Einführer keine Lager- und Verträglichkeitsgruppenzuordnung vorlegen, finden die Absätze 3 und 4 entsprechende Anwendung.

§ 16l Identifizierung und Angaben der Wirtschaftsakteure

(1) Jeder Wirtschaftsakteur muss den zuständigen Behörden auf Aufforderung diejenigen Wirtschaftsakteure nennen,

1. von denen er einen Explosivstoff oder einen pyrotechnischen Gegenstand erworben hat und
2. an die er einen Explosivstoff oder einen pyrotechnischen Gegenstand überlassen hat.

(2) Der Wirtschaftsakteur muss die Informationen nach Absatz 1 nach dem Erwerb oder dem Überlassen des Explosivstoffes oder des pyrotechnischen Gegenstandes jeweils für die Dauer von zehn Jahren schriftlich oder elektronisch aufbewahren und der zuständigen Behörde auf Aufforderung Einsicht gewähren. Bei Einstellung des Betriebes hat der Wirtschaftsakteur die Informationen der zuständigen Behörde zu übergeben.

Abschnitt III
Aufbewahrung

§ 17 Lagergenehmigung

(1) Der Genehmigung bedürfen

1. die Errichtung und der Betrieb von Lagern, in denen explosionsgefährliche Stoffe zu gewerblichen Zwecken, im Rahmen einer wirtschaftlichen Unternehmung oder eines land- oder forstwirtschaftlichen Betriebes oder bei der Beschäftigung von Arbeitnehmern aufbewahrt werden sollen,
2. die wesentliche Änderung der Beschaffenheit oder des Betriebes solcher Lager.

Die Genehmigung schließt andere das Lager betreffende behördliche Entscheidungen, insbesondere Entscheidungen auf Grund baurechtlicher Vorschriften ein. Für Lager, die nach § 4 des Bundes-Immissionsschutzgesetzes einer Genehmigung bedürfen oder die Bestandteil einer nach § 4 des Bundes-Immissionsschutzgesetzes genehmigungsbedürftigen Anlage sind, gilt die Genehmigung nach § 4 des Bundes-Immissionsschutzgesetzes als Genehmigung nach Satz 1.

(2) Die Genehmigung ist zu versagen, wenn

1. keine Vorsorge gegen Gefahren für Leben, Gesundheit und Sachgüter Beschäftigter oder Dritter, insbesondere durch die den allgemein anerkannten Regeln der Technik entsprechenden Maßnahmen, getroffen sind,
2. andere öffentlich-rechtliche Vorschriften oder Belange des Arbeitsschutzes der Errichtung, dem Betrieb oder der wesentlichen Änderung des Lagers entgegenstehen.

(3) Die Genehmigung kann inhaltlich beschränkt, unter Bedingungen erteilt und mit Auflagen verbunden werden, soweit dies erforderlich ist, um die Erfüllung der in Absatz 2 genannten Anforderungen sicherzustellen. Die nachträgliche Beifügung, Änderung und Ergänzung von Auflagen ist zulässig.

(4) Die Prüfung der Einrichtung eines Lagers ist nicht erforderlich, soweit Bauteile oder Systeme, insbesondere Schranklager, von der zuständigen Behörde ihrer Bauart nach zugelassen sind.

(5) Die Zulassung der Bauart nach Absatz 4 ist zu versagen, wenn die Bauteile oder Systeme den technischen Anforderungen nicht entsprechen. Für die Erteilung der Zulassung gelten Absatz 3 und § 5 Abs. 1 Satz 2 entsprechend.

(6) Als wesentlich im Sinne des Absatzes 1 Nr. 2 ist eine Änderung anzusehen, die besorgen lässt, dass zusätzliche oder andere Gefahren für Leben, Gesundheit oder Sachgüter Beschäftigter oder Dritter herbeigeführt werden. Eine Änderung ist nicht als wesentlich anzusehen, wenn Teile der Anlage durch der Bauart nach gleiche oder ähnliche, jedoch sicherheitstechnisch mindestens gleichwertige Teile ausgewechselt werden oder die Anlage im Rahmen der erteilten Genehmigung instand gesetzt wird.

§ 18 Ermächtigungen

Durch Rechtsverordnung nach § 25 kann bestimmt werden,

1. dass bestimmte explosionsgefährliche Stoffe und Gegenstände oder Gruppen von ihnen in bestimmten Räumen ganz oder in begrenzten Mengen unter bestimmten Voraussetzungen ohne Genehmigung nach § 17 Abs. 1 gelagert werden dürfen, sofern dies nach Art, Ausmaß und Dauer der durch diese Lagerung hervorgerufenen Gefahren mit dem Schutz Beschäftigter oder Dritter vereinbar ist,
2. welchen technischen Anforderungen die Bauteile oder Systeme eines Lagers im Sinne des § 17 Abs. 5 Satz 1 entsprechen müssen,
3. in welcher Weise das Verfahren der Bauartzulassung nach § 17 Abs. 4 durchzuführen ist, insbesondere, dass der Behörde die erforderlichen Zeichnungen und Beschreibungen über Bauart und Betriebsweise der Bauteile oder Systeme eines Lagers einzureichen und ihr Baumuster zu überlassen sind,
4. dass die Bauteile oder Systeme nur verwendet werden dürfen, wenn nach näherer Bestimmung nachgewiesen ist, dass die Bauteile oder Systeme der Zulassung entsprechen, insbesondere wenn dem Verwender eine Bescheinigung des Herstellers, des Einführers oder eines Sachverständigen vorliegt.

Abschnitt IV
Verantwortliche Personen und ihre Pflichten

§ 19 Verantwortliche Personen

(1) Verantwortliche Personen im Sinne der Abschnitte IV, V und VI sind

1. der Erlaubnisinhaber oder der Inhaber eines Betriebes, der nach dem Gesetz oder einer auf Grund des § 4 erlassenen

Rechtsverordnung ohne Erlaubnis den Umgang oder den Verkehr mit explosionsgefährlichen Stoffen betreiben darf, im Falle des § 8 Abs. 3 die mit der Gesamtleitung der genannten Tätigkeiten beauftragte Person,

2. die mit der Leitung des Betriebes, einer Zweigniederlassung oder einer unselbständigen Zweigstelle beauftragten Personen,
3. Aufsichtspersonen, insbesondere Leiter einer Betriebsabteilung, Sprengberechtigte, Betriebsmeister, fachtechnisches Aufsichtspersonal in der Kampfmittelbeseitigung und Lagerverwalter sowie Personen, die zum Verbringen explosionsgefährlicher Stoffe, zu deren Überlassen an andere oder zum Empfang dieser Stoffe von anderen bestellt sind,
4. in Betrieben, die der Bergaufsicht unterliegen, neben den in den Nummern 1 und 2 bezeichneten Personen
   a) die zur Beaufsichtigung aller Personen, die explosionsgefährliche Stoffe in Empfang nehmen, überlassen, aufbewahren, verbringen oder verwenden, bestellten Personen,
   b) die zum Überlassen von explosionsgefährlichen Stoffen an andere oder zum Empfang dieser Stoffe von anderen bestellten Personen,
   c) die innerhalb der Betriebsstätte die tatsächliche Gewalt über explosionsgefährliche Stoffe bei der Empfangnahme, dem Überlassen, dem Transport, dem Aufbewahren und dem Verwenden ausübenden Personen.

(2) Bei dem Umgang und dem Verkehr mit explosionsgefährlichen Stoffen außerhalb der Betriebsstätte ist ferner die Person verantwortlich, die die tatsächliche Gewalt über die explosionsgefährlichen Stoffe ausübt.

§ 20 Befähigungsschein

(1) Die in § 19 Abs. 1 Nr. 3 und 4 Buchstabe a bezeichneten verantwortlichen Personen dürfen ihre Tätigkeit nur ausüben, wenn sie einen behördlichen Befähigungsschein besitzen. Satz 1 ist auf die mit der Leitung des Betriebes, einer Zweigniederlassung oder einer unselbständigen Zweigstelle beauftragten Personen anzuwenden, wenn sie zugleich verantwortliche Personen nach § 19 Abs. 1 Nr. 3 oder 4 Buchstabe a sind.

(2) Für die Erteilung des Befähigungsscheines gelten § 8 Abs. 1 und 2 Nr. 1 sowie die §§ 9 und 10 entsprechend mit der Maßgabe, dass der Befähigungsschein in der Regel für die Dauer von fünf Jahren zu erteilen ist.

(3) In der Rechtsverordnung nach § 9 Abs. 3 können auch Vorschriften der dort bezeichneten Art für die in § 19 Abs. 1 Nr. 3 und 4 bezeichneten Personen erlassen werden.

(4) Für das Erlöschen des Befähigungsscheines gilt § 11 entsprechend.

§ 21 Bestellung verantwortlicher Personen

(1) Verantwortliche Personen sind in der Anzahl zu bestellen, die nach dem Umfang des Betriebes und der Art der Tätigkeit für einen sicheren Umgang und Verkehr mit explosionsgefährlichen Stoffen erforderlich ist. Durch innerbetriebliche Anordnungen ist sicherzustellen, dass die bestellten verantwortlichen Personen die ihnen obliegenden Pflichten erfüllen können.

(2) Zu verantwortlichen Personen nach § 19 Abs. 1 Nr. 3 und 4 Buchstabe a dürfen nur Personen bestellt werden, die für ihre Tätigkeit einen behördlichen Befähigungsschein besitzen. Satz 1 ist auch auf verantwortliche Personen nach § 19 Abs. 1 Nr. 2 anzuwenden, die zugleich verantwortliche Personen nach § 19 Abs. 1 Nr. 3 oder 4 Buchstabe a sind.

(3) Zu verantwortlichen Personen nach § 19 Abs. 1 Nr. 2 und 4 Buchstabe b und c dürfen nur Personen bestellt werden, bei denen Versagungsgründe nach § 8 Abs. 1 nicht vorliegen. Die Zuverlässigkeit und die persönliche Eignung sind durch eine Unbedenklichkeitsbescheinigung der für die Erteilung der Erlaubnis zuständigen Behörde nachzuweisen. Erfolgt die Bestellung innerhalb eines Jahres nach Ausstellung einer Unbedenklichkeitsbescheinigung oder wird innerhalb eines Jahres nach Ausstellung der Unbedenklichkeitsbe-

scheinigung eine Erlaubnis oder ein Befähigungsschein für die bestellte Person beantragt, so ist die erneute Prüfung der Zuverlässigkeit und der persönlichen Eignung nicht erforderlich, sofern nicht neue Tatsachen die Annahme rechtfertigen, dass die Person die erforderliche Zuverlässigkeit und die persönliche Eignung nicht mehr besitzt. § 8 Abs. 4 gilt entsprechend. Die Bestellung erlischt, wenn die Voraussetzungen nach § 8 Abs. 1 nicht mehr gegeben sind.

(4) Die Namen der in § 19 Abs. 1 Nr. 3 und 4 bezeichneten verantwortlichen Personen sind der zuständigen Behörde unverzüglich nach der Bestellung mitzuteilen. Das Erlöschen der Bestellung einer dieser Personen ist unverzüglich der zuständigen Behörde anzuzeigen.

§ 22 Vertrieb und Überlassen

(1) Explosionsgefährliche Stoffe dürfen nur von verantwortlichen Personen vertrieben oder an andere überlassen werden. Die verantwortlichen Personen dürfen diese Stoffe nur an Personen vertreiben oder Personen überlassen, die nach diesem Gesetz, einer auf Grund dieses Gesetzes erlassenen Rechtsverordnung oder nach landesrechtlichen Vorschriften damit umgehen oder den Verkehr mit diesen Stoffen betreiben dürfen. Innerhalb einer Betriebsstätte dürfen explosionsgefährliche Stoffe auch anderen Personen überlassen oder von anderen Personen in Empfang genommen werden, wenn diese unter Aufsicht handeln und mindestens 16 Jahre alt sind; das Überlassen an Personen unter 18 Jahren ist nur zulässig, soweit dies zur Erreichung ihres Ausbildungszieles erforderlich, ihr Schutz durch die Aufsicht einer verantwortlichen Person gewährleistet und die betriebsärztliche und sicherheitstechnische Betreuung sichergestellt ist.

(1a) Den Bediensteten der in § 1a Absatz 1 Nummer 3 bis 5 sowie Absatz 2 bis 5 genannten Stellen dürfen explosionsgefährliche Stoffe nur gegen Aushändigung einer Bescheinigung dieser Stellen überlassen werden, aus der die Art und die Menge der explosionsgefährlichen Stoffe hervorgehen, die der Bedienstete erwerben darf. Der Überlasser hat zum Zeitpunkt des Überlassens die Art und die Menge der Stoffe, das Datum sowie seinen Namen und seine Anschrift in die Bescheinigung dauerhaft einzutragen. Er hat die Bescheinigung dem Erwerber nur zurückzugeben, wenn dieser die angegebene Menge noch nicht vollständig erworben hat. Anderenfalls hat er die Bescheinigung vom Zeitpunkt des Überlassens für die Dauer von drei Jahren aufzubewahren.

(2) Verbringer dürfen Stoffe, die im Beförderungspapier nach gefahrgutrechtlichen Vorschriften oder, falls ein Beförderungspapier nicht vorgeschrieben ist, auf dem Versandstück als explosionsgefährliche Stoffe gekennzeichnet sind, nur überlassen

1. dem vom Auftraggeber bezeichneten Empfänger, einer Person, die einen Befähigungsschein besitzt, oder einer verantwortlichen Person nach § 19 Abs. 1 Nr. 4 Buchstabe b,
2. den in § 1 Abs. 4 Nr. 1 bezeichneten Stellen,
3. anderen Verbringern oder Lagerern, die in den Verbringungsvorgang eingeschaltet sind.

(3) Personen unter 18 Jahren dürfen explosionsgefährliche Stoffe, außer pyrotechnische Gegenstände der Kategorie F1 oder in den Fällen des Absatzes 1 Satz 3, nicht überlassen werden.

(4) Der Vertrieb und das Überlassen explosionsgefährlicher Stoffe ist verboten

1. im Reisegewerbe, soweit eine Reisegewerbekarte erforderlich wäre oder die Voraussetzungen des § 55a Abs. 1 Nr. 1 oder 3 der Gewerbeordnung vorliegen,
2. auf Veranstaltungen im Sinne des Titels IV der Gewerbeordnung mit Ausnahme der Entgegennahme von Bestellungen auf Messen und Ausstellungen.

Satz 1 findet keine Anwendung auf den Vertrieb und das Überlassen von pyrotechnischen Gegenständen der Kategorie F1.

(5) Die zuständige Behörde kann im Einzelfall Ausnahmen von dem Verbot des Absatzes 4 Satz 1 Nr. 1 mit Wirkung für den Geltungs-

bereich dieses Gesetzes und von dem Verbot des Absatzes 4 Satz 1 Nr. 2 für ihren Bezirk zulassen, soweit der Schutz von Leben oder Gesundheit Beschäftigter oder Dritter sowie sonstige öffentliche Interessen nicht entgegenstehen.

(6) Das Bundesministerium des Innern, für Bau und Heimat wird ermächtigt, durch Rechtsverordnung zu bestimmen, unter welchen Voraussetzungen kleine Mengen von explosionsgefährlichen Stoffen oder Gegenstände mit kleinen Mengen explosionsgefährlicher Stoffe im Reisegewerbe und auf Veranstaltungen im Sinne des Titels IV der Gewerbeordnung vertrieben oder anderen überlassen werden dürfen, soweit der Schutz von Leben oder Gesundheit Beschäftigter oder Dritter sowie sonstige öffentliche Interessen nicht entgegenstehen.

§ 23 Mitführen von Urkunden

Außerhalb des eigenen Betriebes haben die verantwortlichen Personen nach § 19 Abs. 1 Nr. 1 bei dem Umgang und dem Verkehr mit explosionsgefährlichen Stoffen die Erlaubnisurkunde und die verantwortlichen Personen, die nach § 20 im Besitz eines Befähigungsscheines sein müssen, den Befähigungsschein mitzuführen und auf Verlangen den Beauftragten der zuständigen Behörden vorzulegen. In den Fällen des § 13 Abs. 3 genügt eine in deutscher Sprache abgefasste Bescheinigung über die Befugnis zur Verbringung explosionsgefährlicher Stoffe der zuständigen Behörde des Landes, in dem der Verbringer seinen Wohnsitz, seinen ständigen Aufenthaltsort oder seine Niederlassung hat.

§ 24 Schutzvorschriften

(1) Die verantwortlichen Personen haben bei dem Umgang und dem Verkehr mit explosionsgefährlichen Stoffen Beschäftigte und Dritte vor Gefahren für Leben, Gesundheit und Sachgüter zu schützen, soweit die Art des Umgangs oder des Verkehrs dies zulässt. Sie haben hierbei die vom Hersteller oder vom Einführer oder die von einer auf Grund dieses Gesetzes bestimmten Stelle festgelegte Gebrauchsanleitung, die nach § 6 Absatz 4 bekannt gemachten Regeln und Erkenntnisse, die sonstigen gesicherten arbeitswissenschaftlichen Erkenntnisse sowie die allgemein anerkannten Regeln der Sicherheitstechnik anzuwenden. Bei Einhaltung der nach § 6 Absatz 4 bekannt gemachten Regeln ist davon auszugehen, dass die im Gesetz oder einer Verordnung zum Gesetz gestellten Anforderungen diesbezüglich erfüllt sind. Werden die Regeln nicht angewendet, muss durch andere Maßnahmen die gleiche Sicherheit und der gleiche Gesundheitsschutz der Beschäftigten erreicht werden.

(2) Die verantwortlichen Personen haben zum Schutze der in Absatz 1 bezeichneten Rechtsgüter insbesondere

1. Betriebsanlagen und Betriebseinrichtungen den Anforderungen des Absatzes 1 entsprechend einzurichten und zu unterhalten, insbesondere den erforderlichen Schutz- und Sicherheitsabstand der Betriebsanlagen untereinander und zu betriebsfremden Gebäuden, Anlagen und öffentlichen Verkehrswegen einzuhalten,
2. Vorsorge- und Überwachungsmaßnahmen im Betrieb zu treffen, insbesondere den Arbeitsablauf zu regeln,
3. Beschäftigten oder Dritten im Betrieb ein den Anforderungen des Absatzes 1 entsprechendes Verhalten vorzuschreiben,
4. die erforderlichen Maßnahmen zu treffen, damit explosionsgefährliche Stoffe nicht abhanden kommen oder Beschäftigte oder Dritte diese Stoffe nicht unbefugt an sich nehmen,
5. die Beschäftigten vor Beginn der Beschäftigung über die Unfall- und Gesundheitsgefahren, denen sie bei der Beschäftigung ausgesetzt sind, sowie über die Einrichtungen und Maßnahmen zur Abwendung dieser Gefahren zu belehren; die Belehrungen sind in angemessenen Zeitabständen zu wiederholen.

§ 25 Ermächtigung zum Erlass von Schutzvorschriften

Das Bundesministerium für Arbeit und Soziales wird ermächtigt, durch Rechtsverordnung zum Schutze von Leben, Gesundheit und Sachgütern Beschäftigter und Dritter für den

Umgang und den Verkehr mit explosionsgefährlichen Stoffen und mit Sprengzubehör zu bestimmen,

1. welche Maßnahmen zur Erfüllung der sich aus § 24 ergebenden Pflichten zu treffen sind,
2. wie sich Beschäftigte und Dritte, soweit es der Arbeitsschutz erfordert, innerhalb oder außerhalb von Betrieben beim Umgang mit explosionsgefährlichen Stoffen oder mit Sprengzubehör zu verhalten haben,
3. dass explosionsgefährliche Stoffe nur an der Herstellungsstätte oder an dem Ort, an dem sie innerhalb eines Betriebes verwendet werden, oder in besonderen Lagern aufbewahrt werden dürfen, und dass diese Lager insbesondere hinsichtlich des Standortes, der Bauweise, der Einrichtung und des Betriebes bestimmten Sicherheitsanforderungen genügen müssen,
4. nach welchen Sicherheitsvorschriften explosionsgefährliche Stoffe außerhalb eines Lagers aufbewahrt werden dürfen,
5. dass explosionsgefährliche Stoffe bestimmten Lager- und Verträglichkeitsgruppen zuzuordnen sind und dass die Zuordnung der Bundesanstalt, für ausschließlich für militärische Zwecke bestimmte Stoffe der zuständigen Behörde der Bundeswehr übertragen wird,
6. dass Anzeigen zu erstatten und ihnen bestimmte Unterlagen beizufügen sind.

§ 26 Anzeigepflicht

(1) Die verantwortlichen Personen haben das Abhandenkommen von explosionsgefährlichen Stoffen der zuständigen Behörde unverzüglich anzuzeigen.

(2) Die verantwortlichen Personen nach § 19 Abs. 1 Nr. 1 und 2 haben jeden Unfall, der bei dem Umgang oder bei dem Verkehr mit explosionsgefährlichen Stoffen eintritt, der zuständigen Behörde und dem Träger der gesetzlichen Unfallversicherung unverzüglich anzuzeigen. Die Anzeige entfällt, soweit ein Unfall bereits auf Grund anderer Rechtsvorschriften anzuzeigen ist.

Abschnitt V
Umgang und Verkehr im nicht gewerblichen Bereich

§ 27 Erlaubnis zum Erwerb und zum Umgang

(1) Wer in anderen als den in § 7 Abs. 1 bezeichneten Fällen

1. explosionsgefährliche Stoffe erwerben oder
2. mit explosionsgefährlichen Stoffen umgehen will,

bedarf der Erlaubnis.

(1a) Eine Erlaubnis nach Absatz 1 zum Laden und Wiederladen von Patronenhülsen gilt auch als Erlaubnis zum Erwerb und Besitz der dabei hergestellten Munition nach § 10 Abs. 3 des Waffengesetzes in der jeweils geltenden Fassung.

(2) Die Erlaubnis ist in der Regel für die Dauer von fünf Jahren zu erteilen. Sie kann inhaltlich und räumlich beschränkt und mit Auflagen verbunden werden, soweit dies zur Verhütung von Gefahren für Leben, Gesundheit oder Sachgüter oder von erheblichen Nachteilen oder erheblichen Belästigungen für Dritte erforderlich ist. Die nachträgliche Beifügung, Änderung und Ergänzung von Auflagen ist zulässig.

(3) Die Erlaubnis ist zu versagen, wenn

1. beim Antragsteller Versagungsgründe nach § 8 Abs. 1 vorliegen,
2. der Antragsteller ein Bedürfnis für die beabsichtigte Tätigkeit nicht nachweist,
3. inhaltliche Beschränkungen oder Auflagen zum Schutze der in Absatz 2 Satz 2 bezeichneten Rechtsgüter nicht ausreichen.

Satz 1 Nr. 2 gilt nicht für die Erlaubnis zum Erwerb und zur Verwendung pyrotechnischer Gegenstände. Für den Nachweis der Fachkunde gilt § 9 Abs. 1 und 2 entsprechend.

(4) Die Erlaubnis kann versagt werden, wenn der Antragsteller

1. nicht Deutscher im Sinne des Artikels 116 des Grundgesetzes ist oder
2. nicht seit mindestens drei Jahren seinen Wohnsitz oder gewöhnlichen Aufenthalt

ununterbrochen im Geltungsbereich dieses Gesetzes hat.

(5) Die zuständige Behörde kann für den Einzelfall eine Ausnahme von dem Alterserfordernis des Absatzes 3 Satz 1 Nr. 1 in Verbindung mit § 8 Abs. 1 Nr. 2 Buchstabe c zulassen, wenn öffentliche Interessen nicht entgegenstehen.

(6) Absatz 1 gilt nicht für die bestimmungsgemäße Verwendung zugelassener pyrotechnischer Gegenstände zur Gefahrenabwehr und bei Rettungsübungen.

§ 28 Anwendbare Vorschriften

Für den Umgang und den Verkehr mit explosionsgefährlichen Stoffen in anderen als den in § 7 Abs. 1 bezeichneten Fällen gelten die §§ 13, 15 Absatz 1, 3, 4 und 6, § 16 Abs. 1, 1a und 2, die §§ 17, 19 Abs. 1 Nr. 1 und Abs. 2, § 22 Abs. 1 bis 4, die §§ 23, 24 Abs. 1 und 2 Nr. 4 sowie § 26 Abs. 1 entsprechend. § 26 Abs. 2 gilt mit der Maßgabe, dass die dort vorgeschriebene Anzeige nur der zuständigen Behörde zu erstatten ist.

§ 29 Ermächtigungen

Das Bundesministerium des Innern, für Bau und Heimat wird ermächtigt, durch Rechtsverordnung mit Zustimmung des Bundesrates für den Umgang und den Verkehr mit explosionsgefährlichen Stoffen in anderen als den in § 7 Abs. 1 bezeichneten Fällen

1. zum Schutze von Leben, Gesundheit und Sachgütern des Verwenders oder Dritter zu bestimmen,
   a) dass die in der Rechtsverordnung nach § 9 Abs. 3 erlassenen Vorschriften anzuwenden oder an den Nachweis der Fachkunde besondere Anforderungen zu stellen sind,
   b) dass und in welcher Weise der Erlaubnisinhaber Aufzeichnungen über explosionsgefährliche Stoffe zu führen, aufzubewahren und der zuständigen Behörde vorzulegen hat,
2. zum Schutze der in Nummer 1 bezeichneten Rechtsgüter sowie zum Schutze vor erheblichen Nachteilen oder erheblichen Belästigungen zu bestimmen,
   a) welche Maßnahmen zur Erfüllung der sich aus § 24 Abs. 1 ergebenden Pflichten zu treffen sind,
   b) nach welchen Sicherheitsvorschriften explosionsgefährliche Stoffe außerhalb eines Lagers aufbewahrt werden dürfen,
   c) dass bestimmte Anzeigen zu erstatten und ihnen bestimmte Unterlagen beizufügen sind,
3. zum Schutze der in Nummer 1 bezeichneten Rechtsgüter zu bestimmen, welche Pflichten der Erlaubnisinhaber bei explosionsgefährlichen Stoffen zum Laden von Patronenhülsen oder zum Vorderladerschießen zu erfüllen hat.

Abschnitt VI
Überwachung des Umgangs und des Verkehrs

Unterabschnitt 1
Allgemeine Bestimmungen

§ 30 Allgemeine Überwachung

Der Umgang und der Verkehr mit explosionsgefährlichen Stoffen unterliegen der Überwachung durch die zuständige Behörde.

§ 31 Auskunft, Nachschau

(1) Der Inhaber eines Betriebes, der mit explosionsgefährlichen Stoffen umgeht oder den Verkehr mit ihnen betreibt, und die mit der Leitung des Betriebes, einer Zweigniederlassung oder einer unselbständigen Zweigstelle beauftragten Personen sowie Personen, die einer Erlaubnis nach § 27 bedürfen, haben der zuständigen Behörde die für die Durchführung des Gesetzes erforderlichen Auskünfte zu erteilen.

(2) Die von der zuständigen Behörde mit der Überwachung beauftragten Personen sind befugt, Grundstücke, Betriebsanlagen, Geschäftsräume, Beförderungsmittel und zur Verhütung dringender Gefahren für die öffentliche Sicherheit und Ordnung auch Wohnräume des Auskunftspflichtigen zu betreten, dort Prüfungen und Besichtigungen

vorzunehmen und die geschäftlichen Unterlagen des Auskunftspflichtigen einzusehen. Die Beauftragten sind berechtigt, gegen Empfangsbescheinigung Proben nach ihrer Auswahl zu fordern oder zu entnehmen, soweit dies zur Überwachung erforderlich ist. Soweit der Betriebsinhaber nicht ausdrücklich darauf verzichtet, ist ein Teil der Probe amtlich verschlossen oder versiegelt zurückzulassen. Der Auskunftspflichtige hat die Maßnahmen nach Satz 1 und 2 zu dulden. Das Grundrecht der Unverletzlichkeit der Wohnung (Artikel 13 des Grundgesetzes) wird insoweit eingeschränkt.

(3) Der zur Auskunft Verpflichtete kann die Auskunft auf solche Fragen verweigern, deren Beantwortung ihn selbst oder einen der in § 383 Abs. 1 Nr. 1 bis 3 der Zivilprozessordnung bezeichneten Angehörigen der Gefahr strafgerichtlicher Verfolgung oder eines Verfahrens nach dem Gesetz über Ordnungswidrigkeiten aussetzen würde.

(4) Die Absätze 1 bis 3 sind entsprechend anzuwenden auf Personen, bei denen Tatsachen die Annahme rechtfertigen, dass sie unbefugterweise mit explosionsgefährlichen Stoffen umgehen oder den Verkehr mit diesen Stoffen betreiben.

§ 32 Anordnungen der zuständigen Behörden

(1) Die zuständige Behörde kann im Einzelfall anordnen, welche Maßnahmen zur Durchführung des § 24 und der auf Grund des § 25 oder § 29 erlassenen Rechtsverordnungen zu treffen sind. Dabei können auch Anordnungen getroffen werden, die über die auf Grund einer Rechtsverordnung nach § 25 oder § 29 gestellten Anforderungen hinausgehen, soweit dies zum Schutze von Leben, Gesundheit und Sachgütern Beschäftigter oder Dritter erforderlich ist.

(2) Führt ein Zustand, der den Vorschriften dieses Gesetzes oder einer auf Grund dieses Gesetzes erlassenen Rechtsverordnung, einer Nebenbestimmung der Erlaubnis, einer nachträglich angeordneten Auflage oder den Anordnungen nach Absatz 1 widerspricht, eine erhebliche Gefährdung der Beschäftigten oder Dritter herbei, so kann die zuständige Behörde anordnen, dass der Umgang und der Verkehr mit explosionsgefährlichen Stoffen bis zur Herstellung des ordnungsgemäßen Zustandes eingestellt werden.

(3) Wird eine Tätigkeit nach § 7 oder § 27 ohne die erforderliche Erlaubnis ausgeübt, so kann die zuständige Behörde die Fortsetzung dieser Tätigkeit untersagen.

(4) Die zuständige Behörde hat den Umgang oder Verkehr mit explosionsgefährlichen Stoffen, soweit diese Tätigkeit auf Grund einer Rechtsverordnung nach § 4 ohne Erlaubnis ausgeübt werden darf, ganz oder teilweise zu untersagen, wenn Tatsachen die Annahme rechtfertigen, dass der Betriebsinhaber oder eine mit der Leitung des Betriebes, einer Zweigniederlassung oder einer unselbständigen Zweigstelle beauftragte Person oder der Inhaber der tatsächlichen Gewalt die erforderliche Zuverlässigkeit oder die persönliche Eignung nicht besitzt, sofern die Untersagung zum Schutze von Leben, Gesundheit und Sachgütern Beschäftigter oder Dritter erforderlich ist.

(5) Übt jemand eine Tätigkeit ohne die nach dem Gesetz erforderliche Erlaubnis oder Zulassung aus oder hat jemand Umgang oder Verkehr mit Explosivstoffen oder pyrotechnischen Gegenständen ohne den nach diesem Gesetz erforderlichen Konformitätsnachweis, so kann die zuständige Behörde anordnen, dass die explosionsgefährlichen Stoffe, über die der Betroffene die tatsächliche Gewalt noch ausübt, nicht mehr verwendet werden dürfen oder ihr nachgewiesen wird, dass die explosionsgefährlichen Stoffe innerhalb einer von ihr gesetzten Frist unbrauchbar gemacht oder einem Berechtigten überlassen worden sind. Nach Ablauf der Frist können die Stoffe sichergestellt und verwertet oder vernichtet werden. Ein Erlös aus der Verwertung der Stoffe steht dem bisher Berechtigten zu. Rechtfertigen Tatsachen die Annahme, dass ein Nichtberechtigter die explosionsgefährlichen Stoffe erwerben wird oder dass die Stoffe unbefugt verwendet werden, so können diese sofort sichergestellt werden.

I

§ 33 Beschäftigungsverbot

(1) Beschäftigt der Erlaubnisinhaber als verantwortliche Person entgegen § 21 Abs. 2 eine Person, die nicht im Besitz eines Befähigungsscheines ist, so kann die zuständige Behörde dem Erlaubnisinhaber untersagen, diese Person beim Umgang oder Verkehr mit explosionsgefährlichen Stoffen zu beschäftigen.

(2) Die Beschäftigung einer der in § 19 Abs. 1 Nr. 2 und 4 Buchstabe b und c bezeichneten Personen als verantwortliche Person kann dem Erlaubnisinhaber untersagt werden, wenn bei dieser Person ein Versagungsgrund nach § 8 Abs. 1 vorliegt.

(3) In den Fällen der Absätze 1 und 2 kann die zuständige Behörde die Beschäftigung einer verantwortlichen Person auch dem Inhaber eines Betriebes untersagen, der nach dem Gesetz oder auf Grund einer Rechtsverordnung nach § 4 ohne Erlaubnis den Umgang oder den Verkehr mit explosionsgefährlichen Stoffen betreiben darf. Die Untersagung nach Satz 1 ist auch zulässig, wenn die verantwortliche Person ihre Tätigkeit auf Grund einer Rechtsverordnung nach § 4 ohne Befähigungsschein ausüben darf.

Unterabschnitt 2
Marktüberwachung

§ 33a (weggefallen)

§ 33b Maßnahmen bei mangelhaften explosionsgefährlichen Stoffen und mangelhaftem Sprengzubehör

(1) Besteht der begründete Verdacht, dass bei bestimmungsgemäßer Verwendung eines nach § 5 konformitätsbewerteten oder eines nach § 5f Absatz 1 oder 2 zugelassenen und entsprechend gekennzeichneten explosionsgefährlichen Stoffes oder Sprengzubehörs eine Gefahr für Leben und Gesundheit, für Sachgüter oder für die Umwelt besteht, prüft die zuständige Behörde anhand einer Stichprobe, ob diese dem bei der Zulassung vorgelegten Prüfmuster oder dem Baumuster entspricht. Stellt die zuständige Behörde die Übereinstimmung fest, so prüft sie, ob die Stichprobe die Anforderungen einer Rechtsverordnung nach § 6 Absatz 1 Nummer 2 Buchstabe a erfüllt.

(2) Stellt die zuständige Behörde die Übereinstimmung nach Absatz 1 Satz 1 mit dem Prüfmuster oder dem Baumuster nicht fest oder sind die Anforderungen einer Rechtsverordnung nach § 6 Absatz 1 Nummer 2 Buchstabe a nicht erfüllt, trifft die zuständige Behörde alle notwendigen vorläufigen Maßnahmen, um den Umgang und den Verkehr mit dem explosionsgefährlichen Stoff oder dem Sprengzubehör sowie die Einfuhr des explosionsgefährlichen Stoffes oder des Sprengzubehörs zu verhindern oder zu beschränken. Die zuständige Behörde kann Personen, die den explosionsgefährlichen Stoff oder das Sprengzubehör einführen, verbringen, vertreiben, anderen überlassen oder verwenden, diese Tätigkeit vorläufig untersagen, wenn andere Maßnahmen nicht ausreichen.

(3) Die zuständige Behörde trifft die notwendigen vorläufigen Maßnahmen nach Absatz 2, wenn ihr von einer anderen Behörde, von einem Träger der gesetzlichen Unfallversicherung oder von der Bundesanstalt für Materialforschung und -prüfung mitgeteilt wird, dass

1. ein explosionsgefährlicher Stoff oder ein Sprengzubehör einen Mangel in seiner Beschaffenheit oder Funktionsweise aufweist, durch den beim Umgang eine Gefahr für Leben und Gesundheit, für Sachgüter oder für die Umwelt herbeigeführt werden kann, oder
2. bei dem Wiedergewinnen, Aufbewahren, Verwenden, Vernichten oder Verbringen oder innerhalb der Betriebsstätte bei dem Transport, dem Überlassen oder der Empfangnahme eines explosionsgefährlichen Stoffes oder eines Sprengzubehörs ein Schadensereignis eingetreten ist und ein begründeter Verdacht besteht, dass dieses auf einen Mangel in der Beschaffenheit oder Funktionsweise des explosionsgefährlichen Stoffes oder des Sprengzubehörs zurückzuführen ist.

Die Bundesanstalt für Materialforschung und -prüfung ist über die Maßnahmen nach Satz 1 und nach Absatz 2 unverzüglich zu unterrichten.

(4) Besteht der begründete Verdacht, dass ein Explosivstoff oder ein pyrotechnischer Gegenstand entgegen § 5 Absatz 1 Nummer 2 gekennzeichnet und in den Verkehr gebracht oder anderen überlassen worden ist, sind die Absätze 2 und 3 entsprechend anzuwenden.

§ 33c Maßnahmen bei Information durch andere Mitgliedstaaten der Europäischen Union über Explosivstoffe oder pyrotechnische Gegenstände; Aufhebung oder Änderung getroffener Maßnahmen

(1) Wird die zuständige Behörde von Behörden anderer Mitgliedstaaten der Europäischen Union über deren Maßnahmen gegen nicht konforme oder sonst unsichere Explosivstoffe oder pyrotechnische Gegenstände informiert, trifft sie alle notwendigen Maßnahmen zum Schutz der Verbraucher oder Dritter.

(2) Bestehen Einwände gegen die von den anderen Mitgliedstaaten der Europäischen Union getroffenen Maßnahmen, unterrichten die obersten Landesbehörden im Einvernehmen mit dem Bundesministerium des Innern, für Bau und Heimat die Europäische Kommission und die anderen Mitgliedstaaten der Europäischen Union über die getroffenen Maßnahmen nach Absatz 1 und die Einwände gegen die von den Behörden anderer Mitgliedstaaten der Europäischen Union getroffenen Maßnahmen.

(3) Verlangt die Europäische Kommission auf der Grundlage des Artikels 43 der Richtlinie 2014/28/EU oder des Artikels 40 der Richtlinie 2013/29/EU die Aufhebung oder Änderung einer getroffenen Maßnahme, hat die zuständige Behörde den erlassenen Verwaltungsakt aufzuheben oder zu ändern.

§ 33d Weitere Maßnahmen im Rahmen der Marktüberwachung

(1) Die zuständige Behörde kann gegenüber Wirtschaftsakteuren Maßnahmen zur Durchführung der Verordnung (EG) Nr. 765/2008, auch in Verbindung mit der Richtlinie 2014/28/EU oder der Richtlinie 2013/29/EU, anordnen. Dabei können auch Anordnungen getroffen werden, die über die auf Grund einer Rechtsverordnung nach § 25 oder § 29 gestellten Anforderungen hinausgehen, soweit dies zum Schutz von Leben, Gesundheit und von Sachgütern erforderlich ist. Artikel 15 Absatz 3 der Verordnung (EG) Nr. 765/2008 findet Anwendung.

(2) Die zuständige Behörde fordert Wirtschaftsakteure dazu auf, die folgenden Fälle formaler Nichtkonformität eines Explosivstoffes oder eines pyrotechnischen Gegenstandes zu beseitigen:

1. die CE-Kennzeichnung wurde nicht oder unter Verstoß gegen Artikel 30 der Verordnung (EG) Nr. 765/2008, Artikel 20 der Richtlinie 29/2013/EU oder Artikel 23 der Richtlinie 28/2014/EU angebracht,
2. die Kennnummer der in der Phase der Fertigungskontrolle tätigen benannten Stelle wurde nicht oder unter Verstoß gegen Artikel 20 der Richtlinie 29/2013/EU oder Artikel 23 der Richtlinie 28/2014/EU angebracht,
3. die EU-Konformitätserklärung wurde nicht oder nicht ordnungsgemäß ausgestellt,
4. die technischen Unterlagen sind nicht verfügbar oder nicht vollständig,
5. die in Artikel 8 Absatz 6 oder Artikel 12 Absatz 3 der Richtlinie 2013/29/EU und in Artikel 5 Absatz 5 oder Artikel 7 Absatz 3 der Richtlinie 2014/28/EU genannten Angaben fehlen, sind falsch oder unvollständig,
6. eine andere verwaltungstechnische Anforderung nach Artikel 8 oder Artikel 12 der Richtlinie 2013/29/EU sowie nach Artikel 5 oder Artikel 7 der Richtlinie 2014/28/EU ist nicht erfüllt.

(3) Kommt der Wirtschaftsakteur Anordnungen nach Absatz 1 oder Aufforderungen nach Absatz 2 nicht nach, trifft die zuständige Behörde alle erforderlichen Maßnahmen, um

1. die Bereitstellung des Explosivstoffes oder des pyrotechnischen Gegenstandes auf

dem Markt zu beschränken oder zu untersagen oder
2. dafür zu sorgen, dass der Explosivstoff oder pyrotechnische Gegenstand zurückgenommen oder zurückgerufen wird.

(4) Hat der Wirtschaftsakteur nach § 16l Absatz 2 Satz 2 der zuständigen Behörde bei Einstellung des Geschäftsbetriebes Unterlagen übergeben, so obliegt dieser die Aufbewahrung dieser Unterlagen bis zum Ablauf der in § 16l Absatz 2 Satz 1 bezeichneten Frist.

Abschnitt VII
Sonstige Vorschriften

§ 34 Rücknahme und Widerruf

(1) Eine Erlaubnis, eine Zulassung und ein Befähigungsschein nach diesem Gesetz sind zurückzunehmen, wenn sie hätten versagt werden müssen.

(2) Eine Erlaubnis, eine Zulassung und ein Befähigungsschein nach diesem Gesetz sind zu widerrufen, wenn nachträglich Tatsachen eintreten, die zur Versagung hätten führen müssen. Die genannten Berechtigungen können außer nach den Vorschriften der Verwaltungsverfahrensgesetze widerrufen werden, wenn inhaltliche Beschränkungen nicht beachtet werden. Die Erlaubnis nach § 7 darf nicht aus den Gründen des § 8 Abs. 1 Nr. 2 Buchstabe a widerrufen werden.

(3) Die Erlaubnis nach § 7 ist ferner zu widerrufen, wenn

1. mit der Leitung des Betriebes, einer Zweigniederlassung oder einer unselbständigen Zweigstelle eine Person beauftragt oder bei einer juristischen Person eine nach Gesetz, Satzung oder Gesellschaftsvertrag zur Vertretung berufene Person zur Leitung des Umgangs oder des Verkehrs mit explosionsgefährlichen Stoffen bestellt wird, welche die erforderliche Fachkunde nicht besitzt,
2. verantwortliche Personen nach § 19 Abs. 1 Nr. 3 oder 4 Buchstabe a beschäftigt werden, die keinen Befähigungsschein besitzen.

(4) Die Zulassung nach § 5 kann ferner widerrufen werden,

1. wenn der Zulassungsinhaber pyrotechnische Gegenstände, sonstige explosionsgefährliche Stoffe oder Sprengzubehör abweichend von der in der Zulassung festgelegten Zusammensetzung oder Beschaffenheit einführt, verbringt, vertreibt, anderen überlässt oder verwendet,
2. wenn die zugelassenen Stoffe oder Gegenstände nicht mehr hergestellt oder eingeführt und die auf Grund der Zulassung hergestellten oder eingeführten Stoffe oder Gegenstände nicht mehr vertrieben, anderen überlassen oder verwendet werden.

(5) Widerspruch und Anfechtungsklage gegen Maßnahmen nach Absatz 1 und Absatz 2 Satz 1 haben keine aufschiebende Wirkung, sofern die Erlaubnis, die Zulassung oder der Befähigungsschein wegen des Nichtvorliegens oder Entfallens der Voraussetzungen nach §§ 8, 8a oder 8b zurückgenommen oder widerrufen wird.

§ 35 Abhandenkommen des Erlaubnisbescheides und des Befähigungsscheines

(1) Der Erlaubnis- und der Befähigungsscheininhaber haben der zuständigen Behörde den Verlust des Erlaubnisbescheides oder des Befähigungsscheines oder einer Ausfertigung unverzüglich anzuzeigen.

(2) Ist der Erlaubnisbescheid, der Befähigungsschein oder eine Ausfertigung in Verlust geraten, so sollen der Erlaubnisbescheid, der Befähigungsschein und sämtliche Ausfertigungen für ungültig erklärt werden. Die Erklärung der Ungültigkeit wird im Bundesanzeiger bekannt gemacht.

§ 36 Zuständige Behörden

(1) Die Landesregierungen oder die von ihnen durch Rechtsverordnung bestimmten Stellen können durch Rechtsverordnung die für die Ausführung dieses Gesetzes zuständigen Behörden bestimmen, soweit nicht Bundesbehörden zuständig sind. Wird eine Erlaubnis oder ein Befähigungsschein für den Umgang oder den Verkehr mit explosionsgefährlichen Stoffen für die gleichen Tätigkeiten im ge-

werblichen und im Bereich der Bergaufsicht beantragt, so entscheidet hierüber die Erlaubnisbehörde, in deren Zuständigkeitsbereich die Tätigkeit begonnen werden soll, im Einvernehmen mit der für den anderen Bereich zuständigen Behörde. Die Erlaubnis und der Befähigungsschein gelten in diesem Fall auch für den Bereich der jeweils anderen Behörde. Die Erlaubnisbehörde nach Satz 2 entscheidet auch über nachträgliche Änderungen und Auflagen sowie die Rücknahme und den Widerruf der Erlaubnis oder des Befähigungsscheines.

(2) Hat der Antragsteller seinen gewöhnlichen Aufenthalt oder seinen Aufenthaltsort nicht im Geltungsbereich dieses Gesetzes, so ist die Behörde zuständig, in deren Bezirk der Antragsteller sich zuletzt aufgehalten hat oder künftig aufhalten will.

(3) Für die Erteilung, die Versagung, die Rücknahme oder den Widerruf einer Erlaubnis nach § 7 Abs. 1 ist die Behörde örtlich zuständig, in deren Bezirk sich die Hauptniederlassung befindet oder errichtet werden soll. Bezieht sich die Erlaubnis nur auf eine Zweigniederlassung, so richtet sich die Zuständigkeit nach dem Ort dieser Niederlassung. Fehlt eine Niederlassung, so richtet sich die Zuständigkeit nach Absatz 2.

(4) Abweichend von den Absätzen 2 und 3 ist örtlich zuständig

1. für Entscheidungen nach § 17 die Behörde, in deren Bezirk sich das Lager befindet oder errichtet werden soll,
2. für Entscheidungen über Ausnahmen nach § 22 Abs. 4 Nr. 2 die Behörde, in deren Bezirk die Veranstaltung stattfinden soll,
3. für Anordnungen nach § 32 Abs. 1 bis 3 auch die Behörde, in deren Bezirk die Tätigkeit ausgeübt werden soll,
4. für erforderliche Maßnahmen nach § 33b Absatz 1 bis 3 gegenüber dem im Geltungsbereich dieses Gesetzes ansässigen Hersteller oder Einführer die für dessen Hauptniederlassung zuständige Behörde, bei Gefahr im Verzug auch die Behörde, in deren Bezirk der Mangel festgestellt wird.

(4a) Zuständige Behörde für die Überprüfung der Zuverlässigkeit und der persönlichen Eignung der Angehörigen des Technischen Hilfswerks nach den §§ 8 bis 8c ist die Bundesschule des Technischen Hilfswerks.

(5) Soweit nicht durch dieses Gesetz oder auf Grund dieses Gesetzes Abweichendes bestimmt ist, werden die nach Absatz 1 für die Ausführung dieses Gesetzes zuständigen Bundesbehörden vom Bundesministerium des Innern, für Bau und Heimat durch Rechtsverordnung bestimmt.

(6) Verwaltungsverfahren nach diesem Gesetz oder auf Grund dieses Gesetzes können über eine einheitliche Stelle nach den Vorschriften der Verwaltungsverfahrensgesetze abgewickelt werden.

§ 37 (weggefallen)

§ 38 (weggefallen)

§ 39 Beteiligung beim Erlass von Rechtsverordnungen

(1) Rechtsverordnungen nach den §§ 4 und 6, nach § 9 Abs. 3, § 16 Abs. 3 und § 22 Absatz 6 ergehen im Einvernehmen mit dem Bundesministerium für Wirtschaft und Energie und dem Bundesministerium für Arbeit und Soziales und mit Zustimmung des Bundesrates. Rechtsverordnungen nach § 4 Satz 1 Nr. 5, § 9 Abs. 3 Nr. 2, § 13 Abs. 3 und § 29 Nr. 1 ergehen, soweit sie die Beförderung explosionsgefährlicher Stoffe betreffen, im Einvernehmen mit dem Bundesministerium für Verkehr und digitale Infrastruktur, Rechtsverordnungen nach § 13 Abs. 3 auch im Einvernehmen mit dem Bundesministerium für Arbeit und Soziales. Soweit die Rechtsverordnungen nach § 4 Satz 1 Nr. 1 und 3 explosionsgefährliche Stoffe für medizinische oder pharmazeutische Zwecke betreffen, ergehen sie auch im Einvernehmen mit dem Bundesministerium für Gesundheit.

(2) Rechtsverordnungen nach § 25 ergehen im Einvernehmen mit dem Bundesministerium des Innern, für Bau und Heimat und mit Zustimmung des Bundesrates; soweit diese Rechtsverordnungen den Verkehr mit explosionsgefährlichen Stoffen oder Sprengzube-

I

hör betreffen, ergehen sie auch im Einvernehmen mit dem Bundesministerium für Wirtschaft und Energie.

§ 39a Datenübermittlung an und von Meldebehörden

(1) Die für die Erteilung einer sprengstoffrechtlichen Erlaubnis zuständige Behörde teilt der für den Antragsteller/die Antragstellerin zuständigen Meldebehörde die erstmalige Erteilung einer Erlaubnis mit. Sie unterrichtet ferner diese Behörde, wenn eine Person über keine sprengstoffrechtliche Erlaubnis mehr verfügt. Ist eine Person am 1. September 2005 Inhaber einer Erlaubnis, soll die Mitteilung binnen drei Jahren erfolgen.

(2) Die Meldebehörden teilen den für die Erteilung einer sprengstoffrechtlichen Erlaubnis zuständigen Behörden Namensänderungen, Wegzug und Tod der Einwohner mit, für die das Vorliegen einer sprengstoffrechtlichen Erlaubnis gespeichert ist.

(3) Auf Inhaber eines Befähigungsscheines nach § 20 finden die Absätze 1 und 2 entsprechende Anwendung.

Abschnitt VIII
Straf- und Bußgeldvorschriften

§ 40 Strafbarer Umgang und Verkehr sowie strafbare Einfuhr

(1) Wer ohne die erforderliche Erlaubnis

1. entgegen § 7 Abs. 1 Nr. 1 mit explosionsgefährlichen Stoffen umgeht,
2. entgegen § 7 Abs. 1 Nr. 2 den Verkehr mit explosionsgefährlichen Stoffen betreibt oder
3. entgegen § 27 Abs. 1 explosionsgefährliche Stoffe erwirbt oder mit diesen Stoffen umgeht,

wird mit Freiheitsstrafe bis zu drei Jahren oder mit Geldstrafe bestraft.

(2) Ebenso wird bestraft, wer

1. entgegen
   a) § 15 Absatz 1 Satz 1 erster Halbsatz oder
   b) § 28 Satz 1 in Verbindung mit § 15 Absatz 1 Satz 1 erster Halbsatz

   explosionsgefährliche Stoffe einführt, durchführt oder verbringt oder durch einen anderen einführen, durchführen oder verbringen lässt,
2. ohne Genehmigung nach § 17 Absatz 1 Satz 1, auch in Verbindung mit § 28 Satz 1, ein Lager betreibt,
3. explosionsgefährliche Stoffe
   a) entgegen § 22 Absatz 1 Satz 2, auch in Verbindung mit § 28 Satz 1, an Personen vertreibt oder Personen überlässt, die mit diesen Stoffen nicht umgehen oder den Verkehr mit diesen Stoffen nicht betreiben dürfen,
   b) entgegen § 22 Abs. 1 Satz 3 innerhalb einer Betriebsstätte einer Person, die nicht unter Aufsicht oder nach Weisung einer verantwortlichen Person handelt oder noch nicht 16 Jahre alt ist, oder einer Person unter 18 Jahren ohne Vorliegen der dort bezeichneten Voraussetzungen überlässt,
   c) entgegen § 22 Absatz 2, auch in Verbindung mit § 28 Satz 1, einer anderen als dort bezeichneten Person oder Stelle überlässt,
   d) entgegen § 22 Absatz 3, auch in Verbindung mit § 28 Satz 1, einer Person unter 18 Jahren überlässt oder
   e) entgegen § 22 Abs. 4 Satz 1 vertreibt oder anderen überlässt.

(3) Wer wissentlich durch eine der in den Absätzen 1 oder 2 bezeichneten Handlungen Leib oder Leben eines anderen oder fremde Sachen von bedeutendem Wert gefährdet, wird mit Freiheitsstrafe bis zu fünf Jahren oder mit Geldstrafe bestraft.

(3a) Mit Freiheitsstrafe von sechs Monaten bis zu fünf Jahren wird bestraft, wer in den Fällen des Absatzes 1 oder des Absatzes 2 gewerbsmäßig oder als Mitglied einer Bande handelt, die sich zur fortgesetzten Begehung solcher Taten verbunden hat.

(3b) In den Fällen des Absatzes 1, des Absatzes 2 Nummer 1 oder Nummer 3 Buchstabe a, c oder d, des Absatzes 3 oder des Absatzes 3a ist der Versuch strafbar.

(4) Handelt der Täter in den Fällen des Absatzes 1 oder 2 fahrlässig, so ist die Strafe Freiheitsstrafe bis zu einem Jahr oder Geldstrafe.

(5) Die Tat ist nicht nach Absatz 1 Nummer 3 oder Absatz 2 Nummer 1 Buchstabe b oder Nummer 3 strafbar, wenn eine dort bezeichnete Handlung in Bezug auf einen nach § 5 Absatz 1 Nummer 1 konformitätsbewerteten oder nach § 47 Absatz 2 oder Absatz 4 zugelassenen pyrotechnischen Gegenstand begangen wird. Satz 1 gilt nicht für einen pyrotechnischen Gegenstand nach § 3a Absatz 1 Nummer 1 Buchstabe d.

§ 41 Ordnungswidrigkeiten

(1) Ordnungswidrig handelt, wer vorsätzlich oder fahrlässig

1. entgegen § 2 Abs. 1 eine Anzeige nicht, nicht richtig, nicht vollständig oder nicht rechtzeitig erstattet,

1a. entgegen § 2 Abs. 4 Satz 1 Stoffe vertreibt, anderen überlässt oder verwendet,

1b. entgegen § 2 Abs. 4 Satz 2 oder 3 explosionsgefährliche Stoffe einem anderen überlässt, ohne ihm einen Abdruck des Feststellungsbescheides zu übergeben,

1c. entgegen § 5 Absatz 1 in Verbindung mit einer Rechtsverordnung nach § 6 Absatz 1 Nummer 2 Buchstabe a oder Buchstabe c Explosivstoffe oder pyrotechnische Gegenstände auf dem Markt bereitstellt,

1d. entgegen § 5 Absatz 1a Explosivstoffe oder pyrotechnische Gegenstände einführt, verbringt, in Verkehr bringt, vertreibt, anderen überlässt oder verwendet,

1e. entgegen § 5 Absatz 3 Nummer 1 Explosivstoffe oder pyrotechnische Gegenstände mit der CE-Kennzeichnung versieht,

1f. entgegen § 5 Absatz 3 Nummer 2 Explosivstoffe oder pyrotechnische Gegenstände einer anderen Person überlässt,

2. entgegen § 5f Absatz 1 Satz 1 Nummer 1 oder 2 in Verbindung mit einer Rechtsverordnung nach § 6 Absatz 1 Nummer 1 sonstige explosionsgefährliche Stoffe einführt, verbringt, vertreibt, anderen überlässt oder verwendet,

2a. entgegen § 5f Absatz 2 Satz 1 Sprengzubehör verwendet,

3. einer vollziehbaren Auflage oder Anordnung nach
   a) § 5f Absatz 4 Satz 1 oder 2 oder
   b) § 5f Absatz 4 Satz 3, § 10, § 17 Absatz 3, § 32 Absatz 1, 2, 3, 4 oder 5 Satz 1 oder § 33b Absatz 2 Satz 2, auch in Verbindung mit § 33b Absatz 4,

   zuwiderhandelt,

4. eine Anzeige nach § 12 Abs. 1 Satz 3, § 14, § 21 Abs. 4 Satz 1 oder 2, § 26 Abs. 1 oder Abs. 2 Satz 1 oder § 35 Abs. 1 Satz 1 nicht, nicht richtig, nicht vollständig oder nicht rechtzeitig erstattet,

4a. entgegen
   a) § 15 Absatz 1 Satz 1 zweiter Halbsatz, auch in Verbindung mit § 28 Satz 1, oder
   b) § 15 Absatz 1 Satz 2 erster Halbsatz in Verbindung mit einer Rechtsverordnung nach § 25 Nummer 5

   einen Nachweis nicht oder nicht rechtzeitig erbringt,

5. entgegen § 15 Abs. 3 Satz 1 explosionsgefährliche Stoffe bei den zuständigen Behörden nicht anmeldet oder auf Verlangen nicht vorführt,

5a. entgegen § 15 Abs. 6 Satz 1 und 2 die Verbringungsgenehmigung nicht oder nicht rechtzeitig vorlegt,

6. gegen die Aufzeichnungspflicht nach § 16 Abs. 1 verstößt,

7. ohne Genehmigung nach § 17 Absatz 1, auch in Verbindung mit § 28 Satz 1, ein Lager errichtet oder wesentlich ändert,

8. als verantwortliche Person nach § 19 Abs. 1 Nr. 3 oder 4 Buchstabe a tätig wird, ohne einen Befähigungsschein zu besitzen,

9. gegen die Vorschrift des § 21 Abs. 2 oder 3 über die Bestellung verantwortlicher Personen verstößt,

10. explosionsgefährliche Stoffe vertreibt, verbringt oder anderen überlässt, ohne als verantwortliche Person bestellt zu sein (§ 22 Abs. 1 Satz 1),
11. entgegen § 22 Absatz 1a Satz 2 oder 4 eine Eintragung nicht, nicht richtig oder nicht rechtzeitig vornimmt oder eine Bescheinigung nicht oder nicht mindestens drei Jahre aufbewahrt,
12. gegen die Vorschrift des § 23 über das Mitführen von Urkunden verstößt,
12a. entgegen § 24 Abs. 1 Satz 2 eine Anleitung oder den Stand der Technik nicht oder nicht richtig anwendet,
13. (weggefallen)
14. gegen die Vorschrift des § 31 Abs. 2 Satz 4 über die Duldung der Nachschau verstößt,
15. eine für den Umgang oder Verkehr verantwortliche Person weiterbeschäftigt, obwohl ihm dies durch vollziehbare Verfügung nach § 33 untersagt worden ist,
16. einer Rechtsverordnung nach § 6 Abs. 1, § 16 Abs. 3, § 25 oder § 29 Nr. 1 Buchstabe b, Nummer 2 oder 3 zuwiderhandelt, soweit sie für einen bestimmten Tatbestand auf diese Bußgeldvorschrift verweist,
17. entgegen einer landesrechtlichen Vorschrift über den Umgang oder den Verkehr mit explosionsgefährlichen Stoffen, auf den das Sprengstoffgesetz vom 25. August 1969 nicht anzuwenden war, oder entgegen einer auf Grund einer solchen Rechtsvorschrift ergangenen vollziehbaren Anordnung mit explosionsgefährlichen Stoffen umgeht, diese Stoffe erwirbt, vertreibt oder anderen überlässt, soweit die Rechtsvorschrift für einen bestimmten Tatbestand auf diese Bußgeldvorschrift verweist; die Verweisung ist nicht erforderlich, wenn die Rechtsvorschrift vor Inkrafttreten dieses Gesetzes erlassen worden ist.

(1a) Ordnungswidrig handelt, wer vorsätzlich oder fahrlässig eine in § 40 Absatz 1 Nummer 3 oder Absatz 2 Nummer 1 Buchstabe b oder Nummer 3 bezeichnete Handlung in Bezug auf einen nach § 5 Absatz 1 Nummer 1 konformitätsbewerteten oder nach § 47 Absatz 2 oder Absatz 4 zugelassenen pyrotechnischen Gegenstand begeht.

(2) Die Ordnungswidrigkeit kann in den Fällen des Absatzes 1 Nr. 1, 1b, 4, 6, 11 und 12 sowie 16, soweit sich die Rechtsverordnung auf Auskunfts-, Mitteilungs- oder Anzeigepflichten bezieht, mit einer Geldbuße bis zu zehntausend Euro, in den übrigen Fällen des Absatzes 1 und in den Fällen des Absatzes 1a mit einer Geldbuße bis zu fünfzigtausend Euro geahndet werden.

(3) Wird eine Zuwiderhandlung nach Absatz 1 Nummer 5a oder Nummer 12 von einem Unternehmen begangen, das im Geltungsbereich des Gesetzes weder seinen Sitz noch eine geschäftliche Niederlassung hat, und hat auch der Betroffene im Geltungsbereich des Gesetzes keinen Wohnsitz, so ist Verwaltungsbehörde im Sinne des § 36 Absatz 1 Nummer 1 des Gesetzes über Ordnungswidrigkeiten das Bundesamt für Logistik und Mobilität.

§ 42 Strafbare Verletzung von Schutzvorschriften

Wer durch eine in § 41 Absatz 1 Nummer 1a, 1c, 1d, 2, 2a, 3 oder Nummer 15 oder eine in § 41 Absatz 1a bezeichnete vorsätzliche Handlung das Leben oder die Gesundheit eines anderen oder fremde Sachen von bedeutendem Wert gefährdet, wird mit Freiheitsstrafe bis zu einem Jahr oder mit Geldstrafe bestraft.

§ 43 Einziehung

Ist eine Straftat nach § 40 oder § 42 oder eine Ordnungswidrigkeit nach § 41 begangen worden, so können

1. Gegenstände, auf die sich die Straftat oder Ordnungswidrigkeit bezieht, und
2. Gegenstände, die zu ihrer Begehung oder Vorbereitung gebraucht worden oder bestimmt gewesen sind,

eingezogen werden. § 74a des Strafgesetzbuches und § 23 des Gesetzes über Ordnungswidrigkeiten sind anzuwenden.

Abschnitt IX Bundesanstalt für Materialforschung und -prüfung

§ 44 Rechtsstellung der Bundesanstalt

(1) Die Bundesanstalt ist eine bundesunmittelbare, nicht rechtsfähige Anstalt des öffentlichen Rechts im Geschäftsbereich des Bundesministeriums für Wirtschaft und Energie; sie ist eine Bundesoberbehörde.

(2) Das Bundesministerium für Wirtschaft und Energie wird ermächtigt, durch Rechtsverordnung, die nicht der Zustimmung des Bundesrates bedarf, Vorschriften über die vertragliche Inanspruchnahme der Bundesanstalt zu erlassen.

§ 45 Aufgaben der Bundesanstalt

Die Bundesanstalt ist zuständig für

1. die Weiterentwicklung von Sicherheit in Technik und Chemie, einschließlich der Durchführung von Forschung und Entwicklung in den Arbeitsgebieten,
2. die Durchführung und Auswertung physikalischer und chemischer Prüfungen von Stoffen und Anlagen einschließlich der Bereitstellung von Referenzverfahren und -materialien,
3. die Förderung des Wissens- und Technologietransfers in den Arbeitsgebieten,
4. die Durchführung der ihr durch dieses Gesetz zugewiesenen Aufgaben.

Abschnitt X Übergangs- und Schlussvorschriften

§ 46 Fortgeltung erteilter Erlaubnisse

Erlaubnisse und Befähigungsscheine, die nach dem Sprengstoffgesetz vom 25. August 1969 (BGBl. I S. 1358) erteilt worden sind, gelten im bisherigen Umfang als Erlaubnisse und Befähigungsscheine im Sinne dieses Gesetzes.

§ 47 Übergangsvorschriften

(1) Eine vor Inkrafttreten des Sprengstoffgesetzes vom 25. August 1969 (BGBl. I S. 1358) erteilte Zulassung zum Vertrieb, zum Überlassen oder zur Verwendung von sonstigen explosionsgefährlichen Stoffen oder von Sprengzubehör gilt in dem in § 1 bezeichneten Anwendungsbereich als Zulassung im Sinne des § 5 dieses Gesetzes.

(2) Pyrotechnische Gegenstände nach § 5, für die vor dem 1. Oktober 2009 eine Zulassung erteilt wurde, dürfen auch weiterhin, längstens jedoch bis zum 3. Juli 2017 im Geltungsbereich dieses Gesetzes hergestellt, eingeführt, verbracht, vertrieben, anderen überlassen oder verwendet werden. Die Kennzeichnung dieser Gegenstände erfolgt nach Maßgabe der bis zum 30. September 2009 geltenden Bestimmungen.

(3) Absatz 2 Satz 1 findet entsprechende Anwendung für

1. pyrotechnische Gegenstände der Klasse IV, für die vor dem 1. Oktober 2009 eine Lagergruppenzuordnung vorgenommen oder bis zum 1. Oktober 2009 bei der Bundesanstalt beantragt wurde,
2. pyrotechnische Gegenstände der Kategorie 4, für die vor dem 4. Juli 2013 eine Lagergruppenzuordnung vorgenommen oder bis zum 4. Juli 2013 bei der Bundesanstalt beantragt wurde

und für die die Durchführung des Qualitätssicherungsverfahrens nach § 20 Absatz 4 der Ersten Verordnung zum Sprengstoffgesetz in der bis zum 1. Oktober 2009 geltenden Fassung nachgewiesen ist.

(4) Abweichend von Absatz 2 behalten Zulassungen

1. von pyrotechnischen Gegenständen für Kraftfahrzeuge ihre Gültigkeit bis zu ihrem Auslaufen,
2. von pyrotechnischen Gegenständen nach § 5 Absatz 2, die vor dem 1. Oktober 2009 von der Bundesanstalt erteilt wurden, ihre Gültigkeit.

§ 47a Übergangsvorschrift zu den §§ 8 bis 8b und 34

(1) § 34 Abs. 2 findet bis zum 31. Dezember 2009 mit der Maßgabe Anwendung, dass für den Widerruf vor dem 1. September 2005 erteilter Erlaubnisse oder Befähigungsscheine

die vor dem 1. September 2005 geltenden Bestimmungen Anwendung finden. Satz 1 gilt entsprechend für die Verlängerung von Erlaubnissen oder Befähigungsscheinen.

(2) Absatz 1 findet keine Anwendung in den Fällen des § 8a Abs. 2 Nr. 2 bis 4 und des § 8b Abs. 1 Nr. 1 bis 3.

§ 48 Bereits errichtete Sprengstofflager

Lager für explosionsgefährliche Stoffe, die bei Inkrafttreten dieses Gesetzes bereits errichtet oder genehmigt waren, bedürfen keiner Genehmigung nach § 17 Abs. 1. Soweit nach § 17 und den auf Grund des § 25 erlassenen Rechtsverordnungen an die Errichtung und den Betrieb von Lagern für explosionsgefährliche Stoffe Anforderungen zu stellen sind, die über die vor Inkrafttreten dieses Gesetzes gestellten Anforderungen hinausgehen, kann die zuständige Behörde verlangen, dass die bereits errichteten oder genehmigten Lager den Vorschriften dieses Gesetzes entsprechend geändert werden, wenn

1. die Lager erweitert oder wesentlich verändert werden sollen,
2. Beschäftigte oder Dritte gefährdet sind oder
3. dies zur Abwehr von sonstigen erheblichen Gefahren für die öffentliche Sicherheit erforderlich ist.

§ 49 Anwendbarkeit anderer Vorschriften

Auf die den Vorschriften dieses Gesetzes unterliegenden Gewerbebetriebe ist die Gewerbeordnung insoweit anzuwenden, als nicht in diesem Gesetz besondere Vorschriften erlassen worden sind.

§ 50 (Änderung anderer Vorschriften)

§ 51 Nicht mehr anwendbare Vorschriften

(1) Soweit sie nicht bereits auf Grund des § 39 des Sprengstoffgesetzes vom 25. August 1969 außer Kraft getreten sind, treten außer Kraft

1. . . .
2. . . .
3. . . .
4. sonstige landesrechtliche Vorschriften, deren Gegenstände in diesem Gesetz geregelt sind oder die ihm widersprechen.

(2) Soweit sich die in Absatz 1 Nr. 4 bezeichneten Rechtsvorschriften auf Gegenstände beziehen, die durch Rechtsverordnungen auf Grund dieses Gesetzes zu regeln sind, treten diese Vorschriften erst mit Inkrafttreten der entsprechenden Rechtsverordnungen außer Kraft.

§ 52 (weggefallen)

§ 53 (Inkrafttreten)

Anlage I
(zu § 15a Absatz 1 und 3)

Erforderliche Angaben im Antrag auf Genehmigung des Verbringens von Explosivstoffen nach § 15a Absatz 1 und Angaben in der Genehmigung des Verbringens von Explosivstoffen nach § 15a Absatz 3

1. Angaben im Antrag auf Genehmigung des Verbringens von Explosivstoffen:

1.1 Name und Anschrift des Antragstellers; Name und Telefonnummer des Ansprechpartners beim Antragsteller,

1.2 Namen, Anschriften, Telefon- und Telefaxnummern der am Verbringungsvorgang beteiligten Unternehmen oder Personen (Absender, Beförderer, Empfänger),

1.3 Namen, Anschriften, Telefon- und Telefaxnummern der zuständigen Behörden nach § 36 für die Erteilung der Erlaubnis nach § 7, § 27 oder des Befähigungsscheins nach § 20 für die im Geltungsbereich des Gesetzes ansässigen, am Verbringungsvorgang beteiligten Unternehmen und Einzelpersonen,

1.4 Bezeichnung, Zusammensetzung und Kurzcharakterisierung des zu verbringenden Explosivstoffes,

1.5 Bezeichnung des Herstellers, der Herstellungsstätte und der UN-Nummer,

1.6 Masse (Netto-Explosivstoffmasse und Bruttomasse) oder Stückzahl der zu verbringenden Explosivstoffe,

1.7 Transportart (Straße, Eisenbahn, Binnenschiff, Seeschiff, Luftfahrzeug), Transportweg, vorgesehener Abfahrts- und Ankunftstermin sowie erforderlichenfalls vorgesehene Grenzübertrittstellen zwischen den Mitgliedstaaten der Europäischen Union.

2. Angaben in der Genehmigung des Verbringens von Explosivstoffen:

2.1 Ausstellende Behörde und Nummer des Genehmigungsbescheids,

2.2 Name und Anschrift des Antragstellers oder Empfängers,

2.3 Namen und Anschriften derjenigen am Verbringungsvorgang beteiligten Unternehmen oder Einzelpersonen, die im Geltungsbereich des Gesetzes ansässig sind,

2.4 Bezeichnung und Kurzcharakterisierung des zu verbringenden Explosivstoffes,

2.5 Bezeichnung des Herstellers, der Herstellungsstätte und der UN-Nummer,

2.6 Masse (Netto-Explosivstoffmasse und Bruttomasse) oder Stückzahl der zu verbringenden Explosivstoffe,

2.7 Transportart (Straße, Eisenbahn, Binnenschiff, Seeschiff, Luftfahrzeug), Transportweg, vorgesehener Abfahrts- und Ankunftstermin sowie erforderlichenfalls vorgesehene Grenzübertrittstellen zwischen den Mitgliedstaaten der Europäischen Union,

2.8 Nebenbestimmungen gemäß § 15a Absatz 3 für das Verbringen der Explosivstoffe.

I

Anlage II

Stoffgruppe A

Lfd. Nr.	Stoff	Formel
1	1,4; 3,6-Dianhydro-D-glucit-2,5-dinitrat (Isosorbid-2,5-dinitrat ISDN)	$C_6H_8N_2O_8$
2	N,N'-Dinitroso-N,N'-dimethyloxamid	$C_4H_6N_4O_4$
3	Erythrittetranitrat	$C_4H_6N_4O_{12}$
4	Glycerintrinitrat (Nitroglycerin)	$C_3H_5N_3O_9$
5	Hexanitrodiphenylamin (Hexyl)	$C_{12}H_5N_7O_{12}$
6	Pentaerythrittetranitrat (Nitropenta, PETN, Pentrit)	$C_5H_8N_4O_{12}$
7	Trinitrophenol (Pikrinsäure)	$C_6H_3N_3O_7$

Stoffgruppe B

Lfd. Nr.	Stoff	Formel
1	Benzol-1,3-disulfohydrazid	$C_6H_{10}N_4O_4S_2$
2	tert. Butylperoxypivalat	$C_9H_{18}O_3$
3	Dibenzoylperoxid	$C_{14}H_{10}O_4$
4	Di-(2,4-dichlorbenzoyl)-peroxid	$C_{14}H_6Cl_4O_4$
5	Diisopropylperoxydicarbonat	$C_8H_{14}O_6$
6	1,3-Dimethyl-5-tert. butyl-2,4,6-trinitrobenzol	$C_{12}H_{15}N_3O_6$
7	Disuccinoylmonoperoxid	$C_8H_{10}O_8$
8	1-Hydroxy-1'-hydroperoxydicyclohexylperoxid (Cyclohexanonperoxid)	$C_{12}H_{20}O_5$

Stoffgruppe C

Lfd. Nr.	Stoff	Formel
1	Azodiisobutyronitril	$C_8H_{12}N_4$
2	n-Butyl-4,4-di-(tert. butylperoxy)-valerat	$C_{17}H_{34}O_6$
3	tert. Butylperoxy-(2-ethyl)-hexanoat	$C_{12}H_{24}O_3$
4	tert. Butylperoxybenzoat	$C_{11}H_{14}O_3$
5	2-Diazo-1-naphthol-4-sulfochlorid	$C_{10}H_5ClN_2O_3S$
6	Dinitroanthrachinon	$C_{14}H_6N_2O_6$
7	1,4-Dinitrosobenzol	$C_6H_5N_2O_2$
8	5-Nitrobenztriazol	$C_6H_5N_4O_2$
9	Tetrazol-1-essigsäure	$C_3H_4N_4O_2$

Anlage III

(zu § 3 Absatz 1 Nummer 2 Buchstabe b)

1. Liste der Explosivstoffe nach § 3 Absatz 1 Nummer 2 Buchstabe b, die zu empfindlich für den Transport sind und daher nicht von Artikel 2 Nummer 1 der Richtlinie 2014/28/EU erfasst werden

Acetonperoxide (zum Beispiel cyclisches Acetontriperoxid C9H18O6)

Bleiazid, trocken oder mit weniger als 20 Masse-% Wasser oder einer Alkohol-Wasser-Mischung

Bleistyphnat (Bleitrinitroresorcinat), trocken oder mit weniger als 20 Masse-% Wasser oder einer Alkohol-Wasser-Mischung

Cyclotetramethylentetranitramin (HMX), (Oktogen), trocken oder mit weniger als 15 Masse-% Wasser

Cyclotrimethylentrinitramin (Cyclonit), (Hexogen), (RDX), trocken oder mit weniger als 15 Masse-% Wasser

Cyclotrimethylentrinitramin (Cyclonit), (Hexogen), (RDX), in Mischung mit Cyclotetramethylentetranitramin (HMX), (Oktogen), trocken oder mit weniger als 15 Masse-% Wasser, oder Cyclotrimethylent-rinitramin (Cyclonit), (Hexogen), (RDX), in Mischung mit Cyclotetramethylentetranitramin (HMX), (Oktogen), nicht desensibilisiert oder mit weniger als 10 Masse-% Phlegmatisierungsmittel desensibilisiert

Diazodinitrophenol, trocken oder mit weniger als 40 Masse-% Wasser oder mit einer Alkohol-Wasser-Mischung

Diethylenglykoldinitrat, nicht desensibilisiert oder mit weniger als 25 Masse-% wasserunlöslichem Phlegmatisierungsmittel desensibilisiert

Diethylenglykoldinitrat, desensibilisiert mit wasserlöslichem Phlegmatisierungsmittel

Guanyl-Nitrosaminoguanyliden-Hydrazin,trocken oder mit weniger als 30 Masse-% Wasser Guanyl-Nitrosaminoguanyltetrazen (Tetrazen), trocken oder mit weniger als 30 Masse-% Wasser oder mit einer Alkohol-Wasser-Mischung

Hexamethylentriperoxiddiamin (C6H12N2O6 – Nr. 41 der Liste nach § 2 Absatz 6 Satz 1)

Mannithexanitrat (Nitromannit), trocken oder mit weniger als 40 Masse-% Wasser oder mit einer Alkohol-Wasser-Mischung

Nitroglyzerin, nicht desensibilisiert oder mit weniger als 40 Masse-% wasserunlöslichem Phlegmatisierungsmittel desensibilisiert

Nitroglyzerin, mit wasserlöslichem Phlegmatisierungsmittel desensibilisiert

Pentaerythrittetranitrat (PETN), trocken oder mit weniger als 25 Masse-% Wasser

Pentaerythrittetranitrat (PETN), nicht desensibilisiert oder mit weniger als 15 Masse-% Phlegmatisierungsmittel desensibilisiert

Pentaerythrittetranitrat (PETN), mit weniger als 7 Masse-% Wachs

Pulverrohmasse, trocken oder mit weniger als 25 Masse-% Wasser

Pulverrohmasse, trocken oder mit weniger als 17 Masse-% Alkohol

Quecksilberfulminat, trocken oder mit weniger als 20 Masse-% Wasser oder mit einer Alkohol-Wasser-Mischung

I

2. Explosivstoffe und Gegenstände nach § 3 Absatz 1 Nummer 2 Buchstabe b mit ausschließlich militärischer Verwendung, für die das Sprengstoffgesetz bei Tätigkeiten nach § 1b Absatz 1 Nummer 3 Anwendung findet

Stoff oder Gegenstand	UN-Nr.
Detonatoren für Munition	0073, 0364, 0365, 0366
Füllsprengkörper	0060
Gefechtsköpfe, Rakete mit Sprengladung	0286, 0287, 0369
Gefechtsköpfe, Rakete mit Zerleger- oder Ausstoßladung	0370, 0371
Gefechtsköpfe, Torpedo mit Sprengladung	0221
Geschosse, inert, mit Leuchtspurmitteln	0345
Geschosse, mit Sprengladung	0167, 0168, 0169, 0324, 0344
Geschosse, mit Zerleger oder Ausstoßladung	0346, 0347, 0426, 0427
Raketentriebwerke mit Hypergolen, mit oder ohne Ausstoßladung, Treibladungen für Geschütze	0250, 0322, 0242, 0279, 0414
Treibladungshülsen, verbrennlich, leer, ohne Treibladungsanzünder	0446, 0447
Zünder, sprengkräftig	0106, 0107, 0257, 0367
Zünder, sprengkräftig, mit Sicherungsvorrichtungen	0408, 0409, 0410
sonstige sprengkräftige Kriegswaffen nach der Anlage (Kriegswaffenliste) zum Gesetz über die Kontrolle von Kriegswaffen in der Fassung der Bekanntmachung vom 22. November 1990 (BGBl. I S. 2506), das zuletzt durch Artikel 30 der Verordnung vom 31. August 2015 (BGBl. I S. 1474) geändert worden ist, in der jeweils geltenden Fassung[2]	

2 Zurzeit Kriegswaffenliste Nummern 37 und 40 bis 60.

I

Anlage IV

Gegenstände, die durch Entscheidung einer benannten Stelle den Explosivstoffen zugeordnet werden können (§ 3 Abs. 1 Satz 2, Anhang II der Richtlinie 2004/57/EG)

Soweit nachfolgend Gegenständen UN-Nummern zugeordnet sind, ist maßgeblich die 8. revidierte Fassung der „Empfehlungen der Vereinten Nationen über die Beförderung gefährlicher Güter" (UN-Dokument ST/SG/AC. 10/1/Rev. 8 – United Nations Recommendations on the Transport of Dangerous Goods, Eighth Revised Edition). Die Angabe der UN-Nummer dient der Zuordnung der Gegenstände. Sie bezieht sich auf den verpackten Gegenstand. Soweit unter einzelnen UN-Nummern Gegenstände mit unterschiedlicher Zweckbestimmung enthalten sind, ist diese maßgeblich für die Zuordnung.

Gegenstand	UN-Nr.
Anzünder	0121, 0314, 0315, 0325, 0454
Anzünder, Anzündschnur	0131
Gegenstände mit Explosivstoff, n. a. g.	0349, 0353
Zünder, nicht sprengkräftig	0316, 0317, 0368

I

Erste Verordnung zum Sprengstoffgesetz (1. SprengV)

in der Fassung der Bekanntmachung vom 31. Januar 1991 (BGBl. I S. 169)

Zuletzt geändert durch
Vierte Verordnung zur Änderung der Ersten Verordnung zum Sprengstoffgesetz
vom 20.12.2021 (BGBl. I S. 5238)

Inhaltsübersicht

Abschnitt I
Anwendungsbereich des Gesetzes

§ 1

(1) Die §§ 7 bis 13, 20 und 21, 22 Abs. 1 und 2 und § 23 des Sprengstoffgesetzes sind nicht anzuwenden auf den Erwerb, die Aufbewahrung und bestimmungsgemäße Verwendung von Gegenständen mit Explosivstoff und pyrotechnischen Gegenständen der Kategorie P2 (§ 6 Absatz 6 Buchstabe c), die in der Schiffahrt oder in der Luft- und Raumfahrt zur Rettung von Menschen oder als Signalmittel bestimmt sind, soweit diese Gegenstände vom Reeder, vom Schiffseigner, vom Luftfahrtunternehmer oder von deren Beauftragten erworben sowie von Personen aufbewahrt oder verwendet werden, die ein nautisches Patent, einen Matrosenbrief oder ein Befähigungszeugnis zum Rettungsbootsmann besitzen oder als Flug- oder Flugbegleitpersonal tätig sind und die im Rahmen ihrer Berufsausbildung im Umgang mit den genannten Gegenständen und den dabei zu beachtenden Vorschriften unterwiesen worden sind.

(2) Die §§ 7 bis 14, 20 und 21, 22 Abs. 1 und 2, die §§ 23, 27 sowie § 28 des Gesetzes, soweit er sich auf § 22 Abs. 1 und 2 und § 23, und bei Jugendlichen, die das 16. Lebensjahr vollendet haben, auch auf § 22 Abs. 3 bezieht, sind nicht anzuwenden auf den Erwerb, die Aufbewahrung, die bestimmungsgemäße Verwendung und das Verbringen von pyrotechnischen Gegenständen der Kategorie P2, die beim Wasser- und Luftsport oder beim Bergsteigen zur Rettung von Menschen oder als Signalmittel bestimmt sind, soweit diese Gegenstände von Personen erworben, aufbewahrt, verwendet oder verbracht werden, die

1. ein nautisches Patent, einen Matrosenbrief oder ein Befähigungszeugnis zum Rettungsbootsmann besitzen und im Rahmen ihrer Berufsausbildung im Umgang mit den genannten Gegenständen und den dabei zu beachtenden Vorschriften unterwiesen worden sind,
2. einen amtlichen Berechtigungsschein für das Führen von Motorwasserfahrzeugen des Katastrophenschutzes, ein Sporthochseeschifferzeugnis, einen amtlichen Sportbootführerschein, einen Führerschein des Deutschen Segler-Verbandes oder des Deutschen Motor-Yachtverbandes oder einen Wasser- oder Bergwachtausweis des Roten Kreuzes oder einen Ausweis der Deutschen Lebensrettungsgesellschaft oder der Deutschen Gesellschaft zur Rettung Schiffbrüchiger besitzen oder
3. einen Befähigungsnachweis zum Führen von Hängegleitern, von Gleitflugzeugen und von Ultraleichtflugzeugen des Deutschen Hängegleiterverbandes, des Deutschen Aero-Clubs oder einer anderen vom Bundesministerium für Verkehr und digitale Infrastruktur anerkannten Stelle besitzen.

Im Falle der Nummern 2 und 3 muß aus dem Befähigungsnachweis hervorgehen, daß der Inhaber im Rahmen seiner Ausbildung im Umgang mit den genannten Gegenständen und den dabei zu beachtenden Vorschriften unterwiesen worden ist.

(3) § 15 Abs. 1 und 6 und § 27 des Gesetzes, soweit es sich um das Aufbewahren und Verwenden handelt, sind nicht anzuwenden auf das Einführen und Verbringen von

1. Treibladungs- oder Böllerpulver zum eigenen Verbrauch in einer Menge von bis zu je 1 kg durch im Geltungsbereich des Gesetzes nicht ansässige Mitglieder von Schießsportvereinen oder von Vereinigungen, bei denen es Brauch ist, bei besonderem Anlaß Salut zu schießen oder durch Jäger, oder
2. Modellraketen in einer Menge bis zu 25 Stück zu je maximal 20 g Treibsatz durch im Geltungsbereich des Gesetzes nicht ansässige Mitglieder von Raketensportclubs, zur Teilnahme an sportlichen oder Brauchtumsveranstaltungen,

sofern die Teilnahme durch eine Einladung der veranstaltenden Vereinigung nachgewiesen wird und das nicht verbrauchte Pulver oder die nicht verbrauchten Modellraketen spätestens innerhalb eines Monats vom Zeitpunkt der Einfuhr an gerechnet wieder ausgeführt werden.

I

§ 2

(1) Die §§ 5, 5f, 7 bis 16, 20, 21, 22 Abs. 1 und 2, die §§ 23, 27 sowie § 28 des Sprengstoffgesetzes, soweit er sich auf § 16 Abs. 1 und 2, § 22 Abs. 1 und 2 und § 23 bezieht, sind nicht anzuwenden auf

1. das Herstellen, das Be- und Verarbeiten, das Aufbewahren, das Verwenden, das Vernichten, den Erwerb, das Verbringen und die Einfuhr kleiner Mengen von Explosivstoffen, pyrotechnischen Gegenständen und von sonstigen explosionsgefährlichen Stoffen nach § 1 Absatz 4 Nummer 1 des Sprengstoffgesetzes, die für wissenschaftliche, analytische, medizinische und pharmazeutische Zwecke verwendet werden durch
   a) Inhaber von wissenschaftlichen Instituten oder von Laboratorien und die mit der Leitung dieser Stellen beauftragten Personen,
   b) Ärzte, Zahnärzte, Tierärzte, Apotheker,
   c) Personen, die unter Aufsicht einer nach Buchstabe a oder b bezeichneten Person handeln;
2. den gegenseitigen Vertrieb und das gegenseitige Überlassen kleiner Mengen zwischen den unter Nummer 1 bezeichneten Personen mit der Maßgabe, daß das Überlassen nur gegen Bestell- oder Lieferschein erfolgen darf, der fünf Jahre aufzubewahren ist.

Die in Nummer 1 Buchstabe a und b bezeichneten Personen müssen die für die beabsichtigte Tätigkeit erforderliche Fachkunde besitzen. Als kleine Mengen im Sinne der Nummern 1 und 2 gelten höchstens 100 g von explosionsgefährlichen Stoffen, die gegen mechanische und thermische Beanspruchung nicht empfindlicher sind als Pentaerythrittetranitrat und höchstens 3 g von empfindlicheren explosionsgefährlichen Stoffen.

(2) Für die in Absatz 1 bezeichneten Tätigkeiten mit sonstigen explosionsgefährlichen Stoffen nach § 1 Absatz 4 Nummer 2 des Sprengstoffgesetzes gilt Absatz 1 mit der Maßgabe, daß die §§ 5, 14, 20, 21, 22 Abs. 1 und 2 und § 23 des Sprengstoffgesetzes nicht anzuwenden sind.

(3) Für Betriebslaboratorien, die in einem räumlichen und betrieblichen Zusammenhang mit einer nach § 4 des Bundes-Immissionsschutzgesetzes genehmigungsbedürftigen Anlage, in der mit explosionsgefährlichen Stoffen umgegangen werden darf, betrieben werden, gelten die Absätze 1 und 2 mit der Maßgabe, daß die in Absatz 1 bezeichneten Tätigkeiten mit explosionsgefährlichen Stoffen zu Zwecken der Fertigungskontrolle oder der Forschung in einer Menge bis zu 3 kg zulässig sind; das gleiche gilt, soweit die explosionsgefährlichen Stoffe von dem Inhaber eine solchen Betriebslaboratoriums oder den mit der Leitung des Laboratoriums beauftragten Personen erworben, an sie vertrieben oder ihnen überlassen werden.

(4) Die §§ 5, 5f, 7, 10 bis 13, 15 Abs. 1 und § 16 des Sprengstoffgesetzes sind auf die in Absatz 1 bezeichneten Tätigkeiten zu Zwecken der Fertigungskontrolle oder der Forschung in gewerblichen Betrieben nicht anzuwenden, soweit hierbei mit pyrotechnischen Gegenständen oder mit sonstigen explosionsgefährlichen Stoffen nach § 1 Abs. 3 Nr. 1 des Gesetzes in Mengen bis zu 3 kg (netto) umgegangen wird. Der Vertrieb und das Überlassen der explosionsgefährlichen Stoffe darf nur gegen Bestell- oder Lieferschein erfolgen, der fünf Jahre aufzubewahren ist.

(4a) Die §§ 5, 7, 10 bis 13 und 16 des Sprengstoffgesetzes sind auf die in Absatz 1 bezeichneten Tätigkeiten zu Zwecken der Fertigungskontrolle oder der Forschung in gewerblichen Betrieben nicht anzuwenden, soweit hierbei mit Explosivstoffen in Mengen bis zu 3 kg (netto) umgegangen wird. Der Vertrieb und das Überlassen dieser Stoffe darf nur gegen Bestell- oder Lieferschein erfolgen, der fünf Jahre aufzubewahren ist.

(5) Die zuständige Behörde kann in den Fällen der Absätze 1 bis 4a im Einzelfall größere Mengen explosionsgefährlicher Stoffe zulassen, soweit der Schutz von Leben, Gesundheit und Sachgütern Beschäftigter oder Dritter auf andere Weise gewährleistet ist.

§ 3 (weggefallen)

I

§ 4

(1) Die §§ 7 bis 13, 20, 21, 22 Absatz 1 und 2, die §§ 23, 27 sowie § 28 des Gesetzes, soweit er sich auf § 22 Absatz 1 und 2 und § 23 bezieht, sind nicht anzuwenden auf das Aufbewahren, das Verwenden, das Vernichten, den Erwerb, den Vertrieb, das Verbringen und das Überlassen von pyrotechnischen Gegenständen der Kategorien 1, 2 (Feuerwerk), Kategorie T1 und – mit Ausnahme von Airbag- oder Gurtstraffereinheiten – der Kategorie P1, pyrotechnischen Sätzen der Kategorie S1 sowie von Raketenmotoren für die in § 1 Absatz 3 Nummer 2 bezeichneten Modellraketen. Satz 1 findet keine Anwendung auf pyrotechnische Gegenstände nach § 20 Absatz 4.

(2) Die §§ 7 bis 13, 20, 21, 22 Absatz 1 und 2 sowie § 23 des Gesetzes sind im Rahmen einer gewerblichen Tätigkeit nicht anzuwenden auf das Aufbewahren, das Verwenden (Ein- und Ausbau), den Erwerb, den Vertrieb, das Verbringen und das Überlassen von Airbag- oder Gurtstraffereinheiten der Kategorie P1 sowie das Auslösen pyrotechnischer (Tarn-)Schutzsysteme in Kernkraftwerken durch Personal mit eingeschränkter Fachkunde (geschultes Personal). Das Personal hat auf Verlangen der zuständigen Behörde die eingeschränkte Fachkunde nachzuweisen. Satz 1 gilt auch für das Vernichten von Airbag- oder Gurtstraffereinheiten der Kategorie P1, wenn diese in einem Fahrzeug fest eingebaut sind.

(3) Die §§ 7 bis 22 Abs. 2, die §§ 23, 27 und 28 des Gesetzes sind nicht anzuwenden auf das Aufbewahren, das Verwenden (bestimmungsgemäßes, automatisches Auslösen der Airbag- oder Gurtstraffereinheit des Fahrzeugs), den Erwerb, das Verbringen und das Überlassen von Airbag- oder Gurtstraffereinheiten der Kategorie P1, wenn diese in einem Fahrzeug oder Fahrzeugteilen fest eingebaut sind.

(4) Auf das Aufbewahren, das Verwenden, das Vernichten, den Erwerb und das Verbringen von pyrotechnischen Gegenständen der Kategorie 3 sind § 8 Abs. 1 Nr. 2 Buchstabe a sowie § 27 Abs. 3 Nr. 1 des Gesetzes, soweit er sich auf § 8 Abs. 1 Nr. 2 Buchstabe a des Gesetzes bezieht, nicht anzuwenden.

§ 5 (weggefallen)

Abschnitt II
Anforderungen an Explosivstoffe und pyrotechnische Gegenstände sowie sonstige explosionsgefährliche Stoffe und Sprengzubehör

§ 6

(1) Sonstige explosionsgefährliche Stoffe nach § 1 Absatz 4 Nummer 1 und 2 des Sprengstoffgesetzes und Sprengzubehör müssen in ihrer Zusammensetzung und Beschaffenheit den in der Anlage 1 bezeichneten Anforderungen entsprechen. Bei Gegenständen und Stoffen, die in anderen Mitgliedstaaten der Europäischen Union hergestellt sind, kann in der Regel angenommen werden, dass die technischen Anforderungen der Anlage 1 erfüllt sind, wenn die Zusammensetzung und Beschaffenheit der Gegenstände und Stoffe den dort geltenden Regelungen entsprechen und nachweislich die gleiche Sicherheit, wie sie die technischen Anforderungen der Anlage 1 festlegen, erreicht wird. Zum Nachweis kann das Gutachten einer Prüfstelle eines anderen Mitgliedstaates anerkannt werden, wenn die dem Gutachten zugrunde liegenden technischen Anforderungen denen der Anlage 1 und denen der „Prüfverfahren und Prüfvorschriften für Sprengstoffe, Zündmittel, Sprengzubehör sowie pyrotechnische Gegenstände und deren Sätze“ vom 12. März 1982 (Beilage 13/82 BAnz. Nr. 59 vom 26. März 1982, BAnz. Nr. 60 vom 27. März 1982) gleichwertig sind.

(2) Die Bundesanstalt für Materialforschung und -prüfung kann für sonstige explosionsgefährliche Stoffe nach § 1 Absatz 4 Nummer 1 und 2 des Sprengstoffgesetzes und Sprengzubehör im Einzelfall von einzelnen Anforderungen der Anlage 1 Ausnahmen zulassen oder zusätzliche Anforderungen stellen sowie von der Prüfung einzelner Anfor-

derungen absehen, wenn der Schutz von Leben und Gesundheit Beschäftigter oder Dritter oder Sachgütern dies zulässt oder erfordert.

(3) Die Zusammensetzung und die Beschaffenheit von elektrischen Brückenzündern, pyrotechnischen Sätzen sowie Wettersprengstoffen und Wettersprengschnüren müssen den Anforderungen der Anlage 2 entsprechen.

(4) Die Bundesanstalt für Materialforschung und -prüfung hat für Sprengzubehör dem Zulassungsinhaber die Verwendung eines Zulassungszeichens vorzuschreiben. Das Zulassungszeichen besteht aus der Kurzbezeichnung der Bundesanstalt für Materialforschung und -prüfung „BAM“, dem in der Anlage 4 für den jeweiligen Stoff oder Gegenstand vorgesehenen Zeichen und einer fortlaufenden Kennnummer.

§ 6a

(1) Die in der Anlage 5 Nummer 1 bezeichneten Sprengstoffe sind darüber hinaus nach Anlage 5 Nummer 2 zu markieren. Dies gilt auch für Sprengstoffe für militärische oder polizeiliche Zwecke sowie für Zwecke des Katastrophenschutzes einschließlich der Sprengstoffe im Besitz von militärischen oder polizeilichen Dienststellen und Dienststellen des Katastrophenschutzes.

(2) Nicht markierte Sprengstoffe nach Absatz 1 dürfen im Geltungsbereich dieser Verordnung nicht hergestellt, verarbeitet, wiedergewonnen, aufbewahrt, verwendet, in Verkehr gebracht, anderen überlassen oder verbracht werden. Ihre Einfuhr und Ausfuhr ist untersagt.

(3) Die Absätze 1 und 2 gelten nicht für nicht markierte Sprengstoffe, die in geringen Mengen

1. nur zur Verwendung bei der Forschung und Entwicklung oder beim Testen neuer oder veränderter Sprengstoffe hergestellt oder gelagert werden,
2. nur zur Verwendung bei der Ausbildung in der Sprengstoffdetektion und/oder bei der Entwicklung oder dem Testen von Sprengstoffspürgeräten hergestellt oder gelagert werden,
3. nur für den Umgang für Zwecke der Kriminaltechnik und der polizeilichen Spezialausbildung benötigt werden.

§ 7

(1) Explosivstoffe, pyrotechnische Gegenstände sowie sonstige explosionsgefährliche Stoffe nach § 1 Absatz 4 Nummer 1 und 2 des Sprengstoffgesetzes und Sprengzubehör dürfen keine Bezeichnung haben, die zur Irreführung geeignet ist oder eine Verwechslung mit Stoffen und Gegenständen anderer Beschaffenheit hervorruft.

(2) Die Bezeichnung der Wettersprengstoffe und der Wettersprengschnüre muß mit dem Wort „Wetter“ beginnen. Die Wettersprengstoffe und -sprengschnüre desselben Typs sind zusätzlich durch große lateinische Buchstaben in der Reihenfolge des Alphabets zu unterscheiden.

(3) Schlagwettergesicherte Zündmaschinen und Zündmaschinenprüfgeräte müssen in der Typenbezeichnung den Buchstaben „K“ führen.

(4) Sprengschnüre und Anzündschnüre müssen mindestens einen farbigen Kennfaden, der für die Herstellungsstätte charakteristisch ist, enthalten.

(5) Zündmittel müssen ein Zeichen für die Herstellungsstätte aufweisen.

§ 8 (weggefallen)

Abschnitt III
Verfahren bei der Zulassung von sonstigen explosionsgefährlichen Stoffen oder von Sprengzubehör; Führen von Listen durch die Bundesanstalt für Materialforschung und -prüfung

§ 9

(1) Zusammensetzung und Beschaffenheit von sonstigen explosionsgefährlichen Stoffen und Sprengzubehör sind an einer Probe oder an einem Baumuster zu prüfen.

(2) Wird die Zulassung eines sonstigen explosionsgefährlichen Stoffes oder von Sprengzubehör beantragt, der nach den Angaben des Herstellers in seiner Zusammensetzung und Beschaffenheit einem bereits zugelassenen Stoff oder Gegenstand entspricht, so kann die Prüfung auf die Feststellung beschränkt werden, ob

1. bei sonstigen explosionsgefährlichen Stoffen der Stoff mit dem bereits zugelassenen Stoff in seiner Zusammensetzung und Beschaffenheit übereinstimmt oder
2. bei Sprengzubehör die Gegenstände in Beschaffenheit und Funktionsweise ganz oder teilweise dem zugelassenen Gegenstand entsprechen oder ihm vergleichbar sind.

(3) Zuständig für die Prüfungen nach den Absätzen 1 und 2 ist die Bundesanstalt für Materialforschung und -prüfung. Für die Prüfung von Sprengzubehör findet § 5e Absatz 1 Satz 3 des Sprengstoffgesetzes entsprechende Anwendung.

§ 10

(1) Der Antragsteller hat in dem Antrag auf Zulassung anzugeben

1. die Bezeichnung des sonstigen explosionsgefährlichen Stoffes oder des Sprengzubehörs,
2. den Namen (Firma) und die Anschrift des Herstellers sowie die Herstellungsstätte, bei der Einfuhr außerdem den Namen (Firma) und die Anschrift dessen, der die Stoffe oder Gegenstände einführt,
3. die Beschaffenheit des Stoffes oder Gegenstandes, seine chemische Zusammensetzung, seine physikalischen Eigenschaften, seine Bauart, seinen Verwendungszweck sowie seine Anwendungs- und Wirkungsweise; kann die chemische Zusammensetzung des sonstigen explosionsgefährlichen Stoffes nicht mit ausreichender Genauigkeit angegeben werden, so ist dieser Stoff durch Angaben über sein Herstellungsverfahren zu charakterisieren.

(2) Der Antragsteller hat der für die Prüfung nach § 9 Abs. 3 zuständigen Stelle

1. Proben oder Muster des Stoffes oder Gegenstandes und eines Vergleichsstoffes oder -gegenstandes in einer zur Prüfung ausreichenden Menge oder Zahl zu übersenden,
2. auf Verlangen die erforderlichen Belegmuster zum Verbleib zu überlassen.

(3) Die Bundesanstalt für Materialforschung und -prüfung kann das Ergebnis der Prüfung dem nach § 6 Abs. 2 des Gesetzes gebildeten Sachverständigenausschuß für explosionsgefährliche Stoffe zur Stellungnahme vorlegen, wenn zweifelhaft ist, ob bei Erteilung der Zulassung der Schutz von Leben, Gesundheit oder Sachgütern Beschäftigter oder Dritter gewährleistet ist.

§ 11 (weggefallen)

§ 12

(1) Die Bundesanstalt für Materialforschung und -prüfung hat die Entscheidung über den Antrag auf Zulassung eines sonstigen explosionsgefährlichen Stoffes nach § 5f Absatz 1 in Verbindung mit § 1 Absatz 4 Nummer 1 und 2 des Sprengstoffgesetzes oder von Sprengzubehör nach § 5f Absatz 2 des Sprengstoffgesetzes schriftlich zu erlassen.

(2) Der Zulassungsbescheid hat folgende Angaben zu enthalten:

1. die Bezeichnung des sonstigen explosionsgefährlichen Stoffes oder des Sprengzubehörs,
2. den Namen (Firma) und die Anschrift des Herstellers, seines in einem Mitgliedstaat ansässigen Bevollmächtigten oder des Verbringers und, bei der Einfuhr außerdem den Namen (Firma) und die Anschrift dessen, der den Stoff oder Gegenstand einführt,
3. Angaben über die für die Verwendung wesentlichen Merkmale des Stoffes oder Gegenstandes,
4. Art und Form des Zulassungszeichens (§ 6 Absatz 3),
5. die inhaltlichen Beschränkungen und die Nebenbestimmungen der Zulassung.

(3) Die Zulassung ist mit der Auflage zu verbinden, den Verwendern einen Auszug des Zulassungsbescheides auszuhändigen, sofern in der Zulassung Nebenbestimmungen oder inhaltliche Beschränkungen enthalten sind.

§ 13

(1) Die Bundesanstalt für Materialforschung und -prüfung hat folgende Listen zu führen:

1. eine Liste der Baumusterprüfbescheinigungen, die gemäß § 5b Absatz 2 des Sprengstoffgesetzes erteilt worden sind,
2. eine Liste der Zulassungen, die gemäß § 5f Absatz 1 und 2 des Sprengstoffgesetzes erteilt worden sind,
3. (weggefallen)
4. eine Liste der Kennnummern der Herstellungsstätten für Explosivstoffe,
5. eine Liste der Registrierungsnummern der pyrotechnischen Gegenstände nach § 16c Absatz 3 Satz 1 des Sprengstoffgesetzes.

(2) Die Listen nach Absatz 1 sollen die Bezeichnung des Stoffes oder Gegenstandes enthalten. Bei Explosivstoffen und pyrotechnischen Gegenständen sollen die Listen auch den Namen und die Anschrift des Herstellers und gegebenenfalls seines Bevollmächtigten oder des Einführers enthalten. Bei pyrotechnischen Gegenständen gemäß der Durchführungsrichtlinie 2014/58/EU der Kommission von 16. April 2014 über die Errichtung eines Systems zur Rückverfolgbarkeit von pyrotechnischen Gegenständen gemäß der Richtlinie 2007/23/EG des Europäischen Parlaments und des Rates (ABl. L 115 vom 17. 4. 2014, S. 28) sollen die Listen die folgenden zusätzlichen Angaben enthalten:

1. die Registrierungsnummer,
2. das Datum der Ausstellung
   a) der EU-Baumusterprüfbescheinigung nach Modul B des Anhangs III der Richtlinie 2014/28/EU oder des Anhangs II der Richtlinie 2013/29/EU,
   b) der Konformitätsbescheinigung nach Modul G des Anhangs III der Richtlinie 2014/28/EU oder des Anhangs II der Richtlinie 2013/29/EU oder
   c) der Zulassung für Qualitätssicherungssysteme nach Modul H des Anhangs II der Richtlinie 2013/29/EU und gegebenenfalls die Geltungsdauer der Bescheinigung oder Zulassung,
3. den allgemeinen Produkttyp und gegebenenfalls den Untertyp,
4. das Modul für die Produktionsphasenkonformität, falls die Zuständigkeit für die Überwachung nach diesem Modul bei der Bundesanstalt für Materialforschung und -prüfung liegt und wenn das Konformitätsbewertungsverfahren nicht nach Modul G oder Modul H durchgeführt wurde,
5. falls bekannt, die benannte Stelle, die die Konformitätsbewertung für die Produktionsphase vornimmt,
6. Beschränkungen, Befristungen, Bedingungen und Auflagen der Bescheinigung oder Zulassung.

Bei sonstigen explosionsgefährlichen Stoffen und Sprengzubehör sollen die Listen auch den Namen und die Anschrift des Herstellers und gegebenenfalls des Einführers sowie das Zulassungszeichen enthalten.

(3) Die Bundesanstalt für Materialforschung und -prüfung führt ferner eine Liste der aktuellen mandatierten europäischen Normen mit Prüfvorschriften für Explosivstoffe und pyrotechnische Gegenstände. Die Liste soll die folgenden Angaben enthalten:

1. die Kennnummer der Norm,
2. den Titel der Norm,
3. das Datum der Veröffentlichung der Norm und
4. die Bezugsquelle der Norm.

(4) Die Bundesanstalt für Materialforschung und -prüfung führt auch eine Liste mit Verweisen auf die von den benannten Stellen der anderen Mitgliedstaaten der Europäischen Union erteilten EU-Baumusterprüfbescheinigungen und Bescheinigungen über Einzelprüfungen.

(5) Die Listen[1]) sind auf dem aktuellen Stand zu halten. Sie sind bei der Bundesanstalt für Materialforschung und -prüfung während der Dienststunden auszulegen und im Internet

[1]) Im Internet unter www.bam.de.

öffentlich zugänglich zu machen. Dritte erhalten auf Verlangen und gegen Kostenerstattung Kopien der Listen.

Abschnitt IV
Allgemeine Vorschriften über die Kennzeichnung, die Verpackung und das Überlassen an andere

§ 14

(1) Wer explosionsgefährliche Stoffe herstellt, einführt oder verbringt, darf diese anderen Personen nur überlassen, wenn

1. die Verpackungen so verschlossen und beschaffen sind, dass der Inhalt bei gewöhnlicher Beanspruchung nicht beeinträchtigt wird und nicht nach außen gelangen kann; dies gilt nicht, wenn die Eigenschaften des explosionsgefährlichen Stoffes andere dem Stand der Technik entsprechende Sicherheitsvorkehrungen erfordern,
2. der Werkstoff der Verpackungen und ihrer Verschlüsse
   a) vom Inhalt nicht angegriffen werden kann und
   b) keine Verbindung mit dem Inhalt eingehen kann, die eine Explosion, eine Entzündung oder einen anderen Vorgang, der Gefahren für Leben, Gesundheit oder Sachgüter verursacht, herbeiführen kann,
3. die Verpackung und ihre Verschlüsse in allen Teilen so fest und widerstandsfähig sind, dass
   a) sie sich nicht unbeabsichtigt lockern oder öffnen und
   b) sie allen Beanspruchungen zuverlässig standhalten, denen sie üblicherweise beim Umgang ausgesetzt sind.

(2) Die Verpackungen für Zündstoffe, pyrotechnische Sätze, Treibladungspulver, Raketentreibstoffe und für sonstige explosionsgefährliche Stoffe nach § 1 Absatz 4 des Sprengstoffgesetzes sowie die Verschlüsse dieser Verpackungen müssen außerdem so beschaffen sein, dass sie keine nach dem Stand der Technik vermeidbare Erhöhung der Gefahr bewirken. Bei sonstigen explosionsgefährlichen Stoffen nach § 1 Absatz 4 des Sprengstoffgesetzes ist darüber hinaus die Menge der sonstigen explosionsgefährlichen Stoffe in der Verpackungseinheit so zu wählen, dass bei den Temperaturen, denen die Stoffe beim Transport und bei der Aufbewahrung üblicherweise ausgesetzt sind, keine Selbstentzündung eintritt. Ist dies nicht möglich, ist durch dauernde Kühlung eine Selbsterhitzung zu verhindern.

(3) Die Anforderungen der Absätze 1 und 2 Satz 1 gelten als erfüllt, wenn eine für diesen Stoff gefahrgutrechtlich zugelassene Verpackung genutzt wird.

(4) Pyrotechnische Gegenstände, die in einer ein- oder mehrseitig durchsichtigen oder in einer in sicherheitstechnischer Hinsicht gleichwertigen Verpackung zur Schau gestellt werden sollen, müssen durch diese Verpackung so geschützt sein, dass durch gewöhnliche thermische oder mechanische Beanspruchung kein pyrotechnischer Gegenstand ausgelöst wird.

(5) Treibladungspulver für das nichtgewerbsmäßige Laden und Wiederladen von Patronenhülsen, zum Vorderladerschießen oder zum Böllern darf nur in der Ursprungsverpackung des Herstellers oder in der Verpackung des Einführers vertrieben oder anderen Personen überlassen werden.

(6) Schwarzpulver zum Sprengen und schwarzpulverähnliche Sprengstoffe dürfen anderen Personen in loser Form nur in Betrieben und ausschließlich zum Schnüren oder zum Kessel- und Lassensprengen überlassen werden.

§ 15

(1) Wer explosionsgefährliche Stoffe herstellt, einführt oder verbringt und selbst aufbewahren oder anderen überlassen will, hat auf dem Versandstück oder, sofern die explosionsgefährlichen Stoffe nicht zum Versand bestimmt sind, auf dem Packstück folgende Kennzeichnungen anzubringen:

1. die Lagergruppe des Stoffes in der jeweiligen Verpackung,

2. die Verträglichkeitsgruppe des Stoffes.

(2) Die Anforderungen des Absatzes 1 gelten als erfüllt, wenn das Versandstück nach den verkehrsrechtlichen Vorschriften gekennzeichnet ist, sofern die Transportklassifizierung nach den verkehrsrechtlichen Vorschriften mit der Lagergruppe in der jeweiligen Verpackung sowie die Verträglichkeitsgruppe übereinstimmen.

(3) Absatz 1 sowie § 18 Absatz 1 Nummer 2, Absatz 2 Satz 1 Nummer 1 und Absatz 7 sind nicht anzuwenden auf explosionsgefährliche Stoffe, die

1. zur Ausfuhr, zur Durchfuhr oder zum Verbringen aus dem Geltungsbereich des Sprengstoffgesetzes bestimmt sind,
2. ausschließlich für militärische oder polizeiliche Zwecke hergestellt und an eine militärische oder polizeiliche Dienststelle vertrieben oder einer dieser Dienststellen überlassen werden,
3. nicht in den Verkehr gebracht werden oder
4. von einer militärischen oder polizeilichen Dienststelle der Bundesanstalt Technisches Hilfswerk überlassen werden.

§ 16

(1) Auf dem Explosivstoff oder dem pyrotechnischen Gegenstand dürfen keine Zeichen angebracht werden, die mit der CE-Kennzeichnung nach Artikel 30 Absatz 2 der Verordnung (EG) Nr. 765/2008 des Europäischen Parlaments und des Rates vom 9. Juli 2008 über die Vorschriften für die Akkreditierung und Marktüberwachung im Zusammenhang mit der Vermarktung von Produkten und zur Aufhebung der Verordnung (EWG) Nr. 339/93 des Rates (ABl. L 218 vom 13. 8. 2008, S. 30) verwechselt werden können.

(2) Unterliegt der Explosivstoff oder der pyrotechnische Gegenstand auch anderen zwingenden Vorschriften des Rechts der Europäischen Union, so darf die CE-Kennzeichnung nur angebracht werden, wenn der Explosivstoff oder pyrotechnische Gegenstand auch diesen Vorschriften entspricht.

(3) Wird ein geprüfter Explosivstoff oder pyrotechnischer Gegenstand für nicht konform befunden und kann er nicht in einen konformen Zustand versetzt werden, ist er deutlich lesbar als nicht konform zu kennzeichnen.

(4) Alle Angaben und Kennzeichnungen, Gebrauchsanleitungen und Sicherheitsinformationen müssen klar, verständlich, deutlich lesbar und dauerhaft sein. Sie müssen, wenn nicht anderes bestimmt ist, in deutscher Sprache abgefasst sein.

(5) Die Angaben und Kennzeichnungen nach diesem Abschnitt sind auf dem Explosivstoff oder dem pyrotechnischen Gegenstand anzubringen. Ist dies aufgrund der Größe, der Form oder des Designs nicht möglich, sind die Angaben und Kennzeichnungen auf der kleinsten Verpackungseinheit oder in den dem Explosivstoff oder dem pyrotechnischen Gegenstand beigefügten Unterlagen anzubringen.

(6) Die Kennzeichnungsvorschriften dieses Abschnitts gelten für das Versandstück als erfüllt, wenn es nach den verkehrsrechtlichen Vorschriften gekennzeichnet ist. Ist die Verpackung des Versandstückes die einzige Verpackung, so muss diese nach den Kennzeichnungsvorschriften dieses Abschnitts gekennzeichnet sein.

§ 17

(1) Wer Explosivstoffe auf dem Markt bereitstellt, für die gemäß Artikel 15 der Richtlinie 2014/28/EU, auch in Verbindung mit der Richtlinie 2008/43/EG der Kommission vom 4. April 2008 zur Einführung eines Verfahrens zur Kennzeichnung und Rückverfolgung von Explosivstoffen für zivile Zwecke gemäß der Richtlinie 93/15/EWG des Rates (ABl. L 94 vom 5. 4. 2008, S. 8), die durch die Richtlinie 2012/4/EU (ABl. L 50 vom 23. 2. 2012, S. 18) geändert worden ist, ein System der eindeutigen Identifizierung und Rückverfolgbarkeit bestehen muss, hat diese Explosivstoffe und deren kleinste Verpackungseinheit mit einer dem Anhang der Richtlinie 2008/43/EG entsprechenden eindeutigen Kennzeichnung zu versehen, die Folgendes enthalten muss:

1. den Namen des Herstellers,
2. einen alphanumerischen Code und

3. eine elektronisch lesbare Variante des Codes mit gleichem Inhalt.

(2) Hersteller oder Einführer im Geltungsbereich des Sprengstoffgesetzes haben bei der Kennzeichnung nach Absatz 1 als Landeskennzeichen die Buchstabenfolge „DE" zu verwenden. Die Kennnummer der Herstellungsstätte oder des Einführers wird ihnen auf schriftlichen oder elektronischen Antrag von der Bundesanstalt für Materialforschung und -prüfung zugeteilt.

(3) Der Hersteller oder der Einführer darf den Explosivstoffen selbstklebende Kopien der Kennzeichnungsetiketten zur Nutzung durch den Empfänger beifügen. Diese Kopien sind sichtbar als solche zu markieren.

(4) Falls es aufgrund der Größe, der Form oder des Designs eines Explosivstoffes technisch nicht möglich ist, eine eindeutige Kennzeichnung nach Absatz 1 auf dem Explosivstoff anzubringen, hat der Hersteller oder Einführer den Explosivstoff nach Nummer 3 des Anhangs der Richtlinie 2008/43/EG zu kennzeichnen.

(5) Explosivstoffe, für die keine Kennzeichnungspflicht nach Absatz 1 besteht, muss der Hersteller oder Einführer mit einer Typen-, Chargen- oder Seriennummer oder einem anderen Kennzeichen zu ihrer Identifizierung kennzeichnen.

(6) Bei elektrischen Zündmitteln, die den Anforderungen der Anlage 2 genügen, muss der Hersteller oder der Einführer den Zündertyp, anderenfalls die elektrischen Daten zur Empfindlichkeit, auf der kleinsten Verpackungseinheit angeben. Bei elektrischen Zündmitteln, die den Anforderungen der Anlage 2 genügen, muss der Hersteller oder der Einführer zusätzlich den Zündertyp auf dem elektrischen Zündmittel kennzeichnen.

(7) Wer Explosivstoffe herstellt, einführt oder verbringt, darf diese anderen Personen nur überlassen, wenn sie oder ihre Verpackung zusätzlich zu den Kennzeichnungselementen nach den Absätzen 1 bis 5 mit folgenden Angaben und Kennzeichnungen versehen sind:

1. die Nettoexplosivstoffmasse,
2. die Jahres- und die Monatszahl sowie gegebenenfalls die Jahreswochenzahl der Herstellung,
3. die Farbgebung der Explosivstoffe oder deren Umhüllung zur Vermeidung sicherheitstechnisch relevanter Verwechselungsgefahren,
4. die Informationen zur Schlagwettersicherheit,
5. bei Sprengschnüren: die Länge der Schnur und den Kennfaden für die Herstellungsstätte,
6. bei Zündmitteln:
   a) die Anzahl der Zündmittel in der jeweiligen Verpackung,
   b) bei Zeitzündern die Angabe der Verzögerungszeit oder der Zeitstufe,
   c) die Länge und das Material der Zünderdrähte oder die Länge des Zündschlauches,
   d) die Farbgebung der Zünderdrahtisolierung, die zur Unterscheidung des Zündertyps und des Anwendungsbereichs verwendet wird.

(8) Die CE-Kennzeichnung muss bei den folgenden Explosivstoffen auf den beigefügten Unterlagen angebracht werden:

1. Explosivstoffe, die für den Eigengebrauch hergestellt werden,
2. Explosivstoffe, die in Silo- oder Pumpfahrzeugen befördert und in ein innerbetriebliches Lager geliefert oder direkt in Sprengbohrlöcher geladen werden, und
3. Explosivstoffe, die am Sprengort hergestellt und danach sofort geladen werden.

§ 18

(1) Wer pyrotechnische Gegenstände auf dem Markt bereitstellt, darf diese anderen Personen nur überlassen, wenn diese pyrotechnischen Gegenstände und ihre Verpackungen mit den folgenden Angaben gekennzeichnet sind:

1. Name und Typ sowie erforderlichenfalls Untertyp des pyrotechnischen Gegenstandes,

2. zugeteilte Registrierungsnummer der Konformitätsbewertung,
3. Produkt-, Chargen- oder Seriennummer.

(2) Der Hersteller hat pyrotechnische Gegenstände zusätzlich mit den folgenden Angaben zu kennzeichnen:

1. Altersgrenze nach Artikel 7 Absatz 1 und 2 der Richtlinie 2013/29/EU, bei Bereitstellung für die Verwendung im Geltungsbereich des Sprengstoffgesetzes auch eine abweichende Altersgrenze nach § 20,
2. einschlägige Kategorie und Sicherheitsinformationen,
3. Nettoexplosivstoffmasse.

Satz 1 gilt nicht für pyrotechnische Gegenstände für Fahrzeuge.

(3) Der Hersteller hat Feuerwerkskörper zusätzlich mit den folgenden Angaben zu kennzeichnen:

1. Feuerwerkskörper der Kategorie F1: gegebenenfalls die Angabe „nur zur Verwendung im Freien" und Schutzabstände,
2. Feuerwerkskörper der Kategorie F2: die Angabe „nur zur Verwendung im Freien" und Schutzabstände,
3. Feuerwerkskörper der Kategorie F3: die Angabe „nur zur Verwendung im Freien" und Schutzabstände,
4. Feuerwerkskörper der Kategorie F4: die Angabe „zur Verwendung nur durch Personen mit Fachkenntnissen" und Schutzabstände.

(4) Pyrotechnische Gegenstände für Bühne und Theater müssen vom Hersteller zusätzlich mit folgenden Angaben gekennzeichnet werden:

1. pyrotechnische Gegenstände für Bühne und Theater der Kategorie T1: gegebenenfalls die Angabe „nur zur Verwendung im Freien" und ein Schutzabstand,
2. pyrotechnische Gegenstände für Bühne und Theater der Kategorie T2: die Angabe „zur Verwendung nur durch Personen mit Fachkenntnissen" und Schutzabstände.

(5) Die Kennzeichnung pyrotechnischer Gegenstände für Fahrzeuge darf in englischer Sprache erfolgen.

(6) Elektrische Anzündmittel oder pyrotechnische Gegenstände, die eine elektrische Anzündung enthalten, sind vom Hersteller zusätzlich mit den folgenden Angaben in der Gebrauchsanleitung oder auf der Verpackung zu kennzeichnen:

1. elektrische Kenndaten zur Empfindlichkeit oder Typenbezeichnung wie „Brückenanzünder A", „Brückenanzünder U" oder „Brückenanzünder HU",
2. gegebenenfalls Länge und Material der Drähte,
3. Brücken- und Gesamtwiderstand.

(7) Der Hersteller hat für die folgenden pyrotechnischen Gegenstände die Schutzabstände für normale Verwendungsbedingungen zu bestimmen:

1. für Feuerwerkskörper der Kategorie F4 gemäß Anlage 6 Nummer 3.3 und
2. für pyrotechnische Gegenstände für Bühne und Theater der Kategorie T2 gemäß Anlage 6 Nummer 4.2.

Er hat die so bestimmten Schutzabstände in die Kennzeichnung aufzunehmen.

§ 18a (weggefallen)

§ 18b

Wer sonstige explosionsgefährliche Stoffe herstellt, einführt oder verbringt, darf diese anderen Personen nur überlassen, wenn auf den Stoffen und auf ihrer Verpackung die folgenden Angaben angebracht sind:

1. Bezeichnung (Handelsname) des jeweiligen Stoffes,
2. Firmenname, Anschrift und Telefonnummer des Herstellers oder des Einführers,
3. Zulassungszeichen,
4. Jahres- und Monatszahl der Herstellung,
5. Nettomasse,
6. für die Stoffgruppen A und B die in der Zulassung vorgeschriebenen Sicherheitshinweise.

§ 18c

Sprengzubehör darf nur verwendet werden, wenn es mit den folgenden Angaben gekennzeichnet ist:

1. Bezeichnung des jeweiligen Sprengzubehörs,
2. Firmenname, Anschrift und Telefonnummer des Herstellers oder des Einführers,
3. Zulassungszeichen,
4. bei Zündleitungen und Verlängerungsdrähten:
   a) farbliche Unterscheidung je nach elektrischem Widerstand, Material des Leiters oder Verwendungsort,
   b) Länge der Leitung oder des Drahtes,
   c) Material des Leiters, gegebenenfalls farbliche Unterscheidung der Isolierung je nach Material,
   d) elektrischer Widerstand, gegebenenfalls farbliche Unterscheidung der Isolierung je nach Widerstand,
5. bei Zündeinrichtungen, Steuer- und Prüfgeräten:
   a) Typenbezeichnung,
   b) Seriennummer,
   c) Jahreszahl der Herstellung,
   d) zusätzliche Informationen, die für den bestimmungsgemäßen Gebrauch notwendig sind,
   e) bei schlagwettergesicherten Geräten: zusätzliche Kennzeichnung mit „(S)",
6. bei Lade- und Mischladegeräten: Typenbezeichnung und Seriennummer.

Satz 1 gilt nicht für Sprengzubehör, das ausschließlich für die Verwendung mit Explosivstoffen oder pyrotechnischen Gegenständen, die ausschließlich für militärische oder polizeiliche Zwecke hergestellt und an eine militärische oder polizeiliche Dienststelle vertrieben oder ihr überlassen werden, auf dem Markt bereitgestellt wurde.

§ 19

(1) Die Bundesanstalt kann auf Antrag des Herstellers, seines in einem Mitgliedstaat ansässigen Bevollmächtigten oder des Einführers Ausnahmen von den Vorschriften über die Kennzeichnung und Verpackung explosionsgefährlicher Stoffe und von Sprengzubehör allgemein zulassen, soweit der Schutz von Leben, Gesundheit und Sachgütern Beschäftigter oder Dritter dies zuläßt.

(2) Die zuständige Behörde kann im Einzelfall von den Kennzeichnungs- und Verpackungsvorschriften der §§ 17 und 18 sowie § 18b Nummer 1 und 2 Ausnahmen bewilligen, soweit der mit diesen Vorschriften bezweckte Schutz von Leben, Gesundheit oder Sachgütern Beschäftigter oder Dritter in anderer Weise gewährleistet ist.

Abschnitt V
Vertrieb, Überlassen und Verwenden pyrotechnischer Gegenstände

§ 20

(1) Der Umgang und Verkehr mit pyrotechnischen Gegenständen der einzelnen Kategorien ist Personen nur dann gestattet, wenn sie das folgende Lebensalter haben:

Kategorie F1:	12 Jahre,
Kategorie F2:	18 Jahre,
Kategorie F3:	18 Jahre,
Kategorie F4:	21 Jahre,
Kategorie P1:	18 Jahre,
Kategorie P2:	21 Jahre,
Kategorie T1:	18 Jahre,
Kategorie T2:	21 Jahre.

(2) Abweichend von Absatz 1 dürfen pyrotechnische Gegenstände der Kategorie P1, die Rettungsmittel oder Bestandteil von Schutzausrüstungen oder Rettungsmitteln sind, Personen, die das 14. Lebensjahr vollendet haben, überlassen und von diesen Personen bestimmungsgemäß verwendet werden, sofern die Bundesanstalt für Materialforschung und -prüfung dies auf Antrag des Herstellers oder Einführers für die jeweilige Bauart genehmigt hat und die Personen an einer Einweisung zum sicheren Umgang mit diesen Gegenständen teilnehmen oder teilgenommen haben. Die Genehmigung wird für die Bauart erteilt, wenn der Schutz der öffentlichen Sicherheit dem nicht entgegensteht. Der Überlasser der pyrotechnischen Gegenstände ist verpflichtet, das Vorliegen

der Voraussetzungen des Satzes 1 vor dem Überlassen zu überprüfen.

(3) Ein Erlaubnisinhaber nach § 7 oder § 27 des Sprengstoffgesetzes oder eine verantwortliche Person nach § 20 des Sprengstoffgesetzes mit der Befähigung zum Abbrennen pyrotechnischer Gegenstände für Bühne und Theater der Kategorie T2 darf pyrotechnische Gegenstände, die als pyrotechnischer Gegenstand für Bühne und Theater der Kategorie T1 oder als pyrotechnischer Gegenstand für Bühne und Theater der Kategorie T1 mit der Angabe „nur zur Verwendung im Freien" gekennzeichnet sind, in einer von der Kennzeichnung oder der Gebrauchsanleitung abweichenden Art und Weise verwenden, wenn er dabei die mit diesem Gebrauch verbundenen Gefahren gebührend berücksichtigt.

(4) Folgende pyrotechnische Gegenstände der Kategorie F2 dürfen nur an Erlaubnisinhaber nach § 7 Absatz 1 oder § 27 Absatz 1 oder Befähigungsscheininhaber nach § 20 Absatz 1 Satz 1 des Sprengstoffgesetzes vertrieben und überlassen oder von diesen verwendet werden:

1. Knallkörper und Knallkörperbatterien mit Blitzknallsatz,
2. Raketen mit mehr als 20 g Netto-Explosivstoffmasse,
3. Schwärmer und
4. pyrotechnische Gegenstände mit Pfeifsatz als Einzelgegenstand.

Satz 1 gilt nicht für das Verbringen aus dem Geltungsbereich des Sprengstoffgesetzes.

§ 21

(1) Soweit sich die nach § 14 Absatz 1 Satz 1 erforderliche Anleitung auf einzelnen Gegenständen nicht anbringen lässt, genügt die Anbringung auf der kleinsten Verpackungseinheit. Enthält eine kleinste Verpackungseinheit verschiedene pyrotechnische Gegenstände, so muss ersichtlich sein, welche Anleitung für welchen Gegenstand gilt. Bei Notsignalen der Kategorien P1 und P2 kann die Anleitung auch in Form einer bildlichen Darstellung gegeben werden, wenn diese einen irrtümlichen Gebrauch ausschließt.

(2) Sind pyrotechnische Gegenstände verschiedener Kategorien zu einem Sortiment vereinigt, so darf dieses anderen nur nach den für die Gegenstände der höchsten Kategorie geltenden Vorschriften überlassen werden.

(3) Pyrotechnische Gegenstände dürfen außer im Versandhandel an den Verbraucher nur in Verkaufsräumen vertrieben und anderen überlassen werden. Satz 1 gilt nicht für pyrotechnische Gegenstände der Kategorie 1.

(4) In Verkaufsräumen dürfen pyrotechnische Gegenstände – ausgenommen Knallbonbons – nur in geschlossenen Schaukästen ausgestellt werden. Satz 1 gilt nicht, wenn die pyrotechnischen Gegenstände eine ein- oder mehrseitig durchsichtige oder eine in sicherheitstechnischer Hinsicht gleichwertige Verpackung haben und diese von der Bundesanstalt als unbedenklich bescheinigt worden ist. Jede Verpackungseinheit nach Satz 2 ist mit der Nummer der Bescheinigung zu versehen.

(5) Pyrotechnische Gegenstände der Kategorien 1 und 2 dürfen an den Verbraucher nur in kleinsten Verpackungseinheiten oder in größeren Einheiten, die mehrere kleinste Verpackungseinheiten enthalten, vertrieben oder ihm überlassen werden, soweit die nach Absatz 1 vorgeschriebene Anleitung nicht auf dem einzelnen Gegenstand angebracht ist.

§ 22

(1) Pyrotechnische Gegenstände der Kategorie 2 dürfen dem Verbraucher im Jahr 2021 nicht und in anderen Jahren nur in der Zeit vom 29. bis 31. Dezember überlassen werden; ist einer der genannten Tage ein Sonntag, ist ein Überlassen bereits ab dem 28. Dezember zulässig. Satz 1 gilt nicht für Verbraucher, die eine Erlaubnis nach § 7 oder § 27 oder einen Befähigungsschein nach § 20 des Gesetzes oder eine Ausnahmegenehmigung nach § 24 Absatz 1 besitzen. Die Regelungen zu den Ladenöffnungszeiten der Länder bleiben unberührt.

(2) Pyrotechnische Gegenstände der Kategorien F3 und F4, T2 und P2 sowie pyrotechnische Sätze der Kategorie S2 dürfen nur Personen überlassen werden, die auf Grund ei-

I

ner entsprechenden Erlaubnis nach § 7 oder § 27 oder eines entsprechenden Befähigungsscheines nach § 20 des Sprengstoffgesetzes oder auf Grund einer Bescheinigung nach § 22 Absatz 1a Satz 1 des Sprengstoffgesetzes zum Erwerb berechtigt sind und mit diesen Gegenständen umgehen dürfen.

§23

(1) Das Abbrennen pyrotechnischer Gegenstände in unmittelbarer Nähe von Kirchen, Krankenhäusern, Kinder- und Altersheimen sowie besonders brandempfindlichen Gebäuden oder Anlagen ist verboten.

(2) Pyrotechnische Gegenstände der Kategorie 2 dürfen in der Zeit vom 2. Januar bis 30. Dezember nur durch Inhaber einer Erlaubnis nach § 7 oder § 27, eines Befähigungsscheines nach § 20 des Gesetzes oder einer Ausnahmebewilligung nach § 24 Absatz 1 verwendet (abgebrannt) werden. Am 31. Dezember und 1. Januar dürfen sie auch von Personen abgebrannt werden, die das 18. Lebensjahr vollendet haben.

(3) Der Erlaubnis- oder Befähigungsscheininhaber hat das beabsichtigte Feuerwerk zum Abbrennen von pyrotechnischen Gegenständen der Kategorie 2 in der Zeit vom 2. Januar bis zum 30. Dezember, der Kategorien 3, 4, P1, P2, T1 oder T2 ganzjährig der zuständigen Behörde zwei Wochen, ein Feuerwerk in unmittelbarer Nähe von Eisenbahnanlagen, Flughäfen oder Bundeswasserstraßen, die Seeschifffahrtsstraßen sind, vier Wochen vorher schriftlich oder elektronisch anzuzeigen. Satz 1 findet keine Anwendung auf die Vorführung von Effekten mit pyrotechnischen Gegenständen und deren Sätzen in Theatern und vergleichbaren Einrichtungen. Die zuständige Behörde kann im Einzelfall auf die Einhaltung der Frist nach Satz 1 verzichten, wenn dies aus besonderen Gründen gerechtfertigt erscheint.

(4) In der Anzeige nach Absatz 3 sind anzugeben:

1. Name und Anschrift der für das Abbrennen des Feuerwerks verantwortlichen Personen sowie erforderlichenfalls Nummer und Datum der Erlaubnisbescheide nach § 7 oder § 27 des Gesetzes oder des Befähigungsscheines nach § 20 des Gesetzes und die ausstellende Behörde,
2. Ort, Art und Umfang sowie Beginn und Ende des Feuerwerks,
3. Entfernungen zu besonders brandempfindlichen Gebäuden und Anlagen innerhalb des größten Schutzabstandes,
4. die Sicherungsmaßnahmen, insbesondere Absperrmaßnahmen sowie sonstige Vorkehrungen zum Schutze der Nachbarschaft und der Allgemeinheit.

(5) Jugendliche, die das 14. Lebensjahr vollendet haben, dürfen pyrotechnische Gegenstände der Kategorie P1 sowie Raketenmotore für die in § 1 Absatz 3 Nummer 2 bezeichneten Modellraketen, die für Lehr- und Sportzwecke bestimmt sind, sowie die hierfür bestimmten Anzündmittel nur unter Aufsicht des Sorgeberechtigten bearbeiten und verwenden. In einer sportlichen oder technischen Vereinigung ist dies nur zulässig, wenn der Sorgeberechtigte schriftlich sein Einverständnis erklärt hat oder selbst anwesend ist.

(6) Effekte mit pyrotechnischen Gegenständen und pyrotechnischen Sätzen in Theatern und vergleichbaren Einrichtungen und Effekte mit explosionsgefährlichen Stoffen in Film- und Fernsehproduktionsstätten dürfen nur vorgeführt werden, wenn der Effekt vorher gemäß der beabsichtigten Verwendung erprobt worden ist. Das Theaterunternehmen und die vergleichbare Einrichtung sowie die Film- und Fernsehgesellschaft bedürfen für die Erprobung der Genehmigung der für den Brandschutz zuständigen Stelle, für die Vorführung in Anwesenheit von Mitwirkenden oder Besuchern auch der Genehmigung der für die öffentliche Sicherheit und Ordnung zuständigen Stelle. Die Genehmigungen können versagt und mit Auflagen verbunden werden, soweit dies zum Schutz von Leben, Gesundheit und Sachgütern Mitwirkender oder Dritter erforderlich ist.

(7) Wer in eigener Person außerhalb der Räume seiner Niederlassung oder ohne eine solche zu haben, auf Tourneen pyrotechnische Effekte in Anwesenheit von Besuchern

verwenden will, hat dies der zuständigen Behörde zwei Wochen vorher schriftlich oder elektronisch anzuzeigen. Absatz 4 Nummer 1, 2 und 4 sowie Absatz 3 Satz 3 gelten entsprechend.

(8) Die verantwortlichen Personen haben bei der Verwendung pyrotechnischer Gegenstände der Kategorien F4 und T2 die Schutzabstände entsprechend der Anlage 6 zu ermitteln und einzuhalten.

§ 24

(1) Die zuständige Behörde kann allgemein oder im Einzelfall von den Verboten des § 20 Absatz 1, des § 22 Absatz 1 und des § 23 Absatz 1 und 2 aus begründetem Anlaß Ausnahmen zulassen. Eine allgemeine Ausnahmegenehmigung ist öffentlich bekanntzugeben.

(2) Die zuständige Behörde kann allgemein oder im Einzelfall anordnen, daß pyrotechnische Gegenstände

1. der Kategorie F2 in der Nähe von Gebäuden oder Anlagen, die besonders brandempfindlich sind, und
2. der Kategorie F2 mit ausschließlicher Knallwirkung in bestimmten dicht besiedelten Gemeinden oder Teilen von Gemeinden zu bestimmten Zeiten

auch am 31. Dezember und am 1. Januar nicht abgebrannt werden dürfen. Eine allgemeine Anordnung ist öffentlich bekanntzugeben.

Abschnitt VI
Sonstige Vorschriften über explosionsgefährliche Stoffe

§ 25

(1) Explosivstoffe, pyrotechnische Gegenstände und sonstige explosionsgefährliche Stoffe nach § 1 Absatz 4 Nummer 1 des Sprengstoffgesetzes, deren Erwerb der Erlaubnis bedarf, dürfen einer anderen Person nur gegen Vorlage der Erlaubnis oder einer von der Erlaubnisbehörde erteilten weiteren Ausfertigung der Erlaubnis überlassen werden. Beim Überlassen von Explosivstoffen oder sonstigen explosionsgefährlichen Stoffen nach § 1 Absatz 4 Nummer 1 des Sprengstoffgesetzes an Inhaber einer Erlaubnis nach § 27 Absatz 1 des Sprengstoffgesetzes sind die folgenden Angaben in die Erlaubnis des Erwerbers einzutragen:

1. die Art und die Menge der Stoffe,
2. der Tag des Überlassens sowie
3. der Name und die Anschrift des Überlassers.

(2) Die Grenzüberwachungsbehörden haben der für den Empfänger zuständigen Behörde jede Einfuhr von Explosivstoffen sowie die gewerbliche Einfuhr von pyrotechnischen Gegenständen unter Angabe der Bezeichnung, der Art und der Menge sowie unter Angabe des Namens des Absenders und des Empfängers unverzüglich schriftlich mitzuteilen.

(3) Explosivstoffe, pyrotechnische Gegenstände und sonstige explosionsgefährliche Stoffe nach § 1 Absatz 4 Nummer 1 des Sprengstoffgesetzes, die nicht nach den §§ 14 bis 18 dieser Rechtsverordnung gekennzeichnet sind, dürfen den in § 1a Absatz 1 bis 5 des Sprengstoffgesetzes genannten Stellen auch überlassen werden, wenn die Notwendigkeit des Überlassens durch eine Bescheinigung der empfangenden Stelle nachgewiesen ist. Die in Satz 1 genannten Stellen haben durch geeignete Maßnahmen zu gewährleisten, dass die Explosivstoffe, pyrotechnischen Gegenstände und sonstigen explosionsgefährlichen Stoffe nach § 1 Absatz 4 Nummer 1 des Sprengstoffgesetzes nur an zum Umgang Berechtigte gelangen und der Verbleib der Explosivstoffe, pyrotechnischen Gegenstände und sonstigen explosionsgefährlichen Stoffe nach § 1 Absatz 4 Nummer 1 des Sprengstoffgesetzes auf Aufforderung nachgewiesen werden kann.

§ 26

(1) Bei der nichtgewerblichen Herstellung von Patronen sind Ladearbeiten und der sonstige Umgang mit Treibladungspulver und Anzündhütchen nur in geschlossenen Räumen erlaubt. Während dieser Tätigkeiten ist der Aufenthalt Unbefugter sowie offenes Licht,

I

offenes Feuer und das Rauchen in solchen Räumen verboten.

(2) Zum Laden von Treibladungspulver und zum Entladen geladener Patronenhülsen dürfen nur technisch einwandfreie Geräte verwendet werden, die ein handhabungssicheres Laden und Entladen gewährleisten.

(3) Schadhafte Hülsen, insbesondere solche mit Rissen im Hülsenmaterial, bleibender Verformung des Hülsenbodens oder Dehnungsringen dürfen nicht wiedergeladen werden.

(4) Der Gasdruck selbstgeladener Patronen, die aus der Waffe verschossen werden sollen, darf den in den Maßtafeln für Handfeuerwaffen und Munition (BAnz. Nr. 38a vom 24. Februar 2000) in der jeweils geltenden Fassung, für entsprechende Patronen festgelegten höchstzulässigen Gasdruck nicht überschreiten.

§ 27

(1) Brückenzünder Klasse I und Brückenanzünder A dürfen zum Sprengen nicht verwendet werden.

(2) Brückenzünder Klasse I und Brückenanzünder A, die einem Verbraucher zu anderen als Sprengzwecken in einer Lieferung überlassen werden, dürfen keinen unterschiedlichen Widerstandsgruppen angehören.

§ 28

(1) Explosionsgefährliche Stoffe dürfen nicht vertrieben, anderen überlassen oder verwendet werden, wenn sie ganz oder teilweise stammen aus

1. Fundmunition oder
2. Zündkörpern, Sonderkörpern mit explosionsgefährlichen Stoffen oder Treibladungspulver oder aus Festtreibstoffraketen, von Lagermunition oder
3. Lagermunition oder anderen als den in Nummer 2 genannten Gegenständen von Lagermunition, die
   a) wegen ungenügender Lagerbeständigkeit ausgesondert war oder
   b) außergewöhnlichen mechanischen, thermischen oder sonstigen Beanspruchungen unterworfen war, von denen anzunehmen ist, daß sie die Empfindlichkeit oder Beständigkeit der in der Munition enthaltenen Stoffe, insbesondere durch Einwirkung von Bränden oder Explosionen, verändert haben.

(2) Das Verbot des Absatzes 1 gilt nicht für den Vertrieb und das Überlassen der in Absatz 1 genannten Gegenstände an Inhaber einer Erlaubnis nach § 7 des Gesetzes, die sich vertraglich zur Vernichtung oder zur Be- oder Verarbeitung dieser Gegenstände auch in nicht explosionsgefährliche Stoffe verpflichtet haben.

Abschnitt VII
Fachkunde und Prüfungsverfahren

§ 29

(1) Die in der Prüfung nach § 9 Abs. 1 Nr. 2 und in der Prüfung nach § 9 Abs. 1 Nr. 2 in Verbindung mit § 27 Abs. 3 Satz 3 des Gesetzes nachzuweisende Fachkunde umfaßt

1. ausreichende technische Kenntnisse über
   a) die Empfindlichkeit und Wirkungsweise von explosionsgefährlichen Stoffen sowie deren Handhabung und Anwendung,
   b) die Ursachen und Folgen des Unbrauchbarwerdens von explosionsgefährlichen Stoffen,
   c) die zu treffenden Maßnahmen zur Sicherheit des Lebens und der Gesundheit Beschäftigter oder Dritter und zur Abwendung von Gefahren für Sachgüter,
2. ausreichende rechtliche Kenntnisse der Vorschriften über den Umgang und Verkehr mit explosionsgefährlichen Stoffen

soweit die technischen und rechtlichen Kenntnisse für die Ausübung der jeweils beabsichtigten Tätigkeit erforderlich sind.

(2) Die zuständige Behörde soll eine abgelegte Prüfung als Nachweis der Fachkunde ganz oder teilweise nicht anerkennen, wenn seit deren Ablegung mehr als fünf Jahre verstrichen sind und der Antragsteller seit dem

Zeitpunkt der Prüfung die erlaubnispflichtige Tätigkeit rechtmäßig nicht oder überwiegend nicht ausgeübt hat.

§ 30

(1) Die Prüfung nach § 9 Abs. 1 Nr. 2 des Gesetzes ist vor einem Vertreter der zuständigen Behörde in Anwesenheit einer anderen sachverständigen Person abzulegen. Diese ist berechtigt, in der Prüfung Fragen zu dem Prüfungsstoff zu stellen. Bei Prüfung von Personen aus Betrieben, die nicht der Bergaufsicht unterliegen, ist dem Vertreter der gesetzlichen Unfallversicherung Gelegenheit zu geben, als sachverständige Person nach Satz 1 an der Prüfung teilzunehmen.

(2) Die Prüfung nach § 9 Abs. 1 Nr. 2 des Gesetzes in Verbindung mit § 27 Abs. 3 Satz 3 des Gesetzes kann vor einem Vertreter der zuständigen Behörde allein abgelegt werden.

§ 31

(1) Die Prüfung ist mündlich abzulegen; es können zusätzlich schriftliche Prüfungsfragen gestellt werden. Zum Nachweis der Fachkunde für die Verwendung von pyrotechnischen Gegenständen, den Umgang mit Treibladungspulver für das nicht gewerbsmäßige Laden und Wiederladen von Patronenhülsen, zum Vorderladerschießen oder zum Böllerschießen ist außer der theoretischen in der Regel eine praktische Prüfung abzulegen.

(2) Über den wesentlichen Inhalt und das Ergebnis der Prüfung ist eine Niederschrift aufzunehmen, die von dem Vertreter der zuständigen Behörde zu unterzeichnen ist.

(3) Über die in der Prüfung nachgewiesene Fachkunde ist dem Bewerber ein Zeugnis auszustellen, das von dem Vertreter der zuständigen Behörde zu unterzeichnen ist. Das Zeugnis soll auch von der anderen sachverständigen Person unterzeichnet werden.

(4) Besteht der Bewerber die Prüfung nicht, so kann die Prüfung höchstens zweimal wiederholt werden. Der Vertreter der zuständigen Behörde kann bestimmen, daß die Prüfung erst nach Ablauf einer bestimmten Frist wiederholt werden darf.

Abschnitt VIII
Staatlich anerkannte Lehrgänge

§ 32

(1) Von der zuständigen Behörde werden Lehrgänge zur Vermittlung der Fachkunde für den Umgang und Verkehr mit explosionsgefährlichen Stoffen staatlich anerkannt. Diese Lehrgänge werden ihrer Art nach als Grund-, Sonder- oder Wiederholungslehrgänge anerkannt.

(2) Grundlehrgänge können insbesondere anerkannt werden für:

1. Allgemeine Sprengarbeiten,
2. den Umgang – ausgenommen das Verwenden –
   a) mit Explosivstoffen – ausgenommen pyrotechnische Sätze –,
   b) mit Sicherheitseinrichtungen in Fahrzeugen,
   c) mit pyrotechnischen Sätzen und pyrotechnischen Gegenständen,
   d) mit Fundmunition zur Kampfmittelbeseitigung,
3. den Umgang – ausgenommen das Herstellen – mit
   a) Böllerpulver,
   b) Treibladungspulver zum Laden und Wiederladen von Patronenhülsen oder
   c) Treibladungspulver zum Vorderladerschießen,
4. den Umgang – ausgenommen das Herstellen und Wiedergewinnen – mit pyrotechnischen Gegenständen und pyrotechnischen Sätzen in Theatern oder vergleichbaren Einrichtungen,
5. das Verwenden von pyrotechnischen Gegenständen (Abbrennen von Feuerwerken),
6. Sprengberechtigte in geophysikalischen Betrieben,
7. Sprengarbeiten unter Tage.

(3) Sonderlehrgänge können insbesondere auf folgenden Sachgebieten anerkannt werden:

1. Sprengen von Bauwerken und Bauwerksteilen,

I

2. Großbohrlochsprengungen,
3. Kultursprengungen zu land- und forstwirtschaftlichen Zwecken,
4. Sprengungen unter Wasser,
5. Sprengungen in heißen Massen,
6. Eissprengungen,
7. Schneefeldsprengungen,
8. Kampfmittelbeseitigung – Sondergebiete,
9. den Umgang – ausgenommen das Herstellen und Wiedergewinnen – mit explosionsgefährlichen Stoffen in Film- oder Fernsehproduktionsstätten,
10. Verbringen, Empfangnahme, Überlassen von explosionsgefährlichen Stoffen für Personen, die nach dem Gesetz über die Beförderung gefährlicher Güter zur Beförderung von Gütern der Klasse 1 berechtigt sind.

(4) Wiederholungslehrgänge können zum Austausch von Erfahrungen bei der Durchführung von Sprengarbeiten oder beim sonstigen Umgang und Verkehr mit explosionsgefährlichen Stoffen und den dabei eingetretenen Unfällen sowie zur Vermittlung von Kenntnissen über neue Entwicklungen auf dem Gebiet der explosionsgefährlichen Stoffe, insbesondere neue Sprengverfahren, Verfahren der Kampfmittelbeseitigung, neue pyrotechnische Gegenstände und neue Ladeverfahren anerkannt werden.

(5) Der Inhaber einer Erlaubnis nach den §§ 7 und 27 des Gesetzes und der Inhaber eines Befähigungsscheines nach § 20 des Gesetzes, die Sprengarbeiten ausführen, explosionsgefährliche Stoffe herstellen, in der Kampfmittelbeseitigung tätig sind, Explosivstoffe als Berechtigte nach dem Gesetz über die Beförderung gefährlicher Güter befördern, Großfeuerwerke abbrennen oder mit pyrotechnischen Gegenständen und pyrotechnischen Sätzen Effekte in Theatern oder vergleichbaren Einrichtungen oder mit explosionsgefährlichen Stoffen Effekte in Film- oder Fernsehproduktionsstätten vorführen, haben jeweils vor Ablauf von fünf Jahren an einem Wiederholungslehrgang teilzunehmen. Die zuständige Behörde kann in begründeten Fällen Ausnahmen von dieser Verpflichtung zulassen. Hat der Erlaubnis- oder Befähigungsscheininhaber zwischenzeitlich an einem weiteren Grund- oder Sonderlehrgang teilgenommen, so beginnt die in Satz 1 genannte Frist vom Zeitpunkt der Beendigung dieses Lehrganges an von neuem zu laufen.

§ 33

(1) Grundlehrgänge dürfen nur anerkannt werden, wenn

1. in einem theoretischen Teil ausreichende Kenntnisse vermittelt werden über
   a) die Empfindlichkeit und die Wirkungsweise der gebräuchlichen explosionsgefährlichen Stoffe,
   b) die unfallsichere Handhabung und Anwendung von explosionsgefährlichen Stoffen,
   c) die Rechtsvorschriften über den Umgang und Verkehr mit explosionsgefährlichen Stoffen,
2. in einem praktischen Teil ausreichende Fertigkeiten in der unfallsicheren Handhabung und Anwendung explosionsgefährlicher Stoffe vermittelt werden.

Der praktische Teil nach Nummer 2 kann bei Personen, die nur den Verkehr mit explosionsgefährlichen Stoffen betreiben wollen, entfallen.

(2) Die Grundlehrgänge nach Absatz 1 dürfen ferner nur anerkannt werden, wenn

1. die Dauer des Lehrgangs eine ordnungsgemäße Vermittlung der erforderlichen Kenntnisse und Fertigkeiten gewährleistet,
2. die fachliche Leitung des Lehrgangs die für die ordnungsgemäße Durchführung der beabsichtigten Tätigkeiten erforderliche Ausbildung gewährleistet,
3. der Antragsteller die erforderliche Zuverlässigkeit für die Durchführung des Lehrgangs besitzt; dies gilt als erfüllt, wenn der Antragsteller Träger einer gesetzlichen Unfallversicherung ist,
4. der Abschluß einer angemessenen Haftpflichtversicherung zur Deckung von

Schäden, die den Lehrgangsteilnehmern und Dritten bei der Durchführung des Lehrgangs entstehen, nachgewiesen worden ist.

Ist eine Haftpflichtversicherung nach Satz 1 Nr. 4 nicht nachgewiesen, kann der Lehrgang mit der Auflage anerkannt werden, daß der Nachweis des Versicherungsschutzes vor der erstmaligen Durchführung des Lehrgangs erfolgen muß.

(3) Die Absätze 1 und 2 sind auf Sonderlehrgänge, Absatz 2 ist auf Wiederholungslehrgänge entsprechend anzuwenden.

§ 34

(1) Der Antragsteller ist zu einem Lehrgang zuzulassen, wenn bei ihm Versagungsgründe nach § 8 Abs. 1 Nr. 1 und 2 Buchstabe b und c des Gesetzes oder nach § 27 Abs. 3 Nr. 1 des Gesetzes nicht vorliegen.

(2) Die Zuverlässigkeit und die persönliche Eignung sind durch eine Unbedenklichkeitsbescheinigung der für die Erteilung der Erlaubnis oder des Befähigungsscheines zuständigen Behörde nachzuweisen. Wird innerhalb eines Jahres nach Ausstellung der Unbedenklichkeitsbescheinigung eine Erlaubnis oder ein Befähigungsschein beantragt, so ist die erneute Prüfung der Zuverlässigkeit und der persönlichen Eignung des Antragstellers nicht erforderlich, sofern nicht neue Tatsachen die Annahme rechtfertigen, daß der Antragsteller die erforderliche Zuverlässigkeit und die persönliche Eignung nicht mehr besitzt. Die Prüfung der Zuverlässigkeit und der persönlichen Eignung kann entfallen, wenn der Inhaber eines Befähigungsscheines die Zulassung zu einem Sonder- oder Wiederholungslehrgang beantragt.

(3) Zu einem Sonderlehrgang wird in der Regel nur zugelassen, wer an einem entsprechenden Grundlehrgang teilgenommen hat. Zu einem Wiederholungslehrgang wird in der Regel nur zugelassen, wer an einem entsprechenden Grund- oder Sonderlehrgang teilgenommen hat. Der Teilnahme an einem Grund- oder Sonderlehrgang in den Fällen der Sätze 1 und 2 steht eine Prüfung auf dem entsprechenden Fachgebiet vor der zuständigen Behörde nach § 31 gleich.

(4) Wird eine Unbedenklichkeitsbescheinigung zur Teilnahme an einem Wiederholungslehrgang beantragt, findet § 47a des Gesetzes entsprechende Anwendung.

§ 35

(1) Zu einem Grund- oder Sonderlehrgang zur Durchführung von Sprengarbeiten oder zum Abbrennen von Großfeuerwerken ist der Antragsteller nur zuzulassen, wenn er die Voraussetzungen nach § 34 Abs. 1 erfüllt und an der Vorbereitung und Durchführung von Sprengungen oder Großfeuerwerken in einer für seine jeweilige Ausbildung genügenden Anzahl mitgewirkt hat. Über Art und Umfang sowie den Zeitpunkt der Sprengungen oder Großfeuerwerke sind Nachweise zu führen. Diese sind von der für die Durchführung der Sprengung oder des Großfeuerwerks verantwortlichen Person unverzüglich nach deren Vornahme zu unterzeichnen.

(2) Zu einem Grundlehrgang für den Umgang – ausgenommen das Herstellen und Wiedergewinnen – mit pyrotechnischen Gegenständen und pyrotechnischen Sätzen in Theatern und vergleichbaren Einrichtungen sind Personen zuzulassen, die

1. die Voraussetzungen des § 34 Abs. 1 erfüllen und
2. eine Ausbildung als Requisiteur, Waffenmeister oder Bühnen- oder Beleuchtungsmeister oder Kenntnisse und Fertigkeiten über eine vergleichbare Tätigkeit in einer öffentlich-rechtlich geregelten Prüfung nachweisen oder
3. mindestens ein Jahr in Theatern oder vergleichbaren Einrichtungen tätig waren und beim Erzeugen einer für die Ausbildung genügenden Anzahl pyrotechnischer Effekte mitgewirkt haben und darüber eine Bescheinigung des Unternehmers vorlegen.

Absatz 1 Satz 2 und 3 gilt entsprechend.

(3) Zu einem Sonderlehrgang für den Umgang – ausgenommen das Herstellen und Wiedergewinnen – mit explosionsgefährli-

I

chen Stoffen in Film- und Fernsehproduktionsstätten sind Personen zuzulassen, die

1. die Voraussetzungen nach § 34 Abs. 1 erfüllen und
2. an einem Grundlehrgang nach § 32 Abs. 2 Nr. 4 oder Nr. 5 erfolgreich teilgenommen haben und
3. an der Erzeugung einer für die Ausbildung genügenden Anzahl von pyrotechnischen oder Sprengeffekten teilgenommen haben.

Absatz 1 Satz 2 und 3 gilt entsprechend.

(3a) Lehrgänge nach § 32 Abs. 2 Nr. 2 Buchstabe d setzen die erfolgreiche Teilnahme an einem Lehrgang nach § 32 Abs. 2 Nr. 1, 2a, 6 oder 7 oder einer als gleichwertig anerkannten Ausbildung innerhalb von fünf Jahren vor Zulassung zum Lehrgang voraus. Der Lehrgang nach § 32 Abs. 3 Nr. 10 ist im Zusammenhang mit für Fahrzeugführer nach dem oder auf Grund des Gesetzes über die Beförderung gefährlicher Güter vorgeschriebenen Kursen oder Lehrgängen zu absolvieren, soweit damit eine Berechtigung zum Transport von Explosivstoffen erworben oder erhalten wird.

(4) Bei ehemaligen Soldaten der Bundeswehr und bei ehemaligen Angehörigen der Vollzugspolizei des Bundes oder eines Landes mit mindestens vierjähriger Dienstzeit sowie bei Angehörigen des Katastrophenschutzes mit einer Zeit der Mitwirkung im Katastrophenschutz von mindestens vier Jahren kann die für die Ausbildung nach Absatz 1 für den Regelfall festzulegende Anzahl von Sprengungen auf die Hälfte verringert werden, wenn sie an einem Lehrgang im Sprengen mit Erfolg teilgenommen haben und eine entsprechende Verwendung während der genannten Zeit nachweisen; Sprengungen, an denen der Antragsteller während der Dienstzeit mitgewirkt hat, können auf die verringerte Anzahl der Sprengungen angerechnet werden. Bei Nachweis einer weitergehenden Ausbildung und Tätigkeit im Sprengen, insbesondere durch eine Lehrtätigkeit, kann in begründeten Ausnahmefällen eine noch geringere Anzahl von Sprengungen festgesetzt werden.

§ 36

(1) Der Grundlehrgang ist mit einer theoretischen und einer praktischen Prüfung abzuschließen. Die Prüfung kann ganz oder teilweise auch zu einem späteren Zeitpunkt nachgeholt werden.

(2) Die theoretische Prüfung besteht aus einem schriftlichen und einem mündlichen Teil. Werden in der schriftlichen Prüfung ausreichende Kenntnisse nachgewiesen, kann auf eine mündliche Prüfung verzichtet werden.

(3) Die Prüfung ist vor einem Vertreter der zuständigen Behörde, in deren Bezirk der Lehrgang durchgeführt wird, in Anwesenheit eines Vertreters des Lehrgangsträgers abzulegen. Der Vertreter des Lehrgangsträgers ist berechtigt, Fragen zum Prüfungsstoff zu stellen. Wird die praktische Prüfung nachgeholt, so kann sie vor einem Vertreter der zuständigen Behörde allein abgelegt werden. § 31 Abs. 4 ist entsprechend anzuwenden.

(4) Über das Prüfungsergebnis und den wesentlichen Inhalt der Prüfung ist eine Niederschrift aufzunehmen, die von dem Vertreter der zuständigen Behörde zu unterzeichnen ist.

(5) Über die erfolgreiche Teilnahme an dem Lehrgang ist dem Bewerber ein Zeugnis zu erteilen, aus dem die Art der vermittelten Kenntnisse hervorgeht. Das Zeugnis ist von dem Vertreter der zuständigen Behörde zu unterzeichnen. Es soll auch von dem Vertreter des Lehrgangsträgers unterzeichnet werden. Im Falle einer nachträglichen Prüfung kann das Zeugnis vom Vertreter der zuständigen Behörde allein unterzeichnet werden.

(6) Auf Sonderlehrgänge sind die Absätze 1 bis 5 entsprechend anzuwenden; von einer praktischen Prüfung kann in begründeten Ausnahmefällen abgesehen werden.

(7) Für den Nachweis der Fachkunde durch Teilnahme an einem früheren Lehrgang gilt § 29 Abs. 2 entsprechend.

§ 37

Die §§ 32 und 33 sowie 34 Absatz 3 und 4, §§ 35 bis 36 gelten nicht für Lehrgänge für Personen aus Betrieben, die der Bergaufsicht unterliegen, wenn die Ausbildungspläne dieser Lehrgänge auf Grund bundes- oder landesrechtlicher Vorschriften anerkannt sind. Insoweit gilt der Nachweis der Fachkunde für die Ausführung von Sprengarbeiten durch die erfolgreiche Teilnahme an einem solchen Lehrgang als erbracht.

Abschnitt IX Beseitigung von Zugangsbeschränkungen, Nachweis der Fachkunde

§ 38

(1) Auf Ausländer, die Staatsangehörige eines Mitgliedstaates der Europäischen Union (EU) sind, ist § 8 Abs. 2 Nr. 1 des Gesetzes nicht anzuwenden. Dies gilt auch, soweit in § 20 Abs. 2 des Gesetzes auf diese Vorschrift verwiesen wird.

(2) Auf Staatsangehörige eines Mitgliedstaates der EU, die in einem anderen Mitgliedstaat als der Bundesrepublik Deutschland ansässig sind, ist § 8 Abs. 2 Nr. 2 des Gesetzes nicht anzuwenden, soweit sie

1. explosionsgefährliche Stoffe außerhalb des Geltungsbereichs des Gesetzes herstellen, bearbeiten, verarbeiten, wiedergewinnen oder den Verkehr mit diesen Stoffen betreiben und diese Stoffe im Rahmen ihrer geschäftlichen Tätigkeit im Geltungsbereich des Gesetzes zu Personen verbringen oder von Personen in Empfang nehmen, die nach dem Gesetz oder nach dieser Verordnung zum Verkehr mit explosionsgefährlichen Stoffen berechtigt sind,
2. explosionsgefährliche Stoffe im Geltungsbereich des Gesetzes verwenden oder vernichten, sie zu diesem Zweck erwerben oder zu der Stelle der Verwendung oder Vernichtung verbringen,
3. Bestellungen für explosionsgefährliche Stoffe bei Inhabern einer Erlaubnis nach § 7 Abs. 1 Nr. 1 und 2 des Gesetzes aufsuchen oder diesen den Erwerb, den Vertrieb oder das Überlassen solcher Stoffe vermitteln.

(3) Absatz 2 ist entsprechend anzuwenden auf Gesellschaften, die nach den Rechtsvorschriften eines Mitgliedstaates der EU gegründet sind und ihren satzungsmäßigen Sitz, ihre Hauptverwaltung oder ihre Hauptniederlassung innerhalb der Union haben. Soweit diese Gesellschaften nur ihren satzungsmäßigen Sitz, jedoch weder ihre Hauptverwaltung noch ihre Hauptniederlassung innerhalb der Union haben, gilt Satz 1 nur, wenn ihre Tätigkeit in tatsächlicher und dauerhafter Verbindung mit der Wirtschaft eines Mitgliedstaates steht.

(4) Die Vorschriften der Absätze 1 bis 3 zugunsten von Angehörigen der Mitgliedstaaten der EU sind nicht anzuwenden, soweit dies zur Beseitigung einer Störung der öffentlichen Sicherheit oder Ordnung oder zur Abwehr einer bevorstehenden Gefahr für die öffentliche Sicherheit oder Ordnung im Einzelfall erforderlich ist.

§ 39

(1) Der Nachweis der Fachkunde im Sinne des § 9 des Gesetzes ist für die den Antrag stellende Person als erbracht anzusehen

1. für die Herstellung, die Bearbeitung, die Verarbeitung, die Wiedergewinnung, die Verwendung oder Vernichtung explosionsgefährlicher Stoffe, wenn er in einem anderen EU-Mitgliedstaat, EWR-Vertragsstaat oder der Schweiz bei der Herstellung, der Bearbeitung, der Verarbeitung, der Wiedergewinnung, der Verwendung oder Vernichtung explosionsgefährlicher Stoffe wie folgt tätig war:
   a) sechs Jahre ununterbrochen als Selbständiger oder in leitender Stellung,
   b) drei Jahre ununterbrochen als Selbständiger oder in leitender Stellung, wenn er für den betreffenden Beruf eine mindestens dreijährige vorherige Ausbildung nachweisen kann, die durch ein staatlich anerkanntes Zeugnis bestätigt oder von einer zuständigen Berufsinstitution als vollwertig anerkannt ist,

c) drei Jahre ununterbrochen als Selbständiger sowie außerdem fünf Jahre als Unselbständiger oder

d) fünf Jahre ununterbrochen in leitender Stellung, einschließlich einer mindestens dreijährigen Tätigkeit mit technischen Aufgaben und der Verantwortung für mindestens eine Abteilung des Unternehmens, wenn er für den betreffenden Beruf eine mindestens dreijährige vorherige Ausbildung nachweisen kann, die durch ein staatlich anerkanntes Zeugnis bestätigt oder von einer zuständigen Berufsinstitution als vollwertig anerkannt ist;

2. für den Verkehr mit explosionsgefährlichen Stoffen oder für die Aufbewahrung dieser Stoffe, wenn er in einem anderen EU-Mitgliedstaat, EWR-Vertragsstaat oder der Schweiz beim Verkehr mit explosionsgefährlichen Stoffen oder bei der Aufbewahrung dieser Stoffe wie folgt tätig war:
   a) drei Jahre ununterbrochen als Selbständiger oder in leitender Stellung,
   b) zwei Jahre ununterbrochen als Selbständiger oder in leitender Stellung, wenn er für den betreffenden Beruf eine vorherige Ausbildung nachweisen kann, die durch ein staatlich anerkanntes Zeugnis bestätigt oder von einer zuständigen Berufsinstitution als vollwertig anerkannt ist,
   c) zwei Jahre ununterbrochen als Selbständiger oder in leitender Stellung sowie außerdem drei Jahre als Unselbständiger oder
   d) drei Jahre ununterbrochen als Unselbständiger, wenn er für den betreffenden Beruf eine vorherige Ausbildung nachweisen kann, die durch ein staatlich anerkanntes Zeugnis bestätigt oder von einer zuständigen Berufsinstitution als vollwertig anerkannt ist.

Die ausgeübte Tätigkeit muss in ihren wesentlichen Punkten mit derjenigen Tätigkeit übereinstimmen, für die die Erlaubnis beantragt wird.

(2) In den in Absatz 1 Satz 1 Nummer 1 Buchstabe a und c und Nummer 2 Buchstabe a und c genannten Fällen darf die Tätigkeit als Selbständiger oder in leitender Stellung höchstens zehn Jahre vor dem Zeitpunkt der Antragstellung beendet worden sein.

(3) Als ausreichender Nachweis ist auch anzusehen, wenn der Antragsteller die dreijährige Tätigkeit nach Absatz 1 Satz 1 Nummer 2 Buchstabe a nicht ununterbrochen ausgeübt hat, die Ausübung jedoch nicht mehr als zwei Jahre vor dem Zeitpunkt der Antragstellung beendet worden ist.

(4) Eine Tätigkeit in leitender Stellung im Sinne des Absatzes 1 übt aus, wer in einem industriellen oder kaufmännischen Betrieb des entsprechenden Berufszweiges tätig war:

1. als Leiter des Unternehmens oder einer Zweigniederlassung,
2. als Stellvertreter des Unternehmers oder des Leiters des Unternehmens, wenn mit dieser Stellung eine Verantwortung verbunden ist, die der des vertretenen Unternehmers oder Leiters entspricht, oder
3. in leitender Stellung mit kaufmännischen Aufgaben und mit der Verantwortung für mindestens eine Abteilung des Unternehmens.

(5) Der Nachweis, dass die Voraussetzungen der Absätze 1 bis 4 erfüllt sind, ist vom Antragsteller durch eine Bescheinigung der zuständigen Stelle des Herkunftslandes zu erbringen.

(6) Absatz 1 Nummer 1 sowie die Absätze 2 und 3 sind auch anzuwenden auf den Nachweis der Fachkunde für die Aufbewahrung explosionsgefährlicher Stoffe, soweit diese Tätigkeit im Rahmen der Herstellung, der Bearbeitung, der Verarbeitung, der Wiedergewinnung, der Verwendung oder der Vernichtung explosionsgefährlicher Stoffe ausgeübt wird.

§40

(1) Als Nachweis einer erforderlichen Vermittlung der Fachkunde im Sinne des § 9 Absatz 1 des Gesetzes werden solche im Ausland erworbenen Befähigungs- und Ausbildungsnachweise anerkannt, die mit dem

entsprechenden inländischen Befähigungs- und Ausbildungsnachweis gleichwertig sind. § 9 des Berufsqualifikationsfeststellungsgesetzes gilt entsprechend. Satz 1 gilt auch für Nachweise, die in einem Drittstaat ausgestellt wurden, sofern diese Nachweise in einem Mitgliedstaat der Europäischen Union, einem Mitgliedstaat des Abkommens über den Europäischen Wirtschaftsraum oder der Schweiz anerkannt worden sind und dieser Staat der Inhaberin oder dem Inhaber der Nachweise bescheinigt, in seinem Hoheitsgebiet mindestens drei Jahre Berufserfahrung im Umgang oder im Verkehr mit explosionsgefährlichen Stoffen oder Sprengzubehör erworben zu haben.

(2) Unterscheiden sich die diesen Nachweisen zugrunde liegenden Fachgebiete wesentlich von den Anforderungen nach § 9 des Gesetzes in Verbindung mit § 29 Absatz 1 und § 32 Absatz 5 und gleichen die von der den Antrag stellenden Person im Rahmen ihrer Berufspraxis erworbenen Kenntnisse diesen wesentlichen Unterschied nicht aus, so ist die Erlaubnis zur Aufnahme der angestrebten Tätigkeit von der Teilnahme an einer ergänzenden, diese Fachgebiete umfassenden Fachkundevermittlung abhängig. Sofern für die Ausführung der Tätigkeiten keine Fachkunde zur Ausführung von Sprengarbeiten oder für den Umgang mit explosionsgefährlichen Stoffen im Rahmen der Kampfmittelbeseitigung erforderlich sind, kann die den Antrag stellende Person auf Wunsch an Stelle der ergänzenden Fachkundevermittlung eine Fachkundeprüfung über die betreffenden Sachgebiete ablegen (spezifische Fachkundeprüfung). Für die ergänzende Fachkundevermittlung gelten § 34 Absatz 1 und 2 sowie § 36 entsprechend. Im Übrigen gelten die §§ 10 und 11 des Berufsqualifikationsfeststellungsgesetzes entsprechend.

(3) Ist für die angestrebte Tätigkeit eine Fachkundeprüfung vorgesehen, so kann die den Antrag stellende Person stattdessen an einer ergänzenden Fachkundevermittlung teilnehmen, sofern hierdurch eine der Fachkundeprüfung vergleichbare Beurteilung der Qualifikation gewährleistet wird.

(4) Zusammen mit den Befähigungs- oder Ausbildungsnachweisen hat die den Antrag stellende Person einen Nachweis ihrer Staatsangehörigkeit zu übermitteln. Die Aufnahme und Ausübung der Tätigkeit erfolgt im Übrigen unter den für Inländer geltenden Voraussetzungen. Insbesondere sind von der den Antrag stellenden Person Nachweise zu verlangen, die Rückschlüsse auf ihre Zuverlässigkeit und persönliche Eignung nach den §§ 8, 8a und 8b des Gesetzes sowie auf Grund des Gesetzes geforderte Sicherheiten erlauben. Als solche Nachweise sind Unterlagen ausreichend, die von den zuständigen Behörden des Herkunftsstaats ausgestellt wurden und die belegen, dass die Erfordernisse erfüllt werden. Im Übrigen gilt § 12 des Berufsqualifikationsfeststellungsgesetzes entsprechend.

(5) Im Übrigen sind die §§ 13 bis 15 und 17 des Berufsqualifikationsfeststellungsgesetzes anzuwenden.

§ 40a

(1) Vor der erstmaligen Erbringung einer nur vorübergehenden und gelegentlichen Dienstleistung im Inland, welche den Zugang zu dem Gesetz unterliegenden Stoffen oder Gegenständen erfordert, überprüft die zuständige Behörde, ob ein wesentlicher Unterschied zwischen der Qualifikation der nach § 13a der Gewerbeordnung Anzeige erstattenden Person und den geforderten Kenntnissen besteht, wenn unter Berücksichtigung der konkret beabsichtigten Tätigkeit bei unzureichender Qualifikation eine schwere Gefahr für die Gesundheit oder Sicherheit der Dienstleistungsempfänger oder Dritter bestünde. Im Fall des § 13a Absatz 3 der Gewerbeordnung unterrichtet die zuständige Behörde die Anzeige erstattende Person über ihr Wahlrecht nach § 40 Absatz 2 und 3. § 40 Absatz 4 Satz 2 und 3 finden Anwendung.

(2) Von dem Erfordernis einer Begleitung der Stoffe nach § 13 Absatz 2 des Gesetzes ist befreit, wer seinen Wohnsitz oder ständigen Aufenthaltsort in einem anderen EU-Mitgliedstaat, einem EWR-Vertragsstaat oder der Schweiz hat und mit dem Verbringen eine

Person beauftragt, die nach den Gesetzen dieses Mitgliedstaates befugt ist, die Stoffe in der vorgesehenen Art und Weise zu verbringen, sofern die Befugnis einer Berechtigung zum Verbringen nach § 15 Absatz 6 Satz 3 des Gesetzes gleichwertig ist. Die zum Verbringen berechtigenden Erlaubnisse oder sonstigen Bescheinigungen anderer Mitgliedstaaten werden im Bundesanzeiger bekannt gemacht.

Abschnitt X Führung, Inhalt, Aufbewahrung und Vorlage des Verzeichnisses nach § 16 des Gesetzes

§ 41

(1) Das Verzeichnis nach § 16 des Gesetzes ist unterteilt nach der Art der explosionsgefährlichen Stoffe und der Zündmittel zu führen.

(2) Das Verzeichnis muß dauerhaft gebunden und mit fortlaufenden Seitenzahlen versehen sein. Die Anzahl der Seiten ist auf dem Titelblatt anzugeben. Ein Verzeichnis, das nicht mehr verwendet wird, ist unter Angabe des Datums abzuschließen. Alle Eintragungen sind unverzüglich in dauerhafter Form und in deutscher Sprache vorzunehmen. § 239 des Handelsgesetzbuches ist anzuwenden. Sofern bei den Eintragungen einzelne Angaben nicht gemacht werden können, ist dies unter Angabe der Gründe zu vermerken.

(3) Das Verzeichnis ist am Ende jeder Seite, mindestens jedoch am Ende eines Monats abzuschließen; in Betrieben, die der Bergaufsicht unterliegen, ist das Verzeichnis täglich abzuschließen, sofern Eintragungen an diesem Tage vorgenommen worden sind. Der Führer des Verzeichnisses hat die Übereinstimmung des errechneten Bestandes mit dem tatsächlichen Bestand nachzuprüfen und in dem Verzeichnis zu bescheinigen. Der Bestand ist auf die nächstfolgende Seite des Verzeichnisses zu übertragen.

(4) Das Verzeichnis mit den Belegen ist der zuständigen Behörde oder den von ihr beauftragten Personen auf Verlangen vorzulegen.

(5) Das Verzeichnis mit den Belegen ist am Aufbewahrungsort der explosionsgefährlichen Stoffe oder der Zündmittel selbst oder in dessen Nähe leicht erreichbar und sicher aufzubewahren.

(5a) Der Erlaubnisinhaber hat durch organisatorische Maßnahmen sicherzustellen, dass den zuständigen Behörden jederzeit auf Anforderung Informationen über die Herkunft und den aktuellen Aufbewahrungsort jedes Explosivstoffs gegeben werden können. Dazu übermittelt er der zuständigen Behörde Namen und Kontakt-Details mindestens einer Person, die außerhalb der normalen Geschäftszeit die erforderlichen Informationen nach Satz 1 bereitstellen kann.

(6) Werden Sprengstoffe erst an der Verwendungsstelle in Mischladegeräten hergestellt und dort unverzüglich zum Sprengen verwendet, so ist über die Art und Menge ihrer wesentlichen Bestandteile für jedes Mischladegerät ein Verzeichnis zu führen. Auf die Führung dieses Verzeichnisses sind Absatz 2, Abs. 3 Satz 1, Abs. 4 und Abs. 5 Satz 3 entsprechend anzuwenden. An der jeweiligen Verwendungsstelle können vorläufige Aufzeichnungen gemacht werden, aus denen die Angaben nach § 42 Abs. 3 und 4 hervorgehen müssen, wenn die vorläufigen Aufzeichnungen nach dem Einsatz an der Verwendungsstelle unverzüglich in das Verzeichnis übertragen werden. Das Verzeichnis ist bis zum Ablauf von fünf Jahren, von dem Tage der darin vorgenommenen letzten Eintragung an gerechnet, im Betrieb aufzubewahren.

(7) Eine elektronische Führung des Verzeichnisses nach § 16 des Gesetzes auf der Grundlage der automatisierten Datenverarbeitung ist zulässig. In diesem Fall ist Absatz 2 Satz 1 und 2 sowie Absatz 5 Satz 1 nicht anzuwenden. Es ist sicherzustellen, dass Eintragungen nach Abschluss des Verzeichnisses nicht mehr verändert werden können.

§ 42

(1) Das Verzeichnis muß mindestens enthalten:

1. die Bezeichnung des Betriebes sowie den Namen der Person und ihres Stellvertreters, die das Verzeichnis führen,
2. das Datum des Eingangs und der Ausgabe von explosionsgefährlichen Stoffen und Zündmitteln,
3. die Art und Menge der eingegangenen und ausgegebenen explosionsgefährlichen Stoffe und Zündmittel,
4. das Herstellungsjahr, die Nummern der Kisten, der Kartons oder der anderen Behälter und der einzelnen Pakete,
5. bei Explosivstoffen: die eindeutige Kennzeichnung nach § 14 Absatz 1 Nummer 5,
6. den Namen und die Anschrift des Lieferers, bei Rückgabe von explosionsgefährlichen Stoffen oder Zündmitteln den Namen des Zurückgebenden,
7. den Namen der Person, der explosionsgefährliche Stoffe oder Zündmittel überlassen werden, bei einer betriebsfremden Person auch deren Anschrift sowie Ausstellungsdatum, Nummer, Gültigkeitsdauer und ausstellende Behörde der Erlaubnisurkunde oder des Befähigungsscheines sowie die Unterschrift des Empfängers.

(2) Vernichtete oder in Verlust geratene explosionsgefährliche Stoffe oder Zündmittel sowie ein sonstiger Fehlbestand sind im Verzeichnis unter Angabe der Gründe auf der Ausgabeseite zu buchen, in das Verzeichnis sind mit einem entsprechenden Vermerk auch diejenigen explosionsgefährlichen Stoffe oder Zündmittel auf der Ausgabeseite einzutragen, die der Führer des Verzeichnisses zur eigenen Verwendung entnimmt.

(3) Das Verzeichnis nach § 41 Abs. 6 muß mindestens enthalten:

1. den Namen und den Sitz des Betreibers, die Typenbezeichnung und die Fabriknummer des Mischladegerätes sowie den Namen der Person und ihres Stellvertreters, die das Verzeichnis führen,
2. die Verwendungsstelle und das Datum des Mischladevorgangs,
3. die Art und Menge der an der jeweiligen Verwendungsstelle zum Mischen entnommenen wesentlichen Bestandteile,
4. die Art und Menge des an der jeweiligen Verwendungsstelle hergestellten Sprengstoffes.

(4) Vernichtete oder in Verlust geratene Sprengstoffe sind im Verzeichnis nach Absatz 3 unter Angabe der Gründe besonders zu vermerken.

§ 43

Auf die Führung des Verzeichnisses nach § 28 in Verbindung mit § 16 des Gesetzes sind die §§ 41 und 42 Abs. 1 und 2 mit folgender Maßgabe entsprechend anzuwenden:

1. anstelle der Angaben nach § 42 Abs. 1 Nr. 1 sind der Name und die Anschrift des Erlaubnisinhabers anzugeben,
2. anstelle der ausgegebenen Stoffe sind die entnommenen Stoffe einzutragen,
3. die Angaben nach § 42 Absatz 1 Nummer 5 können entfallen.

§ 44

(1) Die zuständige Behörde kann im Einzelfall von den Vorschriften über Führung, Inhalt, Aufbewahrung und Vorlage des Verzeichnisses nach den §§ 41, 42 und 43 Ausnahmen zulassen, soweit der mit diesen Vorschriften bezweckte Schutz von Leben, Gesundheit oder Sachgütern Beschäftigter oder Dritter in anderer Weise gewährleistet ist.

(2) In den Ausnahmen nach Absatz 1 kann die Führung des Verzeichnisses in Karteiform oder mit Hilfe der automatischen Datenverarbeitung zugelassen und hinsichtlich der Unterschriftsleistung des Empfängers eine von § 42 Absatz 1 Nummer 7 abweichende Regelung getroffen werden.

(3) In den Ausnahmen nach Absatz 1 kann allgemein verfügt werden, dass die Forderung nach § 42 Absatz 1 Nummer 5 als erfüllt gilt, wenn neben dem nach § 41 Absatz 1 bis 5 handschriftlich geführten Verzeichnis ein zusätzliches, elektronisch mit Hilfe der automatisierten Datenverarbeitung geführtes Informationssystem zur Erfüllung der Forderungen nach Absatz 5a Satz 1 besteht, in welchem die eindeutige Kennzeichnung nach § 14 Absatz 1 Nummer 5 erfasst wird.

Abschnitt XI
Sachverständigenausschuß

§ 45

(1) Beim Bundesministerium des Innern, für Bau und Heimat wird ein Sachverständigenausschuß für explosionsgefährliche Stoffe gebildet.

(2) Den Vorsitz im Ausschuß führt ein Vertreter des Bundesministeriums des Innern, für Bau und Heimat, bei Zuständigkeit des Bundesministeriums für Arbeit und Soziales für einen Beratungsgegenstand nach den §§ 24 und 25 des Gesetzes ein Vertreter dieses Bundesministeriums.

(3) Der Ausschuß setzt sich aus dem Vorsitzenden und folgenden Mitgliedern zusammen:

1. je einem Vertreter des Bundesministeriums des Innern, für Bau und Heimat, des Bundesministeriums der Verteidigung, des Bundesministeriums für Arbeit und Soziales, des Bundesministeriums für Wirtschaft und Energie und des Bundesministeriums für Verkehr und digitale Infrastruktur,
2. sechs Vertretern der Landesregierungen aus den fachlich beteiligten Ressorts,
3. je einem Vertreter der Bundesanstalt, der zuständigen Stelle der Bundeswehr und des Bundeskriminalamtes,
4. einem Vertreter der benannten Stellen mit Ausnahme der Bundesanstalt,
5. zwei Vertretern der Träger der gesetzlichen Unfallversicherung,
6. einem Vertreter der Deutschen Versuchs- und Prüf-Anstalt für Jagd- und Sportwaffen e. V.,
7. zwei Vertretern der Explosivstoffindustrie und je einem Vertreter der chemischen Industrie, der pyrotechnischen Industrie, des Bergbaus, der Industrie der Steine und Erden, des Abbruchgewerbes, der Sprengberechtigten und der Importeure von explosionsgefährlichen Stoffen,
8. zwei Vertretern der Gewerkschaften.

Für jedes Mitglied ist ein Stellvertreter zu berufen. Die Mitglieder des Ausschusses und ihre Stellvertreter müssen auf dem Gebiet des Umgangs und Verkehrs mit explosionsgefährlichen Stoffen sachverständig und erfahren sein.

(4) Das Bundesministerium des Innern, für Bau und Heimat und das Bundesministerium für Arbeit und Soziales können zu den Sitzungen des Ausschusses weiterer Vertreter der Bundesressorts oder eines beteiligten Landesressorts sowie weitere Sachverständige einladen.

(4a) Die Bundesministerien sowie die zuständigen obersten Landesbehörden können zu den Sitzungen des Ausschusses Vertreter entsenden. Diesen ist auf Verlangen in der Sitzung das Wort zu erteilen.

(5) Das Bundesministerium des Innern, für Bau und Heimat beruft im Einvernehmen mit dem Bundesministerium für Arbeit und Soziales die Mitglieder des Ausschusses und deren Stellvertreter, dabei erfolgt die Berufung

1. der Mitglieder nach Absatz 3 Nr. 2 auf Vorschlag der Länder,
2. des Vertreters der Bundesanstalt auf Vorschlag des Bundesministeriums für Wirtschaft und Energie und des Vertreters der zuständigen Stelle der Bundeswehr auf Vorschlag des Bundesministeriums für Verteidigung,
3. der Mitglieder nach Absatz 3 Nr. 4, 5 und 6 nach Anhörung der Vorstände dieser Stellen,
4. der Mitglieder nach Absatz 3 Nr. 7 und 8 nach Anhörung der jeweiligen Spitzenorganisationen.

(6) Die Mitglieder des Ausschusses üben ihre Tätigkeit ehrenamtlich aus.

Abschnitt XII
Ordnungswidrigkeiten

§ 46

Ordnungswidrig im Sinne des § 41 Abs. 1 Nr. 16 des Sprengstoffgesetzes handelt, wer vorsätzlich oder fahrlässig

1. entgegen § 14 Absatz 1, 5 oder 6, § 18 Absatz 1 oder § 18b einen pyrotechnischen Gegenstand, einen explosionsgefährlichen Stoff, Treibladungspulver oder Schwarzpulver einem anderen überlässt,
2. entgegen § 18c Satz 1 ein Sprengzubehör verwendet,

3. entgegen § 20 Absatz 4 Satz 1 einen pyrotechnischen Gegenstand überlässt,
4. bis 6. (unbesetzt),
7. entgegen § 21 Absatz 2, Absatz 3 Satz 1 oder Absatz 5 oder § 22 Absatz 2 ein Sortiment oder einen pyrotechnischen Gegenstand überlässt,
8. entgegen § 21 Absatz 3 oder Absatz 5 einen pyrotechnischen Gegenstand vertreibt,

8a. entgegen § 21 Absatz 4 Satz 1 einen pyrotechnischen Gegenstand ausstellt,

8b. entgegen § 23 Absatz 1 oder Absatz 2 Satz 1 einen pyrotechnischen Gegenstand abbrennt,

8c. entgegen § 23 Absatz 3 Satz 1 oder Absatz 7 Satz 1 eine Anzeige nicht oder nicht rechtzeitig erstattet,

9. entgegen einer Anordnung nach § 24 Abs. 2 pyrotechnische Gegenstände abbrennt,
10. entgegen § 25 Abs. 1 Satz 1 explosionsgefährliche Stoffe ohne Vorlage des Erlaubnisbescheides oder einer Ausfertigung des Erlaubnisbescheides überläßt oder entgegen § 25 Abs. 1 Satz 2 beim Überlassen der Stoffe die vorgeschriebenen Angaben in der Erlaubnisurkunde nicht dauerhaft einträgt,
11. einer Vorschrift des § 26 Abs. 1 über das Verhalten beim Umgang mit Treibladungspulver oder Anzündhütchen, des § 26 Abs. 2 oder 3 über das Laden oder Entladen von Patronenhülsen oder des § 26 Abs. 4 über den höchstzulässigen Gasdruck zuwiderhandelt,
12. entgegen § 27 Abs. 1 Brückenzünder Klasse I oder Brückenanzünder A zum Sprengen verwendet oder entgegen § 27 Abs. 2 Brückenzünder Klasse I oder Brückenanzünder A unterschiedlicher Widerstandsgruppen in einer Lieferung einem anderen überläßt,
13. entgegen § 28 explosionsgefährliche Stoffe, die aus Fund- oder Lagermunition stammen, vertreibt, einem anderen überläßt oder verwendet oder
14. einer Vorschrift der §§ 41, 42 oder § 43 über das Verzeichnis nach § 16 oder § 28 des Gesetzes zuwiderhandelt.

§ 47

Die Zuständigkeit für die Verfolgung und Ahndung von Ordnungswidrigkeiten nach § 41 Absatz 1 Nummer 1 bis 1b, 2, 2a und 3 Buchstabe a des Sprengstoffgesetzes wird auf die Bundesanstalt für Materialforschung und -prüfung übertragen.

Abschnitt XIII
Übergangs- und Schlußvorschriften

§ 48

Lehrgangsträgern, denen die Anerkennung für Lehrgänge zur Vermittlung der Fachkunde für den Umgang und Verkehr mit explosionsgefährlichen Stoffen oder deren Beförderung vor dem 1. Juli 1983 erteilt worden ist, kann die Anerkennung des Lehrganges auch widerrufen werden, wenn Tatsachen die Annahme rechtfertigen, daß sie die erforderliche Zuverlässigkeit nicht mehr besitzen.

§ 49

(1) § 17 Absatz 1 bis 3 ist ab dem 5. April 2013 anzuwenden; § 41 Absatz 5a und § 42 Absatz 1 Nummer 5 sind ab dem 5. April 2015 anzuwenden.

(2) Explosivstoffe, die bis zum 4. April 2013 ohne die nach § 17 Absatz 1 bis 3 vorgeschriebene Kennzeichnung in den Verkehr gebracht wurden, dürfen nach dem 5. April 2015 vom Besitzer ausschließlich

1. aufbewahrt, verwendet, zur eigenen Verwendung verbracht, vernichtet oder zur Vernichtung verbracht werden oder
2. den in § 1a Absatz 1 Nummer 2 bis 5 sowie Absatz 2 Nummer 5 des Sprengstoffgesetzes bezeichneten Stellen zur dienstlichen Nutzung überlassen werden.

(3) Eine von der Bundesanstalt für Materialforschung und -prüfung vergebene Identifikationsnummer darf weiterhin in die Gebrauchsanleitung aufgenommen werden.

§ 50 (Inkrafttreten, Außerkrafttreten)

I

Anlage 1
(zu § 6 Absatz 1)

Anforderungen an die Zusammensetzung und die Beschaffenheit von sonstigen explosionsgefährlichen Stoffen und von Sprengzubehör

1. **Sonstige explosionsgefährliche Stoffe nach § 1 Absatz 4 Nummer 1 und 2 des Sprengstoffgesetzes**

1 – Mischungen müssen homogen sein. Flüssige Bestandteile dürfen nur verwendet werden, wenn sie den Festkörper gleichmäßig benetzen.

2 – Die Stoffe müssen thermisch stabil sein. Dies gilt als nachgewiesen, wenn bei einer siebentägigen Lagerung bei 50 °C unter Wärmestau, dessen Grad der Beanspruchung des Stoffes beim Umgang und bei der Beförderung entspricht, in der gelagerten Probe keine Erwärmung um mehr als 60 °C über die Lagertemperatur hinaus eintritt. Werden die Stoffe beim Umgang oder bei der Beförderung höheren Temperaturen ausgesetzt oder dauert die Temperatureinwirkung länger als sieben Tage an, so sind die Prüfungsbedingungen bezüglich der Lagertemperatur oder -dauer entsprechend zu wählen.

3 – Erfüllt der Stoff die Anforderungen nach Absatz 2 nicht, so muss beim Umgang und bei der Beförderung eine Temperatur eingehalten werden, bei der die thermische Stabilität des Stoffes mit Sicherheit gewährleistet ist.

2. **Sprengzubehör**

2.1 Zündleitungen

4 – Bei Zündleitungen dürfen Hin- und Rückleitungen nicht in einer gemeinsamen Umhüllung liegen. Eine Verbindung der Isolation zweier Leiter durch einen Steg gilt nicht als gemeinsame Umhüllung (Stegzündleitung). Die Zündleitungen sind als Einfachleitungen, als verseilte Leitungen oder als Stegzündleitungen zulässig.

5 – Der Leiter selbst muss mehrdrähtig sein. Kein Draht darf einen kleineren Durchmesser als 0,3 mm oder einen größeren als 1,0 mm haben.

6 – Die Zerreißkraft jedes Leiters muss mindestens 200 N betragen.

7 – Die Zündleitungen müssen eine ausreichende Biegsamkeit und Biegefestigkeit haben.

8 – Der elektrische Widerstand einer Einfachzündleitung und eines jeden Leiters einer verseilten Zündleitung sowie einer Stegzündleitung darf für 100 m Länge höchstens 5 Ohm betragen.

9 – Stahlleiter müssen einen leitenden Überzug haben, der den Stahl vor dem Rosten schützt und eine gut leitende Verbindung mit den anzuschließenden Teilen gewährleistet.

10 – Zündleitungen müssen isoliert sein. Die Isolierung muss bei bestimmungsgemäßer Verwendung mechanisch fest, thermisch beständig und elektrisch durchschlagsicher sein. Die Isolierung von Zündleitungen mit erhöhter mechanischer Festigkeit und erhöhter elektrischer Durchschlagfestigkeit muss auch gegen darüber hinausgehende Anforderungen beständig sein.

2.2 Verlängerungsdrähte

11 – Bei Verlängerungsdrähten aus Stahl muss der Drahtdurchmesser mindestens 0,6 mm, bei Verlängerungsdrähten aus Kupfer mindestens 0,5 mm betragen. Verlängerungsdrähte aus Stahl müssen einen leitenden Überzug haben, der den Stahl vor dem Rosten schützt und eine gut leitende Verbindung mit den anzuschließenden Teilen gewährleistet. Die Verlängerungsdrähte müssen auf ihrer ganzen Länge isoliert sein. Die

Isolierung muss bei bestimmungsgemäßer Verwendung mechanisch fest, thermisch beständig und elektrisch durchschlagsicher sein. Für Verlängerungsdrähte, deren Isolierung bei der Verwendung besonderen Beanspruchungen ausgesetzt ist, werden diesen Beanspruchungen entsprechende Anforderungen an die mechanische Festigkeit der Isolierung gestellt.

2.3 Isolierhülsen

12 – Isolierhülsen müssen mindestens 7 cm lang sein. Sie müssen bei bestimmungsgemäßer Verwendung mechanisch fest, thermisch beständig und elektrisch durchschlagsicher sein.

2.4 Zündmaschinen

2.4.1 Mechanische Beschaffenheit

13 – Die Zündmaschinen müssen zuverlässig arbeiten.

14 – Die Zündmaschinen müssen ein widerstandsfähiges, geschlossenes Gehäuse haben.

15 – Alle Teile der Zündmaschinen müssen so angebracht und befestigt sein, dass ein selbsttätiges Lockern ausgeschlossen ist. Als Schutz gegen das selbsttätige Lockern von Zündmaschinenteilen sind insbesondere Federringe oder gleichwertige Sicherungselemente anzusehen.

16 – Die Bauart der Zündmaschinen muss ein unbefugtes Betätigen erschweren.

2.4.2 Elektrische Beschaffenheit

17 – Zündmaschinen müssen kräftige Anschlussklemmen mit unverlierbaren Muttern haben. Die Anschlussklemmen dürfen keinen hohlen Querschnitt haben und müssen aus Messing mit einer Zugfestigkeit von mindestens 400 N/mm^2 bestehen. Der Durchmesser der Halteschraube muss mindestens 4 mm und der der Anschlussschraube mindestens 6 mm betragen. Sie müssen gegen zufällige Berührung unter Spannung stehender Teile gesichert sein.

18 – Zwischen den Anschlussklemmen muss ein Steg aus Isolierstoff angebracht sein, der die Klemmfläche um mindestens 8 mm überragt.

19 – Das Gehäuse der Zündmaschine und die zum mechanischen Aufbau dienenden Metallteile dürfen zur Stromleitung nicht benutzt werden. Blanke elektrische Leitungen müssen durch besondere Isoliermittel geschützt sein. Die Anschlussklemmen und alle zur Stromleitung dienenden Teile müssen gegenüber dem Gehäuse eine Durchschlagfestigkeit von der doppelten Betriebsspitzenspannung, mindestens jedoch 1000 V Wechselspannung haben.

20 – Der Werkstoff von Isolierstoffteilen muss den anerkannten Regeln der Sicherheitstechnik entsprechen.

21 – Kondensatorzündmaschinen müssen so gebaut sein, dass nach ihrer Betätigung keine gefährlichen Restladungen auf der Kondensatorbatterie verbleiben.

22 – Verriegelungsvorrichtungen von Zündmaschinen, die im Falle einer nicht ausreichenden Betätigung die Abgabe eines zu schwachen Zündstroms verhindern sollen, dürfen erst dann den Zündstrom freigeben, wenn die vorgeschriebene elektrische Leistung abgegeben werden kann. Federzugzündmaschinen müssen eine Vorrichtung haben, die verhindert, dass bei nicht voll aufgezogener Feder ein Zündstrom abgegeben werden kann.

23 – Kondensatorzündmaschinen müssen eine Vorrichtung haben, die verhindert, dass bei nicht auf die Sollspannung aufgeladenem Kondensator ein Zündstrom abgegeben werden kann. Sofern eine solche Vorrichtung nur mit einem unverhältnismäßig großen Aufwand anzubringen ist, kann stattdessen in die Zündmaschine eine Anzeigevorrichtung für die Kondensatorspannung eingebaut sein.

2.4.3 Leistungsfähigkeit

2.4.3.1 Allgemeines

24 – Zündmaschinen für Reihenschaltung müssen für Zünderzahlen von 10, 20, 30, 50, 80, 100, 160, 200, 300 oder 400 Zündern, Zündmaschinen für Parallelschaltung für Zünderzahlen von 50, 80 oder 100 Zündern bei begrenztem Widerstand des an die Zündmaschine anzuschließenden Zündkreises bestimmt sein.

2.4.3.2 Zündmaschinen für Brückenzünder A

25 – Zündmaschinen für Reihenschaltung von Brückenzündern A müssen beim Höchstwiderstand und bei einem äußeren Widerstand von 15 Ohm Ströme liefern, die folgenden Anforderungen genügen:

1. Der elektrische Strom muss spätestens nach 1 ms die Stärke 1 A erreicht haben. Der Stromimpuls vom Beginn bis zu dem Zeitpunkt, in dem die Stromstärke zum ersten Male wieder auf 1 A absinkt, muss mindestens 4 mWs/Ohm betragen.
2. Bei Zündmaschinen mit Trommelanker muss in dem Zeitraum, in dem die Abgabe dieses Stromimpulses erfolgt, die mittlere Stromstärke mindestens 1,15 A betragen; die unteren Stromspitzen dürfen in dieser Zeit 0,8 A nicht unterschreiten.
3. Die Höchstwiderstände betragen bei Zündmaschinen für:

10 Zünder	60 Ohm
20 Zünder	110 Ohm
30 Zünder	160 Ohm
50 Zünder	260 Ohm
80 Zünder	410 Ohm
100 Zünder	510 Ohm
160 Zünder	810 Ohm
200 Zünder	1010 Ohm
300 Zünder	1510 Ohm
400 Zünder	2010 Ohm

26 – Zündmaschinen für Parallelschaltung von Brückenzündern A müssen folgenden Anforderungen genügen: Bei einer der Zünderzahl entsprechenden Anzahl von Zündstromverzweigungen von je 4,5 Ohm und bei Vorschaltung eines elektrischen Widerstandes von 1 Ohm sowie bei dem höchstzulässigen Widerstand des Zündkreises, für den die Zündmaschine bestimmt ist, muss der Stromimpuls in allen Zweigen bei einer Gesamtzeit von höchstens 10 ms mehr als 4 mWs/Ohm betragen.

2.4.3.3 Zündmaschinen für Brückenzünder U

27 – Zündmaschinen für Reihenschaltung von Brückenzündern U müssen beim Höchstwiderstand und bei einem äußeren Widerstand von 15 Ohm Ströme liefern, die folgenden Anforderungen genügen:

1. Der elektrische Strom muss spätestens nach 1 ms die Stärke 2 A erreicht haben. Der Stromimpuls vom Beginn bis zu dem Zeitpunkt, in dem die Stromstärke zum ersten Male wieder auf 1,6 A (bei Kondensatorzündmaschinen auf 1,5 A) abgesunken ist, muss mindestens 20 mWs/Ohm (bei Kondensatorzündmaschinen 18 mWs/Ohm) betragen.
2. Bei Zündmaschinen mit Trommelanker muss in dem Zeitraum, in dem die Abgabe dieses Stromimpulses erfolgt, die mittlere Stromstärke mindestens 2,5 A betragen; die unteren Stromspitzen dürfen in dieser Zeit 1,5 A nicht unterschreiten.
3. Die Höchstwiderstände betragen bei Zündmaschinen für:

10 Zünder	55 Ohm
20 Zünder	90 Ohm
30 Zünder	125 Ohm
50 Zünder	195 Ohm
80 Zünder	300 Ohm
100 Zünder	370 Ohm

160 Zünder	580 Ohm
200 Zünder	720 Ohm
300 Zünder	1070 Ohm
400 Zünder	1420 Ohm

28 – Zündmaschinen für Parallelschaltung von Brückenzündern U müssen folgenden Anforderungen genügen: Bei einer der Zünderzahl entsprechenden Anzahl von Zündstromverzweigungen von je 3,5 Ohm und bei Vorschaltung eines Widerstandes von 1 Ohm sowie bei dem höchstzulässigen Widerstand des Zündkreises, für den die Zündmaschine bestimmt ist, muss der Stromimpuls in allen Zweigen bei einer Gesamtzeit von höchstens 10 ms mehr als 20 mWs/Ohm (bei Kondensatorzündmaschinen 18 mWs/Ohm) betragen.

2.4.3.4 Zündmaschinen für Brückenzünder HU

29 – Zündmaschinen für Reihenschaltung von Brückenzündern HU müssen beim Höchstwiderstand und bei einem äußeren Widerstand von 5 Ohm Ströme liefern, die folgenden Anforderungen genügen:

1. Der elektrische Strom muss spätestens nach 1 ms die Stärke von mindestens 30 A erreicht haben.
2. Der Stromimpuls vom Beginn bis zu dem Zeitpunkt, in dem die Stromstärke zum ersten Male wieder auf 15 A abgesunken ist, muss mindestens 3300 mWs/Ohm betragen.
3. Die Höchstwiderstände betragen bei Zündmaschinen für:

20 Zünder	15 Ohm
80 Zünder	50 Ohm
160 Zünder	100 Ohm

2.4.4 Sonstige Anforderungen an schlagwettersichere Zündmaschinen

30 – Hinsichtlich des Schlagwetterschutzes müssen die Zündmaschinen den anerkannten Regeln der Sicherheitstechnik entsprechen. Hiervon ist die Anbringung der Anschlussklemmen ausgenommen. Ebenso gelten nicht die in diesen Regeln gestellten besonderen Anforderungen an Isolierstoffe sowie an Kriechstrecken, Luftstrecken und Abstände bei der Schutzart „erhöhte Sicherheit".

31 – Die Zündstromdauer darf nicht mehr als 4 ms betragen. Nach der Abgabe eines Zündimpulses muss ein unbeabsichtigtes Wiederaufladen des Kondensators und die Abgabe eines zweiten Zündimpulses unmöglich sein. Bei Zündmaschinen für Zünderzahlen bis zu 50 Zündern darf die Spitzenspannung nicht mehr als 1200 V, bei Zündmaschinen für Zünderzahlen von 80 Zündern und darüber nicht mehr als 1500 V betragen.

2.5 Zündgeräte für elektronische Zünder

2.5.1 Mechanische Beschaffenheit

32 – Die elektronischen Zündgeräte müssen zuverlässig arbeiten.

33 – Die elektronischen Zündgeräte müssen ein widerstandsfähiges, geschlossenes Gehäuse haben.

34 – Alle Teile der elektronischen Zündgeräte müssen so angebracht und befestigt sein, dass ein selbsttätiges Lockern ausgeschlossen ist. Als Schutz gegen das selbsttätige Lockern von Zündgeräteteilen sind insbesondere Federringe oder gleichwertige Sicherungselemente anzusehen.

35 – Die Bauart der elektronischen Zündgeräte muss ein unbefugtes Betätigen erschweren.

2.5.2 Elektrische Beschaffenheit

36 – Die elektronischen Zündgeräte müssen Anschlussklemmen mit unverlierbarer Verschraubung haben. Sie müssen gegen zufällige Berührung unter Spannung stehender Teile gesichert sein.

37 – Zwischen den Anschlussklemmen muss bei Spannungen von über 50 V ein Steg aus Isolierstoff angebracht sein, der die Klemmfläche um mindestens 8 mm überragt.

38 – Das Gehäuse von elektronischen Zündgeräten und die zum mechanischen Aufbau dienenden Metallteile dürfen zur Stromleitung nicht benutzt werden. Blanke elektrische Leitungen müssen durch besondere Isoliermittel geschützt sein. Die Anschlussklemmen und alle zur Stromleitung dienenden Teile müssen gegenüber dem Gehäuse eine Durchschlagfestigkeit von der doppelten Betriebsspitzenspannung haben.

39 – Der Werkstoff von Isolierstoffen muss den anerkannten Regeln der Sicherheitstechnik entsprechen.

40 – Verriegelungsvorrichtungen von elektronischen Zündgeräten müssen verhindern, dass im Falle einer zu geringen Batteriekapazität eine Zündung von elektronischen Zündern ausgelöst wird. Ein Unterschreiten der zulässigen Versorgungsspannung muss angezeigt werden.

41 – Durch einen Prüfzyklus müssen Betriebsfehler erkannt und angezeigt werden. Im Fehlerfall muss die Auslösung der Sprengung gesperrt sein.

2.5.3 Leistungsfähigkeit

2.5.3.1 Allgemeines

42 – Zündgeräte für elektronische Zünder müssen für eine Maximalzahl Zünder, maximalen Leitungswiderstand, begrenzte Leitungskapazität und Bandbreite bestimmt sein.

2.5.3.2 Sonstige Anforderungen an schlagwettersichere Zündgeräte für elektronische Zünder

43 – Hinsichtlich des Schlagwetterschutzes müssen die Zündgeräte den anerkannten Regeln der Sicherheitstechnik entsprechen. Es gelten nicht die in diesen Regeln gestellten besonderen Anforderungen an Isolierstoffe sowie an Kriechstrecken, Luftstrecken und Abstände bei der Schutzart „erhöhte Sicherheit".

44 – Zum Zeitpunkt der ersten Zündung darf die Spannung im Zündkreis maximal 5 V betragen.

2.6 Zündmaschinenprüfgeräte

45 – Zündmaschinenprüfgeräte müssen einen inneren Widerstand haben, der der Leistungsfähigkeit der Zündmaschinentypen, für deren Nachprüfung sie bestimmt sind, angepasst ist.

46 – Die Zündmaschinenprüfgeräte müssen bei ordnungsgemäßer Betätigung der Zündmaschinen ein Nachlassen der Leistungsfähigkeit deutlich anzeigen.

47 – Für das Gehäuse eines Zündmaschinenprüfgerätes gilt Absatz 19 entsprechend.

48 – Für schlagwettergesicherte Zündmaschinenprüfgeräte gilt Absatz 30 entsprechend.

2.7 Prüfgeräte für Zündgeräte für elektronische Zünder

49 – Die Prüfgeräte müssen neben der Ausgangssignalprüfung eine elektrische Last darstellen, die der Leistungsfähigkeit der Zündgerätetypen, für deren Nachprüfung sie bestimmt sind, angepasst ist.

50 – Die Prüfgeräte müssen bei ordnungsgemäßer Betätigung der Zündgeräte ein Nachlassen der Leistungsfähigkeit deutlich anzeigen.

51 – Für das Gehäuse eines Prüfgerätes gilt Absatz 19 entsprechend.

52 – Für schlagwettergesicherte Prüfgeräte für elektronische Zündgeräte gilt Absatz 122 entsprechend.

2.8 Zündkreisprüfer

2.8.1 Allgemeine Anforderungen

53 – Die Stromquelle darf Unbefugten nicht zugänglich sein.

54 – Die Spannung der Stromquelle darf nicht mehr als 12 V betragen.

55 – Die Messstromstärke darf nicht mehr als 25 mA betragen.

56 – Metallische Gehäuseteile dürfen nicht zur Stromleitung benutzt werden.

57 – Zündkreisprüfer müssen durch eingebaute Schutzwiderstände so gesichert sein, dass auch dann, wenn

einer der Pole der Stromquelle unmittelbare Verbindung mit Gehäuseteilen oder der zugehörigen Anschlussklemme erhalten sollte, die Stärke des abgegebenen elektrischen Stromes 50 mA nicht überschreiten kann.

58 – Die Bauteile müssen so beschaffen und alle Leitungen so verlegt sein, dass eine Überbrückung und damit eine Ausschaltung der Schutzwiderstände ausgeschlossen ist.

59 – Die elektrische Durchschlagfestigkeit der Isolierung zwischen den stromleitenden Teilen und blanken metallischen Gehäuseteilen muss 500 V Wechselspannung betragen.

2.8.2 Besondere Anforderungen an Ohmmeter

60 – Die Messgenauigkeit muss bei senkrechter und waagerechter Gebrauchslage mindestens ± 1,5 % der Skalenlänge betragen.

61 – Das Messwerk muss eine Nullpunktregulierung haben.

62 – Abweichungen bis zu 10 % der mittleren Spannung der Stromquelle dürfen die Messgenauigkeit nicht beeinflussen.

2.9 Prüfgeräte für elektronische Zündkreise

2.9.1 Allgemeine Anforderungen

63 – Die Stromquelle darf Unbefugten nicht zugänglich sein.

64 – Der Effektivwert der Messspannung darf nicht mehr als 12 V betragen.

65 – Der Effektivwert der Messstromstärke darf nicht mehr als 25 mA betragen.

66 – Metallische Gehäuseteile dürfen nicht zur Stromleitung benutzt werden.

67 – Prüfgeräte für elektronische Zündkreise müssen so aufgebaut sein, dass im Fehlerfall die abgegebene Stromstärke 50 mA nicht überschreiten kann.

68 – Die Bauteile müssen so beschaffen und alle Leitungen so verlegt sein, dass eine Überbrückung und damit eine Ausschaltung der Schutzmaßnahmen ausgeschlossen ist.

69 – Die elektrische Durchschlagfestigkeit der Isolierung zwischen den stromleitenden Teilen und blanken metallischen Gehäuseteilen muss 500 V Wechselspannung betragen.

2.9.2 Besondere Anforderungen an Zeigerinstrumente

70 – Die Messgenauigkeit muss bei senkrechter und waagerechter Gebrauchslage mindestens ± 1,5 % der Skalenlänge betragen.

71 – Das Messwerk muss eine Nullpunktregulierung haben.

72 – Abweichungen bis zu 10 % der mittleren Spannung der Stromquelle dürfen die Messgenauigkeit nicht beeinflussen.

73 – Ein Unterschreiten der zulässigen Versorgungsspannung muss angezeigt werden.

2.10 Ladegeräte

74 – Ladegeräte müssen so beschaffen sein, dass gefährliche elektrostatische Aufladungen nicht entstehen können. Antriebe müssen so angeordnet oder gesichert sein, dass gefährliche Wechselwirkungen zwischen diesen und dem Gesteinssprengstoff ausgeschlossen sind.

75 – Teile von Ladegeräten, die mit Sprengstoffen in Berührung kommen, müssen mit diesen chemisch verträglich, gegen Flammenwirkung in erforderlichem Maße widerstandsfähig und so beschaffen sein, dass sie ordnungsgemäß gereinigt werden können.

76 – Bei Teilen zum Fördern des Sprengstoffes müssen die unmittelbar einwirkenden Kräfte durch Zwangsbegrenzung der Antriebskräfte oder durch andere gleichwertige Maßnahmen so niedrig gehalten

I

werden, dass keine gefährlichen mechanischen oder thermischen Beanspruchungen der geförderten Stoffe auftreten können.

77 – Die Beschaffenheit der Teile zum Laden des Sprengstoffes, insbesondere die Formgebung des Vorratsbehälters, muss eine sichere Zufuhr und eine einwandfreie Förderung in den Laderaum gewährleisten.

78 – Elektrische Anlagen für den Ladeteil müssen in der Schutzart IP 54 nach VDE 0470 Ausgabe November 1992 (EN 60629) ausgeführt sein. Stromstärke und Spannungen elektrischer Fernbedienungseinrichtungen müssen dem Abschnitt 2.8 Absatz 53 bis 54 und 56 entsprechen; die Regelstromstärke darf nicht mehr als 100 mA betragen.

2.11 Mischladegeräte

79 – Für Mischladegeräte gelten die unter Abschnitt 2.10 für Ladegeräte aufgeführten Anforderungen der Absätze 74, 77 und 78 mit der Maßgabe, dass sich die Anforderungen auch auf den Mischteil beziehen.

80 – Die Konstruktion von Mischladegeräten muss gewährleisten, dass sich keine Ansammlungen von Stäuben bilden, die zu Bränden oder Explosionen führen können.

81 – Durch die Form der Behälter oder andere Maßnahmen muss eine sichere Zufuhr der Ausgangsprodukte gewährleistet sein. Einrichtungen zum Fördern und Zuteilen der Ausgangsstoffe (Dosiereinrichtungen) sowie die Einrichtungen zum Mischen müssen so beschaffen sein, dass der Sprengstoff entsprechend dem zugelassenen Muster hergestellt werden kann.

82 – Teile von Mischladegeräten, die mit Ausgangsprodukten oder Sprengstoffen in Berührung kommen, müssen mit diesen chemisch verträglich, gegen Flammeneinwirkung in erforderlichem Maße widerstandsfähig und so beschaffen sein, dass sie ordnungsgemäß gereinigt werden können.

83 – Bei Teilen zum Fördern und Zuteilen gefährlicher Ausgangsprodukte sowie zum Mischen und Fördern des Sprengstoffes müssen die unmittelbar einwirkenden Kräfte durch Zwangsbegrenzung der Antriebskräfte oder durch andere gleichwertige Maßnahmen so niedrig gehalten werden, dass keine gefährlichen mechanischen oder thermischen Beanspruchungen der geförderten Stoffe auftreten können.

84 – Teile zum Mischen und Laden müssen zum Fahrzeugantrieb so angeordnet oder gesichert sein, dass gefährliche Wechselwirkungen mit dem Sprengstoff ausgeschlossen sind; elektrische Anlagen des Fahrzeuges im Bereich der Misch- und Ladeeinrichtungen müssen besonders geschützt sein.

85 – Die Mischladegeräte müssen mit Zählwerken versehen sein, die die zugeteilten Mengen der wesentlichen Ausgangsstoffe anzeigen. Die Zählwerke müssen gegen den Eingriff Unbefugter gesichert werden können.

I

Anlage 2
(zu § 6 Absatz 3 und § 17 Absatz 5)

Anforderungen an die Zusammensetzung und Beschaffenheit von elektrischen Brückenzündern der Typen A, U und HU, an die Kategorisierung pyrotechnischer Sätze sowie an die Klassifizierung von Wettersprengstoffen und Wettersprengschnüren

1 Elektrische Brückenzünder

1.1 Allgemeines

Bei Zünderdrähten aus Stahl muss der Durchmesser mindestens 0,6 mm, bei Zünderdrähten aus Kupfer mindestens 0,5 mm betragen.

1.2 Brückenzünder Typ A

(1) Der elektrische Gesamtwiderstand eines Zünders mit einer Zünderdrahtlänge bis zu 3,5 m darf nicht mehr als 4,5 Ohm betragen.

(2) Die Brückenwiderstände müssen zwischen 0,8 Ohm und 2,0 Ohm liegen. Sie müssen innerhalb dieses Bereiches in Widerstandsgruppen mit einer Toleranz von 0,25 Ohm geordnet sein.

(3) Der zur Zündung erforderliche Zündimpuls muss zwischen 0,8 mWs/Ohm und 3,0 mWs/Ohm liegen.

(4) Die Zünder müssen durch einen Gleichstrom der Stärke 0,6 A innerhalb von 10 ms ausgelöst werden.

(5) Die Zünder dürfen durch einen Gleichstrom der Stärke 0,18 A innerhalb von 5 min nicht ausgelöst werden.

(6) Fünf Zünder der gleichen Ausführung müssen sich, wenn sie hintereinandergeschaltet werden, mit einem Gleichstrom der Stärke 0,8 A zusammen zünden lassen.

1.3 Brückenzünder Typ U

(1) Der elektrische Gesamtwiderstand eines Zünders mit einer Zünderdrahtlänge bis zu 3,5 m darf nicht mehr als 3,5 Ohm betragen.

(2) Die Brückenwiderstände müssen zwischen 0,4 Ohm und 0,8 Ohm liegen.

(3) Der zur Zündung erforderliche Zündimpuls muss zwischen 8,0 mWs/Ohm und 16,0 mWs/Ohm liegen.

(4) Die Zünder müssen durch einen Gleichstrom der Stärke 1,3 A innerhalb von 10 ms ausgelöst werden.

(5) Die Zünder dürfen durch einen Gleichstrom der Stärke 0,45 A innerhalb von 5 min nicht ausgelöst werden.

(6) Fünf Zünder der gleichen Ausführung müssen sich, wenn sie hintereinandergeschaltet werden, mit einem Gleichstrom der Stärke 1,5 A zusammen zünden lassen.

(7) Die Zünder dürfen unter Zugrundelegung einer Zünderdrahtlänge von 3,5 m und einer elektrischen Kapazität von 2000 pF durch elektrostatische Spannungen von 10 kV über die Glühbrücke nicht ausgelöst werden. Bei Zündern mit Zünderdrähten aus Kupfer verringert sich dieser Wert auf 7 kV. Darüber hinaus müssen die Zünder gegen Auslösung durch Überschläge im Innern der Hülse gesichert sein.

1.4 Brückenzünder Typ HU

(1) Die Zünder dürfen bei einer Energiezufuhr bis zu 600 mWs nicht ausgelöst werden.

(2) Der zur Zündung erforderliche Zündimpuls muss zwischen 1100 mWs/Ohm und 2500 mWs/Ohm liegen.

(3) Die Zünder dürfen durch einen Gleichstrom der Stärke 4,0 A innerhalb von 5 min nicht ausgelöst werden.

(4) Fünf Zünder der gleichen Ausführung müssen sich, wenn sie hintereinandergeschaltet werden, mit einem Zündimpuls von weniger als 3000 mWs/Ohm zusammen zünden lassen.

(5) Die Zünder dürfen unter Zugrundelegung einer elektrischen Kapazität von 2500 pF durch elektrostatische Spannungen von 30 kV über die Glühbrücke nicht ausgelöst werden. Darüber hinaus müssen die Zünder gegen Auslösung durch Überschläge im Innern der Hülse gesichert sein.

I

2 **Pyrotechnische Sätze**

(1) Pyrotechnische Sätze sind der Kategorie S1 zuzuordnen, wenn

1. die Abbrennzeit für 0,1 kg der pyrotechnischen Sätze im gebrauchsfertigen Zustand mehr als 60 s beträgt,
2. sie keine sehr giftigen, ätzenden oder reizenden Stoffe entwickeln,
3. sie beim Abbrand keine zusätzlichen Gefahren durch Glut, Hitze, Funken oder Feuer verursachen und
4. sie, sofern eine Verwendung in geschlossenen Innenräumen vorgesehen oder zulässig ist, keine Ruß bildenden Stoffe enthalten.

(2) Pyrotechnische Sätze, die die Kriterien der Kategorie S1 nicht erfüllen, sind der Kategorie S2 zuzuordnen.

3 **Wettersprengstoffe und Wettersprengschnüre**

(1) Schlagwettersichere Sprengstoffe und Sprengschnüre dürfen ein zündfähiges Methan-Luft-Gemisch bei der Verwendung folgender Mörserkonfigurationen nicht zünden:

1. schlagwettersichere Sprengstoffe und Sprengschnüre der Klasse I: Zündung am Bohrlochmund eines Bohrlochmörsers, ohne Besatz,
2. schlagwettersichere Sprengstoffe und Sprengschnüre der Klasse II: Zündung in einem Kantenmörser, frei nach oben liegend,
3. schlagwettersichere Sprengstoffe und Sprengschnüre der Klasse III: Zündung in einem Kantenmörser, seitlich ausgerichtet zu einer Prallplatte.

Bei der Prüfung der Schlagwettersicherheit befindet sich der Mörser jeweils in einer Prüfkammer mit dem zündfähigen Gemisch.

(2) Schlagwettersichere Sprengstoffe und Sprengschnüre dürfen Kohlenstaub-Luft-Gemische bei der Verwendung folgender Mörserkonfigurationen nicht zünden:

1. schlagwettersichere Sprengstoffe und Sprengschnüre der Klasse I: Zündung am Bohrlochtiefsten eines Bohrlochmörsers, ohne Besatz,
2. schlagwettersichere Sprengstoffe und Sprengschnüre der Klasse II: Zündung am Bohrlochtiefsten eines verlängerten Bohrlochmörsers, ohne Besatz,
3. schlagwettersichere Sprengstoffe und Sprengschnüre der Klasse III: Zündung in einem Kantenmörser, seitlich ausgerichtet zu einer Prallplatte.

Bei der Prüfung der Schlagwettersicherheit befindet sich

1. der Bohrlochmörser außerhalb der Prüfkammer und mit dem Bohrlochmund in die Prüfkammer gerichtet,
2. der Kantenmörser innerhalb der Prüfkammer.

(3) Die Durchführung der Prüfungen zur Schlagwettersicherheit hat im Übrigen nach den anerkannten Regeln der Technik oder nach den einschlägigen Normen zu erfolgen.

Anlage 3

(weggefallen)

Anlage 4

Zeichen für Sprengzubehör nach § 6 Absatz 4 Satz 2

Stoff oder Gegenstand	Zeichen
Zündleitungen	
Einfachleitungen	ZLE
Verseilte Leitungen	ZLV
Stegleitungen	ZLG
Verlängerungsdrähte	ZV
Isolierhülsen	ZI
Zündmaschinen	ZM
Zündgeräte für elektronische Zünder	ZMIC
Zündmaschinenprüfgeräte	ZP
Prüfgeräte für Zündgeräte für elektronische Zünder	ZPIC
Zündkreisprüfer	ZK
Prüfgeräte für elektronische Zündkreise	ZKIC
Andere Zündeinrichtungen	ZE
Ladegeräte	L
Mischladegeräte	ML

Anlage 5

Markierung von Sprengstoffen nach § 6a Abs. 2

1. Die Vorschriften dieser Anlage gelten für Sprengstoffe, die
   a) aus einem oder mehreren einheitlichen brisanten Sprengstoffen zusammengesetzt sind, die in ihrer reinen Form einen Dampfdruck von weniger als 0,0001 Pa bei einer Temperatur von 25 °C haben,
   b) mit einem Bindemittel gemischt sind und
   c) bei Raumtemperatur als Mischung verformbar oder elastisch sind.

   Einheitliche brisante Sprengstoffe sind insbesondere, jedoch nicht ausschließlich, Cyclotetrametyhlentetranitramin (HMX, Oktogen), Cyclotrimethylentrinitramin (RDX, Hexogen) und Pentaerythrittetranitrat (PETN).
2. Die Markierung der Sprengstoffe nach Nummer 1 muß durch Beimischung eines der in der Tabelle in der Spalte „Markierungsstoff" aufgeführten Markierungsstoffe während der Herstellung des Sprengstoffs erfolgen. Der Markierungsstoff muß homogen im fertigen Sprengstoff mindestens in der Spalte „Mindestkonzentration" der Tabelle angegebenen Konzentration in diesem enthalten sein. Für die Markierung im Geltungsbereich des Gesetzes hergestellter Sprengstoff ist ausschließlich der Stoff DMNB zugelassen.

Markierungsstoff	Mindestkonzentration
Ethylenglykoldinitrat (EGDN)	0,2 Gew.-%
2,3-Dimethyl-2,3-dinitrobutan (DMNB)	1 Gew.-%
p-Nitrotoluol (p-MNT)	0,5 Gew.-%
o-Nitrotoluol (o-MNT)	0,5 Gew.-%

Jeder Sprengstoff nach Nummer 1, der einen der genannten Markierungsstoffe in der erforderlichen Mindestkonzentration oder darüber enthält, wird als markiert im Sinne von Nummer 1 bezeichnet.

I

Anlage 6
(zu § 18 Absatz 7 und § 23 Absatz 8)

Schutzabstände für das Verwenden von pyrotechnischen Gegenständen der Kategorien F4 (Feuerwerkskörper) und T2 (pyrotechnische Gegenstände für Bühne und Theater)

1 **Begriffsbestimmungen**

1.1 Abbrennplatz ist die Fläche, die beim Verwenden von pyrotechnischen Gegenständen (Abbrennen eines Feuerwerks) für das Aufstellen der pyrotechnischen Gegenstände sowie der Hilfsgeräte (inklusive benötigter Rohre für die Verwendung) benötigt wird.

1.2 Außenbereich umfasst alle Bereiche außer den Innenbereich (zum Beispiel Konzertbühne unter freiem Himmel).

1.3 Innenbereich ist ein allseitig umschlossener Raum, der Lüftungseinrichtungen beinhalten kann.

1.4 Bodenfeuerwerk sind pyrotechnische Gegenstände, die auf dem Boden aufgestellt oder bodennah angebracht werden und sich beim Verwenden nicht von ihrer Halterung lösen (insbesondere Fontänen, Vulkane, bengalische Lichter, Knallkörper und Sonnen).

1.5 Effektausdehnung eines pyrotechnischen Gegenstandes ist der Raum, in den die Effektkörper beim Ausstoß oder der Zerlegung des pyrotechnischen Gegenstandes weggeschleudert werden und der durch die Effekthöhe und die radiale Effektweite bestimmt wird.

1.6 Effekthöhe eines pyrotechnischen Gegenstandes ist der vom Boden des Gegenstandes gemessene maximale Abstand des Effektes in Ausstoßrichtung.

1.7 Radiale Effektweite eines pyrotechnischen Gegenstandes ist der Abstand zwischen der Linie der Verwendungsrichtung und dem am weitesten entfernten Effektkörper.

1.8 Schutzabstand ist der Abstand von der Verwendungsstelle, in dem beim Verwenden von pyrotechnischen Gegenständen eine Gefährdung, zum Beispiel durch brennende Teile oder Reststücke, gegeben ist.

1.9 Weggeschleuderte Reststücke sind inerte Teile von pyrotechnischen Gegenständen, die während der Funktion ausgestoßen oder weggeschleudert werden und auf Grund ihrer Masse oder mechanischen Beschaffenheit (zum Beispiel harte Endabschlüsse aus Gips) eine Gefährdung darstellen.

1.10 Zerlegungshöhe ist der senkrechte Abstand zwischen der Verwendungsstelle und der Horizontalen, die durch den Ort der Zerlegung verläuft.

1.11 Verantwortliche Person im Sinne dieser Anlage ist eine zur Verwendung pyrotechnischer Gegenstände der jeweiligen Kategorie berechtigte, vom Erlaubnisinhaber beauftragte Person.

2 **Ortsabhängige und variable Einflussfaktoren**

2.1 Lage und Beschaffenheit des Ortes für die Verwendung, die Verwendungsmodalitäten und andere Bedingungen im Innen- oder Außenbereich

2.1.1 Der Erlaubnisinhaber oder eine verantwortliche Person hat

2.1.1.1 bei der Auswahl der pyrotechnischen Gegenstände, der Hilfsgeräte und der Art und Weise des Verwendens (zum Beispiel des Verwendungs- oder Neigungswinkels) sowie bei der Ermittlung des anzuwendenden Schutzabstandes für das Verwenden dieser pyrotechnischen Gegenstände die

Bedingungen, die im Umfeld des Abbrennplatzes vorliegen, hinreichend zu beachten,

2.1.1.2 die zur Ermittlung der Schutzabstände notwendigen Angaben und Informationen sowie den ermittelten Schutzabstand zu dokumentieren,

2.1.1.3 die im Außenbereich zu berücksichtigende Windgeschwindigkeit an geeigneter Stelle vor Beginn des Verwendens in einer Höhe von 2 m zu messen.

2.2 Einhaltung der Schutzabstände

Der Erlaubnisinhaber oder eine verantwortliche Person darf die betreffenden pyrotechnischen Gegenstände nicht verwenden, wenn er oder sie die nach den Nummern 3 und 4 ermittelten Schutzabstände nicht einhalten kann.

2.3 Brandempfindliche Objekte und Materialien dürfen sich innerhalb des durch den Schutzabstand definierten Bereichs nur befinden, wenn sie ausreichend geschützt sind.

3. Schutzabstände beim Verwenden von Feuerwerkskörpern der Kategorie F4

3.1 Absperrung des Abbrennplatzes

Der Abbrennplatz ist ab dem Beginn des Aufbaus des Feuerwerks nach allen Seiten so deutlich abzusperren oder zu kennzeichnen, dass Dritte die Absperrung ohne Weiteres erkennen können. Während der Zeit der Vorbereitung und des Aufbaus des Feuerwerks ist in der Regel eine Absperrung in einem Umkreis von 20 m um den Abbrennplatz ausreichend. Die Absperrung kann verringert werden, wenn ausreichende Sicherheitsmaßnahmen vorgenommen werden.

3.2 Einhaltung der Schutzabstände

Der Erlaubnisinhaber oder die von ihm beauftragte verantwortliche Person ist verpflichtet, während des Verwendens des Feuerwerks den jeweils notwendigen Schutzabstand zu gewährleisten. In dieser Zeit dürfen sich nur Personen innerhalb des durch den Schutzabstand definierten Bereichs aufhalten, die von der verantwortlichen Person dazu bestimmt wurden. Die verantwortliche Person hat geeignete Schutzmaßnahmen für diese Personen festzulegen.

3.3 Schutzabstand bei vertikalem Verwenden und Windgeschwindigkeiten von $\leq$ 9 m/s

Liegen beim Verwenden eines Feuerwerkskörpers der Kategorie F4 die folgenden Verwendungsbedingungen vor, so ergibt sich der zu ermittelnde Schutzabstand aus den Leistungsdaten des Feuerwerkskörpers:

- vertikales Verwenden vom Boden
- Windgeschwindigkeit $\leq$ 9 m/s
- ohne Berücksichtigung weiterer ortsabhängiger und variabler Bedingungen.

Der Schutzabstand beträgt unter diesen Verwendungsbedingungen:

3.3.1 bei Bodenfeuerwerk: 20 m; bei Lichterbildern entspricht der Schutzabstand dem maximalen Schutzabstand der Einzelgegenstände,

3.3.2 bei Bomben und Bombetten mit Kaliber $\geq$ 50 mm (auch als Teile von Feuertöpfen, Batterien und Römischen Lichtern): 80 % der Zerlegungshöhe in m, jedoch mindestens 800 × Kaliber in mm,

3.3.3 bei Bomben und Bombetten zur Erzeugung eines Knalls als Haupteffekt (auch als Teile von Feuertöpfen, Batterien und Römischen Lichtern): 100 % der Zerlegungshöhe in m, jedoch mindestens 1000 × Kaliber in mm,

3.3.4 bei Tagesbomben ohne brennbare Effekte: 80 % der Zerlegungshöhe, unabhängig vom Kaliber,

I

3.3.5 bei nicht in den Ziffern 3.3.2 bis 3.3.4 genannten Feuerwerkskörpern: 30 m, wenn die maximale Effekt- oder Zerlegungshöhe 30 m nicht übersteigt,

3.3.6 bei nicht in den Ziffern 3.3.2 bis 3.3.4 genannten Feuerwerkskörpern: 50 m, wenn die maximale Effekt- oder Zerlegungshöhe 30 m übersteigt,

3.3.7 bei Raketen und steigenden Kronen abweichend von den Ziffern 3.3.1 bis 3.3.6 in der Verwendungsrichtung: 200 m, in den anderen Richtungen: 125 m,

3.3.8 bei Gegenständen, deren nach den Ziffern 3.3.2 bis 3.3.7 ermittelte Schutzabstände kleiner sind als der Abstand ihrer seitlich weggeschleuderten Reststücke: das 1,1-Fache der Wurfweite/des Abstandes dieser Reststücke,

3.3.9 Bei Wasserfeuerwerkskörpern sind die Schutzabstände in Abhängigkeit des Effekts und der Funktion durch Einzelfallbetrachtungen zu ermitteln.

3.4 Schutzabstand beim Verwenden unter anderen als in Ziffer 3.3 genannten Bedingungen

Liegt beim Verwenden eines Feuerwerkskörpers der Kategorie F4 mindestens eine der folgenden Verwendungsbedingungen vor, ergibt sich der zu berücksichtigende Schutzabstand aus den Regelungen der Ziffern 3.4.1 bis 3.4.4:

- Abbrennplatz auf einem Bauwerk
- Abbrennplatz auf Geländesteigungen oder -erhebungen
- Verwendung unter Neigungswinkel
- Windgeschwindigkeit größer 9 m/s bis 13 m/s
- Windgeschwindigkeit größer 13 m/s.

Dem Schutzabstand liegt der durch den Hersteller nach § 18 Absatz 7 ermittelte und in der Kennzeichnung angegebene Schutzabstand oder die entsprechende Regelung gemäß Ziffer 3.3 zugrunde. Der zu berücksichtigende Schutzabstand ist durch den Verwender zu ermitteln, wobei für die jeweils zu treffenden Verwendungsbedingungen die Regelungen in der im Folgenden genannten Reihenfolge anzuwenden sind:

3.4.1 Befindet sich der Abbrennplatz auf einem Bauwerk, ist bei Gegenständen nach den Ziffern 3.3.2 bis 3.3.4, 3.3.7 und 3.3.8 die Höhe des Bauwerks zu der Effekt- oder Zerlegungshöhe zu addieren. Danach ist der Schutzabstand gemäß den Ziffern 3.3.2 bis 3.3.4 und 3.3.8 zu berechnen.

3.4.2 Befindet sich der Abbrennplatz auf einem Gelände mit einer Steigung von $\geq$ 20 %, so ist der Schutzabstand für Feuerwerkskörper nach den Ziffern 3.3.2 bis 3.3.4, 3.3.7 und 3.3.8 um 20 % zu vergrößern. Bei Geländeerhebungen mit einem nahezu senkrechten Anstieg gilt für die Bestimmung des Schutzabstandes die Ziffer 3.4.1.

3.4.3 Beim Verwenden von Feuerwerkskörpern unter einem Neigungswinkel von der Senkrechten ist der nach den Ziffern 3.3.2 bis 3.3.4, 3.3.8, 3.4.1 und 3.4.2 ermittelte Schutzabstand in Abhängigkeit des Neigungswinkels von der Senkrechten in Neigungsrichtung folgendermaßen zu vergrößern:

Neigungswinkel (von der Senkrechten) in °	Erhöhung des Schutzabstandes in %
5 bis 10	40
11 bis 15	60
16 bis 20	80

Ist der Neigungswinkel größer als 20 Grad von der Senkrechten, ist zur

Festlegung des Schutzabstandes eine Einzelfallbeurteilung vorzunehmen. In die der Neigungsrichtung entgegengesetzte Richtung kann der Schutzabstand um maximal 40 % verringert werden.

3.4.4 Bei Windgeschwindigkeiten > 9 m/s sind die nach den Ziffern 3.3.2 bis 3.3.9 und 3.4.1 bis 3.4.3 ermittelten Schutzabstände in Windrichtung folgendermaßen zu vergrößern:

Windgeschwindigkeiten in m/s	Erhöhung des Schutzabstandes in %
größer 9 bis 13	100
größer 13	200

In die der Windrichtung entgegengesetzte Richtung kann der Schutzabstand um maximal 40 % verringert werden.

4 **Schutzabstände beim Verwenden von pyrotechnischen Gegenständen für Bühne und Theater der Kategorie T2**

4.1 Einhaltung der Schutzabstände

Der Erlaubnisinhaber oder die von ihm beauftragte verantwortliche Person hat während des Verwendens der pyrotechnischen Gegenstände für Bühne und Theater der Kategorie T2 den jeweils notwendigen Schutzabstand zu gewährleisten. In dieser Zeit dürfen sich nur Personen innerhalb des durch den Schutzabstand definierten Bereichs aufhalten, die von der verantwortlichen Person dazu bestimmt wurden. Die verantwortliche Person hat geeignete Schutzmaßnahmen für diese Personen festzulegen.

4.2 Schutzabstände bei vertikaler Verwendung und bei Windgeschwindigkeiten ≤ 9 m/s

Liegen beim Verwenden eines pyrotechnischen Gegenstandes für Bühne und Theater der Kategorie T2 die folgenden Verwendungsbedingungen vor, so ergibt sich der zu ermittelnde Schutzabstand aus den Leistungsdaten des pyrotechnischen Gegenstandes:

- vertikales Verwenden vom Boden
- Windgeschwindigkeit bis zu einer Windgeschwindigkeit von 9 m/s
- ohne Berücksichtigung weiterer ortsabhängiger und variabler Bedingungen.

Der Schutzabstand ist auf Basis der Effektausdehnungen, der Wurfweiten von Fragmenten und von brennendem und glimmendem Material sowie auf Basis des angegebenen Schalldruckes zu berechnen.

4.2.1 Der auf die jeweilige Effektausdehnung (Effekthöhe und radiale Effektweite) und die Wurfweiten von Fragmenten und von brennendem und glimmendem Material bezogene Schutzabstand in Ausstoßrichtung (SA) und in radialer Richtung (SR) in m beim Verwenden ohne Berücksichtigung des Neigungswinkels (bis zu einer Windgeschwindigkeit von 9 m/s im Außenbereich) ist mit folgender Formel [1] zu berechnen:

$S_{A/R}\,[m] = 1{,}3 \times L_{Leistungsparameter,\ max}$ [1]

$L_{Leistungsparameter,\ max}$ ist der jeweilige größte Wert in m der folgenden anwendbaren Leistungsparameter, die für den jeweiligen Gegenstand in dessen Kennzeichnung angegeben sind:

a) Effekthöhe,
b) radiale Effektweite,
c) Wurfweiten von Fragmenten und brennendem oder glimmendem Material.

4.2.2 Der auf den Schalldruck bezogene Schutzabstand (Schutzabstand$_B$) ist so zu berechnen, dass Dritte einem Schalldruckpegel von maximal 120 dB(AI) ausgesetzt sind. Der Schutzabstand in Abhängigkeit vom

Schallpegel ist mit folgender Formel [2] zu ermitteln:

$$Schutzabstand_B\,[m] = 10\ (\log(r_{Messung}) - \frac{L_{Schall} - L_{Messung}}{20})\ [2]$$

Hierbei sind:

$r_{Messung}$ Messentfernung in m
L_{Schall} Schallpegelgrenze 120 dB(AI)
$L_{Messung}$ Gemessener Schallpegel in dB(AI) bei $r_{Messung}$

Sind diese Anforderungen bei Mitwirkenden auf Grund der Nähe zu den Gegenständen nicht einzuhalten, so sind geeignete Schutzmaßnahmen festzulegen und in der Sicherheitsbetrachtung zu dokumentieren.

4.2.3 Der größere Wert der beiden Schutzabstände S_A, S_R sowie der Schutzabstand$_B$ bestimmen den resultierenden Schutzabstand in die jeweilige Richtung.

4.3 **Schutzabstand bei Verwendung unter Neigungswinkel**
Beim Verwenden eines pyrotechnischen Gegenstandes für Bühne und Theater der Kategorie T2 unter einem Neigungswinkel ist der nach Formel [1] berechnete Schutzabstand in Abhängigkeit des Neigungswinkels in Neigungsrichtung nach Bild 1 und Formel [3] folgendermaßen zu vergrößern:

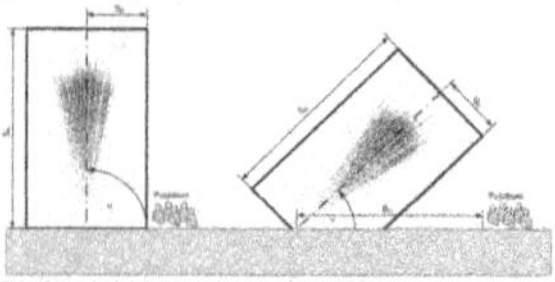

Bild 1: Schutzabstände bei Verwendung unter Neigungswinkel

$$S_W = S_A \times \cos(\alpha) + S_R \times \cos(90^\circ - \alpha)\ [3]$$

Hierbei sind:

S_W = resultierender Schutzabstand in m
S_A = Schutzabstand in Ausstoßrichtung in m
S_R = Schutzabstand in radialer Richtung in m
α = Neigungswinkel von der Horizontalen in Grad

In die der Verwendungsrichtung entgegengesetzte Richtung kann der Schutzabstand entsprechend folgender Formel [4] reduziert werden:
$S_W = S_R \times \cos(90^\circ - \alpha)$. [4]
Der Schutzabstand ist nach Formel [2] entsprechend zu erhöhen, falls der Schalldruckpegel an dieser Stelle oberhalb von 120 dB(AI) liegt.

4.4 **Verwendung unter Windeinfluss im Außenbereich**
Der beim Verwenden eines pyrotechnischen Gegenstandes für Bühne und Theater der Kategorie T2 unter Windeinfluss im Außenbereich mit Windgeschwindigkeiten von mehr als 9 m/s zu berücksichtigende Schutzabstand ergibt sich aus den folgenden Regelungen. Diesem Schutzabstand liegt der durch den Hersteller nach § 18 Absatz 7 ermittelte und in der Kennzeichnung angegebene Schutzabstand oder die entsprechende Regelung gemäß Ziffer 4.3 zugrunde.
Bei Windgeschwindigkeiten von mehr als 9 m/s sind die nach Formel [1] oder [3] ermittelten Schutzabstände wie folgt zu vergrößern:

4.4.1 bei Windgeschwindigkeiten von mehr als 9 m/s bis 13 m/s für Gegenstände mit einer Effekt- oder Zerlegungshöhe von mehr als 30 m um 100 % in Windrichtung,

4.4.2 bei Windgeschwindigkeiten von mehr als 13 m/s dürfen nur Gegenstände mit einer Effekt- oder Zerlegungshöhe von weniger als 30 m abgebrannt werden, es sei denn, der Schutzabstand kann um mindestens 200 % in Windrichtung vergrößert werden.

4.5 Spezielle Schutzabstände bei Bouquet-Effekten
Für pyrotechnische Gegenstände für Bühne und Theater der Kategorie T2, die in großen Höhen breite Bouquet-Effekte (zum Beispiel Crossette) erzeugen, können Personen mit Befähigungsschein unter gebührender Berücksichtigung der Einzeleffekte, wie beispielsweise der Möglichkeit des Herabfallens fester Rückstände wie Asche, Schlacke und brennendem oder glimmendem Material, der Möglichkeit nicht gezündeter Sterne oder Effektkomponenten, der Effekt- oder Zerlegungshöhe und der radialen Effektweite einen radialen Schutzabstand von mindestens 2 m in Bodennähe festsetzen. Dieser ist nach Formel [2] entsprechend zu erhöhen, falls der Schalldruckpegel an dieser Stelle über 120 dB(AI) liegt.

I

Zweite Verordnung zum Sprengstoffgesetz (2. SprengV)

in der Fassung der Bekanntmachung vom 10. September 2002 (BGBl. I S. 3543)

Zuletzt geändert durch
Gesetz zum Abbau verzichtbarer Anordnungen der Schriftform im Verwaltungsrecht des Bundes
vom 29. März 2017 (BGBl. I S. 626)

Inhaltsübersicht

§ 1 Anwendungsbereich

(1) Die Verordnung gilt für die Aufbewahrung von explosionsgefährlichen Stoffen (Explosivstoffe und sonstige explosionsgefährliche Stoffe).

(2) Die Verordnung gilt nicht für explosionsgefährliche Stoffe

1. auf Straßen-, Schienen-, Wasser- und Luftfahrzeugen während der Beförderung,
2. auf den in Nummer 1 genannten Fahrzeugen, soweit die Stoffe zu Zwecken des Fahrzeugbetriebs aufbewahrt werden,
3. die sich im Arbeitsgang befinden,
4. die in der für den Fortgang der Arbeiten erforderlichen Menge bereitgehalten werden,
5. die als Fertig- oder Zwischenprodukte kurzzeitig abgestellt werden.

§ 2 Allgemeine Anforderungen

(1) Explosionsgefährliche Stoffe sind nach den Vorschriften des Anhangs dieser Verordnung und im Übrigen nach dem Stand der Technik, den sonstigen gesicherten wissenschaftlichen Erkenntnissen sowie den allgemein anerkannten Regeln der Sicherheitstechnik aufzubewahren.

(2) Von den nach § 6 Absatz 4 des Sprengstoffgesetzes bekannt gemachten Regeln und Erkenntnissen kann abgewichen werden, wenn durch andere Maßnahmen zumindest in vergleichbarer Weise der Schutz von Leben, Gesundheit und Sachgütern Beschäftigter und Dritter gewährleistet ist. Dies ist der zuständigen Behörde auf Verlangen nachzuweisen.

§ 3 Ausnahmen

Die zuständige Behörde kann auf schriftlichen oder elektronischen Antrag Ausnahmen von den Vorschriften des Anhangs zu dieser Verordnung zulassen, wenn

1. eine andere, ebenso wirksame Maßnahme getroffen wird oder
2. die Durchführung der Vorschrift im Einzelfall zu einer unverhältnismäßigen Härte führen würde und die Abweichung mit dem Schutz der Arbeitnehmer und Dritter sowie mit den Belangen der öffentlichen Sicherheit vereinbar ist.

§ 4 Lager- und Verträglichkeitsgruppenzuordnung

(1) Wer explosionsgefährliche Stoffe, die in der vorgesehenen Verpackung von der Bundesanstalt für Materialforschung und -prüfung (Bundesanstalt) noch keiner Lagergruppe zugeordnet sind, gewerbsmäßig herstellt, in den Geltungsbereich des Gesetzes verbringt oder einführt und selbst aufbewahren oder einem anderen überlassen will, hat die Stoffe und die Art der Verpackung der Bundesanstalt anzuzeigen. Die Anzeige muss Angaben enthalten über

1. die Bezeichnung der Stoffe,
2. die chemische Zusammensetzung und die physikalischen Eigenschaften der Stoffe,
3. die Beschaffenheit (Material, Form) der Verpackungen, die Bruttomasse und das Volumen der Packstücke sowie die Masse der Stoffe.

(2) (weggefallen)

(3) Die Bundesanstalt ordnet die angezeigten explosionsgefährlichen Stoffe in der vorgesehenen Verpackung nach den Nummern 2.1.2 bis 2.1.5 oder 3.1.1.1 bis 3.1.1.3 des Anhangs zu dieser Verordnung der maßgebenden Lagergruppe und die Explosivstoffe der Lagergruppen 1.1 bis 1.4 nach Nummer 2.7 Abs. 1 in Verbindung mit Anlage 5 des Anhangs der zutreffenden Verträglichkeitsgruppe zu. Sie teilt die Zuordnung dem Anzeigenden mit. Sie führt eine Liste der Zuordnungen nach Satz 1, die folgende Angaben enthalten soll:

1. die Bezeichnung des Stoffes oder Gegenstandes,
2. die dem Produkt zugeordnete Lager- und Verträglichkeitsgruppe,
3. die sicherheitsrelevanten Verpackungsmerkmale und
4. erforderlichenfalls besondere Sicherheitshinweise.

Die Liste ist bei der Bundesanstalt während der Dienststunden auszulegen. Auf Verlangen eines Dritten ist diesem gegen Kostenerstattung eine Abschrift oder Vervielfältigung zu überlassen.

(4) Soweit es sich um explosionsgefährliche Stoffe handelt, die ausschließlich für eine militärische Verwendung bestimmt sind, tritt in den Fällen der Absätze 1 und 3 an die Stelle der Bundesanstalt die zuständige Stelle der Bundeswehr.

(5) Wer explosionsgefährliche Stoffe aufbewahrt, hat hierbei die von der Bundesanstalt oder von der zuständigen Stelle der Bundeswehr bestimmte Lager- und Verträglichkeitsgruppe zugrunde zu legen.

§ 5 Bauartzulassung

(1) Der Antrag auf Erteilung der Bauartzulassung für Bauteile oder Systeme eines Lagers, insbesondere für Schranklager, ist bei der nach § 17 Abs. 4 des Gesetzes zuständigen Behörde (Zulassungsbehörde) zu stellen. Dem Antrag sind die für die Prüfung erforderlichen Zeichnungen und Beschreibungen über die Bauart und die Betriebsweise sowie etwa erforderliche Berechnungen beizufügen.

(2) Die Zulassungsbehörde kann verlangen, dass ihr oder der von ihr bestimmten Stelle ein Baumuster zu überlassen ist.

(3) Die Zulassungsbehörde kann vor der Entscheidung über den Antrag verlangen, dass ein Gutachten einer von ihr zu bestimmenden sachverständigen Stelle vorgelegt wird.

(4) Die Zulassungsbehörde erteilt dem Antragsteller einen Zulassungsbescheid. Dieser muss folgende Angaben enthalten:

1. Name und Anschrift des Antragstellers,
2. Art und Modellbezeichnung des Bauteils oder des Systems,
3. die wesentlichen Merkmale des Bauteils oder des Systems,
4. Art und Form des Zulassungszeichens,
5. die inhaltlichen Beschränkungen und die Nebenbestimmungen der Zulassung.

(5) Der Inhaber der Zulassung hat dauerhaft und deutlich sichtbar auf jedem nachgebauten Stück das Zulassungszeichen anzubringen.

§ 6 Freistellung vom Genehmigungsvorbehalt

Kleine Mengen von explosionsgefährlichen Stoffen nach Nummer 4 des Anhangs dürfen ohne Genehmigung nach § 17 des Gesetzes aufbewahrt werden. Die Erlaubnisvorbehalte nach den §§ 7 und 27 des Gesetzes bleiben unberührt.

§ 7 Ordnungswidrigkeiten

Ordnungswidrig im Sinne des § 41 Abs. 1 Nr. 16 des Sprengstoffgesetzes handelt, wer vorsätzlich oder fahrlässig entgegen § 5 Abs. 5 das Zulassungszeichen nicht oder nicht in der vorgeschriebenen Weise anbringt.

§ 8 (weggefallen)

§ 9 (Berlin-Klausel)

§ 10 (Inkrafttreten, Außerkrafttreten von Rechtsvorschriften)

Anhang
zu § 2 der Zweiten Verordnung zum Sprengstoffgesetz (2. SprengV)

Inhaltsübersicht

I

Anlagenverzeichnis

1 **Begriffsbestimmungen**

1.1 Explosivstoffe
sind Sprengstoffe, Treibstoffe (Treibladungspulver, Treibladungen, Raketentreibstoffe), pyrotechnische Munition, pyrotechnische Gegenstände, Zündmittel, pyrotechnische Sätze und die zu deren Herstellung bestimmten explosionsgefährlichen Stoffe sowie die nach § 1 Abs. 2 SprengG gleichgestellten Stoffe und Gegenstände.

1.2 Sonstige explosionsgefährliche Stoffe
sind explosionsgefährliche Stoffe, die nicht Explosivstoffe sind.

1.3 Durchsatz
ist der bei einem Brandversuch zum Zwecke der Zuordnung zu Lagergruppen ermittelte Quotient aus der Nettomasse des eingesetzten Stoffes (kg) und der gemessenen Brenndauer (min). Für die Lagergruppenzuordnung der sonstigen explosionsgefährlichen Stoffe wird das Abbrandverhalten eines Stoffes in seiner Verpackung, bezogen auf eine Nettomasse von 10 000 kg, durch den korrigierten Stoffdurchsatz A_k (kg/min) charakterisiert. In ihm sind das Maß der Vollständigkeit und Gleichmäßigkeit des Abbrandes sowie das Wärmestrahlungsvermögen (Emissivität) der Flammen berücksichtigt.

1.4 Flugfeuer
sind brennende umherfliegende Teile aus einem Brand- oder Explosionsherd.

1.5 Lagerbereich
ist die zur Lagerung explosionsgefährlicher Stoffe festgelegte Fläche.

1.6 Nettoexplosivstoffmasse (NEM)
Masse der Explosivstoffe (einschließlich der Phlegmatisierungsmittel) ohne deren Umhüllung und Verpackung.

1.7 Nettomasse
Masse der sonstigen explosionsgefährlichen Stoffe (einschließlich der Phlegmatisierungsmittel) ohne deren Umhüllung und Verpackung.

1.8 Ortsfeste Lager
sind betretbare und nichtbetretbare Lager, die mit dem Erdboden fest verbunden sind oder länger als sechs Monate an demselben Ort verbleiben.

1.9 Ortsbewegliche Lager
sind Lager, die mit dem Erdboden nicht fest verbunden sind und nicht länger als sechs Monate an demselben Ort verbleiben.

1.10 Schutzabstände (Fernbereich)
sind die zur Allgemeinheit oder Nachbarschaft einzuhaltenden Abstände.

1.11 Sicherheitsabstände (Nahbereich)
sind die innerhalb eines Betriebes einzuhaltenden Abstände.

1.12 Sprengstücke
sind Teile explodierter Gegenstände nach Nr. 1.1.

1.13 Verkehrswege
sind Straßen, Schienen- und Schifffahrtswege, die uneingeschränkt dem öffentlichen Verkehr zugänglich sind, ausgenommen solche mit geringer Verkehrsdichte.

1.14 Wohnbereich
ist der nicht mit dem Betrieb in Zusammenhang stehende Bereich bewohnter Gebäude. Gebäude und Anlagen mit Räumen, die nicht nur zum vorübergehenden Aufenthalt von Personen bestimmt und geeignet sind, stehen bewohnten Gebäuden gleich.

1.15 Wurfstücke
sind Teile des Lagers, seiner Einrichtungen oder der Verpackung, die bei einer Explosion entstehen und fortgeschleudert werden.

1.16 Zündstoffe
Stoffe, die bei Auslösung einer chemischen Reaktion schon in kleinen Massen detonieren.

2 Aufbewahrung von Explosivstoffen in einem Lager

2.1 Allgemeines
(1) Die Anforderungen der Nummer 2 gelten für Explosivstoffe.
(2) Explosivstoffe dürfen im Freien und auf Fahrzeugen nicht aufbewahrt werden.

2.1.1 Lagergruppen
Die Explosivstoffe werden in vier Lagergruppen eingeteilt. Aus der Lagergruppe ergeben sich Sicherheitsanforderungen, insbesondere hinsichtlich der Schutz- und Sicherheitsabstände. Maßgebend für die Einteilung sind die Eigenschaften der Explosivstoffe, insbesondere ihr Verhalten in der Verpackung bei einem Brand, einer Deflagration oder Detonation und die sich daraus ergebenden Gefahren. Bei Explosivstoffen der Lagergruppen 1.1 bis 1.3 wird die Schwere der Schäden und der Schadensbereich durch die Nettoexplosivstoffmasse bestimmt.

2.1.2 Lagergruppe 1.1
Die Explosivstoffe dieser Gruppe können in der Masse explodieren. Die Umgebung ist durch Druckwirkung (Stoßwellen), durch Flammen und durch Spreng- und Wurfstücke gefährdet. Bei starkmanteligen Gegenständen tritt eine zusätzliche Gefährdung durch schwere Sprengstücke ein. Explosivstoffe, die nach gefahrgutrechtlichen Vorschriften der Unterklasse 1.5 zugeordnet sind, sind als Explosivstoffe der Lagergruppe 1.1 zu behandeln.

2.1.3 Lagergruppe 1.2
Die Explosivstoffe dieser Gruppe explodieren nicht in der Masse. Gegenstände explodieren bei einem Brand zunächst einzeln. Im Verlauf des Brandes nimmt die Zahl der gleichzeitig explodierenden Gegenstände zu. Die Druckwirkung (Stoßwellen) der Explosionen ist auf die unmittelbare Umgebung beschränkt; an Bauwerken der Umgebung entstehen keine oder nur geringe Schäden. Die weitere Umgebung ist durch leichte Sprengstücke und durch Flugfeuer gefährdet. Fortgeschleuderte Gegenstände können beim Aufschlag explodieren und so Brände und Explosionen übertragen. Bei starkmanteligen Gegenständen tritt eine zusätzliche Gefährdung durch schwere Sprengstücke ein. Explosivstoffe, die nach gefahrgutrechtlichen Vorschriften der Unterklasse 1.6 zugeordnet sind, sind als Explosivstoffe der Lagergruppe 1.2 zu behandeln.

2.1.4 Lagergruppe 1.3
Die Explosivstoffe dieser Gruppe explodieren nicht in der Masse. Sie brennen sehr heftig und unter starker

Wärmeentwicklung ab, der Brand breitet sich rasch aus. Die Umgebung ist hauptsächlich durch Flammen, Wärmestrahlung und Flugfeuer gefährdet. Gegenstände können vereinzelt explodieren, einzelne brennende Packstücke und Gegenstände können fortgeschleudert werden. Die Gefährdung der Umgebung durch Sprengstücke ist gering. Die Bauten in der Umgebung sind im Allgemeinen durch Druckwirkung (Stoßwellen) nicht gefährdet.

2.1.5 Lagergruppe 1.4
Die Explosivstoffe dieser Gruppe stellen keine bedeutsame Gefahr dar. Sie brennen ab, einzelne Gegenstände können auch explodieren. Die Auswirkungen sind weitgehend auf das Packstück beschränkt. Sprengstücke gefährlicher Größe und Flugweite entstehen nicht. Ein Brand ruft keine Explosion des gesamten Inhalts einer Packung hervor.

2.2 Allgemeine Anforderungen

2.2.1 Lage zu Zugängen
Explosivstoffe dürfen nicht unmittelbar an Zugängen zu Arbeitsstätten aufbewahrt werden. Dies gilt nicht, wenn der Schutz der Benutzer der Zugänge auf andere Weise gegeben ist.

2.2.2 Schutz- und Sicherheitsabstände
(1) Lager müssen von Wohnbereichen und von Verkehrswegen mindestens die in Anlage 1 genannten Schutzabstände sowie von anderen schutzbedürftigen Betriebsgebäuden und -anlagen und von anderen Lagern für Explosivstoffe mindestens die in Anlage 2 genannten Sicherheitsabstände haben.
(2) Bei der Berechnung der Schutz- und Sicherheitsabstände wird die Nettoexplosivstoffmasse zugrunde gelegt.
(3) Sind die an einem Ort gelagerten Explosivstoffe in Teilmengen unterteilt und ist durch diese Unterteilung eine gleichzeitige Deflagration oder Detonation anderer Teilmengen ausgeschlossen, so ist für die Ermittlung der Abstände nach Absatz 1 die Teilmenge zugrunde zu legen, die den größten Abstand erfordert.
(4) Werden Explosivstoffe mehrerer Lagergruppen zusammen gelagert, so ist die Summe der Nettoexplosivstoffmassen der Stoffe und Gegenstände aller Lagergruppen zugrunde zu legen und für die Ermittlung der Abstände nach Absatz 1 die Berechnungsformel für diejenige Lagergruppe anzuwenden, die den größten Abstand zu den gefährdeten Objekten erfordert. Nettoexplosivstoffmassen der Lagergruppe 1.4 bleiben hierbei unberücksichtigt, es sei denn, dass eine wesentliche Gefahrenerhöhung eintreten kann.

2.2.3 Brandschutz
(1) Explosivstoffe müssen so aufbewahrt werden, dass deren Temperatur 75 °C nicht überschreiten kann.
(2) Im Abstand bis zu 25 m von den Explosivstoffen (Brandschutzbereich) dürfen leicht entzündliche und brennbare Materialien nicht gelagert werden. In diesem Bereich darf nicht geraucht sowie offenes Licht oder offenes Feuer nicht verwendet werden.
(3) Der Brandschutzbereich muss gekennzeichnet sein, wenn die örtlichen oder betrieblichen Gegebenheiten dies erfordern.
(4) Der Brandschutzbereich kann verkleinert werden, soweit der Brandschutz auf gleich wirksame Weise erreicht wird.

2.2.4 Schutz vor elektrischer Energie
Elektrisch auslösbare Gegenstände dürfen nicht in Bereichen aufbewahrt werden, in denen elektromagnetische Felder (z. B. durch Ströme elektrischer Anlagen, Hochfrequenzenergie) in gefährlicher Weise auf sie einwirken können.

2.2.5 Schutz vor Diebstahl und Einwirkung von außen

(1) Lager sind so zu errichten, dass Explosivstoffe gegen Diebstahl gesichert sind. Die Schutzmaßnahmen müssen der möglichen Gefährdung der öffentlichen Sicherheit, die durch die missbräuchliche Verwendung der Explosivstoffe bewirkt werden kann, entsprechen.

(2) Lager für Zündmittel und gleichwertig zu schützende Explosivstoffe müssen hinsichtlich Bauweise und Betrieb mindestens folgenden Anforderungen genügen:

- Lager dürfen keine Fenster haben.
- Lager müssen Türen haben, die gegen die Anwendung von Gewalt sowie von Schweiß- und Schneidwerkzeugen und sonstigen Werkzeugen ausreichend widerstandsfähig sind.
- Decken (Dächer), Wände und Fußböden der Lager müssen ausreichend widerstandsfähig sein.
- Die nach dem Sprengstoffgesetz verantwortlichen Personen haben Maßnahmen zu treffen, dass die Lager zuverlässig verschlossen, nicht mehr Schlüsselsätze als für einen ordnungsgemäßen Betrieb erforderlich vorhanden, die Schlüssel zum Lager ordnungsgemäß aufbewahrt und Unbefugten nicht zugänglich sind sowie ein geeignetes Kontrollsystem vorhanden ist, um unbefugte Entnahme zu verhindern.

(3) Lager für Sprengstoffe und gleichwertig zu schützende Explosivstoffe müssen hinsichtlich Bauweise und Betrieb mindestens folgenden Anforderungen genügen:

- Lager dürfen keine Fenster haben.
- Lager müssen Türen haben, die ausreichend Schutz gegen die Anwendung von Einbruchwerkzeugen bieten.
- Decken (Dächer), Wände und Fußböden der Lager müssen ausreichend widerstandsfähig sein.
- Die nach dem Sprengstoffgesetz verantwortlichen Personen haben Maßnahmen zu treffen, dass die Lager zuverlässig verschlossen, nicht mehr Schlüsselsätze als für einen ordnungsgemäßen Betrieb erforderlich vorhanden, die Schlüssel zum Lager ordnungsgemäß aufbewahrt und Unbefugten nicht zugänglich sind sowie ein geeignetes Kontrollsystem vorhanden ist, um unbefugte Entnahme zu verhindern.

(4) Lager für alle übrigen Explosivstoffe müssen hinsichtlich Bauweise und Betrieb mindestens folgenden Anforderungen genügen:

- Lager dürfen keine Fenster haben. Dies gilt nicht bei der Aufbewahrung von nichtsprengkräftigen Gegenständen der Lagergruppe 1.4 und pyrotechnischen Gegenständen der Kategorien 1 und 2, die der Lagergruppe 1.3 angehören.
- Es sind Maßnahmen zu treffen, dass die Lager zuverlässig verschlossen und die Schlüssel Unbefugten nicht zugänglich sind.

(5) Schutzmaßnahmen nach den Absätzen 2 bis 4 können teilweise entfallen, soweit ein gleichwertiger Schutz durch den Einbau von Gefahrenmeldeanlagen oder durch Bewachung gewährleistet ist.

(6) Werkzeuge oder Geräte, die Diebstahls- oder Einbruchshandlungen ermöglichen oder unterstützen können, sind außerhalb der Betriebszeiten in geeigneter Weise unter Verschluss zu halten.

2.2.6 Schutz vor Wasser und unbefugtem Zugang

(1) Lager sind gegen das Eindringen von Grund- und Niederschlagswasser sowie gegen Überschwemmung zu schützen.

(2) Lager sind einzufrieden, wenn die örtlichen oder betrieblichen Gegebenheiten dies erfordern.

2.2.7 Sonstige Vorschriften

(1) Packstücke oder sonstige Behältnisse mit Explosivstoffen sind

- so zu stellen, festzulegen und zu stapeln, dass sie von sich aus ihre Lage nicht verändern können,
- so zu stapeln, dass eine sichere Handhabung möglich ist und dass sie durch ihr Gewicht nicht in einer die Sicherheit gefährdenden Weise verformt werden können.

(2) Explosivstoffe, die unbrauchbar sind oder deren Verwendung nicht mehr zulässig ist, sind gesondert und nach Arten getrennt aufzubewahren; sie sind baldmöglichst zu entsorgen.

2.3 Nicht betretbare Lager

2.3.1 Allgemeines

(1) Die Lager müssen aus nicht brennbaren Baustoffen errichtet werden. Sie müssen mit einer mindestens 0,1 m starken Betonsohle fest verbunden und entweder mit einer Erdüberschüttung von mindestens 0,6 m (bei Schranklagern 1,0 m) versehen oder in gewachsenen Fels oder standfesten Boden eingebaut sein.

(2) Die Lagerbelegung darf höchstens 1000 kg NEM betragen. Die Innenabmessungen müssen ausreichen, um das Lagergut ohne Gefahr handhaben zu können.

(3) Werden im Lager auch Zündmittel gelagert, muss für diese ein Fach vorhanden sein, das durch eine Trennwand abgeteilt ist und über eine eigene Schließvorrichtung verfügt. Die Abtrennung muss so beschaffen sein, dass die Übertragung einer Detonation der Zündmittel auf die anderen Explosivstoffe verhindert wird.

(4) In dem Fach nach Absatz 3 darf die Nettoexplosivstoffmasse aller Zündmittel höchstens 4 kg betragen. Die Nettoexplosivstoffmasse des einzelnen Zündmittels darf 5 g nicht übersteigen.

2.3.2 Bauart von Schranklagern

Für Schranklager, die entsprechend § 17 Abs. 4 des Sprengstoffgesetzes ihrer Bauart nach zugelassen werden sollen, gelten die Anforderungen der Nummer 2.3.1 Abs. 2, 3 und 4 entsprechend. Vorgefertigte Schranklager müssen eine ausreichend feste und widerstandsfähige Außenwandung haben.

2.4 Betretbare Lager

2.4.1 Allgemeines

(1) Lagergebäude dürfen nur eingeschossig ausgeführt werden.

(2) Lagergebäude müssen in feuerbeständiger Bauart errichtet werden.

(3) Lagergebäude für Explosivstoffe der Lagergruppe 1.1 müssen bei einer Lagerbelegung von mehr als 1000 kg NEM entweder mit einer Erdüberschüttung von mindestens 0,6 m versehen oder in gewachsenen Fels oder standfesten Boden eingebaut sein. Bei einer Lagerbelegung bis 1000 kg NEM genügt die Umwallung des Lagergebäudes.

(4) Türen müssen nach außen aufschlagen.

(5) Die Innenabmessungen müssen ausreichen, um das Lagergut ohne Gefahr handhaben zu können. Die Höhe des Lagerraumes muss mindestens 2 m betragen.

(6) Werden im Lager auch Zündmittel gelagert, muss für diese ein abgetrennter Raum (Fach, Nische, Kammer) mit eigener Schließung vorhanden sein. Die Abtrennung muss so beschaffen sein, dass die Übertragung einer Detonation der Zündmittel auf die anderen Explosivstoffe verhindert wird.

(7) In einem Fach oder einer Nische nach Absatz 6 darf die Nettoexplosivstoffmasse aller Zündmittel höchstens 10 kg betragen. Für mehr als 10 kg ist eine besondere Kammer er-

forderlich. Die Nettoexplosivstoffmasse des einzelnen Zündmittels darf 5 g nicht übersteigen.

2.4.2 Erdüberschüttete Lager

(1) Die Erdüberschüttung muss allseitig, bis auf den Zugang, mindestens 0,6 m betragen.

(2) Bei erdüberschütteten Lagern in Ausblasebauart sind gegen gefährliche Wirkungen in Ausblaserichtung erforderlichenfalls Schutzmaßnahmen zu treffen.

(3) Die Decke darf keine Stahl- oder Stahlbetonträger enthalten.

(4) Bei Lagern mit schwer zerlegbarer Decke muss die Decke mit den Wänden fest verankert sein.

2.4.3 Freistehende Lager

(1) Lager, die weder erdüberschüttet noch umwallt sind (freistehende Lager), müssen ausreichend widerstandsfähige Decken (Dächer) und Wände haben, wenn die aufbewahrten Explosivstoffe durch Wurf- oder Sprengstücke gefährdet werden können.

(2) Freistehende Lager aus leichten Baustoffen dürfen nur dort errichtet werden, wo eine gefährliche Einwirkung von außen nicht zu erwarten ist.

2.5 Aufbewahrung in ortsfesten Lagern

2.5.1 Allgemeines

Nummer 2.2 findet für die Lagergruppen 1.1 bis 1.4, die Nummern 2.3 und 2.4 finden nur für die Lagergruppen 1.1 bis 1.3 und für Zündmittel der Lagergruppe 1.4 Anwendung.

2.5.2 Bauweise und Einrichtung

(1) Der Fußboden muss – soweit erforderlich – elektrostatisch leitfähig sein sowie eine dichte, ebene und trittsichere Oberfläche haben und sich leicht reinigen lassen. Im Fußboden dürfen sich Kanäle nur dann befinden, wenn sichergestellt ist, dass sich dort keine Explosivstoffe und keine anderen gefährlichen Materialien ablagern können.

(2) Elektrische Anlagen und Betriebsmittel müssen den Bestimmungen für elektrische Anlagen in explosivstoffgefährdeten Betriebsstätten entsprechen.

(3) Die Oberflächentemperatur von Heizflächen und Heizleitungen im Lagerraum darf 120 °C nicht überschreiten und muss im Übrigen so geregelt werden, dass die Explosivstoffe keine Temperaturen annehmen, die zu einer gefährlichen Reaktion führen können.

(4) Lager müssen gegen die Gefahren durch atmosphärische Entladungen geschützt sein. Ist dies durch ihre natürliche Lage oder eine ausreichende Erdüberschüttung nicht erfüllt, muss eine Blitzschutzanlage vorhanden sein.

(5) Lager müssen eine ausreichende Lüftung haben.

(6) Auf der Außenseite der Innentür oder, sofern nur eine Tür vorhanden ist, auf deren Innenseite sind deutlich lesbare und dauerhafte Aufschriften anzubringen, aus denen die Lagergruppen, die Verträglichkeitsgruppen und die maximal zulässigen Nettoexplosivstoffmassen der zu lagernden Explosivstoffe hervorgehen.

2.5.3 Betriebsvorschriften

(1) Lager müssen in gutem baulichen Zustand erhalten werden. Einrichtungen sind ordnungsgemäß zu betreiben und instand zu halten. In den Lagerräumen und innerhalb der Einfriedung ist auf Ordnung und Reinlichkeit zu achten.

(2) Explosivstoffe dürfen auf und unmittelbar an Heizflächen oder Heizleitungen nicht abgestellt werden.

(3) Im Lager dürfen nur Geräte und Werkzeuge aufbewahrt und verwendet werden, die für die Aufbewahrung oder Verwendung der gelagerten Explosivstoffe notwendig sind

I

und die nicht zu einer Gefahrenerhöhung führen können.

(4) Explosivstoffe dürfen nur in der Versandverpackung aufbewahrt werden; hiervon darf aus betrieblichen Gründen abgewichen werden, wenn die Behältnisse so verschlossen und beschaffen sind, dass der Inhalt nicht beeinträchtigt wird und Explosivstoffe nicht nach außen gelangen können.

(5) Lager dürfen nur von nach dem Sprengstoffgesetz verantwortlichen Personen oder nur unter deren Aufsicht und im Übrigen nur nach deren Weisung betreten werden.

(6) In Lagern dürfen nur die zu deren Betrieb notwendigen Arbeiten vorgenommen werden; dazu gehören auch das Entnehmen von Proben und das Kennzeichnen.

(7) Feuer- und Heißarbeiten dürfen nur ausgeführt werden, wenn alle Explosivstoffe entfernt, das Lager gesäubert und eine schriftliche Erlaubnis der nach dem Sprengstoffgesetz verantwortlichen Person erteilt worden ist. Die Arbeiten dürfen nur unter fachkundiger Aufsicht durchgeführt werden.

(8) Bestehen Gefahren einer äußeren Einwirkung auf die Explosivstoffe (z. B. bei Brand, Gewitter), so müssen Beschäftigte und Dritte unverzüglich den Gefahrenbereich verlassen oder in Deckung gehen. Soweit möglich, muss der Gefahrenbereich abgesperrt werden. Andere Beschäftigte und Dritte müssen vor der Gefahr gewarnt werden.

(9) Elektrische Anlagen, Gefahrenmeldeanlagen und Blitzschutzanlagen sind vor Inbetriebnahme des Lagers sowie jährlich mindestens einmal auf ihren ordnungsmäßigen Zustand zu prüfen. Über das Ergebnis der Prüfung ist eine Bescheinigung zu erteilen. Die Bescheinigung ist aufzubewahren.

2.6 Aufbewahrung in ortsbeweglichen Lagern

2.6.1 Allgemeines

Nummer 2.2 findet für die Lagergruppen 1.1 bis 1.4, die Nummern 2.3 und 2.4 finden nur für die Lagergruppen 1.1 bis 1.3 und für Zündmittel der Lagergruppe 1.4 sinngemäß Anwendung.

2.6.2 Bauweise und Einrichtung

(1) Nummer 2.5.2 Abs. 2, 3 und 6 findet Anwendung.

(2) Nummer 2.5.2 Abs. 4 findet Anwendung. Dies gilt nicht für Stahlschränke.

2.6.3 Betriebsvorschriften

(1) Nummer 2.5.3 Abs. 1 bis 5 und 9 findet Anwendung.

(2) Im Lager und in dessen unmittelbarer Umgebung dürfen nur die zum Betrieb des Lagers notwendigen Arbeiten vorgenommen werden. Darüber hinaus ist hier ein Aufenthalt nicht gestattet.

(3) Mit Ausnahme der für die Aufbewahrung notwendigen Arbeiten dürfen im Abstand von 25 m von Explosivstoffen nur solche Arbeiten ausgeführt werden, die keine Gefärdung hervorrufen. Dies hat die nach dem Sprengstoffgesetz verantwortliche Person vorher festzustellen. Feuer oder Heißarbeiten dürfen unabhängig davon erst dann ausgeführt werden, wenn alle Explosivstoffe entfernt sind, das Lager gesäubert und eine schriftliche Erlaubnis der nach dem Sprengstoffgesetz verantwortlichen Person erteilt worden ist. Feuer- oder Heißarbeiten dürfen nur unter fachkundiger Aufsicht durchgeführt werden.

(4) Bei Gefahr (z. B. Brand, Gewitter) müssen Beschäftigte und Dritte unverzüglich den Gefahrenbereich verlassen oder in Deckung gehen. Soweit möglich, muss der Gefahrenbereich abgesperrt werden. Andere Be-

schäftigte und Dritte müssen vor der Gefahr gewarnt werden.

2.7 Zusammenlagerung

(1) Explosivstoffe werden hinsichtlich ihrer Verträglichkeit bei der Zusammenlagerung in Verträglichkeitsgruppen nach Anlage 5 eingeteilt.

(2) Explosivstoffe dürfen gemäß nachfolgender Tabelle zusammen in einem Raum gelagert werden:

Verträglichkeitsgruppe	A	B	C	D	E	F	G	H	J	L	N	S
A	X											
B		X										X
C			X	X	X		X				a) b)	X
D			X	X	X		X				a) b)	X
E			X	X	X		X				a) b)	X
F						X						X
G			X	X	X		X					X
H								X				X
J									X			X
L										c)		
N			a) b)	a) b)	a) b)						a)	X
S		X	X	X	X	X	X	X	X		X	X

Es bedeutet:

1. mit „X" gekennzeichnete Kombinationen: Eine Zusammenlagerung ist zulässig;
2. mit „a)" gekennzeichnete Kombinationen: Verschiedene Arten von Gegenständen, die nach gefahrgutrechtlichen Vorschriften der Klassifizierung 1.6N entsprechen, dürfen nur als Gegenstände der Lagergruppen 1.2 zusammen gelagert werden, wenn durch Prüfungen oder Analogieschluss nachgewiesen ist, dass keine zusätzliche Detonationsgefahr durch Übertragung zwischen den Gegenständen besteht; andernfalls sind sie als Gegenstände der Lagergruppe 1.1 zu behandeln;
3. mit „b)" gekennzeichnete Kombinationen: Wenn Gegenstände der Verträglichkeitsgruppe N mit Stoffen oder Gegenständen der Verträglichkeitsgruppen C, D oder E zusammen gelagert werden, sind die Gegenstände der Verträglichkeitsgruppe N so zu behandeln, als hätten sie die Eigenschaften der Verträglichkeitsgruppe D;
4. mit „c)" gekennzeichnete Kombinationen: Explosivstoffe der Verträglichkeitsgruppe L dürfen mit Packstücken mit gleichartigen Explosivstoffen dieser Verträglichkeitsgruppe zusammen gelagert werden.

(3) Explosivstoffe dürfen nicht mit anderen Materialien zusammen gelagert werden, die zu einer Gefahrenerhöhung beitragen.

2.8 Fundmunition und sprengkräftige Kriegswaffen

Die Nummern 2.1 bis 2.7 sind auch auf Fundmunition und sprengkräftige Kriegswaffen anzuwenden.

3 Aufbewahrung sonstiger explosionsgefährlicher Stoffe in einem Lager

3.1 Allgemeines

(1) Die Anforderungen der Nummer 3 gelten für explosionsgefährliche Stoffe, die keine Explosivstoffe sind und die nicht in der Masse explodieren können. Sie werden nachfolgend als Stoffe bezeichnet.

(2) Nummer 3, ausgenommen Nummer 3.2.2, gilt auch für explosionsgefährliche Stoffe, die keine Explosivstoffe sind, die aber in der Masse explodieren können (Lagergruppe 1.1). Für diese Stoffgruppe gelten zusätzlich die Nummern 2.2.2 und 2.2.6.

(3) Stoffe können in Lagergebäuden oder in Lagerräumen ein- oder mehrgeschossiger Gebäude aufbewahrt werden. Im Freien dürfen nur solche Stoffe aufbewahrt werden, für die dies bei der Lagergruppenzuordnung

I

unter Berücksichtigung der thermischen Stabilität des Stoffes und der Art der Verpackung nicht ausgeschlossen wird.

3.1.1 Lagergruppen

Die Stoffe werden in Lagergruppen eingeteilt. Maßgebend für die Einteilung sind die Eigenschaften der Stoffe, insbesondere ihr Verhalten beim Abbrand in der Verpackung, und die sich daraus ergebenden Gefahren. Aus der Lagergruppe leiten sich die Sicherheitsanforderungen insbesondere hinsichtlich der Schutz- und Sicherheitsabstände ab.

3.1.1.1 Lagergruppe I

(1) Die Stoffe dieser Gruppe brennen sehr heftig unter starker Wärmeentwicklung ab. Der Brand breitet sich rasch aus. Die Packstücke können auch vereinzelt mit geringer Druckwirkung explodieren; dabei kann sich der gesamte Inhalt eines Packstücks umsetzen. Packstücke können fortgeschleudert werden. Die Gefährdung der Umgebung durch Wurfstücke ist gering. Die Gebäude in der Umgebung sind im Allgemeinen durch Druckwirkung nicht gefährdet.

(2) Die Lagergruppe wird in Ia und Ib unterteilt. Die Lagergruppe Ia umfasst die Stoffe mit einem korrigierten Stoffdurchsatz A_k größer oder gleich 300 kg/min, die Lagergruppe Ib die Stoffe mit einem A_k-Wert größer oder gleich 140 kg/min, jedoch kleiner 300 kg/min.

3.1.1.2 Lagergruppe II

(1) Die Stoffe dieser Gruppe brennen heftig unter starker Wärmeeinwirkung ab. Der Brand breitet sich rasch aus. Die Packstücke können auch vereinzelt mit geringer Druckwirkung explodieren; dabei setzt sich jedoch nicht der gesamte Inhalt des Packstücks um. Die Umgebung ist hauptsächlich durch Flammen und Wärmestrahlung gefährdet. Gebäude in der Umgebung sind durch Druckwirkung nicht gefährdet.

(2) Die Lagergruppe II umfasst die Stoffe mit einem A_k-Wert größer oder gleich 60 kg/min, jedoch kleiner 140 kg/min.

3.1.1.3 Lagergruppe III

(1) Die Stoffe dieser Lagergruppe brennen ab, wobei Abbrandgeschwindigkeit und Auswirkungen des Brandes denen brennbarer Stoffe vergleichbar sind.

(2) Die Lagergruppe III umfasst die Stoffe mit einem A_k-Wert kleiner 60 kg/min.

3.1.2 Lagergruppenzuordnung

(1) Die Lagergruppenzuordnung ergibt sich aus dem korrigierten Stoffdurchsatz A_k.

(2) Der Stoffdurchsatz nach Absatz 1 wird durch Versuche ermittelt. Er kann auch auf Grund vorliegender Erfahrungen mit vergleichbaren Stoffen festgelegt werden.

(3) Bei Stoffen der Lagergruppe Ia ist der A_k-Wert Bestandteil der Lagergruppenbezeichnung.

3.2 Allgemeine Anforderungen

3.2.1 Lage zu Zugängen

Stoffe dürfen nicht unmittelbar an Zugängen zu Arbeitsstätten aufbewahrt werden. Dies gilt nicht, wenn der Schutz der Benutzer der Zugänge auf andere Weise gegeben ist.

3.2.2 Schutz- und Sicherheitsabstände

(1) Lager müssen von Wohnbereichen und von Verkehrswegen mindestens die in Anlage 3 genannten Schutzabstände sowie von schutzbedürftigen Betriebsgebäuden und -anlagen und von Lagern für explosionsgefährliche Stoffe mindestens die in Anlage 4 genannten Sicherheitsabstände haben.

(2) Bei der Ermittlung der Abstände ist die Nettomasse der Stoffe zugrunde zu legen.

(3) Sind die an einem Ort gelagerten Stoffe in Teilmengen unterteilt und

ist durch diese Unterteilung ein gleichzeitiger Abbrand anderer Teilmengen ausgeschlossen, so ist für die Ermittlung der Abstände nach Absatz 1 die Teilmenge zugrunde zu legen, die den größten Abstand erfordert.

(4) Werden Stoffe mehrerer Lagergruppen zusammen gelagert, so ist die Summe der Nettomassen der Stoffe aller Lagergruppen maßgebend und für die Ermittlung der Abstände nach Absatz 1 diejenige Lagergruppe zugrunde zu legen, die den größten Abstand zu den gefährdeten Objekten erfordert. Nettomassen der Lagergruppe III bleiben hierbei unberücksichtigt, es sei denn, dass eine wesentliche Gefahrenerhöhung eintreten kann.

3.2.3 Brandschutz

(1) Im Abstand bis zu 25 m von den gelagerten Stoffen ist ein Brandschutzbereich festzulegen, der gekennzeichnet sein muss, wenn die örtlichen oder betrieblichen Gegebenheiten dies erfordern.

(2) Der Brandschutzbereich kann verkleinert werden, soweit der Brandschutz auf gleich wirksame Weise erreicht wird.

(3) Geeignete Einrichtungen zur Brandbekämpfung müssen vorhanden und jederzeit erreichbar sein.

3.3 Aufbewahrung in ortsfesten Lagern

3.3.1 Bauweise und Einrichtung

(1) Die Lagergebäude oder die Lagerräume in ein- oder mehrgeschossigen Gebäuden müssen aus nicht brennbaren Baustoffen errichtet werden. Dies gilt nicht für Dachkonstruktionen, Türen, Fenster sowie Entlastungsflächen in leichter Bauweise.

(2) Der Fußboden muss – soweit erforderlich – elektrostatisch leitfähig sein, eine dichte, ebene und trittsichere Oberfläche haben und sich leicht reinigen lassen. Im Fußboden dürfen sich Kanäle nur dann befinden, wenn sichergestellt ist, dass sich dort keine Stoffe und keine anderen gefährlichen Materialien ablagern können.

(3) Elektrische Anlagen und Betriebsmittel müssen den Bestimmungen für elektrische Anlagen in explosivstoffgefährdeten Betriebsstätten entsprechen.

(4) Lager müssen so beschaffen sein, dass die Stoffe keine Temperaturen annehmen, die zu gefährlichen Reaktionen führen können.

(5) Lager müssen gegen die Gefahren durch atmosphärische Entladungen geschützt sein.

(6) Im Lagerbereich sind deutlich lesbare und dauerhafte Aufschriften anzubringen, aus denen die Lagergruppen und die maximal zulässigen Nettomassen der zu lagernden Stoffe hervorgehen.

(7) Bei der Aufbewahrung im Freien sind die Packstücke oder sonstigen Behältnisse vor Witterungseinflüssen, die zu einer Gefahrenerhöhung führen können, zu schützen. Die Absätze 2, 3, 5 und 6 gelten sinngemäß.

(8) Lager im Freien sind einzufrieden, wenn die örtlichen oder betrieblichen Gegebenheiten dies erfordern.

3.3.2 Betriebsvorschriften

(1) Lager müssen in gutem baulichen Zustand erhalten werden. Die Einrichtungen sind ordnungsgemäß zu betreiben und instand zu halten. In den Lagerräumen ist auf Ordnung und Reinlichkeit zu achten.

(2) Stoffe dürfen nur in der Versandverpackung aufbewahrt werden. Hiervon darf aus betrieblichen Gründen abgewichen werden, wenn

- die Behältnisse so beschaffen und verschlossen sind, dass der Inhalt nicht beeinträchtigt wird und Stoffe nicht nach außen gelangen können, und

– die Stoffe auch in diesen Behältnissen einer Lagergruppe zugeordnet sind.

(3) Packstücke oder sonstige Behältnisse sind so zu stellen oder zu stapeln, dass

– sie von sich aus ihre Lage nicht verändern können,
– sie durch ihr Gewicht nicht in einer die Sicherheit gefährdenden Weise verformt werden,
– ihre sichere Handhabung möglich ist und
– die zur Aufrechterhaltung der Sicherheit der Stoffe erforderlichen Maßnahmen getroffen werden können.

(4) Im Lagerbereich dürfen nur Geräte und Werkzeuge verwendet werden, die für die Aufbewahrung oder Verwendung der gelagerten Stoffe notwendig sind und die nicht zu einer Gefahrenerhöhung führen können.

(5) Lager dürfen nur von den dazu befugten Personen betreten werden.

(6) In Lagern dürfen nur die zu deren Betrieb notwendigen Arbeiten vorgenommen werden; dazu gehören auch das Entnehmen von Proben und das Kennzeichnen.

(7) Feuer- oder Heißarbeiten dürfen nur ausgeführt werden, wenn alle Stoffe aus dem Lagerbereich, mindestens jedoch aus der durch Wärme oder Funken gefährdeten Umgebung des Arbeitsbereiches entfernt worden sind, dieser gesäubert und eine schriftliche Erlaubnis durch die verantwortliche Person erteilt worden ist. Die Arbeiten dürfen nur unter fachkundiger Aufsicht durchgeführt werden.

(8) Bestehen Gefahren einer äußeren Einwirkung auf die Stoffe (z. B. bei Brand), dürfen sich Personen im Lager nicht aufhalten. Dies gilt nicht für Personen, die im Gefahrenfall zur Gefahrenabwehr eingesetzt werden. Beschäftigte und Dritte müssen unverzüglich den Gefahrenbereich verlassen. Soweit möglich, muss der Gefahrenbereich abgesperrt werden. Andere Beschäftigte und Dritte müssen vor der Gefahr gewarnt werden.

(9) Die elektrischen Anlagen sind vor der Inbetriebnahme sowie jährlich mindestens einmal auf ihren ordnungsmäßigen Zustand zu prüfen. Die Blitzschutzanlagen sind mindestens alle drei Jahre zu prüfen.

(10) Stoffe dürfen auf und unmittelbar an Heizflächen oder Heizleitungen nicht abgestellt werden.

(11) Darf die Lagertemperatur einen bestimmten Grenzwert nicht über- oder unterschreiten (höchstzulässige oder niedrigste Aufbewahrungstemperatur), ist sie – soweit notwendig – zu überwachen.

(12) Stoffe, die eine um mehr als 10 °C höhere Temperatur als die höchstzulässige Aufbewahrungstemperatur aufweisen, dürfen nicht eingelagert werden.

(13) Im Brandschutzbereich darf nicht geraucht sowie offenes Licht oder offenes Feuer nicht verwendet werden. In unmittelbarer Nähe des Lagerbereiches dürfen leichtentzündliche oder brennbare Materialien nicht vorhanden sein.

(14) Bei Stoffen, die sich während der Lagerung unter Gefahrenerhöhung entmischen können, ist durch geeignete Maßnahmen eine ausreichende Phlegmatisierung sicherzustellen.

(15) Muss während der Lagerung mit einer gefährlichen Verringerung der Stabilität der Stoffe gerechnet werden, ist eine Höchstlagerdauer festzulegen. Diese darf nicht überschritten werden.

(16) Stoffe, die in einen irreversiblen Zustand geraten sind, der zu einer

gefährlichen Reaktion führen kann, oder andere nicht mehr verwendbare Stoffe sind gesondert und nach Arten getrennt aufzubewahren; sie sind baldmöglichst zu entsorgen.

3.4 Zusammenlagerung

Stoffe dürfen nicht mit Explosivstoffen zusammen gelagert werden. Verschiedene Stoffe dürfen miteinander oder mit anderen Materialien nur zusammen gelagert werden, soweit hierdurch eine wesentliche Gefahrenerhöhung nicht eintreten kann.

4 **Aufbewahrung von Explosivstoffen und sonstigen explosionsgefährlichen Stoffen außerhalb eines genehmigten Lagers (kleine Mengen)**

4.1 Allgemeines

(1) Explosivstoffe und sonstige explosionsgefährliche Stoffe dürfen bis zu den in den Anlagen 6 und 7 festgelegten Nettoexplosivstoffmassen oder Nettomassen (kleine Mengen) unter Beachtung der folgenden Anforderungen außerhalb eines genehmigten Lagers aufbewahrt werden. Die höchstzulässige Masse kann auf mehrere Räume gleicher Art verteilt werden, sie darf jedoch nur einmal in Anspruch genommen werden.

(2) Die Regelung der kleinen Mengen ist nicht anzuwenden auf das Aufbewahren von Explosivstoffen und Stoffen mehrerer Zeilen der Tabellen der Anlagen 6 und 7. Dies gilt nicht in den Fällen der Nummer 4.2 Abs. 1.

(3) Für die Aufbewahrung kleiner Mengen gelten die Anlagen 1 bis 4 nicht.

4.2 Anforderungen an die Aufbewahrung von Explosivstoffen

(1) Sollen Explosivstoffe und sonstige explosionsgefährliche Stoffe, die in verschiedenen Zeilen der Tabellen der Anlage 6 oder Anlage 7 aufgeführt sind, gemeinsam in einem Raum aufbewahrt werden, so gilt als maximal zulässige Gesamtbelegung für diesen Raum die jeweils kleinste maximal zulässige Nettoexplosivstoffmasse oder Nettomasse der betreffenden Zeilen. Abweichend von Satz 1 dürfen die Sprengstoffe und Sprengschnüre, die in Zeile 1 der Tabellen der Anlage 6 oder Anlage 7 aufgeführt sind, gemeinsam mit den Zündmitteln, die in Zeile 8 der Tabellen aufgeführt sind, bis zu den dort jeweils aufgeführten maximal zulässigen Nettoexplosivstoffmassen aufbewahrt werden, wenn die Zündmittel in Behältnissen aufbewahrt werden, die die Übertragung einer Detonation von den Zündmitteln auf die Explosivstoffe verhindern.

(2) Sind in einem Gebäude mehrere Aufbewahrungsorte gleicher Art vorhanden oder wird das Gebäude von mehreren Unternehmen gleichzeitig genutzt, findet Nummer 4.1 Absatz 1 Satz 2 zweiter Halbsatz keine Anwendung für pyrotechnische Gegenstände der Lagergruppe 1.4 in der Anlage 6, wenn die Aufbewahrungsorte in verschiedenen Brandabschnitten liegen. Für pyrotechnische Gegenstände der Kategorie 2 der Lagergruppe 1.4 in der Anlage 6 gilt dies nur für den Zeitraum Oktober bis einschließlich März.

(3) Sollen Explosivstoffe und sonstige explosionsgefährliche Stoffe ortsbeweglich aufbewahrt werden, ist die Aufstellung mit der für den Brandschutz zuständigen Stelle abzustimmen.

(4) Explosivstoffe dürfen nur in geeigneten Räumen aufbewahrt werden.

(5) Es sind die jeweils erforderlichen Maßnahmen zu treffen, um Diebstahl und unbefugte Entnahme von Explosivstoffen zu verhindern.

(6) Nummer 2.7 findet entsprechende Anwendung.

(7) Explosivstoffe, die zum Sprengen bestimmt sind, dürfen höchstens eine Woche aufbewahrt werden.

(8) Im Gefahrenfall ist den Personen, die zur Gefahrenabwehr eingreifen, der Aufbewahrungsort bekannt zu geben.

(9) Explosivstoffe müssen so aufbewahrt werden, dass deren Temperatur 75 °C nicht überschreiten kann.

(10) Im Aufbewahrungsraum darf nicht geraucht sowie offenes Licht oder offenes Feuer nicht verwendet werden. In unmittelbarer Nähe der Explosivstoffe dürfen leicht entzündliche oder brennbare Materialien nicht gelagert werden. Geeignete Einrichtungen zur Brandbekämpfung müssen vorhanden und jederzeit erreichbar sein.

(11) Explosivstoffe dürfen nur in der Versandverpackung oder in der kleinsten Verpackungseinheit aufbewahrt werden. Bei angebrochenen Packstücken sind Maßnahmen zu treffen, dass der Inhalt nicht beeinträchtigt wird und die Explosivstoffe nicht nach außen gelangen können.

(12) Explosivstoffe dürfen in einem Behältnis nur getrennt von Gegenständen mit Zündstoff aufbewahrt werden. Die Abtrennung muss so beschaffen sein, dass die Übertragung einer Detonation auf die anderen Explosivstoffe verhindert wird.

(13) Behältnisse sind vor gefährlichen Einwirkungen von außen zu schützen. Sie müssen so aufbewahrt werden, dass im Explosionsfall die Wirkung gefährlicher Spreng- und Wurfstücke auf die unmittelbare Umgebung beschränkt bleibt.

(14) Behältnisse müssen außen mit dem Gefahrenpiktogramm „GHS01" nach Artikel 19 i. V. m. Anhang V Nummer 1.1 der Verordnung (EG) Nr. 1272/2008 vom 16. Dezember 2008 jeweils in der aktuellen Fassung gekennzeichnet sein. Bis zum 31. Mai 2015 kann das Behältnis stattdessen mit dem Gefahrensymbol „E" nach Anhang II der Richtlinie 67/548/EWG vom 27. Juni 1967 jeweils in der aktuellen Fassung gekennzeichnet sein. Das Gefahrenpiktogramm beziehungsweise Gefahrensymbol muss dauerhaft und sichtbar sein.

4.3 Anforderungen an die Aufbewahrung von sonstigen explosionsgefährlichen Stoffen

(1) Stoffe dürfen nur in geeigneten Räumen aufbewahrt werden.

(2) Es sind die jeweils erforderlichen Maßnahmen zu treffen, um unbefugte Entnahme von Stoffen zu verhindern.

(3) Nummer 3.4 findet entsprechende Anwendung.

(4) Werden Stoffe verschiedener Lagergruppen (vgl. Nummer 3.1.1) in einem Aufbewahrungsraum zusammen gelagert, so gilt als maximal zulässige Gesamtbelegung für diesen Raum die nach den Anlagen 6 und 7 maximal zulässige Nettomasse der Lagergruppe mit dem höchsten Gefahrengrad.

(5) Im Gefahrenfall ist den Personen, die zur Gefahrenabwehr eingreifen, der Aufbewahrungsort bekannt zu geben.

(6) Stoffe müssen so aufbewahrt werden, dass die zulässige Lagertemperatur nicht überschritten wird.

(7) Im Aufbewahrungsraum darf nicht geraucht sowie offenes Licht oder offenes Feuer nicht verwendet werden. In unmittelbarer Nähe der Stoffe dürfen leicht entzündliche oder brennbare Materialien nicht gelagert werden. Geeignete Einrichtungen zur Brandbekämpfung müssen vorhanden und jederzeit erreichbar sein.

(8) Stoffe dürfen nur in der Versandverpackung oder in der kleinsten Verpackungseinheit aufbewahrt werden. Bei angebrochenen Packstücken sind Maßnahmen zu treffen, dass der Inhalt nicht beeinträchtigt wird und die Stoffe nicht nach außen gelangen können.

Anlage 1
zum Anhang

Schutzabstände nach Nummer 2.2.2 des Anhangs für Lager mit Explosivstoffen der Lagergruppen 1.1 bis 1.4

1 **Allgemeines**

(1) Die Schutzabstände der Lager zu Objekten, in denen dauernd oder häufig Menschenansammlungen stattfinden oder zu Objekten von besonderer Bedeutung oder Bauart, sind gegenüber den Abständen der Nummer 2 zu vergrößern.

(2) Bei an Böschungen errichteten Lagern können die Schutzabstände in den Richtungen, in denen mit geringeren Druckwirkungen (Stoßwellen) zu rechnen ist, verringert werden. Ist in einer Richtung mit erhöhten Wirkungen zu rechnen, ist der Schutzabstand in dieser Richtung zu vergrößern.

2 **Schutzabstände für Lager mit Explosivstoffen der einzelnen Lagergruppen**

2.1 Lagergruppe 1.1

(1) Für Lager mit Explosivstoffen der Lagergruppe 1.1 muss ein Schutzabstand eingehalten werden. Der Schutzabstand wird berechnet

1. zu Wohnbereichen nach der Formel
   $E = 22 \times M^{1/3}$*);
   besteht eine zusätzliche Gefährdung durch schwere Sprengstücke, ist jedoch ein Mindestabstand von 275 m einzuhalten;
2. zu Verkehrswegen nach der Formel
   $E = 15 \times M^{1/3}$1));
   besteht eine zusätzliche Gefährdung durch schwere Sprengstücke, ist jedoch ein Mindestabstand von 180 m einzuhalten.

(2) Bei günstigen örtlichen Verhältnissen können bei Stoffen der Lagergruppe 1.1 bei einer Lagerbelegung bis zu 4000 kg NEM die in Absatz 1 angegebenen Abstände um 20 Prozent verringert werden.

2.2 Lagergruppe 1.2

Für Lager mit Explosivstoffen der Lagergruppe 1.2 muss ein Schutzabstand eingehalten werden. Der Schutzabstand wird berechnet:

1. zu Wohnbereichen
   a) nach der Formel
      $E = 58 \times M^{1/6}$1));
      es ist jedoch ein Mindestabstand von 90 m einzuhalten;
   b) nach der Formel
      $E = 76 \times M^{1/6}$1))
      bei starkmanteligen Gegenständen, durch die eine zusätzliche Gefährdung durch schwere Sprengstücke gegeben ist; es ist jedoch ein Mindestabstand von 135 m einzuhalten;
2. zu Verkehrswegen
   a) nach der Formel
      $E = 39 \times M^{1/6}$1));
      es ist jedoch ein Mindestabstand von 60 m einzuhalten;
   b) nach der Formel
      $E = 51 \times M^{1/6}$1))
      bei starkmanteligen Gegenständen, durch die eine zusätzliche Gefährdung durch schwere Sprengstücke gegeben ist; es ist jedoch ein Mindestabstand von 90 m einzuhalten.

2.3 Lagergruppe 1.3

(1) Für Lager mit Explosivstoffen der Lagergruppe 1.3 muss ein Schutzabstand eingehalten werden. Der Schutzabstand berechnet sich

---

*) E = Abstand in Meter.
M = Nettoexplosivstoffmasse in Kilogramm.

1. zu Wohnbereichen nach der Formel
   $E = 6{,}4 \times M^{1/3}$[1]);
   es ist jedoch ein Mindestabstand von 60 m einzuhalten,
2. zu Verkehrswegen nach der Formel
   $E = 4{,}3 \times M^{1/3}$[1]);
   es ist jedoch ein Mindestabstand von 40 m einzuhalten.

(2) Bei einer Lagermenge bis 100 kg NEM ist ein Schutzabstand nicht erforderlich. Durch bauliche Maßnahmen muss jedoch sichergestellt sein, dass keine Wirkung nach außen oder nur in ungefährlicher Richtung auftritt.

(3) Werden besondere Schutzmaßnahmen getroffen, kann bei einer Lagerbelegung über 100 kg NEM der Schutzabstand in der geschützten Wirkungsrichtung teilweise oder ganz entfallen. Das Gleiche gilt, sofern das Brandverhalten der verpackten Explosivstoffe dies rechtfertigt.

(4) Werden Explosivstoffe der Lagergruppe 1.3 so gelagert, dass bei einer Entzündung mit einer Explosion zu rechnen ist, so gelten für diese Lager die Schutzabstände der Lagergruppe 1.1.

2.4 Lagergruppe 1.4

(1) Für Lager mit Explosivstoffen der Lagergruppe 1.4 ist bei einer Lagerbelegung bis 100 kg NEM ein Schutzabstand nicht erforderlich.

(2) Bei einer Lagerbelegung über 100 kg NEM muss ein Schutzabstand zu Wohnbereichen und zu Verkehrswegen von mindestens 25 m eingehalten werden.

(3) Werden besondere Schutzmaßnahmen getroffen, kann bei einer Lagerbelegung über 100 kg NEM der Schutzabstand in der geschützten Wirkungsrichtung teilweise oder ganz entfallen.

Anlage 2
zum Anhang

Sicherheitsabstände nach Nummer 2.2.2 des Anhangs für Lager mit Explosivstoffen der Lagergruppen 1.1 bis 1.4

1 Allgemeines

1.1 Jedes Lager stellt sowohl ein gefährdendes Objekt (Donator) als auch ein gefährdetes Objekt (Akzeptor) dar.

1.2 Die Sicherheitsabstände für Lager mit Explosivstoffen der Lagergruppen 1.1 und 1.3 sind nach der Formel
$E = k \times M^{1/3}$ *)
zu berechnen, soweit nicht Mindestabstände festgelegt sind.

1.3 Für Lager mit Explosivstoffen der Lagergruppen 1.2 und 1.4 sind Mindestabstände festgelegt.

1.4 Der Abstand zwischen zwei Lagern muss sowohl vom Donator als auch vom Akzeptor berechnet werden; für den Sicherheitsabstand ist der jeweils größere Wert maßgebend.

1.5 Bei der Festlegung der Wirkungsrichtung an den Ausblaseseiten ist der in der nachstehenden Abbildung schraffierte Bereich (Öffnungswinkel 60°) zu berücksichtigen.

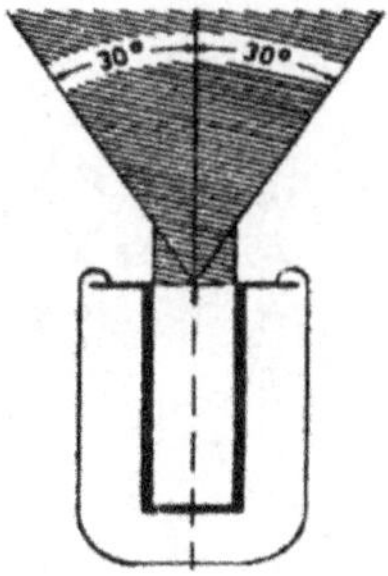

1.6 Werden Explosivstoffe der Lagergruppe 1.3 so gelagert, dass bei einer Entzündung mit einer Explosion zu rechnen ist, so gelten für diese Lager die Sicherheitsabstände der Lagergruppe 1.1.

2 Sicherheitsabstände für Lager in Betrieben, in denen Explosivstoffe hergestellt, verarbeitet, bearbeitet, wiedergewonnen oder vernichtet werden

2.1 In Abhängigkeit von ihrer Bauart sind für Lager mit Explosivstoffen
- der Lagergruppen 1.1 und 1.3 die k-Faktoren oder die Mindestabstände in den Tabellen 1 und 2 sowie 5,
- der Lagergruppen 1.2 und 1.4 die Sicherheitsabstände in den Tabellen 3 und 4 sowie 6

aufgeführt. Bei den Tabellen ist jeweils die Spalte mit dem Symbol zu verwenden, das den Verhältnissen in Wirkungsrichtung entspricht.

2.2 Für Lager mit Explosivstoffen der Lagergruppe 1.1 müssen die Abstände vergrößert werden, wenn durch die Bauart oder die Lage des Gebäudes (Donator) eine gerichtete Wirkung (Fokussierung) zu erwarten ist.

2.3 Für Lager mit Explosivstoffen der Lagergruppen 1.1 bis 1.3 kann der Abstand verringert werden oder entfallen, wenn es sich um kleine Nettoexplosivstoffmassen handelt oder durch die Art der Explosivstoffe oder durch bauliche Maßnahmen gewährleistet ist, daß eine gefährliche Wirkung in bestimmter Richtung nicht auftreten kann.

2.4 Plätze sind Gebäuden in leichter Bauart gleichzustellen. Auch die Gebäude des ungefährlichen Betriebsteils sind als Akzeptor zu betrachten.

---

*) E = Abstand in Meter.
M = Nettoexplosivstoffmasse in Kilogramm.

2.5 Gebäude mit Explosivstoffen ohne ständige Arbeitsplätze werden wie Gebäude der Spalten A 5 bis A 8 der Tabellen 1 bis 5 behandelt.

3 Sicherheitsabstände bei sonstigen Lagern

Für Lager mit Explosivstoffen der Lagergruppen 1.1 bis 1.4 sind in der Regel die k-Faktoren bzw. die Mindestabstände in Abhängigkeit von der Bauart entsprechend Tabelle 7 heranzuziehen.

Tabelle 1

Sicherheitsabstände für Lager mit Explosivstoffen der Lagergruppe 1.1 nach Anlage 2 Nummer 2 – k-Faktoren und Mindestabstände –

Explosivstoffe, die bei einer Explosion **keine schweren** Sprengstücke bilden – Gefährdetes Objekt (Akzeptor A) / Gefährdendes Objekt (Donator D)		Gefährlicher Betriebsteil – In Einwirkungsrichtung – Gebäude und Plätze mit Explosivstoffen (ausgenommen Lager)				Lager mit Explosivstoffen					Ungefährlicher Betriebsteil	
		erdüberdeckt	mit Wall*) oder schweren Wänden und schwerer Dachausführung	mit Wall*) oder schweren Wänden und leichter Dachausführung	ohne Wall*)	erdüberdeckt	mit Wall*) oder schweren Wänden und schwerer Dachausführung	mit Wall*) oder schweren Wänden und leichter Dachausführung	ohne Wall*)	sonstige Gebäude	Gebäude, die der Herstellung dienen	sonstige Gebäude
		A 1	A 2	A 3	A 4	A 5	A 6	A 7	A 8	A 9	A 10	A 11
In Wirkungsrichtung: erdüberdeckt	D 1	2,5	3,0	3,5	4,0	0,8	2,5	3,0	4,0	4,0	8,0 (30 m)**)	8,0 (30 m)**)
mit Wall*), schwere Dachausführung	D 2	2,5	4,0	6,0	8,0	0,8	2,5	4,0	6,0	4,0²)	8,0 (30 m)**)	8,0 (30 m)**)
mit Wall*), leichte Dachausführung	D 3	2,5	3,0	3,5	5,0	0,8	2,5	3,0	5,0	4,0²)	8,0 (30 m)**)	8,0 (30 m)**)
ohne Wall*)	D 4	2,5	4,5	6,0	8,0¹)	0,8	2,5	4,0	8,0¹)	8,0 (30 m)**)	8,0¹) (30 m)**)	8,0¹) (30 m)**)

*) oder gleichwertige(r) Schutzeinrichtung, eine Brandwand gilt nicht als gleichwertig

**) Mindestabstände

¹) Nur zulässig bei besonders günstigen örtlichen oder baulichen Verhältnissen.

²) Ist der Donator ein Lager, gelten die k-Faktoren der Spalte A 4.

Bemerkungen: Bei Lagermengen von mehr als 1 000 kg NEM muss das Lager mit einer Erdüberschüttung versehen oder in gewachsenen Fels oder standfesten Boden eingebaut sein. Bei Lagermengen bis 1 000 kg NEM genügt die Umwallung des Lagers (vgl. Nr. 2.4.1 Abs. 3).

Tabelle 2

Sicherheitsabstände für Lager mit Explosivstoffen der Lagergruppe 1.1 nach Anlage 2 Nummer 2 – k-Faktoren und Mindestabstände –

Explosivstoffe, die bei einer Explosion **schwere** Sprengstücke bilden Gefährdetes Objekt (Akzeptor A) → Gefährdendes Objekt (Donator D) ↓		Gefährlicher Betriebsteil – In Einwirkungsrichtung – Gebäude und Plätze mit Explosivstoffen (ausgenommen Lager): erdüberdeckt	mit Wall*) oder schweren Wänden und schwerer Dachausführung	mit Wall*) oder schweren Wänden und leichter Dachausführung	ohne Wall*)	Lager mit Explosivstoffen: erdüberdeckt	mit Wall*) oder schweren Wänden und schwerer Dachausführung	mit Wall*) oder schweren Wänden und leichter Dachausführung	ohne Wall*)	sonstige Gebäude	Ungefährlicher Betriebsteil: Gebäude, die der Herstellung dienen	sonstige Gebäude
		A 1	A 2	A 3	A 4	A 5	A 6	A 7	A 8	A 9	A 10	A 11
In Wirkungsrichtung: erdüberdeckt	D 1	2,5	3,0	3,5	4,0	0,8	2,5	3,0	4,0	8,0 (40 m)**)	8,0 (40 m)**)	8,0 (150 m)**)
mit Wall*), schwere Dachausführung	D 2	2,5	4,0	6,0	6,0	0,8	3,0	4,0	6,0²)	8,0¹) (40 m)**)	8,0¹) (40 m)**)	8,0 (150 m)**)
mit Wall*), leichte Dachausführung	D 3	2,5	4,0	6,0¹)	8,0¹)	0,8	3,0	6,0¹)	8,0²)	8,0¹) (40 m)**)	8,0¹) (40 m)**)	8,0 (150 m)**)
ohne Wall*)	D 4	2,5	6,0	8,0¹)	8,0¹) (180 m)**)	0,8	4,5	8,0¹)	8,0²) (180 m)**)	8,0¹) (180 m)**)	8,0¹) (180 m)**)	8,0 (275 m)**)

*) oder gleichwertige(r) Schutzeinrichtung, eine Brandwand gilt nicht als gleichwertig

**) = Mindestabstände

¹) Nur zulässig bei besonders günstigen örtlichen oder betrieblichen Verhältnissen.

²) Ist der Donator ein Lager, gelten die k-Faktoren der Spalte A 4.

Bemerkungen: Bei Lagermengen von mehr als 1 000 kg NEM muss das Lager mit einer Erdüberschüttung versehen oder in gewachsenen Fels oder standfesten Boden eingebaut sein. Bei Lagermengen bis 1 000 kg NEM genügt die Umwallung des Lagers (vgl. Nr. 2.4.1 Abs. 3).

Tabelle 3

Sicherheitsabstände für Lager mit Explosivstoffen der Lagergruppe 1.2 nach Anlage 2 Nummer 2 – Mindestabstände –

Explosivstoffe, die bei einer Explosion **keine schweren** Sprengstücke bilden		Gefährlicher Betriebsteil – In Einwirkungsrichtung – Gebäude und Plätze mit Explosivstoffen (ausgenommen Lager)				Gefährlicher Betriebsteil – In Einwirkungsrichtung – Lager mit Explosivstoffen				Gefährlicher Betriebsteil – In Einwirkungsrichtung	Ungefährlicher Betriebsteil	
Gefährdetes Objekt (Akzeptor A) → / Gefährdendes Objekt (Donator D) ↓ (In Wirkungsrichtung)		erdüberdeckt	mit Wall*) oder schweren Wänden und schwerer Dachausführung	mit Wall*) oder schweren Wänden und leichter Dachausführung	ohne Wall*)	erdüberdeckt	mit Wall*) oder schweren Wänden und schwerer Dachausführung	mit Wall*) oder schweren Wänden und leichter Dachausführung	ohne Wall*)	sonstige Gebäude	Gebäude, die der Herstellung dienen	sonstige Gebäude
		A 1	A 2	A 3	A 4	A 5	A 6	A 7	A 8	A 9	A 10	A 11
erdüberdeckt	D 1	(-)**) 25 m[1]	(-)**) 25 m[1]	(-)**) 25 m[1]	(-)**) 25 m[1]	(-)**) 25 m[1]	(-)**) 25 m[1]	(-)**) 25 m[1]	(-)**) 25 m[1]	25 m	40 m	60 m
mit Wall*), schwere Dachausführung	D 2	(-)**) 25 m[1]	15 m 25 m[1]	15 m 25 m[1]	15 m 25 m[1]	(-)**) 25 m[1]	10 m 25 m[1]	15 m 25 m[1]	15 m 25 m[1]	25 m	40 m	60 m
mit Wall*), leichte Dachausführung	D 3	(-)**) 25 m[1]	25 m	60 m	75 m	(-)**) 25 m[1]	10 m 25 m[1]	60 m	75 m	75 m	75 m	90 m
ohne Wall*)	D 4	(-)**) 25 m[1]	25 m	75 m	90 m	(-)**) 25 m[1]	25 m	75 m	90 m	90 m	90 m	90 m

*) oder gleichwertige(r) Schutzeinrichtung, eine Brandwand gilt nicht als gleichwertig

**) keine Abstandsregelung

[1] Dieser Abstand gilt bei Gegenständen mit Eigenantrieb, z. B. Raketen.

Tabelle 4

Sicherheitsabstände für Lager mit Explosivstoffen der Lagergruppe 1.2 nach Anlage 2 Nummer 2 – Mindestabstände –

Explosivstoffe, die bei einer Explosion **schwere** Sprengstücke bilden Gefährdetes Objekt (Akzeptor A) → Gefährdendes Objekt (Donator D) ↓		Gefährlicher Betriebsteil – In Einwirkungsrichtung – Gebäude und Plätze mit Explosivstoffen (ausgenommen Lager)				Gefährlicher Betriebsteil – In Einwirkungsrichtung – Lager mit Explosivstoffen					Ungefährlicher Betriebsteil	
		erdüberdeckt	mit Wall*) oder schweren Wänden und schwerer Dachausführung	mit Wall*) oder schweren Wänden und leichter Dachausführung	ohne Wall*)	erdüberdeckt	mit Wall*) oder schweren Wänden und schwerer Dachausführung	mit Wall*) oder schweren Wänden und leichter Dachausführung	ohne Wall*)	sonstige Gebäude	Gebäude, die der Herstellung dienen	sonstige Gebäude
		A 1	A 2	A 3	A 4	A 5	A 6	A 7	A 8	A 9	A 10	A 11
In Wirkungsrichtung: erdüberdeckt	D 1	(-)**) 25 m[1])	(-)**) 25 m[1])	(-)**) 25 m[1])	(-)**) 25 m[1])	(-)**) 25 m[1])	(-)**) 25 m[1])	(-)**) 25 m[1])	(-)**) 25 m[1])	40 m	60 m	75 m
mit Wall*), schwere Dachausführung	D 2	(-)**) 25 m[1])	15 m 25 m[1])	40 m	40 m	(-)**) 25 m[1])	10 m 25 m[1])	25 m	25 m	60 m	75 m	100 m
mit Wall*), leichte Dachausführung	D 3	(-)**) 25 m[1])	25 m	100 m	135 m	(-)**) 25 m[1])	10 m 25 m[1])	100 m	135 m	135 m	135 m	135 m
ohne Wall*)	D 4	(-)**) 25 m[1])	25 m	135 m	135 m	(-)**) 25 m[1])	25 m	135 m	135 m	135 m	135 m	135 m

*) oder gleichwertige(r) Schutzeinrichtung, eine Brandwand gilt nicht als gleichwertig

**) = keine Abstandsregelung

1) Dieser Abstand gilt bei Gegenständen mit Eigenantrieb, z. B. Raketen.

Tabelle 5

Sicherheitsabstände für Lager mit Explosivstoffen der Lagergruppe 1.3 nach Anlage 2 Nummer 2 – k-Faktoren und Mindestabstände –

Gefährdendes Objekt (Donator D) / Gefährdetes Objekt (Akzeptor A)		Gefährlicher Betriebsteil in Einwirkungsrichtung: Gebäude und Plätze mit Explosivstoffen (ausgenommen Lager)				Lager mit Explosivstoffen					Ungefährlicher Betriebsteil	
		erdüberdeckt	öffnungslose Brandwand	Wand Feuerwiderstandsklasse F 30 mit Wall*)	Wand Feuerwiderstandsklasse F 30 ohne Wall*) oder Ausblaseseite mit oder ohne Wall*)	erdüberdeckt	öffnungslose Brandwand	Wand Feuerwiderstandsklasse F 30 mit Wall*)	Wand Feuerwiderstandsklasse F 30 ohne Wall*) oder Ausblaseseite mit oder ohne Wall*)	sonstige Gebäude	Gebäude, die der Herstellung dienen	sonstige Gebäude
In Wirkungsrichtung		A 1	A 2	A 3	A 4	A 5	A 6	A 7	A 8	A 9	A 10	A 11
erdüberdeckt	D 1	(-)	(10 m)	1,0 (10 m)	1,25 (15 m)	(-)	(-)	(-)	1,25 (15 m)	1,4 (15 m)	1,4 (10 m)	1,4 (60 m)
öffnungslose Brandwand	D 2	(10 m)	1,0 (10 m)	1,25 (15 m)	1,4 (15 m)	(-)	(-)	1,25 (10 m)	1,4 (15 m)	1,7 (15 m)	1,7 (40 m)	1,7 (60 m)
Wand Feuerwiderstandsklasse F 30 mit Wall*)	D 3	1,0 (10 m)	1,25 (15 m)	1,4 (20 m)	1,7 (25 m)	(-)	(-)	1,4 (15 m)	1,4 (20 m)	2,5 (30 m)	4,3 (40 m)	4,3 (40 m)
Wand Feuerwiderstandsklasse F 30 ohne Wall*) oder ungeschützt bzw. Ausblaseseite, aber mit Wall*)	D 4	1,4 (15 m)	1,4 (15 m)	1,7 (20 m)	2,0 (25 m)	(-)	1,25 (10 m)	1,4 (20 m)	1,7 (20 m)	3,2 (40 m)	4,3 (60 m)	4,3 (60 m)
ungeschützt bzw. Ausblaseseite ohne Wall*)	D 5	1,4 (15 m)	1,7 (20 m)	2,0 (25 m)	3,2[1]) (40 m)	(-)	1,4 (20 m)	1,4 (25 m)	3,2[1]) (40 m)	4,3[1]) (60 m)	4,3[1]) (60 m)	6,4 (60 m)

[1]) oder gleichwertige(r) Schutzeinrichtung; (-) = keine Abstandsregelung; ( ) = Mindestabstand

*) Nur zulässig bei besonders günstigen örtlichen oder betrieblichen Verhältnissen.

Bemerkungen:
a) Das Dach muss der gleichen Feuerwiderstandsklasse entsprechen wie die Wände. Dies gilt nicht für Gebäude mit Ausblaseseite, wenn das Dach als zusätzliche Entlastungsfläche dient.
b) Für Donatoren, in denen nach Art der Lagerbedingungen bei einer Entzündung der Explosivstoffe mit einer Explosion zu rechnen ist, sind die Abstände der Tabelle 1 einzuhalten.
c) Die Tabelle gilt für Mengen größer 10 kg; für kleinere Mengen ist der Abstand nach der Beziehung 0,1 × Menge [kg] × Mindestabstand [m] zu rechnen."

Tabelle 6

Sicherheitsabstände für Lager mit Explosivstoffen der Lagergruppe 1.4 nach Anlage 2 Nummer 2

Abstand der Gebäude untereinander mindestens 10 m.

Ist durch bauliche Maßnahmen, mindestens durch eine Brandwand, gewährleistet, dass keine gefährliche Wirkung auf benachbarte Gebäude auftritt, kann der Abstand verringert werden oder er kann entfallen.

Tabelle 7

Sicherheitsabstände für Lager mit Explosivstoffen der Lagergruppen 1.1 bis 1.4 nach Anlage 2 Nummer 3 – k-Faktoren und Mindestabstände –

Lager-gruppe	Gefährdendes Objekt (Donator D) → Gefährdetes Objekt (Akzeptor A)		Lager mit Explosivstoffen: In Einwirkungsrichtung ungeschützt A 1	Lager mit Explosivstoffen: In Einwirkungsrichtung erdüberdeckt A 2	Schutzbedürftige Betriebsgebäude und -anlagen[1]) A 3
1.1	D 1	In Wirkungsrichtung ungeschützt	8,0[2][3] (180 m)[*]	0,8	8,0[3] (180 m)[*]
	D 2	In Wirkungsrichtung erdüberdeckt	4,0	0,8	4,0[4]
1.2	D 1	In Wirkungsrichtung ungeschützt	(90 m)[4][*]	(25 m)[*]	(90 m)[4][*]
	D 2	In Wirkungsrichtung erdüberdeckt	(-)[5][**]	(-)[5][**]	(25 m)[*]
1.3	D 1	In Wirkungsrichtung ungeschützt bzw. Ausblaseseite	3,2[2] (40 m)[*]	(-)[5][**]	1,3[2] (60 m)[*]
	D 2	In Wirkungsrichtung ungeschützt, Wand jedoch mindestens Feuerwiderstandsklasse F 30	1,7 (20 m)[*]	(-)[5][**]	3,2 (40 m)[*]
	D 3	In Wirkungsrichtung erdüberdeckt	25 m	(-)[**]	1,4 (25 m)[*]
1.4	Abstand der Gebäude untereinander mindestens 10 m. Ist durch bauliche Maßnahmen, mindestens durch eine Brandwand, gewährleistet, dass keine gefährliche Wirkung auf benachbarte Gebäude auftritt, kann der Abstand verringert werden oder er kann entfallen.				

*) = Mindestabstand

**) = keine Abstandsregelung

1) z. B. Gebäude mit ständigen Arbeitsplätzen bzw. die dem ständigen Aufenthalt von Personen dienen; Gebäude, Anlagen oder Einrichtungen, die bei Beschädigung eine Gefährdung bedeuten (z. B. Gasbehälter, bestimmte Versorgungseinrichtungen).

2) Bei Vorhandensein ständiger Arbeitsplätze im Akzeptor ist der Mindestabstand einzuhalten.

3) Bei zusätzlicher Gefährdung durch schwere Spreng- oder Wurfstücke sowie bei wesentlicher Gefahrenerhöhung infolge Beschädigung (Sekundärwirkung) ist der Mindestabstand einzuhalten.

4) Bei zusätzlicher Gefährdung durch schwere Spreng- oder Wurfstücke ist der doppelte k-Faktor einzusetzen bzw. der Mindestabstand um 50 Prozent zu erhöhen.

5) Bei Lagerung von Gegenständen mit Eigenantrieb ist ein Mindestabstand von 25 m einzuhalten.

I

Anlage 3
zum Anhang

Schutzabstände nach Nummer 3.2.2 des Anhangs für Lager mit sonstigen explosionsgefährlichen Stoffen der Lagergruppen I bis III

1 Lagergruppe Ia

(1) Bei der Aufbewahrung von Stoffen dieser Lagergruppe ist bei einer Nettomasse bis einschließlich 100 kg ein Schutzabstand nicht erforderlich. Es muss jedoch sichergestellt sein, dass eine Wirkung nicht nach außen oder nur in ungefährlicher Richtung auftreten kann.

(2) Bei einer Belegung von mehr als 100 kg Nettomasse wird der Schutzabstand zu Wohnbereichen nach der Formel $E = 0{,}185 \cdot A_k^{1/2} \cdot M^{1/3}$[1]) berechnet, wobei jedoch ein Mindestabstand von 30 m einzuhalten ist.

(3) Bei einer Belegung von mehr als 100 kg Nettomasse wird der Schutzabstand zu Verkehrswegen nach der Formel $E = 0{,}124 \cdot A_k^{1/2} \cdot M^{1/3}$[1]) berechnet, wobei jedoch ein Mindestabstand von 25 m einzuhalten ist.

(4) Werden Schutzmaßnahmen getroffen, können die Schutzabstände in den geschützten Wirkungseinrichtungen teilweise oder ganz entfallen.

(5) Ist in einer Richtung mit einer erhöhten Wirkung zu rechnen, so sind die Schutzabstände in dieser Richtung zu vergrößern.

2 Lagergruppe Ib

(1) Bei der Aufbewahrung von Stoffen dieser Lagergruppe ist bei einer Nettomasse bis einschließlich 200 kg ein Schutzabstand nicht erforderlich. Es muss jedoch sichergestellt sein, dass eine Wirkung nicht nach außen oder nur in ungefährlicher Richtung auftreten kann.

(2) Bei einer Belegung von mehr als 200 kg Nettomasse, jedoch von höchstens 10 000 kg Nettomasse, wird der Schutzabstand zu Wohnbereichen nach der Formel $E = 11{,}0 \cdot M^{1/5}$[2]) berechnet, wobei jedoch ein Mindestabstand von 30 m einzuhalten ist.

(3) Bei einer Belegung von mehr als 10 000 kg Nettomasse wird der Schutzabstand zu Wohnbereichen nach der Formel $E = 3{,}2 \cdot M^{1/3}$[2]) berechnet.

(4) Bei einer Belegung von mehr als 200 kg Nettomasse, jedoch von höchstens 10 000 kg Nettomasse, wird der Schutzabstand zu Verkehrswegen nach der Formel $E = 7{,}3 \cdot M^{1/5}$[2]) berechnet, wobei jedoch ein Mindestabstand von 25 m einzuhalten ist.

(5) Bei einer Belegung von mehr als 10 000 kg Nettomasse wird der Schutzabstand zu Verkehrswegen nach der Formel $E = 2{,}1 \cdot M^{1/3}$[2]) berechnet.

(6) Werden Schutzmaßnahmen getroffen, können die Schutzabstände in den geschützten Wirkungsrichtungen teilweise oder ganz entfallen.

(7) Ist in einer Richtung mit einer erhöhten Wirkung zu rechnen, so sind die Schutzabstände in dieser Richtung zu vergrößern.

3 Lagergruppe II

(1) Bei der Aufbewahrung von Stoffen dieser Lagergruppe ist bei einer Nettomasse bis einschließlich 200 kg ein Schutzabstand nicht erforderlich. Es muss jedoch sichergestellt sein, dass eine Wirkung nicht nach außen oder nur in ungefährlicher Richtung auftreten kann.

(2) Bei einer Belegung von mehr als 200 kg Nettomasse, jedoch von höchstens 10 000 kg Nettomasse, wird der Schutzabstand zu Wohnbereichen nach der Formel $E = 7{,}5 \cdot M^{1/5}$[2]) berechnet, wobei jedoch ein Mindestabstand von 25 m einzuhalten ist.

(3) Bei einer Belegung von mehr als 10 000 kg Nettomasse wird der Schutzabstand zu Wohnbereichen nach der Formel $E = 2{,}2 \cdot M^{1/3}$[2]) berechnet.

(4) Bei einer Belegung von mehr als 200 kg Nettomasse, jedoch von höchstens 10 000 kg Nettomasse, wird der Schutzabstand zu Verkehrswegen nach der Formel $E = 5{,}1 \cdot M^{1/5}$[2])

berechnet, wobei jedoch ein Mindestabstand von 25 m einzuhalten ist.

(5) Bei einer Belegung von mehr als 10 000 kg Nettomasse wird der Schutzabstand zu Verkehrswegen nach der Formel $E = 1{,}5 \cdot M^{1/3}$ [2]) berechnet.

(6) Werden Schutzmaßnahmen getroffen, können die Schutzabstände in den geschützten Wirkungsrichtungen teilweise oder ganz entfallen.

4 Lagergruppe III

(1) Bei der Aufbewahrung von Stoffen dieser Lagergruppe ist bei einer Nettomasse bis einschließlich 200 kg ein Schutzabstand nicht erforderlich. Es muss jedoch sichergestellt sein, dass eine Wirkung nicht nach außen oder nur in ungefährlicher Richtung auftreten kann.

(2) Bei einer Belegung von mehr als 200 kg Nettomasse muss zu Wohnbereichen ein Schutzabstand von mindestens 25 m eingehalten werden.

(3) Bei einer Belegung von mehr als 200 kg Nettomasse muss zu Verkehrswegen ein Schutzabstand von mindestens 16 m eingehalten werden.

(4) Werden Schutzmaßnahmen getroffen, können die Schutzabstände in den geschützten Wirkungsrichtungen teilweise oder ganz entfallen.

I

Anlage 4
zum Anhang

Sicherheitsabstände nach Nummer 3.2.2 des Anhangs für Lager mit sonstigen explosionsgefährlichen Stoffen der Lagergruppen I bis III

1 Lagergruppe Ia

(1) Bei der Aufbewahrung von Stoffen dieser Lagergruppe ist bei einer Nettomasse bis einschließlich 100 kg ein Sicherheitsabstand nicht erforderlich.

(2) Bei einer Belegung von mehr als 100 kg Nettomasse wird der Sicherheitsabstand zu Betriebsgebäuden oder -anlagen nach der Formel $E = 0{,}092 \cdot A_k^{1/2} \cdot M^{1/3}$ [1]) berechnet, wobei jedoch ein Mindestabstand von 25 m einzuhalten ist.

(3) Bei einer Belegung von mehr als 100 kg Nettomasse wird der Sicherheitsabstand zu anderen Lagern mit explosionsgefährlichen Stoffen nach der Formel $E = 0{,}115 \cdot A_k^{1/2} \cdot M^{1/3}$ [1]) berechnet, wobei jedoch ein Mindestabstand von 10 m einzuhalten ist.

(4) Werden Schutzmaßnahmen an den Betriebsgebäuden oder -anlagen oder an den Lagern getroffen, kann der Sicherheitsabstand in der geschützten Richtung teilweise oder ganz entfallen.

(5) Ist in einer Richtung mit einer erhöhten Wirkung zu rechnen oder sind die Betriebsgebäude oder -anlagen in der Umgebung eines Lagers besonders schutzbedürftig, so sind die Sicherheitsabstände in dieser Richtung zu vergrößern.

2 Lagergruppe Ib

(1) Bei der Aufbewahrung von Stoffen dieser Lagergruppe ist bei einer Nettomasse bis einschließlich 200 kg ein Sicherheitsabstand nicht erforderlich.

(2) Bei einer Belegung von mehr als 200 kg Nettomasse, jedoch von höchstens 10 000 kg Nettomasse, wird der Sicherheitsabstand zu Betriebsgebäuden oder -anlagen nach der Formel $E = 5{,}5 \cdot M^{1/5}$ [2]) berechnet, wobei jedoch ein Mindestabstand von 25 m einzuhalten ist.

(3) Bei einer Belegung von mehr als 10 000 kg Nettomasse wird der Sicherheitsabstand zu Betriebsgebäuden oder -anlagen nach der Formel $E = 1{,}6 \cdot M^{1/3}$ [2]) berechnet.

(4) Bei einer Belegung von mehr als 200 kg Nettomasse wird der Sicherheitsabstand zu anderen Lagern mit explosionsgefährlichen Stoffen nach der Formel $E = 1{,}6 \cdot M^{1/3}$ [2]) berechnet, wobei jedoch ein Mindestabstand von 10 m einzuhalten ist.

(5) Werden Schutzmaßnahmen an den Betriebsgebäuden oder -anlagen oder an den Lagern getroffen, kann der Sicherheitsabstand in der geschützten Richtung teilweise oder ganz entfallen.

(6) Ist in einer Richtung mit einer erhöhten Wirkung zu rechnen oder sind die Betriebsgebäude oder -anlagen in der Umgebung eines Lagers besonders schutzbedürftig, so sind die Sicherheitsabstände in dieser Richtung zu vergrößern.

3 Lagergruppe II

(1) Bei der Aufbewahrung von Stoffen dieser Lagergruppe ist bei einer Nettomasse bis einschließlich 200 kg ein Sicherheitsabstand nicht erforderlich.

(2) Bei einer Belegung von mehr als 200 kg Nettomasse wird der Sicherheitsabstand zu Betriebsgebäuden und -anlagen nach der Formel $E = 1{,}1 \cdot M^{1/3}$ [2]) berechnet, wobei jedoch ein Mindestabstand von 25 m einzuhalten ist.

(3) Bei einer Belegung von mehr als 200 kg Nettomasse wird der Sicherheitsabstand zu anderen Lagern mit explosionsgefährlichen Stoffen nach der Formel $E = 1{,}1 \cdot M^{1/3}$ [2]) be-

[1]) E = Abstand in m, A_k = korrigierter Stoffdurchsatz in kg/min, M = Nettomasse in kg.

[2]) E = Abstand in m, M = Nettomasse in kg.

rechnet, wobei jedoch ein Mindestabstand von 10 m einzuhalten ist.

(4) Werden Schutzmaßnahmen an den Betriebsgebäuden oder -anlagen oder an den Lagern getroffen, kann der Sicherheitsabstand in der geschützten Richtung teilweise oder ganz entfallen.

(5) Ist in einer Richtung mit einer erhöhten Wirkung zu rechnen oder sind die Betriebsgebäude oder -anlagen in der Umgebung eines Lagers besonders schutzbedürftig, so sind die Sicherheitsabstände in dieser Richtung zu vergrößern.

4 Lagergruppe III

(1) Bei der Aufbewahrung von Stoffen dieser Lagergruppe ist bei einer Nettomasse bis einschließlich 200 kg ein Sicherheitsabstand nicht erforderlich.

(2) Bei einer Belegung von mehr als 200 kg Nettomasse muss zu Betriebsgebäuden und -anlagen ein Sicherheitsabstand von mindestens 10 m eingehalten werden.

(3) Bei einer Belegung von mehr als 200 kg Nettomasse muss zu anderen Lagern mit explosionsgefährlichen Stoffen ein Sicherheitsabstand von mindestens 10 m eingehalten werden.

(4) Werden Schutzmaßnahmen an den Betriebsgebäuden oder -anlagen oder an den Lagern getroffen, kann der Sicherheitsabstand in der geschützten Richtung teilweise oder ganz entfallen.

Anlage 5
zum Anhang

Verträglichkeitsgruppen nach Nummer 2.7 des Anhangs

Verträglichkeits-gruppe	Beschreibung
A	Zündstoff.
B	Zündmittel mit weniger als zwei wirksamen Sicherungseinrichtungen. Eingeschlossen sind Gegenstände wie z. B. Sprengkapseln, Zündeinrichtungen für Sprengungen und Anzündhütchen, selbst wenn diese keinen Zündstoff enthalten.
C	Treibstoff oder anderer deflagrierender Explosivstoff oder Gegenstand mit solchem Explosivstoff.
D	Detonierender Explosivstoff oder Schwarzpulver oder Gegenstand mit detonierendem Explosivstoff, jeweils ohne Zündmittel oder mit Zündmittel mit zwei wirksamen Sicherungsvorrichtungen und ohne treibende Ladung oder mit Zündmittel mit mindestens zwei wirksamen Sicherungseinrichtungen.
E	Gegenstand mit detonierendem Explosivstoff ohne Zündmittel oder mit Zündmittel mit zwei Sicherungsvorrichtungen, mit treibender Ladung (andere als solche, die aus entzündbarer Flüssigkeit oder entzündbarem Gel oder Hypergolen bestehen).
F	Gegenstand mit detonierendem Explosivstoff mit seinem eigenen Zündmittel, mit treibender Ladung (andere als solche, die aus entzündbarer Flüssigkeit oder entzündbarem Gel oder Hypergolen bestehen) oder ohne treibende Ladung.
G	Pyrotechnischer Satz oder pyrotechnischer Gegenstand.
H	Gegenstand, der sowohl Explosivstoff als auch weißen Phosphor enthält.
J	Gegenstand, der sowohl Explosivstoff als auch entzündbare Flüssigkeit oder entzündbares Gel enthält.
L	Explosivstoff oder Gegenstand mit Explosivstoff, der ein besonderes Risiko darstellt (z. B. wegen seiner Aktivierung bei Zutritt von Wasser oder wegen der Anwesenheit von Hypergolen, Phosphiden oder eines pyrophoren Stoffes) und eine Trennung jeder einzelnen Art erfordert.
N	Gegenstand, der nur extrem unempfindliche detonierende Stoffe enthält.
S*)	Explosivstoff so verpackt oder gestaltet, dass jede durch eine nicht beabsichtigte Reaktion auftretende Wirkung auf das Versandstück beschränkt bleibt, außer wenn das Versandstück durch Brand beschädigt wird. In diesem Falle müssen die Luftstoß- und die Splitterwirkung auf ein solches Maß beschränkt bleiben, dass Feuerbekämpfungs- oder andere Notmaßnahmen in der unmittelbaren Nähe des Versandstückes weder eingeschränkt noch verhindert werden.

*) Die Zuordnung zur Verträglichkeitsgruppe S setzt die Zuordnung zur Lagergruppe 1.4 voraus.

Anlage 6
zum Anhang

Aufbewahrung kleiner Mengen im gewerblichen Bereich nach Nummer 4 des Anhangs Maximal zulässige Nettoexplosivstoffmassen/Nettomassen in kg

	Aufbewahrungsort / Lagergruppe	Arbeitsraum	Verkaufsraum	Gebäude mit Wohnraum	Gebäude ohne Wohnraum		Außerhalb eines Gebäudes/ortsbewegliche Aufbewahrung
				Lagerraum	Lagerraum	Lagerraum mit mindestens der Feuerwiderstandsklasse F30/T30	z. B. Container
	1	2	3	4	5	6	7
	Lagergruppe 1.1						
1	Sprengstoffe, Sprengschnüre	n. z.)[+])	n. z.)[+])	1	5	5	25
2	Schwarzpulver, Treibladungspulver, Treibladungen, pyrotechnische Sätze der Kategorie*) S2	n. z.)[+])	n. z.)[+])	3	25	25	25
3	Zündmittel	n. z.)[+])	n. z.)[+])	0,1	1	1	1
4	Pyrotechnische Gegenstände der Kategorien*) 3[c]), 4[d]), T2[f]) und P2[h])	n. z.)[+])	n. z.)[+])	5	5	5	5
	Lagergruppe 1.2						
5	Pyrotechnische Gegenstände der Kategorien*) 3[c]), 4[d]), T2[f])und P2[h])	n. z.)[+])	n. z.)[+])	5	15	25	25
	Lagergruppe 1.3						
6	Treibladungspulver, Treibladungen, pyrotechnische Sätze der Kategorien*) S1 und S2	n. z.)[+])	n. z.)[+])	10	25	25	25
7	Pyrotechnische Gegenstände der Kategorien*) 2[b]), 3[c]), 4[d]), T1[e]), T2[f]), P1[g]) und P2[h]) sowie pyrotechnische Munition der Klassen**) PM I und PM II	5	5	15	50	50	50
	Lagergruppe 1.4						
8	Zündmittel	n. z.)[+])	n. z.)[+])	0,2	2	2	2
9	Pyrotechnische Gegenstände aller Kategorien *),[a]) bis [h]), [1]), pyrotechnische Sätze S1 und S2 sowie pyrotechnische Munition der Klassen**) PM I und PM II; davon höchstens 20 % ohne Verpackung nach § 21 Abs. 4 der 1. SprengV	70	70	100	100	350	350
10	Pyrotechnische Gegenstände der Klasse T1[1]) und der Kategorie*) P1 für den Einbau in Fahrzeugen	10	10	10	10	100	100
11	Lagergruppe Ia	n. z.)[+])	n. z.)[+])	10	25	100	100
12	Lagergruppe Ib	20	n. z.)[+])	10	25	200	200
13	Lagergruppen II und III	60	20	75	150	200	200

[+]) nicht zulässige Aufbewahrung.

*) Zuordnung zu Kategorien entsprechend § 6 Absatz 6 der Ersten Verordnung zum Sprengstoffgesetz.

**) Zuordnung zu Klassen entsprechend § 11 Absatz 5 der Beschussverordnung.

[1]) Pyrotechnische Gegenstände der Zeile 10 sind ausgenommen.

[a]) Der Kategorie 1 ist die Klasse I nach § 6 Absatz 4 der Ersten Verordnung zum Sprengstoffgesetz in der bis zum 30. September 2009 geltenden Fassung gleichzusetzen.

[b]) Der Kategorie 2 ist die Klasse II nach § 6 Absatz 4 der Ersten Verordnung zum Sprengstoffgesetz in der bis zum 30. September 2009 geltenden Fassung gleichzusetzen.

[c]) Der Kategorie 3 ist die Klasse III nach § 6 Absatz 4 der Ersten Verordnung zum Sprengstoffgesetz in der bis zum 30. September 2009 geltenden Fassung gleichzusetzen.

d) Der Kategorie 4 ist die Klasse IV nach § 6 Absatz 4 der Ersten Verordnung zum Sprengstoffgesetz in der bis zum 30. September 2009 geltenden Fassung gleichzusetzen.

e) Der Kategorie T1 ist der Teil – Bühnen- und Theaterfeuerwerk – der Unterklasse T_1 nach § 6 Absatz 4 der Ersten Verordnung zum Sprengstoffgesetz in der bis zum 30. September 2009 geltenden Fassung gleichzusetzen.

f) Der Kategorie T2 ist der Teil – Bühnen- und Theaterfeuerwerk – der Unterklasse T_2 nach § 6 Absatz 4 der Ersten Verordnung zum Sprengstoffgesetz in der bis zum 30. September 2009 geltenden Fassung gleichzusetzen.

g) Der Kategorie P1 ist der Teil der Unterklasse T_1 nach § 6 Absatz 4 der Ersten Verordnung zum Sprengstoffgesetz in der bis zum 30. September 2009 geltenden Fassung gleichzusetzen, der nicht Bühnen- und Theaterfeuerwerk ist.

h) Der Kategorie P2 ist der Teil der Unterklasse T_2 nach § 6 Absatz 4 der Ersten Verordnung zum Sprengstoffgesetz in der bis zum 30. September 2009 geltenden Fassung gleichzusetzen, der nicht Bühnen- und Theaterfeuerwerk ist.

i) Klasse T_1 nach § 6 Absatz 4 der Ersten Verordnung zum Sprengstoffgesetz in der bis zum 30. September 2009 geltenden Fassung.

Anlage 7

Aufbewahrung kleiner Mengen im nicht gewerblichen Bereich nach Nummer 4 des Anhangs Maximal zulässige Nettoexplosivstoffmassen/Nettomassen in kg

	Aufbewahrungsort	Gebäude mit Wohnraum		Gebäude ohne Wohnraum
	Lagergruppe	Bewohnter Raum	Nichtbewohnter Raum	
	1	2	3	4
	Lagergruppe 1.1			
1	Sprengstoffe, Sprengschnüre	n. z.[+])	n. z.[+])	5
2	Schwarzpulver, Treibladungspulver, Treibladungen, pyrotechnische Sätze der Kategorie*) S2	n. z.[+])	1	3
3	Zündmittel	n. z.[+])	0,1	1
4	Pyrotechnische Gegenstände der Kategorien*) 3[c]), 4[d]) T2[f]) und P2[h])	n. z.[+])	1	1
	Lagergruppe 1.2			
5	pyrotechnische Gegenstände der Kategorien*) 3[c]), 4[d]), T2[f]) und P2[h])	n. z.[+])	2	5
	Lagergruppe 1.3			
6	Treibladungspulver, Treibladungen, pyrotechnische Sätze der Kategorien*) S1 und S2	n. z.[+])	3	5
7	Pyrotechnische Gegenstände der Kategorien*) 2[b]), 3[c]), 4[d]), T1[e]), T2[f]), P1[g]) und P2[h]) sowie pyrotechnische Munition der Klassen**)PM I und PM II	n. z.[+])	3	5
	Lagergruppe 1.4			
8	Zündmittel	n. z.[+])	0,1	1
9	Pyrotechnische Gegenstände aller Kategorien*), [a]) bis [h]), [1]), pyrotechnische Sätze S1 und S2 sowie pyrotechnische Munition der Klassen**) PM I und PM II; davon höchstens 20 % ohne Verpackung nach § 21 Abs. 4 der 1. SprengV	n. z.[+])[2])	10	15
10	Pyrotechnische Gegenstände der Klasse T1[i]) und der Kategorie*) P1 für den Einbau in Fahrzeugen	n. z.[+])	1	1
11	Lagergruppe Ia	n. z.[+])	3	5
12	Lagergruppe Ib	n. z.[+])	3	10
13	Lagergruppen II und III	n. z.[+])	5	20

+) nicht zulässige Aufbewahrung.

*) Zuordnung zu Kategorien entsprechend § 6 Absatz 6 der Ersten Verordnung zum Sprengstoffgesetz.

**) Zuordnung zu Klassen entsprechend § 11 Absatz 5 der Beschussverordnung.

1) Pyrotechnische Gegenstände der Zeile 10 sind ausgenommen.

2) Pyrotechnische Gegenstände der Kategorie 1 und 2 und pyrotechnische Munition der Klasse PM I dürfen bis zu 1 kg aufbewahrt werden.

a) Der Kategorie 1 ist die Klasse I nach § 6 Absatz 4 der Ersten Verordnung zum Sprengstoffgesetz in der bis zum 30. September 2009 geltenden Fassung gleichzusetzen.

b) Der Kategorie 2 ist die Klasse II nach § 6 Absatz 4 der Ersten Verordnung zum Sprengstoffgesetz in der bis zum 30. September 2009 geltenden Fassung gleichzusetzen.

c) Der Kategorie 3 ist die Klasse III nach § 6 Absatz 4 der Ersten Verordnung zum Sprengstoffgesetz in der bis zum 30. September 2009 geltenden Fassung gleichzusetzen.

d) Der Kategorie 4 ist die Klasse IV nach § 6 Absatz 4 der Ersten Verordnung zum Sprengstoffgesetz in der bis zum 30. September 2009 geltenden Fassung gleichzusetzen.

e) Der Kategorie T1 ist der Teil – Bühnen- und Theaterfeuerwerk – der Unterklasse T_1 nach § 6 Absatz 4 der Ersten Verordnung zum Sprengstoffgesetz in der bis zum 30. September 2009 geltenden Fassung gleichzusetzen.

f) Der Kategorie T2 ist der Teil – Bühnen- und Theaterfeuerwerk – der Unterklasse T_2 nach § 6 Absatz 4 der Ersten Verordnung zum Sprengstoffgesetz in der bis zum 30. September 2009 geltenden Fassung gleichzusetzen.

g) Der Kategorie P1 ist der Teil der Unterklasse T_1 nach § 6 Absatz 4 der Ersten Verordnung zum Sprengstoffgesetz in der bis zum 30. September 2009 geltenden Fassung gleichzusetzen, der nicht Bühnen- und Theaterfeuerwerk ist.

h) Der Kategorie P2 ist der Teil der Unterklasse T_2 nach § 6 Absatz 4 der Ersten Verordnung zum Sprengstoffgesetz in der bis zum 30. September 2009 geltenden Fassung gleichzusetzen, der nicht Bühnen- und Theaterfeuerwerk ist.

i) Klasse T_1 nach § 6 Absatz 4 der Ersten Verordnung zum Sprengstoffgesetz in der bis zum 30. September 2009 geltenden Fassung.

I

Dritte Verordnung zum Sprengstoffgesetz (3. SprengV)

Vom 23. Juni 1978 (BGBl. I S. 783)

Zuletzt geändert durch
Gesetz zur Förderung der elektronischen Verwaltung sowie zur Änderung weiterer Vorschriften vom 25. Juli 2013 (BGBl. I S. 2749)

Inhaltsübersicht

I

Auf Grund des § 25 Nr. 1 und 5 in Verbindung mit § 39 Abs. 2 Satz 1 des Sprengstoffgesetzes vom 13. September 1976 (BGBl. I S. 2737) wird vom Bundesminister für Arbeit und Sozialordnung im Einvernehmen mit dem Bundesminister des Innern,

auf Grund des § 29 Nr. 2 Buchstaben a und c des Sprengstoffgesetzes wird vom Bundesminister des Innern,

auf Grund des § 4 Abs. 1 Nr. 2 in Verbindung mit § 39 Abs. 1 Satz 1 des Sprengstoffgesetzes wird vom Bundesminister des Innern im Einvernehmen mit dem Bundesminister für Wirtschaft und dem Bundesminister für Arbeit und Sozialordnung

mit Zustimmung des Bundesrates verordnet:

§ 1 Anzeige

(1) Soll mit explosionsgefährlichen Stoffen gesprengt werden, hat die nach § 19 Abs. 1 Nr. 1 oder, im nichtgewerblichen Bereich, die nach § 28 Satz 1 in Verbindung mit § 19 Abs. 1 Nr. 1 des Sprengstoffgesetzes verantwortliche Person dies der zuständigen Behörde schriftlich in doppelter Ausfertigung oder elektronisch anzuzeigen, und zwar

1. mindestens vier Wochen vor Beginn der Sprengungen, wenn mehrere gleichartige Sprengungen innerhalb einer Betriebsstätte oder zur Durchführung eines Vorhabens vorgenommen werden sollen, und
2. mindestens eine Woche vor jeder sonstigen Sprengung.

(2) In der Anzeige sind anzugeben

1. Ort, Tag und Zeitpunkt der Sprengung; bei mehreren Sprengungen der Zeitraum, in dem sie vorgenommen werden sollen, und
2. Name und Anschrift der für die Sprengung verantwortlichen Personen sowie Nummer und Datum der Erlaubnis nach § 7 oder § 27 des Sprengstoffgesetzes und des Befähigungsscheins nach § 20 des Sprengstoffgesetzes und die Behörden, die die Erlaubnis und den Befähigungsschein erteilt haben.

Ihr sind als Unterlagen beizufügen

1. eine Beschreibung, aus der hervorgeht
   a) Art, Verfahren und Umfang der Sprengungen,
   b) Art und Höchstmenge der je Sprengung zu verwendenden Sprengstoffe und Zündmittel, bei Verwendung von Sprengzeitzündern der Höchstmenge der Sprengstoffe je Zündzeitstufe,
   c) die Entfernung der Sprengstellen von besonders schutzbedürftigen Gebäuden und Anlagen, insbesondere Krankenhäusern, Schulen, Alten- und Kinderheimen, Sportanlagen und Spielplätzen in einem Umkreis von mindestens 1000 Metern,
   d) die Sicherungsmaßnahmen, insbesondere die Deckungsräume für Beschäftigte, Absperrmaßnahmen an Verkehrswegen sowie Vorkehrungen zum Schutz benachbarter Wohn- und Arbeitsstätten gegen Steinflug, Erschütterungen, Sprengschwaden und Lärm, und
2. ein maßstäblicher Lageplan, aus dem ersichtlich sind
   a) die Sprengstellen einschließlich ihrer voraussehbaren Lageveränderungen,
   b) die Entfernung der Sprengstellen von Verkehrswegen, Wohn- und Arbeitsstätten sowie Einrichtungen der öffentlichen Versorgung in einem Umkreis von mindestens 300 Metern.

Der Anzeige nach Absatz 1 Nr. 2 braucht ein Lageplan nicht beigefügt zu werden, wenn in der Anzeige die Entfernung der Sprengstelle von den nächstgelegenen Verkehrswegen, Wohn- und Arbeitsstätten und Einrichtungen der öffentlichen Versorgung angegeben ist.

§ 2 Änderungsanzeige

Sind nach Erstattung der Anzeige Veränderungen gegenüber dem Inhalt der Anzeige oder der Unterlagen eingetreten oder vorgesehen worden, hat der nach § 1 Abs. 1 Anzeigepflichtige dies der zuständigen Behörde unverzüglich schriftlich in doppelter Ausfertigung oder elektronisch anzuzeigen. Ist mit einer Veränderung eine erhöhte Gefahr verbunden, so dürfen die für die Sprengung verantwortlichen Personen erst eine Woche nach

Erstattung der Änderungsanzeige, im Falle des § 1 Abs. 1 Nr. 1 jedoch nicht vor Ablauf von vier Wochen nach Erstattung der Anzeige unter den geänderten Umständen sprengen.

§ 3 Ausnahmen von der Anzeigepflicht

(1) § 1 gilt nicht, wenn in Anlagen gesprengt werden soll, die nach § 4 des Bundes-Immissionsschutzgesetzes genehmigt sind oder die nach § 67 Abs. 1 des Bundes-Immissionsschutzgesetzes als genehmigt gelten und die Genehmigung die Sprengungen einschließt.

(2) Die zuständige Behörde kann im Einzelfall auf die Erstattung der Anzeige oder die Einhaltung der Frist verzichten, wenn dies aus besonderen Gründen gerechtfertigt erscheint.

§ 4 Ordnungswidrigkeiten

Ordnungswidrig im Sinne des § 41 Abs. 1 Nr. 16 des Sprengstoffgesetzes handelt, wer vorsätzlich oder fahrlässig

1. entgegen § 1 Abs. 1 eine Anzeige nicht oder nicht rechtzeitig erstattet oder entgegen § 1 Abs. 2 Angaben nicht, nicht vollständig, nicht rechtzeitig oder unrichtig macht oder Unterlagen nicht, nicht vollständig oder nicht rechtzeitig vorlegt,
2. entgegen § 2 eine Veränderung nicht, nicht rechtzeitig, unvollständig oder unrichtig anzeigt oder eine Sprengung vor Ablauf der vorgeschriebenen Fristen durchführt.

§ 5 Änderung der Ersten Verordnung zum Sprengstoffgesetz

(hier nicht aufgenommen)

§ 6 Berlin-Klausel

Diese Verordnung gilt nach § 14 des Dritten Überleitungsgesetzes in Verbindung mit § 52 des Sprengstoffgesetzes auch im Land Berlin. Die Vorschriften dieser Verordnung sind im Land Berlin jedoch nicht anzuwenden, soweit sie mit Rechtsvorschriften der alliierten Behörden unvereinbar sind.

§ 7 Inkrafttreten

(1) Diese Verordnung tritt am 1. Juli 1978 in Kraft.

(2) Gleichzeitig tritt die Verordnung über die Anzeige von Sprengungen (5. DV Sprengstoffgesetz) vom 24. August 1971 (BGBl. I S. 1407) außer Kraft.

Ausführungsgesetz zu Artikel 26 Abs. 2 des Grundgesetzes (Gesetz über die Kontrolle von Kriegswaffen)

in der Fassung der Bekanntmachung vom 22. November 1990 (BGBl. I S. 2506)

Zuletzt geändert durch
Zehnte Verordnung zur Änderung der Kriegswaffenliste
vom 19. Februar 2025 (BGBl. I Nr. 47)

Inhaltsübersicht

Erster Abschnitt Genehmigungsvorschriften

§ 1 Begriffsbestimmung

(1) Zur Kriegsführung bestimmte Waffen im Sinne dieses Gesetzes (Kriegswaffen) sind die in der Anlage zu diesem Gesetz (Kriegswaffenliste) aufgeführten Gegenstände, Stoffe und Organismen.

(2) Die Bundesregierung wird ermächtigt, durch Rechtsverordnung mit Zustimmung des Bundesrates die Kriegswaffenliste entsprechend dem Stand der wissenschaftlichen, technischen und militärischen Erkenntnisse derart zu ändern und zu ergänzen, daß sie alle Gegenstände, Stoffe und Organismen enthält, die geeignet sind, allein, in Verbindung miteinander oder mit anderen Gegenständen, Stoffen oder Organismen Zerstörungen oder Schäden an Personen oder Sachen zu verursachen und als Mittel der Gewaltanwendung bei bewaffneten Auseinandersetzungen zwischen Staaten zu dienen.

(3) Für Atomwaffen im Sinne des § 17 Abs. 2, für biologische und chemische Waffen im Sinne der Kriegswaffenliste sowie für Antipersonenminen und Streumunition im Sinne von § 18a Abs. 2 gelten die besonderen Vorschriften des Dritten und Vierten Abschnitts sowie die Strafvorschriften der §§ 19 bis 21.

§ 2 Herstellung und Inverkehrbringen

(1) Wer Kriegswaffen herstellen will, bedarf der Genehmigung.

(2) Wer die tatsächliche Gewalt über Kriegswaffen von einem anderen erwerben oder einem anderen überlassen will, bedarf der Genehmigung.

§ 3 Beförderung innerhalb des Bundesgebietes

(1) Wer Kriegswaffen im Bundesgebiet außerhalb eines abgeschlossenen Geländes befördern lassen will, bedarf der Genehmigung.

(2) Der Genehmigung bedarf ferner, wer Kriegswaffen, die er hergestellt oder über die er die tatsächliche Gewalt erworben hat, im Bundesgebiet außerhalb eines abgeschlossenen Geländes selbst befördern will.

(3) Kriegswaffen dürfen nur eingeführt, ausgeführt oder durch das Bundesgebiet durchgeführt werden, wenn die hierzu erforderliche Beförderung im Sinne des Absatzes 1 oder 2 genehmigt ist oder hierzu eine Allgemeine Genehmigung gemäß Absatz 4 erteilt wurde.

(4) Unbeschadet der Regelung des § 27 kann eine Allgemeine Genehmigung erteilt werden

1. für die Beförderung von Kriegswaffen zum Zweck der Durchfuhr durch das Bundesgebiet,
2. für die Beförderung von Kriegswaffen zum Zweck der Einfuhr an die Bundeswehr,
3. für die Beförderung von Kriegswaffen zum Zweck der Einfuhr an im Bundesgebiet ansässige Unternehmen, die gemäß § 9 des Außenwirtschaftsgesetzes in Verbindung mit einer auf Grund dieser Vorschrift erlassenen Rechtsverordnung zertifiziert sind,
4. für die Beförderung von Kriegswaffen zwischen im Bundesgebiet ansässigen Unternehmen, die gemäß § 9 des Außenwirtschaftsgesetzes in Verbindung mit einer auf Grund dieser Vorschrift erlassenen Rechtsverordnung zertifiziert sind,
5. für die Beförderung von Kriegswaffen innerhalb des Bundesgebietes von Unternehmen, die gemäß § 9 des Außenwirtschaftsgesetzes in Verbindung mit einer auf Grund dieser Vorschrift erlassenen Rechtsverordnung zertifiziert sind, an die Bundeswehr sowie von der Bundeswehr durch diese Unternehmen an sich sowie
6. für die Beförderung von Kriegswaffen zum Zweck der Verbringung an Unternehmen, die in einem anderen Mitgliedstaat der Europäischen Union ansässig sind und in diesem Mitgliedstaat gemäß Artikel 9 der Richtlinie 2009/43/EG des Europäischen Parlaments und des Rates vom 6. Mai 2009 zur Vereinfachung der Bedingungen für die innergemeinschaftliche Verbringung von Verteidigungsgütern (ABl. L 146 vom 10. 6. 2009, S. 1) zertifiziert sind.

§ 4 Beförderung außerhalb des Bundesgebietes

(1) Wer Kriegswaffen, die außerhalb des Bundesgebietes ein- und ausgeladen und

I

durch das Bundesgebiet nicht durchgeführt werden, mit Seeschiffen, die die Bundesflagge führen, oder mit Luftfahrzeugen, die in die Luftfahrzeugrolle der Bundesrepublik eingetragen sind, befördern will, bedarf der Genehmigung.

(2) Für die Beförderung von Kriegswaffen im Sinne des Absatzes 1 in und nach bestimmten Gebieten kann auch eine Allgemeine Genehmigung erteilt werden.

§ 4a Auslandsgeschäfte

(1) Wer einen Vertrag über den Erwerb oder das Überlassen von Kriegswaffen, die sich außerhalb des Bundesgebietes befinden, vermitteln oder die Gelegenheit zum Abschluß eines solchen Vertrages nachweisen will, bedarf der Genehmigung.

(2) Einer Genehmigung bedarf auch, wer einen Vertrag über das Überlassen von Kriegswaffen, die sich außerhalb des Bundesgebietes befinden, abschließen will.

(3) Die Absätze 1 und 2 sind nicht anzuwenden, wenn die Kriegswaffen in Ausführung des Vertrags in das Bundesgebiet eingeführt oder durchgeführt werden sollen.

(4) Für Vermittlungs- und Überlassungsgeschäfte im Sinne der Absätze 1 und 2 von Unternehmen, die selbst Kriegswaffen innerhalb der Europäischen Union herstellen, kann eine Allgemeine Genehmigung erteilt werden.

§ 5 Befreiungen

(1) Einer Genehmigung nach den §§ 2 bis 4a bedarf nicht, wer unter der Aufsicht oder als Beschäftigter eines anderen tätig wird. In diesen Fällen bedarf nur der andere der Genehmigung nach den §§ 2 bis 4a.

(2) Wer Kriegswaffen auf Grund einer Genehmigung nach § 3 Abs. 1, § 3 Absatz 2 oder einer Allgemeinen Genehmigung nach § 3 Absatz 4 befördert, bedarf für den Erwerb der tatsächlichen Gewalt über diese Kriegswaffen von dem Absender und die Überlassung der tatsächlichen Gewalt an den in der Genehmigungsurkunde genannten oder von einer Allgemeinen Genehmigung umfassten Empfänger keiner Genehmigung nach § 2 Abs. 2.

(3) Einer Genehmigung nach § 2 Absatz 2 bedarf ferner nicht, wer die tatsächliche Gewalt über Kriegswaffen

1. demjenigen, der Kriegswaffen auf Grund einer Genehmigung nach § 3 Absatz 1, 2 oder einer Allgemeinen Genehmigung nach § 3 Absatz 4 befördert, überlassen oder von ihm erwerben will, sofern der Absender und der Empfänger in der Genehmigungsurkunde genannt oder von einer Allgemeinen Genehmigung nach § 3 Absatz 4 umfasst sind,
2. der Bundeswehr überlassen oder von ihr erwerben will oder
3. dem Beschaffungsamt des Bundesministeriums des Innern, den Polizeien des Bundes, der Zollverwaltung, einer für die Aufrecherhaltung der öffentlichen Sicherheit zuständigen Behörde oder Dienststelle, einem Beschussamt oder einer Behörde des Strafvollzugs überlassen oder von diesen zur Instandsetzung, zur Erprobung oder zur Beförderung erwerben will.

§ 6 Versagung der Genehmigung

(1) Auf die Erteilung einer Genehmigung besteht kein Anspruch.

(2) Die Genehmigung kann insbesondere versagt werden, wenn

1. Grund zu der Annahme besteht, daß ihre Erteilung dem Interesse der Bundesrepublik an der Aufrechterhaltung guter Beziehungen zu anderen Ländern zuwiderlaufen würde,
2. a) der Antragsteller, sein gesetzlicher Vertreter, bei juristischen Personen das vertretungsberechtigte Organ oder ein Mitglied eines solchen Organs, bei Personenhandelsgesellschaften ein vertretungsberechtigter Gesellschafter, sowie der Leiter eines Betriebes oder eines Betriebsteiles des Antragstellers,
   b) derjenige, der Kriegswaffen befördert,
   c) derjenige, der die tatsächliche Gewalt über Kriegswaffen dem Beförderer überläßt oder von ihm erwirbt,

   nicht Deutscher im Sinne des Artikels 116 des Grundgesetzes ist oder den Wohnsitz oder gewöhnlichen Aufenthalt außerhalb des Bundesgebietes hat,

3. eine im Zusammenhang mit der genehmigungsbedürftigten Handlung nach anderen Vorschriften erforderliche Genehmigung nicht nachgewiesen wird.

(3) Die Genehmigung ist zu versagen, wenn

1. die Gefahr besteht, daß die Kriegswaffen bei einer friedensstörenden Handlung, insbesondere bei einem Angriffskrieg, verwendet werden,
2. Grund zu der Annahme besteht, daß die Erteilung der Genehmigung völkerrechtliche Verpflichtungen der Bundesrepublik verletzen oder deren Erfüllung gefährden würde,
3. Grund zu der Annahme besteht, daß eine der in Absatz 2 Nr. 2 genannten Personen die für die beabsichtigte Handlung erforderliche Zuverlässigkeit nicht besitzt.

(4) Andere Vorschriften, nach denen für die in den §§ 2 bis 4a genannten Handlungen eine Genehmigung erforderlich ist, bleiben unberührt.

§ 7 Widerruf der Genehmigung

(1) Die Genehmigung kann jederzeit widerrufen werden.

(2) Die Genehmigung ist zu widerrufen, wenn einer der in § 6 Abs. 3 genannten Versagungsgründe nachträglich offenbar geworden oder eingetreten ist, es sei denn, daß der Grund innerhalb einer zu bestimmenden Frist beseitigt wird.

(3) Wird die Genehmigung widerrufen, so trifft die Genehmigungsbehörde Anordnungen über den Verbleib oder die Verwertung der Kriegswaffen. Sie kann insbesondere anordnen, die Kriegswaffen innerhalb angemessener Frist unbrauchbar zu machen oder einem zu ihrem Erwerb Berechtigten zu überlassen und dies der Überwachungsbehörde nachzuweisen. Nach fruchtlosem Ablauf der Frist können die Kriegswaffen sichergestellt und eingezogen werden. § 13 Abs. 3 gilt entsprechend.

§ 8 Erteilung und Widerruf der Allgemeinen Genehmigung

(1) Die Allgemeine Genehmigung im Sinne des § 3 Absatz 4, des § 4 Absatz 2 und des § 4a Absatz 4 wird durch Rechtsverordnung erteilt.

(2) Die Allgemeine Genehmigung kann durch Rechtsverordnung ganz oder teilweise widerrufen werden, insbesondere wenn Grund zu der Annahme besteht, daß die allgemein genehmigten Beförderungen dem Interesse der Bundesrepublik an der Aufrechterhaltung guter Beziehungen zu anderen Ländern zuwiderlaufen würden.

(3) Die Allgemeine Genehmigung ist durch Rechtsverordnung ganz oder teilweise zu widerrufen, wenn

1. die Gefahr besteht, daß die auf Grund der Allgemeinen Genehmigung beförderten Kriegswaffen bei einer friedensstörenden Handlung, insbesondere bei einem Angriffskrieg, verwendet werden,
2. Grund zu der Annahme besteht, daß durch die allgemein genehmigten Beförderungen völkerrechtliche Verpflichtungen der Bundesrepublik verletzt würden oder deren Erfüllung gefährdet würde.

(4) Rechtsverordnungen nach den Absätzen 1 bis 3 werden von der Bundesregierung erlassen; sie bedürfen nicht der Zustimmung des Bundesrates.

§ 9 Entschädigung im Falle des Widerrufs

(1) Wird eine Genehmigung nach den §§ 2, 3 Abs. 1 oder 2, § 4 Abs. 1 oder § 4a ganz oder teilweise widerrufen, so ist ihr Inhaber vom Bund angemessen in Geld zu entschädigen. Die Entschädigung bemißt sich nach den vom Genehmigungsinhaber nachgewiesenen zweckentsprechenden Aufwendungen. Anderweitige, den Grundsätzen einer ordnungsmäßigen Wirtschaftsführung entsprechende Verwertungsmöglichkeiten sind zu berücksichtigen. Wegen der Höhe der Entschädigung steht im Streitfalle der Rechtsweg vor den ordentlichen Gerichten offen.

(2) Der Anspruch auf eine Geldentschädigung entfällt, wenn der Inhaber der Genehmigung

oder die für ihn auf Grund der Genehmigung tätigen Personen durch ihr schuldhaftes Verhalten Anlaß zum Widerruf der Genehmigung gegeben haben, insbesondere wenn

1. diese Personen gegen die Vorschriften dieses Gesetzes, gegen die auf Grund dieses Gesetzes ergangenen Rechtsverordnungen oder gegen Anordnungen der Genehmigungs- oder Überwachungsbehörde erheblich oder wiederholt verstoßen haben,
2. die Genehmigung auf Grund des § 7 Abs. 2 in Verbindung mit § 6 Abs. 3 Nr. 3 widerrufen worden ist.

§ 10 Inhalt und Form der Genehmigung

(1) Die Genehmigung kann inhaltlich beschränkt, befristet und mit Auflagen verbunden werden.

(2) Nachträgliche Befristungen und Auflagen sind jederzeit zulässig. § 9 gilt entsprechend.

(3) Die Genehmigung bedarf der Schriftform; sie muß Angaben über Art und Menge der Kriegswaffen enthalten. Die Genehmigung zur Herstellung der in Teil B der Kriegswaffenliste genannten Kriegswaffen kann ohne Beschränkung auf eine bestimmte Menge, die Genehmigung zur Beförderung von Kriegswaffen kann ohne Beschränkung auf eine bestimmte Art und Menge erteilt werden.

§ 11 Genehmigungsbehörden

(1) Für die Erteilung und den Widerruf einer Genehmigung ist die Bundesregierung zuständig.

(2) Die Bundesregierung wird ermächtigt, durch Rechtsverordnung, die der Zustimmung des Bundesrates nicht bedarf, die Befugnis zur Erteilung und zum Widerruf der Genehmigung in den Fällen der §§ 2, 3 Abs. 1 und 2 und des § 4a

1. für den Bereich der Bundeswehr auf das Bundesministerium der Verteidigung,
2. für den Bereich der Zollverwaltung auf das Bundesministerium der Finanzen,
3. für den Bereich der für die Aufrechterhaltung der öffentlichen Sicherheit zuständigen Behörden oder Dienststellen sowie der Behörden des Strafvollzugs auf das Bundesministerium des Innern, für Bau und Heimat,
4. für alle übrigen Bereiche auf das Bundesministerium für Wirtschaft und Energie

zu übertragen.

(3) Die Befugnis zur Erteilung und zum Widerruf der Genehmigung in den Fällen des § 4 Abs. 1 kann durch Rechtsverordnung, die der Zustimmung des Bundesrates nicht bedarf, auf das Bundesministerium für Verkehr und digitale Infrastruktur übertragen werden, der diese Befugnis im Einvernehmen mit dem Auswärtigen Amt ausübt.

(4) Die Bundesregierung wird ferner ermächtigt, durch Rechtsverordnung mit Zustimmung des Bundesrates die erforderlichen Vorschriften zur näheren Regelung des Genehmigungsverfahrens zu erlassen.

(5) Das Bundesamt für Verfassungsschutz kann bei der Prüfung der Zuverlässigkeit gemäß § 6 Abs. 3 Nr. 3 herangezogen werden.

§ 11a Übermittlung von Informationen

(1) Die Genehmigungsbehörden dürfen die Informationen, einschließlich personenbezogener Daten, die ihnen bei der Erfüllung ihrer Aufgaben nach diesem Gesetz bekannt geworden sind, an andere öffentliche Stellen des Bundes oder der Länder übermitteln, soweit dies zur Verfolgung der Zwecke des § 4 Absatz 1 und 2 des Außenwirtschaftsgesetzes, zur Zollabfertigung, zur Prüfung der Zuverlässigkeit nach § 6 Absatz 3 Nummer 3 oder zur Verfolgung von Straftaten oder Ordnungswidrigkeiten nach diesem Gesetz, einer auf Grund dieses Gesetzes erlassenen Rechtsverordnung, dem Außenwirtschaftsgesetz oder einer auf Grund des Außenwirtschaftsgesetzes erlassenen Rechtsverordnung erforderlich ist.

(2) Informationen über die Versagung von Genehmigungen dürfen abweichend von Absatz 1 nur übermittelt werden, soweit dies zur Verfolgung der Zwecke des § 4 Absatz 1 und 2 des Außenwirtschaftsgesetzes, zur Prüfung der Zuverlässigkeit nach § 6 Absatz 3 Nummer 3 oder zur Verfolgung von Straftaten oder Ordnungswidrigkeiten nach diesem Ge-

setz, einer auf Grund dieses Gesetzes erlassenen Rechtsverordnung, dem Außenwirtschaftsgesetz oder einer auf Grund des Außenwirtschaftsgesetzes erlassenen Rechtsverordnung erforderlich ist.

(3) Die Empfänger dürfen die nach den Absätzen 1 und 2 übermittelten Informationen, einschließlich personenbezogener Daten, nur für die Zwecke verwenden, für die sie übermittelt wurden oder soweit es zur Verfolgung von Straftaten oder Ordnungswidrigkeiten nach diesem Gesetz, einer auf Grund dieses Gesetzes erlassenen Rechtsverordnung, nach dem Außenwirtschaftsgesetz oder einer auf Grund des Außenwirtschaftsgesetzes erlassenen Rechtsverordnung erforderlich ist.

Zweiter Abschnitt Überwachungs- und Ausnahmevorschriften

§ 12 Pflichten im Verkehr mit Kriegswaffen

(1) Wer eine nach diesem Gesetz genehmigungsbedürftige Handlung vornimmt, hat die erforderlichen Maßnahmen zu treffen,

1. um zu verhindern, daß die Kriegswaffen abhanden kommen oder unbefugt verwendet werden,
2. um zu gewährleisten, daß die gesetzlichen Vorschriften und behördlichen Anordnungen zum Schutze von geheimhaltungsbedürftigen Gegenständen, Tatsachen, Erkenntnissen oder Mitteilungen beachtet werden.

(2) Wer Kriegswaffen herstellt, befördern läßt oder selbst befördert oder die tatsächliche Gewalt über Kriegswaffen von einem anderen erwirbt oder einem anderen überläßt, hat ein Kriegswaffenbuch zu führen, um den Verbleib der Kriegswaffen nachzuweisen. Dies gilt nicht in den Fällen des § 5 Abs. 1 und 2 sowie für Beförderungen in den Fällen des § 5 Abs. 3 Nr. 2.

(3) Wer Kriegswaffen befördern lassen will, hat bei der Übergabe zur Beförderung eine Ausfertigung der Genehmigungsurkunde zu übergeben.

(4) Wer eine Beförderung von Kriegswaffen ausführt, hat eine Ausfertigung der Genehmigungsurkunde mitzuführen, den zuständigen Behörden oder Dienststellen, insbesondere den Eingangs- und Ausgangszollstellen, unaufgefordert vorzuzeigen und auf Verlangen zur Prüfung auszuhändigen.

(5) Wer berechtigt ist, über Kriegswaffen zu verfügen, hat der zuständigen Überwachungsbehörde den Bestand an Kriegswaffen sowie dessen Veränderungen unter Angabe der dazu erteilten Genehmigungen innerhalb der durch Rechtsvorschrift oder durch Anordnung der zuständigen Überwachungsbehörde bestimmten Fristen zu melden.

(6) Wer

1. als Erwerber von Todes wegen, Finder oder in ähnlicher Weise die tatsächliche Gewalt über Kriegswaffen erlangt,
2. als Insolvenzverwalter, Zwangsverwalter oder in ähnlicher Weise die tatsächliche Gewalt über Kriegswaffen erlangt,
3. die tatsächliche Gewalt über Kriegswaffen verliert,
4. Kenntnis vom Verbleib einer Kriegswaffe erlangt, über die niemand die tatsächliche Gewalt ausübt,

hat dies der zuständigen Überwachungsbehörde oder einer für die Aufrechterhaltung der öffentlichen Sicherheit zuständigen Behörde oder Dienststelle unverzüglich anzuzeigen. Im Falle der Nummer 1 hat der Erwerber der tatsächlichen Gewalt über die Kriegswaffen innerhalb einer von der Überwachungsbehörde zu bestimmenden Frist die Kriegswaffen unbrauchbar zu machen oder einem zu ihrem Erwerb Berechtigten zu überlassen und dies der Überwachungsbehörde nachzuweisen. Die Überwachungsbehörde kann auf Antrag Ausnahmen von Satz 2 zulassen, wenn ein öffentliches Interesse besteht. Die Ausnahmen können befristet und mit Bedingungen und Auflagen verbunden werden. Nachträgliche Befristungen und Auflagen sind jederzeit zulässig.

(7) Die Bundesregierung wird ermächtigt, durch Rechtsverordnung mit Zustimmung des Bundesrates

1. die erforderlichen Vorschriften zur Durchführung der Absätze 1 bis 6 zu erlassen,
2. geringe Mengen an Kriegswaffen und geringfügige Bestandsveränderungen von der Buchführungs-, Melde- und Anzeigepflicht (Absatz 2, 5 und 6) auszunehmen, soweit hierdurch öffentliche Interessen nicht gefährdet werden,
3. eine Kennzeichnung für Kriegswaffen vorzuschreiben, die den Hersteller oder Einführer ersichtlich macht.

§ 12a Besondere Meldepflichten

(1) Die Bundesregierung wird ermächtigt, durch Rechtsverordnung, mit Zustimmung des Bundesrates, anzuordnen, daß dem Bundesamt für Wirtschaft und Ausfuhrkontrolle (BAFA) die Einfuhr und Ausfuhr von Kriegswaffen des Teils B der Kriegswaffenliste zu melden ist, soweit die Bundesregierung diese Daten benötigt, um internationale Vereinbarungen über die Übermittlung von Angaben über die Einfuhr und Ausfuhr von Kriegswaffen zu erfüllen. Das Bundesamt für Wirtschaft und Ausfuhrkontrolle (BAFA) darf die auf Grund einer Rechtsverordnung nach Satz 1 erhobenen Daten zu den in Satz 1 genannten Zwecken mit anderen bei ihm gespeicherten Daten abgleichen.

(2) Die auf Grund einer Rechtsverordnung nach Absatz 1 erhobenen Daten können zusammengefaßt ohne Nennung von Empfängern und Lieferanten zu den in Absatz 1 genannten Zwecken an internationale Organisationen oder zur Unterrichtung des Deutschen Bundestages übermittelt oder veröffentlicht werden. Das gilt auch dann, wenn die Daten in Einzelfällen den betroffenen Unternehmen zugeordnet werden können, sofern das Interesse an der Übermittlung oder Veröffentlichung das Interesse des betroffenen Unternehmens an der Geheimhaltung erheblich überwiegt.

(3) Art und Umfang der Meldepflicht sind auf das Maß zu begrenzen, das notwendig ist, um den in Absatz 1 angegebenen Zweck zu erreichen.

§ 13 Sicherstellung und Einziehung

(1) Die Überwachungsbehörden und die für die Aufrechterhaltung der öffentlichen Sicherheit zuständigen Behörden oder Dienststellen können Kriegswaffen sicherstellen,

1. wenn Tatsachen die Annahme rechtfertigen, daß der Inhaber der tatsächlichen Gewalt nicht die erforderliche Zuverlässigkeit besitzt, insbesondere die Kriegswaffen an einen Nichtberechtigten weitergeben oder sie unbefugt verwenden wird, oder
2. wenn dies erforderlich ist, um Staatsgeheimnisse zu schützen.

(2) Die Überwachungsbehörden können die sichergestellten Kriegswaffen einziehen, wenn dies zur Abwehr einer Gefahr für die öffentliche Sicherheit oder Ordnung erforderlich ist und weniger einschneidende Maßnahmen nicht ausreichen.

(3) Werden Kriegswaffen eingezogen, so geht mit der Unanfechtbarkeit der Einziehungsverfügung das Eigentum an ihnen auf den Staat über. Rechte Dritter an den Kriegswaffen erlöschen. Der Eigentümer oder ein dinglich Berechtigter wird vom Bund unter Berücksichtigung des Verkehrswerts angemessen in Geld entschädigt. Eine Entschädigung wird nicht gewährt, wenn der Eigentümer oder dinglich Berechtigte wenigstens leichtfertig dazu beigetragen hat, daß die Gefahr für die öffentliche Sicherheit oder Ordnung entstanden ist. In diesem Falle kann eine Entschädigung gewährt werden, soweit es eine unbillige Härte wäre, sie zu versagen.

(4) Bei Gefahr im Verzuge kann auch die Bundeswehr unter den in Absatz 1 genannten Voraussetzungen Kriegswaffen sicherstellen.

§ 13a Umgang mit unbrauchbar gemachten Kriegswaffen

Der Umgang mit unbrauchbar gemachten Kriegswaffen kann durch Rechtsverordnung des Bundesministeriums für Wirtschaft und Energie, die der Zustimmung des Bundesrates nicht bedarf, beschränkt werden; insbesondere kann der Umgang verboten oder unter Genehmigungsvorbehalt gestellt werden. Unbrauchbar gemachte Kriegswaffen sind Kriegswaffen, die durch technische Veränderungen endgültig die Fähigkeit zum bestimmungsgemäßen Einsatz verloren haben und nicht mit allgemein gebräuchlichen Werkzeugen wieder funktionsfähig gemacht werden können. Durch Rechtsverordnung, die der Zustimmung des Bundesrates nicht bedarf, kann bestimmt werden, auf welche Weise Kriegswaffen unbrauchbar zu machen sind und in welcher Form ihre Unbrauchbarmachung nachzuweisen ist.

§ 14 Überwachungsbehörden

(1) Für die Überwachung der nach diesem Gesetz genehmigungsbedürftigen Handlungen und der Einhaltung der in § 12 genannten Pflichten ist

1. in den Fällen der §§ 2 und 3 Abs. 1 und 2 sowie des § 4a das Bundesministerium für Wirtschaft und Energie und
2. in den Fällen des § 4 das Bundesministerium für Verkehr und digitale Infrastruktur zuständig.

(2) Für die Überwachung der Einfuhr, Ausfuhr und Durchfuhr sowie des sonstigen Verbringens von Kriegswaffen in das Bundesgebiet oder aus dem Bundesgebiet (§ 3 Abs. 3 und 4) sind das Bundesministerium der Finanzen und die von ihm bestimmten Zolldienststellen zuständig.

(3) Die Überwachungsbehörden (Absatz 1 und 2) können zur Erfüllung ihrer Aufgaben, insbesondere zur Überwachung der Bestände an Kriegswaffen und deren Veränderungen,

1. die erforderlichen Auskünfte verlangen,
2. Betriebsaufzeichnungen und sonstige Unterlagen einsehen und prüfen,
3. Besichtigungen vornehmen.

(4) Die von den Überwachungsbehörden beauftragten Personen dürfen Räume und Grundstücke betreten, soweit es ihr Auftrag erfordert. Das Grundrecht des Artikels 13 auf Unverletzlichkeit der Wohnung wird insoweit eingeschränkt.

(5) Wer einer Genehmigung nach den §§ 2 bis 4a bedarf, ist verpflichtet, die erforderlichen Auskünfte zu erteilen, die Betriebsaufzeichnungen und sonstige Unterlagen zur Einsicht und Prüfung vorzulegen und das Betreten von Räumen und Grundstücken zu dulden. Das gleiche gilt für Personen, denen die in § 12 genannten Pflichten obliegen.

(6) Der zur Erteilung einer Auskunft Verpflichtete kann die Auskunft auf solche Fragen verweigern, deren Beantwortung ihn selbst oder einen der in § 383 Abs. 1 Nr. 1 bis 3 der Zivilprozeßordnung bezeichneten Angehörigen der Gefahr strafgerichtlicher Verfolgung oder eines Verfahrens nach dem Gesetz über Ordnungswidrigkeiten aussetzen würde.

(6a) Für die Übermittlung von Informationen, einschließlich personenbezogener Daten, durch die Überwachungsbehörden gilt § 11a entsprechend.

(7) Die Bundesregierung wird ermächtigt, durch Rechtsverordnung mit Zustimmung des Bundesrates die erforderlichen Vorschriften zur Durchführung der nach Absatz 3 zulässigen Überwachungsmaßnahmen zu erlassen und das Verfahren der Überwachungsbehörden zu regeln.

(8) Das Bundesministerium für Wirtschaft und Energie wird ermächtigt, durch Rechtsverordnung, die der Zustimmung des Bundesrates nicht bedarf, die ihm nach Absatz 1 zustehenden Überwachungsbefugnisse auf das Bundesamt für Wirtschaft und Ausfuhrkontrolle (BAFA) zu übertragen.

§ 15 Bundeswehr und andere Organe

(1) Die §§ 2 bis 4a und 12 gelten nicht für die Bundeswehr, die Polizeien des Bundes und die Zollverwaltung.

(2) Die übrigen für die Aufrechterhaltung der öffentlichen Sicherheit zuständigen Behörden oder Dienststellen, das Beschaffungsamt des Bundesministeriums des Innern, die Beschussämter sowie die Behörden des Strafvollzugs bedürfen keiner Genehmigung

1. für den Erwerb der tatsächlichen Gewalt über Kriegswaffen,
2. für die Überlassung der tatsächlichen Gewalt über Kriegswaffen an einen anderen zur Instandsetzung, zur Erprobung nach Beschuss oder zur Beförderung und
3. für die Beförderung von Kriegswaffen in den Fällen des § 3 Abs. 2.

§ 12 findet insoweit keine Anwendung.

(3) § 4a gilt nicht für Behörden oder Dienststellen im Rahmen ihrer amtlichen Tätigkeit.

Dritter Abschnitt Besondere Vorschriften für Atomwaffen

§ 16 Nukleare Aufgaben im Nordatlantischen Bündnis

Die Vorschriften dieses Abschnitts und die Strafvorschriften der §§ 19 und 21 gelten, um Vorbereitung und Durchführung der nuklearen Mitwirkung im Rahmen des Nordatlantikvertrages vom 4. April 1949 oder für einen Mitgliedstaat zu gewährleisten, nur für Atomwaffen, die nicht der Verfügungsgewalt von Mitgliedstaaten dieses Vertrages unterstehen oder die nicht im Auftrag solcher Staaten entwickelt oder hergestellt werden.

§ 17 Verbot von Atomwaffen

(1) Unbeschadet des § 16 ist es verboten,

1. Atomwaffen zu entwickeln, herzustellen, mit ihnen Handel zu treiben, von einem anderen zu erwerben oder einem anderen zu überlassen, einzuführen, auszuführen, durch das Bundesgebiet durchzuführen oder sonst in das Bundesgebiet oder aus dem Bundesgebiet zu verbringen oder sonst die tatsächliche Gewalt über sie auszuüben,

1a. einen anderen zu einer in Nummer 1 bezeichneten Handlung zu verleiten oder

2. eine in Nummer 1 bezeichnete Handlung zu fördern.

(2) Atomwaffen im Sinne des Absatzes 1 sind

1. Waffen aller Art, die Kernbrennstoffe oder radioaktive Isotope enthalten oder eigens dazu bestimmt sind, solche aufzunehmen oder zu verwenden, und Massenzerstörungen, Massenschäden oder Massenvergiftungen hervorrufen können
2. Teile, Vorrichtungen, Baugruppen oder Substanzen, die eigens für eine in Nummer 1 genannte Waffe bestimmt sind.

Für die Begriffsbestimmung der Atomwaffen gelten außerdem Satz 2 der Einleitung und Abschnitt I Buchstabe c der Anlage II zum Protokoll Nr. III des revidierten Brüsseler Vertrages vom 23. Oktober 1954.

Vierter Abschnitt Besondere Vorschriften für biologische und chemische Waffen sowie für Antipersonenminen und Streumunition

§ 18 Verbot von biologischen und chemischen Waffen

Es ist verboten,

1. biologische oder chemische Waffen zu entwickeln, herzustellen, mit ihnen Handel zu treiben, von einem anderen zu erwerben oder einem anderen zu überlassen, einzuführen, auszuführen, durch das Bundesgebiet durchzuführen oder sonst in das Bundesgebiet oder aus dem Bundesgebiet zu verbringen oder sonst die tatsächliche Gewalt über sie auszuüben oder

1a. einen anderen zu einer in Nummer 1 bezeichneten Handlung zu verleiten oder

2. eine in Nummer 1 bezeichnete Handlung zu fördern.

§ 18a Verbot von Antipersonenminen und Streumunition

(1) Es ist verboten,

1. Antipersonenminen oder Streumunition einzusetzen, zu entwickeln, herzustellen, mit ihnen Handel zu treiben, von einem anderen zu erwerben oder einem anderen zu überlassen, einzuführen, auszuführen, durch das Bundesgebiet durchzuführen oder sonst in das Bundesgebiet oder aus dem Bundesgebiet zu verbringen oder sonst die tatsächliche Gewalt über sie auszuüben, insbesondere sie zu transportieren, zu lagern oder zurückzubehalten,
2. einen anderen zu einer in Nummer 1 bezeichneten Handlung zu verleiten oder
3. eine in Nummer 1 bezeichnete Handlung zu fördern.

(2) Für Antipersonenminen gilt die Begriffsbestimmung des Artikels 2 des Übereinkom-

mens über das Verbot des Einsatzes, der Lagerung, der Herstellung und der Weitergabe von Antipersonenminen und über deren Vernichtung vom 3. Dezember 1997. Für Streumunition gilt die Begriffsbestimmung des Artikels 2 Absatz 2 des Übereinkommens über Streumunition vom 3. Dezember 2008.

(3) Absatz 1 gilt nicht für Handlungen, die nach den Bestimmungen der in Absatz 2 genannten Übereinkommen zulässig sind.

Fünfter Abschnitt Straf- und Bußgeldvorschriften

§ 19 Strafvorschriften gegen Atomwaffen

(1) Mit Freiheitsstrafe von einem Jahr bis zu fünf Jahren wird bestraft, wer

1. Atomwaffen im Sinne des § 17 Abs. 2 entwickelt, herstellt, mit ihnen Handel treibt, von einem anderen erwirbt oder einem anderen überläßt, einführt, ausführt, durch das Bundesgebiet durchführt oder sonst in das Bundesgebiet oder aus dem Bundesgebiet verbringt oder sonst die tatsächliche Gewalt über sie ausübt,

1a. einen anderen zu einer in Nummer 1 bezeichneten Handlung verleitet oder

2. eine in Nummer 1 bezeichnete Handlung fördert.

(2) Mit Freiheitsstrafe nicht unter zwei Jahren wird bestraft, wer

1. eine in Absatz 1 bezeichnete Handlung gewerbsmäßig oder als Mitglied einer Bande, die sich zur fortgesetzten Begehung solcher Straftaten verbunden hat, unter Mitwirkung eines anderen Bandenmitglieds begeht oder
2. durch eine in Absatz 1 bezeichnete Handlung
   a) die Sicherheit der Bundesrepublik Deutschland,
   b) das friedliche Zusammenleben der Völker oder
   c) die auswärtigen Beziehungen der Bundesrepublik Deutschland erheblich

   gefährdet.

(3) In minder schweren Fällen

1. des Absatzes 1 ist die Strafe Freiheitsstrafe bis zu drei Jahren oder Geldstrafe und
2. des Absatzes 2 Freiheitsstrafe von drei Monaten bis zu fünf Jahren.

(4) Handelt der Täter in den Fällen des Absatzes 1 Nr. 1 fahrlässig oder in den Fällen des Absatzes 1 Nr. 1a oder 2 leichtfertig, so ist die Strafe Freiheitsstrafe bis zu zwei Jahren oder Geldstrafe.

(5) Wer in den Fällen

1. des Absatzes 2 Nr. 2 die Gefahr fahrlässig verursacht oder
2. des Absatzes 2 Nr. 2 in Verbindung mit Absatz 1 Nr. 1 fahrlässig oder in Verbindung mit Absatz 1 Nr. 1a oder 2 leichtfertig handelt und die Gefahr fahrlässig verursacht,

wird mit Freiheitsstrafe bis zu drei Jahren oder mit Geldstrafe bestraft.

(6) Die Absätze 1 bis 5 gelten nicht für eine Handlung, die

1. zur Vernichtung von Atomwaffen durch die dafür zuständigen Stellen oder
2. zum Schutz gegen Wirkungen von Atomwaffen oder zur Abwehr dieser Wirkungen

geeignet und bestimmt ist.

§ 20 Strafvorschriften gegen biologische und chemische Waffen

(1) Mit Freiheitsstrafe nicht unter zwei Jahren wird bestraft, wer

1. biologische oder chemische Waffen entwickelt, herstellt, mit ihnen Handel treibt, von einem anderen erwirbt oder einem anderen überläßt, einführt, ausführt, durch das Bundesgebiet durchführt oder sonst in das Bundesgebiet oder aus dem Bundesgebiet verbringt oder sonst die tatsächliche Gewalt über sie ausübt,

1a. einen anderen zu einer in Nummer 1 bezeichneten Handlung verleitet oder

2. eine in Nummer 1 bezeichnete Handlung fördert.

(2) In minder schweren Fällen ist die Strafe Freiheitsstrafe von drei Monaten bis zu fünf Jahren.

I

(3) Handelt der Täter in den Fällen des Absatzes 1 Nr. 1 fahrlässig oder in den Fällen des Absatzes 1 Nr. 1a oder 2 leichtfertig, so ist die Strafe Freiheitsstrafe bis zu drei Jahren oder Geldstrafe.

(4) Die Absätze 1 bis 3 gelten nicht für eine Handlung, die

1. zur Vernichtung von chemischen Waffen durch die dafür zuständigen Stellen oder
2. zum Schutz gegen Wirkungen von biologischen oder chemischen Waffen oder zur Abwehr dieser Wirkungen

geeignet und bestimmt ist.

§ 20a Strafvorschriften gegen Antipersonenminen und Streumunition

(1) Mit Freiheitsstrafe von einem Jahr bis zu fünf Jahren wird bestraft, wer

1. entgegen § 18a Antipersonenminen oder Streumunition einsetzt, entwickelt, herstellt, mit ihnen Handel treibt, von einem anderen erwirbt oder einem anderen überläßt, einführt, ausführt, durch das Bundesgebiet durchführt oder sonst in das Bundesgebiet oder aus dem Bundesgebiet verbringt oder sonst die tatsächliche Gewalt über sie ausübt, insbesondere sie transportiert, lagert oder zurückbehält,
2. einen andern zu einer in Nummer 1 bezeichneten Handlung verleitet oder
3. eine in Nummer 1 bezeichnete Handlung fördert.

(2) In besonders schweren Fällen ist die Strafe Freiheitsstrafe nicht unter einem Jahr. Ein besonders schwerer Fall liegt vor, wenn

1. der Täter in den Fällen des Absatzes 1 gewerbsmäßig handelt oder
2. sich die Handlung nach Absatz 1 auf eine große Zahl von Antipersonenminen oder Streumunition bezieht.

(3) In minder schweren Fällen des Absatzes 1 ist die Strafe Freiheitsstrafe von drei Monaten bis zu drei Jahren.

(4) Handelt der Täter in den Fällen des Absatzes 1 Nr. 1 fahrlässig oder in den Fällen des Absatzes 1 Nr. 2 oder 3 leichtfertig, so ist die Strafe Freiheitsstrafe bis zu drei Jahren oder Geldstrafe.

§ 21 Taten außerhalb des Geltungsbereichs dieses Gesetzes

§ 19 Abs. 2 Nr. 2, Abs. 3 Nr. 2, Abs. 5 und 6, § 20 sowie § 20a gelten unabhängig vom Recht des Tatorts auch für Taten, die außerhalb des Geltungsbereichs dieser Vorschriften begangen werden, wenn der Täter Deutscher ist.

§ 22 Ausnahmen

Die §§ 18, 20 und 21 gelten nicht für eine auf chemische Waffen bezogene dienstliche Handlung

1. des Mitglieds oder der zivilen Arbeitskraft einer Truppe oder eines zivilen Gefolges im Sinne des Abkommens zwischen den Parteien des Nordatlantikvertrages über die Rechtsstellung ihrer Truppen vom 19. Juni 1951 oder
2. eines Deutschen in Stäben oder Einrichtungen, die auf Grund des Nordatlantikvertrages vom 4. April 1949 gebildet worden sind.

§ 22a Sonstige Strafvorschriften

(1) Mit Freiheitsstrafe von einem Jahr bis zu fünf Jahren wird bestraft, wer

1. Kriegswaffen ohne Genehmigung nach § 2 Abs. 1 herstellt,
2. die tatsächliche Gewalt über Kriegswaffen ohne Genehmigung nach § 2 Abs. 2 von einem anderen erwirbt oder einem anderen überläßt,
3. im Bundesgebiet außerhalb eines abgeschlossenen Geländes Kriegswaffen ohne Genehmigung nach § 3 Abs. 1 oder 2 befördern läßt oder selbst befördert; dies gilt nicht für Selbstbeförderungen in den Fällen des § 12 Absatz 6 Nummer 1 sowie für Inhaber einer Waffenbesitzkarte für Kriegswaffen gemäß § 59 Absatz 4 des Waffengesetzes von 1972 im Rahmen von Umzugshandlungen durch den Inhaber der Erlaubnis,
4. Kriegswaffen einführt, ausführt, durch das Bundesgebiet durchführt oder aus dem

Bundesgebiet verbringt, ohne daß die hierzu erforderliche Beförderung genehmigt ist,

5. mit Seeschiffen, welche die Bundesflagge führen, oder mit Luftfahrzeugen, die in die Luftfahrzeugrolle der Bundesrepublik Deutschland eingetragen sind, absichtlich oder wissentlich Kriegswaffen ohne Genehmigung nach § 4 befördert, die außerhalb des Bundesgebietes ein- und ausgeladen und durch das Bundesgebiet nicht durchgeführt werden,
6. über Kriegswaffen sonst die tatsächliche Gewalt ausübt, ohne daß
   a) der Erwerb der tatsächlichen Gewalt auf einer Genehmigung nach diesem Gesetz beruht oder
   b) eine Anzeige nach § 12 Abs. 6 Nr. 1 oder § 26a erstattet worden ist, oder
7. einen Vertrag über den Erwerb oder das Überlassen ohne Genehmigung nach § 4a Abs. 1 vermittelt oder eine Gelegenheit hierzu nachweist oder einen Vertrag ohne Genehmigung nach § 4a Abs. 2 abschließt.

(2) In besonders schweren Fällen ist die Strafe Freiheitsstrafe von einem Jahr bis zu zehn Jahren. Ein besonders schwerer Fall liegt in der Regel vor, wenn der Täter in den Fällen des Absatzes 1 Nr. 1 bis 4, 6 oder 7 gewerbsmäßig oder als Mitglied einer Bande, die sich zur fortgesetzten Begehung solcher Straftaten verbunden hat, unter Mitwirkung eines anderen Bandenmitglieds handelt.

(3) In minder schweren Fällen ist die Strafe Freiheitsstrafe bis zu drei Jahren oder Geldstrafe.

(4) Wer fahrlässig eine in Absatz 1 Nummer 1 bis 4, 6 oder Nummer 7 bezeichnete Handlung begeht, wird mit Freiheitsstrafe bis zu zwei Jahren oder mit Geldstrafe bestraft.

(5) Nach Absatz 1 Nr. 3 oder 4 wird nicht bestraft, wer Kriegswaffen, die er in das Bundesgebiet eingeführt oder sonst verbracht hat, freiwillig und unverzüglich einer Überwachungsbehörde, der Bundeswehr oder einer für die Aufrechterhaltung der öffentlichen Sicherheit zuständigen Behörde oder Dienststelle abliefert. Gelangen die Kriegswaffen ohne Zutun desjenigen, der sie in das Bundesgebiet eingeführt oder sonst verbracht hat, in die tatsächliche Gewalt einer der in Satz 1 genannten Behörden oder Dienststellen, so genügt sein freiwilliges und ernsthaftes Bemühen, die Kriegswaffen abzuliefern.

§ 22b Verletzung von Ordnungsvorschriften

(1) Ordnungswidrig handelt, wer vorsätzlich oder fahrlässig

1. eine Auflage nach § 10 Abs. 1 nicht, nicht vollständig oder nicht rechtzeitig erfüllt,
2. das Kriegswaffenbuch nach § 12 Abs. 2 nicht, unrichtig oder nicht vollständig führt,
3. Meldungen nach § 12 Abs. 5 oder Anzeigen nach § 12 Abs. 6 nicht, unrichtig, nicht vollständig oder nicht rechtzeitig erstattet sowie in den Fällen des § 12 Absatz 6 Nummer 1 Kriegswaffen im Bundesgebiet ohne Genehmigung nach § 3 Absatz 2 selbst befördert oder eine Auflage nach § 12 Abs. 6 Satz 4 oder 5 nicht erfüllt,

3a. einer nach § 12a Abs. 1 oder § 13a erlassenen Rechtsverordnung zuwiderhandelt, soweit sie für einen bestimmten Tatbestand auf diese Bußgeldvorschrift verweist,

4. Auskünfte nach § 14 Abs. 5 nicht, unrichtig, nicht vollständig oder nicht rechtzeitig erteilt,
5. Betriebsaufzeichnungen und sonstige Unterlagen entgegen § 14 Abs. 5 nicht, nicht vollständig oder nicht rechtzeitig vorlegt,
6. der Pflicht nach § 14 Abs. 5 zur Duldung des Betretens von Räumen und Grundstücken zuwiderhandelt,
7. als Inhaber einer Erlaubnis gemäß § 59 Absatz 4 des Waffengesetzes von 1972 außerhalb eines befriedeten Besitztums Kriegswaffen ohne Genehmigung nach § 3 Absatz 2 selbst befördert.

(2) Die Ordnungswidrigkeit kann mit einer Geldbuße bis zu fünftausend Euro geahndet werden.

(3) Ordnungswidrig handelt ferner, wer vorsätzlich oder fahrlässig entgegen § 12 Abs. 3 bei der Übergabe zur Beförderung von Kriegswaffen eine Ausfertigung der Genehmigungsurkunde nicht übergibt oder entgegen § 12 Abs. 4 bei der Beförderung eine Ausfertigung der Genehmigungsurkunde nicht mitführt. Die Ordnungswidrigkeit kann mit einer Geldbuße geahndet werden.

§ 23 Verwaltungsbehörden

Das Bundesministerium für Wirtschaft und Energie, das Bundesministerium für Verkehr und digitale Infrastruktur und das Bundesministerium der Finanzen sind, soweit sie nach § 14 Abs. 1 und 2 für die Überwachung zuständig sind, zugleich Verwaltungsbehörde im Sinne des § 36 Abs. 1 Nr. 1 des Gesetzes über Ordnungswidrigkeiten. § 36 Abs. 3 des Gesetzes über Ordnungswidrigkeiten gilt entsprechend.

§ 24 Einziehung

(1) Kriegswaffen, auf die sich eine Straftat nach §§ 19, 20, 21 oder 22a bezieht, können zugunsten des Bundes eingezogen werden; § 74a des Strafgesetzbuches ist anzuwenden. Sie werden auch ohne die Voraussetzungen des § 74 Absatz 3 Satz 1 des Strafgesetzbuches eingezogen, wenn das Wohl der Bundesrepublik Deutschland es erfordert; dies gilt auch dann, wenn der Täter ohne Schuld gehandelt hat.

(2) Die Entschädigungspflicht nach § 74b Absatz 2 und 3 des Strafgesetzbuches trifft den Bund.

§ 25 (weggefallen)

Sechster Abschnitt
Übergangs- und Schlußvorschriften

§ 26 Vor Inkrafttreten des Gesetzes erteilte Genehmigungen

Genehmigungen, die im vorläufigen Genehmigungsverfahren auf Grund des Artikels 26 Abs. 2 des Grundgesetzes erteilt worden sind, gelten als nach diesem Gesetz erteilt.

§ 26a Anzeige der Ausübung der tatsächlichen Gewalt

Wer am Tage des Wirksamwerdens des Beitritts in dem in Artikel 3 des Einigungsvertrages genannten Gebiet die tatsächliche Gewalt über Kriegswaffen ausübt, die er zuvor erlangt hat, hat dies dem Bundesamt für Wirtschaft und Ausfuhrkontrolle (BAFA) unter Angabe von Waffenart, Stückzahl, Waffennummer oder sonstiger Kennzeichnung binnen zwei Monaten nach dem Wirksamwerden des Beitritts anzuzeigen, sofern er nicht von dem Genehmigungserfordernis für den Erwerb der tatsächlichen Gewalt freigestellt oder nach § 26b angewiesen ist. Nach Ablauf dieser Frist darf die tatsächliche Gewalt über anmeldepflichtige, jedoch nicht angemeldete Kriegswaffen nicht mehr ausgeübt werden.

§ 26b Übergangsregelungen für das in Artikel 3 des Einigungsvertrages genannte Gebiet

(1) Eine vor dem Tage des Wirksamwerdens des Beitritts in dem in Artikel 3 des Einigungsvertrages genannten Gebiet begonnene oder in Aussicht genommene und nicht aufschiebbare Handlung, die nach diesem Gesetz der Genehmigung bedarf, kann vorläufig genehmigt werden. In diesen Fällen ist die erforderliche Genehmigung binnen eines Monats nach Erteilung der vorläufigen Genehmigung zu beantragen. Wird die Genehmigung versagt, so kann dem Antragsteller in entsprechender Anwendung des § 9 eine angemessene Entschädigung gewährt werden, wenn es auch im Hinblick auf ein schutzwürdiges Vertrauen auf die bisherige Rechtslage eine unbillige Härte wäre, die Entschädigung zu versagen.

(2) Für völkerrechtliche Vereinbarungen der Deutschen Demokratischen Republik, soweit sie die Lieferung oder die Instandhaltung von Kriegswaffen zum Gegenstand haben, gilt abweichend von § 27 folgendes:

1. Soweit vor dem Tage des Wirksamwerdens des Beitritts staatliche Aufträge zur Herstellung oder zur Ausfuhr in oder zur Einfuhr aus Mitgliedstaaten des Warschauer Vertrages für das Jahr 1990 ange-

wiesen sind, gelten die zur Durchführung dieser Anweisungen erforderlichen, nach § 2 oder § 3 genehmigungsbedürftigen Handlungen als genehmigt.

2. Bei Anweisungen im Sinne der Nummer 1 in bezug auf Staaten, die nicht Mitgliedstaaten des Warschauer Vertrages sind, können genehmigungsbedürftige, aber unaufschiebbare Handlungen vorläufig genehmigt werden; Absatz 1 Satz 2 und 3 gilt entsprechend.

(3) Für den Fall, daß die Deutsche Demokratische Republik ein Gesetz zur Inkraftsetzung dieses Gesetzes erläßt, wird das Bundesministerium für Wirtschaft und Energie ermächtigt, durch Rechtsverordnung ohne Zustimmung des Bundesrates die Maßgaben der Absätze 1 und 2 und des § 26a so zu ändern, daß deren Ziele unter Berücksichtigung der neuen Rechtslage erreicht werden.

§ 27 Zwischenstaatliche Verträge

Verpflichtungen der Bundesrepublik auf Grund zwischenstaatlicher Verträge bleiben unberührt. Insoweit gelten die nach Artikel 26 Abs. 2 des Grundgesetzes und die nach diesem Gesetz erforderlichen Genehmigungen als erteilt.

§ 28 Gebühren

In einer Besonderen Gebührenverordnung des Bundesministeriums für Wirtschaft und Energie nach § 22 Absatz 4 des Bundesgebührengesetzes sind für individuell zurechenbare öffentliche Leistungen des Bundesministeriums für Wirtschaft und Energie und des Bundesamts für Wirtschaft und Ausfuhrkontrolle nach diesem Gesetz oder den auf Grund dieses Gesetzes erlassenen Rechtsverordnungen Gebühren ab dem 1. Januar 2023 zu regeln.

§ 29 (Inkrafttreten)

I

Anlage
(zu § 1 Abs. 1)

Kriegswaffenliste

Teil A
Kriegswaffen, auf deren Herstellung die Bundesrepublik Deutschland verzichtet hat (Atomwaffen, biologische und chemische Waffen)

Von der Begriffsbestimmung der Waffen ausgenommen sind alle Vorrichtungen, Teile, Geräte, Einrichtungen, Substanzen und Organismen, die zivilen Zwecken oder der wissenschaftlichen, medizinischen oder industriellen Forschung auf den Gebieten der reinen und angewandten Wissenschaft dienen. Ausgenommen sind auch die Substanzen und Organismen der Nummern 3 und 5, soweit sie zu Vorbeugungs-, Schutz- oder Nachweiszwecken dienen.[1])

I. Atomwaffen

1. Waffen aller Art, die Kernbrennstoffe oder radioaktive Isotope enthalten oder eigens dazu bestimmt sind, solche aufzunehmen oder zu verwenden, und Massenzerstörungen, Massenschäden oder Massenvergiftungen hervorrufen können

2. Teile, Vorrichtungen, Baugruppen oder Substanzen, die eigens für eine in Nummer 1 genannte Waffe bestimmt sind oder die für sie wesentlich sind, soweit keine atomrechtliche Genehmigungen erteilt sind

Begriffsbestimmung:

Als Kernbrennstoff gilt Plutonium, Uran 233, Uran 235 (einschließlich Uran 235, welches in Uran enthalten ist, das mit mehr als 2,1 Gewichtsprozent Uran 235 angereichert wurde) sowie jede andere Substanz, welche geeignet ist, beträchtliche Mengen Atomenergie durch Kernspaltung oder -vereinigung oder eine andere Kernreaktion der Substanz freizumachen. Die vorstehenden Substanzen werden als Kernbrennstoff angesehen, einerlei in welchem chemischen oder physikalischen Zustand sie sich befinden.

II. Biologische Waffen

3. Biologische Kampfmittel
   a) schädliche Insekten und deren toxische Produkte;
   b) biologische Agenzien (Mikroorganismen, Viren, Pilze sowie Toxine); insbesondere:
      3.1 human- und tierpathogene Erreger sowie Toxine
         a) Viren wie folgt:
            1. Chikungunya-Virus,
            2. Haemorrhagisches Kongo-Krim-Fieber-Virus,
            3. Dengue-Fiebervirus,
            4. Eastern Equine Enzephalitis-Virus,
            5. Ebola-Virus,

---

[1]) Für die unter Nummer 3 Buchstabe b genannten biologischen Agenzien sind im Falle ihrer zivilen Verwendung die Ausfuhrbeschränkungen auf Grund
– der Verordnung (EG) Nr. 3381/94 des Rates vom 19. Dezember 1994 über eine Gemeinschaftsregelung der Ausfuhrkontrolle von Gütern mit doppeltem Verwendungszweck (ABl. EG Nr. L 367 S. 1) in Verbindung mit dem Beschluß des Rates vom 19. Dezember 1994 über die vom Rat gemäß Artikel J.3 des Vertrages über die Europäische Union angenommene gemeinsame Aktion zur Ausfuhrkontrolle von Gütern mit doppeltem Verwendungszweck (ABl. EG Nr. L 367 S. 8) sowie
– der Regelungen der Außenwirtschaftsverordnung, insbesondere der §§ 5 und 7 Abs. 4,
zu beachten.

Für Ricin und Saxitoxin (Nummer 3.1 Buchstabe d und Nummern 4 und 5) gelten zusätzlich die Beschränkungen, Meldepflichten und Inspektionsvorschriften des Ausführungsgesetzes zum Chemiewaffenübereinkommen vom 2. August 1994 (BGBl. I S. 1954) und der Ausführungsverordnung zum Chemiewaffenübereinkommen vom 20. November 1996 (BGBl. I S. 1794).

6. Hantaan-Virus,
7. Junin-Virus,
8. Lassa-Virus,
9. LymphozytäreChoriomeningitis-Virus,
10. Machupo-Virus,
11. Marburg-Virus,
12. Affenpockenvirus,
13. Rift-Valley-Fieber-Virus,
14. Zeckenenzephalitis-Virus (Virus der russischen Frühjahr-/Sommerenzephalitis),
15. Variola-Virus,
16. Venezuelan Equine Enzephalitis-Virus,
17. Western Equine Enzephalitis-Virus,
18. Whitepox-Virus,
19. Gelbfieber-Virus,
20. Japan-B-Enzephalitis-Virus;

b) Rickettsiae wie folgt:
1. Coxiella burnetii,
2. Bartonella quintana (Rochalimaea quintana, Rickettsia quintana),
3. Rickettsia prowazekii,
4. Rickettsia rickettsii;

c) Bakterien wie folgt:
1. Bacillus anthracis,
2. Brucella abortus,
3. Brucella melitensis,
4. Brucella suis,
5. Chlamydia psittaci,
6. Clostridium botulinum,
7. Francisella tularensis,
8. Burkholderia mallei (Pseudomonas mallei),
9. Burkholderia pseudomallei; (Pseudomonas pseudomallei),
10. Salmonella typhi,
11. Shigella dysenteriae,
12. Vibrio cholerae,
13. Yersinia pestis;

d) Toxine wie folgt:
1. Clostridium-botulinum-Toxine,
2. Clostridium-perfringens-Toxine,
3. Conotoxin,
4. Ricin,
5. Saxitoxin,
6. Shiga-Toxin,
7. Staphylococcus-aureus-Toxine,
8. Tetrodotoxin,
9. Verotoxin,
10. Microcystin (Cyanoginosin);

3.2 tierpathogene Erreger

a) Viren wie folgt:
1. Afrikanisches Schweinepest-Virus,
2. Aviäre Influenza Viren wie folgt:
   a) uncharakterisiert oder
   b) Viren mit hoher Pathogenität gemäß Richtlinie 92/40/EWG des Rates vom 19. Juni 1992 mit Gemeinschaftsmaßnahmen zur Bekämpfung der Geflügelpest (ABl. EG Nr. L 167 S. 1) wie folgt:
      aa) Typ-A-Viren mit einem IVPI (intravenöser Pathogenitätsindex) in 6 Wochen alten Hühnern größer als 1,2 oder
      bb) Typ-A-Viren vom Subtyp H5 oder H7,

für welche die Nukleotid-Sequenzierung an der Spaltstelle für Hämagglutinin multiple basische Aminosäuren aufweist,

3. Bluetongue-Virus,
4. Maul- und Klauenseuche-Virus,
5. Ziegenpockenvirus,
6. Aujeszky-Virus,
7. Schweinepest-Virus (Hog cholera-Virus),
8. Lyssa-Virus,
9. Newcastle-Virus,
10. Virus der Pest der kleinen Wiederkäuer,
11. Schweine-Entero-Virus vom Typ 9 (Virus der vesikulären Schweinekrankheit),
12. Rinderpest-Virus,
13. Schafpocken-Virus,
14. Teschen-Virus,
15. Vesikuläre Stomatitis-Virus;

b) Bakterien wie folgt: Mycoplasma mycoides;

3.3 pflanzenpathogene Erreger

a) Bakterien wie folgt:

1. Xanthomonas albilineans,
2. Xanthomonas campestries pv. citri einschließlich darauf zurückzuführender Stämme wie Xanthomonas campestris pv. citri Typen A, B, C, D, E oder anders klassifizierte wie Xanthomonas citri, Xanthomonas campestris pv. aurantifolia oder Xanthomonas pv. campestris pv. citromelo;

b) Pilze wie folgt:

1. Colletotrichum coffeanum var. virulans (Colletotrichum kahawae),
2. Cochliobolus miyabeanus (Helminthosporium oryzae),
3. Micricyclus ulei (syn. Dothidella ulei),
4. Puccina graminis (syn. Puccina graminis f. sp. tritici),
5. Puccina striiformis (syn. Puccina glumarum),
6. Magnaporthe grisea (Pyricularia grisea/Pyricularia oryzae);

3.4 genetisch modifizierte Mikroorganismen wie folgt:

a) genetisch modifizierte Mikroorganismen oder genetische Elemente, die Nukleinsäuresequenzen enthalten, welche mit der Pathogenität der in Unternummer 3.1 Buchstabe a, b oder c oder Unternummer 3.2 oder 3.3 genannten Organismen assoziiert sind,

b) genetisch modifizierte Mikroorganismen oder genetische Elemente, die eine Nukleinsäuresequenz-Kodierung für eines der in Unternummer 3.1 Buchstabe d genannten Toxine enthalten.

4. Einrichtungen oder Geräte, die eigens dazu bestimmt sind, die in Nummer 3 genannten biologischen Kampfmittel für militärische Zwecke zu verwenden, sowie Teile oder Baugruppen, die eigens zur Verwendung in einer solchen Waffe bestimmt sind.

III. Chemische Waffen

5. A. Toxische Chemikalien (Registriernummer nach Chemical Abstracts Service; CAS-Nummer)

a) O-Alkyl ($\leq C_{10}$ einschließlich Cycloalkyl)-alkyl-(Me, Et, n-Pr oder i-Pr)-phosphonofluoride, zum Beispiel:
Sarin:
O-Isopropylmethyl-phosphonofluorid (107-44-8),

Soman:
O-Pinakolylmethylphosphonofluorid (96-64-0),

b) O-Alkyl ($\leq C_{10}$ einschließlich Cycloalkyl)-N,N-dialkyl (Me, Et, n-Pr oder i-Pr)-phosphoramidocyanide, zum Beispiel:
Tabun:
O-Ethyl-N, N-dimethylphosphoramidocyanid (77-81-6),

c) O-Alkyl (H oder $\leq C_{10}$ einschließlich Cycloalkyl)-S-2-dialkyl(Me, Et, n-Pr oder i-Pr)-aminoethylalkyl (Me, Et, n-Pr oder i-Pr)-phosphonothiolate sowie entsprechende alkylierte und protonierte Salze, zum Beispiel:
VX:
O-Ethyl-S-2-diisopropylaminoethylmethylphosphonothiolat (50782-69-9),

d) Schwefelloste:
2-Chlorethylchlormethylsulfid (2625-76-5),
Senfgas:
Bis-(2-chlorethyl)-sulfid (505-60-2),
Bis-(2-chlorethylthio)-methan (63869-13-6),
Sesqui-Yperit (Q):
1,2-Bis-(2-chlorethylthio)-ethan (3563-36-8),
1,3-Bis-(2-chlorethylthio)-n-propan (63905-10-2),
1,4-Bis-(2-chlorethylthio)-n-butan (142868-93-7),
1,5-Bis-(2-chlorethylthio)-n-pentan (142868-94-8),
Bis-(2-chlorethylthiomethyl)-ether (63918-90-1),
O-Lost:
Bis-(2-chlorethylthioethyl)-ether (63918-89-8),

e) Lewisite:
Lewisit 1:
2-Chlorvinyldichlorarsin (541-25-3),
Lewisit 2:
Bis-(2-chlorvinyl)-chlor-arsin (40334-69-8),
Lewisit 3:
Tris-(2-chlorvinyl)-arsin (40334-70-1),

f) Stickstoffloste:
HN1:
Bis-(2-chlorethyl)-ethylamin (538-07-8),
HN2:
Bis-(2-chlorethyl)-methyl-amin (51-75-2),
HN3:
Tris-(2-chlorethyl)-amin (555-77-1),

g) BZ:
3-Chinuclidinylbenzilat (6581-06-2).

B. Ausgangsstoffe

a) Alkyl(Me, Et, n-Pr oder i-Pr)-phosphonsäuredifluoride,
zum Beispiel:
DF:
Methylphosphonsäuredifluorid (676-99-3),

b) O-Alkyl(H oder $\leq C_{10}$ einschließlich Cycloalkyl)-O-2-Dialkyl(Me, Et, n-Pr oder i-Pr)-aminoethylalkyl (Me, Et, n-Pr oder i-Pr)-phosphonite und entsprechende alkylierte und protonierte Salze, zum Beispiel:
QL:
O-Ethyl-O-2-diisopropylaminoethylmethylphosphonit (57856-11-8),

c) Chlor-Sarin:
O-Isopropylmethyl-phosphonochlorid (1445-76-7),

d) Chlor-Soman:
O-Pinakolylmethyl-phosphonochlorid (7040-57-5).

6. Einrichtungen oder Geräte, die eigens dazu bestimmt sind, die in Nummer 5 genannten chemischen Kampfstoffe für militärische Zwecke zu verwenden, sowie Teile oder Baugruppen, die eigens zur Verwendung in einer solchen Waffe bestimmt sind.

Teil B
Sonstige Kriegswaffen

I. Flugkörper

7. Lenkflugkörper
8. ungelenkte Flugkörper (Raketen)
9. sonstige Flugkörper

10. Abfeuereinrichtungen (Startanlagen und Startgeräte) für die Waffen der Nummern 7 und 9 einschließlich der tragbaren Abfeuereinrichtungen für Lenkflugkörper zur Panzer- und Fliegerabwehr
11. Abfeuereinrichtungen für die Waffen der Nummer 8 einschließlich der tragbaren Abfeuereinrichtungen sowie der Raketenwerfer
12. Triebwerke für die Waffen der Nummern 7 bis 9

II. Kampfflugzeuge und -hubschrauber

13. Kampfflugzeuge, wenn sie mindestens eines der folgenden Merkmale besitzen:
    1. integriertes Waffensystem, das insbesondere über Zielauffassung, Feuerleitung und entsprechende Schnittstellen zur Avionik verfügt,
    2. integrierte elektronische Kampfmittel,
    3. integriertes elektronisches Kampfführungssystem
14. Kampfhubschrauber, wenn sie mindestens eines der folgenden Merkmale besitzen:
    1. integriertes Waffensystem, das insbesondere über Zielauffassung, Feuerleitung und entsprechende Schnittstellen zur Avionik verfügt,
    2. integrierte elektronische Kampfmittel,
    3. integriertes elektronisches Kampfführungssystem
15. Zellen für die Waffen der Nummern 13 und 14
16. Strahl-, Propellerturbinen- und Raketentriebwerke für die Waffen der Nummer 13

III. Kriegsschiffe und schwimmende Unterstützungsfahrzeuge

17. Kriegsschiffe einschließlich solcher, die für die Ausbildung verwendet werden
18. Unterseeboote
19. kleine Wasserfahrzeuge mit einer Geschwindigkeit von mehr als 30 Knoten, die mit Angriffswaffen ausgerüstet sind
20. Minenräumboote, Minenjagdboote, Minenleger, Sperrbrecher sowie sonstige Minenkampfboote
21. Landungsboote, Landungsschiffe
22. Tender, Munitionstransporter
23. Rümpfe für die Waffen der Nummern 17 bis 22

IV. Kampffahrzeuge

24. Kampfpanzer
25. sonstige gepanzerte Kampffahrzeuge einschließlich der gepanzerten kampfunterstützenden Fahrzeuge
26. Spezialfahrzeuge aller Art, die ausschließlich für den Einsatz der Waffen der Nummern 1 bis 6 entwickelt sind
27. Fahrgestelle für die Waffen der Nummern 24 und 25
28. Türme für Kampfpanzer

V. Rohrwaffen

29. a) Maschinengewehre, ausgenommen solche mit Wasserkühlung,
    b) Maschinenpistolen, ausgenommen solche, die als Modell vor dem 2. September 1945 bei einer militärischen Streitkraft eingeführt worden sind,
    c) vollautomatische Gewehre, ausgenommen solche, die als Modell vor dem 2. September 1945 bei einer militärischen Streitkraft eingeführt worden sind,
    d) halbautomatische Gewehre, mit Ausnahme derjenigen, die als Modell vor dem 2. September 1945 bei einer militärischen Streitkraft eingeführt worden sind, und der Jagd- und Sportgewehre
30. Granatmaschinenwaffen, Granatgewehre, Granatpistolen
31. Kanonen, Haubitzen, Mörser jeder Art
32. Maschinenkanonen
33. gepanzerte Selbstfahrlafetten für die Waffen der Nummern 31 und 32
34. Rohre für die Waffen der Nummern 29, 31 und 32

35. Verschlüsse für die Waffen der Nummern 29, 31 und 32
36. Trommeln für Maschinenkanonen

VI. Leichte Panzerabwehrwaffen, Flammenwerfer, Minenleg- und Minenwurfsysteme

37. rückstoßarme, ungelenkte, tragbare Panzerabwehrwaffen
38. Flammenwerfer
39. Minenleg- und Minenwurfsysteme für Landminen

VII. Torpedos, Minen, Bomben, eigenständige Munition

40. Torpedos
41. Torpedos ohne Gefechtskopf (Sprengstoffteil)
42. Rumpftorpedos (Torpedos ohne Gefechtskopf – Sprengstoffteil – und ohne Zielsuchkopf)
43. Minen aller Art
44. Bomben aller Art einschließlich der Wasserbomben
45. Handflammpatronen
46. Handgranaten
47. Pioniersprengkörper, sprengtechnische Minenräummittel sowie Hohl- und Haftladungen, ausgenommen solche Hohl- und Haftladungen,
    a) für die nach § 5 Absatz 1 Nummer 1 des Sprengstoffgesetzes ein Konformitätsnachweis vorliegt und die mit der CE-Kennzeichnung nach § 5 Absatz 1 Nummer 2 des Sprengstoffgesetzes versehen sind oder
    b) die eine Nettoexplosivstoffmasse von nicht mehr als 40 Gramm aufweisen
48. Sprengladungen für die Waffen der Nummer 43

VIII. Sonstige Munition

49. Munition für die Waffen der Nummern 31 und 32
50. Munition für die Waffen der Nummer 29, ausgenommen Patronenmunition mit Vollmantelweichkerngeschoss, sofern
    1. das Geschoss keine Zusätze, insbesondere keinen Lichtspur-, Brand- oder Sprengsatz, enthält und
    2. Patronenmunition gleichen Kalibers für Jagd- oder Sportzwecke verwendet wird.
51. Munition für die Waffen der Nummer 30
52. Munition für die Waffen der Nummern 37 und 39
53. Gewehrgranaten
54. Geschosse für die Waffen der Nummern 49 und 52
55. Treibladungen für die Waffen der Nummern 49 und 52

IX. Sonstige wesentliche Bestandteile

56. Gefechtsköpfe für die Waffen der Nummern 7 bis 9 und 40
57. Zünder für die Waffen der Nummern 7 bis 9, 40, 43, 44, 46, 47, ausgenommen solche, für die nach § 5 Absatz 1 Nummer 1 des Sprengstoffgesetzes ein Konformitätsnachweis vorliegt und die mit der CE-Kennzeichnung nach § 5 Absatz 1 Nummer 2 des Sprengstoffgesetzes versehen sind, 49, 51 bis 53 und 59
58. Zielsuchköpfe für die Waffen der Nummern 7, 9, 40, 44, 49, 59 und 60
59. Submunition für die Waffen der Nummern 7 bis 9, 44, 49 und 61
60. Submunition ohne Zünder für die Waffen der Nummern 7 bis 9, 44, 49 und 61

X. Dispenser

61. Dispenser zur systematischen Verteilung von Submunition

XI. Laserwaffen

62. Laserwaffen, besonders dafür konstruiert, dauerhafte Erblindung zu verursachen

I

Strafgesetzbuch (StGB)

in der Fassung der Bekanntmachung vom 13. November 1998 (BGBl. I S. 3322)

Zuletzt geändert durch
Geoschutzreformgesetz
vom 11. Januar 2026 (BGBl. I Nr. 9)

– Auszug: Notwehr, Notstand –

Inhaltsübersicht

Allgemeiner Teil

Zweiter Abschnitt
Die Tat

Vierter Titel
Notwehr und Notstand

§ 32 Notwehr

(1) Wer eine Tat begeht, die durch Notwehr geboten ist, handelt nicht rechtswidrig.

(2) Notwehr ist die Verteidigung, die erforderlich ist, um einen gegenwärtigen rechtswidrigen Angriff von sich oder einem anderen abzuwenden.

§ 33 Überschreitung der Notwehr

Überschreitet der Täter die Grenzen der Notwehr aus Verwirrung, Furcht oder Schrecken, so wird er nicht bestraft.

§ 34 Rechtfertigender Notstand

Wer in einer gegenwärtigen, nicht anders abwendbaren Gefahr für Leben, Leib, Freiheit, Ehre, Eigentum oder ein anderes Rechtsgut eine Tat begeht, um die Gefahr von sich oder einem anderen abzuwenden, handelt nicht rechtswidrig, wenn bei Abwägung der widerstreitenden Interessen, namentlich der betroffenen Rechtsgüter und des Grades der ihnen drohenden Gefahren, das geschützte Interesse das beeinträchtigte wesentlich überwiegt. Dies gilt jedoch nur, soweit die Tat ein angemessenes Mittel ist, die Gefahr abzuwenden.

§ 35 Entschuldigender Notstand

(1) Wer in einer gegenwärtigen, nicht anders abwendbaren Gefahr für Leben, Leib oder Freiheit eine rechtswidrige Tat begeht, um die Gefahr von sich, einem Angehörigen oder einer anderen ihm nahestehenden Person abzuwenden, handelt ohne Schuld. Dies gilt nicht, soweit dem Täter nach den Umständen, namentlich weil er die Gefahr selbst verursacht hat oder weil er in einem besonderen Rechtsverhältnis stand, zugemutet werden konnte, die Gefahr hinzunehmen; jedoch kann die Strafe nach § 49 Abs. 1 gemildert werden, wenn der Täter nicht mit Rücksicht auf ein besonderes Rechtsverhältnis die Gefahr hinzunehmen hatte.

(2) Nimmt der Täter bei Begehung der Tat irrig Umstände an, welche ihn nach Absatz 1 entschuldigen würden, so wird er nur dann bestraft, wenn er den Irrtum vermeiden konnte. Die Strafe ist nach § 49 Abs. 1 zu mildern.

Besonderer Teil

Achtundzwanzigster Abschnitt
Gemeingefährliche Straftaten

§ 323c Unterlassene Hilfeleistung; Behinderung von hilfeleistenden Personen

(1) Wer bei Unglücksfällen oder gemeiner Gefahr oder Not nicht Hilfe leistet, obwohl dies erforderlich und ihm den Umständen nach zuzumuten, insbesondere ohne erhebliche eigene Gefahr und ohne Verletzung anderer wichtiger Pflichten möglich ist, wird mit Freiheitsstrafe bis zu einem Jahr oder mit Geldstrafe bestraft.

(2) Ebenso wird bestraft, wer in diesen Situationen eine Person behindert, die einem Dritten Hilfe leistet oder leisten will.

I

Bürgerliches Gesetzbuch (BGB)

in der Fassung der Bekanntmachung vom 2. Januar 2002 (BGBl. I S. 42, S. 2909, 2003 S. 738)

Zuletzt geändert durch
Gesetz zur Bestimmung sicherer Herkunftsstaaten durch Rechtsverordnung und zur Abschaffung des anwaltlichen Vertreters bei Abschiebehaft und Ausreisegewahrsam vom 22. Dezember 2025 (BGBl. I Nr. 364)

– Auszug: Geschäftsfähigkeit, Selbsthilfe, Notwehr, Notstand –

Inhaltsübersicht

Buch 1
Allgemeiner Teil

Abschnitt 1
Personen

Titel 1
Natürliche Personen, Verbraucher, Unternehmer

§ 1 Beginn der Rechtsfähigkeit

Die Rechtsfähigkeit des Menschen beginnt mit der Vollendung der Geburt.

§ 2 Eintritt der Volljährigkeit

Die Volljährigkeit tritt mit der Vollendung des 18. Lebensjahres ein.

§§ 3 bis 6 (weggefallen)

§ 7 Wohnsitz; Begründung und Aufhebung

(1) Wer sich an einem Orte ständig niederlässt, begründet an diesem Orte seinen Wohnsitz.

(2) Der Wohnsitz kann gleichzeitig an mehreren Orten bestehen.

(3) Der Wohnsitz wird aufgehoben, wenn die Niederlassung mit dem Willen aufgehoben wird, sie aufzugeben.

§ 8 Wohnsitz nicht voll Geschäftsfähiger

Wer geschäftsunfähig oder in der Geschäftsfähigkeit beschränkt ist, kann ohne den Willen seines gesetzlichen Vertreters einen Wohnsitz weder begründen noch aufheben.

§ 9 Wohnsitz eines Soldaten

(1) Ein Soldat hat seinen Wohnsitz am Standort. Als Wohnsitz eines Soldaten, der im Inland keinen Standort hat, gilt der letzte inländische Standort.

(2) Diese Vorschriften finden keine Anwendung auf Soldaten, die nur auf Grund der Wehrpflicht Wehrdienst leisten oder die nicht selbständig einen Wohnsitz begründen können.

§ 10 (weggefallen)

§ 11 Wohnsitz des Kindes

Ein minderjähriges Kind teilt den Wohnsitz der Eltern; es teilt nicht den Wohnsitz eines Elternteils, dem das Recht fehlt, für die Person des Kindes zu sorgen. Steht keinem Elternteil das Recht zu, für die Person des Kindes zu sorgen, so teilt das Kind den Wohnsitz desjenigen, dem dieses Recht zusteht. Das Kind behält den Wohnsitz, bis es ihn rechtsgültig aufhebt.

Abschnitt 3
Rechtsgeschäfte

Titel 1
Geschäftsfähigkeit

§ 104 Geschäftsunfähigkeit

Geschäftsunfähig ist:

1. wer nicht das siebente Lebensjahr vollendet hat,
2. wer sich in einem die freie Willensbestimmung ausschließenden Zustand krankhafter Störung der Geistestätigkeit befindet, sofern nicht der Zustand seiner Natur nach ein vorübergehender ist.

§ 105 Nichtigkeit der Willenserklärung

(1) Die Willenserklärung eines Geschäftsunfähigen ist nichtig.

(2) Nichtig ist auch eine Willenserklärung, die im Zustand der Bewusstlosigkeit oder vorübergehender Störung der Geistestätigkeit abgegeben wird.

§ 105a Geschäfte des täglichen Lebens

Tätigt ein volljähriger Geschäftsunfähiger ein Geschäft des täglichen Lebens, das mit geringwertigen Mitteln bewirkt werden kann, so gilt der von ihm geschlossene Vertrag in Ansehung von Leistung und, soweit vereinbart, Gegenleistung als wirksam, sobald Leistung und Gegenleistung bewirkt sind. Satz 1 gilt nicht bei einer erheblichen Gefahr für die Person oder das Vermögen des Geschäftsunfähigen.

§ 106 Beschränkte Geschäftsfähigkeit Minderjähriger

Ein Minderjähriger, der das siebente Lebensjahr vollendet hat, ist nach Maßgabe der §§ 107 bis 113 in der Geschäftsfähigkeit beschränkt.

§ 107 Einwilligung des gesetzlichen Vertreters

Der Minderjährige bedarf zu einer Willenserklärung, durch die er nicht lediglich einen rechtlichen Vorteil erlangt, der Einwilligung seines gesetzlichen Vertreters.

§ 108 Vertragsschluss ohne Einwilligung

(1) Schließt der Minderjährige einen Vertrag ohne die erforderliche Einwilligung des gesetzlichen Vertreters, so hängt die Wirksamkeit des Vertrags von der Genehmigung des Vertreters ab.

(2) Fordert der andere Teil den Vertreter zur Erklärung über die Genehmigung auf, so kann die Erklärung nur ihm gegenüber erfolgen; eine vor der Aufforderung dem Minderjährigen gegenüber erklärte Genehmigung oder Verweigerung der Genehmigung wird unwirksam. Die Genehmigung kann nur bis zum Ablauf von zwei Wochen nach dem Empfang der Aufforderung erklärt werden; wird sie nicht erklärt, so gilt sie als verweigert.

(3) Ist der Minderjährige unbeschränkt geschäftsfähig geworden, so tritt seine Genehmigung an die Stelle der Genehmigung des Vertreters.

§ 109 Widerrufsrecht des anderen Teils

(1) Bis zur Genehmigung des Vertrags ist der andere Teil zum Widerruf berechtigt. Der Widerruf kann auch dem Minderjährigen gegenüber erklärt werden.

(2) Hat der andere Teil die Minderjährigkeit gekannt, so kann er nur widerrufen, wenn der Minderjährige der Wahrheit zuwider die Einwilligung des Vertreters behauptet hat; er kann auch in diesem Falle nicht widerrufen, wenn ihm das Fehlen der Einwilligung bei dem Abschluss des Vertrags bekannt war.

§ 110 Bewirken der Leistung mit eigenen Mitteln

Ein von dem Minderjährigen ohne Zustimmung des gesetzlichen Vertreters geschlossener Vertrag gilt als von Anfang an wirksam, wenn der Minderjährige die vertragsmäßige Leistung mit Mitteln bewirkt, die ihm zu diesem Zweck oder zu freier Verfügung von dem Vertreter oder mit dessen Zustimmung von einem Dritten überlassen worden sind.

§ 111 Einseitige Rechtsgeschäfte

Ein einseitiges Rechtsgeschäft, das der Minderjährige ohne die erforderliche Einwilligung des gesetzlichen Vertreters vornimmt, ist unwirksam. Nimmt der Minderjährige mit dieser Einwilligung ein solches Rechtsgeschäft einem anderen gegenüber vor, so ist das Rechtsgeschäft unwirksam, wenn der Minderjährige die Einwilligung nicht in schriftlicher Form vorlegt und der andere das Rechtsgeschäft aus diesem Grunde unverzüglich zurückweist. Die Zurückweisung ist ausgeschlossen, wenn der Vertreter den anderen von der Einwilligung in Kenntnis gesetzt hatte.

Abschnitt 6
Ausübung der Rechte, Selbstverteidigung, Selbsthilfe

§ 226 Schikaneverbot

Die Ausübung eines Rechts ist unzulässig, wenn sie nur den Zweck haben kann, einem anderen Schaden zuzufügen.

§ 227 Notwehr

(1) Eine durch Notwehr gebotene Handlung ist nicht widerrechtlich.

(2) Notwehr ist diejenige Verteidigung, welche erforderlich ist, um einen gegenwärtigen rechtswidrigen Angriff von sich oder einem anderen abzuwenden.

§ 228 Notstand

Wer eine fremde Sache beschädigt oder zerstört, um eine durch sie drohende Gefahr von sich oder einem anderen abzuwenden, handelt nicht widerrechtlich, wenn die Beschädigung oder die Zerstörung zur Abwendung der Gefahr erforderlich ist und der Schaden nicht außer Verhältnis zu der Gefahr steht. Hat der Handelnde die Gefahr verschuldet, so ist er zum Schadensersatz verpflichtet.

§ 229 Selbsthilfe

Wer zum Zwecke der Selbsthilfe eine Sache wegnimmt, zerstört oder beschädigt oder wer zum Zwecke der Selbsthilfe einen Verpflichteten, welcher der Flucht verdächtig ist, festnimmt oder den Widerstand des Verpflichteten gegen eine Handlung, die dieser zu dulden verpflichtet ist, beseitigt, handelt nicht widerrechtlich, wenn obrigkeitliche Hilfe nicht rechtzeitig zu erlangen ist und ohne sofortiges Eingreifen die Gefahr besteht, dass die Verwirklichung des Anspruchs vereitelt oder wesentlich erschwert werde.

§ 230 Grenzen der Selbsthilfe

(1) Die Selbsthilfe darf nicht weitergehen, als zur Abwendung der Gefahr erforderlich ist.

(2) Im Falle der Wegnahme von Sachen ist, sofern nicht Zwangsvollstreckung erwirkt wird, der dingliche Arrest zu beantragen.

(3) Im Falle der Festnahme des Verpflichteten ist, sofern er nicht wieder in Freiheit gesetzt wird, der persönliche Sicherheitsarrest bei dem Amtsgericht zu beantragen, in dessen Bezirk die Festnahme erfolgt ist; der Verpflichtete ist unverzüglich dem Gericht vorzuführen.

(4) Wird der Arrestantrag verzögert oder abgelehnt, so hat die Rückgabe der weggenommenen Sachen und die Freilassung des Festgenommenen unverzüglich zu erfolgen.

§ 231 Irrtümliche Selbsthilfe

Wer eine der in § 229 bezeichneten Handlungen in der irrigen Annahme vornimmt, dass die für den Ausschluss der Widerrechtlichkeit erforderlichen Voraussetzungen vorhanden seien, ist dem anderen Teil zum Schadensersatz verpflichtet, auch wenn der Irrtum nicht auf Fahrlässigkeit beruht.

Buch 2
Recht der Schuldverhältnisse

Abschnitt 1
Inhalt der Schuldverhältnisse

Titel 1
Verpflichtung zur Leistung

§ 249 Art und Umfang des Schadensersatzes

(1) Wer zum Schadensersatz verpflichtet ist, hat den Zustand herzustellen, der bestehen würde, wenn der zum Ersatz verpflichtende Umstand nicht eingetreten wäre.

(2) Ist wegen Verletzung einer Person oder wegen Beschädigung einer Sache Schadensersatz zu leisten, so kann der Gläubiger statt der Herstellung den dazu erforderlichen Geldbetrag verlangen. Bei der Beschädigung einer Sache schließt der nach Satz 1 erforderliche Geldbetrag die Umsatzsteuer nur mit ein, wenn und soweit sie tatsächlich angefallen ist.

§ 250 Schadensersatz in Geld nach Fristsetzung

Der Gläubiger kann dem Ersatzpflichtigen zur Herstellung eine angemessene Frist mit der Erklärung bestimmen, dass er die Herstellung nach dem Ablauf der Frist ablehne. Nach dem Ablauf der Frist kann der Gläubiger den Ersatz in Geld verlangen, wenn nicht die Herstellung rechtzeitig erfolgt; der Anspruch auf die Herstellung ist ausgeschlossen.

§ 251 Schadensersatz in Geld ohne Fristsetzung

(1) Soweit die Herstellung nicht möglich oder zur Entschädigung des Gläubigers nicht genügend ist, hat der Ersatzpflichtige den Gläubiger in Geld zu entschädigen.

(2) Der Ersatzpflichtige kann den Gläubiger in Geld entschädigen, wenn die Herstellung nur mit unverhältnismäßigen Aufwendungen möglich ist. Die aus der Heilbehandlung eines verletzten Tieres entstandenen Aufwendungen sind nicht bereits dann unverhältnismäßig, wenn sie dessen Wert erheblich übersteigen.

§ 252 Entgangener Gewinn

Der zu ersetzende Schaden umfasst auch den entgangenen Gewinn. Als entgangen gilt der Gewinn, welcher nach dem gewöhnlichen Lauf der Dinge oder nach den besonderen Umständen, insbesondere nach den getroffenen Anstalten und Vorkehrungen, mit Wahrscheinlichkeit erwartet werden konnte.

§ 253 Immaterieller Schaden

(1) Wegen eines Schadens, der nicht Vermögensschaden ist, kann Entschädigung in Geld nur in den durch das Gesetz bestimmten Fällen gefordert werden.

(2) Ist wegen einer Verletzung des Körpers, der Gesundheit, der Freiheit oder der sexuellen Selbstbestimmung Schadensersatz zu leisten, kann auch wegen des Schadens, der nicht Vermögensschaden ist, eine billige Entschädigung in Geld gefordert werden.

§ 254 Mitverschulden

(1) Hat bei der Entstehung des Schadens ein Verschulden des Beschädigten mitgewirkt, so hängt die Verpflichtung zum Ersatz sowie der Umfang des zu leistenden Ersatzes von den Umständen, insbesondere davon ab, inwieweit der Schaden vorwiegend von dem einen oder dem anderen Teil verursacht worden ist.

(2) Dies gilt auch dann, wenn sich das Verschulden des Beschädigten darauf beschränkt, dass er unterlassen hat, den Schuldner auf die Gefahr eines ungewöhnlich hohen Schadens aufmerksam zu machen, die der Schuldner weder kannte noch kennen musste, oder dass er unterlassen hat, den Schaden abzuwenden oder zu mindern. Die Vorschrift des § 278 findet entsprechende Anwendung.

Abschnitt 8
Einzelne Schuldverhältnisse

Titel 27
Unerlaubte Handlungen

§ 823 Schadensersatzpflicht

(1) Wer vorsätzlich oder fahrlässig das Leben, den Körper, die Gesundheit, die Freiheit, das Eigentum oder ein sonstiges Recht eines anderen widerrechtlich verletzt, ist dem anderen zum Ersatz des daraus entstehenden Schadens verpflichtet.

(2) Die gleiche Verpflichtung trifft denjenigen, welcher gegen ein den Schutz eines anderen bezweckendes Gesetz verstößt. Ist nach dem Inhalt des Gesetzes ein Verstoß gegen dieses auch ohne Verschulden möglich, so tritt die Ersatzpflicht nur im Falle des Verschuldens ein.

§ 824 Kreditgefährdung

(1) Wer der Wahrheit zuwider eine Tatsache behauptet oder verbreitet, die geeignet ist, den Kredit eines anderen zu gefährden oder sonstige Nachteile für dessen Erwerb oder Fortkommen herbeizuführen, hat dem anderen den daraus entstehenden Schaden auch dann zu ersetzen, wenn er die Unwahrheit zwar nicht kennt, aber kennen muss.

(2) Durch eine Mitteilung, deren Unwahrheit dem Mitteilenden unbekannt ist, wird dieser nicht zum Schadensersatz verpflichtet, wenn er oder der Empfänger der Mitteilung an ihr ein berechtigtes Interesse hat.

§ 825 Bestimmung zu sexuellen Handlungen

Wer einen anderen durch Hinterlist, Drohung oder Missbrauch eines Abhängigkeitverhältnisses zur Vornahme oder Duldung sexueller Handlungen bestimmt, ist ihm zum Ersatz des daraus entstehenden Schadens verpflichtet.

§ 826 Sittenwidrige vorsätzliche Schädigung

Wer in einer gegen die guten Sitten verstoßenden Weise einem anderen vorsätzlich Schaden zufügt, ist dem anderen zum Ersatz des Schadens verpflichtet.

§ 827 Ausschluss und Minderung der Verantwortlichkeit

Wer im Zustande der Bewusstlosigkeit oder in einem die freie Willensbestimmung ausschließenden Zustande krankhafter Störung der Geistestätigkeit einem anderen Schaden zufügt, ist für den Schaden nicht verantwortlich. Hat er sich durch geistige Getränke oder ähnliche Mittel in einen vorübergehenden Zustand dieser Art versetzt, so ist er für einen Schaden, den er in diesem Zustand widerrechtlich verursacht, in gleicher Weise verantwortlich, wie wenn ihm Fahrlässigkeit zur Last fiele; die Verantwortlichkeit tritt nicht ein, wenn er ohne Verschulden in den Zustand geraten ist.

§ 828 Minderjährige

(1) Wer nicht das siebente Lebensjahr vollendet hat, ist für einen Schaden, den er einem anderen zufügt, nicht verantwortlich.

(2) Wer das siebente, aber nicht das zehnte Lebensjahr vollendet hat, ist für den Schaden,

I

den er bei einem Unfall mit einem Kraftfahrzeug, einer Schienenbahn oder einer Schwebebahn einem anderen zufügt, nicht verantwortlich. Dies gilt nicht, wenn er die Verletzung vorsätzlich herbeigeführt hat.

(3) Wer das 18. Lebensjahr noch nicht vollendet hat, ist, sofern seine Verantwortlichkeit nicht nach Absatz 1 oder 2 ausgeschlossen ist, für den Schaden, den er einem anderen zufügt, nicht verantwortlich, wenn er bei der Begehung der schädigenden Handlung nicht die zur Erkenntnis der Verantwortlichkeit erforderliche Einsicht hat.

Buch 3
Sachenrecht

Abschnitt 1
Besitz

§ 859 Selbsthilfe des Besitzers

(1) Der Besitzer darf sich verbotener Eigenmacht mit Gewalt erwehren.

(2) Wird eine bewegliche Sache dem Besitzer mittels verbotener Eigenmacht weggenommen, so darf er sie dem auf frischer Tat betroffenen oder verfolgten Täter mit Gewalt wieder abnehmen.

(3) Wird dem Besitzer eines Grundstücks der Besitz durch verbotene Eigenmacht entzogen, so darf er sofort nach der Entziehung sich des Besitzes durch Entsetzung des Täters wieder bemächtigen.

(4) Die gleichen Rechte stehen dem Besitzer gegen denjenigen zu, welcher nach § 858 Abs. 2 die Fehlerhaftigkeit des Besitzes gegen sich gelten lassen muss.

§ 860 Selbsthilfe des Besitzdieners

Zur Ausübung der dem Besitzer nach § 859 zustehenden Rechte ist auch derjenige befugt, welcher die tatsächliche Gewalt nach § 855 für den Besitzer ausübt.

Abschnitt 3
Eigentum

Titel 1
Inhalt des Eigentums

§ 903 Befugnisse des Eigentümers

Der Eigentümer einer Sache kann, soweit nicht das Gesetz oder Rechte Dritter entgegenstehen, mit der Sache nach Belieben verfahren und andere von jeder Einwirkung ausschließen. Der Eigentümer eines Tieres hat bei der Ausübung seiner Befugnisse die besonderen Vorschriften zum Schutz der Tiere zu beachten.

§ 904 Notstand

Der Eigentümer einer Sache ist nicht berechtigt, die Einwirkung eines anderen auf die Sache zu verbieten, wenn die Einwirkung zur Abwendung einer gegenwärtigen Gefahr notwendig und der drohende Schaden gegenüber dem aus der Einwirkung dem Eigentümer entstehenden Schaden unverhältnismäßig groß ist. Der Eigentümer kann Ersatz des ihm entstehenden Schadens verlangen.

II Jagdrecht

II

Bundesjagdgesetz

in der Fassung der Bekanntmachung vom 29. September 1976 (BGBl. I S. 2849)

Zuletzt geändert durch
Gesetz zur Verbesserung der inneren Sicherheit und des Asylsystems
vom 25. Oktober 2024 (BGBl. I Nr. 332)

Inhaltsübersicht

II

II

I. Abschnitt
Das Jagdrecht

§ 1 Inhalt des Jagdrechts

(1) Das Jagdrecht ist die ausschließliche Befugnis, auf einem bestimmten Gebiet wildlebende Tiere, die dem Jagdrecht unterliegen, (Wild) zu hegen, auf sie die Jagd auszuüben und sie sich anzueignen. Mit dem Jagdrecht ist die Pflicht zur Hege verbunden.

(2) Die Hege hat zum Ziel die Erhaltung eines den landschaftlichen und landeskulturellen Verhältnissen angepaßten artenreichen und gesunden Wildbestandes sowie die Pflege und Sicherung seiner Lebensgrundlagen; auf Grund anderer Vorschriften bestehende gleichartige Verpflichtungen bleiben unberührt. Die Hege muß so durchgeführt werden, daß Beeinträchtigungen einer ordnungsgemäßen land-, forst- und fischereiwirtschaftlichen Nutzung, insbesondere Wildschäden, möglichst vermieden werden.

(3) Bei der Ausübung der Jagd sind die allgemein anerkannten Grundsätze deutscher Weidgerechtigkeit zu beachten.

(4) Die Jagdausübung erstreckt sich auf das Aufsuchen, Nachstellen, Erlegen und Fangen von Wild.

(5) Das Recht zur Aneignung von Wild umfaßt auch die ausschließliche Befugnis, krankes oder verendetes Wild, Fallwild und Abwurfstangen sowie die Eier von Federwild sich anzueignen.

(6) Das Jagdrecht unterliegt den Beschränkungen dieses Gesetzes und der in seinem Rahmen ergangenen landesrechtlichen Vorschriften.

§ 2 Tierarten

(1) Tierarten, die dem Jagdrecht unterliegen, sind:

1. Haarwild:
   Wisent (Bison bonasus L.),
   Elchwild (Alces alces L.),
   Rotwild (Cervus elaphus L.),
   Damwild (Dama dama L.),
   Sikawild (Cervus nippon TEMMINCK),
   Rehwild (Capreolus capreolus L.),
   Gamswild (Rupicapra rupicapra L.),
   Steinwild (Capra ibex L.),
   Muffelwild (Ovis ammon musimon PALLAS),
   Schwarzwild (Sus scrofa L.),
   Feldhase (Lepus europaeus PALLAS),
   Schneehase (Lepus timidus L.),
   Wildkaninchen (Oryctolagus cuniculus L.),
   Murmeltier (Marmota marmota L.),
   Wildkatze (Felis silvestris SCHREBER),
   Luchs (Lynx lynx L.),
   Fuchs (Vulpes vulpes L.),
   Steinmarder (Martes foina ERXLEBEN),
   Baummarder (Martes martes L.),
   Iltis (Mustela putorius L.),
   Hermelin (Mustela erminea L.),
   Mauswiesel (Mustela nivalis L.),
   Dachs (Meles meles L.),
   Fischotter (Lutra lutra L.),
   Seehund (Phoca vitulina L.);
2. Federwild:
   Rebhuhn (Perdix perdix L.),
   Fasan (Phasianus colchicus L.),
   Wachtel (Coturnix coturnix L.),
   Auerwild (Tetrao urogallus L.),
   Birkwild (Lyrurus tetrix L.),
   Rackelwild (Lyrus tetrix × Tetrao urogallus),
   Haselwild (Tetrastes bonasia L.),
   Alpenschneehuhn (Lagopus mutus MONTIN),
   Wildtruthuhn (Meleagris gallopavo L.),
   Wildtauben (Columbidae),
   Höckerschwan (Cygnus olor GMEL.),
   Wildgänse (Gattungen Anser BRISSON und Branta SCOPOLI),
   Wildenten (Anatinae),
   Säger (Gattung Mergus L.),
   Waldschnepfe (Scolopax rusticola L.),
   Bläßhuhn (Fulica atra L.),
   Möwen (Laridae),
   Haubentaucher (Podiceps cristatus L.),
   Großtrappe (Otis tarda L.),
   Graureiher (Ardea cinerea L.),
   Greife (Accipitridae),
   Falken (Falconidae),
   Kolkrabe (Corvus corax L.).

(2) Die Länder können weitere Tierarten bestimmen, die dem Jagdrecht unterliegen.

(3) Zum Schalenwild gehören Wisente, Elch-, Rot-, Dam-, Sika-, Reh-, Gams-, Stein-, Muffel- und Schwarzwild.

(4) Zum Hochwild gehören Schalenwild außer Rehwild, ferner Auerwild, Steinadler und Seeadler. Alles übrige Wild gehört zum Niederwild.

§ 3 Inhaber des Jagdrechts; Ausübung des Jagdrechts

(1) Das Jagdrecht steht dem Eigentümer auf seinem Grund und Boden zu. Es ist untrennbar mit dem Eigentum am Grund und Boden verbunden. Als selbständiges dingliches Recht kann es nicht begründet werden.

(2) Auf Flächen, an denen kein Eigentum begründet ist, steht das Jagdrecht den Ländern zu.

(3) Das Jagdrecht darf nur in Jagdbezirken nach Maßgabe der §§ 4 ff. ausgeübt werden.

II. Abschnitt Jagdbezirke und Hegegemeinschaften

1. Allgemeines

§ 4 Jagdbezirke

Jagdbezirke, in denen die Jagd ausgeübt werden darf, sind entweder Eigenjagdbezirke (§ 7) oder gemeinschaftliche Jagdbezirke (§ 8).

§ 5 Gestaltung der Jagdbezirke

(1) Jagdbezirke können durch Abtrennung, Angliederung oder Austausch von Grundflächen abgerundet werden, wenn dies aus Erfordernissen der Jagdpflege und Jagdausübung notwendig ist.

(2) Natürliche und künstliche Wasserläufe, Wege, Triften und Eisenbahnkörper sowie ähnliche Flächen bilden, wenn sie nach Umfang und Gestalt für sich allein eine ordnungsmäßige Jagdausübung nicht gestatten, keinen Jagdbezirk für sich, unterbrechen nicht den Zusammenhang eines Jagdbezirkes und stellen auch den Zusammenhang zur Bildung eines Jagdbezirkes zwischen getrennt liegenden Flächen nicht her.

§ 6 Befriedete Bezirke; Ruhen der Jagd

Auf Grundflächen, die zu keinem Jagdbezirk gehören, und in befriedeten Bezirken ruht die Jagd. Eine beschränkte Ausübung der Jagd kann gestattet werden. Tiergärten fallen nicht unter die Vorschriften dieses Gesetzes.

§ 6a Befriedung von Grundflächen aus ethischen Gründen

(1) Grundflächen, die zu einem gemeinschaftlichen Jagdbezirk gehören und im Eigentum einer natürlichen Person stehen, sind auf Antrag des Grundeigentümers zu befriedeten Bezirken zu erklären (Befriedung), wenn der Grundeigentümer glaubhaft macht, dass er die Jagdausübung aus ethischen Gründen ablehnt. Eine Befriedung ist zu versagen, soweit Tatsachen die Annahme rechtfertigen, dass ein Ruhen der Jagd auf der vom Antrag umfassten Fläche bezogen auf den gesamten jeweiligen Jagdbezirk die Belange

1. der Erhaltung eines artenreichen und gesunden Wildbestandes sowie der Pflege und Sicherung seiner Lebensgrundlagen,
2. des Schutzes der Land-, Forst- und Fischereiwirtschaft vor übermäßigen Wildschäden,
3. des Naturschutzes und der Landschaftspflege,
4. des Schutzes vor Tierseuchen oder
5. der Abwendung sonstiger Gefahren für die öffentliche Sicherheit und Ordnung

gefährdet. Ethische Gründe nach Satz 1 liegen insbesondere nicht vor, wenn der Antragsteller

1. selbst die Jagd ausübt oder die Ausübung der Jagd durch Dritte auf einem ihm gehörenden Grundstück duldet oder
2. zum Zeitpunkt der behördlichen Entscheidung einen Jagdschein gelöst oder beantragt hat.

Der Antrag ist schriftlich oder zur Niederschrift bei der zuständigen Behörde zu stellen. Der Entscheidung über den Antrag hat neben der Anhörung des Antragstellers eine Anhörung der Jagdgenossenschaft, des Jagdpächters, angrenzender Grundeigentümer,

II

des Jagdbeirats sowie der Träger öffentlicher Belange vorauszugehen.

(2) Die Befriedung soll mit Wirkung zum Ende des Jagdpachtvertrages erfolgen. Sofern dies dem Antragsteller unter Abwägung mit den schutzwürdigen Belangen der Jagdgenossenschaft nicht zuzumuten ist, kann die Behörde einen früheren Zeitpunkt, der jedoch nicht vor Ende des Jagdjahres liegt, bestimmen. In den Fällen des Satzes 2 kann die Jagdgenossenschaft vom Grundeigentümer den Ersatz des Schadens verlangen, der ihr durch die vorzeitige Befriedung entsteht.

(3) Die Befriedung kann räumlich auf einen Teil der Antragsfläche sowie zeitlich beschränkt werden, soweit dies zur Wahrung der Belange nach Absatz 1 Satz 2 erforderlich ist.

(4) Die Befriedung erlischt vorbehaltlich der Sätze 2 und 3 drei Monate nach Übergang des Eigentums an der befriedeten Grundfläche auf einen Dritten. Stellt der Dritte während des Laufs der Frist nach Satz 1 einen Antrag auf erneute Befriedung, so erlischt die bestehende Befriedung mit dem Wirksamwerden der behördlichen Entscheidung über den Antrag. Verzichtet der Dritte vor Ablauf der Frist nach Satz 1 auf einen Antrag auf erneute Befriedung, so erlischt die bestehende Befriedung mit dem Zugang der Verzichtserklärung bei der zuständigen Behörde. Der Grundeigentümer hat den Eigentumswechsel der zuständigen Behörde anzuzeigen. Die Befriedung ist zu widerrufen, wenn

1. der Grundeigentümer schriftlich gegenüber der zuständigen Behörde den Verzicht auf die Befriedung erklärt oder
2. der Grundeigentümer die Jagd ausübt, einen Jagdschein löst oder die Ausübung der Jagd durch Dritte auf einem ihm gehörenden Grundstück duldet.

Die Befriedung ist in der Regel zu widerrufen, wenn Tatsachen bekannt werden, die den Anspruch auf Erklärung zum befriedeten Bezirk entfallen lassen. Die Befriedung ist unter den Vorbehalt des Widerrufs zu stellen für den Fall, dass ein oder mehrere weitere begründete Anträge auf Befriedung in demselben Jagdbezirk gestellt werden und nicht allen Anträgen insgesamt ohne Gefährdung der Belange nach Absatz 1 Satz 2 stattgegeben werden kann. Im Übrigen gelten die verwaltungsverfahrensrechtlichen Vorschriften über Rücknahme und Widerruf von Verwaltungsakten.

(5) Die zuständige Behörde kann eine beschränkte Jagdausübung auf den für befriedet erklärten Grundflächen anordnen, soweit dies zur Vermeidung übermäßiger Wildschäden, der Gefahr von Tierseuchen, aus Gründen des Naturschutzes oder des Tierschutzes, der Seuchenhygiene, der Gewährleistung der Sicherheit des Verkehrs auf öffentlichen Verkehrswegen oder der Abwendung sonstiger Gefahren für die öffentliche Sicherheit und Ordnung erforderlich ist. Widerspruch und Klage gegen die Anordnung haben keine aufschiebende Wirkung. Kommt der Grundeigentümer der Anordnung nicht nach, so kann die zuständige Behörde für dessen Rechnung die Jagd ausüben lassen.

(6) Wildschäden an Grundstücken, die zum gemeinschaftlichen Jagdbezirk gehören, hat der Grundeigentümer der befriedeten Grundfläche nach dem Verhältnis des Flächenanteils seiner Grundfläche an der Gesamtfläche des gemeinschaftlichen Jagdbezirks anteilig zu ersetzen. Dies gilt nicht, sofern das schädigende Wild auf der befriedeten Grundfläche nicht vorkommt oder der Schaden auch ohne die Befriedung der Grundfläche eingetreten wäre.

(7) Der Grundeigentümer der befriedeten Fläche hat keinen Anspruch auf Ersatz von Wildschäden.

(8) Die Grundsätze der Wildfolge sind im Verhältnis des gemeinschaftlichen Jagdbezirks zu der nach Absatz 1 für befriedet erklärten Grundfläche entsprechend anzuwenden. Einer Vereinbarung nach § 22a Absatz 2 bedarf es nicht. Der Grundeigentümer des für befriedet erklärten Grundstücks ist über die Notwendigkeit der Wildfolge, soweit Belange des Tierschutzes nicht entgegenstehen bereits vor Beginn der Wildfolge, unverzüglich in Kenntnis zu setzen.

(9) Das Recht zur Aneignung von Wild nach § 1 Absatz 1 Satz 1 steht in den Fällen der

nach Absatz 5 behördlich angeordneten Jagd und der Wildfolge nach Absatz 8 dem Jagdausübungsberechtigten des Jagdbezirks oder dem beauftragten Jäger zu.

(10) Die Absätze 1 bis 9 sind auf Grundflächen, die einem Eigenjagdbezirk kraft Gesetzes oder auf Grund behördlicher Entscheidung angegliedert sind, entsprechend anzuwenden.

2. Eigenjagdbezirke

§ 7

(1) Zusammenhängende Grundflächen mit einer land-, forst- oder fischereiwirtschaftlich nutzbaren Fläche von 75 Hektar an, die im Eigentum ein und derselben Person oder einer Personengemeinschaft stehen, bilden einen Eigenjagdbezirk. Die Länder können abweichend von Satz 1 die Mindestgröße allgemein oder für bestimmte Gebiete höher festsetzen. Soweit am Tag des Inkrafttretens des Einigungsvertrages in den Ländern eine andere als die in Satz 1 bestimmte Größe festgesetzt ist, behält es dabei sein Bewenden, falls sie nicht unter 70 Hektar beträgt. Die Länder können, soweit bei Inkrafttreten dieses Gesetzes eine solche Regelung besteht, abweichend von Satz 1 bestimmen, daß auch eine sonstige zusammenhängende Fläche von 75 Hektar einen Eigenjagdbezirk bildet, wenn dies von Grundeigentümern oder Nutznießern zusammenhängender Grundflächen von mindestens je 15 Hektar beantragt wird.

(2) Ländergrenzen unterbrechen nicht den Zusammenhang von Grundflächen, die gemäß Absatz 1 Satz 1 einen Eigenjagdbezirk bilden. In den Fällen des Absatzes 1 Satz 3 besteht ein Eigenjagdbezirk, wenn nach den Vorschriften des Landes, in dem der überwiegende Teil der auf mehrere Länder sich erstreckenden Grundflächen liegt, für die Grundflächen insgesamt die Voraussetzungen für einen Eigenjagdbezirk vorliegen würden. Im übrigen gelten für jeden Teil eines über mehrere Länder sich erstreckenden Eigenjagdbezirkes die Vorschriften des Landes, in dem er liegt.

(3) Vollständig eingefriedete Flächen sowie an der Bundesgrenze liegende zusammenhängende Grundflächen von geringerem als 75 Hektar land-, forst- oder fischereiwirtschaftlich nutzbaren Raum können allgemein oder unter besonderen Voraussetzungen zu Eigenjagdbezirken erklärt werden; dabei kann bestimmt werden, daß die Jagd in diesen Bezirken nur unter Beschränkungen ausgeübt werden darf.

(4) In einem Eigenjagdbezirk ist jagdausübungsberechtigt der Eigentümer. An Stelle des Eigentümers trifft der Nutznießer, wenn ihm die Nutzung des ganzen Eigenjagdbezirks zusteht.

3. Gemeinschaftliche Jagdbezirke

§ 8 Zusammensetzung

(1) Alle Grundflächen einer Gemeinde oder abgesonderten Gemarkung, die nicht zu einem Eigenjagdbezirk gehören, bilden einen gemeinschaftlichen Jagdbezirk, wenn sie im Zusammenhang mindestens 150 Hektar umfassen.

(2) Zusammenhängende Grundflächen verschiedener Gemeinden, die im übrigen zusammen den Erfordernissen eines gemeinschaftlichen Jagdbezirkes entsprechen, können auf Antrag zu gemeinschaftlichen Jagdbezirken zusammengelegt werden.

(3) Die Teilung gemeinschaftlicher Jagdbezirke in mehrere selbständige Jagdbezirke kann zugelassen werden, sofern jeder Teil die Mindestgröße von 250 Hektar hat.

(4) Die Länder können die Mindestgröße allgemein oder für bestimmte Gebiete höher festsetzen.

(5) In gemeinschaftlichen Jagdbezirken steht die Ausübung des Jagdrechts der Jagdgenossenschaft zu.

§ 9 Jagdgenossenschaft

(1) Die Eigentümer der Grundflächen, die zu einem gemeinschaftlichen Jagdbezirk gehören, bilden eine Jagdgenossenschaft. Eigentümer von Grundflächen, auf denen die Jagd

nicht ausgeübt werden darf, gehören der Jagdgenossenschaft nicht an.

(2) Die Jagdgenossenschaft wird durch den Jagdvorstand gerichtlich und außergerichtlich vertreten. Der Jagdvorstand ist von der Jagdgenossenschaft zu wählen. Solange die Jagdgenossenschaft keinen Jagdvorstand gewählt hat, werden die Geschäfte des Jagdvorstandes vom Gemeindevorstand wahrgenommen.

(3) Beschlüsse der Jagdgenossenschaft bedürfen sowohl der Mehrheit der anwesenden und vertretenen Jagdgenossen, als auch der Mehrheit der bei der Beschlußfassung vertretenen Grundfläche.

§ 10 Jagdnutzung

(1) Die Jagdgenossenschaft nutzt die Jagd in der Regel durch Verpachtung. Sie kann die Verpachtung auf den Kreis der Jagdgenossen beschränken.

(2) Die Jagdgenossenschaft kann die Jagd für eigene Rechnung durch angestellte Jäger ausüben lassen. Mit Zustimmung der zuständigen Behörde kann sie die Jagd ruhen lassen.

(3) Die Jagdgenossenschaft beschließt über die Verwendung des Reinertrages der Jagdnutzung. Beschließt die Jagdgenossenschaft, den Ertrag nicht an die Jagdgenossen nach dem Verhältnis des Flächeninhaltes ihrer beteiligten Grundstücke zu verteilen, so kann jeder Jagdgenosse, der dem Beschluß nicht zugestimmt hat, die Auszahlung seines Anteils verlangen. Der Anspruch erlischt, wenn er nicht binnen einem Monat nach der Bekanntmachung der Beschlußfassung schriftlich oder mündlich zu Protokoll des Jagdvorstandes geltend gemacht wird.

4. Hegegemeinschaften

§ 10a Bildung von Hegegemeinschaften

(1) Für mehrere zusammenhängende Jagdbezirke können die Jagdausübungsberechtigten zum Zwecke der Hege des Wildes eine Hegegemeinschaft als privatrechtlichen Zusammenschluß bilden.

(2) Abweichend von Absatz 1 können die Länder bestimmen, daß für mehrere zusammenhängende Jagdbezirke die Jagdausübungsberechtigten zum Zwecke der Hege des Wildes eine Hegegemeinschaft bilden, falls diese aus Gründen der Hege im Sinne des § 1 Abs. 2 erforderlich ist und eine an alle betroffenen Jagdausübungsberechtigten gerichtete Aufforderung der zuständigen Behörde, innerhalb einer bestimmten Frist eine Hegegemeinschaft zu gründen, ohne Erfolg geblieben ist.

(3) Das Nähere regeln die Länder.

III. Abschnitt Beteiligung Dritter an der Ausübung des Jagdrechts

§ 11 Jagdpacht

(1) Die Ausübung des Jagdrechts in seiner Gesamtheit kann an Dritte verpachtet werden. Ein Teil des Jagdausübungsrechts kann nicht Gegenstand eines Jagdpachtvertrages sein; jedoch kann sich der Verpächter einen Teil der Jagdnutzung, der sich auf bestimmtes Wild bezieht, vorbehalten. Die Erteilung von Jagderlaubnisscheinen regeln, unbeschadet des Absatzes 6 Satz 2, die Länder.

(2) Die Verpachtung eines Teils eines Jagdbezirkes ist nur zulässig, wenn sowohl der verpachtete als auch der verbleibende Teil bei Eigenjagdbezirken die gesetzliche Mindestgröße, bei gemeinschaftlichen Jagdbezirken die Mindestgröße von 250 Hektar haben. Die Länder können die Verpachtung eines Teils von geringerer Größe an den Jagdausübungsberechtigten eines angrenzenden Jagdbezirks zulassen, soweit dies einer besseren Reviergestaltung dient.

(3) Die Gesamtfläche, auf der einem Jagdpächter die Ausübung des Jagdrechts zusteht, darf nicht mehr als 1000 Hektar umfassen; hierauf sind Flächen anzurechnen, für die dem Pächter auf Grund einer entgeltlichen Jagderlaubnis die Jagdausübung zusteht. Der Inhaber eines oder mehrerer Eigenjagdbezirke mit einer Gesamtfläche von mehr als 1000 Hektar darf nur zupachten, wenn er Flächen mindestens gleicher Größenordnung verpachtet; der Inhaber eines oder mehrerer Eigenjagdbezirke

mit einer Gesamtfläche von weniger als 1000 Hektar darf nur zupachten, wenn die Gesamtfläche, auf der ihm das Jagdausübungsrecht zusteht, 1000 Hektar nicht übersteigt. Für Mitpächter, Unterpächter oder Inhaber einer entgeltlichen Jagderlaubnis gilt Satz 1 und 2 entsprechend mit der Maßgabe, daß auf die Gesamtfläche nur die Fläche angerechnet wird, die auf den einzelnen Mitpächter, Unterpächter oder auf den Inhaber einer entgeltlichen Jagderlaubnis, ausgenommen die Erlaubnis zu Einzelabschüssen, nach dem Jagdpachtvertrag oder der Jagderlaubnis anteilig entfällt. Für bestimmte Gebiete, insbesondere im Hochgebirge, können die Länder eine höhere Grenze als 1000 Hektar festsetzen.

(4) Der Jagdpachtvertrag ist schriftlich abzuschließen. Die Pachtdauer soll mindestens neun Jahre betragen. Die Länder können die Mindestpachtzeit höher festsetzen. Ein laufender Jagdpachtvertrag kann auch auf kürzere Zeit verlängert werden. Beginn und Ende der Pachtzeit soll mit Beginn und Ende des Jagdjahres (1. April bis 31. März) zusammenfallen.

(5) Pächter darf nur sein, wer einen Jahresjagdschein besitzt und schon vorher einen solchen während dreier Jahre in Deutschland besessen hat. Für besondere Einzelfälle können Ausnahmen zugelassen werden. Auf den in Satz 1 genannten Zeitraum sind die Zeiten anzurechnen, während derer jemand vor dem Tag des Wirksamwerdens des Beitritts eine Jagderlaubnis in der Deutschen Demokratischen Republik besessen hat.

(6) Ein Jagdpachtvertrag, der bei seinem Abschluß den Vorschriften des Absatzes 1 Satz 2 Halbsatz 1, des Absatzes 2, des Absatzes 3, des Absatzes 4 Satz 1 oder des Absatzes 5 nicht entspricht, ist nichtig. Das gleiche gilt für eine entgeltliche Jagderlaubnis, die bei ihrer Erteilung den Vorschriften des Absatzes 3 nicht entspricht.

(7) Die Fläche, auf der einem Jagdausübungsberechtigten oder Inhaber einer entgeltlichen Jagderlaubnis nach Absatz 3 die Ausübung des Jagdrechts zusteht, ist von der zuständigen Behörde in den Jagdschein einzutragen; das Nähere regeln die Länder.

§ 12 Anzeige von Jagdpachtverträgen

(1) Der Jagdpachtvertrag ist der zuständigen Behörde anzuzeigen. Die Behörde kann den Vertrag binnen drei Wochen nach Eingang der Anzeige beanstanden, wenn die Vorschriften über die Pachtdauer nicht beachtet sind oder wenn zu erwarten ist, daß durch eine vertragsmäßige Jagdausübung die Vorschriften des § 1 Abs. 2 verletzt werden.

(2) In dem Beanstandungsbescheid sind die Vertragsteile aufzufordern, den Vertrag bis zu einem bestimmten Zeitpunkt, der mindestens drei Wochen nach Zustellung des Bescheides liegen soll, aufzuheben oder in bestimmter Weise zu ändern.

(3) Kommen die Vertragsteile der Aufforderung nicht nach, so gilt der Vertrag mit Ablauf der Frist als aufgehoben, sofern nicht einer der Vertragsteile binnen der Frist einen Antrag auf Entscheidung durch das Amtsgericht stellt. Das Gericht kann entweder den Vertrag aufheben oder feststellen, daß er nicht zu beanstanden ist. Die Bestimmungen für die gerichtliche Entscheidung über die Beanstandung eines Landpachtvertrages gelten sinngemäß; jedoch entscheidet das Gericht ohne Zuziehung ehrenamtlicher Richter.

(4) Vor Ablauf von drei Wochen nach Anzeige des Vertrages durch einen Beteiligten darf der Pächter die Jagd nicht ausüben, sofern nicht die Behörde die Jagdausübung zu einem früheren Zeitpunkt gestattet. Wird der Vertrag binnen der in Absatz 1 Satz 2 bezeichneten Frist beanstandet, so darf der Pächter die Jagd erst ausüben, wenn die Beanstandungen behoben sind oder wenn durch rechtskräftige gerichtliche Entscheidung festgestellt ist, daß der Vertrag nicht zu beanstanden ist.

§ 13 Erlöschen des Jagdpachtvertrages

Der Jagdpachtvertrag erlischt, wenn dem Pächter der Jagdschein unanfechtbar entzogen worden ist. Er erlischt auch dann, wenn die Gültigkeitsdauer des Jagdscheines abgelaufen ist und entweder die zuständige Be-

II

hörde die Erteilung eines neuen Jagdscheines unanfechtbar abgelehnt hat oder der Pächter die Voraussetzungen für die Erteilung eines neuen Jagdscheines nicht fristgemäß erfüllt. Der Pächter hat dem Verpächter den aus der Beendigung des Pachtvertrages entstehenden Schaden zu ersetzen, wenn ihn ein Verschulden trifft.

§ 13a Rechtsstellung der Mitpächter

Sind mehrere Pächter an einem Jagdpachtvertrag beteiligt (Mitpächter), so bleibt der Vertrag, wenn er im Verhältnis zu einem Mitpächter gekündigt wird oder erlischt, mit den übrigen bestehen; dies gilt nicht, soweit der Jagdpachtvertrag infolge des Ausscheidens eines Pächters den Vorschriften des § 11 Abs. 3 nicht mehr entspricht und dieser Mangel bis zum Beginn des nächsten Jagdjahres nicht behoben wird. Ist einem der Beteiligten die Aufrechterhaltung des Vertrages infolge des Ausscheidens eines Pächters nicht zuzumuten, so kann er den Vertrag mit sofortiger Wirkung kündigen. Die Kündigung muß unverzüglich nach Erlangung der Kenntnisnahme von dem Kündigungsgrund erfolgen.

§ 14 Wechsel des Grundeigentümers

(1) Wird ein Eigenjagdbezirk ganz oder teilweise veräußert, so finden die Vorschriften der §§ 566 bis 567b des Bürgerlichen Gesetzbuchs entsprechende Anwendung. Das gleiche gilt im Falle der Zwangsversteigerung von der Vorschrift des § 57 des Zwangsversteigerungsgesetzes; das Kündigungsrecht des Erstehers ist jedoch ausgeschlossen, wenn nur ein Teil eines Jagdbezirkes versteigert ist und dieser Teil nicht allein schon die Erfordernisse eines Eigenjagdbezirkes erfüllt.

(2) Wird ein zu einem gemeinschaftlichen Jagdbezirk gehöriges Grundstück veräußert, so hat dies auf den Pachtvertrag keinen Einfluß; der Erwerber wird vom Zeitpunkt des Erwerbes an auch dann für die Dauer des Pachtvertrages Mitglied der Jagdgenossenschaft, wenn das veräußerte Grundstück an sich mit anderen Grundstücken des Erwerbers zusammen einen Eigenjagdbezirk bilden könnte. Das gleiche gilt für den Fall der Zwangsversteigerung eines Grundstücks.

IV. Abschnitt
Jagdschein

§ 15 Allgemeines

(1) Wer die Jagd ausübt, muß einen auf seinen Namen lautenden Jagdschein mit sich führen und diesen auf Verlangen den Polizeibeamten sowie den Jagdschutzberechtigten (§ 25) vorzeigen. Zum Sammeln von Abwurfstangen bedarf es nur der schriftlichen Erlaubnis des Jagdausübungsberechtigten. Wer die Jagd mit Greifen oder Falken (Beizjagd) ausüben will, muß einen auf seinen Namen lautenden Falknerjagdschein mit sich führen.

(2) Der Jagdschein wird von der für den Wohnsitz des Bewerbers zuständigen Behörde als Jahresjagdschein für höchstens drei Jagdjahre (§ 11 Abs. 4) oder als Tagesjagdschein für vierzehn aufeinanderfolgende Tage nach einheitlichen, vom Bundesministerium für Ernährung und Landwirtschaft (Bundesministerium) bestimmten Mustern erteilt.

(3) Der Jagdschein gilt im gesamten Bundesgebiet.

(4) Für Tagesjagdscheine für Ausländer dürfen nur die Gebühren für Inländer erhoben werden, wenn das Heimatland des Ausländers die Gegenseitigkeit gewährleistet.

(5) Die erste Erteilung eines Jagdscheines ist davon abhängig, daß der Bewerber im Geltungsbereich dieses Gesetzes eine Jägerprüfung bestanden hat, die aus einem schriftlichen und einem mündlich-praktischen Teil und einer Schießprüfung bestehen soll; er muß in der Jägerprüfung ausreichende Kenntnisse der Tierarten, der Wildbiologie, der Wildhege, des Jagdbetriebes, der Wildschadensverhütung, des Land- und Waldbaues, des Waffenrechts, der Waffentechnik, der Führung von Jagdwaffen (einschließlich Faustfeuerwaffen), der Führung von Jagdhunden, in der Behandlung des erlegten Wildes unter besonderer Berücksichtigung der hygienisch erforderlichen Maßnahmen, in der Beurteilung der gesundheitlich unbedenklichen Beschaffenheit des Wildbrets, insbesondere auch hinsichtlich seiner Verwendung als Lebensmittel und im Jagd-, Tierschutz- sowie Naturschutz- und Landschaftspflegerecht

nachweisen; mangelhafte Leistungen in der Schießprüfung sind durch Leistungen in anderen Prüfungsteilen nicht ausgleichbar. Die Länder können die Zulassung zur Jägerprüfung insbesondere vom Nachweis einer theoretischen und praktischen Ausbildung abhängig machen. Für Bewerber, die vor dem 1. April 1953 einen Jahresjagdschein besessen haben, entfällt die Jägerprüfung. Eine vor dem Tag des Wirksamwerdens des Beitritts in der Deutschen Demokratischen Republik abgelegte Jagdprüfung für Jäger, die mit der Jagdwaffe die Jagd ausüben wollen, steht der Jägerprüfung im Sinne des Satzes 1 gleich.

(6) Bei der Erteilung von Ausländerjagdscheinen können Ausnahmen von Absatz 5 Satz 1 und 2 gemacht werden.

(7) Die erste Erteilung eines Falknerjagdscheines ist davon abhängig, daß der Bewerber im Geltungsbereich dieses Gesetzes zusätzlich zur Jägerprüfung eine Falknerprüfung bestanden hat; er muß darin ausreichende Kenntnisse des Haltens, der Pflege und des Abtragens von Beizvögeln, des Greifvogelschutzes sowie der Beizjagd nachweisen. Für Bewerber, die vor dem 1. April 1977 mindestens fünf Falknerjagdscheine besessen haben, entfällt die Jägerprüfung; gleiches gilt für Bewerber, die vor diesem Zeitpunkt mindestens fünf Jahresjagdscheine besessen und während deren Geltungsdauer die Beizjagd ausgeübt haben. Das Nähere hinsichtlich der Erteilung des Falknerjagdscheines regeln die Länder. Eine vor dem Tag des Wirksamwerdens des Beitritts in der Deutschen Demokratischen Republik abgelegte Jagdprüfung für Falkner steht der Falknerprüfung im Sinne des Satzes 1 gleich.

§ 16 Jugendjagdschein

(1) Personen, die das sechzehnte Lebensjahr vollendet haben, aber noch nicht achtzehn Jahre alt sind, darf nur ein Jugendjagdschein erteilt werden.

(2) Der Jugendjagdschein berechtigt nur zur Ausübung der Jagd in Begleitung des Erziehungsberechtigten oder einer von dem Erziehungsberechtigten schriftlich beauftragten Aufsichtsperson; die Begleitperson muß jagdlich erfahren sein.

(3) Der Jugendjagdschein berechtigt nicht zur Teilnahme an Gesellschaftsjagden.

(4) Im übrigen gilt § 15 entsprechend.

§ 17 Versagung des Jagdscheines

(1) Der Jagdschein ist zu versagen

1. Personen, die noch nicht sechzehn Jahre alt sind;
2. Personen, bei denen Tatsachen die Annahme rechtfertigen, daß sie die erforderliche Zuverlässigkeit oder körperliche Eignung nicht besitzen;
3. Personen, denen der Jagdschein entzogen ist, während der Dauer der Entziehung oder einer Sperre (§§ 18, 41 Abs. 2);
4. Personen, die keine ausreichende Jagdhaftpflichtversicherung (fünfhunderttausend Euro für Personenschäden und fünfzigtausend Euro für Sachschäden) nachweisen; die Versicherung kann nur bei einem Versicherungsunternehmen mit Sitz in der Europäischen Union oder mit Niederlassung im Geltungsbereich des Versicherungsaufsichtsgesetzes genommen werden; die Länder können den Abschluß einer Gemeinschaftsversicherung ohne Beteiligungszwang zulassen.

Die zuständige Behörde hat bei der nach § 48 Absatz 1 Satz 1 und Absatz 2 des Waffengesetzes für die Ausführung des Waffengesetzes zuständigen Behörde (Waffenbehörde) eine Auskunft einzuholen, ob die Zuverlässigkeit und die persönliche Eignung im Sinne der §§ 5 und 6 des Waffengesetzes gegeben sind. Die Waffenbehörde teilt der Jagdbehörde das Ergebnis der Prüfung der Zuverlässigkeit und der persönlichen Eignung sowie tragende Gründe mit. Fehlen die Zuverlässigkeit oder die persönliche Eignung im Sinne der §§ 5 und 6 des Waffengesetzes, darf nur ein Jagdschein nach § 15 Abs. 7 erteilt werden.

(2) Der Jagdschein kann versagt werden

1. Personen, die noch nicht achtzehn Jahre alt sind;
2. Personen, die nicht Deutsche im Sinne des Artikels 116 des Grundgesetzes sind;

3. Personen, die nicht mindestens drei Jahre ihren Wohnsitz oder ihren gewöhnlichen Aufenthalt ununterbrochen im Geltungsbereich dieses Gesetzes haben;
4. Personen, die gegen die Grundsätze des § 1 Abs. 3 schwer oder wiederholt verstoßen haben.

(3) Die erforderliche Zuverlässigkeit besitzen Personen nicht, wenn Tatsachen die Annahme rechtfertigen, daß sie

1. Waffen oder Munition mißbräuchlich oder leichtfertig verwenden werden;
2. mit Waffen oder Munition nicht vorsichtig und sachgemäß umgehen und diese Gegenstände nicht sorgfältig verwahren werden;
3. Waffen oder Munition an Personen überlassen werden, die zur Ausübung der tatsächlichen Gewalt über diese Gegenstände nicht berechtigt sind.

(4) Die erforderliche Zuverlässigkeit besitzen in der Regel Personen nicht, die

1. a) wegen eines Verbrechens,
   b) wegen eines vorsätzlichen Vergehens, das eine der Annahmen im Sinne des Absatzes 3 Nr. 1 bis 3 rechtfertigt,
   c) wegen einer fahrlässigen Straftat im Zusammenhang mit dem Umgang mit Waffen, Munition oder Sprengstoff,
   d) wegen einer Straftat gegen jagdrechtliche, tierschutzrechtliche oder naturschutzrechtliche Vorschriften, das Waffengesetz, das Gesetz über die Kontrolle von Kriegswaffen und das Sprengstoffgesetz

   zu einer Freiheitsstrafe, Jugendstrafe, Geldstrafe von mindestens 60 Tagessätzen oder mindestens zweimal zu einer geringeren Geldstrafe rechtskräftig verurteilt worden sind, wenn seit dem Eintritt der Rechtskraft der letzten Verurteilung fünf Jahre nicht verstrichen sind; in die Frist wird die Zeit eingerechnet, die seit der Vollziehbarkeit des Widerrufs oder der Rücknahme eines Jagdscheines oder eines Waffenbesitzverbotes nach § 41 des Waffengesetzes wegen der Tat, die der letzten Verurteilung zugrunde liegt, verstrichen ist; in die Frist nicht eingerechnet wird die Zeit, in welcher der Beteiligte auf behördliche oder richterliche Anordnung in einer Anstalt verwahrt worden ist;
2. wiederholt oder gröblich gegen eine in Nummer 1 Buchstabe d genannte Vorschrift verstoßen haben;
3. geschäftsunfähig oder in der Geschäftsfähigkeit beschränkt sind;
4. trunksüchtig, rauschmittelsüchtig, geisteskrank oder geistesschwach sind.

(5) Ist ein Verfahren nach Absatz 4 Nr. 1 noch nicht abgeschlossen, so kann die zuständige Behörde die Entscheidung über den Antrag auf Erteilung des Jagdscheines bis zum rechtskräftigen Abschluß des Verfahrens aussetzen. Die Zeit der Aussetzung des Verfahrens ist in die Frist nach Absatz 4 Nr. 1 erster Halbsatz einzurechnen.

(6) Sind Tatsachen bekannt, die Bedenken gegen die Zuverlässigkeit nach Absatz 4 Nr. 4 oder die körperliche Eignung nach Absatz 1 Nr. 2 begründen, so kann die zuständige Behörde dem Beteiligten die Vorlage eines amts- oder fachärztlichen Zeugnisses über die geistige und körperliche Eignung aufgeben.

§ 18 Einziehung des Jagdscheines

Wenn Tatsachen, welche die Versagung des Jagdscheines begründen, erst nach Erteilung des Jagdscheines eintreten oder der Behörde, die den Jagdschein erteilt hat, bekanntwerden, so ist die Behörde in den Fällen des § 17 Abs. 1 und in den Fällen, in denen nur ein Jugendjagdschein hätte erteilt werden dürfen (§ 16), sowie im Falle der Entziehung gemäß § 41 verpflichtet, in den Fällen des § 17 Abs. 2 berechtigt, den Jagdschein für ungültig zu erklären und einzuziehen. Ein Anspruch auf Rückerstattung der Jagdscheingebühren besteht nicht. Die Behörde kann eine Sperrfrist für die Wiedererteilung des Jagdscheines festsetzen.

§ 18a Mitteilungspflichten

Die erstmalige Erteilung oder Verlängerung einer Erlaubnis nach den §§ 15 und 16, das

Ergebnis von Überprüfungen nach § 17 sowie Maßnahmen nach den §§ 18, 40, 41 und 41a sind der für den Vollzug des Waffengesetzes nach dessen § 48 Abs. 1 und 2 zuständigen Behörde mitzuteilen.

V. Abschnitt Jagdbeschränkungen, Pflichten bei der Jagdausübung und Beunruhigen von Wild

§ 19 Sachliche Verbote

(1) Verboten ist

1. mit Schrot, Posten, gehacktem Blei, Bolzen oder Pfeilen, auch als Fangschuß, auf Schalenwild und Seehunde zu schießen;
2. a) auf Rehwild und Seehunde mit Büchsenpatronen zu schießen, deren Auftreffenergie auf 100 m (E 100) weniger als 1000 Joule beträgt;
   b) auf alles übrige Schalenwild mit Büchsenpatronen unter einem Kaliber von 6,5 mm zu schießen; im Kaliber 6,5 mm und darüber müssen die Büchsenpatronen eine Auftreffenergie auf 100 m (E 100) von mindestens 2000 Joule haben;
   c) mit halbautomatischen Langwaffen, die mit insgesamt mehr als drei Patronen geladen sind, sowie mit automatischen Waffen auf Wild zu schießen;
   d) auf Wild mit Pistolen oder Revolvern zu schießen, ausgenommen im Falle der Bau- und Fallenjagd sowie zur Abgabe von Fangschüssen, wenn die Mündungsenergie der Geschosse mindestens 200 Joule beträgt;
3. die Lappjagd innerhalb einer Zone von 300 Metern von der Bezirksgrenze, die Jagd durch Abklingeln der Felder und die Treibjagd bei Mondschein auszuüben;
4. Schalenwild, ausgenommen Schwarzwild, sowie Federwild zur Nachtzeit zu erlegen; als Nachtzeit gilt die Zeit von eineinhalb Stunden nach Sonnenuntergang bis eineinhalb Stunden vor Sonnenaufgang; das Verbot umfaßt nicht die Jagd auf Möwen, Waldschnepfen, Auer-, Birk- und Rackelwild;
5. a) künstliche Lichtquellen, Spiegel, Vorrichtungen zum Anstrahlen oder Beleuchten des Zieles, Nachtzielgeräte, die einen Bildwandler oder eine elektronische Verstärkung besitzen und für Schußwaffen bestimmt sind, Tonbandgeräte oder elektrische Schläge erteilende Geräte, beim Fang oder Erlegen von Wild aller Art zu verwenden oder zu nutzen sowie zur Nachtzeit an Leuchttürmen oder Leuchtfeuern Federwild zu fangen;
   b) Vogelleim, Fallen, Angelhaken, Netze, Reusen oder ähnliche Einrichtungen sowie geblendete oder verstümmelte Vögel beim Fang oder Erlegen von Federwild zu verwenden;
6. Belohnungen für den Abschuß oder den Fang von Federwild auszusetzen, zu geben oder zu empfangen;
7. Saufänge, Fang- oder Fallgruben ohne Genehmigung der zuständigen Behörde anzulegen;
8. Schlingen jeder Art, in denen sich Wild fangen kann, herzustellen, feilzubieten, zu erwerben oder aufzustellen;
9. Fanggeräte, die nicht unversehrt fangen oder nicht sofort töten, sowie Selbstschußgeräte zu verwenden;
10. in Notzeiten Schalenwild in einem Umkreis von 200 Metern von Fütterungen zu erlegen;
11. Wild aus Luftfahrzeugen, Kraftfahrzeugen oder maschinengetriebenen Wasserfahrzeugen zu erlegen; das Verbot umfaßt nicht das Erlegen von Wild aus Kraftfahrzeugen durch Körperbehinderte mit Erlaubnis der zuständigen Behörde;
12. die Netzjagd auf Seehunde auszuüben;
13. die Hetzjagd auf Wild auszuüben;
14. die Such- und Treibjagd auf Waldschnepfen im Frühjahr auszuüben;
15. Wild zu vergiften oder vergiftete oder betäubende Köder zu verwenden;

16. die Brackenjagd auf einer Fläche von weniger als 1000 Hektar auszuüben;
17. Abwurfstangen ohne schriftliche Erlaubnis des Jagdausübungsberechtigten zu sammeln;
18. eingefangenes oder aufgezogenes Wild später als vier Wochen vor Beginn der Jagdausübung auf dieses Wild auszusetzen.

(2) Die Länder können die Vorschriften des Absatzes 1 mit Ausnahme der Nummer 16 erweitern oder aus besonderen Gründen einschränken; soweit Federwild betroffen ist, ist die Einschränkung nur aus den in Artikel 9 Absatz 1 der Richtlinie 2009/147/EG des Europäischen Parlaments und des Rates vom 30. November 2009 über die Erhaltung der wildlebenden Vogelarten (ABl. L 20 vom 26. 1. 2010, S. 7) in der jeweils geltenden Fassung genannten Gründen und nach den in Artikel 9 Absatz 2 der Richtlinie 2009/147/EG genannten Maßgaben zulässig.

(3) Die in Absatz 1 Nr. 2 Buchstaben a und b vorgeschriebenen Energiewerte können unterschritten werden, wenn von einem staatlichen oder staatlich anerkannten Fachinstitut die Verwendbarkeit der Munition für bestimmte jagdliche Zwecke bestätigt wird. Auf der kleinsten Verpackungseinheit der Munition ist das Fachinstitut, das die Prüfung vorgenommen hat, sowie der Verwendungszweck anzugeben.

§ 19a Beunruhigen von Wild

Verboten ist, Wild, insbesondere soweit es in seinem Bestand gefährdet oder bedroht ist, unbefugt an seinen Zuflucht-, Nist-, Brut- oder Wohnstätten durch Aufsuchen, Fotografieren, Filmen oder ähnliche Handlungen zu stören. Die Länder können für bestimmtes Wild Ausnahmen zulassen.

§ 20 Örtliche Verbote

(1) An Orten, an denen die Jagd nach den Umständen des einzelnen Falles die öffentliche Ruhe, Ordnung oder Sicherheit stören oder das Leben von Menschen gefährden würde, darf nicht gejagt werden.

(2) Die Ausübung der Jagd in Naturschutz- und Wildschutzgebieten sowie in National- und Wildparken wird durch die Länder geregelt.

§ 21 Abschußregelung

(1) Der Abschuß des Wildes ist so zu regeln, daß die berechtigten Ansprüche der Land-, Forst- und Fischereiwirtschaft auf Schutz gegen Wildschäden voll gewahrt bleiben sowie die Belange von Naturschutz und Landschaftspflege berücksichtigt werden. Innerhalb der hierdurch gebotenen Grenzen soll die Abschußregelung dazu beitragen, daß ein gesunder Wildbestand aller heimischen Tierarten in angemessener Zahl erhalten bleibt und insbesondere der Schutz von Tierarten gesichert ist, deren Bestand bedroht erscheint.

(2) Schalenwild (mit Ausnahme von Schwarzwild) sowie Auer-, Birk- und Rackelwild dürfen nur auf Grund und im Rahmen eines Abschußplanes erlegt werden, der von der zuständigen Behörde im Einvernehmen mit dem Jagdbeirat (§ 37) zu bestätigen oder festzusetzen ist. Seehunde dürfen nur auf Grund und im Rahmen eines Abschußplanes bejagt werden, der jährlich nach näherer Bestimmung der Länder für das Küstenmeer oder Teile davon auf Grund von Bestandsermittlungen aufzustellen ist. In gemeinschaftlichen Jagdbezirken ist der Abschußplan vom Jagdausübungsberechtigten im Einvernehmen mit dem Jagdvorstand aufzustellen. Innerhalb von Hegegemeinschaften sind die Abschußpläne im Einvernehmen mit den Jagdvorständen der Jagdgenossenschaften und den Inhabern der Eigenjagdbezirke aufzustellen, die der Hegegemeinschaft angehören. Das Nähere bestimmt die Landesgesetzgebung. Der Abschußplan für Schalenwild muß erfüllt werden. Die Länder treffen Bestimmungen, nach denen die Erfüllung des Abschußplanes durch ein Abschußmeldeverfahren überwacht und erzwungen werden kann; sie können den körperlichen Nachweis der Erfüllung des Abschußplanes verlangen.

(3) Der Abschuß von Wild, dessen Bestand bedroht erscheint, kann in bestimmten Bezir-

ken oder in bestimmten Revieren dauernd oder zeitweise gänzlich verboten werden.

(4) Den Abschuß in den Staatsforsten regeln die Länder.

§ 22 Jagd- und Schonzeiten

(1) Nach den in § 1 Abs. 2 bestimmten Grundsätzen der Hege bestimmt das Bundesministerium durch Rechtsverordnung mit Zustimmung des Bundesrates die Zeiten, in denen die Jagd auf Wild ausgeübt werden darf (Jagdzeiten). Außerhalb der Jagdzeiten ist Wild mit der Jagd zu verschonen (Schonzeiten). Die Länder können die Jagdzeiten abkürzen oder aufheben; sie können die Schonzeiten für bestimmte Gebiete oder für einzelne Jagdbezirke aus besonderen Gründen, insbesondere aus Gründen der Wildseuchenbekämpfung und Landeskultur, zur Beseitigung kranken oder kümmernden Wildes, zur Vermeidung von übermäßigen Wildschäden, zu wissenschaftlichen, Lehr- und Forschungszwecken, bei Störung des biologischen Gleichgewichts oder der Wildhege aufheben. Für den Lebendfang von Wild können die Länder in Einzelfällen Ausnahmen von Satz 2 zulassen.

(2) Wild, für das eine Jagdzeit nicht festgesetzt ist, ist während des ganzen Jahres mit der Jagd zu verschonen. Die Länder können bei Störung des biologischen Gleichgewichts oder bei schwerer Schädigung der Landeskultur Jagdzeiten festsetzen oder in Einzelfällen zu wissenschaftlichen, Lehr- und Forschungszwecken Ausnahmen zulassen.

(3) Aus Gründen der Landeskultur können Schonzeiten für Wild gänzlich versagt werden (Wild ohne Schonzeit).

(4) In den Setz- und Brutzeiten dürfen bis zum Selbständigwerden der Jungtiere die für die Aufzucht notwendigen Elterntiere, auch die von Wild ohne Schonzeit, nicht bejagt werden. Die Länder können für Schwarzwild, Wildkaninchen, Fuchs, Ringel- und Türkentaube, Silber- und Lachmöve sowie für nach Landesrecht dem Jagdrecht unterliegende Tierarten aus den in Absatz 2 Satz 2 und Absatz 3 genannten Gründen sowie zur Bekämpfung von Tierseuchen Ausnahmen bestimmen. Die nach Landesrecht zuständige Behörde kann im Einzelfall das Aushorsten von Nestlingen und Ästlingen der Habichte für Beizzwecke aus den in Artikel 9 Absatz 1 Buchstabe c der Richtlinie 2009/147/EG genannten Gründen und nach den in Artikel 9 Absatz 2 der Richtlinie 2009/147/EG genannten Maßgaben genehmigen. Das Ausnehmen der Gelege von Federwild ist verboten. Die Länder können zulassen, daß Gelege in Einzelfällen zu wissenschaftlichen Lehr- und Forschungszwecken oder für Zwecke der Aufzucht ausgenommen werden. Die Länder können ferner das Sammeln der Eier von Ringel- und Türkentauben sowie von Silber- und Lachmöwen aus den in Artikel 9 Absatz 1 der Richtlinie 2009/147/EG genannten Gründen und nach den in Artikel 9 Absatz 2 der Richtlinie 2009/147/EG genannten Maßgaben erlauben.

§ 22a Verhinderung von vermeidbaren Schmerzen oder Leiden des Wildes

(1) Um krankgeschossenes Wild vor vermeidbaren Schmerzen oder Leiden zu bewahren, ist dieses unverzüglich zu erlegen; das gleiche gilt für schwerkrankes Wild, es sei denn, daß es genügt und möglich ist, es zu fangen und zu versorgen.

(2) Krankgeschossenes oder schwerkrankes Wild, das in einem fremden Jagdbezirk wechselt, darf nur verfolgt werden (Wildfolge), wenn mit dem Jagdausübungsberechtigten dieses Jagdbezirkes eine schriftliche Vereinbarung über die Wildfolge abgeschlossen worden ist. Die Länder erlassen nähere Bestimmungen, insbesondere über die Verpflichtung der Jagdausübungsberechtigten benachbarter Jagdbezirke, Vereinbarungen über die Wildfolge zu treffen; sie können darüber hinaus die Vorschriften über die Wildfolge ergänzen oder erweitern.

VI. Abschnitt
Jagdschutz

§ 23 Inhalt des Jagdschutzes

Der Jagdschutz umfaßt nach näherer Bestimmung durch die Länder den Schutz des Wildes insbesondere vor Wilderern, Futternot, Wildseuchen, vor wildernden Hunden und Katzen sowie die Sorge für die Einhaltung der zum Schutz des Wildes und der Jagd erlassenen Vorschriften.

§ 24 Wildseuchen

Tritt eine Wildseuche auf, so hat der Jagdausübungsberechtigte dies unverzüglich der zuständigen Behörde anzuzeigen; sie erläßt im Einvernehmen mit dem beamteten Tierarzt die zur Bekämpfung der Seuche erforderlichen Anweisungen.

§ 25 Jagdschutzberechtigte

(1) Der Jagdschutz in einem Jagdbezirk liegt neben den zuständigen öffentlichen Stellen dem Jagdausübungsberechtigten ob, sofern er Inhaber eines Jagdscheines ist, und den von der zuständigen Behörde bestätigten Jagdaufsehern. Hauptberuflich angestellte Jagdaufseher sollen Berufsjäger oder forstlich ausgebildet sein.

(2) Die bestätigten Jagdaufseher haben innerhalb ihres Dienstbezirkes in Angelegenheiten des Jagdschutzes die Rechte und Pflichten der Polizeibeamten und sind Ermittlungspersonen der Staatsanwaltschaft, sofern sie Berufsjäger oder forstlich ausgebildet sind. Sie haben bei der Anwendung unmittelbaren Zwanges die ihnen durch Landesrecht eingeräumten Befugnisse.

VII. Abschnitt
Wild- und Jagdschaden

1. Wildschadenverhütung

§ 26 Fernhalten des Wildes

Der Jagdausübungsberechtigte sowie der Eigentümer oder Nutzungsberechtigte eines Grundstückes sind berechtigt, zur Verhütung von Wildschäden das Wild von den Grundstücken abzuhalten oder zu verscheuchen. Der Jagdausübungsberechtigte darf dabei das Grundstück nicht beschädigen, der Eigentümer oder Nutzungsberechtigte darf das Wild weder gefährden noch verletzen.

§ 27 Verhinderung übermäßigen Wildschadens

(1) Die zuständige Behörde kann anordnen, daß der Jagdausübungsberechtigte unabhängig von den Schonzeiten innerhalb einer bestimmten Frist in bestimmtem Umfange den Wildbestand zu verringern hat, wenn dies mit Rücksicht auf das allgemeine Wohl, insbesondere auf die Interessen der Land-, Forst- und Fischereiwirtschaft und die Belange des Naturschutzes und der Landschaftspflege, notwendig ist.

(2) Kommt der Jagdausübungsberechtigte der Anordnung nicht nach, so kann die zuständige Behörde für dessen Rechnung den Wildbestand vermindern lassen. Das erlegte Wild ist gegen angemessenes Schußgeld dem Jagdausübungsberechtigten zu überlassen.

§ 28 Sonstige Beschränkungen in der Hege

(1) Schwarzwild darf nur in solchen Einfriedungen gehegt werden, die ein Ausbrechen des Schwarzwildes verhüten.

(2) Das Aussetzen von Schwarzwild und Wildkaninchen ist verboten.

(3) Das Aussetzen oder das Ansiedeln fremder Tiere in der freien Natur ist nur mit schriftlicher Genehmigung der zuständigen obersten Landesbehörde oder der von ihr bestimmten Stelle zulässig.

(4) Das Hegen oder Aussetzen weiterer Tierarten kann durch die Länder beschränkt oder verboten werden.

(5) Die Länder können die Fütterung von Wild untersagen oder von einer Genehmigung abhängig machen.

§ 28a Invasive Arten

(1) Dem Jagdausübungsberechtigten ist mit dessen Zustimmung für den Jagdbezirk, in dem er die Jagd ausüben darf, die Durchführung von Management- oder Beseitigungsmaßnahmen, die nach § 40e Absatz 2 Halbsatz 1 Bundesnaturschutzgesetz festgelegt worden sind, von der nach Landesrecht für Jagd zuständigen Behörde ganz oder teilweise zu übertragen oder die Mitwirkung an der Durchführung der Maßnahmen aufzuerlegen,

soweit die Durchführung der Maßnahmen im Rahmen der Jagdausübung mit zulässigen jagdlichen Methoden und Mitteln möglich, zumutbar und wirksam ist. Im Übrigen ist der Jagdausübungsberechtigte zur Durchführung von Managementmaßnahmen nach § 40e Bundesnaturschutzgesetz nicht verpflichtet. Die Sätze 1 und 2 gelten entsprechend für Maßnahmen nach Artikel 17 der Verordnung (EU) Nr. 1143/2014 des Europäischen Parlaments und des Rates vom 22. Oktober 2014 über die Prävention und das Management der Einbringung und Ausbreitung invasiver gebietsfremder Arten (ABl. L 317 vom 4. 11. 2014, S. 35) für die in § 40e Absatz 2 Halbsatz 1 genannten Arten.

(2) Soweit die Durchführung von Managementmaßnahmen nach Absatz 1 nicht vom Jagdausübungsberechtigten übernommen wird, oder soweit dieser die ihm übertragenen Maßnahmen oder die Mitwirkung daran nicht ordnungsgemäß ausführt, trifft die nach Landesrecht für Jagd zuständige Behörde nach Anhörung des Jagdausübungsberechtigten die notwendigen Anordnungen; sie kann insbesondere die Durchführung der Maßnahmen übernehmen oder einen Dritten mit deren Durchführung beauftragen. Maßnahmen unter Einsatz jagdlicher Mittel haben im Einvernehmen mit dem Jagdausübungsberechtigten zu erfolgen; sein Jagdrecht bleibt unberührt.

(3) § 1 Absatz 1 Satz 2 ist auf Arten, für die Managementmaßnahmen nach § 40e oder Beseitigungsmaßnahmen nach § 40a des Bundesnaturschutzgesetzes festgelegt worden sind, nicht anzuwenden; § 22 Absatz 4 Satz 1 und 2 gilt entsprechend.

2. Wildschadensersatz

§ 29 Schadensersatzpflicht

(1) Wird ein Grundstück, das zu einem gemeinschaftlichen Jagdbezirk gehört oder einem gemeinschaftlichen Jagdbezirk angegliedert ist (§ 5 Abs. 1), durch Schalenwild, Wildkaninchen oder Fasanen beschädigt, so hat die Jagdgenossenschaft dem Geschädigten den Wildschaden zu ersetzen. Der aus der Genossenschaftskasse geleistete Ersatz ist von den einzelnen Jagdgenossen nach dem Verhältnis des Flächeninhalts ihrer beteiligten Grundstücke zu tragen. Hat der Jagdpächter den Ersatz des Wildschadens ganz oder teilweise übernommen, so trifft die Ersatzpflicht den Jagdpächter. Die Ersatzpflicht der Jagdgenossenschaft bleibt bestehen, soweit der Geschädigte Ersatz von dem Pächter nicht erlangen kann.

(2) Wildschaden an Grundstücken, die einem Eigenjagdbezirk angegliedert sind (§ 5 Abs. 1), hat der Eigentümer oder der Nutznießer des Eigenjagdbezirks zu ersetzen. Im Falle der Verpachtung haftet der Jagdpächter, wenn er sich im Pachtvertrag zum Ersatz des Wildschadens verpflichtet hat. In diesem Falle haftet der Eigentümer oder der Nutznießer nur, soweit der Geschädigte Ersatz von dem Pächter nicht erlangen kann.

(3) Bei Grundstücken, die zu einem Eigenjagdbezirk gehören, richtet sich, abgesehen von den Fällen des Absatzes 2, die Verpflichtung zum Ersatz von Wildschaden (Absatz 1) nach dem zwischen dem Geschädigten und dem Jagdausübungsberechtigten bestehenden Rechtsverhältnis. Sofern nichts anderes bestimmt ist, ist der Jagdausübungsberechtigte ersatzpflichtig, wenn er durch unzulänglichen Abschuß den Schaden verschuldet hat.

(4) Die Länder können bestimmen, daß die Wildschadensersatzpflicht auch auf anderes Wild ausgedehnt wird und daß der Wildschadensbetrag für bestimmtes Wild durch Schaffung eines Wildschadensausgleichs auf eine Mehrheit von Beteiligten zu verteilen ist (Wildschadensausgleichskasse).

§ 30 Wildschaden durch Wild aus Gehege

Wird durch ein aus einem Gehege ausgetretenes und dort gehegtes Stück Schalenwild Wildschaden angerichtet, so ist ausschließlich derjenige zum Ersatz verpflichtet, dem als Jagdausübungsberechtigten, Eigentümer oder Nutznießer die Aufsicht über das Gehege obliegt.

§ 31 Umfang der Ersatzpflicht

(1) Nach den §§ 29 und 30 ist auch der Wildschaden zu ersetzen, der an den ge-

trennten, aber noch nicht eingeernteten Erzeugnissen eines Grundstücks eintritt.

(2) Werden Bodenerzeugnisse, deren voller Wert sich erst zur Zeit der Ernte bemessen läßt, vor diesem Zeitpunkt durch Wild beschädigt, so ist der Wildschaden in dem Umfange zu ersetzen, wie er sich zur Zeit der Ernte darstellt. Bei der Feststellung der Schadenshöhe ist jedoch zu berücksichtigen, ob der Schaden nach den Grundsätzen einer ordentlichen Wirtschaft durch Wiederanbau im gleichen Wirtschaftsjahr ausgeglichen werden kann.

§ 32 Schutzvorrichtungen

(1) Ein Anspruch auf Ersatz von Wildschaden ist nicht gegeben, wenn der Geschädigte die von dem Jagdausübungsberechtigten zur Abwehr von Wildschaden getroffenen Maßnahmen unwirksam macht.

(2) Der Wildschaden, der an Weinbergen, Gärten, Obstgärten, Baumschulen, Alleen, einzelstehenden Bäumen, Forstkulturen, die durch Einbringen anderer als der im Jagdbezirk vorkommenden Hauptholzarten einer erhöhten Gefährdung ausgesetzt sind, oder Freilandpflanzungen von Garten- oder hochwertigen Handelsgewächsen entsteht, wird, soweit die Länder nicht anders bestimmen, nicht ersetzt, wenn die Herstellung von üblichen Schutzvorrichtungen unterblieben ist, die unter gewöhnlichen Umständen zur Abwendung des Schadens ausreichen. Die Länder können bestimmen, welche Schutzvorrichtungen als üblich anzusehen sind.

3. Jagdschaden

§ 33 Schadensersatzpflicht

(1) Wer die Jagd ausübt, hat dabei die berechtigten Interessen der Grundstückseigentümer oder Nutzungsberechtigten zu beachten, insbesondere besäte Felder und nicht abgemähte Wiesen tunlichst zu schonen. Die Ausübung der Treibjagd auf Feldern, die mit reifender Halm- oder Samenfrucht oder mit Tabak bestanden sind, ist verboten; die Suchjagd ist nur insoweit zulässig, als sie ohne Schaden für die reifenden Früchte durchgeführt werden kann.

(2) Der Jagdausübungsberechtigte haftet dem Grundstückseigentümer oder Nutzungsberechtigten für jeden aus mißbräuchlicher Jagdausübung entstehenden Schaden; er haftet auch für den Jagdschaden, der durch einen von ihm bestellten Jagdaufseher oder durch einen Jagdgast angerichtet wird.

4. Gemeinsame Vorschriften

§ 34 Geltendmachung des Schadens

Der Anspruch auf Ersatz von Wild- oder Jagdschaden erlischt, wenn der Berechtigte den Schadensfall nicht binnen einer Woche, nachdem er von dem Schaden Kenntnis erhalten hat oder bei Beobachtung gehöriger Sorgfalt erhalten hätte, bei der für das beschädigte Grundstück zuständigen Behörde anmeldet. Bei Schaden an forstwirtschaftlich genutzten Grundstücken genügt es, wenn er zweimal im Jahre, jeweils bis zum 1. Mai oder 1. Oktober, bei der zuständigen Behörde angemeldet wird. Die Anmeldung soll die als ersatzpflichtig in Anspruch genommene Person bezeichnen.

§ 35 Verfahren in Wild- und Jagdschadenssachen

Die Länder können in Wild- und Jagdschadenssachen das Beschreiten des ordentlichen Rechtsweges davon abhängig machen, daß zuvor ein Feststellungsverfahren vor einer Verwaltungsbehörde (Vorverfahren) stattfindet, in dem über den Anspruch eine vollstreckbare Verpflichtungserklärung (Anerkenntnis, Vergleich) aufzunehmen oder eine nach Eintritt der Rechtskraft vollstreckbare Entscheidung (Vorbescheid) zu erlassen ist. Die Länder treffen die näheren Bestimmungen hierüber.

VIII. Abschnitt Inverkehrbringen und Schutz von Wild

§ 36 Ermächtigungen

(1) Das Bundesministerium wird ermächtigt, durch Rechtsverordnung mit Zustimmung des Bundesrates, soweit dies aus Gründen der Hege, zur Bekämpfung von Wilderei und

Wildhehlerei, aus wissenschaftlichen Gründen oder zur Verhütung von Gesundheitsschäden durch Fallwild erforderlich ist, Vorschriften zu erlassen über

1. die Anwendung von Ursprungszeichen bei der Verbringung von erlegtem Schalenwild aus dem Erlegungsbezirk und der Verbringung von erlegtem Schalenwild in den Geltungsbereich dieses Gesetzes,
2. den Besitz von
   a) Wild, das nach Rechtsakten der Europäischen Gemeinschaft oder der Europäischen Union aus Gründen des Erhalts der Arten streng oder besonders geschützt oder von den Mitgliedstaaten der Europäischen Union zu schützen ist, oder
   b) sonstigem Wild,

2a. den gewerbsmäßigen Ankauf, Verkauf oder Tausch von
   a) Wild, das nach Rechtsakten der Europäischen Gemeinschaft oder der Europäischen Union aus Gründen des Erhalts der Arten streng oder besonders geschützt oder von den Mitgliedstaaten der Europäischen Union zu schützen ist, oder
   b) sonstigem Wild,

2b. den sonstigen Erwerb, die Ausübung der tatsächlichen Gewalt oder das sonstige Verwenden, die Abgabe, das Anbieten zum Verkauf oder den Tausch, die Zucht, die Beförderung, das Veräußern oder das sonstige Inverkehrbringen von Wild,

3. die Ein-, Durch- und Ausfuhr sowie das sonstige Verbringen von Wild in den, durch den und aus dem Geltungsbereich dieses Gesetzes,
4. die Verpflichtung zur Führung von Wildhandelsbüchern,
5. das Kennzeichnen von Wild.

(2) Die Länder erlassen insbesondere Vorschriften über

1. die behördliche Überwachung des gewerbsmäßigen Ankaufs, Verkaufs und Tausches sowie der gewerbsmäßigen Verarbeitung von Wildbret und die behördliche Überwachung der Wildhandelsbücher,
2. das Aufnehmen, die Pflege und die Aufzucht verletzten oder kranken Wildes und dessen Verbleib.

(3) Die Vorschriften nach Absatz 1 Nummer 2, 2a, 2b und 3 und Absatz 2 Nr. 2 können sich auch auf Eier oder sonstige Entwicklungsformen des Wildes, auf totes Wild, auf Teile des Wildes sowie auf die Nester und die aus Wild gewonnenen Erzeugnisse erstrecken.

(4) Rechtsverordnungen nach Absatz 1 Nr. 1 bedürfen des Einvernehmens mit dem Bundesministerium für Wirtschaft und Energie; Rechtsverordnungen nach Absatz 1 Nr. 3 bedürfen des Einvernehmens mit dem Bundesministerium der Finanzen. Rechtsverordnungen nach Absatz 1 Nr. 2 bis 5 bedürfen, soweit sie Rechtsakte der Europäischen Gemeinschaft oder der Europäischen Union auf dem Gebiet des Artenschutzes oder Verpflichtungen aus internationalen Artenschutzübereinkommen zu beachten haben, des Einvernehmens mit dem Bundesministerium für Umwelt, Naturschutz und nukleare Sicherheit.

(5) Das Bundesministerium der Finanzen und die von ihm bestimmten Zollstellen wirken bei der Ein-, Durch- und Ausfuhr sowie bei dem sonstigen Verbringen von Wild mit. Das Bundesministerium der Finanzen regelt im Einvernehmen mit dem Bundesministerium durch Rechtsverordnung ohne Zustimmung des Bundesrates die Einzelheiten des Verfahrens nach Satz 1; er kann dabei insbesondere Pflichten zu Anzeigen, Anmeldungen, Auskünften und zur Leistung von Hilfsdiensten sowie zur Duldung von Besichtigungen und von Entnahmen unentgeltlicher Muster und Proben vorsehen. Das Bundesministerium gibt im Einvernehmen mit dem Bundesministerium der Finanzen im Bundesanzeiger die Zollstellen bekannt, bei denen Wild zur Ein-, Durch- und Ausfuhr sowie zum sonstigen Verbringen abgefertigt wird, wenn die Ein-, Durch- und Ausfuhr sowie das sonstige Verbringen durch Rechtsverordnung nach Absatz 1 Nr. 3 geregelt ist.

II

II

IX. Abschnitt Jagdbeirat und Vereinigungen der Jäger

§ 37

(1) In den Ländern sind Jagdbeiräte zu bilden, denen Vertreter der Landwirtschaft, der Forstwirtschaft, der Jagdgenossenschaften, der Jäger und des Naturschutzes angehören müssen.

(2) Die Länder können die Mitwirkung von Vereinigungen der Jäger für die Fälle vorsehen, in denen Jagdscheininhaber gegen die Grundsätze der Weidgerechtigkeit verstoßen (§ 1 Abs. 3).

X. Abschnitt Straf- und Bußgeldvorschriften

§ 38 Strafvorschriften

(1) Mit Freiheitsstrafe bis zu fünf Jahren oder mit Geldstrafe wird bestraft,

1. einer vollziehbaren Anordnung nach § 21 Abs. 3 zuwiderhandelt,
2. entgegen § 22 Abs. 2 Satz 1 Wild nicht mit der Jagd verschont oder
3. entgegen § 22 Abs. 4 Satz 1 ein Elterntier bejagt.

(2) Handelt der Täter fahrlässig, so ist die Strafe Freiheitsstrafe bis zu einem Jahr oder Geldstrafe.

§ 38a Strafvorschriften

(1) Mit Freiheitsstrafe bis zu fünf Jahren oder mit Geldstrafe wird bestraft, wer einer Rechtsverordnung nach § 36 Absatz 1 Nummer 2a Buchstabe a, auch in Verbindung mit Absatz 3, oder einer vollziehbaren Anordnung auf Grund einer solchen Rechtsverordnung zuwiderhandelt, soweit die Rechtsverordnung für einen bestimmten Tatbestand auf diese Strafvorschrift verweist.

(2) Mit Freiheitsstrafe bis zu drei Jahren oder mit Geldstrafe wird bestraft, wer einer Rechtsverordnung nach § 36 Absatz 1 Nummer 2 Buchstabe a, auch in Verbindung mit Absatz 3, oder einer vollziehbaren Anordnung auf Grund einer solchen Rechtsverordnung zuwiderhandelt, soweit die Rechtsverordnung für einen bestimmten Tatbestand auf diese Strafvorschrift verweist.

(3) Erkennt der Täter in den Fällen des Absatzes 1 leichtfertig nicht, dass sich die Handlung auf Wild einer Art bezieht, die in § 36 Absatz 1 Nummer 2a Buchstabe a genannt ist, so ist die Strafe Freiheitsstrafe bis zu zwei Jahren oder Geldstrafe.

(4) Erkennt der Täter in den Fällen des Absatzes 2 leichtfertig nicht, dass sich die Handlung auf Wild einer Art bezieht, die in § 36 Absatz 1 Nummer 2 Buchstabe a genannt ist, so ist die Strafe Freiheitsstrafe bis zu einem Jahr oder Geldstrafe.

(5) Die Tat ist nicht strafbar, wenn die Handlung eine unerhebliche Menge der Exemplare betrifft und unerhebliche Auswirkungen auf den Erhaltungszustand der Art hat.

§ 39 Ordnungswidrigkeiten

(1) Ordnungswidrig handelt, wer

1. in befriedeten Bezirken die Jagd ausübt oder einer Beschränkung der Jagderlaubnis (§ 6) zuwiderhandelt;
2. auf vollständig eingefriedeten Grundflächen die Jagd entgegen einer nach § 7 Abs. 3 vorgeschriebenen Beschränkung ausübt;
3. auf Grund eines nach § 11 Abs. 6 Satz 1 nichtigen Jagdpachtvertrages, einer nach § 11 Abs. 6 Satz 2 nichtigen entgeltlichen Jagderlaubnis oder entgegen § 12 Abs. 4 die Jagd ausübt;
4. als Inhaber eines Jugendjagdscheines ohne Begleitperson die Jagd ausübt (§ 16);
5. den Vorschriften des § 19 Abs. 1 Nr. 3 bis 9, 11 bis 14, 16 bis 18, § 19a oder § 20 Abs. 1 zuwiderhandelt;
6. zum Verscheuchen des Wildes Mittel anwendet, durch die Wild verletzt oder gefährdet wird (§ 26);
7. einer Vorschrift des § 28 Abs. 1 bis 3 über das Hegen, Aussetzen und Ansiedeln zuwiderhandelt;
8. den Vorschriften des § 33 Abs. 1 zuwiderhandelt und dadurch Jagdschaden anrichtet;
9. den Jagdschein auf Verlangen nicht vorzeigt (§ 15 Abs. 1).

(2) Ordnungswidrig handelt, wer vorsätzlich oder fahrlässig

1. die Jagd ausübt, obwohl er keinen gültigen Jagdschein mit sich führt oder obwohl ihm die Jagdausübung verboten ist (§ 41a);
2. den Vorschriften des § 19 Abs. 1 Nr. 1, 2, 10 und 15 zuwiderhandelt;
3. Schalenwild oder anderes Wild, das nur im Rahmen eines Abschußplanes bejagt werden darf, erlegt, bevor der Abschußplan bestätigt oder festgesetzt ist (§ 21 Abs. 2 Satz 1), oder wer den Abschußplan überschreitet;

3a. entgegen § 22 Abs. 1 Satz 2 Wild nicht mit der Jagd verschont;

4. als Jagdausübungsberechtigter das Auftreten einer Wildseuche nicht unverzüglich der zuständigen Behörde anzeigt oder den Weisungen der zuständigen Behörde zur Bekämpfung der Wildseuche nicht Folge leistet (§ 24);
5. einer Rechtsverordnung nach § 36 Absatz 1 Nummer 1, 2 Buchstabe b, auch in Verbindung mit Absatz 3, Nummer 2a Buchstabe b, auch in Verbindung mit Absatz 3, Nummer 2b, auch in Verbindung mit Absatz 3, Nummer 3, auch in Verbindung mit Absatz 3, Nummer 4 oder Nummer 5, Absatz 2 oder Absatz 5 oder einer vollziehbaren Anordnung auf Grund einer solchen Rechtsverordnung zuwiderhandelt, soweit die Rechtsverordnung für einen bestimmten Tatbestand auf diese Bußgeldvorschrift verweist, oder
6. zur Jagd ausgerüstet unbefugt einen fremden Jagdbezirk außerhalb der zum allgemeinen Gebrauch bestimmten Wege betritt.

(3) Die Ordnungswidrigkeit kann mit einer Geldbuße bis zu fünftausend Euro geahndet werden.

§ 40 Einziehung

(1) Ist eine Straftat nach § 38 oder eine Ordnungswidrigkeit nach § 39 Abs. 1 Nr. 5 oder Abs. 2 Nr. 2 bis 3a oder 5 begangen worden, so können

1. Gegenstände, auf die sich die Straftat oder Ordnungswidrigkeit bezieht, und
2. Gegenstände, die zu ihrer Begehung oder Vorbereitung gebraucht worden oder bestimmt gewesen sind,

eingezogen werden.

(2) § 74a des Strafgesetzbuches und § 23 des Gesetzes über Ordnungswidrigkeiten sind anzuwenden.

§ 41 Anordnung der Entziehung des Jagdscheins

(1) Wird jemand wegen einer rechtswidrigen Tat

1. nach § 38 dieses Gesetzes,
2. nach den §§ 113 bis 115, 223 bis 227, 231, 239, 240 des Strafgesetzbuches, sofern derjenige, gegen den sich die Tat richtete, sich in Ausübung des Forst-, Feld-, Jagd- oder Fischereischutzes befand, oder
3. nach den §§ 292 bis 294 des Strafgesetzbuches

verurteilt oder nur deshalb nicht verurteilt, weil seine Schuldunfähigkeit erwiesen oder nicht auszuschließen ist, so ordnet das Gericht die Entziehung des Jagdscheines an, wenn sich aus der Tat ergibt, daß die Gefahr besteht, er werde bei weiterem Besitz des Jagdscheines erhebliche rechtswidrige Taten der bezeichneten Art begehen.

(2) Ordnet das Gericht die Entziehung des Jagdscheines an, so bestimmt es zugleich, daß für die Dauer von einem Jahr bis zu fünf Jahren kein neuer Jagdschein erteilt werden darf (Sperre). Die Sperre kann für immer angeordnet werden, wenn zu erwarten ist, daß die gesetzliche Höchstfrist zur Abwehr der von dem Täter drohenden Gefahr nicht ausreicht. Hat der Täter keinen Jagdschein, so wird nur die Sperre angeordnet. Die Sperre beginnt mit der Rechtskraft des Urteils.

(3) Ergibt sich nach der Anordnung Grund zu der Annahme, daß die Gefahr, der Täter werde erhebliche rechtswidrige Taten der in Absatz 1 bezeichneten Art begehen, nicht mehr besteht, so kann das Gericht die Sperre vorzeitig aufheben.

§ 41a Verbot der Jagdausübung

(1) Wird gegen jemanden

1. wegen einer Straftat, die er bei oder im Zusammenhang mit der Jagdausübung begangen hat, eine Strafe verhängt oder
2. wegen einer Ordnungswidrigkeit nach § 39, die er unter grober oder beharrlicher Verletzung der Pflichten bei der Jagdausübung begangen hat, eine Geldbuße festgesetzt,

so kann ihm in der Entscheidung für die Dauer von einem Monat bis zu sechs Monaten verboten werden, die Jagd auszuüben.

(2) Das Verbot der Jagdausübung wird mit der Rechtskraft der Entscheidung wirksam. Für seine Dauer wird ein erteilter Jagdschein, solange er nicht abgelaufen ist, amtlich verwahrt; das gleiche gilt für einen nach Ablauf des Jagdjahres neu erteilten Jagdschein. Wird er nicht freiwillig herausgegeben, so ist er zu beschlagnahmen.

(3) Ist ein Jagdschein amtlich zu verwahren, so wird die Verbotsfrist erst von dem Tage an gerechnet, an dem dies geschieht. In die Verbotsfrist wird die Zeit nicht eingerechnet, in welcher der Täter auf behördliche Anordnung in einer Anstalt verwahrt wird.

(4) Über den Beginn der Verbotsfrist nach Absatz 3 Satz 1 ist der Täter im Anschluß an die Verkündung der Entscheidung oder bei deren Zustellung zu belehren.

§ 42 Landesrechtliche Straf- und Bußgeldbestimmungen

Die Länder können Straf- und Bußgeldbestimmungen für Verstöße gegen die von ihnen erlassenen Vorschriften treffen, soweit solche nicht schon in diesem Gesetz enthalten sind.

XI. Abschnitt
Schlußvorschriften

§ 43 (weggefallen)

§ 44 Sonderregelungen

Die zuständigen Landesregierungen werden ermächtigt, durch Rechtsverordnung im Benehmen mit dem Bundesministerium die Ausübung des Jagdrechts auf der Insel Helgoland und die Jagd auf Wasservögel auf dem Untersee und dem Rhein bei Konstanz abweichend von den Vorschriften dieses Gesetzes zu regeln.

§ 44a Unberührtheitsklausel

Vorschriften des Lebensmittelrechts, Seuchenrechts, Fleischhygienerechts und Tierschutzrechts bleiben unberührt.

§ 45 (gegenstandslos)

§ 46 Inkrafttreten des Gesetzes

(1) (Inkrafttreten der ursprünglichen Fassung des Gesetzes)

(2) (Aufhebung von Vorschriften)

(3) Verweisungen auf Vorschriften, die nach Absatz 2 außer Kraft getreten sind, gelten als Verweisungen auf die entsprechenden Vorschriften dieses Gesetzes oder die entsprechenden landesrechtlichen Vorschriften.

Unfallverhütungsvorschrift Jagd

in der Fassung der Bekanntmachung vom 23. Juni 2023

§ 1 Grundsätze

Diese Unfallverhütungsvorschrift gilt für den Umgang mit Waffen und Munition sowie für die Ausübung der Jagd.

§ 2 Waffen und Munition

(1) Es dürfen nur Schusswaffen verwendet werden, die den Bestimmungen des Waffengesetzes entsprechen und nach dem Bundesjagdgesetz für jagdliche Zwecke zugelassen sind. Die Waffen müssen funktionssicher sein und dürfen nur bestimmungsgemäß verwendet werden.

Hinweis zu Absatz 1

1. Eine Waffe ist z. B. funktionssicher, wenn sie zuverlässig gesichert werden kann, ihr Verschluss dicht ist und wenn sie keine Laufaufbauchungen, Laufdellen oder die Funktionssicherheit beeinträchtigende Rostnarben aufweist.
2. Keine bestimmungsgemäße Verwendung ist z. B. die Benutzung der Waffe zum
   - Niederhalten von Zäunen beim Übersteigen,
   - Aufstoßen von Hochsitzluken,
   - Erschlagen des Wildes.
3. Auf die einschlägigen Bestimmungen
   - des Waffengesetzes (WaffG),
   - der Verordnungen zum Waffengesetz (WaffV),
   - der Allgemeinen Verwaltungsvorschrift zum Waffengesetz (WaffVwV),
   - des Bundesjagdgesetzes (BJG)

   wird hingewiesen.

(2) Es darf nur die für die jeweilige Schusswaffe bestimmte Munition in einwandfreiem Zustand verwendet werden.

Hinweis zu Absatz 2

1. Hinweise auf die verwendbare Munition geben z. B. die Angaben auf der Schusswaffe.
2. In nicht einwandfreiem Zustand ist z. B. feucht gewordene Munition, selbst wenn sie getrocknet wurde.

(3) Auch nicht gewerbsmäßig hergestellte Munition muss den gesetzlichen Bestimmungen entsprechen.

Hinweis zu Absatz 3

1. Hierzu gehört z. B. wieder geladene Munition.
2. Auf die einschlägigen Bestimmungen des Waffengesetzes und des Sprengstoffgesetzes wird hingewiesen.

(4) Flintenlaufgeschosspatronen müssen so mitgeführt werden, dass Verwechslungen mit Schrotpatronen ausgeschlossen sind.

§ 3 Ausübung der Jagd

(1) Schusswaffen dürfen nur während der tatsächlichen Jagdausübung geladen sein. Die Laufmündung ist stets – unabhängig vom Ladezustand – in eine Richtung zu halten, in der niemand gefährdet wird. Nach dem Laden ist die Waffe zu sichern.

(2) Eine gestochene Waffe ist sofort zu sichern und zu entstechen, falls der Schuss nicht abgegeben wurde.

(3) Beim Besteigen von Fahrzeugen und während der Fahrt muss die Schusswaffe entladen sein. Beim Besteigen oder Verlassen eines Hochsitzes, beim Überwinden von Hindernissen oder in ähnlichen Gefahrlagen müssen die Läufe (Patronenlager) entladen sein.

(4) Ein Schuss darf erst abgegeben werden, wenn sich der Schütze vergewissert hat, dass niemand gefährdet wird.

Hinweis zu Absatz 4

Eine Gefährdung ist z. B. dann gegeben, wenn

- Personen durch Geschosse oder Geschossteile verletzt werden können, die an Steinen, gefrorenem Boden, Ästen, Wasserflächen oder am Wildkörper abprallen oder

beim Durchschlagen des Wildkörpers abgelenkt werden,
- beim Schießen mit Einzelgeschossen kein ausreichender Kugelfang vorhanden ist oder
- bei Erntejagden die Schussabgabe ohne erhöhte jagdliche Einrichtung und ohne Beschränkung der Schussentfernung erfolgt.

(5) Von Wasserfahrzeugen aus darf im Stehen nur geschossen werden, wenn das Fahrzeug gegen Umschlagen und der Schütze gegen Stürzen gesichert sind.

(6) Bei einer mit besonderen Gefahren verbundenen Jagdausübung ist ein Begleiter zur Hilfeleistung mitzunehmen.

Hinweis zu Absatz 6

Besondere Gefahren können sich ergeben z. B. durch Witterungs-, Gelände- und Bodenverhältnisse, vor allem im Hochgebirge, auf Gewässern und in Mooren oder bei der Nachsuche auf wehrhaftes Wild.

(7) Fangeisen dürfen nur mit einer entsprechenden Vorrichtung gespannt und nur mit einem geeigneten Gegenstand ge- bzw. entsichert werden.

(8) Fangeisen dürfen fängisch nur so aufgestellt werden, dass keine Personen gefährdet werden.

Hinweis zu Absatz 8

Eine Gefährdung kann z. B. vermieden werden, wenn Fangeisen in verblendeten Fangbunkern, Fallenkästen oder Fangburgen aufgestellt werden.

§ 4 Besondere Bestimmungen für Gesellschaftsjagden

(1) Bei Gesellschaftsjagden muss der Unternehmer einen Jagdleiter bestimmen, wenn er nicht selbst diese Aufgabe wahrnimmt. Die Anordnungen des Jagdleiters sind zu befolgen.

Hinweis zu Absatz 1

Zur Gesellschaftsjagd gehören z. B. Treibjagden und Drückjagden.

(2) Der Jagdleiter hat den Schützen und Treibern die erforderlichen Anordnungen für den gefahrlosen Ablauf der Jagd zu geben. Er hat insbesondere die Schützen und Treiber vor Beginn der Jagd zu belehren und ihnen die Signale bekanntzugeben.

Hinweis zu Absatz 2

Zur Belehrung gehört insbesondere der Hinweis auf die Vorschriften in Absatz 3 sowie in den Absätzen 6 bis 11.

(3) Sofern der Jagdleiter nichts anderes anordnet, ist die Waffe erst auf dem Stand zu laden und nach Beendigung des Treibens sofort zu entladen.

(4) Der Jagdleiter hat Personen, die infolge mangelnder geistiger und körperlicher Eignung besonders unfallgefährdet sind, die Teilnahme an der Jagd zu untersagen.

(5) Der Jagdleiter kann für einzelne Aufgaben Beauftragte einsetzen.

Hinweis zu Absatz 5

Zu den Aufgaben des Beauftragten können z. B. das Einweisen der Schützen in die Schützenstände und das Führen der Treiberwehr gehören.

(6) Bei Standtreiben haben der Jagdleiter oder die von ihm zum Anstellen bestimmten Beauftragten den Schützen ihre jeweiligen Stände anzuweisen und den jeweils einzuhaltenden Schussbereich genau zu bezeichnen. Nach Einnehmen der Stände haben sich die Schützen mit den jeweiligen Nachbarn zu verständigen; bei fehlender Sichtverbindung hat der Jagdleiter diese Verständigung sicherzustellen. Sofern der Jagdleiter nichts anderes bestimmt, darf der Stand vor Beendigung des Treibens weder verändert noch verlassen werden. Verändert oder verlässt ein Schütze mit Zustimmung des Jagdleiters seinen Stand, so hat er sich vorher mit seinen Nachbarn zu verständigen.

(7) Wenn sich Personen in gefahrbringender Nähe befinden, darf in diese Richtung weder angeschlagen noch geschossen werden. Ein Durchziehen mit der Schusswaffe durch die Schützen- oder Treiberlinie ist unzulässig.

(8) Mit Büchsen- oder Flintenlaufgeschossen darf nicht in das Treiben hineingeschossen werden. Ausnahmen kann der Jagdleiter nur unter besonderen Verhältnissen zulassen, so-

fern hierdurch eine Gefährdung ausgeschlossen ist.

Hinweis zu Absatz 8

Besondere Verhältnisse können z. B. gegeben sein durch die Geländeform oder bei Ansitzdrückjagden.

(9) Bei Kesseltreiben bestimmt der Jagdleiter, ab wann nicht mehr in den Kessel geschossen werden darf; spätestens darf jedoch nach dem Signal „Treiber rein" nicht mehr in den Kessel geschossen werden.

(10) Die Waffe ist außerhalb des Treibens stets ungeladen, mit geöffnetem Verschluss und mit der Mündung nach oben oder abgeknickt, zu tragen. Bei besonderen Witterungsverhältnissen kann der Jagdleiter zulassen, dass Waffen geschlossen und mit der Mündung nach unten getragen werden, wenn sie entladen sind.

(11) Durchgeh- oder Treiberschützen dürfen während des Treibens nur entladene Schusswaffen mitführen. Dies gilt nicht für Feldstreifen und Kesseltreiben.

Hinweis zu Absatz 11

1. Als Feldstreife kann nach Entscheidung des Jagdleiters auch eine Streife mit flankierenden und vorgestellten Schützen in sonstigem übersichtlichen Gelände gelten.
2. Das Mitführen der Schusswaffe mit entladenen Läufen (Patronenlager) ist ausnahmsweise für den Durchgeh- und Treiberschützen zulässig
   - für den Eigenschutz,
   - für den Fangschuss,
   - für den Schuss auf vom Hund gestelltes Wild.

(12) Bei Gesellschaftsjagden müssen sich alle an der Jagd unmittelbar Beteiligten deutlich farblich von der Umgebung abheben.

Hinweis zu Absatz 12

Zur deutlichen farblichen Abhebung von der Umgebung eignet sich großflächige Oberbekleidung in Signalfarbe wie z. B. Warnwesten.

(13) Bei schlechten Sichtverhältnissen hat der Jagdleiter die Jagd einzustellen.

Hinweis zu Absatz 13

Schlechte Sichtverhältnisse liegen z. B. vor bei dichtem Nebel, einsetzender Dunkelheit oder Schneetreiben.

§ 5 Nachsuche

(1) Der Hundeführer wird durch den Unternehmer oder seinen Beauftragten als Jagdleiter bestimmt; er hat damit Weisungsrecht bei der Nachsuche, falls weitere Personen beteiligt sind.

(2) Der Hundeführer muss die notwendige persönliche Schutzausrüstung benutzen.

Hinweis zu Absatz 2

Hierzu kann z. B. das Tragen von Schutzbrille und Schutzhandschuhen gehören.

(3) Der Lauf der Waffe ist vor eindringenden Fremdkörpern zu schützen.

Hinweis zu Absatz 3

Hierzu eignen sich z. B. Klebestreifen aus durchschießbarem Material.

(4) Kinder und Jugendliche dürfen nicht an der Nachsuche teilnehmen.

(5) Der Unternehmer hat bei der Nachsuche für die Bereitstellung von Erste-Hilfe-Material zu sorgen.

Hinweis zu Absatz 5

Auf die Unfallverhütungsvorschrift „Erste Hilfe" (VSG 1.3) wird verwiesen.

(6) Es gelten im Übrigen die Vorschriften von § 4 Absätze 2, 3, 5, 6, 7, 10 und 12 entsprechend.

§ 6 Übungsschießen

(1) Das Übungsschießen ist nur auf behördlich zugelassenen Schießständen erlaubt.

Hinweis zu Absatz 1

1. Die behördliche Zulassung kann auf Grundlage des Bundesimmissionsschutzgesetzes oder des Waffengesetzes erfolgen.
2. Auf die Schießstandordnung und die Schießvorschrift des Deutschen Jagdverbandes e. V. wird hingewiesen.

(2) Beim Schießen ist geeigneter Gehörschutz zu tragen.

Hinweis zu Absatz 2

Als geeigneter Gehörschutz sind z. B. Gehörschutzkapseln anzusehen. Auf die Unfallverhütungsvorschrift „Allgemeine Vorschriften für Sicherheit und Gesundheitsschutz" (VSG 1.1) wird verwiesen.

§ 7 Hochsitze

(1) Der Unternehmer muss sicherstellen, dass

1. Hochsitze, ihre Zugänge sowie Stege fachgerecht errichtet und mit Einrichtungen gegen das Abstürzen von Personen gesichert sind,
2. bei ortsveränderlichen Hochsitzen die Standsicherheit gewährleistet ist,
3. Hochsitze vor jeder Benutzung, mindestens jedoch einmal jährlich, geprüft werden,
4. nicht mehr benötigte Einrichtungen abgebaut werden.

Hinweis zu Absatz 1 Ziffer 1

1. Als Absturzsicherung bei Ansitzleitern wird die Waffenauflage angesehen.
2. Auf die Unfallverhütungsvorschrift „Allgemeine Vorschriften für Sicherheit und Gesundheitsschutz" (VSG 1.1) und die Unfallverhütungsvorschrift „Arbeitsstätten, bauliche Anlagen und Einrichtungen" (VSG 2.1) wird verwiesen.
3. Als fachgerecht hergestellt gelten Jagdeinrichtungen, wenn z. B. die Hinweise in der Broschüre „Sichere Hochsitzkonstruktion" beachtet sind.

Hinweis zu Absatz 1 Ziffer 2

Auf die Unfallverhütungsvorschrift „Technische Arbeitsmittel" (VSG 3.1) wird verwiesen.

(2) Aufgenagelte Sprossen sind nur an geneigt stehenden Leitern zulässig. Sie sind mit den Leiterholmen fest zu verbinden und auf diesen nach unten hin abzustützen.

§ 8 Ordnungswidrigkeiten

Ordnungswidrig im Sinne des § 209 Absatz 1 Nr. 1 Siebtes Buch Sozialgesetzbuch (SGB VII) handelt, wer vorsätzlich oder fahrlässig den Bestimmungen des

- § 2 Abs. 1,
- § 3 Abs. 1 Satz 1,
- § 4 Abs. 1 Satz 1, Abs. 2, 3, 6, 7, Abs. 8 Satz 1, Abs. 10 Satz 1 oder Abs. 11 Satz 1,
- § 5 Abs. 4,
- § 6 Abs. 1 oder
- § 7 Abs. 1 Ziffern 3 oder 4

zuwiderhandelt.

§ 9 Inkrafttreten

Diese Unfallverhütungsvorschrift tritt am 1. Januar 2000 in Kraft. Gleichzeitig tritt die Unfallverhütungsvorschrift „Jagd" (UVV 4.4) vom 1. Januar 1981 außer Kraft.

III Vorschriften für die Vereinsarbeit

Bürgerliches Gesetzbuch (BGB)

in der Fassung der Bekanntmachung vom 2. Januar 2002 (BGBl. I S. 42, S. 2909, 2003 S. 738)

Zuletzt geändert durch
Gesetz zur Bestimmung sicherer Herkunftsstaaten durch Rechtsverordnung und zur Abschaffung des anwaltlichen Vertreters bei Abschiebehaft und Ausreisegewahrsam vom 22. Dezember 2025 (BGBl. I Nr. 364)

– Auszug: Vereinsrecht –

Inhaltsübersicht

Buch 1
Allgemeiner Teil

Abschnitt 1
Personen

Titel 2
Juristische Personen

Untertitel 1
Vereine

Kapitel 1
Allgemeine Vorschriften

§ 21 Nicht wirtschaftlicher Verein

Ein Verein, dessen Zweck nicht auf einen wirtschaftlichen Geschäftsbetrieb gerichtet ist, erlangt Rechtsfähigkeit durch Eintragung in das Vereinsregister des zuständigen Amtsgerichts.

§ 22 Wirtschaftlicher Verein

Ein Verein, dessen Zweck auf einen wirtschaftlichen Geschäftsbetrieb gerichtet ist, erlangt in Ermangelung besonderer bundesgesetzlicher Vorschriften Rechtsfähigkeit durch staatliche Verleihung. Die Verleihung steht dem Land zu, in dessen Gebiete der Verein seinen Sitz hat.

§ 23 (weggefallen)

§ 24 Sitz

Als Sitz eines Vereins gilt, wenn nicht ein anderes bestimmt ist, der Ort, an welchem die Verwaltung geführt wird.

§ 25 Verfassung

Die Verfassung eines rechtsfähigen Vereins wird, soweit sie nicht auf den nachfolgenden Vorschriften beruht, durch die Vereinssatzung bestimmt.

§ 26 Vorstand und Vertretung

(1) Der Verein muss einen Vorstand haben. Der Vorstand vertritt den Verein gerichtlich und außergerichtlich; er hat die Stellung eines gesetzlichen Vertreters. Der Umfang der Vertretungsmacht kann durch die Satzung mit Wirkung gegen Dritte beschränkt werden.

(2) Besteht der Vorstand aus mehreren Personen, so wird der Verein durch die Mehrheit der Vorstandsmitglieder vertreten. Ist eine Willenserklärung gegenüber einem Verein abzugeben, so genügt die Abgabe gegenüber einem Mitglied des Vorstands.

§ 27 Bestellung und Geschäftsführung des Vorstands

(1) Die Bestellung des Vorstands erfolgt durch Beschluss der Mitgliederversammlung.

(2) Die Bestellung ist jederzeit widerruflich, unbeschadet des Anspruchs auf die vertragsmäßige Vergütung. Die Widerruflichkeit kann durch die Satzung auf den Fall beschränkt werden, dass ein wichtiger Grund für den Widerruf vorliegt; ein solcher Grund ist insbesondere grobe Pflichtverletzung oder Unfähigkeit zur ordnungsmäßigen Geschäftsführung.

(3) Auf die Geschäftsführung des Vorstands finden die für den Auftrag geltenden Vorschriften der §§ 664 bis 670 entsprechende Anwendung. Die Mitglieder des Vorstands sind unentgeltlich tätig.

§ 28 Beschlussfassung des Vorstands

Bei einem Vorstand, der aus mehreren Personen besteht, erfolgt die Beschlussfassung nach den für die Beschlüsse der Mitglieder des Vereins geltenden Vorschriften der §§ 32 und 34.

§ 29 Notbestellung durch Amtsgericht

Soweit die erforderlichen Mitglieder des Vorstands fehlen, sind sie in dringenden Fällen für die Zeit bis zur Behebung des Mangels auf Antrag eines Beteiligten von dem Amtsgericht zu bestellen, das für den Bezirk, in dem der Verein seinen Sitz hat, das Vereinsregister führt.

§ 30 Besondere Vertreter

Durch die Satzung kann bestimmt werden, dass neben dem Vorstand für gewisse Geschäfte besondere Vertreter zu bestellen sind. Die Vertretungsmacht eines solchen Vertreters erstreckt sich im Zweifel auf alle Rechtsgeschäfte, die der ihm zugewiesene Geschäftskreis gewöhnlich mit sich bringt.

§ 31 Haftung des Vereins für Organe

Der Verein ist für den Schaden verantwortlich, den der Vorstand, ein Mitglied des Vorstands oder ein anderer verfassungsmäßig berufener Vertreter durch eine in Ausführung der ihm zustehenden Verrichtungen begangene, zum Schadensersatz verpflichtende Handlung einem Dritten zufügt.

§ 31a Haftung von Organmitgliedern und besonderen Vertretern

(1) Sind Organmitglieder oder besondere Vertreter unentgeltlich tätig oder erhalten sie für ihre Tätigkeit eine Vergütung, die 3300 Euro jährlich nicht übersteigt, haften sie dem Verein für einen bei der Wahrnehmung ihrer Pflichten verursachten Schaden nur bei Vorliegen von Vorsatz oder grober Fahrlässigkeit. Satz 1 gilt auch für die Haftung gegenüber den Mitgliedern des Vereins. Ist streitig, ob ein Organmitglied oder ein besonderer Vertreter einen Schaden vorsätzlich oder grob fahrlässig verursacht hat, trägt der Verein oder das Vereinsmitglied die Beweislast.

(2) Sind Organmitglieder oder besondere Vertreter nach Absatz 1 Satz 1 einem anderen zum Ersatz eines Schadens verpflichtet, den sie bei der Wahrnehmung ihrer Pflichten verursacht haben, so können sie von dem Verein die Befreiung von der Verbindlichkeit verlangen. Satz 1 gilt nicht, wenn der Schaden vorsätzlich oder grob fahrlässig verursacht wurde.

§ 31b Haftung von Vereinsmitgliedern

(1) Sind Vereinsmitglieder unentgeltlich für den Verein tätig oder erhalten sie für ihre Tätigkeit eine Vergütung, die 3300 Euro jährlich nicht übersteigt, haften sie dem Verein für einen Schaden, den sie bei der Wahrnehmung der ihnen übertragenen satzungsgemäßen Vereinsaufgaben verursachen, nur bei Vorliegen von Vorsatz oder grober Fahrlässigkeit. § 31a Absatz 1 Satz 3 ist entsprechend anzuwenden.

(2) Sind Vereinsmitglieder nach Absatz 1 Satz 1 einem anderen zum Ersatz eines Schadens verpflichtet, den sie bei der Wahrnehmung der ihnen übertragenen satzungsgemäßen Vereinsaufgaben verursacht haben, so können sie von dem Verein die Befreiung von der Verbindlichkeit verlangen. Satz 1 gilt nicht, wenn die Vereinsmitglieder den Schaden vorsätzlich oder grob fahrlässig verursacht haben.

§ 32 Mitgliederversammlung; Beschlussfassung

(1) Die Angelegenheiten des Vereins werden, soweit sie nicht von dem Vorstand oder einem anderen Vereinsorgan zu besorgen sind, durch Beschlussfassung in einer Versammlung der Mitglieder geordnet. Zur Gültigkeit des Beschlusses ist erforderlich, dass der Gegenstand bei der Berufung bezeichnet wird. Bei der Beschlussfassung entscheidet die Mehrheit der abgegebenen Stimmen.

(2) Bei der Berufung der Versammlung kann vorgesehen werden, dass Mitglieder auch ohne Anwesenheit am Versammlungsort im Wege der elektronischen Kommunikation an der Versammlung teilnehmen und andere Mitgliederrechte ausüben können (hybride Versammlung). Die Mitglieder können beschließen, dass künftige Versammlungen auch als virtuelle Versammlungen einberufen werden können, an der Mitglieder ohne Anwesenheit am Versammlungsort im Wege der elektronischen Kommunikation teilnehmen und ihre anderen Mitgliederrechte ausüben müssen. Wird eine hybride oder virtuelle Versammlung einberufen, so muss bei der Berufung auch angegeben werden, wie die Mitglieder ihre Rechte im Wege der elektronischen Kommunikation ausüben können.

(3) Auch ohne Versammlung der Mitglieder ist ein Beschluss gültig, wenn alle Mitglieder ihre Zustimmung zu dem Beschluss in Textform erklären.

§ 33 Satzungsänderung

(1) Zu einem Beschluss, der eine Änderung der Satzung enthält, ist eine Mehrheit von drei Vierteln der abgegebenen Stimmen erforderlich. Zur Änderung des Zweckes des Vereins ist die Zustimmung aller Mitglieder erforderlich; die Zustimmung der nicht erschienenen Mitglieder muss in Textform erfolgen.

III

(2) Beruht die Rechtsfähigkeit des Vereins auf Verleihung, so ist zu jeder Änderung der Satzung die Genehmigung der zuständigen Behörde erforderlich.

§ 34 Ausschluss vom Stimmrecht

Ein Mitglied ist nicht stimmberechtigt, wenn die Beschlussfassung die Vornahme eines Rechtsgeschäfts mit ihm oder die Einleitung oder Erledigung eines Rechtsstreits zwischen ihm und dem Verein betrifft.

§ 35 Sonderrechte

Sonderrechte eines Mitglieds können nicht ohne dessen Zustimmung durch Beschluss der Mitgliederversammlung beeinträchtigt werden.

§ 36 Berufung der Mitgliederversammlung

Die Mitgliederversammlung ist in den durch die Satzung bestimmten Fällen sowie dann zu berufen, wenn das Interesse des Vereins es erfordert.

§ 37 Berufung auf Verlangen einer Minderheit

(1) Die Mitgliederversammlung ist zu berufen, wenn der durch die Satzung bestimmte Teil oder in Ermangelung einer Bestimmung der zehnte Teil der Mitglieder die Berufung schriftlich unter Angabe des Zweckes und der Gründe verlangt.

(2) Wird dem Verlangen nicht entsprochen, so kann das Amtsgericht die Mitglieder, die das Verlangen gestellt haben, zur Berufung der Versammlung ermächtigen; es kann Anordnungen über die Führung des Vorsitzes in der Versammlung treffen. Zuständig ist das Amtsgericht, das für den Bezirk, in dem der Verein seinen Sitz hat, das Vereinsregister führt. Auf die Ermächtigung muss bei der Berufung der Versammlung Bezug genommen werden.

§ 38 Mitgliedschaft

Die Mitgliedschaft ist nicht übertragbar und nicht vererblich. Die Ausübung der Mitgliedschaftsrechte kann nicht einem anderen überlassen werden.

§ 39 Austritt aus dem Verein

(1) Die Mitglieder sind zum Austritt aus dem Verein berechtigt.

(2) Durch die Satzung kann bestimmt werden, dass der Austritt nur am Schluss eines Geschäftsjahrs oder erst nach dem Ablauf einer Kündigungsfrist zulässig ist; die Kündigungsfrist kann höchstens zwei Jahre betragen.

§ 40 Nachgiebige Vorschriften

Die Vorschriften des § 26 Absatz 2 Satz 1, des § 27 Absatz 1 und 3, der §§ 28, 31a Abs. 1 Satz 2 sowie der §§ 32, 33 und 38 finden insoweit keine Anwendung als die Satzung ein anderes bestimmt. Von § 34 kann auch für die Beschlussfassung des Vorstands durch die Satzung nicht abgewichen werden.

§ 41 Auflösung des Vereins

Der Verein kann durch Beschluss der Mitgliederversammlung aufgelöst werden. Zu dem Beschluss ist eine Mehrheit von drei Vierteln der abgegebenen Stimmen erforderlich, wenn nicht die Satzung ein anderes bestimmt.

§ 42 Insolvenz

(1) Der Verein wird durch die Eröffnung des Insolvenzverfahrens und mit Rechtskraft des Beschlusses, durch den die Eröffnung des Insolvenzverfahrens mangels Masse abgewiesen worden ist, aufgelöst. Wird das Verfahren auf Antrag des Schuldners eingestellt oder nach der Bestätigung eines Insolvenzplans, der den Fortbestand des Vereins vorsieht, aufgehoben, so kann die Mitgliederversammlung die Fortsetzung des Vereins beschließen. Durch die Satzung kann bestimmt werden, dass der Verein im Falle der Eröffnung des Insolvenzverfahrens als nicht rechtsfähiger Verein fortbesteht; auch in diesem Falle kann unter den Voraussetzungen des Satzes 2 die Fortsetzung als rechtsfähiger Verein beschlossen werden.

(2) Der Vorstand hat im Falle der Zahlungsunfähigkeit oder der Überschuldung die Eröffnung des Insolvenzverfahrens zu beantragen. Wird die Stellung des Antrags verzögert, so sind die Vorstandsmitglieder, denen ein

Verschulden zur Last fällt, den Gläubigern für den daraus entstehenden Schaden verantwortlich; sie haften als Gesamtschuldner.

§ 43 Entziehung der Rechtsfähigkeit

Einem Verein, dessen Rechtsfähigkeit auf Verleihung beruht, kann die Rechtsfähigkeit entzogen werden, wenn er einen anderen als den in der Satzung bestimmten Zweck verfolgt.

§ 44 Zuständigkeit und Verfahren

Die Zuständigkeit und das Verfahren für die Entziehung der Rechtsfähigkeit nach § 43 bestimmen sich nach dem Recht des Landes, in dem der Verein seinen Sitz hat.

§ 45 Anfall des Vereinsvermögens

(1) Mit der Auflösung des Vereins oder der Entziehung der Rechtsfähigkeit fällt das Vermögen an die in der Satzung bestimmten Personen.

(2) Durch die Satzung kann vorgeschrieben werden, dass die Anfallberechtigten durch Beschluss der Mitgliederversammlung oder eines anderen Vereinsorgans bestimmt werden. Ist der Zweck des Vereins nicht auf einen wirtschaftlichen Geschäftsbetrieb gerichtet, so kann die Mitgliederversammlung auch ohne eine solche Vorschrift das Vermögen einer öffentlichen Stiftung oder Anstalt zuweisen.

(3) Fehlt es an einer Bestimmung der Anfallberechtigten, so fällt das Vermögen, wenn der Verein nach der Satzung ausschließlich den Interessen seiner Mitglieder diente, an die zur Zeit der Auflösung oder der Entziehung der Rechtsfähigkeit vorhandenen Mitglieder zu gleichen Teilen, anderenfalls an den Fiskus des Landes, in dessen Gebiet der Verein seinen Sitz hatte.

§ 46 Anfall an den Fiskus

Fällt das Vereinsvermögen an den Fiskus, so finden die Vorschriften über eine dem Fiskus als gesetzlichem Erben anfallende Erbschaft entsprechende Anwendung. Der Fiskus hat das Vermögen tunlichst in einer den Zwecken des Vereins entsprechenden Weise zu verwenden.

§ 47 Liquidation

Fällt das Vereinsvermögen nicht an den Fiskus, so muss eine Liquidation stattfinden, sofern nicht über das Vermögen des Vereins das Insolvenzverfahren eröffnet ist.

§ 48 Liquidatoren

(1) Die Liquidation erfolgt durch den Vorstand. Zu Liquidatoren können auch andere Personen bestellt werden; für die Bestellung sind die für die Bestellung des Vorstands geltenden Vorschriften maßgebend.

(2) Die Liquidatoren haben die rechtliche Stellung des Vorstands, soweit sich nicht aus dem Zwecke der Liquidation ein anderes ergibt.

(3) Sind mehrere Liquidatoren vorhanden, so sind sie nur gemeinschaftlich zur Vertretung befugt und können Beschlüsse nur einstimmig fassen, sofern nicht ein anderes bestimmt ist.

§ 49 Aufgaben der Liquidatoren

(1) Die Liquidatoren haben die laufenden Geschäfte zu beendigen, die Forderungen einzuziehen, das übrige Vermögen in Geld umzusetzen, die Gläubiger zu befriedigen und den Überschuss den Anfallberechtigten auszuantworten. Zur Beendigung schwebender Geschäfte können die Liquidatoren auch neue Geschäfte eingehen. Die Einziehung der Forderungen sowie die Umsetzung des übrigen Vermögens in Geld darf unterbleiben, soweit diese Maßregeln nicht zur Befriedigung der Gläubiger oder zur Verteilung des Überschusses unter die Anfallberechtigten erforderlich sind.

(2) Der Verein gilt bis zur Beendigung der Liquidation als fortbestehend, soweit der Zweck der Liquidation es erfordert.

§ 50 Bekanntmachung des Vereins in Liquidation

(1) Die Auflösung des Vereins oder die Entziehung der Rechtsfähigkeit ist durch die Liquidatoren öffentlich bekannt zu machen. In der Bekanntmachung sind die Gläubiger zur Anmeldung ihrer Ansprüche aufzufordern. Die Bekanntmachung erfolgt durch das in der Satzung für Veröffentlichungen bestimmte Blatt. Die Bekanntmachung gilt mit dem Ab-

lauf des zweiten Tages nach der Einrückung oder der ersten Einrückung als bewirkt.

(2) Bekannte Gläubiger sind durch besondere Mitteilung zur Anmeldung aufzufordern.

§ 50a Bekanntmachungsblatt

Hat ein Verein in der Satzung kein Blatt für Bekanntmachungen bestimmt oder hat das bestimmte Bekanntmachungsblatt sein Erscheinen eingestellt, sind Bekanntmachungen des Vereins in dem Blatt zu veröffentlichen, welches für Bekanntmachungen des Amtsgerichts bestimmt ist, in dessen Bezirk der Verein seinen Sitz hat.

§ 51 Sperrjahr

Das Vermögen darf den Anfallberechtigten nicht vor dem Ablauf eines Jahres nach der Bekanntmachung der Auflösung des Vereins oder der Entziehung der Rechtsfähigkeit ausgeantwortet werden.

§ 52 Sicherung für Gläubiger

(1) Meldet sich ein bekannter Gläubiger nicht, so ist der geschuldete Betrag, wenn die Berechtigung zur Hinterlegung vorhanden ist, für den Gläubiger zu hinterlegen.

(2) Ist die Berichtigung einer Verbindlichkeit zur Zeit nicht ausführbar oder ist eine Verbindlichkeit streitig, so darf das Vermögen den Anfallberechtigten nur ausgeantwortet werden, wenn dem Gläubiger Sicherheit geleistet ist.

§ 53 Schadensersatzpflicht der Liquidatoren

Liquidatoren, welche die ihnen nach dem § 42 Abs. 2 und den §§ 50, 51 und 52 obliegenden Verpflichtungen verletzen oder vor der Befriedigung der Gläubiger Vermögen den Anfallberechtigten ausantworten, sind, wenn ihnen ein Verschulden zur Last fällt, den Gläubigern für den daraus entstehenden Schaden verantwortlich; sie haften als Gesamtschuldner.

§ 54 Vereine ohne Rechtspersönlichkeit

(1) Für Vereine, deren Zweck nicht auf einen wirtschaftlichen Geschäftsbetrieb gerichtet ist und die nicht durch Eintragung in das Vereinsregister Rechtspersönlichkeit erlangt haben, sind die Vorschriften der §§ 24 bis 53 entsprechend anzuwenden. Für Vereine, deren Zweck auf einen wirtschaftlichen Geschäftsbetrieb gerichtet ist und die nicht durch staatliche Verleihung Rechtspersönlichkeit erlangt haben, sind die Vorschriften über die Gesellschaft entsprechend anzuwenden.

(2) Aus einem Rechtsgeschäft, das im Namen eines Vereins ohne Rechtspersönlichkeit einem Dritten gegenüber vorgenommen wird, haftet der Handelnde persönlich; handeln mehrere, haften sie als Gesamtschuldner.

Kapitel 2
Eingetragene Vereine

§ 55 Zuständigkeit für die Registereintragung

Die Eintragung eines Vereins der in § 21 bezeichneten Art in das Vereinsregister hat bei dem Amtsgericht zu geschehen, in dessen Bezirk der Verein seinen Sitz hat.

§ 55a Elektronisches Vereinsregister

(1) Die Landesregierungen können durch Rechtsverordnung bestimmen, dass und in welchem Umfang das Vereinsregister in maschineller Form als automatisierte Datei geführt wird. Hierbei muss gewährleistet sein, dass

1. die Grundsätze einer ordnungsgemäßen Datenverarbeitung eingehalten, insbesondere Vorkehrungen gegen einen Datenverlust getroffen sowie die erforderlichen Kopien der Datenbestände mindestens tagesaktuell gehalten und die originären Datenbestände sowie deren Kopien sicher aufbewahrt werden,
2. die vorzunehmenden Eintragungen alsbald in einen Datenspeicher aufgenommen und auf Dauer inhaltlich unverändert in lesbarer Form wiedergegeben werden können und
3. die nach den Artikeln 24, 25 und 32 der Verordnung (EU) 2016/679 erforderlichen Anforderungen erfüllt sind.

Die Landesregierungen können durch Rechtsverordnung die Ermächtigung nach Satz 1 auf die Landesjustizverwaltungen übertragen.

(2) Das maschinell geführte Vereinsregister tritt für eine Seite des Registers an die Stelle des bisherigen Registers, sobald die Eintragungen dieser Seite in den für die Vereinsregistereintragungen bestimmten Datenspeicher aufgenommen und als Vereinsregister freigegeben worden sind. Die entsprechenden Seiten des bisherigen Vereinsregisters sind mit einem Schließungsvermerk zu versehen.

(3) Eine Eintragung wird wirksam, sobald sie in den für die Registereintragungen bestimmten Datenspeicher aufgenommen ist und auf Dauer inhaltlich unverändert in lesbarer Form wiedergegeben werden kann. Durch eine Bestätigungsanzeige oder in anderer geeigneter Weise ist zu überprüfen, ob diese Voraussetzungen eingetreten sind. Jede Eintragung soll den Tag angeben, an dem sie wirksam geworden ist.

§ 56 Mindestmitgliederzahl des Vereins

Die Eintragung soll nur erfolgen, wenn die Zahl der Mitglieder mindestens sieben beträgt.

§ 57 Mindesterfordernisse an die Vereinssatzung

(1) Die Satzung muss den Zweck, den Namen und den Sitz des Vereins enthalten und ergeben, dass der Verein eingetragen werden soll.

(2) Der Name soll sich von den Namen der an demselben Orte oder in derselben Gemeinde bestehenden eingetragenen Vereine deutlich unterscheiden.

§ 58 Sollinhalt der Vereinssatzung

Die Satzung soll Bestimmungen enthalten:

1. über den Eintritt und Austritt der Mitglieder,
2. darüber, ob und welche Beiträge von den Mitgliedern zu leisten sind,
3. über die Bildung des Vorstands,
4. über die Voraussetzungen unter denen die Mitgliederversammlung zu berufen ist, über die Form der Berufung und über die Beurkundung der Beschlüsse.

§ 59 Anmeldung zur Eintragung

(1) Der Vorstand hat den Verein zur Eintragung anzumelden.

(2) Der Anmeldung sind Abschriften der Satzung und der Urkunden über die Bestellung des Vorstands beizufügen.

(3) Die Satzung soll von mindestens sieben Mitgliedern unterzeichnet sein und die Angabe des Tages der Errichtung enthalten.

§ 60 Zurückweisung der Anmeldung

Die Anmeldung ist, wenn den Erfordernissen der §§ 56 bis 59 nicht genügt ist, von dem Amtsgericht unter Angabe der Gründe zurückzuweisen.

§§ 61 bis 63 (weggefallen)

§ 64 Inhalt der Vereinsregistereintragung

Bei der Eintragung sind der Name und der Sitz des Vereins, der Tag der Errichtung der Satzung, die Mitglieder des Vorstands und ihre Vertretungsmacht anzugeben.

§ 65 Namenszusatz

Mit der Eintragung erhält der Name des Vereins den Zusatz „eingetragener Verein".

§ 66 Aufbewahrung von Dokumenten

Die mit einer Anmeldung eingereichten Dokumente werden vom Amtsgericht aufbewahrt.

§ 67 Änderung des Vorstands

(1) Jede Änderung des Vorstands ist von dem Vorstand zur Eintragung anzumelden. Der Anmeldung ist eine Abschrift der Urkunde über die Änderung beizufügen.

(2) Die Eintragung gerichtlich bestellter Vorstandsmitglieder erfolgt von Amts wegen.

§ 68 Vertrauensschutz durch Vereinsregister

Wird zwischen den bisherigen Mitgliedern des Vorstands und einem Dritten ein Rechtsgeschäft vorgenommen, so kann die Änderung des Vorstands dem Dritten nur entgegengesetzt werden, wenn sie zur Zeit der Vornahme des Rechtsgeschäfts im Vereinsregister eingetragen oder dem Dritten bekannt ist. Ist die Änderung eingetragen, so braucht der Dritte sie nicht gegen sich gelten zu lassen, wenn er sie nicht kennt, seine Unkenntnis auch nicht auf Fahrlässigkeit beruht.

§ 69 Nachweis des Vereinsvorstands

Der Nachweis, dass der Vorstand aus den im Register eingetragenen Personen besteht, wird Behörden gegenüber durch ein Zeugnis des Amtsgerichts über die Eintragung geführt.

§ 70 Vertrauensschutz bei Eintragungen zur Vertretungsmacht

Die Vorschriften des § 68 gelten auch für Bestimmungen, die den Umfang der Vertretungsmacht des Vorstands beschränken oder die Vertretungsmacht des Vorstands abweichend von der Vorschrift des § 26 Absatz 2 Satz 1 regeln.

§ 71 Änderungen der Satzung

(1) Änderungen der Satzung bedürfen zu ihrer Wirksamkeit der Eintragung in das Vereinsregister. Die Änderung ist von dem Vorstand zur Eintragung anzumelden. Der Anmeldung sind eine Abschrift des die Änderung enthaltenden Beschlusses und der Wortlaut der Satzung beizufügen. In dem Wortlaut der Satzung müssen die geänderten Bestimmungen mit dem Beschluss über die Satzungsänderung, die unveränderten Bestimmungen mit dem zuletzt eingereichten vollständigen Wortlaut der Satzung und, wenn die Satzung geändert worden ist, ohne dass ein vollständiger Wortlaut der Satzung eingereicht wurde, auch mit den zuvor eingetragenen Änderungen übereinstimmen.

(2) Die Vorschriften der §§ 60, 64 und 66 finden entsprechende Anwendung.

§ 72 Bescheinigung der Mitgliederzahl

Der Vorstand hat dem Amtsgericht auf dessen Verlangen jederzeit eine schriftliche Bescheinigung über die Zahl der Vereinsmitglieder einzureichen.

§ 73 Unterschreiten der Mindestmitgliederzahl

Sinkt die Zahl der Vereinsmitglieder unter drei herab, so hat das Amtsgericht auf Antrag des Vorstands und, wenn der Antrag nicht binnen drei Monaten gestellt wird, von Amts wegen nach Anhörung des Vorstands dem Verein die Rechtsfähigkeit zu entziehen.

§ 74 Auflösung

(1) Die Auflösung des Vereins sowie die Entziehung der Rechtsfähigkeit ist in das Vereinsregister einzutragen.

(2) Wird der Verein durch Beschluss der Mitgliederversammlung oder durch den Ablauf der für die Dauer des Vereins bestimmten Zeit aufgelöst, so hat der Vorstand die Auflösung zur Eintragung anzumelden. Der Anmeldung ist im ersteren Falle eine Abschrift des Auflösungsbeschlusses beizufügen.

§ 75 Eintragungen bei Insolvenz

(1) Die Eröffnung des Insolvenzverfahrens und der Beschluss, durch den die Eröffnung des Insolvenzverfahrens mangels Masse rechtskräftig abgewiesen worden ist, sowie die Auflösung des Vereins nach § 42 Absatz 2 Satz 1 sind von Amts wegen einzutragen. Von Amts wegen sind auch einzutragen

1. die Aufhebung des Eröffnungsbeschlusses,
2. die Bestellung eines vorläufigen Insolvenzverwalters, wenn zusätzlich dem Schuldner ein allgemeines Verfügungsverbot auferlegt oder angeordnet wird, dass Verfügungen des Schuldners nur mit Zustimmung des vorläufigen Insolvenzverwalters wirksam sind, und die Aufhebung einer derartigen Sicherungsmaßnahme,
3. die Anordnung der Eigenverwaltung durch den Schuldner und deren Aufhebung sowie die Anordnung der Zustimmungsbedürftigkeit bestimmter Rechtsgeschäfte des Schuldners,
4. die Einstellung und die Aufhebung des Verfahrens und
5. die Überwachung der Erfüllung eines Insolvenzplans und die Aufhebung der Überwachung.

(2) Wird der Verein durch Beschluss der Mitgliederversammlung nach § 42 Absatz 1 Satz 2 fortgesetzt, so hat der Vorstand die Fortsetzung zur Eintragung anzumelden. Der Anmeldung ist eine Abschrift des Beschlusses beizufügen.

§ 76 Eintragungen bei Liquidation

(1) Bei der Liquidation des Vereins sind die Liquidatoren und ihre Vertretungsmacht in das Vereinsregister einzutragen. Das Gleiche gilt für die Beendigung des Vereins nach der Liquidation.

(2) Die Anmeldung der Liquidatoren hat durch den Vorstand zu erfolgen. Bei der Anmeldung ist der Umfang der Vertretungsmacht der Liquidatoren anzugeben. Änderungen der Liquidatoren oder ihrer Vertretungsmacht sowie die Beendigung des Vereins sind von den Liquidatoren anzumelden. Der Anmeldung der durch Beschluss der Mitgliederversammlung bestellten Liquidatoren ist eine Abschrift des Bestellungsbeschlusses, der Anmeldung der Vertretungsmacht, die abweichend von § 48 Absatz 3 bestimmt wurde, ist eine Abschrift der diese Bestimmung enthaltenden Urkunde beizufügen.

(3) Die Eintragung gerichtlich bestellter Liquidatoren geschieht von Amts wegen.

§ 77 Anmeldepflichtige und Form der Anmeldungen

(1) Die Anmeldungen zum Vereinsregister sind von Mitgliedern des Vorstands sowie von den Liquidatoren, die insoweit zur Vertretung des Vereins berechtigt sind, mittels öffentlich beglaubigter Erklärung abzugeben. Die Erklärung kann in Urschrift oder in öffentlich beglaubigter Abschrift beim Gericht eingereicht werden.

(2) Die öffentliche Beglaubigung mittels Videokommunikation gemäß § 40a des Beurkundungsgesetzes ist zulässig.

§ 78 Festsetzung von Zwangsgeld

(1) Das Amtsgericht kann die Mitglieder des Vorstands zur Befolgung der Vorschriften des § 67 Abs. 1, des § 71 Abs. 1, des § 72, des § 74 Abs. 2, des § 75 Absatz 2 und des § 76 durch Festsetzung von Zwangsgeld anhalten.

(2) In gleicher Weise können die Liquidatoren zur Befolgung der Vorschriften des § 76 angehalten werden.

§ 79 Einsicht in das Vereinsregister

(1) Die Einsicht des Vereinsregisters sowie der von dem Verein bei dem Amtsgericht eingereichten Dokumente ist jedem gestattet. Von den Eintragungen kann eine Abschrift verlangt werden; die Abschrift ist auf Verlangen zu beglaubigen. Wird das Vereinsregister maschinell geführt, tritt an die Stelle der Abschrift ein Ausdruck, an die der beglaubigten Abschrift ein amtlicher Ausdruck.

(2) Die Einrichtung eines automatisierten Verfahrens, das die Übermittlung von Daten aus maschinell geführten Vereinsregistern durch Abruf ermöglicht, ist zulässig, wenn sichergestellt ist, dass

1. der Abruf von Daten die zulässige Einsicht nach Absatz 1 nicht überschreitet und
2. die Zulässigkeit der Abrufe auf der Grundlage einer Protokollierung kontrolliert werden kann.

Die Länder können für das Verfahren ein länderübergreifendes elektronisches Informations- und Kommunikationssystem bestimmen.

(3) Der Nutzer ist darauf hinzuweisen, dass er die übermittelten Daten nur zu Informationszwecken verwenden darf. Die zuständige Stelle hat (z. B. durch Stichproben) zu prüfen, ob sich Anhaltspunkte dafür ergeben, dass die nach Satz 1 zulässige Einsicht überschritten oder übermittelte Daten missbraucht werden.

(4) Die zuständige Stelle kann einen Nutzer, der die Funktionsfähigkeit der Abrufeinrichtung gefährdet, die nach Absatz 3 Satz 1 zulässige Einsicht überschreitet oder übermittelte Daten missbraucht, von der Teilnahme am automatisierten Abrufverfahren ausschließen; dasselbe gilt bei drohender Überschreitung oder drohendem Missbrauch.

(5) Zuständige Stelle ist die Landesjustizverwaltung. Örtlich zuständig ist die Landesjustizverwaltung, in deren Zuständigkeitsbereich das betreffende Amtsgericht liegt. Die Zuständigkeit kann durch Rechtsverordnung der Landesregierung abweichend geregelt werden. Sie kann diese Ermächtigung durch Rechtsverordnung auf die Landesjustizverwaltung übertragen. Die Länder können auch die Übertragung der Zuständigkeit auf die

III

zuständige Stelle eines anderen Landes vereinbaren.

§ 79a Anwendung der Verordnung (EU) 2016/679 im Registerverfahren

(1) Die Rechte nach Artikel 15 der Verordnung (EU) 2016/679 des Europäischen Parlaments und des Rates vom 27. April 2016 zum Schutz natürlicher Personen bei der Verarbeitung personenbezogener Daten, zum freien Datenverkehr und zur Aufhebung der Richtlinie 95/46/EG (Datenschutz-Grundverordnung) (ABl. L 119 vom 4. 5. 2016, S. 1; L 314 vom 22. 11. 2016, S. 72; L 127 vom 23. 5. 2018, S. 2) werden nach § 79 und den dazu erlassenen Vorschriften der Vereinsregisterverordnung durch Einsicht in das Register oder den Abruf von Registerdaten über das länderübergreifende Informations- und Kommunikationssystem gewährt. Das Registergericht ist nicht verpflichtet, Personen, deren personenbezogene Daten im Vereinsregister oder in den Registerakten gespeichert sind, über die Offenlegung dieser Daten an Dritte Auskunft zu erteilen.

(2) Das Recht auf Berichtigung nach Artikel 16 der Verordnung (EU) 2016/679 kann für personenbezogene Daten, die im Vereinsregister oder in den Registerakten gespeichert sind, nur unter den Voraussetzungen und in dem Verfahren ausgeübt werden, die im Gesetz über das Verfahren in Familiensachen und in den Angelegenheiten der freiwilligen Gerichtsbarkeit sowie der Vereinsregisterverordnung für eine Löschung oder Berichtigung von Eintragungen geregelt sind.

(3) Das Widerspruchsrecht nach Artikel 21 der Verordnung (EU) 2016/679 ist auf personenbezogene Daten, die im Vereinsregister und in den Registerakten gespeichert sind, nicht anzuwenden.

III

Gesetz zur Regelung des öffentlichen Vereinsrechts (Vereinsgesetz)

Vom 5. August 1964 (BGBl. I S. 593)

Zuletzt geändert durch
Sechzigstes Gesetz zur Änderung des Strafgesetzbuches – Modernisierung des Schriftenbegriffs und anderer Begriffe sowie Erweiterung der Strafbarkeit nach den §§ 86, 86a, 111 und 130 des Strafgesetzbuches bei Handlungen im Ausland
vom 30. November 2020 (BGBl. I S. 2600)

Inhaltsübersicht

III

Erster Abschnitt
Allgemeine Vorschriften

§ 1 Vereinsfreiheit

(1) Die Bildung von Vereinen ist frei (Vereinsfreiheit).

(2) Gegen Vereine, die die Vereinsfreiheit mißbrauchen, kann zur Wahrung der öffentlichen Sicherheit oder Ordnung nur nach Maßgabe dieses Gesetzes eingeschritten werden.

§ 2 Begriff des Vereins

(1) Verein im Sinne dieses Gesetzes ist ohne Rücksicht auf die Rechtsform jede Vereinigung, zu der sich eine Mehrheit natürlicher oder juristischer Personen für längere Zeit zu einem gemeinsamen Zweck freiwillig zusammengeschlossen und einer organisierten Willensbildung unterworfen hat.

(2) Vereine im Sinne dieses Gesetzes sind nicht

1. politische Parteien im Sinne des Artikels 21 des Grundgesetzes,
2. Fraktionen des Deutschen Bundestages und der Parlamente der Länder.

Zweiter Abschnitt
Verbot von Vereinen

§ 3 Verbot

(1) Ein Verein darf erst dann als verboten (Artikel 9 Abs. 2 des Grundgesetzes) behandelt werden, wenn durch Verfügung der Verbotsbehörde festgestellt ist, daß seine Zwecke oder seine Tätigkeit den Strafgesetzen zuwiderlaufen oder daß er sich gegen die verfassungsmäßige Ordnung oder den Gedanken der Völkerverständigung richtet; in der Verfügung ist die Auflösung des Vereins anzuordnen (Verbot).

Mit dem Verbot ist in der Regel die Beschlagnahme und die Einziehung

1. des Vereinsvermögens,
2. von Forderungen Dritter, soweit die Einziehung in § 12 Abs. 1 vorgesehen ist, und
3. von Sachen Dritter, soweit der Berechtigte durch die Überlassung der Sachen an den Verein dessen verfassungswidrige Bestrebungen vorsätzlich gefördert hat oder die Sachen zur Förderung dieser Bestrebungen bestimmt sind,

zu verbinden.

(2) Verbotsbehörde ist

1. die oberste Landesbehörde oder die nach Landesrecht zuständige Behörde für Vereine und Teilvereine, deren erkennbare Organisation und Tätigkeit sich auf das Gebiet eines Landes beschränken;
2. das Bundesministerium des Innern, für Bau und Heimat für Vereine und Teilvereine, deren Organisation oder Tätigkeit sich über das Gebiet eines Landes hinaus erstreckt.

Die oberste Landesbehörde oder die nach Landesrecht zuständige Behörde entscheidet im Benehmen mit dem Bundesministerium des Innern, für Bau und Heimat, wenn sich das Verbot gegen den Teilverein eines Vereins richtet, für dessen Verbot nach Satz 1 Nr. 2 das Bundesministerium des Innern, für Bau und Heimat zuständig ist. Das Bundesministerium des Innern, für Bau und Heimat entscheidet im Benehmen mit den Behörden, die nach Satz 1 Nr. 1 für das Verbot von Teilvereinen zuständig gewesen wären.

(3) Das Verbot erstreckt sich, wenn es nicht ausdrücklich beschränkt wird, auf alle Organisationen, die dem Verein derart eingegliedert sind, daß sie nach dem Gesamtbild der tatsächlichen Verhältnisse als Gliederung dieses Vereins erscheinen (Teilorganisationen). Auf nichtgebietliche Teilorganisationen mit eigener Rechtspersönlichkeit erstreckt sich das Verbot nur, wenn sie in der Verbotsverfügung ausdrücklich benannt sind.

(4) Das Verbot ist schriftlich oder elektronisch mit einer dauerhaft überprüfbaren Signatur nach § 37 Abs. 4 des Verwaltungsverfahrensgesetzes abzufassen, zu begründen und dem Verein, im Falle des Absatzes 3 Satz 2 auch den Teilorganisationen, zuzustellen. Der verfügende Teil des Verbots ist im Bundesanzeiger und danach im amtlichen Mitteilungsblatt des Landes bekanntzumachen, in dem der Verein oder, sofern sich das Verbot hierauf beschränkt, der Teilverein seinen Sitz hat;

Verbote nach § 15 werden nur im Bundesanzeiger bekanntgemacht. Das Verbot wird mit der Zustellung, spätestens mit der Bekanntmachung im Bundesanzeiger, wirksam und vollziehbar; § 80 der Verwaltungsgerichtsordnung bleibt unberührt.

(5) Die Verbotsbehörde kann das Verbot auch auf Handlungen von Mitgliedern des Vereins stützen, wenn

1. ein Zusammenhang zur Tätigkeit im Verein oder zu seiner Zielsetzung besteht,
2. die Handlungen auf einer organisierten Willensbildung beruhen und
3. nach den Umständen anzunehmen ist, daß sie vom Verein geduldet werden.

§ 4 Ermittlungen

(1) Die Verbotsbehörde kann für ihre Ermittlungen die Hilfe der für die Wahrung der öffentlichen Sicherheit oder Ordnung zuständigen Behörden und Dienststellen in Anspruch nehmen. Ermittlungsersuchen des Bundesministeriums des Innern, für Bau und Heimat sind an die zuständige oberste Landesbehörde zu richten.

(2) Hält die Verbotsbehörde oder eine gemäß Absatz 1 Satz 1 ersuchte Stelle eine richterliche Vernehmung von Zeugen, eine Beschlagnahme von Beweismitteln oder eine Durchsuchung für erforderlich, so stellt sie ihre Anträge bei dem Verwaltungsgericht, in dessen Bezirk die Handlung vorzunehmen ist. Die richterlichen Anordnungen oder Maßnahmen trifft der Vorsitzende oder ein von ihm bestimmtes Mitglied des Gerichts.

(3) Für die richterliche Vernehmung von Zeugen gilt § 98 der Verwaltungsgerichtsordnung entsprechend.

(4) Für die Beschlagnahme von Gegenständen, die als Beweismittel von Bedeutung sein können, gelten die §§ 94 bis 97, 98 Abs. 4 sowie die §§ 99 bis 101 der Strafprozeßordnung entsprechend. Bestehen hinreichende Anhaltspunkte dafür, daß eine Durchsuchung zur Auffindung solcher Beweismittel führen werde, so kann die Durchsuchung der Räume des Vereins sowie der Räume, der Sachen und der Person eines Mitglieds oder Hintermannes des Vereins angeordnet werden. Bei anderen Personen ist die Durchsuchung nur zur Beschlagnahme bestimmter Beweismittel und nur dann zulässig, wenn Tatsachen darauf schließen lassen, daß sich die gesuchte Sache in ihrem Gewahrsam befindet. Die §§ 104, 105 Abs. 2 bis 4, §§ 106 bis 110 der Strafprozeßordnung gelten entsprechend.

(5) Bei Gefahr im Verzug kann auch die Verbotsbehörde oder eine gemäß Absatz 1 Satz 1 ersuchte Stelle eine Beschlagnahme, mit Ausnahme der Beschlagnahme nach § 99 der Strafprozeßordnung, oder eine Durchsuchung anordnen. Die Vorschriften des Absatzes 4 sowie § 98 Abs. 2 Satz 1 und 2 der Strafprozeßordnung gelten entsprechend.

§ 5 Vollzug des Verbots

(1) Soweit das Verbot nach diesem Gesetz nicht von der Verbotsbehörde selbst oder den von ihr gemäß § 10 Abs. 3 und § 11 Abs. 3 beauftragten Stellen zu vollziehen ist, wird es von den von der Landesregierung bestimmten Behörden vollzogen.

(2) Folgt dem Verbot eines Teilvereins, bevor es unanfechtbar geworden ist, ein den Teilverein einschließendes Verbot des Gesamtvereins, so ist von diesem Zeitpunkt an nur noch das Verbot des Gesamtvereins zu vollziehen.

§ 6 Anfechtung des Verbotsvollzugs

(1) Wird eine Maßnahme zum Vollzug des Verbots angefochten und kommt es für die Entscheidung darauf an, ob das Verbot rechtmäßig ist, so hat das Verwaltungsgericht, wenn es die Rechtmäßigkeit des Verbots bezweifelt, das Verfahren auszusetzen, bis über das Verbot unanfechtbar entschieden ist, und dieses Ergebnis seiner Entscheidung zugrunde zu legen.

(2) Widerspruch und Anfechtungsklage gegen Maßnahmen zum Vollzug des Verbots haben keine aufschiebende Wirkung.

§ 7 Unanfechtbarkeit des Verbots, Eintragung in öffentliche Register

(1) Ist das Verbot unanfechtbar geworden, so ist sein verfügender Teil nochmals unter Hinweis auf die Unanfechtbarkeit im Bundesan-

zeiger und in dem in § 3 Abs. 4 Satz 2 genannten Mitteilungsblatt zu veröffentlichen.

(2) Ist der Verein oder eine Teilorganisation in ein öffentliches Register eingetragen, so sind auf Anzeige der Verbotsbehörde einzutragen

die Beschlagnahme des Vereinsvermögens und ihre Aufhebung,

die Bestellung und Abberufung von Verwaltern (§ 10 Abs. 3),

die Auflösung des Vereins, nachdem das Verbot unanfechtbar geworden ist, und

das Erlöschen des Vereins.

§ 8 Verbot der Bildung von Ersatzorganisationen

(1) Es ist verboten, Organisationen zu bilden, die verfassungswidrige Bestrebungen (Artikel 9 Abs. 2 des Grundgesetzes) eines nach § 3 dieses Gesetzes verbotenen Vereins an dessen Stelle weiterverfolgen (Ersatzorganisationen) oder bestehende Organisationen als Ersatzorganisationen fortzuführen.

(2) Gegen eine Ersatzorganisation, die Verein im Sinne dieses Gesetzes ist, kann zur verwaltungsmäßigen Durchführung des in Absatz 1 enthaltenen Verbots nur auf Grund einer besonderen Verfügung vorgegangen werden, in der festgestellt wird, daß sie Ersatzorganisation des verbotenen Vereins ist. Die §§ 3 bis 7 und 10 bis 13 gelten entsprechend. Widerspruch und Anfechtungsklage gegen die Verfügung haben keine aufschiebende Wirkung. Die für die Wahrung der öffentlichen Sicherheit oder Ordnung zuständigen Behörden und Dienststellen sind bei Gefahr im Verzug zu vorläufigen Maßnahmen berechtigt, die außer Kraft treten, wenn die Verbotsbehörde nicht binnen zweier Wochen die in Satz 1 bestimmte Verfügung trifft.

§ 9 Kennzeichenverbot

(1) Kennzeichen des verbotenen Vereins dürfen für die Dauer der Vollziehbarkeit des Verbots nicht mehr

1. öffentlich, in einer Versammlung oder
2. in einem Inhalt (§ 11 Absatz 3 des Strafgesetzbuches), der verbreitet wird oder zur Verbreitung bestimmt ist,

verwendet werden. Ausgenommen ist eine Verwendung von Kennzeichen im Rahmen der staatsbürgerlichen Aufklärung, der Abwehr verfassungswidriger Bestrebungen und ähnlicher Zwecke.

(2) Kennzeichen im Sinne des Absatzes 1 sind insbesondere Fahnen, Abzeichen, Uniformstücke, Parolen und Grußformen. Den in Satz 1 genannten Kennzeichen stehen solche gleich, die ihnen zum Verwechseln ähnlich sind.

(3) Absatz 1 gilt entsprechend für Kennzeichen eines verbotenen Vereins, die in im Wesentlichen gleicher Form von anderen nicht verbotenen Teilorganisationen oder von selbständigen Vereinen verwendet werden. Ein Kennzeichen eines verbotenen Vereins wird insbesondere dann in im Wesentlichen gleicher Form verwendet, wenn bei ähnlichem äußerem Gesamterscheinungsbild das Kennzeichen des verbotenen Vereins oder Teile desselben mit einer anderen Orts- oder Regionalbezeichnung versehen wird.

(4) Diese Vorschriften gelten auch für die Verwendung von Kennzeichen einer Ersatzorganisation für die Dauer der Vollziehbarkeit einer Verfügung nach § 8 Satz 1.

Dritter Abschnitt
Beschlagnahme und Einziehung des Vermögens verbotener Vereine

§ 10 Vermögensbeschlagnahme

(1) Die Beschlagnahme (§ 3 Abs. 1 Satz 2) hat die Wirkung eines Veräußerungsverbots. Rechtsgeschäfte, die gegen das Veräußerungsverbot verstoßen, sind nichtig, es sei denn, daß der andere Teil weder wußte noch wissen mußte, daß der Gegenstand, auf den sich das Rechtsgeschäft bezieht, der Beschlagnahme unterliegt. Die Beschlagnahme erfaßt auch die Gegenstände, die der Verein einem Dritten zu treuen Händen übertragen hat oder die ein Dritter als Treuhänder für den Verein erworben hat. In den Fällen des Satzes 3 sind die Vorschriften zugunsten derjenigen, welche Rechte von einem Nichtbe-

rechtigten herleiten, entsprechend anzuwenden.

(2) Auf Grund der Beschlagnahme können Sachen im Gewahrsam des Vereins und auf Grund besonderer Anordnung Sachen im Gewahrsam Dritter sichergestellt werden. Soweit es der Zweck der Sicherstellung erfordert, dürfen auch Räume betreten sowie verschlossene Türen und Behältnisse geöffnet werden. Die Anwendung unmittelbaren Zwanges ist ohne vorherige Androhung oder Fristsetzung zulässig, wenn sonst die Sicherstellung gefährdet wäre. Werden von der Beschlagnahme Gegenstände im Sinne des § 99 der Strafprozeßordnung erfaßt, gelten für die Sicherstellung die §§ 99, 100 und 101 Abs. 3 bis 8 der Strafprozeßordnung entsprechend. Maßnahmen nach Satz 4 und die Durchsuchung von Wohnungen ordnet nur das Verwaltungsgericht an, in dessen Bezirk die Handlungen vorzunehmen sind. Anordnungen nach Satz 5 trifft der Vorsitzende oder ein von ihm bestimmtes Mitglied des Gerichts.

(3) Die Verbotsbehörde kann für das beschlagnahmte Vermögen Verwalter bestellen und abberufen. Die Verwalter unterliegen den Weisungen der Verbotsbehörde.

(4) Die Vorstandsmitglieder sind verpflichtet, Auskunft über den Bestand und Verbleib des Vereinsvermögens zu geben. Auf Verlangen der Verbotsbehörde haben sie ein Verzeichnis des Bestandes vorzulegen und zu beeiden. Der Eid ist mit dem in § 260 Abs. 2 des Bürgerlichen Gesetzbuchs bezeichneten Inhalt auf Ersuchen der Verbotsbehörde vor dem für den Wohnsitz des Eidespflichtigen zuständigen Amtsgericht zu leisten.

(5) Die Aufhebung der Beschlagnahme sowie der Aufschub und die Wiederherstellung ihrer Vollziehbarkeit haben keine rückwirkende Kraft.

§ 11 Vermögenseinziehung

(1) Die Einziehung (§ 3 Abs. 1 Satz 2) wird im Fall des § 3 Abs. 2 Nr. 1 zugunsten des Landes, im Fall des § 3 Abs. 2 Nr. 2 zugunsten des Bundes angeordnet. Die Einziehung erfaßt auch die Gegenstände, auf die sich nach § 10 Abs. 1 Satz 3 die Beschlagnahme erstreckt, mit Ausnahme der vom Verein einem Dritten zur Sicherung übertragenen Gegenstände.

(2) Mit Eintritt der Unanfechtbarkeit des Verbots und der Einziehungsanordnung erwirbt der Einziehungsbegünstigte das Vereinsvermögen und die nach Absatz 1 Satz 2 eingezogenen Gegenstände als besondere Vermögensmasse. Gegenstände, die einer Teilorganisation in der Rechtsform eines Vereins, einer Gesellschaft oder einer Stiftung gehört haben, bilden eine eigene Vermögensmasse. Der Verein und die von der Einziehung betroffenen Teilorganisationen erlöschen. Ihre Rechtsverhältnisse sind im Einziehungsverfahren abzuwickeln.

(3) Das Bundesministerium des Innern, für Bau und Heimat als Verbotsbehörde kann mit der Durchführung der Einziehung und mit der Abwicklung (§ 13) das Bundesverwaltungsamt oder eine andere Bundesbehörde beauftragen (Einziehungsbehörde). § 10 Abs. 3 gilt entsprechend. Die Beauftragung ist im Bundesanzeiger und in dem in § 3 Abs. 4 Satz 2 genannten Mitteilungsblatt zu veröffentlichen.

(4) Die Verbotsbehörde kann von der Einziehung absehen, wenn keine Gefahr besteht, daß Vermögenswerte des Vereins von neuem zur Förderung von Handlungen oder Bestrebungen der in Artikel 9 Abs. 2 des Grundgesetzes genannten Art verwendet werden oder daß die Vermögensauseinandersetzung dazu mißbraucht wird, den organisatorischen Zusammenhalt des Vereins aufrechtzuerhalten, ferner, soweit es sich um Gegenstände von unerheblichem Wert handelt. Die Verbotsbehörde kann die Liquidatoren bestellen. § 12 Abs. 1 Satz 1 gilt sinngemäß für den Anspruch auf den Liquidationserlös.

§ 12 Einziehung von Gegenständen Dritter

(1) Die Verbotsbehörde oder die Einziehungsbehörde zieht Forderungen Dritter gegen den Verein ein, wenn

1. sie aus Beziehungen entstanden sind, die sich nach Art, Umfang oder Zweck als eine vorsätzliche Förderung der verfassungs-

widrigen Bestrebungen des Vereins darstellen, oder

2. sie begründet wurden, um Vermögenswerte des Vereins dem behördlichen Zugriff zu entziehen oder den Wert des Vereinsvermögens zu mindern.

Hat der Gläubiger eine solche Forderung durch Abtretung erworben, so kann sie nur eingezogen werden, wenn der Gläubiger die in Satz 1 bezeichneten Tatsachen bei dem Erwerb kannte.

(2) Sachen Dritter werden eingezogen, wenn der Berechtigte durch die Überlassung der Sachen an den Verein dessen verfassungswidrige Bestrebungen vorsätzlich gefördert hat oder die Sachen zur Förderung dieser Bestrebungen bestimmt sind.

(3) Rechte Dritter an den nach § 11 Abs. 1 oder nach § 12 Abs. 1 oder 2 eingezogenen Gegenständen bleiben bestehen. Sie werden eingezogen, wenn sie unter den in Absatz 1 bezeichneten Voraussetzungen begründet oder erworben worden sind.

(4) Die nach den Absätzen 1 bis 3 eingezogenen Gegenstände gehen mit Eintritt der Unanfechtbarkeit des Verbots und der Einziehungsverfügung auf den Einziehungsbegünstigten über. Nicht vererbliche Rechte erlöschen.

(5) Verfügungen des Vereins, die in den letzten sechs Monaten vor Erlaß des Verbots in der dem anderen Teil bekannten Absicht vorgenommen wurden, Gegenstände des Vereinsvermögens beiseite zu schaffen, sind dem Einziehungsbegünstigten gegenüber unwirksam. Ist zugunsten eines Vereinsmitglieds oder einer Person, die ihm im Sinne des § 138 Abs. 1 der Insolvenzordnung nahesteht, verfügt worden, so wird vermutet, daß diesen in Satz 1 bezeichnete Absicht bekannt war.

§ 13 Abwicklung

(1) Die Gläubiger, die ihre Forderungen innerhalb der von der Verbotsbehörde oder Einziehungsbehörde gesetzten Ausschlußfrist angemeldet haben, sind aus der besonderen Vermögensmasse zu befriedigen. Die Befriedigung von Gläubigern, die im Falle der Insolvenzverfahrens Insolvenzgläubiger wären, ist, soweit nicht eine Rechtsverordnung etwas anderes bestimmt, erst zulässig, wenn die Verwertung des eingezogenen Vermögens (§ 11 Abs. 1) eine zur Befriedigung aller Gläubiger ausreichende bare Masse ergeben hat. Forderungen, die innerhalb der Ausschlußfrist nicht angemeldet werden, erlöschen.

(2) Zur Vermeidung unbilliger Härten kann die Verbotsbehörde oder die Einziehungsbehörde anordnen, daß ein nach § 11 Abs. 1 Satz 2 eintretender Rechtsverlust unterbleibt, oder von der Einziehung nach § 12 absehen.

(3) Reicht das Vermögen nicht zur Befriedigung aller Ansprüche gegen die besondere Vermögensmasse aus, so findet auf Antrag der Verbotsbehörde oder der Einziehungsbehörde ein Insolvenzverfahren über die besondere Vermögensmasse statt. § 12 bleibt unberührt. Die von der Beschlagnahme (§ 3 Abs. 1 Satz 2) ab entstandenen Verwaltungsaufwendungen und die dem Verein nach dem Verbot durch die Inanspruchnahme von Rechtsbehelfen entstandenen Prozeßkosten sowie die Verwaltungsschulden gelten als Masseverbindlichkeiten. Der Insolvenzverwalter wird auf Vorschlag der Verbotsbehörde oder der Einziehungsbehörde vom Insolvenzgericht bestellt und entlassen. Die §§ 57, 67 bis 73, 101 der Insolvenzordnung sind nicht anzuwenden.

(4) Das nach Befriedigung der gegen die besondere Vermögensmasse gerichteten Ansprüche verbleibende Vermögen und die nach § 12 eingezogenen Gegenstände sind vom Einziehungsbegünstigten für gemeinnützige Zwecke zu verwenden.

Vierter Abschnitt
Sondervorschriften

§ 14 Ausländervereine

(1) Vereine, deren Mitglieder oder Leiter sämtlich oder überwiegend Ausländer sind (Ausländervereine), können über die in Artikel 9 Abs. 2 des Grundgesetzes genannten

Gründe hinaus unter den Voraussetzungen des Absatzes 2 verboten werden. Vereine, deren Mitglieder oder Leiter sämtlich oder überwiegend ausländische Staatsangehörige eines Mitgliedstaates der Europäischen Union sind, gelten nicht als Ausländervereine. § 3 Abs. 1 Satz 2 und § 12 Abs. 1 und 2 sind mit der Maßgabe anzuwenden, dass die Beschlagnahme und die Einziehung von Forderungen und Sachen Dritter auch im Falle des Absatzes 2 zulässig sind.

(2) Ausländervereine können verboten werden, soweit ihr Zweck oder ihre Tätigkeit

1. die politische Willensbildung in der Bundesrepublik Deutschland oder das friedliche Zusammenleben von Deutschen und Ausländern oder von verschiedenen Ausländergruppen im Bundesgebiet, die öffentliche Sicherheit oder Ordnung oder sonstige erhebliche Interessen der Bundesrepublik Deutschland beeinträchtigt oder gefährdet,
2. den völkerrechtlichen Verpflichtungen der Bundesrepublik Deutschland zuwiderläuft,
3. Bestrebungen außerhalb des Bundesgebiets fördert, deren Ziele oder Mittel mit den Grundwerten einer die Würde des Menschen achtenden staatlichen Ordnung unvereinbar sind,
4. Gewaltanwendung als Mittel zur Durchsetzung politischer, religiöser oder sonstiger Belange unterstützt, befürwortet oder hervorrufen soll oder
5. Vereinigungen innerhalb oder außerhalb des Bundesgebiets unterstützt, die Anschläge gegen Personen oder Sachen veranlassen, befürworten oder androhen.

(3) Anstelle des Vereinsverbots kann die Verbotsbehörde gegenüber Ausländervereinen Betätigungsverbote erlassen, die sie auch auf bestimmte Handlungen oder bestimmte Personen beschränken kann. Im übrigen bleiben Ausländervereinen gegenüber die gesetzlichen Vorschriften zur Wahrung der öffentlichen Sicherheit oder Ordnung unberührt.

§ 15 Ausländische Vereine

(1) Für Vereine mit Sitz im Ausland (ausländische Vereine), deren Organisation oder Tätigkeit sich auf den räumlichen Geltungsbereich dieses Gesetzes erstreckt, gilt § 14 entsprechend. Zuständig für das Verbot ist das Bundesministerium des Innern, für Bau und Heimat.

(2) Ausländische Vereine und die einem ausländischen Verein eingegliederten Teilvereine, deren Mitglieder und Leiter sämtlich oder überwiegend Deutsche oder ausländische Unionsbürger sind, können nur aus den in Artikel 9 Abs. 2 des Grundgesetzes genannten Gründen verboten oder in ein Verbot einbezogen werden.

§ 16 Arbeitnehmer- und Arbeitgebervereinigungen

(1) Verbote nach § 3 Abs. 1 oder Verfügungen nach § 8 Abs. 2 Satz 1 gegen Vereinigungen, die den Schutz des Übereinkommens Nr. 87 der Internationalen Arbeitsorganisation vom 9. Juli 1948 über die Vereinigungsfreiheit und den Schutz des Vereinigungsrechts (Bundesgesetzbl. 1956 II S. 2072) genießen, werden erst wirksam, wenn das Gericht ihre Rechtmäßigkeit bestätigt hat. § 3 Abs. 4 und § 8 Abs. 2 Satz 3 und 4 sind nicht anzuwenden.

(2) Die Verbotsbehörde legt dem nach § 48 Abs. 2 und 3, § 50 Abs. 1 Nr. 2 der Verwaltungsgerichtsordnung zuständigen Gericht ihre schriftlich oder elektronisch mit einer dauerhaft überprüfbaren Signatur nach § 37 Abs. 4 des Verwaltungsverfahrensgesetzes abgefaßte und begründete Entscheidung vor. Das Gericht stellt sie der Vereinigung und ihren darin benannten nichtgebietlichen Teilorganisationen mit eigener Rechtspersönlichkeit (§ 3 Abs. 3 Satz 2) zu. Beteiligt am Verfahren sind die Verbotsbehörde, die Vereinigung und ihre in der Entscheidung benannten nichtgebietlichen Teilorganisationen mit eigener Rechtspersönlichkeit sowie die nach § 63 Nr. 3 und 4 der Verwaltungsgerichtsordnung Beteiligten.

(3) Versagt das Gericht die Bestätigung, so hebt es in dem Urteil zugleich das Verbot oder die Verfügung auf.

(4) Auf Antrag der Verbotsbehörde kann das Gericht die nötigen einstweiligen Anordnungen treffen, insbesondere die Beschlagnahme des Vereinsvermögens verfügen. Betätigungsverbote und Beschlagnahmeanordnungen hat das Gericht entsprechend § 3 Abs. 4 Satz 2 bekanntzumachen.

§ 17 Wirtschaftsvereinigungen

Die Vorschriften dieses Gesetzes sind auf Aktiengesellschaften, Kommanditgesellschaften auf Aktien, Gesellschaften mit beschränkter Haftung, konzessionierte Wirtschaftsvereine nach § 22 des Bürgerlichen Gesetzbuches, Europäische Gesellschaften, Genossenschaften, Europäische Genossenschaften und Versicherungsvereine auf Gegenseitigkeit nur anzuwenden,

1. wenn sie sich gegen die verfassungsmäßige Ordnung oder gegen den Gedanken der Völkerverständigung richten oder
2. wenn ihre Zwecke oder ihre Tätigkeit den in § 74a Abs. 1 oder § 120 Abs. 1 und 2 des Gerichtsverfassungsgesetzes genannten Strafgesetzen oder dem § 130 des Strafgesetzbuches zuwiderlaufen oder
3. wenn sie von einem Verbot, das aus einem der in Nummer 1 oder 2 genannten Gründe erlassen wurde, nach § 3 Abs. 3 als Teilorganisation erfaßt werden, oder
4. wenn sie Ersatzorganisationen eines Vereins sind, der aus einem der in Nummer 1 oder 2 genannten Gründe verboten wurde.

§ 18 Räumlicher Geltungsbereich von Vereinsverboten

Verbote von Vereinen, die ihren Sitz außerhalb des räumlichen Geltungsbereichs dieses Gesetzes, aber Teilorganisationen innerhalb dieses Bereichs haben, erstrecken sich nur auf die Teilorganisationen innerhalb dieses Bereichs. Hat der Verein im räumlichen Geltungsbereich dieses Gesetzes keine Organisation, so richtet sich das Verbot (§ 3 Abs. 1) gegen seine Tätigkeit in diesem Bereich.

Fünfter Abschnitt
Schlußbestimmungen

§ 19 Rechtsverordnungen

Die Bundesregierung kann durch Rechtsverordnung mit Zustimmung des Bundesrates

1. Bestimmungen über den Vollzug des Verbotes insbesondere die Durchführung der Auflösung eines Vereins, die Durchführung und Aufhebung der Beschlagnahme sowie die Verwaltung des Vereinsvermögens während der Beschlagnahme erlassen,
2. Bestimmungen über das Verfahren der Einziehung, die Ausschlußfrist (§ 13 Abs. 1 Satz 1), die vorzeitige Befriedigung von Gläubigern (§ 13 Abs. 1 Satz 2), die Anwendung des § 13 Abs. 2 oder die Berichtigung des Grundbuchs treffen und das Insolvenzverfahren über die besondere Vermögensmasse in Anpassung an die besonderen Gegebenheiten bei der Einziehung näher regeln,
3. nähere Vorschriften über die Verwendung des eingezogenen Vermögens treffen,
4. Ausländervereine und ausländische Vereine einer Anmelde- und Auskunftspflicht unterwerfen, Vorschriften über Inhalt, Form und Verfahren der Anmeldung erlassen und die Auskunftspflicht näher regeln.

§ 20 Zuwiderhandlungen gegen Verbote

(1) Wer im räumlichen Geltungsbereich dieses Gesetzes durch eine darin ausgeübte Tätigkeit

1. den organisatorischen Zusammenhalt eines Vereins entgegen einem vollziehbaren Verbot oder entgegen einer vollziehbaren Feststellung, daß er Ersatzorganisation eines verbotenen Vereins ist, aufrechterhält oder sich in einem solchen Verein als Mitglied betätigt,
2. den organisatorischen Zusammenhalt einer Partei oder eines Vereins entgegen einer vollziehbaren Feststellung, daß sie Ersatzorganisation einer verbotenen Partei sind (§ 33 Abs. 3 des Parteiengesetzes), aufrechterhält oder sich in einer solchen Partei oder in einem solchen Verein als Mitglied betätigt,

3. den organisatorischen Zusammenhalt eines Vereins oder einer Partei der in den Nummern 1 und 2 bezeichneten Art oder deren weitere Betätigung unterstützt,
4. einem vollziehbaren Verbot nach § 14 Abs. 3 Satz 1 oder § 18 Satz 2 zuwiderhandelt oder
5. Kennzeichen einer der in den Nummern 1 und 2 bezeichneten Vereine oder Parteien oder eines von einem Betätigungsverbot nach § 15 Abs. 1 in Verbindung mit § 14 Abs. 3 Satz 1 betroffenen Vereins während der Vollziehbarkeit des Verbots oder der Feststellung verbreitet oder öffentlich oder in einer Versammlung verwendet,

wird mit Freiheitsstrafe bis zu einem Jahr oder mit Geldstrafe bestraft, wenn die Tat nicht in den §§ 84, 85, 86a oder den §§ 129 bis 129b des Strafgesetzbuches mit Strafe bedroht ist. In den Fällen der Nummer 5 gilt § 9 Absatz 1 Satz 2, Absatz 2 oder 3 entsprechend.

(2) Das Gericht kann von einer Bestrafung nach Absatz 1 absehen, wenn

1. bei Beteiligten die Schuld gering oder deren Mitwirkung von untergeordneter Bedeutung ist oder
2. der Täter sich freiwillig und ernsthaft bemüht, das Fortbestehen der Partei oder des Vereins zu verhindern; erreicht er dieses Ziel oder wird es ohne sein Bemühen erreicht, so wird der Täter nicht bestraft.

(3) Kennzeichen, auf die sich eine Straftat nach Absatz 1 Nr. 5 bezieht, können eingezogen werden.

§ 21 Zuwiderhandlungen gegen Rechtsverordnungen

(1) Ordnungswidrig handelt, wer vorsätzlich oder fahrlässig einer Vorschrift einer nach § 19 Nr. 4 erlassenen Rechtsverordnung zuwiderhandelt, wenn die Rechtsverordnung für einen bestimmten Tatbestand auf diese Bußgeldvorschrift verweist.

(2) Die Ordnungswidrigkeit kann mit einer Geldbuße bis zu zweitausend Deutsche Mark geahndet werden.

§§ 22 bis 29 (gegenstandslos)

§ 30 Aufhebung und Fortgeltung von Rechtsvorschriften

(1) Es werden aufgehoben

1. das Vereinsgesetz vom 19. April 1908 (Reichsgesetzbl. S. 151) in der Fassung des Gesetzes vom 26. Juni 1916 (Reichsgesetzbl. S. 635),
2. das Gesetz betreffend des Vereinswesens vom 11. Dezember 1899 (Reichsgesetzbl. S. 699),
3. die Verordnung des Reichspräsidenten zur Erhaltung des inneren Friedens vom 19. Dezember 1932 (Reichsgesetzbl. I S. 548),
4. Artikel 10 des Einführungsgesetzes zum Bürgerlichen Gesetzbuch,
5. die Abschnitte I und III des saarländischen Gesetzes Nr. 458 über das Vereinswesen (Vereinsgesetz) vom 8. Juli 1955 (Amtsblatt des Saarlandes S. 1030), soweit sie sich nicht auf politische Parteien im Sinne des Artikels 21 des Grundgesetzes beziehen.

(2) Unberührt bleiben

1. § 39 Abs. 2 des Gesetzes über das Bundesverfassungsgericht,
2. die §§ 43 und 44 des Bürgerlichen Gesetzbuches,
3. § 62 des Gesetzes betreffend die Gesellschaften mit beschränkter Haftung, §§ 208 bis 293 des Aktiengesetzes, § 81 des Gesetzes betreffend die Erwerbs- und Wirtschaftsgenossenschaften, § 304 des Versicherungsaufsichtsgesetzes und § 38 Abs. 1 des Gesetzes über das Kreditwesen,
4. § 13 des Gesetzes über die Rechtsstellung heimatloser Ausländer im Bundesgebiet vom 25. April 1951 (Bundesgesetzbl. I S. 269) und
5. die in zwischenstaatlichen Vereinbarungen getroffenen Sonderregelungen über Ausländervereine und ausländische Vereine.

§ 30a Zuständige Stelle zur Ausführung der Verordnung (EU, Euratom) Nr. 1141/2014

Zuständige Stelle im Sinne der Artikel 16 Absatz 3, Artikel 23 Absatz 1 und Absatz 5 sowie des Artikels 28 Absatz 1 der Verordnung (EU, Euratom) Nr. 1141/2014 des Europäischen Parlaments und des Rates vom 22. Oktober 2014 über das Statut und die Finanzierung europäischer politischer Parteien und europäischer politischer Stiftungen (ABl. L 317 vom 4. 11. 2014, S. 1, L 131 vom 20. 5. 2016, S. 91) ist das Bundesministerium des Innern, für Bau und Heimat.

§ 31 Übergangsregelungen

(1) Auf vereinsrechtliche Entscheidungen, die vor Inkrafttreten dieses Gesetzes ergangen sind, sind die bisher geltenden Vorschriften anzuwenden.

(2) Die §§ 8, 9 und 20 dieses Gesetzes sowie § 90b des Strafgesetzbuches in der Fassung des § 22 Nr. 3 dieses Gesetzes sind auch anzuwenden, wenn ein Verein vor Inkrafttreten dieses Gesetzes verboten worden ist.

(3) Unanfechtbar verboten im Sinne des § 90b des Strafgesetzbuches in der Fassung des § 22 Nr. 3 dieses Gesetzes ist ein Verein auch dann, wenn das Bundesverwaltungsgericht oder das oberste Verwaltungsgericht eines Landes unanfechtbar festgestellt hat, daß er nach Artikel 9 Abs. 2 des Grundgesetzes verboten ist.

(4) Rechtshängige Verfahren nach § 129a Abs. 3 des Strafgesetzbuches in der Fassung des Strafrechtsänderungsgesetzes vom 30. August 1951 (Bundesgesetzbl. I S. 739) sind mit Inkrafttreten dieses Gesetzes beendet. Gerichtskosten werden nicht erhoben; jede Partei trägt ihre außergerichtlichen Kosten.

§ 32 Einschränkung von Grundrechten

Die Grundrechte des Brief- und Postgeheimnisses (Artikel 10 des Grundgesetzes) und der Unverletzlichkeit der Wohnung (Artikel 13 des Grundgesetzes) werden nach Maßgabe dieses Gesetzes eingeschränkt.

§ 33 Inkrafttreten

Dieses Gesetz tritt einen Monat nach seiner Verkündung in Kraft.

Steuerrecht im Verein

Das steuerliche Gemeinnützigkeitsrecht betrifft die steuerliche Begünstigung für Vereine. Diese – in den Steuergesetzen verstreuten – Vorschriften wurden insbesondere zum 1. Januar 2007 durch das „Gesetz zur weiteren Stärkung des bürgerschaftlichen Engagements" sowie zum 1. März 2013 durch das „Gesetz zur Stärkung des Ehrenamts" geändert. Der Katalog, was als gemeinnütziger Zweck gilt, wurde in die Abgabenordnung übernommen (§§ 52 bis 68 AO, den Gesetzesauszug finden Sie unter III.4).

Bitte beachten Sie: Der Vorsitzende eines eingetragenen Vereins ist als gesetzlicher Vertreter dieser juristischen Person verpflichtet, deren steuerliche Pflichten zu erfüllen (Urteil des BFH vom 13.3.2003, Az. VII R 46/02).

III

Sachverhalt	Betrag	Fundstellen
Freigrenze für Einnahmen des Vereins	50.000 Euro	§ 64 Abs. 3 AO
Freigrenze für Sportveranstaltungen	50.000 Euro	§ 67a Abs. 1 AO
Gemeinnützige Zwecke		§ 52 ff. AO
Übungsleiterfreibetrag	3.300 Euro	§ 3 Nr. 26 S. 1 EStG
Steuerfreigrenze nebenberuflicher Tätigkeit in gemeinnützigen Organisation	960 Euro	§ 3 Nr. 26a EStG
Spendenrecht und gemeinnütziger Tätigkeit		§ 10b Abs. 1 EStG § 9 Abs. 1 Nr. 2 KStG § 9 Nr. 5 GewStG
Nichtberücksichtigung von Mitgliedsbeiträgen, wenn Vereine der Freizeitgestaltung dienen		§ 10b Abs. 1 EStG § 9 Abs. 1 Nr. 2 KStG § 9 Nr. 5 GewStG
Abzugsgrenze auf 20 % der Einkünfte		§ 10b Abs. 1 EStG § 9 Abs. 1 Nr. 2 KStG § 9 Nr. 5 GewStG
Vereinfachter Spendennachweis	bis 300 Euro	§ 50 Abs. 4 S. 1 Nr. 2 EStDV
Umsatzgrenze für die pauschale Berechnung der Vorsteuer mit 7 % der umsatzsteuerpflichtigen Umsätze berechnen dürfen	50.000 Euro	§ 23a Abs. 1 UStG

Abkürzungen:

AO	Abgabenordnung
EStG	Einkommensteuergesetz
EStDV	Einkommensteuerdurchführungsverordnung
GewStG	Gewerbesteuergesetz
KStG	Körperschaftsteuergesetz
UStG	Umsatzsteuergesetz

Abgabenordnung (AO)

in der Fassung der Bekanntmachung vom 23. Januar 2025 (BGBl. I Nr. 24)

Zuletzt geändert durch
Gesetz zur Modernisierung und Digitalisierung der Schwarzarbeitsbekämpfung
vom 22. Dezember 2025 (BGBl. I Nr. 369)

– Auszug: Gemeinnützigkeit –

Inhaltsübersicht

Zweiter Teil
Steuerschuldrecht

Dritter Abschnitt
Steuerbegünstigte Zwecke

§ 51 Allgemeines

(1) $_{1}$Gewährt das Gesetz eine Steuervergünstigung, weil eine Körperschaft ausschließlich und unmittelbar gemeinnützige, mildtätige oder kirchliche Zwecke (steuerbegünstigte Zwecke) verfolgt, so gelten die folgenden Vorschriften. $_{2}$Unter Körperschaften sind die Körperschaften, Personenvereinigungen und Vermögensmassen im Sinne des Körperschaftsteuergesetzes zu verstehen. $_{3}$Funktionale Untergliederungen (Abteilungen) von Körperschaften gelten nicht als selbstständige Steuersubjekte.

(2) Werden die steuerbegünstigten Zwecke im Ausland verwirklicht, setzt die Steuervergünstigung voraus, dass natürliche Personen, die ihren Wohnsitz oder ihren gewöhnlichen Aufenthalt im Geltungsbereich dieses Gesetzes haben, gefördert werden oder die Tätigkeit der Körperschaft neben der Verwirklichung der steuerbegünstigten Zwecke auch zum Ansehen der Bundesrepublik Deutschland im Ausland beitragen kann.

(3) $_{1}$Eine Steuervergünstigung setzt zudem voraus, dass die Körperschaft nach ihrer Satzung und bei ihrer tatsächlichen Geschäftsführung keine Bestrebungen im Sinne des § 4 des Bundesverfassungsschutzgesetzes fördert und dem Gedanken der Völkerverständigung nicht zuwiderhandelt. $_{2}$Bei Körperschaften, die im Verfassungsschutzbericht des Bundes oder eines Landes als extremistische Organisation aufgeführt sind, ist widerlegbar davon auszugehen, dass die Voraussetzungen des Satzes 1 nicht erfüllt sind. $_{3}$Die Finanzbehörde teilt Tatsachen, die den Verdacht von Bestrebungen im Sinne des § 4 des Bundesverfassungsschutzgesetzes oder des Zuwiderhandelns gegen den Gedanken der Völkerverständigung begründen, der Verfassungsschutzbehörde mit.

§ 52 Gemeinnützige Zwecke

(1) $_{1}$Eine Körperschaft verfolgt gemeinnützige Zwecke, wenn ihre Tätigkeit darauf gerichtet ist, die Allgemeinheit auf materiellem, geistigem oder sittlichem Gebiet selbstlos zu fördern. $_{2}$Eine Förderung der Allgemeinheit ist nicht gegeben, wenn der Kreis der Personen, dem die Förderung zugute kommt, fest abgeschlossen ist, zum Beispiel Zugehörigkeit zu einer Familie oder zur Belegschaft eines Unternehmens, oder infolge seiner Abgrenzung, insbesondere nach räumlichen oder beruflichen Merkmalen, dauernd nur klein sein kann. $_{3}$Eine Förderung der Allgemeinheit liegt nicht allein deswegen vor, weil eine Körperschaft ihre Mittel einer Körperschaft des öffentlichen Rechts zuführt.

(2) $_{1}$Unter den Voraussetzungen des Absatzes 1 sind als Förderung der Allgemeinheit anzuerkennen:

1. die Förderung von Wissenschaft und Forschung;
2. die Förderung der Religion;
3. die Förderung des öffentlichen Gesundheitswesens und der öffentlichen Gesundheitspflege, insbesondere die Verhütung und Bekämpfung von übertragbaren Krankheiten, auch durch Krankenhäuser im Sinne des § 67, und von Tierseuchen;
4. die Förderung der Jugend- und Altenhilfe;
5. die Förderung von Kunst und Kultur;
6. die Förderung des Denkmalschutzes und der Denkmalpflege;
7. die Förderung der Erziehung, Volks- und Berufsbildung einschließlich der Studentenhilfe;
8. die Förderung des Naturschutzes und der Landschaftspflege im Sinne des Bundesnaturschutzgesetzes und der Naturschutzgesetze der Länder, des Umweltschutzes, einschließlich des Klimaschutzes, des Küstenschutzes und des Hochwasserschutzes;
9. die Förderung des Wohlfahrtswesens, insbesondere der Zwecke der amtlich anerkannten Verbände der freien Wohlfahrtspflege (§ 23 der Umsatzsteuer-Durchführungsverordnung), ihrer Unterverbände und ihrer angeschlossenen Einrichtungen und Anstalten;
10. die Förderung der Hilfe für politisch, rassistisch oder religiös Verfolgte, für Flüchtlinge,

Vertriebene, Aussiedler, Spätaussiedler, Kriegsopfer, Kriegshinterbliebene, Kriegsbeschädigte und Kriegsgefangene, Zivilbeschädigte und Behinderte sowie Hilfe für Opfer von Straftaten; Förderung des Andenkens an Verfolgte, Kriegs- und Katastrophenopfer; Förderung des Suchdienstes für Vermisste, Förderung der Hilfe für Menschen, die auf Grund ihrer geschlechtlichen Identität oder ihrer geschlechtlichen Orientierung diskriminiert werden;

11. die Förderung der Rettung aus Lebensgefahr;
12. die Förderung des Feuer-, Arbeits-, Katastrophen- und Zivilschutzes sowie der Unfallverhütung;
13. die Förderung internationaler Gesinnung, der Toleranz auf allen Gebieten der Kultur und des Völkerverständigungsgedankens;
14. die Förderung des Tierschutzes;
15. die Förderung der Entwicklungszusammenarbeit;
16. die Förderung von Verbraucherberatung und Verbraucherschutz;
17. die Förderung der Fürsorge für Strafgefangene und ehemalige Strafgefangene;
18. die Förderung der Gleichberechtigung von Frauen und Männern;
19. die Förderung des Schutzes von Ehe und Familie;
20. die Förderung der Kriminalprävention;
21. die Förderung des Sports (Schach und E-Sport gelten als Sport);
22. die Förderung der Heimatpflege, Heimatkunde und der Ortsverschönerung;
23. die Förderung der Tierzucht, der Pflanzenzucht, der Kleingärtnerei, des traditionellen Brauchtums einschließlich des Karnevals, der Fastnacht und des Faschings, der Soldaten- und Reservistenbetreuung, des Amateurfunkens, des Freifunks, des Modellflugs und des Hundesports;
24. die allgemeine Förderung des demokratischen Staatswesens im Geltungsbereich dieses Gesetzes; hierzu gehören nicht Bestrebungen, die nur bestimmte Einzelinteressen staatsbürgerlicher Art verfolgen oder die auf den kommunalpolitischen Bereich beschränkt sind;
25. die Förderung des bürgerschaftlichen Engagements zugunsten gemeinnütziger, mildtätiger und kirchlicher Zwecke;
26. die Förderung der Unterhaltung und Pflege von Friedhöfen und die Förderung der Unterhaltung von Gedenkstätten für nichtbestattungspflichtige Kinder und Föten;
27. die Förderung wohngemeinnütziger Zwecke; dies ist die vergünstigte Wohnraumüberlassung an Personen im Sinne des §53. ₂§53 Nummer 2 ist mit der Maßgabe anzuwenden, dass die Bezüge nicht höher sein dürfen als das Fünffache des Regelsatzes der Sozialhilfe im Sinne des §28 des Zwölften Buches Sozialgesetzbuch; beim Alleinstehenden oder Alleinerziehenden tritt an die Stelle des Fünffachen das Sechsfache des Regelsatzes. Die Hilfebedürftigkeit muss zu Beginn des jeweiligen Mietverhältnisses vorliegen.

$_3$Sofern der von der Körperschaft verfolgte Zweck nicht unter Satz 1 fällt, aber die Allgemeinheit auf materiellem, geistigem oder sittlichem Gebiet entsprechend selbstlos gefördert wird, kann dieser Zweck für gemeinnützig erklärt werden. $_4$Die obersten Finanzbehörden der Länder haben jeweils eine Finanzbehörde im Sinne des Finanzverwaltungsgesetzes zu bestimmen, die für Entscheidungen nach Satz 2 zuständig ist.

§53 Mildtätige Zwecke

Eine Körperschaft verfolgt mildtätige Zwecke, wenn ihre Tätigkeit darauf gerichtet ist, Personen selbstlos zu unterstützen,

1. die infolge ihres körperlichen, geistigen oder seelischen Zustands auf die Hilfe anderer angewiesen sind oder
2. deren Bezüge nicht höher sind als das Vierfache des Regelsatzes der Sozialhilfe im Sinne des §28 des Zwölften Buches Sozialgesetzbuch; beim Alleinstehenden oder Alleinerziehenden tritt an die Stelle des Vierfachen das Fünffache des Regelsatzes. Dies gilt nicht für Personen, deren

Vermögen zur nachhaltigen Verbesserung ihres Unterhalts ausreicht und denen zugemutet werden kann, es dafür zu verwenden. Bezüge im Sinne dieser Vorschrift sind

a) Einkünfte im Sinne des § 2 Absatz 1 des Einkommensteuergesetzes und
b) andere zur Bestreitung des Unterhalts bestimmte oder geeignete Bezüge,

aller Haushaltsangehörigen. Zu berücksichtigen sind auch gezahlte und empfangene Unterhaltsleistungen. Die wirtschaftliche Hilfebedürftigkeit im vorstehenden Sinne ist bei Empfängern von Leistungen nach dem Zweiten oder Zwölften Buch Sozialgesetzbuch, des Wohngeldgesetzes, bei Empfängern von Leistungen nach § 27a des Bundesversorgungsgesetzes oder nach § 6a des Bundeskindergeldgesetzes als nachgewiesen anzusehen. Die Körperschaft kann den Nachweis mit Hilfe des jeweiligen Leistungsbescheids, der für den Unterstützungszeitraum maßgeblich ist, oder mit Hilfe der Bestätigung des Sozialleistungsträgers führen. Auf Antrag der Körperschaft kann auf einen Nachweis der wirtschaftlichen Hilfebedürftigkeit verzichtet werden, wenn auf Grund der besonderen Art der gewährten Unterstützungsleistung sichergestellt ist, dass nur wirtschaftlich hilfebedürftige Personen im vorstehenden Sinne unterstützt werden; für den Bescheid über den Nachweisverzicht gilt § 60a Absatz 3 bis 5 entsprechend oder

3. deren wirtschaftliche Lage aus besonderen Gründen zu einer Notlage geworden ist. Als besondere Gründe gelten insbesondere Katastrophen, die durch Erlass des Bundesministeriums der Finanzen oder einer obersten Finanzbehörde der Länder festgestellt wurden. In diesen Fällen reicht es für den Nachweis der Hilfebedürftigkeit aus, wenn die durch die Katastrophe entstandene Notlage sowie die Mehraufwendungen glaubhaft gemacht werden.

§ 54 Kirchliche Zwecke

(1) Eine Körperschaft verfolgt kirchliche Zwecke, wenn ihre Tätigkeit darauf gerichtet ist, eine Religionsgemeinschaft, die Körperschaft des öffentlichen Rechts ist, selbstlos zu fördern.

(2) Zu diesen Zwecken gehören insbesondere die Errichtung, Ausschmückung und Unterhaltung von Gotteshäusern und kirchlichen Gemeindehäusern, die Abhaltung von Gottesdiensten, die Ausbildung von Geistlichen, die Erteilung von Religionsunterricht, die Beerdigung und die Pflege des Andenkens der Toten, ferner die Verwaltung des Kirchenvermögens, die Besoldung der Geistlichen, Kirchenbeamten und Kirchendiener, die Alters- und Behindertenversorgung für diese Personen und die Versorgung ihrer Witwen und Waisen.

III

§ 55 Selbstlosigkeit

(1) Eine Förderung oder Unterstützung geschieht selbstlos, wenn dadurch nicht in erster Linie eigenwirtschaftliche Zwecke – zum Beispiel gewerbliche Zwecke oder sonstige Erwerbszwecke – verfolgt werden und wenn die folgenden Voraussetzungen gegeben sind:

1. Mittel der Körperschaft dürfen nur für die satzungsmäßigen Zwecke verwendet werden. Die Mitglieder oder Gesellschafter (Mitglieder im Sinne dieser Vorschriften) dürfen keine Gewinnanteile und in ihrer Eigenschaft als Mitglieder auch keine sonstigen Zuwendungen aus Mitteln der Körperschaft erhalten. Die Körperschaft darf ihre Mittel weder für die unmittelbare noch für die mittelbare Unterstützung oder Förderung politischer Parteien verwenden.
2. Die Mitglieder dürfen bei ihrem Ausscheiden oder bei Auflösung oder Aufhebung der Körperschaft nicht mehr als ihre eingezahlten Kapitalanteile und den gemeinen Wert ihrer geleisteten Sacheinlagen zurückerhalten.
3. Die Körperschaft darf keine Person durch Ausgaben, die dem Zweck der Körperschaft fremd sind, oder durch unverhältnismäßig hohe Vergütungen begünstigen.
4. Bei Auflösung oder Aufhebung der Körperschaft oder bei Wegfall ihres bisherigen Zwecks darf das Vermögen der Körperschaft, soweit es die eingezahlten Kapitalanteile der Mitglieder und den gemeinen Wert der von den Mitgliedern geleisteten

Sacheinlagen übersteigt, nur für steuerbegünstigte Zwecke verwendet werden (Grundsatz der Vermögensbindung). Diese Voraussetzung ist auch erfüllt, wenn das Vermögen einer anderen steuerbegünstigten Körperschaft oder einer juristischen Person des öffentlichen Rechts für steuerbegünstigte Zwecke übertragen werden soll.

5. Die Körperschaft muss ihre Mittel vorbehaltlich des § 62 grundsätzlich zeitnah für ihre steuerbegünstigten satzungsmäßigen Zwecke verwenden. Verwendung in diesem Sinne ist auch die Verwendung der Mittel für die Anschaffung oder Herstellung von Vermögensgegenständen, die satzungsmäßigen Zwecken dienen. Eine zeitnahe Mittelverwendung ist gegeben, wenn die Mittel spätestens in den auf den Zufluss folgenden zwei Kalender- oder Wirtschaftsjahren für die steuerbegünstigten satzungsmäßigen Zwecke verwendet werden. Satz 1 gilt nicht für Körperschaften mit jährlichen Einnahmen von nicht mehr als 100 000 Euro.

(2) Bei der Ermittlung des gemeinen Werts (Absatz 1 Nummer 2 und 4) kommt es auf die Verhältnisse zu dem Zeitpunkt an, in dem die Sacheinlagen geleistet worden sind.

(3) Die Vorschriften, die die Mitglieder der Körperschaft betreffen (Absatz 1 Nummer 1, 2 und 4), gelten bei Stiftungen für die Stifter und ihre Erben, bei Betrieben gewerblicher Art von juristischen Personen des öffentlichen Rechts für die Körperschaft sinngemäß, jedoch mit der Maßgabe, dass bei Wirtschaftsgütern, die nach § 6 Absatz 1 Nummer 4 Satz 4 des Einkommensteuergesetzes aus einem Betriebsvermögen zum Buchwert entnommen worden sind, an die Stelle des gemeinen Werts der Buchwert der Entnahme tritt.

§ 56 Ausschließlichkeit

Ausschließlichkeit liegt vor, wenn eine Körperschaft nur ihre steuerbegünstigten satzungsmäßigen Zwecke verfolgt.

§ 57 Unmittelbarkeit

(1) $_1$Eine Körperschaft verfolgt unmittelbar ihre steuerbegünstigten satzungsmäßigen Zwecke, wenn sie selbst diese Zwecke verwirklicht. $_2$Das kann auch durch Hilfspersonen geschehen, wenn nach den Umständen des Falls, insbesondere nach den rechtlichen und tatsächlichen Beziehungen, die zwischen der Körperschaft und der Hilfsperson bestehen, das Wirken der Hilfsperson wie eigenes Wirken der Körperschaft anzusehen ist.

(2) Eine Körperschaft, in der steuerbegünstigte Körperschaften zusammengefasst sind, wird einer Körperschaft, die unmittelbar steuerbegünstigte Zwecke verfolgt, gleichgestellt.

(3) $_1$Eine Körperschaft verfolgt ihre steuerbegünstigten Zwecke auch dann unmittelbar im Sinne des Absatzes 1 Satz 1, wenn sie satzungsgemäß durch planmäßiges Zusammenwirken mit mindestens einer weiteren Körperschaft, die im Übrigen die Voraussetzungen der §§ 51 bis 68 erfüllt, einen steuerbegünstigten Zweck verwirklicht. $_2$Die §§ 14 sowie 65 bis 68 sind mit der Maßgabe anzuwenden, dass für das Vorliegen der Eigenschaft als Zweckbetrieb bei der jeweiligen Körperschaft die Tätigkeiten der nach Satz 1 zusammenwirkenden Körperschaften zusammenzufassen sind.

(4) Eine Körperschaft verfolgt ihre steuerbegünstigten Zwecke auch dann unmittelbar im Sinne des Absatzes 1 Satz 1, wenn sie ausschließlich Anteile an steuerbegünstigten Kapitalgesellschaften hält und verwaltet.

§ 58 Steuerlich unschädliche Betätigungen

Die Steuervergünstigung wird nicht dadurch ausgeschlossen, dass

1. eine Körperschaft einer anderen Körperschaft oder einer juristischen Person des öffentlichen Rechts Mittel für die Verwirklichung steuerbegünstigter Zwecke zuwendet. Mittel sind sämtliche Vermögenswerte der Körperschaft. Die Zuwendung von Mitteln an eine beschränkt oder unbeschränkt steuerpflichtige Körperschaft des privaten Rechts setzt voraus, dass diese selbst steuerbegünstigt ist. Beabsichtigt die Körperschaft, als einzige Art der Zweckverwirklichung Mittel anderen Körperschaften oder juristischen Personen des öffentlichen

Rechts zuzuwenden, ist die Mittelweitergabe als Art der Zweckverwirklichung in der Satzung zu benennen,

2. (weggefallen)
3. eine Körperschaft ihre Überschüsse der Einnahmen über die Ausgaben aus der Vermögensverwaltung, ihre Gewinne aus den wirtschaftlichen Geschäftsbetrieben ganz oder teilweise und darüber hinaus höchstens 15 Prozent ihrer sonstigen nach § 55 Absatz 1 Nummer 5 zeitnah zu verwendenden Mittel einer anderen steuerbegünstigten Körperschaft oder einer juristischen Person des öffentlichen Rechts zur Vermögensausstattung zuwendet. Die aus den Vermögenserträgen zu verwirklichenden steuerbegünstigten Zwecke müssen den steuerbegünstigten satzungsmäßigen Zwecken der zuwendenden Körperschaft entsprechen. Die nach dieser Nummer zugewandten Mittel und deren Erträge dürfen nicht für weitere Mittelweitergaben im Sinne des ersten Satzes verwendet werden,
4. eine Körperschaft ihre Arbeitskräfte anderen Personen, Unternehmen, Einrichtungen oder einer juristischen Person des öffentlichen Rechts für steuerbegünstigte Zwecke zur Verfügung stellt,
5. eine Körperschaft ihr gehörende Räume einer anderen, ebenfalls steuerbegünstigten Körperschaft oder einer juristischen Person des öffentlichen Rechts zur Nutzung zu steuerbegünstigten Zwecken überlässt,
6. eine Stiftung einen Teil, jedoch höchstens ein Drittel ihres Einkommens dazu verwendet, um in angemessener Weise den Stifter und seine nächsten Angehörigen zu unterhalten, ihre Gräber zu pflegen und ihr Andenken zu ehren,
7. eine Körperschaft gesellige Zusammenkünfte veranstaltet, die im Vergleich zu ihrer steuerbegünstigten Tätigkeit von untergeordneter Bedeutung sind,
8. ein Sportverein neben dem unbezahlten auch den bezahlten Sport fördert,
9. eine von einer Gebietskörperschaft errichtete Stiftung zur Erfüllung ihrer steuerbegünstigten Zwecke Zuschüsse an Wirtschaftsunternehmen vergibt,
10. eine Körperschaft Mittel zum Erwerb von Gesellschaftsrechten zur Erhaltung der prozentualen Beteiligung an Kapitalgesellschaften im Jahr des Zuflusses verwendet. Dieser Erwerb mindert die Höhe der Rücklage nach § 62 Absatz 1 Nummer 3,
11. eine Körperschaft Mittel für die Errichtung und den Betrieb von Photovoltaikanlagen und anderen Anlagen nach dem Erneuerbare-Energien-Gesetz verwendet, soweit es sich dabei nicht um den Hauptzweck der Körperschaft handelt.

§ 58a Vertrauensschutz bei Mittelweitergaben

(1) Wendet eine steuerbegünstigte Körperschaft Mittel einer anderen Körperschaft zu, darf sie unter den Voraussetzungen des Absatzes 2 darauf vertrauen, dass die empfangende Körperschaft

1. nach § 5 Absatz 1 Nummer 9 des Körperschaftsteuergesetzes im Zeitpunkt der Zuwendung steuerbegünstigt ist und
2. die Zuwendung für steuerbegünstigte Zwecke verwendet.

(2) Das Vertrauen der zuwendenden Körperschaft nach Absatz 1 ist nur schutzwürdig, wenn sich die zuwendende Körperschaft zum Zeitpunkt der Zuwendung die Steuerbegünstigung der empfangenden Körperschaft nach § 5 Absatz 1 Nummer 9 des Körperschaftsteuergesetzes hat nachweisen lassen durch eine Ausfertigung

1. der Anlage zum Körperschaftsteuerbescheid, deren Datum nicht länger als fünf Jahre zurückliegt oder
2. des Freistellungsbescheids, dessen Datum nicht länger als fünf Jahre zurückliegt oder
3. des Bescheids über die Feststellung der Einhaltung der satzungsmäßigen Voraussetzungen nach § 60a Absatz 1, dessen Datum nicht länger als drei Jahre zurückliegt, wenn der empfangenden Körper-

schaft bisher kein Freistellungsbescheid oder keine Anlage zum Körperschaftsteuerbescheid erteilt wurde.

(3) Absatz 1 ist nicht anzuwenden, wenn

1. der zuwendenden Körperschaft die Unrichtigkeit eines Verwaltungsakts nach Absatz 2 bekannt ist oder infolge grober Fahrlässigkeit nicht bekannt war oder
2. die zuwendende Körperschaft eine Verwendung für nicht steuerbegünstigte Zwecke durch die empfangende Körperschaft veranlasst hat.

III

§ 59 Voraussetzung der Steuervergünstigung

Die Steuervergünstigung wird gewährt, wenn sich aus der Satzung, dem Stiftungsgeschäft oder der sonstigen Verfassung (Satzung im Sinne dieser Vorschriften) ergibt, welchen Zweck die Körperschaft verfolgt, dass dieser Zweck den Anforderungen der §§ 52 bis 55 entspricht und dass er ausschließlich und unmittelbar verfolgt wird; die tatsächliche Geschäftsführung muss diesen Satzungsbestimmungen entsprechen.

§ 60 Anforderungen an die Satzung

(1) $_1$Die Satzungszwecke und die Art ihrer Verwirklichung müssen so genau bestimmt sein, dass auf Grund der Satzung geprüft werden kann, ob die satzungsmäßigen Voraussetzungen für Steuervergünstigungen gegeben sind. $_2$Die Satzung muss die in der Anlage 1 bezeichneten Festlegungen enthalten.

(2) Die Satzung muss den vorgeschriebenen Erfordernissen bei der Körperschaftsteuer und bei der Gewerbesteuer während des ganzen Veranlagungs- oder Bemessungszeitraums, bei den anderen Steuern im Zeitpunkt der Entstehung der Steuer entsprechen.

§ 60a Feststellung der satzungsmäßigen Voraussetzungen

(1) $_1$Die Einhaltung der satzungsmäßigen Voraussetzungen nach den §§ 51, 59, 60 und 61 wird gesondert festgestellt. $_2$Die Feststellung der Satzungsmäßigkeit ist für die Besteuerung der Körperschaft und der Steuerpflichtigen, die Zuwendungen in Form von Spenden und Mitgliedsbeiträgen an die Körperschaft erbringen, bindend.

(2) Die Feststellung der Satzungsmäßigkeit erfolgt

1. auf Antrag der Körperschaft oder
2. von Amts wegen bei der Veranlagung zur Körperschaftsteuer, wenn bisher noch keine Feststellung erfolgt ist.

(3) Die Bindungswirkung der Feststellung entfällt ab dem Zeitpunkt, in dem die Rechtsvorschriften, auf denen die Feststellung beruht, aufgehoben oder geändert werden.

(4) Tritt bei den für die Feststellung erheblichen Verhältnissen eine Änderung ein, ist die Feststellung mit Wirkung vom Zeitpunkt der Änderung der Verhältnisse aufzuheben.

(5) $_1$Materielle Fehler im Feststellungsbescheid über die Satzungsmäßigkeit können mit Wirkung ab dem Kalenderjahr beseitigt werden, das auf die Bekanntgabe der Aufhebung der Feststellung folgt. $_2$§ 176 gilt entsprechend, außer es sind Kalenderjahre zu ändern, die nach der Verkündung der maßgeblichen Entscheidung eines obersten Gerichtshofes des Bundes beginnen.

(6) $_1$Liegen bis zum Zeitpunkt des Erlasses des erstmaligen Körperschaftsteuerbescheids oder Freistellungsbescheids bereits Erkenntnisse vor, dass die tatsächliche Geschäftsführung gegen die satzungsmäßigen Voraussetzungen verstößt, ist die Feststellung der Einhaltung der satzungsmäßigen Voraussetzungen nach Absatz 1 Satz 1 abzulehnen. $_2$Satz 1 gilt entsprechend für die Aufhebung bestehender Feststellungen nach § 60a.

(7) $_1$Auf Anfrage der registerführenden Stelle nach § 18 Absatz 2 des Geldwäschegesetzes kann das für die Feststellung nach Absatz 1 zuständige Finanzamt der registerführenden Stelle bestätigen, dass eine Vereinigung, die einen Antrag nach § 24 Absatz 1 Satz 2 des Geldwäschegesetzes gestellt hat, die nach den §§ 52 bis 54 der Abgabenordnung steuerbegünstigten Zwecke verfolgt. $_2$Hierzu hat die registerführende Stelle dem zuständigen Finanzamt zu bestätigen, dass das Einver-

ständnis der Vereinigung auf Auskunftserteilung nach § 24 Absatz 1 Satz 3 des Geldwäschegesetzes vorliegt.

§ 60b Zuwendungsempfängerregister

(1) Das Bundeszentralamt für Steuern führt ein Register, in dem Körperschaften und juristische Personen des öffentlichen Rechts geführt werden, an die steuerbegünstigt Zuwendungen nach den §§ 10b, 34g des Einkommensteuergesetzes geleistet werden können (Zuwendungsempfängerregister).

(2) Im Zuwendungsempfängerregister speichert das Bundeszentralamt für Steuern zu Zwecken des Sonderausgabenabzugs nach § 10b des Einkommensteuergesetzes und der Steuerermäßigung nach § 34g des Einkommensteuergesetzes automatisiert folgende Daten:

1. Wirtschafts-Identifikationsnummer,
2. Name,
3. Anschrift,
4. steuerbegünstigte Zwecke nach den §§ 52 bis 54,
5. Datum der Anerkennung als Partei im Sinne des § 2 des Parteiengesetzes,
6. Datum der Anerkennung als Wählervereinigung,
7. Status als juristische Person des öffentlichen Rechts,
8. zuständige Finanzbehörde,
9. Datum der Erteilung des letzten Freistellungsbescheides, der Anlage zum Körperschaftsteuerbescheid oder des Feststellungsbescheides nach § 60a,
10. Kontoverbindungen bei Banken/Kreditinstituten und Bezahldienstleistern.

(3) Die für die Besteuerung nach dem Einkommen zuständige Finanzbehörde übermittelt dem Bundeszentralamt für Steuern die Daten nach Absatz 2 sowie unverzüglich jede Änderung dieser Daten.

(4) 1Das Bundeszentralamt für Steuern ist befugt, die Daten nach Absatz 2 Dritten zu offenbaren. 2§ 30 steht dem nicht entgegen.

(5) Die im Zuwendungsempfängerregister Geführten können Änderungen und Ergänzungen der Eintragungen nach Absatz 2 Nummer 10 mit Hilfe eines amtlich vorgeschriebenen Datensatzes durch Datenfernübertragung bewirken.

§ 61 Satzungsmäßige Vermögensbindung

(1) Eine steuerlich ausreichende Vermögensbindung (§ 55 Absatz 1 Nummer 4) liegt vor, wenn der Zweck, für den das Vermögen bei Auflösung oder Aufhebung der Körperschaft oder bei Wegfall ihres bisherigen Zwecks verwendet werden soll, in der Satzung so genau bestimmt ist, dass auf Grund der Satzung geprüft werden kann, ob der Verwendungszweck steuerbegünstigt ist.

(2) (weggefallen)

(3) 1Wird die Bestimmung über die Vermögensbindung nachträglich so geändert, dass sie den Anforderungen des § 55 Absatz 1 Nummer 4 nicht mehr entspricht, so gilt sie von Anfang an als steuerlich nicht ausreichend. 2§ 175 Absatz 1 Satz 1 Nummer 2 ist mit der Maßgabe anzuwenden, dass Steuerbescheide erlassen, aufgehoben oder geändert werden können, soweit sie Steuern betreffen, die innerhalb der letzten zehn Kalenderjahre vor der Änderung der Bestimmung über die Vermögensbindung entstanden sind.

§ 62 Rücklagen und Vermögensbildung

(1) Körperschaften können ihre Mittel ganz oder teilweise

1. einer Rücklage zuführen, soweit dies erforderlich ist, um ihre steuerbegünstigten, satzungsmäßigen Zwecke nach dem Stand der Planung zum Zeitpunkt der Rücklagenbildung nachhaltig zu erfüllen;
2. einer Rücklage für die beabsichtigte Wiederbeschaffung von Wirtschaftsgütern zuführen, die zur Verwirklichung der steuerbegünstigten, satzungsmäßigen Zwecke erforderlich sind (Rücklage für Wiederbeschaffung). Die Höhe der Zuführung bemisst sich nach der Höhe der regulären Absetzungen für Abnutzung eines zu ersetzenden Wirtschaftsguts. Die Voraussetzungen für eine höhere Zuführung sind nachzuweisen;

III

3. der freien Rücklage zuführen, jedoch höchstens ein Drittel des Überschusses aus der Vermögensverwaltung und darüber hinaus höchstens 10 Prozent der sonstigen nach § 55 Absatz 1 Nummer 5 zeitnah zu verwendenden Mittel. Ist der Höchstbetrag für die Bildung der freien Rücklage in einem Jahr nicht ausgeschöpft, kann diese unterbliebene Zuführung in den folgenden zwei Jahren nachgeholt werden;
4. einer Rücklage zum Erwerb von Gesellschaftsrechten zur Erhaltung der prozentualen Beteiligung an Kapitalgesellschaften zuführen, wobei die Höhe dieser Rücklage die Höhe der Rücklage nach Nummer 3 mindert.

(2) $_1$Die Bildung von Rücklagen nach Absatz 1 hat innerhalb der Frist des § 55 Absatz 1 Nummer 5 Satz 3 zu erfolgen. $_2$Rücklagen nach Absatz 1 Nummer 1, 2 und 4 sind unverzüglich aufzulösen, sobald der Grund für die Rücklagenbildung entfallen ist. $_3$Die freigewordenen Mittel sind innerhalb der Frist nach § 55 Absatz 1 Nummer 5 Satz 3 zu verwenden.

(3) Die folgenden Mittelzuführungen unterliegen nicht der zeitnahen Mittelverwendung nach § 55 Absatz 1 Nummer 5:

1. Zuwendungen von Todes wegen, wenn der Erblasser keine Verwendung für den laufenden Aufwand der Körperschaft vorgeschrieben hat;
2. Zuwendungen, bei denen der Zuwendende ausdrücklich erklärt, dass diese zur Ausstattung der Körperschaft mit Vermögen oder zur Erhöhung des Vermögens bestimmt sind;
3. Zuwendungen auf Grund eines Spendenaufrufs der Körperschaft, wenn aus dem Spendenaufruf ersichtlich ist, dass Beträge zur Aufstockung des Vermögens erbeten werden;
4. Sachzuwendungen, die ihrer Natur nach zum Vermögen gehören.

(4) Eine Stiftung kann im Jahr ihrer Errichtung und in den drei folgenden Kalenderjahren Überschüsse aus der Vermögensverwaltung und die Gewinne aus wirtschaftlichen Geschäftsbetrieben nach § 14 ganz oder teilweise ihrem Vermögen zuführen.

§ 63 Anforderungen an die tatsächliche Geschäftsführung

(1) Die tatsächliche Geschäftsführung der Körperschaft muss auf die ausschließliche und unmittelbare Erfüllung der steuerbegünstigten Zwecke gerichtet sein und den Bestimmungen entsprechen, die die Satzung über die Voraussetzungen für Steuervergünstigungen enthält.

(2) Für die tatsächliche Geschäftsführung gilt sinngemäß § 60 Absatz 2, für eine Verletzung der Vorschrift über die Vermögensbindung § 61 Absatz 3.

(3) Die Körperschaft hat den Nachweis, dass ihre tatsächliche Geschäftsführung den Erfordernissen des Absatzes 1 entspricht, durch ordnungsmäßige Aufzeichnungen über ihre Einnahmen und Ausgaben zu führen.

(4) $_1$Hat die Körperschaft ohne Vorliegen der Voraussetzungen Mittel angesammelt, kann das Finanzamt ihr eine angemessene Frist für die Verwendung der Mittel setzen. $_2$Die tatsächliche Geschäftsführung gilt als ordnungsgemäß im Sinne des Absatzes 1, wenn die Körperschaft die Mittel innerhalb der Frist für steuerbegünstigte Zwecke verwendet.

(5) $_1$Körperschaften im Sinne des § 10b Absatz 1 Satz 2 Nummer 2 des Einkommensteuergesetzes dürfen Zuwendungsbestätigungen im Sinne des § 50 Absatz 1 der Einkommensteuer-Durchführungsverordnung nur ausstellen, wenn

1. das Datum der Anlage zum Körperschaftsteuerbescheid oder des Freistellungsbescheids nicht länger als fünf Jahre zurückliegt oder
2. die Feststellung der Satzungsmäßigkeit nach § 60a Absatz 1 nicht länger als drei Kalenderjahre zurückliegt und bisher kein Freistellungsbescheid oder keine Anlage zum Körperschaftsteuerbescheid erteilt wurde.

$_2$Die Frist ist taggenau zu berechnen.

§ 64 Steuerpflichtige wirtschaftliche Geschäftsbetriebe

(1) Schließt das Gesetz die Steuervergünstigung insoweit aus, als ein wirtschaftlicher Geschäftsbetrieb (§ 14) unterhalten wird, so verliert die Körperschaft die Steuervergünstigung für die dem Geschäftsbetrieb zuzuordnenden Besteuerungsgrundlagen (Einkünfte, Umsätze, Vermögen), soweit der wirtschaftliche Geschäftsbetrieb kein Zweckbetrieb (§§ 65 bis 68) ist.

(2) Unterhält die Körperschaft mehrere wirtschaftliche Geschäftsbetriebe, die keine Zweckbetriebe (§§ 65 bis 68) sind, werden diese als ein wirtschaftlicher Geschäftsbetrieb behandelt.

(3) 1Übersteigen die Einnahmen einschließlich Umsatzsteuer aus wirtschaftlichen Geschäftsbetrieben, die keine Zweckbetriebe sind, insgesamt nicht 50 000 Euro im Jahr, so unterliegen die diesen Geschäftsbetrieben zuzuordnenden Besteuerungsgrundlagen nicht der Körperschaftsteuer und der Gewerbesteuer. 2Falls die Einnahmen aus sämtlichen wirtschaftlichen Geschäftsbetrieben (§ 14) die Grenze nach Satz 1 nicht überschreiten und insgesamt ein Gewinn erzielt wird, ist damit eine Prüfung, ob die Voraussetzungen der §§ 65 bis 68 vorliegen, nicht mehr erforderlich.

(4) Die Aufteilung einer Körperschaft in mehrere selbständige Körperschaften zum Zweck der mehrfachen Inanspruchnahme der Steuervergünstigung nach Absatz 3 gilt als Missbrauch von rechtlichen Gestaltungsmöglichkeiten im Sinne des § 42.

(5) Überschüsse aus der Verwertung unentgeltlich erworbenen Altmaterials außerhalb einer ständig dafür vorgehaltenen Verkaufsstelle, die der Körperschaftsteuer und der Gewerbesteuer unterliegen, können in Höhe des branchenüblichen Reingewinns geschätzt werden.

(6) Bei den folgenden steuerpflichtigen wirtschaftlichen Geschäftsbetrieben kann der Besteuerung ein Gewinn von 15 Prozent der Einnahmen zugrunde gelegt werden:

1. Werbung für Unternehmen, die im Zusammenhang mit der steuerbegünstigten Tätigkeit einschließlich Zweckbetrieben stattfindet,
2. Totalisatorbetriebe,
3. Zweite Fraktionierungsstufe der Blutspendedienste.

§ 65 Zweckbetrieb

Ein Zweckbetrieb ist gegeben, wenn

1. der wirtschaftliche Geschäftsbetrieb in seiner Gesamtrichtung dazu dient, die steuerbegünstigten satzungsmäßigen Zwecke der Körperschaft zu verwirklichen,
2. die Zwecke nur durch einen solchen Geschäftsbetrieb erreicht werden können und
3. der wirtschaftliche Geschäftsbetrieb zu nicht begünstigten Betrieben derselben oder ähnlicher Art nicht in größerem Umfang in Wettbewerb tritt, als es bei Erfüllung der steuerbegünstigten Zwecke unvermeidbar ist.

§ 66 Wohlfahrtspflege

(1) Eine Einrichtung der Wohlfahrtspflege ist ein Zweckbetrieb, wenn sie in besonderem Maß den in § 53 genannten Personen dient.

(2) 1Wohlfahrtspflege ist die planmäßige, zum Wohle der Allgemeinheit und nicht des Erwerbs wegen ausgeübte Sorge für notleidende oder gefährdete Mitmenschen. 2Die Sorge kann sich auf das gesundheitliche, sittliche, erzieherische oder wirtschaftliche Wohl erstrecken und Vorbeugung oder Abhilfe bezwecken.

(3) 1Eine Einrichtung der Wohlfahrtspflege dient in besonderem Maße den in § 53 genannten Personen, wenn diesen mindestens zwei Drittel ihrer Leistungen zugute kommen. 2Für Krankenhäuser gilt § 67.

§ 67 Krankenhäuser

(1) Ein Krankenhaus, das in den Anwendungsbereich des Krankenhausentgeltgesetzes oder der Bundespflegesatzverordnung fällt, ist ein Zweckbetrieb, wenn mindestens 40 Prozent der jährlichen Belegungstage oder Berechnungstage auf Patienten entfal-

len, bei denen nur Entgelte für allgemeine Krankenhausleistungen (§ 7 des Krankenhausentgeltgesetzes, § 10 der Bundespflegesatzverordnung) berechnet werden.

(2) Ein Krankenhaus, das nicht in den Anwendungsbereich des Krankenhausentgeltgesetzes oder der Bundespflegesatzverordnung fällt, ist ein Zweckbetrieb, wenn mindestens 40 Prozent der jährlichen Belegungstage oder Berechnungstage auf Patienten entfallen, bei denen für die Krankenhausleistungen kein höheres Entgelt als nach Absatz 1 berechnet wird.

III

§ 67a Sportliche Veranstaltungen

(1) 1Sportliche Veranstaltungen eines Sportvereins sind ein Zweckbetrieb, wenn die Einnahmen einschließlich Umsatzsteuer insgesamt 50 000 Euro im Jahr nicht übersteigen. 2Der Verkauf von Speisen und Getränken sowie die Werbung gehören nicht zu den sportlichen Veranstaltungen.

(2) 1Der Sportverein kann dem Finanzamt bis zur Unanfechtbarkeit des Körperschaftsteuerbescheids erklären, dass er auf die Anwendung des Absatzes 1 Satz 1 verzichtet. 2Die Erklärung bindet den Sportverein für mindestens fünf Veranlagungszeiträume.

(3) 1Wird auf die Anwendung des Absatzes 1 Satz 1 verzichtet, sind sportliche Veranstaltungen eines Sportvereins ein Zweckbetrieb, wenn

1. kein Sportler des Vereins teilnimmt, der für seine sportliche Betätigung oder für die Benutzung seiner Person, seines Namens, seines Bildes oder seiner sportlichen Betätigung zu Werbezwecken von dem Verein oder einem Dritten über eine Aufwandsentschädigung hinaus Vergütungen oder andere Vorteile erhält und
2. kein anderer Sportler teilnimmt, der für die Teilnahme an der Veranstaltung von dem Verein oder einem Dritten im Zusammenwirken mit dem Verein über eine Aufwandsentschädigung hinaus Vergütungen oder andere Vorteile erhält.

2Andere sportliche Veranstaltungen sind ein steuerpflichtiger wirtschaftlicher Geschäftsbetrieb. 3Dieser schließt die Steuervergünstigung nicht aus, wenn die Vergütungen oder andere Vorteile ausschließlich aus wirtschaftlichen Geschäftsbetrieben, die nicht Zweckbetriebe sind, oder von Dritten geleistet werden.

(4) 1Organisatorische Leistungen eines Sportdachverbandes zur Durchführung von sportlichen Veranstaltungen sind ein Zweckbetrieb, wenn an der sportlichen Veranstaltung überwiegend Sportler teilnehmen, die keine Lizenzsportler sind. Alle sportlichen Veranstaltungen einer Saison einer Liga gelten als eine sportliche Veranstaltung im Sinne des Satzes 1. 2Absatz 1 Satz 2 gilt entsprechend.

§ 68 Einzelne Zweckbetriebe

Zweckbetriebe sind auch:

1. a) Alten-, Altenwohn- und Pflegeheime, Erholungsheime, Mahlzeitendienste, wenn sie in besonderem Maß den in § 53 genannten Personen dienen (§ 66 Absatz 3),
   b) Kindergärten, Kinder-, Jugend- und Studentenheime, Schullandheime und Jugendherbergen,
   c) Einrichtungen zur Versorgung, Verpflegung und Betreuung von Flüchtlingen. Die Voraussetzungen des § 66 Absatz 2 sind zu berücksichtigen,
2. a) landwirtschaftliche Betriebe und Gärtnereien, die der Selbstversorgung von Körperschaften dienen und dadurch die sachgemäße Ernährung und ausreichende Versorgung von Anstaltsangehörigen sichern,
   b) andere Einrichtungen, die für die Selbstversorgung von Körperschaften erforderlich sind, wie Tischlereien, Schlossereien,

   wenn die Lieferungen und sonstigen Leistungen dieser Einrichtungen an Außenstehende dem Wert nach 20 Prozent der gesamten Lieferungen und sonstigen Leistungen des Betriebs – einschließlich der an die Körperschaften selbst bewirkten – nicht übersteigen,
3. a) Werkstätten für behinderte Menschen, die nach den Vorschriften des Dritten Buches Sozialgesetzbuch förderungsfä-

hig sind und Personen Arbeitsplätze bieten, die wegen ihrer Behinderung nicht auf dem allgemeinen Arbeitsmarkt tätig sein können,

b) Einrichtungen für Beschäftigungs- und Arbeitstherapie, in denen behinderte Menschen aufgrund ärztlicher Indikationen außerhalb eines Beschäftigungsverhältnisses zum Träger der Therapieeinrichtung mit dem Ziel behandelt werden, körperliche oder psychische Grundfunktionen zum Zwecke der Wiedereingliederung in das Alltagsleben wiederherzustellen oder die besonderen Fähigkeiten und Fertigkeiten auszubilden, zu fördern und zu trainieren, die für eine Teilnahme am Arbeitsleben erforderlich sind, und

c) Inklusionsbetriebe im Sinne des § 215 Absatz 1 des Neunten Buches Sozialgesetzbuch, wenn mindestens 40 Prozent der Beschäftigten besonders betroffene schwerbehinderte Menschen im Sinne des § 215 Absatz 1 des Neunten Buches Sozialgesetzbuch sind; auf die Quote werden psychisch kranke Menschen im Sinne des § 215 Absatz 4 des Neunten Buches Sozialgesetzbuch angerechnet,

4. Einrichtungen, die zur Durchführung der Fürsorge für blinde Menschen, zur Durchführung der Fürsorge für körperbehinderte Menschen und zur Durchführung der Fürsorge für psychische und seelische Erkrankungen beziehungsweise Behinderungen unterhalten werden,

5. Einrichtungen über Tag und Nacht (Heimerziehung) oder sonstige betreute Wohnformen,

6. von den zuständigen Behörden genehmigte Lotterien und Ausspielungen, wenn der Reinertrag unmittelbar und ausschließlich zur Förderung mildtätiger, kirchlicher oder gemeinnütziger Zwecke verwendet wird,

7. kulturelle Einrichtungen, wie Museen, Theater, und kulturelle Veranstaltungen, wie Konzerte, Kunstausstellungen; dazu gehört nicht der Verkauf von Speisen und Getränken,

8. Volkshochschulen und andere Einrichtungen, soweit sie selbst Vorträge, Kurse und andere Veranstaltungen wissenschaftlicher oder belehrender Art durchführen; dies gilt auch, soweit die Einrichtungen den Teilnehmern dieser Veranstaltungen selbst Beherbergung und Beköstigung gewähren,

9. Wissenschafts- und Forschungseinrichtungen, deren Träger sich überwiegend aus Zuwendungen der öffentlichen Hand oder Dritter oder aus der Vermögensverwaltung finanziert. Der Wissenschaft und Forschung dient auch die Auftragsforschung. Nicht zum Zweckbetrieb gehören Tätigkeiten, die sich auf die Anwendung gesicherter wissenschaftlicher Erkenntnisse beschränken, die Übernahme von Projektträgerschaften sowie wirtschaftliche Tätigkeiten ohne Forschungsbezug.

Anlage 1
(zu § 60)

Mustersatzung für Vereine, Stiftungen, Betriebe gewerblicher Art von juristischen Personen des öffentlichen Rechts, geistliche Genossenschaften und Kapitalgesellschaften

(nur aus steuerlichen Gründen notwendige Bestimmungen)

III

§ 1

1Der – Die – . . . (Körperschaft) mit Sitz in . . . verfolgt ausschließlich und unmittelbar – gemeinnützige – mildtätige – kirchliche – Zwecke (nicht verfolgte Zwecke streichen) im Sinne des Abschnitts „Steuerbegünstigte Zwecke" der Abgabenordnung.

2Zweck der Körperschaft ist . . . (z. B. die Förderung von Wissenschaft und Forschung, Jugend- und Altenhilfe, Erziehung, Volks- und Berufsbildung, Kunst und Kultur, Landschaftspflege, Umweltschutz, des öffentlichen Gesundheitswesens, des Sports, Unterstützung hilfsbedürftiger Personen).

3Der Satzungszweck wird verwirklicht insbesondere durch . . . (z. B. Durchführung wissenschaftlicher Veranstaltungen und Forschungsvorhaben, Vergabe von Forschungsaufträgen, Unterhaltung einer Schule, einer Erziehungsberatungsstelle, Pflege von Kunstsammlungen, Pflege des Liedgutes und des Chorgesanges, Errichtung von Naturschutzgebieten, Unterhaltung eines Kindergartens, Kinder-, Jugendheimes, Unterhaltung eines Altenheimes, eines Erholungsheimes, Bekämpfung des Drogenmissbrauchs, des Lärms, Förderung sportlicher Übungen und Leistungen).

§ 2

Die Körperschaft ist selbstlos tätig; sie verfolgt nicht in erster Linie eigenwirtschaftliche Zwecke.

§ 3

1Mittel der Körperschaft dürfen nur für die satzungsmäßigen Zwecke verwendet werden. 2Die Mitglieder erhalten keine Zuwendungen aus Mitteln der Körperschaft.

§ 4

Es darf keine Person durch Ausgaben, die dem Zweck der Körperschaft fremd sind, oder durch unverhältnismäßig hohe Vergütungen begünstigt werden.

§ 5

Bei Auflösung oder Aufhebung der Körperschaft oder bei Wegfall steuerbegünstigter Zwecke fällt das Vermögen der Körperschaft

1. an – den – die – das – . . . (Bezeichnung einer juristischen Person des öffentlichen Rechts oder einer anderen steuerbegünstigten Körperschaft), – der – die – das – es unmittelbar und ausschließlich für gemeinnützige, mildtätige oder kirchliche Zwecke zu verwenden hat.

   oder

2. an eine juristische Person des öffentlichen Rechts oder eine andere steuerbegünstigte Körperschaft zwecks Verwendung für . . . (Angabe eines bestimmten gemeinnützigen, mildtätigen oder kirchlichen Zwecks, z. B. Förderung von Wissenschaft und Forschung, Erziehung, Volks- und Berufsbildung, der Unterstützung von Personen, die im Sinne von § 53 der Abgabenordnung wegen . . . bedürftig sind, Unterhaltung des Gotteshauses in . . .).

Weitere Hinweise

1Bei **Betrieben gewerblicher Art von juristischen Personen des öffentlichen Rechts, bei den von einer juristischen Person des öffentlichen Rechts verwalteten unselbständigen Stiftungen und bei geistlichen Genossenschaften** (Orden, Kongregationen) ist folgende Bestimmung aufzunehmen:

§ 3 Absatz 2:

„Der – die – das . . . erhält bei Auflösung oder Aufhebung der Körperschaft oder bei Wegfall steuerbegünstigter Zwecke nicht mehr als – seine – ihre – eingezahlten Kapitalanteile und den gemeinen Wert seiner – ihrer – geleisteten Sacheinlagen zurück."

₂Bei **Stiftungen** ist diese Bestimmung nur erforderlich, wenn die Satzung dem Stifter einen Anspruch auf Rückgewähr von Vermögen einräumt. ₃Fehlt die Regelung, wird das eingebrachte Vermögen wie das übrige Vermögen behandelt.

₄Bei **Kapitalgesellschaften** sind folgende ergänzende Bestimmungen in die Satzung aufzunehmen:

1. § 3 Absatz 1 Satz 2:

   „Die Gesellschafter dürfen keine Gewinnanteile und auch keine sonstigen Zuwendungen aus Mitteln der Körperschaft erhalten."

2. § 3 Absatz 2:

   „Sie erhalten bei ihrem Ausscheiden oder bei Auflösung der Körperschaft oder bei Wegfall steuerbegünstigter Zwecke nicht mehr als ihre eingezahlten Kapitalanteile und den gemeinen Wert ihrer geleisteten Sacheinlagen zurück."

3. § 5:

   „Bei Auflösung der Körperschaft oder bei Wegfall steuerbegünstigter Zwecke fällt das Vermögen der Körperschaft, soweit es die eingezahlten Kapitalanteile der Gesellschafter und den gemeinen Wert der von den Gesellschaftern geleisteten Sacheinlagen übersteigt, . . .".

₅§ 3 Absatz 2 und der Satzteil „soweit es die eingezahlten Kapitalanteile der Gesellschafter und den gemeinen Wert der von den Gesellschaftern geleisteten Sacheinlagen übersteigt," in § 5 sind nur erforderlich, wenn die Satzung einen Anspruch auf Rückgewähr von Vermögen einräumt.

III

Gesetz zum Schutz vor schädlichen Umwelteinwirkungen durch Luftverunreinigungen, Geräusche, Erschütterungen und ähnliche Vorgänge (Bundes-Immissionsschutzgesetz – BImSchG)

in der Fassung der Bekanntmachung vom 17. Mai 2013 (BGBl. I S. 1274, 2021 S. 123)

Zuletzt geändert durch
Gesetz zur Beschleunigung des Ausbaus von Geothermieanlagen, Wärmepumpen und Wärmespeichern und zur Änderung weiterer rechtlicher Rahmenbedingungen für den klimaneutralen Ausbau der Wärmeversorgung sowie zur Änderung des Baugesetzbuchs und zur Änderung des Bundes-Immissionsschutzgesetzes
vom 22. Dezember 2025 (BGBl. I Nr. 348)

– Auszug: Genehmigungsbedürftige Anlagen –

Inhaltsübersicht

III

Erster Teil
Allgemeine Vorschriften

§ 1 Zweck des Gesetzes

(1) Zweck dieses Gesetzes ist es, Menschen, Wild- und Nutztiere und Pflanzen, den Boden, das Wasser, die Atmosphäre, das Klima sowie Kultur- und sonstige Sachgüter vor schädlichen Umwelteinwirkungen zu schützen und dem Entstehen schädlicher Umwelteinwirkungen vorzubeugen.

(2) Soweit es sich um genehmigungsbedürftige Anlagen handelt, dient dieses Gesetz auch

– der integrierten Vermeidung und Verminderung schädlicher Umwelteinwirkungen durch Emissionen in Luft, Wasser und Boden unter Einbeziehung der Abfallwirtschaft, um ein hohes Schutzniveau für die Umwelt insgesamt zu erreichen, sowie
– dem Schutz und der Vorsorge gegen Gefahren, erhebliche Nachteile und erhebliche Belästigungen, die auf andere Weise herbeigeführt werden.

§ 2 Geltungsbereich

(1) Die Vorschriften dieses Gesetzes gelten für

1. die Errichtung und den Betrieb von Anlagen,
2. das Herstellen, Inverkehrbringen und Einführen von Anlagen, Brennstoffen und Treibstoffen, Stoffen und Erzeugnissen aus Stoffen nach Maßgabe der §§ 32 bis 37,
3. die Beschaffenheit, die Ausrüstung, den Betrieb und die Prüfung von Kraftfahrzeugen und ihren Anhängern und von Schienen-, Luft- und Wasserfahrzeugen sowie von Schwimmkörpern und schwimmenden Anlagen nach Maßgabe der §§ 38 bis 40 und
4. den Bau öffentlicher Straßen sowie von Eisenbahnen, Magnetschwebebahnen und Straßenbahnen nach Maßgabe der §§ 41 bis 43.

(2) Die Vorschriften dieses Gesetzes gelten nicht für Flugplätze, soweit nicht die sich aus diesem Gesetz ergebenden Anforderungen für Betriebsbereiche oder der Sechste Teil betroffen sind, und für Anlagen, Geräte, Vorrichtungen sowie Kernbrennstoffe und sonstige radioaktive Stoffe, die den Vorschriften des Atomgesetzes oder einer hiernach erlassenen Rechtsverordnung unterliegen, soweit es sich um den Schutz vor den Gefahren der Kernenergie und der schädlichen Wirkung ionisierender Strahlen handelt. Sie gelten ferner nicht, soweit sich aus wasserrechtlichen Vorschriften des Bundes und der Länder zum Schutz der Gewässer oder aus Vorschriften des Düngemittel- und Pflanzenschutzrechts etwas anderes ergibt.

(3) Die Vorschriften dieses Gesetzes über Abfälle gelten nicht für

1. Luftverunreinigungen,
2. Böden am Ursprungsort (Böden in situ) einschließlich nicht ausgehobener, kontaminierter Böden und Bauwerke, die dauerhaft mit dem Boden verbunden sind,
3. nicht kontaminiertes Bodenmaterial und andere natürlich vorkommende Materialien, die bei Bauarbeiten ausgehoben wurden, sofern sichergestellt ist, dass die Materialien in ihrem natürlichen Zustand an dem Ort, an dem sie ausgehoben wurden, für Bauzwecke verwendet werden.

§ 3 Begriffsbestimmungen

(1) Schädliche Umwelteinwirkungen im Sinne dieses Gesetzes sind Immissionen, die nach Art, Ausmaß oder Dauer geeignet sind, Gefahren, erhebliche Nachteile oder erhebliche Belästigungen für die Allgemeinheit oder die Nachbarschaft herbeizuführen.

(2) Immissionen im Sinne dieses Gesetzes sind auf Menschen, Wild- und Nutztiere und Pflanzen, den Boden, das Wasser, die Atmosphäre, das Klima sowie Kultur- und sonstige Sachgüter einwirkende Luftverunreinigungen, Geräusche, Erschütterungen, Licht, Wärme, Strahlen und ähnliche Umwelteinwirkungen.

(3) Emissionen im Sinne dieses Gesetzes sind die von einer Anlage ausgehenden Luftverunreinigungen, Geräusche, Erschütterungen, Licht, Wärme, Strahlen und ähnliche Erscheinungen.

(4) Luftverunreinigungen im Sinne dieses Gesetzes sind Veränderungen der natürlichen

Zusammensetzung der Luft, insbesondere durch Rauch, Ruß, Staub, Gase, Aerosole, Dämpfe oder Geruchsstoffe.

(5) Anlagen im Sinne dieses Gesetzes sind

1. Betriebsstätten und sonstige ortsfeste Einrichtungen,
2. Maschinen, Geräte und sonstige ortsveränderliche technische Einrichtungen sowie Fahrzeuge, soweit sie nicht der Vorschrift des § 38 unterliegen, und
3. Grundstücke, auf denen Stoffe gelagert oder abgelagert oder Arbeiten durchgeführt werden, die Emissionen verursachen können, ausgenommen öffentliche Verkehrswege.

(5a) Ein Betriebsbereich ist der gesamte unter der Aufsicht eines Betreibers stehende Bereich, in dem gefährliche Stoffe im Sinne des Artikels 3 Nummer 10 der Richtlinie 2012/18/EU des Europäischen Parlaments und des Rates vom 4. Juli 2012 zur Beherrschung der Gefahren schwerer Unfälle mit gefährlichen Stoffen, zur Änderung und anschließenden Aufhebung der Richtlinie 96/82/EG des Rates (ABl. L 197 vom 24. 7. 2012, S. 1) in einer oder mehreren Anlagen einschließlich gemeinsamer oder verbundener Infrastrukturen oder Tätigkeiten auch bei Lagerung im Sinne des Artikels 3 Nummer 16 der Richtlinie in den in Artikel 3 Nummer 2 oder Nummer 3 der Richtlinie bezeichneten Mengen tatsächlich vorhanden oder vorgesehen sind oder vorhanden sein werden, soweit vernünftigerweise vorhersehbar ist, dass die genannten gefährlichen Stoffe bei außer Kontrolle geratenen Prozessen anfallen; ausgenommen sind die in Artikel 2 Absatz 2 der Richtlinie 2012/18/EU angeführten Einrichtungen, Gefahren und Tätigkeiten, es sei denn, es handelt sich um eine in Artikel 2 Absatz 2 Unterabsatz 2 der Richtlinie 2012/18/EU genannte Einrichtung, Gefahr oder Tätigkeit.

(5b) Eine störfallrelevante Errichtung und ein Betrieb oder eine störfallrelevante Änderung einer Anlage oder eines Betriebsbereichs ist eine Errichtung und ein Betrieb einer Anlage, die Betriebsbereich oder Bestandteil eines Betriebsbereichs ist, oder eine Änderung einer Anlage oder eines Betriebsbereichs einschließlich der Änderung eines Lagers, eines Verfahrens oder der Art oder physikalischen Form oder der Mengen der gefährlichen Stoffe im Sinne des Artikels 3 Nummer 10 der Richtlinie 2012/18/EU, aus der sich erhebliche Auswirkungen auf die Gefahren schwerer Unfälle ergeben können. Eine störfallrelevante Änderung einer Anlage oder eines Betriebsbereichs liegt zudem vor, wenn eine Änderung dazu führen könnte, dass ein Betriebsbereich der unteren Klasse zu einem Betriebsbereich der oberen Klasse wird oder umgekehrt.

(5c) Der angemessene Sicherheitsabstand im Sinne dieses Gesetzes ist der Abstand zwischen einem Betriebsbereich oder einer Anlage, die Betriebsbereich oder Bestandteil eines Betriebsbereichs ist, und einem benachbarten Schutzobjekt, der zur gebotenen Begrenzung der Auswirkungen auf das benachbarte Schutzobjekt, welche durch schwere Unfälle im Sinne des Artikels 3 Nummer 13 der Richtlinie 2012/18/EU hervorgerufen werden können, beiträgt. Der angemessene Sicherheitsabstand ist anhand störfallspezifischer Faktoren zu ermitteln.

(5d) Benachbarte Schutzobjekte im Sinne dieses Gesetzes sind ausschließlich oder überwiegend dem Wohnen dienende Gebiete, öffentlich genutzte Gebäude und Gebiete, Freizeitgebiete, wichtige Verkehrswege und unter dem Gesichtspunkt des Naturschutzes besonders wertvolle oder besonders empfindliche Gebiete.

(6) Stand der Technik im Sinne dieses Gesetzes ist der Entwicklungsstand fortschrittlicher Verfahren, Einrichtungen oder Betriebsweisen, der die praktische Eignung einer Maßnahme zur Begrenzung von Emissionen in Luft, Wasser und Boden, zur Gewährleistung der Anlagensicherheit, zur Gewährleistung einer umweltverträglichen Abfallentsorgung oder sonst zur Vermeidung oder Verminderung von Auswirkungen auf die Umwelt zur Erreichung eines allgemein hohen Schutzniveaus für die Umwelt insgesamt gesichert erscheinen lässt. Bei der Bestimmung des Standes der Technik sind insbesondere die in der Anlage aufgeführten Kriterien zu berücksichtigen.

(6a) BVT-Merkblatt im Sinne dieses Gesetzes ist ein Dokument, das auf Grund des Informationsaustausches nach Artikel 13 der Richtlinie 2010/75/EU des Europäischen Parlaments und des Rates vom 24. November 2010 über Industrieemissionen (integrierte Vermeidung und Verminderung der Umweltverschmutzung) (Neufassung) (ABl. L 334 vom 17. 12. 2010, S. 17) für bestimmte Tätigkeiten erstellt wird und insbesondere die angewandten Techniken, die derzeitigen Emissions- und Verbrauchswerte, alle Zukunftstechniken sowie die Techniken beschreibt, die für die Festlegung der besten verfügbaren Techniken sowie der BVT-Schlussfolgerungen berücksichtigt wurden.

(6b) BVT-Schlussfolgerungen im Sinne dieses Gesetzes sind ein nach Artikel 13 Absatz 5 der Richtlinie 2010/75/EU von der Europäischen Kommission erlassenes Dokument, das die Teile eines BVT-Merkblatts mit den Schlussfolgerungen in Bezug auf Folgendes enthält:

1. die besten verfügbaren Techniken, ihre Beschreibung und Informationen zur Bewertung ihrer Anwendbarkeit,
2. die mit den besten verfügbaren Techniken assoziierten Emissionswerte,
3. die zu den Nummern 1 und 2 gehörigen Überwachungsmaßnahmen,
4. die zu den Nummern 1 und 2 gehörigen Verbrauchswerte sowie
5. die gegebenenfalls einschlägigen Standortsanierungsmaßnahmen.

(6c) Emissionsbandbreiten im Sinne dieses Gesetzes sind die mit den besten verfügbaren Techniken assoziierten Emissionswerte.

(6d) Die mit den besten verfügbaren Techniken assoziierten Emissionswerte im Sinne dieses Gesetzes sind der Bereich von Emissionswerten, die unter normalen Betriebsbedingungen unter Verwendung einer besten verfügbaren Technik oder einer Kombination von besten verfügbaren Techniken entsprechend der Beschreibung in den BVT-Schlussfolgerungen erzielt werden, ausgedrückt als Mittelwert für einen vorgegebenen Zeitraum unter spezifischen Referenzbedingungen.

(6e) Zukunftstechniken im Sinne dieses Gesetzes sind neue Techniken für Anlagen nach der Industrieemissions-Richtlinie, die bei gewerblicher Nutzung entweder ein höheres allgemeines Umweltschutzniveau oder zumindest das gleiche Umweltschutzniveau und größere Kostenersparnisse bieten könnten als der bestehende Stand der Technik.

(7) Dem Herstellen im Sinne dieses Gesetzes steht das Verarbeiten, Bearbeiten oder sonstiges Behandeln, dem Einführen im Sinne dieses Gesetzes das sonstige Verbringen in den Geltungsbereich dieses Gesetzes gleich.

(8) Anlagen nach der Industrieemissions-Richtlinie im Sinne dieses Gesetzes sind die in der Rechtsverordnung nach §4 Absatz 1 Satz 4 gekennzeichneten Anlagen.

(9) Gefährliche Stoffe im Sinne dieses Gesetzes sind Stoffe oder Gemische gemäß Artikel 3 der Verordnung (EG) Nr. 1272/2008 des Europäischen Parlaments und des Rates vom 16. Dezember 2008 über die Einstufung, Kennzeichnung und Verpackung von Stoffen und Gemischen, zur Änderung und Aufhebung der Richtlinien 67/548/EWG und 1999/45/EG und zur Änderung der Verordnung (EG) Nr. 1907/2006 (ABl. L 353 vom 31. 12. 2008, S. 1), die zuletzt durch die Verordnung (EG) Nr. 286/2011 (ABl. L 83 vom 30. 3. 2011, S. 1) geändert worden ist.

(10) Relevante gefährliche Stoffe im Sinne dieses Gesetzes sind gefährliche Stoffe, die in erheblichem Umfang in der Anlage verwendet, erzeugt oder freigesetzt werden und die ihrer Art nach eine Verschmutzung des Bodens oder des Grundwassers auf dem Anlagengrundstück verursachen können.

Zweiter Teil
Errichtung und Betrieb von Anlagen

Erster Abschnitt
Genehmigungsbedürftige Anlagen

§4 Genehmigung

(1) Die Errichtung und der Betrieb von Anlagen, die auf Grund ihrer Beschaffenheit oder ihres Betriebs in besonderem Maße geeignet sind,

schädliche Umwelteinwirkungen hervorzurufen oder in anderer Weise die Allgemeinheit oder die Nachbarschaft zu gefährden, erheblich zu benachteiligen oder erheblich zu belästigen, sowie von ortsfesten Abfallentsorgungsanlagen zur Lagerung oder Behandlung von Abfällen bedürfen einer Genehmigung. Mit Ausnahme von Abfallentsorgungsanlagen bedürfen Anlagen, die nicht gewerblichen Zwecken dienen und nicht im Rahmen wirtschaftlicher Unternehmungen Verwendung finden, der Genehmigung nur, wenn sie in besonderem Maße geeignet sind, schädliche Umwelteinwirkungen durch Luftverunreinigungen oder Geräusche hervorzurufen. Die Bundesregierung bestimmt nach Anhörung der beteiligten Kreise (§ 51) durch Rechtsverordnung mit Zustimmung des Bundesrates die Anlagen, die einer Genehmigung bedürfen (genehmigungsbedürftige Anlagen); in der Rechtsverordnung kann auch vorgesehen werden, dass eine Genehmigung nicht erforderlich ist, wenn eine Anlage insgesamt oder in ihren in der Rechtsverordnung bezeichneten wesentlichen Teilen der Bauart nach zugelassen ist und in Übereinstimmung mit der Bauartzulassung errichtet und betrieben wird. Anlagen nach Artikel 10 in Verbindung mit Anhang I der Richtlinie 2010/75/EU sind in der Rechtsverordnung nach Satz 3 zu kennzeichnen.

(2) Anlagen des Bergwesens oder Teile dieser Anlagen bedürfen der Genehmigung nach Absatz 1 nur, soweit sie über Tage errichtet und betrieben werden. Keiner Genehmigung nach Absatz 1 bedürfen Tagebaue und die zum Betrieb eines Tagebaus erforderlichen sowie die zur Weiterführung unerlässlichen Anlagen.

§ 5 Pflichten der Betreiber genehmigungsbedürftiger Anlagen

(1) Genehmigungsbedürftige Anlagen sind so zu errichten und zu betreiben, dass zur Gewährleistung eines hohen Schutzniveaus für die Umwelt insgesamt

1. schädliche Umwelteinwirkungen und sonstige Gefahren, erhebliche Nachteile und erhebliche Belästigungen für die Allgemeinheit und die Nachbarschaft nicht hervorgerufen werden können;
2. Vorsorge gegen schädliche Umwelteinwirkungen und sonstige Gefahren, erhebliche Nachteile und erhebliche Belästigungen getroffen wird, insbesondere durch die dem Stand der Technik entsprechenden Maßnahmen;
3. Abfälle vermieden, nicht zu vermeidende Abfälle verwertet und nicht zu verwertende Abfälle ohne Beeinträchtigung des Wohls der Allgemeinheit beseitigt werden; Abfälle sind nicht zu vermeiden, soweit die Vermeidung technisch nicht möglich oder nicht zumutbar ist; die Vermeidung ist unzulässig, soweit sie zu nachteiligeren Umweltauswirkungen führt als die Verwertung; die Verwertung und Beseitigung von Abfällen erfolgt nach den Vorschriften des Kreislaufwirtschaftsgesetzes und den sonstigen für die Abfälle geltenden Vorschriften;
4. Energie sparsam und effizient verwendet wird.

(2) Soweit genehmigungsbedürftige Anlagen dem Anwendungsbereich des Treibhausgas-Emissionshandelsgesetzes unterliegen, sind Anforderungen zur Begrenzung von Emissionen von Treibhausgasen nur zulässig, um zur Erfüllung der Pflichten nach Absatz 1 Nummer 1 sicherzustellen, dass im Einwirkungsbereich der Anlage keine schädlichen Umwelteinwirkungen entstehen; dies gilt nur für Treibhausgase, die für die betreffende Tätigkeit nach Anhang 1 des Treibhausgas-Emissionshandelsgesetzes umfasst sind. Bei diesen Anlagen dürfen zur Erfüllung der Pflicht zur effizienten Verwendung von Energie in Bezug auf die Emissionen von Kohlendioxid, die auf Verbrennungs- oder anderen Prozessen der Anlage beruhen, keine Anforderungen gestellt werden, die über die Pflichten hinausgehen, welche das Treibhausgas-Emissionshandelsgesetz begründet. Davon ausgenommen sind Anforderungen an die Abwärmenutzung; Näheres hierzu regelt eine Rechtsverordnung. Der Deutsche Bundestag ist dabei nach § 48b zu beteiligen.

(3) Genehmigungsbedürftige Anlagen sind so zu errichten, zu betreiben und stillzulegen, dass auch nach einer Betriebseinstellung

1. von der Anlage oder dem Anlagengrundstück keine schädlichen Umwelteinwir-

III

kungen und sonstige Gefahren, erhebliche Nachteile und erhebliche Belästigungen für die Allgemeinheit und die Nachbarschaft hervorgerufen werden können,
2. vorhandene Abfälle ordnungsgemäß und schadlos verwertet oder ohne Beeinträchtigung des Wohls der Allgemeinheit beseitigt werden und
3. die Wiederherstellung eines ordnungsgemäßen Zustandes des Anlagengrundstücks gewährleistet ist.

(4) Wurden nach dem 7. Januar 2013 auf Grund des Betriebs einer Anlage nach der Industrieemissions-Richtlinie erhebliche Bodenverschmutzungen oder erhebliche Grundwasserverschmutzungen durch relevante gefährliche Stoffe im Vergleich zu dem im Bericht über den Ausgangszustand angegebenen Zustand verursacht, so ist der Betreiber nach Einstellung des Betriebs der Anlage verpflichtet, soweit dies verhältnismäßig ist, Maßnahmen zur Beseitigung dieser Verschmutzung zu ergreifen, um das Anlagengrundstück in jenen Ausgangszustand zurückzuführen. Die zuständige Behörde hat der Öffentlichkeit relevante Informationen zu diesen vom Betreiber getroffenen Maßnahmen zugänglich zu machen, und zwar auch über das Internet. Soweit Informationen Geschäfts- oder Betriebsgeheimnisse enthalten, gilt § 10 Absatz 2 entsprechend.

§ 6 Genehmigungsvoraussetzungen

(1) Die Genehmigung ist zu erteilen, wenn
1. sichergestellt ist, dass die sich aus § 5 und einer auf Grund des § 7 erlassenen Rechtsverordnung ergebenden Pflichten erfüllt werden, und
2. andere öffentlich-rechtliche Vorschriften und Belange des Arbeitsschutzes der Errichtung und dem Betrieb der Anlage nicht entgegenstehen.

(2) Bei Anlagen, die unterschiedlichen Betriebsweisen dienen oder in denen unterschiedliche Stoffe eingesetzt werden (Mehrzweck- oder Vielstoffanlagen), ist die Genehmigung auf Antrag auf die unterschiedlichen Betriebsweisen und Stoffe zu erstrecken, wenn die Voraussetzungen nach Absatz 1 für alle erfassten Betriebsweisen und Stoffe erfüllt sind.

(3) Eine beantragte Änderungsgenehmigung darf auch dann nicht versagt werden, wenn zwar nach ihrer Durchführung nicht alle Immissionswerte einer Verwaltungsvorschrift nach § 48 oder einer Rechtsverordnung nach § 48a eingehalten werden, wenn aber
1. der Immissionsbeitrag der Anlage unter Beachtung des § 17 Absatz 3a Satz 3 durch das Vorhaben deutlich und über das durch nachträgliche Anordnungen nach § 17 Absatz 1 durchsetzbare Maß reduziert wird,
2. weitere Maßnahmen zur Luftreinhaltung, insbesondere Maßnahmen, die über den Stand der Technik bei neu zu errichtenden Anlagen hinausgehen, durchgeführt werden,
3. der Antragsteller darüber hinaus einen Immissionsmanagementplan zur Verringerung seines Verursacheranteils vorlegt, um eine spätere Einhaltung der Anforderungen nach § 5 Absatz 1 Nummer 1 zu erreichen, und
4. die konkreten Umstände einen Widerruf der Genehmigung nicht erfordern.

§ 7 Rechtsverordnungen über Anforderungen an genehmigungsbedürftige Anlagen

(1) Die Bundesregierung wird ermächtigt, nach Anhörung der beteiligten Kreise (§ 51) durch Rechtsverordnung mit Zustimmung des Bundesrates vorzuschreiben, dass die Errichtung, die Beschaffenheit, der Betrieb, der Zustand nach Betriebseinstellung und die betreibereigene Überwachung genehmigungsbedürftiger Anlagen zur Erfüllung der sich aus § 5 ergebenden Pflichten bestimmten Anforderungen genügen müssen, insbesondere, dass
1. die Anlagen bestimmten technischen Anforderungen entsprechen müssen,
2. die von Anlagen ausgehenden Emissionen bestimmte Grenzwerte nicht überschreiten dürfen oder Anlagen äquivalenten Parametern oder äquivalenten technischen Maßnahmen entsprechen müssen,

2a. der Einsatz von Energie bestimmten Anforderungen entsprechen muss,

3. die Betreiber von Anlagen Messungen von Emissionen und Immissionen nach in der Rechtsverordnung näher zu bestim-

menden Verfahren vorzunehmen haben oder vornehmen lassen müssen,

4. die Betreiber von Anlagen bestimmte sicherheitstechnische Prüfungen sowie bestimmte Prüfungen von sicherheitstechnischen Unterlagen nach in der Rechtsverordnung näher zu bestimmenden Verfahren
   a) während der Errichtung oder sonst vor der Inbetriebnahme der Anlage,
   b) nach deren Inbetriebnahme oder einer Änderung im Sinne des § 15 oder des § 16,
   c) in regelmäßigen Abständen oder
   d) bei oder nach einer Betriebseinstellung

   durch einen Sachverständigen nach § 29a vornehmen lassen müssen, soweit solche Prüfungen nicht gemäß § 7 Absatz 1 in Verbindung mit einer Rechtsverordnung gemäß § 31 Satz 2 Nummer 4 des Gesetzes über überwachungsbedürftige Anlagen vorgeschrieben sind, und
5. die Rückführung in den Ausgangszustand nach § 5 Absatz 4 bestimmten Anforderungen entsprechen muss, insbesondere in Bezug auf den Ausgangszustandsbericht und die Feststellung der Erheblichkeit von Boden- und Grundwasserverschmutzungen.

Bei der Festlegung der Anforderungen nach Satz 1 sind insbesondere mögliche Verlagerungen von nachteiligen Auswirkungen von einem Schutzgut auf ein anderes zu berücksichtigen; ein hohes Schutzniveau für die Umwelt insgesamt ist zu gewährleisten.

(1a) Nach jeder Veröffentlichung einer BVT-Schlussfolgerung ist unverzüglich zu gewährleisten, dass für Anlagen nach der Industrieemissions-Richtlinie bei der Festlegung von Emissionsgrenzwerten nach Absatz 1 Satz 1 Nummer 2 die Emissionen unter normalen Betriebsbedingungen die in den BVT-Schlussfolgerungen genannten Emissionsbandbreiten nicht überschreiten. Im Hinblick auf bestehende Anlagen ist

1. innerhalb eines Jahres nach Veröffentlichung von BVT-Schlussfolgerungen zur Haupttätigkeit eine Überprüfung und gegebenenfalls Anpassung der Rechtsverordnung vorzunehmen und
2. innerhalb von vier Jahren nach Veröffentlichung von BVT-Schlussfolgerungen zur Haupttätigkeit sicherzustellen, dass die betreffenden Anlagen die Emissionsgrenzwerte der Rechtsverordnung einhalten.

(1b) Abweichend von Absatz 1a

1. können in der Rechtsverordnung weniger strenge Emissionsgrenzwerte und Fristen festgelegt werden, wenn
   a) wegen technischer Merkmale der betroffenen Anlagenart die Anwendung der in den BVT-Schlussfolgerungen genannten Emissionsbandbreiten unverhältnismäßig wäre und dies begründet wird oder
   b) in Anlagen Zukunftstechniken für einen Gesamtzeitraum von höchstens neun Monaten erprobt oder angewendet werden sollen, sofern nach dem festgelegten Zeitraum die Anwendung der betreffenden Technik beendet wird oder in der Anlage mindestens die mit den besten verfügbaren Techniken assoziierten Emissionsbandbreiten erreicht werden, oder
2. kann in der Rechtsverordnung bestimmt werden, dass die zuständige Behörde weniger strenge Emissionsbegrenzungen und Fristen festlegen kann, wenn
   a) wegen technischer Merkmale der betroffenen Anlagen die Anwendung der in den BVT-Schlussfolgerungen genannten Emissionsbandbreiten unverhältnismäßig wäre oder
   b) in Anlagen Zukunftstechniken für einen Gesamtzeitraum von höchstens neun Monaten erprobt oder angewendet werden sollen, sofern nach dem festgelegten Zeitraum die Anwendung der betreffenden Technik beendet wird oder in der Anlage mindestens die mit den besten verfügbaren Techniken assoziierten Emissionsbandbreiten erreicht werden.

Absatz 1 Satz 2 bleibt unberührt. Emissionsgrenzwerte und Emissionsbegrenzungen nach Satz 1 dürfen die in den Anhängen der Richtlinie 2010/75/EU festgelegten Emissionsgrenzwerte nicht überschreiten und keine schädlichen Umwelteinwirkungen hervorrufen.

(2) In der Rechtsverordnung kann bestimmt werden, inwieweit die nach Absatz 1 zur Vorsorge gegen schädliche Umwelteinwirkungen festgelegten Anforderungen nach Ablauf bestimmter Übergangsfristen erfüllt werden müssen, soweit zum Zeitpunkt des Inkrafttretens der Rechtsverordnung in einem Vorbescheid oder einer Genehmigung geringere Anforderungen gestellt worden sind. Bei der Bestimmung der Dauer der Übergangsfristen und der einzuhaltenden Anforderungen sind insbesondere Art, Menge und Gefährlichkeit der von den Anlagen ausgehenden Emissionen sowie die Nutzungsdauer und technische Besonderheiten der Anlagen zu berücksichtigen. Die Sätze 1 und 2 gelten entsprechend für Anlagen, die nach §67 Absatz 2 oder §67a Absatz 1 anzuzeigen sind oder vor Inkrafttreten dieses Gesetzes nach §16 Absatz 4 der Gewerbeordnung anzuzeigen waren.

(3) Soweit die Rechtsverordnung Anforderungen nach §5 Absatz 1 Nummer 2 festgelegt hat, kann in ihr bestimmt werden, dass bei in Absatz 2 genannten Anlagen von den auf Grund der Absätze 1 und 2 festgelegten Anforderungen zur Vorsorge gegen schädliche Umwelteinwirkungen abgewichen werden darf. Dies gilt nur, wenn durch technische Maßnahmen an Anlagen des Betreibers oder Dritter insgesamt eine weitergehende Minderung von Emissionen derselben oder in ihrer Wirkung auf die Umwelt vergleichbaren Stoffen erreicht wird als bei Beachtung der auf Grund der Absätze 1 und 2 festgelegten Anforderungen und hierdurch der in §1 genannte Zweck gefördert wird. In der Rechtsverordnung kann weiterhin bestimmt werden, inwieweit zur Erfüllung von zwischenstaatlichen Vereinbarungen mit Nachbarstaaten der Bundesrepublik Deutschland Satz 2 auch für die Durchführung technischer Maßnahmen an Anlagen gilt, die in den Nachbarstaaten gelegen sind.

(4) Zur Erfüllung von bindenden Rechtsakten der Europäischen Gemeinschaften oder der Europäischen Union kann die Bundesregierung zu dem in §1 genannten Zweck mit Zustimmung des Bundesrates durch Rechtsverordnung Anforderungen an die Errichtung, die Beschaffenheit und den Betrieb, die Betriebseinstellung und betreibereigene Überwachung genehmigungsbedürftiger Anlagen vorschreiben. Für genehmigungsbedürftige Anlagen, die vom Anwendungsbereich der Richtlinie 1999/31/EG des Rates vom 26. April 1999 über Abfalldeponien (ABl. EG Nr. L 182 S. 1) erfasst werden, kann die Bundesregierung durch Rechtsverordnung mit Zustimmung des Bundesrates dieselben Anforderungen festlegen wie für Deponien im Sinne des §3 Absatz 27 des Kreislaufwirtschaftsgesetzes, insbesondere Anforderungen an die Erbringung einer Sicherheitsleistung, an die Stilllegung und die Sach- und Fachkunde des Betreibers.

(5) Wegen der Anforderungen nach Absatz 1 Nummer 1 bis 4, auch in Verbindung mit Absatz 4, kann auf jedermann zugängliche Bekanntmachungen sachverständiger Stellen verwiesen werden; hierbei ist

1. in der Rechtsverordnung das Datum der Bekanntmachung anzugeben und die Bezugsquelle genau zu bezeichnen,
2. die Bekanntmachung bei dem Deutschen Patentamt archivmäßig gesichert niederzulegen und in der Rechtsverordnung darauf hinzuweisen.

§8 Teilgenehmigung

Auf Antrag soll eine Genehmigung für die Errichtung einer Anlage oder eines Teils einer Anlage oder für die Errichtung und den Betrieb eines Teils einer Anlage erteilt werden, wenn

1. ein berechtigtes Interesse an der Erteilung einer Teilgenehmigung besteht,
2. die Genehmigungsvoraussetzungen für den beantragten Gegenstand der Teilgenehmigung vorliegen und
3. eine vorläufige Beurteilung ergibt, dass der Errichtung und dem Betrieb der gesamten Anlage keine von vornherein unüberwindlichen Hindernisse im Hinblick auf die Genehmigungsvoraussetzungen entgegenstehen.

Die Bindungswirkung der vorläufigen Gesamtbeurteilung entfällt, wenn eine Änderung der Sach- oder Rechtslage oder Einzelprüfungen im Rahmen späterer Teilgenehmigungen zu einer von der vorläufigen Gesamtbeurteilung abweichenden Beurteilung führen.

§ 8a Zulassung vorzeitigen Beginns

(1) In einem Verfahren zur Erteilung einer Genehmigung soll die Genehmigungsbehörde auf Antrag vorläufig zulassen, dass bereits vor Erteilung der Genehmigung mit der Errichtung einschließlich der Maßnahmen, die zur Prüfung der Betriebstüchtigkeit der Anlage erforderlich sind, begonnen wird, wenn

1. mit einer Entscheidung zugunsten des Antragstellers gerechnet werden kann,
2. ein öffentliches Interesse oder ein berechtigtes Interesse des Antragstellers an dem vorzeitigen Beginn besteht und
3. der Antragsteller sich verpflichtet, alle bis zur Entscheidung durch die Errichtung der Anlage verursachten Schäden zu ersetzen und, wenn das Vorhaben nicht genehmigt wird, den früheren Zustand wiederherzustellen.

Satz 1 Nummer 1 findet auf Antrag des Antragstellers keine Anwendung in Verfahren zur Erteilung

1. einer Genehmigung für eine Anlage auf einem bereits bestehenden Standort,
2. einer Änderungsgenehmigung.

In den Fällen des Satzes 2 dürfen die für die beantragten vorläufigen Maßnahmen relevanten Vorschriften dieses Gesetzes und der aufgrund dieses Gesetzes erlassenen Vorschriften sowie sonstige für die beantragten vorläufigen Maßnahmen relevante öffentlich-rechtliche Vorschriften und Belange des Arbeitsschutzes der vorzeitigen Zulassung nicht entgegenstehen.

(2) Die Zulassung kann jederzeit widerrufen werden. Sie kann mit Auflagen verbunden oder unter dem Vorbehalt nachträglicher Auflagen erteilt werden. Die zuständige Behörde kann die Leistung einer Sicherheit verlangen, soweit dies erforderlich ist, um die Erfüllung der Pflichten des Antragstellers zu sichern.

(3) In einem Verfahren zur Erteilung einer Genehmigung nach § 16 Absatz 1 kann die Genehmigungsbehörde unter den in Absatz 1 genannten Voraussetzungen auch den Betrieb der Anlage vorläufig zulassen, wenn die Änderung der Erfüllung einer sich aus diesem Gesetz oder einer auf Grund dieses Gesetzes erlassenen Rechtsverordnung ergebenden Pflicht dient.

§ 9 Vorbescheid

(1) Auf Antrag soll durch Vorbescheid über einzelne Genehmigungsvoraussetzungen sowie über den Standort der Anlage entschieden werden, sofern die Auswirkungen der geplanten Anlage ausreichend beurteilt werden können und ein berechtigtes Interesse an der Erteilung eines Vorbescheides besteht.

(1a) Betrifft das Vorhaben eine Windenergieanlage und ist ein Antrag auf Genehmigung noch nicht gestellt, soll auf Antrag durch Vorbescheid über einzelne Genehmigungsvoraussetzungen entschieden werden, sofern ein berechtigtes Interesse an der Erteilung eines Vorbescheids besteht. Das berechtigte Interesse für einen Antrag auf Vorbescheid über die bauplanungsrechtliche Zulässigkeit nach § 35 des Baugesetzbuchs besteht nicht, wenn der Vorhabenstandort außerhalb von ausgewiesenen Windenergiegebieten oder in Aufstellung befindlichen Windenergiegebieten im Sinne des § 2 Nummer 1 des Windenergieflächenbedarfsgesetzes vom 20. Juli 2022 (BGBl. I S. 1353), das zuletzt durch Artikel 12 des Gesetzes vom 8. Mai 2024 (BGBl. 2024 I Nr. 151) geändert worden ist, liegt, es sei denn, es handelt sich um ein Vorhaben im Sinne des § 16b Absatz 1 und 2 dieses Gesetzes. Abweichend von § 29 Absatz 1 Satz 1 des Gesetzes über die Umweltverträglichkeitsprüfung findet eine vorläufige Umweltverträglichkeitsprüfung im Hinblick auf die Umweltauswirkungen des Gesamtvorhabens für die Erteilung des Vorbescheides nicht statt.

(2) Der Vorbescheid wird unwirksam, wenn der Antragsteller nicht innerhalb von zwei Jahren nach Eintritt der Unanfechtbarkeit die Genehmigung beantragt; die Frist kann auf Antrag bis auf vier Jahre verlängert werden.

(3) Die Vorschriften der §§ 6 und 21 gelten sinngemäß.

III

§ 10 Genehmigungsverfahren

(1) Das Genehmigungsverfahren setzt einen schriftlichen oder elektronischen Antrag voraus. Dem Antrag sind die zur Prüfung nach § 6 erforderlichen Zeichnungen, Erläuterungen und sonstigen Unterlagen beizufügen. Reichen die Unterlagen für die Prüfung nicht aus, so hat sie der Antragsteller auf Verlangen der zuständigen Behörde innerhalb einer angemessenen Frist zu ergänzen. Erfolgt die Antragstellung schriftlich, kann die zuständige Behörde einen elektronischen Antrag verlangen und bezüglich des elektronischen Formats Vorgaben machen. Hat die zuständige Behörde einen Zugang für die elektronische Antragstellung eröffnet, so ist ausschließlich dieser für die elektronische Antragstellung zu nutzen. Erfolgt die Antragstellung elektronisch, kann die zuständige Behörde verlangen, dass die dem Antrag beizufügenden Unterlagen in Papierform übermittelt werden, soweit eine Bearbeitung anders nicht möglich ist.

(1a) Der Antragsteller, der beabsichtigt, eine Anlage nach der Industrieemissions-Richtlinie zu betreiben, in der relevante gefährliche Stoffe verwendet, erzeugt oder freigesetzt werden, hat mit den Unterlagen nach Absatz 1 einen Bericht über den Ausgangszustand vorzulegen, wenn und soweit eine Verschmutzung des Bodens oder des Grundwassers auf dem Anlagengrundstück durch die relevanten gefährlichen Stoffe möglich ist. Die Möglichkeit einer Verschmutzung des Bodens oder des Grundwassers besteht nicht, wenn aufgrund der tatsächlichen Umstände ein Eintrag ausgeschlossen werden kann.

(2) Soweit Unterlagen Geschäfts- oder Betriebsgeheimnisse enthalten, sind die Unterlagen zu kennzeichnen und getrennt vorzulegen. Ihr Inhalt muss, soweit es ohne Preisgabe des Geheimnisses geschehen kann, so ausführlich dargestellt sein, dass es Dritten möglich ist, zu beurteilen, ob und in welchem Umfang sie von den Auswirkungen der Anlage betroffen werden können.

(3) Sind die Unterlagen des Antragstellers vollständig, so hat die zuständige Behörde das Vorhaben in ihrem amtlichen Veröffentlichungsblatt und auf ihrer Internetseite öffentlich bekannt zu machen. Der Antrag und die vom Antragsteller vorgelegten Unterlagen, mit Ausnahme der Unterlagen nach Absatz 2 Satz 1, sowie die entscheidungserheblichen Berichte und Empfehlungen, die der Behörde im Zeitpunkt der Bekanntmachung vorliegen, sind nach der Bekanntmachung einen Monat zur Einsicht auszulegen. Die Auslegung ist dadurch zu bewirken, dass die Dokumente auf einer Internetseite der zuständigen Behörde zugänglich gemacht werden. Auf Verlangen eines Beteiligten wird ihm eine leicht zu erreichende Zugangsmöglichkeit zur Verfügung gestellt. Der Antragsteller kann der Veröffentlichung im Internet widersprechen, soweit er die Gefährdung von Betriebs- oder Geschäftsgeheimnissen oder wichtiger Sicherheitsbelange befürchtet; in diesem Fall muss die Behörde eine andere Form der Veröffentlichung wählen. Die Behörde kann verlangen, dass die Dokumente, die für die Auslegung einzureichen sind, in einem verkehrsüblichen elektronischen Format eingereicht werden. Weitere Informationen, die für die Entscheidung über die Zulässigkeit des Vorhabens von Bedeutung sein können und die der zuständigen Behörde erst nach Beginn der Auslegung vorliegen, sind der Öffentlichkeit nach den Bestimmungen über den Zugang zu Umweltinformationen zugänglich zu machen. Bis zwei Wochen nach Ablauf der Auslegungsfrist kann die Öffentlichkeit gegenüber der zuständigen Behörde schriftlich oder elektronisch Einwendungen erheben; bei Anlagen nach der Industrieemissions-Richtlinie gilt eine Frist von einem Monat. Mit Ablauf der Einwendungsfrist sind für das Genehmigungsverfahren alle Einwendungen ausgeschlossen, die nicht auf besonderen privatrechtlichen Titeln beruhen. Einwendungen, die auf besonderen privatrechtlichen Titeln beruhen, sind auf den Rechtsweg vor den ordentlichen Gerichten zu verweisen.

(3a) Nach dem Umwelt-Rechtsbehelfsgesetz anerkannte Vereinigungen sollen die zuständige Behörde in einer dem Umweltschutz dienenden Weise unterstützen.

(4) In der Bekanntmachung nach Absatz 3 Satz 1 ist

1. die Internetseite auf der die Zugänglichmachung erfolgt, anzugeben, und darauf

hinzuweisen, dass zusätzlich die Möglichkeit besteht, eine leicht zu erreichende Zugangsmöglichkeit zur Verfügung gestellt zu bekommen;

2. dazu aufzufordern, etwaige Einwendungen bei einer in der Bekanntmachung zu bezeichnenden Stelle innerhalb der Einwendungsfrist vorzubringen; dabei ist auf die Rechtsfolgen nach Absatz 3 Satz 9 hinzuweisen;
3. ein Erörterungstermin zu bestimmen und darauf hinzuweisen, dass er aufgrund einer Ermessensentscheidung der Genehmigungsbehörde nach Absatz 6 durchgeführt wird und dass dann die formgerecht erhobenen Einwendungen auch bei Ausbleiben des Antragstellers oder von Personen, die Einwendungen erhoben haben, erörtert werden;
4. darauf hinzuweisen, dass die Zustellung der Entscheidung über die Einwendungen durch öffentliche Bekanntmachung ersetzt werden kann.

(5) Die für die Erteilung der Genehmigung zuständige Behörde (Genehmigungsbehörde) holt die Stellungnahmen der Behörden ein, deren Aufgabenbereich durch das Vorhaben berührt wird. Eingegangene Stellungnahmen der zu beteiligenden Behörden hat die Genehmigungsbehörde unverzüglich an den Antragsteller weiterzuleiten. Hat eine zu beteiligende Behörde bei einem Verfahren zur Genehmigung einer Anlage innerhalb einer Frist von einem Monat keine Stellungnahme abgegeben, so ist davon auszugehen, dass die zu beteiligende Behörde sich nicht äußern will, soweit die zu beteiligende Behörde nicht in schriftlicher Form um eine einmalige Verlängerung um bis zu einem Monat bittet; die Möglichkeit zur Verlängerung gilt nicht für Verfahren zur Genehmigung einer Anlage zur Nutzung erneuerbarer Energien oder einer Anlage zur Herstellung von Wasserstoff aus erneuerbaren Energien. Die zuständige Behörde hat die Entscheidung im Falle des Satzes 3 bei einem Verfahren zur Genehmigung einer Anlage zur Nutzung erneuerbarer Energien oder einer Anlage zur Herstellung von Wasserstoff aus erneuerbaren Energien auf Antrag auf der Grundlage der geltenden Sach- und Rechtslage zum Zeitpunkt des Fristablaufs der Behördenbeteiligung zu treffen. Anstelle der Stellungnahme der zu beteiligenden Behörde kann die Behörde entweder zu Lasten der zu beteiligenden Behörde zur Prüfung der Genehmigungsvoraussetzungen ein Sachverständigengutachten einholen oder selbst Stellung nehmen. Beides hat auf der Grundlage der geltenden Sach- und Rechtslage zum Zeitpunkt des Fristablaufs der Behördenbeteiligung zu erfolgen; dies gilt nicht für militärische Belange. Ist von vorneherein davon auszugehen, dass eine beteiligte Behörde innerhalb der Frist nach Satz 3 nicht in der Lage ist, zu entscheidungserheblichen Aspekten des Antrags Stellung zu nehmen, kann die Genehmigungsbehörde bereits vor Ablauf der Frist ein Sachverständigengutachten nach Satz 5 einholen. Die zuständige Behörde informiert ihre Aufsichtsbehörde über jede Überschreitung von Fristen. Beabsichtigt eine beteiligte Behörde eine gesetzlich erforderliche Zustimmung nicht zu erteilen, hat die beteiligte Behörde vor Abgabe ihrer Entscheidung dem Antragsteller innerhalb einer von der Behörde festzusetzenden Frist die Möglichkeit zur Stellungnahme zu geben. In diesem Fall findet § 20 Absatz 1 Satz 2 der Neunten Verordnung zur Durchführung des Bundes-Immissionsschutzgesetzes keine Anwendung. Soweit für das Vorhaben selbst oder für weitere damit unmittelbar in einem räumlichen oder betrieblichen Zusammenhang stehende Vorhaben, die Auswirkungen auf die Umwelt haben können und die für die Genehmigung Bedeutung haben, eine Zulassung nach anderen Gesetzen vorgeschrieben ist, hat die Genehmigungsbehörde eine vollständige Koordinierung der Zulassungsverfahren sowie der Inhalts- und Nebenbestimmungen sicherzustellen.

(6) Nach Ablauf der Einwendungsfrist kann die Genehmigungsbehörde die rechtzeitig gegen das Vorhaben erhobenen Einwendungen mit dem Antragsteller und denjenigen, die Einwendungen erhoben haben, erörtern. Der Erörterungstermin kann auch in Form ei-

ner Onlinekonsultation oder durch eine Video- oder Telefonkonferenz erfolgen. Bei einer Onlinekonsultation ist dem Antragsteller und denjenigen, die Einwendungen erhoben haben, innerhalb einer vorher bekannt zu machenden Frist Gelegenheit zu geben, sich schriftlich oder elektronisch zu äußern. Die Frist soll mindestens eine Woche betragen. Werden für die Onlinekonsultation Informationen zur Verfügung gestellt, so gilt Absatz 2 entsprechend.

(6a) Über den Genehmigungsantrag ist nach Eingang des Antrags und der nach Absatz 1 Satz 2 einzureichenden Unterlagen innerhalb einer Frist von sieben Monaten, in vereinfachten Verfahren innerhalb einer Frist von drei Monaten, zu entscheiden. Die zuständige Behörde kann die Frist einmalig um bis zu drei Monate verlängern, wenn dies wegen der Schwierigkeit der Prüfung oder aus Gründen, die dem Antragsteller zuzurechnen sind, erforderlich ist. Die Fristverlängerung ist gegenüber dem Antragsteller zu begründen. Eine weitere Verlängerung ist nur auf Antrag oder mit Zustimmung des Antragstellers möglich. Die zuständige Behörde informiert ihre Aufsichtsbehörde über jede Überschreitung von Fristen.

(7) Der Genehmigungsbescheid ist schriftlich zu erlassen, schriftlich zu begründen und dem Antragsteller und den Personen, die Einwendungen erhoben haben, zuzustellen. Er ist, soweit die Zustellung nicht nach Absatz 8 erfolgt, öffentlich bekannt zu machen. Die öffentliche Bekanntmachung erfolgt nach Maßgabe des Absatzes 8.

(8) Die Zustellung des Genehmigungsbescheids an die Personen, die Einwendungen erhoben haben, kann durch öffentliche Bekanntmachung ersetzt werden. Die öffentliche Bekanntmachung wird dadurch bewirkt, dass der verfügende Teil des Bescheides und die Rechtsbehelfsbelehrung in entsprechender Anwendung des Absatzes 3 Satz 1 bekannt gemacht werden; auf Auflagen ist hinzuweisen. In diesem Fall ist eine Ausfertigung des gesamten Bescheides vom Tage nach der Bekanntmachung an zwei Wochen zur Einsicht auszulegen. Die Auslegung ist dadurch zu bewirken, dass die Dokumente auf einer Internetseite der zuständigen Behörde zugänglich gemacht werden. Auf Verlangen eines Beteiligten wird ihm eine leicht zu erreichende Zugangsmöglichkeit zur Verfügung gestellt. Der Vorhabenträger kann der Veröffentlichung im Internet widersprechen, soweit er die Gefährdung von Betriebs- oder Geschäftsgeheimnissen oder wichtiger Sicherheitsbelange befürchtet; in diesem Fall muss die Behörde eine andere Form der Veröffentlichung wählen. In der öffentlichen Bekanntmachung ist anzugeben, wo und wann der Bescheid und seine Begründung eingesehen und nach Satz 9 angefordert werden können; hierzu ist auch die Internetseite, auf der die Zugänglichmachung erfolgt, anzugeben. Mit dem Ende der Auslegungsfrist gilt der Bescheid auch gegenüber Dritten, die keine Einwendung erhoben haben, als zugestellt; darauf ist in der Bekanntmachung hinzuweisen. Nach der öffentlichen Bekanntmachung können der Bescheid und seine Begründung bis zum Ablauf der Widerspruchsfrist von den Personen, die Einwendungen erhoben haben, schriftlich oder elektronisch angefordert werden.

(8a) Unbeschadet der Absätze 7 und 8 sind bei Anlagen nach der Industrieemissions-Richtlinie folgende Unterlagen im Internet öffentlich bekannt zu machen:

1. der Genehmigungsbescheid mit Ausnahme in Bezug genommener Antragsunterlagen und des Berichts über den Ausgangszustand sowie
2. die Bezeichnung des für die betreffende Anlage maßgeblichen BVT-Merkblatts.

Soweit der Genehmigungsbescheid Geschäfts- oder Betriebsgeheimnisse enthält, sind die entsprechenden Stellen unkenntlich zu machen.

(9) Die Absätze 1 bis 8 gelten entsprechend für die Erteilung eines Vorbescheides.

(10) Die Bundesregierung wird ermächtigt, durch Rechtsverordnung mit Zustimmung des Bundesrates das Genehmigungsverfahren zu regeln und dabei Regelungen zur elektronischen Antragstellung zu treffen. In der

Rechtsverordnung kann auch das Verfahren bei Erteilung einer Genehmigung im vereinfachten Verfahren (§ 19) sowie bei der Erteilung eines Vorbescheides (§ 9), einer Teilgenehmigung (§ 8) und einer Zulassung vorzeitigen Beginns (§ 8a) geregelt werden. In der Verordnung ist auch näher zu bestimmen, welchen Anforderungen das Genehmigungsverfahren für Anlagen genügen muss, für die nach dem Gesetz über die Umweltverträglichkeitsprüfung eine Umweltverträglichkeitsprüfung durchzuführen ist.

(11) Das Bundesministerium der Verteidigung wird ermächtigt, im Einvernehmen mit dem Bundesministerium für Umwelt, Naturschutz und nukleare Sicherheit durch Rechtsverordnung mit Zustimmung des Bundesrates das Genehmigungsverfahren für Anlagen, die der Landesverteidigung dienen, abweichend von den Absätzen 1 bis 9 zu regeln.

§ 11 Einwendungen Dritter bei Teilgenehmigung und Vorbescheid

Ist eine Teilgenehmigung oder ein Vorbescheid erteilt worden, können nach Eintritt ihrer Unanfechtbarkeit im weiteren Verfahren zur Genehmigung der Errichtung und des Betriebs der Anlage Einwendungen nicht mehr auf Grund von Tatsachen erhoben werden, die im vorhergehenden Verfahren fristgerecht vorgebracht worden sind oder nach den ausgelegten Unterlagen hätten vorgebracht werden können.

§ 12 Nebenbestimmungen zur Genehmigung

(1) Die Genehmigung kann unter Bedingungen erteilt und mit Auflagen verbunden werden, soweit dies erforderlich ist, um die Erfüllung der in § 6 genannten Genehmigungsvoraussetzungen sicherzustellen. Zur Sicherstellung der Anforderungen nach § 5 Absatz 3 soll bei Abfallentsorgungsanlagen im Sinne des § 4 Absatz 1 Satz 1 auch eine Sicherheitsleistung auferlegt werden.

(1a) Für den Fall, dass eine Verwaltungsvorschrift nach § 48 für die jeweilige Anlagenart keine Anforderungen vorsieht, ist bei der Festlegung von Emissionsbegrenzungen für Anlagen nach der Industrieemissions-Richtlinie in der Genehmigung sicherzustellen, dass die Emissionen unter normalen Betriebsbedingungen die in den BVT-Schlussfolgerungen genannten Emissionsbandbreiten nicht überschreiten.

(1b) Abweichend von Absatz 1a kann die zuständige Behörde weniger strenge Emissionsbegrenzungen festlegen, wenn

1. eine Bewertung ergibt, dass wegen technischer Merkmale der Anlage die Anwendung der in den BVT-Schlussfolgerungen genannten Emissionsbandbreiten unverhältnismäßig wäre, oder
2. in Anlagen Zukunftstechniken für einen Gesamtzeitraum von höchstens neun Monaten erprobt oder angewendet werden sollen, sofern nach dem festgelegten Zeitraum die Anwendung der betreffenden Technik beendet wird oder in der Anlage mindestens die mit den besten verfügbaren Techniken assoziierten Emissionsbandbreiten erreicht werden.

Bei der Festlegung der Emissionsbegrenzungen nach Satz 1 sind insbesondere mögliche Verlagerungen von nachteiligen Auswirkungen von einem Schutzgut auf ein anderes zu berücksichtigen; ein hohes Schutzniveau für die Umwelt insgesamt ist zu gewährleisten. Emissionsbegrenzungen nach Satz 1 dürfen die in den Anhängen der Richtlinie 2010/75/EU festgelegten Emissionsgrenzwerte nicht überschreiten und keine schädlichen Umwelteinwirkungen hervorrufen.

(2) Die Genehmigung kann auf Antrag für einen bestimmten Zeitraum erteilt werden. Sie kann mit einem Vorbehalt des Widerrufs erteilt werden, wenn die genehmigungsbedürftige Anlage lediglich Erprobungszwecken dienen soll.

(2a) Die Genehmigung kann mit Einverständnis des Antragstellers mit dem Vorbehalt nachträglicher Auflagen erteilt werden, soweit hierdurch hinreichend bestimmte, in der Genehmigung bereits allgemein festgelegte Anforderungen an die Errichtung oder den Betrieb der Anlage in einem Zeitpunkt nach Erteilung der Genehmigung näher festgelegt

III

werden sollen. Dies gilt unter den Voraussetzungen des Satzes 1 auch für den Fall, dass eine beteiligte Behörde sich nicht rechtzeitig äußert.

(2b) Im Falle des § 6 Absatz 2 soll der Antragsteller durch eine Auflage verpflichtet werden, der zuständigen Behörde unverzüglich die erstmalige Herstellung oder Verwendung eines anderen Stoffes innerhalb der genehmigten Betriebsweise mitzuteilen.

(2c) Der Betreiber kann durch Auflage verpflichtet werden, den Wechsel eines im Genehmigungsverfahren dargelegten Entsorgungswegs von Abfällen der zuständigen Behörde anzuzeigen. Das gilt ebenso für in Abfallbehandlungsanlagen erzeugte Abfälle. Bei Abfallbehandlungsanlagen können außerdem Anforderungen an die Qualität und das Schadstoffpotential der angenommenen Abfälle sowie der die Anlage verlassenden Abfälle gestellt werden.

(3) Die Teilgenehmigung kann für einen bestimmten Zeitraum oder mit dem Vorbehalt erteilt werden, dass sie bis zur Entscheidung über die Genehmigung widerrufen oder mit Auflagen verbunden werden kann.

(4) Auf Antrag eines Betreibers kann eine Nebenbestimmung auch nachträglich geändert werden, wenn der Betreiber andere gleichwertige Maßnahmen vorschlägt, die keiner Genehmigungspflicht nach diesem Gesetz oder anderen Entscheidungen, einschließlich der behördlichen Entscheidungen nach § 13 unterliegen. Dient die Nebenbestimmung der Erfüllung von § 6 Absatz 1 Nummer 2, holt die Genehmigungsbehörde vor Änderung der Nebenbestimmung eine Stellungnahme der betroffenen Fachbehörde ein.

§ 13 Genehmigung und andere behördliche Entscheidungen

Die Genehmigung schließt andere die Anlage betreffende behördliche Entscheidungen ein, insbesondere öffentlich-rechtliche Genehmigungen, Zulassungen, Verleihungen, Erlaubnisse und Bewilligungen mit Ausnahme von Planfeststellungen, Zulassungen bergrechtlicher Betriebspläne, behördlichen Entscheidungen auf Grund atomrechtlicher Vorschriften und wasserrechtlichen Erlaubnissen und Bewilligungen nach § 8 in Verbindung mit § 10 des Wasserhaushaltsgesetzes.

§ 14 Ausschluss von privatrechtlichen Abwehransprüchen

Auf Grund privatrechtlicher, nicht auf besonderen Titeln beruhender Ansprüche zur Abwehr benachteiligender Einwirkungen von einem Grundstück auf ein benachbartes Grundstück kann nicht die Einstellung des Betriebs einer Anlage verlangt werden, deren Genehmigung unanfechtbar ist; es können nur Vorkehrungen verlangt werden, die die benachteiligenden Wirkungen ausschließen. Soweit solche Vorkehrungen nach dem Stand der Technik nicht durchführbar oder wirtschaftlich nicht vertretbar sind, kann lediglich Schadenersatz verlangt werden.

§ 14a Vereinfachte Klageerhebung

Der Antragsteller kann eine verwaltungsgerichtliche Klage erheben, wenn über seinen Widerspruch nach Ablauf von drei Monaten seit der Einlegung nicht entschieden ist, es sei denn, dass wegen besonderer Umstände des Falles eine kürzere Frist geboten ist.

§ 15 Änderung genehmigungsbedürftiger Anlagen

(1) Die Änderung der Lage, der Beschaffenheit oder des Betriebs einer genehmigungsbedürftigen Anlage ist, sofern eine Genehmigung nicht beantragt wird, der zuständigen Behörde mindestens einen Monat, bevor mit der Änderung begonnen werden soll, schriftlich oder elektronisch anzuzeigen, wenn sich die Änderung auf in § 1 genannte Schutzgüter auswirken kann. Der Anzeige sind Unterlagen im Sinne des § 10 Absatz 1 Satz 2 beizufügen, soweit diese für die Prüfung erforderlich sein können, ob das Vorhaben genehmigungsbedürftig ist. Die zuständige Behörde hat dem Träger des Vorhabens den Eingang der Anzeige und der beigefügten Unterlagen unverzüglich schriftlich oder elektronisch zu bestätigen; sie kann bei einer elektronischen Anzeige Mehrausfertigungen sowie die Übermittlung der Unterlagen, die

der Anzeige beizufügen sind, auch in schriftlicher Form verlangen. Sie teilt dem Träger des Vorhabens nach Eingang der Anzeige unverzüglich mit, welche zusätzlichen Unterlagen sie zur Beurteilung der Voraussetzungen des § 16 Absatz 1 und des § 16a benötigt. Die Sätze 1 bis 4 gelten entsprechend für eine Anlage, die nach § 67 Absatz 2 oder § 67a Absatz 1 anzuzeigen ist oder vor Inkrafttreten dieses Gesetzes nach § 16 Absatz 4 der Gewerbeordnung anzuzeigen war.

(2) Die zuständige Behörde hat unverzüglich, spätestens innerhalb eines Monats nach Eingang der Anzeige und der nach Absatz 1 Satz 2 erforderlichen Unterlagen, zu prüfen, ob die Änderung einer Genehmigung bedarf. Der Träger des Vorhabens darf die Änderung vornehmen, sobald die zuständige Behörde ihm mitteilt, dass die Änderung keiner Genehmigung bedarf, oder sich innerhalb der in Satz 1 bestimmten Frist nicht geäußert hat. Absatz 1 Satz 3 gilt für nachgereichte Unterlagen entsprechend.

(2a) Bei einer störfallrelevanten Änderung einer genehmigungsbedürftigen Anlage, die Betriebsbereich oder Bestandteil eines Betriebsbereichs ist, hat die zuständige Behörde unverzüglich, spätestens innerhalb von zwei Monaten nach Eingang der Anzeige und der nach Absatz 1 Satz 2 erforderlichen Unterlagen zu prüfen, ob diese Änderung einer Genehmigung bedarf. Soweit es zur Ermittlung des angemessenen Sicherheitsabstands erforderlich ist, kann die zuständige Behörde ein Gutachten zu den Auswirkungen verlangen, die bei schweren Unfällen durch die Anlage hervorgerufen werden können. Der Träger des Vorhabens darf die störfallrelevante Änderung vornehmen, sobald ihm die zuständige Behörde mitteilt, dass sie keiner Genehmigung bedarf.

(3) Beabsichtigt der Betreiber, den Betrieb einer genehmigungsbedürftigen Anlage einzustellen, so hat er dies unter Angabe des Zeitpunktes der Einstellung der zuständigen Behörde unverzüglich anzuzeigen. Der Anzeige sind Unterlagen über die vom Betreiber vorgesehenen Maßnahmen zur Erfüllung der sich aus § 5 Absatz 3 und 4 ergebenden Pflichten beizufügen. Die Sätze 1 und 2 gelten für die in Absatz 1 Satz 5 bezeichneten Anlagen entsprechend.

(4) In der Rechtsverordnung nach § 10 Absatz 10 können die näheren Einzelheiten für das Verfahren nach den Absätzen 1 bis 3 geregelt werden.

§ 16 Wesentliche Änderung genehmigungsbedürftiger Anlagen

(1) Die Änderung der Lage, der Beschaffenheit oder des Betriebs einer genehmigungsbedürftigen Anlage bedarf der Genehmigung, wenn durch die Änderung nachteilige Auswirkungen hervorgerufen werden können und diese für die Prüfung nach § 6 Absatz 1 Nummer 1 erheblich sein können (wesentliche Änderung); eine Genehmigung ist stets erforderlich, wenn die Änderung oder Erweiterung des Betriebs einer genehmigungsbedürftigen Anlage für sich genommen die Leistungsgrenzen oder Anlagengrößen des Anhangs zur Verordnung über genehmigungsbedürftige Anlagen erreichen. Eine Genehmigung ist nicht erforderlich, wenn durch die Änderung hervorgerufene nachteilige Auswirkungen offensichtlich gering sind und die Erfüllung der sich aus § 6 Absatz 1 Nummer 1 ergebenden Anforderungen sichergestellt ist.

(2) Die zuständige Behörde soll von der öffentlichen Bekanntmachung des Vorhabens sowie der Auslegung des Antrags und der Unterlagen absehen, wenn der Träger des Vorhabens dies beantragt und erhebliche nachteilige Auswirkungen auf in § 1 genannte Schutzgüter nicht zu besorgen sind. Dies ist insbesondere dann der Fall, wenn erkennbar ist, dass die Auswirkungen durch die getroffenen oder vom Träger des Vorhabens vorgesehenen Maßnahmen ausgeschlossen werden oder die Nachteile im Verhältnis zu den jeweils vergleichbaren Vorteilen gering sind. Betrifft die wesentliche Änderung eine in einem vereinfachten Verfahren zu genehmigende Anlage, ist auch die wesentliche Änderung im vereinfachten Verfahren zu genehmigen. § 19 Absatz 3 gilt entsprechend. Wenn die Änderung oder Erweiterung des Betriebs einer Anlage für sich genommen die

Leistungsgrenzen oder die Anlagengrößen einer Anlage im Sinne des Anhangs 1 der Verordnung über genehmigungsbedürftige Anlagen in der Fassung der Bekanntmachung vom 31. Mai 2017 (BGBl. I S. 1440), die durch Artikel 1 der Verordnung vom 12. Oktober 2022 (BGBl. I S. 1799) geändert worden ist, die in Spalte d mit dem Buchstaben E gekennzeichnet sind, erreichen würde, dann sind die öffentliche Bekanntmachung sowie die Auslegung stets erforderlich.

(3) Über den Genehmigungsantrag ist innerhalb einer Frist von sechs Monaten, im Falle des Absatzes 2 in drei Monaten zu entscheiden. Im Übrigen gilt § 10 Absatz 6a Satz 2 und 3 entsprechend.

(4) Für nach § 15 Absatz 1 anzeigebedürftige Änderungen kann der Träger des Vorhabens eine Genehmigung beantragen. Diese ist im vereinfachten Verfahren zu erteilen; Absatz 3 und § 19 Absatz 3 gelten entsprechend.

(5) Einer Genehmigung bedarf es nicht, wenn eine genehmigte Anlage oder Teile einer genehmigten Anlage im Rahmen der erteilten Genehmigung ersetzt oder ausgetauscht werden sollen.

§ 16a Störfallrelevante Änderung genehmigungsbedürftiger Anlagen

Die störfallrelevante Änderung einer genehmigungsbedürftigen Anlage, die Betriebsbereich oder Bestandteil eines Betriebsbereichs ist, bedarf der Genehmigung, wenn durch die störfallrelevante Änderung der angemessene Sicherheitsabstand zu benachbarten Schutzobjekten erstmalig unterschritten wird, der bereits unterschrittene Sicherheitsabstand räumlich noch weiter unterschritten wird oder eine erhebliche Gefahrenerhöhung ausgelöst wird und die Änderung nicht bereits durch § 16 Absatz 1 Satz 1 erfasst ist. Einer Genehmigung bedarf es nicht, soweit dem Gebot, den angemessenen Sicherheitsabstand zu wahren, bereits auf Ebene einer raumbedeutsamen Planung oder Maßnahme durch verbindliche Vorgaben Rechnung getragen worden ist.

§ 16b Repowering von Anlagen zur Erzeugung von Strom aus erneuerbaren Energien

(1) Wird eine Anlage zur Erzeugung von Strom aus erneuerbaren Energien modernisiert (Repowering), sind im Rahmen eines Änderungsgenehmigungsverfahrens nur Anforderungen zu prüfen, soweit durch das Repowering im Verhältnis zum gegenwärtigen Zustand unter Berücksichtigung der auszutauschenden Anlage nachteilige Auswirkungen hervorgerufen werden, die für die Prüfung nach § 6 Absatz 1 erheblich sein können. Die zuständige Behörde beteiligt die Fachbehörde, deren Aufgabenbereich durch das Vorhaben berührt wird, entsprechend § 10 Absatz 5. Zustimmungserfordernisse nach anderen öffentlich-rechtlichen Vorschriften bleiben unberührt. Auf Antrag des Vorhabenträgers ist abweichend von dieser Vorschrift das Genehmigungsverfahren nach § 10 oder das vereinfachte Verfahren nach § 19 durchzuführen.

(2) Das Repowering umfasst den vollständigen oder teilweisen Austausch von Anlagen oder Betriebssystemen und -geräten zum Austausch von Kapazität oder zur Steigerung der Effizienz oder der Kapazität der Anlage, unabhängig vom Umfang der baulichen Größenunterschiede, der Leistungssteigerungen oder der Veränderungen der Anlagenanzahl im Verhältnis zur Bestandsanlage. Bei einem vollständigen Austausch der Anlage sind zusätzlich zu den in Absatz 1 genannten Anforderungen folgende Anforderungen einzuhalten:

1. die neue Anlage wird innerhalb von 48 Monaten nach dem Rückbau der Bestandsanlage errichtet und
2. der Abstand zwischen der Bestandsanlage und der neuen Anlage beträgt höchstens das Fünffache der Gesamthöhe der neuen Anlage.

Die Genehmigungsbehörde kann auf Antrag des Vorhabenträgers die Frist nach Nummer 1 aus wichtigem Grund verlängern, wenn hierdurch der Zweck des Gesetzes nicht gefährdet wird.

(3) Die Genehmigung einer Windenergieanlage im Rahmen eines Repowering nach Ab-

satz 2 darf nicht versagt werden, wenn während und nach dem Repowering nicht alle Immissionswerte der technischen Anleitung zum Schutz gegen Lärm eingehalten werden, wenn aber

1. der Immissionsbeitrag der Windenergieanlagen nach dem Repowering absolut niedriger ist als der Immissionsbeitrag der durch sie ersetzten Windenergieanlage und
2. die Windenergieanlage dem Stand der Technik entspricht.

(4) Absatz 1 gilt nicht für die Prüfung des Raumordnungs-, Bauplanungs- und Bauordnungsrechts, der Belange des Arbeitsschutzes und des Rechts der Natura-2000-Gebiete. § 45c des Bundesnaturschutzgesetzes ist anzuwenden.

(5) Auf einen Erörterungstermin soll verzichtet werden, wenn nicht der Antragsteller diesen beantragt.

(6) § 19 findet auf Änderungsgenehmigungsverfahren im Sinne von Absatz 1 von bis zu 19 Windenergieanlagen Anwendung. § 2 Absatz 1 Nummer 1 Buchstabe c der Verordnung über genehmigungsbedürftige Anlagen bleibt unberührt.

(7) Werden bei einer genehmigten Windenergieanlage vor der Errichtung Änderungen am Anlagentyp vorgenommen oder wird er gewechselt, müssen im Rahmen des Änderungsgenehmigungsverfahrens nur dann Anforderungen geprüft werden, soweit durch die Änderung des Anlagentyps im Verhältnis zur genehmigten Anlage nachteilige Auswirkungen hervorgerufen werden und diese für die Prüfung nach § 6 erheblich sein können. Die Absätze 5 und 6 sind entsprechend anzuwenden. Wird der Standort der Anlage um nicht mehr als 8 Meter geändert, die Gesamthöhe um nicht mehr als 20 Meter erhöht und der Rotordurchlauf um nicht mehr als 8 Meter verringert, sind ausschließlich die Vereinbarkeit der Änderungen mit militärischen und luftverkehrlichen Belangen zu prüfen sowie die Anforderungen nach Absatz 8 nachzuweisen und zu prüfen. Unverzüglich nach Eingang der vollständigen Antragsunterlagen, spätestens innerhalb von fünf Werktagen, hat die Genehmigungsbehörde die für die militärischen und luftverkehrlichen Belange zuständigen Behörden zu beteiligen. Diese Behörden teilen unverzüglich, spätestens innerhalb von zehn Werktagen nach Eingang, der Genehmigungsbehörde den jeweiligen Zeitpunkt des Eingangs der vollständigen Antragsunterlagen mit. Die Genehmigungsbehörde teilt den spätesten nach Satz 5 mitgeteilten Zeitpunkt dem Antragsteller mit. Im Fall der Ergänzung oder Änderung des Antrags sind die Sätze 5 und 6 entsprechend anzuwenden.

(8) Wird die Leistung oder der Ertrag einer Windenergieanlage an Land ohne bauliche Veränderungen oder ohne den Austausch von Teilen und ohne eine Änderung der genehmigten Betriebszeiten erhöht, sind ausschließlich die Standsicherheit sowie die schädlichen Umwelteinwirkungen durch Geräusche und nachteilige Auswirkungen durch Turbulenzen zu prüfen. Die Absätze 5 und 6 sind entsprechend anzuwenden.

(8a) Im Fall von Absatz 7 Satz 3 gilt die Genehmigung einschließlich der Nebenbestimmungen nach Ablauf von drei Monaten ab dem spätesten gemäß Absatz 7 Satz 6 oder 7 mitgeteilten Zeitpunkt als antragsgemäß geändert, sofern die Genehmigungsbehörde nicht zuvor über den Antrag entscheidet oder ein Antrag nach Absatz 5 gestellt wird. § 42a Absatz 3 des Verwaltungsverfahrensgesetzes ist entsprechend anzuwenden.

(9) Im Fall von Absatz 8 gilt die Genehmigung einschließlich der Nebenbestimmungen nach Ablauf von sechs Wochen als antragsgemäß geändert, sofern die Genehmigungsbehörde nicht zuvor über den Antrag entscheidet oder ein Antrag nach Absatz 5 gestellt wird. § 42a Absatz 3 des Verwaltungsverfahrensgesetzes ist entsprechend anzuwenden.

(10) Ist der Vorhabenträger der neuen Anlage im Falle des Absatz 2 Satz 2 mit dem Betreiber der Bestandsanlage nicht identisch, muss der Vorhabenträger der neuen Anlage der Genehmigungsbehörde bis zum Zeitpunkt der Entscheidung über den Antrag eine Erklärung des Betreibers der Bestandsanlage vorlegen, wonach dieser mit dem Repowe-

III

ring-Vorhaben einverstanden ist. Ein paralleler Betrieb einer Bestandsanlage und der sie ersetzenden neuen Anlage ist nicht zulässig.

§ 17 Nachträgliche Anordnungen

(1) Zur Erfüllung der sich aus diesem Gesetz und der auf Grund dieses Gesetzes erlassenen Rechtsverordnungen ergebenden Pflichten können nach Erteilung der Genehmigung sowie nach einer nach § 15 Absatz 1 angezeigten Änderung Anordnungen getroffen werden. Wird nach Erteilung der Genehmigung sowie nach einer nach § 15 Absatz 1 angezeigten Änderung festgestellt, dass die Allgemeinheit oder die Nachbarschaft nicht ausreichend vor schädlichen Umwelteinwirkungen oder sonstigen Gefahren, erheblichen Nachteilen oder erheblichen Belästigungen geschützt ist, soll die zuständige Behörde nachträgliche Anordnungen treffen.

(1a) Bei Anlagen nach der Industrieemissions-Richtlinie ist vor dem Erlass einer nachträglichen Anordnung nach Absatz 1 Satz 2, durch welche Emissionsbegrenzungen neu festgelegt werden sollen, der Entwurf der Anordnung öffentlich bekannt zu machen. § 10 Absatz 3 und 4 Nummer 1 und 2 gilt für die Bekanntmachung entsprechend. Einwendungsbefugt sind Personen, deren Belange durch die nachträgliche Anordnung berührt werden, sowie Vereinigungen, welche die Anforderungen von § 3 Absatz 1 oder § 2 Absatz 2 des Umwelt-Rechtsbehelfsgesetzes erfüllen. Für die Entscheidung über den Erlass der nachträglichen Anordnung gilt § 10 Absatz 7 bis 8a entsprechend.

(1b) Absatz 1a gilt für den Erlass einer nachträglichen Anordnung entsprechend, bei der von der Behörde auf Grundlage einer Verordnung nach § 7 Absatz 1b oder einer Verwaltungsvorschrift nach § 48 Absatz 1b weniger strenge Emissionsbegrenzungen festgelegt werden sollen.

(2) Die zuständige Behörde darf eine nachträgliche Anordnung nicht treffen, wenn sie unverhältnismäßig ist, vor allem wenn der mit der Erfüllung der Anordnung verbundene Aufwand außer Verhältnis zu dem mit der Anordnung angestrebten Erfolg steht; dabei sind insbesondere Art, Menge und Gefährlichkeit der von der Anlage ausgehenden Emissionen und der von ihr verursachten Immissionen sowie die Nutzungsdauer und technische Besonderheiten der Anlage zu berücksichtigen. Darf eine nachträgliche Anordnung wegen Unverhältnismäßigkeit nicht getroffen werden, soll die zuständige Behörde die Genehmigung unter den Voraussetzungen des § 21 Absatz 1 Nummer 3 bis 5 ganz oder teilweise widerrufen; § 21 Absatz 3 bis 6 sind anzuwenden.

(2a) § 12 Absatz 1a gilt für Anlagen nach der Industrieemissions-Richtlinie entsprechend.

(2b) Abweichend von Absatz 2a kann die zuständige Behörde weniger strenge Emissionsbegrenzungen festlegen, wenn

1. wegen technischer Merkmale der Anlage die Anwendung der in den BVT-Schlussfolgerungen genannten Emissionsbandbreiten unverhältnismäßig wäre und die Behörde dies begründet oder
2. in Anlagen Zukunftstechniken für einen Gesamtzeitraum von höchstens neun Monaten erprobt oder angewendet werden sollen, sofern nach dem festgelegten Zeitraum die Anwendung der betreffenden Technik beendet wird oder in der Anlage mindestens die mit den besten verfügbaren Techniken assoziierten Emissionsbandbreiten erreicht werden.

§ 12 Absatz 1b Satz 2 und 3 gilt entsprechend. Absatz 1a gilt entsprechend.

(3) Soweit durch Rechtsverordnung die Anforderungen nach § 5 Absatz 1 Nummer 2 abschließend festgelegt sind, dürfen durch nachträgliche Anordnungen weitergehende Anforderungen zur Vorsorge gegen schädliche Umwelteinwirkungen nicht gestellt werden.

(3a) Die zuständige Behörde soll von nachträglichen Anordnungen absehen, soweit in einem vom Betreiber vorgelegten Plan technische Maßnahmen an dessen Anlagen oder an Anlagen Dritter vorgesehen sind, die zu einer weitergehenden Verringerung der Emissionsfrachten führen als die Summe der Minderungen, die durch den Erlass nachträglicher Anordnungen zur Erfüllung der sich aus diesem Gesetz oder den auf Grund dieses Gesetzes erlassenen Rechtsverordnungen ergebenden Pflichten bei den beteiligten Anlagen erreichbar wäre und hierdurch der in § 1 genannte Zweck gefördert wird. Dies gilt nicht, soweit der Betreiber bereits zur Emissionsminderung auf Grund einer nachträglichen Anordnung nach Absatz 1 oder einer Auflage nach § 12 Absatz 1 verpflichtet ist oder eine nachträgliche Anordnung nach Absatz 1 Satz 2 getroffen werden soll. Der Ausgleich ist nur zwischen denselben oder in der Wirkung auf die Umwelt vergleichbaren Stoffen zulässig. Die Sätze 1 bis 3 gelten auch für nicht betriebsbereite Anlagen, für die die Genehmigung zur Errichtung und zum Betrieb erteilt ist oder für die in einem Vorbescheid oder einer Teilgenehmigung Anforderungen nach § 5 Absatz 1 Nummer 2 festgelegt sind. Die Durchführung der Maßnahmen des Plans ist durch Anordnung sicherzustellen.

(4) Ist es zur Erfüllung der Anordnung erforderlich, die Lage, die Beschaffenheit oder den Betrieb der Anlage wesentlich zu ändern und ist in der Anordnung nicht abschließend bestimmt, in welcher Weise sie zu erfüllen ist, so bedarf die Änderung der Genehmigung nach § 16. Ist zur Erfüllung der Anordnung die störfallrelevante Änderung einer Anlage erforderlich, die Betriebsbereich oder Bestandteil eines Betriebsbereichs ist, und wird durch diese Änderung der angemessene Sicherheitsabstand erstmalig unterschritten, wird der bereits unterschrittene Sicherheitsabstand räumlich noch weiter unterschritten oder wird eine erhebliche Gefahrenerhöhung ausgelöst, so bedarf die Änderung einer Genehmigung nach § 16 oder § 16a, wenn in der Anordnung nicht abschließend bestimmt ist, in welcher Weise sie zu erfüllen ist.

(4a) Zur Erfüllung der Pflichten nach § 5 Absatz 3 soll bei Abfallentsorgungsanlagen im Sinne des § 4 Absatz 1 Satz 1 auch eine Sicherheitsleistung angeordnet werden. Nach der Einstellung des gesamten Betriebes können Anordnungen zur Erfüllung der sich aus § 5 Absatz 3 ergebenden Pflichten nur noch während eines Zeitraumes von einem Jahr getroffen werden.

(4b) Anforderungen im Sinne des § 12 Absatz 2c können auch nachträglich angeordnet werden.

(5) Die Absätze 1 bis 4b gelten entsprechend für Anlagen, die nach § 67 Absatz 2 anzuzeigen sind oder vor Inkrafttreten dieses Gesetzes nach § 16 Absatz 4 der Gewerbeordnung anzuzeigen waren.

§ 18 Erlöschen der Genehmigung

(1) Die Genehmigung erlischt, wenn

1. innerhalb einer von der Genehmigungsbehörde gesetzten angemessenen Frist nicht mit der Errichtung oder dem Betrieb der Anlage begonnen oder
2. eine Anlage während eines Zeitraums von mehr als drei Jahren nicht mehr betrieben

worden ist.

(2) Die Genehmigung erlischt ferner, soweit das Genehmigungserfordernis aufgehoben wird.

(3) Die Genehmigungsbehörde kann auf Antrag die Fristen nach Absatz 1 aus wichtigem Grunde verlängern, wenn hierdurch der Zweck des Gesetzes nicht gefährdet wird.

§ 19 Vereinfachtes Verfahren

(1) Durch Rechtsverordnung nach § 4 Absatz 1 Satz 3 kann vorgeschrieben werden, dass die Genehmigung von Anlagen bestimmter Art oder bestimmten Umfangs in einem vereinfachten Verfahren erteilt wird, sofern dies nach Art, Ausmaß und Dauer der von diesen Anlagen hervorgerufenen schädlichen Umwelteinwirkungen und sonstigen Gefahren, erheblichen Nachteilen und erheblichen Belästigungen mit dem Schutz der Allgemeinheit und der Nachbarschaft vereinbar ist. Satz 1 gilt für Abfallentsorgungsanlagen entsprechend.

(2) In dem vereinfachten Verfahren sind § 10 Absatz 2, 3, 3a, 4, 6, 7 Satz 2 und 3, Absatz 8 und 9 sowie die §§ 11 und 14 nicht anzuwenden.

(3) Die Genehmigung ist auf Antrag des Trägers des Vorhabens abweichend von den Absätzen 1 und 2 nicht in einem vereinfachten Verfahren zu erteilen. Auf Antrag des Vorhabenträgers ist die Genehmigung öffentlich

bekannt zu machen. In diesem Fall gilt §10 Absatz 8 Satz 2 bis 9 entsprechend.

(4) Die Genehmigung einer Anlage, die Betriebsbereich oder Bestandteil eines Betriebsbereichs ist, kann nicht im vereinfachten Verfahren erteilt werden, wenn durch deren störfallrelevante Errichtung und Betrieb der angemessene Sicherheitsabstand zu benachbarten Schutzobjekten unterschritten wird oder durch deren störfallrelevante Änderung der angemessene Sicherheitsabstand zu benachbarten Schutzobjekten erstmalig unterschritten wird, der bereits unterschrittene Sicherheitsabstand räumlich noch weiter unterschritten wird oder eine erhebliche Gefahrenerhöhung ausgelöst wird. In diesen Fällen ist das Verfahren nach §10 mit Ausnahme von Absatz 4 Nummer 3 und Absatz 6 anzuwenden. §10 Absatz 3 Satz 8 ist mit der Maßgabe anzuwenden, dass nur die Personen Einwendungen erheben können, deren Belange berührt sind oder Vereinigungen, welche die Anforderungen des §3 Absatz 1 oder des §2 Absatz 2 des Umwelt-Rechtsbehelfsgesetzes erfüllen. Bei störfallrelevanten Änderungen ist §16 Absatz 3 entsprechend anzuwenden. Die Sätze 1 bis 4 gelten nicht, soweit dem Gebot, den angemessenen Sicherheitsabstand zu wahren, bereits auf Ebene einer raumbedeutsamen Planung oder Maßnahme durch verbindliche Vorgaben Rechnung getragen worden ist.

§20 Untersagung, Stilllegung und Beseitigung

(1) Kommt der Betreiber einer genehmigungsbedürftigen Anlage einer Auflage, einer vollziehbaren nachträglichen Anordnung oder einer abschließend bestimmten Pflicht aus einer Rechtsverordnung nach §7 nicht nach und betreffen die Auflage, die Anordnung oder die Pflicht die Beschaffenheit oder den Betrieb der Anlage, so kann die zuständige Behörde den Betrieb ganz oder teilweise bis zur Erfüllung der Auflage, der Anordnung oder der Pflichten aus der Rechtsverordnung nach §7 untersagen. Die zuständige Behörde hat den Betrieb ganz oder teilweise nach Satz 1 zu untersagen, wenn ein Verstoß gegen die Auflage, Anordnung oder Pflicht eine unmittelbare Gefährdung der menschlichen Gesundheit verursacht oder eine unmittelbare erhebliche Gefährdung der Umwelt darstellt.

(1a) Die zuständige Behörde hat die Inbetriebnahme oder Weiterführung einer genehmigungsbedürftigen Anlage, die Betriebsbereich oder Bestandteil eines Betriebsbereichs ist und gewerblichen Zwecken dient oder im Rahmen wirtschaftlicher Unternehmungen Verwendung findet, ganz oder teilweise zu untersagen, solange und soweit die von dem Betreiber getroffenen Maßnahmen zur Verhütung schwerer Unfälle im Sinne des Artikels 3 Nummer 13 der Richtlinie 2012/18/EU oder zur Begrenzung der Auswirkungen derartiger Unfälle eindeutig unzureichend sind. Bei der Entscheidung über eine Untersagung berücksichtigt die zuständige Behörde auch schwerwiegende Unterlassungen in Bezug auf erforderliche Folgemaßnahmen, die in einem Überwachungsbericht nach §16 Absatz 2 Nummer 1 der Störfall-Verordnung festgelegt worden sind. Die zuständige Behörde kann die Inbetriebnahme oder Weiterführung einer Anlage im Sinne des Satzes 1 ganz oder teilweise untersagen, wenn der Betreiber die in einer zur Umsetzung der Richtlinie 2012/18/EU erlassenen Rechtsverordnung vorgeschriebenen Mitteilungen, Berichte oder sonstigen Informationen nicht fristgerecht übermittelt.

(2) Die zuständige Behörde soll anordnen, dass eine Anlage, die ohne die erforderliche Genehmigung errichtet, betrieben oder wesentlich geändert wird, stillzulegen oder zu beseitigen ist. Sie hat die Beseitigung anzuordnen, wenn die Allgemeinheit oder die Nachbarschaft nicht auf andere Weise ausreichend geschützt werden kann.

(3) Die zuständige Behörde kann den weiteren Betrieb einer genehmigungsbedürftigen Anlage durch den Betreiber oder einen mit der Leitung des Betriebs Beauftragten untersagen, wenn Tatsachen vorliegen, welche die Unzuverlässigkeit dieser Personen in Bezug auf die Einhaltung von Rechtsvorschriften zum Schutz vor schädlichen Umwelteinwirkungen dartun, und die Untersagung zum

Wohl der Allgemeinheit geboten ist. Dem Betreiber der Anlage kann auf Antrag die Erlaubnis erteilt werden, die Anlage durch eine Person betreiben zu lassen, die die Gewähr für den ordnungsgemäßen Betrieb der Anlage bietet. Die Erlaubnis kann mit Auflagen verbunden werden.

§ 21 Widerruf der Genehmigung

(1) Eine nach diesem Gesetz erteilte rechtmäßige Genehmigung darf, auch nachdem sie unanfechtbar geworden ist, ganz oder teilweise mit Wirkung für die Zukunft nur widerrufen werden,

1. wenn der Widerruf gemäß § 12 Absatz 2 Satz 2 oder Absatz 3 vorbehalten ist;
2. wenn mit der Genehmigung eine Auflage verbunden ist und der Begünstigte diese nicht oder nicht innerhalb einer ihm gesetzten Frist erfüllt hat;
3. wenn die Genehmigungsbehörde auf Grund nachträglich eingetretener Tatsachen berechtigt wäre, die Genehmigung nicht zu erteilen, und wenn ohne den Widerruf das öffentliche Interesse gefährdet würde;
4. wenn die Genehmigungsbehörde auf Grund einer geänderten Rechtsvorschrift berechtigt wäre, die Genehmigung nicht zu erteilen, soweit der Betreiber von der Genehmigung noch keinen Gebrauch gemacht hat, und wenn ohne den Widerruf das öffentliche Interesse gefährdet würde;
5. um schwere Nachteile für das Gemeinwohl zu verhüten oder zu beseitigen.

(2) Erhält die Genehmigungsbehörde von Tatsachen Kenntnis, welche den Widerruf einer Genehmigung rechtfertigen, so ist der Widerruf nur innerhalb eines Jahres seit dem Zeitpunkt der Kenntnisnahme zulässig.

(3) Die widerrufene Genehmigung wird mit dem Wirksamwerden des Widerrufs unwirksam, wenn die Genehmigungsbehörde keinen späteren Zeitpunkt bestimmt.

(4) Wird die Genehmigung in den Fällen des Absatzes 1 Nummer 3 bis 5 widerrufen, so hat die Genehmigungsbehörde den Betroffenen auf Antrag für den Vermögensnachteil zu entschädigen, den dieser dadurch erleidet, dass er auf den Bestand der Genehmigung vertraut hat, soweit sein Vertrauen schutzwürdig ist. Der Vermögensnachteil ist jedoch nicht über den Betrag des Interesses hinaus zu ersetzen, das der Betroffene an dem Bestand der Genehmigung hat. Der auszugleichende Vermögensnachteil wird durch die Genehmigungsbehörde festgesetzt. Der Anspruch kann nur innerhalb eines Jahres geltend gemacht werden; die Frist beginnt, sobald die Genehmigungsbehörde den Betroffenen auf sie hingewiesen hat.

(5) Die Länder können die in Absatz 4 Satz 1 getroffene Bestimmung des Entschädigungspflichtigen abweichend regeln.

(6) Für Streitigkeiten über die Entschädigung ist der ordentliche Rechtsweg gegeben.

(7) Die Absätze 1 bis 6 gelten nicht, wenn eine Genehmigung, die von einem Dritten angefochten worden ist, während des Vorverfahrens oder während des verwaltungsgerichtlichen Verfahrens aufgehoben wird, soweit dadurch dem Widerspruch oder der Klage abgeholfen wird.

Zweiter Abschnitt
Nicht genehmigungsbedürftige Anlagen

§ 22 Pflichten der Betreiber nicht genehmigungsbedürftiger Anlagen

(1) Nicht genehmigungsbedürftige Anlagen sind so zu errichten und zu betreiben, dass

1. schädliche Umwelteinwirkungen verhindert werden, die nach dem Stand der Technik vermeidbar sind,
2. nach dem Stand der Technik unvermeidbare schädliche Umwelteinwirkungen auf ein Mindestmaß beschränkt werden und
3. die beim Betrieb der Anlagen entstehenden Abfälle ordnungsgemäß beseitigt werden können.

Die Bundesregierung wird ermächtigt, nach Anhörung der beteiligten Kreise (§ 51) durch Rechtsverordnung mit Zustimmung des Bundesrates auf Grund der Art oder Menge aller oder einzelner anfallender Abfälle die Anlagen zu bestimmen, für die die Anforderungen des § 5 Absatz 1 Nummer 3 entsprechend gelten. Für Anlagen, die nicht gewerblichen Zwecken dienen und nicht im Rahmen wirtschaftlicher Unternehmungen Verwendung finden, gilt die Verpflichtung des Satzes 1 nur, soweit sie auf die Verhinderung oder Beschränkung von schädlichen Umwelteinwirkungen durch Luftverunreinigungen, Geräusche oder von Funkanlagen ausgehende nichtionisierende Strahlen gerichtet ist.

(1a) Geräuscheinwirkungen, die von Kindertageseinrichtungen, Kinderspielplätzen und ähnlichen Einrichtungen wie beispielsweise Ballspielplätzen durch Kinder hervorgerufen werden, sind im Regelfall keine schädliche Umwelteinwirkung. Bei der Beurteilung der Geräuscheinwirkungen dürfen Immissionsgrenz- und -richtwerte nicht herangezogen werden.

(2) Weitergehende öffentlich-rechtliche Vorschriften bleiben unberührt.

§ 23 Anforderungen an die Errichtung, die Beschaffenheit und den Betrieb nicht genehmigungsbedürftiger Anlagen

(1) Die Bundesregierung wird ermächtigt, nach Anhörung der beteiligten Kreise (§ 51) durch Rechtsverordnung mit Zustimmung des Bundesrates vorzuschreiben, dass die Errichtung, die Beschaffenheit und der Betrieb nicht genehmigungsbedürftiger Anlagen bestimmten Anforderungen zum Schutz der Allgemeinheit und der Nachbarschaft vor schädlichen Umwelteinwirkungen und, soweit diese Anlagen gewerblichen Zwecken dienen oder im Rahmen wirtschaftlicher Unternehmungen Verwendung finden und Betriebsbereiche oder Bestandteile von Betriebsbereichen sind, vor sonstigen Gefahren zur Verhütung schwerer Unfälle im Sinne des Artikels 3 Nummer 13 der Richtlinie 2012/18/EU und zur Begrenzung der Auswirkungen derartiger Unfälle für Mensch und Umwelt genügen müssen, insbesondere dass

1. die Anlagen bestimmten technischen Anforderungen entsprechen müssen,
2. die von Anlagen ausgehenden Emissionen bestimmte Grenzwerte nicht überschreiten dürfen,
3. die Betreiber von Anlagen Messungen von Emissionen und Immissionen nach in der Rechtsverordnung näher zu bestimmenden Verfahren vorzunehmen haben oder von einer in der Rechtsverordnung zu bestimmenden Stelle vornehmen lassen müssen,
4. die Betreiber bestimmter Anlagen der zuständigen Behörde unverzüglich die Inbetriebnahme oder eine Änderung einer Anlage, die für die Erfüllung von in der Rechtsverordnung vorgeschriebenen Pflichten von Bedeutung sein kann, anzuzeigen haben,

4a. die Betreiber von Anlagen, die Betriebsbereiche oder Bestandteile von Betriebsbereichen sind, innerhalb einer angemessenen Frist vor Errichtung, vor Inbetriebnahme oder vor einer Änderung dieser Anlagen, die für die Erfüllung von in der Rechtsverordnung vorgeschriebenen Pflichten von Bedeutung sein kann, dies der zuständigen Behörde anzuzeigen haben und

5. bestimmte Anlagen nur betrieben werden dürfen, nachdem die Bescheinigung eines von der nach Landesrecht zuständigen Behörde bekannt gegebenen Sachverständigen vorgelegt worden ist, dass die Anlage den Anforderungen der Rechtsverordnung oder einer Bauartzulassung nach § 33 entspricht.

In der Rechtsverordnung nach Satz 1 können auch die Anforderungen bestimmt werden, denen Sachverständige hinsichtlich ihrer Fachkunde, Zuverlässigkeit und gerätetechnischen Ausstattung genügen müssen. Wegen der Anforderungen nach Satz 1 Nummer 1 bis 3 gilt § 7 Absatz 5 entsprechend.

(1a) Für bestimmte nicht genehmigungsbedürftige Anlagen kann durch Rechtsverordnung nach Absatz 1 vorgeschrieben werden, dass auf Antrag des Trägers des Vorhabens ein Verfahren zur Erteilung einer Genehmigung nach § 4 Absatz 1 Satz 1 in Verbindung mit § 6 durchzuführen ist. Im Falle eines Antrags nach Satz 1 sind für die betroffene Anlage an Stelle der für nicht genehmigungsbedürftige Anlagen geltenden Vorschriften die Vorschriften über genehmigungsbedürftige Anlagen anzuwenden. Für das Verfahren gilt § 19 Absatz 2 und 3 entsprechend.

(2) Soweit die Bundesregierung von der Ermächtigung keinen Gebrauch macht, sind die Landesregierungen ermächtigt, durch Rechtsverordnung Vorschriften im Sinne des Absatzes 1 zu erlassen. Die Landesregierungen können die Ermächtigung auf eine oder mehrere oberste Landesbehörden übertragen.

§ 23a Anzeigeverfahren für nicht genehmigungsbedürftige Anlagen, die Betriebsbereich oder Bestandteil eines Betriebsbereichs sind

(1) Die störfallrelevante Errichtung und der Betrieb oder die störfallrelevante Änderung einer nicht genehmigungsbedürftigen Anlage, die Betriebsbereich oder Bestandteil eines Betriebsbereichs ist, ist der zuständigen Behörde vor ihrer Durchführung schriftlich oder elektronisch anzuzeigen, sofern eine Genehmigung nach Absatz 3 in Verbindung mit § 23b nicht beantragt wird. Der Anzeige sind alle Unterlagen beizufügen, die für die Feststellung nach Absatz 2 erforderlich sein können; die zuständige Behörde kann bei einer elektronischen Anzeige Mehrausfertigungen sowie die Übermittlung der der Anzeige beizufügenden Unterlagen auch in schriftlicher Form verlangen. Soweit es zur Ermittlung des angemessenen Sicherheitsabstands erforderlich ist, kann die zuständige Behörde ein Gutachten zu den Auswirkungen verlangen, die bei schweren Unfällen durch die Anlage hervorgerufen werden können. Die zuständige Behörde hat dem Träger des Vorhabens den Eingang der Anzeige und der beigefügten Unterlagen unverzüglich schriftlich oder elektronisch zu bestätigen. Sie teilt dem Träger des Vorhabens nach Eingang der Anzeige unverzüglich mit, welche zusätzlichen Unterlagen sie für die Feststellung nach Absatz 2 benötigt.

(2) Die zuständige Behörde hat festzustellen, ob durch die störfallrelevante Errichtung und den Betrieb oder die störfallrelevante Änderung der Anlage der angemessene Sicherheitsabstand zu benachbarten Schutzobjekten erstmalig unterschritten wird, räumlich noch weiter unterschritten wird oder eine erhebliche Gefahrenerhöhung ausgelöst wird. Diese Feststellung ist dem Träger des Vorhabens spätestens zwei Monate nach Eingang der Anzeige und der erforderlichen Unterlagen bekannt zu geben und der Öffentlichkeit nach den Bestimmungen des Bundes und der Länder über den Zugang zu Umweltinformationen zugänglich zu machen. Wird kein Genehmigungsverfahren nach § 23b durchgeführt, macht die zuständige Behörde dies in ihrem amtlichen Veröffentlichungsblatt und entweder im Internet oder in örtlichen Tageszeitungen, die im Bereich des Standortes des Betriebsbereichs verbreitet sind, öffentlich bekannt. Der Träger des Vorhabens darf die Errichtung und den Betrieb oder die Änderung vornehmen, sobald die zuständige Behörde ihm mitteilt, dass sein Vorhaben keiner Genehmigung bedarf.

(3) Auf Antrag des Trägers des Vorhabens führt die zuständige Behörde das Genehmigungsverfahren nach § 23b auch ohne die Feststellung nach Absatz 2 Satz 1 durch.

§ 23b Störfallrechtliches Genehmigungsverfahren

(1) Ergibt die Feststellung nach § 23a Absatz 2 Satz 1, dass der angemessene Sicherheitsabstand erstmalig unterschritten wird, räumlich noch weiter unterschritten wird oder eine erhebliche Gefahrenerhöhung ausgelöst wird, bedarf die störfallrelevante Errichtung und der Betrieb oder die störfallrelevante Änderung einer nicht genehmigungsbedürftigen Anlage, die Betriebsbereich oder Bestandteil eines Betriebsbereichs ist, einer störfallrechtlichen Genehmigung. Dies gilt nicht, soweit dem Gebot, den angemessenen Sicherheitsabstand zu wahren, bereits auf Ebene einer raumbedeutsamen Planung oder Maßnahme durch verbindliche Vorgaben Rechnung getragen worden ist. Die Genehmigung setzt einen schriftlichen oder elektronischen Antrag voraus. § 10 Absatz 1 Satz 4 bis 6 und Absatz 2 gilt entsprechend. Die Genehmigung ist zu erteilen, wenn sichergestellt ist, dass die Anforderungen des § 22 und der auf Grundlage des § 23 erlassenen Rechtsverordnungen eingehalten wer-

III

den und andere öffentlich-rechtliche Vorschriften und Belange des Arbeitsschutzes nicht entgegenstehen. Die Genehmigung kann unter Bedingungen erteilt und mit Auflagen verbunden werden, soweit dies erforderlich ist, um die Erfüllung der Genehmigungsvoraussetzungen sicherzustellen. Die Genehmigung schließt andere die Anlage betreffende behördliche Entscheidungen ein mit Ausnahme von Planfeststellungen, Zulassungen bergrechtlicher Betriebspläne, behördlichen Entscheidungen auf Grund atomrechtlicher Vorschriften und wasserrechtlichen Erlaubnissen und Bewilligungen nach § 8 in Verbindung mit § 10 des Wasserhaushaltsgesetzes. Die §§ 8, 8a, 9 und 18 gelten entsprechend.

III

(2) Im Genehmigungsverfahren ist die Öffentlichkeit zu beteiligen. Dazu macht die zuständige Behörde das Vorhaben öffentlich bekannt und legt den Antrag, die vom Antragsteller vorgelegten Unterlagen mit Ausnahme der Unterlagen nach Absatz 1 Satz 4 sowie die entscheidungserheblichen Berichte und Empfehlungen, die der Behörde im Zeitpunkt der Bekanntmachung vorliegen, einen Monat zur Einsicht aus. Die Auslegung ist dadurch zu bewirken, dass die Dokumente auf einer Internetseite der zuständigen Behörde zugänglich gemacht werden. Auf Verlangen eines Beteiligten wird ihm eine leicht zu erreichende Zugangsmöglichkeit zur Verfügung gestellt. Der Vorhabenträger kann der Veröffentlichung im Internet widersprechen, soweit er die Gefährdung von Betriebs- oder Geschäftsgeheimnissen oder wichtiger Sicherheitsbelange befürchtet; in diesem Fall muss die Behörde eine andere Form der Veröffentlichung wählen. Personen, deren Belange durch das Vorhaben berührt werden sowie Vereinigungen, welche die Anforderungen von § 3 Absatz 1 oder § 2 Absatz 2 des Umwelt-Rechtsbehelfsgesetzes erfüllen, können innerhalb der in § 10 Absatz 3 Satz 8 erster Halbsatz genannten Frist gegenüber der zuständigen Behörde schriftlich oder elektronisch Einwendungen erheben. § 10 Absatz 3 Satz 9 und Absatz 3a gilt entsprechend. Einwendungen, die auf besonderen privatrechtlichen Titeln beruhen, sind auf den Rechtsweg vor den ordentlichen Gerichten zu verweisen.

(3) Die Genehmigungsbehörde holt die Stellungnahmen der Behörden ein, deren Aufgabenbereich durch das Vorhaben berührt wird. Soweit für das Vorhaben selbst oder für weitere damit unmittelbar in Zusammenhang stehende Vorhaben, die Auswirkungen auf die Umwelt haben können und die für die Genehmigung Bedeutung haben, eine Zulassung nach anderen Gesetzen vorgeschrieben ist, hat die Genehmigungsbehörde eine vollständige Koordinierung der Zulassungsverfahren sowie der Inhalts- und Nebenbestimmungen sicherzustellen.

(4) Über den Antrag auf störfallrelevante Errichtung und Betrieb einer Anlage hat die zuständige Behörde innerhalb einer Frist von sieben Monaten nach Eingang des Antrags und der erforderlichen Unterlagen zu entscheiden. Über den Antrag auf störfallrelevante Änderung einer Anlage ist innerhalb einer Frist von sechs Monaten nach Eingang des Antrags und der erforderlichen Unterlagen zu entscheiden. Die zuständige Behörde kann die jeweilige Frist um drei Monate verlängern, wenn dies wegen der Schwierigkeit der Prüfung oder aus Gründen, die dem Antragsteller zuzurechnen sind, erforderlich ist. Die Fristverlängerung soll gegenüber dem Antragsteller begründet werden. § 10 Absatz 7 Satz 1 gilt entsprechend.

(4a) § 10a ist entsprechend anzuwenden.

(5) Die Bundesregierung wird ermächtigt, durch Rechtsverordnung mit Zustimmung des Bundesrates weitere Einzelheiten des Verfahrens nach den Absätzen 1 bis 4 zu regeln, insbesondere

1. Form und Inhalt des Antrags,
2. Verfahren und Inhalt der Bekanntmachung und Auslegung des Vorhabens durch die zuständige Behörde sowie
3. Inhalt und Bekanntmachung des Genehmigungsbescheids.

§ 23c Betriebsplanzulassung nach dem Bundesberggesetz

Die §§ 23a und 23b Absatz 1, 3 und 4 gelten nicht für die störfallrelevante Errichtung und den Betrieb oder die störfallrelevante Änderung einer nicht genehmigungsbedürftigen

Anlage, die Betriebsbereich oder Bestandteil eines Betriebsbereichs ist, wenn für die Errichtung und den Betrieb oder die Änderung eine Betriebsplanzulassung nach dem Bundesberggesetz erforderlich ist. § 23b Absatz 2 ist für die in Satz 1 genannten Vorhaben unter den in § 57d des Bundesberggesetzes genannten Bedingungen entsprechend anzuwenden. Die Regelungen, die auf Grundlage des § 23b Absatz 5 durch Rechtsverordnung getroffen werden, gelten für die in Satz 1 genannten Vorhaben, soweit § 57d des Bundesberggesetzes dies anordnet.

§ 24 Anordnungen im Einzelfall

Die zuständige Behörde kann im Einzelfall die zur Durchführung des § 22 und der auf dieses Gesetz gestützten Rechtsverordnungen erforderlichen Anordnungen treffen. Kann das Ziel der Anordnung auch durch eine Maßnahme zum Zwecke des Arbeitsschutzes erreicht werden, soll diese angeordnet werden.

§ 25 Untersagung

(1) Kommt der Betreiber einer Anlage einer vollziehbaren behördlichen Anordnung nach § 24 Satz 1 nicht nach, so kann die zuständige Behörde den Betrieb der Anlage ganz oder teilweise bis zur Erfüllung der Anordnung untersagen.

(1a) Die zuständige Behörde hat die Inbetriebnahme oder Weiterführung einer nicht genehmigungsbedürftigen Anlage, die Betriebsbereich oder Bestandteil eines Betriebsbereichs ist und gewerblichen Zwecken dient oder im Rahmen wirtschaftlicher Unternehmungen Verwendung findet, ganz oder teilweise zu untersagen, solange und soweit die von dem Betreiber getroffenen Maßnahmen zur Verhütung schwerer Unfälle im Sinne des Artikels 3 Nummer 13 der Richtlinie 2012/18/EU oder zur Begrenzung der Auswirkungen derartiger Unfälle eindeutig unzureichend sind. Bei der Entscheidung über eine Untersagung berücksichtigt die zuständige Behörde auch schwerwiegende Unterlassungen in Bezug auf erforderliche Folgemaßnahmen, die in einem Überwachungsbericht nach § 16 Absatz 2 Nummer 1 der Störfall-Verordnung festgelegt worden sind. Die zuständige Behörde kann die Inbetriebnahme oder die Weiterführung einer Anlage im Sinne des Satzes 1 außerdem ganz oder teilweise untersagen, wenn der Betreiber

1. die in einer zur Umsetzung der Richtlinie 2012/18/EU erlassenen Rechtsverordnung vorgeschriebenen Mitteilungen, Berichte oder sonstige Informationen nicht fristgerecht übermittelt oder
2. eine nach § 23a erforderliche Anzeige nicht macht oder die Anlage ohne die nach § 23b erforderliche Genehmigung störfallrelevant errichtet, betreibt oder störfallrelevant ändert.

(2) Wenn die von einer Anlage hervorgerufenen schädlichen Umwelteinwirkungen das Leben oder die Gesundheit von Menschen oder bedeutende Sachwerte gefährden, soll die zuständige Behörde die Errichtung oder den Betrieb der Anlage ganz oder teilweise untersagen, soweit die Allgemeinheit oder die Nachbarschaft nicht auf andere Weise ausreichend geschützt werden kann.

§ 25a Stilllegung und Beseitigung nicht genehmigungsbedürftiger Anlagen, die Betriebsbereich oder Bestandteil eines Betriebsbereichs sind

Die zuständige Behörde kann anordnen, dass eine Anlage, die Betriebsbereich oder Bestandteil eines Betriebsbereichs ist und ohne die erforderliche Genehmigung nach § 23b störfallrelevant errichtet oder geändert wird, ganz oder teilweise stillzulegen oder zu beseitigen ist. Sie soll die Beseitigung anordnen, wenn die Allgemeinheit oder die Nachbarschaft nicht auf andere Weise ausreichend geschützt werden kann.

Dritter Abschnitt
Ermittlung von Emissionen und Immissionen, sicherheitstechnische Prüfungen

§ 26 Messungen aus besonderem Anlass

Die zuständige Behörde kann anordnen, dass der Betreiber einer genehmigungsbedürftigen Anlage oder, soweit § 22 Anwendung findet, einer nicht genehmigungsbedürftigen Anlage Art und Ausmaß der von der Anlage ausgehenden Emissionen sowie die Immis-

III

sionen im Einwirkungsbereich der durch eine der von der zuständigen Behörde eines Landes bekannt gegebenen Stellen ermitteln lässt, wenn zu befürchten ist, dass durch die Anlage schädliche Umwelteinwirkungen hervorgerufen werden. Die zuständige Behörde ist befugt, Einzelheiten über Art und Umfang der Ermittlungen sowie über die Vorlage des Ermittlungsergebnisses vorzuschreiben.

§ 27 Emissionserklärung

(1) Der Betreiber einer genehmigungsbedürftigen Anlage ist verpflichtet, der zuständigen Behörde innerhalb einer von ihr zu setzenden Frist oder zu dem in der Rechtsverordnung nach Absatz 4 festgesetzten Zeitpunkt Angaben zu machen über Art, Menge, räumliche und zeitliche Verteilung der Luftverunreinigungen, die von der Anlage in einem bestimmten Zeitraum ausgegangen sind, sowie über die Austrittsbedingungen (Emissionserklärung); er hat die Emissionserklärung nach Maßgabe der Rechtsverordnung nach Absatz 4 entsprechend dem neuesten Stand zu ergänzen. § 52 Absatz 5 gilt sinngemäß. Satz 1 gilt nicht für Betreiber von Anlagen, von denen nur in geringem Umfang Luftverunreinigungen ausgehen können.

(2) Auf die nach Absatz 1 erlangten Kenntnisse und Unterlagen sind die §§ 93, 97, 105 Absatz 1, § 111 Absatz 5 in Verbindung mit § 105 Absatz 1 sowie § 116 Absatz 1 der Abgabenordnung nicht anzuwenden. Dies gilt nicht, soweit die Finanzbehörden die Kenntnisse für die Durchführung eines Verfahrens wegen einer Steuerstraftat sowie eines damit zusammenhängenden Besteuerungsverfahrens benötigen, an deren Verfolgung ein zwingendes öffentliches Interesse besteht, oder soweit es sich um vorsätzlich falsche Angaben des Auskunftspflichtigen oder der für ihn tätigen Personen handelt.

(3) Der Inhalt der Emissionserklärung ist Dritten auf Antrag bekannt zu geben. Einzelangaben der Emissionserklärung dürfen nicht veröffentlicht oder Dritten bekannt gegeben werden, wenn aus diesen Rückschlüsse auf Betriebs- oder Geschäftsgeheimnisse gezogen werden können. Bei Abgabe der Emissionserklärung hat der Betreiber der zuständigen Behörde mitzuteilen und zu begründen, welche Einzelangaben der Emissionserklärung Rückschlüsse auf Betriebs- oder Geschäftsgeheimnisse erlauben.

(4) Die Bundesregierung wird ermächtigt, durch Rechtsverordnung mit Zustimmung des Bundesrates Inhalt, Umfang, Form und Zeitpunkt der Abgabe der Emissionserklärung, das bei der Ermittlung der Emissionen einzuhaltende Verfahren und den Zeitraum, innerhalb dessen die Emissionserklärung zu ergänzen ist, zu regeln. In der Rechtsverordnung wird auch bestimmt, welche Betreiber genehmigungsbedürftiger Anlagen nach Absatz 1 Satz 3 von der Pflicht zur Abgabe einer Emissionserklärung befreit sind. Darüber hinaus kann zur Erfüllung der Pflichten aus bindenden Rechtsakten der Europäischen Gemeinschaften oder der Europäischen Union in der Rechtsverordnung vorgeschrieben werden, dass die zuständigen Behörden über die nach Landesrecht zuständige Behörde dem Bundesministerium für Umwelt, Naturschutz und nukleare Sicherheit zu einem festgelegten Zeitpunkt Emissionsdaten zur Verfügung stellen, die den Emissionserklärungen zu entnehmen sind.

§ 28 Erstmalige und wiederkehrende Messungen bei genehmigungsbedürftigen Anlagen

Die zuständige Behörde kann bei genehmigungsbedürftigen Anlagen

1. nach der Inbetriebnahme oder einer Änderung im Sinne des § 15 oder des § 16 und sodann
2. nach Ablauf eines Zeitraums von jeweils drei Jahren

Anordnungen nach § 26 auch ohne die dort genannten Voraussetzungen treffen. Hält die Behörde wegen Art, Menge und Gefährlichkeit der von der Anlage ausgehenden Emissionen Ermittlungen auch während des in Nummer 2 genannten Zeitraums für erforderlich, so soll sie auf Antrag des Betreibers zulassen, dass diese Ermittlungen durch den Immissionsschutzbeauftragten durchgeführt werden, wenn dieser hierfür die erforderliche

Fachkunde, Zuverlässigkeit und gerätetechnische Ausstattung besitzt.

§ 29 Kontinuierliche Messungen

(1) Die zuständige Behörde kann bei genehmigungsbedürftigen Anlagen anordnen, dass statt durch Einzelmessungen nach § 26 oder § 28 oder neben solchen Messungen bestimmte Emissionen oder Immissionen unter Verwendung aufzeichnender Messgeräte fortlaufend ermittelt werden. Bei Anlagen mit erheblichen Emissionsmassenströmen luftverunreinigender Stoffe sollen unter Berücksichtigung von Art und Gefährlichkeit dieser Stoffe Anordnungen nach Satz 1 getroffen werden, soweit eine Überschreitung der in Rechtsvorschriften, Auflagen oder Anordnungen festgelegten Emissionsbegrenzungen nach der Art der Anlage nicht ausgeschlossen werden kann.

(2) Die zuständige Behörde kann bei nicht genehmigungsbedürftigen Anlagen, soweit § 22 anzuwenden ist, anordnen, dass statt durch Einzelmessungen nach § 26 oder neben solchen Messungen bestimmte Emissionen oder Immissionen unter Verwendung aufzeichnender Messgeräte fortlaufend ermittelt werden, wenn dies zur Feststellung erforderlich ist, ob durch die Anlage schädliche Umwelteinwirkungen hervorgerufen werden.

§ 29a Anordnung sicherheitstechnischer Prüfungen

(1) Die zuständige Behörde kann anordnen, dass der Betreiber einer genehmigungsbedürftigen Anlage oder einer Anlage innerhalb eines Betriebsbereichs nach § 3 Absatz 5a einen der von der zuständigen Behörde eines Landes bekannt gegebenen Sachverständigen mit der Durchführung bestimmter sicherheitstechnischer Prüfungen sowie Prüfungen von sicherheitstechnischen Unterlagen beauftragt. In der Anordnung kann die Durchführung der Prüfungen durch den Störfallbeauftragten (§ 58a), eine zugelassene Überwachungsstelle nach § 2 Nummer 4 des Gesetzes über überwachungsbedürftige Anlagen oder einen in einer für Anlagen nach § 2 Nummer 1 des Gesetzes über überwachungsbedürftige Anlagen erlassenen Rechtsverordnung genannten Sachverständigen gestattet werden, wenn diese die Anforderungen nach § 29b Absatz 2 Satz 2 und 3 erfüllen; das Gleiche gilt für einen nach § 36 Absatz 1 der Gewerbeordnung bestellten Sachverständigen oder für Sachverständige, die im Rahmen von § 13a der Gewerbeordnung ihre gewerbliche Tätigkeit nur vorübergehend und gelegentlich im Inland ausüben wollen, soweit eine besondere Sachkunde im Bereich sicherheitstechnischer Prüfungen nachgewiesen wird. Die zuständige Behörde ist befugt, Einzelheiten über Art und Umfang der sicherheitstechnischen Prüfungen sowie über die Vorlage des Prüfungsergebnisses vorzuschreiben.

(2) Prüfungen können angeordnet werden

1. für einen Zeitpunkt während der Errichtung oder sonst vor der Inbetriebnahme der Anlage,
2. für einen Zeitpunkt nach deren Inbetriebnahme,
3. in regelmäßigen Abständen,
4. im Falle einer Betriebseinstellung oder
5. wenn Anhaltspunkte dafür bestehen, dass bestimmte sicherheitstechnische Anforderungen nicht erfüllt werden.

Satz 1 gilt entsprechend bei einer Änderung im Sinne des § 15 oder des § 16.

(3) Der Betreiber hat die Ergebnisse der sicherheitstechnischen Prüfungen der zuständigen Behörde spätestens einen Monat nach Durchführung der Prüfungen vorzulegen; er hat diese Ergebnisse unverzüglich vorzulegen, sofern dies zur Abwehr gegenwärtiger Gefahren erforderlich ist.

§ 29b Bekanntgabe von Stellen und Sachverständigen

(1) Die Bekanntgabe von Stellen im Sinne von § 26, von Stellen im Sinne einer auf Grund dieses Gesetzes erlassenen Rechtsverordnung oder von Sachverständigen im Sinne von § 29a durch die zuständige Behörde eines Landes berechtigt die bekannt gegebenen Stellen und Sachverständigen, die in der Bekanntgabe festgelegten Ermittlungen oder Prüfungen auf Antrag eines Anlagenbetreibers durchzuführen.

(2) Die Bekanntgabe setzt einen Antrag bei der zuständigen Behörde des Landes voraus. Sie ist zu erteilen, wenn der Antragsteller oder die Antragstellerin über die erforderliche Fachkunde, Unabhängigkeit, Zuverlässigkeit und gerätetechnische Ausstattung verfügt sowie die für die Aufgabenerfüllung erforderlichen organisatorischen Anforderungen erfüllt. Sachverständige im Sinne von § 29a müssen über eine Haftpflichtversicherung verfügen.

III

(3) Die Bundesregierung wird ermächtigt, nach Anhörung der beteiligten Kreise (§ 51) durch Rechtsverordnung mit Zustimmung des Bundesrates Anforderungen an die Bekanntgabe von Stellen und Sachverständigen sowie an bekannt gegebene Stellen und Sachverständige zu regeln. In der Rechtsverordnung nach Satz 1 können insbesondere

1. Anforderungen an die Gleichwertigkeit nicht inländischer Anerkennungen und Nachweise bestimmt werden,
2. Anforderungen an das Verfahren der Bekanntgabe und ihrer Aufhebung bestimmt werden,
3. Anforderungen an den Inhalt der Bekanntgabe bestimmt werden, insbesondere, dass sie mit Nebenbestimmungen versehen und für das gesamte Bundesgebiet erteilt werden kann,
4. Anforderungen an die Organisationsform der bekannt zu gebenden Stellen bestimmt werden,
5. Anforderungen an die Struktur bestimmt werden, die die Sachverständigen der Erfüllung ihrer Aufgaben zugrunde legen,
6. Anforderungen an die Fachkunde, Zuverlässigkeit, Unabhängigkeit und gerätetechnische Ausstattung der bekannt zu gebenden Stellen und Sachverständigen bestimmt werden,
7. Pflichten der bekannt gegebenen Stellen und Sachverständigen festgelegt werden.

§ 30 Kosten der Messungen und sicherheitstechnischen Prüfungen

Die Kosten für die Ermittlungen der Emissionen und Immissionen sowie für die sicherheitstechnischen Prüfungen trägt der Betreiber der Anlage. Bei nicht genehmigungsbedürftigen Anlagen trägt der Betreiber die Kosten für Ermittlungen nach § 26 oder § 29 Absatz 2 nur, wenn die Ermittlungen ergeben, dass

1. Auflagen oder Anordnungen nach den Vorschriften dieses Gesetzes oder der auf dieses Gesetz gestützten Rechtsverordnungen nicht erfüllt worden sind oder
2. Anordnungen oder Auflagen nach den Vorschriften dieses Gesetzes oder der auf dieses Gesetz gestützten Rechtsverordnungen geboten sind.

§ 31 Auskunftspflichten des Betreibers

(1) Der Betreiber einer Anlage nach der Industrieemissions-Richtlinie hat nach Maßgabe der Nebenbestimmungen der Genehmigung oder auf Grund von Rechtsverordnungen der zuständigen Behörde jährlich Folgendes vorzulegen:

1. eine Zusammenfassung der Ergebnisse der Emissionsüberwachung,
2. sonstige Daten, die erforderlich sind, um die Einhaltung der Genehmigungsanforderungen gemäß § 6 Absatz 1 Nummer 1 zu überprüfen.

Die Pflicht nach Satz 1 besteht nicht, soweit die erforderlichen Angaben der zuständigen Behörde bereits auf Grund anderer Vorschriften vorzulegen sind. Wird in einer Rechtsverordnung nach § 7 ein Emissionsgrenzwert nach § 7 Absatz 1a, in einer Verwaltungsvorschrift nach § 48 ein Emissionswert nach § 48 Absatz 1a oder in einer Genehmigung nach § 12 Absatz 1 oder einer nachträglichen Anordnung nach § 17 Absatz 2a eine Emissionsbegrenzung nach § 12 Absatz 1a oder § 17 Absatz 2a oberhalb der in den BVT-Schlussfolgerungen genannten Emissionsbandbreiten bestimmt, so hat die Zusammenfassung nach Satz 1 Nummer 1 einen Vergleich mit den in den BVT-Schlussfolgerungen genannten Emissionsbandbreiten zu ermöglichen.

(2) Der Betreiber einer Anlage nach der Industrieemissions-Richtlinie kann von der zuständigen Behörde verpflichtet werden, diejenigen Daten zu übermitteln, deren Über-

mittlung nach einem Durchführungsrechtsakt nach Artikel 72 Absatz 2 der Richtlinie 2010/75/EU vorgeschrieben ist und die zur Erfüllung der Berichtspflicht nach § 61 Absatz 1 erforderlich sind, soweit solche Daten nicht bereits auf Grund anderer Vorschriften bei der zuständigen Behörde vorhanden sind. § 3 Absatz 1 Satz 2 und § 5 Absatz 2 bis 6 des Gesetzes zur Ausführung des Protokolls über Schadstofffreisetzungs- und -verbringungsregister vom 21. Mai 2003 sowie zur Durchführung der Verordnung (EG) Nr. 166/2006 vom 6. Juni 2007 (BGBl. I S. 1002), das durch Artikel 1 des Gesetzes vom 9. Dezember 2020 (BGBl. I S. 2873) geändert worden ist, gelten entsprechend.

(2a) Der Betreiber von Anlagen, die Betriebsbereich oder Bestandteil eines Betriebsbereichs sind, kann von der zuständigen Behörde verpflichtet werden, diejenigen Daten zu übermitteln, deren Übermittlung nach einem Durchführungsrechtsakt nach Artikel 21 Absatz 5 der Richtlinie 2012/18/EU vorgeschrieben ist und die zur Erfüllung der Berichtspflicht nach § 61 Absatz 2 erforderlich sind, soweit solche Daten nicht bereits auf Grund anderer Vorschriften bei der zuständigen Behörde vorhanden sind. Absatz 2 Satz 2 gilt entsprechend.

(3) Wird bei einer Anlage nach der Industrieemissions-Richtlinie festgestellt, dass Anforderungen gemäß § 6 Absatz 1 Nummer 1 nicht eingehalten werden, hat der Betreiber dies der zuständigen Behörde unverzüglich mitzuteilen.

(4) Der Betreiber einer Anlage nach der Industrieemissions-Richtlinie hat bei allen Ereignissen mit schädlichen Umwelteinwirkungen die zuständige Behörde unverzüglich zu unterrichten, soweit er hierzu nicht bereits nach § 4 des Umweltschadensgesetzes oder nach § 19 der Störfall-Verordnung verpflichtet ist.

(5) Der Betreiber der Anlage hat das Ergebnis der auf Grund einer Anordnung nach § 26, § 28 oder § 29 getroffenen Ermittlungen der zuständigen Behörde auf Verlangen mitzuteilen und die Aufzeichnungen der Messgeräte nach § 29 fünf Jahre lang aufzubewahren. Die zuständige Behörde kann die Art der Übermittlung der Messergebnisse vorschreiben. Die Ergebnisse der Überwachung der Emissionen, die bei der Behörde vorliegen, sind für die Öffentlichkeit nach den Bestimmungen des Umweltinformationsgesetzes mit Ausnahme des § 12 zugänglich; für Landesbehörden gelten die landesrechtlichen Vorschriften.

Siebenter Teil
Gemeinsame Vorschriften

§ 62 Ordnungswidrigkeiten

(1) Ordnungswidrig handelt, wer vorsätzlich oder fahrlässig

1. eine Anlage ohne die Genehmigung nach § 4 Absatz 1 errichtet,
2. einer auf Grund des § 7 erlassenen Rechtsverordnung oder auf Grund einer solchen Rechtsverordnung erlassenen vollziehbaren Anordnung zuwiderhandelt, soweit die Rechtsverordnung für einen bestimmten Tatbestand auf diese Bußgeldvorschrift verweist,
3. eine vollziehbare Auflage nach § 8a Absatz 2 Satz 2 oder § 12 Absatz 1 nicht, nicht richtig, nicht vollständig oder nicht rechtzeitig erfüllt,
4. die Lage, die Beschaffenheit oder den Betrieb einer genehmigungsbedürftigen Anlage ohne die Genehmigung nach § 16 Absatz 1 wesentlich ändert,

4a. ohne Genehmigung nach § 16a Satz 1 oder § 23b Absatz 1 Satz 1 eine dort genannte Anlage störfallrelevant ändert oder störfallrelevant errichtet,

5. einer vollziehbaren Anordnung nach § 17 Absatz 1 Satz 1 oder 2, jeweils auch in Verbindung mit Absatz 5, § 24 Satz 1, § 26, § 28 Satz 1 oder § 29 nicht, nicht richtig, nicht vollständig oder nicht rechtzeitig nachkommt,
6. eine Anlage entgegen einer vollziehbaren Untersagung nach § 25 Absatz 1 betreibt,
7. einer auf Grund der §§ 23, 32, 33 Absatz 1 Nummer 1 oder 2, §§ 34, 35, 37, 38 Absatz 2, § 39 oder § 48a Absatz 1 Satz 1 oder 2, Absatz 1a oder 3 erlassenen Rechtsverordnung oder einer auf Grund

einer solchen Rechtsverordnung ergangenen vollziehbaren Anordnung zuwiderhandelt, soweit die Rechtsverordnung für einen bestimmten Tatbestand auf diese Bußgeldvorschrift verweist,

7a. entgegen § 38 Absatz 1 Satz 2 Kraftfahrzeuge und ihre Anhänger, die nicht zum Verkehr auf öffentlichen Straßen zugelassen sind, Schienen-, Luft- und Wasserfahrzeuge sowie Schwimmkörper und schwimmende Anlagen nicht so betreibt, dass vermeidbare Emissionen verhindert und unvermeidbare Emissionen auf ein Mindestmaß beschränkt bleiben oder

8. entgegen einer Rechtsverordnung nach § 49 Absatz 1 Nummer 2 oder einer auf Grund einer solchen Rechtsverordnung ergangenen vollziehbaren Anordnung eine ortsfeste Anlage errichtet, soweit die Rechtsverordnung für einen bestimmten Tatbestand auf diese Bußgeldvorschrift verweist,

9. entgegen § 37c Absatz 1 Satz 1 bis 3 der zuständigen Stelle die dort genannten Angaben nicht, nicht richtig, nicht vollständig oder nicht rechtzeitig mitteilt oder nicht oder nicht rechtzeitig eine Kopie des Vertrages mit dem Dritten vorlegt,

10. entgegen § 37c Absatz 1 Satz 4, auch in Verbindung mit Satz 5, oder Satz 6 der zuständigen Stelle die dort genannten Angaben nicht richtig mitteilt,

11. entgegen § 37f Absatz 1 Satz 1, auch in Verbindung mit einer Rechtsverordnung nach § 37d Absatz 2 Satz 1 Nummer 14, der zuständigen Stelle einen Bericht nicht, nicht richtig, nicht vollständig oder nicht rechtzeitig vorlegt.

(2) Ordnungswidrig handelt ferner, wer vorsätzlich oder fahrlässig

1. entgegen § 15 Absatz 1 oder 3 eine Anzeige nicht, nicht richtig, nicht vollständig oder nicht rechtzeitig macht,

1a. entgegen § 15 Absatz 2 Satz 2 eine Änderung vornimmt,

1b. entgegen § 23a Absatz 1 Satz 1 eine Anzeige nicht, nicht richtig, nicht vollständig oder nicht rechtzeitig macht,

2. entgegen § 27 Absatz 1 Satz 1 in Verbindung mit einer Rechtsverordnung nach Absatz 4 Satz 1 eine Emissionserklärung nicht, nicht richtig, nicht vollständig oder nicht rechtzeitig abgibt oder nicht, nicht richtig, nicht vollständig oder nicht rechtzeitig ergänzt,

3. entgegen § 31 Absatz 1 Satz 1 eine dort genannte Zusammenfassung oder dort genannte Daten nicht, nicht richtig, nicht vollständig oder nicht rechtzeitig vorlegt,

3a. entgegen § 31 Absatz 5 Satz 1 eine Mitteilung nicht, nicht richtig, nicht vollständig oder nicht rechtzeitig macht,

3b. einer Rechtsverordnung nach § 37d Absatz 3 Nummer 3 oder einer vollziehbaren Anordnung auf Grund einer solchen Rechtsverordnung zuwiderhandelt, soweit die Rechtsverordnung für einen bestimmten Tatbestand auf diese Bußgeldvorschrift verweist,

4. entgegen § 52 Absatz 2 Satz 1, 3 oder 4, auch in Verbindung mit Absatz 3 Satz 1 oder Absatz 6 Satz 1 Auskünfte nicht, nicht richtig, nicht vollständig oder nicht rechtzeitig erteilt, eine Maßnahme nicht duldet, Unterlagen nicht vorlegt, beauftragte Personen nicht hinzuzieht oder einer dort sonst genannten Verpflichtung zuwiderhandelt,

5. entgegen § 52 Absatz 3 Satz 2 die Entnahme von Stichproben nicht gestattet,

6. eine Anzeige nach § 67 Absatz 2 Satz 1 nicht, nicht richtig, nicht vollständig oder nicht rechtzeitig erstattet oder

7. entgegen § 67 Absatz 2 Satz 2 Unterlagen nicht, nicht richtig, nicht vollständig oder nicht rechtzeitig vorlegt.

(3) Ordnungswidrig handelt, wer vorsätzlich oder fahrlässig

1. einer unmittelbar geltenden Vorschrift in Rechtsakten der Europäischen Union zuwiderhandelt, die inhaltlich
   a) einem in Absatz 1 Nummer 1, 3, 4, 5, 6, 7a, 9 oder Nummer 10 oder
   b) einem in Absatz 2

   bezeichneten Gebot oder Verbot entspricht, soweit eine Rechtsverordnung nach Satz 2 für einen bestimmten Tatbestand auf diese Bußgeldvorschrift verweist, oder

2. einer unmittelbar geltenden Vorschrift in Rechtsakten der Europäischen Union zuwiderhandelt, die inhaltlich einer Regelung entspricht, zu der die in Absatz 1 Nummer 2, 7 oder Nummer 8 genannten Vorschriften ermächtigen, soweit eine Rechtsverordnung nach Satz 2 für einen bestimmten Tatbestand auf diese Bußgeldvorschrift verweist.

Das Bundesministerium für Umwelt, Naturschutz und nukleare Sicherheit wird ermächtigt, soweit dies zur Durchsetzung der Rechtsakte der Europäischen Union erforderlich ist, durch Rechtsverordnung mit Zustimmung des Bundesrates die Tatbestände zu bezeichnen, die als Ordnungswidrigkeit geahndet werden können.

(4) Die Ordnungswidrigkeit kann in den Fällen der Absätze 1 und 3 Nummer 1 Buchstabe a und Nummer 2 mit einer Geldbuße bis zu fünfzigtausend Euro und in den übrigen Fällen mit einer Geldbuße bis zu zehntausend Euro geahndet werden.

(5) Verwaltungsbehörde im Sinne des § 36 Absatz 1 Nummer 1 des Gesetzes über Ordnungswidrigkeiten ist in den Fällen des Absatzes 1 Nummer 9 bis 11 die zuständige Stelle.

Vierte Verordnung zur Durchführung des Bundes-Immissionsschutzgesetzes (Verordnung über genehmigungsbedürftige Anlagen – 4. BImSchV)

in der Fassung der Bekanntmachung vom 31. Mai 2017 (BGBl. I S. 1440)

Zuletzt geändert durch
Dritte Verordnung zur Änderung der Verordnung über genehmigungsbedürftige Anlagen vom 12. November 2024 (BGBl. I Nr. 355)

§ 1 Genehmigungsbedürftige Anlagen

(1) Die Errichtung und der Betrieb der im Anhang 1 genannten Anlagen bedürfen einer Genehmigung, soweit den Umständen nach zu erwarten ist, dass sie länger als während der zwölf Monate, die auf die Inbetriebnahme folgen, an demselben Ort betrieben werden. Für die in Nummer 8 des Anhangs 1 genannten Anlagen, ausgenommen Anlagen zur Behandlung am Entstehungsort, gilt Satz 1 auch, soweit sie weniger als während der zwölf Monate, die auf die Inbetriebnahme folgen, an demselben Ort betrieben werden sollen. Für die in den Nummern 2.10.2, 7.4, 7.5, 7.25, 7.28, 9.1, 9.3 und 9.11 des Anhangs 1 genannten Anlagen gilt Satz 1 nur, soweit sie gewerblichen Zwecken dienen oder im Rahmen wirtschaftlicher Unternehmungen verwendet werden. Hängt die Genehmigungsbedürftigkeit der im Anhang 1 genannten Anlagen vom Erreichen oder Überschreiten einer bestimmten Leistungsgrenze oder Anlagengröße ab, ist jeweils auf den rechtlich und tatsächlich möglichen Betriebsumfang der durch denselben Betreiber betriebenen Anlage abzustellen.

(2) Das Genehmigungserfordernis erstreckt sich auf alle vorgesehenen

1. Anlagenteile und Verfahrensschritte, die zum Betrieb notwendig sind, und
2. Nebeneinrichtungen, die mit den Anlagenteilen und Verfahrensschritten nach Nummer 1 in einem räumlichen und betriebstechnischen Zusammenhang stehen und die von Bedeutung sein können für
   a) das Entstehen schädlicher Umwelteinwirkungen,
   b) die Vorsorge gegen schädliche Umwelteinwirkungen oder
   c) das Entstehen sonstiger Gefahren, erheblicher Nachteile oder erheblicher Belästigungen.

(3) Die im Anhang 1 bestimmten Voraussetzungen sind auch erfüllt, wenn mehrere Anlagen derselben Art in einem engen räumlichen und betrieblichen Zusammenhang stehen (gemeinsame Anlage) und zusammen die maßgebenden Leistungsgrenzen oder Anlagengrößen erreichen oder überschreiten werden. Ein enger räumlicher und betrieblicher Zusammenhang ist gegeben, wenn die Anlagen

1. auf demselben Betriebsgelände liegen,
2. mit gemeinsamen Betriebseinrichtungen verbunden sind und
3. einem vergleichbaren technischen Zweck dienen.

(4) Gehören zu einer Anlage Teile oder Nebeneinrichtungen, die je gesondert genehmigungsbedürftig wären, so bedarf es lediglich einer Genehmigung.

(5) Soll die für die Genehmigungsbedürftigkeit maßgebende Leistungsgrenze oder Anlagengröße durch die Erweiterung einer bestehenden Anlage erstmals überschritten werden, bedarf die gesamte Anlage der Genehmigung.

(6) Keiner Genehmigung bedürfen Anlagen, soweit sie der Forschung, Entwicklung oder Erprobung neuer Einsatzstoffe, Brennstoffe, Erzeugnisse oder Verfahren im Labor- oder

Technikumsmaßstab dienen; hierunter fallen auch solche Anlagen im Labor- oder Technikumsmaßstab, in denen neue Erzeugnisse in der für die Erprobung ihrer Eigenschaften durch Dritte erforderlichen Menge vor der Markteinführung hergestellt werden, soweit die neuen Erzeugnisse noch weiter erforscht oder entwickelt werden.

(7) Keiner Genehmigung bedürfen Anlagen zur Lagerung von Stoffen, die eine Behörde in Erfüllung ihrer gesetzlichen Aufgabe zur Gefahrenabwehr sichergestellt hat.

§ 2 Zuordnung zu den Verfahrensarten

(1) Das Genehmigungsverfahren wird durchgeführt nach

1. § 10 des Bundes-Immissionsschutzgesetzes für
   a) Anlagen, die in Spalte c des Anhangs 1 mit dem Buchstaben G gekennzeichnet sind,
   b) Anlagen, die sich aus in Spalte c des Anhangs 1 mit dem Buchstaben G und dem Buchstaben V gekennzeichneten Anlagen zusammensetzen,
   c) Anlagen, die in Spalte c des Anhangs 1 mit dem Buchstaben V gekennzeichnet sind und zu deren Genehmigung nach den §§ 3a bis 3f des Gesetzes über die Umweltverträglichkeitsprüfung eine Umweltverträglichkeitsprüfung durchzuführen ist,
2. § 19 des Bundes-Immissionsschutzgesetzes im vereinfachten Verfahren für in Spalte c des Anhangs 1 mit dem Buchstaben V gekennzeichnete Anlagen.

Soweit die Zuordnung zu den Genehmigungsverfahren von der Leistungsgrenze oder Anlagengröße abhängt, gilt § 1 Absatz 1 Satz 4 entsprechend.

(2) Kann eine Anlage vollständig verschiedenen Anlagenbezeichnungen im Anhang 1 zugeordnet werden, so ist die speziellere Anlagenbezeichnung maßgebend.

(3) Für in Spalte c des Anhangs 1 mit dem Buchstaben G gekennzeichnete Anlagen, die ausschließlich oder überwiegend der Entwicklung und Erprobung neuer Verfahren, Einsatzstoffe, Brennstoffe oder Erzeugnisse dienen (Versuchsanlagen), wird das vereinfachte Verfahren durchgeführt, wenn die Genehmigung für einen Zeitraum von höchstens drei Jahren nach Inbetriebnahme der Anlage erteilt werden soll; dieser Zeitraum kann auf Antrag um höchstens ein Jahr verlängert werden. Satz 1 ist auf Anlagen der Anlage 1 (Liste „UVP-pflichtige Vorhaben“) zum Gesetz über die Umweltverträglichkeitsprüfung nur anzuwenden, soweit nach den Vorschriften dieses Gesetzes eine Umweltverträglichkeitsprüfung durchzuführen ist. Soll die Lage, die Beschaffenheit oder der Betrieb einer nach Satz 1 genehmigten Anlage für einen anderen Entwicklungs- oder Erprobungszweck geändert werden, ist ein Verfahren nach Satz 1 durchzuführen.

(4) Wird die für die Zuordnung zu einer Verfahrensart maßgebende Leistungsgrenze oder Anlagengröße durch die Errichtung und den Betrieb einer weiteren Teilanlage oder durch eine sonstige Erweiterung der Anlage erreicht oder überschritten, so wird die Genehmigung für die Änderung in dem Verfahren erteilt, dem die Anlage nach der Summe ihrer Leistung oder Größe entspricht.

§ 3 Anlagen nach der Industrieemissions-Richtlinie

Anlagen nach Artikel 10 in Verbindung mit Anhang I der Richtlinie 2010/75/EU des Europäischen Parlaments und des Rates vom 24. November 2010 über Industrieemissionen (integrierte Vermeidung und Verminderung der Umweltverschmutzung) (Neufassung) (ABl. L 334 vom 17. 12. 2010, S. 17) sind Anlagen, die in Spalte d des Anhangs 1 mit dem Buchstaben E gekennzeichnet sind.

Anhang 1

Rohstoffbegriff in Nummer 7

Der in Anlagenbeschreibungen unter Nummer 7 verwendete Begriff „Rohstoff" gilt unabhängig davon, ob dieser zuvor verarbeitet wurde oder nicht.

Abfallbegriff in Nummer 8

Der in den Anlagenbeschreibungen unter den Nummern 8.2 bis 8.15 verwendete Begriff „Abfall" betrifft jeweils ausschließlich Abfälle, auf die die Vorschriften des Kreislaufwirtschaftsgesetzes Anwendung finden.

Mischungsregel

III

Wird in Anlagenbeschreibungen unter Nummer 7 auf diese Mischungsregel Bezug genommen, errechnet sich die Produktionskapazität **P** beim Einsatz tierischer und pflanzlicher Rohstoffe wie folgt:

$$\mathbf{P} = \begin{cases} 75 & \textit{für}\ \mathbf{A} \geq 10 \\ [300 - (22{,}5 \cdot \mathbf{A})] & \textit{für}\ \mathbf{A} < 10 \end{cases}$$

wobei **A** den gewichtsprozentualen Anteil der tierischen Rohstoffe an den insgesamt eingesetzten Rohstoffen darstellt.

Legende

Nr.:
Ordnungsnummer der Anlagenart

Anlagenbeschreibung:

Die vollständige Beschreibung der Anlagenart ergibt sich aus dem fortlaufenden Text von der 2. bis zur jeweils letzten Gliederungsebene der Ordnungsnummer.
(z. B. ergibt sich die vollständige Beschreibung der Anlagenart von Nummer 1.2.4.1 aus dem fortlaufenden Text der Nummern 1.2, 1.2.4 und 1.2.4.1)

Verfahrensart:
G: Genehmigungsverfahren gemäß § 10 BImSchG (mit Öffentlichkeitsbeteiligung)
V: Vereinfachtes Verfahren gemäß § 19 BImSchG (ohne Öffentlichkeitsbeteiligung)
Anlage gemäß Art. 10 der Richtlinie 2010/75/EU:
E: Anlage gemäß § 3

Nr.	Anlagenbeschreibung	Verfahrensart	Anlage gemäß Art. 10 der RL 2010/75/EU
a	b	c	d
1.	**Wärmeerzeugung, Bergbau und Energie**		
1.1	Anlagen zur Erzeugung von Strom, Dampf, Warmwasser, Prozesswärme oder erhitztem Abgas durch den Einsatz von Brennstoffen in einer Verbrennungseinrichtung (wie Kraftwerk, Heizkraftwerk, Heizwerk, Gasturbinenanlage, Verbrennungsmotoranlage, sonstige Feuerungsanlage), einschließlich zugehöriger Dampfkessel, mit einer Feuerungswärmeleistung von 50 Megawatt oder mehr;	G	E
1.2	Anlagen zur Erzeugung von Strom, Dampf, Warmwasser, Prozesswärme oder erhitztem Abgas in einer Verbrennungseinrichtung (wie Kraftwerk, Heizkraftwerk, Heizwerk, Gasturbinenanlage, Verbrennungsmotoranlage, sonstige Feuerungsanlage), einschließlich zugehöriger Dampfkessel, ausgenommen Verbrennungsmotoranlagen für Bohranlagen und Notstromaggregate, durch den Einsatz von		

Nr.	Anlagenbeschreibung	Verfahrensart	Anlage gemäß Art. 10 der RL 2010/75/EU
a	b	c	d
1.2.1	Kohle, Koks einschließlich Petrolkoks, Kohlebriketts, Torfbriketts, Brenntorf, naturbelassenem Holz sowie in der eigenen Produktionsanlage anfallendem gestrichenem, lackiertem oder beschichtetem Holz oder Sperrholz, Spanplatten, Faserplatten oder sonst verleimtem Holz sowie daraus anfallenden Resten, soweit keine Holzschutzmittel aufgetragen oder infolge einer Behandlung enthalten sind und Beschichtungen keine halogenorganischen Verbindungen oder Schwermetalle enthalten, emulgiertem Naturbitumen, Heizölen, ausgenommen Heizöl EL, mit einer Feuerungswärmeleistung von 1 Megawatt bis weniger als 50 Megawatt,	V	
1.2.2	gasförmigen Brennstoffen (insbesondere Koksofengas, Grubengas, Stahlgas, Raffineriegas, Synthesegas, Erdölgas aus der Tertiärförderung von Erdöl, Klärgas, Biogas), ausgenommen naturbelassenem Erdgas, Flüssiggas, Gasen der öffentlichen Gasversorgung oder Wasserstoff, mit einer Feuerungswärmeleistung von		
1.2.2.1	10 Megawatt bis weniger als 50 Megawatt,	V	
1.2.2.2	1 Megawatt bis weniger als 10 Megawatt, bei Verbrennungsmotoranlagen oder Gasturbinenanlagen,	V	
1.2.3	Heizöl EL, Dieselkraftstoff, Methanol, Ethanol, naturbelassenen Pflanzenölen oder Pflanzenölmethylestern, naturbelassenem Erdgas, Flüssiggas, Gasen der öffentlichen Gasversorgung oder Wasserstoff mit einer Feuerungswärmeleistung von		
1.2.3.1	20 Megawatt bis weniger als 50 Megawatt,	V	
1.2.3.2	1 Megawatt bis weniger als 20 Megawatt, bei Verbrennungsmotoranlagen oder Gasturbinenanlagen,	V	
1.2.4	anderen als in Nummer 1.2.1 oder 1.2.3 genannten festen oder flüssigen Brennstoffen mit einer Feuerungswärmeleistung von 100 Kilowatt bis weniger als 50 Megawatt;	V	
1.3	(nicht besetzt)		
1.4	Verbrennungsmotoranlagen oder Gasturbinenanlagen zum Antrieb von Arbeitsmaschinen für den Einsatz von		
1.4.1	Heizöl EL, Dieselkraftstoff, Methanol, Ethanol, naturbelassenen Pflanzenölen, Pflanzenölmethylestern, Koksofengas, Grubengas, Stahlgas, Raffineriegas, Synthesegas, Erdölgas aus der Tertiärförderung von Erdöl, Klärgas, Biogas, naturbelassenem Erdgas, Flüssiggas, Gasen der öffentlichen Gasversorgung oder Wasserstoff mit einer Feuerungswärmeleistung von		
1.4.1.1	50 Megawatt oder mehr,	G	E
1.4.1.2	1 Megawatt bis weniger als 50 Megawatt, ausgenommen Verbrennungsmotoranlagen für Bohranlagen,	V	
1.4.2	anderen als in Nummer 1.4.1 genannten Brennstoffen mit einer Feuerungswärmeleistung von		
1.4.2.1	50 Megawatt oder mehr,	G	E
1.4.2.2	100 Kilowatt bis weniger als 50 Megawatt;	V	
1.5	(nicht besetzt)		

Nr.	Anlagenbeschreibung	Verfahrensart	Anlage gemäß Art. 10 der RL 2010/75/EU
a	b	c	d
1.6	Anlagen zur Nutzung von Windenergie mit einer Gesamthöhe von mehr als 50 Metern und		
1.6.1	20 oder mehr Windkraftanlagen,	G	
1.6.2	weniger als 20 Windkraftanlagen;	V	
1.7	(nicht besetzt)		
1.8	Elektroumspannanlagen mit einer Oberspannung von 220 Kilovolt oder mehr einschließlich der Schaltfelder, ausgenommen eingehauste Elektroumspannanlagen;	V	
1.9	Anlagen zum Mahlen oder Trocknen von Kohle mit einer Kapazität von 1 Tonne oder mehr je Stunde;	V	
1.10	Anlagen zum Brikettieren von Braun- oder Steinkohle;	G	
1.11	Anlagen zur Trockendestillation (z. B. Kokereien, Gaswerke und Schwelereien), insbesondere von Steinkohle oder Braunkohle, Holz, Torf oder Pech, ausgenommen Holzkohlenmeiler;	G	E
1.12	Anlagen zur Destillation oder Weiterverarbeitung von Teer oder Teererzeugnissen oder von Teer- oder Gaswasser;	G	
1.13	(nicht besetzt)		
1.14	Anlagen zur Vergasung oder Verflüssigung von		
1.14.1	Kohle,	G	E
1.14.2	bituminösem Schiefer mit einem Energieäquivalent von		
1.14.2.1	20 Megawatt oder mehr,	G	E
1.14.2.2	weniger als 20 Megawatt,	G	
1.14.3	anderen Brennstoffen als Kohle oder bituminösem Schiefer, insbesondere zur Erzeugung von Generator-, Wasser-, oder Holzgas, mit einer Produktionskapazität an Stoffen, entsprechend einem Energieäquivalent von		
1.14.3.1	20 Megawatt oder mehr,	G	E
1.14.3.2	1 Megawatt bis weniger als 20 Megawatt;	V	
1.15	Anlagen zur Erzeugung von Biogas, soweit nicht von Nummer 8.6 erfasst, mit einer Produktionskapazität von 1,2 Million Normkubikmetern je Jahr Rohgas oder mehr;	V	
1.16	Anlagen zur Aufbereitung von Biogas mit einer Verarbeitungskapazität von 1,2 Million Normkubikmetern je Jahr Rohgas oder mehr;	V	
2.	**Steine und Erden, Glas, Keramik, Baustoffe**		
2.1	Steinbrüche mit einer Abbaufläche von		
2.1.1	10 Hektar oder mehr,	G	
2.1.2	weniger als 10 Hektar, soweit Sprengstoffe verwendet werden;	V	
2.2	Anlagen zum Brechen, Trocknen, Mahlen oder Klassieren von natürlichem oder künstlichem Gestein, ausgenommen Klassieranlagen für Sand oder Kies sowie Anlagen, die nicht mehr als zehn Tage im Jahr betrieben werden;	V	
2.3	Anlagen zur Herstellung von Zementklinker oder Zementen mit einer Produktionskapazität von		

Nr.	Anlagenbeschreibung	Verfahrensart	Anlage gemäß Art. 10 der RL 2010/75/EU
a	b	c	d
2.3.1	500 Tonnen oder mehr je Tag,	G	E
2.3.2	50 Tonnen bis weniger als 500 Tonnen je Tag, soweit nicht in Drehrohröfen hergestellt,	G	E
2.3.3	weniger als 500 Tonnen je Tag, soweit in Drehrohröfen hergestellt,	V	
2.3.4	weniger als 50 Tonnen je Tag, soweit nicht in Drehrohröfen hergestellt;	V	
2.4	Anlagen zum Brennen von		
2.4.1	Kalkstein, Magnesit oder Dolomit mit einer Produktionskapazität von		
2.4.1.1	50 Tonnen oder mehr Branntkalk oder Magnesiumoxid je Tag,	G	E
2.4.1.2	weniger als 50 Tonnen Branntkalk oder Magnesiumoxid je Tag,	V	
2.4.2	Bauxit, Gips, Kieselgur, Quarzit oder Ton zu Schamotte;	V	
2.5	Anlagen zur Gewinnung von Asbest;	G	E
2.6	Anlagen zur Be- oder Verarbeitung von Asbest oder Asbesterzeugnissen;	G	E
2.7	Anlagen zum Blähen von Perlite oder Schiefer;	V	
2.8	Anlagen zur Herstellung von Glas, auch soweit es aus Altglas hergestellt wird, einschließlich Anlagen zur Herstellung von Glasfasern, mit einer Schmelzkapazität von		
2.8.1	20 Tonnen oder mehr je Tag,	G	E
2.8.2	100 Kilogramm bis weniger als 20 Tonnen je Tag, ausgenommen in Anlagen zur Herstellung von Glasfasern, die für medizinische oder fernmeldetechnische Zwecke bestimmt sind;	V	
2.9	(nicht besetzt)		
2.10	Anlagen zum Brennen keramischer Erzeugnisse (einschließlich Anlagen zum Blähen von Ton) mit einer Produktionskapazität von		
2.10.1	75 Tonnen oder mehr je Tag,	G	E
2.10.2	weniger als 75 Tonnen je Tag, soweit der Rauminhalt der Brennanlage 4 Kubikmeter oder mehr beträgt oder die Besatzdichte mehr als 100 Kilogramm je Kubikmeter Rauminhalt der Brennanlage beträgt, ausgenommen elektrisch beheizte Brennöfen, die diskontinuierlich und ohne Abluftführung betrieben werden;	V	
2.11	Anlagen zum Schmelzen mineralischer Stoffe einschließlich Anlagen zur Herstellung von Mineralfasern mit einer Schmelzkapazität von		
2.11.1	20 Tonnen oder mehr je Tag,	G	E
2.11.2	weniger als 20 Tonnen je Tag;	V	
2.12	(nicht besetzt)		
2.13	(nicht besetzt)		
2.14	Anlagen zur Herstellung von Formstücken unter Verwendung von Zement oder anderen Bindemitteln durch Stampfen, Schocken, Rütteln oder Vibrieren mit einer Produktionskapazität von 10 Tonnen oder mehr je Stunde;	V	

III

Nr.	Anlagenbeschreibung	Verfahrensart	Anlage gemäß Art. 10 der RL 2010/75/EU
a	b	c	d
2.15	Anlagen zur Herstellung oder zum Schmelzen von Mischungen aus Bitumen oder Teer mit Mineralstoffen, ausgenommen Anlagen, die Mischungen in Kaltbauweise herstellen, einschließlich Aufbereitungsanlagen für bituminöse Straßenbaustoffe und Teersplittanlagen;	**V**	
3.	**Stahl, Eisen und sonstige Metalle einschließlich Verarbeitung**		
3.1	Anlagen zum Rösten (Erhitzen unter Luftzufuhr zur Überführung in Oxide), Schmelzen oder Sintern (Stückigmachen von feinkörnigen Stoffen durch Erhitzen) von Erzen;	**G**	**E**
3.2	Anlagen zur Herstellung oder zum Erschmelzen von Roheisen		
3.2.1	und zur Weiterverarbeitung zu Rohstahl, bei denen sich Gewinnungs- und Weiterverarbeitungseinheiten nebeneinander befinden und in funktioneller Hinsicht miteinander verbunden sind (Integrierte Hüttenwerke), mit einer Schmelzkapazität von		
3.2.1.1	2,5 Tonnen oder mehr je Stunde,	**G**	**E**
3.2.1.2	weniger als 2,5 Tonnen je Stunde,	**G**	
3.2.2	oder Stahl, einschließlich Stranggießen, auch soweit Konzentrate oder sekundäre Rohstoffe eingesetzt werden, mit einer Schmelzkapazität von		
3.2.2.1	2,5 Tonnen oder mehr je Stunde,	**G**	**E**
3.2.2.2	weniger als 2,5 Tonnen je Stunde;	**V**	
3.3	Anlagen zur Herstellung von Nichteisenrohmetallen aus Erzen, Konzentraten oder sekundären Rohstoffen durch metallurgische, chemische oder elektrolytische Verfahren;	**G**	**E**
3.4	Anlagen zum Schmelzen, zum Legieren oder zur Raffination von Nichteisenmetallen mit einer Schmelzkapazität von		
3.4.1	4 Tonnen je Tag oder mehr bei Blei und Cadmium oder von 20 Tonnen je Tag oder mehr bei sonstigen Nichteisenmetallen,	**G**	**E**
3.4.2	0,5 Tonnen bis weniger als 4 Tonnen je Tag bei Blei und Cadmium oder von 2 Tonnen bis weniger als 20 Tonnen je Tag bei sonstigen Nichteisenmetallen, ausgenommen 1. Vakuum-Schmelzanlagen, 2. Schmelzanlagen für Gusslegierungen aus Zinn und Wismut oder aus Feinzink und Aluminium in Verbindung mit Kupfer oder Magnesium, 3. Schmelzanlagen, die Bestandteil von Druck- oder Kokillengießmaschinen sind oder die ausschließlich im Zusammenhang mit einzelnen Druck- oder Kokillengießmaschinen gießfertige Nichteisenmetalle oder gießfertige Legierungen niederschmelzen, 4. Schmelzanlagen für Edelmetalle oder für Legierungen, die nur aus Edelmetallen oder aus Edelmetallen und Kupfer bestehen, 5. Schwalllötbäder und 6. Heißluftverzinnungsanlagen;	**V**	

Nr.	Anlagenbeschreibung	Verfahrensart	Anlage gemäß Art. 10 der RL 2010/75/EU
a	b	c	d
3.5	Anlagen zum Abziehen der Oberflächen von Stahl, insbesondere von Blöcken, Brammen, Knüppeln, Platinen oder Blechen, durch Flämmen;	**V**	
3.6	Anlagen zur Umformung von		
3.6.1	Stahl durch Warmwalzen mit einer Kapazität je Stunde von		
3.6.1.1	20 Tonnen oder mehr,	**G**	**E**
3.6.1.2	weniger als 20 Tonnen,	**V**	
3.6.2	Stahl durch Kaltwalzen mit einer Bandbreite von 650 Millimetern oder mehr,	**V**	
3.6.3	Schwermetallen, ausgenommen Eisen oder Stahl, durch Walzen mit einer Kapazität von 1 Tonne oder mehr je Stunde,	**V**	
3.6.4	Leichtmetallen durch Walzen mit einer Kapazität von 0,5 Tonnen oder mehr je Stunde;	**V**	
3.7	Eisen-, Temper- oder Stahlgießereien mit einer Verarbeitungskapazität an Flüssigmetall von		
3.7.1	20 Tonnen oder mehr je Tag,	**G**	**E**
3.7.2	2 Tonnen bis weniger als 20 Tonnen je Tag;	**V**	
3.8	Gießereien für Nichteisenmetalle mit einer Verarbeitungskapazität an Flüssigmetall von		
3.8.1	4 Tonnen oder mehr je Tag bei Blei und Cadmium oder 20 Tonnen oder mehr je Tag bei sonstigen Nichteisenmetallen,	**G**	**E**
3.8.2	0,5 Tonnen bis weniger als 4 Tonnen je Tag bei Blei und Cadmium oder 2 Tonnen bis weniger als 20 Tonnen je Tag bei sonstigen Nichteisenmetallen, ausgenommen 1. Gießereien für Glocken- oder Kunstguss, 2. Gießereien, in denen in metallische Formen abgegossen wird, und 3. Gießereien, in denen das Material in ortsbeweglichen Tiegeln niedergeschmolzen wird;	**V**	
3.9	Anlagen zum Aufbringen von metallischen Schutzschichten		
3.9.1	mit Hilfe von schmelzflüssigen Bädern auf Metalloberflächen mit einer Verarbeitungskapazität von		
3.9.1.1	2 Tonnen oder mehr Rohstahl je Stunde,	**G**	**E**
3.9.1.2	2 Tonnen oder mehr Rohgut je Stunde, soweit nicht von der Nummer 3.9.1.1 erfasst,	**G**	
3.9.1.3	500 Kilogramm bis weniger als 2 Tonnen Rohgut je Stunde, ausgenommen Anlagen zum kontinuierlichen Verzinken nach dem Sendzimirverfahren,	**V**	
3.9.2	durch Flamm-, Plasma- oder Lichtbogenspritzen		
3.9.2.1	auf Metalloberflächen mit einer Verarbeitungskapazität von 2 Tonnen oder mehr Rohstahl je Stunde,	**G**	**E**
3.9.2.2	auf Metall- oder Kunststoffoberflächen mit einem Durchsatz an Blei, Zinn, Zink, Nickel, Kobalt oder ihren Legierungen von 2 Kilogramm oder mehr je Stunde;	**V**	

Nr.	Anlagenbeschreibung	Verfahrensart	Anlage gemäß Art. 10 der RL 2010/75/EU
a	b	c	d
3.10	Anlagen zur Oberflächenbehandlung mit einem Volumen der Wirkbäder von		
3.10.1	30 Kubikmeter oder mehr bei der Behandlung von Metall- oder Kunststoffoberflächen durch ein elektrolytisches oder chemisches Verfahren,	G	E
3.10.2	1 Kubikmeter bis weniger als 30 Kubikmeter bei der Behandlung von Metalloberflächen durch Beizen oder Brennen unter Verwendung von Fluss- oder Salpetersäure;	V	
3.11	Anlagen, die aus einem oder mehreren maschinell angetriebenen Hämmern oder Fallwerken bestehen, wenn die Schlagenergie eines Hammers oder Fallwerkes		
3.11.1	50 Kilojoule oder mehr und die Feuerungswärmeleistung der Wärmebehandlungsöfen 20 Megawatt oder mehr beträgt,	G	E
3.11.2	50 Kilojoule oder mehr beträgt, soweit nicht von Nummer 3.11.1 erfasst,	G	
3.11.3	1 Kilojoule bis weniger als 50 Kilojoule beträgt;	V	
3.12	(nicht besetzt)		
3.13	Anlagen zur Sprengverformung oder zum Plattieren mit Sprengstoffen bei einem Einsatz von 10 Kilogramm Sprengstoff oder mehr je Schuss;	V	
3.14–3.15	(nicht besetzt)		
3.16	Anlagen zur Herstellung von warmgefertigten nahtlosen oder geschweißten Rohren aus Stahl mit einer Produktionskapazität von		
3.16.1	20 Tonnen oder mehr je Stunde,	G	E
3.16.2	weniger als 20 Tonnen je Stunde;	G	
3.17	(nicht besetzt)		
3.18	Anlage zur Herstellung oder Reparatur von Schiffskörpern oder -sektionen (Schiffswerft) aus Metall mit einer Länge von 20 Metern oder mehr;	G	
3.19	Anlagen zum Bau von Schienenfahrzeugen mit einer Produktionskapazität von 600 Schienenfahrzeugeinheiten oder mehr je Jahr; 1 Schienenfahrzeugeinheit entspricht 0,5 Lokomotiven, 1 Straßenbahn, 1 Wagen eines Triebzuges, 1 Triebkopf, 1 Personenwagen oder 3 Güterwagen;	G	
3.20	Anlagen zur Oberflächenbehandlung von Gegenständen aus Stahl, Blech oder Guss mit festen Strahlmitteln, die außerhalb geschlossener Räume betrieben werden, ausgenommen nicht begehbare Handstrahlkabinen sowie Anlagen mit einem Luftdurchsatz von weniger als 300 Kubikmetern je Stunde;	V	
3.21	Anlagen zur Herstellung von Bleiakkumulatoren;	V	
3.22	Anlagen zur Behandlung von Schrotten in Schredderanlagen, sofern nicht von Nummer 8.9 erfasst, mit einer Durchsatzkapazität an Eingangsstoffen von		
3.22.1	50 Tonnen oder mehr je Tag,	G	
3.22.2	10 Tonnen bis weniger als 50 Tonnen je Tag;	V	

Nr.	Anlagenbeschreibung	Verfahrensart	Anlage gemäß Art. 10 der RL 2010/75/EU
a	b	c	d
3.23	Anlagen zur Herstellung von Metallpulvern oder -pasten, insbesondere Aluminium-, Eisen- oder Magnesiumpulver oder -pasten oder blei- oder nickelhaltigen Pulvern oder Pasten, ausgenommen Anlagen zur Herstellung von Edelmetallpulver;	V	
3.24	Anlagen für den Bau und die Montage von Kraftfahrzeugen oder Anlagen für den Bau von Kraftfahrzeugmotoren mit einer Kapazität von jeweils 100 000 Stück oder mehr je Jahr;	G	
3.25	Anlagen für Bau und Instandhaltung, ausgenommen die Wartung einschließlich kleinerer Reparaturen, von Luftfahrzeugen,		
3.25.1	soweit je Jahr mehr als 50 Luftfahrzeuge hergestellt werden können	G	
3.25.2	soweit je Jahr mehr als 50 Luftfahrzeuge instand gehalten werden können;	V	
4.	**Chemische Erzeugnisse, Arzneimittel, Mineralölraffination und Weiterverarbeitung**		
4.1	Anlagen zur Herstellung von Stoffen oder Stoffgruppen durch chemische, biochemische oder biologische Umwandlung in industriellem Umfang, ausgenommen Anlagen zur Erzeugung oder Spaltung von Kernbrennstoffen oder zur Aufarbeitung bestrahlter Kernbrennstoffe, zur Herstellung von		
4.1.1	Kohlenwasserstoffen (lineare oder ringförmige, gesättigte oder ungesättigte, aliphatische oder aromatische),	G	E
4.1.2	sauerstoffhaltigen Kohlenwasserstoffen wie Alkohole, Aldehyde, Ketone, Carbonsäuren, Ester, Acetate, Ether, Peroxide, Epoxide,	G	E
4.1.3	schwefelhaltigen Kohlenwasserstoffen,	G	E
4.1.4	stickstoffhaltigen Kohlenwasserstoffen wie Amine, Amide, Nitroso-, Nitro- oder Nitratverbindungen, Nitrile, Cyanate, Isocyanate,	G	E
4.1.5	phosphorhaltigen Kohlenwasserstoffen,	G	E
4.1.6	halogenhaltigen Kohlenwasserstoffen,	G	E
4.1.7	metallorganischen Verbindungen,	G	E
4.1.8	Kunststoffen (Kunstharzen, Polymeren, Chemiefasern, Fasern auf Zellstoffbasis),	G	E
4.1.9	synthetischen Kautschuken,	G	E
4.1.10	Farbstoffen und Pigmenten sowie von Ausgangsstoffen für Farben und Anstrichmittel,	G	E
4.1.11	Tensiden,	G	E
4.1.12	Gasen wie Ammoniak, Chlor und Chlorwasserstoff, Fluor und Fluorwasserstoff, Kohlenstoffoxiden, Schwefelverbindungen, Stickstoffoxiden, Wasserstoff (sofern die Herstellung nicht durch die Elektrolyse von Wasser erfolgt), Schwefeldioxid, Phosgen,	G	E
4.1.13	Säuren wie Chromsäure, Flusssäure, Phosphorsäure, Salpetersäure, Salzsäure, Schwefelsäure, Oleum, schwefelige Säuren,	G	E
4.1.14	Basen wie Ammoniumhydroxid, Kaliumhydroxid, Natriumhydroxid,	G	E

III

Nr.	Anlagenbeschreibung	Verfahrensart	Anlage gemäß Art. 10 der RL 2010/75/EU
a	b	c	d
4.1.15	Salzen wie Ammoniumchlorid, Kaliumchlorat, Kaliumkarbonat, Natriumkarbonat, Perborat, Silbernitrat,	G	E
4.1.16	Nichtmetallen, Metalloxiden oder sonstigen anorganischen Verbindungen wie Kalziumkarbid, Silizium, Siliziumkarbid, anorganische Peroxide, Schwefel,	G	E
4.1.17	phosphor-, stickstoff- oder kaliumhaltigen Düngemitteln (Einnährstoff- oder Mehrnährstoffdünger),	G	E
4.1.18	Pflanzenschutzmittel oder Biozide,	G	E
4.1.19	Arzneimittel einschließlich Zwischenerzeugnisse,	G	E
4.1.20	Explosivstoffen,	G	E
4.1.21	Stoffen oder Stoffgruppen, die keiner oder mehreren der Nummern 4.1.1 bis 4.1.20 entsprechen,	G	E
4.1.22	– organischen Grundchemikalien, – anorganischen Grundchemikalien, – phosphor-, stickstoff- oder kaliumhaltigen Düngemitteln (Einnährstoff oder Mehrnährstoff), – Ausgangsstoffen für Pflanzenschutzmittel und Bioziden, – Grundarzneimitteln unter Verwendung eines chemischen oder biologischen Verfahrens oder – Explosivstoffen, im Verbund, bei denen sich mehrere Einheiten nebeneinander befinden und in funktioneller Hinsicht miteinander verbunden sind (integrierte chemische Anlagen);	G	E
4.2	Anlagen, in denen Pflanzenschutzmittel, Biozide oder ihre Wirkstoffe gemahlen oder maschinell gemischt, abgepackt oder umgefüllt werden, soweit diese Stoffe in einer Menge von 5 Tonnen je Tag oder mehr gehandhabt werden;	V	
4.3	Anlagen zur Herstellung von Arzneimitteln oder Arzneimittelzwischenprodukten im industriellen Umfang, soweit nicht von Nummer 4.1.19 erfasst, ausgenommen Anlagen, die ausschließlich der Herstellung der Darreichungsform dienen, in denen		
4.3.1	Pflanzen, Pflanzenteile oder Pflanzenbestandteile extrahiert, destilliert oder auf ähnliche Weise behandelt werden, ausgenommen Extraktionsanlagen mit Ethanol ohne Erwärmen,	V	
4.3.2	Tierkörper, auch lebender Tiere, sowie Körperteile, Körperbestandteile und Stoffwechselprodukte von Tieren eingesetzt werden;	V	
4.4	Anlagen zur Destillation oder Raffination oder sonstigen Weiterverarbeitung von Erdöl oder Erdölerzeugnissen in		
4.4.1	Mineralölraffinerien,	G	E
4.4.2	Schmierstoffraffinerien,	G	
4.4.3	Gasraffinerien,	G	E
4.4.4	petrochemischen Werken oder bei der Gewinnung von Paraffin;	G	
4.5	Anlagen zur Herstellung von Schmierstoffen, wie Schmieröle, Schmierfette, Metallbearbeitungsöle;	V	

Nr.	Anlagenbeschreibung	Verfahrensart	Anlage gemäß Art. 10 der RL 2010/75/EU
a	b	c	d
4.6	Anlagen zur Herstellung von Ruß;	**G**	**E**
4.7	Anlagen zur Herstellung von Kohlenstoff (Hartbrandkohle) oder Elektrographit durch Brennen oder Graphitieren, zum Beispiel für Elektroden, Stromabnehmer oder Apparateteile;	**G**	**E**
4.8	Anlagen zum Destillieren von flüchtigen organischen Verbindungen, die bei einer Temperatur von 293,15 Kelvin einen Dampfdruck von mindestens 0,01 Kilopascal haben, mit einer Durchsatzkapazität von 1 Tonne oder mehr je Stunde;	**V**	
4.9	Anlagen zum Erschmelzen von Naturharzen oder Kunstharzen mit einer Kapazität von 1 Tonne oder mehr je Tag;	**V**	
4.10	Anlagen zur Herstellung von Anstrich- oder Beschichtungsstoffen (Lasuren, Firnis, Lacke, Dispersionsfarben) oder Druckfarben unter Einsatz von 25 Tonnen oder mehr je Tag an flüchtigen organischen Verbindungen, die bei einer Temperatur von 293,15 Kelvin einen Dampfdruck von mindestens 0,01 Kilopascal haben;	**G**	
5.	**Oberflächenbehandlung mit organischen Stoffen, Herstellung von bahnenförmigen Materialien aus Kunststoffen, sonstige Verarbeitung von Harzen und Kunststoffen**		
5.1	Anlagen zur Behandlung von Oberflächen, ausgenommen Anlagen, soweit die Farben oder Lacke ausschließlich hochsiedende Öle (mit einem Dampfdruck von weniger als 0,01 Kilopascal bei einer Temperatur von 293,15 Kelvin) als organische Lösungsmittel enthalten und die Lösungsmittel unter den jeweiligen Verwendungsbedingungen keine höhere Flüchtigkeit aufweisen,		
5.1.1	von Stoffen, Gegenständen oder Erzeugnissen einschließlich der dazugehörigen Trocknungsanlagen unter Verwendung von organischen Lösungsmitteln, insbesondere zum Appretieren, Bedrucken, Beschichten, Entfetten, Imprägnieren, Kaschieren, Kleben, Lackieren, Reinigen oder Tränken mit einem Verbrauch an organischen Lösungsmitteln von		
5.1.1.1	150 Kilogramm oder mehr je Stunde oder 200 Tonnen oder mehr je Jahr,	**G**	**E**
5.1.1.2	25 Kilogramm bis weniger als 150 Kilogramm je Stunde oder 15 Tonnen bis weniger als 200 Tonnen je Jahr, ausgenommen zum Bedrucken,	**V**	
5.1.2	von bahnen- oder tafelförmigen Materialien mit Rotationsdruckmaschinen einschließlich der zugehörigen Trocknungsanlagen, soweit die Farben oder Lacke		
5.1.2.1	organische Lösungsmittel mit einem Anteil von mehr als 50 Gew.-% an Ethanol enthalten und in der Anlage insgesamt 50 Kilogramm bis weniger als 150 Kilogramm je Stunde oder 30 Tonnen bis weniger als 200 Tonnen je Jahr an organischen Lösungsmitteln verbraucht werden,	**V**	

Nr.	Anlagenbeschreibung	Verfahrensart	Anlage gemäß Art. 10 der RL 2010/75/EU
a	b	c	d
5.1.2.2	sonstige organische Lösungsmittel enthalten und in der Anlage insgesamt 25 Kilogramm bis weniger als 150 Kilogramm organische Lösungsmittel je Stunde oder 15 Tonnen bis weniger als 200 Tonnen je Jahr an organischen Lösungsmitteln verbraucht werden,	V	
5.1.3	zum Isolieren von Drähten unter Verwendung von phenol- oder kresolhaltigen Drahtlacken mit einem Verbrauch an organischen Lösungsmitteln von weniger als 150 Kilogramm je Stunde oder von weniger als 200 Tonnen je Jahr;	V	
5.2	Anlagen zum Beschichten, Imprägnieren, Kaschieren, Lackieren oder Tränken von Gegenständen, Glas- oder Mineralfasern oder bahnen- oder tafelförmigen Materialien einschließlich der zugehörigen Trocknungsanlagen mit Kunstharzen, die unter weitgehender Selbstvernetzung ausreagieren (Reaktionsharze), wie Melamin-, Harnstoff-, Phenol-, Epoxid-, Furan-, Kresol-, Resorcin- oder Polyesterharzen, ausgenommen Anlagen für den Einsatz von Pulverbeschichtungsstoffen, mit einem Harzverbrauch von		
5.2.1	25 Kilogramm oder mehr je Stunde,	G	
5.2.2	10 Kilogramm bis weniger als 25 Kilogramm je Stunde;	V	
5.3	Anlagen zur Konservierung von Holz oder Holzerzeugnissen mit Chemikalien, ausgenommen die ausschließliche Bläueschutzbehandlung, mit einer Produktionskapazität von mehr als 75 Kubikmetern je Tag;	G	E
5.4	Anlagen zum Tränken oder Überziehen von Stoffen oder Gegenständen mit Teer, Teeröl oder heißem Bitumen, soweit die Menge dieser Kohlenwasserstoffe 25 Kilogramm oder mehr je Stunde beträgt, ausgenommen Anlagen zum Tränken oder Überziehen von Kabeln mit heißem Bitumen;	V	
5.5	(nicht besetzt)		
5.6	Anlagen zur Herstellung von bahnenförmigen Materialien auf Streichmaschinen einschließlich der zugehörigen Trocknungsanlagen unter Verwendung von Gemischen aus Kunststoffen und Weichmachern oder von Gemischen aus sonstigen Stoffen und oxidiertem Leinöl;	V	
5.7	Anlagen zur Verarbeitung von flüssigen ungesättigten Polyesterharzen mit Styrol-Zusatz oder flüssigen Epoxidharzen mit Aminen zu Formmassen (zum Beispiel Harzmatten oder Faserformmassen) oder Formteilen oder Fertigerzeugnissen, soweit keine geschlossenen Werkzeuge (Formen) verwendet werden, für einen Harzverbrauch von 500 Kilogramm oder mehr je Woche;	V	
5.8	Anlagen zur Herstellung von Gegenständen unter Verwendung von Amino- oder Phenoplasten, wie Furan-, Harnstoff-, Phenol-, Resorcin- oder Xylolharzen mittels Wärmebehandlung, soweit die Menge der Ausgangsstoffe 10 Kilogramm oder mehr je Stunde beträgt;	V	

Nr.	Anlagenbeschreibung	Verfahrensart	Anlage gemäß Art. 10 der RL 2010/75/EU
a	b	c	d
5.9	Anlagen zur Herstellung von Reibbelägen unter Verwendung von 10 Kilogramm oder mehr je Stunde an Phenoplasten oder sonstigen Kunstharzbindemitteln, soweit kein Asbest eingesetzt wird;	V	
5.10	Anlagen zur Herstellung von künstlichen Schleifscheiben, -körpern, -papieren oder -geweben unter Verwendung organischer Binde- oder Lösungsmittel, ausgenommen Anlagen, die von Nummer 5.1 erfasst werden;	V	
5.11	Anlagen zur Herstellung von Polyurethanformteilen, Bauteilen unter Verwendung von Polyurethan, Polyurethanblöcken in Kastenformen oder zum Ausschäumen von Hohlräumen mit Polyurethan, soweit die Menge der Polyurethan-Ausgangsstoffe 200 Kilogramm oder mehr je Stunde beträgt, ausgenommen Anlagen zum Einsatz von thermoplastischem Polyurethangranulat;	V	
5.12	Anlagen zur Herstellung von PVC-Folien durch Kalandrieren unter Verwendung von Gemischen aus Kunststoffen und Zusatzstoffen mit einer Kapazität von 10 000 Tonnen oder mehr je Jahr;	V	
6.	**Holz, Zellstoff**		
6.1	Anlagen zur Gewinnung von Zellstoff aus Holz, Stroh oder ähnlichen Faserstoffen;	G	E
6.2	Anlagen zur Herstellung von Papier, Karton oder Pappe mit einer Produktionskapazität von		
6.2.1	20 Tonnen oder mehr je Tag,	G	E
6.2.2	weniger als 20 Tonnen je Tag, ausgenommen Anlagen, die aus einer oder mehreren Maschinen zur Herstellung von Papier, Karton oder Pappe bestehen, soweit die Bahnlänge des Papiers, des Kartons oder der Pappe bei allen Maschinen weniger als 75 Meter beträgt;	V	
6.3	Anlagen zur Herstellung von Holzspanplatten, Holzfaserplatten oder Holzfasermatten mit einer Produktionskapazität von		
6.3.1	600 Kubikmetern oder mehr je Tag,	G	E
6.3.2	weniger als 600 Kubikmetern je Tag;	V	
6.4	Anlagen zur Herstellung von Holzpresslingen (z. B. Holzpellets, Holzbriketts) mit einer Produktionskapazität von 10 000 Tonnen oder mehr je Jahr;	V	
7.	**Nahrungs-, Genuss- und Futtermittel, landwirtschaftliche Erzeugnisse**		
7.1	Anlagen zum Halten oder zur Aufzucht von		
7.1.1	Hennen mit		
7.1.1.1	40 000 oder mehr Hennenplätzen,	G	E
7.1.1.2	15 000 bis weniger als 40 000 Hennenplätzen,	V	
7.1.2	Junghennen mit		
7.1.2.1	40 000 oder mehr Junghennenplätzen,	G	E
7.1.2.2	30 000 bis weniger als 40 000 Junghennenplätzen,	V	
7.1.3	Mastgeflügel mit		
7.1.3.1	40 000 oder mehr Mastgeflügelplätzen,	G	E

Nr.	Anlagenbeschreibung	Verfahrensart	Anlage gemäß Art. 10 der RL 2010/75/EU
a	b	c	d
7.1.3.2	30 000 bis weniger als 40 0000 Mastgeflügelplätzen,	V	
7.1.4	Truthühnern mit		
7.1.4.1	40 000 oder mehr Truthühnermastplätzen,	G	E
7.1.4.2	15 000 bis weniger als 40 000 Truthühnermastplätzen,	V	
7.1.5	Rindern (ausgenommen Plätze für Mutterkuhhaltung mit mehr als sechs Monaten Weidehaltung je Kalenderjahr) mit 600 oder mehr Rinderplätzen,	V	
7.1.6	Kälbern mit 500 oder mehr Kälbermastplätzen,	V	
7.1.7	Mastschweinen (Schweine von 30 Kilogramm oder mehr Lebendgewicht) mit		
7.1.7.1	2000 oder mehr Mastschweineplätzen,	G	E
7.1.7.2	1500 bis weniger als 2000 Mastschweineplätzen,	V	
7.1.8	Sauen einschließlich dazugehörender Ferkelaufzuchtplätze (Ferkel bis weniger als 30 Kilogramm Lebendgewicht) mit		
7.1.8.1	750 oder mehr Sauenplätzen,	G	E
7.1.8.2	560 bis weniger als 750 Sauenplätzen,	V	
7.1.9	Ferkeln für die getrennte Aufzucht (Ferkel von 10 Kilogramm bis weniger als 30 Kilogramm Lebendgewicht) mit		
7.1.9.1	6000 oder mehr Ferkelplätzen,	G	
7.1.9.2	4500 bis weniger als 6000 Ferkelplätzen,	V	
7.1.10	Pelztieren mit		
7.1.10.1	1000 oder mehr Pelztierplätzen,	G	
7.1.10.2	750 bis weniger als 1000 Pelztierplätzen,	V	
7.1.11	gemischten Beständen mit einem Wert von 100 oder mehr der Summe der Vom Hundert-Anteile, bis zu denen die Platzzahlen jeweils ausgeschöpft werden		
7.1.11.1	in den Nummern 7.1.1.1, 7.1.2.1, 7.1.3.1, 7.1.4.1, 7.1.7.1 oder 7.1.8.1,	G	E
7.1.11.2	in den Nummern 7.1.1.1, 7.1.2.1, 7.1.3.1, 7.1.4.1, 7.1.7.1, 7.1.8.1 in Verbindung mit den Nummern 7.1.9.1 oder 7.1.10.1, soweit nicht von Nummer 7.1.11.1 erfasst,	G	
7.1.11.3	in den Nummern 7.1.1.2, 7.1.2.2, 7.1.3.2, 7.1.4.2, 7.1.5, 7.1.6, 7.1.7.2, 7.1.8.2, 7.1.9.2 oder 7.1.10.2, soweit nicht von Nummer 7.1.11.1 oder 7.1.11.2 erfasst;	V	
7.2	Anlagen zum Schlachten von Tieren mit einer Kapazität von		
7.2.1	50 Tonnen Lebendgewicht oder mehr je Tag,	G	E
7.2.2	0,5 Tonnen bis weniger als 50 Tonnen Lebendgewicht je Tag bei Geflügel,	V	
7.2.3	4 Tonnen bis weniger als 50 Tonnen Lebendgewicht je Tag bei sonstigen Tieren;	V	
7.3	Anlagen		
7.3.1	zur Erzeugung von Speisefetten aus tierischen Rohstoffen, ausgenommen bei Verarbeitung von ausschließlich Milch, mit einer Produktionskapazität von		

Nr.	Anlagenbeschreibung	Verfahrensart	Anlage gemäß Art. 10 der RL 2010/75/EU
a	b	c	d
7.3.1.1	75 Tonnen Fertigerzeugnissen oder mehr je Tag,	G	E
7.3.1.2	weniger als 75 Tonnen Fertigerzeugnissen je Tag, ausgenommen Anlagen zur Erzeugung von Speisefetten aus selbst gewonnenen tierischen Fetten in Fleischereien mit einer Kapazität von weniger als 200 Kilogramm Speisefett je Woche,	V	
7.3.2	zum Schmelzen von tierischen Fetten mit einer Produktionskapazität von		
7.3.2.1	75 Tonnen Fertigerzeugnissen oder mehr je Tag,	G	E
7.3.2.2	weniger als 75 Tonnen Fertigerzeugnissen je Tag, ausgenommen Anlagen zur Verarbeitung von selbst gewonnenen tierischen Fetten zu Speisefetten in Fleischereien mit einer Kapazität von weniger als 200 Kilogramm Speisefett je Woche;	V	
7.4	Anlagen zur Herstellung von Nahrungs- oder Futtermittelkonserven aus		
7.4.1	tierischen Rohstoffen, allein, ausgenommen bei Verarbeitung von ausschließlich Milch, oder mit pflanzlichen Rohstoffen, mit einer Produktionskapazität von		
7.4.1.1	**P** Tonnen Konserven oder mehr je Tag gemäß Mischungsregel,	G	E
7.4.1.2	1 Tonne bis weniger als **P** Tonnen Konserven je Tag gemäß Mischungsregel, ausgenommen Anlagen zum Sterilisieren oder Pasteurisieren von Nahrungs- oder Futtermitteln in geschlossenen Behältnissen,	V	
7.4.2	ausschließlich pflanzlichen Rohstoffen mit einer Produktionskapazität von		
7.4.2.1	300 Tonnen Konserven oder mehr je Tag oder 600 Tonnen Konserven oder mehr je Tag, sofern die Anlage an nicht mehr als 90 aufeinander folgenden Tagen im Jahr in Betrieb ist,	G	E
7.4.2.2	10 Tonnen bis weniger als 300 Tonnen Konserven je Tag, ausgenommen Anlagen zum Sterilisieren oder Pasteurisieren dieser Nahrungsmittel in geschlossenen Behältnissen oder weniger als 600 Tonnen Konserven je Tag, sofern die Anlage an nicht mehr als 90 aufeinander folgenden Tagen im Jahr in Betrieb ist;	V	
7.5	Anlagen zum Räuchern von Fleisch- oder Fischwaren mit einer Produktionskapazität von		
7.5.1	75 Tonnen geräucherten Waren oder mehr je Tag,	G	E
7.5.2	weniger als 75 Tonnen geräucherten Waren je Tag, ausgenommen 1. Anlagen in Gaststätten oder 2. Räuchereien mit einer Produktionskapazität von weniger als 1 Tonne Fleisch- oder Fischwaren je Woche;	V	
7.6	(nicht besetzt)		
7.7	(nicht besetzt)		
7.8	Anlagen zur Herstellung von Gelatine mit einer Produktionskapazität je Tag von		
7.8.1	75 Tonnen Fertigerzeugnissen oder mehr,	G	E

Nr.	Anlagenbeschreibung	Verfahrensart	Anlage gemäß Art. 10 der RL 2010/75/EU
a	b	c	d
7.8.2	weniger als 75 Tonnen Fertigerzeugnissen, sowie Anlagen zur Herstellung von Hautleim, Lederleim oder Knochenleim;	V	
7.9	Anlagen zur Herstellung von Futter- oder Düngemitteln oder technischen Fetten aus den Schlachtnebenprodukten Knochen, Tierhaare, Federn, Hörner, Klauen oder Blut, soweit nicht durch Nummer 9.11 erfasst, mit einer Produktionskapazität von		
7.9.1	75 Tonnen oder mehr Fertigerzeugnissen je Tag,	G	E
7.9.2	weniger als 75 Tonnen Fertigerzeugnissen je Tag;	G	
7.10	(nicht besetzt)		
7.11	Anlagen zum Lagern unbehandelter Knochen, ausgenommen Anlagen für selbst gewonnene Knochen in 1. Fleischereien mit einer Verarbeitungskapazität von weniger als 4000 Kilogramm Fleisch je Woche, 2. Anlagen, die nicht durch Nummer 7.2 erfasst werden;	V	
7.12	Anlagen zur		
7.12.1	Beseitigung oder Verwertung von Tierkörpern oder tierischen Abfällen mit einer Verarbeitungskapazität von		
7.12.1.1	10 Tonnen oder mehr je Tag,	G	E
7.12.1.2	50 Kilogramm je Stunde bis weniger als 10 Tonnen je Tag,	G	
7.12.1.3	weniger als 50 Kilogramm je Stunde und weniger als 50 Kilogramm je Charge;	V	
7.12.2	Sammlung oder Lagerung von Tierkörpern, Tierkörperteilen oder Abfällen tierischer Herkunft zum Einsatz in Anlagen nach Nummer 7.12.1, ausgenommen die Aufbewahrung gemäß § 10 des Tierische Nebenprodukte-Beseitigungsgesetzes vom 25. Januar 2004 (BGBl. I S. 82), das zuletzt durch Artikel 1 des Gesetzes vom 4. August 2016 (BGBl. I S. 1966) geändert worden ist, und Anlagen mit einem gekühlten Lagervolumen von weniger als 2 Kubikmetern;	G	
7.13	Anlagen zum Trocknen, Einsalzen oder Lagern ungegerbter Tierhäute oder Tierfelle, ausgenommen Anlagen, in denen weniger Tierhäute oder Tierfelle je Tag behandelt werden können als beim Schlachten von weniger als 4 Tonnen sonstiger Tiere nach Nummer 7.2.3 anfallen;	V	
7.14	Anlagen zum Gerben einschließlich Nachgerben von Tierhäuten oder Tierfellen mit einer Verarbeitungskapazität von		
7.14.1	12 Tonnen Fertigerzeugnissen oder mehr je Tag,	G	E
7.14.2	weniger als 12 Tonnen Fertigerzeugnissen je Tag, ausgenommen Anlagen, in denen weniger Tierhäute oder Tierfelle behandelt werden können als beim Schlachten von weniger als 4 Tonnen sonstiger Tiere nach Nummer 7.2.3 anfallen;	V	
7.15	Kottrocknungsanlagen;	V	
7.16	Anlagen zur Herstellung von Fischmehl oder Fischöl mit einer Produktionskapazität von		
7.16.1	75 Tonnen oder mehr je Tag,	G	E

Nr.	Anlagenbeschreibung	Verfahrensart	Anlage gemäß Art. 10 der RL 2010/75/EU
a	b	c	d
7.16.2	weniger als 75 Tonnen je Tag;	G	
7.17	Anlagen zur Aufbereitung, Verarbeitung, Lagerung oder zum Umschlag von Fischmehl oder Fischöl		
7.17.1	mit einer Aufbereitungs- oder Verarbeitungskapazität von 75 Tonnen oder mehr je Tag,	G	E
7.17.2	mit einer Aufbereitungs- oder Verarbeitungskapazität von weniger als 75 Tonnen je Tag,	V	
7.17.3	in denen Fischmehl ungefasst gelagert wird,	V	
7.17.4	mit einer Umschlagkapazität für ungefasstes Fischmehl von 200 Tonnen oder mehr je Tag;	V	
7.18	Anlagen zum Brennen von Melasse, soweit nicht von Nummer 4.1.2 erfasst, mit einer Produktionskapazität von		
7.18.1	300 Tonnen oder mehr je Tag oder 600 Tonnen oder mehr je Tag, sofern die Anlage an nicht mehr als 90 aufeinanderfolgenden Tagen im Jahr in Betrieb ist,	G	E
7.18.2	weniger als 300 Tonnen je Tag oder weniger als 600 Tonnen je Tag, sofern die Anlage an nicht mehr als 90 aufeinanderfolgenden Tagen im Jahr in Betrieb ist;	V	
7.19	Anlagen zur Herstellung von Sauerkraut mit einer Produktionskapazität von		
7.19.1	300 Tonnen Sauerkraut oder mehr je Tag oder 600 Tonnen Sauerkraut oder mehr je Tag, sofern die Anlage an nicht mehr als 90 aufeinander folgenden Tagen im Jahr in Betrieb ist,	G	E
7.19.2	10 Tonnen bis weniger als 300 Tonnen Sauerkraut je Tag oder weniger als 600 Tonnen Sauerkraut je Tag, sofern die Anlage an nicht mehr als 90 aufeinander folgenden Tagen im Jahr in Betrieb ist;	V	
7.20	Anlagen zur Herstellung von Braumalz (Mälzereien) mit einer Produktionskapazität von		
7.20.1	300 Tonnen Darrmalz oder mehr je Tag oder 600 Tonnen Braumalz oder mehr je Tag, sofern die Anlage an nicht mehr als 90 aufeinander folgenden Tagen im Jahr in Betrieb ist,	G	E
7.20.2	weniger als 300 Tonnen Darrmalz je Tag oder weniger als 600 Tonnen Braumalz je Tag, sofern die Anlage an nicht mehr als 90 aufeinander folgenden Tagen im Jahr in Betrieb ist;	V	
7.21	Anlagen zum Mahlen von Nahrungsmitteln, Futtermitteln oder ähnlichen nicht als Nahrungs- oder Futtermittel bestimmten pflanzlichen Stoffen (Mühlen) mit einer Produktionskapazität von 300 Tonnen Fertigerzeugnissen oder mehr je Tag oder 600 Tonnen Fertigerzeugnissen oder mehr je Tag, sofern die Anlage an nicht mehr als 90 aufeinander folgenden Tagen im Jahr in Betrieb ist;	G	E
7.22	Anlagen zur Herstellung von Hefe oder Stärkemehlen mit einer Produktionskapazität von		

Nr.	Anlagenbeschreibung	Verfahrensart	Anlage gemäß Art. 10 der RL 2010/75/EU
a	b	c	d
7.22.1	300 Tonnen oder mehr Hefe oder Stärkemehlen je Tag oder 600 Tonnen Hefe oder Stärkemehlen oder mehr je Tag, sofern die Anlage an nicht mehr als 90 aufeinander folgenden Tagen im Jahr in Betrieb ist,	G	E
7.22.2	1 Tonne bis weniger als 300 Tonnen Hefe oder Stärkemehlen je Tag oder weniger als 600 Tonnen Hefe oder Stärkemehlen je Tag, sofern die Anlage an nicht mehr als 90 aufeinander folgenden Tagen im Jahr in Betrieb ist;	V	
7.23	Anlagen zur Herstellung oder Raffination von Ölen oder Fetten aus pflanzlichen Rohstoffen mit einer Produktionskapazität von		
7.23.1	300 Tonnen Fertigerzeugnissen oder mehr je Tag oder 600 Tonnen Fertigerzeugnissen oder mehr je Tag, sofern die Anlage an nicht mehr als 90 aufeinander folgenden Tagen im Jahr in Betrieb ist,	G	E
7.23.2	weniger als 300 Tonnen Fertigerzeugnissen je Tag mit Hilfe von Extraktionsmitteln, soweit die Menge des eingesetzten Extraktionsmittels 1 Tonne oder mehr beträgt oder weniger als 600 Tonnen Fertigerzeugnissen je Tag mit Hilfe von Extraktionsmittel, sofern die Anlage an nicht mehr als 90 aufeinander folgenden Tagen im Jahr in Betrieb ist;	V	
7.24	Anlagen zur Herstellung oder Raffination von Zucker unter Verwendung von Zuckerrüben oder Rohzucker mit einer Produktionskapazität je Tag von		
7.24.1	300 Tonnen Fertigerzeugnissen oder mehr oder 600 Tonnen Fertigerzeugnissen oder mehr je Tag, sofern die Anlage an nicht mehr als 90 aufeinander folgenden Tagen im Jahr in Betrieb ist,	G	E
7.24.2	weniger als 300 Tonnen Fertigerzeugnissen oder weniger als 600 Tonnen Fertigerzeugnissen je Tag, sofern die Anlage an nicht mehr als 90 aufeinander folgenden Tagen im Jahr in Betrieb ist;	G	
7.25	Anlagen zur Trocknung von Grünfutter mit einer Produktionskapazität von		
7.25.1	300 Tonnen oder mehr je Tag oder 600 Tonnen oder mehr je Tag, sofern die Anlage an nicht mehr als 90 aufeinanderfolgenden Tagen im Jahr in Betrieb ist,	G	E
7.25.2	weniger als 300 Tonnen je Tag oder weniger als 600 Tonnen je Tag, sofern die Anlage an nicht mehr als 90 aufeinanderfolgenden Tagen im Jahr in Betrieb ist, ausgenommen Anlagen zur Trocknung von selbst gewonnenem Grünfutter im landwirtschaftlichen Betrieb;	V	
7.26	Anlagen zur Trocknung von Biertreber mit einer Produktionskapazität von		
7.26.1	300 Tonnen oder mehr je Tag oder 600 Tonnen oder mehr je Tag, sofern die Anlage an nicht mehr als 90 aufeinanderfolgenden Tagen im Jahr in Betrieb ist,	G	E
7.26.2	weniger als 300 Tonnen je Tag oder weniger als 600 Tonnen je Tag, sofern die Anlage an nicht mehr als 90 aufeinanderfolgenden Tagen im Jahr in Betrieb ist;	V	

Nr.	Anlagenbeschreibung	Verfahrensart	Anlage gemäß Art. 10 der RL 2010/75/EU
a	b	c	d
7.27	Brauereien mit einer Produktionskapazität von		
7.27.1	3000 Hektoliter Bier oder mehr je Tag oder 6000 Hektoliter Bier oder mehr je Tag, sofern die Anlage an nicht mehr als 90 aufeinander folgenden Tagen im Jahr in Betrieb ist,	G	E
7.27.2	200 Hektoliter Bier oder mehr je Tag als Vierteljahresdurchschnittswert, soweit nicht durch Nummer 7.27.1 erfasst;	V	
7.28	Anlagen zur Herstellung von Speisewürzen aus		
7.28.1	tierischen Rohstoffen, allein, ausgenommen bei Verarbeitung von ausschließlich Milch, oder mit pflanzlichen Rohstoffen mit einer Produktionskapazität von		
7.28.1.1	**P** Tonnen Speisewürzen oder mehr je Tag gemäß Mischungsregel,	G	E
7.28.1.2	weniger als **P** Tonnen Speisewürzen je Tag gemäß Mischungsregel,	V	
7.28.2	ausschließlich pflanzlichen Rohstoffen mit einer Produktionskapazität von		
7.28.2.1	300 Tonnen Speisewürzen oder mehr je Tag oder 600 Tonnen Speisewürzen oder mehr je Tag, sofern die Anlage an nicht mehr als 90 aufeinander folgenden Tagen im Jahr in Betrieb ist,	G	E
7.28.2.2	weniger als 300 Tonnen Speisewürzen je Tag oder weniger als 600 Tonnen Speisewürzen je Tag, sofern die Anlage an nicht mehr als 90 aufeinander folgenden Tagen im Jahr in Betrieb ist;	V	
7.29	Anlagen zum Rösten oder Mahlen von Kaffee oder Abpacken von gemahlenem Kaffee mit einer Produktionskapazität von		
7.29.1	300 Tonnen geröstetem Kaffee oder mehr je Tag oder 600 Tonnen geröstetem Kaffee oder mehr je Tag, sofern die Anlage an nicht mehr als 90 aufeinander folgenden Tagen im Jahr in Betrieb ist,	G	E
7.29.2	0,5 Tonnen bis weniger als 300 Tonnen geröstetem Kaffee je Tag oder weniger als 600 Tonnen geröstetem Kaffee je Tag, sofern die Anlage an nicht mehr als 90 aufeinander folgenden Tagen im Jahr in Betrieb ist;	V	
7.30	Anlagen zum Rösten von Kaffee-Ersatzprodukten, Getreide, Kakaobohnen oder Nüssen mit einer Produktionskapazität von		
7.30.1	300 Tonnen gerösteten Erzeugnissen oder mehr je Tag oder 600 Tonnen Erzeugnissen oder mehr je Tag, sofern die Anlage an nicht mehr als 90 aufeinander folgenden Tagen im Jahr in Betrieb ist,	G	E
7.30.2	1 Tonne bis weniger als 300 Tonnen gerösteten Erzeugnissen je Tag oder weniger als 600 Tonnen Erzeugnissen je Tag, sofern die Anlage an nicht mehr als 90 aufeinander folgenden Tagen im Jahr in Betrieb ist;	V	
7.31	Anlagen zur Herstellung von		
7.31.1	Süßwaren oder Sirup mit einer Produktionskapazität von		

Nr.	Anlagenbeschreibung	Verfahrensart	Anlage gemäß Art. 10 der RL 2010/75/EU
a	b	c	d
7.31.1.1	**P** Tonnen oder mehr je Tag gemäß Mischungsregel bei der Verwendung von tierischen Rohstoffen, allein, ausgenommen bei Verarbeitung von ausschließlich Milch, oder mit pflanzlichen Rohstoffen,	G	E
7.31.1.2	300 Tonnen oder mehr je Tag bei der Verwendung ausschließlich pflanzlicher Rohstoffe oder 600 Tonnen oder mehr je Tag bei der Verwendung ausschließlich pflanzlicher Rohstoffe, sofern die Anlage an nicht mehr als 90 aufeinander folgenden Tagen im Jahr in Betrieb ist,	G	G
7.31.2	Kakaomasse aus Rohkakao oder thermischen Veredelung von Kakao oder Schokoladenmasse mit einer Produktionskapazität von		
7.31.2.1	50 Kilogramm bis weniger als **P** Tonnen je Tag gemäß Mischungsregel bei der Verwendung tierischer Rohstoffe, allein, ausgenommen bei Verarbeitung von ausschließlich Milch, oder mit pflanzlichen Rohstoffen,	V	
7.31.2.2	50 Kilogramm bis weniger als 300 Tonnen je Tag bei der Verwendung ausschließlich pflanzlicher Rohstoffe oder weniger als 600 Tonnen je Tag bei der Verwendung ausschließlich pflanzlicher Rohstoffe, sofern die Anlage an nicht mehr als 90 aufeinander folgenden Tagen im Jahr in Betrieb ist,	V	
7.31.3	Lakritz mit einer Produktionskapazität von		
7.31.3.1	50 Kilogramm bis weniger als **P** Tonnen je Tag gemäß Mischungsregel bei der Verwendung tierischer Rohstoffe, allein, ausgenommen bei Verarbeitung von ausschließlich Milch, oder mit pflanzlichen Rohstoffen,	V	
7.31.3.2	weniger als 300 Tonnen je Tag bei der Verwendung ausschließlich pflanzlicher Rohstoffe oder weniger als 600 Tonnen je Tag bei der Verwendung ausschließlich pflanzlicher Rohstoffe, sofern die Anlage an nicht mehr als 90 aufeinander folgenden Tagen im Jahr in Betrieb ist;	V	
7.32	Anlagen zur Behandlung oder Verarbeitung von		
7.32.1	ausschließlich Milch mit einer Kapazität der eingehenden Milchmenge als Jahresdurchschnittswert von 200 Tonnen oder mehr je Tag,	G	E
7.32.2	ausschließlich Milch in Sprühtrocknern mit einer Kapazität der eingehenden Milchmenge als Jahresdurchschnittswert von 5 Tonnen bis weniger als 200 Tonnen je Tag,	V	
7.32.3	Milcherzeugnissen oder Milchbestandteilen in Sprühtrocknern mit einer Produktionskapazität von 5 Tonnen oder mehr je Tag, soweit nicht von Nummer 7.34.1 erfasst;	V	
7.33	(nicht besetzt)		
7.34	Anlagen zur Herstellung von sonstigen Nahrungs- oder Futtermittelerzeugnissen aus		

Nr.	Anlagenbeschreibung	Verfahrensart	Anlage gemäß Art. 10 der RL 2010/75/EU
a	b	c	d
7.34.1	tierischen Rohstoffen, allein, ausgenommen bei Verarbeitung von ausschließlich Milch, oder mit pflanzlichen Rohstoffen mit einer Produktionskapazität von **P** Tonnen Fertigerzeugnissen oder mehr je Tag gemäß Mischungsregel,	G	E
7.34.2	ausschließlich pflanzlichen Rohstoffen mit einer Produktionskapazität von 300 Tonnen Fertigerzeugnissen oder mehr je Tag;	G	E
7.35	(nicht besetzt)		
8.	**Verwertung und Beseitigung von Abfällen und sonstigen Stoffen**		
8.1	Anlagen zur Beseitigung oder Verwertung fester, flüssiger oder in Behältern gefasster gasförmiger Abfälle, Deponiegas oder anderer gasförmiger Stoffe mit brennbaren Bestandteilen durch		
8.1.1	thermische Verfahren, insbesondere Entgasung, Plasmaverfahren, Pyrolyse, Vergasung, Verbrennung oder eine Kombination dieser Verfahren mit einer Durchsatzkapazität von		
8.1.1.1	10 Tonnen gefährlichen Abfällen oder mehr je Tag,	G	E
8.1.1.2	weniger als 10 Tonnen gefährlichen Abfällen je Tag,	G	
8.1.1.3	3 Tonnen nicht gefährlichen Abfällen oder mehr je Stunde,	G	E
8.1.1.4	weniger als 3 Tonnen nicht gefährlichen Abfällen je Stunde, ausgenommen die Verbrennung von Altholz der Altholzkategorie A I und A II nach der Altholzverordnung vom 15. August 2002 (BGBl. I S. 3302), die zuletzt durch Artikel 6 der Verordnung vom 2. Dezember 2016 (BGBl. I S. 2770) geändert worden ist,	V	
8.1.1.5	weniger als 3 Tonnen nicht gefährlichen Abfällen je Stunde, soweit ausschließlich Altholz der Altholzkategorie A I und A II nach der Altholzverordnung verbrannt wird und die Feuerungswärmeleistung 1 Megawatt oder mehr beträgt,	V	
8.1.2	Verbrennen von Altöl oder Deponiegas in einer Verbrennungsmotoranlage mit einer Feuerungswärmeleistung von		
8.1.2.1	50 Megawatt oder mehr,	G	E
8.1.2.2	weniger als 50 Megawatt,	V	
8.1.3	Abfackeln von Deponiegas oder anderen gasförmigen Stoffen, ausgenommen über Notfackeln, die für den nicht bestimmungsgemäßen Betrieb erforderlich sind;	V	
8.2	(weggefallen)		
8.3	Anlagen zur		
8.3.1	thermischen Aufbereitung von Stahlwerksstäuben für die Gewinnung von Metallen oder Metallverbindungen im Drehrohr oder in einer Wirbelschicht,	G	
8.3.2	Behandlung zum Zweck der Rückgewinnung von Metallen oder Metallverbindungen durch thermische Verfahren, insbesondere Pyrolyse, Verbrennung oder eine Kombination dieser Verfahren, sofern diese Abfälle nicht gefährlich sind, von		

Nr.	Anlagenbeschreibung	Verfahrensart	Anlage gemäß Art. 10 der RL 2010/75/EU
a	b	c	d
8.3.2.1	edelmetallhaltigen Abfällen, einschließlich der Präparation, soweit die Menge der Einsatzstoffe 10 Kilogramm oder mehr je Tag beträgt,	V	
8.3.2.2	von mit organischen Verbindungen verunreinigten Metallen, Metallspänen oder Walzzunder;	V	
8.4	Anlagen, in denen Stoffe aus in Haushaltungen anfallenden oder aus hausmüllähnlichen Abfällen durch Sortieren für den Wirtschaftskreislauf zurückgewonnen werden, mit einer Durchsatzkapazität von 10 Tonnen Einsatzstoffen oder mehr je Tag;	V	
8.5	Anlagen zur Erzeugung von Kompost aus organischen Abfällen mit einer Durchsatzkapazität an Einsatzstoffen von		
8.5.1	75 Tonnen oder mehr je Tag,	G	E
8.5.2	10 Tonnen bis weniger als 75 Tonnen je Tag;	V	
8.6	Anlagen zur biologischen Behandlung, soweit nicht durch Nummer 8.5 oder 8.7 erfasst, von		
8.6.1	gefährlichen Abfällen mit einer Durchsatzkapazität an Einsatzstoffen von		
8.6.1.1	10 Tonnen oder mehr je Tag,	G	E
8.6.1.2	1 Tonne bis weniger als 10 Tonnen je Tag,	V	
8.6.2	nicht gefährlichen Abfällen, soweit nicht durch Nummer 8.6.3 erfasst, mit einer Durchsatzkapazität an Einsatzstoffen von		
8.6.2.1	50 Tonnen oder mehr je Tag,	G	E
8.6.2.2	10 Tonnen bis weniger als 50 Tonnen je Tag,	V	
8.6.3	Gülle, soweit die Behandlung ausschließlich zur Verwertung durch anaerobe Vergärung (Biogaserzeugung) erfolgt, mit einer Durchsatzkapazität von		
8.6.3.1	100 Tonnen oder mehr je Tag,	G	E
8.6.3.2	weniger als 100 Tonnen je Tag, soweit die Produktionskapazität von Rohgas 1,2 Mio. Normkubikmetern je Jahr oder mehr beträgt;	V	
8.7	Anlagen zur Behandlung von verunreinigtem Boden durch biologische Verfahren, Entgasen, Strippen oder Waschen mit einem Einsatz an verunreinigtem Boden bei		
8.7.1	gefährlichen Abfällen von		
8.7.1.1	10 Tonnen oder mehr je Tag,	G	E
8.7.1.2	1 Tonne bis weniger als 10 Tonnen je Tag,	V	
8.7.2	nicht gefährlichen Abfällen von		
8.7.2.1	50 Tonnen oder mehr je Tag,	G	E
8.7.2.2	10 Tonnen bis weniger als 50 Tonnen je Tag;	V	
8.8	Anlagen zur chemischen Behandlung, insbesondere zur chemischen Emulsionsspaltung, Fällung, Flockung, Kalzinierung, Neutralisation oder Oxidation, von		
8.8.1	gefährlichen Abfällen mit einer Durchsatzkapazität an Einsatzstoffen von		
8.8.1.1	10 Tonnen oder mehr je Tag,	G	E

Nr.	Anlagenbeschreibung	Verfahrensart	Anlage gemäß Art. 10 der RL 2010/75/EU
a	b	c	d
8.8.1.2	weniger als 10 Tonnen je Tag,	**G**	
8.8.2	nicht gefährlichen Abfällen mit einer Durchsatzkapazität an Einsatzstoffen von		
8.8.2.1	50 Tonnen oder mehr je Tag,	**G**	**E**
8.8.2.2	10 Tonnen bis weniger als 50 Tonnen je Tag;	**V**	
8.9	Anlagen zur Behandlung von		
8.9.1	nicht gefährlichen metallischen Abfällen in Schredderanlagen mit einer Durchsatzkapazität an Einsatzstoffen von		
8.9.1.1	50 Tonnen oder mehr je Tag,	**G**	**E**
8.9.1.2	10 Tonnen bis weniger als 50 Tonnen je Tag,	**V**	
8.9.2	Altfahrzeugen, sonstigen Nutzfahrzeugen, Bussen oder Sonderfahrzeugen (einschließlich der Trockenlegung) mit einer Durchsatzkapazität je Woche von 5 oder mehr Altfahrzeugen, sonstigen Nutzfahrzeugen, Bussen oder Sonderfahrzeugen;	**V**	
8.10	Anlagen zur physikalisch-chemischen Behandlung, insbesondere zum Destillieren, Trocknen oder Verdampfen, mit einer Durchsatzkapazität an Einsatzstoffen bei		
8.10.1	gefährlichen Abfällen von		
8.10.1.1	10 Tonnen je Tag oder mehr,	**G**	**E**
8.10.1.2	1 Tonne bis weniger als 10 Tonnen je Tag,	**V**	
8.10.2	nicht gefährlichen Abfällen von		
8.10.2.1	50 Tonnen je Tag oder mehr,	**G**	**E**
8.10.2.2	10 Tonnen bis weniger als 50 Tonnen je Tag;	**V**	
8.11	Anlagen zur		
8.11.1	Behandlung von gefährlichen Abfällen, ausgenommen Anlagen, die durch die Nummern 8.1 und 8.8 erfasst werden, 1. durch Vermengung oder Vermischung sowie durch Konditionierung, 2. zum Zweck der Hauptverwendung als Brennstoff oder der Energieerzeugung durch andere Mittel, 3. zum Zweck der Ölraffination oder anderer Wiederverwendungsmöglichkeiten von Öl, 4. zum Zweck der Regenerierung von Basen oder Säuren, 5. zum Zweck der Rückgewinnung oder Regenerierung von organischen Lösungsmitteln oder 6. zum Zweck der Wiedergewinnung von Bestandteilen, die der Bekämpfung von Verunreinigungen dienen, einschließlich der Wiedergewinnung von Katalysatorbestandteilen, mit einer Durchsatzkapazität an Einsatzstoffen von		
8.11.1.1	10 Tonnen oder mehr je Tag,	**G**	**E**
8.11.1.2	von 1 Tonne bis weniger als 10 Tonnen je Tag,	**V**	
8.11.2	sonstigen Behandlung, ausgenommen Anlagen, die durch die Nummern 8.1 bis 8.10 erfasst werden, mit einer Durchsatzkapazität von		

Nr.	Anlagenbeschreibung	Verfahrensart	Anlage gemäß Art. 10 der RL 2010/75/EU
a	b	c	d
8.11.2.1	gefährlichen Abfällen von 10 Tonnen oder mehr je Tag,	G	E
8.11.2.2	gefährlichen Abfällen von 1 Tonne bis weniger als 10 Tonnen je Tag,	V	
8.11.2.3	nicht gefährlichen Abfällen, soweit diese für die Verbrennung oder Mitverbrennung vorbehandelt werden oder es sich um Schlacken oder Aschen handelt, von 50 Tonnen oder mehr je Tag,	G	E
8.11.2.4	nicht gefährlichen Abfällen, soweit nicht durch die Nummer 8.11.2.3 erfasst, von 10 Tonnen oder mehr je Tag;	V	
8.12	Anlagen zur zeitweiligen Lagerung von Abfällen, auch soweit es sich um Schlämme handelt, ausgenommen die zeitweilige Lagerung bis zum Einsammeln auf dem Gelände der Entstehung der Abfälle und Anlagen, die durch Nummer 8.14 erfasst werden bei		
8.12.1	gefährlichen Abfällen mit einer Gesamtlagerkapazität von		
8.12.1.1	50 Tonnen oder mehr,	G	E
8.12.1.2	30 Tonnen bis weniger als 50 Tonnen,	V	
8.12.2	nicht gefährlichen Abfällen mit einer Gesamtlagerkapazität von 100 Tonnen oder mehr,	V	
8.12.3	Eisen- oder Nichteisenschrotten, einschließlich Autowracks, mit		
8.12.3.1	einer Gesamtlagerfläche von 15 000 Quadratmetern oder mehr oder einer Gesamtlagerkapazität von 1500 Tonnen oder mehr,	G	
8.12.3.2	einer Gesamtlagerfläche von 1000 bis weniger als 15 000 Quadratmetern oder einer Gesamtlagerkapazität von 100 bis weniger als 1500 Tonnen;	V	
8.13	Anlagen zur zeitweiligen Lagerung von nicht gefährlichen Abfällen, soweit es sich um Gülle oder Gärreste handelt, mit einer Lagerkapazität von 6500 Kubikmetern oder mehr;	V	
8.14	Anlagen zum Lagern von Abfällen über einen Zeitraum von jeweils mehr als einem Jahr mit		
8.14.1	einer Gesamtlagerkapazität von mehr als 50 Tonnen, soweit die Lagerung untertägig erfolgt,	G	E
8.14.2	einer Aufnahmekapazität von 10 Tonnen oder mehr je Tag oder einer Gesamtlagerkapazität von 25 000 Tonnen oder mehr,		
8.14.2.1	für andere Abfälle als Inertabfälle,	G	E
8.14.2.2	für Inertabfälle,	G	
8.14.3	einer Aufnahmekapazität von weniger als 10 Tonnen je Tag und einer Gesamtlagerkapazität von		
8.14.3.1	weniger als 25 000 Tonnen, soweit es sich um gefährliche Abfälle handelt,	G	
8.14.3.2	150 Tonnen bis weniger als 25 000 Tonnen, soweit es sich um nicht gefährliche Abfälle handelt,	G	
8.14.3.3	weniger als 150 Tonnen, soweit es sich um nicht gefährliche Abfälle handelt;	V	

Nr.	Anlagenbeschreibung	Verfahrensart	Anlage gemäß Art. 10 der RL 2010/75/EU
a	b	c	d
8.15	Anlagen zum Umschlagen von Abfällen, ausgenommen Anlagen zum Umschlagen von Erdaushub oder von Gestein, das bei der Gewinnung oder Aufbereitung von Bodenschätzen anfällt, soweit nicht von Nummer 8.12 oder 8.14 erfasst, mit einer Kapazität von		
8.15.1	10 Tonnen oder mehr gefährlichen Abfällen je Tag,	G	
8.15.2	1 Tonne bis weniger als 10 Tonnen gefährlichen Abfällen je Tag,	V	
8.15.3	100 Tonnen oder mehr nicht gefährlichen Abfällen je Tag;	V	
9.	**Lagerung, Be- und Entladen von Stoffen und Gemischen**		
9.1	Anlagen, die der Lagerung von Stoffen oder Gemischen, die bei einer Temperatur von 293,15 Kelvin und einem Standarddruck von 101,3 Kilopascal vollständig gasförmig vorliegen und dabei einen Explosionsbereich in Luft haben (entzündbare Gase), in Behältern oder von Erzeugnissen, die diese Stoffe oder Gemische z. B. als Treibmittel oder Brenngas enthalten, dienen, ausgenommen Erdgasröhrenspeicher und Anlagen, die von Nummer 9.3 erfasst werden,		
9.1.1	soweit es sich nicht ausschließlich um Einzelbehältnisse mit einem Volumen von jeweils nicht mehr als 1000 Kubikzentimeter handelt, mit einem Fassungsvermögen von		
9.1.1.1	50 Tonnen oder mehr,	G	
9.1.1.2	3 Tonnen bis weniger als 50 Tonnen,	V	
9.1.2	soweit es sich ausschließlich um Einzelbehältnisse mit einem Volumen von jeweils nicht mehr als 1000 Kubikzentimeter handelt, mit einem Fassungsvermögen entzündbarer Gase von 30 Tonnen oder mehr;	V	
9.2	Anlagen, die der Lagerung von Flüssigkeiten dienen, ausgenommen Anlagen, die von Nummer 9.3 erfasst werden, mit einem Fassungsvermögen von		
9.2.1	10 000 Tonnen oder mehr, soweit die Flüssigkeiten einen Flammpunkt von 373,15 Kelvin oder weniger haben,	G	
9.2.2	5000 Tonnen bis weniger als 10 000 Tonnen, soweit die Flüssigkeiten einen Flammpunkt unter 294,15 Kelvin haben und deren Siedepunkt bei Normaldruck (101,3 Kilopascal) über 293,15 Kelvin liegt;	V	
9.3	Anlagen, die der Lagerung von in der Stoffliste zu Nummer 9.3 (Anhang 2) genannten Stoffen dienen, mit einer Lagerkapazität von		
9.3.1	den in Spalte 4 der Stoffliste (Anhang 2) ausgewiesenen Mengen oder mehr,	G	
9.3.2	den in Spalte 3 der Stoffliste (Anhang 2) bis weniger als den in Spalte 4 der Anlage ausgewiesenen Mengen;	V	
9.4–9.10	(nicht besetzt)		
9.11	Offene oder unvollständig geschlossene Anlagen, ausgenommen Anlagen die von Nummer 9.3 erfasst werden,		

Nr.	Anlagenbeschreibung	Verfahrensart	Anlage gemäß Art. 10 der RL 2010/75/EU
a	b	c	d
9.11.1	zum Be- oder Entladen von Schüttgütern, die im trockenen Zustand stauben können, durch Kippen von Wagen oder Behältern oder unter Verwendung von Baggern, Schaufelladegeräten, Greifern, Saughebern oder ähnlichen Einrichtungen, soweit 400 Tonnen Schüttgüter oder mehr je Tag bewegt werden können, ausgenommen Anlagen zum Be- oder Entladen von Erdaushub oder von Gestein, das bei der Gewinnung oder Aufbereitung von Bodenschätzen anfällt, sowie Anlagen zur Erfassung von Getreide, Ölsaaten oder Hülsenfrüchten,	**V**	
9.11.2	zur Erfassung von Getreide, Ölsaaten oder Hülsenfrüchten, soweit 400 Tonnen oder mehr je Tag bewegt werden können und 25 000 Tonnen oder mehr je Kalenderjahr umgeschlagen werden können;	**V**	
9.12–9.35	(nicht besetzt)		
9.36	Anlagen zur Lagerung von Gülle oder Gärresten mit einer Lagerkapazität von 6500 Kubikmetern oder mehr;	**V**	
9.37	Anlagen, die der Lagerung von Erdöl, petrochemischen oder chemischen Stoffen oder Erzeugnissen dienen, ausgenommen Anlagen, die von den Nummern 9.1, 9.2 oder 9.3 erfasst werden, mit einem Fassungsvermögen von 25 000 Tonnen oder mehr;	**G**	
10.	**Sonstige Anlagen**		
10.1	Anlagen, in denen mit explosionsgefährlichen oder explosionsfähigen Stoffen im Sinne des Sprengstoffgesetzes umgegangen wird zur 1. Herstellung, Bearbeitung oder Verarbeitung dieser Stoffe, zur Verwendung als Sprengstoffe, Zündstoffe, Treibstoffe, pyrotechnische Sätze oder zur Herstellung derselben, ausgenommen Anlagen im handwerklichen Umfang und zur Herstellung von Zündhölzern sowie ortsbewegliche Mischladegeräte, oder 2. Wiedergewinnung oder Vernichtung dieser Stoffe;	**G**	
10.2	(nicht besetzt)		
10.3	Eigenständig betriebene Anlagen zur Behandlung der Abgase (Verminderung von Luftschadstoffen) aus nach den Nummern dieses Anhangs genehmigungsbedürftigen Anlagen,		
10.3.1	soweit in Spalte d mit dem Buchstaben **E** gekennzeichnet,	**G**	**E**
10.3.2	soweit in Spalte d mit dem Buchstaben **E** nicht gekennzeichnet und		
10.3.2.1	in Spalte c mit dem Buchstaben **G** gekennzeichnet,	**G**	
10.3.2.2	in Spalte c mit dem Buchstaben **V** gekennzeichnet;	**V**	
10.4	Eigenständig betriebene Anlagen zur Abscheidung von Kohlendioxid-Strömen aus nach den Nummern dieses Anhangs genehmigungsbedürftigen Anlagen zum Zwecke der dauerhaften geologischen Speicherung, soweit in Spalte d mit dem Buchstaben **E** gekennzeichnet;	**G**	**E**
10.5	(nicht besetzt)		

Nr.	Anlagenbeschreibung	Verfahrensart	Anlage gemäß Art. 10 der RL 2010/75/EU
a	b	c	d
10.6	Anlagen zur Herstellung von Klebemitteln, ausgenommen Anlagen, die diese Mittel ausschließlich unter Verwendung von Wasser als Verdünnungsmittel herstellen, mit einer Kapazität von 1 Tonne oder mehr je Tag;	V	
10.7	Anlagen zum Vulkanisieren von Natur- oder Synthesekautschuk unter Verwendung von		
10.7.1	Schwefel oder Schwefelverbindungen mit einem Einsatz von		
10.7.1.1	25 Tonnen oder mehr Kautschuk je Stunde,	G	
10.7.1.2	weniger als 25 Tonnen Kautschuk je Stunde, ausgenommen Anlagen, in denen weniger als 50 Kilogramm Kautschuk je Stunde verarbeitet werden oder ausschließlich vorvulkanisierter Kautschuk eingesetzt wird,	V	
10.7.2	halogenierten Peroxiden mit einem Einsatz von		
10.7.2.1	25 Tonnen oder mehr Kautschuk je Stunde,	G	
10.7.2.2	weniger als 25 Tonnen Kautschuk je Stunde, ausgenommen Anlagen, in denen weniger als 30 Kilogramm Kautschuk je Stunde verarbeitet werden;	V	
10.8	Anlagen zur Herstellung von Bautenschutz-, Reinigungs- oder Holzschutzmitteln, soweit diese Produkte organische Lösungsmittel enthalten und von diesen 20 Tonnen oder mehr je Tag eingesetzt werden;	V	
10.9	Anlagen zur Herstellung von Holzschutzmitteln unter Verwendung von halogenierten aromatischen Kohlenwasserstoffen;	V	
10.10	Anlagen zur Vorbehandlung (Waschen, Bleichen, Mercerisieren) oder zum Färben von Fasern oder Textilien mit		
10.10.1	einer Verarbeitungskapazität von 10 Tonnen oder mehr Fasern oder Textilien je Tag,	G	E
10.10.2	einer Färbekapazität von 2 Tonnen bis weniger als 10 Tonnen Fasern oder Textilien je Tag bei Anlagen zum Färben von Fasern oder Textilien unter Verwendung von Färbebeschleunigern einschließlich der Spannrahmenanlagen, ausgenommen Anlagen, die unter erhöhtem Druck betrieben werden,	V	
10.10.3	einer Bleichkapazität von weniger als 10 Tonnen Fasern oder Textilien je Tag bei Anlagen zum Bleichen von Fasern oder Textilien unter Verwendung von Chlor oder Chlorverbindungen;	V	
10.11–10.14	(nicht besetzt)		
10.15	Prüfstände für oder mit		
10.15.1	Verbrennungsmotoren, ausgenommen 1. Rollenprüfstände, die in geschlossenen Räumen betrieben werden, und 2. Anlagen, in denen mit Katalysator oder Dieselrußfilter ausgerüstete Serienmotoren geprüft werden, mit einer Feuerungswärmeleistung von insgesamt 300 Kilowatt oder mehr,	V	

III

Nr.	Anlagenbeschreibung	Verfahrensart	Anlage gemäß Art. 10 der RL 2010/75/EU
a	b	c	d
10.15.2	Gasturbinen oder Triebwerken mit einer Feuerungswärmeleistung von insgesamt		
10.15.2.1	200 Megawatt oder mehr,	G	
10.15.2.2	weniger als 200 Megawatt;	V	
10.16	Prüfstände für oder mit Luftschrauben;	V	
10.17	Renn- oder Teststrecken für Kraftfahrzeuge,		
10.17.1	als ständige Anlagen,	G	
10.17.2	zur Übung oder Ausübung des Motorsports an fünf Tagen oder mehr je Jahr, ausgenommen Anlagen mit Elektromotorfahrzeugen und Anlagen in geschlossenen Hallen sowie Modellsportanlagen;	V	
10.18	Schießstände für Handfeuerwaffen, ausgenommen solche in geschlossenen Räumen und solche für Schusswaffen bis zu einem Kaliber von 5,6 mm lfB (.22 l.r.) für Munition mit Randfeuerzündung, wenn die Mündungsenergie der Geschosse höchstens 200 Joule (J) beträgt, (Kleinkaliberwaffen) und Schießplätze, ausgenommen solche für Kleinkaliberwaffen;	V	
10.19	(nicht besetzt)		
10.20	Anlagen zur Reinigung von Werkzeugen, Vorrichtungen oder sonstigen metallischen Gegenständen durch thermische Verfahren, soweit der Rauminhalt des Ofens 1 Kubikmeter oder mehr beträgt;	V	
10.21	Anlagen zur Innenreinigung von Eisenbahnkesselwagen, Straßentankfahrzeugen, Tankschiffen oder Tankcontainern sowie Anlagen zur automatischen Reinigung von Fässern einschließlich zugehöriger Aufarbeitungsanlagen, soweit die Behälter von organischen Stoffen gereinigt werden, ausgenommen Anlagen, in denen Behälter ausschließlich von Nahrungs-, Genuss- oder Futtermitteln gereinigt werden;	V	
10.22	Anlagen zur Begasung, Sterilisation oder Entgasung,		
10.22.1	mit einem Rauminhalt der Begasungs- oder Sterilisationskammer oder des zu begasenden Behälters von 1 Kubikmeter oder mehr, soweit Stoffe oder Gemische eingesetzt werden, die gemäß der Verordnung (EG) Nr. 1272/2008 des Europäischen Parlaments und des Rates vom 16. Dezember 2008 über die Einstufung, Kennzeichnung und Verpackung von Stoffen und Gemischen, zur Änderung und Aufhebung der Richtlinien 67/548/EWG und 1999/45/EG und zur Änderung der Verordnung (EG) Nr. 1907/2006 (ABl. L 353 vom 31. 12. 2008, S. 1), die zuletzt durch die Verordnung (EU) 2016/918 (ABl. L 156 vom 14. 6. 2016, S. 1) geändert worden ist, in die Gefahrenklassen „akute Toxizität" Kategorie 1, 2 oder 3, „spezifische Zielorgan-Toxizität (einmalige Exposition)" Kategorie 1 oder „Spezifische Zielorgan-Toxizität (wiederholte Exposition)" Kategorie 1 einzustufen sind,	V	
10.22.2	soweit 40 Entgasungen oder mehr je Jahr gemäß TRGS 512 Nummer 5.4.3 durchzuführen sind;	V	

Nr.	Anlagenbeschreibung	Verfahrensart	Anlage gemäß Art. 10 der RL 2010/75/EU
a	b	c	d
10.23	Anlagen zur Textilveredlung durch Sengen, Thermofixieren, Thermosolieren, Beschichten, Imprägnieren oder Appretieren, einschließlich der zugehörigen Trocknungsanlagen, ausgenommen Anlagen, in denen weniger als 500 Quadratmeter Textilien je Stunde behandelt werden;	**V**	
10.24	(nicht besetzt)		
10.25	Kälteanlagen mit einem Gesamtinhalt an Kältemittel von 3 Tonnen Ammoniak oder mehr;	**V**	
10.26	Anlagen zur Herstellung von Wasserstoff durch die Elektrolyse von Wasser mit		
10.26.1	einer Produktionskapazität von 50 Tonnen Wasserstoff oder mehr je Tag,	**G**	**E**
10.26.2	einer elektrischen Nennleistung von 5 Megawatt oder mehr, sofern nicht von Nummer 10.26.1 erfasst.	**V**	

III

III

Anhang 2

Stoffliste zu Nr. 9.3 des Anhangs 1

Nr.	Stoffe	Mengenschwelle Nr. 9.3.2 Anhang 1 (Tonnen)	Mengenschwelle Nr. 9.3.1 Anhang 1 (Tonnen)
Spalte 1	Spalte 2	Spalte 3	Spalte 4
1	Acrylnitril	20	200
2	Chlor	10	75
3	Schwefeldioxid	20	250
4	Sauerstoff	200	2000
5	Ammoniumnitrat oder ammoniumnitrathaltige Zubereitungen der Gruppe A nach Anhang I Nummer 5 der Gefahrstoffverordnung	25	500
6	Alkalichlorat	5	100
7	Schwefeltrioxid	15	100
8	ammoniumnitrathaltige Zubereitungen der Gruppe B nach Anhang I Nummer 5 der Gefahrstoffverordnung	100	2500
9	Ammoniak	3	30
10	Phosgen	0,075	0,75
11	Schwefelwasserstoff	5	50
12	Fluorwasserstoff	5	50
13	Cyanwasserstoff	5	20
14	Schwefelkohlenstoff	20	200
15	Brom	20	200
16	Acetylen (Ethin)	5	50
17	Wasserstoff	3	30
18	Ethylenoxid	5	50
19	Propylenoxid	5	50
20	Acrolein	20	200
21	Formaldehyd oder Paraformaldehyd (Konzentration $\geq$ 90 %)	5	50
22	Brommethan	20	200
23	Methylisocyanat	0,015	0,15
24	Tetraethylblei oder Tetramethylblei	5	50
25	1,2-Dibromethan	5	50
26	Chlorwasserstoff (verflüssigtes Gas)	20	200
27	Diphenylmethandiisocyanat (MDI)	20	200
28	Toluylendiisocyanat (TDI)	10	100
29	Stoffe oder Gemische, die gemäß der Verordnung (EG) Nr. 1272/2008 in die Gefahrenklasse „akute Toxizität" Kategorien 1 oder 2 einzustufen sind	2	20

Nr.	Stoffe	Mengen-schwelle Nr. 9.3.2 Anhang 1 (Tonnen)	Mengen-schwelle Nr. 9.3.1 Anhang 1 (Tonnen)
Spalte 1	Spalte 2	Spalte 3	Spalte 4
30	1. Stoffe oder Gemische, die gemäß der Verordnung (EG) Nr. 1272/2008 in die Gefahrenklassen – „akute Toxizität" Kategorien 1, 2 oder 3, – „spezifische Zielorgan-Toxizität (einmalige Exposition)" Kategorie 1, – „spezifische Zielorgan-Toxizität (wiederholte Exposition)" Kategorie 1, – „explosive Stoffe, Gemische und Erzeugnisse mit Explosivstoff", – „selbstzersetzliche Stoffe und Gemische", – „organische Peroxide", – „oxidierende Gase", – „oxidierende Flüssigkeiten" oder – „oxidierende Feststoffe" einzustufen sind, ausgenommen Stoffe oder Gemische, die in die Gefahrenklassen – „explosive Stoffe, Gemische und Erzeugnisse mit Explosivstoff", Unterklasse 1.6, – „selbstzersetzliche Stoffe und Gemische", Typ G, oder – „organische Peroxide", Typ G, einzustufen sind, sowie 2. Stoffe und Gemische mit explosiven Eigenschaften nach Methode A.14 der Verordnung (EG) Nr. 440/2008 der Kommission vom 30. Mai 2008 zur Festlegung von Prüfmethoden gemäß der Verordnung (EG) Nr. 1907/2006 des Europäischen Parlaments und des Rates zur Registrierung, Bewertung, Zulassung und Beschränkung chemischer Stoffe (REACH) (ABl. L 142 vom 31. 5. 2008, S. 1), die zuletzt durch die Verordnung (EU) Nr. 2016/266 (ABl. L 54 vom 1. 3. 2016, S. 1) geändert worden ist, die nicht einzustufen sind in die Gefahrenklassen – „explosive Stoffe, Gemische und Erzeugnisse mit Explosivstoff", – „selbstzersetzliche Stoffe und Gemische" oder – „organische Peroxide" gemäß der Verordnung (EG) Nr. 1272/2008.	10	200

Achtzehnte Verordnung zur Durchführung des Bundes-Immissionsschutzgesetzes (Sportanlagenlärmschutzverordnung – 18. BImSchV)

Vom 18. Juli 1991 (BGBl. I S. 1588, S. 1790)

Zuletzt geändert durch
Dritte Verordnung zur Änderung der Sportanlagenlärmschutzverordnung
vom 8. Oktober 2021 (BGBl. I S. 4644)

Auf Grund des § 23 Abs. 1 des Bundes-Immissionsschutzgesetzes in der Fassung der Bekanntmachung vom 14. Mai 1990 (BGBl. I S. 880) verordnet die Bundesregierung nach Anhörung der beteiligten Kreise:

§ 1 Anwendungsbereich

(1) Diese Verordnung gilt für die Errichtung, die Beschaffenheit und den Betrieb von Sportanlagen, soweit sie zum Zwecke der Sportausübung betrieben werden und einer Genehmigung nach § 4 des Bundes-Immissionsschutzgesetzes nicht bedürfen.

(2) Sportanlagen sind ortsfeste Einrichtungen im Sinne des § 3 Abs. 5 Nr. 1 des Bundes-Immissionsschutzgesetzes, die zur Sportausübung bestimmt sind.

(3) Zur Sportanlage zählen auch Einrichtungen, die mit der Sportanlage in einem engen räumlichen und betrieblichen Zusammenhang stehen. Zur Nutzungsdauer der Sportanlage gehören auch die Zeiten des An- und Abfahrverkehrs sowie des Zu- und Abgangs.

§ 2 Immissionsrichtwerte

(1) Sportanlagen sind so zu errichten und zu betreiben, daß die in den Absätzen 2 bis 4 genannten Immissionsrichtwerte unter Einrechnung der Geräuschimmissionen anderer Sportanlagen nicht überschritten werden.

(2) Die Immissionsrichtwerte betragen für Immissionsorte außerhalb von Gebäuden

1. in Gewerbegebieten
   tags außerhalb der Ruhezeiten 65 dB(A),
   tags innerhalb der Ruhezeiten am Morgen 60 dB(A), im Übrigen 65 dB(A),
   nachts 50 dB(A),

1a. in urbanen Gebieten
   tags außerhalb der Ruhezeiten 63 dB(A),
   tags innerhalb der Ruhezeiten am Morgen 58 dB(A), im Übrigen 63 dB(A),
   nachts 45 dB(A),

2. in Kerngebieten, Dorfgebieten und Mischgebieten
   tags außerhalb der Ruhezeiten 60 dB(A),
   tags innerhalb der Ruhezeiten am Morgen 55 dB(A), im Übrigen 60 dB(A),
   nachts 45 dB(A),

3. in allgemeinen Wohngebieten und Kleinsiedlungsgebieten
   tags außerhalb der Ruhezeiten 55 dB(A),
   tags innerhalb der Ruhezeiten am Morgen 50 dB(A), im Übrigen 55 dB(A),
   nachts 40 dB(A),

4. in reinen Wohngebieten
   tags außerhalb der Ruhezeiten 50 dB(A),
   tags innerhalb der Ruhezeiten am Morgen 45 dB(A), im Übrigen 50 dB(A),
   nachts 35 dB(A),

5. in Kurgebieten, für Krankenhäuser und Pflegeanstalten
   tags außerhalb der Ruhezeiten 45 dB(A),
   tags innerhalb der Ruhezeiten 45 dB(A),
   nachts 35 dB(A).

(3) Werden bei Geräuschübertragung innerhalb von Gebäuden in Aufenthaltsräumen von Wohnungen, die baulich aber nicht betrieblich mit der Sportanlage verbunden sind, von der Sportanlage verursachte Geräuschimmissionen mit einem Beurteilungspegel von mehr als 35 dB(A) tags oder 25 dB(A) nachts festgestellt, hat der Betreiber der Sportanlage Maßnahmen zu treffen, welche die Einhaltung der genannten Immissionsrichtwerte sicherstellen; dies gilt unabhängig

von der Lage der Wohnung in einem der in Absatz 2 genannten Gebiete.

(4) Einzelne kurzzeitige Geräuschspitzen sollen die Immissionsrichtwerte nach Absatz 2 tags um nicht mehr als 30 dB(A) sowie nachts um nicht mehr als 20 dB(A) überschreiten; ferner sollen einzelne kurzzeitige Geräuschspitzen die Immissionsrichtwerte nach Absatz 3 um nicht mehr als 10 dB(A) überschreiten.

(5) Die Immissionsrichtwerte beziehen sich auf folgende Zeiten:

1. tags	an Werktagen	6.00 bis 22.00 Uhr,
	an Sonn- und Feiertagen	7.00 bis 22.00 Uhr,
2. nachts	an Werktagen	0.00 bis 6.00 Uhr und 22.00 bis 24.00 Uhr,
	an Sonn- und Feiertagen	0.00 bis 7.00 Uhr und 22.00 bis 24.00 Uhr,
3. Ruhezeit	an Werktagen	6.00 bis 8.00 Uhr und 20.00 bis 22.00 Uhr,
	an Sonn- und Feiertagen	7.00 bis 9.00 Uhr, 13.00 bis 15.00 Uhr und 20.00 bis 22.00 Uhr.

Die Ruhezeit von 13.00 bis 15.00 Uhr an Sonn- und Feiertagen ist nur zu berücksichtigen, wenn die Nutzungsdauer der Sportanlage oder der Sportanlagen an Sonn- und Feiertagen in der Zeit von 9.00 bis 20.00 Uhr 4 Stunden oder mehr beträgt.

(6) Die Art der in Absatz 2 bezeichneten Gebiete und Anlagen ergibt sich aus den Festsetzungen in den Bebauungsplänen. Sonstige in Bebauungsplänen festgesetzte Flächen für Gebiete und Anlagen sowie Gebiete und Anlagen, für die keine Festsetzungen bestehen, sind nach Absatz 2 entsprechend der Schutzbedürftigkeit zu beurteilen. Weicht die tatsächliche bauliche Nutzung im Einwirkungsbereich der Anlage erheblich von der im Bebauungsplan festgesetzten baulichen Nutzung ab, ist von der tatsächlichen baulichen Nutzung unter Berücksichtigung der vorgesehenen baulichen Entwicklung des Gebietes auszugehen.

(7) Die von der Sportanlage oder den Sportanlagen verursachten Geräuschimmissionen sind nach dem Anhang zu dieser Verordnung zu ermitteln und zu beurteilen.

§ 3 Maßnahmen

Zur Erfüllung der Pflichten nach § 2 Abs. 1 hat der Betreiber insbesondere

1. an Lautsprecheranlagen und ähnlichen Einrichtungen technische Maßnahmen, wie dezentrale Aufstellung von Lautsprechern und Einbau von Schallpegelbegrenzern, zu treffen,
2. technische und bauliche Schallschutzmaßnahmen, wie die Verwendung lärmgeminderter oder lärmmindernder Ballfangzäune, Bodenbeläge, Schallschutzwände und -wälle, zu treffen,
3. Vorkehrungen zu treffen, daß Zuschauer keine übermäßig lärmerzeugenden Instrumente wie pyrotechnische Gegenstände oder druckgasbetriebene Lärmfanfaren verwenden, und
4. An- und Abfahrtswege und Parkplätze durch Maßnahmen betrieblicher und organisatorischer Art so zu gestalten, daß schädliche Umwelteinwirkungen durch Geräusche auf ein Mindestmaß beschränkt werden.

§ 4 Weitergehende Vorschriften

Weitergehende Vorschriften, vor allem zum Schutz der Sonn- und Feiertags-, Mittags- und Nachtruhe oder zum Schutz besonders empfindlicher Gebiete, bleiben unberührt.

§ 5 Nebenbestimmungen und Anordnungen im Einzelfall

(1) Die zuständige Behörde soll von Nebenbestimmungen zu erforderlichen Zulassungsentscheidungen und Anordnungen zur Durchführung dieser Verordnung absehen, wenn die von der Sportanlage ausgehenden Geräusche durch ständig vorherrschende Fremdgeräusche nach Nummer 1.4 des Anhangs überlagert werden.

(2) Die zuständige Behörde kann zur Erfüllung der Pflichten nach § 2 Abs. 1 außer der Festsetzung von Nebenbestimmungen zu erforderlichen Zulassungsentscheidungen oder der Anordnung von Maßnahmen nach § 3 für Sportanlagen Betriebszeiten (ausgenommen für Freibäder von 7.00 Uhr bis 22.00 Uhr) festsetzen; hierbei sind der Schutz der Nachbarschaft und der Allgemeinheit sowie die Gewährleistung einer sinnvollen Sportausübung auf der Anlage gegeneinander abzuwägen.

(3) Die zuständige Behörde soll von einer Festsetzung von Betriebszeiten absehen, soweit der Betrieb einer Sportanlage dem Schulsport oder der Durchführung von Sportstudiengängen an Hochschulen dient. Dient die Anlage auch der allgemeinen Sportausübung, sind bei der Ermittlung der Geräuschimmissionen die dem Schulsport oder der Durchführung von Sportstudiengängen an Hochschulen zuzurechnenden Teilzeiten nach Nummer 1.3.2.3 des Anhangs außer Betracht zu lassen; die Beurteilungszeit wird um die dem Schulsport oder der Durchführung von Sportstudiengängen an Hochschulen tatsächlich zuzurechnenden Teilzeiten verringert. Die Sätze 1 und 2 gelten entsprechend für Sportanlagen, die der Sportausbildung im Rahmen der Landesverteidigung dienen.

(4) Bei Sportanlagen, die vor Inkrafttreten dieser Verordnung baurechtlich genehmigt oder – soweit eine Baugenehmigung nicht erforderlich war – errichtet waren und danach nicht wesentlich geändert werden, soll die zuständige Behörde von einer Festsetzung von Betriebszeiten absehen, wenn die Immissionsrichtwerte an den in § 2 Abs. 2 genannten Immissionsorten jeweils um weniger als 5 dB(A) überschritten werden; dies gilt nicht an den in § 2 Abs. 2 Nr. 5 genannten Immissionsorten.

(5) Die zuständige Behörde soll von einer Festsetzung von Betriebszeiten absehen, wenn infolge des Betriebs einer oder mehrerer Sportanlagen bei seltenen Ereignissen nach Nummer 1.5 des Anhangs Überschreitungen der Immissionsrichtwerte nach § 2 Abs. 2

1. die Geräuschimmissionen außerhalb von Gebäuden die Immissionsrichtwerte nach § 2 Abs. 2 um nicht mehr als 10 dB(A), keinesfalls aber die folgenden Höchstwerte überschreiten:

   tags außerhalb der Ruhezeiten 70 dB(A),

   tags innerhalb der Ruhezeiten 65 dB(A),

   nachts 55 dB(A)

   und

2. einzelne kurzzeitige Geräuschspitzen die nach Nummer 1 für seltene Ereignisse geltenden Immissionsrichtwerte tags um nicht mehr als 20 dB(A) und nachts um nicht mehr als 10 dB(A) überschreiten.

(6) In dem in Artikel 3 des Einigungsvertrages genannten Gebiet soll die zuständige Behörde für die Durchführung angeordneter Maßnahmen nach § 3 Nr. 1 und 2 eine Frist setzen, die bis zu zehn Jahre betragen kann.

(7) Im übrigen Geltungsbereich dieser Verordnung soll die zuständige Behörde bei Sportanlagen, die vor Inkrafttreten der Verordnung baurechtlich genehmigt oder – soweit eine Baugenehmigung nicht erforderlich war – errichtet waren, für die Durchführung angeordneter Maßnahmen nach § 3 Nr. 1 und 2 eine angemessene Frist gewähren.

§ 6 Zulassung von Ausnahmen

Die zuständige Behörde kann für internationale oder nationale Sportveranstaltungen von herausragender Bedeutung im öffentlichen Interesse Ausnahmen von den Bestimmungen des § 5 Abs. 5, einschließlich einer Überschreitung der Anzahl der seltenen Ereignisse nach Nummer 1.5 des Anhangs, zulassen. Satz 1 gilt entsprechend auch für Verkehrsgeräusche auf öffentlichen Verkehrsflächen außerhalb der Sportanlage durch das der Anlage zuzurechnende Verkehrsaufkommen nach Nummer 1.1 Satz 2 des Anhangs einschließlich der durch den Zu- und Abgang der Zuschauer verursachten Geräusche.

§ 7 Zugänglichkeit der Norm- und Richtlinienblätter

Die in den Nummern 2.1, 2.3, 3.1 und 3.2 des Anhangs genannten DIN-Normblätter und VDI-Richtlinien sind bei der Beuth Verlag

GmbH, Berlin, zu beziehen. Die genannten Normen und Richtlinien sind bei dem Deutschen Patentamt archivmäßig gesichert niedergelegt.

§ 8 Inkrafttreten

Diese Verordnung tritt drei Monate nach der Verkündung in Kraft.

Anhang 1

Ermittlungs- und Beurteilungsverfahren

1. **Allgemeines**

1.1 Zuzurechnende Geräusche

Den Sportanlagen sind folgende bei bestimmungsgemäßer Nutzung auftretende Geräusche zuzurechnen:

a) Geräusche durch technische Einrichtungen und Geräte,

b) Geräusche durch die Sporttreibenden,

c) Geräusche durch die Zuschauer und sonstigen Nutzer,

d) Geräusche, die von Parkplätzen auf dem Anlagengelände ausgehen.

Verkehrsgeräusche einschließlich der durch den Zu- und Abgang der Zuschauer verursachten Geräusche auf öffentlichen Verkehrsflächen außerhalb der Sportanlage durch das der Anlage zuzuordnende Verkehrsaufkommen sind bei der Beurteilung gesondert von den anderen Anlagengeräuschen zu betrachten und nur zu berücksichtigen, sofern sie nicht im Zusammenhang mit seltenen Ereignissen (Nummer 1.5) auftreten und im Zusammenhang mit der Nutzung der Sportanlage den vorhandenen Pegel der Verkehrsgeräusche rechnerisch um mindestens 3 dB(A) erhöhen. Hierbei ist das Berechnungs- und Beurteilungsverfahren der Verkehrslärmschutzverordnung vom 12. Juni 1990 (BGBl. I S. 1036) sinngemäß anzuwenden. Lediglich die Berechnung der durch den Zu- und Abgang der Zuschauer verursachten Geräusche erfolgt nach diesem Anhang.

1.2 Maßgeblicher Immissionsort

Der für die Beurteilung maßgebliche Immissionsort liegt

a) bei bebauten Flächen 0,5 m außerhalb, etwa vor der Mitte des geöffneten, vom Geräusch am stärksten betroffenen Fensters eines zum dauernden Aufenthalt von Menschen bestimmten Raumes einer Wohnung, eines Krankenhauses, einer Pflegeanstalt oder einer anderen ähnlichen schutzbedürftigen Einrichtung;

b) bei unbebauten Flächen, die aber mit zum Aufenthalt von Menschen bestimmten Gebäuden bebaut werden dürfen, an dem am stärksten betroffenen Rand der Fläche, wo nach dem Bau- und Planungsrecht Gebäude mit zu schützenden Räumen erstellt werden dürfen;

c) bei mit der Anlage baulich aber nicht betrieblich verbundenen Wohnungen in dem am stärksten betroffenen, nicht nur dem vorübergehenden Aufenthalt dienenden Raum.

Einzelheiten hierzu sind in Nr. 3.2.2.1 geregelt.

1.3 Ermittlung der Geräuschimmission

1.3.1 Beurteilungspegel, einzelne kurzzeitige Geräuschspitzen

Der Beurteilungspegel L_r kennzeichnet die Geräuschimmission während der Beurteilungszeit nach Nr. 1.3.2. Er wird gemäß Nr. 1.6 mit den Immissionsrichtwerten verglichen.

Der Beurteilungspegel wird gebildet aus dem für die jeweilige Beurteilungszeit ermittelten Mittelungspegel L_{Am} und gegebenenfalls den Zuschlägen K_I für Impulshaltigkeit und/oder auffällige Pegeländerungen nach Nr. 1.3.3 und K_T für Ton- und Informationshaltigkeit nach Nr. 1.3.4.

Für die Beurteilung einzelner kurzzeitiger Geräuschspitzen wird deren Maximalpegel L_{AFmax} herangezogen.

Für die Beurteilung von Geräuschen bei neu zu errichtenden Sportanlagen sind die Geräuschimmissionen nach dem in Nr. 2 beschriebenen Prognoseverfahren, bei bestehenden Sportanlagen in der Regel nach Nr. 3 durch Messung zu bestimmen.

1.3.2 Beurteilungszeiten T_r

1.3.2.1 Werktags

An Werktagen gilt für Geräuscheinwirkungen

tags außerhalb der Ruhezeiten (8 bis 20 Uhr) eine Beurteilungszeit von 12 Stunden,

tags während der Ruhezeiten (6 bis 8 Uhr und 20 bis 22 Uhr) jeweils eine Beurteilungszeit von 2 Stunden,

nachts (22 bis 6 Uhr) eine Beurteilungszeit von 1 Stunde (ungünstigste volle Stunde).

1.3.2.2 Sonn- und feiertags

An Sonn- und Feiertagen gilt für Geräuscheinwirkungen

tags außerhalb der Ruhezeiten (9 bis 13 Uhr und 15 bis 20 Uhr) eine Beurteilungszeit von 9 Stunden,

tags während der Ruhezeiten (7 bis 9 Uhr, 13 bis 15 Uhr und 20 bis 22 Uhr) jeweils eine Beurteilungszeit von 2 Stunden,

nachts (0 bis 7 Uhr und 22 bis 24 Uhr) eine Beurteilungszeit von 1 Stunde (ungünstigste volle Stunde).

Beträgt die gesamte Nutzungszeit der Sportanlage oder Sportanlagen zusammenhängend weniger als 4 Stunden und fallen mehr als 30 Minuten der Nutzungszeit in die Zeit von 13 bis 15 Uhr, gilt als Beurteilungszeit ein Zeitabschnitt von 4 Stunden, der die volle Nutzungszeit umfaßt.

1.3.2.3 Teilzeiten T_i

Treten während einer Beurteilungszeit unterschiedliche Emissionen, jeweils unter Einschluß der Impulshaltigkeit, auffälliger Pegeländerungen, der Ton- und Informationshaltigkeit sowie kurzzeitiger Geräuschspitzen, auf, ist zur Ermittlung der Geräuschimmission während der gesamten Beurteilungszeit diese in geeigneter Weise in Teilzeiten T_i aufzuteilen, in denen die Emission im wesentlichen gleichartig sind. Eine solche Unterteilung ist z. B. bei zeitlich abgrenzbarem unterschiedlichem Betrieb der Sportanlage erforderlich.

1.3.3 Zuschlag $K_{I,i}$ für Impulshaltigkeit und/oder auffällige Pegeländerungen

Enthält das zu beurteilende Geräusch während einer Teilzeit T_i der Beurteilungszeit nach Nr. 1.3.2 Impulse und/oder auffällige Pegeländerungen, wie z. B. Aufprallgeräusche von Bällen, Geräusche von Startpistolen, Trillerpfeifen oder Signalgebern, ist für diese Teilzeit ein Zuschlag $K_{I,i}$ zum Mitteilungspegel $L_{Am,i}$ zu berücksichtigen.

Bei Geräuschen durch die menschliche Stimme ist, soweit sie nicht technisch verstärkt sind, kein Zuschlag $K_{I,i}$ anzuwenden.

Treten die Impulse und/oder auffälligen Pegeländerungen in der Teilzeit T_i im Mittel höchstens einmal pro Minute auf, sind neben dem Mitteilungspegel $L_{Am,i}$ der mittlere Maximalpegel $L_{AFmax,i}$ (energetischer Mittelwert) und die mittlere Anzahl n pro Minute der Impulse und/oder auffälligen Pegeländerungen zu bestimmen. Der Zuschlag $K_{I,i}$ beträgt dann:

$$K_{I,i} = 10 \lg (1 + n/12 \cdot 10^{0,1(L_{AFmax,i} - L_{AM,i})}) \text{ dB(A)} \quad (1).$$

Sofern Impulse und/oder auffällige Pegeländerungen in der Teilzeit T_i mehr als einmal pro Minute auftreten, ist der Wirkpegel $L_{AFTm,i}$ nach dem Taktmaximalverfahren mit einer Taktzeit von 5 Sekunden zu bestimmen. Dieser beinhaltet bereits einen Zuschlag $K_{I,i}$ für Impulshaltigkeit und/oder auffällige Pegeländerungen

III

($L_{Am,i} + K_{I,i} = L_{AFTm,i}$). Bei Anlagen, die Geräuschimmissionen mit Impulsen und/oder auffälligen Pegeländerungen in der Teilzeit T_i mehr als einmal pro Minute hervorgerufen und vor Inkrafttreten dieser Verordnung baurechtlich genehmigt oder – soweit eine Baugenehmigung nicht erforderlich war – errichtet waren, ist für die betreffende Teilzeit ein Abschlag von 3 dB(A) zu berücksichtigen.

1.3.4 Zuschlag $K_{T,i}$ für Ton- und Informationshaltigkeit

Wegen der erhöhten Belästigung beim Mithören ungewünschter Informationen ist je nach Auffälligkeit in den entsprechenden Teilzeiten T_i ein Informationszuschlag $K_{Inf,i}$ von 3 dB oder 6 dB zum Mitteilungspegel $L_{Am,i}$ zu addieren. $K_{Inf,i}$ ist in der Regel nur bei Lautsprecherdurchsagen oder bei Musikwiedergaben anzuwenden. Ein Zuschlag von 6 dB ist zu wählen, wenn Lautsprecherdurchsagen gut verständlich oder Musikwiedergaben deutlich hörbar sind.

Heben sich aus dem Geräusch von Sportanlagen Einzeltöne heraus, ist ein Tonzuschlag $K_{Ton,i}$ von 3 dB oder 6 dB zum Mittelungspegel $L_{Am,i}$ für die Teilzeiten hinzuzurechnen, in denen die Töne auftreten. Der Zuschlag von 6 dB gilt nur bei besonderer Auffälligkeit der Töne. In der Regel kommen tonhaltige Geräusche bei Sportanlagen nicht vor.

Die hier genannten Zuschläge sind so zusammenzufassen, daß der Gesamtzuschlag auf maximal 6 dB begrenzt bleibt:

$$K_{T,i} = K_{Inf,i} + K_{Ton,i} \leq 6 \text{ dB(A)} \quad (2).$$

1.3.5 Bestimmung der Beurteilungspegel

Die Beurteilungspegel werden für die Beurteilungszeit T_r unter Berücksichtigung der Zuschläge $K_{I,i}$ für Impulshaltigkeit und/oder auffällige Pegeländerungen und $K_{T,i}$ für Ton- und Informationshaltigkeit nach Gleichung (3) ermittelt:

$$L_r = 10 \lg [1/T_r \, \Sigma_i \, T_i \cdot 10^{0,1\,(L_{Am,i} + K_{I,i} + K_{T,i})}] \text{ db(A)} \quad (3)$$

mit

a) für den Tag außerhalb der Ruhezeiten
an Werktagen $T_r = \Sigma_i \, T_i = 12$ h,
an Sonn- und Feiertagen $T_r = \Sigma_i \, T_i = 9$ h,

b) für den Tag innerhalb der Ruhezeiten $T_r = \Sigma_i \, T_i = 2$ h,

c) für die Nacht $T_r = \Sigma_i \, T_i = 1$ h

und $L_{Am,i}$, $K_{I,i}$ und $K_{T,i}$ die Mittelungspegel und Zuschläge für Impulshaltigkeit und/oder auffällige Pegeländerungen oder der Abschlag nach Nr. 1.3.3 sowie der Zuschlag für Ton- und Informationshaltigkeit nach Nr. 1.3.4 während der zugehörigen Teilzeiten T_i.

Im Falle von Nr. 1.3.2.2 Satz 2 beträgt $T_r = 4$ Stunden.

Zur Bestimmung der Beurteilungszeit T_r im Falle vom § 5 Abs. 3 sind die Beurteilungszeiten nach Buchstaben a, b oder c um die außer Betracht zu lassenden Teilzeiten T_i nach Nr. 1.3.2.3 (tatsächliche Nutzungszeit) zu kürzen.

1.4 Ständig vorherrschende Fremdgeräusche

Fremdgeräusche sind Geräusche am Immissionsort, die unabhängig von dem Geräusch der zu beurteilenden Anlage oder Anlagen auftreten.

Sie sind dann als ständig vorherrschend anzusehen, wenn der Mittelungspegel des Anlagengeräusches gegebenenfalls zuzüglich der Zuschläge für Impulshaltigkeit und/oder auffällige Pegeländerungen in mehr als 95 % der Nutzungszeit vom Fremdgeräusch übertroffen wird.

1.5 Seltene Ereignisse

Überschreitungen der Immissionsrichtwerte gelten als selten, wenn sie an höchstens 18 Kalendertagen eines Jahres in einer Beurteilungszeit oder mehreren Beurteilungszeiten auftreten. Dies gilt unabhängig von der Zahl der einwirkenden Sportanlagen.

1.6 Vergleich des Beurteilungspegels mit dem Immissionsrichtwert

Der durch Prognose nach Nr. 2 ermittelte Beurteilungspegel nach Nr. 1.3.5 ist direkt mit den Immissionsrichtwerten nach § 2 der Verordnung zu vergleichen.

Wird der Beurteilungspegel durch Messung nach Nr. 3 ermittelt, ist zum Vergleich mit den Immissionsrichtwerten nach § 2 der Verordnung der um 3 dB(A) verminderte Beurteilungspegel nach Nr. 1.3.5 heranzuziehen.

2. **Ermittlung der Geräuschimmission durch Prognose**

2.1 Grundlagen

Der Mittelungspegel L_{Am} ist in Anlehnung an VDI-Richtlinie 2714 „Schallausbreitung im Freien" (Januar 1988) und Entwurf VDI-Richtlinie 2720/1 „Schallschutz durch Abschirmung im Freien" (November 1987) zu berechnen.

Für die Berechnung der Mittelungspegel werden für alle Schallquellen die mittleren Schalleistungspegel L_{WAm}, die Einwirkzeiten, die Raumwinkelmaße, gegebenenfalls die Richtwirkungsmaße, die Koordinaten der Schallquellen und der Immissionsorte, die Lage und Abmessungen von Hindernissen und außerdem für schallabstrahlende Außenbauteile von Gebäuden die Flächen S und die bewerteten Bauschalldämm-Maße R'_w benötigt.

Als Eingangsdaten für die Berechnung können Meßwerte oder Erfahrungswerte, soweit sie auf den Meßvorschriften dieses Anhangs beruhen, verwendet werden. Wenn aufgrund besonderer Vorkehrungen eine im Vergleich zu den Erfahrungswerten weitergehende dauerhafte Lärmminderung nachgewiesen ist, können die der Lärmminderung entsprechenden Korrekturwerte bei den Eingangsdaten berücksichtigt werden.

Der Mittelungspegel der Geräusche, die von den der Anlage zuzurechnenden Parkflächen ausgehen, ist zu berechnen nach den Richtlinien für den Lärmschutz an Straßen – Ausgabe 1990 – RLS-90, bekanntgemacht im Verkehrsblatt, Amtsblatt des Bundesministers für Verkehr der Bundesrepublik Deutschland (VkBl.) Nr. 7 vom 14. April 1990 unter lfd. Nr. 79. Bei der Bestimmung der Anzahl der Fahrzeugbewegungen je Stellplatz und Stunde ist, sofern keine genaueren Zahlen vorliegen, von bei vergleichbaren Anlagen gewonnenen Erfahrungswerten auszugehen. Die Richtlinien sind zu beziehen von der Forschungsgesellschaft für Straßen- und Verkehrswesen, Alfred-Schütte-Allee 10, 5000 Köln 21.

Der Beurteilungspegel für den Verkehr auf öffentlichen Verkehrsflächen ist zu berechnen nach den Richtlinien für den Lärmschutz an Straßen – Ausgabe 1990 – RLS-90, bekanntgemacht im Verkehrsblatt, Amtsblatt des Bundesministers für Verkehr der Bundesrepublik Deutschland (VkBl.) Nr. 7 vom 14. April 1990 unter lfd. Nr. 79. Die Richtlinien sind zu beziehen von der Forschungsgesellschaft für Straßen- und Verkehrswesen, Alfred-Schütte-Allee 10, 5000 Köln 21.

2.2 Von Teilflächen der Außenhaut eines Gebäudes abgestrahlte Schalleistungen

Wenn sich Schallquellen in einem Gebäude befinden, ist jedes Außenhautelement des Gebäudes als eine Schallquelle zu betrachten. Der durch ein Außenhautelement ins Freie abgestrahlte Schalleistungspegel L_{WAm} ist aus dem mittleren Innenpegel $L_{m,innen}$ im Raum, den es nach außen abschließt, in ca. 1 m Abstand von dem Element, aus seiner Fläche S (in m^2 und aus seinem bewerteten Bauschalldämm-Maß R'_w nach der Gleichung

$L_{WAm} = L_{m,innen} + 10 \lg(S) - R'_w - 4\,dB$ (4)

zu berechnen. Für den mittleren Innenpegel kann von Meß- oder Erfahrungswerten ausgegangen werden. Er kann für einen Raum aus dem Schalleistungspegel $L_{WAm,innen}$ aller Schallquellen im Raum zusammen nach der Gleichung

$L_{m,innen} = L_{WAm,innen} + 10 \lg(T/V) + 14\,dB = L_{WAm,innen} - 10 \lg(A/4)$ (5)

berechnet werden, worin T die Nachschallzeit (in s) bei mittleren Frequenzen, V das Volumen (in m^3) und A die äquivalente Absorptionsfläche des Raumes (in m^2) bei mittleren Frequenzen ist.

Für Öffnungen ist das bewertete Bauschalldämm-Maß mit Null anzusetzen.

2.3 Schallausbreitungsrechnung

Die Rechnung ist für jede Schallquelle entsprechend VDI-Richtlinie 2714, Abschnitt 3 bis 7, und Entwurf VDI-Richtlinie 2720/1, Abschnitt 3, durchzuführen. Bei den frequenzabhängigen Einflüssen ist von einer Frequenz von 500 Hz auszugehen.

Werden bei der Schallausbreitungsrechnung Abschirmungen berücksichtigt, ist nach Entwurf VDI-Richtlinie 2720/1, Abschnitt 3.1, gegebenenfalls eine feinere Zerlegung in Einzelschallquellen als nach VDI-Richtlinie 2714, Abschnitte 3.3 und 3.4, erforderlich.

Reflexionen, die nicht bereits im Raumwinkelmaß enthalten sind, sind nach VDI-Richtlinie 2714, Abschnitt 7.1, durch die Annahme von Spiegelschallquellen zu berücksichtigen.

Der Mittelungspegel L_{Am} (s_m) von einer Schallquelle an einem Immissionsort im Abstand s_m von ihrem Mittelpunkt ist nach Gleichung (6) zu berechnen:

$L_{Am}(s_m) = L_{WAm} + DI + K_o - D_s - D_L - D_{BM} - D_e$ (6).

Die Bedeutung der einzelnen Glieder in Gleichung (6) ist Tabelle 1 zu entnehmen.

Die Eigenabschirmung von Gebäuden ist in Anlehnung an VDI-Richtlinie 2714, Abschnitt 5.1, durch das Richtwirkungsmaß zu berücksichtigen. Mit $DI \leq - 10$ dB für die dem Immissionsort abgewandte Seite darf jedoch nur gerechnet werden, wenn sich ihr gegenüber keine reflektierenden Flächen (z. B. Wände von Gebäuden) befinden.

Das Boden- und Meteorologie-Dämpfungsmaß D_{BM} ist nach VDI-Richtlinie 2714, Abschnitt 6.3, Gleichung (7), anzusetzen.

Die Einfügungsdämpfungsmaße D_e von Abschirmungen sind nach Entwurf VDI-Richtlinie 2720/1, Abschnitt 3, zu berechnen. Dabei ist in Gleichung (5) dieser Richtlinie $C_2 = 20$ zu setzen. Der Korrekturfaktor für Witterungseinflüsse ist für alle Anlagen nach Abschnitt 3.4.3, Gleichung (7a), zu berechnen.

Tabelle 1: Bedeutung der Glieder in Gleichung (6)

Größe	Bedeutung	Fundstelle
L_{WAm}	mittlerer Schalleistungspegel	
		VDI-Richtlinie 2714
DI	Richtwirkungsmaß	Abschnitt 5.1
K_o	Raumwinkelmaß	Abschnitt 5.2, Gleichung (3) oder Tabelle 2

Größe	Bedeutung	Fundstelle
D_s	Abstandsmaß	Abschnitt 6.1, Gleichung (4)
D_L	Luftabsorptionsmaß	Abschnitt 6.2, Gleichung (5) in Verbindung mit Tabelle 3
D_{BM}	Boden- und Meteorologiedämpfungsmaß	Abschnitt 6.3, Gleichung (7) VDI-Richtlinie 2720/1
D_e	Einfügungsdämpfungsmaß von Schallschirmen	Abschnitt 3

2.4 Bestimmung des Mittelungspegel $L_{Am,i}$ sowie der Zuschläge $K_{I,i}$ und $K_{T,i}$ in der Teilzeit T_i

Zur Bestimmung des Mittelungspegels $L_{Am,i}$ in der Teilzeit T_i sind die nach Gleichung (6) bestimmten Mittelungspegel aller einwirkenden Schallquellen energetisch zu addieren. Die Zuschläge $K_{I,i}$ für Impulshaltigkeit und/oder auffällige Pegeländerungen und $K_{T,i}$ für Ton- und Informationshaltigkeit sind entsprechend Nr. 1.3.3 und Nr. 1.3.4 nach Erfahrungswerten zu bestimmen.

2.5 Berechnung der Pegel kurzzeitiger Geräuschspitzen

Wenn einzelne kurzzeitige Geräuschspitzen zu erwarten sind, ist die Berechnung nach Nr. 2.3 statt mit den mittleren Schallleistungspegeln aller Schallquellen mit den maximalen Schallleistungspegeln L_{WAmax} der Schallquellen mit kurzzeitigen Geräuschspitzen zu wiederholen.

3. **Ermittlung der Geräuschimmission durch Messung**

3.1 Meßgeräte

Bei Messungen dürfen Schallpegelmesser der Klasse 1 nach DIN IEC 651, Ausgabe Dezember 1981, oder DIN IEC 804, Ausgabe Januar 1987, verwendet werden, die zusätzlich die Anforderungen des Entwurfes DIN 45657, Ausgabe Juli 1989, erfüllen. Schallpegelmesser müssen den eichrechtlichen Vorschriften entsprechen.

3.2 Meßverfahren und Auswertung

3.2.1 Meßwertarten

Meßgröße ist der A-bewertete mit der Zeitwertung F ermittelte Schalldruckpegel $L_{AF}(t)$ nach DIN IEC 651, Ausgabe Dezember 1981. Der Mittelungspegel L_{Am} wird nach DIN 45641, Ausgabe Juni 1990, aus dem zeitlichen Verlauf des Schalldruckpegels oder mit Hilfe von Schallpegelmessern nach DIN IEC 804, Ausgabe Januar 1987, gebildet.

Im Falle von Nr. 1.3.3 sind neben dem Mittelungspegel L_{Am} die Maximalpegel L_{AFmax} der Impulse und/oder auffälligen Pegeländerungen oder aus den im 5-s-Takt ermittelten Taktmaximalpegeln $L_{AFT,5}$ nach DIN 45641, Ausgabe Juni 1990, der Wirkpegel L_{AFTm} zu bestimmen.

Für die Beurteilung einzelner, kurzzeitiger Geräuschspitzen ist der Maximalpegel L_{AFmax} heranzuziehen.

3.2.2 Ort und Zeit der Messungen

Es ist an den in Nr. 3.2.2.1 genannten Orten und zu den in Nr. 3.2.2.2 genannten Zeiten zu messen.

3.2.2.1 Ort der Messungen

Der Ort der Messungen ist entsprechend Nr. 1.2 zu wählen. Ergänzend gilt:

a) Bei bebauten Flächen kann abweichend von den Bestimmungen in Nr. 1.2 Buchstabe a das Mikrofon an einem geeigneten Ersatzmeßpunkt (z. B. in einer Baulücke neben dem betroffenen Gebäude) möglichst in Höhe des am stärksten betroffenen Fensters aufgestellt werden, insbesondere wenn der Bewohner nicht informiert oder nicht gestört werden soll.

b) Bei unbebauten Flächen ist in mindestens 3 m Höhe über dem

Erdboden zu messen. Besondere Gründe bei der nach Nr. 1.2 erforderlichen Auswahl des am stärksten betroffenen Randes der Fläche (z. B. Abschattung durch Mauern, Hanglage, geplante hohe Wohngebäude) sind im Meßprotokoll anzugeben.

c) Sind Messungen in Wohnungen durchzuführen, die mit der zu beurteilenden Anlage baulich, aber nicht betrieblich verbunden sind, ist in den Räumen bei geschlossenen Türen und Fenstern und bei üblicher Raumausstattung mindestens 0,4 m von den Begrenzungsflächen entfernt zu messen. Die Messung ist an mehreren Stellen im Raum, in der Regel an den bevorzugten Aufenthaltsplätzen, durchzuführen, und die gemessenen Mittelungspegel sind entsprechend Gleichung (7) in Nr. 3.2.2.2 energetisch zu mitteln.

3.2.2.2 Zeit und Dauer der Messungen

Zeit und Dauer der Messungen haben sich an den für die zu beurteilende Anlage kennzeichnenden Nutzungen unter Berücksichtigung aller nach Nr. 1.1 zuzurechenden Geräusche zu orientieren. Dabei sollen die bei bestimmungsgemäßer Nutzung der Anlage auftretenden Emissionen, gegebenenfalls getrennt für Teilzeiten T_i mit unterschiedlichen Emissionen, erfaßt werden.

Die Meßdauer ist nach der Regelmäßigkeit des Pegelverlaufs zu bestimmen. Bei Nutzungszyklen soll sich die Meßdauer für eine Messung mindestens über einen typischen Geräuschzyklus erstrecken.

Treten am Meßort Fremdgeräusche auf, ist grundsätzlich nur dann zu messen, wenn erwartet werden kann, daß der Mittelungspegel des Fremdgeräusches während der Meßdauer um mindestens 6 dB(A) unter dem Mittelungspegel des Anlagengeräusches liegt. Ist das Fremdgeräusch unterbrochen und ist in diesen Zeiten das Anlagengeräusch pegelbestimmend, ist in den Pausenzeiten zu messen.

Bei Abständen zwischen Quelle und Immissionsort ab 200 m sind die Messungen in der Regel bei Mitwind durchzuführen. Die Mitwindbedingung ist erfüllt, wenn der Wind von der Anlage in Richtung Meßort in einem Sektor bis zu $\pm$ 60° weht und wenn die Windgeschwindigkeit im Bereich weitgehend ungestörter Windströmungen (z. B. auf freiem Feld) in ca. 5 m Höhe etwa zwischen 1 m/s und 3 m/s liegt. Im Verlauf der Messungen ist darauf zu achten, daß die am Mikrofon auftretenden Windgeräusche die Meßergebnisse nicht beeinflussen.

Bei außergewöhnlichen Wetterbedingungen sollen keine Schallpegelmessungen vorgenommen werden. Außergewöhnliche Wetterbedingungen können beispielsweise stärkerer Regen, Schneefall, größere Windgeschwindigkeit, gefrorener oder schneebedeckter Boden sein.

In der Regel sind an jedem Meßort drei unabhängige Messungen durchzuführen und die Mittelungspegel $L_{Am,k}$ aus diesen Messungen nach Gleichung (7) zu mitteln (energetische Mittelung):

$L_{Am} = 10 \lg [1/3 \; {}^{3}\Sigma_{k=1} \; 10^{0,1 \; L_{Am,k}}]$ dB(A) (7).

Sofern aus vorliegenden Erkenntnissen bekannt ist, daß der Schwankungsbereich der Mittelungspegel der zu beurteilenden Geräuschimmissionen in der Beurteilungszeit kleiner ist als 3 dB(A), genügt eine einmalige Messung. Dies gilt auch, wenn der aus dem Meßwert für die Geräuschimmission bestimmte Beurteilungspegel um mehr als 6 dB(A) unter oder über dem geltenden Immissionsrichtwert liegt.

Wenn bei regulärer Nutzung der Anlage innerhalb der Beurteilungszeit der Schwankungsbereich der Mittelungspegel $L_{Am,k}$ aus den drei Einzelmessungen größer ist als 6 dB(A), ist zu prüfen, ob durch getrennte Erfassung von Teilzeiten der Schwankungsbereich auf weniger als 6 dB(A) verringert werden kann. In diesem Fall erfolgt die Bestimmung des Mittelungspegels für jede einzeln erfaßte Teilzeit nach Gleichung (7) aus drei Einzelmessungen. Andernfalls sind an fünf verschiedenen Meßterminen die Mittelungspegel $L_{Am,k}$ zu bestimmen und nach Gleichung (8) energetisch zu mitteln:

$L_{Am} = 10 \lg [1/5 \, {}^{5}\Sigma_{k=1} \, 10^{0,1 \, L_{Am,k}}]$ dB(A) (8).

Im Falle von Nr. 1.3.3 Abs. 4 gelten Gleichung (7) und (8) für L_{AFTm} entsprechend.

3.3 Meßprotokoll

Die Meßwerte sind in einem Protokoll festzuhalten. Das Protokoll muß eine eindeutige Bezeichnung der Meßorte (Lageplan) und die erforderlichen Angaben über Nutzungsarten und -dauern, Meßzeit und Meßdauer, Wetterlage, Geräuschquellen, Einzeltöne, Informationshaltigkeit, Impulshaltigkeit, auffällige Pegeländerungen, Fremdgeräusche und verwendete Meßgeräte oder Meßketten sowie gegebenenfalls über Maßnahmen zur Sicherstellung einer ausreichenden Meßsicherheit bei Verwendung von Meßketten enthalten.

Anhang 2

Maßnahmen, die in der Regel keine wesentliche Änderung im Sinne von § 5 Absatz 4 darstellen:

- Flutlichtanlagen,
- nicht überdachte Stellplätze bis insgesamt 100 m^2,
- nicht überdachte Lagerflächen bis 300 m^2,
- Einrichtung von Sport- und Spielflächen,
- Werbeanlagen,
- Zugänge und Zufahrten,
- Anlagen zur Nutzung erneuerbarer Energien, insbesondere von Solaranlagen in, an und auf Dach- und Außenwandflächen,
- Änderungen der äußeren Gebäudegestaltung,
- Nutzungsänderungen durch Solaranlagen an Dach und Wänden,
- Auswechseln von Belägen auf Sport- und Spielflächen,
- Instandhaltungsmaßnahmen,
- Sanierungs- und Modernisierungsmaßnahmen, insbesondere die Umwandlung von Tennen- oder Rasenspielflächen in Kunststoffrasenspielflächen,
- Erneuerung von Ballfangzäunen, Einzäunungen, Barrieren, Kantsteinen, Zuschauerplätzen,
- Erweiterung der Sanitär- und Umkleidebereiche,
- Neubau von Garagen,
- Umbau der Spielflächen nach dem Stand der Technik,
- Umbau von Anlagen zur Erfüllung immissionsschutzrechtlicher und anderer öffentlich-rechtlicher Anforderungen,
- Beregnungsanlagen,
- Modifizierung der Sportanlage, insbesondere durch den Neubau von Spiel- und Klettergeräten, Trimm- und Kräftigungsgeräten, Kletterwänden oder Boulebahnen,
- Rückbau von Teilen der Anlage,
- Lärmschutzmaßnahmen,
- Neubau von Vereinsheimen und
- Neubau oder Austausch von Lautsprecheranlagen.

Richtlinien für die Errichtung, die Abnahme und das Betreiben von Schießständen (Schießstandrichtlinien)

Vom 23. Juli 2012 (BAnz. Nr. B2)

Zuletzt geändert durch
Bekanntmachung – Erste Änderung der Schießstandrichtlinien
vom 13. März 2013 (BAnz. AT 25.03.2013 Nr. B3)

Inhaltsübersicht

1 Einleitende Bestimmungen

1.1 Allgemeine Vorschriften

1.1.1 Zweck der Richtlinien

Diese Richtlinien sollen gewährleisten, dass die äußere und innere Sicherheit eines Schießstandes unter Berücksichtigung einschlägiger nutzungsbezogener Regeln oder solcher für das sportliche und jagdliche Übungs- und Wettkampfschießen gegeben ist.

1.1.2 Begriffsbestimmungen

1.1.2.1 Schießstände

Schießstände im Sinne dieser Richtlinien sind Schießstätten nach den geltenden Bestimmungen des Waffengesetzes (WaffG).

Von einer erlaubnispflichtigen Schießstätte nach § 27 Absatz 1 WaffG ist auszugehen, wenn der Ort, an dem geschossen werden soll, für diesen Zweck besonders hergerichtet ist. Hiervon ist dann auszugehen, wenn schießtechnische Ausstattungen und/oder sicherheitstechnische Einrichtungen zur Abwehr von Gefahren für die öffentliche Sicherheit und Ordnung sowie von sonstigen Gefahren oder erheblichen Nachteilen für die Benutzer einer Schießstätte, die Nachbarschaft oder die Allgemeinheit vorgehalten werden.

Die Begrifflichkeit der Schießstätte umfasst nicht nur die eigentlichen zum Schießen bestimmten Schießstände, sondern auch Aufenthaltsbereiche sowie Nebenräume, die einen funktionalen Bezug zum Schießen aufweisen, sowie das befriedete Betriebsgelände einschließlich der darin befindlichen Parkplätze.

Wegen der Definition der Armbrüste als Waffen in Anlage 1 Abschnitt 1 Unterabschnitt 1 Nummer 1.2.2 WaffG sind Schießstätten für Armbrüste nach § 27 Absatz 1 WaffG erlaubnispflichtig.

Schießstände können zu folgenden Zwecken betrieben werden:

- zum sportlichen oder jagdlichen Schießen
- für Schießvorhaben durch Behörden oder andere Institutionen
- wissenschaftliche oder technische Zwecke
- zur Belustigung (Schießbuden)

1.1.2.2 Allgemeine Definitionen

Als Schießstätte (Schießanlage) bezeichnet man die gesamte Anlage, die in der Regel aus einem oder mehreren Schießständen für gleiche oder unterschiedliche Zwecke besteht und mit den zur Ausübung der verschiedenartigen Schießvorhaben notwendigen Bauten sowie Betriebs- und Versorgungseinrichtungen (z. B. bei geschlossenen Schießständen die Räumlichkeiten für die RLT-Anlage) versehen ist.

Ein Schießstand besteht aus:

- Schützenstand mit den entsprechenden Schützenpositionen
- Schießbahn mit Schießbahnsohle
- Scheibenstand/Zielobjekten
- Sicherheitsbauten/-einrichtungen
- Gefahrenbereich

Bei Schießständen für den Schrotschuss wird zwischen einem unmittelbaren und mittelbaren Gefahrenbereich unterschieden (Nummer 9.2.2). Die Begriffe werden im Glossar (Nummer 10.4) erläutert.

1.2 Bestimmungen für Schießstände aller Art

1.2.1 Allgemeines

Die nachfolgenden Bestimmungen gelten für Schießstände aller Art und sind ggf. sinngemäß anzuwenden. Soweit Abweichungen zulässig sind oder weitergehende Forderungen gestellt werden müssen, wird darauf bei der Beschreibung der einzelnen Schießstandarten hingewiesen.

1.2.2 Grundsatz der Sicherheit

Ein Schießstand muss so errichtet und betrieben werden, dass bei ordnungsgemäßem Zustand und ordnungsgemäßer Abwicklung des Schießbetriebes sowohl nach innen, das heißt für die am Schießen beteiligten Personen, als auch nach außen, das heißt für die Umgebung bzw. die Nachbarschaft, Gefahren nach den bisherigen Erkenntnissen ausgeschlossen werden können.

1.2.3 Erhaltung der Sicherheitseinrichtungen

Die Funktionalität der Sicherheitseinrichtungen ist jederzeit zu gewährleisten. Dies bedeutet, dass die vorgeschriebenen Sicherheitseinrichtungen eines Schießstandes durch den Betreiber der Anlage bzw. die verantwortliche Person ständig auf ihre Gebrauchssicherheit zu überwachen sind. Liegen erhebliche Mängel vor (die eine Gefährdung der Benutzer der Schießstätte oder Dritter befürchten lassen), ist der Schießbetrieb bis zu deren Beseitigung einzustellen.

1.3 Planung eines Schießstandes

Aufgrund der individuellen Anforderungen wird es für erforderlich angesehen, dass Bauanträge zu Schießstätten (Neuerrichtung bzw. wesentliche Änderung) einem Schießstandsachverständigen (SSV) im Genehmigungsverfahren vorgelegt werden. Der SSV prüft die Antragsunterlagen in sicherheits- und schießtechnischer Hinsicht und schlägt die sicherheitstechnisch notwendigen Auflagen als Entscheidungshilfe der zuständigen Behörde vor (Planungsgutachten).

1.4 Hinweise für das Genehmigungs- und Erlaubnisverfahren

1.4.1 Antragstellung

Welche Antragsunterlagen den Behörden vorzulegen sind, bestimmen einschlägige rechtliche Vorschriften.

1.4.2 Prüfung durch den SSV

Unbeschadet der vorzulegenden Antragsunterlagen nach Nummer 1.4.1 benötigt der SSV für eine Beurteilung die folgenden Unterlagen:

- **Für offene und geschlossene Schießstände**
  - Bauzeichnungen mit Darstellung der Sicherheitsbauten im geeigneten Maßstab.
  - Erläuterung der schießtechnischen (z. B. Geschossfang) und gebäudetechnischen Einrichtungen (z. B. RLT-Anlage).
  - Beschreibung der für die Errichtung der Sicherheitsbauten vorgesehenen Baustoffe.
  - Angabe der zur Verwendung kommenden Waffen und Munition.
  - Schieß- und Anschlagsarten (z. B. Bewegungsschießen, stehender Anschlag etc.).
- **Zusätzlich bei offenen Schießständen**
  - Übersichtsplan, topographische Karte M 1:25 000 (Auszug) oder besser 1:10 000 mit Darstellung des geplanten Schießstandes und der vorgesehenen Schussrichtungen.
  - Lageplan, Flurkarte M 1:5000 mit Darstellung der einzelnen Schießstände der Anlage und Schussrichtungen; farbliche Kennzeichnung der im Gefahrenbereich bzw. Hintergelände vorhandenen/geplanten Objekte (z. B. Bebauung, Straßen, Eisenbahnlinien, Hochspannungsleitungen, Freizeiteinrichtungen und dergleichen) und Schutzgebiete.
  - Geländeprofilschnitte M 1:5000/2500 durch die Schießstände und den Gefahrenbereich bis zu einer Entfernung der entsprechenden maximalen Flugweite der Geschosse der zum Einsatz kommenden stärksten Munition mit Kennzeichnung besonderer Objekte.

1.5 Inbetriebnahme und Abnahme

Der Schießbetrieb darf erst begonnen werden, nachdem die Erlaubnisbehörde den Schießstand sicherheitstechnisch überprüft und dabei eventuell festgestellte Mängel beseitigt worden sind. Bei dieser Überprüfung (Abnahme) ist ein anerkannter SSV zu beteiligen (Abnahmegutachten).

Vor Aufnahme des Schießbetriebes muss die behördliche Betriebserlaubnis vorliegen.

1.6 Abweichen von den Richtlinien

Die sicherheitstechnischen Vorgaben dieser Richtlinien sind bindend.

Von diesen Richtlinien darf nur im begründeten Einzelfall abgewichen werden, wenn dadurch keine Gefahren (Nummer 1.2) entstehen können oder wenn dies zur Verhütung solcher erforderlich erscheint. Dies hat der begutachtende SSV im Rahmen seines Gutachtens darzustellen und auch zu begründen, dass und wie die Schutzziele der Richtlinien trotz der vorgesehenen Abweichung eingehalten werden.

Darüber hinaus kommt ein Abweichen von den Richtlinien bei bestehenden Schießständen, im Rahmen des Bestandschutzes, in Betracht, wenn keine sicherheitstechnischen Erfordernisse gegen diese Abweichung sprechen.

Bei einem Abweichen ist vom SSV darauf hinzuwirken, dass insbesondere immissionsschutz- und bodenschutzrechtliche Belange berücksichtigt werden.

1.7 Schießstandsachverständige

Als anerkannte Schießstandsachverständige (SSV) kommen nur Personen in Frage, die über die erforderliche besondere Sachkunde bezogen auf das Fachgebiet „Sicherheit von nichtmilitärischen Schießständen" verfügen.

2 Allgemeine Vorschriften für offene und geschlossene Schießstände für Einzelgeschosse

2.1 Bauarten der Schießstände

Es werden vier Bauarten von Schießständen unterschieden:

- **Offene Schießstände ohne Umschließungen**
  Hierzu zählen z. B. offene Schrotschießstände sowie Biathlon- und Field-Target-Anlagen.
- **Offene Schießstände mit Umschließung des Schützenstandes**
  Bei dieser Bauart ist der Schützenstand bis auf die Ausschuss- bzw. Schießbahnseite durch Bauteile allseitig umschlossen.
- **Offene Schießstände mit teilweiser Umschließung der Schießbahn**
  Bei dieser Bauart, auch als „teilgedeckter Schießstand" bezeichnet, besteht neben der Umschließung des Schützenstandes zusätzlich eine Teileinhausung der Schießbahn über 5 m Länge (ab Feuer-/Schießlinie) hinaus (Nummer 4.6).
- **Geschlossene Schießstände (RSA)**
  Diese Schießstände sind allseitig umschlossen. In Schussrichtung müssen die baulichen Umschließungen durchschusssicher ausgeführt sein (Nummer 5). Solche Anlagen unterliegen nicht dem immissionsschutzrechtlichen Genehmigungsverfahren gemäß Nummer 10.18 des Anhanges der Verordnung über genehmigungsbedürftige Anlagen (4. BImSchV).

2.2 Abmessungen der Schützenpositionen

Die Abmessungen ergeben sich aus den sicherheitstechnischen Anforderungen, zudem sind nutzungsspezifische Kriterien berücksichtigt. In Tabelle 2.2 sind die wesentlichen Abmessungen der jeweiligen stationären Schützenpositionen festgelegt. Diese Aufstellung ist nicht abschließend.

Die jeweiligen Wandabstände und die Abstände zu eventuell in den Schützenstand ragende Stützsäulen müssen die Hälfte der angegebenen Werte erreichen.

Waffenart	Anschlag	Scheibenentfernung (m)	Mindestmaße Schützenposition Breite (m)	Mindestmaße Schützenposition Tiefe (m)
DL-Waffen	stehend	10,00	1,00	2,00
DL-Langwaffen	liegend	10,00	1,00	4,00
Zimmerstutzen	stehend	15,00	1,00	2,00
KK-Langwaffen	stehend	50,00	1,25	2,00
	liegend	50,00	1,25	4,00
KK/GK-Langwaffen	stehend	100,00	1,25	2,00
	stehend	300,00	1,60	2,50

Waffenart	Anschlag	Scheibenentfernung (m)	Mindestmaße Schützenposition Breite (m)	Tiefe (m)
KK/GK-Langwaffen	liegend	100,00	1,25	4,00
	liegend	300,00	1,60	4,00
VL-Langwaffen	stehend	50,00	1,25	2,00
	liegend	100,00	1,25	4,00
KK/GK-Kurzwaffen	stehend	25,00	1,00	1,50[1])
	stehend	50,00	1,00	2,00
	liegend	50,00	1,00	4,00
VL-Kurzwaffen	stehend	25,00	1,00	2,00

Tabelle 2.2 Mindestmaße der Schützenpositionen auf geschlossenen und offenen Schießständen

Nach den Regeln der ISSF sind folgende seitliche Abstände von Positionsmitte zu Positionsmitte bzw. freie Standflächen für die Schützen erforderlich:

- Freie Pistole 1,25 m
- Olympische Schnellfeuerpistole 1,50 m × 1,50 m[1]

Die Mindesttiefe umfasst die freie Bodenfläche im Schützenstand ab Schießlinie bzw. Brüstung entgegen der Schussrichtung auf der gesamten Schützenstandbreite, die die Bewegungsfreiheit der Aufsichten bzw. den Standwechsel der Schützen während des Schießens erlaubt, ohne die schießenden Personen zu behindern oder zu gefährden.

Bei von den Vorgaben der Tabelle 2.2 abweichenden Scheibenentfernungen sind dennoch die weiteren Angaben der Tabelle 2.2 für die jeweilige Waffenart einzuhalten.

2.3 Schützenstand

2.3.1 Abtrennung des Schützenstandes

Innerhalb des Schützenstandes dürfen sich nur die jeweiligen Schützen, die verantwortlichen Aufsichtspersonen, Kampfrichter und Helfer befinden.

Zur Abtrennung des Schützenstandes ist bei Einhaltung der Mindesttiefe nach Tabelle 2.2 in einem ausreichenden Abstand hinter der Schießlinie (bzw. der den Schützen zugewandten Kante der Brüstung) eine Abgrenzung anzuordnen. Diese kann als feste Absperrung mittels Trennwand (Mauer, Glasfenster etc.) gegen anders genutzte Flächen erfolgen.

Bei genügender Raumtiefe kann zur Abgrenzung von Zuschauerbereichen diese Abtrennung aus Plastikbändern oder Ketten bzw. aus Tischen oder Bänken bestehen.

Werden bei bestehenden Schießständen geringere Schützenstandtiefen als die in Tabelle 2.2 genannten, festgestellt, so ist im Einzelfall (im Rahmen der Prüfung nach Nummer 1.6) zu prüfen, ob durch Unterschreitung der Mindestmaße Behinderungen oder Belästigungen für die Schützen entstehen können. Ggf. sind der zuständigen Behörde Auflagen vorzuschlagen, durch die solche vermieden werden (z. B. Verständigung der Schützen untereinander bei Einnehmen oder Verlassen der Schützenposition, Instruktionen durch verantwortliche Aufsichtspersonen, Aufhebung der Zuschauerbereiche etc.).

Werden auf Schießständen Wettkämpfe nach den Regeln der ISSF durchgeführt, muss die Abgrenzung zu den Zuschauern in einer Entfernung von mindestens 5,00 m hinter (gegen

[1]) ISSF-Regelbuch Nummer 6.3.16.6

die Schussrichtung gesehen) der Schießlinie errichtet werden.

2.3.2 Seitliche Abstände der Schützenpositionen

Die seitlichen Abstände der Schützenpositionen an der Schießlinie bzw. Brüstung müssen gewährleisten, dass Gefährdungen oder gegenseitige Behinderungen der Schützen vermieden werden. Die notwendigen Mindestmaße werden in Tabelle 2.2 genannt.

Wird auf Schießständen für LW mit KW geschossen, ist eine Mindestbreite von 1,00 m einzuhalten. Bei einer Nutzung von Schießständen von KW mit LW beträgt der seitliche Abstand mindestens 1,25 m.

Bei Schießständen, die vor dem Zeitpunkt der Änderung der Schießstandrichtlinien im August 1995 in Betrieb genommen worden sind und die vornehmlich dem stationären Schießen im Breitensport dienen, sind, wenn keine sicherheitstechnischen Gründe entgegenstehen, geringere Breiten, bis auf 90 % der in der Tabelle 2.2 genannten Mindestbreiten, zulässig.

2.3.3 Standfläche

Die Standfläche der Schützen bei offenen Schießständen ohne Umschließungen sollte annähernd waagerecht verlaufen und einen sicheren Stand gewährleisten.

Der Fußboden bei umschlossenen Schützenpositionen muss waagerecht, eben und stabil gestaltet sein. Schwingungen oder Erschütterungen aus dem an die Schützenposition angrenzenden Bodenbereichen sollen nicht auf die Schützenposition übertragen werden.

Die Oberfläche des Fußbodens bzw. ein eventueller Belag müssen eine Reinigung zulassen.

Sofern beim KW-Schießen auf eine Brüstung (Nummer 2.3.5) verzichtet wird und die Schießbahn aus harten Baustoffen (Beton o. Ä.) besteht, muss dieser Bereich mind. 2 m tief ab Schießlinie mit einem rückprallsicheren Bodenbelag (Nummer 5.1.4.1) abgedeckt werden.

Die in Satz 3 genannten Anforderungen gelten nicht für Schießstände zur Nutzung mit kurzen DL-Waffen oder in der Disziplin „Freie Pistole".

Sofern auf Schießständen bewegungsorientierte Schießübungen durchgeführt werden, sind an die Beschaffenheit der Schießbahn besondere Anforderungen zu stellen (Nummer 5.3).

2.3.4 Brüstungen auf LW-Ständen

Die Schützenposition ist von der Schießbahn durch Kennzeichnung der Feuerlinie oder eine Brüstung zu trennen.

Falls vor Schützenpositionen Brüstungen vorgesehen sind, sollen diese zwischen 70 cm und 100 cm hoch sein. Die Mindestbreite der Brüstungsfläche für die Ablage von Schusswaffen und Munition beträgt 30 cm. Die Ablageflächen sind mit einem glatten und gut abwischbaren Belag zu versehen.

In Schießständen für LW mit Scheibenzuganlagen sind Gewehrablagen in Reichweite der Schützen auf oder an der Brüstung anzubringen, falls die Waffen nicht in Gewehrständern abgestellt werden können.

Sie sind derart zu positionieren, dass darin abgelegte Waffen durch zurücklaufende Scheiben nicht von der Brüstung gestoßen werden können.

2.3.5 Brüstungen auf KW-Ständen

Falls vor Schützenpositionen Brüstungen vorgesehen sind, dürfen diese nicht höher als 60 cm sein, um ein Absenken der KW in die „Fertighaltung" gemäß schießsportlichen Regeln nicht zu behindern. Die obere Brüstungsfläche ist mindestens 30 cm tief auszubilden, um eine sichere Ablage für Schusswaffen und Munition zu erhalten.

Die Brüstungen müssen schützenseitig als Schutz gegen rückprallende Geschossfragmente geschlossen sein, wenn die Unterkonstruktion der Brüstung oder der Fußboden vor der Feuerlinie aus harten Baustoffen besteht. Die Abdeckung muss fugenlos aus Weichholz der Dicke $\geq$ 2,4 cm (Nadelschnittholz der Festigkeitsklasse C 14 bis C 30 nach DIN EN 338) oder gleichwertigem Material gefertigt sein.

Die in Nummer 2.3.3 Satz 4 enthaltene Ausnahme gilt ebenfalls.

2.3.6 Hülsenfangvorrichtung

Um benachbarte Schützen nicht durch ausgeworfene Hülsen zu beeinträchtigen oder zu gefährden, sollen zwischen den Schützenpositionen von Schießständen, bei denen Waffensysteme mit automatischem Hülsenauswurf verwendet werden, Hülsenfangvorrichtungen angebracht werden. Bei Verzicht auf solche Hülsenfangvorrichtungen müssen die Nutzer geeigneten Augenschutz tragen.

Hülsenfangvorrichtungen können fest oder abnehmbar ausgeführt werden, müssen ausreichend dimensioniert sein und dürfen auch bei Windeinwirkung die Schützen nicht behindern. Hülsenfänge können auch für das Vorderladerschießen[1]) als Trennung der Schützenpositionen und als Schutz vor Splittern und Funken dienen.

Die Hülsenfänge sollten mit dem unteren Rand etwa 70 cm über dem Boden bzw. an der oberen Fläche fester Brüstungen beginnen und mit der Oberkante mind. 2,00 m über dem Fußbodenniveau des Schützenstandes liegen. Die Anordnung der Hülsenfänge zur Feuerlinie ist je nach Schießdisziplin zu bestimmen (z. B. bei KW von 75 cm vor der Feuerlinie bis mindestens 25 cm hinter die Feuerlinie reichend).

Wenn das Sichtfeld der verantwortlichen Aufsichtspersonen durch die Hülsenfänge derart eingeschränkt wird, dass sie die Handhabung der Waffen nicht sicher kontrollieren können, sind durchsichtige Materialien zu verwenden.

In RSA und teilgedeckten Anlagen (Nummer 4.6) zum Schießen mit Feuerwaffen müssen die für die Hülsenfangvorrichtungen verwendeten Materialien mindestens schwer entflammbar sein (B1 nach DIN 4102, Teil 1 bzw. B s3 d2 nach DIN EN 13501 Teil 1).

2.3.7 Sonstige Ausstattung von Schützenständen

Die im Folgenden beschriebenen Ausstattungen von Schützenständen besitzen keine sicherheitstechnische Relevanz, sollten aber aus schießsportlichen Gründen berücksichtigt werden.

2.3.7.1 Ablagen beim Schützen

Ist keine Brüstung vorhanden, so sind Ablagetische (stationär oder mobil) vorzusehen, deren Ablagefläche mindestens 0,20 m^2 betragen sollte. Ablagetische, die neben den Schützen aufgestellt werden, sollen nach internationalen Bestimmungen eine Höhe von 70 cm bis 80 cm haben.

2.3.7.2 Waffenauflagen für das stationäre Auflageschießen

Für das Auflageschießen im sitzenden oder stehenden Anschlag sind an der Brüstung Waffenauflagen anzubringen.

Die Auflage besteht aus mittig zur jeweiligen Schützenposition, ca. 35 cm von der Feuerlinie in der Schießbahn waagerecht angeordnetem, Rund- bzw. Halbrundmaterial (Holz oder Metall) mit einem oberen Querschnittsdurchmesser von $\leq$ 50 mm und einer Länge von $\geq$ 100 mm.

Die Oberfläche der Auflage soll glatt und nicht rutschhemmend sein.

Die Unterkonstruktion, an der die Auflage in der Höhe mit einfachen Mitteln veränderlich befestigt werden kann, ist möglichst so an der Brüstung oder am Ablagetisch zu montieren, dass keine Behinderung für das Schießen ohne Auflage eintreten kann.

Die Auflagekonstruktion soll so konstruiert und befestigt werden, dass Erschütterungen nicht weitergeleitet werden können.

2.3.7.3 Sitzgelegenheiten im Schützenstand

In jedem Schützenstand einer sportlich genutzten Anlage kann für den Schützen eine Sitzgelegenheit vorhanden sein.

2.3.7.4 Ablagen im Schützenstand

Für die zeitweilige Ablage von LW in Wettkampf- oder Trainingspausen sind im Schützenstand oder im Aufenthaltsraum, jedoch außerhalb des Zugriffs unbefugter Personen,

---

[1]) Beim Schießen mit Vorderladerwaffen sollen bei Perkussionswettbewerben zwischen den Schützenständen Seitenblenden angebracht sein, bei Steinschlosswettbewerben m ü s s e n diese vorhanden sein.

Gewehrständer oder Ablagen aufzustellen. Die Gesamtkapazität der Abstellmöglichkeiten hat mindestens der Gesamtzahl der Schützenpositionen für LW zu entsprechen.

Für das Schießen mit VL-Waffen sind hinter den Schützen geeignete Ablagen für das Laden der Waffen (Ladetische) vorzusehen.

2.3.7.5 Schießpritschen

Für das liegende und kniende Schießen sind bei vorhandenen Brüstungen Pritschen erforderlich, die klapp- bzw. ausziehbar sein können. Die notwendigen Abmessungen ergeben sich aus den Schießvorschriften (jagdliches Schießen) bzw. den Sportordnungen der Verbände (Länge 2,20 m, Breite 0,80 m bis 1,00 m); die Pritschenfläche sollte beim Liegendschießen nicht mehr als 15 cm unter der Oberkante der Brüstung liegen.

2.3.7.6 Ansitzbock für das jagdliche Schießen

In den Jägerprüfungsordnungen mehrerer Bundesländer ist das Schießen vom Ansitzbock vorgesehen. Bei einem Ansitzbock handelt es sich um den Nachbau eines Hochsitzes aus Holz. Für diesen gelten folgende sicherheitsrelevante Regeln:

- Der Ansitzbock muss unmittelbar an der Feuerlinie bzw. der Brüstung stehen. Die Anschlagshöhe darf nicht über die beim stehenden Anschlag hinausgehen (Nummer 4.2.3.1).
- Der Ansitzbock muss so konstruiert sein, dass sich der Waffenlauf, unabhängig von der Körpergröße des Schützen, immer oberhalb der Brüstung befindet.
- Durch die Konstruktion des Ansitzbockes muss gewährleistet werden, dass bei regelgerechtem Schießen kein Schuss in die Brüstung abgegeben werden kann.

Der nachträgliche – auch temporäre – Einbau eines Ansitzbockes ist mit der zuständigen Waffenbehörde abzustimmen.

2.3.7.7 Behindertengerechte Ausgestaltung von Schießständen

Bei der behindertengerechten Ausgestaltung von Schießständen sind die DIN 18024 Teil 2 und DIN 18025 Teil 1 und 2 zu beachten.

2.3.8 Löschmittel, Erste-Hilfe-Material, Aushänge etc.

2.3.8.1 Löschmittel

Unbeschadet baurechtlicher Forderungen oder Auflagen sind geeignete Feuerlöscher nach DIN EN 3 (DIN 14406) in jedem Schützenstand nahe der Zugänge anzubringen.

Die Höhe der Anbringung des Feuerlöschers sollte 0,80 m bis 1,20 m über dem Fußboden liegen. Der Standort ist gemäß DIN 4844 (Brandschutzzeichen F005 der ASR 1.3 beziehungsweise BGV A 8) zu kennzeichnen. Auf die Kennzeichnung kann verzichtet werden, wenn der Standort eindeutig erkennbar ist.

Bei offenen Schießständen oder solchen zum Schießen mit DL-Waffen ist die Unterbringung des Feuerlöschers in einem Raum neben dem Zugang zum Schützenstand möglich.

In geschlossenen Schießständen für das Schießen mit Feuerwaffen (ausgenommen Zimmerstutzen) sind Wasser- oder Schaumlöscher erforderlich. ABC-Pulverlöscher sind nicht geeignet.

2.3.8.2 Erste-Hilfe-Material

An leicht zugänglicher Stelle ist ein DIN zugelassener Verbandskasten vorzuhalten. Der Aufbewahrungsort ist gemäß DIN 4844 zu kennzeichnen.

2.3.8.3 Telefon

In jeder Schießstätte sollte aus Sicherheitsgründen ein Telefon für jedermann zugänglich sein. Die Notrufnummern sind an gut sichtbarer Stelle auszuhängen.

Besteht kein Festnetzanschluss oder ist dessen Einrichtung unverhältnismäßig, so ist durch geeignete andere Maßnahmen sicherzustellen, dass im Notfall unverzüglich Hilfe herbeigerufen werden kann.

2.3.8.4 Verantwortliche Aufsichtsperson

In jedem Schützenstand sind während des Schießens der oder die Namen der jeweiligen verantwortlichen Aufsichtspersonen an gut sichtbarer Stelle auszuhängen.

2.3.8.5 Schießstandordnung

In jedem Schießstand ist, je nach zulässiger Nutzung, die Schießstandordnung des jeweiligen Verbandes (z. B. DSB, DJV) in der jeweils gültigen Fassung auszuhängen.

Entsprechende Benutzungsregeln anderer anerkannter Verbände oder Institutionen (Polizei, Post, Banken, Sicherheitsdienste o. Ä.) können ebenfalls verwendet werden.

Gewerbliche Betreiber von Schießstätten müssen gemäß einschlägigen berufsgenossenschaftlichen Vorgaben für die Beschäftigten eine entsprechende Benutzungsordnung bzw. Betriebsanweisungen aufstellen und bekannt geben.

2.3.8.6 Zugelassene Waffen- und Munitionsarten

Hinweistafeln, aus denen die gemäß Erlaubnisbescheid der waffenrechtlich zuständigen Behörde zugelassenen Waffen- und Munitionsarten hervorgehen, sind an gut sichtbarer Stelle anzubringen (z. B. Zugang zum Schützenstand, Aufenthaltsraum).

Insbesondere ist in Schießständen zum Schießen mit Feuerwaffen durch einen Aushang darauf hinzuweisen, dass die Verwendung pyrotechnischer Munition oder von Geschossen mit einem Leuchtspur-, Brandsatz oder Hartkern verboten ist.

2.3.8.7 Gebotsschilder

Je nach Art der Nutzung des Schießstandes sind im Schützenstand entsprechende Gebotsschilder zum Tragen von Gehör- und/oder Augenschutz an gut sichtbarer Stelle im Zugangsbereich aufzuhängen.

2.3.8.8 Verbotsschilder

Zusätzlich zu dem entsprechenden Hinweis in den auszuhängenden Schießstandordnungen sind in geschlossenen Schießständen zum Schießen mit Feuerwaffen Rauchverbotsschilder bzw. Verbotsschilder zur Verwendung von offenem Licht und Feuer in allen Schützenständen anzubringen.

2.4 Lichtverhältnisse und Beleuchtung

2.4.1 Lichtverhältnisse in offenen Schießständen

Die Wahl der Schussrichtung ist bedeutsam, da die Lichtverhältnisse beim Schießen eine wesentliche Rolle spielen. Soweit möglich, sollte nach Norden oder Nordosten geschossen werden, da die Schützen bei dieser Schussrichtung nicht direkt durch Sonnenlicht geblendet werden können.

Ein natürlicher Lichteinfall in den Schützenstand kann durch die Anordnung von Oberlichtfenstern erreicht werden. Im Bedarfsfall sind Fenster mit Verschattungseinrichtungen zu versehen.

Soll in offenen Schießstätten bei vermindertem Tageslicht geschossen werden, ist die künstliche Beleuchtung nach Nummer 2.4.2 auszulegen. Entspricht die Schießbahnausleuchtung nicht den dort genannten Anforderungen, kann die Anlage nur zu Übungs- und Trainingszwecken benutzt werden.

2.4.2 Beleuchtung in geschlossenen Schießständen

In der DIN EN 12193 „Sportstättenbeleuchtung" wird für die Beleuchtung (Tabelle A.5) von Schießständen und für die Ausleuchtung der Scheiben folgende Werte angegeben:

Schützenstand	200 lx
Scheibe 25 m	1000 lx
Scheibe 50 m	2000 lx

Nach den technischen Regeln der ISSF (Regel Nummer 6.3.15, Stand 01/2006) sind bei geschlossenen Schießständen folgende Beleuchtungsstärken vorgegeben:

Schützenstand	mind. 300 lx	
Scheibe 10 m	mind. 1500 lx	
Scheibe 25 m	mind. 1500 lx	empfohlen 2500 lx
Scheibe 50 m	mind. 1500 lx	empfohlen 3000 lx

Die Scheiben und die Schießbahn sollen gleichmäßig und ausreichend hell beleuchtet sein.

Sportordnung des DSB (Nummer 0.3.7.3, Stand 01/2011), sieht vor, dass bei geschlossenen 10-m-Schießständen folgende Beleuchtungsstärken einzuhalten sind:

Schützenstand u. Schießbahn	mind. 150 lx (indirekt)
Scheibe	mind. 1000 lx

Für den allgemeinen Trainingsbetrieb in Vereinsanlagen und vergleichbaren Schießständen sind folgende Mindestbeleuchtungsstärken ausreichend:

Schützenstand u. Schießbahn	mind. 150 lx (indirekt)
Scheibe	mind. 800 lx

Bei der Errichtung von Schießständen für internationale Wettkämpfe ist eine vorherige Abstimmung der Beleuchtungsstärken zweckmäßig. Zur indirekten Beleuchtung sind die quer verlaufenden Lichtbänder blendfrei anzuordnen; sie können einzeln oder gruppenweise schaltbar sein. Es sollte die Lichtfarbe „neutral weiß" gewählt werden.

2.5 Schießbahnen

2.5.1 Betreten von Schießbahnen

Jede Schießbahn darf nur vom Schützenstand aus oder durch einen unter Verschluss zu haltenden Zugang betreten werden können.

Ein Betreten vom Schützenstand aus darf im Rahmen des Schießbetriebes nur unter Zustimmung der verantwortlichen Aufsichtsperson erfolgen. Das Schießen muss auf dem gesamten Schießstand oder einer abgetrennten Teilanlage eingestellt und Sicherheit hergestellt sein.

Das Betreten durch einen unter Verschluss zu haltenden Zugang in der Schießbahn darf nur von hierzu befugten Personen sowie nur unter Wahrung der vorgesehenen Vorsichts- und Sicherungsmaßnahmen erfolgen. Der Betreiber oder dessen Beauftragter muss in diesem Fall durch geeignete Maßnahmen sicherstellen, dass der Schießbetrieb zuverlässig eingestellt ist.

2.5.2 Durchschusshöhen unter Hochblenden und Raumhöhen

In offenen Schießständen müssen die Unterkanten der Hochblenden mindestens so hoch über der Schießbahn liegen, dass die Geschosse frei fliegend die Oberkante der Scheiben treffen können.

Die Unterkanten der Hochblenden von Schießständen sollen 2,20 m, mindestens jedoch 2,00 m, über dem Niveau des Schützenstandes liegen. Bei oben liegenden Scheibenzuganlagen sind die Einbauempfehlungen der Hersteller zu beachten.

Bei Anlagen mit erhöhten Zuschauersitzplätzen ist bei der Festlegung der Durchschusshöhen und Hochblenden zu berücksichtigen, dass von jedem Sitzplatz aus die volle Scheibe und die über ihr angebrachte Standnummer erkennbar sein sollten.

In geschlossenen Schießständen sollte die Durchschusshöhe mindestens 2,20 m betragen, allerdings ist zur sicheren Waffenhandhabung eine freie Raumhöhe von mindestens 2,40 m im Schützenstand anzustreben.

2.5.3 Schutz vor rückprallenden Geschossen

Geschosse, die auf senkrecht zur Schussrichtung stehende Flächen aus harten Baustoffen (z. B. Beton, Mauerwerk, Stahl) auftreffen, deformieren bzw. zerlegen sich. Es ist nicht auszuschließen, dass Geschossfragmente bzw. abgesprengte Teile der Baustoffe in Richtung der Schützen zurückprallen und diese gefährden. Deshalb müssen in Schießständen für Feuerwaffen die dem Schützenstand zugekehrten Flächen aus harten Baustoffen wie Hochblenden einschließlich deren Stützen, Unterzügen oder Blenden (z. B. zum Schutz von Beleuchtungseinrichtungen) verschalt werden.

Die Verschalung ist bis zu den folgenden Entfernungen ab der jeweiligen Feuerlinie in Schussrichtung gesehen mit Weichholz der Dicke $\geq$ 2,4 cm auf Abstandslattung $\geq$ 2,0 cm fugenlos auszuführen:

Schießstände für Geschossenergien von:

30 J $< E_0 \leq$ 200 J: bis 15 m
(hier darf die Verschalung auf den harten Flächen aufliegen)

200 J $< E_0 \leq$ 1500 J: bis 20 m

500 J $< E_0 \leq$ 7000 J: bis 30 m

Bei Schießständen für LW bis 7000 J ist bei Verwendung von homogenen Geschossen aus Kupfer, Messing o. Ä. einzelfallbezogen zu prüfen, ob über die o. g. Entfernung von 30 m eine Verschalung erforderlich ist.

An Hochblenden dürfen die Verschalungen nicht über die Unterkanten der Blenden vorstehen. Beim Mehrdistanzschießen sind die

Unterseiten der Hochblenden zusätzlich rückprallsicher zu bekleiden. Diese Bekleidung darf bei der Abstimmung der Sicherheitsbauten nicht berücksichtigt werden.

Die Verschalungen müssen regelmäßig überprüft werden. In Abstimmung mit einem Schießstandsachverständigen können anstelle des Weichholzes z. B. aus Gründen des baulichen Brandschutzes ballistisch gleichwertige Materialien eingesetzt werden.

Hinweis:

Im Einzelfall kann es erforderlich werden, den Rückprallschutz über die oben genannten Entfernungen auszudehnen. Bezüglich des Rückprallverhaltens und insbesondere zu den Rückprallweiten bleifreier Alternativgeschosse liegen keine ausreichend gesicherten Erkenntnisse vor, die eine exakte Festlegung der Verschalungslänge zulassen.

Wird in Schießständen für Feuerwaffen mit DL-Waffen geschossen, ist zu beachten, dass an senkrecht zur Schussrichtung stehenden Rückprallsicherungen aus Holzwerkstoffen Geschossrückpraller entstehen können. In diesen Fällen muss schützenseitig zusätzlich für DL-Waffen (Nummer 3) bekleidet werden.

2.6 (Ziel-)Scheiben

2.6.1 Scheibenentfernungen und Scheibenmitten

Die schießsportlichen Regeln der ISSF und des DSB, an denen sich auch andere Verbände orientieren, definieren folgende Schießentfernungen und Höhen der Scheibenzentren mit den zulässigen Toleranzen über Oberkante Fertigfußboden des Schützenstandes:

Scheibenentfernung	Toleranz +/–	Scheibenhöhe	Toleranz +/–	Bemerkungen
(m)	(m)	(m)	(m)	
10,00	0,05	1,40	0,05	
15,00	0,05	1,40	0,10	
25,00	0,10	1,40	0,10	
30,00	0,05	1,50	0,15	
50,00	0,20	0,75	0,50	
50,00	0,20*	1,40	0,20	Laufende Scheibe
50,00	0,20	1,00	0,75	Freie Pistole
100,00	0,50	1,00	1,50	
300,00	1,00	3,00	4,00	

Tabelle 2.6.1 Scheibenentfernungen und -höhen

*Bei kombinierten Anlagen kann die Schießentfernung bis um 2,50 m vergrößert werden (ISSF-Regelwerk Nummer 6.3.8.3).

Disziplinbezogen können die genehmigten Sportordnungen der anerkannten Schießsportverbände bzw. die Schießvorschrift der jagdlichen Verbände Abweichungen von den angegebenen Maßen vorsehen.

So sind für die Scheibe „flüchtiger Überläufer" nach der DJV-Schießvorschrift Scheibenentfernungen von 50 m oder 60 m zugelassen.

2.6.2 Scheibenabstände

Die Scheibenabstände sollen den Abständen der Schützenpositionen von Mitte zu Mitte nach Tabelle 2.2 entsprechen.

Für die Schießdisziplin „Olympische Schnellfeuerpistole" (OSP) betragen die Scheibenabstände von Mitte zu Mitte 0,75 m. Somit ist eine freie Schießbahnbreite von mind. 3,75 m erforderlich.

Nach den Technischen Regeln der ISSF (Regel 6.3.11) darf bei 25-m-Schnellfeuerständen die maximale horizontale Abweichung von einer durch die Mitte der Schützenposition im rechten Winkel zur Feuerlinie gezogenen Linie in jede Richtung maximal 75 cm betragen. Bei KW-Ständen beträgt die zulässige Abweichung in jede Richtung 25 cm. Somit sind auch jeweils 1,00 m breite Schützenpositionen für KW-Disziplinen, für die die Scheibenständer der Duellanlagen verwendet werden sollen, nutzbar.

2.6.3 Scheibenträger, -anlagen

2.6.3.1 Grundsätze

Scheiben werden in der Regel auf Scheibenträgern angebracht, die stationär oder mobil sind, dreh- und/oder fahrbar bzw. hand- oder elektromechanisch angetrieben werden. Scheibenträger können auch in Kombination mit Geschossfanganlagen angeordnet sein. Die Aufstellung erfolgt in der vorgeschriebenen Schießentfernung von der Feuerlinie unter Beachtung der zulässigen Entfernungstoleranzen (Nummer 2.6.1) nahezu mittig zum Schützenstand auf einer rechtwinklig zur Feuerlinie gedachten Achse.

Scheiben werden in der Regel aus Papier oder Karton gefertigt. Für das Aufziehen der Scheiben sind möglichst nur Karton, Hartschaum oder Spezialkunststofffolien zu verwenden.

Scheibenträger sollen aus Werkstoffen bestehen, die durch die verwendeten Geschosse leicht durchdringbar, relativ stabil und möglichst witterungsbeständig sind.

Zunehmend werden videogestützte bzw. elektronische Trefferanzeigen mit Monitoren in den Schützenständen eingesetzt.

2.6.3.2 Scheibendrehanlagen

Für das Pistolenschießen (OSP bzw. Duell) werden handelsübliche Drehscheibenanlagen am Scheibenstand aufgestellt, deren elektrische Antriebs- oder Steuerteile gegen direkten Beschuss geschützt sein müssen.

Bei elektronischen Scheiben befinden sich über dem Scheibenrahmen Lichtsignale, die die abgewendeten Scheiben bzw. die Sichtstellung ersetzen. Sofern diese Lampen mit einer Kleinspannung (Wechselspannung bis 50 Volt) betrieben werden, ist eine Beschusssicherung nicht erforderlich.

2.6.3.3 Scheibenlaufanlagen

Für das sportliche oder jagdliche Schießen mit LW wird im Scheibenstand parallel zur Feuerlinie eine Scheibe auf einem elektromechanisch bewegten Scheibenwagen horizontal in einer freien Sichtschneise bewegt. Die Trefferanzeige kann durch Anzeigerdeckungen bzw. Videokameras, rücklaufende Scheiben oder elektronische Scheibensysteme erfolgen.

Bei Anlagen mit laufender Scheibe sind die Geschossfänge neben der vertikalen Höhe (Nummer 4.2.5.3) dem Laufweg der Scheibe anzupassen.

Die Transporteinrichtungen (Seile, Schienen, Scheibenwagen) sind gegen Beschuss abzusichern. Sofern der Betrieb der Videotechnik mit einer Kleinspannung erfolgt, ist die Beschusssicherung der Videotechnik einschließlich deren Leitungen nicht erforderlich.

2.6.3.4 Scheibenzuganlagen

Es ist zwischen unten laufenden Scheibenzuganlagen, bei denen die Scheiben sich oberhalb der Laufseile bewegen, und oben liegenden Scheibenzuganlagen, bei denen die Scheiben an der Scheibenzuganlage (Stahlseil oder Schiene) nach unten hängen, zu unterscheiden.

Ein Bekleiden der Metallteile von mechanisch betätigten Scheibentransportanlagen, deren Scheibenhalter auf Drähten oder Schienen laufen, ist über die Entfernungen nach 2.5.3 hinaus nur in Schießständen erforderlich, die für ein Schießen auf Zwischenentfernungen bzw. bewegungsorientiertes Schießen zugelassen sind.

Ein rückprallsicheres Bekleiden der Scheibenwagen ist nicht erforderlich.

Bei neu zu errichtenden offenen Schießständen für LW mit einer $E_0 \geq 200$ J sind nur oben liegende Scheibenzuganlagen zulässig.

2.6.3.5 Scheibenwechselautomaten

Scheibenwechselautomaten für Geschossenergien bis 200 J sind Scheibenträger mit oder ohne eigenem, vollkommen geschlossenem Geschossfang, die am Scheibenstand aufgestellt werden.

Im Gerät befindet sich ein fortlaufend nummerierter Scheibenvorrat bzw. Scheibenband. Durch Fernsteuerung kann der Schütze den Scheibenwechsel innerhalb des Gerätes bewirken. Die beschossenen Scheiben können bei Aufstellung des Gerätes an oder in einer Anzeigerdeckung während des Schießens zur Auswertung entnommen werden. Erst nach Durchlauf des Scheibenvorrats ist eine Neubeschickung erforderlich. Das Gerät muss in einem offenen Schießstand von einem Fangdach überspannt sein; hinter dem Scheibenwechselautomaten ist generell ein ordnungsgemäßer Schießbahnabschluss erforderlich.

Scheibenwechselautomaten mit eigenem, vollkommen geschlossenem Geschossfang können aber auch als Abschluss einer Schießbahn gelten, wenn sie hinter einer Durchschussöffnung in einer zulässigen Abschlusswand so eingebaut sind, dass weder bei einem Treffer auf den Rand der Durchschussöffnung noch auf den Rand der Anlage Geschosse oder Geschosssplitter in den Raum hinter der Abschlusswand gelangen können.

Ferner muss gewährleistet sein, dass ein Öffnen des Scheibenkastens zur Scheibenentnahme bzw. das Beseitigen von Störungen oder Entfernen der Anlage von ihrem Platz nur möglich ist, wenn die Durchschussöffnung durch eine durchschusssichere Stahlplatte zuverlässig verschlossen ist. Scheibenkasten und Stahlplatte müssen mechanisch so gekoppelt sein, dass der Wanddurchbruch dann verschlossen ist. Die Scheibenwechselanlage darf erst dann wegzunehmen oder zu öffnen sein, wenn die Stahlplatte den Durchschuss verschlossen hat. Dieser darf sich erst wieder öffnen lassen, wenn der Scheibenkasten in seiner vorbestimmten Lage arretiert bzw. verschlossen ist.

Nur bei einer derartigen Anordnung von Scheibenwechselautomaten können während des Schießens die Scheiben sicher gewechselt bzw. zur Auswertung entnommen werden, was bei großen Wettkämpfen wünschenswert ist. Der Raum hinter der Abschlusswand, in dem sich die Scheibenwechselkästen befinden, muss so absperrbar sein, dass er von Unbefugten nicht betreten werden kann. Von diesem Raum aus darf kein Zugang in die Schießbahn möglich sein.

2.6.3.6 Elektronische Scheibensysteme

Zunehmend werden elektronische Scheiben mit rechnergestützer Trefferanzeige angewandt. Die Lage des Treffers wird entweder mit optischen oder akustischen Messverfahren ermittelt. Die hierfür erforderlichen Messrahmen werden durch Stahlplatten mit entsprechend großen Durchschussöffnungen gegen direkten Beschuss abgeschirmt. Dieser ballistische Schutz stellt grundsätzlich keinen Geschossfang dar (Nummer 2.8.5.3.1).

Die Aufstellung von Monitoren beim Schützen für die Trefferanzeige im Bereich der Brüstung bzw. Feuerlinie hat so zu erfolgen, dass elektrische Leitungen oder Anlagenteile nicht von Schüssen getroffen werden können. Bei Leitungen mit Kleinspannung kann auf eine Beschusssicherung verzichtet werden.

Die Monitore sind so zu positionieren, dass sich die Bildschirmoberflächen der Monitore immer hinter den Waffenmündungen in Richtung der Schützen befinden (Zeichnung 3.1.1). Die Monitore können auch in der Schießstandbrüstung unter einer transparenten Abdeckung eingebaut werden.

2.6.3.7 Stahlziele

Stahlziele werden im Bereich des Biathlon (Nummer 6.1), des Silhouetten-Schießens (Nummer 6.3), des Field-Target-Schießens (Nummer 6.4), als Klappziele im Rahmen von speziellen Disziplinen (z. B. Schießen mit Unterhebel-Repetierwaffen) und bei Schießübungen auf Ziele in Form von Stahlplatten (sog. „Pepper Popper“ bzw. „Falling Plates“) verwendet.

Es wird insoweit auf die vorgenannten speziellen Vorschriften der Schießstandrichtlinien verwiesen.

2.6.3.8 Ziele aus Holz

Ziele aus Holzwerkstoffen werden beim Vogelschießen und bei der Hocharmbrust beschossen (Nummer 7.8 und 8.2).

2.7 Baustoffe

2.7.1 Grundsätze

Für die Herstellung der Sicherheitsbauten bei Schießständen sind wegen der unterschiedlichen Beanspruchung beim Auftreffen eines Geschosses Baustoffe mit dafür geeigneten mechanischen Eigenschaften (z. B. Elastizität, Zug- und Druckfestigkeit, Dichte) erforderlich.

Die in den nachfolgenden Tabellen aufgeführten Bau- und Werkstoffe sind in ihrer Dicke und Festigkeit zweifelsfrei gegen Geschosse mit den zugeordneten kinetischen Energiewerten gegen Durchschuss geeignet.

Grundsätzlich sind im Schießstandbau nur diese Baustoffe zuzulassen. Sofern andere Materialien eingesetzt werden sollen, sind diese im Einzelfall vor dem Einbau durch Beschuss zu prüfen (Nummer 2.7.5). Bei der Auswahl und dem Einsatz der Baustoffe sind u. a. folgende Normen zu beachten und einzuhalten:

DIN EN 1045-1 (Tragwerke aus Beton, Stahlbeton und Spannbeton, Teil 1: Bemessung und Konstruktion) in Verbindung mit:

DIN EN 206-1	Beton; Festlegung, Eigenschaften, Herstellung und Konformität
DIN EN 771	Festlegung für Mauersteine
DIN 1053	Mauerwerk
DIN 1052	Entwurf, Berechnung und Bemessung von Holzbauwerken – Allgemeine Bemessungsregeln und Bemessungsregelung für Hochbau
DIN EN 338	Bauholz für tragende Zwecke; Festigkeitsklassen
DIN EN 1912	Bauholz für tragende Zwecke; Festigkeitsklassen; Zuordnung von visuellen Sortierklassen und Holzarten
DIN EN 10025	warmgewalzte Erzeugnisse aus Baustählen – Technische Lieferbedingungen
DIN EN 10027	Bezeichnungssystem für Stähle

2.7.2 Materialeinsatztabelle für Hochblenden, Seitenmauern und Deckungen

Diese Baustoffe können auch für Seitenwände und Decken in geschlossenen Schießständen herangezogen werden.

Material- u. Baustoffgruppe	Materialdicken	Geeignet für Geschossenergien bei einem Auftreffwinkel von		
		90° bis 45°	45° bis 30°	< 30°
Stahlbeton ≥ C 20/25	≥ 150 mm	≤ 7000 J		
	≥ 120 mm		≤ 7000 J	
	≥ 100 mm	≤ 1500 J	≤ 1500 J	
	≥ 80 mm	≤ 200 J, VL		≤ 7000 J
Mauerwerk aus Ziegeln RDK[1]) ≥ 1,4 und SFK[2]) ≥ 20 mit Dünnbett- und Normalmörtel ≥ M 15[3])	≥ 240 mm[4])	≤ 7000 J		
	≥ 175 mm[4])	≤ 1500 J	≤ 7000	
	≥ 115 mm[4])	≤ 1500 J, VL	≤ 7000 J	≤ 7000 J
	≥ 65 mm[4])	≤ 200 J		≤ 1500 J
Erdwälle, sandgefüllte Palisaden	≥ 2,50 m	≤ 7000 J	≤ 7000 J	
	≥ 1,50 m	≤ 1500 J, VL		≤ 7000 J
	≥ 1,00 m		≤ 1500 J; VL	
	≥ 0,50 m	≤ 200 J	≤ 200 J	≤ 1500 J, VL
unbewehrter Beton ≥ C 12/15	≥ 300 mm	≤ 7000 J		
	≥ 240 mm	≤ 1500 J, VL	≤ 7000 J	≤ 7000 J
	≥ 150 mm	≤ 200 J	≤ 1500 J, VL	≤ 1500 J, VL
fugenlos gefügtes Nadelholz HFK[5]) C 14 bis C 30	≥ 150 mm	≤ 200 J		
	≥ 40 mm	≤ 30 J		
	≥ 20 mm	≤ 7,5 J[6])		≤ 7,5 J
Stahlblech Zugfestigkeit ≥ 300 N/mm^2	≥ 2,0 mm	≤ 200 J		
	≥ 1,0 mm	≤ 30 J		
Stahlblech Zugfestigkeit ≥ 500 N/mm^2	≥ 5,0 mm	≤ 1500 J		
	≥ 8,0 mm	≤ 4000 J[7])		
Spezialstahl Zugfestigkeit ≥ 1200 N/mm^2	≥ 12,0 mm	≤ 7000 J		
	≥ 4,0 mm	≤ 1500 J, KW		
	≥ 2,0 mm	≤ 200 J, VL		

Tabelle 2.7.2 Materialeinsatztabelle für Hochblenden, Seitenmauern und Deckungen

[1] RDK = Rohdichtklasse in 1000 kg/m^3)
[2] SFK = Steinfestigkeitsklasse in N/mm^2)
[3] M 15 = Mörtelklasse 15 N/mm^2) nach DIN EN 998-2
[4] bei Verwendung von Hochlochziegeln die Differenz aus Ziegelgesamtdicke, abzüglich der max. möglichen Hohlräume im Grundriss
[5] HFK = Holzfestigkeitsklasse nach DIN EN 338
[6] rückprallsicher ausrüsten, nicht bei seitlichen Flächen notwendig
[7] nur FLG bis Kal. 12 aus Blei

In bestehenden Schießständen für KW, die für diese Nutzung bisher zugelassen gewesen sind, können bei ausschließlicher Verwendung von Bleigeschossen im Einvernehmen mit einem SSV geringere Stärken der Baustoffdicken zulässig sein.

Die höchstzulässigen Gebrauchsladungen für VL-Waffen sollen den Werten der Tabelle 2.1.2 (Ladetabelle für Schwarzpulverwaffen) der Anlage 1 zur BeschussV (in der Fassung vom 16. Juli 2006) entsprechen.

2.7.3 Materialeinsatztabelle für Schießbahnabschlüsse

In Schießständen sind die gebauten Abschlusswände der Schießbahn je nach Art der Füllung des Geschossfanges nach Tabelle 2.7. 3 auszuführen.

Material- u. Baustoffgruppe	Materialdicken	Geschossfangfüllungen			
		Sand/2,5 m tief im Trefferzentrum	Sand/1,5 m tief im Trefferzentrum	Stahllamellen[8])	Durchdringbares Material[9])
Stahlbeton $\geq$ C 20/25	$\geq$ 250 mm				$\leq$ 7000 J
	$\geq$ 150 mm	$\leq$ 7000 J		$\leq$ 7000 J	$\leq$ 1500 J, VL
	$\geq$ 100 mm		$\leq$ 1500 J, VL	$\leq$ 1500 J	
Mauerwerk aus Ziegeln RDK[1]) $\geq$ 1,4 und SFK[2]) $\geq$ 20 mit Dünnbett- und Normalmörtel $\geq$ M 15[3])	$\geq$ 240 mm[4])	$\leq$ 7000 J		$\leq$ 7000 J	
	$\geq$ 115 mm[3])		$\leq$ 1500 J, VL	$\leq$ 1500 J	
	$\geq$ 70 mm[3])			$\leq$ 7,5 J	
Mauerwerk aus LD-Ziegeln/Porenbetonsteinen RDK[1]) $\geq$ 0,6 und SFK[2]) $\geq$ 5	$\geq$ 80 mm	$\leq$ 7000 J		$\leq$ 7,5 J	
fugenlos gefügtes Nadelholz HFK[5]) C14 bis C30	$\geq$ 24 mm + 1 mm Stahlblech $\geq$ 300 N/mm²	$\leq$ 200 J		$\leq$ 30,0 J	
Stahlblech Zugefestigkeit $\geq$ 300 N/mm²	$\geq$ 2,0 mm	$\leq$ 200 J		$\leq$ 7,5 J	

Tabelle 2.7.3 Materialeinsatztabelle für Schießbahnabschlüsse

1 RDK = Rohdichtklasse in 1000 kg/m³)
2 SFK = Steinfestigkeitsklasse in N/mm²)
3 M 15 = Mörtelklasse 15 N/mm²) nach DIN EN 998-2
4 bei Verwendung von Hochlochziegeln die Differenz aus Ziegelgesamtdicke, abzüglich der max. möglichen Hohlräume im Grundriss
5 HFK = Holzfestigkeitsklasse nach DIN EN 338
6 rückprallsicher ausrüsten, nicht bei seitlichen Flächen notwendig
7 nur FLG bis Kal. 12 aus Blei
8 oder andere abgeschlossene Geschossfänge
9 Kunststofflamellen, Granulat o. Ä.

In geschlossenen Schießständen ist die Abschlusswand schützenseitig zusätzlich ganz oder teilweise mit Stahlplatten zu bekleiden (Nummer 5.1.7).

2.7.4 Gleichwertigkeit von Baustoffen

Sofern in diesen Richtlinien ein Hinweis auf die Verwendung von gleichwertigen Baustoffen erfolgt, so ist bei der Verwendung von gleichwertigen Materialien diese Gleichwertigkeit durch einen Schießstandsachverständigen nachvollziehbar darzulegen.

In der Regel ist die Gleichwertigkeit durch Beschussversuche (Nummer 2.7.5) zu belegen.

2.7.5 Beschuss von durchschusshemmenden Materialien

Sollen Baustoffe, Werkstoffe oder Werkstoffkombinationen für Sicherheitsbauten zum Einsatz kommen, die nicht in den angegebenen Tabellen (bezogen auf die zulässige E_0) eindeutig definiert sind, dann müssen diese vor ihrer Verwendung auf ihre Durchschusssicherheit bzw. -hemmung mit solchen Waffen und Munitions- bzw. Geschossarten, für die der Schießstand maximal zugelassen werden soll, geprüft worden sein.

Die Prüfung von Bau- und Werkstoffen durch Beschuss soll in Anlehnung an die VPAM AP 2008 erfolgen. Mit dieser Prüfung kann ein staatliches Beschussamt oder die DEVA beauftragt werden.

Die Beschussprobe kann im Einzelfall auch durch einen SSV durchgeführt werden. Über das Ergebnis muss ein gutachterliches Protokoll angefertigt werden.

2.7.5.1 Proben

Unter Probe versteht man die Einheit des zu prüfenden Bauteils, das zur Beschussprüfung vorbereitet ist. Der Aufbau und die Werkstoffe der Proben müssen mit dem später zu verwendenden Bauteil übereinstimmen. Bei Proben, die aus einem Verbundaufbau mehrerer Werkstoffe bestehen, ist eine bemaßte Zeichnung über den geprüften Aufbau dem Beschussprotokoll beizufügen. Die zu beschießende Seite ist genau zu bezeichnen.

Die Beschussmuster müssen mindestens 50 cm × 50 cm groß sein.

2.7.5.2 Verfahren

Die Beschussmuster bzw. Proben sind so zu befestigen, dass sie sich beim Auftreffen der Geschosse nicht bewegen können. Die Einspannung sollte nicht punktuell, sondern linear erfolgen. Zu den festgelegten Zielpunkten muss der Beschusswinkel jeweils 90° betragen. Die Prüftemperatur sollte 18° C betragen.

Die Prüfentfernung, gemessen zwischen Waffenmündung und dem Beschusspunkt auf der Probe, beträgt bei KW 5 m und bei LW 10 m. Die Probe ist mit drei Schüssen zu beaufschlagen. Um den Mittelpunkt des Beschussmusters ist ein gleichseitiges Dreieck, dessen Seitenlänge dem maximalen Trefferabstand entsprechen muss, für den Schützen deutlich erkennbar zu zeichnen. Die Seitenlänge des Dreiecks beträgt bei KW 75 mm und bei LW 120 mm (jeweils ± 10 mm).

Die Abgabe der Schüsse erfolgt entweder mit entsprechenden Waffen oder Messrohren. Die Geschossgeschwindigkeit muss mit den in den folgenden Tabellen genannten Werten übereinstimmen. Die Treffer müssen innerhalb des Zieldreiecks liegen und dürfen nicht weiter als 75 mm bzw. 120 mm voneinander entfernt liegen.

Prüfung mit KW-Munition bis zu einer E_0 von 1500 J

		Geschoss		Ballistik	
Waffenart	Kaliber	Art	Masse [g]	Geschossgeschwindigkeit V_0 [m/s]	Geschossenergie E_0 [J]
Pistole	.50 AE	VM	19,4 ± 1	400	1550
Revolver	.44 Magnum	TM	15,5 ± 1	440	1500

Tabelle 2.7.5.2.a Vorgaben für den Prüfbeschuss mit KW-Munition

VM Vollmantelgeschoss

TM Teilmantelgeschoss/Weichkern (Blei)

Prüfung mit LW-Munition bis zu einer E_0 von 7000 J

		Geschoss		Ballistik	
Waffenart	Kaliber	Art	Masse [g]	Geschossgeschwindigkeit V_0 [m/s]	Geschossenergie E_0 [J]
Büchse	.300 Remington Ultra Magnum	TM (Nosler)	11,6 ± 1	990	5710
Büchse	.416 Rigby oder .470 N. E.	VM (Trophy Bond)	26,6 ± 2 32,4 ± 2	722 655	6925 6950

Tabelle 2.7.5.2.b Vorgaben für den Prüfbeschuss mit LW-Munition

Sofern möglich, ist bei den Beschussversuchen die Geschossgeschwindigkeit mittels einer elektronischen Messeinrichtung 2,50 m vor der Waffenmündung zu messen. Ansonsten erfolgt die Messung der Geschossgeschwindigkeit an Patronen aus der gleichen Charge. In jedem Fall muss die E_0 bekannt sein.

Bei bestehenden Bauwerken sind entsprechende baugleiche Proben anzufertigen und zu beschießen. Alle Proben sind vor und nach dem Beschuss zu fotografieren.

Ein Splitterindikator ist 0,50 m hinter dem Prüfkörper aufzustellen. Dieser besteht aus einer aufgespannten Aluminiumfolie mit einer Dicke von 0,02 mm. Die Folie muss groß genug sein, um alle sich eventuell an der Rückseite der Probe lösenden Splitter aufzufangen.

Bei der Beprobung auf Durchschusshemmung bzw. -sicherheit ist durch geeignete Maßnahmen dafür zu sorgen, dass niemand durch rückprallende Geschoss- oder Materialfragmente gefährdet werden kann.

2.7.5.3 Ergebnis der Beschussprüfung

Nach jedem Schuss ist die Rückseite des Prüfkörpers zu überprüfen. Die Aluminiumfolie ist zu untersuchen, um festzustellen, ob es einen Splitterabgang von der Rückseite des Prüfkörpers gegeben hat.

Die Prüfung auf Durchschusshemmung gilt als erfüllt, wenn auf der Rückseite der Probe weder ein Durchschuss noch ein Splitterabgang festzustellen ist.

Falls ein Schuss wiederholt werden muss, so ist er auf eine ähnliche Stelle der Probe abzugeben. Diese Stelle darf von den vorherigen Treffern, z. B. durch Rissbildung, nicht beeinflusst worden sein.

Über das Ergebnis ist ein Prüfbericht zu fertigen. Dieser muss mindestens folgende Angaben enthalten:

– Name und Anschrift des Prüfers oder des Institutes
– genaue Beschreibung der Probe mit exakten Materialangaben
– Zeichnung der Probe mit Bemaßung und Kennzeichnung der Beschussstellen
– Darstellung der Prüfbedingungen
– Beschreibung der verwendeten Waffen oder Prüfrohre und Munition
– gemessene Geschossgeschwindigkeit mit (wenn möglich) Zuordnung zu den jeweiligen Schüssen
– Ergebnis jeden Schusses mit fotografischer Dokumentation
– Datum der Prüfung und zusammenfassendes Ergebnis.

2.8 Geschossfangeinrichtungen – Technische Regeln

2.8.1 Einleitung

Diese technischen Regeln für Geschossfangsysteme stellen für Konstrukteure, Hersteller und Vertreiber von Geschossfangsystemen für Schießstände sowie für Schießstandsachverständige eine allgemeingültige Arbeitsgrundlage dar. In diesen Regeln werden technische und technologische Anforderungen an solche Geschossfangsysteme unter Berücksichtigung sicherheitstechnischer Aspekte und Belange des Immissionsschutzes nach dem derzeitigen Stand der Technik definiert.

2.8.2 Definition der Geschossfangsysteme

Geschossfangsysteme sind in sich geschlossene Baugruppen, die als technische Einrichtungen oder Anlagen in Schießständen die Geschossenergie der auftreffenden Geschosse gefahrlos abbauen. Sie müssen derart konstruiert und gebaut sein, dass

– die Aufnahme oder Abweisung bzw. -leitung auftreffender Projektile, gleich welcher Art, zuverlässig und sicher erfolgt
– eine möglichst weitgehende Entsorgung des Geschossmaterials und dessen Trennung vom Fangmaterial möglich wird
– beim Schießen auf Nahdistanzen für die Schützen eine gefahrlose Schussabgabe (keine gefährlichen Rückpraller von Projektilen und Fragmenten) gewährleistet ist
– das Entfernen von Geschossfangmaterial möglichst einfach und gefahrlos erfolgen kann.

Geschossfangsysteme sind in Bauart und verwendetem Material dem Verwendungszweck der jeweiligen Munitions- und Waffenart und schießtechnischen Nutzung anzupassen.

Die Geschossfangsysteme sind sicherheitstechnisch als eine in sich geschlossene Einheit mit den übrigen Bauten der inneren Sicherheit eines Schießstandes, bei offenen Schießständen auch der äußeren Sicherheit, abzustimmen (Nummer 1.2.2).

2.8.3 Einteilung der Geschossfangsysteme

Die Einteilung der Geschossfangsysteme erfolgt nach ihrer schießsportlichen bzw. sonstigen Zweckbestimmung und der jeweiligen E_0 der verwendeten Projektile gemäß den Definitionen nach den Schießstandrichtlinien. Geschossfangsysteme sind unter diesen Gesichtspunkten wie folgt einzuteilen:

- Geschossfang für DL-Waffen
  bis zu einer E_0 von 7,5 J
- Geschossfang für Handfeuerwaffen für Randfeuerpatronen
  bis Kaliber 4,65 mm (Zimmerstutzen) bis zu einer E_0 von 30 J
- Geschossfang für Handfeuerwaffen für Randfeuerpatronen
  bis Kaliber .22 l.r. bis zu einer E_0 von 200 J
- Geschossfang für KW
  bis zu einer E_0 von 1500 J
- Geschossfang für LW (Büchsen, kombinierte Gewehre)
  bis zu einer E_0 von 7000 J
- Geschossfang für Flinten mit Bleischrot und FLG
  bis zu einer E_0 von 4000 J
- Geschossfang für Schießstände für das Mehrdistanz- und Bewegungsschießen mit KW und KW-Munition.

2.8.4 Allgemeine Anforderungen an Geschossfangsysteme

Natürliche und gebaute Schießbahnabschlüsse (Nummer 4.2.5) sind keine Geschossfangsysteme gemäß dieser technischen Regeln. Die Anordnung von Geschossfängen in den Schießbahnen hat nach den Bestimmungen der Schießstandrichtlinien zu erfolgen.

Die Geschossfangsysteme sind grundsätzlich danach zu beurteilen, ob diese ausschließlich in offenen, teilgedeckten oder geschlossenen Schießständen bzw. in allen Arten von Schießständen eingesetzt werden sollen. Eingeschränkte Einsatzbereiche sind von dem Hersteller/Anbieter solcher Systeme eindeutig zu benennen (z. B. der Hinweis, dass ein Geschossfangsystem nur in geschlossenen Schießständen mit konstanten Raumtemperaturen über 10° C eingesetzt werden darf). Nach der Art der spezifischen Geschossfangsysteme und den verwendeten Bremsmedien kann im Prinzip zwischen folgenden Systemen unterschieden werden:

- Geschossableitung durch schräge Gleit- bzw. Prallflächen
- Energieaufzehrung in Sand- oder Granulatfüllungen
- Energieaufzehrung in durchdringbaren Materialien
- Geschossabbremsung in Flüssigkeiten.

Eine Zulassung ausgewählter industriell gefertigter Geschossfangsysteme kann nur erfolgen, wenn diese in einer praxisorientierten Erprobung an einem Muster geprüft wurden (Belastung von $\geq$ 10 000 Schüssen pro Geschossbahn in Abhängigkeit von der Art des Geschossfanges) und die jeweilige Konstruktion von zwei unabhängigen SSV nach dieser technischen Regel beurteilt worden sind.

Über das geprüfte Geschossfangsystem ist dann ein Erprobungsgutachten mit Beschreibung, Zeichnung und Bilddarstellung sowie abschließender Beurteilung bzw. Klassifizierung gemäß Nummer 2.8.3 anzufertigen.

2.8.5 Spezielle Anforderungen an Geschossfangsysteme

2.8.5.1 Geschossfang für DL-Waffen

Bei solchen Waffensystemen werden in der Regel Blei-Kelchgeschosse, üblicherweise im Kaliber 4,5 mm (vereinzelt auch für Läufe Kaliber 5,5 mm), verwendet. Vorzugsweise sollten hier Geschossfangkästen aus Metall eingesetzt werden. Andere Konstruktionen sind einsetzbar, wenn sie in vergleichbarer

Ausführung gefertigt sind und die Anforderungen dieser Regeln erfüllen.

2.8.5.1.1 Geschossfangsysteme mit Prall- und Gleitflächen

Die Konstruktion muss gewährleisten, dass die Geschosse nach Abgleiten von Prallflächen sicher in einem Behälter aufgenommen werden und nicht herausspritzen können (sofern diese regelmäßig entleert werden). Die Prallflächen müssen so groß sein, dass sie die größten Scheiben an den Rändern allseitig um ca. 10 mm bis 20 mm überragen. Die Prall- bzw. Gleitflächen müssen grundsätzlich eine Neigung zur Geschossflugbahn hin aufweisen und die auftreffenden Geschosse in Richtung des Auffangbehälters abweisen. Üblich sind Neigungswinkel der Abweisbleche von 45° bzw. 70° (z. B. Laufende Scheibe, Klappscheibenanlagen) zur Schussrichtung hin. Die Materialstärke bei Stahlblech nach DIN 1623 darf bei Gleitblechen 2 mm nicht unterschreiten, ebenfalls bei Bördelungen und Blechstreifen. Gleitplatten aus Kunststoffen mit vergleichbarer Festigkeit sind zulässig.

2.8.5.1.2 Geschossfangsysteme mit durchdringbaren Materialen

Es sind Systeme mit weichen Kunststoffen in der Entwicklung. Über serienmäßig hergestellte Entwicklungen liegen jedoch noch keine Erkenntnisse vor.

2.8.5.2 Geschossfang für Projektile bis zu einer E_0 von 30 J

Die Geschossfangsysteme für diese Waffen- und Munitionsarten (z. B. Zimmerstutzen) haben in der technischen Ausführung den Anforderungen gemäß Nummer 2.8.5.1 dieser Regeln zu entsprechen.

2.8.5.3 Geschossfang für Randfeuerpatronen bis zu einer E_0 von 200 J

Diese Geschossfangsysteme sind zum Auffangen von Bleigeschossen bis Kaliber .22 l.r. eingerichtet. Aufgrund der leichten Verformbarkeit der Geschosse und der hohen Präzision der Munition besteht eine Beanspruchung der Geschossfänge insbesondere im Scheibenzentrum bzw. Haupttrefferbereich.

2.8.5.3.1 Geschossfangsysteme mit Prall- und Gleitflächen

Stahlblech-Geschossfangkästen müssen eine Materialdicke von mind. 6 mm bei Stahlblechen gemäß DIN 1543/17100 erhalten. Der Winkel des Gleitbleches bzw. der Lamellen zur regulären Geschossflugbahn muss 45° oder weniger betragen. Die Befestigung des Gleitbleches ist so zu konstruieren, dass der vorgeschriebene Neigungswinkel auch bei längerem Beschuss erhalten bleibt. Die Gleitbleche dürfen in der direkten Haupttrefferzone nicht geschweißt oder genietet sein. Die Größe der Geschossfangkästen ist so zu bemessen, dass ihre Gleitbleche allseitig die größten Scheiben um mindestens 20 mm überragen. Die Geschossfangkästen sind so hinter den Scheiben aufzustellen, dass sich die Vorderkante der Gleitbleche mind. 30 mm hinter der Scheibe befindet und keine Beeinträchtigung der Scheiben oder Scheibenträger durch Splitter entstehen kann.

Die oben angeführte Dimensionierung der Geschossfangkästen bezieht sich grundsätzlich auf die jeweilige Größe der in den genehmigten Sportordnungen der nach § 15 WaffG anerkannten Schießsportverbände genannten disziplinbezogenen Scheibenformate für Scheiben aus Papier oder Pappe. Die Mindestauftrefffläche der Geschossfänge wird generell mit 38 cm × 38 cm festgelegt.

Zur Definition der Scheiben wird auf das Glossar verwiesen. Bei elektronischen Scheiben befindet sich schützenseitig vor dem Messsystem immer ein ballistischer Schutz, der in der Regel mittig eine freie Durchschussfläche entsprechend der jeweiligen Scheibengröße oder Wertungs- bzw. Trefferzone aufweist. Der ballistische Schutz stellt kein Geschossfangsystem im Sinne dieser Richtlinie dar.

Beim ausschließlichen Schießen mit LW auf die stationäre Scheibenentfernung 50 m ist die Verwendung von elektronischen Messrahmen, bei denen die innere freie Durchschussfläche auf die Wertungs- bzw. Trefferzone beschränkt ist, dann möglich, wenn eine disziplinen- sowie waffenbezogene Einschränkung der zulässigen Nutzung des

Schießstandes nach den Vorgaben eines Schießstandsachverständigen erfolgt. Eine freie Durchschussfläche von mindestens 160 mm × 160 mm innerhalb der Messrahmen muss gewährleistet sein. In diesen Fällen kann sich die Größe des Geschossfangkastens an der freien Durchschussfläche orientieren. Der ballistische Schutz des Messrahmens muss hierbei schießbahnseitig mit einem geschossaufnehmenden Material bekleidet werden.

Die elektronischen Scheiben mit kleineren freien Durchschussflächen als die äquivalenten Scheibenformate aus Papier oder Pappe dürfen auch bei Geschossfangsystemen nach Nummer 2.8.5.3.2 und 2.8.5.3.3 eingesetzt werden.

Die Geschosse müssen im Auffangkasten vollständig aufgenommen werden und dürfen nicht herausspritzen. Teilweise sind bereits Systeme mit trichterförmiger Auffangvorrichtung und Ableitung der Fragmente über schneckenförmige Metallkanäle im Einsatz; hier sind leicht entleerbare Auffangbehälter vorzusehen. Geschlossene Geschossfangkästen mit auswechselbarer Frontabdeckung sind Stand der Technik. Die Frontabdeckung kann aus thermoplastischen Kunststoffen (PVC, PE) bestehen und sollte bei Entstehen größerer Löcher (Durchmesser ≥ 10 cm) einfach auszutauschen sein. Die Gleitbleche sind zur Dämpfung der Geschossaufprallgeräusche mit entsprechenden Materialien zu belegen oder zu hinterfüttern. Die Geschossfangkästen können auch insgesamt in ein mit dämpfenden Materialien verfülltes Gehäuse eingebaut werden.

2.8.5.3.2 Geschossfangsysteme mit Sand- und Granulatfüllung

Bei Geschossfangsystemen mit Sand- oder Granulatfüllung muss gewährleistet werden, dass sich die verwendeten Materialien ohne großen Aufwand durch Sieben von den Geschossresten trennen lassen. Die Siebintervalle sind durch den Anbieter für jedes System anzugeben und mitzuliefern.

Die Dicke der Anschüttung einer Sandfüllung muss in Höhe des Scheibenzentrums und in horizontaler Richtung mindestens 1,00 m betragen.

2.8.5.3.3 Geschossfangsysteme mit durchdringbaren Materialen

Bei Geschossfangsystemen mit thermoplastischen Materialien oder Kunststofflamellen ist durch den Anbieter nachzuweisen, dass die Geschosse nicht stecken bleiben können und damit zur Materialverunreinigung bzw. zur Nesterbildung führen. Die Schichtung der Lamellen und Dicke der Blöcke ist so zu wählen, dass eine hohe Dauerbeschussfestigkeit (z. B. 100 000 Schüsse) bis zum notwendigen Austausch gewährleistet werden kann. Lamellen sollten durch Schienensysteme oder andere gleichwertige Vorrichtungen gegeneinander verfahrbar sein, um belastete Schusszonen ohne großen Aufwand austauschen zu können.

2.8.5.4 Geschossfang für Geschosse aus KW bis zu einer E_0 von 1500 J

Zulässig ist auch eine Nutzung mit LW in KW-Kalibern gemäß Tabellen 3 und 4 der Maßtafeln für Handfeuerwaffen und Munition gemäß Bekanntmachung vom 10. Januar 2000 (BAnz. Nr. 38a vom 24. Februar 2000) bis zu einer Bewegungsenergie der Geschosse von 1500 J.

2.8.5.4.1 Geschossfangsysteme mit Prall- und Gleitflächen

Bei Geschossfangkästen und Stahllamellen-Geschossfängen müssen die Prall- oder Gleitbleche mindestens 10 mm dick sein. Grundsätzlich hat die Ableitung der Projektile bzw. -teile nach hinten unten zu erfolgen.

Bei der Verwendung von sogenannten duktilen Geschossen (z. B. Polizeigeschosse aus Messing und/oder Kupfer) sind die Vorderkanten der Stahllamellen so zu gestalten (z. B. Anfasen), dass auf die Lamellenkante treffende Geschosse nicht zurückprallen können.

Die erforderliche Zugfestigkeit der durch Beschuss belasteten Stahlbleche darf 500 N/mm^2 nicht unterschreiten. Werden Flüssigkeiten (Öl-/Wasseremulsionen) zur Reduzierung der Reibungskräfte beim Auftreffen der Projektile auf die Stahlplatten und zur Bindung der bei Geschosszerlegungen auftretenden Bleistäube herangezogen, so müssen diese Emulsionen in einem Kreislaufsystem mit Filterung verwendet werden.

Die Neigung von Prall- und Gleitblechen und ihre Breite sind für einen sicheren Beschuss abzustimmen. Die Neigung sollte, bezogen auf die Schussrichtungen, zwischen 30° und 45° liegen. Höhere Bewegungsenergien als prinzipiell zulässig (größer als 1500 J) und größere Geschossfestigkeiten (z. B. Geschosse mit Eisenkern) müssen von dem Geschossfangsystem in Einzelfällen problemlos kompensiert werden.

Füllungen der Geschossfänge, die zur Geräuschdämpfung bzw. zur Energieaufzehrung eingesetzt werden, müssen aus Gründen des vorbeugenden Brandschutzes mindestens normal entflammbar (Baustoffklasse B 2 gemäß DIN 4102, Teil 1) oder besser schwer entflammbar (Baustoffklasse B 1), je nach Stand der Technik, sein.

Frontseitig sind durchgehende Abdeckungen vorzusehen, die Splitter und Bleistäube im Geschossfangbereich zurückhalten. Die Abdeckungen müssen in der Haupttrefferzone leicht auswechsel- oder nachrüstbar sein. In geschlossenen Schießständen ist zusätzlich eine Entlüftung zwischen dem Geschossfangsystem und der Abdeckung mit entsprechender Filterung der Abluft vorzusehen. In geschlossenen Anlagen sind Geschossfangkästen und Stahllamellen-Geschossfänge auf Schwingungsdämpfern zu lagern. Das Gleiche gilt im Prinzip für Abstützungen zu den Wänden und der Decke. Abschlusswände in geschlossenen Schießständen (Raumschießanlagen) sind nach den Schießstandrichtlinien vollflächig mit einer Stahlplatte zu armieren, wenn diese nicht bereits Bestandteil des jeweiligen Geschossfangsystems ist.

In offenen und teilgedeckten Schießständen ist über die Geschossfangsysteme ein Fangdach anzuordnen.

2.8.5.4.2 Geschossfangsysteme mit Sand- und Granulatfüllung

Die Füllung in der Haupttrefferzone muss mindestens 1,50 m dick sein. Durch technische Maßnahmen (z. B. automatischer Granulattransport über Schneckentrieb oder Gebläse) oder betriebliche Regelungen (Betriebsanweisung, in der ein regelmäßiges Umschaufeln vorgeschrieben wird) ist zu gewährleisten, dass keine Geschossnester, aus denen es zu Rückprallem kommen kann, entstehen können.

2.8.5.4.3 Geschossfangsysteme mit durchdringbaren Materialien

Die Schicht- bzw. Plattendicken sind so zu wählen, dass möglichst wenige Geschosse in dem Material stecken bleiben. Verunreinigungen der Geschosse durch das Fangmaterial bzw. des Fangmaterials durch stecken gebliebene Projektile sind zu vermeiden.

2.8.5.5 Geschossfang für Einzelgeschosse aus LW bis zu einer E_0 von 7000 J

2.8.5.5.1 Geschossfangsysteme mit Prall- und Gleitflächen

Bei Geschossfangkästen und Stahllamellen-Geschossfängen sind Stähle mit Dicken ≥ 15 mm und einer Zugfestigkeit ≥ 1000 N/mm² einzusetzen. Aufgrund der verschiedenartigen Geschosskonstruktionen unterschiedlicher Kaliber sind schräg angeordnete Stahlplatten zum Auffangen von Projektilen, insbesondere bei Geschossgeschwindigkeiten über 800 m/s, nur bedingt geeignet. Die Geschossfangsysteme müssen splitter- und bleistaubsicher sein und eine frontseitige Abdeckung mit Förderbändern, Gummimatten o. Ä. erhalten.

2.8.5.5.2 Geschossfangsysteme mit Sand- und Granulatfüllung

Biologische Bremssysteme sollen eine Dicke der Füllung in Höhe des Scheibenzentrums und in horizontaler Richtung (Schussrichtung) von ≥ 2,50 m besitzen. Bei mit Gleitblechen kombinierten Systemen kann die Dicke der Füllung reduziert werden.

2.8.5.5.3 Geschossfangsysteme mit durchdringbaren Materialen

Siehe Nummer 2.8.5.4.3

2.8.5.6 Geschossfang für Bleischrot und FLG aus LW bis zu einer E_0 von 4000 J

Geschossfangkästen zum Auffangen der FLG müssen den Bedingungen nach Nummer 2.8.5.5.1 entsprechen, ausgenommen solche nach Nummer 7.5.5.

Bei Schießanlagen „Kipphase" sind Geschossfänge über die gesamte Bahnbreite erforderlich. Ein Fangdach ist vorzuschreiben.

2.8.5.7 Geschossfänge für Schießstände für das Mehrdistanzschießen

Geschossfänge in Schießständen für das Mehrdistanzschießen bzw. praktische Schießen sind besonders unter den Bedingungen der Rückprallsicherheit zu beurteilen. Beim Einsatz von Stahllamellengeschossfängen oder vergleichbaren harten Geschossfängen ist ein Mindestabstand von 7 m einzuhalten. Es ist ggf. der Nachweis zu erbringen, dass ohne Schützengefährdung aus geringeren Entfernungen (Absatz 3) geschossen werden kann.

Das Geschossfangsystem muss sich über die gesamte Breite und Höhe des Abschlusses der Schießbahn erstrecken. Es ist so anzuordnen, dass von jeder in der Schießbahn möglichen Schützenposition immer eine sichere Aufnahme der Projektile im Geschossfangsystem erfolgt.

Sofern ein Beschuss der Seitenwände bzw. Decke der Geschossfangkammer nicht ausgeschlossen werden kann, müssen diese entsprechend Nummer 5.1.7 zusätzlich mit einem ballistischen Schutz bekleidet werden. Ggf. ist die Geschossfangkammer beidseitig aufzuweiten.

Bei Schießständen, die auch von Sicherheitsunternehmen und Polizei genutzt werden, sind kürzere Schussdistanzen als 7 m zugrunde zu legen. Bei Schießübungen nach behördlichen Vorschriften (z. B. Polizeidienstvorschrift PDV) ergeben sich minimale Schussentfernungen zum Geschossfangsystem von 3 m, sodass auch der Eintrag von unverbrannten TLP-Resten in das Fangmaterial zu unterstellen ist. Diesem Umstand ist mit geeigneten Abdeckungen zu begegnen.

2.8.5.8 Mobile Geschossfänge

Mobile Geschossfänge werden als in sich geschlossene bewegliche Baugruppen innerhalb der Schießbahn aufgestellt. Sie müssen so konstruiert sein, dass die Aufnahme von Geschossen zuverlässig erfolgt und keine Gefährdungen der Schützen durch rückprallende Projektilteile besteht. Sie finden speziell für kurze Handfeuerwaffen bis zu einer E_0 von 1500 J Verwendung.

Es werden Geschossfangsysteme mit Prall- und Gleitflächen nach Nummer 2.8.5.4.1 (Stahllamellen) oder mit Gummigranulatfüllungen o. Ä. genutzt. Bei Stahllamellengeschossfängen ist die Mindestschussentfernung von 7 m zu beachten. Frontseitige Abdeckungen müssen leicht auswechselbar sein und dürfen bei der Nutzung keine Löcher aufweisen, die in Richtung der Schützen rückprallende Projektilfragmente zulassen.

Ggf. kann auch während eines Schießens bei Stahllamellengeschossfängen der Wechsel der Frontplatte erforderlich werden. Direkt beschießbare, zum Schützen senkrecht stehende, Bauteile aus harten Baustoffen sind mit einem Rückprallschutz zu versehen.

Mobile Geschossfänge dürfen grundsätzlich nur in geschlossenen Schießständen eingesetzt werden, weil durch deren Umschließung die äußere Sicherheit gewährleistet ist. Sie müssen innerhalb der Schießbahn so positioniert werden, dass die Hauptschussrichtung auch auf den Zwischendistanzen eingehalten wird.

Mobile Geschossfänge sind für das bewegungsorientierte Mehrdistanzschießen bestimmt und müssen vor einer Nutzung für die jeweilige Schießstätte über eine waffenrechtliche Betriebserlaubnis (u. U. Änderung in der Beschaffenheit und Nutzung gemäß § 27 Abs. 1 WaffG) zugelassen werden.

2.8.6 Erprobung und Begutachtung

Geschossfangsysteme können eine Zulassung einer anerkannten Prüfstelle erhalten, wenn sie den Anforderungen der Schießstandrichtlinien und diesen technischen Regeln entsprechen. Die Zulassung ist abhängig von einer praxisorientierten Erprobung. Dafür sind vom Hersteller geeignete Muster zur Verfügung zu stellen.

Gutachten über Erprobungen von Geschossfängen sollen eine Klassifizierung des jeweiligen Geschossfangsystems gemäß Nummer 2.8.3 enthalten.

3 (Schießstände für DL-Waffen)

Auf diesen Schießständen wird mit DL-Waffen üblicherweise auf eine Distanz von 10 m auf Scheiben geschossen. Diese Schießstände stellen anteilig die am häufigsten im Schießsport genutzte Anlagenart dar.

Sicherheitstechnische Vorgaben für spezielle Schießstände, z. B. für Sommerbiathlon mit DL-Waffen werden in Nummer 6.1, für Field-Target-Schießen in Nummer 6.4, für ortsveränderliche Schießstätten zur Belustigung in Nummer 6.5 und für Vogelschießstände in Nummer 7 beschrieben.

Schießstätten zum Schießen mit DL-Waffen benötigen lediglich eine waffenrechtliche Betriebserlaubnis nach § 27 Absatz 1 WaffG. Sie unterliegen aufgrund der Waffenart (keine Feuerwaffen) nicht dem immissionsschutzrechtlichen Genehmigungsverfahren gemäß Nummer 10.18 des Anhanges der Verordnung über genehmigungsbedürftige Anlagen (siehe 4. BImSchV).

3.1 Geschlossene Schießstände für DL-Waffen

3.1.1 Schützenstand

Die notwendigen Abmessungen und zulässigen Toleranzen sind in der Tabelle 3.1.1 zusammengefasst und in der Zeichnung 3.1.9 dargestellt.

In sog. Altanlagen (das heißt Schießstände, die vor 1995 in Betrieb genommen worden sind), die vornehmlich dem Breitensport dienen, sind geringere Breiten der Schützenpositionen bis maximal 10 % von den in der Tabelle 3.1.1 genannten Mindestbreiten der Schützpositionen zulässig.

Wird ausschließlich im stehenden Anschlag geschossen, so kann bei Altanlagen in begründeten Ausnahmefällen unter Beteiligung eines SSV eine weitere Verringerung der seitlichen Abstände zwischen den Schützenpositionen zugelassen werden, wenn zusätzliche sicherheitstechnische Einrichtungen, wie Zwischenblenden, vorhanden sind bzw. eingebaut werden.

Der Fußboden des Schützenstandes muss waagerecht, eben und stabil sein. Schwingungen oder Erschütterungen aus dem an die Schützenposition angrenzenden Bodenbereichen sollen aus schießsportlichen Gründen nicht auf die Standflächen der Schützen übertragen werden.

Sofern eine Brüstung vorgesehen wird, soll diese durchgehend 70 cm bis max. 100 cm hoch und oben $\geq$ 30 cm breit sein. Die Anordnung einer Öffnung mit aufklappbarer Abdeckung zum Betreten der Schießbahn ist sinnvoll.

Statt einer durchgehenden Brüstung können auch einzelne mobile Ablagetische vor den Schützen vorgesehen werden.

Für das Schießen im sitzenden und stehenden Anschlag darf an oder in der Brüstung jeweils eine Konstruktion zum Auflegen der Langwaffe vorgesehen werden. Die Auflage besteht aus in der Mitte der Schützenposition, z. B. ca. 35 cm von der Feuerlinie, in der Schießbahn waagerecht angeordnetem Rund- bzw. Halbrundmaterial (Holz oder Metall) mit einem oberen Durchmesser von $\leq$ 50 mm und einer Länge von $\geq$ 100 mm. Die Oberfläche der Auflage soll glatt und nicht rutschhemmend sein.

Die Unterkonstruktion, an der die Auflage in der Höhe mit einfachen Mitteln veränderlich befestigt werden kann, ist möglichst so an der Brüstung oder am Ablagetisch zu montieren, dass keine Behinderung für das Schießen ohne Auflage eintreten kann.

Die Auflage sollte so konstruiert und befestigt werden, dass Erschütterungen nicht weitergeleitet werden können.

Werden elektronische Trefferanzeigesysteme eingesetzt, ist die Platzierung der notwendigen Schützenmonitore mit dem SSV abzustimmen. Die Monitore sind grundsätzlich so zu positionieren, dass sich die Bildschirmoberflächen der Monitore hinter den Waffenmündungen in Richtung der Schützen befinden.

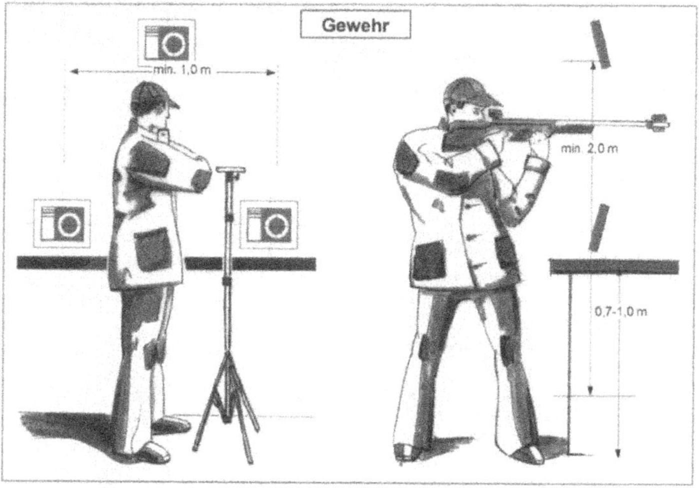

Abbildung 3.1.1 Abmessungen am Schützenstand für DL-Waffen

	Maßvorgabe	Toleranz
Scheibenentfernung	10,00 m	± 0,05 m
Breite der Schützenpositionen	1,00 m	Mindestmaß
Schützenstandtiefe stehender Anschlag[1])	2,00 m	Mindestmaß
Schützenstandtiefe liegender Anschlag[2])	4,00 m	Mindestmaß
Scheibenhöhe	1,40 m	± 0,05 m
seitliche Abweichung der Scheibenmitte[3])		± 0,25 m

Tabelle 3.1.1 Abmessungen auf DL-Ständen

[1] auch sitzender Anschlag
[2] auch kniender Anschlag
[3] von der senkrecht auf die Schießlinie stehenden Mittelachse der jeweiligen Schießbahn

3.1.2 Schießbahn

3.1.2.1 Allgemeines

Die Umfassungsbauteile der Schießbahn müssen in Schussrichtung gesehen durchschuss- und rückprallsicher ausgeführt werden (siehe Nummer 2.8.2 und 2.8.3). Die Durchschusssicherheit wird im Regelfall bereits durch statische Anforderungen gewährleistet.

Die Schützenpositionen und die Geschossfänge sind gemäß schießsportlichen Vorgaben fortlaufend zu nummerieren.

Sofern innerhalb der Schießbahn Werbeträger aufgestellt werden, so müssen die hierzu verwendeten Materialien so beschaffen sein, dass keine gefährlichen Geschossrückpraller entstehen können.

3.1.2.2 Seitenwände

Seitenwände sind so zu gestalten, dass bei zufälligen Treffern (z. B. durch unbeabsichtigte Schussauslösungen) keine gefährlichen Geschossrückpraller erzeugt werden.

Werden Schützenstände und Schießbahnen in großen Räumen (z. B. in Sälen, Turnhallen o. Ä.) von übrigen weiter begeh- oder nutzbaren Flächen abgetrennt, so ist hierzu eine geschlossene Trennwand mit einer Gesamthöhe von ≥ 2,00 m aufzustellen. Diese Trennwand muss bündig auf dem Fußboden des Raumes stehen und ist aus dem gleichen Material wie für Fensterverblendungen nach Nummer 3.1.2.3 herzustellen.

Schützenscheiben aus Holz dürfen an den Seitenwänden nur dann aufgehängt werden, wenn sich deren Unterkanten in einer Höhe mehr als 2,00 m über dem Niveau des Fußbodens in den Schützenständen befinden oder die sicherheitsrelevanten Flächen rückprallsicher bekleidet sind.

3.1.2.3 Fenster

Befinden sich in der Schießbahn Fenster, die aus einfachem Fensterglas bestehen und somit nicht durchschusssicher sind, müssen diese gegen direkten Beschuss abgeschirmt werden.

Für seitliche Bekleidungen, die nicht senkrecht zu den zulässigen Schussrichtungen stehen, sind folgende Baustoffe oder gleichwertige Materialien einzusetzen:

- Sperrholzplatten d ≥ 8 mm
- Weichholz d ≥ 19 mm
- Spanplatten d ≥ 18 mm

Durch die Abdeckungen der Fenster wird ein beim Schießen störender seitlicher Lichteinfall vermieden. Sicherheitstechnisch nicht erforderlich ist die Abdeckung bei Isolierverglasungen, Verbundglasfenstern oder z. B. bei Einfachfenstern mit außen vorgesetzten Kellerlichtschächten.

Fenster in der Abschlusswand müssen sowohl durchschuss- als auch rückprallsicher schießbahnseitig bekleidet werden.

3.1.2.4 Decke

Eine Raumhöhe über 2,40 m ist anzustreben. Die Raumdecke ist ebenfalls rückprallsicher auszuführen. Für Deckenbekleidungen können z. B. verwendet werden:

- Holzfaserdämmplatten nach DIN EN 13171
  d ≥ 10,0 mm
- Gipskarton-Bauplatten nach DIN EN 520
  d ≥ 12,5 mm
- Holzwolleplatten nach DIN 1101
  d ≥ 15,0 mm

3.1.2.5 Schießbahnsohle

An die Schießbahnsohle werden keine besonderen Anforderungen gestellt. Sie muss jedoch rückprallsicher sein. Diese kann aus glattem Beton, Asphalt, Fliesen, Bodenbelag, Teppichboden o. Ä. bestehen. Eine einfache Reinigung sollte im Vordergrund stehen. Schallabsorbierender textiler Bodenbelag reduziert mögliche Nachhallzeiten im Raum.

3.1.2.6 Stützsäulen in der Schießbahn

In der Schießbahn befindliche Stützen aus Beton, Mauerwerk oder Stahl benötigen in der Regel keine speziellen Bekleidung. Bei einem Abstand < 2,00 m zwischen Säule und Brüstung bzw. Feuerlinie ist eine Geschoss aufnehmende schützenseitige Bekleidung der Stützen (Materialien siehe Nummer 3.1.3) notwendig.

Senkrecht zur Schussrichtung in der Schießbahn angeordnete Flächen von Holzstützen, Deckenbalken oder Fachwerkstreben sind schützenseitig in einer Höhe bis ≤ 3,00 m über Fußboden zu bekleiden (Materialien siehe Nummer 3.1.3).

3.1.2.7 Scheibenentfernung, Raumlänge

Gemäß den genehmigten Sportordnungen der nach § 15 WaffG anerkannten Schießsportverbände beträgt die Schießentfernung 10,00 m ± 0,05 m. Diese wird vom Scheibenspiegel bis zur Entfernungsmarkierung am Schützenstand (Schieß-/Feuerlinie) bzw. bis zu der dem Schützen zugewandten Kante der Brüstung oder bei schräger Brüstungsfront an der Fußleiste gemessen.

Die lichte Gesamtlänge des Schießstandes bei einer Schießentfernung von 10,00 m beträgt für den stehenden (bzw. auch sitzend aufgelegten) Anschlag somit ≥ 12,20 m (Schießentfernung 10,00 m + Schützenstandtiefe ≥ 2,00 m + Bautiefe Geschossfangsystem ≥ 0,20 m). Bei der Berücksichtigung der jeweiligen Bautiefe ist die Art der Geschossfänge ausschlaggebend und sollte bei Neuplanungen und Umrüstungen bestehender Schießstände vorher abgeklärt werden.

Wird im Liegendanschlag geschossen, so beträgt die erforderliche Raumlänge ≥ 14,20 m.

Werden bei bestehenden Schießständen diese Abmessungen, u. a. auch durch Umrüstung der Geschossfänge, unterschritten, ist im Einzelfall zu prüfen, ob durch die Unterschreitung der Sollmaße unter Berücksichtigung der zulässigen Toleranzen eine Gefährdung oder Belästigung der Schützen eintreten kann. Ist dies auszuschließen, darf von den schießsportlichen Maßvorgaben abgewichen werden.

3.1.3 Abschlusswand

Die Abschlusswand, auf der die Geschossfänge montiert werden, ist in einer Höhe bis ≥ 3,00 m so zu gestalten, dass keine gefährlichen Geschossrückpraller auftreten. Holz (auch Weichholz) und Holzwerkstoffe (Span-, OSB-, MDF-Platten o. Ä.) sind an der Oberfläche nicht zulässig. Als rückprallsicher gelten nach derzeitigem Stand der Technik folgende Materialien:

- Betonwand oder verputztes Mauerwerk
- Stahlblech nach DIN EN 10130, Güte DC 01 oder gleichwertig
  d ≥ 2 mm
- Holzfaserdämmplatten nach DIN EN 13171
  d ≥ 20 mm, auf Abstandslattung
- Gipskarton-Bauplatten nach DIN EN 520
  d ≥ 12,5 mm
- Holzwolleplatten nach DIN EN 13168
  d ≥ 25 mm

Die Plattenbaustoffe müssen jeweils auf nicht federnden Unterkonstruktionen angebracht werden.

3.1.4 Elektrotechnische (ELT) Anlage

3.1.4.1 Beleuchtung

Die Leuchtstärke in einer RSA für DL-Waffen muss im Schützenstand und in der Schießbahn z. B. gemäß Sportordnung des DSB mindestens 300 lx (indirekt) betragen. Die Scheiben sind gleichmäßig mit mindestens 1000 lx zu beleuchten.

Für die Prüfung der unter Nummer 2.5.2 aufgeführten Beleuchtungswerte für die Durchführung von internationalen Wettkämpfen nach ISSF-Regeln ist nach Abbildung 3.1.4.1 zu verfahren.

Für einen ausschließlich im Breitensport betriebenen Schießstand darf die Beleuchtungsstärke in der Schießbahn und im Schützenstand auf ≥ 150 lx (indirekte,

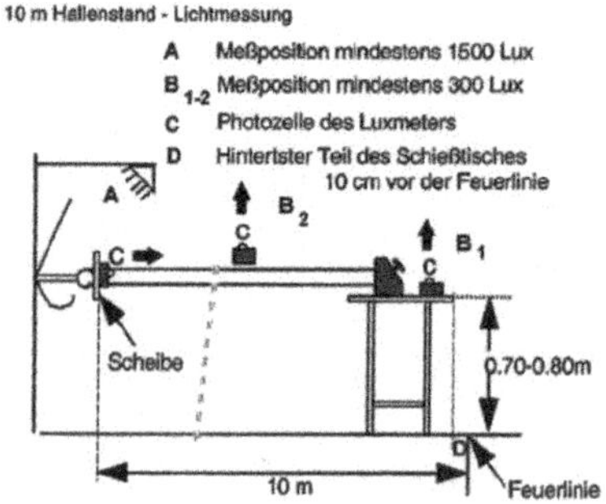

Abbildung 3.1.4.1 Beleuchtung auf DL-Ständen

blendfreie und weitgehend gleichmäßige Ausleuchtung) reduziert werden. Sicherheitstechnisch erforderlich ist nur eine Raumausleuchtung, die eine ungehinderte Beaufsichtigung des Schießbetriebs zulässt.

Alle Beleuchtungskörper in der Schießbahn oder im begehbaren Teil des abgetrennten Raumes neben dem Schießstand sind, soweit sie von direkten Schüssen getroffen werden können, mit einer transparenten, nicht splitternden Abdeckung oder Blenden (durchschuss- und rückprallsicher) abzuschirmen. Beleuchtungseinrichtungen direkt über den Schützenpositionen sind zu vermeiden oder abzuschirmen.

Die Abdeckungen der Scheibenbeleuchtungen, die direkt an den Geschossfängen montiert sind, sind durchschuss- und rückprallsicher auszuführen. Wird die Scheibenbeleuchtung hinter einer durchgehenden Blende montiert, so muss auch diese Blende durchschusssicher und schützenseitig rückprallsicher gestaltet werden. Blenden aus Holzwerkstoffen sind schützenseitig rückprallsicher nachzurüsten (Materialien siehe Nummer 3.1.3).

3.1.4.2 Strom führende Leitungen

Alle in der Schießbahn befindlichen und durch direkten Beschuss gefährdeten Strom führenden Leitungen, Dosen und Schalter sind wie die Beleuchtungseinrichtungen gegen direkten Beschuss abzuschirmen.

Insbesondere elektrische Leitungen, die zu Scheibenbeleuchtungen direkt bei den Geschossfängen führen, müssen entsprechend verlegt, in Kabelschutzrohr aus Stahl geführt oder durch Stahlblech d $\geq$ 2,0 mm abgeschirmt werden.

Bei Mess- und Steuerleitungen für elektronische Scheibensysteme sowie bei Lampen, die mit einer Kleinspannung (Wechselspannung bis 50 Volt) betrieben werden, ist eine Beschusssicherung nicht erforderlich.

3.1.4.3 Sicherheits- und Notbeleuchtung

Neben der Allgemeinbeleuchtung ist zusätzlich eine netzunabhängige Ersatzbeleuchtung im Bereich der Schützenstände nach DIN EN 1838 bereitzuhalten.

Die Ersatzbeleuchtung soll bei Ausfall der normalen Beleuchtung den Aufsichtspersonen ermöglichen, die Schützen weiterhin zu beaufsichtigen. Bei bestehenden Schießständen mit bis zu 12 Schützenpositionen kann auch eine funktionierende Taschenlampe genügen.

3.1.5 Geschossfänge

Bei Geschossfängen müssen deren Abweisplatten (Stahlblech d $\geq$ 2,0 mm oder gleichwertiger Kunststoff) in ihren Abmessungen auf die verwendeten Scheiben abgestimmt sein (siehe Nummer 2.8.5.1.1).

Die Geschossfänge sollen so schwingungsgedämpft befestigt werden, dass eine Übertragung der Aufprallgeräusche der Projektile in das Material der Abschlusswand (Mauerwerk, Beton etc.) vermieden wird.

Sofern bei elektronischen Messrahmen der ballistische Schutz durch Kunststoffplatten hergestellt wird, ist deren Geeignetheit, insbesondere der Rück- und Abprallschutz, nachzuweisen.

3.1.6 Türen, Flucht- und Rettungsweg

Ein Schießstand muss zum Zu- und Ausgang einen zusätzlichen Flucht- und Rettungsweg (Notausgang) haben. Der Rettungsweg muss auf möglichst kurzem Weg ins Freie oder in einen gesicherten Bereich führen. Fehlt dieser zweite Rettungsweg in Altanlagen, so muss die Ausgangstür in Fluchtrichtung öffnen.

In Neuanlagen ist der zweite Flucht- und Rettungsweg vorzugsweise im Schützenstand vorzusehen.

Der Notausgang ist nach DIN 4844 zu kennzeichnen. Dies kann mit einem $\geq$ 60 Minuten lang nachleuchtendem Piktogramm oder einer Sicherheitsbeleuchtung gemäß VDE 0108 bzw. DIN VDE 0100-718 erfolgen.

3.1.7 Zeichnung

Hauptabmessungen von Schießstätten für Druckluftwaffen, Federdruckwaffen und Waffen, bei denen zum Antrieb der Geschosse kalte Treibgase Verwendung finden

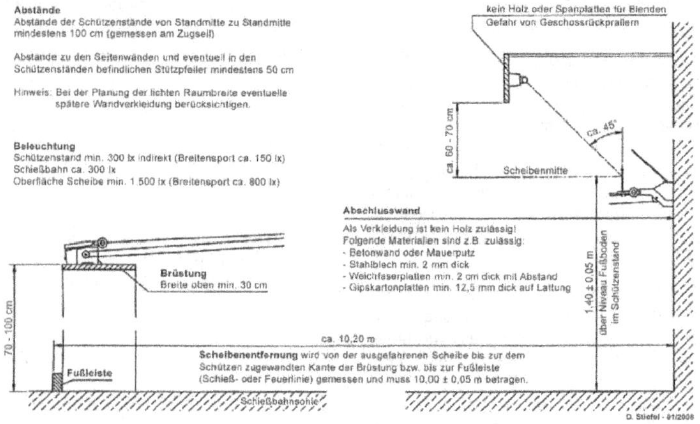

3.2 Offene Schießstände für DL-Waffen

3.2.1 Schützenstand

Die grundlegenden Anforderungen an den Schützenstand entsprechen Nummer 3.1.1.

3.2.2 Seiten- und Höhensicherung

In Schussrichtung gesehen sind bei einem offenen Schießstand für DL-Waffen folgende Bereiche ab der Schießlinie bzw. Brüstung von der Waagerechten bzw. der Senkrechten in Schussrichtung gefährdet:

- bis 20° aufwärts (Abbildung 3.2.2) und
- bis 25° jeweils seitwärts.

Die gefährdeten Bereiche müssen durch entsprechende Sicherheitseinrichtungen, die auf die maximale Geschossenergie von 7,5 J abgestimmt sind, durchschusssicher abgeschirmt werden. Die Abschirmung erfolgt durch einfache Sicherheitsbauten (Hochblenden, Seitenwände und Abschlusswand).

Sofern als Material für Hochblenden und Abschlusswand Holzbaustoffe eingebaut werden sollen, müssen diese schützenseitig rückprallsicher bekleidet werden (Nummer 3.1.3).

Die ausreichende Abstimmung der Sicherheitsbauten ist gegeben, wenn von der Antragshöhenordinate (Höhe der Brüstung) an der Gefährdungswinkel mit durchschusssicheren Baustoffen abgedeckt ist. Aus diesen Überlegungen ergibt sich im Regelfall nach Abbildung 3.2.2 folgende Anordnung mit einer Hochblende und der Abschlusswand:

Soll von den Maßen der Zeichnung in Abbildung 3.2.2 abgewichen werden, ist die Berechnung der Maße für die Positionierung und Höhen der Hochblende und Abschlusswand nach Nummer 4.7 durchzuführen.

Ein Abschirmen der Schießbahn bei Schießständen für DL-Waffen durch Höhen- und Seitenabsicherung kann entfallen, wenn das Gelände in Schussrichtung bis zu einer Entfernung von 250 m mit beidseitigen Winkeln von 25° seitlich der Schussrichtung der jeweils äußeren Schützenpositionen gegen ein Betreten abgesperrt wird.

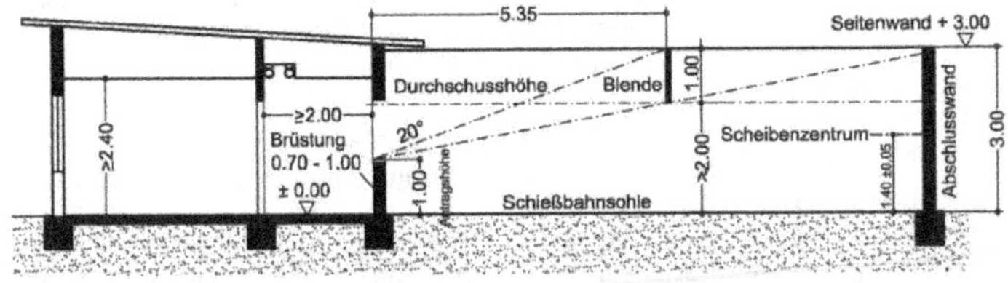

Abbildung 3.2.2 Längsschnitt eines offenen DL-Schießstandes (Prinzip)

Unbeschadet obiger Bestimmungen ist die Schießbahn für DL-Waffen nach außen immer durch eine Abschlusswand der Höhe ≥ 2,00 m abzuschließen, damit die Projektile innerhalb der Schießbahn aufgefangen werden. Seitlich sind bis 1,00 m hinter die Schießlinie reichende Seitenwände anzubringen.

3.2.3 Schießbahn

Die Schießbahnsohle soll möglichst eben sein. Unter den Geschossfängen ist die Schießbahnsohle, sofern sie unbefestigt ist, mit einer Folie der Breite ≥ 1,00 m oder dergleichen abzudecken, damit kein Eintrag von Blei in den Boden erfolgen kann.

Hinsichtlich der Geschossfänge siehe Nummer 3.1.6. Über den Geschossfängen ist ein ausreichend großes Fangdach so anzubringen, dass ein Auswaschen von Geschossmaterial aus den Auffangbehältern verhindert wird.

3.2.4 Abschlusswand

Die gesamte schützenseitige Fläche der Abschlusswand, auf der die Geschossfänge montiert werden, ist so zu gestalten, dass keine gefährlichen Geschossrückpraller auftreten. Die zulässigen Materialien und sonstige Anforderungen ergeben sich aus Nummer 3.1.3.

3.3 Nutzung mit Zimmerstutzen und Armbrust

Sofern auf DL-Ständen auch mit Zimmerstutzen und/oder Armbrust geschossen wird, gelten die gleichen Bestimmungen (Nummer 3.1 und 3.2) mit den folgenden Abweichungen.

3.3.1 Nutzung mit Zimmerstutzen

3.3.1.1 Schießbahnlänge

Bei Zimmerstutzen ist nach den schießsportlichen Regeln des DSB eine Scheibenentfernung von 15 m ± 0,05 m vorgesehen. Eine Nutzung im Breitensport auf einer Entfernung von 10 m ist zulässig.

3.3.1.2 Sicherheitsbauten

Notwendige Sicherheitsbauten (Seiten- und Höhensicherung) sowie Verblendungen von Fenstern und Türen sind aus einem der folgenden Baustoffe herzustellen:

- Weichholzbretter der Dicke ≥ 40 mm gefalzt oder überlappt angebracht
- Fugenlose Bretter der Dicke ≥ 24 mm und dahinter Stahlblech d ≥ 1 mm.

Die Sicherheitsbauten und Verblendungen von Fenstern und Türen sind, sofern Rückprallgefahr beim Schießen mit DL-Waffen besteht, gemäß Nummer 3.1.1 mit Geschoss aufnehmenden Materialien rückprallsicher zu bekleiden.

3.3.1.3 Geschossfänge

Zum Auffangen der Geschosse sind Geschossfangkästen aus Stahlblech zu verwenden, die auf die höhere Bewegungsenergie der Geschosse abgestimmt sind.

3.3.2 Nutzung mit Armbrust

3.3.2.1 Scheibenunterlage

Beim Schießen mit der Armbrust sind geeignete Zuganlagen zu verwenden. Zur Aufnahme von Scheiben sind diese Zuganlagen mit einer Scheibenunterlage aus Holz und mit einem Zentrum aus Weichblei ausgestattet. Die Bleiplatten weisen Abmessungen von 5 cm × 5 cm Kantenlänge oder einen Durchmesser von 5 cm für die 10-m-Disziplin auf. Die Dicke der Bleifüllung beträgt $d \geq 2$ cm.

3.3.2.2 Bekleidung harter Baustoffe

In Schussrichtung senkrecht stehende harte Baustoffe können zu einer Beschädigung der Bolzen führen. Aus diesem Grund wird eine Abdeckung mit weichen, die Bolzen aufnehmenden Materialien empfohlen (z. B. Weichfaserplatten).

Besteht an den harten Baustoffen beim Schießen mit DL-Waffen die Gefahr, dass Geschosse gefährlich zurückprallen können, ist der Bereich gemäß Nummer 3.1.1 rückprallsicher zu bekleiden.

4 Offene Schießstände für Einzelgeschosse

4.1 Allgemeines

4.1.1 Schützenstand

Bei der Planung, Errichtung und dem Betrieb eines offenen Schießstandes für das Schießen mit Einzelgeschossen sind die nachstehenden Vorschriften zu beachten, sofern nicht in den Schießstandrichtlinien für bestimmte Nutzungsarten (z. B. DL-Waffen [Nummer 3], Biathlon, Field-Target- oder Silhouetten-Schießen [Nummer 6]) besondere Bestimmungen gegeben sind.

Auf die allgemeinen Vorschriften nach Nummer 2 wird verwiesen.

Ggf. können Maßnahmen zum baulichen Schallschutz notwendig sein. Hierbei kann es sich beispielsweise um folgende Lösungen handeln:

- Durch entsprechende Gestaltung des Schützenstandes kann die Ausbreitung des Mündungsknalls beeinflusst werden.
- Schallabsorbierende Bekleidungen von Hochblenden können Schallreflexionen vermindern.
- Durch Teilumschließung der Schießbahn lässt sich die Ausbreitung des Mündungsknalls reduzieren.

4.1.2 Umzäunung und Warnzeichen

Um das Betreten einer Schießstätte durch Unbefugte zu verhindern, ist die Anlage $\geq$ 2,00 m hoch einzuzäunen. Der Zaun ist vorzugsweise aus $\geq$ 1,50 m hohem Maschendraht mit drei darüber angebrachten Stacheldrähten auszuführen.

Sofern als Seitensicherung von Schießbahnen Erdwälle verwendet werden, ist die Einzäunung außerhalb der Wälle und nicht auf ihren Kronen zu errichten, damit ein Besteigen der Wälle von außen unterbunden wird. Bei Schießständen, deren Schießbahnsohle tiefer als das umgebende Geländeniveau liegt, ist die Umzäunung soweit zurückzusetzen, dass ein Einblick von außen in die Schießbahn (entgegen der Schussrichtung) nicht möglich ist.

Auf die Gefährdung innerhalb des eingefriedeten Gebietes von Schießstätten ist durch sichtbare Warntafeln, die in genügenden Abständen voneinander an oder in der Umzäunung anzubringen sind, hinzuweisen.

Die Warntafeln sollen eine ausreichende Größe haben und können als Kombinationsschild mit Zeichen P006 nach DIN 4844 ausgeführt werden. Die zusätzliche Beschriftung hat folgenden Wortlaut aufweisen:

Achtung – Schießstand – Lebensgefahr!

Betreten verboten

4.1.3 Schießbahn

Die Sohle einer Schießbahn muss bei offenen Anlagen aus Erde oder Sand (Körnung $\leq$ 3 mm) der Dicke 10 cm bestehen. Sie muss frei von Steinen oder anderen Fremdkörpern sein und eben und annähernd horizontal verlaufen. Ist ein Gefälle der Schießbahnsohle nicht zu vermeiden, so soll die Abweichung von der Horizontalen ± 4 % (= 4 m auf 100 m) nicht übersteigen.

In einer Schießbahn und auf der Innenseite von Seitenwällen oder Geschossfangwällen gewachsenes Strauchwerk oder in die Bahn ragende Äste sind zu beseitigen. Die Schießbahn ist von Gegenständen, die nicht dem Betrieb des Schießstandes dienen bzw. hierfür erforderlich sind, freizuhalten. Um Windeinflüsse für den Schützen aufzuzeigen, können Windfahnen aufgestellt werden.

Bei Schießständen in stillgelegten Steinbrüchen kann von der Forderung nach einer steinfreien Schießbahnsohle abgewichen werden, wenn der Steinbruch in schwach besiedeltem Gelände (Nummer 4.5) liegt und die Abschlusswand ausreichend hoch ist, um von der Schießbahnsohle absetzende Geschosse sicher aufzufangen. Dies ist jeweils von einem SSV zu beurteilen.

Schießbahnsohlen in offenen Anlagen, die höher als der Fußboden im Schützenstand liegen, sind wegen der erhöhten Abprallergefahr zu vermeiden.

In neu zu errichtenden offenen Schießständen, bei denen Schusswaffen verwendet werden, deren Geschosse eine $E_0 > 200$ J besitzen, sind nur oben laufende Scheibenzuganlagen zur Vermeidung von Absetzern zulässig. Zusätzlich ist die Schießbahn für Reinigungsarbeiten bzw. zum Ausmähen leichter zugänglich.

4.1.4 Bodentraversen

Bodentraversen aus Sand oder Erdreich, deren zum Schützen zeigende Vorderseiten nicht senkrecht ausgebildet sind und deren horizontale Flächen direkt beschossen werden können, sind nicht zulässig.

Betonschwellen sind wie Hochblenden rückprallsicher zu bekleiden (siehe Nummer 2.5.3). Es ist erforderlich, die den Schützen zugewandte Vorderkante mit hochfesten Stahlplatten (siehe Nummer 2.7.2) zu bekleiden.

Metallkonstruktionsteile von Duellanlagen und laufenden Scheiben dürfen auch durch Holzstapel gegen direkte Treffer gesichert werden.

4.2 Sicherheitsbauten

4.2.1 Abschirmung des Gefahrenbereiches

Bei offenen und teilgedeckten Schießständen bewirken abgestimmte Sicherheitsbauten die notwendige Absicherung des Gefahrenbereiches. Der Gefahrenbereich weist den Teil des Hintergeländes und den seitlichen Bereich eines Schießstandes aus, in dem bei ansonsten unzureichender baulicher Absicherung oder vorschriftswidriger Durchführung des Schießens eine Gefährdung durch Querschläger oder Freiflieger eintreten kann.

Der Gefahrenbereich wird, soweit bei einzelnen Schießarten nicht besondere Regelungen vorgesehen sind, von 25° seitlich der jeweils äußeren Geschossbahnen und der maximalen Gesamtschussweite der auf dem Schießstand zugelassenen Geschosse bestimmt.

Die maßgebliche Höhensicherung bzw. der Absicherungswinkel ergibt sich annäherungsweise aus dem Abgangswinkel für die maximale Flugweite der Geschosse. Weiterhin wird davon ausgegangen, dass bei einem zulässigen Schießbetrieb unter Anweisung von verantwortlichen Aufsichtspersonen nur bestimmte Abweichungen von der Hauptschussrichtung zur Höhe und den Seiten hin auftreten können, bzw. von den Aufsichten nicht erkannt werden können.

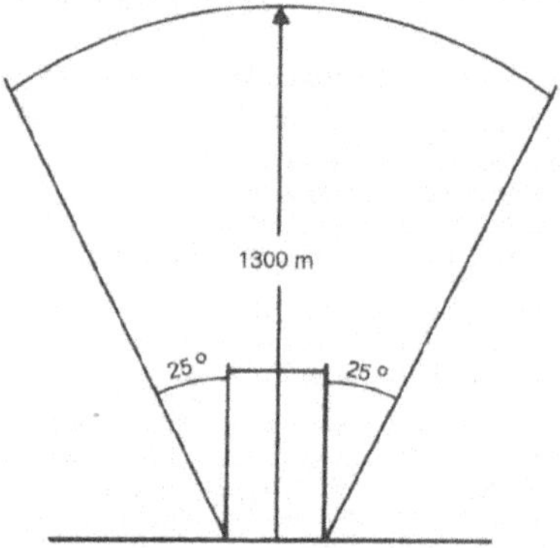

Abbildung 4.2.1 Beispiel für den Gefahrenbereich der Geschosse von Randfeuerpatronen im Kaliber .22 l.r.

Geschoss/Patrone	Kaliber	Höchstflugweite [m]
	Langwaffen	
Geschosse für DL-Waffen	4,5 mm (Diabolo)	250
Randfeuer	.22 l.r.	1300
	.22 Magnum	1800
Zentralfeuer	z. B. .222 Rem., 5,6x50 Mag.	2500 – 3000
	z. B. 6,5x68, .308 Win., 8x68 S	4500 – 5000
Flintenlaufgeschoss	z. B. 12/70	1500
	Kurzwaffen	
Randfeuer	z. B. .22 kurz	800
Zentralfeuer	z. B. 6,35 Browning	800
	z. B. 7,65 Browning, 9 mm kurz	1300 – 1500
	z. B. 9 mm Luger, .357 Magnum	2000

Tabelle 4.2.1 Höchstflugweiten von Geschossen

Nach den in der Praxis gewonnenen Erkenntnissen ist bei Schießständen für

- DL-Waffen sowie LW für Randfeuerpatronen bis zu einer E_0 von 30 J (sog. Zimmerstutzen) und Armbrust ein Winkel von 20°
- lange und kurze Feuerwaffen ein Winkel von 30°

in Schussrichtung nach oben abzusichern.

Eine abweichende Regelung ergibt sich für das jagdliche Schießen auf die Scheibe „Flüchtiger Überläufer" bzw. die „Laufende Scheibe", bei der die Waffenmündung in der Erwartungs-/Fertighaltung (DJV-Schießvorschrift Anhang 1 Abbildung 5, Sportordnung DSB, Teil 4) nach oben gerichtet ist. Hier ist auch über den 30°-Bereich hinaus eine schützenpositions- und nutzungsbezogene Höhensicherung von der Feuerlinie bis zur ersten Hochblende auszuführen.

Die notwendige Absicherung eines Schießstandes muss sich im Einzelfall maßgeblich auch nach der Beschaffenheit, Besiedlung und Nutzung des Gefahrenbereiches richten.

4.2.2 Abschirmung der Sicherheitsbauten

Die gefährdeten Bereiche müssen durch entsprechende Sicherheitseinrichtungen, das heißt Hochblenden, Seitensicherung und Abschluss der Schießbahn durchschusshemmend bzw. -sicher abgeschirmt werden. Die Abschirmung erfolgt durch abgestimmte Sicherheitsbauten.

Folgende Antragshöhen sind für die Abstimmung der Sicherheitsbauten maßgeblich:

- Antragshöhe für den angeführten Winkel, das heißt der Ausgangspunkt für die Berechnung der Höhe und des Standortes der 1. Hochblende, ist bei Schießständen für LW und Armbrust die jeweilige Höhe der Brüstung vor dem Schützenstand.
- Bei Höhen von weniger als 1,00 m wird für die Berechnung der 1. Hochblende von einem Punkt 1,00 m über dem Fußbodenniveau des Schützenstandes als Antragshöhe ausgegangen. Für die Festlegung der weiteren Hochblenden und Seitensicherungen ist die tatsächliche Höhe der Brüstung maßgebend.
- Bei Ständen für LW ohne Brüstung, bei denen in liegendem Anschlag vom Fußboden aus geschossen werden darf, wird zur Festlegung der Oberkante der ersten Hochblende ebenfalls von 1,00 m über dem Fußboden des Schützenstandes liegenden Punkt als Antragshöhe ausgegangen.

  Als niedrigste Anschlagshöhe für die Höhe und Anordnung der weiteren Hochblenden gilt bei Ständen ohne Brüstung eine solche von 0,30 m.
- Bei Ständen für KW gilt eine Antragshöhe von 1,00 m.

  Sofern auf KW-Ständen auch zusätzlich mit LW (z. B. Unterhebelrepetierbüchsen) geschossen werden darf, ist bei ausschließlichem stehenden Anschlag auch von einer Antragshöhe von 1,00 m unabhängig von der Art und Höhe der Brüstung auszugehen.

Die Höhen von Hochblenden und Seitensicherungen einer Schießbahn, die Zahl und Anordnung der Hochblenden und der Abschluss einer Schießbahn sind aufeinander abzustimmen. Dabei ist derart zu verfahren, dass durch diese Sicherungen, gesehen von der jeweiligen Antragshöhe, die gefährdeten Winkelbereiche von der Waagerechten bis 20° bzw. 30° nach oben abgeschirmt sind. Die Abschirmung hat innerhalb der gefährdeten Höhenbereiche in der Hauptschussrichtung und im Winkel von 25° zur Schussrichtung jeweils seitlich der äußeren Schützenpositionen nach der ersten Hochblende jeden Einblick in die Umgebung von Schießständen auszuschließen.

Zu beachten sind die Angaben unter Nummer 4.2.1 zur Position der 1. Hochblende.

Die bauliche Absicherung des Schießstandes muss sich weiterhin nach der Beschaffenheit, Besiedlung und Nutzung des Gefahrenbereiches richten. So können z. B. höhere Gebäude und ansteigendes Gelände im Hintergelände eines Schießstandes (Schussrichtung) eine Höhensicherung auch über die in Nummer 4.2.1 genannten Bereiche hinaus erforderlich machen.

4.2.3 Hochblenden

Hochblenden sind quer über der Schießbahn eingebaute, senkrecht zur Schussrichtung angeordnete durchschusssichere bzw. -hemmende Bauteile, die die Höhensicherung bei offenen Schießständen gewährleisten.

Insbesondere in Verbindung mit teilgedeckten Schießständen sind auch sog. „liegende" Hochblenden zulässig, die zur Schussrichtung horizontal angeordnet sind.

4.2.3.1 Anschlagshöhen

Die üblichen Anschlagshöhen liegen zwischen 0,30 m (Liegendschießen), 0,70 m (kniender Anschlag) und 1,40 m bei stehendem Anschlag (maximal 1,70 m).

Bei Schießständen, bei denen ein Mehrdistanzschießen innerhalb der Schießbahn zulässig ist, werden die Sicherheitsbauten, abweichend von Nummer 4.2.2, auf die jeweilige zulässige Anschlagshöhe abgestimmt.

4.2.3.2 Anordnung der Hochblenden

In welchen Entfernungen von der Brüstung des Schützenstandes die erforderlichen Hochblenden errichtet werden müssen, ist u. a. von der Aufsatzhöhe der ersten Hochblende und deren Anordnung abhängig.

III

Es kann zweckmäßig sein, in der Planung der Anordnung der Hochblenden ihre Verwendung als Träger von Geschossfängen und Fangdächern auf Zwischenentfernung vorzusehen.

4.2.3.3 Bauarten

Die Hochblenden über einer Schießbahn sind über deren ganze Breite in der erforderlichen Höhe freitragend oder auf Pfosten oder Pfeilern zu errichten. Sie müssen seitlich bis an die Seitensicherungen heranreichen, das heißt bis in die Seitenwälle hinein oder bis an die Seitenmauern geführt werden.

Direkt an die Brüstung des Schützenstandes oder den Schützenpositionen anschließende Schallschleusen sind keine Sicherheitsbauteile, wenn sie nicht durchschusssicher ausgeführt sind.

4.2.3.4 Baustoffe

Die Hochblenden von Schießständen sind entsprechend der auf dem Stand geplanten oder zugelassenen Geschosse und -energien nach den Bestimmungen für Baustoffe (Nummer 2.7.2) auszuführen.

4.2.3.5 Bekleidung von Hochblenden und deren Trägern

Zur Vermeidung rückprallender Geschosse sind die Hochblenden schützenseitig zu bekleiden (Nummer 2.5.3).

4.2.4 Seitensicherung

Unter Seitensicherung versteht man Sicherheitsbauten, die die Sicherheit eines Schießstandes in Schussrichtung gesehen zu den Seiten hin gewährleisten.

4.2.4.1 Seitenblenden

Die Seitensicherung eines Schießstandes durch Seitenblenden ist bei Neuanlagen nicht gestattet. Sofern aus Platzmangel oder sonstigen Gründen ein durchgehender Seitenwall nicht errichtet werden kann, ist eine durchgehende Seitenmauer vorzusehen. Es kann auch eine Kombination von Mauer und Seitenwall erfolgen.

Vorhandene Seitenblenden bei bestehenden Schießständen müssen eine ausreichende Seitensicherung (Nummer 4.2.1) gewährleisten. Ein Zutritt zur Schießbahn von außen her oder von dem Weg zu einer Anzeigerdeckung ist durch einen Zaun zuverlässig abzusperren.

Bei den noch vorhandenen Seitenblenden ist darauf zu achten, dass ihre schützenseitigen Flächen so angeordnet sind, dass ein von der Standmitte abgegebener Schuss sie in einem Winkel von ca. 90° trifft. Stehen Seitenblenden in einem zu spitzen Winkel zur Schussrichtung, besteht die Gefahr, dass Geschosse von den Blenden absetzen und auf der gegenüberliegenden Seite zwischen den dort stehenden Blenden den Schießstand verlassen.

4.2.4.2 Seitenmauern

Innerhalb von dicht besiedelten oder verkehrsreichen Gegenden ist eine durchgehende Seitensicherung von Schießbahnen, ungeachtet der 25°-Sicherung nach 4.2.1, mit Hilfe von Seitenwällen oder Seitenmauern unerlässlich. Derartige Seitenwälle oder Steinmauern sind unmittelbar an den Schützenstand und an den Geschossfang bzw. an den Abschluss einer Schießbahn anzuschließen.

Seitenmauern einer Schießbahn sind nach der Baustofftabelle Nummer 2.7.2 zu errichten. Pfeiler von Seitenmauern sollen nach Möglichkeit innen bündig gesetzt werden. Sonst sind diese Pfeiler gemäß Nummer 2.5.3 mit Weichholz der Dicke $\geq$ 2,4 cm schützenseitig zu bekleiden. Die Seitenmauern selbst bedürfen keiner Bekleidung.

Die Höhen der Seitenmauern müssen den jeweiligen Höhen der Hochblenden entsprechen. Bei schräger Ausführung der Seitenmauern, ausgehend von der Durchschusshöhe der jeweils zum Schützen liegenden Hochblende zur Oberkante der folgenden Hochblende, ist ein Sicherheitszuschlag von mindestens 0,05 m der erforderlichen Höhe zuzurechnen.

4.2.4.3 Erdwälle

Als Seitensicherung einer Schießbahn errichtete bewachsene Erdwälle sollen je nach der Beschaffenheit des Erdreiches ein Steigungsverhältnis von höchstens 1:1 erhalten; dies entspricht einem Böschungswinkel von 45°. Die Kronen der Wälle sind flach in einer Breite von mindestens 0,50 m zu bauen.

Erdwälle müssen, bei Abstimmung der Sicherheitsbauten nach Nummer 4.2.2, mindestens die Höhe der Hochblenden besitzen und sich an diese unmittelbar anschließen. Wälle, die sich gesetzt haben, sind entsprechend zu erhöhen. Hierbei können neben Erdreich auch andere Materialien verwendet werden, sofern eine erneute Anschüttung von Erdmaterial nicht möglich ist (Abrutschgefahr).

4.2.5 Schießbahnabschluss

Die Schießbahn ist durchschusssicher abzuschließen. Der Abschluss wird nach den Bestimmungen für Baustoffe (Tabelle 2.7.3) gebaut oder besteht aufgrund der natürlichen Gegebenheiten.

Der Schießbahnabschluss muss sich über die gesamte Breite der Schießbahn erstrecken. Die Oberkante eines Abschlusswalles muss mindestens 0,20 m über der höchsten, durch einen direkten von der Antrags- oder Brüstungshöhe abgegebenen Schuss erreichbaren Linie liegen; bei Abschlusswänden mindestens 0,05 m.

4.2.5.1 Natürlicher Schießbahnabschluss

Natürliche Schießbahnabschlüsse sind z. B. steile Hänge von Bergen, Kiesgruben, Steinbrüchen, Abraumhalden oder dergleichen und Erdwälle.

Natürliche Schießbahnabschlüsse sind mit einer Füllung zu versehen, die eine Kontamination des umgebenden Erdreiches durch Geschossmaterial verhindert und eine einfache Entsorgung bzw. Trennung zulässt.

Als Füllmittel kommen z. B. Sand, Gummigranulat o. Ä. in Frage. Eine Kontamination des umgebenden Erdreiches kann durch eingelegte Folien oder eine Geschossfangkammer verhindert werden.

Bei Schießständen, die ausschließlich zum Schießen mit Randfeuerpatronen Kaliber .22 l.r. bestimmt sind, können vor natürlichen Schießbahnabschlüssen auch Geschossfangkästen verwendet werden. Diese müssen den Anforderungen an Geschossfangsysteme (Nummer 2.8) entsprechen.

4.2.5.2 Gebauter Schießbahnabschluss

Ein gebauter Schießbahnabschluss wird aus Mauerwerk oder Beton nach den Bestimmungen für Baustoffe (Nummer 2.7.3) errichtet. Eine Abschlusswand allein, gleichgültig aus welchem Baustoff und in welcher Dicke sie errichtet ist, darf nicht gleichzeitig als Geschossfang dienen. Vor Mauerwerk oder Beton ist stets ein geeignetes Füllmittel in ausreichender Dicke oder ein Geschossfangsystem (Nummer 2.8) vorzusehen.

4.2.5.3 Geschossfangeinrichtungen

Alle zum Auffangen von Geschossen vorgesehenen Bauteile von Schießständen müssen so beschaffen sein, dass die Aufnahme der auftreffenden Geschosse durch Energieaufzehrung zuverlässig und sicher erfolgt. Die Anforderungen an Geschossfangsysteme (Nummer 2.8) sind einzuhalten.

Füllungen von Schießbahnabschlüssen müssen mindestens 0,50 m über die Oberkante der höchsten Scheibe hinausreichen bzw. geeignet sein, einen direkten von der Antragsoder Brüstungshöhe abgegebenen Schuss zuverlässig aufzunehmen.

Sonstige Geschossfangsysteme vor gebauten Schießbahnabschlüssen müssen auf die größten eingesetzten Scheiben abgestimmt sein.

4.2.5.4 Scheibenstand

Scheiben sollen höchstens 1,00 m vor der Vorderseite eines Geschossfanges bzw. des Beginns der Sohle einer aufgeschütteten Füllung aufgestellt werden.

Die Vorgaben nach Nummer 2.6 sind zu beachten.

4.2.5.5 Fangdach

Über einem Geschossfang oder einer Füllung muss ein Fangdach angebracht werden. Das Dach soll sich vom Abschluss der Schießbahn bis zur Vorderkante des Geschossfanges erstrecken. Es soll bis auf die Seitenwälle bzw. Seitenmauern reichen oder es ist eine, bis an das Dach reichende, seitliche Schutzwand anzubringen. Alle im Geschossfang möglicherweise entstehenden Abpraller bzw. Geschosssplitter müssen sicher gefangen werden.

Soweit Randfeuerpatronen bis Kaliber .22 l.r. verschossen werden, darf das Fangdach aus Holz der Dicke $\geq$ 2,4 cm mit einer wasserdichten Auflage bestehen.

Bei Schießständen, die für eine Nutzung für KW-Munition bis zu einer E_0 von 1500 J zugelassen sind, hat die Holzdicke $\geq$ 5 cm zu betragen oder das Fangdach ist aus einem gleichwertigen Baustoff herzustellen.

Bei Schießständen, die für eine Nutzung für Munition bis zu einer E_0 von 7000 J zugelassen sind, sind bei Neuanlagen geschlossene Geschossfangkammern mit Decken aus Stahlbeton vorzusehen.

Der für Altanlagen geforderte Aufbau von Fangdächern bleibt davon unberührt.

4.2.5.6 Wartung

Die Geschossfangeinrichtungen einschließlich ihrer ggf. vorhandenen Füllungen bedürfen einer ständigen Wartung (Nummer 10.3).

4.2.6 Anzeigerdeckungen

Aus einer Anzeigerdeckung werden die Scheiben zum Beschuss und zum Anzeigen der Schüsse ausgefahren sowie zum Abkleben eingeholt. Anzeigerdeckungen können sowohl unterhalb als auch seitlich oder oberhalb der Scheiben angelegt werden.

Seitlich der Schießbahn liegende Anzeigerdeckungen werden zweckmäßigerweise in vorhandene Erdwälle oder natürliche Bodenerhebungen gebaut.

4.2.6.1 Sicherheit

Der Scheibendurchlass muss jeweils so eng sein, dass keinesfalls eine Person durch ihn in die Schießbahn gelangen kann.

Sämtliche Anzeigerdeckungen müssen gegen die mögliche Beschussrichtung eine vollständige, durchschusssichere Deckung bieten und nach den Vorschriften über Baustoffe (Nummer 2.7.2) hergestellt sein. Die entgegen der Schussrichtung liegenden Beton- oder Mauerwände von Anzeigerdeckungen, die seitlich der Scheiben angeordnet sind, sollen nach Möglichkeit durch eine Erdanschüttung abgedeckt werden. Die Anschüttung muss in mittlerer Scheibenhöhe mindestens 0,50 m dick sein. Freie Wände der Deckungen sind ständig auf ihren einwandfreien Zustand zu überprüfen. Die lichte Höhe einer Anzeigerdeckung soll mindestens 2,00 m, die lichte Weite mindestens 1,50 m betragen.

Für die Verständigung zwischen Schützen, Aufsichtspersonen und Anzeigern ist eine Kommunikationseinrichtung vorzusehen.

4.2.6.2 Zugang

Der Zugang zu einer Anzeigerdeckung muss außerhalb der Schießbahn verlaufen. Ein- und ausgehende Personen dürfen nicht gefährdet werden können.

Bei bestehenden Anlagen, bei denen ein außerhalb der Schießbahn liegender, gesicherter Zugang zu einer Anzeigerdeckung nicht eingerichtet ist, müssen die Anzeiger vor dem Beginn eines jeden Schießens von der verantwortlichen Aufsichtsperson in der Deckung eingeschlossen und nach Beendigung des Schießens wieder abgeholt werden.

Ein Betreten einer Schießbahn direkt aus einer Anzeigerdeckung heraus und von deren Zuwegung muss während des Schießens ausgeschlossen sein. Die Bestimmung der Nummer 2.5.1 ist hierbei zu beachten.

4.2.6.3 Seh- und Durchlassschlitz

Die Höhen und Breiten der Durchlassöffnungen von Anzeigerdeckungen, die seitlich von Scheiben liegen, dürfen nur die Scheiben durchlassen. Damit wird ein Betreten der Schießbahn durch die Öffnungen ausgeschlossen.

Die Durchlassschlitze müssen durch eine äußere oder innere Blende derart geschützt werden, dass kein Geschoss einen solchen Schlitz treffen oder in den Schlitz abprallen kann. Eventuell vorzusehende Beobachtungsfenster müssen aus einer splitterfreien, durchschusshemmenden Verglasung in einer Dicke bestehen, die von Geschosssplittern nicht durchschlagen werden kann. Sie muss sicher gegen einen direkten Schuss in die Wand der Deckung eingebaut werden.

Nach jedem Ausfahren einer Scheibe bzw. nach jeder Schussanzeige hat der Anzeiger seinen Stand in der Deckung dieser Blende einzunehmen.

4.2.6.4 Sitzgelegenheiten

Bänke oder anderweitige Sitzgelegenheiten sowie Tische, die in einer Anzeigerdeckung verwendet werden, sind an deren Rückseite unterhalb der Bedachung so zu befestigen, dass Anzeiger diese nicht unterhalb der Scheiben aufstellen, besteigen und hierdurch in den Gefahrenbereich oberhalb eines Durchlassschlitzes gelangen können.

4.2.6.5 Warnflaggen

Für eine Unterbrechung des Schießens sind in der Deckung rote Signalflaggen vorzuhalten. Nach Zeigen der Warnflagge ist das Schießen sofort einzustellen.

4.3 Anordnung von Scheiben auf Zwischenentfernungen

4.3.1 Allgemeines

Grundsätzlich richtet sich die Anordnung von stehenden Scheiben im Sinne der Nummer 2.6 auf Zwischenentfernungen der Schießbahnlänge nach deren individuellen Gegebenheiten. Die innere und äußere Sicherheit eines Schießstandes z. B. durch rück- und abprallende Geschosse bzw. deren Teile darf nicht beeinträchtigt werden.

Bei der Planung und dem Bau von Neuanlagen sind die Hochblenden so zu positionieren und statisch entsprechend auszulegen, dass auf ihrer Rückseite in Schussrichtung gesehen vor Beschuss abgeschirmt technische Vorrichtungen vorgesehen werden können. Solche Vorrichtungen können einfahrbare bzw. absenkbare Geschossfangsysteme sein, Scheibenhalterungen oder aufliegende Fangdachkonstruktionen.

Bei Altanlagen sind die Gegebenheiten für den möglichen Einbau von stehenden Scheiben auf Zwischenentfernungen der Schießbahnlängen im Einzelfall vor Ort durch einen SSV zu beurteilen. Insbesondere muss bei der sicherheitstechnischen Beurteilung die Nutzung des Gefahrenbereiches bzw. die Umgebung eines Schießstandes (Besiedlung, gefährdete Objekte) mit einfließen.

Für den Einbau von oben liegenden Scheibenzuganlagen ist eine freie Durchschusshöhe unter den Hochblenden von mindestens 2,20 m, bezogen auf das Fußbodenniveau des Schützenstandes, zu wählen. Die Einbauempfehlungen der jeweiligen Hersteller sind hierbei zu berücksichtigen.

Die Schießbahnsohle sollte annähernd horizontal sein, sie darf in Schussrichtung nicht ansteigen. Günstig ist zur Vermeidung von Geschossaufsetzern ein nach dem Scheibenstand auf Zwischenentfernung zum Schießbahnabschluss hin fallendes Niveau der Schießbahnsohle. Das Zentrum der Scheiben am Schießbahnabschluss, wie das des Geschossfanges, ist dann auf die Maßbezugshöhe (Fußbodenniveau im Schützenstand bzw. Standhöhe der Schützen) anzupassen.

Geschossfangeinrichtungen auf Zwischenentfernungen müssen so konstruiert und positioniert werden, dass auftreffende Geschosse sicher aufgenommen werden. Eine Kontamination des Bodens auf Zwischenentfernungen mit Geschossmaterial ist zu vermeiden. Werden elektronische Trefferanzeigesysteme verwendet, so ist über diesen als Witterungsschutz ein Fangdach ausreichender Abmessungen vorzusehen.

4.3.2 Scheibenentfernungen 10 m und 15 m

Grundsätzlich dürfen stehende Scheiben in längeren Schießbahnen auf den Zwischenentfernungen 10 m und 15 m für das Schießen mit DL-Waffen sowie Zimmerstutzen angeordnet werden, wenn unmittelbar hinter den Papierscheiben Geschossfangkästen angeordnet werden. Bei entsprechender Positionierung einer Hochblende sind auf deren Rückseite die Geschossfänge ein- und ausfahrbar zu installieren; ansonsten müssen deren Halterungen bzw. Ständer wegnehm- oder wegschwenkbar oder auf den Scheibenwagen montiert sein. Außerdem ist die Schießbahn in diesem Bereich mit Folien oder Planen zum Aufsammeln herunterfallender Geschossfragmente abzudecken. Grundsätzlich nicht zulässig sind niveaugleiche Abdeckungen der Schießbahnsohle mit Betonplatten oder deren harte Versiegelung (Nummer 4.4.2). Ansonsten müssen Betonplatten oder dgl. durch Absenken oder Vorsetzen einer Traverse gegen direkten Beschuss, bezogen auf die jeweilig zulässigen Anschlagshöhen, abgesichert werden.

Sollen in einer offenen 25-m-Schießbahn mit üblicher Höhensicherung, auf der mit KW bis zu einer E_0 von 1500 Joule geschossen werden darf, Scheiben auf Zwischenentfernungen der Schießbahnlänge (z. B. 5 m, 10 m und 15 m) vorgesehen werden, so dürfen nur durchdringbare Scheibenträger eingesetzt werden (kein Holz, dafür Pappe, Styrodur etc.). Die Scheiben können an Seilen (Hanf- oder Kunststoff-, keine Stahlseile) o. Ä. an Hochblenden oder hinter beschusssicher montierten quer verlaufenden Balken befestigt werden. Der Schießbahnabschluss muss über ein ausreichend dimensioniertes Fangdach verfügen (Nummer 4.2.5.5), Geschossfangkammern sind vorzuziehen. Die Scheiben sind mit ihrem Zentrum in Bezug auf die Anschlagshöhe (in der Regel stehender Anschlag) so zu positionieren, dass die damit vorgegebene Schussrichtung durch das Zentrum des jeweiligen Geschossfangsystems verläuft.

4.3.3 Scheibenentfernung 25 m

Diese Zwischenentfernung für das Schießen mit KW ist sicherheitstechnisch entweder für eine E_0 von 200 J (Randfeuerpatronen bis Kaliber .22 l.r.) oder bis zu 1500 Joule abzustimmen. Die Art der Nutzung der Zwischendistanz-25-m wird wesentlich von der vorhandenen oder geplanten technischen Ausstattung der Schießbahn (wie Art der Scheibenzuganlage) und der Schießbahnlänge bestimmt. Auch die Bewertung der Umgebung des jeweiligen Schießstandes z. B. deren Einstufung als „schwach besiedelt" im Sinne der Nummer 4.5 muss in die Gesamtbeurteilung einfließen.

Bei einer Schießbahnlänge von mehr als 50 m und/oder unten liegenden Scheibenzuganlagen in Altanlagen ist bei Verwendung von KW-Munition bis zu einer E_0 von 1500 Joule unmittelbar hinter dem 25 m-Scheibenstand unter Nutzung der dort befindlichen Hochblende ein entsprechender Geschossfang vorzusehen. Dieser hat die gesamte freie Durchschusshöhe unter der Hochblende und seitlich mindestens 0,50 m über die Ränder der äußeren größten verwendeten Scheibe abzudecken.

Hierbei muss ein Stahlblech der Dicke $\geq$ 10 mm mit einer Zugfestigkeit $\geq$ 500 N/mm^2 oder Material gleichwertiger Festigkeit eingesetzt werden, das unter einem Winkel von 45° oder kleiner nach hinten unten geneigt ist. Zulässig ist auch ein üblicher Stahllamellengeschossfang. Das jeweilige Geschossfangsystem muss, wenn auf der Schießbahn auf größere Entfernungen geschossen werden soll, nach oben, unten oder zur Seite so ausschwenk- oder verschiebbar sein, dass es nicht durch direkte Schüsse getroffen werden kann. Bei einer Neuanlage sollte möglichst auf ca. 20 m bis 23 m eine Hochblende vorgesehen werden, hinter der der Scheibenstand mit Geschossfangeinrichtung einzubauen ist. Auf der Rückseite der Hochblende lässt sich dann das notwendige Fangdach abgeschirmt gegen direkten Beschuss anbringen.

Beim Schießen mit Randfeuerpatronen bis zu einer E_0 von 200 J ist eine Anordnung von Scheiben auf eine Zwischenentfernung von 25 m in längeren Schießbahnen dann zulässig, wenn unmittelbar hinter den Scheiben ausschwenkbare Geschossfänge angebracht werden. Die Geschossfänge müssen in ein- und ausgeschwenkter Lage zuverlässig festgestellt werden können. Auf das Erfordernis von Fangdächern gemäß Nummer 4.6.6 wird hingewiesen.

In einer Schießbahn mit der Gesamtlänge von 50 m ohne Scheibenzüge bzw. mit oben liegender Scheibenzuganlage (keine Holz- und Metallkonstruktionen), darf grundsätzlich auf eine Distanz von 25 m auf ein spezielles Geschossfangsystem verzichtet werden. Voraussetzung ist jedoch, dass das Scheibenzentrum der Zwischenentfernung so gewählt wird, dass die im Scheibenbereich auftreffenden Geschosse die Schießbahnsohle hinter dem Scheibenstand-25-m nicht tangieren und sicher von dem Geschossfangsystem im Abschluss der Schießbahn aufgenommen werden. Beim Schießen im knienden oder liegenden Anschlag müssen dann ggf. Pritschen verwendet werden, um die Anschlagshöhen anzupassen. Der Geschossfang am Schießbahnabschluss selbst muss von der Schießbahnsohle beginnend über die freie Durchschusshöhe unter den Hochblenden hinaus und über die Schießbahnbreite reichen. Ein Fangdach mit definiertem Schießbahnabschluss ist hier immer erforderlich.

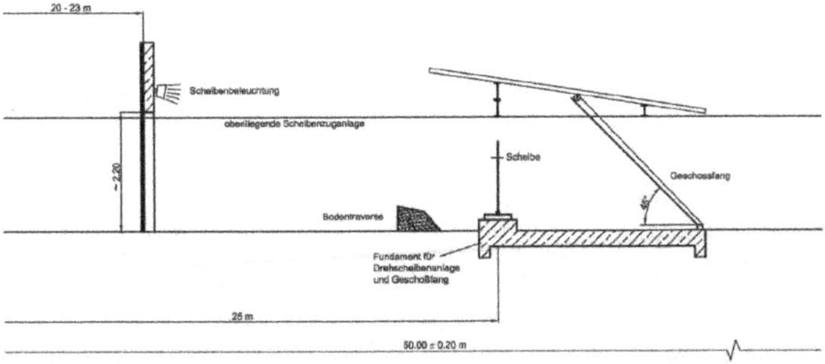

Abbildung 4.3.3 Nach unten ausschwenkbares Geschossfangsystem

4.3.4 Scheibenentfernung 30 m

Die Scheibenentfernung 30 m für das Schießen mit der Matcharmbrust darf in jeder längeren Schießbahn ermöglicht werden. Auf dem Scheibentransportwagen ist dafür eine mindestens 40 cm × 40 cm große und 2,5 cm dicke Weichholztafel mit einem auswechselbaren Weichbleizentrum von 9 cm Durchmesser anzubringen.

Die Höhe des Scheibenzentrums (Tabelle 2.6.1) muss dann in Abhängigkeit von der technisch möglichen Transporthöhe der vorhandenen Scheibenzuganlage bestimmt werden.

4.3.5 Scheibenentfernung 50 m

Auf eine Scheibenentfernung von 50 m ist das Schießen mit Waffen für Randfeuerpatronen bis zu einer E_0 von 200 J in einer Schießbahn der Länge 100 m für diese Waffen nur zulässig, wenn unmittelbar hinter den Scheiben ausschwenkbare (oder nach oben hinter dort befindlichen Hochblenden verschiebbare) Geschossfangkästen angebracht sind. Auf die Erfordernisse eines Fangdaches gemäß Nummer 4.2.5.5 wird hingewiesen.

Ein Schießen mit VL-Langwaffen bis zu einer E_0 von 3000 J auf eine Zwischenentfernung von 50 m in längeren Schießbahnen ist nur dann erlaubt, wenn unmittelbar hinter den Scheiben ein entsprechendes Geschossfangsystem vorgesehen wird. Dieses muss über die ganze Höhe der freien Durchschussöffnung unter den Hochblenden und mindestens 50 cm über die seitlichen Ränder der äußeren, größten verwendeten Scheiben hinausragen. Als entsprechendes Geschossfangsystem darf ein Stahlblech der h.w. Dicke $\geq$ 10 mm mit einer Zugfestigkeit von $\geq$ 500 N/mm^2 (nur Bleigeschosse) verwendet werden, das unter einem Winkel von $\leq$ 45° zur Schussrichtung nach hinten unten geneigt ist. Für die auftreffenden und nach unten abgeleiteten Projektile muss konstruktiv eine zum Erdreich hin versiegelte Aufsammelvorrichtung vorgesehen werden. Auf die Erfordernisse von Fangdächern wird hingewiesen.

Schießstände mit entsprechend großer Durchschusshöhe unter den Blenden ($\geq$ 2,20 m), mit oben liegenden Scheibenzuganlagen und bei Verwendung von durchdringbaren Scheibenträgern, in denen die Geschosse allenfalls sicherheitstechnisch unbedeutend abgelenkt werden, darf u. U. auf ein Geschossfangsystem auf der Zwischenentfernung-50-m verzichtet werden. Hierbei ist durch die abgestimmten Höhen der Scheibenzentren-50-m zu gewährleisten, dass im Scheibenbereich auftreffende Projektile von dem Geschossfangsystem am Schießbahnabschluss aufgenommen werden. Die Schießbahnsohle darf zumindest nach dem Scheibenstand auf der Zwischenentfernung bis zum Schießbahnabschluss hin nicht ansteigen. Das Geschossfangsystem muss sich über die gesamte Höhe und Breite des von direkten Schüssen erreichbaren Bereiches des Schießbahnabschlusses erstrecken und immer ein ausreichendes Fangdach aufweisen.

4.3.6 Einbau „Laufender" Scheiben

In einer Schießbahn von mehr als 50 m Länge ist der Einbau einer „Laufenden" Scheibe für das Büchsenschießen auf 50 m Entfernung zulässig, sofern die zu den „Laufenden" Scheiben gehörende Schießbahn gegenüber der gesamten Bahn versenkt liegt und unmittelbar hinter den „Laufenden" Scheiben ein besonderer Geschossfang errichtet ist, dessen Oberkante mindestens 30 cm über der größten zur Verwendung kommenden Scheibe liegt.

4.4 Mehrdistanzschießen innerhalb der Schießbahn

4.4.1 Allgemeines

Beim Mehrdistanzschießen erfolgt eine Schussabgabe nicht nur vom festen bzw. stationären Schützenstand aus, sondern von verschiedenen Positionen innerhalb der Schießbahn. Es ist zwischen stationärem und bewegungsorientiertem Mehrdistanzschießen zu unterscheiden.

Beim stationären Mehrdistanzschießen werden auf Zwischenentfernungen der Schießbahnlänge unterschiedliche Schützenpositionen stationär genutzt, das heißt die Schützen gehen von Schützenposition zu Schützenposition in der Schießbahn vor (z. B. Schießen auf 25 m, 20 m, 15 m und 10 m) und schießen auf jeweils feste Scheibenentfernungen.

Beim dynamischen oder bewegungsorientierten Mehrdistanzschießen bewegt sich der Schütze ohne festgelegte Schützenpositionen in der Schießbahn und beschießt Scheiben auf unterschiedliche Scheibenentfernungen, u. U. unter Nutzung mobiler Geschossfänge (Nummer 2.8.5.8). Auch die Ausbildung in der Verteidigung mit Schusswaffen nach § 22 AWaffV (sog. Verteidigungsschießen) ist hier zu subsumieren.

Diese Schießart, bei der der Schütze in verschiedenen Anschlagsarten aus wechselnden Entfernungen innerhalb der Schießbahn die Scheiben beschießt, darf auf offenen Schießständen nur dann durchgeführt werden, wenn die Anlage so errichtet wurde, dass vom Schützenstand bzw. jeder Schützenposition aus (die Stellung der Scheibe vor dem Geschossfang darf nicht verändert werden), unter Berücksichtigung der jeweiligen Anschlagsart und -höhe, die nach Nummer 4.2.1 geforderte Sicherheit gegeben ist (Abbildung 4.4.1).

Das Mehrdistanzschießen darf nur dann durchgeführt werden, wenn entsprechende bauliche Einrichtungen vorhanden sind. Auf die notwendige behördliche Erlaubnis für diese Art der Nutzung wird hingewiesen. Vor der erstmaligen Nutzung durch Behörden ist der Schießstand zudem von einem Sachverständigen der entsprechenden Behörde zu prüfen.

4.4.2 Schützenstände/-positionen

Bei der Festlegung von Schützenständen und -positionen für das Mehrdistanzschießen sind die Bestimmungen für offene Schießstände sinngemäß anzuwenden. Die sich aus der Art des Schießens ergebenden sicherheitstechnischen Forderungen sind durch einen SSV zu bestimmen.

Die auf Zwischenentfernungen gewählten Schützenpositionen sind deutlich zu kennzeichnen.

4.4.3 Schießbahn

Bei einer Nutzung auf Zwischendistanzen in der Schießbahn ist für jede zulässige Schützenposition die notwendige Höhensicherung von 30° einzuhalten (Abbildung 4.4.1). Bei einer durchgehenden Absicherung der Schießbahn auf allen Zwischenentfernungen und für sämtliche Anschlagsarten erfolgt die Berechnung des Abstandes der Hochblenden in Relation zur Blendenhöhe wie folgt:

$$\text{Blendenabstand} = \frac{\text{Blendenhöhe}}{0{,}5574}$$

Beispiel: Eine Blendenhöhe von 1,20 m ergibt einen durchgängigen Blendenabstand von 2,03 m bzw. 2,00 m.

Dabei ist darauf abzustellen, dass die notwendige Seitensicherung mit der Höhensicherung abgestimmt ist.

Alle direkt beschießbaren Flächen von Hochblenden und deren Träger aus harten Baustoffen sind nach den Bestimmungen der Nummer 2.6.3 zu verschalen. Seitenmauern sind rückprallsicher zu bekleiden.

Gleiches gilt für die von direkten Schüssen, insbesondere bei kurzen Schussentfernungen, zu treffenden Wand- und Deckenflächen der Geschossfangkammer.

4.4.4 Geschossfangeinrichtungen

Geschossfänge bzw. Füllungen sind in einer Geschossfangkammer unterzubringen, die ein bis über die Scheibenstände reichendes durchschusssicheres Fangdach besitzt.

Bei harten Geschossfängen ist auf einen ausreichenden Rückprall- und Staubschutz zu achten.

4.5 Schießstände in schwach besiedelten Gebieten

In schwach besiedelten Gebieten und solchen, in denen das in Schussrichtung liegende Gelände nicht oder nur wenig begangen wird, dürfen nach Maßgabe der örtlich verschiedenen Verhältnisse Erleichterungen gewährt werden und zwar sowohl bei der Herstellung der Sicherheitsbauten als auch bei der Forderung anderer sicherheitstechnischer Bedingungen (z. B. Zäunung).

In jedem Einzelfall ist das Gutachten eines SSV erforderlich, in dem zweifelsfrei festgestellt und begründet sein muss, von welchen Vorschriften der Richtlinien abgewichen werden darf. Gleichzeitig sind darin die jeweiligen Auflagen und Bedingungen zu nennen, unter denen der Schießstand betrieben werden darf.

4.5.1 Definition der „schwach besiedelten Gebiete"

Ein Gelände ist als schwach besiedelt anzusehen, wenn es zum Beispiel

- aus wenig frequentierten Wasserflächen, Mooren oder ähnlichen, wenig begangenen Flächen besteht oder
- nur land- und forstwirtschaftlich genutzt und während des Schießens abgesperrt und/oder durch Posten kontrolliert wird oder
- nur von Nutzungsberechtigten oder deren Beauftragten zur Vornahme zeitbedingter, nicht in die Schießzeiten fallender Arbeiten betreten wird

und der Gefahrenbereich

- nicht von Hochspannungsleitungen, Eisenbahnen, Straßen oder Fahr- und Wanderwegen durchzogen wird,
- frei von Ortschaften, Ansiedlungen, Freizeiteinrichtungen, feuer- und explosionsgefährdeten Anlagen und dgl. ist.

4.5.2 Sicherheitsbauten

Auf Sicherheitsbauten kann teilweise verzichtet werden, wenn der Gefahrenbereich (Nummer 4.2.1) entsprechend beurteilt wird. Änderungen in der Nutzung und Beschaffenheit der Gefahrenbereiche wie zunehmende Bebauung, Errichtung von Freizeiteinrichtungen und dgl. können zumindest objektbezogen höhere Absicherungen als bei der Planung vorgesehen bei solchen Schießständen nachträglich notwendig werden lassen. Ggf. sind im Rahmen der Überwachung durch die Genehmigungsbehörde und bei den sicherheitstechnischen Regelüberprüfungen durch den SSV diesbezügliche Feststellungen zu treffen.

4.6 Teilgedeckte Schießstände

Bei teilgedeckten Schießständen handelt es sich um solche, bei denen eine Teileinhausung der Schießbahn weiter als 5 m ab der Feuerlinie gebaut ist.

Für teilgedeckte Schießstände gelten grundsätzlich die Bestimmungen, die auch für offene Anlagen herangezogen werden. Zu beachten sind im Wesentlichen die Anforderungen an die im überdachten Teil des Schießstandes einzubauenden schallabsorbierenden Bekleidungen hinsichtlich ihrer Baustoffklasse (in der Regel mindestens schwerentflammbar nach Baustoffklasse B1 gemäß DIN 4102, Teil 1).

Die Schießbahnsohle ist so zu gestalten, dass bis zu einer Entfernung von mindestens 5 m ab der Feuerlinie unverbrannte TLP-Reste aufgenommen werden können.

4.6.1 Teilgedeckte Schießstände in nicht ganz bis zur Scheibe hin geschlossenen Räumen

Wenn die Einhausung der Schießbahn sehr weit hinausreicht, jedoch nicht ganz bis zum Scheibenstand verläuft, so muss diese so ausgeführt werden, dass ein unter 15° von den Umschließungsbauteilen absetzendes Projektil im Geschossfang gefangen wird. Dies gilt sowohl nach der Höhe als auch nach der Seite. Die demnach zulässige Entfernung des vorderen Endes der Einhausung vom Geschossfang ist unter Berücksichtigung der Größe der Austrittsöffnung und der Größe des Geschossfanges festzulegen.

4.7 Berechnung der Sicherheitsbauten

Für die Berechnung der Sicherheitsbauten gelten folgende Formelsymbole:

III

Antragshöhe	H_A
Höhe der Abschlusswand	H_{AWD}
Höhe des Abschlusswalls	H_{AWL}
tatsächliche Brüstungshöhe	H_B
Durchschusshöhe	H_{DH}
Gesamthöhe der n-ten Hochblende	H_{Gn}
Abstand der Abschlusswand vom Scheibenstand (abhängig von der Tiefe des gewählten Geschossfangsystems)	L_{GF}
Standort der letzten Blende vor dem Scheibenstand	L_{LB}
Entfernung der Hochblende	L_n
Entfernung des Scheibenstands	L_{SE}
Abstand der Kronenmitte des Abschlusswalls vom Scheibenstand in Abhängigkeit des Erdschüttwinkels	L_{WT}
Gefährdungswinkel Hochblenden	α

Für die Ermittlung der Anzahl, Standorte und Abmessungen der erforderlichen Hochblenden gelten folgende Festlegungen:

- Alle Höhenangaben beziehen sich auf die Oberkante des Fertigfußbodens im Schützenstand.
- Die Entfernungsangaben sind auf die Feuerlinie bzw. Innenkante der Brüstung im Schützenstand bezogen.

Es gelten folgende Sicherheitszuschläge:

- Von der rechnerisch ermittelten Entfernung (L_n) der Hochblende sind mindestens 0,05 m als Sicherheitszuschlag abzuziehen und der errechnete sowie reduzierte Wert nach unten auf die nächste Zehnerstelle bei Meterangaben abzurunden.

  Beispiel: errechneter Wert 4,37 m minus 0,05 m Sicherheitszuschlag = 4,32 m, gerundet 4,30 m.
- Die rechnerisch ermittelte Höhe der Abschlusswand ist um 0,05 m zu vergrößern.
- Die rechnerisch ermittelte Höhe eines Abschlusswalls ist um 0,20 m zu vergrößern.

Es gelten folgende Antragshöhen H_A (Nummer 4.2.2):

- Für KW-Schießstände: $H_A = 1{,}00$ m
- Für LW-Schießstände ohne Brüstung:
  1. Blende: $H_A = 1{,}00$ m
  ab 2. Blende: $H_A = 0{,}30$ m
- Für LW-Schießstände mit Brüstung:
  1. Blende: $H_A = 1{,}00$ m
  ab 2. Blende: $H_A = H_B$

Bei Brüstungshöhen HB > 1,00 m gilt $H_A = H_B$ auch für die 1. Blende.

Zur Vereinfachung der Berechnungen sind folgende Annahmen zu treffen:

- Durchschusshöhe H_{DH} = z. B. 2,00 m
- Gesamthöhe Hochblende H_G = z. B. 3,50 m
- Gefährdungswinkel (α) nach Nummer 4.2.1 $\tan 30^\circ = 0{,}58$; $\tan 20^\circ = 0{,}36$

Für die Ermittlung des Standorts der 1. Hochblende gilt folgende Formel:

$$L_1 = \frac{H_{G1} - H_A}{\tan \alpha}$$

Für die Ermittlung der Standorte der weiteren Hochblenden gilt einheitlich folgende Formel:

$$L_n = (L_{n-1}) \cdot \frac{H_{Gn} - H_A}{H_{DH} - H_A} - 0{,}05$$

Für die Ermittlung der Mindesthöhe der Abschlusswand gilt folgende Formel:

$$H_{AWD} = \frac{(H_{DH} - H_A)(L_{SE} + L_{GF})}{L_{LB}} + H_A + 0{,}05$$

Für die Ermittlung der Mindesthöhe eines Abschlusswalls gilt folgende Formel:

$$H_{AWL} = \frac{(H_{DH} - H_A)(L_{SE} + L_{WT})}{L_{LB}} + H_A + 0{,}20$$

4.8 Zeichnungen

Blenden für das Schießen auf Zwischenentfernungen

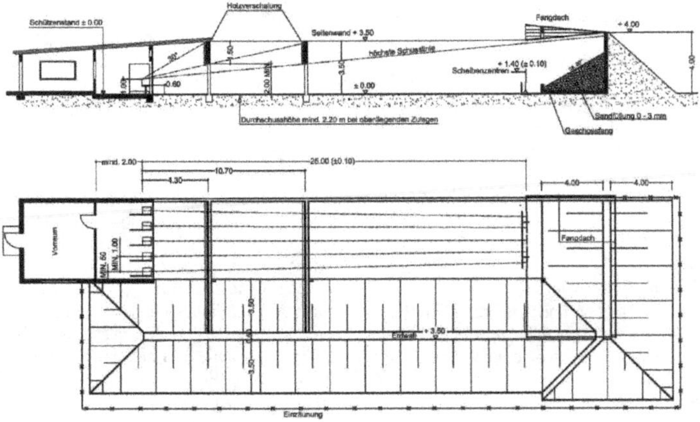

Abbildung 4.8.1 25-m-Schießstand

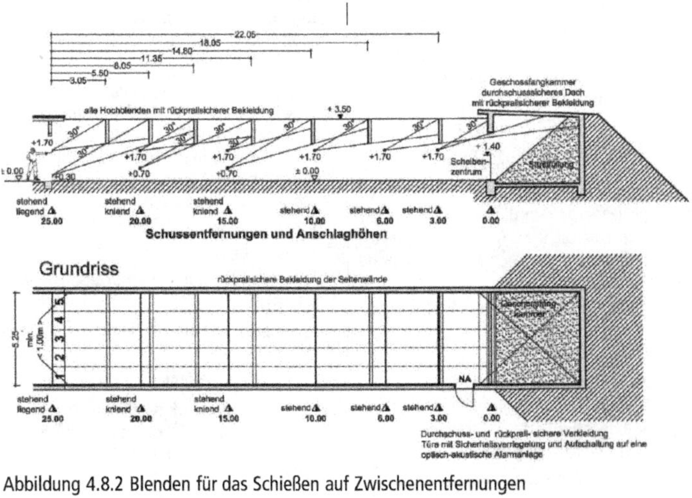

Abbildung 4.8.2 Blenden für das Schießen auf Zwischenentfernungen

5 Geschlossene Schießstände (RSA) zum Schießen mit Feuerwaffen

5.1 Allgemeines

Eine Raumschießanlage (RSA) besteht aus dem Schießstand sowie weiteren Räumen wie z. B. Schallschutzschleuse, Räumlichkeiten für die raumlufttechnische Anlage (RLT-Anlage), Aufenthaltsraum und Räumen zur Aufbewahrung von Waffen, Munition und Gerät. Diese Räume umfassen den Begriff der Schießstätte im Sinne des Waffengesetzes, sofern sie einen funktionalen Bezug zum Schießen besitzen.

Bei der Planung und Errichtung von RSA ist § 22 BImSchG zu beachten. Geschlossene Schießstände können sowohl oberirdisch als auch unterirdisch für alle Arten von Schusswaffen errichtet sein. Eine Besonderheit dabei bilden Schießstände, bei denen durch Rohre bzw. Röhren geschossen wird.

Geschlossene Schießstände für Schusswaffen bis zu einer E_0 von 7,5 J, deren Geschosse mit kalten Gasen angetrieben werden und Zimmerstutzen im Kaliber $\leq$ 4,65 mm werden in Nummer 3 behandelt. Auf diese sind die folgenden Vorgaben nicht anzuwenden.

Bei bestehenden RSA können im Rahmen der Regelüberprüfungen die Vorgaben bzgl. Material und Festigkeiten dieser Richtlinie im eingebauten Zustand oftmals nicht vollständig geprüft werden. In diesen Fällen hat der SSV durch eine Sichtprüfung des Ist-Zustandes der Bauteile eine sicherheitstechnische Bewertung durchzuführen.

Je nach Art der Nutzung von RSA ist zu unterscheiden zwischen:

- stationärem Schießen
- stationärem Schießen auf Zwischenentfernungen (statisches Mehrdistanzschießen)
- bewegungsorientiertem Schießen (dynamisches Mehrdistanzschießen).

Beim stationären Schießen nutzen die Schützen feste Schützenpositionen in einem Schützenstand, wobei unterschiedliche Scheibenentfernungen z. B. durch Zwischenhalte der Scheiben in der Schießbahn möglich sind.

Beim Mehrdistanzschießen werden auf Zwischenentfernungen der Schießbahnlänge unterschiedliche Schützenpositionen stationär genutzt, das heißt die Schützen gehen in der Schießbahn von Position zu Position vor (z. B. Schießen auf 25 m, 20 m, 15 m und 10 m) und schießen auf jeweils konstante Scheibenentfernungen.

Beim dynamischen Mehrdistanzschießen bewegt sich der Schütze in der Schießbahn (deshalb „bewegungsorientiertes Schießen") und beschießt Scheiben auf unterschiedliche Scheibenentfernungen, u. U. unter Nutzung mobiler Geschossfänge (Nummer 2.8.5.8). Auch die Ausbildung in der Verteidigung mit Schusswaffen nach § 22 AWaffV (sog. Verteidigungsschießen) ist hier einzuordnen.

Bei sog. Schießkinos (Zieldarstellung durch Bildwandtechnik) ist eine Geschossfangkammer erforderlich.

Die Vorgaben nach Nummer 5.1 beziehen sich auf das stationäre Schießen, für die anderen oben genannten Schießübungen sind ergänzende Vorschriften nach Nummer 5.2 bis 5.4 zu beachten.

Die durch direkten Beschuss gefährdeten Wände, Decken und Böden sind durchschusssicher gemäß Baustoffe nach Nummer 2.7 auszuführen, sofern die Tragwerksplanung bzw. statische Auslegung keine höheren Anforderungen verlangt.

5.1.1 Abmessungen

Der Schießstand besteht aus:

- Schützenstand mit den Schützenpositionen
- Schießbahn
- Scheibenstand bzw. Zieldarstellungsbereich
- Geschossfangkammer.

Die einzuhaltenden Abmessungen der Schützenpositionen ergeben sich aus Nummer 2.2, die Scheibenentfernungen mit Toleranzen aus Tabelle 2.6.1.

Die lichten Rohbaumaße des Schießstandes ermitteln sich nach dem Bedarf der Ausbaukonstruktion (z. B. Scheibenentfernung 25 m, 50 m, 100 m), des Schützenstandes mit vorzugsweise 5 m, des Scheibenstandes bzw.

Zieldarstellungsbereiches, des Geschossfanges (je nach Bauart), dem Raumbedarf für die RLT-Anlage und den Sondereinbauten (z. B. Bildwandtechnik). Der Geschossfang bzw. die Geschossfangkammer und deren Abschlusswand bedürfen der besonderen ballistischen Bewertung, wenn noch andere Schussrichtungen (z. B. 180°-Nutzung) vorgesehen sind.

Um die Kubatur möglichst gering zu halten, genügt für RSA eine Mindestdurchschusshöhe (nach Innenausbau) von 2,20 m. Die Breite der Anlage ergibt sich aus der jeweils benötigten Anzahl der Schützenpositionen sowie den ausreichenden Wandabständen.

5.1.2 Innenausbau

Bei der Gestaltung von RSA sind Vorkehrungen zu treffen:

- gegen rück- und abprallende Geschosse bzw. Geschossteile
- für den vorbeugenden Brandschutz
- für den Lärmschutz und
- ggf. für den Arbeitsschutz.

Der Innenbereich des Schießstandes soll weitgehend von Versorgungseinrichtungen oder sonstigen schutzbedürftigen Anlagen freigehalten werden. Installationsteile sind nach Möglichkeit außerhalb des Schießstandes oder beschusssicher in den Umfassungsbauteilen zu verlegen.

Bei der Installation elektrischer Betriebsmittel lässt sich dies bautechnisch nicht immer durchführen, sodass derartige Einrichtungen gegen Beschuss sowie rück- und abprallende Geschosse und Geschossteile zu sichern sind. Dabei kann davon ausgegangen werden, dass Fehlschüsse bis etwa 30° von der anzusetzenden Schussrichtung abweichen können.

Beschusssichere Blenden (Nummer 2.7.5) sind wie folgt zu bauen:

- bei Schießbahnen für das Schießen mit KW und LW bis zu einer E_0 von 200 J aus Stahlblech mit einer Zugfestigkeit von $\geq$ 300 N/mm² in $\geq$ 2 mm Dicke
- bei Schießbahnen für das Schießen mit KW bis zu einer E_0 von 1500 J aus Stahlblech mit einer Zugfestigkeit von mindestens 300 N/mm² in $\geq$ 5 mm Dicke
- bei Schießbahnen für das Schießen mit LW bis zu einer E_0 von 7000 J aus Stahlblech mit einer Zugfestigkeit von mindestens 1200 N/mm² in $\geq$ 12 mm Dicke oder einem wirkungsgleichen Verbundaufbau.

Die Blenden sind schützenseitig rückprallsicher (Nummer 2.5.3) zu bekleiden.

Die Oberflächen der Baustoffe sind so zu wählen, dass sich unverbrannte TLP-Reste nicht konzentriert ablegen können. Profilierte Oberflächen (z. B. Waffel- oder Pyramidenstruktur) sind deshalb nicht zulässig.

RSA müssen nach dem jeweiligen Stand der Technik schalldämmend und schwingungsfrei mit schwerentflammbaren oder nicht brennbaren Materialien (gemäß DIN 4102, Teil 1, Baustoffklasse B 1 oder A bzw. DIN EN 13501-1) ausgekleidet werden. Im Bereich der Geschossfangkammer sind Abweichungen zulässig.

Bei der Auswahl der Materialien haben die brandschutztechnischen Eigenschaften Vorrang vor anderen zu erfüllenden Forderungen. Können diese (vorbeugender Brandschutz, Durchschuss- und Rückprallsicherheit, Schallschutz) nicht durch ein entsprechendes Material erreicht werden, sind ausgleichende Schutzmaßnahmen vorzusehen.

5.1.3 Schützenstand

Die Ausstattung des Schützenstandes mit den Schützenpositionen ergibt sich aus Nummer 2.3.

Der Zugang zum Schützenstand aus anderen Gebäudeteilen hat über eine Schallschutzschleuse zu erfolgen. Wände und Decke des Schützenstandes sind schallabsorbierend zu bekleiden.

Zugangstüren zum Schützenstand müssen nach außen öffnen, selbstschließend ausgeführt sein und grundsätzlich keine ballistischen Anforderungen erfüllen.

5.1.4 Schießbahn

5.1.4.1 Schießbahnsohle

Bei RSA für KW soll die Schießbahnsohle nicht höher liegen als der Schützenstand, damit die

Schützen zur Resultataufnahme nach vorne zum Scheibenstand gehen können, wenn keine Scheibenzuganlage vorhanden ist.

Bei der Gestaltung der Schießbahnsohle ist der Beseitigung der sich vor den Schützenpositionen ansammelnden TLP-Reste besondere Beachtung zu schenken, denn bei jedem Schuss treten aus der Waffenmündung je nach Art der Waffen, des Kalibers und der Munition unterschiedliche Mengen unverbrannten Pulvers aus.

Deswegen ist es erforderlich, die Schießbahn je nach Nutzung bis 10 m vor den Schützenpositionen so zu gestalten, dass sie leicht gereinigt werden kann. Sand o. Ä., Teppich oder sonstige textile Materialien sind nicht zulässig. Bestehende Sandflächen sind mit Folien oder gleichwertigem, schwerentflammbarem und geschlossenporigem Material abzudecken, damit TLP-Reste aufgenommen werden können. Die Schießbahnsohle darf nach der Reinigungsfläche aus Sand o. Ä. bestehen.

An den Seiten und Stirnwänden ist ein $\geq$ 10 cm hoher fugenloser Fußbodensockel anzubringen, damit eine Reinigung bis an den Wandabschluss möglich ist.

Muss die Schießbahnsohle rückprallsicher ausgeführt werden, so sind folgende Sicherheitsanforderungen an die zu verwendenden Materialen zu stellen:

- Auftreffende Geschosse müssen bei einem Auftreffwinkel zwischen 25° und 90° sicher aufgenommen werden
- weder Geschosse noch Teile davon dürfen von der Oberfläche in Richtung der Schützenpositionen zurückprallen
- die Materialoberfläche muss einen festen und sicheren Stand gewährleisten.

Die Oberfläche von Bodenbelägen soll blendfrei sein.

5.1.4.2 Wände und Decke

Wände und Decke der Schießbahn sind je nach Nutzung ab der Feuerlinie wie folgt schallabsorbierend zu bekleiden:

- bei Schießbahnen für das Schießen mit KW und LW bis zu einer E_0 von 200 J bis zu einer Entfernung von $\geq$ 2 m
- bei Schießbahnen für das Schießen mit KW bis zu einer E_0 von 1500 J bis zu einer Entfernung von $\geq$ 5 m
- bei Schießbahnen für das Schießen mit LW bis zu einer E_0 von 7000 J bis zu einer Entfernung von $\geq$ 10 m.

Bekleidungen sind glatt und rückprallsicher auszuführen. Sie müssen folgende Sicherheitsanforderungen an die zu verwendenden Materialen gewährleisten:

- Auftreffende Geschosse müssen bei einem Auftreffwinkel zwischen 25° und 90° sicher aufgenommen werden
- weder Geschosse noch Teile davon dürfen von der Oberfläche in Richtung der Schützenpositionen zurückprallen
- die sichtbare Materialoberfläche muss eben und widerstandsfähig gegen Abrieb und mechanische Belastung sein.

Über den Rück- und Abprallschutz der verwendeten Materialien müssen Prüfbescheinigungen bzw. Zertifikate vorliegen.

5.1.5 Türen, Flucht- und Rettungswege

Jeder Schießstand muss zwei entgegengesetzte Ausgänge haben, wovon einer unmittelbar ins Freie oder in einen gesicherten anderen Bereich führt. Der zweite Rettungsweg oder Notausgang ist im Bereich des Geschossfangs vorzusehen.

Die Türen müssen nach außen aufschlagen und selbstständig schließen. Sofern sie nicht von den Schützenpositionen direkt beschießbar sind und von Splittern nicht getroffen werden können, müssen sie nicht durchschusshemmend ausgeführt werden. Es empfiehlt sich, bei direkt ins Freie führenden Türen eine Schallschutzschleuse vorzusehen.

In Altanlagen sind auch Notausstiege entsprechend der bauaufsichtlichen Bestimmungen zulässig.

Während des Schießens sind Türen im Schießstand geschlossen zu halten. Die Türen müssen von innen ohne fremde Hilfsmittel leicht zu öffnen sein. Die Kraft zum Freigeben des Verschlusses darf dabei 70 N[1]) nicht überschreiten. Dementsprechend ist die RLT-Anlage so zu regeln, damit nicht durch einen zu hohen Unterdruck in der Schießbahn dieser Wert überschritten wird.

Das Öffnen oder Offenstehen von Türen bei Schießbetrieb ist durch ein optisches und akustisches Signal anzuzeigen, das von jeder zulässigen Schützenposition aus sicht- und hörbar sein muss. Das Signal muss folgende Anforderungen erfüllen:
- optisch: Rundum- o. Blinklicht (gelb o. rot)
- akustisch: Warnton ~ 90 dB(A)

Verkehrswege sowie Flucht- und Rettungswege müssen auch außen ständig freigehalten werden. Die Fluchtwege sind entsprechend DIN 4844 bzw. ASR A.1.3 zu kennzeichnen und können in die Sicherheitsbeleuchtungsanlage mit einbezogen werden.

5.1.6 Elektrotechnische (ELT) Anlage

5.1.6.1 Elektrische Betriebsmittel

Elektrische Leitungen müssen gegen direkten Beschuss gesichert verlegt (Nummer 5.1.2) werden. Diese sollten erst in unmittelbarer Nähe zur erforderlichen Einrichtung (z. B. Schalter, Steckdosen, Leuchten) in den Schießstand eingeführt werden. Innerhalb des Schießstandes sind alle Strom führenden Einrichtungen gegen Beschuss und Geschosssplitter zu sichern. Dabei ist von Fehlschüssen von $\leq 30°$ nach oben und $\leq 25°$ zur Seite hin auszugehen.

Niederspannungsinstallationen und -beleuchtungen ist bei Neubaumaßnahmen der Vorzug zu geben. Diese müssen nicht gegen Beschuss gesichert werden (Nummer 2.6.3.2). Sie sind rückprallsicher auszuführen bzw. zu bekleiden. Bei der Beleuchtung ist Nummer 2.4.2 zu beachten. Die Ausleuchtung der Schützenpositionen muss gewährleisten, dass die verantwortlichen Aufsichtspersonen den Schießbetrieb bzw. die Schützen ohne visuelle Beeinträchtigung beaufsichtigen können.

5.1.6.2 Sicherheits- und Notbeleuchtung

Eine Sicherheitsbeleuchtung nach VDE 0108 bzw. DIN VDE 0100-718 ist einzubauen. Diese muss eine vom Versorgungsnetz unabhängige und bei Ausfall des Netzstromes sich selbsttätig einschaltende Ersatzstromquelle haben, die für einen mindestens einstündigen Betrieb ausgelegt ist.

Die Notbeleuchtung i. S. d. DIN EN 1838 hat bei Schießanlagen (Arbeitsplatz mit besonderer Gefährdung) spätestens nach 0,5 Sekunden die künstliche Beleuchtung mit einer minimalen geforderten Beleuchtungsstärke zu übernehmen. Dies sind ca. 10 % der üblichen Nennbeleuchtungsstärke, mindestens jedoch 15 Lux. Diese Notbeleuchtung muss ebenfalls eine vom Versorgungsnetz unabhängige und bei Ausfall des Netzstromes sich selbsttätig einschaltende Ersatzstromquelle haben, die für einen mindestens einstündigen Betrieb ausgelegt ist.

5.1.7 Raumlufttechnische (RLT) Anlage

5.1.7.1 Allgemeine Anforderungen

Bei der Planung und Konzipierung einer RLT-Anlage ist ein Fachingenieur zu beteiligen. Wegen der für die RLT-Anlage benötigten Räume ist deren Dimensionierung bereits in der Planungsphase der Schießstätte zu berücksichtigen. Zudem ist bei der Planung der Schießstätte (auch wesentliche Änderung) ein SSV zu beteiligen, der die technischen Anforderungen unter Berücksichtigung der jeweils beabsichtigten oder zugelassenen Nutzung der Schießstätte festgelegt.

Die Dimensionierung einer RLT-Anlage wird im Wesentlichen von der Raumgröße (Querschnitt) und den verwendeten Waffen- und Munitionsarten sowie von der Art des Schießens bestimmt. Rückströmungen von der Schießbahn in den Aufenthaltsbereich der Schützen und Aufsichtspersonen (Schützenstand) dürfen hierbei nicht auftreten. Nach Stand der Technik werden diese Anforderungen nur durch eine turbulenzarme Verdrängungslüftung erfüllt.

[1]) DIN EN 179

Bei der Verdrängungslüftung wird die Zuluft turbulenzarm vornehmlich hinter dem Schützen über die gesamte Rückwand eingeleitet. Im Bereich des Geschossfanges wird die Raumluft abgeführt. Die Luft schiebt sich dabei als „Kolben“ (Kolbenströmung) durch den gesamten Raum. Bei korrekter Ausführung treten keine Rückströmungen auf. Die Anforderungen an die RLT-Anlage ergeben sich aus Nummer 5.7.

In einer Betriebsanweisung ist festzuhalten, dass ein Schießen nur bei eingeschaltetem Lüftungsbetrieb durchgeführt werden darf. Die Lüftung sollte 30 Minuten vor Beginn des Schießens angeschaltet werden, damit sich der Kolbenstrom aufbauen kann. Nach dem Ausschalten der Schießbahnbeleuchtung sollte die Lüftungsanlage noch einige Minuten nachlaufen. Die behördlichen Vorschriften in Bezug auf bauliche Ausführung und Brandschutz bei RLT-Anlagen sind zu beachten.

5.1.7.2 Überprüfung bestehender Anlagen

Bei bestehenden RSA mit vorhandenen Mischluftsystemen oder Verdrängungslüftungen, die nicht dem Stand der Technik entsprechen, muss im Rahmen der vorgeschriebenen Regelüberprüfungen im Einzelfall geprüft werden, inwieweit die RLT-Anlage geeignet ist, gesundheitliche Gefährdungen der Nutzer zu unterbinden.

Insbesondere ist z. B. durch einen Nebeltest festzustellen, ob die belastete Raumluft beim Schießen aus dem Atembereich der Schützen und Aufsichtspersonen zuverlässig abgeführt wird. Werden Rückströmungen oder mangelhafte Abströmungen festgestellt, sind die Mängel zu beseitigen.

Bei speziellen Schießständen wie Röhrenschießstände, Einschießstände für Büchsenmacher, Beschusslabore oder gelegentlich zum Schießen mit LW für Randfeuerpatronen genutzte Anlagen dürfen im begründeten Einzelfall Erleichterungen von den Vorgaben an die RLT-Anlagen gewährt werden.

Sofern Nachbesserungen bei bestehenden RSA notwendig sind, muss der SSV zeitliche Vorgaben für eine Um- bzw. Nachrüstung vorschlagen. Hierbei sind insbesondere die verwendeten Waffen- und Munitionsarten, die Nutzungsintensität des Schießstandes und der Grad der Mangelhaftigkeit der vorhandenen RLT-Anlage zu berücksichtigen. Im Regelfall haben Nachbesserungen innerhalb des zeitlichen Intervalls für die waffenrechtlich vorgeschriebene Regelüberprüfung zu erfolgen.

Als Übergangs- oder Ausweichregelung kommen Nutzungseinschränkungen (z. B. Begrenzung des Aufenthaltes von Personen in der RSA oder Pausenzeiten) und die Verwendung schadstoffreduzierter Munition sowie der Einsatz von CO-Warnsystemen in Betracht.

5.1.8 Schießbahnabschluss und Geschossfang

Der Abschluss der Schießbahn wird durch die Abschlusswand (Nummer 2.7.3) und einem davor angeordneten Geschossfang gebildet. Die technischen Anforderungen an Geschossfangsysteme ergeben sich aus Nummer 2.8.

Die Abschlusswand ist je nach Nutzung schießbahnseitig ganzflächig oder teilweise mit Stahlplatten als zusätzlichem ballistischen Schutz wie folgt zu bekleiden:

- Schießstände für das Schießen mit Waffen für Randfeuerpatronen bis zu einer E_0 von 200 J mit einer Zugfestigkeit von mindestens 300 N/mm² in $\geq$ 2 mm Dicke raumbreit im Bereich der Geschossfänge und mindestens 1,50 m hoch, sofern die Abschlusswand nicht aus Stahlbeton besteht.
- Schießstände für das Schießen mit KW bis zu einer E_0 von 1500 J mit einer Zugfestigkeit von mindestens 300 N/mm_2 in $\geq$ 5 mm Dicke.
- Schießstände für das Schießen mit LW bis zu einer E_0 von 7000 J mit einer Zugfestigkeit von mindestens 1200 N/mm_2 in $\geq$ 10 mm Dicke.
- Bei Schießständen mit Sandgeschossfängen müssen die Stahlplatten mindestens 1,00 m unterhalb der Schüttlinie in den Sand hinabreichen.

Geschossfangsysteme sollen mindestens der Baustoffklasse B 2 (normalentflammbar) genügen; nicht brennbare Baustoffe sind vorzuziehen. Nicht zulässig in RSA sind Putzwolle- und Holzklobengeschossfänge. Bis zum Einbau eines zulässigen Geschossfangs ist das Brandrisiko durch z. B. Installation von Brandmeldern zu kompensieren.

5.1.9 Vorbeugender Brandschutz

Der Schießstand (bzw. die gesamte Schießstätte oder der Schießstand mit Teilbereichen der Schießstätte) ist als Brandabschnitt auszubilden. Dazu sind tragende Bauteile sowie Trennwände zu angrenzenden Räumen mindestens feuerbeständig (F 90 nach DIN 4102 bzw. DIN EN 13501-1) auszuführen. Auf die Vorgaben der jeweiligen Landesbauordnung wird hingewiesen.

Der Schützenstand ist mit einem Wassersprüh- oder Schaumlöscher nach DIN EN 3 auszustatten. Je nach Nutzung ist auch ein solcher Löscher im Bereich der Geschossfangkammer vorzusehen.

Die im Rahmen des vorbeugenden Brandschutzes erforderliche Reinigung in RSA (ohne solche für DL-Waffen sowie Zimmerstutzen) wird in den Betriebsvorschriften unter Nummer 10.2 geregelt.

Die in RSA verwendeten schallabsorbierenden Wand- und Deckenbekleidungen müssen mindestens schwerentflammbar gemäß Baustoffklasse B 1 nach DIN 4102, Teil 1 sein. Nach DIN EN 13501-1 sind mindestens die Kriterien C, s1 und d0 zu erfüllen. Bodenbeläge müssen schwerentflammbar (mindestens C_{fl}-s1 nach DIN EN 13501-1) und antistatisch ausgeführt sein.

Das Schießen mit VL-Waffen in geschlossenen Schießständen ist nur dann zulässig, wenn diese entsprechend ausgestattet sind (schwerentflammbare oder nichtbrennbare Wand- und Deckenbekleidungen, glatte Schießbahnsohle aus mindestens schwerentflammbaren Baustoffen, ausreichende RLT-Anlage) und dies ausdrücklich erlaubt ist.

Im Schießstand darf nicht geraucht werden. Mit Feuer und offenem Licht darf im Schießstand nur nach intensiver Reinigung und nur dann gearbeitet werden, wenn die erforderlichen Sicherheitsbestimmungen eingehalten werden.

Bei Schweiß- und Trennschleifarbeiten, wie z. B. Reparaturarbeiten an Stahlgeschossfängen, müssen die Vorsichtsmaßnahmen der Unfallverhütungsvorschrift „Schweißen, Schneiden und verwandte Verfahren" (BGV D1) eingehalten werden.

Verbotszeichen nach DIN 4844 sind im Schützenstand deutlich sichtbar anzubringen.

5.1.10 Schallschutz

Bei RSA handelt es sich um Anlagen nach § 3 Absatz 5 BImSchG; sie unterliegen den Anforderungen nach § 22 BImSchG. Die zulässigen Immissionsrichtwerte der TA Lärm sind einzuhalten.

Für die Raum- und Bauakustik müssen, gerade im Hinblick auf die Umgebung des Schießstandes sowie die Nutzung angrenzender Räume, besondere Maßnahmen der Schalldämmung und Schalldämpfung ergriffen werden.

Für die Auswahl der schallabsorbierenden Materialien innerhalb des Schießstandes gilt:
- Die mittlere Nachhallzeit soll über den Frequenzbereich von 125 bis 4000 Hz den erforderlichen Wert von $T60 < 0,5$ s nicht überschreiten.
- Der mittlere Schallabsorptionsgrad soll bei der für Schießlärm maßgeblichen Oktavmittelfrequenz von f = 500 Hz den erforderlichen Wert von $\alpha_s > 0,5$ nicht unterschreiten.

Zur Vermeidung von Knallreflexionen kann der Betonboden im Bereich des Schützenstandes und der Schießbahn mittels spezieller Gummiplatten fugenlos belegt werden. Diese müssen den Forderungen des vorbeugenden Brandschutzes entsprechen.

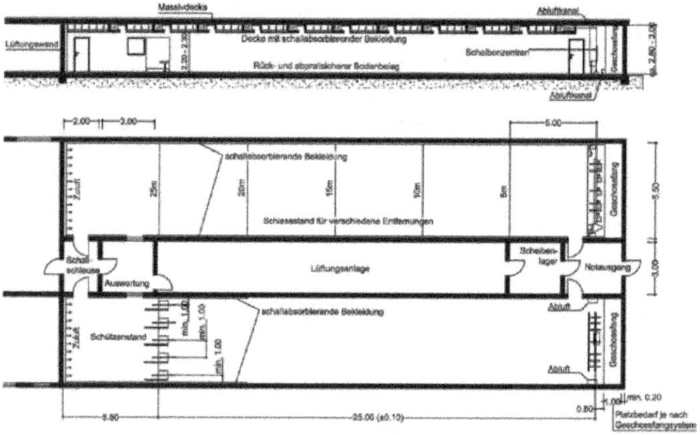

Abbildung 5.1.10 Schallschutz in RSA

5.2 RSA für das statische Mehrdistanzschießen

Soll in einer RSA auf konstante Zwischenentfernungen geschossen werden (statisches Mehrdistanzschießen), so sind an den Innenausbau erhöhte Sicherheitsanforderungen zu stellen.

5.2.1 Schießbahnsohle

Die Schießbahnsohle ist bezogen auf die jeweiligen Schützenpositionen bzw. Schützenstände auf Zwischenentfernung der Schießbahn so zu gestalten, dass die Anforderungen an den Rück- und Abprallschutz nach Nummer 5.1.4.1 erfüllt werden.

Der erforderliche rückprallsichere Bodenbelag muss ein Prüfzertifikat besitzen oder im Einzelfall durch Beschuss geprüft sein (siehe Nummer 2.7.5). Dieser hat sich auf dem jeweiligen Schützenstand sowie den Bereich bis mind. 2,00 m Tiefe ab Feuerlinie zu erstrecken. Bei 25-m-Schießständen wird die gesamte Schießbahnsohle mit dem Belag zu versehen sein. Harte Baustoffe wie Beton sind als Fußboden nicht zulässig.

In der Oberflächenbeschichtung können Farbmarkierungen, insbesondere bei Zwischenentfernungen und den Bereichen vor dem Geschossfang in denen nicht geschossen werden darf, eingearbeitet oder aufgebracht werden.

5.2.2 Wände und Decke

Wände und Decke sind bezogen auf die jeweiligen Schützenpositionen auf Zwischenentfernungen rück- und abprallsicher gemäß Nummer 5.1.4.2 auszuführen. Bei 25-m-Schießständen wird die gesamte Schießbahn entsprechend zu bekleiden sein.

5.2.3 Geschossfang

Das Geschossfangsystem muss sich über die gesamte Breite und grundsätzlich über die gesamte Höhe der von den zulässigen Schützenpositionen direkt beschießbaren Bereiche des Schießbahnabschlusses erstrecken. Es ist so anzuordnen und zu gestalten, dass von jeder in der Schießbahn möglichen Schützenposition eine sichere Aufnahme der Projektile im Geschossfangsystem erfolgt (Nummer 2.8.5.7).

Reicht bei einem Sandgeschossfang die Schüttung nicht über die gesamte Höhe der Abschlusswand, so muss die direkt beschießbare Fläche rückprallsicher bekleidet werden.

5.2.4 RLT-Anlagen

Bei einer Mehrdistanznutzung muss die RLT-Anlage nach dem Verdrängungsprinzip arbeiten. Die mittlere Strömungsgeschwindigkeit darf einen Wert von 0,25 m/s bezogen auf den gesamten Raumquerschnitt an jeder zulässigen Schießentfernung nicht unterschreiten. Sie sollte mehrstufig schaltbar sein.

Bei bodenseitigen Abluftkanälen ist hinter den Abluftgittern leicht zu wechselndes Filtermaterial einzusetzen. Bei Neuanlagen sind Bodenkanäle nicht zulässig.

Ansonsten gelten die Planungsgrundlagen für RLT-Anlagen nach Nummer 5.7.2.2.

In Neuanlagen ist eine Mischlüftung nicht zulässig.

5.3 RSA für das dynamische Mehrdistanzschießen

Die Schießbahnsohle ist auf ihrer gesamten Länge so zu gestalten, dass die Anforderungen an den Rück- und Abprallschutz nach Nummer 5.1.4.1 erfüllt werden. Wände und Decken sind rück- und abprallsicher gemäß Nummer 5.1.4.2 auszuführen.

Die RLT-Anlage ist nach Nummer 5.2.4 auszuführen. Werden Deckungen verwendet, so ist darauf zu achten, dass deren Querschnitt möglichst gering gehalten wird, damit die Luftströmung so wenig wie möglich beeinträchtigt wird. Stellwände können z. B. im unteren Bereich offen sein.

Die Geschossfangkammer ist beidseitig aufzuweiten, um bei kurzen Scheibendistanzen eine sichere Geschossaufnahme zu gewährleisten. Der Boden der Geschossfangkammer ist gegenüber der Schießbahnsohle um mindestens 0,50 m abzusenken. Im Bereich der Aufweitung können vor der Zielebene beidseitig Abluftkanäle, abgesichert gegen direkten Beschuss, angeordnet werden.

5.4 RSA mit Bildwandtechnik

Vorwiegend im behördlichen Bereich wird in RSA beim dynamischen Mehrdistanzschießen Bildwandtechnik eingesetzt.

Die Schießbahnsohle ist auf ihrer gesamten Länge so zu gestalten, dass die Anforderungen an den Rück- und Abprallschutz nach Nummer 5.1.4.1 erfüllt werden. Wände und Decken sind rück- und abprallsicher gemäß Nummer 5.1.4.2 auszuführen.

Die RLT-Anlage ist nach Nummer 5.2.4 auszuführen.

5.4.1 Sichtfenster Regieraum

Im Regieraum ist ein Fenster zum Schießstand vorzusehen. Damit die arbeitsschutzrechtlich festgelegten maximalen Schalldruckpegel eingehalten werden können, ist das Fenster schalldämmend und nutzungsabhängig durchschusshemmend auszuführen. Ist der Regieraum nicht Teil des Brandabschnittes des Schießstandes, muss das Sichtfenster gemäß DIN 4102 feuerbeständig sein.

5.4.2 Projektionsbühne

Die Projektionsbühne dient zur Aufnahme der Projektions- sowie weiterer Technik. Sie ist in oder unter der abgehängten Decke durchschuss- und rückprallsicher so anzuordnen, dass die Bildprojektion über den Kopf des auf der kürzesten zulässigen Schützenposition stehenden Schützen hinweg ohne Verschattung erfolgen kann.

Die Projektionsbühne kann zur Vermeidung von Staubablagerungen frontseitig mit transparenten Scheiben abgedeckt werden. Eine Belüftung der Bühne ist vorzusehen.

5.4.3 Schützenbeobachtungskamera

Sollte in der RSA in Höhe der Zielebene eine Schützenbeobachtungskamera eingebaut werden, ist diese gegen direkten Beschuss zu sichern. Die Sicherung ist auf die zur Verwendung kommenden Waffen- und Munitionsarten abzustimmen (durchschusshemmend gemäß DIN EN 1063, Teil 2). Dabei ist eine Polycarbonat- oder eine Verbundglasscheibe einzusetzen. Als Rückprallschutz ist diese Scheibe mit einer zusätzlichen ca. 4 mm dicken Polycarbonatscheibe im Abstand von ca. 20 mm schützenseitig zu bekleiden.

5.4.4 Bildwandanlage

Zur Darstellung der Ziele über eine Projektion wird eine Bildwandanlage im Zielbereich installiert. Diese kann als motorbetriebene Großbildwand vertikal oder horizontal angeordnet oder als entsprechend großer Scheibenrahmen ausgeführt sein. Als Projektionsfläche wird Spezialpapier verwendet.

Beim Einsatz von vertikalen Bildwandanlagen ist darauf zu achten, dass die Überlappungen der Projektionsrollen gering zu halten sind (max. 12 cm), da es in diesen Bereichen zu Problemen mit der Treffererkennung kommen kann. Aufwölbungen in der Bildwand (z. B. durch Luftströmungen) sind zu vermeiden.

Die Teffererkennung erfolgt über eine optische Trefferanzeige (Weiß- oder Schwarzlicht hinter der Bildwand), wobei der Lichteinfall durch das Schussloch in der Bildwand über eine Trefferbeobachtungskamera aufgenommen wird. Dieses Signal wird im Steuerrechner verarbeitet und vom Videoprojektor auf der Bildwand als Treffer dargestellt. Die Kamera zur Trefferaufnahme ist in der Projektionsbühne zu installieren.

5.4.5 Zeichnungen

5.5 Röhren-Schießstand

Röhren-Schießstände werden z. B. beim Einschießen von Schusswaffen durch Büchsenmacher oder Waffenhersteller betrieben. Zur Trefferaufnahme dienen in der Regel Videoeinrichtungen oder elektronische Scheibensysteme. Der Schütze schießt durch eine zur sicheren Waffenhandhabung ausreichend bemessene Öffnung, meist im sitzend aufgelegten Anschlag.

Der Anfang der Rohre bzw. der Umwandung muss so gelegt werden, dass zwischen Schützenstand und Rohrbeginn eine Knall- und Rauchschleuse der Länge ≥ 5 m errichtet werden kann (Abb. 5.5.1). In dieser werden die aus der Mündung austretenden TLP-Reste abgefangen und ein Großteil des Mündungsknalles absorbiert. Bei dieser Schießstandart sind Mischluftsysteme zulässig. Die beim Schuss entstehenden Verbrennungsgase können aus der Kammer abgeführt werden, wobei im Schützenstand ein geringer Überdruck erzeugt werden muss. Die Stirnseiten der Rohre bzw. Mauern in der Knallschleuse sind rückprallsicher zu verblenden. Wände und Decken sind schallabsorbierend zu bekleiden (siehe Nummer 5.1.2).

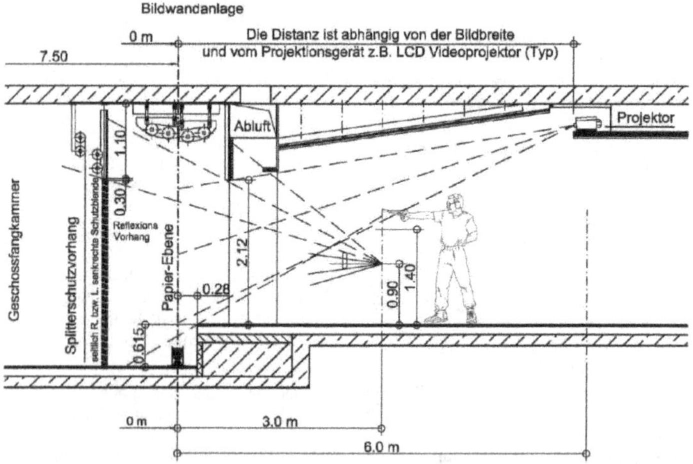

Abbildung 5.4.5.1 RSA mit Bildwandanlage

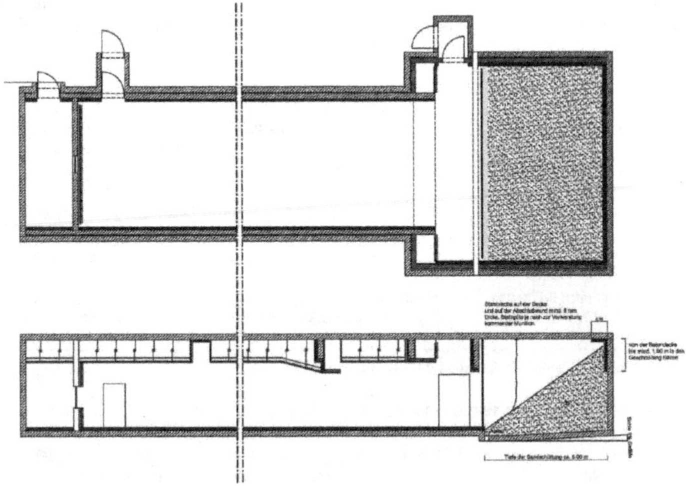

Abbildung 5.4.5.2 Querschnitt RSA

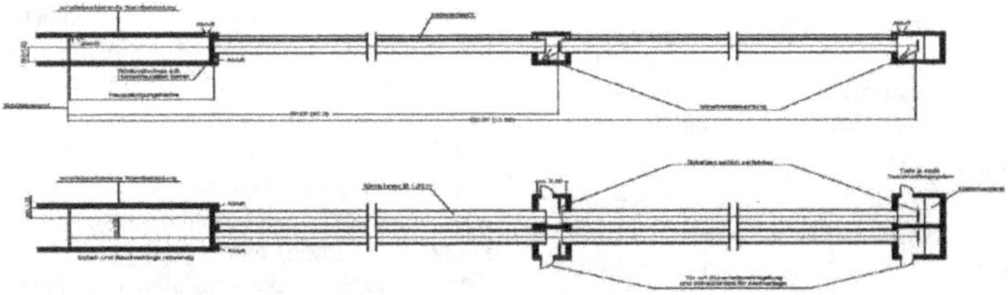

Abbildung 5.5.1 Röhren-Schießstand

5.6 Ballistische Mess- und Prüfräume

5.6.1 Allgemeines

Diese Bestimmungen gelten für die Planung, den Bau und die Einrichtung von Prüf- und Messräumen zur Durchführung von Prüfungen und Untersuchungen an Schusswaffen und Munition.

Derartige Untersuchungen werden sowohl von Waffen- und Munitionsherstellern als auch von wissenschaftlichen Einrichtungen gemäß § 27 Absatz 2 WaffG durchgeführt. Weiterhin führen solche Tätigkeiten z. B. Landeskriminalämter und kriminaltechnische Institute (KTI) aus. Für diese Beschussräume sind aufgrund der besonderen Aufgabenstellung bereits existierende Richtlinien für RSA der Polizeien des Bundes und der Länder kaum anwendbar.

5.6.2 Raumbedarf

Die angeführten Raumgrößen und deren Anzahl bzw. Ausstattung gelten grundsätzlich für Neuplanungen. Soweit bei Umbauten bestehender Räumlichkeiten diese Vorgaben nicht eingehalten werden können, sind im Einzelfall entsprechende Abweichungen möglich. Die Aufgabenstellung verlangt im Prinzip folgenden Raumbedarf nach Tabelle 5.6.2:

Nutzung	Größe ca.	besondere Anforderungen	Einrichtung
Beschussraum trocken mit Vorraum	20 m^2	Be-/Entlüftung, Messleitungen	Brandmelder, Hülsenfangeinrichtung, Beschusskasten
Beschussraum nass mit Becken	12 m^2	Be-/Entlüftung	Alarmanlage, Brandmelder, Wasserbecken
Munitionslagerraum	10 m^2	konstant ~ 50 % Luftfeuchtigkeit	Alarmanlage, Brandmelder, Schwerlastregale
Werkstatt und Vorbereitungsraum	20 m^2	Be-/Entlüftung	Arbeitsplatzbeleuchtung Werkbänke, Regale
Schießkanal je nach Breite und Länge – bei 100 m Schießbahnlänge	min. 220 m^2	Be-/Entlüftung, Geschossfang, Messleitungen	Alarmanlage, Brandmelder, Geschwindigkeitsmessanlage bzw. Munitionsprüfgerät

Tabelle 5.6.2 Raumbedarf für Ballistische Mess- und Prüfräume

Im Rahmen der Planung sind bei der Festlegung der lichten Raummaße die Konstruktionsmaße der technischen Einrichtungen wie schallabsorbierende Wand- und Deckenbekleidungen, Bodenbeläge sowie RLT-Anlagen zu berücksichtigen.

5.6.3 Bauliche Anforderungen

Bei der Planung von Zugangstüren, Fluren etc. muss berücksichtigt werden, dass auch sperrige Transportgeräte (Waffen und Material) ohne Schwierigkeiten zu handhaben sind.

5.6.3.1 Wände, Decke und Boden

Im Bezug auf die Durchschusshemmung der Umfassungsbauteile ist grundsätzlich Nummer 2.7 zu beachten; ansonsten richtet sich der Innenausbau nach den spezifischen Vorgaben nach Nummer 5.1. In Beschussräumen für den Nassbeschuss muss das Material auch resistent gegen die Einwirkung von Feuchtigkeit und Spritzwasser sein.

Bei der Zulassung einer Bewegungsenergie der Geschosse von mehr als 7000 J sowie bei der Verwendung von Sondermunition (z. B. Hartkern) sind die Umfassungsbauteile in $\geq$ 30 cm dickem Stahlbeton der Festigkeitsklasse C 20/25 auszuführen.

Die durch direkten Beschuss bzw. Absetzer (Wasserbeschuss) gefährdete stirnseitige Raumwand des Beschussraumes oder der Abschlusswand eines Schießkanals ist zusätzlich ganzflächig mit einer $\geq$ 10 mm dicken Stahlplatte (Zugfestigkeit des Materials $\geq$ 1200 N/mm^2) zu bekleiden. In den Beschussräumen hat eine rückprallsichere Bekleidung der Stahlplatte z. B. durch Gummimatten oder -platten o. Ä. zu erfolgen. In Prüfräumen und Schießkanälen ist vor dieser Stahlplatte noch ein grundsätzlich vollflächiges und auf die breitgefächerte Nutzung abgestimmtes Geschossfangsystem vorzusehen.

5.6.3.2 Geschossfangsysteme

Geschossfangsysteme müssen einem eventuellen Funktions- oder Haltbarkeitsbeschuss angepasst werden; hierzu sind ausreichend dimensionierte Sandgeschossfänge geeignet. In ballistischen Prüfräumen ist bei der Dimensionierung von Geschossfängen zu berücksichtigen, dass ggf. die Geschossenergie durch Materialbeschuss etc. weitgehend aufgezehrt werden kann.

In kriminaltechnischen Beschussräumen darf auf Geschossfangsysteme der bei sonstigen Schießständen üblichen Art verzichtet werden, da die Projektile durch entsprechende Medien (Wasser oder Watte) möglichst unbeschädigt aufgefangen werden. Im Beschusskasten bzw. Wasserbecken wird die gesamte Bewegungsenergie der Geschosse verzögert aufgezehrt; diese stellen somit eigenständige spezielle Geschossfangsysteme dar.

Für den erkennungsdienstlichen Beschuss von Flinten sind geschlossene Systeme mit integriertem Geschossfangsystem von Vorteil, die über eine direkte Absaugung die Gasschwaden ableiten und Bleistäube z. B. durch Flüssigkeitsspülung binden.

5.6.3.3 RLT-Anlage

Die für Prüf- und Beschussräume vorzusehenden RLT-Anlagen müssen geeignet sein, die beim Schießen entstehenden Gase und Stäube in der Raumluft so zu verdünnen bzw. abzuführen, dass die AGW für die jeweiligen Schadstoffe (z. B. Blei, CO, NO_x) im Aufenthaltsbereich der Nutzer nicht überschritten werden. Aufgrund der speziellen Funktionsabläufe beim Beschuss können die Schadstoffe oft an ihrer Entstehungsstelle direkt abgeführt werden.

Aus diesem Grund sollte die RLT-Anlage in Prüf- und Beschussräumen nach dem Verdünnungsprinzip (Mischlüftung) erfolgen. Die RLT-Anlage in Schießkanälen ist hingegen nach dem Kolbenstromprinzip (Verdrängungslüftung) auszulegen. Beide RLT-Anlagen sollten 2-stufig regelbar sein.

Folgende Kriterien sind vorzusehen:

- Luftwechselrate: 5- bis 15-facher Luftwechsel/h bezogen auf den Bereich zwischen Zu- und Abluft.
- Mittlere Luftgeschwindigkeit: 0,15 bzw. 0,30 m/s im Schießkanal.

Eine Absaugung z. B. direkt an einem Munitionsprüfgerät kann alternativ vorgesehen werden, insbesondere wenn die Abfeuerung von einem eigenen Vorraum aus erfolgt.

Die technischen Anforderungen an RLT-Anlagen nach Nummer 5.7.1 sind zu beachten.

5.6.3.4 Brandmeldeanlage

Der Schießkanal sowie Prüf- und Beschussräume sind mit einer ausreichenden Anzahl von Brandmeldern auszustatten. Hierbei sollten Hitzemelder (Thermomelder) den sog. Rauchmeldern (Ionisationsmelder) vorgezogen werden.

Wichtig ist die Anbringung von solchen Brandmeldern im Bereich der Geschossfänge und insbesondere direkt an dem wattegefüllten Beschusskasten (Gefahr von Schwelbränden).

Bei den Hitzemeldern erfolgt eine Signalauslösung bei einer Umgebungstemperatur von ca. 70 °C bzw. individuell eingestellter Temperatur. Die Melder können auch bei Schießbetrieb permanent eingeschaltet bleiben. Rauchmelder lösen auch bei kaltem Rauch einen Alarm aus. Sie sind vor dem Schießbetrieb grundsätzlich zu deaktivieren, weil sonst ungewollte Alarme ausgelöst werden.

5.6.3.5 Arbeitssicherheit

5.6.3.5.1 Vorraum und Schutzwände

In Prüfräumen ist eine Abfeuerung des Munitionsprüfgerätes (EPVAT[1])) von außerhalb des Prüfraumes bzw. des Schießkanals vorzusehen.

Um das mit dem erkennungsdienstlichen Waffenbeschuss betraute Personal vor nicht erkennbaren Waffenschäden zu schützen, ist eine Schutzwand bzw. -vorrichtung zwischen Schütze und Waffe notwendig. Diese soll aus transparentem Polycarbonat der Dicke $\geq$ 20 mm bestehen und einen Durchgriff zulassen.

Ansonsten wird auf die Skizzen gemäß Nummer 5.6.6.1 verwiesen.

5.6.3.5.2 Durchführung des Beschusses

Es ist grundsätzlich erforderlich, dass mindestens zwei Personen gleichzeitig beim Waffenbeschuss anwesend sind. Ansonsten ist durch technische Maßnahmen zu gewährleisten, dass ein Unfall auf einer ständig besetzen Stelle des Betriebes oder der Behörde angezeigt wird.

Für die Einhaltung der immissionsschutzrechtlichen Vorgaben innerhalb der Prüf- und Beschussräume sowie von Schießkanälen sind die Arbeitsstättenverordnung und die Arbeitsplatzlärmschutzrichtlinie (UVV Lärm) bei der Bemessung der Schalldämmung und

[1]) Electronic Pressure Velocity and Action Time

schallabsorbierender Maßnahmen zu berücksichtigen.

5.6.3.6 Technische Ausstattung von Beschussräumen

5.6.3.6.1 Beschuss in Wasser

Der sog. Wasserbeschuss wird zur Gewinnung von Vergleichsgeschossen aus LW im Kaliber .22 l.r. und in KWKalibern durchführt. Hierzu wird ein ca. 6,00 m langes, innen 1,00 m breites und ≥ 1,50 m tiefes Wasserbecken benötigt. Zu dessen Befüllung ist ein Wasseranschluss erforderlich und für die Wasserreinigung eine Umwälzanlage. Im Bodenbereich des Beschussraumes ist ein Ablauf für aus dem Becken beim Schießen spritzendes Wasser vorzusehen.

Das Becken kann in den Boden eingelassen oder als Wanne auf dem Boden stehend ausgeführt werden. Wird das Becken nicht in den Boden eingelassen, sondern bündig auf das Fußbodenniveau aufgesetzt, so ist frontseitig ein Podest für die Schussabgabe und längsseitig ein Podest zur Entnahme der Projektile vorzusehen.

Die Schüsse sind auf die Wasseroberfläche, um Abpraller bzw. Absetzer von der Oberfläche zu vermeiden, in einem Winkel von ≥ 20° abzugeben. Die Schussabgabe erfolgt von außen durch eine transparente Scheibe mit Durchgriffen oder verschiebbar, die auch als Spritzschutz dient.

Zum Herausheben der Projektile dient entweder ein schräg in dem Becken liegendes Sieb, das mit einem Elektromotor angehoben werden kann. Oder es erfolgt ein Absaugen der Projektile über eine Saugpumpe. Zur Beleuchtung des Beckens sind spritzwassergeschützte Strahler vorzusehen. Weitere Einzelheiten ergeben sich aus der Skizze in der Anlage.

Als schallabsorbierende Wand- und Deckenbekleidung eignen sich in diesem Feuchtraum Akustikkacheln oder Gummiplatten, die hinterlüftet montiert werden müssen. Nicht geeignet sind Schaumstoffe, Platten aus künstlichen Mineralfasern oder Holz- bzw. Gipskartonplatten. Die in Schussrichtung liegende stirnseitige Raumwand ist so zu gestalten, dass von der Wasseroberfläche eventuell absetzende Geschosse ab- und rückprallsicher aufgenommen werden.

5.6.3.6.2 Beschuss in Watte

Die Schussabgabe erfolgt dabei in einen länglichen mit Watte gefüllten Beschusskasten. Zwischen Watte und Schützenposition befindet sich ein Hülsenfangkasten. Hülsenfang- und Beschusskasten sind getrennt auszuführen und fahrbar zu gestalten.

Der Beschusskasten muss aus Aluminiumblech bestehen, frontseitig einen Schieber und luftdicht verschließbare Deckel besitzen. Durch diesen Aufbau wird vermieden, dass die zum Auffangen der Projektile verwendete Watte zu schwelen bzw. zu brennen beginnen kann. Soll der Beschusskasten für den Beschuss von Büchsenmunition mit voller Ladung verwendet werden, so ist dieser beweglich auf Rollen zu lagern. Grundsätzlich sollte ein solcher Kasten eine Länge von ca. 3,00 m und einen Querschnitt von ca. 25 cm × 30 cm besitzen.

Der Hülsenfangkasten besitzt oben einen Anschlussstutzen zum Anbringen eines Schlauches zur direkten Absaugung der Gase. Frontseitig befindet sich eine transparente Scheibe mit Durchgriffen zur Handhabung der Waffen. Um die Hülsen leicht entnehmen zu können, sollte der Kasten seitlich aufklappbar sein. Die Anbringung von schallabsorbierenden Materialien innen ist nicht zulässig, weil sich in diesen unverbrannte TLP-Reste einlagern könnten. Glatte Flächen zur einfachen Reinigung sind vorzuziehen. Um Fremdspuren zu vermeiden ist der Kasten innen mit schwerentflammbaren Gummi- oder Kunststoffplatten auszukleiden. Der Kasten sollte mindestens 1,50 m lang sein mit quadratischem Querschnitt bei mindestens 0,50 m Kantenlänge.

5.6.3.6.3 Schießkanal

Die Ausstattung eines Schießkanals richtet sich nach den Vorschriften für Raumschießanlagen. Hierbei ist zu beachten, dass längs der Schießbahn fest installierte Messleitungen vorgesehen werden. Außerdem muss das Geschossfangsystem auf die Vielzahl der verwendeten Kaliber und Projektilarten (auch Schrot) mit unterschiedlichen maximalen Bewegungsenergien der Geschosse abgestimmt sein.

Für die Durchführung des Funktionsbeschusses eignen sich auch in sich geschlossene Geschossfangsysteme.

5.6.3.6.4 Munitionslagerraum

Ein Munitionslagerraum sollte sich in unmittelbarer Nähe zu den Mess- und Prüfräumen befinden. Es ist eine relative Luftfeuchtigkeit von ca. 50 % im Raum zu gewährleisten; außerdem sind größere Temperaturschwankungen zu vermeiden.

Für die Lagerung der Munition in ihren Originalverpackungen ist das hohe Gesamtgewicht der Lagerbestände zu berücksichtigen.

5.6.3.6.5 Sonstige Raumausstattung

Die sonstige Raumausstattung richtet sich nach Nummer 2.3.8.

5.6.3.7 Zeichnungen

5.7 Technische Anforderungen

5.7.1 Allgemeines

Beim Schießen mit Feuerwaffen entstehen Gase und Stäube, welche die Atemluft belasten können. In RSA hat deshalb eine ausreichend dimensionierte RLT-Anlage dafür zu sorgen, dass im jeweiligen Atembereich der Personen beim Schießen die Belastung der Raumluft mit Schadstoffen verringert wird. Damit kann eine gesundheitliche Gefährdung bzw. Schädigung nach derzeitigem Kenntnisstand ausgeschlossen werden.

Für die RLT-Anlagen in RSA sind aufgrund spezifischer Betriebsbedingungen besondere Anforderungen zu stellen. Unterschiedliche Dimensionierungen werden durch verschiedene Nutzungsarten notwendig (z. B. beim Schießen mit VL-Waffen oder Mehrdistanzschießen).

Für RSA zum Schießen mit DL-Waffen sowie mit Waffen für Randfeuerpatronen im Kaliber 4 mm (z. B. Zimmerstutzen) werden keine Vorgaben für technische Anforderungen an eine eventuelle RLT-Anlage getroffen.

Bei teilgedeckten Schießständen mit einer Umschließung der Schießbahn über die erste Hochblende (bzw. eine Länge von 5,00 m) hinaus ist es in der Regel erforderlich, zumindest eine aktive Zuluftmöglichkeit vorzusehen. Diese ist so auszulegen, dass eine Luftströmung in Richtung der freien Öffnung der Schießbahnüberdachung erfolgt und keine Rückströmungen auftreten können.

Die Größe einer Be- und Entlüftungsanlage wird im Wesentlichen von der Raumgröße (Querschnitt) und den verwendeten Waffen- und Munitionsarten, aber auch von der Art des Schießens bestimmt. Zudem sind bei gewerblicher oder beruflicher Nutzung arbeitsschutzrechtliche Bestimmungen (AGW) bei der Auslegung der RLT-Anlage zu beachten. Auf die einschlägigen Vorgaben der DIN 1946 Teil 2 „Raumlufttechnik – Gesundheitstechnische Anforderungen" wird hingewiesen.

Beim Schießen mit Patronenmunition entsteht eine Belastung der Raumluft durch den Anzündsatz, die Treibladungsgase und durch das Geschossmaterial (z. B. in Form von Metall- bzw. Bleistaub und Bleidämpfe). Bei der Verbrennung von TLP gilt als allgemeine Faustregel, dass sich 1 g TLP in ca. 1 l Gas

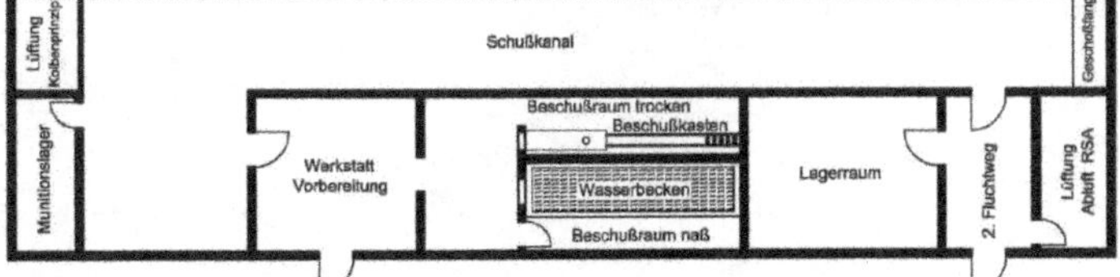

Abbildung 5.6.3.7.1 Beispielhafte Anordnung von Prüf- und Messräumen

III

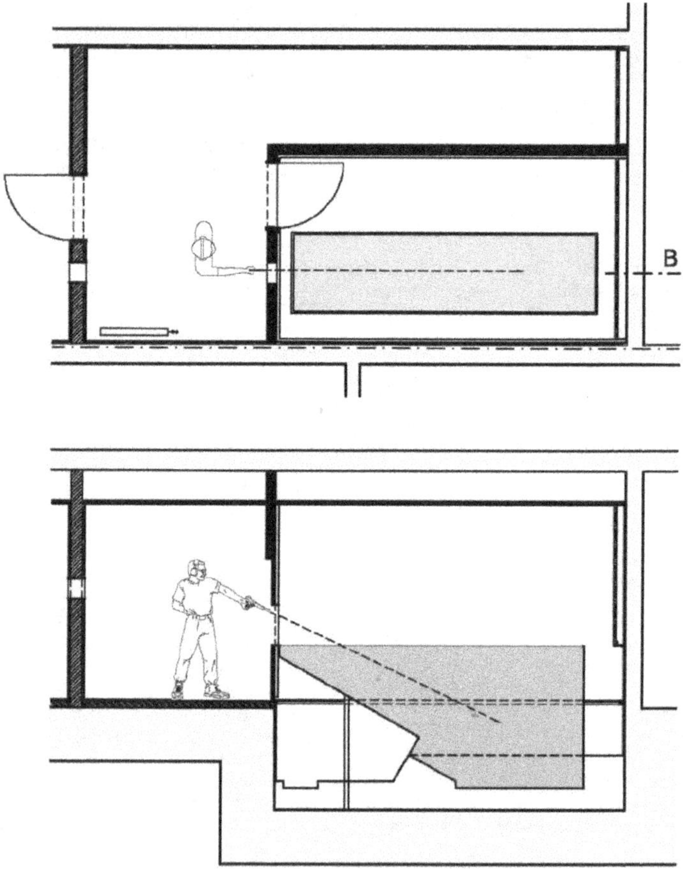

Abbildung 5.6.3.7.2 Beschuss in Wasser

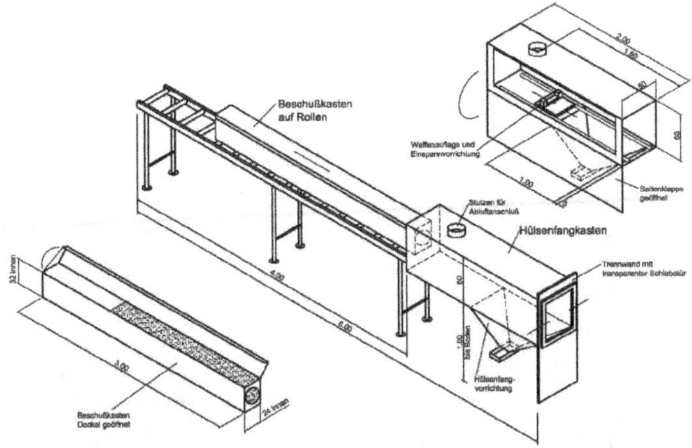

Abbildung 5.6.3.7.3 Wattebeschusskasten

(Gasbestandteile CO_x und NO_x) umsetzt. So können die einzelnen Gasmengen allgemein zwischen 0,05 l (Kaliber .22 l.r.) und 5 l (großkalibrige Büchsenpatronen) pro Einzelschuss liegen.

Untersuchungen der BICT[1]) haben ergeben, dass je nach Waffen-, Munitions- und Geschossart deutlich unterschiedliche Kohlenmonoxid- und Bleistaubemissionen (aus Anzündsatz, auch verursacht durch Geschossabrieb) auftreten können.

Über die Art der in einem Schießstand verwendeten Munition und der Häufigkeit der Schussabgabe (z. B. 40 Schüsse pro Stunde bei LW im Kaliber .22 l.r.) ergeben sich somit die belasteten Luftmengen, die bei der Konzeption der RLT-Anlage zu Grunde zu legen sind. Um eine Gesundheitsgefährdung der Benutzer einer geschlossenen Schießstätte auszuschließen, ist die schadstoffbelastete Raumluft aus dem Bereich der Schützenpositionen abzuführen. Rückströmungen von der Schießbahn in den Schützenstand dürfen nicht auftreten. Nach Stand der Technik werden diese Anforderungen nur durch eine turbulenzarme Verdrängungslüftung erfüllt.

Beim Verschießen großkalibriger KW-Munition in RSA ist mit Betreiber und Nutzern abzuklären, ob nicht auf die Verwendung sog. schadstoffreduzierter „bleifreier" Munition (Anzündsatz und gekapselte bzw. bleifreie Geschosse) ausgewichen werden kann.

5.7.2 Lüftungsarten

Grundsätzlich lassen sich technisch zwei Lüftungsarten unterscheiden, die vom Aufbau, von der Wirkungsweise und daher auch vom Einsatzbereich bzw. Eignung für RSA sehr unterschiedlich sind. Dies sind die Mischlüftung und die Verdrängungslüftung.

5.7.2.1 Mischlüftung

Bei der Mischlüftung wird die Zuluft turbulent aus Luftauslasselementen mit hoher Ge-

[1]) Bundesinstitut für chem.-techn. Untersuchungen, Swisttal, Bericht-Nummer 100/15556/96 „Analyse und Bewertung der Reaktionsprodukte aus Explosivstoff beim Schuss mit Handfeuerwaffen". Teil 1 und 2

schwindigkeit in einen Raum geblasen, wobei sich diese Zuluft mit der belasteten Raumluft vermischt. Wie die ebenfalls gebräuchliche Bezeichnung Verdünnungslüftung besagt, werden belastete Raumluftanteile durch die eingeblasene Frischluft verdünnt und Schadstoffe über die Absaugung im Raum abgeführt.

III

Wie Erfahrungen und Messungen gezeigt haben, treten bei dieser Lüftungsart immer Luftverwirbelungen bzw. -walzen und Rückströmungen auf. Aus diesem Grund ist dieses System nach Stand der Technik für RSA mit Ausnahme von besonderen Schießständen (siehe Nummer 5.1.6.2) nicht geeignet.

5.7.2.2 Verdrängungslüftung

Bei der Verdrängungslüftung (auch Kolbenströmung) wird die Zuluft turbulenzarm in der Regel hinter dem Schützen über die gesamte Rückwand eingeleitet. Die Form der Lufteinbringung ist hierbei von entscheidender Bedeutung. So ist z. B. ein Sichtfenster in dieser Rückwand zu vermeiden oder ansonsten möglichst klein zu halten. Öffnungen sollten möglichst mittig positioniert und die Laibungen als Lufteinlasselemente ausgeführt werden. Türen zu den Schützenständen sind vorzugsweise seitlich anzuordnen.

Die Raumluft wird im Bereich des Geschossfanges abgeführt. Die Luft schiebt sich als „Kolben" bei dieser Lüftungsart durch den gesamten Raum, wobei bei korrekter Ausführung keine Rückströmungen auftreten können. Diese Be- und Entlüftung wird durch eine mittlere Strömungsgeschwindigkeit der Luft (z. B. 0,25 m/s bis 0,30 m/s), bezogen auf den gesamten Raumquerschnitt, bestimmt.

Die Verdrängungslüftung wird nach dem derzeitigen Stand der Technik als die einzige geeignete Lüftungsform für Feuerwaffenschießstände angesehen.

Mischluftsysteme sind bei Neuanlagen mit Ausnahme bei ballistischen Mess- und Prüfräumen (Nummer 5.6) nicht zulässig.

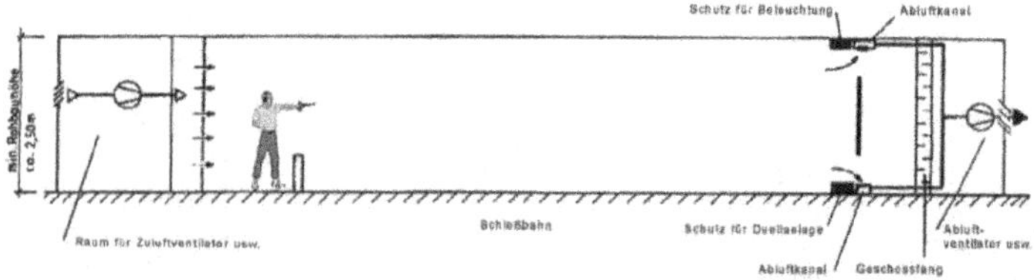

Abbildung 5.7.2.2.1 Verdrängungslüftung mit Decken- und Bodenabsaugung

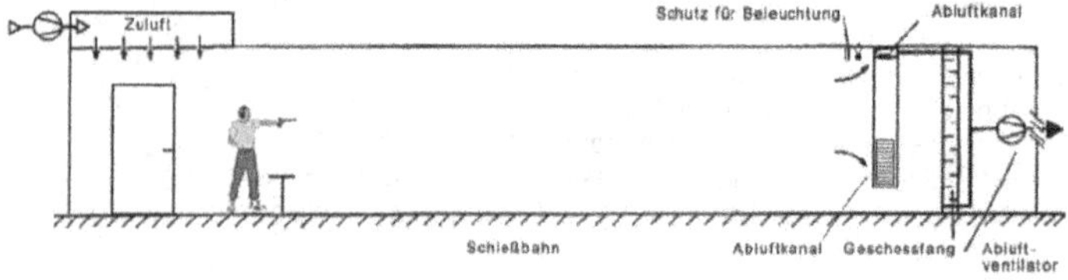

Abbildung 5.7.2.2.2 Verdrängungslüftung mit Zulufteinbringung über die Raumdecke sowie mit oben liegender und seitlicher Absaugung

5.7.3 Planungsgrundlagen RLT-Anlage

Nach VDI 6022 sind sämtliche Lüftungsanlagen für innen liegende Räume mit Luftfiltern zu versehen. Bei einstufiger Filterung sind die Filter generell vor dem Ventilator anzuordnen. Bei einer 2-stufigen Filterung der Zuluft ist ein Filter vor und ein Filter hinter dem Ventilator anzuordnen. Die Mindestfilterqualität in der Zuluftanlage beträgt F7 bei 1-stufigen Filtern. Die 1-stufige Ausführung von Filtern in Zuluftanlagen ist nur zulässig, wenn der Zuluftventilator direkt angetrieben ist. Wird der Zuluftventilator vom Motor mittels Keilriemen angetrieben, so ist eine 2-stufige Filterung notwendig.

Hierbei muss ein zweites Filter in Qualität F7 in Luftrichtung hinter dem Ventilator angeordnet sein. In diesem Falle kann das Filter vor dem Ventilator in Qualität F5 ausgeführt werden. Zum Schutz des Abluftventilators vor Fett- und Öldämpfen sollte das vorgeschaltete Filter in der Qualität F9 installiert werden. Über eine Filterüberwachung soll ein notwendiger Filterwechsel angezeigt werden; die Anzeige des notwendigen Filterwechsels kann über ein akustisches Signal oder eine Fernüberwachung erfolgen.

In den Zu- und Abluftanlagen von RSA sind Schalldämpfer vorzusehen, die den Schallaustritt nach außen auf das gesetzlich vorgeschriebene Maß (siehe TA Lärm: Wohngebiet, Gewerbegebiet o. Ä.) reduzieren. In die Schalldämpfer sind nur solche Kulissen einzubauen, deren Oberfläche bis zu einer Durchschnittsgeschwindigkeit von 20 m/s abriebfest ist. Die Oberfläche kann z. B. mit Lochblechen geschützt sein. Die Schalldämpfer sind so anzuordnen, dass sie sich in Richtung der Luftströmung gesehen hinter den Filtern befinden.

Die notwendigen Zu- und Abluftkanäle sind je nach Gebäudeausführung (Schallübertragung in benachbarte Räume) schwingungsisoliert aufzuhängen und so herzustellen bzw. zu behandeln, dass sie durch den Schalldruck der Schussknallgeräusche nicht schwingen können. Damit sich möglichst wenige Ablagerungen festsetzen, müssen sie auf der Innenseite eine glatte Oberflache haben (Blechkanäle). Aus diesem Grunde ist auch die Durchschnittsgeschwindigkeit der Luft in den Abluftkanälen an der oberen Grenze anzusetzen. Durch eine zweckmäßige Anordnung der Zu- und Abluftventilatoren sind die Luftkanäle so kurz wie möglich auszuführen.

Beim Schießen mit Schwarzpulverladungen ist eine erhöhte Korrosionsgefahr durch salzhaltige Rückstände zu berücksichtigen. Um die regelmäßige Reinigung von Abluftkanälen und Ventilatoren zu ermöglichen, sind in regelmäßigen Abständen ausreichend große Revisionsöffnungen vorzusehen. Wasserdichte Kanäle erleichtern das Reinigen mittels Hochdruckreinigern.

Bei Ventilatoren mit Keilriemenantrieb sollte bei gerissenem Keilriemen der Defekt durch ein Signal angezeigt werden. Ventilatoren müssen grundsätzlich nicht explosionsgeschützt ausgeführt werden (Ausnahme Abluft mit Bodenabsaugung).

Für die RLT-Anlage wird grundsätzlich der Abschluss eines Instandhaltungsvertrages (gem. DIN 31051 mit Wartung, Inspektion, Instandsetzung und Verbesserung) empfohlen, damit eine regelmäßige Reinigung und Wartung gewährleistet ist.

Folgende weitere Hinweise sind bei der Planung einer RLT-Anlage zu beachten.

Die Raumluftströmung muss in Schussrichtung erfolgen.

Um Wirbel- oder Walzenbildungen der Luft und damit eine Rückströmung von Schadstoffen zu verhindern, muss die Lüftungsanlage grundsätzlich nach dem Prinzip der Luftverdrängung (Kolbenströmung) arbeiten. Die Zuluft ist hinter dem Schützen großflächig, das heißt möglichst über die gesamte Rückwand, einzuleiten.

Sind Türen und Fenster in der Rückwand nicht zu vermeiden, dann sollte die Laibung so ausgeführt werden, dass darüber ebenfalls Luft zugeführt werden kann.

Bei der Änderung der RLT-Anlage auf das Verdrängungsprinzip bzw. bei nicht vorhandenem Platz hinter dem Schützen besteht bei Schießständen ebenfalls die Möglichkeit, die Zuluft im Bereich der Decke und die gesamte

Raumbreite jeweils hinter dem Schützen zuzuführen. Eine turbulenzarme Luftzuführung durch textile Lufteinlasselemente hat sich in der Praxis ebenfalls bewährt.

Sollte vor dem Schützen eine raumbreite Brüstung vorhanden sein, so muss diese in Schießständen, in denen auf Zwischendistanzen geschossen wird, luftdurchlässig ausgeführt sein. Ablagetische sind vorzuziehen.

In speziellen Fällen (z. B. Nachrüstung) kann die Brüstung auch als zusätzliches Luftauslasselement ausgebildet werden; die Möglichkeit von Luftverwirbelungen ist hierbei jedoch zu beachten.

Abluftöffnungen befinden sich in der Regel im Bereich des Geschossfanges. Als ideal stellen sich Abluftkanäle an der Decke und den Wänden dar.

Die Aufteilung beträgt im allgemeinen 60 % oben und 40 % unten bzw. seitlich. Werden sog. harte Geschossfänge wie Stahllamellen oder Ketten eingesetzt, ist eine Absaugung im Bereich des Geschossfanges („Bleistaubabsaugung") vorzusehen. Diese sollte möglichst eigenständig betrieben werden, wobei der Geschossfang schießbahnseitig als solches gekapselt werden muss (Abhängung mit Splitterschutzmatten).

Die Abluft dieser Schießstände darf nicht als Umluft wiederverwendet werden. Das Beimischen von nicht belasteter Abluft aus anderen Bereichen (z. B. Schießstände für DL-Waffen) zur Frischluft für Feuerwaffenbereiche ist dagegen zulässig.

Als Mindestluftgeschwindigkeit ist ein mittlerer Wert von 0,25 m/s, bezogen auf den gesamten Raumquerschnitt, nachzuweisen. Dadurch wird gewährleistet, dass neben den gasförmigen Luftbelastungen auch die meisten Feinstäube abgeführt werden. Die Strömungsgeschwindigkeit von 0,25 m/s ist insbesondere dann einzuhalten, wenn in RSA mit großkalibrigen KW bei hoher Nutzungsintensität geschossen werden soll.

Die RLT-Anlage sollte mehrstufig schaltbar sein. Schaltstufen können z. B. sein:

- Aus
- Reinigung
- Stationäres Schießen
- Mehrdistanzschießen.

Abweichungen von der notwendigen Strömungsgeschwindigkeit können dann zugelassen werden, wenn die Schützen die Schießbahnen z. B. zur Trefferaufnahme nicht betreten müssen bzw. nur mit solchen Waffen geschossen wird, die reduzierte Schadstoffbelastungen der Raumluft verursachen.

Die Menge der zugeführten Frischluft muss grundsätzlich der Abluftmenge entsprechen. Ein Unterdruck von 30 Pa bis 50 Pa, gemessen zwischen Schießbahn und Umgebungs-/Zugangsbereich, muss unabhängig vom Betriebszustand der RLT-Anlagen eingehalten werden. Ein Überdruck darf sich in der Schießbahn nicht einstellen und muss durch geeignete Maßnahmen, z. B. automatische Abschaltung der RLT-Anlagen über Druckfühler, verhindert werden. Nach dem Ausschalten der Schießbahnbeleuchtung sollte die Lüftungsanlage noch einige Minuten nachlaufen.

Die Vorschriften in Bezug auf bauliche Ausführung und Brandschutz bei RLT-Anlagen usw. sind zu beachten.

5.7.4 Abnahme der RLT-Anlage

Über die Abnahme der RLT-Anlage ist ein Gutachten eines Sachverständigen für Lüftungsanlagen gem. DIN EN 12599 einzuholen. Es muss enthalten:

- Vollständigkeitsprüfung
- Funktionsprüfung
- Funktionsmessung.

Weitere Prüfkriterien können z. B. das Strömungverhalten der Luft über den Raumquerschnitt und der Schalldruckpegel der Lüftungsanlage sein. Ggf. kann es notwendig sein, die Anlage im Sommer- und Winterbetrieb zu prüfen.

6 Spezielle Schießstände

6.1 Biathlonschießstände

6.1.1 Allgemeines

Die Anforderungen der Schießstandrichtlinien für die Errichtung von offenen Schießständen, insbesondere die Nummern 4.2.1

und 4.5, sind zu beachten. Diese Regelungen werden durch die nachfolgenden besonderen Bestimmungen für Biathlonschießstände ergänzt.

Biathlon ist die Kombination der Sportarten Laufen (mit und ohne Hilfsmittel wie Ski oder Skiroller) und Schießen in einem Wettbewerb. Auf Biathlonschießständen wird auf unterschiedliche Distanzen mit DL- oder KK-Waffen (nur Geschosse aus Blei oder ähnlichem weichen Material mit einer Mündungsgeschwindigkeit von $\leq$ 380 m/s) geschossen.

Verbleiben die Waffen am Stand, so sind dort entsprechende Gewehrständer vorzusehen. Diese sind möglichst nahe zum Schützenstand in einer Entfernung von $\geq$ 5 m zum Zuschauerraum zu positionieren.

Bei der Errichtung von Biathlonschießständen sind verschiedene Bauarten zulässig.

In vielen Fällen werden Geländeformationen mit in die Gestaltung einbezogen; hierbei kann sich durch einen steilen Gegenhang ein natürlicher Schießbahnabschluss (Nummer 4.2.5.1) ergeben. Ansonsten ist ein gebauter Schießbahnabschluss (Erdwall, Mauer) vorzusehen.

Die Seitensicherungen sind in der Regel als Erdwälle zu erstellen. Bei der Anordnung von Hochblenden ist darauf zu achten, dass die Sicht der Zuschauer auf die Scheiben möglichst wenig beeinträchtigt wird.

Auf die Zeichnungen unter Nummer 6.1.1.11 wird verwiesen.

6.1.2 Winterbiathlon

6.1.2.1 Gefahrenbereich

Biathlonschießstände für Wettkämpfe werden wegen der notwendigen größeren Kapazitäten und der notwendigen Laufstrecken häufig in schwach besiedelten Gebieten (Nummer 4.5.1) errichtet.

Der zu beurteilende Gefahrenbereich (Nummer 1.1.2.2) beträgt in der Regel in Schussrichtung

- Blei-Kelchgeschoss 4,5 mm 250 m
- Randfeuerpatrone Kaliber .22 l.r. 1300 m

Bei der Beurteilung des Gefahrenbereiches ist zu prüfen, ob im begründbaren Einzelfall durch die Aufstellung von Sicherheitsposten oder festen Absperrungen Erleichterungen bei der Erstellung von Sicherheitsbauten möglich sind oder gar darauf verzichtet werden darf.

Geschossen wird auf folgende Entfernungen:

- DL-Waffen 10 m ($\pm$ 0,05 m)
- LW Kaliber .22 l.r. 50 m ($\pm$ 1,00 m)
- KW Kaliber .22 l.r. 25 m ($\pm$ 1,00 m)

Die Schießstände müssen Anschluss an diverse Laufstrecken im Gelände haben. Die Laufstrecken sind bei eventuell fehlenden Hochblenden in schwach besiedelten Gebieten nicht durch den Gefahrenbereich zu führen. Biathlonschießstände sind in der Regel nicht überdacht. Zur Vermeidung von Sonnen-, Wind- oder Nebeleinwirkung können Biathlonschießstände jedoch überdacht werden. Die Platzwahl für die Anlage von solchen Schießständen hängt ab von

- der Geländebeschaffenheit für die Anlage von Laufstrecken
- der Schneesicherheit (Winterbiathlon)
- Wind-, Sonnen- oder Nebeleinwirkungen.

6.1.2.2 Kapazität

Die Anzahl der Geschossbahnen eines Biathlonschießstandes richtet sich nach der Art der Nutzung (maximal 30).

6.1.2.3 Gestaltung von Biathlonschießständen

6.1.2.3.1 Schützenstand

Der Schützenstand (Basis) ist der Geländestreifen ab der Schieß- bzw. Feuerlinie rückwärts bis zur Betreuerzone. Die Tiefe dieses Streifens beträgt in der Regel 10 m bis 12 m und darf von den Zuschauern nicht betreten werden.

Der gesamte von den Wettkämpfern genutzte Teil muss eben sein.

6.1.2.3.2 Schießrampe

Für den liegenden Anschlag ist die Schießrampe so zu errichten, dass diese mindestens 30 cm über der Schießbahn liegt.

III

III

6.1.2.3.3 Einrichtungen

Jede Schützenposition ist in Schussrichtung rechts beginnend zu nummerieren. Dabei ist die jeweilige Position am Schützenstand links und rechts mit der Standnummer durch ein Schild (bei 50-m-Anlage: Abmessungen mindestens 20 cm hoch mit 3 cm Schriftgröße und am Ziel gleich lautend mit einer Tafel 40 cm hoch mit 4 cm Schriftgröße, farblich abwechselnd) zu kennzeichnen.

Am Schützenstand ist für jeden Schützen eine möglichst wasserabweisende rutschfeste Matte (aus Kunststoff oder Naturfasern), Größe mindestens 150 cm × 150 cm, in einer Dicke von 1 cm bis 2 cm aufzulegen.

Die Zu- und Ablaufspur für die Biathleten an die Schützenrampe bzw. Basis heran ist so anzulegen, dass die Schützen ausreichend Platz haben. Dies bedeutet, dass im Abstand von 3 m, gemessen ab der Feuerlinie (Schusslinie) nach hinten, keinerlei Laufspuren angelegt werden dürfen.

6.1.2.3.4 Betreuerzone und Zuschauerraum

Unmittelbar hinter dem Schützenstand ist eine Betreuerzone (Trainerraum) vor den Zuschauern abzugrenzen.

Hinter der Betreuerzone kann eine mindestens 1,50 m tiefe Zone für Medienvertreter über die gesamte Breite des Schießstandes eingerichtet werden.

Der Zuschauerraum ist anschließend an die Betreuer- und Medienzonen anzulegen und sollte der besseren Einsicht wegen nach hinten ansteigen. Durch Abtrennungen ist zu verhindern, dass Zuschauer die Gefahrenbereiche des Schießstandes betreten können.

6.1.2.3.5 Geschossbahn

Die Breite einer Geschossbahn beträgt jeweils 2,70 m bis 3,00 m (ideal 2,75 m).

Die einzelnen Bahnen müssen optisch voneinander getrennt werden, wobei die Markierungen beim Schießen nicht stören dürfen.

Um Windeinflüsse für den Schützen aufzuzeigen, können Windfahnen aufgestellt werden. Diese dürfen nicht größer als 10 cm × 40 cm sein. Es ist ausreichend, wenn diese Windanzeigehilfe an jeder dritten Schießbahn eingerichtet wird, beginnend am Stand 1.

6.1.2.4 Seitensicherung

Die Seitensicherung sollte aus zwei seitlichen Wällen aus steinfreiem Erdmaterial bestehen, deren Höhe mindestens 3,50 m und Böschungsneigung 1:1 beträgt. Zur Reduzierung von Windeinflüssen können auf den Erdwällen noch Windfänge angebracht werden.

Auf der Außenseite müssen Seiten- und Abschlusswälle durch eine Zäunung gegen Betreten gesichert werden.

Sofern bei einem natürlichen Gegenhang keine Seitensicherung errichtet und der Gefahrenbereich nur durch Einzäunungen gesichert wird, muss diese nach Nummer 4.2.1 auf beiden Seiten in einem Winkel von 25°, ausgehend von den jeweils äußeren Geschossbahnen, bei Schießbetrieb gegen Betreten durch Streckenposten gesichert werden. Die Erstellung der Seitensicherung mit Zäunen kommt nur bei gelegentlich genutzten Anlagen in Betracht.

Die Zäunungen müssen den Anforderungen nach Nummer 4.1.1 entsprechen. Die erforderliche Höhe ist bei jeder Schneelage zu gewährleisten. In den Umzäunungen sind Warnschilder nach Nummer 4.1.1 in ausreichender Anzahl anzubringen.

6.1.2.5 Hochblenden

Soweit Hochblenden zu errichten sind, müssen diese nach Nummer 4.2.1 angeordnet werden. Die Baustoffe sind nach Nummer 2.7.2 zu bestimmen.

Die Sicht der Zuschauer auf die Scheiben sollte dabei berücksichtigt werden. Es ist eine entsprechende Berechnung zur Anordnung der Blenden zu erstellen; hierbei ist vom liegenden Anschlag bzw. einer Antragshöhe von 30 cm auszugehen.

6.1.2.6 Schießbahnsohle

Die Schießbahnsohle muss mindestens 30 cm tiefer als der Schützenstand liegen. Sie kann aus Erde oder Sand (Körnung $\leq$ 3 mm) bestehen und darf keine festen Fremdkörper beinhalten, an denen Ab- und Rückpraller entstehen könnten (z. B. Steine, Fels).

6.1.2.7 Schießbahnabschluss

Das Ende jeder Schießbahn ist durchschusssicher abzuschließen. Die Höhe eines Abschlusswalles oder eines natürlichen Gegenhanges ist mit den übrigen Sicherheitsbauten bzw. Sicherheitseinrichtungen abzustimmen (Nummer 4.2.5).

Es sind wegen der geänderten Scheibensysteme keine Anzeigerdeckungen mehr erforderlich. Soweit solche noch vorhanden sind, müssen diese den Anforderungen nach Nummer 4.2.6 genügen.

6.1.2.8 Geschossfangsysteme

Vor dem Schießbahnabschluss muss ein geeignetes Geschossfangsystem vorgesehen werden; hierzu zählen auch Füllungen bei natürlichen Gegenhängen oder in Erdwällen (siehe Nummer 4.2.5.1).

Bei Schießständen für DL-Waffen dienen in der Regel die Metallgehäuse für die Klappscheiben gleichzeitig als Geschossfangeinrichtung, die direkt vor der durchschuss- und rückprallsicheren Abschlusswand zu platzieren sind.

Bei Biathlonschießständen für KK-Waffen ist es erforderlich, einen Geschossfang unmittelbar hinter den Scheibensystemen zu erstellen, unabhängig davon, ob der weitere Gefahrenbereich durch einen gebauten Schießbahnabschluss wie Erdwall bzw. Mauer oder durch einen natürlichen Gegenhang sicherheitstechnisch gedeckt ist. Ein Fangdach nach Nummer 4.2.5.5 ist hier vorzusehen.

6.1.2.9 Scheiben

Für das Trainings- und Wettkampfschießen werden folgende Scheiben eingesetzt:

- Papierscheiben
- mechanische Fall- oder Klappscheiben
- Scheiben aus leicht zerbrechlichem Material
- in Karton eingesetzte Metallscheiben
- elektronische Scheiben.

Die Scheibenhöhen sind wie folgt festgelegt:

– 10-m-Stände liegend	0,35 m (± 0,05 m)
– 10-m-Stände stehend	1,40 m (± 0,05 m)
– 25-m-Stände	1,40 m (± 0,10 m)
– 50-m-Stände	0,80 m bis 1,00 m

Der Hintergrund muss bei 50-m-Schießständen vom Boden bis 100 cm über der Oberkante der Scheibe weiß sein.

6.1.2.10 Zeichnungen

6.1.3 Sommerbiathlon

Sommerbiathlon wird mit DL-Langwaffen auf eine Scheibenentfernung von 10 m sowie mit LW im Kaliber .22 l.r. auf 50 m Entfernung geschossen.

6.1.3.1 50-m-Schießstände

Die 50-m-Schießstände entsprechen hinsichtlich der technischen Ausstattung den Winterbiathlonständen (6.1.1).

6.1.3.2 10-m-Schießstände

Sofern bereits bestehende ortsfeste Schießstätten genutzt werden, bestimmen die örtlichen Verhältnisse die mögliche und zulässige Nutzung. 10-m-Sommerbiathlon-Schießstände werden oft nur kurzzeitig im Freien errichtet, hier soll der notwendige bauliche Aufwand möglichst gering gehalten werden.

6.1.3.2.1 Schützenpositionen

Die Breite einer Geschossbahn bzw. Schützenposition darf ein Mindestmaß von 1,50 m nicht unterschreiten (gem. Sportordnung für Wettkämpfe 2,20 m bis 3,00 m).

Die sonstige Ausstattung der Schießstätte muss den Vorgaben nach Nummer 2.3.8 entsprechen.

6.1.3.2.2 Scheiben

Es werden handelsübliche Klappscheibenanlagen oder Papierscheiben benutzt. Unter den Scheibensystemen aus Stahl ist der Boden mit Folien o. Ä. abzudecken, damit die herabfallenden Geschosse bzw. Geschossreste aufgesammelt werden können.

Die Scheibenhöhen sind wie folgt festgelegt:

- 10-m-Stände liegend 0,35 m (± 0,05 m)
- 10-m-Stände stehend 1,40 m (± 0,05 m)
- 50-m-Stände 0,80 m bis 1,00 m

6.1.3.2.3 Seitensicherung und Hochblenden

Sofern je nach Ausweisung des Gefahrenbereiches Seitensicherung und Hochblenden erforderlich sind, können diese aus sog. Geotextilien für den Erd- und Straßenbau aus Polypropylenfasern erstellt werden. Die Masse

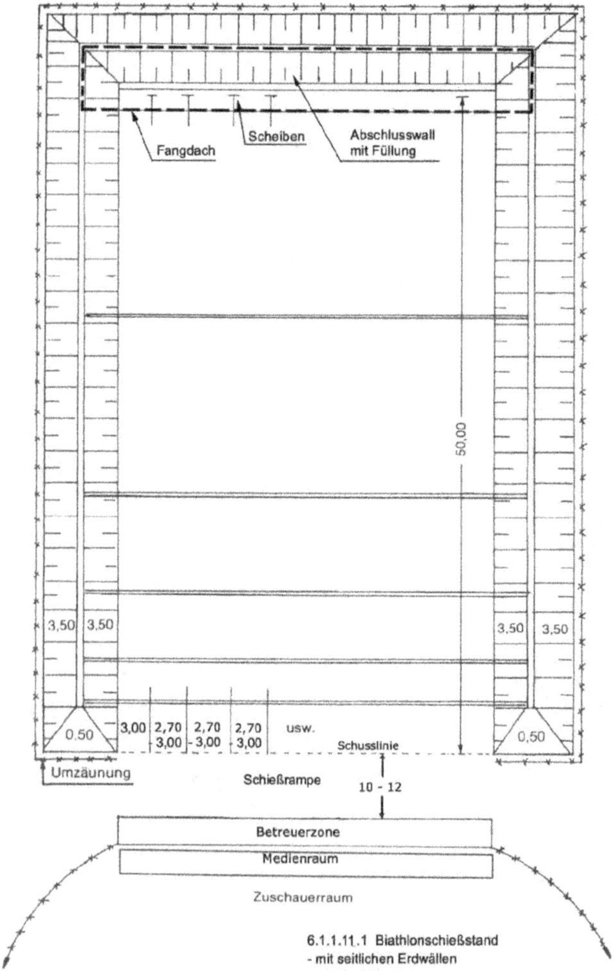

6.1.1.11.1 Biathlonschießstand
- mit seitlichen Erdwällen
- mit Hochblenden
- Abschlusswall mit Füllung
- mit Fangdach

Abbildung 6.1.2.10.1

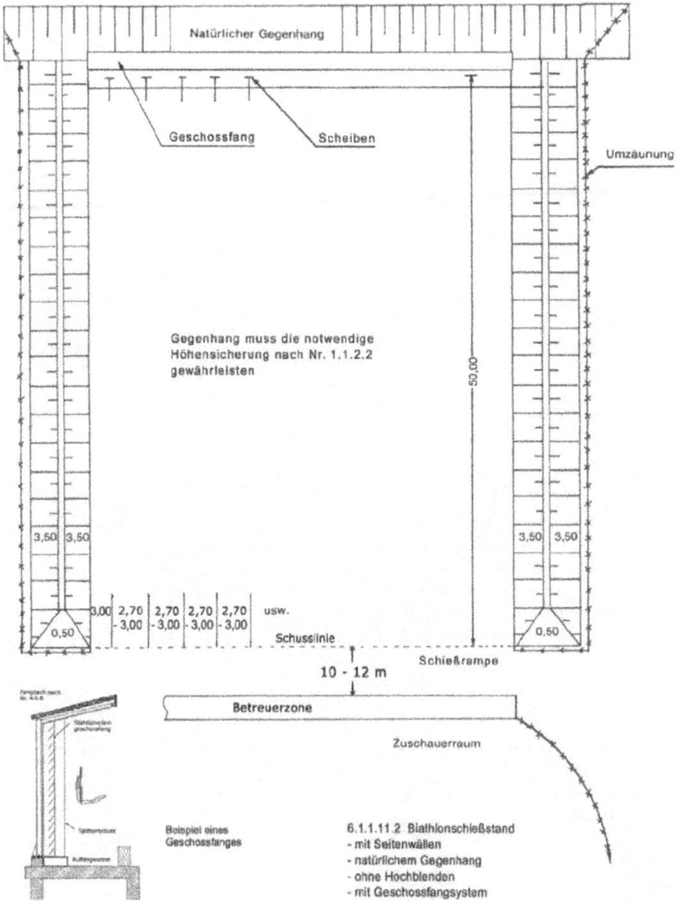

Abbildung 6.1.2.10.2

6.1.1.11.3 Beispiel eines Schießstandaufbaus

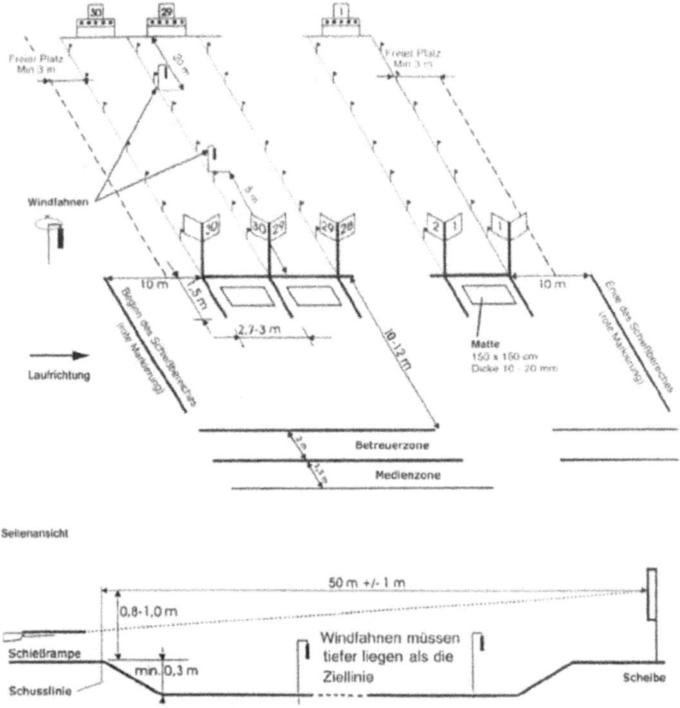

Abbildung 6.1.2.10.3

pro Flächeneinheit des Materials sollte über 300 g/m² liegen. Die Durchschusssicherheit ist vom SSV durch Beschuss zu prüfen, wenn sie nicht anderweitig nachgewiesen ist.

6.1.3.2.4 Abschlusswand

Gemäß Nummer 3.2.2 muss auch bei der Errichtung einer provisorischen Schießstätte in schwach besiedelten Gebieten nach Nummer 4.5 die Schießbahn mit einer Wand der Höhe ≥ 2,00 m abgeschlossen werden.

Diese kann aus den genannten Geotextilien allein oder aus einer Holzabschlusswand errichtet werden, vor der dann die Geotextilien oder gleichwertige (Nummer 2.7.4) Materialien vollflächig mit einem Abstand von mindestens 50 mm als Rückprallschutz abgehängt werden.

6.1.3.2.5 Zeichnung

Die beispielhafte Gestaltung einer Sommerbiathlon-Schießanlage ergibt sich aus der folgenden Abbildung.

6.2 Beschießen von Zielobjekten aus Stahl

Zielobjekte aus Stahl werden als sog. „Pepper Popper" bzw. „Falling Plates" (Stahlplatten) bezeichnet und mit KW und LW beschossen. Das vergleichbare Silhouetten-Schießen ist unter Nummer 6.3 beschrieben.

Stahlziele können in offenen und geschlossenen Schießständen verwendet werden. Die Bestimmungen der Nummern 2, 4 und 5 sind heranzuziehen. Beim Beschießen von Stahlzielen in offenen Schießständen ist zu gewährleisten, dass weder Geschosse noch Materialsplitter den Schießstand verlassen können. In RSA ist die äußere Sicherheit gegeben.

6.2.1 Abmessungen und Material für Stahlplatten

Nach schießsportlichen Regeln werden runde Stahlplatten mit einem Durchmesser bis 305 mm und längliche Stahlplatten mit maximal 894 mm Höhe (Abbildung 6.2.6) verwendet. Die Zielobjekte sind klappbar in Gelenken sowie Scharnieren gelagert oder stehen lose in Haltern. Die Stahlplatten müssen im Bezug auf ihre Dicke und Materialgüte den Belastungen durch die auf der jeweiligen Schießstätte zugelassenen und zum Stahlzielbeschuss verwendeten Waffen- und Munitionsarten angepasst sein.

Folgende Materialvorgaben beim Beschuss im Winkel von 90° zur jeweiligen Schützenposition sind zu beachten:

Empfohlene Gestaltung einer Sommerbiathlon-Schießanlage
Sicherheitstechnische Ausstattung
ist in der Zeichnung nicht berücksichtigt.

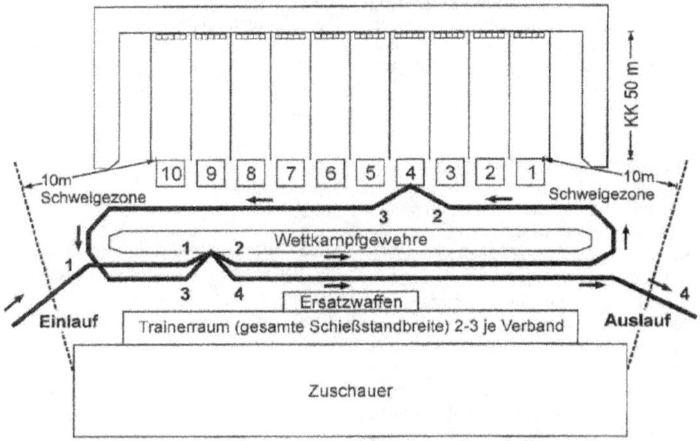

Laufwege
1. Einlaufen und Gewehr aufnehmen
2. mit dem Gewehr zum Stand laufen, laden und Schüsse abgeben
3. Gewehr entladen, Sicherheitsprüfung, Gewehr aufnehmen, im Ständer abstellen
4. Auslauf zur Strecke bzw. Strafrunde

Abbildung 6.1.3.2.5

KW bis	200 J	Dicke ca. 5 mm Zugfestigkeit > 1000 N/mm²
KW bis	1500 J	Dicke ca. 10 mm Zugfestigkeit > 1000 N/mm²
LW[1]) bis	5000 J	Dicke ca. 12 mm Zugfestigkeit > 1400 N/mm²
Flinten[2])		Dicke ca. 8 mm Zugfestigkeit > 1000 N/mm²

Die o. a. Vorgaben gelten für das Schießen mit KW auf Entfernungen von 7 m bis 25 m und bei LW[1] bis 50 m. Bei Zielen, die nur auf größere Entfernungen beschossen werden, dürfen Platten geringerer Dicke verwendet werden. Dies gilt ebenso bei schräg geneigten Stahlplatten (Neigungswinkel 60° in Schussrichtung oder geringer).

Das verwendete Material muss aufgrund seiner Güte geeignet sein, eine Kraterbildung durch die auftreffenden Geschosse zu verhindern.

Eingerissene oder durchgebogene Stahlziele, ebenso perforierte oder solche mit starker Kraterbildung, dürfen nicht mehr beschossen werden. Bei Störungen der Fall- bzw. Klappmechanik dürfen diese Zielobjekte nicht mehr beschossen werden. Sofern gefährliche Rückpraller von den defekten Zielobjekten nicht auszuschließen sind, müssen sie entfernt werden.

6.2.2 Zielanordnung

Die Zielobjekte stehen einzeln oder zu mehreren (bis zu 20 Stück) neben- oder hintereinander. Die Platten fallen bei Treffern je nach Konstruktion vorzugsweise nach hinten, aber spezielle „Pepper Popper" auch nach vorne.

Die Stahlziele sind unmittelbar (max. 1 m entfernt) vor den Geschossfängen des Schießstandes aufzustellen. Diese Geschossfänge müssen konstruktiv bzw. aufgrund ihrer Materialbeschaffenheit und -auswahl geeignet sein, auch langsame und energieschwache Geschossfragmente aufzunehmen.

Bei offenen Schießständen muss der Geschossfang immer ein Fangdach (Nummer 4.4.6) aufweisen, das über die aufgestellten Stahlziele in Richtung der Schützen reichen muss.

6.2.3 Splitterschutz

Ein umlaufender Splitterschutz zum Auffangen seitlich und nach oben von den Stahlzielen abprallender Geschossteile ist um jedes Stahlziel vorzusehen, soweit dieses nicht unter einem Fangdach aufgestellt wird. Dieser Schutz darf aus Weichholz der Dicke ≥ 5 cm, Stahlblech der Dicke ≥ 2 mm oder genügend dickem Gummi (z. B. aus Förderband) bestehen. Ein Splitterschutz der seine Funktion nicht mehr erfüllt (z. B. wegen Beschädigung) ist auszuwechseln.

Dem Schützen zugekehrte und feststehende Metallteile (z. B. die Sockelkonstruktion) sind rückprallsicher zu bekleiden.

Die Schützen und Standaufsichten müssen PSA (z. B. Gehörschutz und Schutzbrillen) tragen. Das Tragen von Brillen ist mit einem Gebotszeichen nach DIN 4844 im oder am Schützenstand gut sichtbar vorzuschreiben.

6.2.4 Schussentfernung

Die zulässigen minimalen Schussentfernungen richten sich nach der Art der verwendeten Waffen und Munition unter Einhaltung sicherheitsrelevanter Erfordernisse und betragen:

KK	> 5 m
KW	> 7 m
LW	> 30 m
Schrot	> 5 m

6.2.5 Ausschluss von Vollgeschossen

Die Verwendung von Vollgeschossen aus Messing, Kupfer oder Tombak ist beim Beschießen von Stahlplatten nicht zulässig.

[1]) als Büchsen, mit Ausnahme LW in KW-Kalibern

[2]) Flinten nur mit Bleischrotmunition mit Durchmesser von ≤ 4 mm

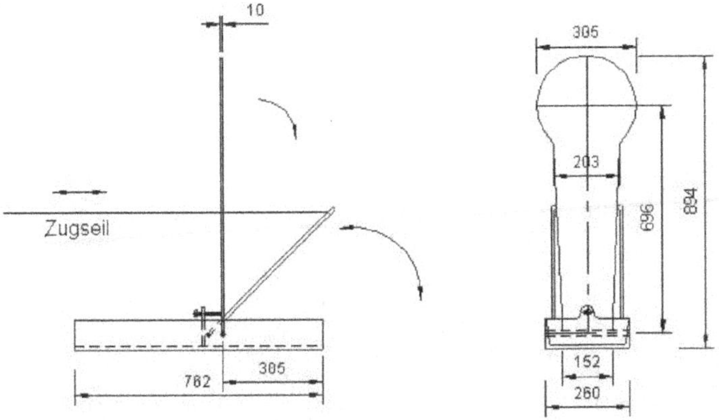

Abbildung 6.2.6 Abmessungen eines „Pepper Popper"

6.2.6 Zeichnungen

6.3 Silhouetten-Schießen

6.3.1 Abmessungen und Material für Stahlplatte

Beim Silhouetten-Schießen wird auf spezielle Stahlziele in Tierform (Huhn, Schwein, Truthahn, Widder) auf unterschiedliche Entfernungen geschossen. Die Entfernungen betragen in den Disziplinen Kleinkaliber und Feldpistole[1]) 25 m, 50 m, 75 m und 100 m; in der Disziplin Großkaliber 50 m, 100 m, 150 m und 200 m. Aufgrund dieses Umstandes sind Geschossfangeinrichtungen auf die genannten Zwischenentfernungen erforderlich. Vor diesen werden die Silhouetten in einer Reihe in Gruppen zu jeweils fünf Stück (Bank) und eventuell mit einer Silhouette als Probesilhouette aufgestellt.

Zum Ablauf der Schießübungen wird auf das jeweilige Regelwerk (z. B. BDS-IPSC, IMSSU, AETSM) verwiesen, wobei grundsätzlich die folgenden Punkte beachtet und ggf. im Einzelfall mit einem SSV abgestimmt werden sollten.

Schussentfernungen unter 25 m bei KK- und Feldpistole-Disziplinen sowie unter 50 m bei den GK-Disziplinen sind nicht zulässig. Alle Personen, die sich während des Schießens im Schützenstand aufhalten, müssen geeignete Schutzbrillen gemäß DIN EN 166 tragen. Das Tragen von Brillen ist mit einem Gebotszeichen nach DIN 4844 im oder am Schützenstand gut sichtbar vorzuschreiben.

6.3.2 Schützenstand/-positionen

Der Schützenstand soll überdacht sein. Es soll eine Brüstung von 1,00 m Höhe vorhanden sein, hinter der im stehenden Anschlag oder im sog. Freistil-Anschlag von Pritschen aus geschossen wird.

Die Schützenpositionen müssen aus schießsportlichen Gründen 1,50 m breit und 2,50 m tief sein. Die Positionen der Schützen werden entsprechend den zu beschießenden Zielen bezeichnet (z. B.: SB/P = small bore/pig = Kleinkaliber/Schwein). Von einer bestimmten Position darf nur auf eine bestimmte Zielgruppe (Bank) geschossen werden.

6.3.3 Schießbahn/-sohle

Die Schießbahnsohle muss den Bestimmungen gemäß Nummer 4.4.2 entsprechen. Seitlich oder in der Mitte der Schießbahn sollte

[1]) siehe BDS-Sporthandbuch

ein Weg für die Zielaufsteller vorgesehen werden. Dieser darf nicht mit Steinplatten oder dgl. befestigt werden.

6.3.4 Zielobjekte

6.3.4.1 Abmessungen und Material

Die Abmessungen der Silhouetten werden in den speziellen technischen Regelwerken beschrieben (Abbildung 6.3.6.1). Als Material für die GK-Disziplinen und für die Feldpistole sollten nur flüssigkeitsgehärtete Verschleißstähle verwendet werden, deren Zugfestigkeit über 1200 N/mm² und die mittlere Härte über 300 HB liegen.

III

Die Silhouetten für die KK-Disziplinen dürfen aus Material geringerer Zugfestigkeit und Härte hergestellt sein.

Die Dicke der Ziele darf für die KK-Disziplinen nicht weniger als 6 mm bzw. für die Feldpistole- und GK-Disziplinen 12 mm bei Schweinen und Hühnern und 10 mm für Truthähne und Widder in der genannten Güte betragen.

Silhouetten mit Durchschüssen und starker Kraterbildung (Tiefe des Kraters größer als 25 % der Materialdicke) dürfen nicht mehr beschossen werden. Sie sind zu entfernen, falls gefährliche Geschossrückpraller nicht ausgeschlossen sind.

6.3.4.2 Zielanordnung

Die Ziele sind in Gruppen zu 5 Silhouetten (Bank) anzuordnen; für jede Entfernung ist mindestens eine Probesilhouette vorzusehen. Die Positionen der Bänke müssen so gewählt werden, dass ein Fehlschuss entweder im Geschossfang hinter der betreffenden Bank oder dem entsprechenden Geschossfang am Abschluss der Schießbahn aufgefangen wird.

Für die unmittelbar hinter den auf Zwischenentfernungen stehenden Silhouetten anzuordnenden Geschossfänge dürfen bei den Disziplinen im Kaliber .22 l.r. mit Bleigeschossen transportable, nach hinten unten geneigte Abweisbleche mit einer Dicke von 6 mm und einer Mindestzugfestigkeit von 300 N/mm² verwendet werden. Diese müssen an der Oberkante nach vorne so weit auskragen, dass an der Silhouettenoberfläche abspritzende Geschossteile sicher gefangen werden (Abbildung 6.3.6.2). Durch entsprechende Bereitung des Untergrundes sollte gewährleistet sein, dass das Geschossmaterial aufgenommen werden kann.

Die Gesamthöhe der Geschossfänge richtet sich nach der jeweiligen Silhouettengröße. Die Höhe des waagerechten Fangdachs soll ca. das 1,5-fache der Silhouettenhöhe betragen (Maß „h + ½ h" in Abbildung 6.3.6.2). Es muss von der Vorderseite der Silhouette gemessen mindestens 30 cm nach vorn überkragen.

Der Geschossfang soll eine Neigung von 60° zum Schützen hin aufweisen und so weit hinter den Silhouetten angeordnet sein, dass diese ungehindert nach hinten umkippen können (Maß „t" in Abbildung 6.3.6.2).

Die Aufstellung der Silhouetten erfolgt auf Flachstahl in der Breite des jeweiligen Silhouettenfußes (Maß „s" in Abbildung 6.3.6.2). Die Aufstellung kann auch auf geeigneten Weichholzleisten erfolgen.

Für die GK- und Feldpistole-Disziplinen müssen spezielle Geschossfänge hinter jeder Bank vorgesehen werden, die in der Lage sind, auftreffende Projektile und deren Teile sicher und rückprallfrei aufzunehmen. Dies kann durch eine Bodentraverse aus Erdreich geschehen, bei der die vordere Seite aus einer Sandfüllung besteht, die gegen das übrige Erdreich durch eine Folie abgesichert ist. Zusätzlich muss über den Stahlzielen ein nach hinten geneigter Splitterschutz in Form eines Fangdaches vorhanden sein, dessen vordere Kante zum Geschossfang hin abzuschrägen ist (Abbildung 6.3.6.2).

Das Fangdach soll aus Stahlblech der Dicke ≥ 10 mm mit einer Zugfestigkeit von ≥ 700 N/mm² bestehen. Seitlich kann das Fangdach auf Holzbohlen der Dicke 5 cm gelagert werden. Silhouetten, die unmittelbar vor dem Abschluss der Schießbahn aufgestellt sind und über die das vorhandene Fangdach zum Schützen hin mindestens 0,50 m hinausragt, müssen nicht mit einem gesonderten Splitterschutz versehen werden.

Die Füße der Silhouetten stehen auf einem in die Schießbahnsohle eingelassenen L-Profil aus Stahl einfacher Güte, das schützenseitig mit Weichholz zu bekleiden ist. Die Silhouetten dürfen auch auf einer Weichholzbohle ausreichender Breite aufgestellt werden.

6.3.5 Gefahrenbereich

Da die Silhouetten überwiegend auf Zwischenentfernungen aufgestellt werden, muss vermehrt mit Aufsetzern auf der Schießbahnsohle gerechnet werden. Aus diesem Grund darf Schießen dieser Art bei Frost nicht durchgeführt werden. Außerdem ist darauf zu achten, dass der Gefahrenbereich in Schussrichtung grundsätzlich als schwach besiedelt nach Nummer 4.9 einzustufen ist.

Im Einzelfall hat eine Beurteilung des Gefahrenbereiches durch einen SSV zu erfolgen.

6.3.6 Zeichnungen

6.4 Field-Target-Schießen

6.4.1 Grundsätze

Beim Field-Target-Schießen wird mit DL-Waffen (Kaliber bis 6,5 mm) mit einer E_0 bis maximal 16 J auf Stahl-Silhouettenziele (Dicke 2 mm bis 4 mm) geschossen. In besonderen Wettbewerbsklassen sind bis zu maximal 27 J zulässig.

Bei dieser aus Großbritannien stammenden schießsportlichen Disziplin stellen die Ziele Silhouetten von Kleintieren in annähernd natürlicher Größe dar (Eichhörnchen, Kaninchen, Elster usw.). Die Ziele können auch geometrische Figuren in vergleichbarer Größe darstellen (Kreise, Ellipsen, Rechtecke usw.).

Die Ziele stehen in Schießbahnen („Lanes") auf dem Schützen unbekannte Entfernungen zwischen 9 m und 50 m und können sowohl auf den Boden gestellt als auch an Bäumen befestigt werden.

Eine „Lane" kann jeweils 2 bis 6 Ziele enthalten. In den Silhouetten der Ziele sind Löcher (Hit-Zonen) mit dem Durchmesser von 15 mm, 20 mm, 25 mm oder 40 mm. Hinter diesen befindet sich jeweils ein löffelartiges Stahlblechteil („Paddle"). Dieses ist derart mit der Silhouette verbunden, dass diese bei einem Treffer auf das Paddle nach hinten umklappt. Treffer auf die Silhouette selbst

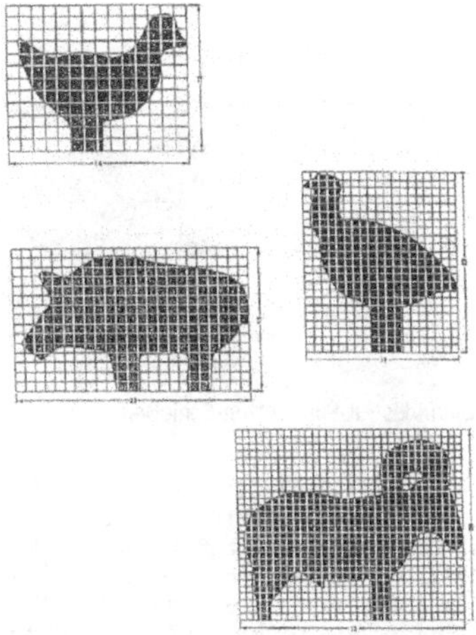

Technische Angaben zu den Zielen für das Silhouettenschießen

Disziplin	Zielart	Zielgröße*)	Entfernung (m)	Stahlqualität**)	Dicke (mm)***)
Großkaliber = big bore (BB)					
	Huhn = chicken (C)	1/1	50	HB > 400	12
	Schwein = pig (P)	1/1	100	HB > 400	12
	Truthahn = turkey (T)	1/1	150	HB > 400	10
	Widder = ram (R)	1/1	200	HB > 400	10
Feldpistole = field-pistol (FP)					
	Huhn = chicken (C)	1/2	25	HB > 400	10/12
	Schwein = pig (P)	1/2	50	HB > 400	10/12
	Truthahn = turkey (T)	1/2	75	HB > 400	10/12
	Widder = ram (R)	1/2	100	HB > 400	10/12
Kleinkaliber = small bore (SB)					
	Huhn = chicken (C)	3/8	25	St 37	6
	Schwein = pig (P)	3/8	50	St 37	6
	Truthahn = turkey (T)	3/8	75	St 37	6
	Widder = ram (R)	3/8	100	St 37	6

Erläuterungen:

*) Die Kantenlänge jedes Quadrats in der Zeichnung beträgt für die Großkaliber-Ziele 25,4 mm = 1". Für die Feldpistole-Ziele beträgt sie 12,5 mm = 1/2" und für die Kleinkaliber-Ziele 9,52 mm = 3/8".

**) Für die Großkaliber- und Feldpistole-Ziele sollen nur wassergehärtete Stähle Anwendung finden, deren Zugfestigkeit über 1200 N/mm^2 und deren mittlere Härte über HB 400 liegen. Kleinkaliber-Ziele können aus handelsüblichem Grobblech mit einer Mindestzugfestigkeit von 370 N/mm^2 bestehen.

***) Feldpistole-Ziele können 10 oder 12 mm dick sein.

Abbildung 6.3.6.1 Abmessungen von Silhouetten

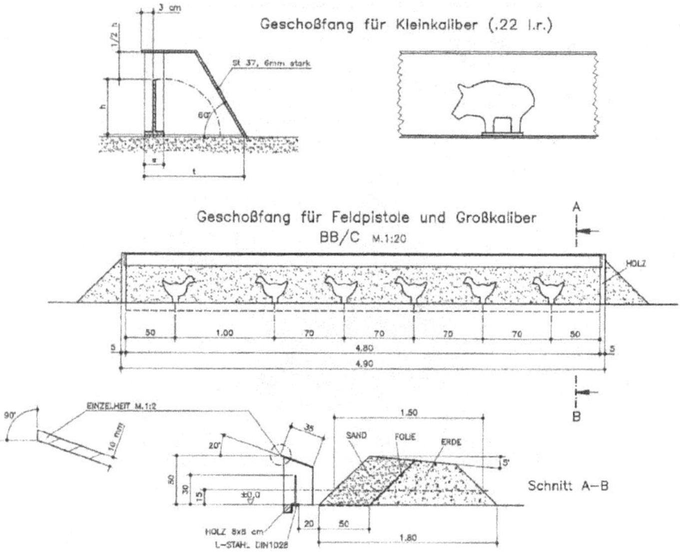

Abbildung 6.3.6.2 Geschossfangeinrichtung für den Silhouetten-Schießstand

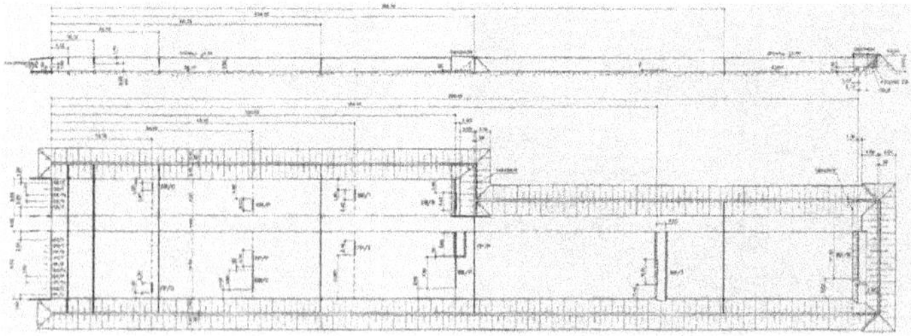

Abbildung 6.3.6.3 Beispiel eines offenen Schießstandes für Silhouetten-Schießen

beeinflussen das Ziel nicht. Das gefallene Klappziel wird danach durch einen Seilzug wieder aufgerichtet (Abbildungen 6.4.6.1 bis 6.4.6.6).

Der Schütze beschießt die Ziele von der Feuer- oder Schießlinie am Anfang der „Lane" aus, wobei die Standard-Schießposition „sitzend" ist (andere Positionen können vorgegeben sein). Er muss die Ziele einer „Lane" jeweils in vorgegebener Reihenfolge beschießen, indem er seine Waffe lädt, das erste Ziel optisch erfasst, die Entfernung bestimmt (evtl. mit Hilfe des Parallaxeausgleichs am Zielfernrohr), den Haltepunkt festlegt und dann den Schuss abgibt. Nur wenn die Silhouette fällt, zählt der Treffer. Das Schießen erfolgt im Wettbewerb in der Regel mit einem Zeitlimit von 1 Minute pro Ziel (beginnend mit dem ersten Blick durch das Okular des Zielfernrohrs). Als Geschosse werden Kelchgeschosse aus Blei, Bleilegierung oder Zinn verwendet.

Mehrere „Lanes" bilden einen sog. Parcours, der aus minimal 6 und maximal 25 „Lanes" mit jeweils 2 bis 6 Zielen besteht.

6.4.2 Gestaltung der Schießlinie

Die Schieß- oder Feuerlinie einer Schießbahn wird durch zwei im Abstand von 1 m eingeschlagene Pfosten („Lane-Marker") aus beliebigem Material begrenzt. Die Pfosten müssen mindestens 80 cm hoch und farblich deutlich markiert sein. Sie sollen außerdem die Nummer der jeweiligen „Lane" und die Nummern der darin aufgestellten Ziele tragen. Zwischen den Pfosten muss eine deutlich sichtbare Bodenmarkierung vorhanden sein, die der Schütze in keiner Schießposition mit den Füßen berühren darf.

Abbildung 6.4.2 „Lane" mit Schießlinie

Der Gewehrlauf muss sich zwischen den Pfosten befinden, wenn der Schütze in die Anschlagsposition „geht" und so lange dort verbleiben, bis das letzte Ziel der Bahn beschossen wurde. Vorher und nachher muss die entladene Waffe mit einer deutlich sichtbaren Sicherheitssignalvorrichtung versehen werden. Da die Schützen eigene spezielle Gewehrablagen mit sich führen, sind weitere Vorrichtungen nicht erforderlich. Die Enden der Wiederaufrichtschnüre für die Ziele müssen hinter der Feuerlinie liegen oder an in die Pfosten eingeschraubte Haken in Richtung zum Schützen eingehängt sein.

Zuschauer müssen sich in einem Abstand von $\geq$ 4 m zur Feuerlinie hinter dem Schützen aufhalten. Dieser Bereich ist zu markieren.

6.4.3 Beschaffenheit der Bahnen

Eine „Lane" sollte maximal 5 Ziele enthalten. Diese können mit mindestens 20 cm langen Stahlstiften direkt am Boden befestigt werden. Es empfiehlt sich jedoch, spezielle Zielhalter zu verwenden, auf denen die Ziele aufgeschraubt werden. Solche gibt es in verschiedener Ausführung für Boden und Bäume. Letztere sind als „Seitenausleger" konstruiert, sodass der jeweilige Baum, an dem das Ziel befestigt ist, keine Treffer erhält. Sie werden z. B. mit starken Kabelbindern befestigt. Die Ziele innerhalb einer Bahn müssen so angebracht sein, dass sie sich nicht gegenseitig verdecken und von der Feuerlinie aus sichtbar sind.

Alle Ziele müssen mit deutlich sichtbaren Nummern versehen sein. Die Breite der Bahn darf die Breite der Feuerlinie deutlich übersteigen, soweit gewährleistet ist, dass keine Verwechslung mit Zielen benachbarter „Lanes" möglich ist. Die Leinen zum Wiederaufrichten der Ziele dürfen sich nicht überkreuzen. Es ist mit der zuständigen immissionsschutzrechtlichen Genehmigungsbehörde abzuklären, ob die Ziele mit geeigneten Geschossfängen versehen werden müssen. Es gibt für das Field-Target-Schießen einen universellen Geschossfang, der geeignet ist, weitgehend die Kelchgeschosse und deren Splitter aufzufangen (Abbildungen 6.4.6.2. bis 6.4.6.4).

6.4.4 Anlegen eines Parcours

Ein Field-Target-Parcours besteht aus maximal 25 Bahnen; die Gesamtzahl der Ziele sollte 60 nicht übersteigen. Alle Bahnen müssen fortlaufend nummeriert sein und die Nummern der in ihr aufgestellten Ziele erkennen lassen. Die Zielnummerierung ist fortlaufend von 1 bis zur Höchstzahl der Ziele des jeweiligen Parcours. Die Zwischenräume zwischen den einzelnen Bahnen müssen mit deutlich sichtbaren signalfarbenen Leinen

III

oder Trassierband vollständig abgespannt sein. Zusätzlich zur Absperrung müssen in ausreichenden Abständen deutlich sichtbare wetterfeste Schilder mit der Aufschrift: „ACHTUNG! SICHERHEITSZONE!" aufgestellt werden. Diese Markierung darf nur nach dem Signal „Feuer einstellen" von Aufsichtspersonen oder deren Helfer übertreten werden. Alle Feuerlinien müssen absolut sicher angeordnet sein.

III

6.4.5 Gefahrenbereich

Die Schießstätte muss für DL-Waffen mit einer E_0 von 16 J zugelassen sein. Bei dieser Energie der Kelchgeschosse aus Weichblei besteht selbst bei Silhouettentreffern auf die Minimaldistanz von 9 m nicht die Gefahr von rückprallenden Geschossresten, da die Projektile entweder sich zu Plättchen verformen oder vollständig zerlegen. In einem Schießversuch wurde ermittelt, dass mit einer E_0 von 16 J bei einem Abgangswinkel von 30° eine maximale Flugweite der Geschosse von ca. 180 m erreicht wird. In offenem Gelände, mit einem abgesperrten Gefahrenbereich von 250 m (Nummer 4.2.1) von der Schießlinie aus gemessen, sind daher keine Hochblenden erforderlich.

Die Ausweisung eines Gefahrenbereiches hat den Vorgaben nach Nummer 4.2.1 zu entsprechen. Bei kürzeren Sicherheitszonen hat eine einzelfallbezogene Beurteilung des Gefahrenbereiches durch einen SSV zu erfolgen.

6.4.6 Abbildungen

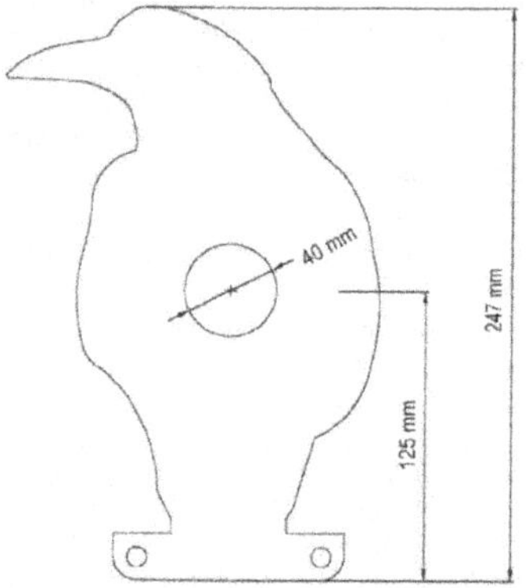

Abbildung 6.4.6.1 Beispiel einer Field-Target-Silhouette

Abbildung 6.4.6.1 zeigt eine Field-Target-Silhouette (Krähe) mit 40 mm „Hit-Zone" und Flansch, dessen seitlich herausragende Teile um 90° zurückgebogen werden, um einen Teil des Kippgelenks zu bilden.

Abbildung 6.4.6.2 Seitenansicht eines Field-Target-Geschossfanges

Der standardmäßige Field-Target-Geschossfang besteht aus 2 mm dickem Stahlblech.

Vor der Rückwand ist eine Kunststofffolie gespannt, die auftreffende Bleigeschosse bzw. deren Fragmente zurückhält.

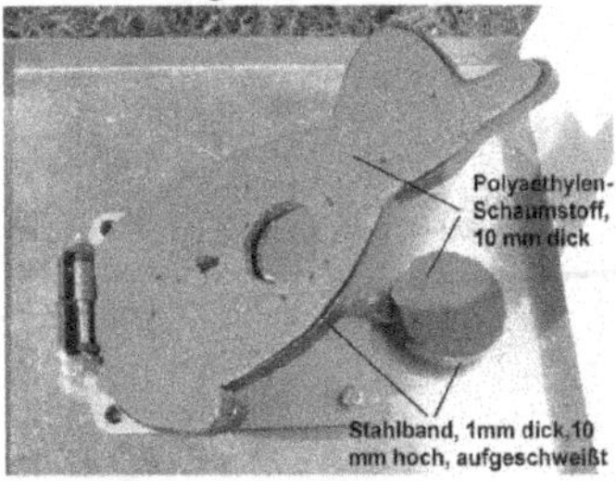

Abbildung 6.4.6.3 „Gepolstertes" Field-Target-Silhouettenziel

In Abbildung 6.4.6.3 sind die Silhouette und das „Paddle" derart mit 1 mm dickem und 10 mm hohem Stahlband umschweißt, dass beide unten offen sind. In die Umschweißung wird 10 mm dicker Polyäthylenschaumstoff (PESchaumstoff) eingepasst. Hinter diesem zerlegen sich die Bleigeschosse oder verformen sich zu dünnen Plättchen. Das Blei fällt dann durch die untere Öffnung der Umschweißung in den Sammelkasten. Der PE-Schaumstoff wird für Training und Wettbewerbe mit Farbe besprüht. Eine „Füllung" übersteht ca. 10 Wettbewerbe.

6.5 Schießstände zum Schießen zur Belustigung

6.5.1 Allgemeine Bestimmungen

Ortsveränderliche Schießstätten, die dem Schießen mit Schusswaffen zur Belustigung dienen, bezeichnet man als sog. „Fliegende Bauten". Es handelt sich dabei zum einen um bauliche Anlagen, die geeignet und bestimmt sind, wiederholt an wechselnden Orten aufgestellt und zerlegt zu werden (z. B. sog. Schießbuden) und zum anderen um nicht zerlegbare, aber ortsveränderliche und wiederholt aufstellbare geschlossene Einheiten (z. B. Schießwagen).

Diese ortsveränderlichen Schießstätten bedürfen in der Regel keiner Ausführungsgenehmigung, wenn sie als fliegende Bauten eine Höhe $\leq$ 5 m besitzen und nicht dazu bestimmt sind, von Besuchern betreten zu werden. Auf die entsprechenden landesrechtlichen Bestimmungen und die DIN EN 13814 wird hingewiesen.

Solche Schießstätten bestehen meist aus drei durchschusssicheren Wänden und Dach, wo-

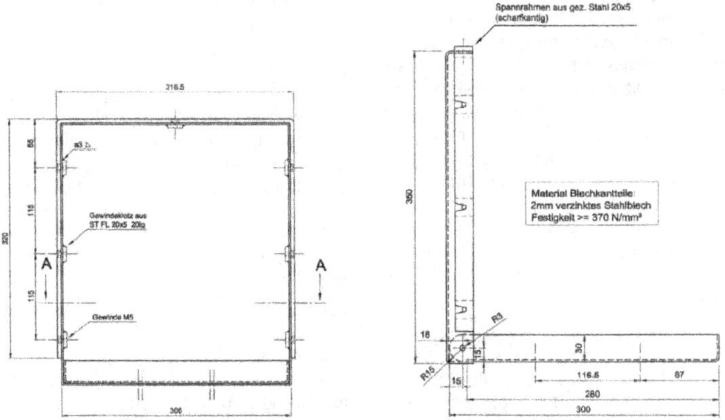

Abbildung 6.4.6.4 Abmessungen eines Field-Target-Geschossfanges

bei eine Längswand als Abschluss der Schießbahnen ausgebildet ist, während die beiden Seitenwände den seitlichen Zutritt zu den Schießbahnen verhindern sollen. Die offene vierte Seite wird von einer tischartigen Brüstung (Schießtisch) abgeschlossen, die die Schützenpositionen von der Schießbahn bzw. dem inneren Schießraum trennt.

Der Boden des Schützenstandes muss den Schützen festen Stand bieten. Das Dach soll so weit über die Schützenpositionen reichen, dass kein Geschoss den Schießstand nach oben verlassen kann.

6.5.2 Zugelassene Waffen und Geschossarten

Als Schusswaffen dürfen DL-Waffen mit einem Kaliber bis zu 5,5 mm mit einer E_0 bis 7,5 J und die eine entsprechende Kennzeichnung gemäß Abbildung 10 in Anlage II zur Beschussverordnung (sog. „F"-Zeichen) aufweisen sowie DL-Waffen, die vor dem 1. Januar 1970 oder in dem in Artikel 3 des Einigungsvertrages genannten Gebiet vor dem 2. April 1991 hergestellt und entsprechend den zu diesem Zeitpunkt geltenden Bestimmungen in den Handel gebracht worden sind (siehe Anlage 2, Abschnitt 2, Unterabschnitt 2, Nummer 1.2 WaffG).

KW bis zu einer Gesamtlänge von 60 cm dürfen nur dann verwendet werden, wenn sie in ihrem Schwenkbereich so begrenzt sind, dass nicht aus dem Schießraum herausgeschossen werden kann. Die Waffen dürfen keinen Stecher besitzen und müssen so beschaffen sein, dass ein Schuss nicht schon durch geringe Erschütterungen ausgelöst wird. Bei LW (Gewehren), bei denen zur Abgabe weiterer Schüsse ein Spannen oder Durchladen von Hand nicht erforderlich ist, muss das Schießen von den Bedienungspersonen durch eine Vorrichtung unterbrochen werden können.

Es dürfen nur handelsübliche Weichbleigeschosse (Rundkugeln oder sog. Diabologeschosse) verwendet werden. Die Kugeln dürfen einen galvanisch (verkupferten) Überzug aufweisen. Ein entsprechender Aushang mit den zugelassenen Waffen- und Geschossarten ist in der Schießstätte an gut sichtbarer Stelle anzubringen.

Bei im Rahmen von sicherheitstechnischen Überprüfungen eventuell durchzuführenden Beschussversuchen sind nur die Waffensysteme bzw. Schusswaffen heranzuziehen, mit denen in der Schießstätte tatsächlich geschossen wird. Die Waffen sind im Prüfprotokoll hinsichtlich Waffensystem, Hersteller, Modell und Kaliber detailliert festzuhalten

6.5.3 Beschaffenheit des Schießraumes

Schießräume müssen nach beiden Seiten, in Schussrichtung und nach oben geschlossen gebaut sein. Sie müssen so beschaffen sein, dass Geschosse, auch dann, wenn sie ihr Ziel verfehlen oder im Geschossfang nicht aufgenommen werden, den Schießraum nicht verlassen können. Durch bauliche Maßnahmen ist dafür zu sorgen, dass niemand durch abbzw. rückprallende Geschosse verletzt werden kann. Der Schießraum ist gegen unbefugtes Betreten zu sichern; Türen in den Seitenwänden müssen von innen absperrbar sein.

Elektrische Einrichtungen im Schießraum müssen wegen der Gefahr von Kurzschlüssen vor direkten Schüssen geschützt werden (z. B. keine beschießbaren Strom führenden Leitungen sowie nicht abgedeckte Schalter und Steckdosen). Als durchschusssichere Abdeckung ist Stahlblech der Dicke $\geq$ 2 mm (Nummer 6.5.3.6) zu verwenden. Die Beleuchtung im Schießraum und über den Schützen muss mit einer transparenten rückprallsicheren Abdeckung versehen sein, damit keine Gefährdungen von Schützen und Bedienungspersonal durch herabfallende Splitter entstehen können, oder beschusssicher verblendet werden. Splittersichere Glühlampen mit einer Abdeckung aus Polycarbonat (auch sog. Acrylglas grundsätzlich möglich) sind zulässig.

Die im Schießraum gelagerten Gegenstände (auch Gewinne, Preise), soweit sie von Schüssen erreicht werden können, müssen rück- und abprallsicher beschaffen sein (nur weiche oder lose gelagerte kleine Gegenstände, keine harten, runden Gegenstände wie zum Beispiel Flaschen, Gasflaschen oder

Kunststoffbehälter). Ansonsten sind die o. g. Gegenstände über Schießtischhöhe so zu schützen, dass sie nicht zu gefährlichen Rückprallern führen können.

Spanplatten oder federnde Kunststoffbeläge ohne Stahlblechbeschlag (für Abdeckungen, Regale, Schubladen u. Ä.) sind bei Einbauten unzulässig, weil durch diese Materialien eine erhebliche Gefahr besteht, dass Geschosse gefährlich zu den Schützen zurückprallen. Diese Materialien sind allenfalls bei waagerecht und parallel zur Schussrichtung stehenden Einbauten, wie z. B. Ablageflächen, zulässig (nur bei Beschlag der Kanten mit Stahlblech der Dicke ≥ 2 mm).

Ebenso sind Abdeckungen von Bemalungen oder Beschriftungen durch transparente dünne Kunststoffplatten nicht zulässig.

6.5.3.1 Abschlusswand der Schießbahn

Die Abschlusswand der Schießbahn (Rückwand des Schießraumes) muss senkrecht und aus fugenlos aneinander gefügten Weichholzbrettern oder gleichwertigen durchschusssicheren Materialien der Dicke ≥ 2 mm bestehen. Im Bereich der Zielobjekte ist die Abschlusswand auf der den Schützen zugekehrten Seite durch ein Stahlblech der Dicke ≥ 1,5 mm zu verstärken (vorzugsweise kaltgewalztes Feinblech in Tafeln, mit geschnittenen Kanten, Güte DC 01 nach DIN EN 10130 (Nummer 6.5.3.6)). Sofern die Zielobjekte nicht bis zu den Seitenwänden oder die Decke heranreichen, muss das Stahlblech den Zielbereich um mindestens 50 cm überdecken.

Befinden sich vor der Abschlusswand Vorrichtungen zum Anbringen von Zielgegenständen (z. B. Röhrchen zum Aufstecken von Blumen), dann sind im Abstand von ≥ 5 cm vor der Rückwand Stoffbahnen (z. B. Wollstoff, Zeltstoff oder Jute) lose aufzuhängen oder andere geeignete Vorrichtungen anzubringen, die ein gefährliches Rückprallen von Geschossen verhindern (z. B. Lamellen- oder Trichtergeschossfang aus Stahlblech nach Nummer 2.8.5.1.1).

Werden dagegen Zielgegenstände unmittelbar an der Rückwand angebracht oder können aus anderen Gründen lose Stoffbahnen zwischen Zielgegenstand und Rückwand nicht aufgehängt werden, muss die Rückwand so beschaffen sein, dass rückprallende Geschosse oder Teile der Zielgegenstände, die eine Gefährdung von Personen bedingen, nicht auftreten können.

Soweit beim Fotoschießen transparente Abdeckungen von Kameras und Blitzleuchten vorhanden sind, müssen sie so beschaffen und angebracht sein, dass sie nicht zersplittern und Geschosse nicht gefährlich zurückprallen können.

6.5.3.2 Seitenwände und Dach

Die Seitenwände des Schießraumes müssen so beschaffen sein, dass durch ein Weichbleigeschoss beim Auftreffen in einem Winkel von 90° die Wand nicht durchschossen wird und dass außerdem bei einem Aufprallwinkel bis zu 45° der Abprallwinkel 45° nicht übersteigt. Diese Forderungen werden, bezogen auf einen kritischen Durchmesser von 4,5 mm und eine E_0 von 7,5 J, durch Seitenwände aus folgenden Baustoffen erfüllt:

- Stahlbleche der Dicke ≥ 0,5 mm (Nummer 6.5.3.6)
- Polycarbonatplatten der Dicke ≥ 1,5 mm
- Weichholzbretter der Dicke ≥ 20 mm

Vor Seitenwänden aus Werkstoffen (z. B. profilierten Stahlblechen), bei denen bei einem Auftreffwinkel von 45° der Abprallwinkel größer als 45° sein kann, müssen Stoffbahnen oder dergleichen angebracht werden, um Gefährdungen durch mehrfaches Abprallen der Geschosse zu unterbinden.

Zur Sicherung (Rück- bzw. Abprallschutz) nach oben genügen unterhalb des Daches angebrachte Behänge aus Stoff oder einem anderen Gewebe gleicher Güte oder Vorrichtungen entsprechender Wirksamkeit (z. B. Zwischendecke auf Abstand montiert aus dünnen Polycarbonatplatten, Gipskarton etc.).

6.5.3.3 Pfosten und Ständer

Pfosten, Ständer und dgl. müssen, soweit sie nicht am Schießtisch angeordnet sind (z. B. zur Befestigung der Röhrchenhalter), einen rechteckigen Querschnitt haben und, sofern sie nicht aus Stahl bestehen, mit Stahlblech der Dicke $\geq$ 2 mm (Nummer 6.5.3.6) beschlagen sein. Innerhalb des freien Schießraumes dürfen sich keine Pfosten, Ständer und dgl. befinden. Regale über Schießtischhöhe müssen aus weichen Werkstoffen bestehen oder entsprechend bekleidet sein.

6.5.3.4 Schießtische (Brüstung)

Schießtische sind unverrückbar zu befestigen. Die dem Schützen zugekehrte Seite bzw. Kante des Tisches muss mindestens 2,40 m vom Ziel entfernt sein.

Schießtische sollen zwischen 40 cm und 75 cm breit sein. Bei einer oberen Breite der Brüstung von mehr als 75 cm ist zu prüfen, ob mit LW seitlich aus dem Schießraum herausgeschwenkt werden kann. Sofern dies der Fall ist, müssen seitliche Blenden vorgesehen werden.

Durch bauliche Maßnahmen, z. B. geringere Breite oder Aussparungen des Schießtisches oder Absperrung (Seil) des Bedienungsraumes, sowie durch Vorrichtungen für die Trefferanzeige kann sichergestellt werden, dass die Bedienungspersonen nicht unbeabsichtigt vor die Mündungen in Anschlag gebrachter Gewehre oder in den freien Schießraum gehen können.

6.5.3.5 Zielobjekte

Vorrichtungen in Schießräumen, auf denen Röhrchen zum Aufstecken von Blumen und dgl. befestigt werden, sind mit ihren oberen Flächen waagerecht oder rückwärts nach unten geneigt anzuordnen. Die vordere Fläche muss mindestens 20° gegen die Senkrechte nach unten rückwärts geneigt sein und, sofern die Vorrichtung nicht aus Stahl besteht, mit mindestens 2 mm dickem Stahlblech (Nummer 6.5.3.6) beschlagen sein. Der Abstand ihrer Halterungen untereinander ist so zu bemessen, dass die Vorrichtungen beim Beschuss nicht federn können.

Stahlbeschläge müssen auf ihren Unterlagen fest aufsitzen und dürfen keine Vor- oder Rücksprünge aufweisen.

Scheiben, Schießtrichter und bewegte Ziele müssen so beschaffen sein, dass Geschosse von ihnen nicht gefährlich zurückprallen können, auch wenn sie schräg auftreffen.

Gegenstände, die zu Dekorationszwecken zwischen Schießtisch und Ziel aufgestellt werden, müssen so beschaffen oder angeordnet sein, dass sie nicht zu gefährlichen Rückprallern führen können.

6.5.3.6 Normative Verweisungen

Im Bezug auf die zu verwendeten Stahlbleche und Bandstähle wird auf folgende Normen verwiesen:

DIN EN 10025	Warmgewalzte Erzeugnisse aus Baustählen
DIN EN 10051	Kontinuierlich warmgewalztes Blech und Band ohne Überzug aus unlegierten und legierten Stählen – Grenzabmaße und Formtoleranzen
DIN EN 10048	Warmgewalzter Bandstahl – Grenzabmaße und Formtoleranzen
DIN EN 10111	Kontinuierlich warmgewalztes Blech und Band ohne Überzug aus unlegierten und legierten Stählen – Technische Lieferbedingungen (Güte z. B. DD 11 oder S235JR)
DIN EN 10130	Kaltgewalzte Flacherzeugnisse ohne Überzug aus weichen Stählen sowie mit höherer Streckgrenze zum Kaltverformen – Technische Lieferbedingungen (Güte z. B. DC 01)
DIN EN 10131	Kaltgewalzte Flacherzeugnisse ohne Überzug aus weichen Stählen sowie mit höherer Streckgrenze zum Kaltverformen – Grenzabmaße und Formtoleranzen

6.5.4 Allgemeine Betriebsanweisungen

Es darf nur mit den zugelassenen Waffen- und Geschossarten geschossen werden, die durch einen sichtbaren Aushang bekannt zu geben sind. Die Schützen sind mit gut sicht- und lesbaren Aushängen darauf hinzuweisen, dass nicht schräg und erst dann geschossen werden darf, wenn niemand, insbesondere keine Bedienungsperson, gefährdet ist.

Die Bedienungspersonen haben:

- Unzuverlässig scheinenden Personen (z. B. Angetrunkenen) das Schießen zu untersagen.
- Je Person in der Regel nicht mehr als jeweils zwei Schützen, bei Kindern nur einen Schützen, zu bedienen.
- Die Gewehre erst dann zu laden, wenn der Schütze jeweils an den Schießtisch herangetreten ist, die Mündung ist hierbei vom Schützen abgekehrt und bei der Übergabe nach oben zu halten.
- Die Abschaltvorrichtung bei Gewehren, bei denen zur Abgabe weiterer Schüsse ein Spannen oder Durchladen von Hand nicht erforderlich ist, zu betätigen, wenn eine missbräuchliche Verwendung des Gewehres erkennbar wird.
- Geladene Gewehre, mit denen nicht sofort geschossen wird, umgehend zu entladen und zu entspannen bzw. eine geforderte Vorrichtung zu sichern.
- Lade- oder Abschusshemmungen sowie im Lauf steckengebliebene Geschosse sofort zu beseitigen; gelingt dies nicht, sind die Gewehre sicher zu verwahren.
- Den Platz am Schießtisch während des Schießbetriebes beizubehalten.

Die Bedienungspersonen haben dafür zu sorgen, dass die Waffen nach Betriebsschluss sicher verwahrt werden.

Im Schießraum müssen entsprechende Ersatzbeleuchtungen wie Stab- oder Taschenlampen in ausreichender Zahl (je 3 m Schießtischlänge eine Hilfsbeleuchtung) vorhanden sein. Außerdem sind ein gemäß DIN geprüfter Verbandskasten (z. B. DIN 13157) und ein gültig geprüfter Feuerlöscher nach DIN EN 3 vorzuhalten.

III

6.5.5 Technisches Merkblatt

Technisches Merkblatt für ortsveränderliche Schießstätten zum Schießen mit Schusswaffen zur Belustigung

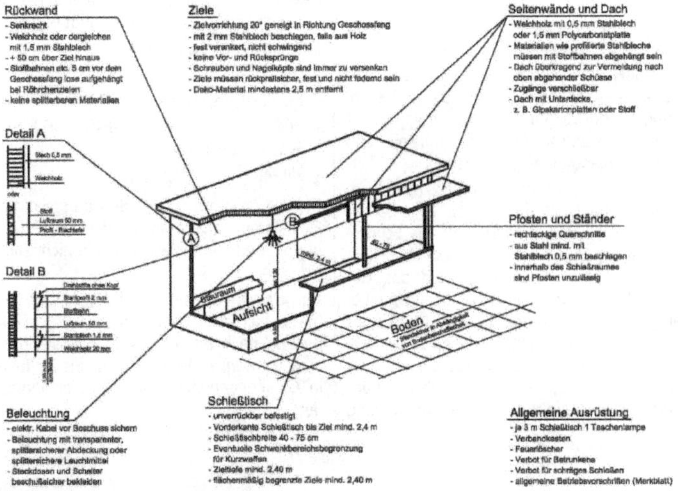

Abbildung 6.5.5 Technisches Merkblatt „Schießbuden"

7 Vogelschießstände

7.1 Beschreibung

Auf Vogelschießständen werden Ziele aus überwiegend weichem Holz in einem Geschossfangkasten mit eingespannten Schusswaffen oder Armbrüsten (den Schusswaffen gleichgestellte Gegenstände) beschossen. Das Schießen mit Armbrüsten wird in Kapitel 8 behandelt. Sofern die Armbrüste aus sicherheitstechnischen Gründen jedoch wie Schusswaffen einzuspannen sind, müssen die entsprechenden Vorgaben von Kapitel 7 sinngemäß angewendet werden.

Die Ziele werden horizontal (Flachstand) oder bis zu Steigungswinkeln von grundsätzlich 45° in einer Höhe bis zu 10 m (Hochstand) sitzend oder stehend beschossen.

Aus Gründen der äußeren Sicherheit ist der Schwenkbereich der jeweils eingespannten Waffe auf den Geschossfangkasten zu begrenzen. Im Geschossfang müssen die Geschosse sicher aufgenommen werden. Ungeachtet der Höhe des Zieles ist die Rückwand des Geschossfangkastens horizontal und vertikal zur Seelenachse der Waffe auszurichten.

Die Standsicherheit und Gebrauchstauglichkeit des Bauwerks müssen gegeben sein und nachgewiesen werden. Die jeweiligen einschlägigen Bauvorschriften sind einzuhalten. Zudem sind Vorschriften über Trag-, Hebewerkzeuge und Krane sowie Stahlseile und deren Befestigungen zu beachten.

Die Schussentfernung beträgt ca. 10 m beim Schießen mit DL-Waffen und ca. 13 m bei der Verwendung von Feuerwaffen. Als Schussentfernung wird der Abstand zwischen dem Lafettenkopf und der Rückwand des Geschossfangkastens als feste Bezugspunkte angenommen. Es darf mit Zustimmung eines SSV von den oben angegebenen Schussentfernungen abgewichen werden, wenn gewährleistet wird, dass die gedachte Verlängerung der Laufmittelachse mit der Neigung des Geschossfangkastens gemäß Abbildung 7.9.2 aufeinander abgestimmt und die äußere Sicherheit gewährleistet sind.

Neben dem Betreiben separater Vogelschießstände besteht die Möglichkeit, Geschossfangkästen in bestehenden Schießständen als Flachstand auf Zwischenentfernungen der Schießbahn aufzustellen.

Die Anordnung der Einrichtungen und die Grundlagen ihrer jeweiligen Bauart sind in den beigefügten Zeichnungen der Nummern 7.9.1 bis 7.9.6 dargestellt.

Verwendet werden im Allgemeinen LW als Büchsen in unterschiedlichen Kalibern oder Flinten und Weichbleigeschosse. Die zulässige E_0 wird durch die Ausführung des Geschossfangkastens und die Art der Waffe sowie Munition bestimmt und von einem SSV festgelegt.

Bei der Verwendung von Kipplaufflinten kann die Einspannung aufgrund der Waffenkonstruktion, die nur an den Läufen erfolgt, für eine dauerhafte Nutzung problematisch sein. Bewährt hat sich der Einsatz von zu Einzelladern umgebauten Repetierflinten, die mit dem Verschlussgehäuse (Basküle) in der Einspannvorrichtung fest verschraubt werden.

Folgende LW sind zulässig:

- DL-Waffen
- KK-Büchsen im Kaliber .22 l.r. und .22 Z
- Büchsen z. B. im Kaliber 8,15 × 46 R (sog. Scheibenbüchsen)
- Flinten

Repetiergewehre (Mehrlader) dürfen nur als Einzellader verwendet werden. Selbstladewaffen und kombinierte LW sind nicht zulässig.

Die jeweils zulässige Munitionsart ist auch hinsichtlich ihrer E_0 von einem SSV festzulegen. Je nach Bauart des Geschossfangkastens werden im Wesentlichen die in Tabelle 7.1 angegebenen Munitionsarten verwendet:

Kaliber	Geschossart	Geschossmasse [g]	E_0 [J]
4,5 mm	Blei (Diabolo)	0,5	7,5
.22 Z	Blei	1,8	50
.22 l.r.	Blei	2,6	200
6 mm Flobert	Blei	1,0	40
9 mm Flobert	Blei	4,0	100
GK (z. B. 8,15 × 46 R)	Blei	Einzelgeschoss	$1000 \leq E_0 \leq 1200$
12/16/20	Blei (FLG)	Einzelgeschoss	$1000 \leq E_0 \leq 1200$
12/16/20	Bleischrot Ø ≤ 2,5 mm	Schrotvorlage 24 g	

Tabelle 7.1 Munition für Vogelschießstände

III

Das Schießen mit (jagdlichen) FLG, anderen Kalibern oder Laborierungen ist nicht zulässig, wenn deren E_0 mehr als 1200 J beträgt.

7.2 Absperrung für Personen

Durch eine Absperrung des Gefahrenbereiches gemäß Zeichnung 7.9.1 sind unbefugte Personen fernzuhalten.

Bei Hochständen, deren Ziele in einer Höhe von weniger als 10 m angebracht sind, muss der Gefahrenbereich zur Seite linear entsprechend der geringeren Höhe vergrößert werden. Die Mindestabstände von Personen zur Zieldarstellung, die sich aus den vorgeschriebenen Gefahrenbereichen (Abbildung 7.9.1) ergeben, bleiben dadurch erhalten.

Dies ergibt bei bestehenden Schießständen ohne Neigung des Geschossfangkastens für den Horizontalbeschuss einen seitlichen Mindestabstand von je 15 m. Wenn Personen von außen in die Geschossflugbahn laufen können (grundsätzlich auf allen Flachständen), ist der Gefahrenbereich fest (z. B. mit Absperrgittern) ca. 1,00 m hoch abzusperren. Flatterband oder/und einlagige Stangenkonstruktionen sind dann alleine nicht zulässig. Hinter dem Geschossfangkasten dürfen sich während des Schießens im Gefahrenbereich keine Personen aufhalten.

Je nach Örtlichkeit kann nach Maßgabe eines SSV zudem der Einsatz von Sicherungsposten erforderlich sein.

7.3 Schützenstand

Der Schützenstand ist in einer Größe von mindestens 2,00 m × 2,00 m auszuführen und grundsätzlich separat abzutrennen. Flatterband o. Ä. ist für diese Abtrennung ausreichend. Der Zugang zum Schützenstand soll von hinten erfolgen (Abbildung 7.9.1).

Die Schützen müssen einen sicheren und festen Stand bzw. eine sichere Position beim Schießen haben.

7.4 Gewehrhalterung

Die sicherheitstechnisch notwendige Begrenzung des Schwenkbereiches der Schusswaffe auf den Geschossfangkasten erfolgt durch eine auf dem Schützenstand montierte Gewehrhalterung, die mit dem Boden des Schützenstandes stabil verbunden sein muss.

7.4.1 Technische Ausführung einer Gewehrhalterung

Nach dem Prinzip der Zeichnung Nummer 7.9.2 besteht die Gewehrhalterung zur Aufnahme der Waffe meist aus einem Standrohr mit Grundplatte, das auf einem Betonsockel aufgeschraubt ist. In einer Lafette am oberen Ende des Standrohres wird das Gewehr eingespannt und justiert. Das Standrohr ist so zu dimensionieren und eventuell abzustützen, dass dessen Durchbiegen oder Abbrechen durch z. B. Anlehnen der Schützen ausgeschlossen ist. Es muss sichergestellt sein, dass das Gewehr durch den Rückstoß seine Lage in der Halterung nicht verändern kann. Ferner darf die Waffe nicht durch andere Einwirkungen wie z. B. Drücken gegen den Schaft, aus dem zulässigen Schwenkbereich gebracht werden. Der zulässige Schwenkbereich des Gewehres ist auf 0,20 m zu den Innenschürzen des Geschossfangkastens zu begrenzen.

Die Lafette besteht aus einer Vorrichtung, die eine Führung enthält, und einem hierin laufenden Gleitstück, das die Einspannvorrichtung für das Gewehr trägt. Von dem hinteren Ende des Gleitstückes der Lafette verläuft ein Drahtseil über eine Rolle in das Standrohr hinein. Am Ende des Seils befindet sich ein Ausgleichgewicht. Es hält das Gleitstück in der jeweiligen Höhenlage und dämpft bei einer Schussabgabe den Rückstoß.

Die Gewehrhalterung ist in Höhe und Seite über die zulässige Fläche des Geschossfanges schwenkbar auszuführen. Sie ist im Schwenkbereich justierbar auf die Beschussfläche zu begrenzen. Die Einstellung der Gewehrhalterung erfolgt auf die Mitte des Geschossfangs mit einer Toleranz, die nur das Beschießen von Zielen innerhalb der zulässigen Beschussfläche ermöglicht. In dieser Position wird die Einspannvorrichtung arretiert.

Durch die Verschiebung des Gleitstückes der Lafette in Längsrichtung durch den jeweiligen Schützen wird die Anschlagshöhe des eingespannten Gewehres verändert und auf den Körper angepasst. Die axiale Ausrichtung des Gewehrs darf dabei nicht verändert werden.

Es kommen auch andere Möglichkeiten der Waffenmontage in Betracht, wenn gewährleistet ist, dass der Schwenkbereich des Gewehres in der Höhe und Seite auf 0,20 m Abstand zu den Innenschürzen begrenzt ist. Insbesondere bei bestehenden Schießständen ist das axiale Verschieben des Gewehrs häufig nicht möglich. Zum Ausgleich unterschiedlicher Körpergrößen wird in solchen Fällen ein Podest ausgelegt. Das Podest ist in einer stand- und trittsicheren Fläche von mindestens 1,00 m × 1,00 m auszuführen. Die Ränder sind nach DIN 4844 zu markieren.

7.4.2 Abstimmung der Gewehrhalterung zum Geschossfangkasten

Die Gewehrhalterung und der Geschossfangkasten sind derart aufeinander abzustimmen, dass der Schusswinkel dem Neigungswinkel des Geschossfangkastens entspricht und ein Vorbeischießen am Kasten ausgeschlossen ist. Die in Nummer 7.1 genannten Schussentfernungen sind einzuhalten.

Bei der Berechnung des Neigungswinkels des Geschossfangkastens von Hochständen ist somit neben der Höhe des Geschossfangkastens auch die Höhe der Gewehrhalterung zu berücksichtigen. Bei vorhandenen Schießständen ohne Neigung des Geschossfangkastens für den horizontalen Beschuss muss die Höhe der Gewehrhalterung annähernd der Höhe der Vogelhalterung entsprechen.

Die Abstimmung und die dazugehörige Berechnung sind durch einen SSV zu prüfen und zu dokumentieren.

7.5 Geschossfang

7.5.1 Allgemeine Anforderungen

Alle Stahlbleche, die nach Nummer 7.5 zu verwenden sind, müssen eine Zugfestigkeit von ≥ 300 N/mm² aufweisen.

Die Bauteile des Geschossfangs sind je nach zugelassener E_0 wie folgt zu bemessen:

E_0	Boden bzw. Materialdicke der Stahlblechwanne	Dicke der Füllung	Abdeckung der Füllung
≤ 7,5 J	2 mm	ohne Füllung	
< 50 J	5 mm	10 cm	5 cm Holzwolleplatten
≤ 200 J	5 mm	10 cm	4 cm – 4,5 cm Weichholz
> 200 J	8 mm	15 cm	4 cm – 4,5 cm Weichholz
≤ 2,5 mm Bleischrot	5 mm	ohne Füllung	Folienbekleidung

Tabelle 7.5.1 Geschossfangmaterialien bei Vogelschießständen

In der Regel ist es erforderlich, unterhalb des Geschossfangs wasserundurchlässige Folien auszulegen (zwischen Geschossfangmast und Schützenstand in einer Breite von mindestens 5 m), um den Eintrag von Blei in den Boden auszuschließen.

Vor jedem Schießen ist im Bedarfsfall das zerschossene Feld eines Geschossfangs bzw. die Abdeckung oder Folie zu erneuern und die Füllung zu ergänzen.

Zum Arbeiten am Geschossfang (z. B. Auswechseln beschädigter Teile, Anbringen von Zielen) muss der Kasten entweder heruntergelassen werden oder diese Tätigkeiten müssen von Geräten (Hubwagen, Gerüst, Leitern) sicher durchgeführt werden können. Nach Beendigung des Schießens sollte der Geschossfang ganz heruntergelassen und gegen Witterungseinflüsse geschützt werden.

7.5.2 Geschossfang für DL-Waffen

Für das Schießen mit DL-Waffen ist zum Auffangen der Geschosse ein Geschossfang gemäß Zeichnung Nummer 7.9.3 zu errichten. Die Rückwand des Geschossfangkastens muss 1,00 m × 1,00 m groß und aus Stahlblech der Dicke $\geq$ 2 mm (kaltgewalztes Feinblech in Güte DC 01 nach DIN EN 10130 – Zugfestigkeit $\geq$ 300 N/mm^2) gefertigt sein.

Für bestehende Vogelschießstände für Feuerwaffen ist bei Rückwänden aus Weichholz ein mindestens 1,00 m × 1,00 m großes Stahlblech gleicher Dicke mittig auf der Innenseite der Rückwand zu befestigen. Der zulässige Schwenkbereich des Gewehres ist dann wie bei der Verwendung eines separaten Geschossfangkastens bis auf 0,20 m zu den Rändern des Bleches zu begrenzen. Der Einbau zusätzlicher Schürzen ist nicht erforderlich.

Die 0,40 m tiefen Schürzen bestehen aus Weichholzbrettern der Dicke $\geq$ 25 mm (oder gleichwertiger Baustoff) und sind rechtwinklig zur Rückwand anzubringen. Die Schürzen sind innen mit Hartschaumplatten der Dicke $\geq$ 30 mm zur sicheren Aufnahme von Geschossen bzw. deren Fragmente zu bekleiden. Andere Baustoffe sind durch einen SSV zu prüfen und zuzulassen.

7.5.3 Geschossfang für Feuerwaffen mit Randfeuerpatronen $E_0 \leq 50$ J

Bei diesen LW im Kaliber .22 l.r. werden ausschließlich Patronen im Kaliber .22 Z verschossen. Der zum Auffangen der Projektile dienende Geschossfangkasten besteht aus einer 10 cm tiefen Stahlblechwanne mit einer Füllung aus eingepressten Textilien gemäß Abbildung 7.9.4. Die Abdeckung in Schussrichtung erfolgt mit handelsüblichen feinwolligen Holzwolleplatten der Dicke 5 cm nach DIN EN 13168. Es wird empfohlen, die Kanthölzer zur Anbringung der Grundfläche so auszurichten, dass normgerechte Platten eingesetzt werden können.

Eine ausreichend dimensionierte Serviceklappe ist ebenfalls vorzusehen (Nummer 7.5.4). Bei bestehenden Bodenbekleidungen aus Weichholzbrettern der Dicke 4 cm darf alternativ schützenseitig ein Rückprallschutz aus Polyurethan-Hartschaummaterial nach DIN EN 13165 bzw. Polystyrol (z. B. Styrodur) der Dicke $\geq$ 5 cm oder feinwolligen Holzwolleplatten der Dicke 2,5 cm vorgesehen werden.

Die Innenbekleidung der Seitenschürzen aus 2 mm dickem Stahlblech, hat mit 5 cm dicken Hartschaumplatten oder 2,5 cm dicken Holzwolleplatten auf 2,5 cm Abstandslattung zu erfolgen. Dabei ist sicherzustellen, dass die Vorderkanten der Schürzen bündig schließend mit Weichholz abgedeckt sind.

Die Rückwand aus 5 mm Stahlblech (Zugfestigkeit 300 N/mm^2) hat bei neu zu errichtenden Anlagen eine Größe von mind. 1,50 m × 1,50 m aufzuweisen. Der Geschossfang ist kastenartig mit rechtwinklig zum Boden stehenden Seitenschürzen auszubilden. Bei einer größeren Grundfläche des Kastens in der Breite zum Einsatz mehrerer Ziele nebeneinander, sind die Felder durch den Einsatz vertikaler Innenschürzen zu trennen. Diese Schürzen sind aus Stahlblech der Dicke $\geq$ 2 mm herzustellen und beidseitig mit jeweils 5 cm dicken Hartschaumplatten vollflächig zu bekleiden.

Bei bestehenden Vogelschießständen sind im Rahmen des Bestandschutzes bei der Nutzung ausschließlich mit Randfeuerpatronen des Kalibers .22 Z Geschossfangkästen mit den inneren Abmessungen von weniger als der nach

Nummer 7.5.1 vorgegebenen Größe von 1,50 m × 1,50 m (meist 1,00 m × 1,00 m, mindestens 0,80 m × 0,80 m) nicht zu beanstanden. Bei solchen oft nur regional verbreiteten Vogelschießständen darf nur auf kleinere Vogelziele aus Weichholz (Außenabmessungen max. 40 cm × 40 cm) geschossen werden.

Bei Altanlagen mit untermaßigen Geschossfangkästen ist durch Anbringen von sogenannten Außenschürzen die vorgeschriebene Größe von 1,50 m × 1,50 m zu erreichen. Diese Außenschürzen werden außen umlaufend an die vorhandenen Seitenschürzen dicht anschließend befestigt bzw. geschraubt und stehen in einem Winkel von 90° seitlich ab. Sie sind aus Stahlblech der Dicke $\geq$ 2 mm (Zugfestigkeit $\geq$ 300 N/mm²) zu fertigen und schützenseitig mit Holzwolleplatten der Dicke 2,5 cm als Rückprallschutz zu bekleiden.

III

Bei nebeneinander angeordneten kleineren Geschossfangkästen können grundsätzlich die Flächen der jeweils daneben liegenden Kastenflächen auf die notwendige abzudeckende Grundfläche hinzugerechnet werden.

7.5.4 Geschossfang für Feuerwaffen 50 J $< E_0 \leq$ 200 J

Zum Auffangen der Geschosse dient ein Geschossfangkasten gemäß Abbildung 7.9.5. Die Rückwand in der Größe von mindestens 1,50 m × 1,50 m ist mit einer 10 cm tiefen Wanne auszubilden, in der Textilien eingepresst werden. Die Füllung wird zur Schussrichtung hin mit Weichholzbrettern (4,0 cm bis 4,5 cm dick) abgedeckt. Sofern Nägel oder Schrauben zum Befestigen der Bodenbohlen eingesetzt werden, müssen deren Köpfe mindestens 10 mm tief versenkt und die Löcher mit Weichholzdübeln geschlossen werden. Wenn nur auf Ziele geschossen wird, die mittig im Kasten beschossen werden, bietet sich der Einbau eines separaten Feldes an (Abbildung 7.9.5). Werden jedoch zudem sogenannte Pfänderziele beschossen, die vor der zulässigen Beschussfläche im Kasten verteilt werden, wird der Einbau eines separaten Feldes wegen der zusätzlich eingebauten Kanthölzer nicht empfohlen.

Die außen 0,65 m tiefen Seitenschürzen müssen rechtwinklig zur Rückwand angeordnet werden. Sie sind aus Stahlblech der Dicke $\geq$ 2 mm zu fertigen und innen mit feinwolligen Holzwolleplatten der Dicke 3,5 cm nach DIN EN 13168 auf Abstandslatten der Dicke 2,5 cm zu bekleiden. Dabei ist sicherzustellen, dass die Vorderkanten der Schürzen bündig schließend mit Weichholz abgedeckt sind.

Von oben ist eine Serviceöffnung in der Stahlblechwanne vorzusehen, um das Einbringen und Befestigen der Füllung zu ermöglichen und diese kontrollieren zu können. Die Abdeckung der Serviceöffnung erfolgt mit einem der Dicke der Rückwand entsprechenden Stahlblech. Die Klappe der Abdeckung muss verriegelt oder verschlossen sein. Der Einbau einer zusätzlichen Klappe in der unteren Schürze wird zum Herausnehmen von Materialien und Geschossen empfohlen.

Beim gesamten Weichholzaufbau des Geschossfangkastens ist einlagiges Material zu verwenden. Es muss astfreies Material eingesetzt werden, evtl. vorhandene Äste sind auszubohren und die entstandenen Löcher sind mit entsprechend dicken Holzpfropfen zu schließen. Der Weichholzaufbau des Geschossfangkastens darf auf der dem Ziel zugewandten Seite nicht mit Lackfarbe gestrichen werden, um Verhärtungen zu vermeiden. Als Witterungsschutz ist Holzschutzlasur zulässig.

7.5.5 Geschossfang für Feuerwaffen $E_0 >$ 200 J

Der Geschossfangkasten zum Aufnehmen von Geschossen mit $E_0 >$ 200 J entspricht bis auf die Dicke der Rückwand und Wannentiefe dem Kasten für das Kaliber .22 l.r.

Gemäß Abbildung Nummer 7.9.5 besteht die Rückwand mit 15 cm tiefer Wanne aus Stahlblech der Dicke $\geq$ 8 mm.

Ansonsten gilt Nummer 7.5.4 entsprechend.

7.5.6 Geschossfang für Flinten mit Schrot

Für das Schießen mit Flinten und handelsüblicher Schrotmunition ist der in Nummer 7.9.6 dargestellte Aufbau erforderlich, der auch in bestehenden Geschossfangkästen für Einzelgeschosse erstellt werden kann (z. B. zur temporären Nutzung). Seitenschürzen und Trichter bestehen aus Stahlblech der Dicke $\geq$ 2 mm und die Rückwand aus Stahlblech der Dicke $\geq$ 5 mm (kaltgewalztes Feinblech in

Güte DC 01 nach DIN EN 10130). An der Außenseite können die Bleche mit Winkelprofilen versteift werden.

Im Abstand von 5 cm ist die Rückwand der Stahlblechwanne mit einer von den Schroten durchdringbaren Folie abzudecken. Die Folie hält einen Teil der auftretenden Bleistäube und Schrotsplitter zurück.

7.5.7 Geschossfang mit Stahllamellen

Neben den genannten Ausführungen der Geschossfangkästen kommt ein Aufbau mit Stahllamellen (Nummer 2.8.5 ff.) für alle Kaliber in Betracht. Die Maße (Grundfläche 1,50 m × 1,50 m, Schürzentiefe innen, Abstand des Zieles zur Vorderkante usw.) müssen beim Aufbau eingehalten werden.

Wesentlich ist die frontseitige Abdeckung der Lamellen als Splitterschutz, die so abzustimmen ist, dass Projektile sicher diesen durchdringen können und an den Lamellen entstehende Geschossfragmente zuverlässig zurückgehalten werden. Geschossfangkästen mit Stahllamellen sind im Einzelfall von einem SSV zu prüfen und zuzulassen.

7.6 Absturz-/Fallsicherung

Der Geschossfangkasten muss in der oberen Position (Beschusshöhe) unabhängig zum Zugseil arretiert und das Seil entlastet werden. Generell ist auch eine Absturzsicherung erforderlich, die beim Verlust der Seilfunktion (z. B. Bruch des Seiles oder Defekt an der Transporteinheit) sicherstellt, dass der Absturz des Geschossfanges auch während des Verfahrens ausgeschlossen ist. Auf die einschlägigen Vorschriften der Berufsgenossenschaft und die DIN EN 13411-5 wird verwiesen. Manuell zu bedienende Seilzuganlagen dürfen in neuen Anlagen nicht mehr verwendet werden.

In bestehenden Anlagen ist zu prüfen, ob der Einbau einer nachträglich einzubauenden Fallsicherung erforderlich ist, die beim Bruch des Tragseiles sofort das Sicherungsseil blockiert.

Der Geräteführer der Seilzuganlage ist sowohl gegen einen eventuellen Absturz des Kastens als auch gegen einen Seilbruch zu schützen.

7.7 Zielehalterungen

Die Abmessungen der Geschossfangkästen ergeben sich aus den Abbildungen 7.9.3 bis 7.9.6. Zur Befestigung der Ziele ist in der Mitte des Geschossfangs ein mit Gewinde versehener Stahlbolzen mit einem Durchmesser von ca. 15 mm an der rückwärtigen Stahlblechwand des Geschossfangkastens mittig rechtwinkelig anzuschweißen oder gekontert zu verschrauben. Gegen eine Befestigung des Stahlbolzens außerhalb der Mitte (z. B. 10 cm tiefer), damit das Ziel beispielsweise nicht zerschossen sondern an einer Linie durchtrennt wird, bestehen keine Bedenken, wenn die allgemeinen Kriterien wie Abstand zur Rückwand und Beschussfläche eingehalten werden. Eine solche Anbringung ist vom SSV zu prüfen.

Der Bolzen darf nicht über die seitlichen Schürzen hinausragen. Auf das vordere Ende des Bolzens wird ein Distanzstück aus Kunststoff oder Holz mit einer Länge von etwa 100 mm aufgesteckt. Alternativ kommt auch das Aufschrauben einer Kontermutter in Frage.

Die Befestigung des Zieles erfolgt durch eine kegelförmige, spitz zulaufende Mutter aus Stahl. Die Kegelmutter hat an der Basis einen Durchmesser von 35 mm und eine Höhe von 80 mm. Der Durchmesser des Distanzstückes muss kleiner sein als der Durchmesser der Kegelmutter, damit das Distanzstück nicht angeschossen werden kann. Alternativ zur Kegelmutter darf ein Stahlkeil eingesetzt werden, wenn der maximal zulässige Winkel von 25° eingehalten wird.

Bei der Verwendung von DL-Waffen ist ein Stahlbolzen mit ca. 8 mm Durchmesser ausreichend. Die Kegelmutter darf bei gleichem Material kleiner sein als die oben genannten Maße. Sie muss jedoch den Winkelverhältnissen entsprechen, die durch die oben beschriebene Kegelmutter vorgegeben sind und das sichere Ablenken der Geschosse gewährleisten (max. Winkel von 25°).

Gebogene Zielhalterungen sind nicht zulässig. Außer den als Zielhalter dienenden Metallteilen und den Schrauben zum Befestigen der Bohlen, deren Köpfe versenkt werden müssen, dürfen in dem Inneren des Geschossfangkastens zur Vermeidung abprallender Geschosse bzw. -teile keine Metallteile vorhanden sein.

Neben der Befestigung der Ziele auf der Gewindestange kommt insbesondere das Einsetzen von sog. Pfänderzielen auf meist horizontal aber auch vertikal in Weichholzhaltern eingesetzten Weichholzleisten in Frage. Die Halter werden in den Schürzen eingesetzt. Die Leisten dürfen nur maximal so dick sein, wie die für die erlaubte Waffenart und Geschossenergie zugelassenen Zielholzdicken. Sie sind innerhalb des maximal zulässigen Abstands für die Ziele zur Rückwand zu positionieren.

Eine Befestigung der Ziele an oder auf einer Stange (sog. Vogelstange) vor dem Geschossfangkasten ist auch bei bestehenden Vogelschießständen nicht zulässig.

7.8 Ziele

Die Ziele (z. B. Vogelziel) sind an einer zentralen Halterung mittig im Geschossfangkasten anzubringen. Sie müssen aus astfreiem Weichholz (Tannen-, Fichten-, Pappel- oder Balsaholz) beim Beschuss mit Feuerwaffen sowie Sperr- und Balsaholz bei DL-Waffen gefertigt sein und dürfen keine Metallteile enthalten. Andere Zielmedien (z. B. Gips) und Darstellungen (z. B. Pfänder/Sternchen) dürfen nach Prüfung durch einen SSV zugelassen werden.

Die Ziele dürfen nicht über die Schürzen des Geschossfangkastens hinausragen.

Sofern im Geschossfangkasten ein separates Beschussfeld eingebaut ist, sind die Pfänder- oder Sternchenziele neben der Unterkonstruktion aus Weichholz zu positionieren. Das zwangsläufige Beschießen der Unterkonstruktion wird dadurch verhindert.

Kaliber	Astfreies Weichholz (Maximal zulässige Dicke in mm)
4,5 mm (≤ 7,5 J)	≤ 3 (Sperr- oder Balsaholz!)
.22 Z	≤ 25
.22 l.r.	≤ 40
FLG 12/16/20 und GK	≤ 150
Schrot 12/16/20	≤ 30 (z. B. Sperrholz)
Sonstige	nach Einzelabnahme/Prüfung

Tabelle 7.8 Materialdicken der Ziele für Vogelschießstände

7.9 Zeichnungen

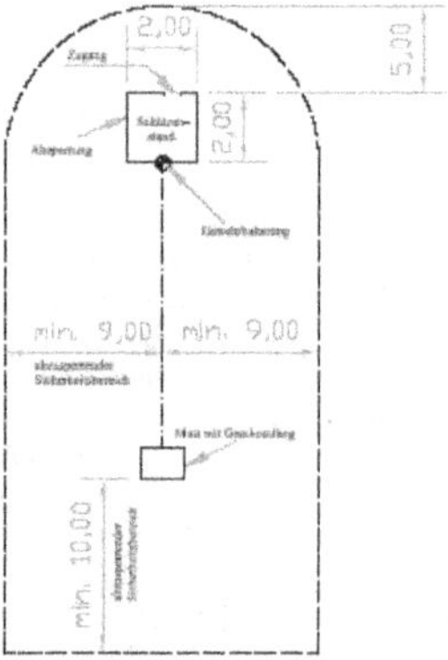

Abbildung 7.9.1 Sicherheitsbereich für Vogelschießstände

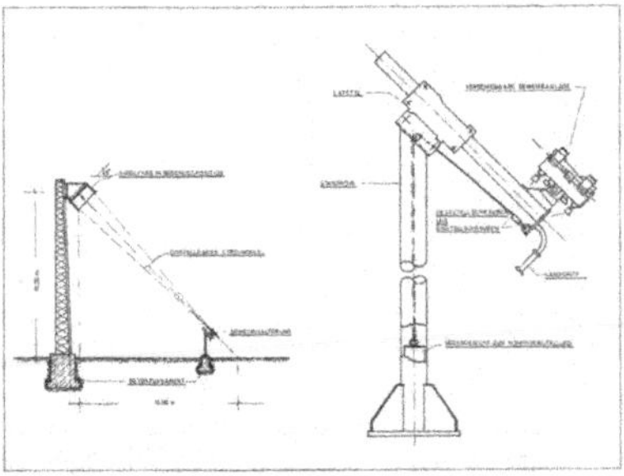

Abbildung 7.9.2 Vogelschießstand und Gewehrhalterung

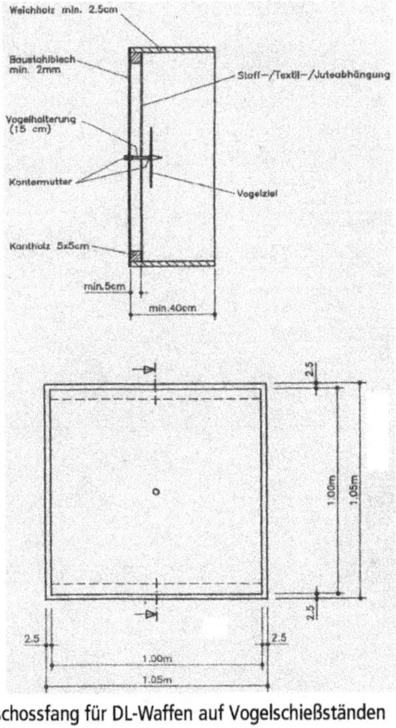

Abbildung 7.9.3 Geschossfang für DL-Waffen auf Vogelschießständen

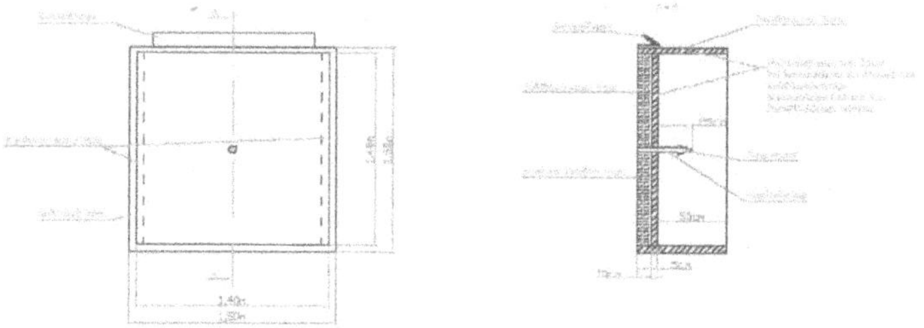

Abbildung 7.9.4 Geschossfang für Feuerwaffen $E_0 < 50$ J auf Vogelschießständen

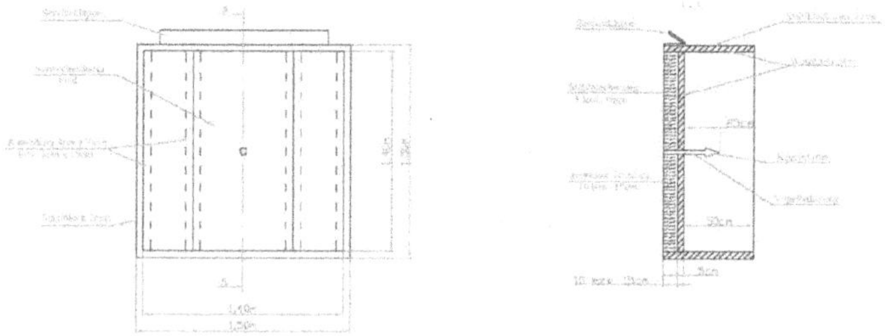

Abbildung 7.9.5 Geschossfang für Feuerwaffen $E_0 > 50$ J auf Vogelschießständen

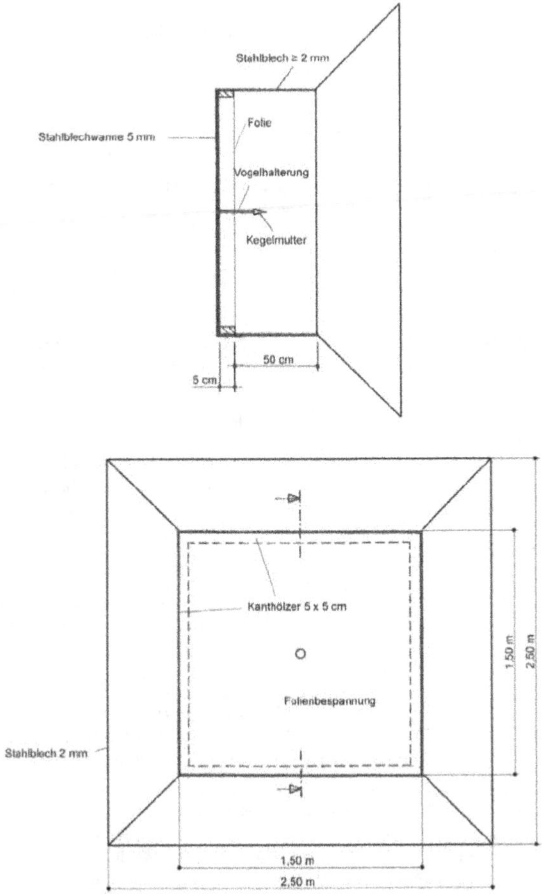

Abbildung 7.9.6 Geschossfang für Flinten mit Schrot auf Vogelschießständen

8 Schießstände für Armbrüste

8.1 Armbrüste für 10-m und 30-m

8.1.1 Offene Schießstände

Offene Schießstände zum Schießen (s. Glossar zu Armbrust) mit Armbrüsten müssen entsprechende Sicherheitsbauten wie bei Schusswaffen aufweisen. Bei Schießständen für Armbrüste-10-m sind die Anforderungen nach Nummer 3 für Schießstände mit DL-Waffen anzuwenden. Bei Schießständen für Armbrüste-30-m sind die Anforderungen an

Schusswaffen mit einer E_0 bis 200 J einzuhalten. Diese Anforderungen werden oft dadurch gewährleistet, dass mit Armbrüsten auf Schießständen mit entsprechender Nutzung geschossen wird.

Beim Schießen mit Armbrüsten sind geeignete Zuganlagen zu verwenden. Zur Aufnahme von Scheiben sind diese Zuganlagen mit einer Scheibenunterlage aus Holz und mit Zentrum aus Blei der Dicke 2 cm ausgestattet. Die Bleiplatten sind entweder quadratisch mit einer Kantenlänge von 5 cm oder rund mit einem Durchmesser von 5 cm für die 10-m-Disziplin. Für die 30-m-Disziplin haben die Platten entsprechend eine Kantenlänge oder einen Durchmesser von 9 cm.

Die schießsportlich vorgegebenen Scheibenhöhen betragen:

Armbrust-10-m: 1,40 m $\pm$ 0,05 m

Armbrust-30-m: 1,40 m $\pm$ 0,20 m

8.1.2 Geschlossene Schießstände

Beim Schießen in geschlossenen Schießständen ist die äußere Sicherheit gewährleistet. Es ist darauf hinzuweisen, dass in Schussrichtung senkrecht liegende harte Baustoffe zu einer Beschädigung der Bolzen führen können. Aus diesem Grund wird eine Abdeckung mit weichen Materialien empfohlen, in denen die Bolzen unbeschädigt aufgenommen werden.

Hinsichtlich der Scheibenunterlage wird auf Nummer 8.1.1 verwiesen.

8.2 Schießstände für Hocharmbrüste

8.2.1 Allgemeine Bestimmungen

Mit Vogel- oder Hocharmbrüsten wird in einem Winkel von ca. 70° bis 80° aufwärts auf Ziele geschossen, die an einem 27 m bis 32 m hohen Mast angebracht sind (Abbildung 8.2.3). Der Abstand zwischen dem Schützenstand und dem Mast beträgt 4,00 m (bzw. zwischen 7,00 m und 10,50 m gemäß den Richtlinien des Landesverbandes der Armbrustschützen im Bund der historischen Deutschen Schützenbruderschaft).

Unmittelbar hinter dem Mast ist grundsätzlich ein senkrecht stehendes, aus Maschendraht gefertigtes Schutzgitter der Breite $\geq$ 3 m und der Höhe $\geq$ 6 m anzubringen. Hierdurch sind Bolzen, die unter einem Winkel von weniger als 45° aufwärts abgegeben werden und die Umgebung über eine Absperrung des Geländes hinaus gefährden würden, aufzufangen. Die Maschenweite und Drahtdicke des Gitters sind so zu bemessen, dass alle flacher 45° verschossenen Bolzen sicher aufgefangen werden. Die Maschenweite muss $\leq$ 20 mm (bzw. von geringerem Durchmesser als die verwendeten Bolzen) sein und die Drahtdicke (ohne eine vorhandene Kunststoffummantelung) $\geq$ 1,5 mm betragen.

Auf das Gitter darf verzichtet werden, wenn bis zur Höchstschussweite im jeweils möglichen Abgangswinkel Gefahren auszuschließen sind. Im Einzelfall sind die Höchstschussweiten zu ermitteln.

Der Gefahrenbereich des Schießstandes erstreckt sich in der Fortsetzung der Linie Schützenstand (Schusstisch)-Mast (Schießstange) im beiderseitigen Abstand hiervon und rückwärts dieses Bereiches (Abbildung 8.2.3).

Zur Abschirmung des Gefahrenbereiches ist in Verlängerung der Linie Schützenstand-Mast bis zu einer Entfernung von 100 m zu beiden Seiten ein Bereich von 70 m und bis 120 m eine durch einen Kreisbogen bestimmte Entfernung abzusperren. Der übrige, im Halbkreis um den Mast sich erstreckende Gefahrenbereich ist, mit Ausnahme des Zugangs zu dem Schützenstand bzw. Zuschauerplatz, bis zu einem Abstand von mindestens 30 m vor dem Mast zu sperren.

Beim Sternschießen und bei Verwendung von Masten mit Fangkorb kann im Einvernehmen mit einem Schießstandsachverständigen der Gefahrenbereich im Einzelfall reduziert werden. Eine Verringerung der Sicherheitsabstände in Schussrichtung ist dann möglich, wenn nachvollziehbar der Nachweis für die Gewährleistung der Sicherheit auf andere Weise erbracht wird.

Die technischen Betriebsmittel (Mast, Schutzgitter usw.) sind regelmäßig auf ihre Betriebssicherheit zu prüfen. Das Aufstellen und Umlegen des Mastes darf nur von oder unter Aufsicht einer befähigten Person durchgeführt werden.

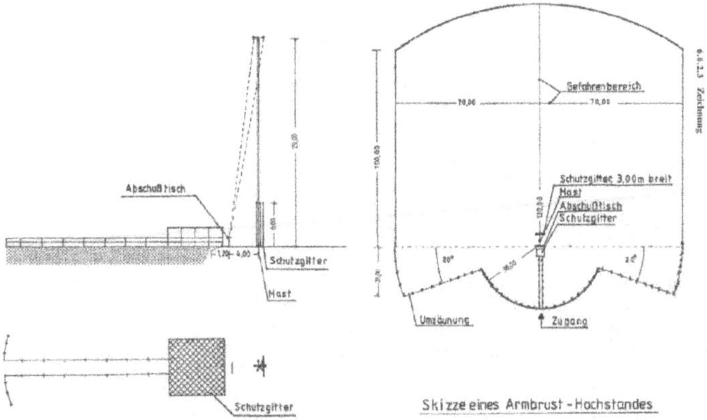

Abbildung 8.2.3 Abmessungen eines Armbrust-Schießstandes

8.2.2 Sicherung gegen herabfallende Bolzen

Der Zugang zu dem Schützenstand bzw. Zuschauerplatz soll von hinten auf der Linie Schützenstand-Mast erfolgen und derart abgesperrt sein, dass dadurch einem unbefugten Betreten des anliegenden Gefahrenbereiches begegnet wird.

Der unmittelbar hinter dem Schützenstand gelegene Aufenthaltsort für nicht schießende Schützen und Zuschauer ist gegen herabfallende Bolzen und Materialteile getroffener Ziele zu sichern. Hierzu ist dieser Platz hinter dem Schützenstand im Abstand von höchstens 1,20 m und einer Höhe von ca. 2,20 m bis 2,50 m mit einem Schutzgitter aus Maschendraht oder einem gleichwertigen Baustoff zu überdachen. Die Maschenweite und die Drahtdicke sind ebenso zu bemessen wie bei dem Schutzgitter, das grundsätzlich hinter dem Mast senkrecht aufzustellen ist.

Nichtschießende Schützen und Zuschauer dürfen sich nur unter der Überdachung aufhalten. Hierauf ist durch besondere Warntafeln hinzuweisen.

Bolzen dürfen nur dann aufgesammelt werden, wenn nicht geschossen wird.

8.2.3 Zeichnung

8.3 Schießstände für Feldarmbrüste

8.3.1 Allgemeines

Mit Feldarmbrüsten wird u. a. nach den Regeln des Deutschen Feldbogensportverbandes e. V. (DFBV), der Internationalen Armbrustunion e. V. (IAU) und des Deutschen Schützenbundes e. V. (DSB) auf Scheibenentfernungen von 35 m, 50 m und 65 m geschossen.

Grundsätzlich wird mit Feldarmbrüsten in Bogen-Schießanlagen auf farbige Ringscheiben mit einem Durchmesser von 60 cm geschossen.

Die sicherheitstechnischen Bedingungen von Schießständen für Feldarmbrüste und Bogen-Schießanlagen sind im Wesentlichen gleich.

8.3.2 Schießbahn

Eine Schießbahn muss mindestens 4 m (bis 5 m) breit sein.

Liegen mehrere Schießbahnen nebeneinander, müssen die seitlichen Abstände und die der Scheiben voneinander mindestens 2 m betragen.

8.3.3 Freies Gelände $\geq$ 150 m

Bei einem in freiem Gelände gelegenen Schießstand ist ein Bereich gefährdet, der sich vom Schützenstand in der Schussrichtung in einer Länge von mindestens 150 m

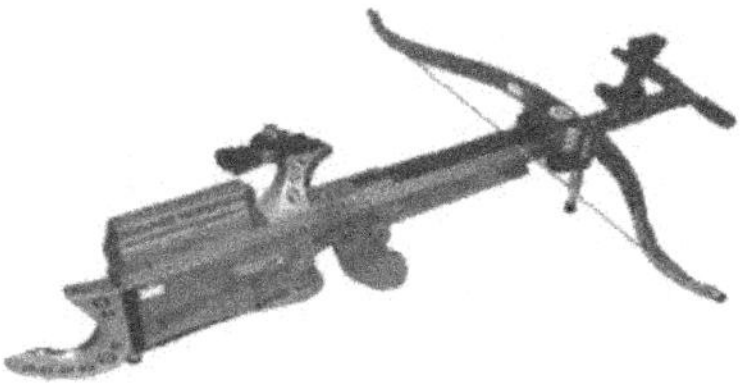

Abbildung 8.3.1 Feldarmbrust

und an dem Schützenstand (Schießlinie) beiderseits der äußeren Schießbahnen nach außen in einer Breite von 5 m erstreckt. Bis zu dem Ende der Schießbahn erweitert sich die Breite des Gefahrenbereiches beiderseits der Schießbahn von 10 m auf 15 m.

Liegen mehrere Schützenstände mit den dazugehörenden Scheiben nebeneinander und ergeben sich somit mehrere Schießbahnen, erstrecken sich die seitlichen Gefahrenbereiche der äußeren Schießbahn abseits deren Mittellinien in den gleichen Breiten, die für die einzelne Schießart angegeben sind.

Wird auf Schießbahnen auf verschiedene Entfernungen geschossen, gilt für die Festlegung der Breite des Gefahrenbereiches in Höhe der Scheiben die kürzeste Scheibenentfernung. Die angeführten Gefahrenbereiche sind gegen ein Betreten zu sichern (siehe Zeichnung 8.3.2).

8.3.4 Freies Gelände < 150 m

In Schießbahnen, bei denen der erforderliche freie Gefahrenbereich von mindestens 150 m vom Schützenstand in Schussrichtung nicht vorhanden ist, müssen Fanganlagen angelegt werden.

Bei einer Entfernung von 120 m vom Schützenstand in Schussrichtung einer Fanganlage (Erdwall, Fangnetz, Mauer) beträgt die Mindesthöhe 3 m.

Der natürliche Hang eines Geländes sowie dichter Waldbestand mit Unterholz von mindestens 20 m Tiefe, die nach außen hin gegen ein Betreten gesichert sind, und vorhandene Bauwerke mit geschlossenen Wandflächen sowie der erforderlichen Mindesthöhe gelten ebenso als Fanganlagen. Die genannten Fanganlagen müssen den gesamten Gefahrenbereich in Schussrichtung abdecken und sind gegen ein Betreten zu sichern.

9 Schießstände für den Schrotschuss

9.1 Allgemeines

9.1.1 Vorbemerkung

Mit dem Schrotschuss aus Flintenläufen werden entweder Bodenziele (Kipp- und Rollhasen) oder fliegende Ziele (Wurfscheiben) auf meist offenen Schießständen beschossen. Gegenüber dem Schuss mit Einzelgeschossen aus Büchsen ergibt sich eine wesentlich kürzere Flugweite und eine geringere Bewegungsenergie sowie daraus resultierend, auch eine geringere Durchschlagskraft der Einzelschrote. Zu beachten ist jedoch die Streuung der sich zunehmend ausbreitenden Schrotgarbe. Das Schießen mit Schrot erfordert andere Sicherungsmaßnahmen, Einrichtungen und Baustoffe, als das Schießen mit Einzelgeschossen.

Da bei den offenen Schrotschießständen nur wenig technische Möglichkeiten zum Lärmschutz bestehen, ist vor der Neuerrichtung solcher Anlagen zu prüfen, ob die Immissionsrichtwerte nach TA Lärm eingehalten werden. Diese Überprüfung hat bereits im Vorplanungsstadium durch eine Schallimmissionsprognose zu erfolgen.

Bei der Erweiterung einer bestehenden Trap- und/oder Skeet-Anlage (z. B. Einbau eines Rollhasen) ist ein SSV zu beteiligen. Sowohl

Gefahrenbereiche eines Bogenschießstandes mit 5 m Schießbahnen

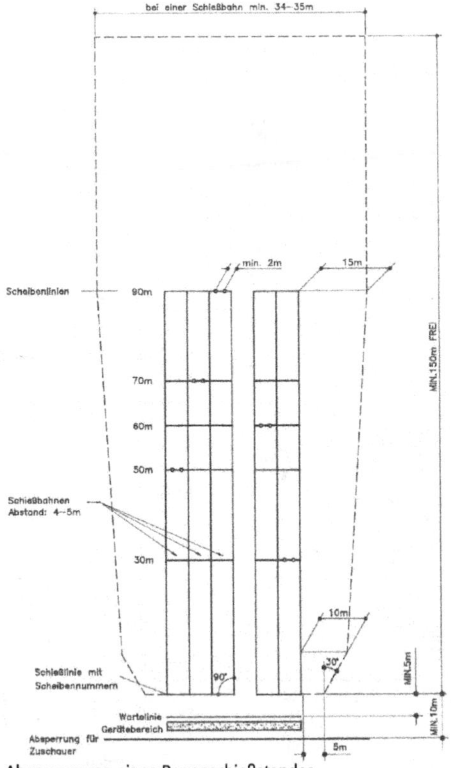

Abbildung 8.3.2 Abmessungen eines Bogenschießstandes

nach den waffenrechtlichen als auch immissionsschutzrechtlichen Bestimmungen ist vor einer derartigen Erweiterung einer bestehenden Schießstätte jeweils eine Genehmigung oder Anzeige erforderlich.

9.1.2 Arten der Schrotschießstände

Schrotschießstände sind zu unterscheiden in Schießstände für Bodenziele und fliegende Ziele.

- Schießstände für Bodenziele
  - Kipphase
  - Rollhase
  - Parcours

Zum Üben des Schießens auf sich am Boden bewegendes Wild werden aus beweglichen (abkippbaren) Stahlblechplatten mit den äußeren Umrissen eines Hasen gefertigte Kipphasen oder Rollhasen in der Art von Wurfscheiben über schmale Bahnen quer über die Schießbahnsohle bewegt.

- Schießstände für fliegende Ziele:
  - Trap
  - Skeet
  - Parcours

Bei diesen nach Stand der Technik offenen Schießständen wird mit Schrot auf frei fliegende Wurfscheiben geschossen, die von Türmen oder aus Unterständen mittels Wurfmaschinen geworfen werden. Oft werden Trap- und Skeet-Anlagen als eine sogenannte „Kombinierte Anlage" (Kombistand) errichtet, sodass dort wahlweise Trap oder Skeet geschossen werden kann.

Möglich ist auch die Integration einer Kipp- oder Rollhasenanlage in eine bestehende Trap- oder Skeet-Anlage sowie die Ergänzung einer Trap-/Skeet-Anlage durch einen Kompakt-Parcours indem dort zusätzliche Wurfmaschinen installiert werden (Nummer 9.6.3).

- Schießstände für den Schrotschuss als sogenannte Parcours-Anlagen
  - Kompakt-Parcours
  - Schießgarten (Jagdparcours)
- Schießstände für den Schrotschuss auf spezielle Stahlziele

Für die Durchführung verschiedener Schießdisziplinen (z. B. praktisches Flintenschießen, Westernschießen) werden unterschiedlich geformte Stahlplatten verwendet (Nummer 6.2).

9.1.3 Baustoffe für Sicherheitsbauten

Für die Errichtung der sicherheitstechnischen Bauten und Einrichtungen sind Baustoffe bestimmter Art, Beschaffenheit und Güte erforderlich und vorzuschreiben. Bei der Auswahl der Baustoffe sind die einschlägigen Normen und Regelwerke in aktueller Fassung zu beachten. Die nachfolgenden Angaben beziehen sich auf die Verwendung von Flinten bis Kaliber 12 und den Einsatz von Bleischrot bis zu einem Durchmesser von $\leq$ 3,5 mm.

Werden größere Kaliber (z. B. 10) verwendet, müssen die sicherheitstechnischen Einrichtungen dieser Nutzung angepasst werden.

Hochblenden:

2,0 mm Stahlblech nach DIN 1623 T 2 bzw. DIN EN 10130 mit einer Zugfestigkeit $\geq$ 350 N/mm^2, fugenlos verschalt mit Weichholz $\geq$ 2,4 cm auf $\geq$ 2,0 cm Abstandslattung befestigt.

Seitensicherungen/Seitenwände:

- Erdwälle, Gabionen
- Schussentfernung $\leq$ 10,00 m: wie Hochblende
- Schussentfernung $>$ 10,00 m: ohne Stahlblechauflage, fugenloses Weichholz $\geq$ 2,4 cm
- Mauerwerk gemäß statischen Anforderungen; bei Auftreffwinkeln $>$ 45° mit Weichholz $\geq$ 2,4 cm oder gleichwertig bekleidet

Wurfmaschinen-Unterstände und Wurfhäuser:

- Beton oder Mauerwerk gemäß statischen Anforderungen, schützenseitig mit Erdanschüttung oder mit Weichholz $\geq$ 2,4 cm oder gleichwertigem Baustoff bekleidet
- Stahlblech $\geq$ 2,0 mm, schützenseitig bekleidet mit Weichholz $\geq$ 2,4 cm oder gleichwertigem Baustoff

Schießbahnabschluss und Schrotfang mit Fangdach:
(nur für Schießstände für Bodenziele)

- Schießbahnabschluss aus Beton oder Mauerwerk gemäß statischen Anforderungen
- Schrotfang nach Stand der Technik, z. B. Sandschüttung oder Stahlblechplatte
- Fangdach aus Weichholz $\geq$ 2,4 cm oder gleichwertigem Baustoff mit Witterungsschutz

Schrotfangvorrichtungen aus Netzen:

Als Schrotfangeinrichtung dienen Netze (z. B. aus Polyester). Die jeweilige Anwendungsmöglichkeit und Eignung ist abhängig von der Mindestschussentfernung, auf der die Netze belastet werden.

Hinweis:

Die Eignung von Netzen kann in der Regel nur in Praxisversuchen über eine längere Zeitdauer, unterschiedliche Witterungseinflüsse berücksichtigend, mit einer Belastung von ca. 100 000 Schrotschüssen zuverlässig nachgewiesen werden.

Baustoffe für Nichtbleischrote (z. B. Stahlschrot):

Für Schießstände, bei denen die Verwendung von Stahlschrot oder anderen Alternativschroten zugelassen werden soll, müssen gegebenenfalls andere Baustoffe definiert werden. Diese sind im Einzelfall durch Beschuss auf ihre Eignung zu prüfen und zuzulassen. Insbesondere die größere Rückprallgefahr von Stahlschroten von harten Baustoffen wie Stahlblech oder Beton ist hierbei zu berücksichtigen.

9.2 Flugweite der Schrote, Breitenstreuung und Gefahrenbereiche

9.2.1 Flugweite und Breitenstreuung

Der Gefahrenbereich ergibt sich aus den von der zulässigen Nutzung abhängigen Schussrichtungen und den maximalen Schrotflugweiten (Tabelle 9.2.1) unter Berücksichtigung der Breiten- und Höhenstreuung der frei fliegenden Schrotgarbe (Abbildungen 9.2.1.1 und 9.2.1.2).

Zusätzlich ist die mögliche Ablenkung durch die an Wurfzielen oder von der Schießbahnsohle abprallenden Schroten zu berücksichtigen. Aus diesem Grund sind je nach Nutzungsart angepasste Sicherheitswinkel (Nummer 9.2.3) vorzuschreiben, die diese Umstände mit einschließen.

Durchmesser Schrotkorn [mm]	Max. Flugweite [m]
2,00	200
2,41	220*
2,50	230

Tabelle 9.2.1 Maximale Schrotflugweiten (Blei)

In Tabelle 9.2.1.1 sind Mittelwerte für den jeweils günstigsten Abgangswinkel von 20° bis 25° und horizontalem Gelände angegeben.

Bezüglich des geforderten Schrotrückhaltes muss bei der Errichtung von Schrotfangeinrichtungen (Erdwall, Netz) zur Bestimmung deren notwendigen Höhe auf außenballistische Rechenprogramme zurückgegriffen werden.

Für die Festlegung der seitlichen Sicherheitswinkel ist die Breitenstreuung der Schrotgarbe zu berücksichtigen. Bei einer frei ausfliegenden Schrotgarbe ist die maximale Ausdehnung zu berücksichtigen. Sind Sicherheitsbauten oder Schrotfangeinrichtungen geplant oder vorhanden, ist auf die dort gegebene Schrotausbreitung abzustellen (Abbildung 9.2.1.2).

Bei der Planung von Schrotfangeinrichtungen muss die Höhenstreuung der Schrotgarbe in Abhängigkeit von der jeweiligen Entfernung berücksichtigt werden. Die Höhenstreuung ist nicht identisch mit der Breitenstreuung.

Bei bestehenden Anlagen mit mittelbarem Gefahrenbereich (Schrotniederschlagsbereich) im Umkreis mit Radius 200 m ist bei der Gefährdungsbeurteilung auch zu berücksichtigen, dass beim Trap-Schießen die günstigsten Abgangswinkel für die maximalen Schrotflugweiten (Tabelle 9.2.1) grundsätzlich nicht erreicht werden, sodass die tatsächliche Flugweite der Schrote weniger als 200 m beträgt.

9.2.2 Gefahrenbereich

Bei Schrotschießständen ist der Gefahrenbereich, aufgrund der Außenballistik der Schrote, in einen unmittelbaren und mittelbaren Gefahrenbereich zu unterteilen.

Im unmittelbaren Gefahrenbereich muss mit einer Verletzung von Personen gerechnet werden. Im mittelbaren Bereich rieseln Schrote ohne Verletzungsgefährdung herunter (Schrotniederschlagsbereich) und können dadurch allenfalls Irritationen von Personen bewirken.

Der in der Umgebung von Schrotschießständen verletzungsrelevante und unbedingt durch entsprechende Sicherungsmaßnahmen zu schützende Bereich (unmittelbarer Gefahrenbereich) ergibt sich zum einen aus dem seitlichen Sicherheitswinkel nach Num-

* siehe Nummer 9.2.2, letzter Absatz

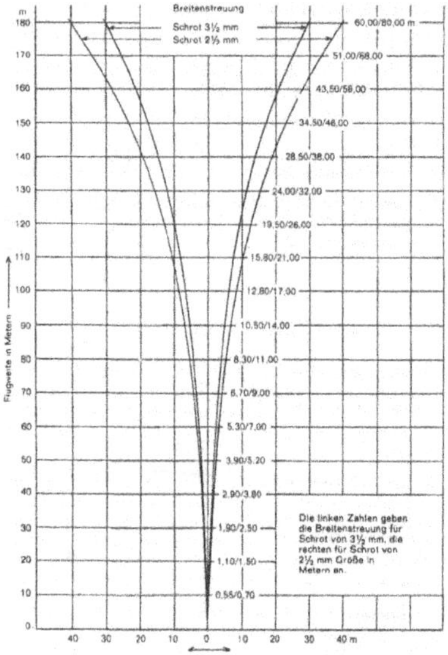

Abbildung 9.2.1.1 Durchmesser und Breitenstreuung von frei fliegenden Schroten

mer 9.2.3. Zum anderen ist die Wirksamkeit von auf unbedeckte Haut oder Augen auftreffende Bleischrote bis zu einem Durchmesser von 2,5 mm (Trap und Skeet) für die Begrenzung des unmittelbaren Gefahrenbereiches heranzuziehen.

Als ungefährlich ist Schrot dann anzusehen, wenn es mit hoher Wahrscheinlichkeit keine Schädigung – auch nicht in Form einer oberflächlichen Haut- oder Augenverletzung – hervorrufen kann. Dies bedeutet, dass ein Schrotkorn mit seiner Energiedichte die forensisch anerkannten Grenzwerte für Haut von 0,1 J/mm^2 und für Augen von 0,06 J/mm^2 deutlich unterschreiten muss (Beat Kneubuehl „Wundballistik und Geschosse"). Hierbei ist auch die geringe ballistische Querschnittsbelastung der Schrote (z. B. 0,015 g/mm^2 für 2,0 mm Bleischrot) bei der Gefährdungsbeurteilung zu berücksichtigen. Bei Schroten sind demnach Grenzgeschwindigkeiten von etwa 60 m/s (bei Haut) bzw. 40 m/s (bei Augen) für die Gefährlichkeitsgrenzen zugrunde zu legen.

Daraus folgt, dass sich der unmittelbare Gefährdungsbereich in Schussrichtung bis maximal 150 m erstreckt. Über diese Schussentfernung hinaus ist eine Gefährdung von Personen, auch bei Augentreffern, nicht mehr zu erwarten.

9.2.3 Sicherheitswinkel

Seitlich der äußeren Schussrichtungen ist zur Berücksichtigung der Breitenstreuung und abprallender Schrote ein Sicherheitswinkel von 15° anzusetzen (Abbildung 9.2.1b).

Die maximale Flugweite von Schroten ergibt sich bei einem Abgangswinkel von ca. 20°, wobei mit zunehmender Schussentfernung auch die Höhenstreuung zu berücksichtigen ist. Dieser Sicherheitswinkel von 20° ist dann anzusetzen, wenn z. B. die Absicherung eines Gefahrenbereiches durch abgestimmte Sicherheitsbauten (z. B. Hochblenden bei Kipphasenanlage) erfolgen soll.

Als Maßbezugslinie für den Sicherheitswinkel nach der Höhe dient eine waagerechte Linie in 1,50 m Abstand (mittlere Anschlagshöhe aus dem Bereich 1,30 m bis 1,70 m) über dem Niveau der Schützenstände. Zur Bestimmung der Sicherheitswinkel bei Trapständen sind nach den Seiten hin jeweils die Mitte des äußersten rechten bzw. linken Schützenstandes und die jeweiligen durch die Ziele vorgegebenen äußersten rechten bzw. linken Schussrichtungen maßgebend, also maximal 120° bei seitlicher Wurfrichtung sportlich bis 45°. Bei Trap-Anlagen mit eingeschränkter Wurfbandbreite (Wurfwinkel zur Seite), so wie sie insbesondere bei der Verwendung von Turbulenzautomaten beim jagdlichen Schießen (seitliche Wurfrichtung bis 35°) gegeben ist, sind zu den jeweils äußeren Wurfrichtungen rechts und links die Sicherheitswinkel von 15° hinzuzurechnen.

Unter Berücksichtigung der Schützenpositionen 1 und 7 ergibt sich bei Skeet-Anlagen aus den schießsportlich vorgegebenen Wurfrichtungen zur Seite ein gesamter Sicherheitswinkel von 180°.

In Verbindung mit der maximalen Flugweite der Schrote im Durchmesser 2,0 mm wird der Niederschlagsbereich als Halbkreis mit einem Radius von 200 m definiert, dessen Mittelpunkt in Stand 8 liegt.

Durch Abschirmungen in Form von Seitensicherungen und/oder Schießbahnabschlüssen sowie durchschusssicheren Schrotfangeinrichtungen können die einzuhaltenden Sicherheitswinkel reduziert werden oder auch ganz unberücksichtigt bleiben, wenn durch die Anordnung der Sicherheitsbauten die äußere Sicherheit gewährleistet bleibt. Die für die Abschirmung verwendeten Baustoffe müssen dabei den Bestimmungen der Nummer 9.1.3 entsprechen.

Die Dimensionierung der Höhe von Schrotfangeinrichtungen ergibt sich aus der maximalen Höhe der geworfenen Wurfscheiben und dem korrespondierenden Abgangswinkel der Schrote. Diesem Winkel ist dann die anzusetzende Höhenstreuung der Schrotgarbe, bezogen auf die maximale Schussentfernung bis zu der Schrotfangeinrichtung einschließlich eines Sicherheitszuschlages, hinzuzurechnen. Durch entsprechende Reduzierung der Wurfhöhe der Scheiben kann die notwendige Höhe einer Schrotfangeinrichtung verringert werden.

Grundsätzlich ist davon auszugehen, dass ein Anteil von etwa 5 % der Schrote als Deposition hinter der Schrotfangeinrichtung, u. a. wegen Fehlschüssen und Abprallern von den Scheiben, toleriert werden sollte.

9.2.4 Abpraller

Bleischrote, die in einem Winkel, bezogen auf die Bodenoberfläche, von < 10° auf weichen oder < 45° auf harten (gefrorenen) bzw. steinhaltigen Erdboden auftreffen, können hiervon abprallen. Hierbei ist mit Ablenkungen von der ursprünglichen Flugrichtung zu rechnen.

Dabei werden Stahlschrote und andere Substitute für Bleischrote (sog. Alternativschrote wie z. B. Zinkschrote) erheblich stärker abgelenkt und ergeben gegenüber Bleischroten bis zu doppelt so hohe Ablenkungswinkel.

Zu beachten ist bei einer Verwendung von härteren Alternativschroten, dass diese gefährlich zurückprallen können, wenn sie annähernd senkrecht auf harte Baustoffe treffen. Der Beschuss von Metallzielen (z. B. Kipphase, Anschussscheibe oder Stahlplatten beim praktischen Flintenschießen) z. B. mit Stahlschroten ist deshalb nur unter geeigneten Schutzmaßnahmen (z. B. Schutzbrille) zulässig.

Bei der Überprüfung der Trefferleistung (Streuung, Deckung) von Flinten und Patronen mit Stahlschroten sind vorzugsweise Anschussscheiben aus Papier oder Pappe zu verwenden, um eine Gefährdung durch rückprallende Schrote zu vermeiden.

Ein erhöhtes Risiko von Abprallern besteht für die am Schießen beteiligten Personen auch beim Einsatz von Alternativschroten für das Skeet-Schießen und den Kompakt- bzw. Jagdparcours. Aus Sicherheitsgründen ist das Tragen von geeigneten Schutzbrillen für alle gefährdeten Personen erforderlich und durch

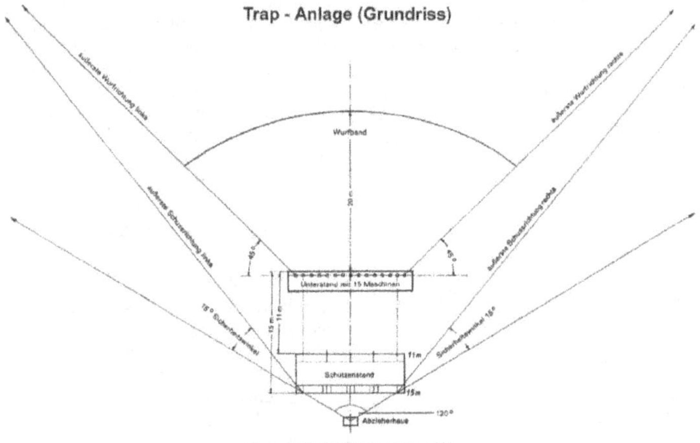

Der gesamte Sicherheitswinkel beträgt 120°.

Abbildung 9.2.3 Sicherheitswinkel beim Trap-Schießen

deutlich sichtbaren Aushang (Gebotszeichen „Augenschutz benutzen" nach DIN 4844 sowie BGV A 8[1])) vorzuschreiben.

Die Positionen der Seitenrichter müssen bei Verwendung von Weicheisen- oder anderen Alternativschroten auf Skeet- Anlagen so platziert sein, dass diese nicht durch von den Wurfscheiben abprallende Schrote gefährdet werden können.

9.2.5 Sicherungsmaßnahmen

Der Gefahrenbereich ist zu sichern.

Wenn der Gefahrenbereich vom Schützenstand einsehbar und eine Gefährdung für Personen ausgeschlossen ist, kann aus Sicherheitsgründen auf eine Einzäunung verzichtet werden.

Ansonsten kann sich die Einzäunung auf den unmittelbaren Gefahrenbereich beschränken, wenn dieser sich in einem schwach besiedelten Gebiet nach Nummer 4.5.1 befindet.

Sofern der Gefahrenbereich durch Einzäunungen gesichert werden soll, muss der Zaun den Bestimmungen nach Nummer 4.1.1 entsprechen. Je nach Lage und Beschaffenheit des Geländes kann auch eine einfache Zäunung mit Kennzeichnung durch Warnschilder als Absicherung durch Betreten ausreichen. Wege, die im unmittelbaren Gefahrenbereich liegen, müssen während des Schießens abgesperrt sein.

Der Gefahrenbereich nach Nummer 9.2.2 kann je nach Art des Schießstandes und der örtlichen Verhältnisse auch durch abgestimmte Sicherheitsbauten (z. B. Hochblenden, Seitensicherungen und Schießbahnabschluss) abgesichert werden.

Die Abmessungen und Anordnungen der Sicherheitsbauten müssen den Bestimmungen der Nummer 9.1.3 sowie der Festlegung der Gefahrenbereiche gemäß Nummer 9.2.2 unter Berücksichtigung der Sicherheitswinkel gemäß Nummer 9.2.3 entsprechen.

[1]) Gebotszeichen M 01 nach BGV A 8 „Sicherheits- und Gesundheitsschutzkennzeichnung am Arbeitsplatz"

Die Errichtung von Sicherheitsbauten ist bei Wurfscheibenanlagen allerdings kostspielig und beschränkt darüber hinaus u. U. die Ausdehnung des erforderlichen Schuss- und Wurffeldes.

Liegen mehrere Skeet-Anlagen in einer Linie unmittelbar nebeneinander, so sind in jedem Fall zwischen den Anlagen durchschusssichere Seitenwände zu errichten (Abbildung 9.8.2).

9.3 Zugelassene Waffen und Munition

9.3.1 Waffen

Bei Schrotschießständen bezieht sich die Angabe der zugelassenen Waffen auf Flinten. Im Schießsport darf nach den genehmigten Sportordnungen der nach § 15 WaffG anerkannten Schießsportbetreibenden Verbände maximal das Kaliber 12 verwendet werden.

Erlaubt sind auch kombinierte Jagdgewehre (wie z. B. Bockbüchsflinte, Drilling) bei ausschließlicher Benutzung des Flintenlaufes bzw. der Flintenläufe.

Bei Schrotschießständen erfolgt keine Zulassung bezogen auf die E_0 wie bei Schießständen für Einzelgeschosse. Die Zulassung bezieht sich auf das Flintenkaliber und die Schrotgröße bzw. -art (Nummer 9.3.2).

9.3.2 Munition

Schießstände für den Schrotschuss sind bei der Verwendung von Bleischrot zugelassen bei

- Skeet-Anlagen bis 2,0 mm Durchmesser
- Trap-Anlagen bis 2,5 mm Durchmesser
- Parcours-Anlagen bis 2,5 mm Durchmesser
- Bodenzielen bis 3,5 mm Durchmesser.

Bei der Verwendung von Weicheisenschroten dürfen für das Trap-Schießen auch Durchmesser bis 2,6 mm und für das Skeet-Schießen bis 2,2 mm zugelassen werden, ohne dass der Gefahrenbereich nach Nummer 9.2.2 und der Sicherheitswinkel nach Nummer 9.2.3 erweitert werden muss.

Die zugelassenen Schrotdurchmesser und Materialien (Blei-/Weicheisenschrot etc.) sind durch gut sichtbare Hinweistafeln anzuzeigen.

FLG dürfen auf Schrotschießständen nicht zugelassen werden. Diese können nur auf offenen bzw. geschlossenen Schießständen für Einzelgeschosse, z. B. auf 50-m-Schießständen oder 100-m-Schießständen mit entsprechender Zulassung, verwendet werden.

9.4 Ausstattung und Gestaltung von Schrotschießständen

Die nachfolgend aufgeführte Ausstattung und Gestaltung ist, unbeschadet der für die jeweilige Anlagenart zusätzlich erforderlichen Ausrüstung, für alle Schrotschießstände vorzusehen.

9.4.1 Warnflagge

In Anzeigerdeckungen, Maschinenunterständen und/oder Drückerhaus ist jeweils eine rote Warnflagge bereitzuhalten. Diese ist bei Störungen und Arbeiten an den Wurfmaschinen (z. B. Auffüllen der Maschinen) für alle am Schießen beteiligten Personen sichtbar aufzustecken und zeigt an, dass das Schießen unterbrochen ist und die Waffen entladen sein müssen.

Hinweis:

Die früher an einem Fahnenmast aufzuziehende rote Signalflagge, die als Warnhinweis auf den stattfindenden Schießbetrieb vorgeschrieben wurde, ist nicht mehr zulässig.

9.4.2 Schützenstand

Auf dem Schützenstand sind die Schützenpositionen zu kennzeichnen. Hierfür sind quadratische Platten mit der Kantenlänge von 90 cm (Skeet) bzw. 100 cm (Trap) zu verwenden. Diese müssen einen sicheren Stand der Schützen gewährleisten und bündig in den Boden eingelassen sein, um ein Stolpern der Schützen an hervorstehenden Kanten auszuschließen.

Die Anordnung der Schützenpositionen ergibt sich aus den Regeln für das jagdliche und sportliche Schießen. Auf Trap-Ständen mit Turbulenzautomaten sind die Bodenplatten in einem Radius anzuordnen.

Jede Standfläche sollte über einen Gummiblock o. Ä. verfügen, auf dem der Schütze seine Flinte mit den Läufen absetzen kann.

Mikrofone zum Abrufen der Wurfscheiben sind so zu positionieren, dass die Schützen bei der Waffenhandhabung nicht behindert werden. Mikrofonkabel müssen stolperfrei verlegt werden.

9.4.3 Abtrennung des Warte- und Zuschauerbereichs

Zur Abgrenzung des Schützenstandes vom Zuschauer- und Wartebereich ist in einem Abstand von $\geq$ 2,00 m hinter den Schützenpositionen eine Abtrennung zu errichten.

Diese muss grundsätzlich als feste bauliche Einrichtung (Holzzaun, Geländer o. Ä.) errichtet werden. Bei nur an wenigen Schießtagen im Jahr genutzten Schießständen kann eine solche Absperrung aus einem rot/weißen Band o. Ä. bestehen.

9.4.4 Gewehrständer und Patronenablagen

Für das Abstellen der Waffen und das Ablegen von Patronen ist eine genügende Anzahl von Gewehrständern und Patronenablagen vorzusehen.

9.4.5 Auffangbehälter

Zum Aufsammeln der abgeschossenen Hülsen sind bei den Schützenpositionen entsprechende Behälter bereitzustellen.

9.5 Schießstände für Bodenziele

9.5.1 Kipphase

Das Schießen auf den Kipphasen wird überwiegend beim jagdlichen Schießen sowie als Bestandteil der praktischen Jägerprüfung durchgeführt. Die Ziele werden manuell oder elektrisch bewegt.

Die Ziele sind aus Stahlblech gefertigt und verfügen über ein oder mehrere klappbare Segmente, die als Trefferanzeige dienen. Bei einem ausreichenden Impuls der auftreffenden Schrote werden die Ziele zum Kippen gebracht (daher: „Kipphase").

9.5.1.1 Abmessungen der Schießbahn

Die Länge der Schießbahn soll zwischen 25 m und 35 m betragen und je nach Schussentfernung über eine Schneisenbreite für den Kipphasen zwischen 6,00 m und 8,00 m verfügen.

Die Schießbahnsohle muss aus Erde oder Sand (Körnung $\leq$ 3 mm) bestehen, frei von Steinen oder Fremdkörpern sein und annähernd horizontal verlaufen.

9.5.1.2 Sicherheitsbauten

Neben natürlichen Geländeformen eignen sich als Seitensicherung und Schießbahnabschluss Erdwälle oder Mauern. Gebaute Schießbahnabschlüsse und Höhen- sowie Seitensicherungen aus Mauerwerk o. Ä. müssen den Bestimmungen der Nummer 9.1.3 entsprechen.

Um den Gefahrenbereich und damit den Platzbedarf einer Kipphasenanlage so gering wie möglich zu halten, sind entsprechende Seiten- und Höhensicherungen vorzusehen. Der Gefahrenbereich und die Sicherheitswinkel werden dadurch weitestgehend abgeschirmt. Dies ist dann nicht erforderlich, wenn die Kipphasenanlage in einer Wurfscheibenschießanlage integriert ist und der Gefahrenbereich dadurch nicht verändert wird.

Ein Schrotfang ist in jedem Fall über die gesamte Schneisenbreite erforderlich. Ein Fangdach ist zur Vermeidung schädlicher Bodenveränderungen vorzuschreiben und bei Altanlagen nachzurüsten. Das Erfordernis eines Fangdaches ergibt sich auch bei einer Verwendung von Weicheisen- oder anderen Alternativschroten.

Eine Kipphasenanlage kann in eine offene Schießbahn zum Schießen mit Einzelgeschossen eingebaut werden. Sofern der Kipphase von den vorhandenen Schützenpositionen beschossen wird und die Kipphasenanlage auf Zwischenentfernung positioniert ist, müssen als bauliche Maßnahmen ein Schrotfang und ein Fangdach gewährleistet sein.

Die Abschirmung der Laufschiene des Kipphasen muss auf die zugelassenen Waffen- und Munitionsarten abgestimmt sein.

Wird die Schützenposition in die Schießbahn verlegt und der Kipphase vor dem Hauptgeschossfang bewegt, so ist für diese Schützenstandorte auf Zwischenentfernung eine entsprechende Höhensicherung durch Hochblenden vorzusehen. Die Standfläche der Schützenposition ist standsicher und aus durchdringbarem Material auszuführen.

9.5.1.3 Zieldarstellung und Unterstand

Die Laufschiene des Kipphasen ist durch eine vor der Schneise zu errichtende Bodentraverse oder Blende vor direktem Beschuss zu schützen. Elektrische Anlagenteile im Maschinenunterstand sind beschusssicher gemäß den Bestimmungen der Nummer 9.1.3 abzuschirmen.

Manuelle Kipphasenanlagen sind nur noch bei bestehenden Anlagen zulässig. Es muss ein durchschusssicherer Unterstand für das Bedienungspersonal nach den Bestimmungen der Nummer 9.1.3 vorhanden sein. Eine für den Durchlass des Kipphasen erforderliche Öffnung im Unterstand ist so schmal zu halten, dass sie nur den Scheibendurchlass gestattet. Zum Schutz vor Abprallern ist dieser schützenseitig mit einer Stahlblechblende der Dicke ≥ 2 mm zu versehen.

Es sollte darauf hingewirkt werden, dass solche Vorrichtungen durch elektrische nur von den Schützenständen aus zu bedienende Anlagen ersetzt werden.

9.5.1.4 Verwendung von Weicheisenschrot

Der Beschuss von Kipphasen mit Weicheisen- oder anderen, härteren Alternativschroten ist wegen der damit verbundenen Gefahr von Rückprallern nur mit PSA (z. B. Schutzbrillen) zulässig.

Wird der Einsatz von Weicheisen- oder anderen Alternativschroten vorgeschrieben, so können für die Segmente des Kipphasen geeignete Kunststoffe (sog. Elastomere) verwendet werden. Bei der Materialauswahl ist ein SSV zu beteiligen und gegebenenfalls ein Beschussversuch durchzuführen.

9.5.2 Rollhase

Schießstände für Rollhasen finden Verwendung als Bestandteil von Wurfscheiben- oder Parcoursanlagen.

Die Ziele, auch Rabitts genannt, bestehen aus Rollscheiben (ähnlich den Wurfscheiben) und werden mithilfe einer speziellen Vorrichtung quer oder schräg über den Boden der Schießbahn gerollt. Sie zersplittern bei einem Treffer.

Die „Rollbahnen“ können befestigt oder mit Gummimatten belegt werden.

9.5.2.1 Schießbahn

Hinsichtlich der Beschaffenheit der Schießbahn sind die Bestimmungen der Nummer 9.5.1.1 anzuwenden. Vorteilhaft für ein störungsfreies Rollen der Scheibe ist eine Befestigung der Rollbahn z. B. durch eine Betonsohle oder mit Gummimatten. Längenvorgaben für die Rollbahn existieren nicht.

Die Ränder und Kanten einer betonierten Rollbahn sind gegen direkten Beschuss mit Erde bzw. Sand anzuschütten oder durch Holzbohlen der Dicke ≥ 50 mm vor direktem Beschuss zu schützen.

9.5.2.2 Sicherheitsbauten

Hinsichtlich der Sicherheitsbauten sind Nummer 9.5.1.2 und 9.5.1.3 anzuwenden.

Das Betreiben einer Rollhasenanlage in Schießbahnen für Einzelgeschosse ist nicht zulässig.

9.6 Schießstände für Wurfscheiben (Flugziele)

9.6.1 Trap

Ein Trap-Schießstand besteht aus dem Schützenstand, einem Unterstand bzw. Wurfmaschinengraben mit bis zu 15 Wurfmaschinen (olympischer Graben) sowie dem Wurffeld (Schießbahn).

Beim Trap-Schießen werden Wurfscheiben nach den Regeln des sportlichen und jagdlichen Schießens in unterschiedliche Höhen geradeaus oder seitlich zur mittleren Schussrichtung geworfen.

9.6.1.1 Anordnung und Beschaffenheit des Schützenstandes

Bei Trap-Anlagen sind 5 Schützenpositionen (Abbildung 9.6.1.1) vorzusehen. Diese liegen beim sportlichen Trap- Schießen 15,00 m hinter der Vorderkante des Maschinenunterstandes (Abbildung 9.6.1.2) auf einer dazu parallelen Linie. Jede der fünf Schützenpositionen ist dabei genau hinter der mittleren der ihr zugeordneten Gruppe von drei Wurfmaschinen einzurichten. Eine Warteposition ist etwa 2,00 m hinter Schützenposition 1 anzuordnen.

Die Sohle bzw. Standfläche der Schützenpositionen hat auf gleicher Höhe der Oberkante des Maschinenunterstandes zu liegen (Abbildung 9.6.1.2).

Wird eine Trap-Anlage auch für das jagdliche Schießen genutzt, sind zusätzlich fünf Schützenpositionen analog im Abstand von 11,00 m und eine Warteposition einzurichten.

Ausschließlich jagdlich genutzte Trap-Anlagen verfügen oft nur über drei oder fünf Wurfmaschinen. Die mittlere Schützenposition ist dabei genau hinter der mittleren Wurfmaschine anzuordnen. Der Abstand der Schützenpositionen von Mitte zu Mitte hat 3,00 m bis 3,30 m zu betragen.

Bei einem Trap-Stand mit Turbulenzautomat sind die Standflächen der Schützen auf einem Kreisbogen mit Radius 15,00 m (sportlich) bzw. 11,00 m (jagdlich) von der Mitte der Vorderkante des Maschinenunterstandes anzuordnen. Auch hier beträgt der Abstand der Schützenpositionen von Mitte zu Mitte $\geq$ 3,00 m.

9.6.1.2 Ausführung und Abmessungen des Maschinenunterstandes

Der Wurfmaschinenunterstand wird massiv und wasserdicht sowie in grundwassernahen Lagen wasserundurchlässig und auftriebsicher (WU-Beton) ausgeführt. Zweckmäßig ist der Einbau eines Pumpensumpfes, um eventuell eingedrungenes Wasser abführen zu können.

Für die Lagerung des Scheibenvorrates sind erhöhte Ablagen vorzusehen, um ein trockenes Lagern der Wurfscheiben zu gewährleisten.

Die Wurfmaschinen sind so zu montieren, dass ein bequemes und sicheres Befüllen der Magazine gewährleistet ist. Zu geringe Abstände gefährden das Bedienungspersonal beim Auffüllen der Maschinen, wenn während des Füllvorgangs eine benachbarte Wurfmaschine ausgelöst wird.

Die lichte Höhe des Wurfmaschinenunterstandes hat an der Rückseite $\geq$ 2,00 m und an der Vorderseite $\geq$ 2,10 m zu betragen. Die Länge ergibt sich aus der Anzahl der aufzustellenden Wurfmaschinen. Die Höhe der Konsole für die Installation der Wurfmaschinen sowie die Wurföffnung sind auf den jeweiligen Wurfmaschinentyp bzw. nach den Vorgaben der Hersteller abzustimmen. Den erforderlichen Querschnitt eines Maschinenunterstandes für Trap und Doppeltrap zeigt Abbildung 9.6.1.2. Bei bestehenden Anlagen sind Abweichungen von den Abmessungen des Grabens möglich.

Die Bedachung des Maschinenunterstandes muss durchschusshemmend gemäß Nummer 9.1.3 ausgeführt sein. Die plane Fläche der Überdachung bedarf keiner zusätzlichen Abdeckung mit Erde oder Sand. Aus dem Erdboden ragende Kanten und Ränder der Überdachung sind so abzudecken, dass auftreffende Schrote nicht zurückprallen können.

9.6.1.3 Wurfmaschinen

Bei den Wurfmaschinen sind Maschinen mit fest einstellbaren Wurfrichtungen und Turbulenzautomaten mit selbsttätig wechselnden Wurfrichtungen üblich.

Manuell zu bedienende Wurfvorrichtungen werden heute kaum noch genutzt. Sie werden aber in den offiziellen Regeln der ISSF beschrieben.

9.6.1.4 Einstellungen der Wurfmaschinen

Schießstände für Trap und Doppeltrap sind hinsichtlich der inneren Geometrie, das heißt bezüglich der Anordnung von Wurffeld, Wurfmaschinen, Bedachung und Schützenstände, so einzurichten, dass folgende Flugweiten, Flughöhen und Flugrichtungen der Wurfscheiben erreicht werden können:

- Wurfhöhen für Trap mindestens 1,50 m und maximal 3,50[1]) m (sportlich) bzw. 3,30[2]) m (jagdlich) mit einem Toleranzbereich von $\pm$ 0,50 m, gemessen in der Horizontalen über Schützenstandniveau in 10,00 m Entfernung von der Vorderkante des Bunkers.
- Wurfweiten sportlich bei günstigstem Erhöhungswinkel 76 m $\pm$ 1,00 m; für Doppeltrap 55 m $\pm$ 1,00 m.

[1]) Gebotszeichen M 01 nach BGV A 8 „Sicherheits- und Gesundheitsschutzkennzeichnung am Arbeitsplatz"

[2]) Reduzierung auf 3,0 m ab 2013 beabsichtigt.

Trap-Schießstand

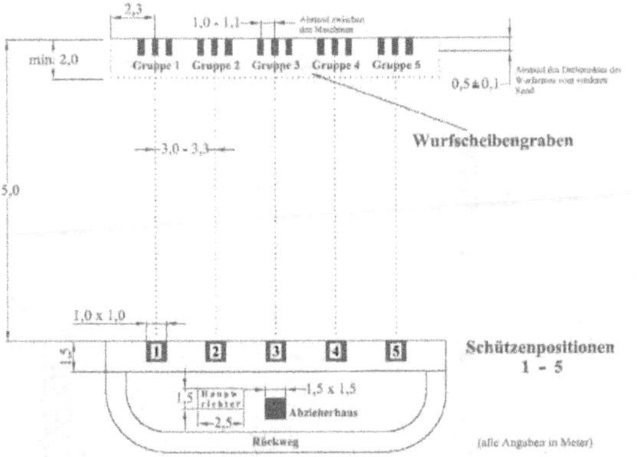

Abbildung 9.6.1.1.a Anordnung der Schützenstände beim sportlichen Trap-Schießen

Doppeltrap-Schießstand

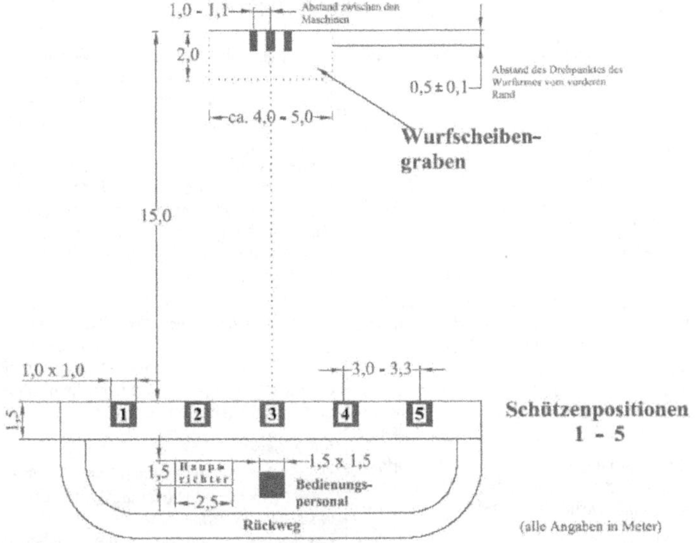

Abbildung 9.6.1.1.b Anordnung der Schützenstände beim sportlichen Doppeltrap-Schießen

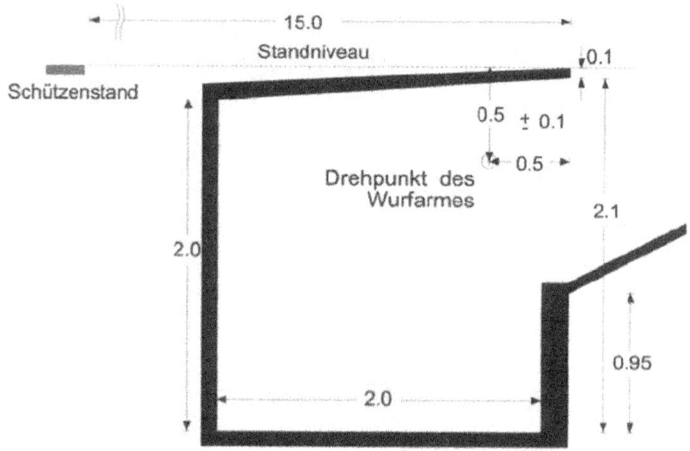

Grabenquerschnitt bei Trap und Doppeltrap

Abbildung 9.6.1.2 Maschinenunterstand (Graben) für Trap-Stände

- Wurfweiten jagdlich bei günstigstem Erhöhungswinkel 65 m; bei Schrotfangeinrichtungen Mindestflugweite 55 m.
- Seitliche Wurfrichtungen sportlich bis 45° und jagdlich bis 35°.

Bei der Dimensionierung von Schrotfangeinrichtungen sind die Flugbahnen der Wurfscheiben zugrunde zu legen.

Hinweis:

Sind die vorgeschriebenen Wurfweiten aufgrund von örtlichen Gegebenheiten, wie z. B. installierten Schrotfangsystemen in Form von Wällen oder Netzen, nicht realisierbar, so sind die Wurfmaschinen vor dem Schießen seitlich auszuschwenken und in eine Richtung einzustellen, die diese Flugweiten auf eine niveauangepasste Referenzfläche ermöglicht.

Mit dieser Einstellung sind dann die Wurfmaschinen in die vorgeschriebenen Wurfrichtungen zurückzuschwenken und festzustellen.

Durch die Errichtung von Schrotfangsystemen in geringeren Distanzen im Wurffeld kann wesentlich an Höhe (bei Wallanlagen damit auch an Volumen) eingespart werden. Bei im Breitensport bzw. jagdlichen Schießen auf Bezirksebene genutzten Schrotschießständen ist somit eine Reduzierung der maximalen Wurfweite der Wurfscheiben sinnvoll. Bezogen auf die Schützenstände sollte aber mindestens bis zur Schussentfernung von 66 m bzw. 70 m (55 m Entfernung zur Wurföffnung) ein freier Flug der Wurfscheiben gewährleistet sein.

Bei der Errichtung von Schrotfangsystemen bei für nationale und internationale Wettkämpfe genutzten Anlagen ist hingegen sicherzustellen, dass die Wurfscheiben ungehindert frei ausfliegen können.

9.6.2 Skeet

Skeet-Schießstände verfügen über zwei Wurfhäuser (Hoch- und Niederhaus), in denen jeweils eine Wurfmaschine untergebracht ist. Die Wurfmaschinen werfen die Scheiben in gleichbleibender Richtung, Höhe und Winkel

(Nummer 9.6.2.4). Eine Skeet-Anlage verfügt über maximal 8 Schützenpositionen.

Nach den jeweils in den Verbänden üblichen Regeln beschießen die Schützen nacheinander von Stand zu Stand einzelne Wurfscheiben oder sogenannte Dubletten.

9.6.2.1 Schützenstand

Auf dem Bogen eines Kreissegmentes mit Radius 19,20 m befinden sich 7 Schützenpositionen; die 8. Position liegt mittig auf der Verbindungslinie zwischen Hoch- und Niederhaus (Abbildung 9.6.2.1).

9.6.2.2 Ausführung der Wurfhäuser

Für Wurfhäuser gelten die Bestimmungen für Baustoffe nach Nummer 9.1.3. Die den Schützen zugewandten Seitenwände müssen durchschuss- und rückprallsicher ausgeführt sein.

Der Zugang für das Bedienpersonal muss sich an der der Wurföffnung gegenüber liegenden Seite des Wurfhauses befinden.

Die Wurfmaschinen sind innerhalb der Wurfhäuser so aufzustellen, dass die Abwurfhöhe im Hochhaus 3,05 m und im Niederhaus 1,05 m über der Sohle des Schützenstandes liegt. Die Größe der Wurföffnungen sind auf das Maß der Drehbewegung des Maschinenwurfarmes zu begrenzen.

Um die Schützen vor Wurfscheibensplittern bei Bruch zu schützen, sind an den Wurföffnungen Blenden anzubringen.

9.6.2.3 Einstellungen der Wurfmaschinen

Beim Skeet-Schießen werden Wurfscheiben nach den Regeln des sportlichen und jagdlichen Schießens in gleichbleibenden Wurfweiten, -richtungen und -höhen geworfen.

Die Wurfmaschinen sind derart einzustellen, dass sich die Flugbahnen der Scheiben von Hoch- und Niederhaus im Mittelpunkt des Kreises, auf dessen Bogen die Schützenpositionen liegen, in einer Höhe von 4,60 m kreuzen (Abbildung 9.6.2.1).

Die Wurfweiten betragen schießsportlich 65 m bis 67 m, jagdlich 60 m bis 65 m.

Liegen Skeet-Anlagen nebeneinander und können Wurfscheiben in das Wurffeld der benachbarten Anlage fliegen, sind geeignete Maßnahmen (z. B. Netze) zum Auffangen der Wurfscheiben zu errichten (Abbildung 9.6.2.3).

Hinweis:

Sind diese Wurfweiten aufgrund der örtlichen Gegebenheiten (z. B. zwei dicht nebeneinan-

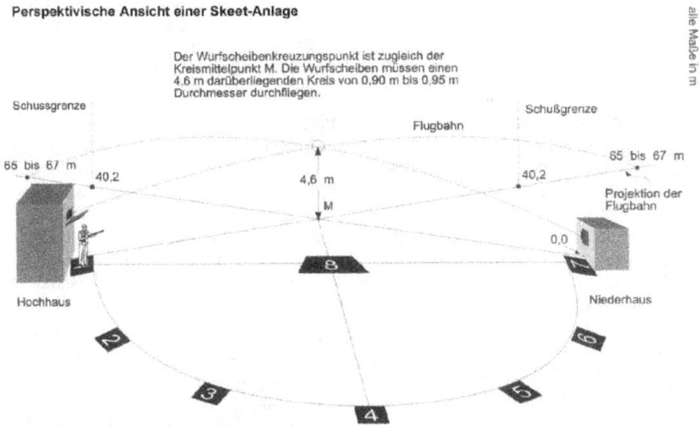

Abbildung 9.6.2.1 Wurfrichtungen und Flugweiten der Wurfscheiben beim Skeet-Schießen

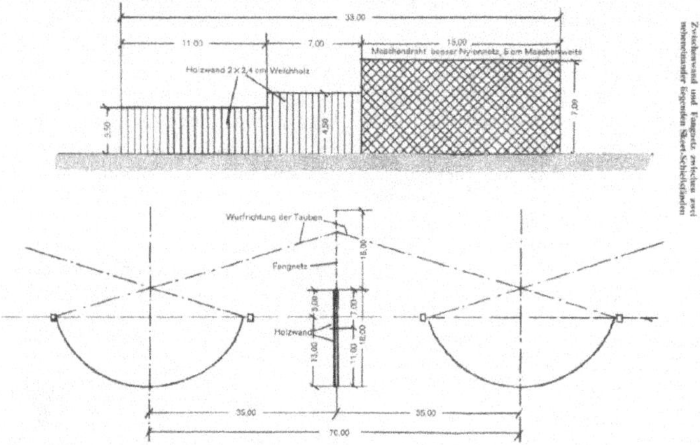

Abbildung 9.6.2.3 Trennwand zwischen zwei nebeneinander liegenden Skeet-Ständen

der liegende Skeet-Anlagen) oder aufgrund von installierten Schrotfangsystemen nicht realisierbar, so sind die Wurfmaschinen vor dem Schießen seitlich auszuschwenken und in einer Richtung einzustellen, die diese Flugweiten auf eine niveauangepasste Referenzfläche, das heißt Höhe der Fläche im Niveau der Schützenstände sowie Entfernung wie die vorgeschriebene jeweilige Wurfweite ermöglicht. Die Abwurfhäuser müssen in diesem Fall entsprechende Wurföffnungen besitzen. Mit dieser Einstellung sind die Wurfmaschinen dann in die vorgeschriebenen Wurfrichtungen zurückzuschwenken und festzustellen.

Bei der Errichtung von Schrotfangsystemen ist sicherzustellen, dass die Wurfscheiben mindestens 3,00 m bis 5,00 m über die Schussgrenze von 40,30 m ± 0,10 m Entfernung von der Wurföffnung hinaus, also bis mindestens 43,00 m, ungehindert fliegen können. Bei zu geringer Flugweite wird die Trefferauswertung erschwert.

9.6.3 Kompakt-Parcours

9.6.3.1 Allgemeines

Als Kompakt-Parcours (auch „Compak-Sporting") werden Schrotschießstände bezeichnet, die aus einer Trap- oder Skeet-Anlage bzw. einer kombinierten Trap-/Skeet-Anlage bestehen und durch Aufstellen zusätzlicher Maschinen für Flug- und/oder Bodenziele individuell erweitert werden kann.

Hinweis:

Bei der Erweiterung einer bestehenden Trap- und/oder Skeet-Anlage zu einem Kompakt-Parcours ist ein SSV zu beteiligen. Sowohl nach den waffenrechtlichen als auch immissionsschutzrechtlichen Bestimmungen ist vor einer derartigen Erweiterung einer bestehenden Schießstätte jeweils eine Genehmigung oder Anzeige erforderlich.

9.6.3.2 Gefahrenbereich

Ein wesentlicher Vorteil des Kompakt-Parcours besteht darin, dass bei entsprechender Anordnung der zusätzlichen Maschinen sowie den Ausrichtungen der Flug- bzw. Rollbahnen der Gefahrenbereich der vorhandenen Trap- oder Skeet-Anlage nicht erweitert bzw. ausgedehnt werden muss.

Wird durch die zusätzlichen Wurfrichtungen der vorhandene Gefahrenbereich nicht eingehalten, so ist er entsprechend den Bestimmungen nach Nummer 9.2.1 und 9.2.2 zu erweitern.

9.6.3.3 Schützenpositionen

Für das Schießen auf einem Kompakt-Parcours können die Schützenpositionen der vorhandenen Trap- und/oder Skeet-Anlage genutzt werden. Werden zusätzliche Standflächen errichtet, so müssen diese den Bestimmungen nach Nummer 9.4.2 entsprechen. Die Abstände dürfen 3,00 m nicht unterschreiten.

Werden Wurfscheiben auch von hinten über die Schützen hinweg geworfen, so muss durch geeignete Sicherungsmaßnahmen gewährleistet werden, dass sie erst nach Überfliegen der jeweiligen Schützenposition beschossen werden können. Durch Vorrichtungen (z. B. Käfige) ist zu verhindern, dass nach hinten geschossen werden kann.

Sofern die Ziele für den Kompakt-Parcours aufgrund ihrer Wurfrichtungen nur nach vorne bzw. vorne/seitlich beschossen werden können, sind keine zusätzlichen Sicherungsmaßnahmen erforderlich.

9.6.4 Jagdparcours

9.6.4.1 Allgemeines

Auf einem Jagdparcours wird auf Flugziele in Form verschiedener Arten von Wurfscheiben sowie auf Bodenziele (Rollhase) geschossen. Dazu wird in einem beliebigen Gelände eine größere Anzahl von unterschiedlichen Wurfmaschinen aufgestellt, sodass diese von den Schützenpositionen meist nicht einsehbar sind. Die Wurfmaschinen können in ebenerdigen Unterständen oder in hohen Türmen untergebracht sein.

9.6.4.2 Gefahrenbereich

Der durch die verschossenen Schrote gefährdete Bereich ist nach den Bestimmungen der Nummern 9.2.1 bis 9.2.3 für jede Station des Parcours gesondert festzulegen.

Sind Maschinenunterstände im Wurffeld direkt beschießbar, sind diese nach den Be-

Abbildung 9.6.3.3 Beispiel eines Skeet-Parcours

stimmungen der Nummer 9.1.3 abzuschirmen.

9.6.4.3 Schützenstand

Bei der Anordnung der Schützenstände und -positionen ist darauf zu achten, dass einzelne Positionen bei gleichzeitiger Nutzung nicht innerhalb der unmittelbaren Gefahrenbereiche anderer Parcoursstationen liegen.

Die Standflächen müssen hinsichtlich ihrer Beschaffenheit den Bestimmungen nach Nummer 9.4.2 entsprechen.

Um eine Gefährdung auszuschließen, dürfen nicht mehrere Schützen einer Gruppe gleichzeitig schießen. Der Schwenkbereich der Waffen darf 45° nach jeder Seite nicht überschreiten. Bei Zielen, die zum Beschießen einen größeren Schwenkbereich erfordern, sind die Bereiche durch bauliche Maßnahmen zu begrenzen.

9.6.4.4 Schussrichtungen

Für jeden Schützenstand und jede -position ist der zu beschießende Bereich individuell festzulegen.

Die Aufsichtsperson ist für die Einhaltung der Schussbereiche verantwortlich. Liegt das Parcoursgelände in einem größeren und unübersichtlichen Gelände, sodass die einzelnen verantwortlichen Aufsichten keine Sicht- und Rufverbindung untereinander haben, so ist durch geeignete Maßnahmen (z. B. Funkverbindungen) dafür Sorge zu tragen, dass keine gegenseitige Gefährdung eintritt.

9.6.4.5 Wege und Wartebereiche

Die Wege müssen sicher zu begehen sein und sind zu kennzeichnen. Sie müssen gegenüber den unmittelbaren Gefahrenbereichen anderer Stationen bei gleichzeitiger Nutzung durch geeignete Maßnahmen abgetrennt werden.

An jeder Station muss für die wartenden Schützen einer Gruppe ein gekennzeichneter Wartebereich vorhanden und so angeordnet sein, dass auch bei den äußersten für diesen Stand festgelegten Schussrichtungen eine Gefährdung der wartenden Schützen ausgeschlossen ist. Liegen mehrere Schützenpositionen nahe beieinander, genügt für diese ein gemeinsamer Wartebereich, wenn dies die Schussrichtungen zulassen.

9.7 Schrotrückhalte- bzw. Schrotfangsysteme

9.7.1 Allgemeines

Sofern auf einem Schrotschießstand bauliche Vorkehrungen getroffen werden, um den Eintrag von Schroten in die Fläche zu minimieren oder zu unterbinden, ist die Planung solcher Maßnahmen unter Berücksichtigung der ballistischen und sonstigen Vorgaben nach den Nummern 9.2.1, 9.2.2, 9.6.1.4 und 9.6.2.4 durchzuführen.

Für den planerischen Ansatz wird man dabei immer von Normalbedingungen ausgehen müssen, das heißt die äußeren Einflüsse auf das Flugverhalten der Wurfscheibe bzw. Schrotgarbe (Windrichtung, Waffentyp, Munitionssorte etc.) müssen zunächst vernachlässigt werden.

Im konkreten Einzelfall sind alle Pläne, Berechnungen und Herleitungen durch einen SSV, der in der planerischen Umsetzung von Schrotrückhaltesystemen von Wurfscheibenanlagen Erfahrung besitzt, zu prüfen und gegebenenfalls anzupassen.

9.7.2 Schrotfangsysteme für Trap-Anlagen

9.7.2.1 Rahmenbedingungen

Mit den für das Trap-Schießen vorgegebenen Einstellungen der Wurfweiten und -höhen (Nummer 9.6.1.4) sind die jeweils möglichen anlagenbezogenen Anschlagswinkel (= Abgangswinkel der Schrotgarbe) zu bestimmen. Der Bezugspunkt dieser Berechnung ist der Tangentenpunkt der Flugbahn für die höchste Wurfscheibe.

Die Mehrzahl der Schützen versucht, die Wurfscheiben im aufsteigenden Bereich ihrer Flugbahnen zu beschießen. Die zu erwartenden maximalen Schrotabgangswinkel (= Anschlagswinkel der Waffe) ergeben sich bei der höchsten Scheibe bis zu deren Gipfelpunkt in einer Schussentfernung von ca. 40 m bis 50 m. Wird die Wurfscheibe auf weitere Entfernungen beschossen, verringert sich der Anschlagswinkel, da sich die Scheibe dann im fallenden Bereich ihrer Flugbahn befindet.

Bei der Konstruktion von Schrotfangeinrichtungen muss weiterhin die außenballistische Charakteristik der sich ausbreitenden Schrotgarbe beachtet werden (Nummer 9.2.1).

9.7.2.2 Folgerungen für die Planung

Für die Planung und die Errichtung von Schrotfangeinrichtungen muss von den maximal möglichen Schrotabgangswinkeln ausgegangen werden, die sich beim Schuss auf die im höchsten Punkt der Flugbahn befindliche Wurfscheibe ergeben. Zusätzlich muss die Höhenstreuung der Schrotgarbe berücksichtigt werden, da sonst die absolute Wirksamkeit der Schrotfangeinrichtung fehlerhaft berechnet wird.

Auf der Grundlage der obigen Rahmenbedingungen ergibt sich, dass bei der Dimensionierung von Schrotfangeinrichtungen für jagdlich und/oder sportlich genutzte Trap-Anlagen keine grundlegenden Unterschiede zu berücksichtigen sind. Lediglich die geringeren Wurfweiten der Scheiben im jagdlichen Schießen erlauben es, die Schrotfangeinrichtung näher an den Schützenstand heranzubauen und so die erforderliche Gesamthöhe zu reduzieren. Dabei können im Einzelfall auch andere Nutzungscharakteristika (z. B. niedrigere Wurfhöhen der Scheiben) die Höhe der Geschossfangeinrichtung bestimmen. Der gesamte Planungsansatz ist vollständig und nachvollziehbar darzulegen.

Die Gesamthöhe einer Schrotfangeinrichtung ist abhängig von der Entfernung des Schützenstandes bis zur Oberkante der Schrotfangeinrichtung. Senkrecht zur Flugbahn der Schrote angeordnete Abschirmungen (Netze, Wände etc.) sind zwar technisch aufwendig, lassen aber geringere Gesamthöhen zu, da sie näher an den Schützenstand herangebaut werden können. Erdbauwerke bzw. Kombinationen von Erdbauwerken und Schrotfangwänden oder -netzen müssen in der Regel höher bemessen werden, da deren Oberkante durch die erforderliche Neigung der Erdbauwerke nicht so nahe an die Schützenstände gebaut werden kann.

9.7.2.3 Auswirkungen auf Gefahrenbereiche

Der unmittelbare Gefahrenbereich kann verkleinert werden, wenn er durch Sicherheitsbauten abgeschirmt ist.

Schrotfangeinrichtungen für Trap-Anlagen können eine vollständige Abschirmung der Gefahrenbereiche nur unzureichend gewährleisten. Demzufolge muss bei Trap-Anlagen hinter der Schrotfangeinrichtung ein mittelbarer Gefahrenbereich ausgewiesen und zumindest durch eine Beschilderung gekennzeichnet werden. Ob eine Zäunung erforderlich und wo diese gegebenenfalls anzubringen ist, richtet sich nach den Umständen des Einzelfalls. Erdwälle müssen auf der rückwärtigen Seite durch einen Zaun gesichert werden, um ein Besteigen zu verhindern.

9.7.3 Schrotfangeinrichtungen für Skeet-Anlagen

9.7.3.1 Rahmenbedingungen

Beim Skeet-Schießen ergibt sich aus dem Zusammenhang zwischen Wurfhöhe und -richtung der Scheiben sowie der Lage der Schützenpositionen unter Berücksichtigung einer Anschlagshöhe (= Schrotabgangshöhe) von 1,50 m ein Schrotabgangswinkel von etwa 9°, bezogen auf den Kreuzungspunkt der Wurfscheiben in einer Höhe von 4,60 m und einer Entfernung von den Schützenständen von 19,20 m.

Beachtet werden muss zusätzlich, dass in der Praxis regelmäßig höhere Anschlagswinkel erforderlich sind, um die Scheiben zu treffen. Bei der Berechnung der Schrotfangeinrichtung müssen deshalb die maximal möglichen Schrotabgangswinkel (ohne Stand 8) berücksichtigt werden. Eine Abschirmung für den Stand 8 („Überkopf-Taube") ist aufgrund des hohen Anschlages mit baulichen Mitteln nicht möglich.

Die maximalen seitlichen Schrotabgangswinkel ergeben sich beim jagdlichen Schießen von der Schützenposition 1 auf die Niederhaus-Wurfscheibe und bei der Dublette von der Schützenposition 7 auf die Hochhaus-Wurfscheibe, wenn die Scheiben bis zu einer möglichen Flugweite (Schussgrenze) von 40,30 m beschossen werden sollen.

III

Beim sportlichen Skeet-Schießen ergeben sich die maximalen Abgangswinkel jeweils für die zweite Wurfscheibe bei den Dubletten auf den Schützenpositionen 1 und 7. Eine optimale Schrotfangeinrichtung für einen Skeet-Stand muss derart bemessen sein, dass auch für diese maximalen Schussrichtungen die erforderliche Abschirmung gewährleistet ist.

9.7.3.2 Folgerungen für die Planung

Im Hinblick auf die obigen Rahmenbedingungen sind bei der Dimensionierung von Schrotfangeinrichtungen für jagdlich und/oder sportlich genutzte Skeet-Anlagen kaum Unterschiede zu berücksichtigen.

Eine optimal dimensionierte Schrotfangeinrichtung für einen Skeet-Stand wird aufgrund der möglichen Schussrichtungen und Schrotabgangswinkel unterschiedliche Gesamthöhen haben. So wird die Abschirmung nach den Seiten hin höher sein müssen als mittig nach vorne. Es ergibt sich deshalb eine Grundform, die insbesondere durch Schrotfangwände oder Netzbauwerke umgesetzt werden kann.

Die zulässigen Wurfscheiben-Flugweiten und -richtungen erlauben es, die Schrotfangeinrichtung sehr nahe an die Schützen heranzubauen und so die erforderlichen Höhen zu minimieren. Diese ergeben sich durch die verschiedenen Abstände der Oberkante der Abschirmung von den Schützenständen unter Berücksichtigung der unter Nummer 9.7.3.1 genannten Höhen, Entfernungen und Abgangswinkel.

Die Abstände müssen so gewählt werden, dass die Wurfscheiben innerhalb des für einen regulären Treffer erforderlichen Bereichs frei fliegen können (Nummer 9.6.2.4). Auch hier können senkrecht angeordnete Schrotfangwände niedriger bemessen werden als Erdbauwerke. Wie bei Trap-Anlagen ist die – hier jedoch größere – Streuung der Schrotgarbe zu berücksichtigen.

Diese kompakte Bauweise von Schrotfangeinrichtungen setzt voraus, dass Baustoffe verwendet werden, die nicht zu gefährlichen Abprallern führen.

Auch für Skeet-Anlagen kann die Höhe der Schrotfangeinrichtungen durch z. B. niedrigere Wurfhöhen beeinflusst werden. Der gesamte Planungsansatz ist vollständig und nachvollziehbar darzulegen.

9.8 Spezifische Begriffe beim Schrotschuss

Anschlagshöhe	Die Anschlagshöhe wird durch den Abstand Standfläche des Schützen bis zur Waffe bestimmt. Beim Schrotschießen wird für den dort üblichen stehenden Anschlag eine mittlere Anschlagshöhe von 1,50 m angesetzt.
Drückerhaus	Ein Drückerhaus befindet sich bei Trap-Schießständen hinter den Schützenpositionen und dient zum Aufenthalt einer Person, die von dort die Wurfmaschinen manuell auslöst.
Flugweite	Die Flugweite beschreibt die tatsächliche Flugbahn der Wurfscheibe. Beispiel: Die Wurfmaschine ist auf eine Wurfweite von 65 m eingestellt, die tatsächliche Flugweite der Wurfscheibe bis zum Schrotfang (s. u.) beträgt aber nur 55 m.
Flinte	Als Flinten werden LW mit glatten Läufen bezeichnet (z. B. im Kaliber 12, 16 und 20), die zum Verschießen von Schrotmunition und FLG verwendet werden.
Flintenlaufgeschoss (FLG)	Bei FLG handelt es sich um ein für das Schießen aus glatten Läufen bestimmtes Einzelgeschoss. Oft wird dieses im allgemeinen Sprachgebrauch mit der Produktbezeichnung „Brenneke" benannt.

Graben	Bezeichnung für den Wurfmaschinenunterstand bei Trap-Ständen.
Kipphasen	Vorrichtung aus Stahlblech mit der äußeren Kontur eines Hasen, die zum jagdlichen Übungsschießen mit Schrot verwendet wird.
Parcours	Schrotschießstand zur Simulation der Jagd auf Niederwild.
Rollhasen	Ziele ähnlich der Wurfscheiben, die mittels einer speziellen Vorrichtung über den Boden gerollt und mit Schrot beschossen werden.
Schrot	Als Schrot bzw. Schrotkorn bezeichnet man einzelne Kugeln einer Schrotladung, die üblicherweise aus Blei (auch aus Stahl etc.) bestehen. Der Durchmesser eines Schrotkorns beträgt bei sportlich genutzter Munition zwischen 2,0 und 2,5 mm, bei jagdlicher zwischen 2,5 und 4,0 mm.
Schrotfang	Der Schrotfang dient als bauliche Einrichtung dem Auffangen der Schrote und grenzt somit den Eintrag in das Gelände ein; es kann sich um Erdwälle mit Fliesabdeckung, Netzsysteme bzw. deren Kombination oder beispielsweise bei Kipphasenanlagen um Kammersysteme handeln.
Schießbahn	Die Schießbahn ergibt sich aus dem Raum, der für die Geschossbahnen zur Verfügung steht und reicht vom Schützenstand bis zum äußeren Radius des Gefahrenbereiches.
Tontauben	siehe Wurfscheiben
Wurfscheiben	Als Wurfscheiben werden beim Schießen auf bewegliche Scheiben mit Schrot verwendete scheibenförmige Ziele (früher „Tontauben") bezeichnet.
Wurfbandbreite	Das Wurfband wurde früher 20 m vor dem Unterstand im Wurffeld aus Holzlatten und Stoffband errichtet und umschloss die äußeren seitlichen Wurfwinkel der Maschinen. Werden die äußeren seitlichen Wurfwinkel reduziert, spricht man von Anlagen mit reduzierter Wurfbandbreite.
Wurfweite	Unter Wurfweite versteht man diejenige Entfernung, bei der die Flugbahn der Wurfscheibe das Standniveau zum zweiten Mal (Flugbahnabfall) schneiden würde. Die Wurfmaschine ist auf diese (theoretische) Entfernung einzurichten.
Zwischenmittel	Zwischenmittel befinden sich bei Schrotpatronen zwischen Treib- bzw. Pulverladung und Schrotvorlage. Sie dichten die Schrote beim Schuss gegen die expandierenden Pulvergase ab. Bei Zwischenmitteln kann es sich um Pfropfen aus Filz oder Plastik sowie um becherartige Umhüllungen der Schrote (sogenannte Schrotbecher) handeln.

10 Anhang

10.1 Abkürzungen

AETSM	Association Européenne de Tir sur Silhouettes Métalliques
AGW	Arbeitsplatzgrenzwert
BAT	Biologischer Arbeitsplatztoleranzwert

BDS	Bund Deutscher Sportschützen 1975 e. V.
DL-Waffen	Druckluftwaffen
DJV	Deutscher Jagdschutzverband e. V.
DSB	Deutscher Schützenbund e. V.
ELT	Elektrotechnische Anlage
FLG	Flintenlaufgeschoss
GK	Großkaliber
HB	Härteprüfverfahren nach Brinell
IMSSU	International Metallic Silhouette Shooting Union
ISSF	International Shooting Sport Federation
IPSC	International Practical Shooting Confederation
KK	Kleinkaliber (Kaliber 5,6 mm mit Randfeuerpatronen bis zu einer E_0 von 200 J)
KW	Kurzwaffen
LW	Langwaffen
MAK	MaximaleArbeitsplatzkonzentration
OSP	Olympische Schnellfeuer-Pistole
PSA	Persönliche Schutzausrüstung
RLT-Anlage	Raumlufttechnische Anlage
RSA	Raumschießanlage
SSV	Schießstandsachverständiger
TLP	Treibladungspulver
VL-Waffen	Vorderladerwaffen
VPAM	Vereinigung der Prüfstellen für angriffshemmende Materialien und Konstruktionen
WFTF	World Field Target Federation

10.2 Gesetze und Bestimmungen

AWaffV
Allgemeine Waffengesetz-Verordnung. Allgemeine Verordnung zum Waffengesetz.

BBodSchG
Bundes-Bodenschutzgesetz. Gesetz zum Schutz vor schädlichen Bodenveränderungen und zur Sanierung von Altlasten.

BBodSchV
Bundes-Bodenschutz- und Altlastenverordnung.

BImSchG
Bundes-Immissionsschutzgesetz. Gesetz zum Schutz vor schädlichen Umwelteinwirkungen durch Luftverunreinigungen, Geräusche, Erschütterungen und ähnliche Vorgänge.

BImSchV
Bundes-Immissionsschutzverordnungen. Rechtsverordnungen, die v. a. dem Schutz vor schädlichen Umwelteinwirkungen durch Luftverschmutzung und Lärm dienen.

4. BImSchV.
Vierte Verordnung zur Durchführung des Bundes-Immissionsschutzgesetzes. Verordnung über genehmigungsbedürftige Anlagen.

BStMLU
Bayerisches Staatsministerium für Landesentwicklung und Umweltfragen. Bericht „Der umweltverträgliche Betrieb von Wurfscheibenschießanlagen."

DJV-Schießstandordnung und Schießvorschrift
Deutscher Jagdschutzverband, Berlin.

KrWG
Kreislaufwirtschaftsgesetz. Gesetz zur Förderung der Kreislaufwirtschaft und Sicherung der umweltverträglichen Bewirtschaftung von Abfällen.

LAGA
Bund/Länder-Arbeitsgemeinschaft Abfall. Anforderungen an die stoffliche Verwertung von mineralischen Reststoffen/Abfällen – Technische Regeln.

Sportordnung des Deutschen Schützenbundes e. V.
Deutscher Schützenbund, Wiesbaden.

SprengG
Sprengstoffgesetz. Gesetz über explosionsgefährliche Stoffe.

SprengV
Verordnung zum Sprengstoffgesetz.

1. SprengV für die Zulassung von explosionsgefährlichen Stoffen, Ausnahmen vom SprengG, Vertreiben und Überlassen, Fachkunde und Prüfungsverfahren.

TA-Lärm
Technische Anleitung zum Schutz gegen Lärm. Allgemeine Verwaltungsvorschrift zum Bundes-Immissionsschutzgesetz.

UMK-AG
Umweltministerkonferenz – Gemeinsame Arbeitsgruppe der Bund-Länder-Arbeitsgemeinschaft Bodenschutz (LABO), Länder-Arbeitsgemeinschaft Wasser (LAWA), Länderausschuss für Immissionsschutz (LAI) „Bodenbelastungen auf Schießplätzen".

WaffG
Waffengesetz. Gesetz, das den Umgang mit Waffen im Rahmen des deutschen Waffenrechts regelt.

WaffVwV
Allgemeine Verwaltungsvorschrift zum Waffengesetz.

Alle Schriften in der zurzeit geltenden Fassung.

10.3 Formelzeichen und Einheiten

10.3.1 Physikalische Größen

Größe	Formelzeichen	Einheit	Einheitenzeichen
Beleuchtungsstärke	E_v	Lux	lx
Energie	E	Joule	J
Fläche	A	Quadratmeter	m^2
Geschwindigkeit	v	Meter pro Sekunde	m/s
Kraft	F	Newton	N
Länge	l	Meter	m
Masse	m	Kilogramm	kg
Temperatur	T	Celsius	°C
Zeit	t	Sekunde	s

10.3.2 Abgelegte Größen

E_0 Maximale Bewegungsenergie der Geschosse (Mündungsenergie)

N/mm^2 Bezeichnung für die Druck- und Zugfestigkeit von Stählen

V_0 Maximale Geschwindigkeit der Geschosse (Mündungsgeschwindigkeit)

10.4 Glossar

Im Glossar werden die Begriffe erläutert, die zum Verständnis der Schießstandrichtlinien und zu deren Anwendung erforderlich sind.

Ablagetisch
Tisch zur Ablage von Waffen oder Munition im Schützenstand.

Abpraller
Ein Abpraller ist ein Geschoss das nach Abprallen von Flächen oder Anprallen an Gegenständen aus seiner ursprünglichen Flugrichtung ausgelenkt worden ist und nach einer gewissen Strecke wieder stabil fliegt, das heißt mit der Längsachse in Flugrichtung.

Antragshöhe
Als Antragshöhe wird der jeweils angenommene Ausgangspunkt im Schützenstand bezeichnet, von dem aus die Höhe und der Standort der ersten Hochblende berechnet werden muss.

Anschlagshöhe
Die Anschlagshöhe ist der Abstand zwischen dem Niveau der Standfläche und der Mündung einer horizontal gehaltenen Waffe im stehenden, knienden oder liegenden Anschlag.

Anzeigerdeckung
Unter Anzeigerdeckung versteht man einen beschussgesicherten Raum im Bereich des Scheibenstandes, der zum Aufenthalt von Personen zur Trefferaufnahme dient.

Arbeitsplatzgrenzwert
Der Arbeitsplatzgrenzwert ist der Grenzwert für die zeitlich gewichtete durchschnittliche Konzentration eines Stoffes in der Luft am Arbeitsplatz in Bezug auf einen gegebenen Referenzzeitraum.

Armbrust
Die Armbrust ist nach Anlage 1 Abschnitt 1 Nummer 1.2/1.2.2 des WaffG ein den Schusswaffen gleichgestellter Gegenstand, bei dem bestimmungsgemäß ein fester Körper (Bolzen oder Pfeil) gezielt verschossen wird und dessen Antriebsenergie durch Muskelkraft eingebracht und durch eine Sperrvorrichtung gespeichert werden kann.

Das Schießen mit der Armbrust ist rechtlich kein Schießen nach der Legaldefinition der Anlage 1 Abschnitt 2 Nummer 7 zum WaffG. In den Schießstandrichtlinien wird wegen des allgemeinen Sprachgebrauchs (so auch in den Sportordnungen der Sport treibenden Verbände) der Begriff des Schießens für das Werfen der Pfeile bzw. Bolzen verwendet.

Biologischer Arbeitsplatztoleranzwert
Der Biologische Arbeitsplatztoleranzwert (BAT, neu: „Biologischer Grenzwert") ist in der Gefahrstoffverordnung definiert als der Grenzwert für die toxikologisch arbeitsmedizinisch abgeleitete Konzentration eines Stoffes, bei dem im Allgemeinen die Gesundheit eines Beschäftigten nicht beeinträchtigt wird.

Bekleidungen
Bekleidungen sind Wand- und Deckenbekleidungen oder Bodenbeläge, die aus ballistischen oder akustischen Gründen angebracht werden.

Blende
Blenden sind allgemein schützenseitig angeordnete durchschusshemmende Absicherungen von Öffnungen, Strom führenden Leitungen sowie Ver- und Entsorgungseinrichtungen gegen Projektileinwirkung.

Brüstung
Eine Brüstung ist eine quer zur Schussrichtung stehende meist durchgehende Ablagemöglichkeit in Schussrichtung hinter der Feuer- oder Schießlinie bei stationär genutzten Schießständen.

Druckluftwaffen (DL-Waffen)
Als DL-Waffen werden Druckluft-, Federdruckwaffen und Waffen bezeichnet, bei denen zum Antrieb der Geschosse kalte Treibgase bis zu einer E_0 von 7,5 J verwendet werden.

Fangdach
Ein Fangdach befindet sich über einem Geschossfang und soll absetzende Geschosse oder Geschossfragmente auffangen sowie zusätzlich einen Witterungsschutz schaffen.

Feuerlinie
Als Feuerlinie (auch Schieß- oder Nulllinie) bezeichnet man diejenige Linie im Schützenstand, an der die Schützen ihre zulässige Position beim Schießen einnehmen. Bei Schießständen ohne Brüstung befindet sich die Feuerlinie als Markierung am Boden, die nicht überschritten werden darf (deshalb auch Fußlinie).

Freiflieger
Als Freiflieger werden solche Geschosse bezeichnet, die eine Schießbahn ungehindert (durch evtl. Sicherheitsbauten) verlassen.

Gefahrenbereich
Als Gefahrenbereich wird der Bereich eines offenen oder teilgedeckten Schießstandes bezeichnet, in dem in Schussrichtung bei fehlender oder unzureichender baulicher Absicherung eine Gefährdung des Hintergeländes durch Querschläger oder Freiflieger eintreten kann.

Im Folgenden wird der Begriff Gefahrenbereich separat unterschieden für Anlagen für Schrot und Einzelgeschosse.

Gefahrenbereich Schrot
Bei Schrotschießständen ist der Gefahrenbereich aufgrund der Außenballistik der Schrote in einen unmittelbaren und mittelbaren Gefahrenbereich zu unterteilen.

- Der unmittelbare Gefahrenbereich beim Schrotschuss mit Schroten der Dicke $\leq$ 2,5 mm erstreckt sich bis zu einer Entfernung von 150 m von der Schützenposition. Innerhalb dieses Bereiches muss mit einer Verletzung von Personen gerechnet werden. Deshalb darf dieser Bereich während des Schießens nicht betreten werden.
- Im mittelbaren Gefahrenbereich rieseln Schrote ohne Verletzungsgefährdung herunter (Niederschlagsbereich). Dieser erstreckt sich bei Schroten der Dicke $\leq$ 2,5 mm von 150 m bis zu einer Schussentfernung von 230 m.

Gefahrenbereich Einzelgeschosse
Der Gefahrenbereich wird durch einen Sicherheitswinkel von 25° seitlich der jeweils äußeren Geschossbahnen und der maximalen Gesamtschussweite der auf dem Schießstand verwendeten Geschosse bestimmt.

Geschoss
Je nach Munitionsart unterscheidet man Einzelgeschosse und Schrote. Einzelgeschosse können wie Schrote vollkommen aus Blei oder aus überwiegend bleihaltigen Geschosskernen bestehen, die von Geschossmänteln aus Kupfer, Tombak oder Stahl ummantelt sind (Mantelgeschosse).

Geschossbahn
Unter Geschossbahn versteht man den Teilabschnitt einer Schießbahn, der sich zwischen einer Schützenposition und dem jeweiligen diesem zuzuordnenden Teil des Scheibenstandes befindet.

Geschossfang
Ein Geschossfang ist eine in sich geschlossene Baugruppe, die als technische Einrichtung oder Anlage in Schießständen dazu dient, die Geschossenergie gefahrlos abzubauen und die Geschosse (Projektile) bzw. deren Teile aufzunehmen.

Geschossfangkammer
Unter Geschossfangkammer versteht man den Raum, der zur Aufnahme des Geschossfanges bzw. des Geschossfangmaterials dient.

Hochblenden
Hochblenden sind über der Schießbahn eingebaute, quer zur Schussrichtung angeordnete durchschusshemmende Bauteile, die die Höhensicherung bei offenen Schießständen gewährleisten.

Höhensicherung
Höhensicherung ist die unter dem in den Schießstandrichtlinien vorgegebenen Höhenwinkel notwendige durchschusshemmende Absicherung eines Schießstandes nach oben hin.

Höchstschussweite
Unter Höchstschussweite versteht man die maximale Entfernung, die ein Geschoss bei günstigstem Abgangswinkel erreichen kann.

Hülse
Nach dem Abschießen einer Patrone bzw. Verschießen der Projektile bleibt die Hülse als Träger der Anzündung und Treibladung zurück. Hülsen bestehen bei Munition für Einzelgeschosse meist aus Messing, bei Schrotpatronen weitgehend aus Pappe oder Plastik.

Kaliber
Das Kaliber ist ein Maß sowohl für den Durchmesser von Geschossen als auch für den Innendurchmesser des Laufes einer Waffe. Handelt es sich um einen gezogenen Lauf, so unterscheidet man zwischen Feldkaliber (Durchmesser zwischen den Feldern) und dem Zugkaliber (Durchmesser zwischen den Zügen). Oft wird das Wort Kaliber auch in der Bedeutung einer Munitionsbezeichnung benutzt.

Kurzwaffe
Siehe Langwaffe

Langwaffe
Langwaffen (LW) sind im waffenrechtlichen Sinn Schusswaffen, deren Lauf und Verschluss in geschlossener Stellung insgesamt länger als 30 cm sind und deren kürzeste bestimmungsgemäß verwendbare Gesamtlänge 60 cm überschreitet; Kurzwaffen sind alle anderen Schusswaffen.

Maximale Arbeitsplatzkonzentration (MAK)
Siehe Arbeisplatzgrenzwert

Mehrdistanzschießen
Beim Mehrdistanzschießen erfolgt eine Schussabgabe nicht nur von einem festen bzw. stationären Schützenstand aus, sondern von verschiedenen Schützenpositionen innerhalb der Schießbahn. Es ist zwischen dem stationären und bewegungsorientierten Mehrdistanzschießen zu unterscheiden.

Patrone
Eine Patrone besteht als sogenannte Einheitsmunition aus Hülse, Anzündung (Zündhütchen), Treib- bzw. Pulverladung sowie Einzelgeschoss oder Schrotvorlage.

Pritsche
Eine Pritsche ist eine Einrichtung im Schützenstand, von der die Person liegend oder kniend schießt.

Projektil
Ein Projektil ist ein verschossenes Geschoss.

Querschläger
Ein Querschläger ist ein unstabil fliegendes Geschoss, das mit seiner Längsachse quer zur Flugrichtung fliegt.

Raumschießanlage
Eine Raumschießanlage (RSA) ist ein in Schussrichtung vollständig geschlossener Schießstand, dessen Umfassungsbauteile (Wände, Decke, Boden) verhindern, dass Geschosse diesen verlassen können.

Schallschutzschleuse
Eine Schallschutzschleuse befindet sich bei Raumschießanlagen zwischen dem Schießstand und Fluren oder Aufenthaltsräumen. Sie dient dazu, beim Betreten eine Schallübertragung in diese Räume zu unterbinden.

Schallimmissionsprognose
Unter einer Schallimmissionsprognose versteht man die Berechnung von Schalldruckpegeln am Immissionsort, die sich anhand des Waffentyps, der Lauflänge und der Geschossenergie abschätzen lassen. Dabei wird der über die beabsichtigte Nutzung der Schießanlage errechnete Beurteilungspegel mit dem Immissionsrichtwert verglichen.

Es wird zum einen unterschieden zwischen detaillierten Prognosen mit hohem Genauigkeitsgrad, die üblicherweise für genehmigungsbedürftige Anlagen vorgelegt werden müssen. Zum anderen sind überschlägige Prognosen mit geringerem Genauigkeitsgrad für die Planung und diejenigen Fälle anzuwenden, in denen die nach ihr berechneten Beurteilungspegel zu keinem Überschreiten der Immissionsrichtwerte führen.

Scheibe (Zielscheibe)
Eine Scheibe ist die Kombination aus Zieldarstellung und dem Teil der umgebenden Kontrastfläche, also der zur Feststellung der Lage des in der Zielebene (= Messebene) aufgetroffenen Geschosses notwendigen Zielfläche. Bei Scheiben aus Papier oder Pappe befinden sich hier Ringeinteilungen als Wertungs- bzw. Trefferzone. Die gesamten Scheibenformate (siehe die entsprechenden Vorgaben der genehmigten Sportordnungen der Schießsport betreibenden Verbände bzw. die Schießvorschriften der jagdlichen Verbände) werden in der Regel größer als die Wertungs- bzw. Trefferzone ausgeführt.

Bei elektronischen Scheiben gleichen die Scheibenbilder denen von Papierscheiben, die Ringeinteilung auf dem Scheibenbild kann fehlen. Der Spiegel und alle zählenden Ringe müssen messtechnisch erfasst werden können. Auf dem jeweiligen Schützenmonitor wird der gewertete Schuss in einem Bild mit der entsprechenden Ringscheibe dargestellt.

Scheibenstand
Der Scheibenstand umfasst den Bereich einer Schießbahn, der für die als Ziele dienenden festen oder beweglichen Zielobjekte sowie Zieldarstellungsflächen mit den notwendigen Vorrichtungen vorgesehen ist.

Schießbahn
Die Schießbahn umfasst den Raum ab dem Schützenstand bzw. der Feuer- oder Schießlinie bis zum Schießbahnabschluss.

Schießbahnabschluss
Der Schießbahnabschluss stellt den durchschusssicheren Abschluss einer Schießbahn hinter dem Geschossfang dar. Man unterscheidet natürliche und gebaute Systeme.

Schießbahnsohle
Die Schießbahnsohle ist die Bodenfläche der Schießbahn.

Schießbude
Als Schießbude bezeichnet man eine ortsveränderliche Schießstätte zum Schießen mit Schusswaffen zur Belustigung.

Schießkino
Als Schießkino wird eine RSA mit Bildwandtechnik bezeichnet.

Schießlinie
siehe Feuerlinie

Schießplatz
Der Begriff Schießplatz wird im Zusammenhang mit dem „Schießen" mit Modellkanonen und im militärischen Sprachgebrauch verwendet. Waffenrechtlich wird dieser Begriff im Zusammenhang mit einer Schießstätte oder als gleichbedeutender Begriff genannt.

Schießrampe
Die Schießrampe ist beim Biathlon der Teil des Schützenstandes, der zum Schießen zur Verfügung steht.

Schießstand
Der Schießstand ist die Örtlichkeit, auf bzw. in der geschossen wird. Er besteht aus dem Schützenstand und der Schießbahn mit Sicherheitsbauten bzw. Umfassungsbauteilen sowie ggf. dem Geschossfang.

Schießstätte
Als Schießstätte (Schießanlage) bezeichnet man die gesamte Anlage, die aus einem oder mehreren Schießständen sowie logistischen Einrichtungen, Umkleide- und Aufenthaltsräumen besteht. Zur Schießstätte gehört auch das Betriebsgrundstück mit eventuellen Parkplätzen.

Schneise
Als Schneise bezeichnet man die Strecke im Scheibenstand, auf der eine laufende oder fahrende Scheibe beschossen werden kann.

Schussleistung
Die Schussleistung beschreibt beim Schießen mit Einzelgeschossen (auch FLG) die Abweichung einer Serie von Schüssen von bzw. um einen Mittel-/Zielpunkt.

Schützenposition
Eine Schützenposition stellt den Teil des Schützenstandes dar, von dem aus auf eine oder mehrere Zielentfernungen geschossen wird.

Schützenstand
Der Schützenstand besteht in der Regel aus der Mehrzahl von Schützenpositionen eines Schießstandes einschließlich des Bereichs hinter den Schützen, der dem Aufenthalt der verantwortlichen Aufsichtspersonen, Kampfrichter etc. dient.

Seitensicherung
Unter Seitensicherung versteht man Sicherheitsbauten, die die Sicherheit eines Schießstandes zu den Seiten hin in Schussrichtung gesehen ergeben. Seitensicherungen sind z. B. Erdwälle oder Mauern.

Sicherheitsbauten
Sicherheitsbauten sind Bauteile eines Schießstandes, mit denen die innere und äußere Sicherheit beim ordnungsgemäßen Betrieb der Anlage gewährleistet wird.

Streuung
Die Streuung ist die Verteilung einer Serie von Schüssen um einen mittleren Treffpunkt. Sie ist die Summe aus Schützen-, Munitions- und Waffenstreuung.

Subsonic-Munition
Hierbei handelt es sich um Munition, bei der die Geschwindigkeit der Geschosse nach Verlassen der Waffenmündung unterhalb der Schallgeschwindigkeit (343 m/s bei 20 °C) liegt.

Trefferleistung
Als Trefferleistung wird in der Ballistik die gleichmäßige Verteilung (Deckung und Verdichtung) der verschossenen Schrote aus einem Flintenlauf auf einer bestimmten Fläche in einer definierten Entfernung bezeichnet.

Vorderladerwaffen
Als Vorderladerwaffen (VL-Waffen) werden solche Waffen bezeichnet, bei denen Treibmittel und Geschoss nur von vorne in den Lauf oder in die Kammer (Perkussionsrevolver) eingebracht werden können. Hierzu zählen auch Modellkanonen.

Zieldarstellungslinie
Die Zieldarstellungslinie ist der Bereich im Scheibenstand, an der sich eine Fläche zur Projektion der Zieldarstellungen befindet.

Zielobjekte
Zielobjekte sind mehrdimensionale reale bildlich wahrnehmbare Objekte, die bei Beschuss einen einzelnen Treffer nachvollziehbar darstellen, durch mechanische Reaktion (teilweise interaktiv) den Auftreffpunkt eines Geschosses optisch sichtbar bzw. erkennbar machen oder mittels elektroakustischer oder elektrooptischer Messverfahren den Auftreffpunkt des Projektils berechnen und bildlich darstellen lassen.

Zielobjekte als Scheiben müssen derart dargestellt werden, dass sie mit den nach den genehmigten Sportordnungen der anerkannten Schießsport betreibenden Verbände bzw. die Schießvorschriften der jagdlichen Verbände zugelassenen Visier- bzw. Zielvorrichtungen der verwendeten Waffen eindeutig erkennbar sind. Diese Zieldarstellung erfolgt dabei in der Regel kontrastreich vor einem hellen Hintergrund.

Zimmerstutzen
Zimmerstutzen sind LW für Randfeuerpatro-

nen im Kaliber ≤ 4,65 mm bis zu einer E_0 von 30 J.

Zwischenblende
Eine Zwischenblende ist eine bauliche Abtrennung mittig zwischen zwei Schützenpositionen und soll insbesondere bei zu geringem seitlichem Abstand Behinderungen der Schützen verhindern.

10.5 Hinweise zum Betreiben einer Schießstätte

10.5.1 Betreiber

Wer eine ortsunveränderliche oder ortsveränderliche Schießstätte betreibt/betreiben will, bedarf der behördlichen Erlaubnis.

Betreiben einer Schießstätte bedeutet, diese entsprechend ihrer Zweckbestimmung (entsprechend der waffenrechtlichen Betriebserlaubnis) in eigener Verantwortung (auf eigener Rechnung und Gefahr) zu führen und zu nutzen.

Der Betreiber einer Schießstätte ergibt sich aus der Erlaubnis nach § 27 Absatz 1 WaffG. Betreiber ist auch, wer entsprechend der immissionsschutzrechtlichen Genehmigung die rechtliche oder tatsächliche Verfügungsgewalt über die Anlage ausübt.

Aus der Betreiberverantwortung ergibt sich die Verpflichtung, aber auch die Berechtigung zur Erfüllung von Aufgaben innerhalb des begrenzten Funktionsbereiches der Schießstätte selbstständig zu handeln und diese Verantwortung wahrzunehmen.

Der Betreiber hat Sorge zu tragen, dass durch den Betrieb der Schießstätte keine Gefahren für Leben und Gesundheit für die Nutzer der Schießstätte sowie unbeteiligte Dritte, noch erhebliche Nachteile z. B. durch Umweltschäden oder Belästigung der Nachbarschaft entstehen.

10.5.2 Pflichten des Betreibers aus dem Waffengesetz

Der Betreiber hat gemäß waffenrechtlicher Bestimmungen wie

- Waffengesetz (WaffG)
- Allgemeine Verordnung zum Waffengesetz (AWaffV)
- Allgemeine Verwaltungsvorschrift zum Waffengesetz (WaffVwV)

beispielsweise folgende Pflichten zu erfüllen:

- Den Betrieb der Schießstätte erst nach Erteilung der waffenrechtlichen Erlaubnis aufzunehmen.
- Die Beschaffenheit oder die Art der Benutzung der Schießstätte erst nach der Erteilung der waffenrechtlichen Erlaubnis wesentlich zu ändern.
- Die Einhaltung der in der waffenrechtlichen Erlaubnis aufgeführten Auflagen beim Betrieb der Schießstätte sicherzustellen.
- Den Abschluss der Haftpflichtversicherung und Unfallversicherung in der gesetzlich vorgeschriebenen Höhe nachzuweisen.
- Der Schießbetrieb ist durch verantwortliche Aufsichtspersonen zu überwachen.
- Einverständniserklärungen von Erziehungsberechtigten sind aufzubewahren.

10.5.3 Weitere gesetzliche Betreiberpflichten

Aus folgenden Vorschriften ergeben sich ggf. weitere Pflichten:

- Bundes-Immissionsschutzgesetz (BImSchG)
- Vierte Verordnung zur Durchführung des Bundes-Immissionsschutzgesetzes (4. BImSchV)
- Achtzehnte Verordnung zur Durchführung des Bundes-Immissionsschutzgesetzes (18. BImSchV)
- Bundesbodenschutzgesetz (BBodSchG)
- Bundesbodenschutz- und Altlastenverordnung (BBodSchV)
- Kreislaufwirtschaftsgesetz (KrWG)
- Bundesbaugesetz (BBauG)
- Wasserhaushaltsgesetz (WHG)
- Landesrechtliche Bestimmungen
- Arbeitsschutzgesetz (ArbSchG) und dazu gehörende Verordnungen und Regeln wie z. B. Betriebssicherheitsverordnung (BetrSichV) und Arbeitsstättenverordnung (ArbStättV)
- Sprengstoffgesetz (SprengG)

10.5.4 Offene Schießstätten

Ortsfeste offene Schießstätten für Handfeuerwaffen bedürfen einer Genehmigung nach den §§ 4 und 16 BImSchG. Es handelt sich um Anlagen im Sinne der Nummer 10.18 Spalte 2 des Anhangs zur 4. Bundes-Immissionsschutzverordnung (4. BImSchV).

Offene Schießstätten sind so zu errichten und zu betreiben, dass zur Gewährleistung eines hohen Schutzniveaus für die Umwelt insgesamt

- schädliche Umwelteinwirkungen und sonstige Gefahren, erhebliche Nachteile und erhebliche Belästigungen für die Allgemeinheit und die Nachbarschaft nicht hervorgerufen werden können.
- Vorsorge gegen schädliche Umwelteinwirkungen und sonstige Gefahren, erhebliche Nachteile und erhebliche Belästigungen getroffen wird, insbesondere durch die dem Stand der Technik entsprechenden Maßnahmen.
- Abfälle vermieden, nicht zu vermeidende Abfälle verwertet und nicht zu verwertende Abfälle ohne Beeinträchtigung des Wohls der Allgemeinheit beseitigt werden. Abfälle sind nicht zu vermeiden, soweit die Vermeidung technisch nicht möglich oder nicht zumutbar ist; die Vermeidung ist unzulässig, soweit sie zu nachteiligeren Umweltauswirkungen führt als die Verwertung; die Verwertung und Beseitigung von Abfällen erfolgt nach den Vorschriften des Kreislaufwirtschaftsgesetzes (KrWG) und den sonstigen für die Abfälle geltenden Vorschriften.
- Energie sparsam und effizient verwendet wird.

Im Weiteren sind diese Schießstätten so zu errichten, zu betreiben und stillzulegen, dass auch nach der endgültigen Einstellung des Schießbetriebes

- von der Anlage oder dem Anlagengrundstück keine schädlichen Umwelteinwirkungen und sonstige Gefahren, erhebliche Nachteile und erhebliche Belästigungen für die Allgemeinheit und die Nachbarschaft hervorgerufen werden können
- vorhandene Abfälle ordnungsgemäß und schadlos verwertet oder ohne Beeinträchtigung des Wohls der Allgemeinheit beseitigt werden
- die Wiederherstellung eines ordnungsgemäßen Zustandes der Schießstätte gewährleistet ist.

Ungeachtet der immissionsschutzrechtlichen Genehmigung und der waffenrechtlichen Erlaubnis sind abfall-, boden- und wasserrechtliche Genehmigungen, falls erforderlich, gesondert zu beantragen.

III

10.5.5 Geschlossene Schießstätten

Schießanlagen in geschlossenen Räumen (RSA) bedürfen immissionsschutzrechtlich nicht der Genehmigung. Zur Verhinderung von schädlichen Umwelteinwirkungen durch Luftverunreinigungen oder Geräusche sind sie aber gemäß § 22 BImSchG so zu errichten und zu betreiben, dass

- schädliche Umwelteinwirkungen verhindert werden, die nach dem Stand der Technik vermeidbar sind,
- nach dem Stand der Technik unvermeidbare schädliche Umwelteinwirkungen auf ein Mindestmaß beschränkt werden,
- die beim Betrieb der Anlagen entstehenden Abfälle ordnungsgemäß beseitigt werden können.

10.6 Betreiberpflichten im Arbeitsschutz

Der Betreiber einer Schießstätte hat alle Gefahren, die sich aus dem Betrieb der Schießstätte ergeben, zu verhindern; dazu gehören auch Pflichten gegenüber Arbeitnehmern und arbeitnehmerähnlichen Beschäftigten. Sollten im Zusammenhang mit dem Betrieb der Schießstätte keine Arbeitnehmer oder arbeitnehmerähnliche Beschäftigte beschäftigt sein, so sind die folgenden Regelungen als Empfehlung zu betrachten.

10.6.1 Allgemeines

Durch das Arbeitsschutzgesetz wird im Allgemeinen gefordert, dass

- alle Tätigkeiten zu beurteilen
- alle Gefährdungen zu ermitteln

– die Gefährdungsbeurteilung sowie die Ergebnisse zu dokumentieren sind.

Anhand der Ergebnisse dieser Gefährdungsbeurteilung sind Betriebsanweisungen zu erstellen. Die Beschäftigten sind anhand der jeweiligen Betriebsanweisung vor Aufnahme der Tätigkeiten zu unterweisen. Die Unterweisung ist zu dokumentieren und von den Unterwiesenen durch Unterschrift zu bestätigen.

Für Arbeitsmittel sind insbesondere Art, Umfang und Fristen erforderlicher Prüfungen zu ermitteln, wenn diese nicht in den jeweiligen Prüfverordnungen der Bundesländer festgeschrieben sind. Dabei sind insbesondere Sicherheitsbeleuchtungen, Feuerlöscheinrichtungen, Signalanlagen, Notaggregate und Notschalter sowie RLT-Anlagen in regelmäßigen Abständen sachgerecht warten und auf ihre Funktionsfähigkeit prüfen zu lassen.

10.6.2 Prüfungen von Einrichtungen und technischen Arbeitsmitteln in geschlossenen Schießstätten

10.6.2.1 Sicherheitsbleuchtung

Sicherheitsleuchten sind z. B. netzunabhängige Akkuleuchten, Batterie- und Dynamoleuchten und batteriegestützte Sicherheitsbeleuchtung um bei Netzausfall eine Restbeleuchtung des Raumes zu gewährleisten (Technische Regeln für Arbeitsstätten ASR A 3.4/3). Leuchtstäbe und Knicklichter sind nicht geeignet. Die Sicherheitsbeleuchtung muss auch bei plötzlichem Stromausfall ausreichen, um z. B. das Entladen der Waffen kontrollieren und den Schießstand sicher verlassen zu können. Entsprechend DIN EN 50172/VDE 0108 Teil 100 sind diese einer täglichen, monatlichen und jährlichen Prüfung zu unterziehen.

10.6.2.2 Vorbeugender Brandschutz/Feuerlöscheinrichtung

Feuerlöscheinrichtungen dienen zur Bekämpfung von Entstehungsbränden. Die Schießstände sind mit Handfeuerlöschern nach DIN EN 3 (DIN 14406) auszustatten. Wassersprühlöscher oder Schaumlöscher haben sich als geeignet erwiesen. Die Prüfung der Feuerlöscher hat danach spätestens alle zwei Jahre zu erfolgen.

Ggf. kann die Genehmigungsbehörde den Einbau einer stationären Brandschutzanlage fordern. Diese unterliegt einer Abnahmeprüfung und ist einer jährlichen Wartung und Prüfung zu unterziehen.

10.6.2.3 Warnanlage (optisch, akustisch)

Nebentüren zum Schießstand sind mit Türkontakten zu versehen und an eine elektrisch betriebene Warnanlage anzuschließen, die den geöffneten Zustand der Türen optisch und akustisch anzeigt. Die optische Anzeige erfolgt durch eine orangefarbene Rundumleuchte, die akustische durch ein Starkhorn (mind. 90 dB), die beschusssicher zu installieren sind. Es empfiehlt sich eine tägliche Funktionsprüfung sowie eine jährliche Prüfung durch eine befähigte Person durchzuführen.

10.6.2.4 Elektrische Anlagen und Betriebsmittel

Elektrische Betriebsmittel unterliegen gemäß BGV A3 festgelegten Prüffristen. Diese sind vor der ersten Inbetriebnahme und nach Änderung oder Instandsetzung vor der Wiederinbetriebnahme und in bestimmten Zeitabständen durch eine Elektrofachkraft zu prüfen, damit entstehende Mängel, mit denen gerechnet werden muss, rechtzeitig festgestellt werden. Ortsfeste Installationen sind alle vier Jahre und ortsveränderliche elektrische Betriebsmittel in Schießstätten jährlich zu prüfen.

10.6.2.5 Raumlufttechnische Anlage (RLT-Anlage)

RLT-Anlagen sind durch eine befähigte Person regelmäßig zu warten. Einige Bundesländer schreiben in ihrer Betriebs-Verordnung (BetrVO) entsprechende Wartungen vor (§ 41 BetrVO Berlin). Eine Prüffrist von drei Jahren wird empfohlen.

Eingebaute Brandschutzklappen sind nach DIN 4102 Teil 6 bzw. DIN EN 1366-2 jährlich zu prüfen.

10.6.2.6 Bildwandanlage

Ist in einer RSA eine Bildwandanlage eingebaut, unterliegt diese der jährlichen Prüfung gemäß Betriebssicherheitsverordnung (Betr-

SichV) sowie BGV D 8 (Winden, Hub- und Zuggeräte).

10.6.2.7 Persönliche Schutzausrüstung (PSA)

Die PSA (z. B. Gehörschutz und Schießbrille) die dem Nutzer der Schießstätte durch den Betreiber bereitgestellt wird, ist regelmäßig zu warten und zu prüfen. Entsprechende Teile (z. B. Dichtungskissen) sollen nach der Anweisung des Herstellers ausgetauscht werden. Die Herstellerempfehlungen gehen bei Gehörschutz und Schießbrille von einer Prüffrist von sechs Monaten aus.

10.6.2.8 Staubsauger

Wird für die Reinigung der RSA ein Staubsauger verwendet, unterliegt auch dieser einer jährlichen Prüffrist durch eine befähigte Person (siehe BetrSichV und BGV A3).

10.6.3 Reinigung von geschlossenen Schießstätten

Zur Aufrechterhaltung des Betriebes und Gewährleistung der Sicherheit in RSA ist die regelmäßige sowie sachkundige Wartung und Reinigung der Anlagen erforderlich. Dies gilt insbesondere bei Schießständen zum Schießen mit Feuerwaffen (mit Ausnahme von Zimmerstutzen), in denen durch unverbrannte TLP-Reste, die sich vornehmlich in Schussrichtung vor den Waffenmündungen auf der Schießbahnsohle ablagern, regelmäßige und generelle Reinigungsmaßnahmen notwendig sind. Bei jedem Schuss treten aus dem Lauf (je nach Waffenart und Munition bzw. Kaliber deutlich unterschiedliche und in der Regel geringe) unverbrannte TLP-Reste aus, die sich ohne regelmäßige Reinigung zu gefährlichen Mengen anhäufen und durch verschiedene Ursachen entzündet werden können.

Die Verantwortung für die Arbeitssicherheit, z. B. Reinigungsarbeiten, trägt der Betreiber. Er hat für eine ordnungsgemäße Reinigung und Wartung der Schießstätte und eine fachgerechte Entsorgung der unverbrannten TLP-Reste zu sorgen. Eine schriftliche Übertragung der Pflicht zur Reinigung auf andere unterwiesene Personen ist möglich (Nummer 10.3.3.3).

10.6.3.1 Gefährdungsmöglichkeiten

Nach intensiver Nutzung kann es zu konzentriertem Ablagern von unverbrannten TLP-Resten auf der Schießbahnsohle kommen. Diese sind durch Kehren, Nasswischen oder Saugen aufzunehmen.

Nach Untersuchungen der Verwaltungsberufsgenossenschaft (VBG) ist bei Verwendung eines geeigneten Besens mit Schweinehaarborsten das Kehren in Schussrichtung bei eingeschalteter RLT-Anlage und PSA entgegen der Regelung der TRGS 505-Blei unbedenklich.

Bei intensiv genutzten RSA mit GK-Waffen ist das Aufsaugen unverbrannter TLP-Reste mit einem geeigneten Staubsauger dem Kehren und Wischen vorzuziehen.

In den Auffangbehältern von Staubsaugern werden diese explosionsgefährlichen Stoffe gesammelt. Bei unsachgemäßer Handhabung lassen sich eine Entzündung und ein Abbrand dieser TLP-Reste nicht ausschließen.

Insbesondere beim Kehren der Fußböden in der Raumschießanlage können solche Stäube aufgewirbelt und eingeatmet werden, die als gesundheitlich bedenklich angesehen werden können. Auch ein Hautkontakt mit diesen Stäuben ist nicht auszuschließen.

10.6.3.2 Schutzmaßnahmen

Bei den Reinigungsarbeiten ist darauf zu achten, dass die Be- und Entlüftungsanlage in Betrieb ist. Sollte ein Nasswischen von Hand durchgeführt werden, so muss das Reinigungspersonal geeignete Handschuhe tragen.

Für Saugarbeiten darf nur ein staubexplosionsgeschützter Staubsauger der zündquellenfreien Bauart B 1 der Staubsaugerklasse nach DIN EN 60335-2-69 verwendet werden, der für die Benutzung in Raumschießanlagen und zum Aufsaugen von unverbrannten TLP-Resten geeignet und zugelassen ist. Treten nur unverbrannte TLP-Reste auf, reicht die Staubklasse M, beim Auftreten von Bleistäuben muss der Staubsauger die Staubklasse H besitzen.

Das Sauggut ist unmittelbar nach jedem Gebrauch durch eine fachkundige bzw. unter

Aufsicht einer fachkundigen Person aus dem Gerät zu entnehmen. Auf einwandfreien Zustand des Staubsaugers einschließlich der elektrischen Zuleitung ist zu achten. Der Spezialstaubsauger darf nur in der RSA verwendet werden.

Das Sauggut ist unmittelbar nach dem Reinigungsvorgang durch Abbrennen im Freien von einer fachkundigen Person zu vernichten. Die Bestimmungen nach KrWG sind zu beachten.

10.6.3.3 Reinigung, Wartung und Entsorgung

10.6.3.3.1 Regelreinigung

Bei der Regelreinigung geschlossener Schießstände, in denen nur mit Feuerwaffen mit geringem Ausstoß von TLP-Resten geschossen wird, ist eine Phlegmatisierung im Kehricht zu unterstellen (z. B. Kaliber .22 l.r.). Bei regelmäßigen Reinigungsarbeiten auf solchen Schießständen und allgemein bei der Generalreinigung ist der anfallende Kehricht nur in so geringem Umfang mit phlegmatisierten TLP-Resten versetzt, dass es sich nicht um Umgang mit einem Stoff handelt, der Relevanz im Sinne des SprengG besitzt.

Deshalb sind speziell in Bezug auf die Reinigung folgende Punkte zu beachten:

Die Schießbahnsohle ist regelmäßig auf einer Entfernung von 5,00 m bis 10,00 m munitionsabhängig ab Schützenstandort durch Kehren, Wischen oder Saugen (Saugen ist Stand der Technik) zu reinigen. Die Häufigkeit und Art der notwendigen Reinigungsmaßnahmen richtet sich nach dem Umfang der Nutzung und sollte im Einzelfall nutzungsbezogen mit einem SSV abgestimmt werden.

Bei sehr starker Frequentierung ist eine Reinigung nach jedem Schießen erforderlich. Bei Verwendung von Staubsaugern muss der Sammelbehälter nach jedem Saugvorgang entleert werden.

Zum Saugen der Schießbahnsohle im Bereich vor den Schützen (Brüstungen) sollen nach derzeitigem Stand der Technik staubexplosionsgeschützte Staubsauger der zündquellenfreien Bauart 1 verwendet werden, die von dem Institut für Arbeitssicherheit der Deutschen Gesetzlichen Unfallversicherung (IFA) geprüft und für diese spezielle Verwendung zugelassen sind.

10.6.3.3.2 Generalreinigung und Wartung

Die periodische Generalreinigung und -wartung der RSA ist halbjährlich vorzunehmen. Sollte es nach einer Gefährdungsbeurteilung notwendig sein, sind kürzere Wartungsintervalle vorzusehen. Hierbei sind in der RSA folgende Maßnahmen durchzuführen:

- Der Geschossfang ist hinsichtlich seines Zustandes zu überprüfen
- Am Boden vor dem Geschossfang liegende Geschosse sind aufzusammeln und in einem geeigneten Behälter zu deponieren. Hierbei sind einfacher Mundschutz und geeignete Einweghandschuhe zu tragen, um Bleikontaminationen zu vermeiden
- Ablagerungen unverbrannter TLP-Reste sind von den Seitenwänden abzusaugen
- Die Betriebseinrichtungen sind zu prüfen und eventuelle Mängel bzw. Beschädigungen zu beheben
- Der Bestand und das Verfallsdatum des Erste-Hilfe-Materials sind zu überprüfen; ggf. ist das Material auszutauschen oder zu ergänzen
- Die Inspektionstermine der Feuerlöscher sind zu überwachen. Vor Ablauf ist eine Inspektion durchzuführen
- Schützenstand mit Brüstung und Hülsenfänge sind zu reinigen und zu überprüfen
- Schießbahnsohle auf der gesamten Länge, soweit diese befestigt ist (5 m bis 10 m); Schießbahnsohlen aus Sand sind durchzuharken
- Seitenwände sind zu reinigen und zu überprüfen
- Filter der RLT-Anlage sind zu überprüfen und ggf. auszuwechseln.

Bei der periodischen Generalreinigung ist der anfallende Kehricht nur in so geringem Umfang mit TLP-Resten versetzt, dass es sich bei den damit verbundenen Tätigkeiten nicht um Umgang mit Stoffen im Sinne des SprengG handelt.

Bei intensiv genutzten Schießständen (z. B. gewerbliche Nutzung) wird eine vierteljährliche Generalreinigung, in die auch die Decke einzubeziehen ist, notwendig.

Hinweis:

Insbesondere bei harten Geschossfängen (Stahllamellen) sind wegen der Bleistaubbelastung u. a. bei Reinigungsarbeiten PSA und Schutzmaßnahmen nach TRGS 505-Blei vorzusehen.

10.6.3.3.3 Entsorgung

Die Beseitigung des Kehrichts mit TLP-Resten hat unmittelbar nach dem Reinigungsvorgang und ohne Zwischenlagerung zu erfolgen. Bei dessen Handhabung sind Zündquellen, z. B. Rauchen oder elektrostatische Aufladung, sorgfältig auszuschließen. Die Beseitigung bzw. Entsorgung des Kehrichts richtet sich nach landesrechtlichen Vorschriften. Aus Sicherheitsgründen ist bei Kehricht mit Resten von Nitrozellulosepulver der Abbrand kleiner Mengen im Freien unter entsprechenden Sicherheitsvorkehrungen durch eine fachkundige Person vorzuziehen.

Möglich ist auch eine Phlegmatisierung der TLP-Reste in Wasser sowie die nachfolgende Entsorgung durch einen Entsorgungsfachbetrieb.

10.6.3.3.4 Sprengstoffrechtliche Vorgaben bei Reinigungsarbeiten

Grundsätzlich bedarf es für den Umgang mit den dem SprengG unterliegenden explosionsgefährlichen Stoffen einer sprengstoffrechtlichen Erlaubnis wie

- Erlaubnis nach § 7 SprengG (gewerblich) oder
- Befähigungsschein nach § 20 SprengG (gewerblich) oder
- Erlaubnis nach § 27 SprengG (nicht-gewerblich)

Unverbrannte TLP-Reste sind explosionsgefährliche Stoffe, die dem SprengG unterliegen. Der Umgang erfordert somit (grundsätzlich) eine sprengstoffrechtliche Erlaubnis.

Lediglich in Fällen, in denen aufgrund der geringfügigen Menge an TLP-Resten und der damit einhergehenden Phlegmatisierung des anfallende Kehrichts nicht von Umgang mit einem Stoff, der Relevanz im Sinne des SprengG besitzt, gesprochen werden kann, bedarf es keiner sprengstoffrechtlichen Erlaubnis.

Somit darf die Regelreinigung von Schießständen, in denen Feuerwaffen mit geringem Ausstoß unverbrannter TLP-Reste verwendet werden (Kaliber .22 l.r.) und deshalb mit einer Phlegmatisierung im Kehricht zu rechnen ist sowie die Generalreinigung nur von Personen bzw. unter Aufsicht von Personen durchgeführt werden, die

- im Besitz einer waffenrechtlichen Erlaubnis sowie hinsichtlich der Reinigung von Schießstätten und der Entsorgung des Kehrichts entsprechend geschult sind oder
- die Qualifikation eines anerkannten Schießsportverbandes als verantwortliche Aufsichtsperson für Feuerwaffen nachweisen können.

In RSA, in denen mit Feuerwaffen mit größerem Ausstoß unverbrannter TLP-Reste Verwendung finden (Richtwert: Menge TLP-Reste > 20 g pro 1000 Schuss) und deshalb mit einer Phlegmatisierung im Kehricht nicht zu rechnen ist, darf die Regelreinigung und die Entsorgung des hierbei anfallenden Kehrichts – auch durch Abbrand – nur von Personen bzw. unter Aufsicht von Personen durchgeführt werden, die

- als Inhaber einer Erlaubnis nach § 27 des SprengG die sprengstoffrechtliche Fachkunde nachgewiesen haben oder
- im Besitz eines Befähigungsscheines nach § 20 des SprengG sind und im Auftrag eines Erlaubnisinhabers nach § 7 SprengG handeln

10.6.3.3.5 Reinigungs- und Wartungsbuch

Über die durchgeführten Reinigungs- und Wartungsarbeiten ist ein Reinigungs- und Wartungsbuch zu führen, in dem die durchgeführten Arbeiten in Arbeitsblättern dokumentiert sind. Im Buch sind auch diese Betriebsanweisung und sonstige Sicherheitsbelehrungen bzw. Hinweise zur Entsorgung unverbrannter TLP-Reste enthalten, die den verantwortlichen Personen zur Kenntnis gebracht werden.

10.6.3.3.6 Beauftragungen

Die Reinigung, Wartung und Entsorgung ist von den dazu beauftragten verantwortlichen Personen durchzuführen bzw. zu beaufsichtigen. Die verantwortlichen Personen führen auch das Reinigungs- und Wartungsbuch.

10.6.3.3.7 Gewerbsmäßige Reinigung von Schießständen

Reinigung von Schießständen durch Fachunternehmen

Die gewerbsmäßige Reinigung von Schießständen darf nur von Unternehmen durchgeführt werden, die eine Erlaubnis nach § 7 SprengG für die Reinigung von Schießanlagen besitzen. Die Arbeiten dürfen nur von Befähigungsscheininhabern nach § 20 SprengG, die über die Fachkunde „Reinigung von Schießanlagen" verfügen, oder unter deren Aufsicht durchgeführt werden.

Befähigungsscheininhaber

Befähigungsscheininhaber sind Personen, die auf Grund ihrer fachlichen Ausbildung ausreichend Kenntnisse bei Tätigkeiten mit dem Umgang unverbrannter TLP-Reste und den einschlägigen staatlichen Schutzvorschriften, Unfallverhütungsvorschriften, Richtlinien und den Stand der Technik so vertraut sind, dass sie die erforderlichen Schutzmaßnahmen bei der Reinigung von Schießständen beurteilen können.

Zu einem Lehrgang zur gewerbsmäßigen Reinigung von Schießständen dürfen nur Personen zugelassen werden, die die Voraussetzung nach § 34 Absatz 1 der 1. SprengV durch die Vorlage einer Unbedenklichkeitsbescheinigung nach § 34 Absatz 2 1. SprengV nachweisen. Die Unbedenklichkeitsbescheinigung ist bei der zuständigen Behörde des Antragstellers (Teilnehmers) zu beantragen.

Für die Beantragung eines Befähigungsscheines nach § 20 SprengG ist die erfolgreiche Teilnahme an einem branchenspezifischen behördlich anerkannten Lehrgang zur gewerbsmäßigen Reinigung von Schießständen unter Beteiligung des zuständigen Unfallversicherungsträgers oder der Arbeitsschutzbehörden nachzuweisen.

Der Nachweis der bestandenen Prüfung berechtigt den Benannten zur Beantragung eines Befähigungsscheines nach § 20 SprengG bei der für ihn zuständigen Behörde. Erst nach Aushändigung des Befähigungsscheines darf die Tätigkeit aufgenommen werden.

Beauftragung von Unternehmen durch den Schießstandbetreiber

Der Schießstandbetreiber darf nur geeignete Unternehmen (Erlaubnisinhaber nach § 7 SprengG) mit der gewerbsmäßigen Reinigung von Schießständen beauftragen.

Der Betreiber muss bei der Erstellung einer Ausschreibung, die eine gewerbsmäßige Reinigung seines Schießstandes beschreibt, den Nachweis einer Erlaubnis nach § 7 SprengG (Unternehmen) und Befähigungsscheininhaber (Mitarbeiter) verlangen.

Die Beauftragung eines Unternehmens, das die gewerbsmäßige Reinigung eines Schießstandes durchführen soll, darf nur erfolgen, wenn der dokumentierte gültige Nachweis über die Erlaubnis nach § 7 SprengG des Unternehmens und die Befähigungsscheine nach § 20 SprengG der Mitarbeiter vor der Beauftragung vorliegen.

10.6.4 Erste-Hilfe

Entsprechend der BGV A1 „Grundsätze der Prävention" in Verbindung mit der BGI 509 „Erste-Hilfe im Betrieb" ist der Unternehmer – hier der Betreiber der Schießstätte – verpflichtet, für die Erste-Hilfe und zur Rettung aus Gefahr für Leben und Gesundheit die erforderlichen Einrichtungen, hierbei insbesondere Meldeeinrichtungen und Erste-Hilfe-Material bereitzustellen und zu gewährleisten, dass erforderliches Personal wie Ersthelfer zur Verfügung steht, damit nach einem Unfall sofort Erste-Hilfe geleistet und eine ggf. erforderliche ärztliche Versorgung geleistet werden kann.

Der Betreiber der RSA hat unter Berücksichtigung der betrieblichen Verhältnisse durch technische (Meldeeinrichtungen) und organisatorische Maßnahmen dafür zu sorgen, dass unverzüglich die notwendige Hilfe herbeigerufen und an den Einsatzort geleitet werden kann. Dazu sind in der RSA ein Telefon bereitzustellen und in der Benutzungsordnung Regelungen zu treffen, wie schnelle ärztliche Hilfe herbeigeholt werden kann.

Im Weiteren hat der Betreiber der RSA dafür zu sorgen, dass das Erste-Hilfe-Material jederzeit schnell erreichbar und leicht zugänglich in geeigneten Behältnissen, gegen schädigende Einflüsse geschützt, in ausreichender Menge bereitgehalten sowie rechtzeitig ergänzt und erneuert wird.

Der Kleine Verbandkasten nach DIN 13157 wird als ausreichend angesehen, da Schießstätten in der BGI 509 zwar nicht aufgeführt sind aber sich in der Schießbahn nicht mehr als 10 Personen gleichzeitig aufhalten und es damit „vergleichbar" zu den Forderungen auf Baustellen ist. Der Standort des Verbandkastens ist dem Schild E 003 – Erste-Hilfe gemäß BGI 816 zu kennzeichnen.

10.6.5 Arbeiten von Firmen in Schießanlagen

Belehrung über Gefahren in der Raumschießanlage bei Arbeiten oder sonstigen Tätigkeiten innerhalb der Raumschießanlage für Mitarbeiter von Fremdfirmen

Die Belehrung umfasst folgende Punkte:

- Flucht- und Rettungswege
- Feuerlöscheinrichtungen
- Erste-Hilfe-Material
- Absolutes Verbot des Rauchens und des Umganges mit offenem Feuer
- Brandwachen nach Brenn- und Schneidarbeiten
- Tragen von PSA beim Schießbetrieb
- Betreten von Räumen

Die Belehrung wurde am

....

durch .... durchgeführt.

Datum	Name	Vorname	Firma	Unterschrift

III

Jugendschutzgesetz (JuSchG)

Vom 23. Juli 2002 (BGBl. I S. 2730, 2003 S. 476)

Zuletzt geändert durch
Gesetz zur Durchführung der Verordnung (EU) 2022/2065 des Europäischen Parlaments und des Rates vom 19. Oktober 2022 über einen Binnenmarkt für digitale Dienste und zur Änderung der Richtlinie 2000/31/EG sowie zur Durchführung der Verordnung (EU) 2019/1150 des Europäischen Parlaments und des Rates vom 20. Juni 2019 zur Förderung von Fairness und Transparenz für gewerbliche Nutzer von Online-Vermittlungsdiensten und zur Änderung weiterer Gesetze
vom 6. Mai 2024 (BGBl. I Nr. 149)

– Auszug: Jugendschutz in der Öffentlichkeit –

Inhaltsübersicht

Der Bundestag hat mit Zustimmung des Bundesrates das folgende Gesetz beschlossen:

Abschnitt 1
Allgemeines

§ 1 Begriffsbestimmungen

(1) Im Sinne dieses Gesetzes

1. sind Kinder Personen, die noch nicht 14 Jahre alt sind,
2. sind Jugendliche Personen, die 14, aber noch nicht 18 Jahre alt sind,
3. ist personensorgeberechtigte Person, wem allein oder gemeinsam mit einer anderen Person nach den Vorschriften des Bürgerlichen Gesetzbuchs die Personensorge zusteht,
4. ist erziehungsbeauftragte Person, jede Person über 18 Jahren, soweit sie auf Dauer oder zeitweise aufgrund einer Vereinbarung mit der personensorgeberechtigten Person Erziehungsaufgaben wahrnimmt oder soweit sie ein Kind oder eine jugendliche Person im Rahmen der Ausbildung oder der Jugendhilfe betreut.

(1a) Medien im Sinne dieses Gesetzes sind Trägermedien und digitale Dienste sowie abgrenzbare Inhalte innerhalb eines digitalen Dienstes im Sinne einer Bewertungseinheit.

(2) Trägermedien im Sinne dieses Gesetzes sind Medien mit Texten, Bildern oder Tönen auf gegenständlichen Trägern, die zur Weitergabe geeignet, zur unmittelbaren Wahrnehmung bestimmt oder in einem Vorführ- oder Spielgerät eingebaut sind. Dem gegenständlichen Verbreiten, Überlassen, Anbieten oder Zugänglichmachen von Trägermedien steht das elektronische Verbreiten, Überlassen, Anbieten oder Zugänglichmachen gleich, soweit es sich nicht um Rundfunk im Sinne des § 2 des Rundfunkstaatsvertrages handelt.

(3) Digitale Dienste im Sinne dieses Gesetzes sind digitale Dienste nach § 1 Absatz 4 Nummer 1 des Digitale-Dienste-Gesetzes.

(4) Versandhandel im Sinne dieses Gesetzes ist jedes entgeltliche Geschäft, das im Wege der Bestellung und Übersendung einer Ware durch Postversand oder elektronischen Versand ohne persönlichen Kontakt zwischen Lieferant und Besteller oder ohne dass durch technische oder sonstige Vorkehrungen sichergestellt ist, dass kein Versand an Kinder und Jugendliche erfolgt, vollzogen wird.

(5) Die Vorschriften der §§ 2 bis 14 dieses Gesetzes gelten nicht für verheiratete Jugendliche.

(6) Diensteanbieter im Sinne dieses Gesetzes sind Diensteanbieter nach dem Digitale-Dienste-Gesetz in der jeweils geltenden Fassung.

III

§ 2 Prüfungs- und Nachweispflicht

(1) Soweit es nach diesem Gesetz auf die Begleitung durch eine erziehungsbeauftragte Person ankommt, haben die in § 1 Abs. 1 Nr. 4 genannten Personen ihre Berechtigung auf Verlangen darzulegen. Veranstalter und Gewerbetreibende haben in Zweifelsfällen die Berechtigung zu überprüfen.

(2) Personen, bei denen nach diesem Gesetz Altersgrenzen zu beachten sind, haben ihr Lebensalter auf Verlangen in geeigneter Weise nachzuweisen. Veranstalter und Gewerbetreibende haben in Zweifelsfällen das Lebensalter zu überprüfen.

§ 3 Bekanntmachung der Vorschriften

(1) Veranstalter und Gewerbetreibende haben die nach den §§ 4 bis 13 für ihre Betriebseinrichtungen und Veranstaltungen geltenden Vorschriften sowie bei öffentlichen Filmveranstaltungen die Alterseinstufung von Filmen oder die Anbieterkennzeichnung nach § 14 Abs. 7 durch deutlich sichtbaren und gut lesbaren Aushang bekannt zu machen.

(2) Zur Bekanntmachung der Alterseinstufung von Filmen und von Spielprogrammen dürfen Veranstalter und Gewerbetreibende nur die in § 14 Abs. 2 genannten Kennzeichnungen verwenden. Wer einen Film für öffentliche Filmveranstaltungen weitergibt, ist verpflichtet, den Veranstalter bei der Weitergabe auf die Alterseinstufung oder die Anbieterkennzeichnung nach § 14 Abs. 7 hinzuweisen. Für Filme und Spielprogramme, die nach § 14 Abs. 2 von der obersten Landesbehörde oder einer Organisation der freiwil-

ligen Selbstkontrolle im Rahmen des Verfahrens nach § 14 Abs. 6 gekennzeichnet sind, darf bei der Ankündigung oder Werbung weder auf jugendbeeinträchtigende Inhalte hingewiesen werden noch darf die Ankündigung oder Werbung in jugendbeeinträchtigender Weise erfolgen.

Abschnitt 2 Jugendschutz in der Öffentlichkeit

§ 4 Gaststätten

(1) Der Aufenthalt in Gaststätten darf Kindern und Jugendlichen unter 16 Jahren nur gestattet werden, wenn eine personensorgeberechtigte oder erziehungsbeauftragte Person sie begleitet oder wenn sie in der Zeit zwischen 5 Uhr und 23 Uhr eine Mahlzeit oder ein Getränk einnehmen. Jugendlichen ab 16 Jahren darf der Aufenthalt in Gaststätten ohne Begleitung einer personensorgeberechtigten oder erziehungsbeauftragten Person in der Zeit von 24 Uhr und 5 Uhr morgens nicht gestattet werden.

(2) Absatz 1 gilt nicht, wenn Kinder oder Jugendliche an einer Veranstaltung eines anerkannten Trägers der Jugendhilfe teilnehmen oder sich auf Reisen befinden.

(3) Der Aufenthalt in Gaststätten, die als Nachtbar oder Nachtclub geführt werden, und in vergleichbaren Vergnügungsbetrieben darf Kindern und Jugendlichen nicht gestattet werden.

(4) Die zuständige Behörde kann Ausnahmen von Absatz 1 genehmigen.

§ 5 Tanzveranstaltungen

(1) Die Anwesenheit bei öffentlichen Tanzveranstaltungen ohne Begleitung einer personensorgeberechtigten oder erziehungsbeauftragten Person darf Kindern und Jugendlichen unter 16 Jahren nicht und Jugendlichen ab 16 Jahren längstens bis 24 Uhr gestattet werden.

(2) Abweichend von Absatz 1 darf die Anwesenheit Kindern bis 22 Uhr und Jugendlichen unter 16 Jahren bis 24 Uhr gestattet werden, wenn die Tanzveranstaltung von einem anerkannten Träger der Jugendhilfe durchgeführt wird oder der künstlerischen Betätigung oder der Brauchtumspflege dient.

(3) Die zuständige Behörde kann Ausnahmen genehmigen.

§ 6 Spielhallen, Glücksspiele

(1) Die Anwesenheit in öffentlichen Spielhallen oder ähnlichen vorwiegend dem Spielbetrieb dienenden Räumen darf Kindern und Jugendlichen nicht gestattet werden.

(2) Die Teilnahme an Spielen mit Gewinnmöglichkeit in der Öffentlichkeit darf Kindern und Jugendlichen nur auf Volksfesten, Schützenfesten, Jahrmärkten, Spezialmärkten oder ähnlichen Veranstaltungen und nur unter der Voraussetzung gestattet werden, dass der Gewinn in Waren von geringem Wert besteht.

§ 7 Jugendgefährdende Veranstaltungen und Betriebe

Geht von einer öffentlichen Veranstaltung oder einem Gewerbebetrieb eine Gefährdung für das körperliche, geistige oder seelische Wohl von Kindern oder Jugendlichen aus, so kann die zuständige Behörde anordnen, dass der Veranstalter oder Gewerbetreibende Kindern und Jugendlichen die Anwesenheit nicht gestatten darf. Die Anordnung kann Altersbegrenzungen, Zeitbegrenzungen oder andere Auflagen enthalten, wenn dadurch die Gefährdung ausgeschlossen oder wesentlich gehindert wird.

§ 8 Jugendgefährdende Orte

Hält sich ein Kind oder eine jugendliche Person an einem Ort auf, an dem ihm oder ihr eine unmittelbare Gefahr für das körperliche, geistige oder seelische Wohl droht, so hat die zuständige Behörde oder Stelle die zur Abwendung der Gefahr erforderlichen Maßnahmen zu treffen. Wenn nötig, hat sie das Kind oder die jugendliche Person

1. zum Verlassen des Ortes anzuhalten,
2. der erziehungsberechtigten Person im Sinne des § 7 Abs. 1 Nr. 6 des Achten Buches Sozialgesetzbuch zuzuführen oder, wenn keine erziehungsberechtigte Person erreichbar ist, in die Obhut des Jugendamtes zu bringen.

In schwierigen Fällen hat die zuständige Behörde oder Stelle das Jugendamt über den jugendgefährdenden Ort zu unterrichten.

§ 9 Alkoholische Getränke

(1) In Gaststätten, Verkaufsstellen oder sonst in der Öffentlichkeit dürfen

1. Bier, Wein, weinähnliche Getränke oder Schaumwein oder Mischungen von Bier, Wein, weinähnlichen Getränken oder Schaumwein mit nichtalkoholischen Getränken an Kinder und Jugendliche unter 16 Jahren,
2. andere alkoholische Getränke oder Lebensmittel, die andere alkoholische Getränke in nicht nur geringfügiger Menge enthalten, an Kinder und Jugendliche

weder abgegeben noch darf ihnen der Verzehr gestattet werden.

(2) Absatz 1 Nummer 1 gilt nicht, wenn Jugendliche von einer personensorgeberechtigten Person begleitet werden.

(3) In der Öffentlichkeit dürfen alkoholische Getränke nicht in Automaten angeboten werden. Dies gilt nicht, wenn ein Automat

1. an einem für Kinder und Jugendliche unzugänglichen Ort aufgestellt ist oder
2. in einem gewerblich genutzten Raum aufgestellt und durch technische Vorrichtungen oder durch ständige Aufsicht sichergestellt ist, dass Kinder und Jugendliche alkoholische Getränke nicht entnehmen können.

§ 20 Nr. 1 des Gaststättengesetzes bleibt unberührt.

(4) Alkoholhaltige Süßgetränke im Sinne des § 1 Abs. 2 und 3 des Alkopopsteuergesetzes dürfen gewerbsmäßig nur mit dem Hinweis „Abgabe an Personen unter 18 Jahren verboten, § 9 Jugendschutzgesetz" in den Verkehr gebracht werden. Dieser Hinweis ist auf der Fertigpackung in der gleichen Schriftart und in der gleichen Größe und Farbe wie die Marken- oder Phantasienamen oder, soweit nicht vorhanden, wie die Verkehrsbezeichnung zu halten und bei Flaschen auf dem Frontetikett anzubringen.

§ 10 Rauchen in der Öffentlichkeit, Tabakwaren

(1) In Gaststätten, Verkaufsstellen oder sonst in der Öffentlichkeit dürfen Tabakwaren und andere nikotinhaltige Erzeugnisse und deren Behältnisse an Kinder oder Jugendliche weder abgegeben noch darf ihnen das Rauchen oder der Konsum nikotinhaltiger Produkte gestattet werden.

(2) In der Öffentlichkeit dürfen Tabakwaren und andere nikotinhaltige Erzeugnisse und deren Behältnisse nicht in Automaten angeboten werden. Dies gilt nicht, wenn ein Automat

1. an einem Kindern und Jugendlichen unzugänglichen Ort aufgestellt ist oder
2. durch technische Vorrichtungen oder durch ständige Aufsicht sichergestellt ist, dass Kinder und Jugendliche Tabakwaren und andere nikotinhaltige Erzeugnisse und deren Behältnisse nicht entnehmen können.

(3) Tabakwaren und andere nikotinhaltige Erzeugnisse und deren Behältnisse dürfen Kindern und Jugendlichen weder im Versandhandel angeboten noch an Kinder und Jugendliche im Wege des Versandhandels abgegeben werden.

(4) Die Absätze 1 bis 3 gelten auch für nikotinfreie Erzeugnisse, wie elektronische Zigaretten oder elektronische Shishas, in denen Flüssigkeit durch ein elektronisches Heizelement verdampft und die entstehenden Aerosole mit dem Mund eingeatmet werden, sowie für deren Behältnisse.

Abschnitt 6
Ahndung von Verstößen

§ 28 Bußgeldvorschriften

(1) Ordnungswidrig handelt, wer als Veranstalter oder Gewerbertreibender vorsätzlich oder fahrlässig

1. entgegen § 3 Abs. 1 die für seine Betriebseinrichtung oder Veranstaltung geltenden Vorschriften nicht, nicht richtig oder nicht in der vorgeschriebenen Weise bekannt macht,
2. entgegen § 3 Abs. 2 Satz 1 eine Kennzeichnung verwendet,

3. entgegen § 3 Abs. 2 Satz 2 einen Hinweis nicht, nicht richtig oder nicht rechtzeitig gibt,
4. entgegen § 3 Abs. 2 Satz 3 einen Hinweis gibt, einen Film oder ein Spielprogramm ankündigt oder für einen Film oder ein Spielprogramm wirbt,
5. entgegen § 4 Abs. 1 oder 3 einem Kind oder einer jugendlichen Person den Aufenthalt in einer Gaststätte gestattet,
6. entgegen § 5 Abs. 1 einem Kind oder einer jugendlichen Person die Anwesenheit bei einer öffentlichen Tanzveranstaltung gestattet,
7. entgegen § 6 Abs. 1 einem Kind oder einer jugendlichen Person die Anwesenheit in einer öffentlichen Spielhalle oder einem dort genannten Raum gestattet,
8. entgegen § 6 Abs. 2 einem Kind oder einer jugendlichen Person die Teilnahme an einem Spiel mit Gewinnmöglichkeit gestattet,
9. einer vollziehbaren Anordnung nach § 7 Satz 1 zuwiderhandelt,
10. entgegen § 9 Abs. 1 ein alkoholisches Getränk an ein Kind oder eine jugendliche Person abgibt oder ihm oder ihr den Verzehr gestattet,
11. entgegen § 9 Abs. 3 Satz 1 ein alkoholisches Getränk in einem Automaten anbietet,

11a. entgegen § 9 Abs. 4 alkoholhaltige Süßgetränke in den Verkehr bringt,

12. entgegen § 10 Absatz 1, auch in Verbindung mit Absatz 4, ein dort genanntes Produkt an ein Kind oder eine jugendliche Person abgibt oder einem Kind oder einer jugendlichen Person das Rauchen oder den Konsum gestattet,
13. entgegen § 10 Absatz 2 Satz 1 oder Absatz 3, jeweils auch in Verbindung mit Absatz 4, ein dort genanntes Produkt anbietet oder abgibt,
14. entgegen § 11 Abs. 1 oder 3, jeweils auch in Verbindung mit Abs. 4 Satz 2, einem Kind oder einer jugendlichen Person die Anwesenheit bei einer öffentlichen Filmveranstaltung, einem Werbevorspann oder einem Beiprogramm gestattet,

14a. entgegen § 11 Absatz 5 oder 6 einen Werbefilm oder ein Werbeprogramm vorführt,

15. entgegen § 12 Abs. 1 einem Kind oder einer jugendlichen Person einen Bildträger zugänglich macht,
16. entgegen § 12 Abs. 3 Nr. 2 einen Bildträger anbietet oder überlässt,
17. entgegen § 12 Abs. 4 oder § 13 Abs. 2 einen Automaten oder ein Bildschirmspielgerät aufstellt,
18. entgegen § 12 Abs. 5 Satz 1 einen Bildträger vertreibt,
19. entgegen § 13 Abs. 1 einem Kind oder einer jugendlichen Person das Spielen an Bildschirmspielgeräten gestattet oder
20. entgegen § 15 Abs. 6 einen Hinweis nicht, nicht richtig oder nicht rechtzeitig gibt.

(2) Ordnungswidrig handelt, wer als Anbieter vorsätzlich oder fahrlässig

1. entgegen § 12 Abs. 2 Satz 1 und 2, auch in Verbindung mit Abs. 5 Satz 3 oder § 13 Abs. 3, einen Hinweis nicht, nicht richtig oder nicht in der vorgeschriebenen Weise gibt,
2. einer vollziehbaren Anordnung nach § 12 Abs. 2 Satz 3 Nr. 1, auch in Verbindung mit Abs. 5 Satz 3 oder § 13 Abs. 3, oder nach § 14 Abs. 7 Satz 3 zuwiderhandelt,
3. entgegen § 12 Abs. 5 Satz 2 einen Hinweis nicht, nicht richtig, nicht in der vorgeschriebenen Weise oder nicht rechtzeitig anbringt oder
4. entgegen § 14 Abs. 7 Satz 1 einen Film oder Spielprogramm mit „Infoprogramm" oder „Lehrprogramm" kennzeichnet.

(3) Ordnungswidrig handelt, wer vorsätzlich oder fahrlässig

1. entgegen § 12 Abs. 2 Satz 4 einen Hinweis nicht, nicht richtig oder nicht in der vorgeschriebenen Weise gibt,
2. entgegen § 14a Absatz 1 Satz 2 einen Film oder ein Spielprogramm bereithält,

3. entgegen § 24 Abs. 5 Satz 2 eine Mitteilung verwendet oder
4. einer vollziehbaren Anordnung nach § 24b Absatz 4 Satz 1 zuwiderhandelt.

(4) Ordnungswidrig handelt, wer als Person über 18 Jahren ein Verhalten eines Kindes oder einer jugendlichen Person herbeiführt oder fördert, das durch ein in Absatz 1 Nr. 5 bis 8, 10, 12, 14 bis 16 oder 19 oder in § 27 Abs. 1 Nr. 1 oder 2 bezeichnetes oder in § 12 Abs. 3 Nr. 1 enthaltenes Verbot oder durch eine vollziehbare Anordnung nach § 7 Satz 1 verhindert werden soll. Hinsichtlich des Verbots in § 12 Abs. 3 Nr. 1 gilt dies nicht für die personensorgeberechtigte Person und für eine Person, die im Einverständnis mit der personensorgeberechtigten Person handelt.

(5) Die Ordnungswidrigkeit kann in den Fällen des Absatzes 3 Nummer 4 mit einer Geldbuße bis zu fünf Millionen Euro und in den übrigen Fällen mit einer Geldbuße bis zu fünfzigtausend Euro geahndet werden. § 30 Absatz 2 Satz 3 des Gesetzes über Ordnungswidrigkeiten ist für die Fälle des Absatzes 3 Nummer 4 anzuwenden.

(6) In den Fällen des Absatzes 3 Nummer 2 und 4 kann die Ordnungswidrigkeit auch dann geahndet werden, wenn sie nicht im Geltungsbereich dieses Gesetzes begangen wird.

(7) Verwaltungsbehörde im Sinne des § 36 Absatz 1 Nummer 1 des Gesetzes über Ordnungswidrigkeiten ist in den Fällen des Absatzes 3 Nummer 2 und 4 die Bundeszentrale für Kinder- und Jugendmedienschutz.

IV Durchführungsverordnungen der Länder

IV

Verordnung der Landesregierung zur Durchführung des Waffengesetzes (Durchführungsverordnung zum Waffengesetz – DVOWaffG)

Vom 8. April 2003 (GBl. S. 166)

Zuletzt geändert durch
Verordnung der Landesregierung zur Übertragung von Aufgaben der Großen Kreisstadt Stutensee auf das Landratsamt Karlsruhe
vom 9. Dezember 2025 (GBl. Nr. 130)

Auf Grund von § 48 Abs. 1 und § 55 Abs. 6 des Waffengesetzes (WaffG) vom 11. Oktober 2002 (BGBl. I S. 3970) wird verordnet:

§ 1 Allgemeine sachliche Zuständigkeit

(1) Für die Durchführung des Waffengesetzes und der auf Grund dieses Gesetzes erlassenen Rechtsverordnungen sind die Kreispolizeibehörden sachlich zuständig, soweit nicht Bundesbehörden zuständig sind oder durch Bundesrecht oder in dieser Verordnung etwas anderes bestimmt ist.

(1a) Abweichend von Absatz 1 ist das Landratsamt Karlsruhe auch für die Durchführung des Waffengesetzes und der auf Grund dieses Gesetzes erlassenen Rechtsvorschriften für die Gebiete der Großen Kreisstadt Rheinstetten und der Großen Kreisstadt Stutensee zuständig.

(1b) Abweichend von Absatz 1 ist für Kontrollen nach § 42c WaffG der Polizeivollzugsdienst zuständig, soweit nicht Bundesbehörden zuständig sind.

(2) Die Zulassung einer Ausnahme nach § 12 Abs. 5 WaffG bedarf der vorherigen Zustimmung des Regierungspräsidiums.

(3) Wenn bei Gefahr im Verzug ein sofortiges Tätigwerden der auf Grund dieser Verordnung sachlich zuständigen Behörde nicht erreichbar erscheint, trifft der Polizeivollzugsdienst vorbehaltlich anderer Anordnungen der zuständigen Behörde die erforderlichen unaufschiebbaren Maßnahmen. Die zuständige Behörde ist unverzüglich zu unterrichten.

§ 2 Besondere sachliche Zuständigkeiten

(1) Antragsberechtigte Behörde des Landes im Sinne des § 2 Abs. 5 Satz 2 Nr. 2 WaffG und die nach Landesrecht anzuhörende Behörde des Landes im Sinne des § 2 Abs. 5 Satz 3 WaffG ist das Landeskriminalamt.

(2) Zuständige Behörde des Landes für die Erklärung des Benehmens bei der Anerkennung eines Schießsportverbands nach § 15 Abs. 3 WaffG ist das Regierungspräsidium Tübingen.

(3) Zuständige Kontaktstelle im Sinne des § 48 Absatz 1a WaffG ist die Landeshauptstadt Stuttgart.

§ 3 Waffenrechtliche Bescheinigungen

(1) Für die Entscheidung über die Erteilung, für die Rücknahme und für den Widerruf von Bescheinigungen nach § 55 Abs. 2 WaffG sind zuständig:

1. im Geschäftsbereich des Innenministeriums
   a) die Regierungspräsidien für ihre Bediensteten, für die Bediensteten der ihnen nachgeordneten Landesbehörden und für die Bediensteten der der Aufsicht des Landes unterstehenden juristischen Personen des öffentlichen Rechts,
   b) die regionalen Polizeipräsidien für ihre Bediensteten,
   c) das Polizeipräsidium Einsatz für seine Bediensteten,
   d) das Landeskriminalamt und das Landesamt für Verfassungsschutz für ihre Bediensteten,
   e) die Hochschule für Polizei Baden-Württemberg für ihre Bediensteten,

   im Übrigen das Innenministerium,
2. die sonstigen Ministerien, der Rechnungshof und die Verwaltung des Landtags von Baden-Württemberg im Rahmen ihres Geschäftsbereichs.

(2) Das Innenministerium wird ermächtigt, durch Rechtsverordnung Absatz 1 Nr. 1 und Absatz 3 zu ändern. Die übrigen Ministerien werden ermächtigt, ihre Zuständigkeit nach Absatz 1 Nr. 2 für die Entscheidung über die Erteilung, für die Rücknahme und für den Widerruf von waffenrechtlichen Bescheinigungen nach § 55 Abs. 2 WaffG durch Änderung und Ergänzung dieser Verordnung im Einvernehmen mit dem Innenministerium auf nachgeordnete Behörden zu übertragen.

(3) Für die Entscheidung über die Erteilung, für den Widerruf und für die Rücknahme von Bescheinigungen nach § 56 WaffG ist auch das Innenministerium zuständig, soweit nicht das Bundesverwaltungsamt zuständig ist.

§ 4 Prüfungen

(1) Für die Prüfung der Sachkunde (§ 7 WaffG) sind die Regierungspräsidien zuständig.

(2) Für die Prüfung der Fachkunde (§ 22 WaffG) ist das Regierungspräsidium Stuttgart zuständig. Die Geschäftsführung wird der Industrie- und Handelskammer Region Stuttgart übertragen.

§ 5 Freistellung

(1) Sofern das Waffengesetz nicht ausdrücklich etwas anderes bestimmt, ist es nicht anzuwenden auf:

1. die für die Durchführung des Waffengesetzes zuständigen Behörden und ihre Aufsichtsbehörden,
2. den Kampfmittelbeseitigungsdienst Baden-Württemberg,
3. das Logistikzentrum Baden-Württemberg,
4. das Landesamt für Verfassungsschutz,
5. die Justizvollzugsanstalten und den Justizwachtmeisterdienst,
6. die staatlichen und körperschaftlichen Forstbehörden,
7. die Fachhochschule für Forstwirtschaft Rottenburg am Neckar,
8. die Anstalt des öffentlichen Rechts Forst Baden-Württemberg,
9. die Forstliche Versuchs- und Forschungsanstalt Baden-Württemberg,
10. das Regierungspräsidium Tübingen – Beschussamt Ulm –,
11. die Wildforschungsstelle am Landwirtschaftlichen Zentrum für Rinderhaltung, Grünlandwirtschaft, Milchwirtschaft, Wild und Fischerei Baden-Württemberg (LAZBW)

sowie deren Bedienstete, soweit sie dienstlich tätig werden. Satz 1 gilt für die Gerichte der ordentlichen Gerichtsbarkeit und der Verwaltungsgerichtsbarkeit sowie für die Staatsanwaltschaften entsprechend, soweit bei ihnen für Zwecke der Durchführung von Gerichts-, Straf- oder Bußgeldverfahren der Umgang mit Waffen oder Munition erforderlich ist.

(2) Die der Landesregierung nach § 55 Abs. 6 WaffG zustehende Befugnis, durch Rechtsverordnung zu regeln, dass das Waffengesetz auf sonstige Behörden und Dienststellen des Landes und deren Bedienstete, soweit sie dienstlich tätig werden, nicht anzuwenden ist, wird im Rahmen ihres Geschäftsbereichs auf die Ministerien übertragen. Die Ministerien nehmen diese Befugnis durch Änderung und Ergänzung dieser Verordnung im Einvernehmen mit dem Innenministerium wahr.

§ 6 Inkrafttreten

Diese Verordnung tritt am Tage nach ihrer Verkündung in Kraft. Gleichzeitig tritt die Verordnung der Landesregierung zur Durchführung des Waffengesetzes vom 12. Mai 1981 (GBl. S. 264) mit Ausnahme ihres § 3 außer Kraft.

Verordnung zur Ausführung des Waffen- und Beschussrechts (AVWaffBeschR)[1])

Vom 14. Dezember 2010 (GVBl. S. 851)

Zuletzt geändert durch
Verordnung zur Änderung der Delegationsverordnung und der Verordnung zur Ausführung des Waffen- und Beschussrechts
vom 12. November 2024 (GVBl. S. 562)

Auf Grund von § 48 Abs. 1, § 55 Abs. 6 des Waffengesetzes (WaffG) vom 11. Oktober 2002 (BGBl. I S. 3970, ber. S. 4592, 2003 I S. 1957), zuletzt geändert durch Art. 3 Abs. 5 des Gesetzes vom 17. Juli 2009 (BGBl. I S. 2062), und § 1 Abs. 6 Satz 1, § 20 Abs. 1 des Gesetzes über die Prüfung und Zulassung von Feuerwaffen, Böllern, Geräten, bei denen zum Antrieb Munition verwendet wird, sowie von Munition und sonstigen Waffen (Beschussgesetz – BeschG) vom 11. Oktober 2002 (BGBl. I S. 3970, 4003), zuletzt geändert durch Art. 3 Abs. 7 des Gesetzes vom 17. Juli 2009 (BGBl. I S. 2062), erlässt die Bayerische Staatsregierung folgende Verordnung:

Erster Teil
Waffenrecht

§ 1 Allgemeine Zuständigkeit

(1) Für die Ausführung des Waffengesetzes (WaffG) und der darauf beruhenden Verordnungen sind die Kreisverwaltungsbehörden zuständig, soweit nicht Bundesbehörden oder nach den folgenden Vorschriften andere Stellen zuständig sind.

(2) $_1$Das Verfahren zur Erteilung der Erlaubnis zur gewerbsmäßigen Herstellung, Bearbeitung oder Instandsetzung von Schusswaffen oder Munition und das Verfahren zur Erteilung der Erlaubnis zum gewerbsmäßigen Handel mit Waffen oder Munition nach §§ 21 bis 25, 34 Abs. 2 Satz 1 WaffG können über eine einheitliche Stelle nach den Vorschriften des Bayerischen Verwaltungsverfahrensgesetzes abgewickelt werden. $_2$Gleiches gilt für das Verfahren zur Erteilung der Erlaubnis zum Erwerb und Besitz von Schusswaffen oder Munition durch Waffen- oder Munitionssachverständige nach § 2 Abs. 2, § 10 Abs. 1, § 18 WaffG sowie für das Verfahren zur Erteilung der Erlaubnis zum Betrieb von Schießstätten nach § 27 WaffG, sofern der Betrieb gewerbsmäßig erfolgt.

§ 2 Prüfungsbehörden

(1) Zuständige Behörde für die Mitwirkung bei der Einstufung von Gegenständen nach § 2 Abs. 5 Satz 3 WaffG ist das Landeskriminalamt.

(2) Die Einrichtung der Prüfungsausschüsse für die Abnahme der Sachkundeprüfung nach § 7 Abs. 1 WaffG obliegt den Regierungen.

(3) Die Prüfungsausschüsse für die Fachkundeprüfung nach § 22 Abs. 1 Satz 1 WaffG werden gebildet durch

1. die Regierung von Oberbayern für die Regierungsbezirke Oberbayern, Niederbayern, Oberpfalz und Schwaben,
2. die Regierung von Mittelfranken für die Regierungsbezirke Mittelfranken, Oberfranken und Unterfranken.

(4) Die Geschäftsführung für die Abnahme der Fachkundeprüfung nach § 22 Abs. 1 Satz 1 WaffG obliegt der Industrie- und Handelskammer für München und Oberbayern für die in Abs. 3 Nr. 1 bezeichneten Regierungsbezirke und der Industrie- und Handelskammer Nürnberg für Mittelfranken für die in Abs. 3 Nr. 2 bezeichneten Regierungsbezirke.

---

[1]) § 1 Abs. 2 dieser Verordnung dient der Umsetzung der Richtlinie 2006/123/EG des Europäischen Parlaments und des Rates vom 12. Dezember 2006 über Dienstleistungen im Binnenmarkt (ABl. L 376 S. 36).

§ 3 Bescheinigungen, Ausnahmegenehmigungen und Erlaubnisse

(1) ₁Für

1. die Ausstellung von Bescheinigungen über die Berechtigung zum Erwerb und Besitz von Schusswaffen und Munition sowie zum Führen von Schusswaffen nach § 55 Abs. 2 WaffG,
2. die Erteilung einer Ausnahmegenehmigung vom Verbot des Führens von Waffen bei öffentlichen Veranstaltungen nach § 42 Abs. 2 WaffG und
3. die Entgegennahme von Verlustanzeigen nach § 37 Abs. 2 WaffG

für Personen bzw. von Personen, die wegen der von ihnen wahrzunehmenden hoheitlichen Aufgaben erheblich gefährdet sind, ist das Landeskriminalamt zuständig. ₂Die Staatskanzlei und die Staatsministerien können die Zuständigkeit nach Satz 1 für ihren Bereich durch Verordnung auf sich oder eine andere Stelle ihres Geschäftsbereichs übertragen. ₃Für Mitglieder und Bedienstete des Bayerischen Landtags ist in den Fällen des Satzes 1 das Staatsministerium des Innern, für Sport und Integration zuständig.

(2) Für die Ausstellung von Bescheinigungen nach § 56 WaffG und die Zulassung von Ausnahmen nach § 42 Abs. 2 WaffG für

1. Staatsgäste aus anderen Staaten,
2. sonstige erheblich gefährdete Personen des öffentlichen Lebens aus anderen Staaten, die sich besuchsweise in Deutschland aufhalten, und
3. Personen aus anderen Staaten, denen der Schutz der in Nrn. 1 und 2 genannten Personen obliegt,

ist, soweit nicht das Bundesverwaltungsamt zuständig ist, das Landeskriminalamt zuständig.

§ 4 Überwachungsbehörden

(1) Zuständige Behörden für die Mitwirkung bei der Überwachung des Verbringens oder der Mitnahme von Waffen und Munition in die Bundesrepublik Deutschland gemäß § 33 Abs. 3 WaffG sind die mit der Kontrolle des grenzüberschreitenden Verkehrs beauftragten Behörden.

(2) Für die Kontrollen aufgrund des § 42c WaffG ist die Polizei im Sinne des Art. 1 des Polizeiaufgabengesetzes zuständig, soweit nicht Bundesbehörden zuständig sind.

§ 5 Befreiungen

Das Waffengesetz und die darauf beruhenden Verordnungen sind nicht anzuwenden, wenn

1. staatliche Behörden und Dienststellen,
2. kreisfreie Gemeinden,
3. die Industrie- und Handelskammer für München und Oberbayern und die Industrie- und Handelskammer Nürnberg für Mittelfranken sowie
4. Gerichte

zur Erfüllung ihrer Aufgaben oder wenn Bedienstete dieser Stellen dienstlich tätig werden.

Zweiter Teil Beschussrecht

§ 6 Zuständigkeit

Für die Ausführung des Beschussgesetzes und der darauf beruhenden Verordnungen sind die Beschussämter zuständig, soweit nicht Bundesbehörden zuständig sind.

§ 7 Befreiungen

Für die in § 5 genannten Stellen und deren Bedienstete gelten, wenn sie im Rahmen der Erfüllung ihrer Aufgaben dienstlich tätig werden, die Vorschriften über die Prüfung und Zulassung nach dem Beschussgesetz nicht.

Dritter Teil Schlussvorschrift

§ 8 Inkrafttreten, Außerkrafttreten, Übergangsregelung

(1) Diese Verordnung tritt am 1. Februar 2011 in Kraft.

(2) (weggefallen)

(3) (weggefallen)

Verordnung zur Durchführung des Waffengesetzes (DVWaffG)

Vom 18. März 2003 (GVBl. S. 147)

Zuletzt geändert durch
Erste Verordnung zur Änderung der Verordnung zur Durchführung des Waffengesetzes
vom 12. Juni 2007 (GVBl. S. 244)

Auf Grund des § 48 Abs. 1 und des § 55 Abs. 6 des Waffengesetzes vom 11. Oktober 2002 (BGBl. I S. 3970) wird verordnet:

§ 1 Befreiungen

(1) Das Waffengesetz findet, sofern es nicht ausdrücklich etwas anderes bestimmt, keine Anwendung auf

a) die Dienststellen der Amtsanwaltschaft und der Staatsanwaltschaft,
b) die Gerichte,
c) die Justizvollzugsbehörden,
d) die Berliner Forsten und
e) die Gemeinsame Obere Luftfahrtbehörde Berlin-Brandenburg

sowie auf deren Bedienstete, soweit diese dienstlich tätig werden.

(2) Das Waffengesetz findet, sofern es nicht ausdrücklich etwa anderes bestimmt, in Bezug auf die in § 4 der Ordnungsdiensteverordnung vom 1. September 2004 (GVBl. S. 364) in der jeweils geltenden Fassung genannten Waffen keine Anwendung auf die Bezirksämter und deren dienstlich tätig werdenden Dienstkräfte, soweit diese nach der vorgenannten Bestimmung mit den betreffenden Waffen ausgerüstet oder im Rahmen ihrer Dienstaufgaben mit deren Beschaffung, Aufbewahrung, Instandhaltung und ähnlichen Maßnahmen betraut sind.

§ 2 Zuständigkeiten

(1) Bescheinigungen über die durch Rechtsvorschrift erfolgte Freistellung von waffenrechtlichen Vorschriften stellen aus

1. die Senatsverwaltung für Justiz für die Bediensteten der in § 1 Abs. 1 Buchstaben a bis c genannten Behörden,
2. die Berliner Forsten für die dort tätigen Bediensteten,
3. jede Senatsverwaltung für ihre gemäß § 55 Abs. 1 Satz 1 Nr. 1 des Waffengesetzes freigestellten Bediensteten,
4. der Polizeipräsident in Berlin für seine gemäß § 55 Abs. 1 Satz 1 Nr. 3 des Waffengesetzes freigestellten Bediensteten,
5. die Bezirksämter für ihre gemäß § 1 Abs. 2 freigestellten Bediensteten und
6. die Gemeinsame Obere Luftfahrtbehörde Berlin-Brandenburg für ihre gemäß § 1 Abs. 1 Buchstabe e freigestellten Bediensteten.

(2) Der Prüfungsausschuss für die Sachkundeprüfung nach § 7 Abs. 1 des Waffengesetzes wird durch den Polizeipräsidenten in Berlin, der Prüfungsausschuss für die Fachkundeprüfung nach § 22 Abs. 1 des Waffengesetzes durch die für Wirtschaft zuständige Senatsverwaltung gebildet. Die Geschäftsführung des Prüfungsausschusses für die Fachkundeprüfung nimmt die Industrie- und Handelskammer zu Berlin wahr.

(3) Die Mitwirkung im Anerkennungsverfahren nach § 15 Abs. 3 des Waffengesetzes obliegt der Senatsverwaltung für Inneres und Sport.

§ 3 Inkrafttreten

Diese Verordnung tritt am 1. April 2003 in Kraft. Zugleich tritt die Verordnung zur Durchführung des Waffengesetzes vom 26. März 1991 (GVBl. S. 63) außer Kraft.

Verordnung zur Durchführung des Waffengesetzes (Waffengesetzdurchführungsverordnung – WaffGDV)

Vom 13. Mai 2019 (GVBl. II Nr. 37)

Zuletzt geändert durch
Verordnung zur Änderung der Waffengesetzdurchführungsverordnung
vom 21. Juli 2023 (GVBl. II Nr. 49)

Auf Grund des § 42 Absatz 5 Satz 4 erster Halbsatz, des § 48 Absatz 1 Satz 1, Absatz 1a und des § 55 Absatz 6 Satz 1 des Waffengesetzes vom 11. Oktober 2002 (BGBl. I S. 3970, 4592; 2003 I S. 1957), von denen § 42 Absatz 5 durch Gesetz vom 5. November 2007 (BGBl. I S. 2557) und § 48 Absatz 1a durch Artikel 1b des Gesetzes vom 25. November 2012 (BGBl. II S. 1381) eingefügt worden sind, des § 36 Absatz 2 Satz 1 des Gesetzes über Ordnungswidrigkeiten in der Fassung der Bekanntmachung vom 19. Februar 1987 (BGBl. I S. 602) verordnet die Landesregierung:

§ 1 Zuständigkeiten

(1) Zuständige Behörde für die Durchführung des Waffengesetzes vom 11. Oktober 2002 (BGBl. I S. 3970, 4592; 2003 I S. 1957), das zuletzt durch Artikel 1 des Gesetzes vom 30. Juni 2017 (BGBl. I S. 2133) geändert worden ist, und der aufgrund dieses Gesetzes erlassenen Rechtsverordnungen ist das Polizeipräsidium, soweit nicht durch Bundesrecht oder in dieser Verordnung etwas anderes bestimmt ist.

(2) Zuständige Behörde im Sinne des § 15 Absatz 3 des Waffengesetzes ist die für Inneres zuständige oberste Landesbehörde.

(3) Die Geschäftsführung für die Abnahme der Prüfung der Fachkunde nach § 22 Absatz 1 Satz 1 des Waffengesetzes obliegt der Industrie- und Handelskammer Potsdam.

(4) Zuständige Kontaktstelle nach Artikel 6 Absatz 5 Satz 2 der Verordnung (EU) Nr. 1214/2011 des Europäischen Parlaments und des Rates vom 16. November 2011 über den gewerbsmäßigen grenzüberschreitenden Straßentransport von Euro-Bargeld zwischen den Mitgliedstaaten des Euroraums (ABl. L 316 vom 29. 11. 2011, S. 1) ist das Polizeipräsidium.

§ 2 Ausnahmen von der Anwendung des Waffengesetzes

Das Waffengesetz ist über die in § 55 Absatz 1 Satz 1 des Waffengesetzes genannten Stellen hinaus nicht anzuwenden auf

1. die Hochschule der Polizei,
2. den Zentraldienst der Polizei,
3. die Gerichte,
4. die Justizvollzugsanstalten,
5. die Forstbehörden,
6. die Gemeinsame Obere Luftfahrtbehörde Berlin-Brandenburg im Landesamt für Bauen und Verkehr sowie
7. die Staatsanwaltschaften.

sowie deren Bedienstete, wenn sie dienstlich tätig werden, soweit nicht das Waffengesetz etwas anderes bestimmt. Die Nichtanwendbarkeit gilt für das Landesamt für Bauen und Verkehr sowie dessen Bedienstete nur, soweit sie zur Durchführung von Aufgaben nach den §§ 2 und 8 des Luftsicherheitsgesetzes vom 11. Januar 2005 (BGBl. I S. 78), das zuletzt durch Artikel 1 des Gesetzes vom 23. Februar 2017 (BGBl. I S. 298) geändert worden ist, in Verbindung mit der Verordnung (EG) Nr. 300/2008 erforderlich ist.

§ 3 Ermächtigung zur Einrichtung von Verbotszonen

Die Befugnis zum Erlass von Rechtsverordnungen nach § 42 Absatz 5 Satz 1 und 2 sowie Absatz 6 Satz 1 und 2 des Waffengesetzes wird auf das für Inneres zuständige Mitglied der Landesregierung übertragen.

§ 4 Bußgeldbehörden

(1) Zuständige Behörde für die Verfolgung von Ordnungswidrigkeiten nach § 53 Absatz 1 des Waffengesetzes ist das Polizeipräsidium.

(2) Zuständig für die Ahndung von Ordnungswidrigkeiten nach Absatz 1 ist der Zentraldienst der Polizei mit seiner Zentralen Bußgeldstelle.

§5 Inkrafttreten, Außerkrafttreten

Diese Verordnung tritt am Tag nach der Verkündung in Kraft. Gleichzeitig tritt die Verordnung zur Durchführung des Waffengesetzes vom 17. Dezember 1991 (GVBl. II S. 670), die zuletzt durch die Verordnung vom 18. April 2008 (GVBl. II S. 136) geändert worden ist, außer Kraft.

Verordnung zur Ausführung des Waffengesetzes

Vom 18. November 2003 (Brem. GBl. S. 387)

Zuletzt geändert durch
Bekanntmachung über die Änderung von Zuständigkeiten
vom 2. September 2025 (Brem. GBl. S. 674)

Auf Grund des § 48 Abs. 1 und § 55 Abs. 6 des Waffengesetzes vom 11. Oktober 2002 (BGBl. I S. 3970, 4592) und § 36 Abs. 2 Satz 1 des Gesetzes über Ordnungswidrigkeiten vom 19. Februar 1987 (BGBl. I S. 602), das zuletzt durch Artikel 2 des Gesetzes vom 22. August 2002 (BGBl. I S. 3387) geändert worden ist, verordnet der Senat:

§ 1 Zuständigkeiten

(1) Für die Durchführung des Waffengesetzes und der auf Grund dieses Gesetzes erlassenen Rechtsverordnungen sind die Ortspolizeibehörden zuständig, soweit nicht Behörden des Bundes zuständig sind oder durch Bundesrecht oder in dieser Verordnung etwas anderes bestimmt ist.

(2) Antragsberechtigte Behörde nach § 2 Abs. 5 Satz 2 des Waffengesetzes und die nach Landesrecht anzuhörende Behörde nach § 2 Abs. 5 Satz 3 des Waffengesetzes ist das Landeskriminalamt.

(2a) Zuständige Behörde im Sinne des § 42c Waffengesetz ist der Polizeivollzugsdienst.

(3) Zuständige Behörde für die Erklärung des Benehmens bei der Anerkennung eines Schießsportverbandes nach § 15 Abs. 3 des Waffengesetzes ist der Senator für Inneres und Sport.

(4) Für die Ausstellung, die Rücknahme oder den Widerruf von Bescheinigungen nach § 55 Abs. 2 des Waffengesetzes über die Berechtigung zum Erwerb und Besitz einer Schusswaffe und der dafür bestimmten Munition sowie zum Führen dieser Waffe ist der Senator für Justiz und Verfassung für seinen Geschäftsbereich, im Übrigen der Senator für Inneres und Sport zuständig.

(5) Die Prüfungsausschüsse für die Prüfung der Sachkunde nach § 7 des Waffengesetzes werden durch den Senator für Inneres und Sport gebildet; er kann diese Aufgabe auf Behörden seines Geschäftsbereichs übertragen.

(6) Die Prüfungsausschüsse für die Prüfung der Fachkunde nach § 22 des Waffengesetzes werden durch die Senatorin für Wirtschaft, Häfen und Transformation gebildet. Die Geschäftsführung für die Abnahme der Prüfung wird der Handelskammer Bremen übertragen.

(7) Das Waffengesetz ist, soweit nichts anderes bestimmt ist, nicht anzuwenden auf

1. die für die Durchführung des Waffengesetzes zuständigen Behörden,
2. die Justizvollzugsanstalten,
3. die Staatsanwaltschaften,
4. die Gerichte

sowie deren Bedienstete, soweit sie dienstlich tätig werden.

§ 2 Ordnungswidrigkeiten

Zuständige Behörden für die Verfolgung und Ahndung von Ordnungswidrigkeiten nach § 53 Abs. 1 des Waffengesetzes sind die Ortspolizeibehörden.

§ 3 Inkrafttreten

Diese Verordnung tritt am Tage nach ihrer Verkündung in Kraft. Gleichzeitig tritt die Verordnung zur Ausführung des Waffengesetzes vom 21. Juni 1976 (Brem.GBl. S. 151 – 2190-e-1), zuletzt geändert durch Artikel 3 der Verordnung vom 29. Juni 1999 (Brem.GBl. S. 162), außer Kraft.

Anordnung zur Durchführung des Waffengesetzes

Vom 9. November 2004 (Amtl. Anz. S. 2226)

Zuletzt geändert durch
Anordnung zur Änderung von Zuständigkeitsanordnungen aus Anlass der Neustrukturierung der Behörden 2010
vom 26. Oktober 2010 (Amtl. Anz. S. 2129)

Auf Grund von § 48 Abs. 1 des Waffengesetzes vom 11. Oktober 2002 (BGBl. 2002 I S. 3970, 4592, 2003 I S. 1957), geändert am 10. September 2004 (BGBl. I S. 2318, 2319), wird bestimmt:

I.

Zuständig für die Durchführung des Waffengesetzes und der darauf gestützten Rechtsverordnungen in ihrer jeweils geltenden Fassung ist, soweit dort oder nachstehend nicht anderes bestimmt ist, die Behörde für Inneres und Sport.

II.

Die Geschäftsführung der Prüfungsausschüsse nach § 16 Abs. 1 Satz 2 der Allgemeinen Waffengesetz-Verordnung vom 27. Oktober 2003 (BGBl. I S. 2123) obliegt der Handelskammer Hamburg.

III.

Die Anordnung zur Durchführung des Waffengesetzes vom 30. Januar 1979 (Amtl. Anz. S. 241) in der geltenden Fassung wird aufgehoben.

Verordnung zur Durchführung des Waffengesetzes

Vom 17. Dezember 2007 (GVBl. I S. 926)

Zuletzt geändert durch
Fünfte Verordnung zur Änderung der Verordnung zur Durchführung des Waffengesetzes
vom 11. Dezember 2024 (GVBl. Nr. 76)

Aufgrund

1. des § 36 Abs. 2 Satz 1 des Gesetzes über Ordnungswidrigkeiten in der Fassung vom 19. Februar 1987 (BGBl. I S. 603), zuletzt geändert durch Gesetz vom 7. August 2007 (BGBl. I S. 1786), verordnet die Landesregierung,
2. des § 48 Abs. 1 des Waffengesetzes vom 11. Oktober 2002 (BGBl. I S. 3970, 4592, 2003 I S. 1957), zuletzt geändert durch Gesetz vom 5. November 2007 (BGBl. I S. 2557), in Verbindung mit § 1 Satz 1 der Verordnung zur Übertragung von Ermächtigungen nach dem Waffengesetz vom 4. Februar 2003 (GVBl. I S. 60) verordnen der Minister des Innern und für Sport, soweit Zuständigkeiten nach § 22 Abs. 1 Satz 1 des Waffengesetzes und § 16 Abs. 1 Satz 2 und 3 der Allgemeinen Waffengesetz-Verordnung vom 27. Oktober 2003 (BGBl. I S. 2123), geändert durch Verordnung vom 13. Juli 2006 (BGBl. I S. 1474), bestimmt werden, der Minister für Wirtschaft, Verkehr und Landesentwicklung, und soweit die zuständigen Behörden nach § 55 Abs. 2 Satz 1 des Waffengesetzes bestimmt werden, für den jeweiligen Geschäftsbereich auch der Minister für Wirtschaft, Verkehr und Landesentwicklung, der Minister der Justiz und der Minister für Umwelt, ländlichen Raum und Verbraucherschutz,
3. des § 55 Abs. 6 Satz 1 des Waffengesetzes in Verbindung mit § 1 der Verordnung zur Übertragung von Ermächtigungen nach dem Waffengesetz verordnen für ihren Geschäftsbereich der Minister des Innern und für Sport sowie der Minister für Wirtschaft, Verkehr und Landesentwicklung, der Minister der Justiz und der Minister für Umwelt, ländlichen Raum und Verbraucherschutz, jeweils im Benehmen mit dem Minister des Innern und für Sport:

§ 1

Für die Ausführung des Waffengesetzes ist die Kreisordnungsbehörde zuständig, soweit im Waffengesetz und in § 2 nichts Abweichendes bestimmt ist.

§ 2

(1) Abweichend von § 1 ist zuständige Behörde

1. im Sinne des § 2 Abs. 5 Satz 3 des Waffengesetzes das Hessische Landeskriminalamt,
2. im Sinne des § 15 Abs. 3 des Waffengesetzes das Regierungspräsidium Darmstadt,
3. für die Prüfung der für den Waffenhandel erforderlichen Fachkunde nach § 22 Abs. 1 Satz 1 des Waffengesetzes das Regierungspräsidium Kassel,
4. im Sinne des § 42c Satz 1 des Waffengesetzes die örtlichen Ordnungsbehörden und die Polizeibehörden,
5. für die Erteilung einer Bescheinigung über die Berechtigung zum Erwerb und Besitz von Waffen oder Munition sowie einer Bescheinigung zum Führen dieser Waffen nach § 55 Abs. 2 Satz 1 des Waffengesetzes
   a) die dem Ministerium für Wirtschaft, Verkehr und Landesentwicklung unmittelbar nachgeordneten Behörden jeweils für ihre Bediensteten,
   b) die Staatsanwaltschaft bei dem Oberlandesgericht für die Bediensteten der nachgeordneten Behörden,
   c) die Leitung der Justizvollzugsanstalt für die Bediensteten der jeweiligen Anstalt,
   d) das Ministerium der Justiz für die Leiterinnen und Leiter der Justizvollzugsanstalten,
   e) im Übrigen das Regierungspräsidium.

(2) Die Geschäftsführung des staatlichen Prüfungsausschusses nach § 16 Abs. 1 Satz 2 und 3 der Allgemeinen Waffengesetz-Verordnung wird der Industrie- und Handelskammer Kassel-Marburg übertragen.

§ 2a

Die Ermächtigung nach § 42 Abs. 5 Satz 1 in Verbindung mit Satz 2 des Waffengesetzes, durch Rechtsverordnung das Führen von Waffen im Sinne des § 1 Abs. 2 des Waffengesetzes und von Messern zu verbieten oder zu beschränken, wird auf die Oberbürgermeisterinnen und Oberbürgermeister der Sonderstatusstädte nach § 4a Abs. 2 der Hessischen Gemeindeordnung als örtliche Ordnungsbehörde und im Übrigen auf die Kreisordnungsbehörden übertragen. Ausgenommen hiervon ist die Ermächtigung nach § 42 Abs. 5 Satz 1 Nr. 3 Alternative 3 in Verbindung mit Satz 2 des Waffengesetzes, das Führen von Waffen im Sinne des § 1 Abs. 2 des Waffengesetzes und Messern in Verkehrsmitteln des öffentlichen Personenverkehrs, soweit diese nicht von § 42b Abs. 1 des Waffengesetzes oder einer Rechtsverordnung nach § 42b Abs. 2 des Waffengesetzes erfasst sind, zu verbieten oder zu beschränken.

§ 3

Zuständige Kontaktstelle im Sinne des Art. 6 Abs. 5 Satz 2 der Verordnung (EU) Nr. 1214/2011 des Europäischen Parlaments und des Rates vom 16. November 2011 über den gewerbsmäßigen grenzüberschreitenden Straßentransport von Euro-Bargeld zwischen den Mitgliedstaaten des Euroraums (ABl. EU Nr. L 316 S. 1) ist das Regierungspräsidium Darmstadt.

§ 4

Zuständige Verwaltungsbehörde für die Verfolgung und Ahndung von Ordnungswidrigkeiten nach § 53 Abs. 1 des Waffengesetzes ist die Kreisordnungsbehörde. Abweichend von Satz 1 ist zuständige Verwaltungsbehörde für die Verfolgung und Ahndung von Ordnungswidrigkeiten nach § 53 Abs. 1 Nr. 21a, 21b, 21c und 23 betreffend eine Rechtsverordnung nach § 42 Abs. 5 Satz 1 des Waffengesetzes die örtliche Ordnungsbehörde.

§ 5

Das Waffengesetz ist, wenn nicht etwas anderes bestimmt ist, nicht anzuwenden auf

1. die der Fachaufsicht des für Angelegenheiten der inneren Landesverwaltung zuständigen Ministeriums unterstehenden Gefahrenabwehrbehörden und deren Bedienstete,
2. die Bediensteten der Forst- und Fischereiverwaltung im Rahmen ihrer Vollzugsaufgaben nach § 11 der Verordnung zur Durchführung des Hessischen Gesetzes über die öffentliche Sicherheit und Ordnung und des Hessischen Freiwilligen-Polizeidienst-Gesetzes vom 12. Juni 2007 (GVBl. I S. 323), zuletzt geändert durch Verordnung vom 23. Oktober 2012 (GVBl. S. 326),
3. die Angehörigen des Freiwilligen Polizeidienstes,
4. das Landesamt für Verfassungsschutz und dessen Bedienstete,
5. die Justizvollzugsanstalten und deren Bedienstete,
6. die Staatsanwaltschaften und deren Bedienstete,
7. die Gerichte und deren Bedienstete,

soweit sie dienstlich tätig werden.

§ 6

Diese Verordnung tritt am Tage nach der Verkündung in Kraft.

Landesverordnung zur Ausführung des Waffen- und des Beschussgesetzes (Waffenrechtsausführungslandesverordnung – WaffRAusfLVO M-V)

Vom 18. November 2025 (GVOBl. M-V S. 614)

§ 1 Allgemeine Zuständigkeiten

(1) Die Waffenbehörden sind:

1. das für Inneres zuständige Ministerium als oberste Waffenbehörde
2. die Landrätinnen und Landräte für die Landkreise und die Oberbürgermeisterinnen und Oberbürgermeister der kreisfreien Städte für das Gebiet ihrer Stadt (Kreisordnungsbehörden) als untere Waffenbehörden.

(2) Die unteren Waffenbehörden nehmen die Aufgaben der Ausführung des Waffengesetzes und des Beschussgesetzes sowie der aufgrund dieser Gesetze erlassenen Rechtsverordnungen zur Erfüllung nach Weisung wahr, soweit nicht Bundesbehörden oder die in den folgenden Vorschriften bestimmten Behörden zuständig sind.

(3) Die unteren Waffenbehörden sind ferner die zuständigen Verwaltungsbehörden im Sinne des § 36 Absatz 1 Nummer 1 des Gesetzes über Ordnungswidrigkeiten für die Verfolgung und Ahndung von Ordnungswidrigkeiten nach § 53 des Waffengesetzes. § 53 Absatz 3 des Waffengesetzes bleibt unberührt.

(4) Der infolge dieser Aufgabenübertragung entstehende Mehraufwand der Landkreise und kreisfreien Städte ist mittels der Erhebung von Gebühren und Auslagen für Amtshandlungen nach dem Waffengesetz und dem Beschussgesetz sowie der aufgrund dieser Gesetze erlassenen Rechtsverordnungen auszugleichen. Erforderliche Mehrbelastungen werden bei der Bemessung der Zuweisungen gemäß § 22 des Finanzausgleichsgesetzes Mecklenburg-Vorpommern berücksichtigt.

§ 2 Besondere Zuständigkeiten

(1) Das für Inneres zuständige Ministerium ist zuständig für

1. die Mitwirkung bei der Anerkennung von Schießsportverbänden nach § 15 Absatz 3 des Waffengesetzes,
2. die Erteilung der Zustimmung nach § 55 Absatz 3 des Waffengesetzes,
3. die Erteilung, die Rücknahme und den Widerruf von Bescheinigungen nach § 56 Satz 1 und 4 des Waffengesetzes, soweit die Zuständigkeit nicht beim Bundesverwaltungsamt liegt.

(2) Für die Ausstellung, die Rücknahme und den Widerruf von Bescheinigungen nach § 55 Absatz 2 Satz 1 des Waffengesetzes sowie für die Entgegennahme von Verlustanzeigen nach § 37b Absatz 3 des Waffengesetzes, soweit sie sich auf Bescheinigungen nach § 55 Absatz 2 Satz 1 des Waffengesetzes oder die darin aufgeführten Schusswaffen und Munition beziehen, sind zuständig:

1. die Staatskanzlei sowie die Ministerien in den Fällen, die ihren jeweiligen Geschäftsbereich betreffen,
2. das für Inneres zuständige Ministerium auch in den Fällen, die Mitglieder des Landtages, die Bedienstete der Landtagsverwaltung und des Landesrechnungshofes betreffen, sowie in allen übrigen Fällen.

(3) Das Landeskriminalamt ist

1. zuständige Behörde nach § 2 Absatz 5 Satz 2 Nummer 2 und Satz 3 des Waffengesetzes,
2. zentrale Polizeidienststelle der Landespolizei im Sinne der §§ 5 und 6 des Waffengesetzes. Es nimmt auch zentral die Aufgaben der Polizeidienststelle der innegehabten Wohnsitze in Mecklenburg-Vorpommern der betroffenen Person, beschränkt auf die letzten zehn Jahre im Sinne des § 6 Absatz 1 Satz 3 Nummer 2 Waffengesetzes wahr.

(4) Die Polizeibehörden sind im Rahmen der ihnen im Polizeiorganisationsgesetz in der

Fassung der Bekanntmachung vom 30. November 2010, die zuletzt durch Artikel 3 des Gesetzes vom 17. April 2021 (GVOBl. M-V S. 370, 372) geändert worden ist, übertragenen Aufgaben der Gefahrenabwehr neben den Landkreisen und kreisfreien Städten auch zuständige Behörde nach § 42c des Waffengesetzes.

(5) Das Ministerium für Wirtschaft, Infrastruktur, Tourismus und Arbeit ist zuständige Behörde für die Abnahme der Fachkundeprüfung nach § 22 Absatz 1 Satz 1 des Waffengesetzes und für die Durchführung der aufgrund des § 22 Absatz 2 des Waffengesetzes erlassenen Rechtsverordnung. Wird nur ein Prüfungsausschuss für das Gebiet des Landes Mecklenburg-Vorpommern gebildet, obliegt die Geschäftsführung des Ausschusses der Industrie- und Handelskammer zu Schwerin.

(6) Die Gemeinsame Koordinierungsstelle der Einheitlichen Ansprechpartner der Industrie- und Handelskammer Neubrandenburg für das östliche Mecklenburg-Vorpommern ist die zuständige Kontaktstelle im Sinne des Artikel 6 Absatz 5 Satz 2 der Verordnung (EU) Nr. 1214/2011.

§ 3 Befreiungen

(1) Das Waffengesetz ist bei jeweiliger dienstlicher Tätigkeit, wenn es nicht ausdrücklich etwas anderes bestimmt, nicht anzuwenden auf

1. die Fachhochschule für öffentliche Verwaltung, Polizei und Rechtspflege und deren Bedienstete, die mit der Sicherstellung der Aus- und Fortbildung von Polizeivollzugsbeamtinnen und Polizeivollzugsbeamten sowie von Justizvollzugsdienstbeamtinnen und Justizvollzugsdienstbeamten an Schusswaffen und Munition beauftragt sind,
2. die Justizvollzugsbehörden und deren Bedienstete,
3. die Staatsanwaltschaften und deren Bedienstete,
4. die Gerichte und deren Bedienstete,
5. die Kreisordnungsbehörden und deren Bedienstete, die mit dem Vollzug des Waffengesetzes beauftragt sind, sowie
6. die örtlichen Ordnungsbehörden und deren Bedienstete, die mit dem Vollzug des Fundrechtes beauftragt sind.

(2) Auf Feuerwaffen, Böller, Geräte, Munition und sonstige Waffen im Sinne des § 1 Absatz 1 des Beschussgesetzes, die für die in Absatz 1 Nummer 1 und 2 genannten Behörden und Dienststellen in den Geltungsbereich des Beschussgesetzes verbracht oder hergestellt und ihnen oder ihren Bediensteten im Rahmen ihrer dienstlichen Tätigkeit jeweils überlassen werden, sind, soweit im Beschussgesetz nicht ausdrücklich etwas anderes bestimmt ist, die Vorschriften über die Prüfung und Zulassung nach dem Beschussgesetz nicht anzuwenden.

(3) Das für Forsten zuständige Ministerium kann durch Rechtsverordnung eine dem § 55 Absatz 5 Satz 1 des Waffengesetzes entsprechende Regelung für die Behörden und Dienststellen seines Geschäftsbereiches treffen.

§ 4 Übertragung von Verordnungsermächtigungen, Subdelegationsermächtigung

(1) Die Landesregierung überträgt folgende Ermächtigungen zum Erlass von Rechtsverordnungen auf das für Inneres zuständige Ministerium:

1. die Ermächtigung nach § 42 Absatz 5 Satz 1 und 2, § 48 Absatz 1 Satz 1 und Absatz 1a sowie § 55 Absatz 6 Satz 1 des Waffengesetzes und
2. die Ermächtigung nach § 1 Absatz 6 Satz 1 und § 20 Absatz 1 des Beschussgesetzes.

§ 3 Absatz 3 bleibt unberührt.

(2) Das für Inneres zuständige Ministerium kann die Regelungsermächtigung gemäß Absatz 1 Satz 1 Nummer 1 zum Erlass von Rechtsverordnungen nach § 42 Absatz 5 Satz 1 und 2 Waffengesetz auf die Landkreise und kreisfreien Städte durch Rechtsverordnung weiter übertragen.

Verordnung zur Durchführung des Waffenrechts (DVO-WaffR)

Vom 28. April 2014 (Nds. GVBl. S. 143)

Zuletzt geändert durch
Verordnung zur Änderung der Verordnung zur Durchführung des Waffenrechts
vom 12. Dezember 2024 (Nds. GVBl. Nr. 115)

Aufgrund

des § 42 Abs. 5 Satz 4 Halbsatz 2 des Waffengesetzes (WaffG) vom 11. Oktober 2002 (BGBl. I S. 3970, 4592; 2003 I S. 1957), zuletzt geändert durch Artikel 4 Abs. 65 des Gesetzes vom 7. August 2013 (BGBl. I S. 3154),

des § 48 Abs. 1 und 1a WaffG in Verbindung mit § 1 Nr. 4 der Subdelegationsverordnung vom 9. Dezember 2011 (Nds.GVBl. S. 487), zuletzt geändert durch Verordnung vom 4. Dezember 2013 (Nds.GVBl. S. 304), sowie

des § 55 Abs. 6 Satz 1 WaffG in Verbindung mit § 1 Nr. 5 der Subdelegationsverordnung

wird verordnet:

§ 1 Regelungsbereich

Diese Verordnung enthält Regelungen über die Durchführung des nicht gewerblichen Waffenrechts.

§ 1a Zuständigkeit der Landkreise und kreisfreien Städte

$_1$Die Landkreise und kreisfreien Städte sind zuständig für die Durchführung des Waffengesetzes und der aufgrund dieses Gesetzes erlassenen Rechtsverordnungen, soweit durch Bundesrecht, in Nummer 3.6 des Verzeichnisses der Anlage zur Verordnung über Zuständigkeiten auf dem Gebiet des Wirtschaftsrechts sowie in anderen Rechtsgebieten vom 18. November 2004 (Nds. GVBl. S. 482), zuletzt geändert durch Artikel 3 des Gesetzes vom 26. Januar 2022 (Nds. GVBl. S. 36), oder in dieser Verordnung nichts anderes bestimmt ist. $_2$Die Zuständigkeit der großen selbständigen Städte und der selbständigen Gemeinden wird ausgeschlossen.

§ 1b Zuständigkeit der Polizeidirektionen

(1) Die Polizeidirektionen sind zuständig für die folgenden Aufgaben nach der Allgemeinen Waffengesetz-Verordnung vom 27. Oktober 2003 (BGBl. I S. 2123), zuletzt geändert durch Artikel 1 der Verordnung vom 1. September 2020 (BGBl. I S. 1977):

1. Bildung von Prüfungsausschüssen zur Abnahme der Sachkundeprüfung nach § 2 Abs. 1,
2. staatliche Anerkennung von Lehrgängen zur Vermittlung der Sachkunde im Umgang mit Waffen und Munition nach § 3 Abs. 2,
3. Entgegennahme von Anzeigen nach § 3 Abs. 4 Satz 3 Nr. 1,
4. Teilnahme an Prüfungen nach § 3 Abs. 4 Satz 3 Nr. 2.

(2) Die Polizeidirektionen sind neben den Landkreisen und kreisfreien Städten (§ 1 a) zuständige Behörde im Sinne des § 42 c WaffG.

(3) Die Polizeidirektionen führen die Fachaufsicht über die Landkreise und kreisfreien Städte, soweit diese nach § 1a waffenrechtliche Aufgaben wahrnehmen.

§ 1c Zuständigkeit des Landeskriminalamts Niedersachsen

Das Landeskriminalamt Niedersachsen ist

1. zuständige Behörde nach § 2 Abs. 5 Satz 2 Nr. 2 und Satz 3 WaffG,
2. zuständig für Bescheinigungen nach § 55 Abs. 2 Satz 1 WaffG für Mitglieder des Landtages und
3. zuständig für Bescheinigungen nach § 56 Sätze 1 und 4 WaffG für Staatsgäste und sonstige erheblich gefährdete Personen des öffentlichen Lebens aus anderen Staaten sowie deren Sicherheitsbegleiterinnen und -begleiter.

§ 2 Zuständigkeit oberster Landesbehörden und unmittelbar nachgeordneter Landesbehörden

Die obersten Landesbehörden und die den obersten Landesbehörden unmittelbar nachgeordneten Landesbehörden sind für Bescheinigungen nach § 55 Abs. 2 WaffG für ihre Beschäftigten zuständig.

§ 3 Zuständigkeit des Ministeriums für Inneres und Sport

Das Ministerium für Inneres und Sport ist

1. zuständige Behörde nach § 15 Abs. 3 WaffG und
2. Kontaktstelle im Sinne des § 48 Abs. 1a WaffG.

IV

§ 4 Nichtanwendbarkeit des Waffengesetzes

Das Waffengesetz ist, wenn es nicht etwas anderes bestimmt, nicht anzuwenden auf

1. die Kommunen, soweit sie das Waffengesetz oder die Allgemeine Waffengesetz-Verordnung ausführen,
2. die Justizvollzugseinrichtungen,
3. die Staatsanwaltschaften und
4. die Gerichte

sowie deren Beschäftigte, soweit sie dienstlich tätig werden.

§ 5 Weiterübertragung von Verordnungsermächtigungen

(1) Die auf das Ministerium für Inneres und Sport übertragene Ermächtigung zum Erlass einer Verordnung nach § 42 Abs. 5 Satz 1 Nr. 1 in Verbindung mit Satz 2 WaffG wird auf die Polizeidirektionen übertragen.

(2) $_1$Die auf das Ministerium für Inneres und Sport übertragene Ermächtigung zum Erlass einer Verordnung nach § 42 Abs. 5 Satz 1 Nrn. 2 bis 5 in Verbindung mit Satz 2 WaffG wird auf die Landkreise und kreisfreien Städte übertragen. $_2$Die Verordnungen sind im Benehmen mit der jeweiligen Polizeidirektion zu erlassen.

§ 6 Änderung der Verordnung über Zuständigkeiten auf verschiedenen Gebieten der Gefahrenabwehr

(hier nicht aufgenommen)

§ 7 Inkrafttreten

(1) Diese Verordnung tritt am Tag nach ihrer Verkündung in Kraft.

(2) Gleichzeitig tritt die Verordnung über die Nichtanwendung von Vorschriften des Waffengesetzes vom 15. Dezember 1976 (Nds.GVBl. S. 329), zuletzt geändert durch § 8 Abs. 2 Nr. 5 der Verordnung vom 14. Dezember 2004 (Nds.GVBl. S. 589), außer Kraft.

Verordnung zur Durchführung des Waffengesetzes

Vom 8. April 2003 (GV. NRW. S. 217)

Zuletzt geändert durch
Verordnung zur Änderung der Verordnung zur Durchführung des Waffengesetzes
vom 11. Februar 2025 (GV. NRW. S. 178)

Verordnung zur Durchführung des Waffengesetzes

Auf Grund der §§ 48 Abs. 1 und 55 Abs. 6 des Waffengesetzes (Artikel 1 des Gesetzes zur Neuregelung des Waffenrechts vom 11. Oktober 2002 [BGBl. I S. 3970]), der §§ 5 Abs. 2, 7 Abs. 4 des Landesorganisationsgesetzes (LOG NRW) vom 10. Juli 1962 (GV. NRW. S. 421), zuletzt geändert durch Gesetz vom 9. Mai 2000 (GV. NRW. S. 462), und des § 36 Abs. 2 Satz 1 des Gesetzes über Ordnungswidrigkeiten (OWiG) in der Fassung der Bekanntmachung vom 19. Februar 1987 (BGBl. I S. 602), zuletzt geändert durch Gesetz vom 26. Juli 2002 (BGBl. I S. 2864), wird verordnet:

§ 1 (Allgemeine Zuständigkeit)

Zuständige Behörden nach dem Waffengesetz und nach den Verordnungen zum Waffengesetz sind die Kreispolizeibehörden, soweit im Waffengesetz, in den Verordnungen zum Waffengesetz oder in dieser Verordnung nichts anderes bestimmt ist. Zuständige Behörde im Rahmen des Verfahrens nach § 2 Abs. 5 Waffengesetz ist das Landeskriminalamt Nordrhein-Westfalen.

§ 2 (Fach- und Sachkunde)

(1) Zuständige Behörden für die Prüfung der Fachkunde nach § 22 Abs. 1 Waffengesetz sind

1. das Polizeipräsidium Köln für die Regierungsbezirke Düsseldorf und Köln,
2. das Polizeipräsidium Münster für die Regierungsbezirke Münster, Arnsberg und Detmold.

(2) Die Geschäftsführung für die Abnahme der Prüfung nach § 22 Abs. 1 Waffengesetz wird im Fall des Absatzes 1 Nr. 1 der Industrie- und Handelskammer zu Düsseldorf und im Falle des Absatzes 1 Nr. 2 der Industrie- und Handelskammer zu Münster übertragen.

(3) Zuständige Behörden für die Abnahme der Prüfung nach § 2 Abs. 1 Allgemeine Waffengesetz-Verordnung (AWaffV) vom 27. Oktober 2003 (BGBl. I S. 2123) sind

1. das Polizeipräsidium Dortmund für den Regierungsbezirk Arnsberg,
2. das Polizeipräsidium Bielefeld für den Regierungsbezirk Detmold,
3. das Polizeipräsidium Düsseldorf für den Regierungsbezirk Düsseldorf,
4. das Polizeipräsidium Köln für den Regierungsbezirk Köln,
5. das Polizeipräsidium Münster für den Regierungsbezirk Münster.

Als Vorsitzenden oder als Beisitzer des Prüfungsausschusses dürfen die Polizeipräsidien Angehörige anderer Landesbehörden und Einrichtungen berufen.

(4) Die staatliche Anerkennung von Lehrgängen zur Vermittlung der Sachkunde im Umgang mit Waffen und Munition nach § 3 Abs. 2 der Allgemeinen Waffengesetz-Verordnung (AWaffV) sprechen die in Absatz 3 genannten Polizeipräsidien jeweils für den Regierungsbezirk aus, für den sie nach Absatz 3 zuständig sind. Die örtliche Zuständigkeit richtet sich nach dem Ort, an dem der Lehrgang zur Vermittlung der Sachkunde stattfindet.

§ 3 (Persönlich Gefährdete)

Zuständige Behörde für die Erteilung einer Bescheinigung nach § 55 Abs. 2 Waffengesetz an Personen, die wegen der von ihnen wahrzunehmenden hoheitlichen Aufgaben des Landes persönlich erheblich gefährdet sind, sind die Kreispolizeibehörden. Für Mitglieder des Landtages und der Landesregierung sowie für Bedienstete des Landtages und der obersten Landesbehörden kann auch das Innenministerium die Bescheinigung erteilen.

IV

§ 4 (Anwendbarkeit für Justiz und Behörden)

Das Waffengesetz ist auf

die Gerichte,

die Staatsanwaltschaften,

die Justizvollzugsbehörden,

die Forstbehörden und

den Landesbetrieb Mess- und Eichwesen NRW

sowie deren Bedienstete, wenn sie dienstlich tätig werden, nicht anzuwenden, soweit das Waffengesetz nicht ausdrücklich etwas anderes bestimmt. Zur Eigensicherung bei der Anwendung des unmittelbaren Zwanges nach dem Verwaltungsvollstreckungsgesetz NRW gilt für die Dienstkräfte der Ordnungsbehörden § 2 Abs. 3 Waffengesetz i. V. m. Anlage 2 Nr. 1.3.5 Waffengesetz nicht.

§ 5 (Ordnungswidrigkeiten)

Die Zuständigkeit für die Verfolgung und Ahndung von Ordnungswidrigkeiten nach § 53 Waffengesetz wird den Kreispolizeibehörden übertragen.

§ 6 (Landesamt für Zentrale Polizeiliche Dienste)

(1) Das Landesamt für Zentrale Polizeiliche Dienste wird für zuständig bestimmt und ermächtigt, im Benehmen mit dem für Waffenrecht zuständigen Ministerium Rechtsverordnungen nach Maßgabe des § 42 Absatz 5 Satz 1 in Verbindung mit Satz 2 und 3 des Waffengesetzes zu erlassen.

(2) Das Landesamt für Zentrale Polizeiliche Dienste prüft die Voraussetzungen zur Einrichtung einer Waffenverbotszone auf Vorschlag der örtlich zuständigen Kreispolizeibehörden und bestimmt diese in einer Rechtsverordnung nach Absatz 1.

(3) Der Vorschlag der örtlich zuständigen Kreispolizeibehörden basiert auf einer Gefahrenprognose, mit der nachgewiesen wird, dass Tatsachen die Annahme rechtfertigen, dass die Einrichtung einer Waffenverbotszone zur Abwehr einer Gefahr für die öffentliche Sicherheit erforderlich ist. Die Gefahrenprognose ist zu dokumentieren und dem Landesamt für Zentrale Polizeiliche Dienste für die Prüfung nach Absatz 2 vorzulegen.

(4) Bei Waffenverbotszonen im Sinne des § 42 Absatz 5 Satz 1 Nummer 1 des Waffengesetzes ist darzulegen, dass in dem jeweiligen Gebiet wiederholt Straftaten gemäß § 42 Absatz 5 Satz 1 Nummer 1 Buchstabe a oder b des Waffengesetzes begangen worden sind und Tatsachen die Annahme rechtfertigen, dass auch künftig mit der Begehung solcher Straftaten zu rechnen ist.

(5) Bei Waffenverbotszonen im Sinne des § 42 Absatz 5 Satz 1 Nummer 2 bis 5 des Waffengesetzes ist darzulegen, dass Tatsachen die Annahme rechtfertigen, dass das Verbot oder die Beschränkung zur Abwehr von Gefahren für die öffentliche Sicherheit erforderlich ist. Da von Waffen im Sinne des § 1 Absatz 2 des Waffengesetzes und Messern eine generelle Gefahr für die hochrangigen Rechtsgüter Leib oder Leben ausgeht und ein möglicher Schaden tendenziell von größerem Ausmaß ist, kann für die Gefahrenprognose eine geringere Schadenswahrscheinlichkeit ausreichen. Das sachverhaltstypische Risiko muss jedoch das allgemeine Lebensrisiko erheblich übersteigen. Aus der Gefahrenprognose muss sich die voraussichtliche Häufigkeit von Schadensfällen mit Waffen und Messern und das Gewicht der Schadensfolgen ergeben. Dabei können insbesondere folgende polizeiliche Erkenntnisse in Bezug auf das maßgebliche Gebiet zugrunde gelegt werden:

1. bereits begangene Straftaten unter Verwendung von Waffen und Messern,
2. Feststellung einzelner Störer oder Störergruppen, die Waffen oder Messer mit sich führen und
3. Sicherstellung von Waffen oder Messern anlässlich einer Durchsuchung in einer Gewahrsamseinrichtung bei Störern, die sich zuvor in dem maßgeblichen Gebiet aufgehalten haben.

(6) Erforderlich ist die Einrichtung einer Waffenverbotszone, wenn andere polizeiliche Maßnahmen zur Verhinderung von Straftaten unter Verwendung von Waffen und Messern

erheblich weniger erfolgversprechend oder wesentlich erschwert wären. Die Waffenverbotszone ist räumlich und zeitlich auf das Notwendige zu beschränken.

(7) Das Landesamt für Zentrale Polizeiliche Dienste hat in der Rechtsverordnung gemäß Absatz 1 Ausnahmen vom Verbot des Führens von Waffen und Messern im Sinne des § 42 Absatz 5 Satz 2 und 3 des Waffengesetzes zu regeln.

(8) Die örtlich zuständigen Kreispolizeibehörden haben die Gefahrenprognose regelmäßig, mindestens jährlich, zu überprüfen und fortzuschreiben. Hierzu ist dem Landesamt für Zentrale Polizeiliche Dienste zu berichten.

(9) Das Landesamt für Zentrale Polizeiliche Dienste unterrichtet das für Waffenrecht zuständige Ministerium über den Erlass einer Rechtsverordnung gemäß Absatz 1 vor deren Verkündung.

§ 7 Inkrafttreten

Diese Verordnung tritt am Tage nach der Verkündung in Kraft.

Landesverordnung zur Durchführung des Waffengesetzes

Vom 26. April 2005 (GVBl. S. 148)

Zuletzt geändert durch
Zweite Landesverordnung zur Änderung der Landesverordnung
zur Durchführung des Waffengesetzes
vom 25. November 2025 (GVBl. S. 691)

Aufgrund

des § 48 Abs. 1 und des § 55 Abs. 6 Satz 1 des Waffengesetzes vom 11. Oktober 2002 (BGBl. I S. 3970, 4592; 2003 I S. 1957), zuletzt geändert durch Artikel 3 des Gesetzes vom 10. September 2004 (BGBl. I S. 2318), in Verbindung mit § 2 Abs. 4 Satz 1 der Gemeindeordnung in der Fassung vom 31. Januar 1994 (GVBl. I S. 153), zuletzt geändert durch Gesetz vom 15. Oktober 2004 (GVBl. S. 457), BS 2020-1, und § 2 Abs. 7 Satz 1 der Landkreisordnung in der Fassung vom 31. Januar 1994 (GVBl. S. 188), zuletzt geändert durch Gesetz vom 15. Oktober 2004 (GVBl. I S. 457), BS 2020-2,

wird von der Landesregierung und

aufgrund

des § 36 Abs. 2 Satz 1 des Gesetzes über Ordnungswidrigkeiten in der Fassung vom 19. Februar 1987 (BGBl. I S. 602), zuletzt geändert durch Artikel 18 des Gesetzes vom 9. Dezember 2004 (BGBl. I S. 3220), in Verbindung mit § 1 der Landesverordnung zur Übertragung der Ermächtigung der Landesregierung nach § 36 Abs. 2 Satz 1 des Gesetzes über Ordnungswidrigkeiten vom 6. November 1968 (GVBl. S. 247, BS 453-1), § 2 Abs. 4 Satz 1 der Gemeindeordnung und § 2 Abs. 7 Satz 1 der Landkreisordnung

wird von dem Ministerium des Innern und für Sport

verordnet:

§ 1 Allgemeine sachliche Zuständigkeit

Zuständige Behörde für die Ausführung des Waffengesetzes (WaffG) vom 11. Oktober 2002 (BGBl. I S. 3970, 4592; 2003 I S. 1957) in der jeweils geltenden Fassung und der aufgrund dieses Gesetzes erlassenen Rechtsverordnungen ist, soweit nicht Bundesbehörden zuständig sind oder in dieser Verordnung nichts anderes bestimmt ist, die Kreisverwaltung und in kreisfreien Städten die Stadtverwaltung als Kreisordnungsbehörde.

§ 2 Besondere sachliche Zuständigkeit

(1) Zuständige Behörde nach § 2 Abs. 5 Satz 2 Nr. 2 und Satz 3 WaffG ist das Landeskriminalamt.

(2) Zuständige Behörde für die Erteilung des Benehmens nach § 15 Abs. 3 WaffG ist das für das Waffenrecht zuständige Ministerium.

(3) Zuständige Behörden für Kontrollen aufgrund des § 42c Satz 1 WaffG sind die Kreisverwaltungen, in kreisfreien Städten die Stadtverwaltungen als Kreisordnungsbehörden sowie die Gemeindeverwaltungen der verbandsfreien Gemeinden, die Verbandsgemeindeverwaltungen und die Stadtverwaltungen der großen kreisangehörigen Städte als örtliche Ordnungsbehörden sowie die Polizei.

(4) Zuständige Behörde nach § 3 Abs. 2 der Allgemeinen Waffengesetz-Verordnung (AWaffV) vom 27. Oktober 2003 (BGBl. I S. 2123) in der jeweils geltenden Fassung ist die Landesordnungsbehörde.

§ 2a Verordnungsermächtigung

Die Ermächtigung nach § 42 Abs. 5 Satz 1 in Verbindung mit Satz 2 WaffG, durch Rechtsverordnung das Führen von Waffen im Sinne des § 1 Abs. 2 WaffG und von Messern zu verbieten oder zu beschränken, wird auf das für das Waffenrecht zuständige Ministerium übertragen.

§ 3 Durchführung von Prüfungen

(1) Zuständige Behörde nach § 7 Abs. 1 WaffG in Verbindung mit § 2 Abs. 1 AWaffV ist die Landesordnungsbehörde.

(2) Zuständige Behörde nach § 22 Abs. 1 Satz 1 WaffG und § 16 Abs. 1 Satz 1 AWaffV

ist die Landesordnungsbehörde. Die Geschäftsführung wird auf die Industrie- und Handelskammer für Rheinhessen übertragen.

§ 4 Waffenrechtliche Bescheinigungen

(1) Die Bescheinigung nach § 55 Abs. 2 WaffG erteilt:

1. die Staatskanzlei für die Bediensteten ihres Geschäftsbereichs,
2. jedes Ministerium für die Bediensteten seines Geschäftsbereichs und
3. das für das Waffenrecht zuständige Ministerium
   a) im Einvernehmen mit der Präsidentin oder dem Präsidenten des Landtags für die Mitglieder und die Bediensteten des Landtags,
   b) im Einvernehmen mit der Präsidentin oder dem Präsidenten des Rechnungshofs für die Mitglieder und die Bediensteten des Rechnungshofs und
   c) für alle übrigen Personen, die wegen der von ihnen wahrzunehmenden hoheitlichen Aufgaben des Landes erheblich gefährdet sind.

(2) Zuständige Behörde für die Erteilung der Bescheinigung nach § 56 WaffG ist, soweit nicht das Bundesverwaltungsamt zuständig ist, das Landeskriminalamt.

§ 5 Befreiungen

(1) Das Waffengesetz ist, wenn es nicht ausdrücklich etwas anderes bestimmt, nicht anzuwenden auf

1. die Behörden und Dienststellen des Landes sowie deren Bedienstete, soweit sie dienstlich tätig werden,
2. die Kreisordnungsbehörden und deren Bedienstete, soweit sie in Ausführung ihrer Zuständigkeiten nach § 1 dieser Verordnung dienstlich tätig werden.

(2) Das Waffengesetz ist, wenn es nicht ausdrücklich etwas anderes bestimmt, hinsichtlich der nach § 5 Abs. 1 der Landesverordnung über die kommunalen Vollzugsbeamtinnen und kommunalen Vollzugsbeamten sowie die Hilfspolizeibeamtinnen und Hilfspolizeibeamten vom 16. Februar 2007 (GVBl. I S. 61, BS 2012-1-3) in der jeweils geltenden Fassung zugelassenen Waffen nicht anzuwenden auf

1. die örtlichen Ordnungsbehörden und die Kreisordnungsbehörden,
2. die nach § 109 des Polizei- und Ordnungsbehördengesetzes (POG) in der Fassung vom 10. November 1993 (GVBl. S. 595, BS 2012-1) in der jeweils geltenden Fassung von den örtlichen Ordnungsbehörden und den Kreisordnungsbehörden bestellten kommunalen Vollzugsbediensteten, soweit sie mit solchen Waffen dienstlich ausgerüstet sind und in Ausübung ihrer Bestellung dienstlich tätig werden,
3. die nach § 110 POG von den örtlichen Ordnungsbehörden bestellten Hilfspolizeibediensteten, soweit sie mit solchen Waffen dienstlich ausgerüstet sind und in Ausübung ihrer Bestellung dienstlich tätig werden, und
4. die zum sonstigen Umgang mit solchen Waffen, insbesondere zur Beschaffung, zur Aufbewahrung oder zur Instandhaltung, befugten Bediensteten der örtlichen Ordnungsbehörden und der Kreisordnungsbehörden, soweit sie in Ausführung ihrer Befugnis dienstlich tätig werden.

§ 6 Ordnungswidrigkeiten

Zuständige Behörde für die Verfolgung und Ahndung von Ordnungswidrigkeiten nach § 53 WaffG ist die Kreisverwaltung und in kreisfreien Städten die Stadtverwaltung als Kreisordnungsbehörde.

§ 7 In-Kraft-Treten

(1) Diese Verordnung tritt am Tage nach der Verkündung in Kraft.

(2) Gleichzeitig tritt die Landesverordnung zur Durchführung des Waffengesetzes vom 13. November 1981 (GVBl. S. 318), geändert durch Artikel 183 des Gesetzes vom 12. Oktober 1999 (GVBl. S. 325), BS 715-1, außer Kraft.

Verordnung zur Durchführung des Waffengesetzes (DVWaffG)

Vom 19. November 2024 (Amtsbl. I S. 881_2)

Zuletzt geändert durch
Neuorganisationsbegleitgesetz
vom 22. Januar 2025 (Amtsbl. I S. 170)

Aufgrund des § 42 Absatz 5, des § 42c, des § 48 Absatz 1 und des § 55 Absatz 6 des Waffengesetzes vom 11. Oktober 2002 (BGBl. I S. 3970, 4592; 2003 I S. 1957), zuletzt geändert durch Artikel 5 des Gesetzes vom 25. Oktober 2024 (BGBl. 2024 I Nr. 332), und des § 36 Absatz 2 Satz 1 des Gesetzes über Ordnungswidrigkeiten in der Fassung der Bekanntmachung vom 19. Februar 1987 (BGBl. I S. 602), zuletzt geändert durch Artikel 10 des Gesetzes vom 12. Juli 2024 (BGBl. 2024 I Nr. 234), in Verbindung mit § 5 Absatz 3 des Landesorganisationsgesetzes in der Fassung der Bekanntmachung vom 27. März 1997 (Amtsbl. S. 410), zuletzt geändert durch Artikel 2 des Gesetzes vom 13. Juni 2018 (Amtsbl. I S. 358), verordnet die Landesregierung:

§ 1 Allgemeine Zuständigkeit

Zuständige Behörden im Sinne des § 48 Absatz 1 des Waffengesetzes sind die Landkreise, der Regionalverband Saarbrücken und die Landeshauptstadt Saarbrücken.

§ 2 Besondere Zuständigkeiten

(1) Zuständige Behörde für die Prüfung der Fachkunde nach § 22 Absatz 1 des Waffengesetzes ist das Ministerium für Wirtschaft, Innovation, Digitales und Energie. Die Geschäftsführung für die Abnahme der Prüfung nach Satz 1 obliegt der Industrie- und Handelskammer des Saarlandes. Mehrere Industrie- und Handelskammern können im Rahmen des § 10 des Gesetzes zur vorläufigen Regelung des Rechts der Industrie- und Handelskammern Vereinbarungen zur gemeinsamen Durchführung der Sachkundeprüfung, insbesondere über einen gemeinsamen Prüfungsausschuss, schließen.

(2) Zuständige Behörden für die Erteilung von Bescheinigungen nach § 55 Absatz 2 des Waffengesetzes zum Erwerb und Besitz von Schusswaffen und Munition sind die obersten Landesbehörden oder die von ihnen bestimmten Behörden oder Dienststellen.

(3) Zuständige Behörde für die Erteilung von Bescheinigungen nach § 56 des Waffengesetzes ist für den Zuständigkeitsbereich des Landes das Ministerium für Inneres, Bauen und Sport.

(4) Zuständige Behörde für die Prüfung des Führens der Ersatzdokumentation nach §§ 17 bis 20 der Allgemeinen Waffengesetz-Verordnung vom 27. Oktober 2003 (BGBl. I S. 2123), zuletzt geändert durch Artikel 1 der Verordnung vom 1. September 2020 (BGBl. I S. 1977), sowie zur Mitteilung einer fortlaufenden Nummer an die nach § 1 zuständigen Behörden für solche Waffen, die der Kennzeichnungspflicht nach § 24 des Waffengesetzes nicht genügen, ist die Landespolizeidirektion des Saarlandes.

(5) Zuständige Behörden für die Erteilung einer Erlaubnis zum Betreiben einer Schießstätte gemäß § 27 Absatz 1 des Waffengesetzes sind

1. das Ministerium für Inneres, Bauen und Sport, wenn auf der Schießstätte mit Schusswaffen des Kalibers 22 (5,6 mm) oder größeren Kalibers geschossen werden soll,
2. im Übrigen die Ortspolizeibehörden.

(6) Zuständige Behörden für die Erteilung einer Erlaubnis zum Schießen außerhalb von Schießstätten nach § 10 Absatz 5 des Waffengesetzes sind die Ortspolizeibehörden.

(7) Zuständige Behörde gemäß § 42c des Waffengesetzes für die Durchsetzung gesetzlicher Waffen- und Messerverbote nach § 42 Absatz 1 Satz 1, Absatz 4a Satz 1 und § 42b Absatz 1 Waffengesetz sowie von Waffen-

und Messerverbotszonen nach § 42 Absatz 5 Waffengesetz im räumlichen Geltungsbereich dieser gesetzlichen Waffen- und Messerverbote sowie im räumlichen Geltungsbereich der Waffen- und Messerverbotszonen ist die Vollzugspolizei.

§ 3 Beschaffung von Dienstwaffen und Munition

Schusswaffen und Munition für dienstliche Zwecke beschaffen die obersten Landesbehörden oder die von ihnen bestimmten Stellen für ihren Geschäftsbereich.

§ 4 Sicherstellungen

Neben den nach § 1 zuständigen Behörden ist in unaufschiebbaren Fällen auch die Vollzugspolizei zuständig für

1. Verbote und Untersagungen nach §§ 40 bis 42 des Waffengesetzes sowie Sicherstellungen nach § 46 Absatz 4 des Waffengesetzes,
2. die Einholung von Auskünften nach § 39 Absatz 1 des Waffengesetzes und
3. Anordnungen zum Vorzeigen von Gegenständen nach § 39 Absatz 3 des Waffengesetzes.

§ 5 Freistellungen vom Waffengesetz

(1) Auf die nachgenannten Behörden und Dienststellen, die nach den für sie geltenden Dienstvorschriften die tatsächliche Gewalt über erlaubnispflichtige Gegenstände des Waffengesetzes oder der Allgemeinen Waffengesetz-Verordnung ausüben, sind die waffenrechtlichen Vorschriften gemäß § 55 des Waffengesetzes nicht anzuwenden, soweit diese Verordnung nichts anderes bestimmt. Behörden und Dienststellen im Sinne von Satz 1 sind

1. im Bereich der Fachaufsicht
   a) des Ministeriums für Inneres, Bauen und Sport: die Vollzugspolizei und die Verfassungsschutzbehörde,
   b) des Ministeriums für Umwelt, Klima, Mobilität, Agrar und Verbraucherschutz: die Forstbehörden, der SaarForst Landesbetrieb, die Oberste Jagdbehörde und die in der Naturwacht des Saarlandes hauptamtlich Tätigen
   c) des Ministeriums der Justiz: die Staatsanwaltschaften und Justizvollzugsanstalten sowie
2. die Gerichte,
3. die Landkreise, der Regionalverband Saarbrücken und die Landeshauptstadt Saarbrücken als untere Waffenbehörden nach § 1 dieser Verordnung sowie als untere Jagdbehörden nach § 2 Absatz 3 des Saarländischen Jagdgesetzes.

(2) Auf Bedienstete dieser Behörden und Stellen ist, wenn sie dienstlich tätig werden, hinsichtlich der

1. dienstlich gelieferten Waffen und Munition oder
2. der privateigenen Waffen und Munition, wenn und solange diese mit Billigung des Dienstherrn für dienstliche Zwecke verwendet werden und gemäß der Allgemeinen Verwaltungsvorschrift zum Waffengesetz vom 5. März 2012 (BAnz. 2012 Beilage Nummer 47 22.03.2012 S. 1) in einem dienstlichen Register aufgenommen sind, und
3. erlaubnispflichtigen Gegenstände des Waffengesetzes, die bis zur Entscheidung über ihre weitere Verwendung in gerichtlicher oder behördlicher Obhut verbleiben müssen, sofern die tatsächliche Gewalt darüber von Bediensteten ausgeübt wird, denen dies im innerdienstlichen Bereich durch Vorschrift oder Weisung obliegt,

das Waffengesetz nicht anzuwenden, soweit das Waffengesetz nicht ausdrücklich etwas anderes bestimmt.

(3) Polizeivollzugsbeamte sind außerhalb des Dienstes zur Ausübung der tatsächlichen Gewalt über dienstlich zugelassene Schusswaffen und zum Führen dieser Schusswaffen nur insoweit befugt, als sie durch Dienstvorschriften hierzu ermächtigt sind.

(4) Schießstätten des Landes bedürfen keiner Erlaubnis nach § 27 Absatz 1 des Waffengesetzes. Bei dienstlicher Benutzung finden die §§ 6, 10 und 11 der Allgemeine Waffengesetz-Verordnung und – sofern die Schießstätte auch für Verteidigungsschießen zugelassen ist – die §§ 22 bis 25 der Allgemeine

Waffengesetz-Verordnung keine Anwendung. Satz 2 gilt entsprechend für private Schießstätten, wenn diese dienstlich von Bediensteten der in Absatz 1 Satz 2 genannten Behörden und Dienststellen benutzt werden.

§ 6 Zuständige Behörden für die Verfolgung und Ahndung von Ordnungswidrigkeiten

Zuständige Behörden für die Verfolgung und Ahndung von Ordnungswidrigkeiten nach § 53 des Waffengesetzes sind die Landkreise, der Regionalverband Saarbrücken und die Landeshauptstadt Saarbrücken.

§ 7 Ermächtigungen

(1) Das Ministerium für Inneres, Bauen und Sport wird gemäß § 55 Absatz 6 Satz 1 in Verbindung mit Satz 2 des Waffengesetzes ermächtigt, durch Rechtsverordnung eine dem § 55 Absatz 1 Satz 1 des Waffengesetzes entsprechende Regelung für sonstige Behörden und Dienststellen zu treffen.

(2) Das Ministerium für Inneres, Bauen und Sport wird gemäß § 42 Absatz 5 Satz 4 des Waffengesetzes ermächtigt, Rechtsverordnungen nach Maßgabe des § 42 Absatz 5 Satz 1 in Verbindung mit Satz 2 des Waffengesetzes zu erlassen. Das Ministerium für Inneres, Bauen und Sport kann diese Befugnis gemäß § 42 Absatz 5 Satz 4 2. Halbsatz des Waffengesetzes durch Rechtsverordnung weiter übertragen.

Waffen- und Beschussrechts-Verordnung (WaffBeschR-VO)

Vom 18. Juni 2004 (GVBl. LSA S. 344)

Zuletzt geändert durch
Vierte Verordnung zur Änderung der Waffen- und Beschussrechts-Verordnung
vom 27. November 2025 (GVBl. LSA S. 820)

Aufgrund des § 48 Abs. 1 und des § 55 Abs. 6 Satz 1 des Waffengesetzes vom 11. Oktober 2002 (BGBl. I S. 3970, 4592; 2003 I S. 1957) sowie des § 1 Abs. 6 Satz 1 und des § 20 Abs. 1 des Beschussgesetzes vom 11. Oktober 2002 (BGBl. I S. 3970, 4003), zuletzt geändert durch Artikel 116 der Verordnung vom 25. November 2003 (BGBl. I S. 2304, 2317) wird verordnet:

Abschnitt 1 Durchführung des Waffengesetzes

§ 1 Zuständigkeiten

(1) Zuständig für die Durchführung des Waffengesetzes und der aufgrund dieses Gesetzes erlassenen Verordnungen sind

1. die Landkreise und die kreisfreie Stadt Dessau-Roßlau,
2. die jeweilige Polizeiinspektion anstelle der kreisfreien Städte Halle (Saale) und Magdeburg,

soweit nicht durch Bundesrecht oder in dieser Verordnung etwas anderes bestimmt ist.

(2) Die Zulassung einer Ausnahme nach § 12 Abs. 5 des Waffengesetzes bedarf der vorherigen Zustimmung des Landesverwaltungsamtes.

(3) Zuständige Behörden für die Durchführung und Durchsetzung der aufgrund § 42 Abs. 5 Satz 1 des Waffengesetzes erlassenen Rechtsverordnungen sind die Polizeiinspektionen.

(4) Abweichend von Absatz 1 sind

1. im räumlichen Geltungsbereich einer aufgrund § 42 Abs. 5 Satz 1 des Waffengesetzes erlassenen Verordnung die Polizeiinspektionen für die Durchführung des § 42a des Waffengesetzes und
2. für die Durchführung gesetzlicher Waffen- und Messerverbote nach § 42 Abs. 1 Satz 1, Abs. 4a Satz 1 und § 42b Abs. 1 des Waffengesetzes durch Kontrollen nach § 42cSatz 1 des Waffengesetzes die Polizeiinspektionen

zuständig.

§ 2 Besondere Zuständigkeiten und Übertragungen

(1) Das Landesverwaltungsamt ist zuständig für

1. die Prüfung der Sachkunde nach § 7 Abs. 1 des Waffengesetzes in Verbindung mit § 2 Abs. 1 der Allgemeinen Waffengesetz-Verordnung vom 27. Oktober 2003 (BGBl. I S. 2123),
2. die staatliche Anerkennung von Lehrgängen zur Vermittlung der Sachkunde nach § 3 Abs. 2 der Allgemeinen Waffengesetz-Verordnung,
3. die Erklärung des Benehmens nach § 15 Abs. 3 des Waffengesetzes und
4. die Prüfung der Fachkunde nach § 22 Abs. 1 des Waffengesetzes in Verbindung mit § 16 Abs. 1 der Allgemeinen Waffengesetz-Verordnung.

(2) Das Landeskriminalamt ist

1. antragsberechtigt nach § 2 Abs. 5 Satz 2 Nr. 2 des Waffengesetzes und
2. zuständig für die Erteilung der Bescheinigung nach § 56 Sätze 1 und 4 des Waffengesetzes.

(3) Das für Waffenrecht zuständige Ministerium ist zuständig für die Beteiligung nach § 2 Abs. 5 Satz 3 des Waffengesetzes.

(4) Die Geschäftsführung des staatlichen Prüfungsausschusses nach § 16 Abs. 1 der Allgemeinen Waffengesetz-Verordnung in Verbindung mit § 22 Abs. 1 Satz 1 des Waffengesetzes wird auf die Industrie- und Handelskammer Magdeburg übertragen.

IV

§ 3 Waffenrechtliche Bescheinigungen

Das Landeskriminalamt Sachsen-Anhalt ist zuständig für die Erteilung von Bescheinigungen nach § 55 Abs. 2 Satz 1 des Waffengesetzes für die Mitglieder der Landesregierung und des Landtages von Sachsen-Anhalt sowie für die Bediensteten der obersten Landesbehörden und der ihnen unmittelbar nachgeordneten Behörden.

§ 4 Ausnahmen

Das Waffengesetz ist, wenn es nicht ausdrücklich etwas anderes bestimmt, nicht anzuwenden auf

1. die Behörden und Dienststellen des Landes und deren Bedienstete, soweit sie dienstlich tätig werden,
2. die Behörden nach § 1 Abs. 1 und deren Bedienstete, soweit sie zur Wahrnehmung der ihnen nach § 1 Abs. 1 übertragenen Aufgaben dienstlich tätig werden und
3. die Verwaltungsvollzugsbeamten der Landeshauptstadt Magdeburg, soweit sie dienstlich tätig werden, begrenzt auf den Umgang mit Gegenständen mit Reizstoffen nach Anlage 2 Abschn. 1 Nr. 1.3.5 des Waffengesetzes als Mittel der Eigensicherung einschließlich Notwehr und Notstand.

Abschnitt 2
Durchführung des Beschussgesetzes

§ 5 Zuständigkeit

Zuständig für die Durchführung des Beschussgesetzes und der aufgrund dieses Gesetzes erlassenen Verordnungen ist das Landeseichamt, soweit nicht durch Bundesrecht etwas anderes bestimmt ist.

§ 6 Ausnahmen

Das Beschussgesetz ist nicht anzuwenden auf die Dienststellen des Landes, soweit diese dienstlich tätig werden und soweit das Beschussgesetz nicht ausdrücklich etwas anderes bestimmt.

Abschnitt 3
Schlussvorschrift

§ 7 Inkrafttreten; Außerkrafttreten

Diese Verordnung tritt am Tage nach ihrer Verkündung in Kraft. Gleichzeitig treten außer Kraft:

1. die Verordnung über die Nichtanwendung von Vorschriften des Waffengesetzes (NWaffV0), vom 26. Juni 1991 (GVBl. LSA S. 150),
2. Anlage 1 lfd. Nrn. 3.9, 3.10 und 3.11 der Verordnung über die Regelung von Zuständigkeiten im Immissions-, Gewerbe- und Arbeitsschutzrecht sowie in anderen Rechtsgebieten vom 14. Juni 1994 (GVBl. LSA S. 636), zuletzt geändert durch Verordnung vom 20. November 2003 (GVBl. LSA S. 337).

§ 4 Nr. 3 tritt mit Ablauf des 31. März 2027 außer Kraft.

Verordnung der Sächsischen Staatsregierung zur Durchführung des Waffengesetzes (Sächsische Waffengesetzdurchführungsverordnung – SächsWaffGDVO)

Vom 30. August 2017 (SächsGVBl. S. 502)

Zuletzt geändert durch
Dritte Verordnung der Sächsischen Staatsregierung zur Änderung der Sächsischen Waffengesetzdurchführungsverordnung
vom 22. November 2024 (SächsGVBl. S. 922)

Auf Grund des § 42 Absatz 5 Satz 4 Halbsatz 1, des § 48 Absatz 1 Satz 1, Absatz 1a und des § 55 Absatz 6 Satz 1 des Waffengesetzes vom 11. Oktober 2002 (BGBl. I S. 3970, 4592; 2003 I S. 1957), von denen § 42 Absatz 5 durch Artikel 1 Nummer 1 des Gesetzes vom 5. November 2007 (BGBl. I S. 2557) und § 48 Absatz 1a durch Artikel 1b des Gesetzes vom 25. November 2012 (BGBl. I S. 1381) eingefügt worden ist, verordnet die Staatsregierung:

§ 1 Zuständigkeiten

(1) Für die Durchführung des Waffengesetzes und der aufgrund dieses Gesetzes erlassenen Rechtsverordnungen sind die Kreispolizeibehörden zuständig, soweit nicht durch Bundesrecht oder in dieser Verordnung etwas anderes bestimmt ist.

(2) Zuständige Behörde des Landes im Sinne des § 2 Absatz 5 Satz 2 Nummer 2 und Satz 3 des Waffengesetzes ist das Landeskriminalamt Sachsen.

(3) Zuständige Behörde des Landes im Sinne des § 15 Absatz 3 des Waffengesetzes ist das Staatsministerium des Innern.

(4) Zuständige Behörde im Sinne des § 3 Absatz 2 der Allgemeinen Waffengesetz-Verordnung vom 27. Oktober 2003 (BGBl. I S. 2123), die durch Artikel 2 des Gesetzes vom 30. Juni 2017 (BGBl. I S. 2133) geändert worden ist, in der jeweils geltenden Fassung, ist die Landesdirektion Sachsen.

(5) Zuständige Kontaktstelle nach Artikel 6 Absatz 5 Satz 2 der Verordnung (EU) Nr. 1214/2011 des Europäischen Parlaments und des Rates vom 16. November 2011 über den gewerbsmäßigen grenzüberschreitenden Straßentransport von Euro-Bargeld zwischen den Mitgliedstaaten des Euroraums (ABl. L 316 vom 29. 11. 2011, S. 1), bei der in anderen Mitgliedstaaten niedergelassene Cash-in-transit-(CIT)-Unternehmen einen Waffenschein für ihr CIT-Sicherheitspersonal beantragen können, ist die Landesdirektion Sachsen.

(6) Für die Kontrollen aufgrund von § 42c des Waffengesetzes ist die Polizei im Sinne des § 1 Satz 2 des Sächsischen Polizeivollzugsdienstgesetzes zuständig, soweit nicht Bundesbehörden zuständig sind.

§ 2 Waffenrechtliche Bescheinigungen

(1) Für die Erteilung, die Rücknahme und den Widerruf von Bescheinigungen nach § 55 Absatz 2 des Waffengesetzes sind zuständig:

1. das Staatsministerium der Justiz für die Bediensteten seines Geschäftsbereichs,
2. das Landeskriminalamt, das Polizeiverwaltungsamt und das Präsidium der Bereitschaftspolizei für seine Bediensteten sowie die Polizeidirektionen und die Einrichtungen für den Polizeivollzugsdienst für ihre Bediensteten,
3. die Landesdirektion Sachsen für ihre Bediensteten,
4. im Übrigen das Staatsministerium des Innern.

(2) Für die Erteilung, Rücknahme und den Widerruf von Bescheinigungen nach § 56 des Waffengesetzes ist das Staatsministerium des Innern zuständig.

§ 3 Prüfungen

Für die Prüfung der Sachkunde (§ 7 Absatz 1 des Waffengesetzes) und der Fachkunde

(§ 22 Absatz 1 des Waffengesetzes) ist die Landesdirektion Sachsen zuständig.

§ 4 Ausnahmen von der Anwendung des Waffengesetzes

(1) Sofern das Waffengesetz nicht ausdrücklich etwas anderes bestimmt, ist es nicht anzuwenden auf:

1. die Landesdirektion Sachsen,
2. die Landratsämter und Stadtverwaltungen der Kreisfreien Städte,
3. die Hochschule der Sächsischen Polizei (FH),
4. die Finanzämter,
5. die Justizvollzugsanstalten, einschließlich der Jugendstrafvollzugsanstalt,
6. das Ausbildungszentrum Bobritzsch,
7. die Gerichte und Staatsanwaltschaften,
8. das Landesamt für Verfassungsschutz,
9. den Staatsbetrieb Sachsenforst außerhalb der Jagdausübung,
10. das Landesamt für Umwelt, Landwirtschaft und Geologie

und deren Bedienstete, soweit sie dienstlich tätig werden.

(2) Haben die Bediensteten der in Absatz 1 genannten Behörden Umgang mit Schusswaffen, ist Voraussetzung ein Nachweis der Sachkunde nach § 7 des Waffengesetzes, soweit es keine spezifische Regelung der zuständigen obersten Landesbehörde zur Ausgestaltung des Sachkundenachweises gibt. Soweit Bedienstete der Justizwachtmeistereien Schusswaffen lediglich an sich nehmen, vorübergehend aufbewahren und übergeben, weisen sie die für diese Aufgabe erforderliche Sachkunde durch eine Ausbildung nach. Den Nachweis nach Satz 2 erteilt das Staatsministerium der Justiz.

(3) Bis zum 30. September 2021 dürfen Bedienstete der Justizwachtmeistereien Schusswaffen an sich nehmen, vorübergehend aufbewahren und übergeben, ohne dass die Voraussetzungen nach Absatz 2 Satz 2 und 3 zu Schulung und Nachweis erfüllt sind. Für Bedienstete der Landratsämter und Stadtverwaltungen der Kreisfreien Städte, die Umgang mit Schusswaffen haben und bisher noch nicht über einen Sachkundenachweis verfügen, gilt eine Übergangsfrist zum Erwerb des Sachkundenachweises bis zum 29. September 2018.

§ 5 Ermächtigung zur Einrichtung von Waffenverbotszonen

Die Befugnis zum Erlass von Rechtsverordnungen nach § 42 Absatz 5 Satz 1 und 2 des Waffengesetzes wird auf das Staatsministerium des Innern übertragen.

§ 6 Inkrafttreten, Außerkrafttreten

(1) Diese Verordnung tritt am Tag nach der Verkündung in Kraft.

(2) Gleichzeitig tritt die Verordnung der Sächsischen Staatsregierung zur Durchführung des Waffengesetzes vom 16. April 1991 (SächsGVBl. S. 61), die zuletzt durch Artikel 11 der Verordnung vom 1. März 2012 (SächsGVBl. S. 157) geändert worden ist, außer Kraft.

Landesverordnung zur Ausführung des Waffengesetzes

Vom 30. Juni 2004 (GVOBl. Schl.-H. S. 229)

Zuletzt geändert durch
Landesverordnung zur Änderung der Landesverordnung zur Ausführung des Waffengesetzes
vom 23. Juli 2025 (GVOBl. Schl.-H. S. 107)

Aufgrund § 48 Abs. 1 und § 55 Abs. 6 des Waffengesetzes vom 11. Oktober 2002 (BGBl. I S. 3970) und § 28 Abs. 1 des Landesverwaltungsgesetzes verordnet die Landesregierung:

§ 1 Zuständigkeiten

(1) Das für Inneres zuständige Ministerium ist zuständig für die Erklärung des Benehmens nach § 15 Abs. 3 des Waffengesetzes.

(2) Das Ministerium für Inneres zuständige Ministerium (Landeskriminalamt) ist zuständig

1. Anträge nach § 2 Abs. 5 Satz 2 Nr. 2 des Waffengesetzes zu stellen,
2. als anzuhörende Behörde nach § 2 Abs. 5 Satz 3 des Waffengesetzes.

(3) Das für Wirtschaft zuständige Ministerium ist zuständig, die Fachkunde nach § 22 Abs. 1 des Waffengesetzes zu prüfen.

Beim für Wirtschaft zuständigen Ministerium wird für die Abnahme der Prüfung der Fachkunde nach § 22 Abs. 1 des Waffengesetzes ein Prüfungsausschuss gebildet. Der Ausschuss entscheidet unter der Bezeichnung „Das Ministerium für Wirtschaft, Verkehr, Arbeit, Technologie und Tourismus – Prüfungsausschuss für den Nachweis der Fachkunde im Waffenhandel –". Die Geschäftsführung des Prüfungsausschusses wird der Industrie- und Handelskammer zu Kiel übertragen.

(4) Die Ministerpräsidentin oder der Ministerpräsident und die Ministerien sind für ihren Geschäftsbereich zuständig, Bescheinigungen nach § 55 Abs. 2 des Waffengesetzes zu erteilen.

(5) Die Landrätinnen und Landräte, die Bürgermeisterinnen und Bürgermeister der kreisfreien Städte und die Bürgermeisterinnen und Bürgermeister der amtsfreien Gemeinden, denen die Aufgaben der unteren Bauaufsichtsbehörde ganz übertragen sind, sind als untere Bauaufsichtsbehörde zuständig für

1. die Erteilung der Erlaubnis nach § 27 Abs. 1 des Waffengesetzes,
2. die Entgegennahme der Anzeige über die Aufnahme und Beendigung des Betriebs der Schießstätte nach § 27 Abs. 2 Satz 2 des Waffengesetzes,
3. die Überprüfung der Schießstätten nach § 27a Abs. 1 des Waffengesetzes und die Untersagung der weiteren Benutzung einer Schießstätte nach § 27a Abs. 2 des Waffengesetzes.

(6) Im Übrigen sind die Landrätinnen und Landräte und Bürgermeisterinnen und Bürgermeister der kreisfreien Städte als Kreisordnungsbehörde für die Ausführung des Waffengesetzes und der aufgrund des Waffengesetzes erlassenen Verordnungen zuständig, soweit nicht Bundesbehörden zuständig sind; für die Ausübung der Kontrollbefugnis nach § 42c Satz 1 des Waffengesetzes ist zusätzlich die Polizei zuständig.

§ 1a Übertragung der Befugnis nach § 42 Absatz 5 Satz 1 in Verbindung mit Satz 2 des Waffengesetzes

Die Befugnis zum Erlass von Rechtsverordnungen nach § 42 Absatz 5 Satz 1 in Verbindung mit Satz 2 des Waffengesetzes wird auf das für Inneres zuständige Ministerium übertragen.

§ 2 Einschränkungen des Anwendungsbereichs des Waffengesetzes

(1) Das Waffengesetz ist, soweit nicht ausdrücklich etwas anderes bestimmt ist, nicht anzuwenden auf

1. die Gerichte und deren Bedienstete, mit Ausnahme der Gerichtsvollzieherinnen und Gerichtsvollzieher,

IV

2. die Staatsanwaltschaften und deren Bedienstete,
3. die Vollzugsanstalten der Justizverwaltung und deren Bedienstete, soweit sie mit Sicherungs- und Vollzugsaufgaben betraut sind,
4. die unteren Forstbehörden und die Schleswig-Holsteinischen Landesforsten und deren Bedienstete, wenn sie im Forstschutz oder bei der Jagdausübung eingesetzt werden,
5. die Kreisordnungsbehörden nach §1 Absatz 6 und deren Bedienstete, soweit sie das Waffengesetz ausführen,
6. die örtlichen Ordnungsbehörden und deren Bedienstete, soweit sie die fundrechtlichen Vorschriften des Bürgerlichen Gesetzbuchs ausführen,

soweit sie dienstlich tätig werden.

(2) §2 Absatz 2 in Verbindung mit §10 Absatz 1, 3 und 4 des Waffengesetzes ist nicht anzuwenden auf die Mitglieder des Prüfungsausschusses nach §1 Absatz 3 sowie die mit der Organisation der Prüfungen betrauten Bediensteten der Industrie- und Handelskammer zu Kiel, soweit dies für die Prüfung der Fachkunde nach §22 des Waffengesetzes erforderlich ist.

(3) §2 Absatz 3 in Verbindung mit Anlage 2 Abschnitt 1 Nummer 1.3.5 des Waffengesetzes ist nicht anzuwenden auf

1. die nach §252 Absatz 2 Nummer 2 des Landesverwaltungsgesetzes zur Ausübung unmittelbaren Zwangs ermächtigten Bediensteten der örtlichen Ordnungsbehörden,
2. die Bediensteten der Steuerfahndung nach §208 der Abgabenordnung in der Fassung der Bekanntmachung vom 1. Oktober 2002 (BGBl. I S. 3866, ber. 2003 S. 61), zuletzt geändert durch Artikel 4 des Gesetzes vom 20. Dezember 2022 (BGBl. I S. 2730),
3. die Gerichtsvollzieherinnen und Gerichtsvollzieher,
4. die Fischereiaufsichtsbeamtinnen und Fischereiaufsichtsbeamten sowie die Fischereiaufsichtsassistentinnen und Fischereiaufsichtsassistenten nach §44 des Landesfischereigesetzes vom 10. Februar 1996 (GVOBl. Schl.-H. S. 211), zuletzt geändert durch Artikel 26 Gesetzes vom 17. März 2022 (GVOBl. Schl.-H. S. 301, 308),

soweit sie dienstlich tätig werden und die Gegenstände dienstlich zugelassen sind. Ein außerdienstlicher Umgang ist unzulässig. Tragbare Gegenstände nach Anlage 2 Abschnitt 1 Nummer 1.3.5 des Waffengesetzes sind vor Abhandenkommen und unbefugter Ansichnahme zu schützen und sollen ausschließlich in der Dienststelle aufbewahrt werden. Eine Aufbewahrung von tragbaren Gegenständen nach Satz 2 außerhalb der Dienststelle darf nur erfolgen, wenn hierfür eine dienstliche Veranlassung besteht und die tragbaren Gegenstände in einem Sicherheitsbehältnis nach §13 Absatz 2 Nummer 3 oder Nummer 5 der Allgemeinen Waffengesetz-Verordnung vom 27. Oktober 2003 (BGBl. I S. 2123), zuletzt geändert durch Artikel 1 der Verordnung vom 1. September 2020 (BGBl. I S. 1977), aufbewahrt werden.

(4) §42 Absatz 1 Satz 1 und §42a Absatz 1 Nummer 2 des Waffengesetzes ist nicht anzuwenden auf die nach §252 Absatz 2 Nummer 2 des Landesverwaltungsgesetzes zur Ausübung unmittelbaren Zwangs ermächtigten Bediensteten der örtlichen Ordnungsbehörden, soweit sie dienstlich tätig werden und die Gegenstände dienstlich zugelassen sind. Ein außerdienstlicher Umgang ist unzulässig. Hieb- und Stoßwaffen nach §42a Absatz 1 Nummer 2 des Waffengesetzes sind vor Abhandenkommen und unbefugter Ansichnahme zu schützen und sollen ausschließlich in der Dienststelle aufbewahrt werden. Eine Aufbewahrung von tragbaren Gegenständen nach Satz 2 außerhalb der Dienststelle darf nur erfolgen, wenn hierfür eine dienstliche Veranlassung besteht und die Hieb- und Stoßwaffen in einem verschlossenen Behältnis aufbewahrt werden.

(5) §38 Absatz 1 Nummer 1 des Waffengesetzes gilt für die in den Absätzen 3 und 4 genannten Bediensteten mit der Maßgabe, dass anstatt des Personalausweises ein Dienstausweis mit Lichtbild dienstlich mitzuführen ist. Der Dienstausweis hat bei Be-

diensteten, die zum dienstlichen Umgang mit Waffen nach § 1 Absatz 2 Waffengesetz berechtigt sind, auf diese Berechtigung hinzuweisen und die hiervon umfassten Waffen nach ihrer Art zu benennen.

§ 3 Inkrafttreten

Diese Verordnung tritt am Tage nach ihrer Verkündung in Kraft. Gleichzeitig tritt die Landesverordnung zur Ausführung des Waffengesetzes vom 4. April 1987 (GVOBl. Schl.-H. S. 175), zuletzt geändert durch Artikel 4 Nr. 4 der Landesverordnung vom 10. Dezember 2003 (GVOBl. Schl.-H. S. 691), sowie die Landesverordnung über die Errichtung eines Prüfungsausschusses nach § 9 des Waffengesetzes vom 15. Januar 1973 (GVOBl. Schl.-H. S. 13), Zuständigkeiten und Ressortbezeichnungen zuletzt ersetzt durch Landesverordnung vom 16. September 2003 (GVOBl. Schl.-H. S. 503), außer Kraft.

IV

Thüringer Verordnung zur Durchführung des Waffengesetzes (ThürWaff-GDVO)

Vom 10. Dezember 2004 (GVBl. S. 896)

Zuletzt geändert durch
Zweite Verordnung zur Änderung der Thüringer Verordnung zur Durchführung des Waffengesetzes
vom 25. März 2025 (GVBl. S. 51)

Aufgrund des § 48 Abs. 1 und des § 55 Abs. 6 des Waffengesetzes (WaffG) vom 11. Oktober 2002 (BGBl. I S. 3970, 4592; 2003 I S. 1957), geändert durch Artikel 3 des Gesetzes vom 10. September 2004 (BGBl. I S. 2318), des § 36 Abs. 2 Satz 1 des Gesetzes über Ordnungswidrigkeiten in der Fassung vom 19. Februar 1987 (BGBl. I S. 602), zuletzt geändert durch Artikel 5 des Gesetzes vom 24. August 2004 (BGBl. I S. 2198), und des § 3 Abs. 1a Satz 1 und 2 Halbsatz 1 sowie des § 88 Abs. 1a Satz 1 und 2 Halbsatz 1 der Thüringer Kommunalordnung in der Fassung vom 28. Januar 2003 (GVBl. S. 41) verordnet die Landesregierung:

§ 1

Die Landkreise und kreisfreien Städte, jeweils im übertragenen Wirkungskreis, sind zuständig für

1. die Ausführung des Waffengesetzes und der aufgrund dieses Gesetzes erlassenen Rechtsverordnungen sowie
2. die Verfolgung und Ahndung von Ordnungswidrigkeiten nach dem Waffengesetz und den aufgrund dieses Gesetzes erlassenen Rechtsverordnungen,

soweit nicht Bundesbehörden zuständig sind oder in dieser Verordnung etwas anderes bestimmt ist.

§ 2

(1) Das Landesverwaltungsamt ist zuständig für

1. die Prüfung der Sachkunde nach § 7 Abs. 1 WaffG und der Fachkunde nach § 22 Abs. 1 WaffG,
2. die staatliche Anerkennung von Lehrgängen zur Vermittlung der Sachkunde nach § 3 Abs. 2 der Allgemeinen Waffengesetz-Verordnung (AWaffV) vom 27. Oktober 2003 (BGBl. I S. 2123) in der jeweils geltenden Fassung und
3. a) die Erlaubniserteilung zum Schießen mit Kartuschenmunition nach § 16 Abs. 3 WaffG und
   b) die Zulassung von Ausnahmen von dem Verbot des Führens von Waffen bei öffentlichen Veranstaltungen nach § 42 Abs. 2 WaffG, wenn die Erlaubnis oder Ausnahmegenehmigung für einen größeren Bereich als den eines Landkreises oder einer kreisfreien Stadt beantragt wird.

(2) Das Landeskriminalamt ist

1. zuständige Behörde für Anträge nach § 2 Abs. 5 Satz 2 Nr. 2 WaffG und
2. anzuhörende Behörde im Sinne des § 2 Abs. 5 Satz 3 WaffG.

(3) Zuständig für Kontrollen nach § 42c WaffG sind auch die im Vollzugsdienst tätigen Dienstkräfte der Polizei.

§ 3

Der Industrie- und Handelskammer Südthüringen wird nach § 16 Abs. 1 Satz 2 AWaffV die Geschäftsführung für die Abnahme der Fachkundeprüfung nach § 22 Abs. 1 WaffG übertragen.

§ 4

Das für Waffenrecht zuständige Ministerium ist zuständig für

1. die Erteilung von Bescheinigungen nach § 55 Abs. 2 Satz 1 WaffG für Personen, die wegen der von ihnen wahrzunehmenden hoheitlichen Aufgaben erheblich gefährdet sind,

2. die Entgegennahme von Verlustanzeigen nach § 37b Abs. 3 WaffG für den in Nummer 1 genannten Personenkreis,
3. die Erteilung von Bescheinigungen in den Fällen des § 56 Satz 1 und 4 WaffG sowie
4. die Mitwirkung im Anerkennungsverfahren nach § 15 Abs. 3 WaffG im Benehmen mit dem für Sport zuständigen Ministerium.

Die Ermächtigung zum Erlass von Rechtsverordnungen nach § 42 Abs. 5 Satz 1 in Verbindung mit Satz 2 WaffG wird auf das für Waffenrecht zuständige Ministerium übertragen; das für Waffenrecht zuständige Ministerium kann die Befugnis durch Rechtsverordnung weiter übertragen.

§ 5

(1) Sofern das Waffengesetz nicht ausdrücklich etwas anderes bestimmt, ist es nicht anzuwenden auf

1. die Landratsämter und kreisfreien Städte,
2. das Landesverwaltungsamt,
3. die Justizvollzugsbehörden,
4. die Staatsanwaltschaften,
5. die Gerichte,
6. die Industrie- und Handelskammer Südthüringen,
7. das Landesamt für Verbraucherschutz, Außenstelle Beschussamt Suhl und
8. die Forstbehörden sowie auf deren Bedienstete, soweit sie dienstlich tätig werden.

(2) Die der Landesregierung nach § 55 Abs. 6 Satz 1 WaffG übertragene Befugnis, durch Rechtsverordnung Ausnahmen von der Anwendung des Waffengesetzes zu regeln, wird den Ministerien für ihren jeweiligen Zuständigkeitsbereich übertragen. Die Ministerien nehmen diese Befugnis im Einvernehmen mit dem für Waffenrecht zuständigen Ministerium wahr.

§ 6

Diese Verordnung tritt am Tage nach der Verkündung in Kraft. Gleichzeitig mit dem In-Kraft-Treten tritt die Thüringer Verordnung zur Durchführung des Waffen- und Sprengstoffgesetzes vom 7. November 1991 (GVBl. S. 611) außer Kraft.

V Fragenkatalog Sachkundeprüfung

V

Fragenkatalog für die Sachkundeprüfung (gemäß § 7 WaffG)

Stand: 16.12.2024[1])

Vorwort

Der Fragenkatalog für die Sachkundeprüfung vom 22.03.2022 (§ 7 Waffengesetz) war vor dem Hintergrund der Änderungen des Waffengesetzes vom 31.10.2024 sowie weiterer bislang nicht berücksichtigter Änderungen von waffenrechtlichen Vorschriften anzupassen.

Der überarbeitete Fragenkatalog orientiert sich in seinem Aufbau an § 1 Abs. 1 Allgemeine Waffengesetz Verordnung (AWaffV). Die Vorschrift nennt die in der Sachkundeprüfung nachzuweisenden Kenntnisse.

Aus Gründen der Lesbarkeit wird darauf verzichtet, geschlechtsspezifische Formulierungen zu verwenden. Soweit personenbezogene Bezeichnungen nur in männlicher Form angeführt sind, beziehen sie sich auf Männer und Frauen in gleicher Weise.

Für die Sachkundeprüfung sollten ausschließlich Fragen aus diesem Katalog verwendet werden. Prüfungsausschüsse können im Einzelfall darüber hinausgehende Verständnisfragen stellen.

Die Möglichkeit für Schießsportverbände, verbandsspezifische Fragen z. B. zur jeweiligen Sportordnung oder anderer verbandsinterner Regelungen zu stellen, bleibt hiervon unberührt. Diese Fragen sind jedoch zu separieren und haben keinen Einfluss auf Bestehen oder Nichtbestehen der bundesweit gültigen Sachkundeprüfung.

Neben Multiple-Choice-Antworten muss die Antwort bei einem Teil der Fragen ausformuliert werden. Eine Musterantwort ist vorgegeben, die wortgenaue Wiedergabe ist jedoch nicht zwingend. Vielmehr geht es um das Erfassen der jeweiligen Thematik. Hierzu dient auch der zum Teil als Erläuterung beigefügte Text in Klammerzusätzen. Die Elemente, die in der Antwort enthalten sein müssen, sind hervorgehoben. Gleichlautend gestellte Fragen mit unterschiedlichen Antwortmöglichkeiten sind gewollt.

Multiple-Choice-Antworten erheben keinen Anspruch auf vollständige Abhandlung der Fragestellung. Es ist immer die Frage in der gestellten Form ohne weitergehende Interpretation zu beantworten. Es können mehrere Antworten richtig sein, mindestens eine ist immer richtig.

Hinweis

Der Fragenkatalog ist auf der Homepage des Bundesverwaltungsamtes für Jedermann zugänglich. (http//www.bundesverwaltungsamt.de → Suchbegriff „Sachkunde")

Änderungen im Fragenkatalog sind nur mit schriftlicher Zustimmung des Bundesverwaltungsamtes gestattet.

Inhaltsverzeichnis

[1]) herausgegeben vom Bundesverwaltungsamt, Referat S II 6 – Waffenrechtliche Erlaubnisse; EU-Meldedienst

Kapitel I.	Waffenrecht und sonstige Rechtsvorschriften 1. Begriffe des Waffenrechts	1

1.01	Was regelt das Waffengesetz?	Das Waffengesetz regelt den Umgang mit Waffen oder Munition unter Berücksichtigung der Belange der öffentlichen Sicherheit und Ordnung.	
1.02	Umgang mit einer Schusswaffe hat...	a) wer damit schießt.	☒
		b) wer die Waffe verbringt oder mitnimmt.	☒
		c) wer die Waffe unbrauchbar macht.	☒
1.03	Wie werden Schusswaffen im Sinne des Waffengesetzes definiert?	Schusswaffen sind Gegenstände, die zum Angriff oder zur Verteidigung, zur Signalgebung, zur Jagd, zur Distanzinjektion, zur Markierung, zum Sport oder zum Spiel bestimmt sind und bei denen Geschosse durch einen Lauf getrieben werden (Anlage 1 Abschnitt 1 Unterabschnitt 1 Nr. 1.1 WaffG).	
1.04	Welche der hier genannten Gegenstände sind Schusswaffen im Sinne des Waffengesetzes?	a) Armbrust	☐
		b) Druckluftgewehr mit Zulassungszeichen „F im Fünfeck"	☒
		c) Doppelflinte	☒
1.05	Welche der hier genannten Gegenstände sind Schusswaffen, bzw. ihnen gleichgestellte Gegenstände im Sinne des Waffengesetzes?	a) Soft-Air-Waffen mit einer Geschossenergie über 0,5 Joule	☒
		b) Waffen mit einer Mündungsenergie von weniger als 7,5 Joule, bei denen die Geschosse durch Federdruck durch einen Lauf getrieben werden	☒
		c) Präzisionsschleudern	☐
1.06	Welche der aufgeführten Waffen ist eine halbautomatische Schusswaffe im Sinne des Waffengesetzes?	a) Single-Action-Revolver	☐
		b) Selbstladepistole	☒
		c) Doppelflinte	☐
		d) Double-Action Revolver	☐

V

Kapitel I.	Waffenrecht und sonstige Rechtsvorschriften 1. Begriffe des Waffenrechts	2

1.07	Ein Double-Action-Revolver ist im Sinne des Waffenrechts...	a) eine vollautomatische Waffe.	☐
		b) keine halbautomatische Waffe.	☒
		c) eine halbautomatische Waffe.	☐
1.08	Wie ist ein Revolver im „Kleinstkaliber" 4 mm M20 waffenrechtlich einzuordnen?	a) WBK-pflichtige Schusswaffe	☒
		b) Für Personen ab 18 Jahren frei erwerbbar	☐
		c) Kann mit einem kleinen Waffenschein erworben werden	☐
1.09	Welches sind die wesentlichen Teile einer halbautomatischen Pistole im waffenrechtlichen Sinne?	1. Lauf (Patronenlager)	
		2. Verschluss	
		3. Griffstück	
1.10	Was ist die Schließfeder der großkalibrigen Pistole waffenrechtlich gesehen?	a) Ein Zubehörteil der Schusswaffe ohne waffenrechtliche Bedeutung.	☒
		b) Ein wesentlicher, erlaubnispflichtiger Teil der Schusswaffe.	☐
		c) Ein wesentlicher, beschusspflichtiger Teil der Schusswaffe.	☐
1.11	Erläutern Sie den Begriff „Waffe" im Sinne des WaffG!	a) Schusswaffen oder ihnen gleichgestellte Gegenstände.	☒
		b) Tragbare Gegenstände, die ihrem Wesen nach dazu bestimmt sind, die Angriffs- oder Abwehrfähigkeit von Menschen zu beseitigen oder herabzusetzen, insbesondere Hieb- und Stoßwaffen.	☒
		c) Tragbare Gegenstände, die ohne dafür bestimmt zu sein, insbesondere wegen ihrer Beschaffenheit, Handhabung oder Wirkungsweise geeignet sind die Angriffs- oder Abwehrfähigkeit von Menschen zu beseitigen oder herabzusetzen und die im Waffengesetz genannt sind.	☒

Kapitel I.	Waffenrecht und sonstige Rechtsvorschriften 1. Begriffe des Waffenrechts	3

1.12	Wie unterscheidet das Waffengesetz Langwaffen und Kurzwaffen?	a)	Langwaffen sind Schusswaffen, deren Lauf und Verschluss in geschlossener Stellung insgesamt länger als 30 cm sind und deren kürzeste bestimmungsgemäß verwendbare Gesamtlänge 60 cm überschreitet.	☒
		b)	Schusswaffen, die eine Gesamtmindestlänge von 60 cm unterschreiten oder bei denen die Lauflänge kleiner als 30 cm ist, werden als Kurzwaffe bezeichnet.	☒
		c)	Kurzwaffen haben maximal eine Länge von 20 cm.	☐
1.13	Welcher der nebenstehend aufgeführten Gegenstände ist eine verbotene Waffe/ verbotener Gegenstand? (Hinweis: Vollständige Aufzählung s. Anlage 2 Abschnitt 1 Waffengesetz)	a)	Blasrohr, Harpune, Armbrust	☐
		b)	halbautomatisches Gewehr / halbautomatische Pistole	☐
		c)	Schlagring, Stockdegen, Würgeholz (Nun-Chaku)	☒
		d)	Wurfsterne, bestimmte Hartkernmunition, bestimmte Leuchtspurmunition	☒
1.14	Welcher der nebenstehend aufgeführten Gegenstände ist eine verbotene Waffe?	a)	Samuraischwert	☐
		b)	feststehendes Messer mit einer Klinge von mehr als 8,5 cm	☐
		c)	Vorderschaftrepetierflinte mit einer Lauflänge unter 45 cm	☒
1.15	Bei welchen der aufgeführten Beispiele handelt es sich um „verbotene Waffen"?	a)	Schusswaffen mit Schalldämpfer	☐
		b)	Schusswaffen, die Reihenfeuer (Dauerfeuer) schießen.	☒
		c)	Für Schusswaffen bestimmte Vorrichtungen, die das Ziel beleuchten.	☒
		d)	Vorderschaftrepetierflinten deren Gesamtlänge in der kürzesten Verwendungsform weniger als 95 cm beträgt.	☒

Kapitel I.	Waffenrecht und sonstige Rechtsvorschriften 1. Begriffe des Waffenrechts	4

1.16	Welche der nachfolgend genannten Gegenstände sind gemäß Waffengesetz verboten?	a)	Schalldämpfer	☐
		b)	Distanz-Elektroimpulsgeräte	☒
		c)	für Schusswaffen bestimmte Zielscheinwerfer	☒
		d)	Kleinkaliberpatronen mit Leuchtspurgeschossen	☒
		e)	Teleskopschlagstöcke	☐
		f)	Büchsenpatronen mit Treibspiegelgeschossen	☒
1.17	Welche Gegenstände zählen zu den verbotenen Waffen?	a)	Feuerwaffen mit Dauerfeuereinrichtung	☒
		b)	Spielzeugwaffen	☐
		c)	Schusswaffen mit Schalldämpfer	☐
1.18	Erlaubnispflichtig, jedoch keine verbotene Waffe ist...	a)	ein Fallmesser.	☐
		b)	eine vollautomatische Pistole.	☐
		c)	eine zivile halbautomatische Schusswaffe, die wie eine vollautomatische Kriegswaffe aussieht.	☒
1.19	Welches sind wesentliche Teile von Schusswaffen?	a)	der Lauf	☒
		b)	das Magazin	☐
		c)	der Verschluss	☒
		d)	das Griffstück mit Auslösemechanismus bei Kurzwaffen	☒
		e)	die Trommel eines Revolvers	☒
		f)	das Gehäuse bei Langwaffen	☒
		g)	das Zielfernrohr	☐

V

Kapitel I.	Waffenrecht und sonstige Rechtsvorschriften 1. Begriffe des Waffenrechts	5

1.20	Was ist ein Schalldämpfer waffenrechtlich gesehen?	a)	Der Schalldämpfer ist ein verbotener Gegenstand.	☐
		b)	Der Schalldämpfer ist immer erlaubnisfreies Zubehör.	☐
		c)	Der Schalldämpfer für eine erlaubnispflichtige Schusswaffe steht waffenrechtlich der Schusswaffe gleich für die sie bestimmt ist.	☒
1.21	Mit welchen Gegenständen (in Verbindung mit einer Schusswaffe) ist der Umgang verboten?	a)	Zielscheinwerfer	☒
		b)	Leuchtpunktvisiere für Kurzwaffen	☐
		c)	Nachtzielgeräte	☒
1.22	Mit welcher Munition der Bezeichnung „9 mm Luger" ist der Umgang verboten?	a)	Hohlspitzpatronen	☐
		b)	Kleinschrotpatronen	☐
		c)	Leuchtspurpatronen	☒
1.23	Mit welcher Munition ist der Umgang verboten?	a)	Kleinschrotmunition für Kartuschenlager bis 12,5 mm (sog. Grenaille-Patronen)	☒
		b)	Patronenmunition mit Vollmantelgeschossen, bei denen die Geschossspitze entfernt wurde, so dass der Bleikern freiliegt	☐
		c)	Patronenmunition mit Treibspiegelgeschossen für Waffen mit gezogenen Läufen	☒
1.24	Ist eine Patrone mit Wadcutter-Geschoss verbotene Munition?	a)	Ja, denn es handelt sich um ein Dum-Dum-Geschoss.	☐
		b)	Nein, es ist Scheibenmunition.	☒
1.25	Welche der hier genannten Gegenstände sind keine „wesentlichen Teile" von Schusswaffen im Sinne des Waffengesetzes?	a)	Wechseltrommel für Revolver	☐
		b)	Klappschaft für Flinten	☒
		c)	Ersatzmagazin für Büchsen	☒

Kapitel I.	Waffenrecht und sonstige Rechtsvorschriften 1. Begriffe des Waffenrechts	6

1.26	Welche der hier genannten Waffen ist ein Einzellader im Sinne des Waffengesetzes?	a) halbautomatische Pistole	☐
		b) Doppelflinte	☒
		c) Schreckschussrevolver	☐
1.27	Welche der hier genannten Waffen sind Mehrlader im Sinne des Waffengesetzes?	a) Double-Action-Revolver	☒
		b) Repetierbüchse	☒
		c) Doppelflinte	☐
1.28	Zu welcher Waffenart im Sinne des Waffengesetzes zählt eine Unterhebel-Repetierbüchse (lever-action)?	a) Einzelladerwaffen	☐
		b) Repetierwaffen	☒
		c) halbautomatische Waffen	☐
1.29	Was zählt zu den Geschossen im Sinne des Waffengesetzes?	a) Platzpatronen	☐
		b) Bleirundkugeln für Vorderlader	☒
		c) CO2 - Kartuschen für Druckluftwaffen	☐
1.30	Welche Arten von Munition unterscheidet das Waffengesetz?	- Patronenmunition (Hülsen mit Treibladungen, die ein Geschoss enthalten und Geschosse mit Eigenantrieb) - Kartuschenmunition (Hülsen mit Ladungen, die kein Geschoss enthalten) - Pyrotechnische Munition (Munition, in der explosionsgefährliche Stoffe oder Stoffgemische enthalten sind, die einen Licht-, Schall-, Rauch- oder ähnlichen Effekt erzeugen) - Hülsenlose Munition (Treibladungen mit und ohne Geschosse)	
1.31	Welche Munitionsarten sind vom Waffengesetz erfasst?	a) Patronenmunition	☒
		b) hülsenlose Munition	☒
		c) pyrotechnische Munition	☒

Kapitel I.	Waffenrecht und sonstige Rechtsvorschriften 1. Begriffe des Waffenrechts	7

1.32	Zur Munition im Sinne des Waffengesetzes zählen:	a) Stahlkugeln für Präzisionsschleudern	☐
		b) Patronenmunition Kaliber .38 Special	☒
		c) .177 (4,5 mm) Rundkugeln	☐
1.33	Welche der hier genannten Gegenstände sind Munition im Sinne des Waffengesetzes?	a) Hohlspitzgeschosse für Kurzwaffen	☐
		b) Armbrustbolzen	☐
		c) Schrotpatronen	☒
1.34	Welcher der hier genannten Gegenstände ist <u>keine</u> Munition im Sinne des Waffengesetzes?	a) Geschosse für Druckluftgewehre (Diabolos)	☒
		b) Platzpatronen für Schreckschuss-waffen	☐
		c) Zündhütchen für Vorderladerwaffen mit Zündhütchenzündung (Perkussion)	☒
1.35	Welche der nachfolgend genannten Beispiele sind Kartuschenmunition im Sinne des Waffengesetzes?	a) Platzpatronen	☒
		b) Munition mit Betäubungsmittel für die Distanzinjektion	☐
		c) Zentralfeuerpatronen mit wiederladbaren Hülsen	☐
1.36	Was bedeutet „erwerben" im Sinne des Waffengesetzes?	Das Erlangen der <u>tatsächlichen Gewalt</u> über die Schusswaffe.	
1.37	Was bedeutet „erwerben" einer Schusswaffe im Sinne des Waffengesetzes?	a) Abschluss eines Kaufvertrages	☐
		b) Einsetzen als Erbe im Testament	☐
		c) Erlangen der tatsächlichen Gewalt über die Waffe	☒
1.38	Wer ist Erwerber einer Schusswaffe im Sinne des Waffengesetzes?	a) Der Dieb, der die Waffe stiehlt.	☒
		b) Derjenige, der in einem Waffengeschäft lediglich den Kaufvertrag für eine Waffe unterschreibt.	☐
		c) Der Finder, wenn er die Waffen an sich nimmt.	☒

V

Kapitel I.	Waffenrecht und sonstige Rechtsvorschriften 1. Begriffe des Waffenrechts	8

1.39	Sie wollen ihren Revolver mit dem Ihres Schützenkameraden dauerhaft tauschen, was müssen sie dabei beachten?	a)	Beide haben eine Erlaubnis zum Erwerb (Voreintrag) der jeweiligen Waffe zu beantragen.	☒
		b)	Die Waffen können getauscht werden. Dies ist aber der zuständigen Behörde innerhalb von 14 Tagen anzuzeigen.	☐
		c)	Es handelt sich um ein gegenseitiges Überlassen und Erwerben.	☒
1.40	Wann wird eine Schusswaffe im Sinne des Gesetzes erworben?	a)	Bei unrechtmäßiger Aneignung.	☒
		b)	Waffenrechtlicher Erwerb liegt erst bei behördlichem Eintrag der Waffe in die WBK vor.	☐
		c)	Wenn der Waffenhändler dem Schützen die Waffe im Geschäft übergibt.	☒
1.41	Wer erwirbt eine Waffe im Sinne des Waffengesetzes?	a)	Jeder, der die tatsächliche Gewalt über die Waffe erlangt.	☒
		b)	Jeder, der sich die Waffe für einen Zeitraum von weniger als 4 Wochen ausleiht.	☒
		c)	Jeder, der die tatsächliche Gewalt über die Waffe ausübt.	☐
1.42	Wann „erwirbt" der Käufer eine Waffe im Sinne des Waffengesetzes?	a)	Bei dem Abschluss eines Kaufvertrages.	☐
		b)	Bei der Vorlage der Waffenbesitzkarte des Käufers zum Eintrag der Waffe bei seiner zuständigen Behörde.	☐
		c)	Bei der Aushändigung der Waffe durch den Verkäufer.	☒
1.43	Was bedeutet „Überlassen" einer Schusswaffe?	a)	Vererben einer Schusswaffe (nach dem Tod).	☐
		b)	Wer einem anderen die tatsächliche Gewalt darüber einräumt.	☒
		c)	Verleihen einer Vereinswaffe (für wenige Tage) an einen anderen Verein.	☒

V

Kapitel I.	Waffenrecht und sonstige Rechtsvorschriften 1. Begriffe des Waffenrechts	9

1.44	Wer ist sachkundig im Sinne des Waffengesetzes?	a) Derjenige, der vor einem Prüfungsausschuss die Sachkundeprüfung erfolgreich abgelegt hat.	☒
		b) Soldaten, die mehrere Jahre mit Wartung, Pflege und Lagerung von Handfeuerwaffen betraut waren.	☐
		c) Derjenige, der erfolgreich seine Gesellenprüfung im Büchsenmacherhandwerk abgelegt hat.	☒
1.45	Was bedeutet „Führen" im Sinne des Waffengesetzes?	Das Ausüben der tatsächlichen Gewalt außerhalb der eigenen Wohnung, Geschäftsräume, des eigenen befriedeten Besitztums oder einer Schießstätte.	
1.46	„Führen" im Sinne des Waffengesetzes bedeutet Ausübung der tatsächlichen Gewalt...	a) in der eigenen Wohnung.	☐
		b) außerhalb des eigenen befriedeten Besitztums.	☒
		c) durch den Waffenhändler im Geschäftsraum.	☐
1.47	„Führen" im Sinne des Waffengesetzes liegt vor, wenn die Waffe...	a) in der eigenen Wohnung im Holster getragen wird.	☐
		b) im Treppenhaus eines fremden Mehrfamilienhauses im Holster getragen wird.	☒
		c) im eigenen PKW in der offenen Seitenablage transportiert wird.	☒

V

Kapitel I.	Waffenrecht und sonstige Rechtsvorschriften 1. Begriffe des Waffenrechts	10

1.48	Durch wen und wie wird die waffenrechtliche Zuverlässigkeit einer Person festgestellt?	a)	Die Zuverlässigkeit wird von der zuständigen Behörde geprüft.	☒
		b)	Es werden Auskünfte aus dem Bundeszentralregister, dem zentralen staatsanwaltschaftlichen Verfahrensregister, Stellungnahmen der örtlichen Polizeidienststelle, der Bundespolizei und des Zollkriminalamtseingeholt. Zudem werden Auskünfte bei den zuständigen Verfassungsschutzämtern eingeholt.	☒
		c)	Die Zuverlässigkeit wird durch die persönliche Vorstellung bei der örtlichen Behörde festgestellt.	☐
1.49	Wer ist im Sinne des Waffengesetzes in der Regel nicht mehr zuverlässig?	a)	Jeder, der wegen einer vorsätzlich begangenen Straftat zu einer Geldstrafe von mindestens 60 Tagessätzen verurteilt wurde, wenn seit dem Eintritt der Rechtskraft der letzten Verurteilung fünf Jahre noch nicht verstrichen sind.	☒ ☒
		b)	Jeder, der wegen der Begehung von zwei verschiedenen vorsätzlichen Straftaten mindestens zwei Mal zu einer Geldstrafen verurteilt wurde, wenn seit dem Eintritt der Rechtskraft der letzten Verurteilung fünf Jahre noch nicht verstrichen sind.	☐
		c)	Jeder, der wegen einer vorsätzlichen Geschwindigkeitsüberschreitung seinen Führerschein für mehr als 60 Tage abgeben musste.	
1.50	Wer ist im Sinne des Waffengesetzes nicht geeignet?	a)	Jeder, bei dem Tatsachen die Annahme rechtfertigen, dass er abhängig von berauschenden Mitteln ist.	☒
		b)	Jeder, der aus einem anerkannten Schießsportverband ausgeschlossen wurde.	☐
		c)	Jeder, bei dem Tatsachen die Annahme rechtfertigen, dass er aufgrund in der Person liegender Umstände mit Waffen oder Munition unsachgemäß umgehen wird.	☒

Kapitel I.	Waffenrecht und sonstige Rechtsvorschriften 1. Begriffe des Waffenrechts	11

1.51	Durch wen und wie wird die persönliche Eignung einer Person festgestellt?	Die persönliche Eignung wird von der zuständigen Behörde geprüft; ggf. ist ein amts- oder fachärztliches oder fachpsychologisches Zeugnis beizubringen.		
1.52	Wer verfügt im Sinne des Waffengesetzes nicht über die erforderliche persönliche Eignung zum Waffenbesitz.	a)	Grundsätzlich alle Personen unter 25 Jahren, wenn sie kein amts- oder fachärztliches oder fachpsychologisches Zeugnis über ihre geistige und körperliche Eignung vorlegen können.	☐
		b)	Personen, bei denen Tatsachen die Annahme rechtfertigen, dass sie psychisch krank oder debil sind.	☒
		c)	Personen, bei denen Tatsachen die Annahme rechtfertigen, dass sie alkoholabhängig sind.	☒
1.53	Was versteht man unter dem „Verbringen" im Sinne des WaffG?	a)	Waffen oder Munition verbringt, wer diese über die Grenze zum dortigen Verbleib oder mit dem Ziel des Besitzwechsels in den, durch den oder aus dem Geltungsbereich des WaffG zu einer anderen Person oder zu sich selbst transportieren lässt oder selbst transportiert.	☒
		b)	Waffen werden dauerhaft in einen anderen Mitgliedstaat mit einem Europäischen Feuerwaffenpass verbracht.	☐
		c)	Waffen werden mit einem Europäischen Feuerwaffenpass zu einer Schießsportveranstaltung in einem anderen Mitgliedstaat mitgenommen.	☐

V

Kapitel I.	Waffenrecht und sonstige Rechtsvorschriften 1. Begriffe des Waffenrechts	12

1.54	Was versteht man unter dem Begriff „Europäischer Feuerwaffenpass"?	a) Einen europaweit gültigen Waffenschein für gefährdete Personen, die gegenüber dem Bundesverwaltungsamt ein besonderes Schutzbedürfnis glaubhaft gemacht haben.	☐
		b) Eine europaweit gültige Waffenbesitzkarte, die die Waffenmitnahme auf Reisen in Mitgliedstaaten der EU gestattet.	☐
		c) Ein von der EU standardisiertes Waffenbesitzdokument (gegebenenfalls ist vor der Einreise in einen anderen Mitgliedstaat dessen Erlaubnis zur Mitnahme einzuholen).	☒
1.55	Eine Schusswaffe ist „zugriffsbereit" im Sinne des Waffengesetzes, ...	a) wenn sie unmittelbar, also mit wenigen schnellen Handgriffen, in Anschlag gebracht werden kann.	☒
		b) wenn sie im abgeschlossenen Koffer im Kfz untergebracht ist.	☐
		c) wenn sie ungeladen in der verschlossenen Schublade liegt.	☐
1.56	Wann ist eine Waffe „schussbereit"?	Wenn Sie geladen ist, d. h. dass Munition oder Geschosse in der Trommel, im in die Waffe eingefügten Magazin oder im Patronen- oder Geschosslager sind, auch wenn sie nicht gespannt ist.	
1.57	Wann ist eine Waffe „zugriffsbereit" (im Sinne des WaffG)?	Wenn sie unmittelbar, also mit wenigen schnellen Handgriffen in Anschlag gebracht werden kann.	
1.58	Wann ist eine Schusswaffe im Sinne des Waffengesetzes „schussbereit"?	a) Wenn sie griffbereit, aber ungeladen im Holster getragen wird.	☐
		b) Wenn das Schlagstück / der Schlagbolzen bei entladener Waffe gespannt und entsichert ist.	☐
		c) Wenn sie geladen ist.	☒

Kapitel I.	Waffenrecht und sonstige Rechtsvorschriften 1. Begriffe des Waffenrechts	13

1.59	Wann ist eine Waffe „schussbereit" im Sinne des Waffengesetzes?	a)	Wenn die Waffe geladen und gespannt ist.	☒
		b)	Wenn die Waffe geladen, aber entspannt und gesichert ist.	☒
		c)	Wenn ein gefülltes Magazin eingeführt ist.	☒
		d)	Wenn das gefüllte Magazin griffbereit liegt.	☐
1.60	Wann ist eine Waffe „schussbereit" im Sinne des Waffengesetzes?	a)	Wenn sie ungeladen im Holster getragen wird.	☐
		b)	Wenn sie in einem verschlossenen Koffer liegt und sich eine Patrone im Patronenlager befindet.	☒
		c)	Wenn das Magazin in der Waffe mit Patronen gefüllt ist und die Waffe im unverschlossenen Handschuhfach eines PKW liegt.	☒
1.61	Was bedeutet „schießen" im Sinne des Waffengesetzes?		Im Sinne des WaffG schießt jemand, der mit einer Schusswaffe ein Geschoss durch einen Lauf verschießt, Kartuschenmunition abschießt, mit Patronen- oder Kartuschenmunition Reiz- oder andere Wirkstoffe verschießt oder pyrotechnische Munition verschießt.	
1.62	Welche Erlaubnis berechtigt zum Schießen mit Schreckschuss-, Reizstoff- und Signalwaffen (mit Zulassungszeichen PTB im Kreis) außerhalb des eigenen befriedeten Besitztums?	a)	Kleiner Waffenschein	☐
		b)	behördliche Schießerlaubnis	☒
		c)	Waffenbesitzkarte	☐

V

Kapitel I.	Waffenrecht und sonstige Rechtsvorschriften 1. Begriffe des Waffenrechts	14

1.63	Was bedeutet für einen Sportschützen der Rechtsbegriff „Zu einem vom Bedürfnis umfassten Zweck oder im Zusammenhang damit" in Bezug auf den Transport einer Schusswaffe?	a) Der Schütze darf die Waffe in der fremden Wohnung mit Einwilligung des Hausrechtsinhabers zu Schutzzwecken führen.	☐
		b) Der Schütze transportiert seine defekte Schusswaffe zur Reparatur zum Büchsenmacher.	☒
		c) Die Schusswaffe wird am Wohnort des Schützen von ihm über mehrere Tage in einem Autotresor im Kofferraum des PKWs transportiert.	☐
1.64	Welche Voraussetzungen müssen gegeben sein, damit der Rechtsbegriff „sportliches Schießen" erfüllt wird?	a) Sportliches Schießen liegt dann vor, wenn nach festen Regeln einer genehmigten Sportordnung geschossen wird.	☒
		b) Sportliches Schießen liegt dann vor, wenn nach einer nicht genehmigten Sportordnung geschossen wird.	☐
		c) Sportliches Schießen liegt dann vor, wenn man in einer Gruppe Paintball spielt.	☐
1.65	In welchem zeitlichen Mindestabstand werden die Inhaber waffenrechtlicher Erlaubnisse erneut auf ihre Zuverlässigkeit und ihre persönliche Eignung geprüft?	Mindestens alle drei Jahre.	
1.66	Welche Voraussetzungen müssen Sie als Antragsteller für die Erteilung einer Waffenbesitzkarte erfüllen?	1. Ich muss ein Bedürfnis nachweisen. 2. Ich muss die persönliche Eignung besitzen. 3. Ich muss die erforderliche Zuverlässigkeit besitzen. 4. Ich muss die erforderliche Sachkunde nachweisen. 5. Ich muss das 18. Lebensjahr vollendet haben.(Beachte: Altersbeschränkungen bei Sportschützen) 6. Nachweise der sicheren Aufbewahrung für Schusswaffen.	

Kapitel I.	Waffenrecht und sonstige Rechtsvorschriften 1. Begriffe des Waffenrechts	15

1.67	Welche Angaben zu einer Waffe werden in einer Waffenbesitzkarte eintragen?	a)	Waffenart, Bezeichnung der Munition oder des Kalibers, Hersteller- / Warenzeichen oder Marke, Modellbezeichnung, Herstellungsnummer und Tag des Überlassens, sowie der Name und die Anschrift des Überlassers.	☒
		b)	Waffenart, Kaliber, Hersteller- oder Warenzeichen, Beschusszeichen, Seriennummer und Tag des Überlassens, sowie der Name und die Personalausweisnummer des Überlassers.	☐
		c)	Waffenart, Kaliber, Hersteller- oder Warenzeichen, Nummer der Waffenherstellungserlaubnis und Tag des Überlassens, sowie der Name und die Waffenbesitzkartennummer des Überlassers.	☐
1.68	Für die Anerkennung eines Bedürfnisses zum Erwerb und Besitz von Schusswaffen (grüne Waffenbesitzkarte) ist bei Sportschützen die Vorlage einer Bescheinigung des anerkannten Schießsportverbandes erforderlich, dem der Antragsteller durch seine Vereinsmitgliedschaft angehört. Die Bescheinigung muss ausweisen, dass ...	a)	er seit mindestens 12 Monaten den Schießsport in einem Verein regelmäßig als Sportschütze betreibt.	☒
		b)	er seine Sammlung vervollständigen möchte.	☐
		c)	die Waffe für eine Disziplin nach der Sportordnung des Schießsportverbandes zugelassen und erforderlich ist.	☒
1.69	Wann wird in der Regel eine waffenrechtliche Erlaubnis von der Erlaubnisbehörde widerrufen?	a)	Wenn der Inhaber nicht mehr zuverlässig im Sinne des Waffengesetzes ist.	☒
		b)	Wenn der Inhaber kein Bedürfnis mehr nachweisen kann.	☒
		c)	Wenn der Inhaber seinen Wohnort in ein anderes Bundesland verlegt.	☐
1.70	Welche Eintragungen sieht die grüne Waffenbesitzkarte zum Erwerb einer Schusswaffe vor?		Laufende Nummer, Art, Bezeichnung der Munition oder des Kalibers, Dauer der Erwerbsberechtigung und Dienstsiegel.	
1.71	Wie lange gilt grundsätzlich eine Waffenbesitzkarte?		Unbefristet.	

V

Kapitel I.	Waffenrecht und sonstige Rechtsvorschriften 1. Begriffe des Waffenrechts	16

1.72	Kann eine Waffenbesitzkarte auch nachträglich mit Auflagen versehen werden?		Ja.	
1.73	Kann eine Waffenbesitzkarte auch einem Schützenverein erteilt werden?	a)	Ja, wenn es sich um einen eingetragenen Verein handelt.	☒
		b)	Nein.	☐
		c)	Ja, jedem Verein.	☐
1.74	Wie lange gilt üblicherweise ein Voreintrag zum Erwerb einer Schusswaffe in einer grünen Waffenbesitzkarte?	a)	6 Monate	☐
		b)	1 Jahr	☒
		c)	unbefristet	☐
1.75	Wie lange gilt der Kleine Waffenschein?	a)	1 Jahr	☐
		b)	3 Jahre	☐
		c)	unbefristet	☒
1.76	Für wie lange wird ein Waffenschein höchstens erteilt?	a)	1 Jahr	☐
		b)	3 Jahre	☒
		c)	5 Jahre	☐
1.77	Was ist Voraussetzung für den Erwerb von Schreckschuss-, Reizstoff- und Signalwaffen, deren Erwerb und Besitz erlaubnisfrei ist?		Vollendung des 18. Lebensjahres.	
1.78	Wie lange müssen Sie mindestens als Mitglied eines schießsportlichen Vereins geschossen haben, um als Sportschütze der Behörde ein Bedürfnis zum Erwerb einer Schusswaffe nachweisen zu können?	a)	mindestens 6 Monate	☐
		b)	mindestens 12 Monate	☒
		c)	mindestens 18 Monate	☐
1.79	Wie alt müssen Sie als Sportschütze mindestens sein, um eine Büchse (.308Win) ohne amts- oder fachärztliches oder fachpsychologisches Zeugnis dauerhaft erwerben zu können?	a)	21 Jahre	☐
		b)	25 Jahre	☒
		c)	27 Jahre	☐

Kapitel I.	Waffenrecht und sonstige Rechtsvorschriften 1. Begriffe des Waffenrechts	17

1.80	Welches Lebensjahr müssen Sie vollendet haben, um Einzellader-Langwaffen mit glatten Läufen im Kaliber 12 oder kleiner als Sportschütze dauerhaft erwerben zu dürfen?	a) 18 Jahre ☒ b) 21 Jahre ☐ c) 25 Jahre ☐
1.81	Welche Voraussetzungen müssen zur Erteilung einer waffenrechtlichen Erlaubnis für einen Revolver .44MAGNUM bei Sportschützen gegeben sein?	1. Vollendung des 21. Lebensjahres 2. Nachweis der Sachkunde 3. Zuverlässigkeit 4. Persönliche Eignung, bei Personen vor Vollendung des 25. Lebensjahres nachgewiesen durch ein amts- oder fachärztlichen oder fachpsychologischen Zeugnis 5. Nachweis eines Bedürfnisses 6. Nachweis der sicheren Aufbewahrung von Schusswaffen
1.82	Das Fortbestehen des <u>Bedürfnisses</u> wird nach erstmaliger Erteilung einer waffenrechtlichen Erlaubnis von der Behörde geprüft. Welche Frist hat der Gesetzgeber hier vorgesehen?	Mindestens alle fünf Jahre
1.83	Das Fortbestehen des Bedürfnisses wird drei Jahre nach der erstmaligen Erteilung einer waffenrechtlichen Erlaubnis von der Behörde geprüft. Ist dies die einzige Prüfung des Fortbestehens des Bedürfnisses?	Nein, das Fortbestehen des Bedürfnisses kann von der zuständigen Behörde auch nach diesem Zeitraum geprüft werden.
1.84	Welche weiteren Voraussetzungen müssen Jugendliche, die das 16. Lebensjahr vollendet haben und unter 18 Jahren sind, erfüllen, damit sie mit WBK-pflichtigen Waffen für Randfeuerpatronen bis zu einem Kaliber von 5,6 mm lfB (.22l.r.) und einer maximalen Mündungsenergie von 200 Joule schießen dürfen?	Schriftliches oder elektronisches Einverständnis des Sorgeberechtigten oder dessen/deren Anwesenheit.
1.85	Welche weiteren Voraussetzungen müssen erfüllt sein, damit Jugendliche unter 16 Jahren mit WBK-pflichtigen Einzellader-Flinten bis zu dem Kaliber 12 schießen dürfen?	Schriftliches oder elektronisches Einverständnis des Sorgeberechtigten und dessen Anwesenheit oder die Anwesenheit einer verantwortlichen und zur Kinder- und Jugendarbeit für das Schießen geeigneten Aufsichtsperson.

V

Kapitel I.	Waffenrecht und sonstige Rechtsvorschriften 1. Begriffe des Waffenrechts	18

1.86	Was sind „Anscheinswaffen" im Sinne des Waffengesetzes?	a)	Schusswaffen, die ihrer äußeren Form nach im Gesamterscheinungsbild den Anschein von Feuerwaffen (Anlage 1 Abschnitt 1 Unterabschnitt 1 Nr. 2.1 WaffG) hervorrufen und bei denen zum Antrieb der Geschosse keine heißen Gase verwendet werden.	☒
		b)	Nachbildungen von Schusswaffen mit dem Aussehen der o.g. Schusswaffen	☒
		c)	unbrauchbar gemachte Schusswaffen mit dem Aussehen der o.g. Schusswaffen	☒
1.87	Welcher der genannten Gegenstände ist eine Anscheinswaffe im Sinne des Waffengesetzes?	a)	Sportgewehr .223 Remington, das wie ein Sturmgewehr aussieht ohne Zulassungszeichen	☐
		b)	Schreckschuss-, Reizstoff- und Signalpistole mit Zulassungszeichen „PTB im Kreis"	☐
		c)	Spielzeugpistole, die äußerlich einer echten Pistole im Kaliber 9mm Luger zum Verwechseln ähnlich sieht	☒
1.88	Welcher der genannten Gegenstände ist eine Anscheinswaffe im Sinne des Waffengesetzes?	a)	Messer mit einer 14 cm langen, aber nur einseitig geschliffenen Klinge.	☐
		b)	Nach waffenrechtlichen Vorschriften unbrauchbar gemachtes altes Armeegewehr mit Zulassungszeichen „Ortszeichen in der Raute".	☒
		c)	Stockflinte (als Spazierstock getarnte Flinte, früher angeblich oft von Wilderern benutzt)	☐
1.89	Welche Ausnahmen vom Verbot des Führens von Anscheinswaffen gibt es?	a)	Anscheinswaffen dürfen an Silvester geführt werden.	☐
		b)	Anscheinswaffen dürfen geführt werden, bei der Verwendung bei Foto-, Film oder Fernsehaufnahmen oder bei Theateraufführungen.	☒
		c)	Anscheinswaffen dürfen immer verdeckt geführt werden.	☐

Kapitel I.	Waffenrecht und sonstige Rechtsvorschriften 1. Begriffe des Waffenrechts	19

1.90	Wann wird eine Schusswaffe im Sinne des Waffengesetzes „bearbeitet“?	a)	Der Schaft eines Gewehres wird auf ein für den Schützen passendes Maß abgefräst.	☐
		b)	Die gebrochene Schließfeder einer Pistole wird ausgetauscht.	☐
		c)	Der Lauf eines Revolvers wird von einem befreundeten Schlosser auf 4 Zoll verkürzt.	☒

Kapitel I.	Waffenrecht und sonstige Rechtsvorschriften 2. Rechte und Pflichten	20

2.01	Was muss der Erwerbsberechtigte nach dem Kauf einer Schusswaffe von einer Privatperson/Händler veranlassen?	a)	Er muss einen lizenzierten Waffenhändler einschalten.	☐
		b)	Er muss den Kauf der zuständigen Behörde unter Vorlage des Kaufvertrages mitteilen.	☐
		c)	Er muss innerhalb von zwei Wochen bei der zuständigen Behörde den Erwerb schriftlich oder elektronisch anzeigen und seine Waffenbesitzkarte zur Eintragung vorlegen.	☒
2.02	Was muss ein Sportschütze nach dem dauerhaften Erwerb einer Waffe von einem anderen Sportschützen veranlassen?	a)	Nichts	☐
		b)	Er muss den Erwerb innerhalb von zwei Wochen schriftlich oder elektronisch anzeigen und seine Waffenbesitzkarte bei der zuständigen Behörde vorlegen.	☒
		c)	Beide Waffenbesitzkarten sofort der zuständigen Behörde vorlegen.	☐
2.03	Innerhalb welcher Zeit haben Sie den Erwerb, bzw. den Verkauf einer erlaubnispflichtigen Waffe anzuzeigen?	a)	binnen einer Woche	☐
		b)	binnen zwei Wochen	☒
		c)	binnen eines Monats	☐
2.04	Welcher Sportschütze muss für die erstmalige Erteilung einer Erlaubnis zum Erwerb und Besitz von Schusswaffen ein amts- oder fachärztliches oder fachpsychologisches Zeugnis über seine geistige Eignung vorlegen?	a)	Ein 18-jähriger, der ein Kleinkalibergewehr erwerben möchte.	☐
		b)	Ein 19-jähriger, der eine Doppelflinte im Kaliber 12/70 erwerben möchte.	☐
		c)	Ein 22-jähriger, der einen großkalibrigen Revolver erwerben möchte.	☒
2.05	Welche Erlaubnispapiere berechtigen auch zum Erwerb von Einzellader-Langwaffen?	a)	Waffenschein	☐
		b)	Jagdschein	☒
		c)	Europäischer Feuerwaffenpass	☐

Kapitel I.	Waffenrecht und sonstige Rechtsvorschriften 2. Rechte und Pflichten	21

2.06	Welche Erlaubnispapiere berechtigen auch zum Erwerb von Einzellader-Langwaffen?	a)	Sportschützen-WBK (gelbe WBK) (ohne Voreintrag)	☒
		b)	allgemeine WBK -grün- (ohne Voreintrag)	☐
		c)	Waffenhandelserlaubnis (uneingeschränkt)	☒
2.07	Was ist eine Erwerbsberechtigung für eine einläufige Einzellader-Kurzwaffe (Kleinkaliber-Sportpistole)?	a)	Waffenschein	☐
		b)	Waffenbesitzkarte für Sportschützen (gelbe WBK)	☒
		c)	Waffenerwerbsschein	☐
2.08	Welche Erlaubnis ist zum Erwerb einer halbautomatischen Pistole .32 S&W erforderlich?	a)	Waffenschein	☐
		b)	Sportschützen-WBK (gelbe WBK) (ohne Voreintrag)	☐
		c)	Waffenbesitzkarte mit Erwerbsberechtigung (Voreintrag)	☒
2.09	Beim Erwerb einer erlaubnispflichtigen Schusswaffe von einer Privatperson durch den Erwerbsberechtigten ist ...	a)	der Erwerb der Waffe innerhalb eines Jahres der zuständigen Behörde anzuzeigen und die WBK zur Eintragung vorzulegen.	☐
		b)	der Erwerb der Waffe innerhalb von vier Wochen der zuständigen Behörde anzuzeigen und die WBK zur Eintragung vorzulegen.	☐
		c)	der Erwerb der Waffe innerhalb von zwei Wochen der zuständigen Behörde anzuzeigen und die WBK zur Eintragung vorzulegen.	☒
2.10	Bei Abhandenkommen der Waffenbesitzkarte ist zu benachrichtigen?	a)	Erlaubnisbehörde	☒
		b)	Deutscher Schützenbund	☐
		c)	Bundeszentralregister	☐

V

Kapitel I.	Waffenrecht und sonstige Rechtsvorschriften 2. Rechte und Pflichten	22

2.11	Was ist zu tun, wenn erlaubnispflichtige Waffen oder Munition abhandenkommen?	a)	Unverzüglich den Verlust der zuständigen Waffenbehörde melden.	☒
		b)	Innerhalb eines Monats den Verlust der zuständigen Behörde melden.	☐
		c)	Eine Verlustanzeige bei der zuständigen Polizeidienststelle aufgeben.	☐
2.12	Was ist zu tun, wenn Erlaubnisurkunden abhandenkommen?	a)	Das Abhandenkommen ist unverzüglich der zuständigen Behörde anzuzeigen.	☒
		b)	Eine Ersatzausfertigung ist zu beantragen.	☐
		c)	Solange das Dokument nicht genutzt wird ist nichts weiter zu veranlassen.	☐
2.13	Was ist nach Verlust einer erlaubnispflichtigen Schusswaffe oder einer Waffenbesitzkarte zu veranlassen?	a)	Der Verlust ist unverzüglich der zuständigen Behörde mitzuteilen.	☒
		b)	Die Versicherung ist umgehend in Kenntnis zu setzen, damit diese die Polizei verständigen und alle weiteren Maßnahmen einleiten kann.	☐
		c)	Sämtliche denkbaren Maßnahmen zur Wiedererlangung der Schusswaffe und der WBK sind einzuleiten.	☐
2.14	Sind Sie bezüglich Ihrer Schusswaffen der zuständigen Behörde gegenüber in begründeten Fällen auskunftspflichtig?	a)	Nein, nur wenn gegen mich ein Verfahren eingeleitet wurde.	☐
		b)	Ja	☒
		c)	Nein, nur bei Fragen zur Aufbewahrung.	☐
2.15	Kann die zuständige Behörde die Vorlage von erlaubnispflichtigen Schusswaffen, Munition und Erlaubnisscheinen zur Prüfung verlangen?	a)	Nein, solange Waffenbesitzkarte und Munitionserwerbschein gültig sind.	☐
		b)	Ja, nur im Rahmen eines Strafverfahrens.	☐
		c)	Ja, aus begründetem Anlass.	☒

V

Kapitel I.	Waffenrecht und sonstige Rechtsvorschriften 2. Rechte und Pflichten	23

2.16	Für welche Inhaber waffenrechtlicher Erlaubnisse ist das Bundesverwaltungsamt sachlich unter anderem zuständig?	a)	Für Deutsche im Sinne des Artikels 116 des Grundgesetzes, die ihren gewöhnlichen Aufenthalt im Ausland haben (Auslandsdeutsche).	☒
		b)	Für ausländische Staatsangehörige innerhalb der Bunderepublik Deutschland.	☐
		c)	Im Rahmen der Sportförderung für Profisportler (Sportschützen).	☐
2.17	Welche Teile einer erlaubnispflichtigen Schusswaffe darf jeder erwerben?	a)	einen Austauschlauf	☐
		b)	ein Wechselsystem	☐
		c)	ein Abzugssystem	☒
2.18	Ist Sportschützen der Erwerb und die anschließende Nutzung von Kurzwaffenmagazinen mit einer Kapazität von mehr als 20 Patronen und Langwaffenmagazinen mit einer Kapazität von mehr als 10 Patronen gestattet (wechselbares Magazin)?	a)	Ja, wenn damit nachweislich dynamische Disziplinen (IPSC) absolviert werden.	☐
		b)	Ja, allerdings nur zu Trainingszwecken und nicht im Rahmen von Wettkämpfen.	☐
		c)	Nein, da solche Magazine für Privatpersonen verboten sind.	☒
2.19	Welche Waffe kann nur mit einer grünen Waffenbesitzkarte (mit Voreintrag) erworben werden?	a)	Druckluftwaffe mit dem Zeichen „F im Fünfeck“ 	☐
		b)	Armbrust	☐
		c)	Kurzwaffe mit Kaliber .357 SIG	☒
2.20	Welcher Nachweis ist als Erwerbsberechtigung von halbautomatischen Kurzwaffen für Sportschützen erforderlich?	a)	Waffenbesitzkarte mit Voreintrag	☒
		b)	Schießbuch	☐
		c)	Sportschützenausweis	☐

V

Kapitel I.	Waffenrecht und sonstige Rechtsvorschriften 2. Rechte und Pflichten	24

2.21	Welche Teile erlaubnispflichtiger Schusswaffen dürfen einzeln nur mit gültiger Erwerbserlaubnis erworben werden?	- Lauf - Verschluss - Patronen- oder Kartuschenlager - Griffstück bei Kurzwaffen	
2.22	Für Erwerb und Besitz welcher Waffen bedarf es <u>keiner</u> Waffenbesitzkarte?	a) Druckluftwaffen, die das Zulassungszeichen „F im Fünfeck“ tragen.	☒
		b) Schreckschuss-, Reizstoff- und Signalwaffen, die das Zulassungszeichen „PTB im Kreis“ tragen.	☒
		c) Spielzeugwaffen mit einer Mündungsenergie von mehr als 0,5 Joule (ohne „F im Fünfeck“).	☐
2.23	Wie können Sie als 19-jähriger Sportschütze Ihre persönliche Eignung für den dauerhaften Erwerb einer halbautomatischen Pistole im Kaliber „.45 Auto“ gegenüber der Behörde nachweisen?	a) Durch ein fachärztliches Gutachten.	☐
		b) Durch eine Bescheinigung eines anerkannten Schießsportverbandes.	☐
		c) Es besteht keine Möglichkeit des Erwerbs in diesem Alter.	☒
2.24	Wer benötigt als Sportschütze ein amts- oder fachärztliches oder fachpsychologisches Gutachten?	a) Sportschützen, die das 25. Lebensjahr noch nicht vollendet haben und erstmalig eine erlaubnis- und bedürfnispflichtige Großkaliberwaffe erwerben wollen.	☒
		b) Sportschützen, die das 25. Lebensjahr noch nicht vollendet haben und erstmalig eine Einzellader-Flinten bis Kaliber 12 erwerben wollen.	☐
		c) Sportschützen, die das 25. Lebensjahr noch nicht vollendet haben und erstmalig eine Schusswaffe bis Kaliber .22lr (mit Randzündung) erwerben wollen.	☐

Kapitel I.	Waffenrecht und sonstige Rechtsvorschriften 2. Rechte und Pflichten	25

2.25	Welche Schusswaffen dürfen Sie als 20-jähriger Sportschütze ohne vorheriges Gutachten über Ihre persönliche Eignung dauerhaft erwerben?	a) halbautomatische Pistole im Kaliber 9 mm Luger	☐
		b) Double-Action-Revolver im Kaliber .357 Magnum	☐
		c) Bockflinte im Kaliber 12/70	☒
2.26	Sie wollen ein Kleinkaliber-Repetiergewehr verkaufen. Es interessieren sich 1. ein Jäger, 2. ein Sportschütze. In welcher Form ist der Nachweis der Erwerbsberechtigung in den genannten Fällen zu erbringen?	Zu 1: gültiger Jagdschein Zu 2: Waffenbesitzkarte für Sportschützen oder grüne Waffenbesitzkarte mit Voreintrag	
2.27	Welche der nebenstehend aufgeführten Schusswaffen kann mit der Waffenbesitzkarte für Sportschützen (gelbe WBK) erworben werden?	a) halbautomatische Langwaffe	☐
		b) einläufige Einzellader-Kurzwaffe	☒
		c) halbautomatische Kurzwaffe	☐
2.28	Darf ein Sportschütze seine Repetierbüchse im Kaliber .22lr mit einem Schalldämpfer ausstatten?	a) Nein, Schalldämpfer sind im Bereich des sportlichen Schießens nur für Waffen bei denen Zentralfeuermunition genutzt wird gestattet.	☐
		b) Ja, Waffen die Munition mit Randfeuerzündung verschießen dürfen immer mit einem Schalldämpfer ausgestattet werden.	☐
		c) Nein, ein Sportschütze darf für keine seiner Waffen einen Schalldämpfer nutzen.	☒
2.29	Wie viele halbautomatische Büchsen darf ein Sportschütze maximal mit seiner gelben Waffenbesitzkarte er-werben bzw. diese darin eintragen lassen?	a) Keine	☒
		b) Bis zu zehn	☐
		c) Hier gibt es keine Einschränkungen.	☐

Kapitel I.	Waffenrecht und sonstige Rechtsvorschriften 2. Rechte und Pflichten	26

2.30	Wie viele Waffen darf ein Sportschütze maximal mit seiner gelben Waffenbesitzkarte erwerben bzw. diese darin eintragen lassen?	a)	Bis zu zehn Waffen, die gemäß den gesetzlichen Vorgaben mit der gelben Waffenbesitzkarte erworben werden dürfen.	☒
		b)	Unbegrenzte Anzahl, jedoch nur wenn jeweils eine Bedürfnisbescheinigung des Verbandes vorliegt.	☐
		c)	Unbegrenzte Anzahl, jedoch dürfen keine halbautomatischen Pistolen damit erworben bzw. darin eingetragen werden.	☐
2.31	Wie viele Schusswaffen dürfen Sie als Sportschütze maximal innerhalb von sechs Monaten bei entsprechendem Bedürfnis erwerben?	a)	Zwei	☒
		b)	Eine	☐
		c)	Drei	☐
2.32	Dürfen Schalldämpfer für erlaubnispflichtige Schusswaffen erworben werden?	a)	Ja, für alle in der grünen WBK eingetragenen Waffen.	☐
		b)	Nein	☐
		c)	Ja, jedoch unterliegen Schalldämpfer für erlaubnispflichtige Schusswaffen ebenfalls der Erlaubnispflicht.	☒
2.33	Welche Druckluftwaffen dürfen erlaubnisfrei erworben werden?	a)	Alle Druckluftwaffen, deren Geschossen eine Bewegungsenergie von weniger als 7,5 Joule erteilt wird.	☐
		b)	Alle Druckluftwaffen, die vor dem 01.01.1970 hergestellt und in den Handel gebracht wurden.	☒
		c)	Alle Druckluftwaffen mit dem Zulassungszeichen „F im Fünfeck".	☒

Kapitel I.	Waffenrecht und sonstige Rechtsvorschriften 2. Rechte und Pflichten	27

2.34	Welche der folgendermaßen gekennzeichneten Waffen dürfen Sie grundsätzlich als volljährige Person erlaubnisfrei erwerben?	a)	Der Aufdruck „Frei ab 18 Jahren" ist auf allen wesentlichen Teilen der Waffe eingeprägt.	☐
		b)	Auf der Waffe befindet sich das Zulassungszeichen (PTB im Kreis) oder das Zulassungszeichen (F im Fünfeck).	☒
		c)	Auf der Waffe befinden sich die Zulassungszeichen „PTB im Viereck" und das Zulassungszeichen (F im Fünfeck).	☐
2.35	Braucht ein Volljähriger für den Erwerb von Druckluft-, Federdruck- oder CO_2-Waffen eine Erwerbsberechtigung?	a)	Ja, in jedem Fall.	☐
		b)	Ja, wenn die Waffe mit „F im Fünfeck" gekennzeichnet ist.	☐
		c)	Nein, wenn die Waffe mit „F im Fünfeck" gekennzeichnet ist.	☒
2.36	Sie haben in ihrer WBK einen Voreintrag für einen Revolver im Kaliber .38 Spezial. Ihr Waffenhändler bietet Ihnen zu einem sehr günstigen Preis ein Sondermodell im Kaliber .357 Mag. an. Dürfen Sie diesen erwerben?	a)	Ja, der Durchmesser (das Kaliber) ist ja gleich.	☐
		b)	Nein, die Magnum-Patrone ist länger.	☐
		c)	Nein, weil Sie keinen entsprechenden Voreintrag haben.	☒
2.37	An wen dürfen erlaubnispflichtige Pistolen verkauft werden?	a)	Reservisten der Bundeswehr	☐
		b)	Polizeibeamte	☐
		c)	Personen mit Erwerbsberechtigung	☒

V

Kapitel I.	Waffenrecht und sonstige Rechtsvorschriften 2. Rechte und Pflichten	28

2.38	Wer benötigt keine Waffenbesitzkarte?	a) Derjenige, der eine Druckluftwaffe, deren Geschosse eine Bewegungsenergie von nicht mehr als 7,5 Joule erteilt wurde und die mit dem Zulassungszeichen „F im Fünfeck“ gekennzeichnet ist, erwirbt.	☒
		b) Derjenige, der eine Schreckschuss-, Reizstoff- oder Signalwaffe mit dem Zulassungszeichen „PTB im Kreis“ erwirbt.	☒
		c) Derjenige, der eine Zündnadel-Pistole erwirbt, deren Modell vor dem 01.01.1871 hergestellt worden ist.	☒
2.39	Wer benötigt keine eigene Waffenbesitzkarte?	a) Derjenige, der eine erlaubnispflichtige Schusswaffe nur vorübergehend auf einem Schießstand zum dortigen Schießen erwirbt.	☒
		b) Derjenige, der eine erlaubnispflichtige Schusswaffe nur vorübergehend für einen Zeitraum von weniger als einem Monat von einem Berechtigten leiht.	☐
		c) Derjenige, der eine erlaubnispflichtige Schusswaffe nur vorübergehend von einem Berechtigten zur gewerbsmäßigen Beförderung, bzw. Lagerung übernimmt.	☒
2.40	Welches Dokument berechtigt auch zum Erwerb von Munition?	a) Europäischer Feuerwaffenpass	☐
		b) Jagdschein (nur für Langwaffenmunition)	☒
		c) Polizeidienstausweis	☐

V

Kapitel I.	Waffenrecht und sonstige Rechtsvorschriften 2. Rechte und Pflichten	29

2.41	Welche Erlaubnisse berechtigen zum Erwerb von Munition?	a)	Waffenbesitzkarte, sofern eine Munitionserwerbsberechtigung eingetragen ist.	☒
		b)	Gültiger Jagdschein (Langwaffenmunition)	☒
		c)	Munitionserwerbsschein	☒
2.42	Berechtigt die grüne Waffenbesitzkarte zum Munitionserwerb?	a)	Ja, wenn ich Sportschütze bin.	☐
		b)	Nur, soweit für die eingetragenen Waffen die Erlaubnis zum Munitionserwerb in der WBK vermerkt ist.	☒
		c)	Nein, es ist immer zusätzlich ein Munitionserwerbsschein erforderlich.	☐
2.43	Mit welcher Erlaubnis kann Munition erworben werden?	a)	Sportschützenausweis	☐
		b)	Sportschützen-WBK (gelbe WBK)	☒
		c)	Sprengstofferlaubnis	☐
2.44	Eine Munitionserwerbsberechtigung für Patronen im Kaliber .357 Magnum berechtigt zum Erwerb von Munition...	a)	auch im Kaliber .38 Special.	☒
		b)	nur im Kaliber .357 Magnum.	☐
		c)	auch im Kaliber 9 mm Luger.	☐
2.45	Ihre WBK lässt den Erwerb von Munition im Kaliber .357 Magnum zu. Dürfen Sie damit auch Munition 9 mm Luger erwerben?	a)	Ja, weil der Durchmesser nur einen minimalen Unterschied aufweist.	☐
		b)	Nein	☒
		c)	Ja, aber ich muss später die Behörde informieren.	☐
2.46	Ihre WBK lässt den Erwerb von Munition im Kaliber 9 mm Luger zu. Dürfen Sie dann auch Munition im Kaliber 9 mm kurz erwerben?	a)	Ja, der Kaliberdurchmesser ist ja identisch.	☐
		b)	Nur, wenn der Händler mir die Munition überlässt.	☐
		c)	Nein, nur Patronen im Kaliber 9 mm Luger.	☒

V

Kapitel I.	Waffenrecht und sonstige Rechtsvorschriften 2. Rechte und Pflichten	30

2.47	Für welche Patronenmunition erhält der Pistolenschütze eine Erlaubnis?	a) Für Munition mit Hohlspitzgeschossen	☒
		b) Für Leuchtspurmunition	☐
		c) Für Betäubungsmunition zu Angriffszwecken	☐
2.48	Ist der Erwerb von Presslingen erlaubnispflichtig?	a) Ja, Sprengstofferlaubnis erforderlich	☐
		b) Ja, Munitionserwerbsberechtigung erforderlich	☒
		c) Nein	☐
2.49	Darf man Schrotmunition in unbeschränkter Menge erwerben?	a) Ja, auf dem Schießstand zum sofortigen Verbrauch lediglich auf dieser Schießstätte.	☒
		b) Ja, mit Erwerbsberechtigung	☒
		c) Nein	☐
2.50	Sie überlassen Ihre WBK-pflichtigen Schusswaffen Ihrem Vereinskollegen für die Dauer von 2 Monaten. Er will die Waffen ausprobieren und Ihnen gegebenenfalls abkaufen.	a) Das ist waffenrechtlich erlaubt.	☐
		b) Das ist waffenrechtlich nicht erlaubt.	☒
		c) WBK-Inhaber dürfen ihre Schusswaffen grundsätzlich immer tauschen.	☐
2.51	Sie überlassen einem Berechtigten auf Dauer Ihr Großkaliber-Sportgewehr. Innerhalb welcher Frist müssen Sie Ihrer Behörde das Überlassen anzeigen?	a) 2 Wochen	☒
		b) 4 Wochen	☐
		c) 1 Woche	☐
2.52	Darf man einem anderen Waffenbesitzkarteninhaber eine Waffe leihen?	a) Ja, für einen von seinem Bedürfnis umfassten Zweck, aber nur vorübergehend, höchstens für einen Monat.	☒
		b) Ja, ohne Zweckbindung, aber nur vorübergehend, für die Dauer von maximal einen Monat.	☐
		c) Nein, es ist grundsätzlich eine behördliche Genehmigung erforderlich.	☐

V

Kapitel I.	Waffenrecht und sonstige Rechtsvorschriften 2. Rechte und Pflichten	31

2.53	Unter welchen Voraussetzungen darf Ihnen ein Waffenhändler eine erlaubnispflichtige Schusswaffe zum Ausprobieren ohne vorherige Erlaubnis der zuständigen Behörde überlassen?	a)	Überhaupt nicht. Ohne vorherige Erlaubnis ist das immer verboten.	☐
		b)	Das ist waffenrechtlich für die Dauer von bis zu sechs Wochen ohne weitere Voraussetzung erlaubt.	☐
		c)	Das ist nur erlaubt, wenn man bereits eine WBK besitzt und der Erwerb vorübergehend ist (höchstens einen Monat).	☒
2.54	Was hat der Erbe einer Schusswaffe zu veranlassen?	a)	Benachrichtigung des Nachlassgerichts	☐
		b)	Änderung der WBK des Verstorbenen	☐
		c)	Beantragung einer WBK bei der zuständigen Waffenbehörde binnen eines Monats nach Annahme der Erbschaft	☒
2.55	Was muss ein gesetzlicher Erbe einer Schusswaffe tun?	a)	Innerhalb eines Monats nach Annahme der Erbschaft die Ausstellung einer WBK beantragen, sofern die Schusswaffe nicht vorher einem Berechtigten überlassen oder unbrauchbar gemacht wird.	☒
		b)	Änderung der WBK des Verstorbenen beantragen.	☐
		c)	Ein Erbe ohne waffenrechtliches Bedürfnis muss die geerbte Waffe blockieren lassen, soweit ein geeignetes Blockiersystem verfügbar ist.	☒

V

Kapitel I.	Waffenrecht und sonstige Rechtsvorschriften 2. Rechte und Pflichten	32

2.56	Sie wollen eine Waffe mit einem anderen Berechtigten dauerhaft tauschen, was müssen Sie berücksichtigen?	a)	Ein Waffentausch ist gesetzlich nicht vorgesehen, jeder muss für die angestrebte Waffe erwerbsberechtigt sein und den Erwerb, sowie das Überlassen der anderen Waffe seiner zuständigen Behörde fristgerecht melden.	☒
		b)	Ein Waffentausch ist nur dann waffenrechtlich zulässig, wenn die Waffenart und das Kaliber gleich bleiben Anschließend ist die zuständige Behörde binnen von 14 Tagen zu informieren.	☐
		c)	Ein Waffentausch darf nur zwischen den Inhabern zweier gleichartiger Erlaubnisse im Rahmen des von ihrem Bedürfnis umfassten Zweckes erfolgen (z.B. nur zwei Sportschützen).	☐
2.57	Welcher Sportschütze muss sich einer amts- oder fachärztlichen oder fachpsychologischen Untersuchung unterziehen, um seine persönliche Eignung zum Waffenerwerb nachzuweisen?	a)	18-jähriger Sportschütze für eine Kleinkaliberpistole (KK-Pistole)	☐
		b)	21-jähriger Sportschütze für ein Kleinkalibergewehr (KK-Gewehr)	☐
		c)	24-jähriger Sportschütze für eine als erste Großkaliberwaffe zu erwerbende halbautomatische Pistole im Kaliber .45 ACP	☒
2.58	Für den Erwerb welcher Schusswaffe bedarf es einer Waffenbesitzkarte?	a)	mehrschüssiger Vorderlader-Revolver	☒
		b)	CO_2-Pistole mit Zeichen 	☐
		c)	Gaspistole mit Zulassungszeichen 	☐

V

Kapitel I.	Waffenrecht und sonstige Rechtsvorschriften 2. Rechte und Pflichten	33

2.59	Für den Erwerb welcher der nachfolgend genannten Waffen bedarf es einer Waffenbesitzkarte?	a)	Druckluftgewehre ohne Zulassungszeichen „F im Fünfeck", die nach dem 01.01.1970 hergestellt wurden (ausgenommen DDR-Produktion).	☒
		b)	Perkussionsrevolver, deren Modell vor dem 01.01.1871 entwickelt wurde.	☒
		c)	Waffen in 4 mm M20 mit den Zulassungszeichen „F im Fünfeck" und „PTB im Viereck".	☒
2.60	Schusswaffen können vorübergehend überlassen werden:	a)	dem Inhaber einer WBK.	☒
		b)	einer Person des persönlichen Vertrauens.	☐
		c)	einer Person mit bestandener Sachkundeprüfung.	☐
2.61	Wem darf auf einer Schießstätte eine Kleinkaliber-Pistole überlassen werden, wenn eine für die Jugendarbeit geeignete Aufsichtsperson zur Verfügung steht?	a)	Einem 12-jährigen, wenn eine schriftliche oder elektronische Einverständniserklärung des Sorgeberechtigten vorliegt.	☐
		b)	Einem 14-jährigen, wenn eine schriftliche oder elektronische Einverständniserklärung des Sorgeberechtigten vorliegt.	☒
		c)	Einem 14-jährigen, aber nur wenn er Mitglied der Schützenjugend ist.	☐
2.62	Wem dürfen Sie während Ihres 3-wöchigen Urlaubs ihre erlaubnispflichtigen Schusswaffen zur Aufbewahrung überlassen?	a)	befreundeten Polizeibeamten	☐
		b)	Inhabern einer Waffenbesitzkarte	☒
		c)	besonders vertrauenswürdigen Personen (z.B. Notar, Pfarrer)	☐

Kapitel I.	Waffenrecht und sonstige Rechtsvorschriften 2. Rechte und Pflichten	34

2.63 Wer benötigt keinen Waffenschein?

a) Derjenige, der eine erlaubnispflichtige Kurzwaffe als Bewachungsunternehmer im Rahmen seiner Tätigkeit führt. ☐

b) Derjenige, der eine erlaubnispflichtige Kurzwaffe während einer traditionellen Brauchtumsveranstaltung (z.B. Schützenaufmarsch) führt. ☐

c) Derjenige, der als Inhaber eines gültigen Jagdscheins eine erlaubnispflichtige Kurzwaffe während der berechtigten Jagdausübung führt. ☒

2.64 Was darf der Inhaber eines Kleinen Waffenscheins?

a) Schreckschuss-, Reizstoff- und Signalwaffen mit dem Zulassungszeichen „PTB im Kreis" in der Öffentlichkeit (ausgenommen öffentliche Veranstaltungen) führen. ☒

b) Druckluft- und CO2-Waffen mit dem Zulassungszeichen „F im Fünfeck" in der Öffentlichkeit (ausgenommen öffentliche Veranstaltungen) führen. ☐

c) Erlaubnispflichtige Schusswaffen lediglich vorübergehend, höchstens aber für einen Monat von einem Berechtigen zur sicheren Lagerung übernehmen. ☐

Kapitel I.	Waffenrecht und sonstige Rechtsvorschriften 2. Rechte und Pflichten	35

2.65	Wozu berechtigt der Kleine Waffenschein?	a) Zum Erwerb von Schreckschuss-, Reizstoff- und Signalwaffen, sofern diese das Zulassungszeichen „PTB im Kreis" tragen.	☐
		b) Zum Besitz von Schreckschuss-, Reizstoff- und Signalwaffen, sofern diese das Zulassungszeichen „PTB im Kreis" tragen.	☐
		c) Zum Führen von Schreckschuss-, Reizstoff- und Signalwaffen, sofern diese das Zulassungszeichen „PTB im Kreis" tragen.	☒
2.66	Welche Erlaubnisse berechtigen zum zugriffsbereiten Führen außerhalb der eigenen Wohnung, der eigenen Geschäftsräume und des eigenen befriedeten Besitztums einer Druckluftwaffe (mit Zulassungszeichen „F im Fünfeck")?	a) Kleiner Waffenschein in Verbindung mit einem gültigen Ausweis	☐
		b) Waffenbesitzkarte in Verbindung mit Sportschützenausweis	☐
		c) Waffenschein oder behördliche Ausnahmegenehmigung	☒
2.67	Welche Gegenstände dürfen grundsätzlich nicht in der Öffentlichkeit geführt werden?	a) Anscheinswaffen (originalgetreue Imitate von Feuerwaffen)	☒
		b) Schweizer Taschenmesser und Gurtschneider	☐
		c) Feststehende Messer mit einer Klingenlänge über 12 cm und Einhandmesser	☒
2.68	Unter welchen Voraussetzungen dürfen Hieb- und Stoßwaffen, feststehende Messer mit einer Klingenlänge über 12 cm und Einhandmesser ausnahmsweise in der Öffentlichkeit geführt werden?	a) Für den Fall, dass man sich irgendwann einmal selbst verteidigen muss.	☐
		b) Beim Transport in einem verschlossenen Behältnis.	☒
		c) Sofern ein berechtigtes Interesse am Führen vorliegt (z. B. im Zusammenhang mit der Berufsausübung, der Brauchtumspflege, dem Sport oder einem allgemein anerkannten Zweck).	☒

V

Kapitel I.	Waffenrecht und sonstige Rechtsvorschriften 2. Rechte und Pflichten	36

2.69	Wer benötigt einen Waffenschein?	a) Wer eine erlaubnispflichtige Schusswaffe besitzt.	☐
		b) Wer als Berechtigter mehr als drei Waffen zum Schießstand transportieren will.	☐
		c) Wer eine Schusswaffe außerhalb der eigenen Wohnung, Geschäftsräume, des befriedeten Besitztums oder der Schießstätte zugriffsbereit führen möchte.	☒
2.70	Zum Führen welcher Waffen benötigt man <u>keine</u> Erlaubnis?	a) Waffen mit dem Zeichen 	☐
		b) Reizstoff-Sprühdosen mit dem Zeichen 	☒
		c) Waffen mit dem Zeichen 	☐
2.71	Für welche Art des Umgangs mit Schusswaffen benötigt man einen Waffenschein?	a) Transport einer erlaubnispflichtigen Waffe zum Schießstand	☐
		b) Selbstschutz zu Hause	☐
		c) Zugriffsbereites Führen einer erlaubnispflichtigen Waffe auf der Straße	☒
2.72	Als Erlaubnis zum zugriffsbereiten Führen einer Waffe braucht man den Kleinen Waffenschein für...	a) Druckluft-, Federdruck-, CO_2 Waffen. 	☐
		b) Schreckschuss-, Reizstoff-, Signalwaffen mit dem Zeichen „PTB im Kreis" (PTB = Physikalisch-Technische Bundesanstalt). 	☒
		c) Feuerwaffen, die nicht zugriffs- und nicht schussbereit transportiert werden.	☐

Kapitel I.	Waffenrecht und sonstige Rechtsvorschriften 2. Rechte und Pflichten	37

2.73	Wie ist eine Schusswaffe von der Wohnung zu der Schießstätte zu transportieren, wenn kein Waffenschein erteilt wurde?	Beim Transport darf die Waffe nicht zugriffsbereit und nicht schussbereit sein.	
2.74	a) Welche Signalwaffen können erlaubnisfrei erworben werden?	a) Signalwaffen mit dem Bauartzulassungszeichen „PTB im Kreis" (PTB = Physikalisch-Technische Bundesanstalt). (PTB)	
	b) Dürfen diese zugriffsbereit geführt werden?	b) Das Führen ist nur mit dem Kleinen Waffenschein erlaubt.	
2.75	Benötigen Jäger zur befugten Jagdausübung einen Waffenschein?	Nein	
2.76	Wer benötigt einen Waffenschein?	a) Wer eine „scharfe" Waffe zu Hause führt.	☐
		b) Wer eine Druckluftpistole unverpackt auf dem Rücksitz im PKW mitnimmt.	☒
		c) Wer mit der Armbrust auf einem Feld schießt.	☐
2.77	Bei welcher der nebenstehend aufgeführten Schusswaffen benötigt man einen Waffenschein, wenn man sie außerhalb der Wohnung zugriffsbereit „bei sich" hat?	a) doppelläufiges Steinschlossgewehr (Modell vor 1871)	☐
		b) Druckluftpistole mit einer Mündungsenergie bis zu 7,5 Joule F	☒
		c) Steinschloss-Duellpistole (Modell vor 1871)	☐
2.78	Einer Erlaubnis zum Führen einer erlaubnispflichtigen Schusswaffe bedarf nicht,	a) wer diese beim Schießen auf Schießstätten zu einem vom Bedürfnis umfassten Zweck oder im Zusammenhang damit verwendet.	☒
		b) wer die Waffe als Sportschütze unverpackt auf dem PKW-Rücksitz zum Büchsenmacher bringt.	☐
		c) wer die Waffe seinen Freunden auf der Straße zeigt.	☐

V

Kapitel I.	Waffenrecht und sonstige Rechtsvorschriften 2. Rechte und Pflichten	38

2.79	Benötigen Sie zum Führen einer Druckluftpistole (mit Kennzeichnung „F im Fünfeck") im Gürtelholster einen Waffenschein? 	a) Ja	☒
		b) Nein	☐
		c) Nur, wenn ich noch nicht volljährig bin.	☐
2.80	Welcher der genannten Gegenstände darf nicht ohne weiteres geführt werden?	a) Baseballschläger	☐
		b) Klappmesser mit 14 cm langer, nicht feststellbarer einseitig geschliffener Klinge.	☐
		c) Kochmesser mit 14 cm langer Klinge.	☒
		d) Samuraischwert	☒
		e) Schlagstock	☒
2.81	Ist der Umgang mit sogenannten Pfeilabschussgeräten im Sinne des Waffengesetzes erlaubnispflichtig und der Eintrag in eine Waffenbesitzkarte erforderlich?	a) Ja, da Pfeilabschussgeräte nicht in der Anlage 2 Unterabschnitt 2 -erlaubnisfreie Arten des Umgangs- genannt sind.	☒
		b) Nein, sie sind waffenrechtlich wie Armbrüste einzuordnen.	☐
2.82	Um Ihre Vorderschaftrepetierflinte leichter transportieren zu können ersetzen Sie den normalen Schaft durch einen Pistolengriff.	a) Das ist verboten.	☒
		b) Änderungen am Schaft sind zulässig, wenn die Waffe danach noch mindestens 61 cm lang ist.	☐
		c) Das ist nur Jägern erlaubt.	☐
2.83	Welche Legitimationspapiere sind beim Transport einer erlaubnispflichtigen Schusswaffe durch einen Sportschützen mitzuführen?	a) Personal-/Reisepass und Schützenausweis	☐
		b) Waffenbesitzkarte und Waffenschein	☐
		c) Personalausweis oder Reisepass und Waffenbesitzkarte	☒

Kapitel I.	Waffenrecht und sonstige Rechtsvorschriften 2. Rechte und Pflichten	39

2.84 Welche Dokumente muss ein Sportschütze mitführen, der

a) seine eigene erlaubnispflichtige Waffe zum Schießstand führt (nicht zugriffs- bzw. schussbereit)

b) die erlaubnispflichtige Waffe eines anderen zum Schießstand führt (nicht zugriffs- bzw. schussbereit)?

a) Personalausweis oder Reisepass und WBK

b) Personalausweis oder Reisepass, die eigene WBK und eine Bescheinigung des Überlassens mit Datum der Überlassung.

2.85 Welche Dokumente benötigen Sie zum zugriffsbereiten Führen einer bauartzugelassenen Schreckschusswaffe?

a) Keine Dokumente erforderlich, da der Erwerb ja auch genehmigungsfrei ist. ☐

b) Kleiner Waffenschein und Personalausweis oder Reisepass ☒

c) Waffenbesitzkarte und Personalausweis oder Reisepass ☐

2.86 Der Transport einer Kleinkaliber-Sportpistole durch einen WBK-Inhaber bedarf keiner Erlaubnis, wenn diese…

a) im nicht einsehbaren Handschuhfach eines Pkw befördert wird. ☐

b) versteckt am Körper getragen wird. ☐

c) ungeladen im verschlossenen Waffenkoffer befördert wird, wenn der Transport zu einem vom Bedürfnis umfassten Zweck erfolgt. ☒

2.87 Darf ein Anderer als der WBK-Inhaber dessen Kurzwaffe zur Instandsetzung zum Waffengeschäft bringen?

a) Ja, wenn er Inhaber einer WBK ist oder die Waffe gewerblich transportiert. ☒

b) Nein, das ist nicht erlaubt. ☐

c) Das muss immer erst bei der Behörde beantragt werden. ☐

2.88 Sie wollen den defekten Lauf ihrer Pistole zum Waffenhändler bringen. Wie nehmen sie ihn waffenrechtlich einwandfrei mit?

Bei einem Lauf handelt es sich um ein wesentliches Teil einer Waffe. Diese stehen den Schusswaffen gleich. Der Lauf ist deshalb <u>nicht zugriffsbereit</u> zu transportieren.

2.89 Was ist beim Transport einer Schusswaffe von der Wohnung zur Schießstätte zu beachten?

Beim Transport darf die Waffe <u>nicht schussbereit</u> und <u>nicht zugriffsbereit</u> sein.

Der Transport darf nur zum <u>vom Bedürfnis umfassten Zweck</u> erfolgen.

Kapitel I.	Waffenrecht und sonstige Rechtsvorschriften 2. Rechte und Pflichten	40

2.90	Erlaubnisfreies Führen im Sinne des Waffengesetzes liegt vor, wenn man als WBK-Inhaber die Waffe...	a) bei einer Schützenhochzeit zum Spalier stehen verwendet.	☐
		b) im verschlossenen Kofferraum des PKW, ungeladen und verpackt zum Schießstand fährt.	☒
		c) im verschlossenen Waffenkoffer zum Büchsenmacher transportiert.	☒
2.91	Unter welchen Voraussetzungen darf man in einem fremden Besitztum eine Schusswaffe ohne Waffenschein bei sich haben?	Unter der Voraussetzung, dass das Führen der Waffe vom Bedürfnis umfasst ist oder damit im Zusammenhang steht und der Hausrechtsinhaber zugestimmt hat.	
2.92	Bedarf es zum Führen 1. einer nicht schussbereiten Waffe im unverschlossenen Handschuhfach oder 2. einer schussbereiten Waffe im verschlossenen Handschuhfach eines Waffenscheines?	Zu 1: Ja Zu 2: Ja	
2.93	Dürfen Teilnehmer an öffentlichen Veranstaltungen, insbesondere an Volksfesten und öffentlichen Vergnügungen, Waffen mit sich führen?	Nein, es sei denn, die zuständige Behörde hat allgemein oder für den Einzelfall eine Ausnahme zugelassen.	
2.94	Brauchen Sie zum zugriffsbereiten Führen von Druckluft-, Federdruck- oder CO2-Waffen in der Öffentlichkeit einen Waffenschein?	Ja (Der Kleine Waffenschein reicht nicht aus.)	
2.95	Ist der Transport einer erlaubnispflichtigen Schusswaffe durch den WBK-Inhaber von der Wohnung zum Schießstand zulässig?	a) Nur mit Waffenschein.	☐
		b) Ja, wenn sie ungeladen und gesichert im Holster am Körper getragen wird.	☐
		c) Ja, wenn sie nicht zugriffsbereit und nicht schussbereit transportiert wird und dies vom Bedürfnis umfasst ist.	☒

Kapitel I.	Waffenrecht und sonstige Rechtsvorschriften 2. Rechte und Pflichten	41

2.96	Eine Erlaubnis zum Führen einer Schusswaffe im Sinne des Waffengesetzes ist erforderlich, wenn	a) ... sie entladen in der unverschlossenen Aktentasche mitgeführt wird.	☒
		b) ... sie geladen in einer verschlossenen Aktentasche mitgeführt wird.	☒
		c) ... sie sich entladen im unverschlossenen Handschuhfach eines PKW befindet und die Munition in einem Metallbehältnis mit Schwenkriegelschloss im Kofferraum mitgeführt wird.	☒
2.97	Wer ist zum zugriffsbereiten Führen von Schreckschuss-, Reizstoff- und Signalwaffen, deren Erwerb und Besitz erlaubnisfrei ist, berechtigt?	Inhaber des Kleinen Waffenscheines	
2.98	Welche Schusswaffen bzw. sonstigen Waffen dürfen Sie bei öffentlichen Veranstaltungen „bei sich" haben?	a) Erlaubt ist das Führen eines Schreckschussrevolvers, wenn ich den Kleinen Waffenschein habe.	☐
		b) Steinschlosspistole, weil diese nach dem WaffG ohnehin geführt werden darf.	☐
		c) Es dürfen keine Waffen im Sinne des § 1 Abs. 2 WaffG bei sich geführt werden.	☒
2.99	Kann man eine im Ausland erworbene erlaubnispflichtige Schusswaffe in die Bundesrepublik einführen/verbringen?	a) Ja, ohne Einschränkung.	☐
		b) Ja, mit Waffenbesitzkarte.	☐
		c) Ja, mit Verbringungserlaubnissen der zuständigen Behörden.	☒
2.100	Unter welchen Voraussetzungen darf man eine im Ausland erworbene Schusswaffe, die in der Bundesrepublik Deutschland erlaubnispflichtig ist, in das Bundesgebiet einführen?	a) Nur, wenn man im Besitz einer in Deutschland gültigen Waffenbesitzkarte mit Voreintrag ist.	☐
		b) Nur, wenn man im Besitz eines Europäischen Feuerwaffenpasses ist.	☐
		c) Nur, wenn man im Besitz der entsprechenden Verbringungserlaubnisse ist.	☒

Kapitel I.	Waffenrecht und sonstige Rechtsvorschriften 2. Rechte und Pflichten	42

2.101	Was ist beim Verbringen von Schusswaffen über Staatsgrenzen immer zu beachten?	a)	Beim Verbringen von Waffen nach Deutschland müssen vor Grenzübertritt die erforderlichen Erlaubnisse (z.B. Verbringungserlaubnis) vorliegen.	☒
		b)	Beim Verbringen von Waffen aus Deutschland müssen vor Grenzübertritt die erforderlichen Erlaubnisse des Ziellandes, der Bundesrepublik Deutschland und ggf. aller Transitländer vorliegen.	☒
		c)	Es genügt immer eine deutsche WBK.	☐
2.102	Was muss ein Waffenbesitzer veranlassen, wenn er seine erlaubnispflichtige Schusswaffe in einem anderen Mitgliedsstaat der Europäischen Union verkaufen möchte?	a)	Nichts, der Verkauf von erlaubnispflichtigen Schusswaffen in das europäische Ausland ist generell erlaubnisfrei.	☐
		b)	Der Waffenbesitzer lässt sich die Erwerbserlaubnis des Käufers vorlegen und überlässt diesem dann die Waffe. Der Käufer meldet die Waffe nach Erhalt in seinem Heimatland an. Anschließend schickt er dem Verkäufer eine Kopie der Anmeldung, damit dieser die Waffe bei seiner Behörde abmelden kann.	☐
		c)	Er bittet den Käufer um Übersendung einer Erlaubnis des Empfängerlandes zur Einfuhr der Waffe. Anschließend beantragt der Verkäufer bei seiner zuständigen Behörde eine Erlaubnis zum dauerhaften Verbringen der Waffe ins Ausland. Erst nach Erlaubniserteilung darf die Waffe verbracht werden. (Die Behörde meldet die Erteilung der Ausfuhrerlaubnis dem Bundesverwaltungsamt, EU-Meldedienst)	☒

V

Kapitel I.	Waffenrecht und sonstige Rechtsvorschriften 2. Rechte und Pflichten	43

2.103	Darf man als Inhaber einer Waffenbesitzkarte eine im Ausland erworbene Schusswaffe in die Bundesrepublik Deutschland einführen?	a) Ja, aber nur wenn sich in der Waffenbesitzkarte ein entsprechender Voreintrag der zuständigen Erlaubnisbehörde befindet.	☐
		b) Ja, die Waffe ist innerhalb von 14 Tagen bei der zuständigen Erlaubnisbehörde anzumelden.	☐
		c) Nein, man benötigt vor der Einfuhr zunächst eine Verbringungserlaubnis seiner zuständigen Waffenbehörde und dann eine Verbringungserlaubnis des ausländischen Staates.	☒
2.104	Wozu berechtigt der Europäische Feuerwaffenpass?	Zur Mitnahme der dort eingetragenen Feuerwaffen und für diese bestimmten Munition in einen anderen Mitgliedsstaat. Eventuell ist eine Genehmigung des Mitgliedstaates notwendig.	
2.105	Wozu berechtigt mich der Europäische Feuerwaffenpass?	a) Zum dauerhaften Verbringen von Feuerwaffen in Mitgliedstaaten.	☐
		b) Zur Feuerwaffenmitnahme bei Reisen in Mitgliedstaaten, beispielsweise zur Teilnahme an schießsportlichen Veranstaltungen oder zur Jagd.	☒
		c) Zur Feuerwaffenmitnahme bei Reisen in Mitgliedstaaten, muss ich die Reise mindestens 14 Tage vorher meiner zuständigen Erlaubnisbehörde schriftlich anzeigen.	☐
2.106	Wie können Feuerwaffen dauerhaft in einen anderen Mitgliedstaat verbracht werden?	a) Die Feuerwaffen können mit einem Europäischen Feuerwaffenpass verbracht werden.	☐
		b) Eine Verbringungserlaubnis zum Verbringen in einen Mitgliedstaat ist nicht erforderlich.	☐
		c) Durch vorherige Verbringungserlaubnis des Mitgliedsstaates und darauf folgend einer Verbringungserlaubnis der zuständigen deutschen Waffenbehörde.	☒

Kapitel I.	Waffenrecht und sonstige Rechtsvorschriften 2. Rechte und Pflichten	44

2.107	Welche Handlung erfüllt einen Straftatbestand im Sinne des Waffengesetzes?	a)	Feuerwaffen werden dauerhaft ohne entsprechende Erlaubnisse zum Verbringen in einen Mitgliedstaat verbracht.	☒
		b)	Feuerwaffen werden ohne eine waffenrechtliche Erlaubnis zur Ausfuhr in einen Drittstaat verbracht.	☐
		c)	Feuerwaffen werden mit einem Europäischen Feuerwaffenpasses dauerhaft in einen Mitgliedstaat verbracht.	☒
2.108	Was ist bei einer dauerhaften Ausfuhr von Schusswaffen in einen Drittstaat zu beachten?	a)	Es ist nichts zu beachten.	☐
		b)	Es ist eine Ausfuhrerlaubnis der zuständigen Waffenbehörde erforderlich.	☐
		c)	Außenwirtschaftsrechtliche Bestimmungen sind zu beachten (Bundesamt für Wirtschaft und Ausfuhrkontrolle (BAFA).	☒
2.109	Berechtigt der Europäische Feuerwaffenpass zur Einfuhr von erlaubnispflichtiger Munition aus einem Mitgliedstaat, sofern die Munition dort von Ihnen berechtigterweise erworben wurde?	a)	Ja	☐
		b)	Nein. Eine Verbringungserlaubnis ist erforderlich.	☒
		c)	Ja, aber nur wenn eine Waffe entsprechenden Kalibers in den EFP eingetragen ist.	☐
2.110	Welche Waffen dürfen ohne Beschusszeichen einem anderen zum Schießen überlassen werden?	a)	alle Schusswaffen	☐
		b)	Grundsätzlich keine Schusswaffen, außer diejenigen, die vor dem 1. Januar 1891 hergestellt wurden oder für die von einem Beschussamt eine Bescheinigung darüber ausgestellt wurde, dass der Beschuss der Waffe nicht durchgeführt werden kann.	☒
		c)	Doppelflinten	☐

V

Kapitel I.	Waffenrecht und sonstige Rechtsvorschriften 2. Rechte und Pflichten	45

2.111	Dürfen Sie als Sportschütze mit einer Schusswaffe, die der Beschusspflicht unterliegt, auf dem Schießstand „Probeschüsse" abgeben, wenn kein Beschussstempel angebracht ist?	a)	Ja, das Probeschießen ist gestattet.	☐
		b)	Nein, das ist niemals gestattet.	☒
		c)	Solche Schüsse sind nur durch die verantwortliche Aufsicht zulässig.	☐
2.112	Wann ist eine Waffe erneut zu beschießen?	a)	Neuwaffen nach 15 Jahren, bei Gebrauchtwaffen nach 10 Jahren.	☐
		b)	Ein Beschuss ist unter anderem dann erforderlich, wenn eine Waffe von einem gewerblichen Waffenhändler an einen Kunden verkauft wird.	☐
		c)	Ein erneuter Beschuss muss immer dann erfolgen, wenn wesentliche Teile der Waffe verändert oder instand gesetzt wurden.	☒
2.113	Ist die zuständige Erlaubnisbehörde zu unterrichten, wenn durch einen Büchsenmacher der Lauf ersetzt und die Waffe anschließend neu beschossen wurde?	a)	Die Erlaubnisbehörde ist immer zu unterrichten.	☐
		b)	Die Erlaubnisbehörde ist zu unterrichten, wenn ein wesentliches Teil erworben wurde.	☒
		c)	Die Erlaubnisbehörde ist nie zu unterrichten.	☐
2.114	Was bedeutet die Überstempelung eines Beschusszeichens mit einem „X"?	a)	Die Waffe wurde in England erneut beschossen, es ist nur noch der englische Beschuss gültig.	☐
		b)	Die Waffe wurde bei einer erneuten Beschussprüfung als nicht mehr beschusstauglich befunden, der bereits vorhandene Beschussstempel ist ungültig.	☒
		c)	Die Waffe wurde für den Export nach Großbritannien erneut beschossen, da dort der deutsche Beschuss nicht gültig ist.	☐

V

Kapitel I.	Waffenrecht und sonstige Rechtsvorschriften 2. Rechte und Pflichten	46

2.115	Wann ist eine Waffe erneut zum Beschuss vorzulegen?	a)	ein neuer Lauf (kein Austauschlauf) wurde eingebaut	☒
		b)	Sportgriffschalen wurden montiert	☐
		c)	der Verschluss wurde erneuert	☒
		d)	die Schussfolge wurde geändert	☒
		e)	der Lauf wurde mit Kompensatoröffnungen versehen	☒
		f)	das Abzugsgewicht wurde durch Einbau einer anderen Feder verringert	☐
2.116	Darf mit einer amerikanischen Schusswaffe mit französischem Beschusszeichen in der Bundesrepublik geschossen werden?	a)	Nein, die Waffe braucht ein deutsches Beschusszeichen.	☐
		b)	Ja, das französische Beschusszeichen ist anerkannt.	☒
		c)	Nein, die Waffe braucht ein amerikanisches Beschusszeichen.	☐
2.117	Eine Feuerwaffe wird aus einem der nebenstehenden Länder eingeführt. Bei welchem Land muss die Feuerwaffe einem Beschussamt der C.I.P. (Internationale Kommission zur Prüfung von Handfeuerwaffen und Munition) vorgelegt werden?	a)	USA	☒
		b)	Ungarn	☐
		c)	Chile	☐
2.118	Wo dürfen Sie mit Druckluftwaffen, die das Zeichen „F im Fünfeck" tragen, schießen?	a)	In Ihrem eingezäunten Garten, wenn sichergestellt ist, dass die Geschosse den Garten nicht verlassen können.	☒
		b)	In einem verlassenen Steinbruch (kein Geschoss kann das Gelände verlassen).	☐
		c)	Nur auf zugelassenen Schießständen.	☐
		d)	Im eigenen Keller, wenn hierbei niemand gefährdet werden kann.	☒

Kapitel I.	Waffenrecht und sonstige Rechtsvorschriften 2. Rechte und Pflichten	47

2.119	Benötigen Sie zum Schießen mit einer Waffe im Kaliber 6 mm Flobert (kein F im Fünfeck auf der Waffe vorhanden) eine behördliche Erlaubnis?	a)	Nein	☐
		b)	Ja, außerhalb von Schießstätten.	☒
		c)	Nicht auf dafür zugelassenen Schießstätten.	☒
2.120	Wo darf man ohne Erlaubnis mit einem Gewehr im Kaliber .22lr schießen?	a)	Im Wald	☐
		b)	Außerhalb des befriedeten Besitztums	☐
		c)	Auf dafür zugelassenen Schießstätten	☒
2.121	Wann darf ein 14-jähriger mit dem Einverständnis des/der Sorgeberechtigten auf dem Schießstand mit einer Waffe für Randfeuerpatronen bis Kaliber 5,6 mm lfB (.22lr) und einer Mündungsenergie von maximal 200 Joule schießen?	a)	Wenn der Schießstandbetreiber zustimmt.	☐
		b)	Wenn der erforderlichen Aufsichtsperson das Einverständnis des/der Sorgeberechtigten vorliegt.	☒
		c)	Wenn die behördliche Ausnahmegenehmigung vorliegt.	☐
2.122	In welchem Alter darf ein Jugendlicher auf dem Schießstand, ohne unter einer besonderen Obhut (durch den/die Sorgeberechtigten oder der zur Kinder- und Jugendarbeit für das Schießen geeigneten Aufsichtsperson) zu stehen, mit einem Kleinkaliber-Match-Gewehr schießen?	a)	mit 12 Jahren	☐
		b)	mit 14 Jahren	☐
		c)	mit 17 Jahren	☒

Kapitel I.	Waffenrecht und sonstige Rechtsvorschriften 2. Rechte und Pflichten	48

2.123	Mit welchen Waffen dürfen ein 13-jähriger und ein 15-jähriger auf einer zugelassenen Schießstätte schießen?	a)	Ein 13-jähriger darf mit Druckluft-, Federdruck- und CO2-Waffen schießen, wenn der/die Sorgeberechtigte/n schriftlich oder elektronisch sein/ihr Einverständnis erklärt hat/haben und eine geeignete Aufsichtsperson ständig anwesend ist.	☒
		b)	Ein 15-jähriger darf mit halbautomatischen Waffen bis Kaliber 9mm schießen, wenn der/die Sorgeberechtigte/n schriftlich oder elektronisch sein/ihr Einverständnis er-klärt hat/haben und eine geeignete Aufsichtsperson ständig anwesend.	☐
		c)	Ein 15-jähriger darf mit Waffen für Randfeuerpatronen bis Kaliber 5,6 mm lfB (.22 l. r.) und einer Mündungsenergie von maximal 200 Joule und mit Einzellader-Langwaffen mit glatten Läufen im Kaliber 12 oder kleiner schießen, wenn der/die Sorgeberechtigte/n schriftlich oder elektronisch sein/ihr Einverständnis erklärt hat/haben und eine geeignete Aufsichtsperson ständig anwesend ist.	☒
2.124	Darf ein 16-jähriger Schütze auf einer dafür zugelassenen Schießstätte mit einer halbautomatischen Pistole im Kaliber .40 S&W schießen?	a)	Wenn eine verantwortliche Aufsichtsperson anwesend ist, ist dies möglich.	☐
		b)	Nur unter Aufsicht eines Behördenvertreters.	☐
		c)	Nein, der Schütze muss dafür mindestens 18 Jahre alt sein.	☒
2.125	Unter welchen Voraussetzungen darf ein Jugendlicher nach Vollendung des 15. Lebensjahres und noch nicht vollendetem 16. Lebensjahr auf dem Schießstand eines Vereins schießen?	a)	Mit schriftlichem Einverständnis der Sorgeberechtigten bei Druckluftwaffen bis zu 7,5 Joule Bewegungsenergie.	☒
		b)	Hierfür ist die behördliche Genehmigung (§3 WaffG) erforderlich.	☐
		c)	Mit schriftlichem Einverständnis der Sorgeberechtigten und unter Aufsicht einer hierfür geeigneten Person beim Schießen mit einem Kleinkalibergewehr (.22lr) mit maximal 200 Joule Mündungsenergie.	☒

Kapitel I.	Waffenrecht und sonstige Rechtsvorschriften 2. Rechte und Pflichten	49

2.126	Unter welchen Voraussetzungen darf ein Kind nach Vollendung seines 12. Lebensjahres mit einer Druckluftpistole auf dem Schießstand eines Vereins schießen?	a)	Das Kind darf nur mit der vereinseigenen Druckluftpistole schießen.	☐
		b)	Hierfür ist die behördliche Genehmigung (§3 WaffG) erforderlich.	☐
		c)	Das Kind darf mit schriftlichem Einverständnis seiner Eltern und unter Aufsicht einer hierfür geeigneten Person schießen.	☒
2.127	Darf eine kombinierte Langwaffe (z.B. Drilling) zum sportlichen Schießen benutzt werden?	a)	Ja, nur wenn es die Sportordnung und die Schießstandzulassung erlauben.	☒
		b)	Nein, kombinierte Waffen sind vom sportlichen Schießen ausgeschlossen.	☐
		c)	Ja, ohne jede Einschränkung.	☐
2.128	Wo darf der Sportschütze Patronen mit Hohlspitzgeschossen aus Kurzwaffen im Kaliber .22lr verschießen?	a)	Auf dem eigenen Grundstück.	☐
		b)	Auf dafür zugelassenen Schießständen.	☒
		c)	Nirgends, das ist gesetzlich verboten.	☐
2.129	Welche Dokumente benötigt ein Brauchtumsschütze beim Schießen in der Öffentlichkeit?	a)	Waffenschein und Pass	☐
		b)	Waffenbesitzkarte und Sportschützenausweis	☐
		c)	Schießerlaubnis, evtl. Waffenbesitzkarte und Personalausweis, bei Vorderladern: „Erlaubnis nach dem Sprengstoffgesetz".	☒
2.130	Ist für das Schießen mit einem Gewehr im Kaliber .22lr im Keller eines Wohnhauses eine behördliche Erlaubnis erforderlich?	a)	Nein, wenn die Sicherheit gewährleistet ist.	☐
		b)	Ja, eine Erlaubnis zum Betrieb einer Schießstätte oder eine Schießerlaubnis.	☒
		c)	Nein, die des Hauseigentümers reicht aus.	☐

V

Kapitel I.	Waffenrecht und sonstige Rechtsvorschriften 2. Rechte und Pflichten	50

2.131	Sie wollen an Silvester mit Ihrer Repetierbüchse auf der öffentlichen Straße vor Ihrem Haus Kartuschenmunition verschießen. Was ist dabei zu beachten?	a)	Ich benötige einen kleinen Waffenschein.	☐
		b)	Es sind lediglich die Zeiten an Silvester zu beachten, an denen Pyrotechnisches Material gezündet werden darf.	☐
		c)	Ich benötige einen Waffenschein und eine Schießerlaubnis.	☒
2.132	Darf man zu Silvester mit einem Revolver im Kaliber .38 Spezial ohne behördliche Erlaubnis Platzpatronen (Kartuschenmunition) verschießen?	a)	Nein	☒
		b)	Ja. Dies ist aber nur innerhalb der behördlich genehmigten „Knallzeit" zulässig, wenn man sich zudem auf einem befriedeten Grundstück befindet.	☐
		c)	Ja. Dies ist aber nur innerhalb der behördlich genehmigten „Knallzeit" zulässig, wenn man sich zudem auf seinem eigenen, befriedeten Grundstück befindet.	☐
2.133	Ist das nichtgewerbliche Wiederladen von Patronenhülsen erlaubt?	a)	Ja, für Inhaber einer Munitionserwerbserlaubnis.	☐
		b)	Ja, nur mit einer Erlaubnis nach § 27 Sprengstoffgesetz.	☒
		c)	Nein	☐
2.134	Das nichtgewerbliche Wiederladen von Patronenmunition ist...	a)	für jeden erlaubt, der eine Waffensachkundeprüfung bestanden hat.	☐
		b)	für jeden erlaubt, der gefahrlos mit Schwarzpulver umgehen kann.	☐
		c)	für jeden erlaubt, der die Fachkundeprüfung nach dem Sprengstoffgesetz nachgewiesen hat und dem durch die Behörde eine entsprechende Erlaubnis nach § 27 SprengG erteilt wurde.	☒
2.135	Berechtigt die abgelegte Sachkundeprüfung zum nichtgewerblichen Wiederladen von Hülsen?		Nein, hierzu bedarf es einer gesonderten Fachkundeprüfung nach dem Sprengstoffgesetz und einer Erlaubnis nach § 27 SprengG.	

Kapitel I.	Waffenrecht und sonstige Rechtsvorschriften 2. Rechte und Pflichten	51

2.136	Berechtigt die abgelegte Sachkundeprüfung zum nichtgewerblichen Wiederladen von Hülsen?	a)	Ja, durch die Sachkundeprüfung ist man berechtigt Hülsen wiederzuladen.	☐
		b)	Nein, es ist eine Erlaubnis nach § 27 Sprengstoffgesetz erforderlich.	☒
		c)	Das Wiederladen von Hülsen ist immer erlaubt.	☐
2.137	Welche Änderung an einer Schusswaffe dürfen nur von hierzu berechtigten Personen durchgeführt werden?	a)	Schaftmodifizierung	☐
		b)	Änderung am Visier	☐
		c)	Anbringen von Bohrungen an der Systemhülse zur Zielfernrohrmontage	☒
2.138	Welche Änderung an einer Schusswaffe dürfen nur von hierzu berechtigten Personen durchgeführt werden?	a)	Änderung des Verschlusses von Rand- auf Zentralfeuer	☒
		b)	Aufsetzen eines Wechselsystems	☐
		c)	Anbringen von Sportgriffschalen	☐
2.139	Welche Änderungen an Schusswaffen dürfen nur von hierzu berechtigten Personen durchgeführt werden?	a)	Verkürzung des Laufes	☒
		b)	Die Schussfolge der Waffe wird verändert.	☒
		c)	Die Schusswaffe wird so geändert, dass andere Munition oder Geschosse mit anderem Kaliber aus ihr verschossen werden können.	☒
		d)	Wesentliche Teile, zu deren Einpassung eine Nacharbeit erforderlich ist, werden ausgewechselt.	☒
		e)	Der gesamte Schaft wird getauscht.	☐
2.140	Sie brauchen eine behördliche Erlaubnis...	a)	zum Austausch eines Trainingsabzuges.	☐
		b)	zur Verwendung eines 10 Schuss- anstelle eines 5 Schuss- Magazins.	☐
		c)	zur Änderung des Patronenlagers / Laufinneren auf ein größeres Kaliber.	☒

V

Kapitel I.	Waffenrecht und sonstige Rechtsvorschriften 2. Rechte und Pflichten	52

2.141	Dürfen Sie Schusswaffen für bessere Ergebnisse ohne Erlaubnis bearbeiten?	a) Nur, wenn ich in der Metallbearbeitung erfahren bin.	☐
		b) Abzug, Visierung und Schaft dürfen von mir bearbeitet werden.	☒
		c) Auch wesentliche Teile dürfen von mir geändert werden.	☐
2.142	Eine Langwaffe wird unzulässigerweise bearbeitet, wenn Sie ohne Erlaubnis...	a) den Gewehrlauf kürzen.	☒
		b) eine Schaftkappe montieren.	☐
		c) die Griffschalen austauschen.	☐
2.143	Eine Kurzwaffe wird von Ihnen unzulässigerweise bearbeitet, wenn ohne Erlaubnis...	a) der Lauf mit Kompensatorbohrungen versehen wird.	☒
		b) ein Balkenkorn eingesetzt wird.	☐
2.144	Darf zugelassene pyrotechnische Munition im Aufbau verändert werden?	Nein	
2.145	Wenn ein Mitglied, das als Sportschütze eine waffenrechtliche Erlaubnis besitzt, aus dem Schießsportverein austritt, muss der Verein ...	a) den Austritt unverzüglich der zuständigen Behörde melden.	☒
		b) die Waffen des Mitgliedes in Verwahrung nehmen.	☐
		c) nichts tun.	☐
2.146	Dürfen Sorgeberechtigte minderjährige Schützen beim Schießbetrieb beaufsichtigen?	a) Ja, wenn sie zur Standaufsicht berechtigt sind, dürfen sie ihre Kinder beaufsichtigen.	☒
		b) Nein, das dürfen nur in der Kinder- und Jugendarbeit ausgebildete Obhutspersonen.	☐
		c) Ja, Sorgeberechtigte dürfen alle minderjährigen Schützen beim Schießbetrieb beaufsichtigen.	☐

V

Kapitel I.	Waffenrecht und sonstige Rechtsvorschriften 2. Rechte und Pflichten	53

2.147	Was hat ein schießsportlicher Verein eines anerkannten Schießsportverbandes im Hinblick auf die Aufsicht zu beachten?	a) Aufsichtspersonen im Verein registrieren.	☒
		b) Voraussetzungen der Sachkunde prüfen.	☒
		c) Ein Nachweisdokument ausstellen.	☒
2.148	Ab welchem Alter dürfen Kinder und Jugendliche mit Druckluft-, Federdruck- oder CO_2-Waffen schießen und was ist dabei zu beachten?	a) Ab 12 Jahren, wenn die Sorgeberechtigten schriftlich oder elektronisch dabei sind.	☐
		b) Ab 12 Jahren, sofern die Personensorgeberechtigten ihr Einverständnis erklärt haben und eine geeignete Aufsichtsperson zur Betreuung vorhanden ist.	☒
		c) Ab 12 Jahren, wenn die Sorgeberechtigten schriftlich oder elektronisch ihr Einverständnis erklärt haben.	☐
2.149	Wer darf auf einer Schießstätte Aufsicht führen?	a) Alle Vereinsmitglieder	☐
		b) Der Eigentümer der Schießstätte	☐
		c) Alle vom Betreiber bestellten Personen.	☒
2.150	Wer darf die Schießaufsicht ausüben?	Der Aufsichtsberechtigte muss volljährig, zuverlässig, persönlich geeignet und sachkundig sowie zur Aufsicht bestellt sein.	
2.151	Darf eine Aufsicht selbst am Schießen teilnehmen?	Nein	
2.152	Welche Anforderungen werden an die verantwortliche Aufsichtsperson gestellt?	a) Volljährigkeit, persönliche Eignung	☒
		b) Zuverlässigkeit, Sachkunde	☒
		c) Bei Aufsicht über Minderjährige die Eignung für Kinder- und Jugendarbeit	☒

V

Kapitel I.	Waffenrecht und sonstige Rechtsvorschriften 2. Rechte und Pflichten	54

2.153	Was zählt zu den Aufgaben der verantwortlichen Aufsichtsperson?	a)	Dafür Sorge zu tragen, dass von den Schützen und ihren Waffen keine Gefahr ausgeht.	☒
		b)	Die Betreuung von Zuschauern und Gästen.	☐
		c)	Überprüfen, ob der Verbandskasten aufgefüllt ist.	☐
2.154	Nennen sie mindestens vier Pflichten der verantwortlichen Aufsichtsperson beim Schießen!	-	Das Schießen ständig beaufsichtigen, insbesondere	
		-	dafür zu sorgen, dass nur mit für die Schießstätte zugelassenen Waffen und Munition geschossen wird,	
		-	sicherzustellen, dass nur Kinder und Jugendliche ab den vorgeschriebenen Altersgrenzen und mit den altersmäßig zugelassenen Waffen teilnehmen und	
		-	die dafür eventuell notwendigen Einverständniserklärungen der Personensorgeberechtigten aufbewahren und der zuständigen Behörde auf Verlangen aushändigen.	
		-	Dafür Sorge tragen, dass die in der Schießstätte anwesenden Personen durch ihr Verhalten keine vermeidbaren Gefahren verursachen.	

Kapitel I.	Waffenrecht und sonstige Rechtsvorschriften 3. Kennzeichnung von Schusswaffen und Munition	55

3.01	Bei welchen Dekorationswaffen ist kein Zulassungszeichen (Ortszeichen des Beschussamtes in der Raute) erforderlich?	a)	Bei allen offensichtlich unbrauchbaren und nicht mehr schussfähigen Waffen, die vor dem 01.01.1970 hergestellt wurden.	☐
		b)	Bei allen Schusswaffen, die vor dem 01.04.2003 nach dem damals geltenden Waffenrecht unbrauchbar gemacht wurden.	☒
		c)	Bei allen Schusswaffen, deren Modell vor dem 01.01.1871 hergestellt oder entwickelt wurde.	☐
3.02	Welches Kennzeichen muss u.a. auf einem Großkaliber-Revolver angebracht sein?	a)	Bezeichnung der Munition	☒
		b)	Herstellerzeichen	☒
		c)	Warnhinweis „Gefährlich…"	☐
3.03	Welche Kennzeichnung trägt üblicherweise eine Feuerwaffe?	a)	Name des Besitzers	☐
		b)	Beschusszeichen	☒
		c)	Lauflänge	☐
3.04	Welche Kennzeichnung trägt üblicherweise eine Schusswaffe?	a)	Name, Firma oder Marke eines Waffenherstellers oder -händlers, der im Geltungsbereich dieses Gesetzes eine gewerbliche Niederlassung hat.	☒
		b)	Landeskürzel des Herstellungslandes	☒
		c)	die Bezeichnung der Munition; sofern keine Munition verwendet wird, die Bezeichnung der Geschosse	☒
		d)	Beschusszeichen	☒
		e)	Herstellungsnummer	☒
		f)	bei Importwaffen unter anderem auch Einfuhrland (Länderkürzel) und Einfuhrjahr.	☒

V

Kapitel I.	Waffenrecht und sonstige Rechtsvorschriften 3. Kennzeichnung von Schusswaffen und Munition	56

3.05 Welche der nebenstehenden Kennzeichen sind <u>nicht</u> auf einer waffenbesitzkartenpflichtigen Schusswaffe zu finden?

a)  ☒

b)  seit 20.10.2014: **CIP N** ☐

c)  ☒

3.06 Wie sind Schreckschuss-, Reizstoff- und Signalwaffen gekennzeichnet, deren Erwerb und Besitz erlaubnisfrei ist?

Durch das Zulassungszeichen „PTB im Kreis"

(PTB = Physikalisch-Technische Bundesanstalt).

3.07 Welche Kennzeichnung muss eine erlaubnispflichtige Feuerwaffe mindestens aufweisen?

a) Hersteller- oder Händlerzeichen, Seriennummer, Modell, Bezeichnung der Munition ☐

b) Hersteller- oder Händlerzeichen, Herstellungsland (Länderkürzel), Seriennummer, Beschusszeichen, Bezeichnung der Munition, bei Importwaffen unter anderem auch Einfuhrland (Landeskürzel) und Einfuhrjahr ☒

c) Hersteller- oder Händlerzeichen, Seriennummer, Herstellungsjahr, Bezeichnung der Munition ☐

3.08 Welche Kennzeichen müssen auf der kleinsten Verpackungseinheit von Patronen angebracht sein?

a) Hersteller- oder Fertigungszeichen, Fertigungsserie, Patronendaten, Zulassungszeichen ☒

b) Herstellungsdatum, Patronenkaliber ☐

c) keine ☐

3.09 Handfeuerwaffen müssen Beschusszeichen tragen. Was wird geprüft?

- Haltbarkeit,
- Funktionssicherheit,
- Maßhaltigkeit und
- richtige Kennzeichnung.

Kapitel I.	Waffenrecht und sonstige Rechtsvorschriften 3. Kennzeichnung von Schusswaffen und Munition	57

3.10	Welche Waffenteile unterliegen, bei Einfuhr in den Geltungsbereich des Waffengesetzes, der Kennzeichnungspflicht des § 24 Abs. 1 des Waffengesetzes?	a) Mindestens ein wesentliches Waffenteil muss entsprechend den gesetzlichen Vorgaben gekennzeichnet sein. b) Alle wesentlichen Waffenteile müssen entsprechend den gesetzlichen Vorgaben gekennzeichnet sein. c) Es ist ausreichend wenn sich eine Seriennummer auf dem Lauf der Waffe befindet.	☐ ☒ ☐
3.11	Welche Kennzeichnung muss die Randfeuerpatrone aufweisen?	a) Kaliberangabe auf der Hülse b) Herstellerzeichen auf der Hülse c) Kaliber und Herstellerzeichen auf der Hülse	☐ ☒ ☐
3.12	Welche Kennzeichnung muss die Zentralfeuerpatrone aufweisen?	a) Kaliberangabe und Geschossart auf dem Hülsenboden b) Herstellerzeichen auf dem Hülsenhals c) Herstellerzeichen und Bezeichnung der Munition auf der Hülse	☐ ☐ ☒
3.13	Was bedeutet der Zusatz „R" in der Munitionsbezeichnung?	a) Patrone mit Rand b) Randfeuerpatrone c) Patrone für Revolver (R = Revolver)	☒ ☐ ☐
3.14	Welche zusätzlichen Angaben müssen Schrotpatronen im Kaliber 12/70 aufweisen?	a) keine zusätzlichen Angaben erforderlich b) auf der Hülse die Längenangabe 70 c) Angabe der Anzahl der Schrote	☐ ☒ ☐
3.15	Welche Kennzeichen müssen auf Zentralfeuermunition angebracht sein?	Auf der Hülse der Munition müssen das <u>Herstellerzeichen</u> und die <u>Bezeichnung der Munition</u> angebracht sein.	

V

Kapitel I.	Waffenrecht und sonstige Rechtsvorschriften 3. Kennzeichnung von Schusswaffen und Munition	58

3.16	Welche Kennzeichen müssen auf der kleinsten Verpackungseinheit der Munition angebracht sein?	-	das Herstellerzeichen	
		-	das Fertigungszeichen (Fertigungsserie)	
		-	die Bezeichnung der Munition	
		-	Zulassungszeichen	
3.17	Welche Kennzeichnung muss auf einer Randfeuerpatrone angebracht sein?	a)	Bezeichnung der Munition	☐
		b)	Randfeuer	☐
		c)	Herstellerzeichen	☒
3.18	Welche Kennzeichen müssen auf der kleinsten Munitionsverpackungseinheit angebracht sein?	a)	Herstellerzeichen, Bezeichnung der Munition, Anzahl der Patronen in der Packung, Fertigungsserie (Losnummer), Zulassungszeichen	☒
		b)	Herstellerzeichen, Bezeichnung der Munition, Anzahl der Patronen in der Packung, Herstellungsjahr, Zulassungszeichen	☐
		c)	Herstellerzeichen, Bezeichnung der Munition, Anzahl der Patronen in der Packung, Fertigungsserie (Losnummer), Herstellungsdatum	☐
3.19	Welche Kennzeichnung muss auf einer Zentralfeuerpatrone angebracht sein?	a)	Bezeichnung der Munition und Geschossart	☐
		b)	Bezeichnung der Munition und Herstellerzeichen	☒
		c)	Bezeichnung der Munition und Losnummer	☐
3.20	Welche Bedeutung hat ein Beschusszeichen?	a)	Sicherheitsüberprüfung der Waffe beim zuständigen TÜV	☐
		b)	Die Waffe ist durch die Physikalisch-Technische Bundesanstalt auf Funktionsfähigkeit geprüft.	☐
		c)	Die Waffe ist auf Haltbarkeit, Funktionssicherheit, Maßhaltigkeit und richtige Kennzeichnung durch ein anerkanntes Beschussamt geprüft.	☒

V

Kapitel I.	Waffenrecht und sonstige Rechtsvorschriften 3. Kennzeichnung von Schusswaffen und Munition	59

3.21	Woran erkennt man, ob eine Schusswaffe zum Schießen zugelassen ist?	Die Waffe muss ein gültiges Prüf- und/oder Beschusszeichen tragen.	
3.22	Wann ist eine Schusswaffe erneut zum Beschuss vorzulegen?	Wenn ein wesentliches Teil ausgetauscht, verändert oder instandgesetzt worden ist.	
3.23	Auf welchem Waffenteil muss das Beschusszeichen auch angebracht sein?	a) Auf dem Lauf	☒
		b) Auf dem Schaft	☐
		c) Auf dem Visier	☐
3.24	Welches Beschusszeichen trägt ein in der Bundesrepublik beschossener Revolver .357 Magnum?	a) Bundesadler V / CIP S V seit 20.10.2014 **CIP S**	☐
		b) Bundesadler N / CIP N N seit 20.10.2014 **CIP N**	☒
		c) Bundesadler SP / CIP PN SP seit 20.10.2014 **CIP PN**	☐
3.25	Was bedeutet das Beschusszeichen Bundesadler N bzw. CIP N? N seit 20.10.2014 **CIP N**	a) Die Waffe ist behördlich geprüft und zum Schießen zugelassen.	☒
		b) Die Gebühren sind bezahlt.	☐
		c) Die Waffe ist gebraucht.	☐
3.26	Welche Schusswaffe muss ein amtliches Beschusszeichen tragen?	a) Ein jetzt hergestellter Nachbau einer Steinschlosspistole (Original 18. Jhdt.)	☒
		b) Ein Druckluftgewehr, das dem Geschoss eine Energie von ca. 10 Joule erteilt.	☐
		c) Ordonnanzgewehr aus dem 2. Weltkrieg	☒
		d) Bauartgeprüfter Schreckschussrevolver im Kaliber bis 6 mm	☐

Kapitel I.	Waffenrecht und sonstige Rechtsvorschriften 3. Kennzeichnung von Schusswaffen und Munition	60

3.27	Welche Beschussstempelung trägt üblicherweise eine in der Bundesrepublik Deutschland beschossene Schusswaffe?	a)	Beschusszeichen in Form eines Bundesadlers (seit 20.10.2014 CIP-Zeichen) mit darunter liegendem Kennbuchstaben für die Art des Beschusses.	☒
		b)	Ortszeichen für das Beschussamt	☒
		c)	Zahlen oder Buchstabencodierung für das Beschussdatum	☒
3.28	Welche Bedeutung hat ein Beschusszeichen, bei dem ein Bundesadler (seit 20.10.2014 CIP-Zeichen) mit den darunter liegenden Buchstaben „PN" abgebildet ist?	a)	Die Waffe ist für das Schießen mit allen Munitionssorten (Schwarzpulver und rauchloses Pulver) im entsprechenden Kaliber zugelassen. (PN = Prüfung Normal)	☐
		b)	Die Waffe ist für das Schießen mit allen Munitionssorten im entsprechenden Kaliber zugelassen, die mit rauchlosem Pulver geladen sind. (PN = Prüfung Nitro)	☐
		c)	Die Waffe ist für das Schießen mit allen Munitionssorten im entsprechenden Kaliber zugelassen, die mit Schwarzpulver geladen sind. (PN = poudre noir)	☒
3.29	Was wird bei einem amtlichen Beschuss geprüft?	a)	Die Waffe wird auf Haltbarkeit, Funktionssicherheit, Maßhaltigkeit und Kennzeichnung geprüft.	☒
		b)	Die Waffe wird auf Lebensdauer, Konstruktionsschlüssigkeit und Funktionstauglichkeit geprüft.	☐
		c)	Die Waffe wird auf Präzision, Fertigungstoleranzen und Materialhärte geprüft.	☐
3.30	Auf welchen Waffenteilen muss das Beschusszeichen (auch) angebracht sein?	a)	Lauf, Verschluss	☒
		b)	Schaft, Visier	☐
		c)	Sicherung, Magazin	☐

V

Kapitel I.	Waffenrecht und sonstige Rechtsvorschriften 3. Kennzeichnung von Schusswaffen und Munition	61

3.31	Welche der folgenden Waffenteile unterliegen der Beschusspflicht?	a)	Einsteckläufe für Zentralfeuerpatronen	☒
		b)	Wechseltrommeln	☒
		c)	Wechselsysteme	☒
3.32	Werden in Deutschland auch Beschusszeichen anderer Staaten anerkannt?	a)	Ja, aller Staaten, die eine Sicherheitsprüfung vorschreiben.	☐
		b)	Ja, aber nur Staaten, die dem Übereinkommen über die gegenseitige Anerkennung von Beschusszeichen und Prüfzeichen beigetreten sind (C.I.P.).	☒
		c)	Nein, alle Schusswaffen müssen vor ihrem Gebrauch von deutschen Beschussämtern geprüft sein.	☐
3.33	Bei welchen der folgenden ehemaligen Staaten ist der dortige amtliche Beschuss auch in der Bundesrepublik Deutschland weiterhin gültig? (D.h. die dort beschossenen Waffen müssen nicht von einem deutschen Beschussamt erneut beschossen werden.)	a)	CSSR	☒
		b)	DDR	☒
		c)	Deutsches Reich (sollte sich ein Hakenkreuz auf der Waffe befinden, müsste das Hakenkreuz vom Beschussamt mit einem „X" versehen werden)	☒
3.34	Welche Schusswaffe muss neben dem Zulassungszeichen „F im Fünfeck" noch als weiteres Zulassungszeichen „PTB im Quadrat" tragen? (PTB = Physikalisch-Technische Bundesanstalt)	a)	Druckluftwaffen mit einer Bewegungsenergie bis zu 7,5 Joule.	☐
		b)	Schusswaffen mit kleinerem Kaliber als .22lr und einer Bewegungsenergie bis zu 10 Joule.	☐
		c)	Feuerwaffen, deren Geschossen eine Bewegungsenergie von nicht mehr als 7,5 Joule erteilt wird.	☒

V

Kapitel I.	Waffenrecht und sonstige Rechtsvorschriften 3. Kennzeichnung von Schusswaffen und Munition	62

3.35 Welche Bedeutung hat das Zeichen „F im Fünfeck"?

a) Das Zeichen „F im Fünfeck" kennzeichnet Waffen, die von volljährigen Personen erlaubnisfrei erworben werden dürfen. ☐

b) Das Zeichen „F im Fünfeck" kennzeichnet Waffen, deren Geschossenergie E0 maximal 7,5 Joule beträgt. ☒

c) Das Zeichen „F im Fünfeck" kennzeichnet Waffen, deren Mündungsgeschwindigkeit unter 7,5 m/s. liegt. ☐

Kapitel I.	Waffenrecht und sonstige Rechtsvorschriften 4. Aufbewahrung von Schusswaffen und Munition	63

4.01	Wo darf eine erlaubnispflichtige Kurzwaffe gelagert werden?	a)	In einem Waffenschrank der Sicherheitsstufe A nach VDMA 24992, sofern sich keine dazu passende Munition im Schrank befindet.	☐
		b)	In einem Waffenschrank der Sicherheitsstufe B nach VDMA 24992, sofern sich keine dazu passende Munition im Schrank befindet wenn der Schrank bereits vor dem 06.07.2017 rechtmäßig vom Betroffenen zur Waffenaufbewahrung genutzt wurde.	☒
		c)	In einem Waffenschrank der Norm DIN/EN 1143- 1 mit dem Widerstandsgrad 0.	☒
4.02	Welchem Sicherheitsstandard muss ein Waffenschrank <u>mindestens</u> entsprechen, damit Waffen und dazu passende Munition zusammen darin aufbewahrt werden dürfen?	a)	Sicherheitsstufe B nach VDMA 24992, Schrankgewicht über 200kg	☐
		b)	DIN/EN 1143- 1 Widerstandsgrad 0	☒
		c)	DIN/EN 1143- 1 Widerstandsgrad I	☐
4.03	In welchem Behältnis darf erlaubnispflichtige Munition gelagert werden?	a)	Wohnzimmerschrank mit Sicherheitsschloss	☐
		b)	Blechschrank mit Vorhängeschloss	☐
		c)	Stahlblechbehältnis mit Schwenkriegelschloss	☒
4.04	Darf die Erlaubnisbehörde gegen den Willen des Erlaubnisinhabers dessen Wohnräume betreten, um die ordnungsgemäße Waffenaufbewahrung zu überprüfen?	a)	Ja, dies ist stets zulässig.	☐
		b)	Ja, sofern eine dringende Gefahr für die öffentliche Sicherheit besteht.	☒
		c)	Ja, aber nur mit einem richterlichen Durchsuchungsbefehl.	☐
4.05	Schusswaffen sind aufzubewahren...	a)	an einem versteckten Ort.	☐
		b)	nur bei der Erlaubnisbehörde.	☐
		c)	in einem Behältnis der entsprechenden Sicherheitsstufe.	☒

V

Kapitel I.	Waffenrecht und sonstige Rechtsvorschriften 4. Aufbewahrung von Schusswaffen und Munition	64

4.06	Wo müssen erlaubnispflichtige Schusswaffen und Munition aufbewahrt werden?	a) Im Kleiderschrank	☐
		b) In einer verschlossenen und alarmgesicherten Familienwohnung.	☐
		c) In einem Behältnis der entsprechenden Sicherheitsstufe.	☒
4.07	Gegen unbefugten Zugriff ist eine erlaubnispflichtige Pistole zu Hause gesichert, wenn sie...	a) versteckt im Bücherregal liegt.	☐
		b) im abgeschlossenen Waffenkoffer im Schrank aufbewahrt wird.	☐
		c) in einem Behältnis der Norm DIN/EN 1143-1 Widerstandsgrad 0 oder I aufbewahrt wird.	☒
4.08	Gegen unbefugten Zugriff ist eine erlaubnispflichtige Langwaffe gesichert, wenn sie...	a) sich in einem abgeschlossenen Waffenschrank der Norm DIN/EN 1143-1 Widerstandsgrad 0 oder I befindet.	☒
		b) im Gewehrständer steht.	☐
		c) an der Wand hängt und mit einem Schloss gesichert ist.	☐
4.09	Sind Sie in Bezug auf die sichere Verwahrung ihrer Waffe(n) oder Munition zur Auskunft gegenüber der Behörde verpflichtet?	a) Es besteht keine Pflicht zum Nachweis über die sichere Verwahrung.	☐
		b) Ja, wer Waffen oder Munition besitzt, hat der zuständigen Behörde die zur sicheren Verwahrung getroffenen Maßnahmen nachzuweisen.	☒
		c) Nein, nur wenn mehr als 10 Schusswaffen im Besitz sind.	☐
4.10	Wozu kann die nicht ordnungsgemäße Aufbewahrung von Waffen oder Munition u.a. führen?	Zum Verlust der waffenrechtlichen Zuverlässigkeit.	
4.11	Ist die gemeinschaftliche Aufbewahrung von Waffen oder Munition durch berechtigte Personen, die in einer häuslichen Gemeinschaft leben, zulässig?	a) Ja	☒
		b) Nein	☐

V

Kapitel I.	Waffenrecht und sonstige Rechtsvorschriften 4. Aufbewahrung von Schusswaffen und Munition	65

4.12	Wozu kann die nicht ordnungsgemäße Aufbewahrung von Waffen oder Munition u.a. führen?	a)	Eine nicht ordnungsgemäße Aufbewahrung von Waffen stellt einen Straftatbestand im Sinne des Waffengesetzes dar.	☒
		b)	Verlust der persönlichen Eignung	☐
		c)	Die nicht ordnungsgemäße Aufbewahrung von Waffen stellt lediglich einen Ordnungswidrigkeitentatbestand dar.	☐
4.13	Wie können Waffen und Munition außerhalb der Wohnung, z.B. bei Hotelübernachtung anlässlich eines Wettkampfes, sicher aufbewahrt werden?	a)	Die Schusswaffe/n ist/sind immer am Körper zu tragen.	☐
		b)	Ein wesentlicher Teil der Schusswaffe/n ist zu entnehmen und mit sich zu führen. Der Rest der Schusswaffe ist gegen unbefugten Zugriff zu sichern.	☒
		c)	Aufbewahrung in einem Transportbehältnis oder in einem verschlossenen Schrank oder einem sonstigen verschlossenen Behältnis.	☒
4.14	Wie sind bei einem Transport von Waffen und Munition in einem Fahrzeug diese bei kurzfristigem Verlassen des Fahrzeuges (Einnahme des Mittagessens, Tanken, Schüsseltreiben, Einkäufe etc.) aufzubewahren?	a)	Waffen und Munition sind in dem verschlossenen Fahrzeug so aufzubewahren, dass keine unmittelbaren Rückschlüsse auf die Art des Inhaltes erkennbar sind.	☒
		b)	Die Waffe/n darf/dürfen hierbei nicht im Fahrzeug verbleiben.	☐
4.15	Wie sind erlaubnispflichtige Kurzwaffen aufzubewahren (bei dem Bestehen einer waffenrechtlichen Erlaubnis vor dem 06.07.2017 und Fortführung der Nutzung eines vorhandenen Behältnisses)?	a)	In einer Stahlkassette der Sicherheitsstufe A nach VDMA 24992.	☐
		b)	In einem Sicherheitsbehältnis der Sicherheitsstufe B der Norm VDMA 24992 oder einem Behältnis der Sicherheitsstufe DIN/EN 1143- 1 Widerstandsgrad 0 oder I.	☒
		c)	In einer Truhe mit Schwenkriegelschloss im verschlossenen Keller.	☐

Kapitel I.	Waffenrecht und sonstige Rechtsvorschriften 4. Aufbewahrung von Schusswaffen und Munition	66

4.16	Wie sind erlaubnispflichtige Kurzwaffen aufzubewahren (Erteilung einer waffenrechtlichen Erlaubnis und dem damit verbunden Erwerb einer Schusswaffe nach dem 06.07.2017)?	a)	In einem Sicherheitsbehältnis der Sicherheitsstufe B der Norm VDMA 24992.	☐
		b)	In einem Sicherheitsbehältnis der Sicherheitsstufe DIN/EN 1143-1 Widerstandsgrad 0 oder I.	☒
		c)	In einem Sicherheitsbehältnis der Sicherheitsstufe A der Norm VDMA 24992.	☐
4.17	Welche Mindestanforderungen gelten für die dauerhafte Aufbewahrung von Waffen und Munition?	a)	Munition ist im Stahlbehältnis mit Schwenkriegelschloss oder gleichwertigem Behältnis aufzubewahren.	☒
		b)	Maximal 5 Kurzwaffen in einem Tresor mit Widerstandsgrad 0 (DIN/EN 1143-1) bis 200 kg. Über 200 kg je 10 Kurzwaffen. Über 10 Kurzwaffen Widerstandsgrad I.	☒
		c)	Bis zu 10 Langwaffen je A-Schrank. Über 10 Langwaffen im B-Schrank.	☐
4.18	Wie dürfen acht erlaubnispflichtige Kurzwaffen untern anderem sicher vor unbefugtem Zugriff dauerhaft aufbewahrt werden?	a)	In einem Tresor der Sicherheitsstufe B mit mehr als 200 Kilogramm Gewicht (VDMA 24992) (wenn der Tresor bereits vor dem 06.07.2017 rechtmäßig vom Betroffenen zur Waffenaufbewahrung genutzt wurde).	☒
		b)	In einem Tresor mit Widerstandsgrad 0 (DIN/EN 1143-1), dessen Gewicht mindesten 200 kg beträgt.	☒
		c)	In einem Tresor der Sicherheitsstufe A (VDMA 24992).	☐
4.19	Welche und wie viele erlaubnispflichtigen Schusswaffen dürfen Sie in einem Schrank der Sicherheitsstufe A nach VDMA 24992 (bei dem Bestehen einer waffenrechtlichen Erlaubnis vor dem 06.07.2017 und Fortführung der Nutzung eines vorhandenen Behältnisses) dauerhaft aufbewahren?	a)	5 Kurzwaffen	☐
		b)	5 Langwaffen und 5 Kurzwaffen	☐
		c)	10 Langwaffen	☒

V

Kapitel I.	Waffenrecht und sonstige Rechtsvorschriften 4. Aufbewahrung von Schusswaffen und Munition	67

4.20	Dürfen Sie während des Urlaubes einem Vereinskameraden Ihre WBK-pflichtige Schusswaffe zur sicheren Aufbewahrung überlassen?	a)	Ja, wenn er selbst auch eine WBK besitzt und über ein entsprechendes Behältnis verfügt.	☒
		b)	Nein, das ist nicht gestattet.	☐
		c)	Dies ist unter Vereinsmitgliedern gestattet.	☐
		d)	Ja, es ist ausreichend, dass er ein entsprechendes Behältnis besitzt.	☐
4.21	Wem dürfen Sie während Ihres Urlaubs eine erlaubnispflichtige Waffe vorübergehend zur sicheren Aufbewahrung überlassen?	a)	Waffenhändler	☒
		b)	Dem Nachbarn, der die Waffe in seiner Werkbank im Hobbyraum lagert.	☐
		c)	Einem Inhaber einer Waffenbesitzkarte	☒
4.22	Wie sind erlaubnispflichtige Langwaffen aufzubewahren?	a)	In einem Sicherheitsbehältnis der Sicherheitsstufe B der Norm VDMA 24992.	☐
		b)	In einem Sicherheitsbehältnis der Sicherheitsstufe DIN/EN 1143-1 Widerstandsgrad 0 oder I.	☒
		c)	In einem Sicherheitsbehältnis der Sicherheitsstufe A der Norm VDMA 24992.	☐
4.23	Gelten die Aufbewahrungsvorschriften des Waffengesetzes auch für sogenannte Salutwaffen?	a)	Ja, vollumfänglich	☐
		b)	Nein, aber der Besitzer hat die erforderlichen Vorkehrungen zu treffen, um zu verhindern, dass diese abhanden kommen oder Dritte sie unbefugt an sich nehmen.	☒

Kapitel I.	Waffenrecht und sonstige Rechtsvorschriften 5. Notwehr und Notstand	68

5.01	Was ist Notwehr? Notwehr ist diejenige ____________ , die ____________ ist, um einen ________ ________ Angriff von sich oder einem anderen abzuwenden.	Lösung: Notwehr ist diejenige Verteidigung, die erforderlich ist, um einen gegenwärtigen rechtswidrigen Angriff von sich oder einem anderen abzuwenden.	
5.02	Was ist Notwehr?	Notwehr ist diejenige Verteidigung, die erforderlich ist, um einen gegenwärtigen rechtswidrigen Angriff von sich oder einem anderen abzuwenden.	
5.03	Notwehr ist...	a) jede Abwehr eines gegenwärtigen und rechtswidrigen Angriffs von sich und anderen.	☐
		b) jede Verteidigung, die erforderlich ist, um einen gegenwärtigen rechtswidrigen Angriff von sich oder einem anderen abzuwenden.	☒
		c) jede Verteidigung, die erforderlich ist, um jeden Angriff von sich oder einem anderen abzuwenden.	☐
5.04	Gegen wen findet im Falle der Notwehr die Verteidigungshandlung statt?	a) Angreifer	☒
		b) Zuschauer	☐
		c) Angegriffener	☐
5.05	In Notwehr darf man handeln bei einem Angriff...	a) nur auf Leib und Leben.	☐
		b) auf jedes Individual-Rechtsgut.	☒
		c) nur gegen das Eigentum.	☐
5.06	Welches sind Voraussetzungen der Notwehr?	a) Verteidigungslage	☒
		b) Verteidigungswille	☒
		c) Erforderlichkeit	☒

Kapitel I.	Waffenrecht und sonstige Rechtsvorschriften 5. Notwehr und Notstand	69

5.07	Durch eine Notwehrhandlung entfällt die/der ...?	a)	Rechtswidrigkeit	☒
		b)	Vorsatz	☐
		c)	Schuld	☐
5.08	Notwehr mit einer Schusswaffe ist nicht gerechtfertigt...	a)	bei Beleidigung.	☒
		b)	bei lebensgefährlichem tätlichem Angriff auf den Ehepartner.	☐
5.09	Schusswaffengebrauch als Notwehr kann als letztes Mittel zulässig sein,	a)	wenn dem Angriff ausgewichen werden kann.	☐
		b)	wenn der Angriff mit einem Messer erfolgt.	☒
		c)	wenn der Angreifer mit der Faust droht.	☐
5.10	Ist ein Schusswaffengebrauch in Notwehr zulässig, wenn der Angegriffene dem Angriff ausweichen kann?	a)	Nein, niemals	☐
		b)	Ist der Einsatz eines milderen Mittels zur Abwehr des Angriffs möglich, ist der Schusswaffengebrauch nicht zulässig.	☒
		c)	Grundsätzlich ist dem Angegriffenen ein Ausweichen nicht zumutbar, da dies seine Ehre verletzt.	☐
5.11	Soll im Notwehrfall vor dem Gebrauch der Schusswaffe gewarnt werden?	a)	Ja, das ist Voraussetzung für einen rechtmäßigen Schusswaffengebrauch.	☐
		b)	Ja, soweit die Umstände es erlauben.	☒
		c)	Nein, das ist nicht erforderlich.	☐
5.12	Darf in einer Notwehrsituation immer von der Schusswaffe Gebrauch gemacht werden?	a)	Nur wenn kein milderes Mittel zur Verfügung steht, um den Angriff abzuwehren.	☒
		b)	Der Schusswaffengebrauch ist stets als allerletzter Ausweg aus einer bedrohlichen Situation zu betrachten.	☒
		c)	Ja, immer	☐

Kapitel I.	Waffenrecht und sonstige Rechtsvorschriften 5. Notwehr und Notstand	70

5.13	Sollte im Notwehrfall der Angreifer vor dem Gebrauch der Schusswaffe gewarnt werden?	a) Nein	☐
		b) Wenn möglich durch Zuruf und/oder Warnschuss.	☒
		c) Das Zeigen der Waffe reicht aus, um den Angriff zu beenden.	☐
5.14	Soll im Notwehrfall der Angreifer vor dem Gebrauch der Schusswaffe gewarnt werden?	Ja, soweit es die Umstände erlauben. (Es sollte vor dem Schusswaffengebrauch durch Zuruf, Warnschuss oder auf andere Weise gewarnt werden.)	
5.15	Dürfen Sie in <u>jeder</u> Notwehrsituation von der Schusswaffe Gebrauch machen?	a) Ja, immer	☐
		b) Nein, allenfalls bei einem Angriff auf Leben, Leib oder erhebliche Rechtsgüter des Einzelnen.	☒
		c) Ja, auch wenn der Angriff durch mildere Mittel abgewehrt werden kann.	☐
5.16	Wie lange besteht eine Notwehrsituation fort?	a) Bis der Angreifer weggelaufen ist.	☐
		b) Solange der Angriff andauert.	☒
		c) Bis ich den Angreifer der Polizei übergeben habe.	☐
5.17	Wie lange besteht eine Notwehrsituation fort?	a) Bis der Gegner bewusstlos bzw. geflüchtet ist.	☐
		b) Solange der Angriff andauert.	☒
		c) Bis ich gefahrlos dem Angriff ausweichen kann, wenn ich dadurch keine wesentlichen Rechtsgüter aufgeben muss.	☒
		d) Auf jeden Fall bis die Polizei eintrifft.	☐

V

Kapitel I.	Waffenrecht und sonstige Rechtsvorschriften 5. Notwehr und Notstand	71

5.18	Was versteht man unter „Putativnotwehr"?	a) Überschreitung der Notwehr.	☐
		b) Ein gegenwärtiger, rechtswidriger Angriff wird von einem anderen Angegriffenen abgewehrt.	☐
		c) Irrtümliche Annahme einer Notwehrsituation.	☒
5.19	Worauf müssen Sie bei Notwehr vorrangig achten?	a) Die Unversehrtheit meines Eigentums.	☐
		b) Die Verteidigung mit allen Mitteln.	☐
		c) Eine angemessene Verteidigung. (Verhältnismäßigkeit)	☒
5.20	Was bedeutet Notwehrüberschreitung?	Notwehrüberschreitung oder Notwehrexzess liegt vor, wenn der Verteidiger das erforderliche Maß der Abwehr überschreitet.	
5.21	Erklären Sie den Begriff „Notwehrexzess" und seine strafrechtliche Bedeutung!	Beim Notwehrexzess wird das zulässige Maß der Abwehr überschritten. Das Handeln wird nur dann entschuldigt, wenn in Furcht, Verwirrung oder Schrecken über die Grenzen der Notwehr hinausgegangen worden ist.	
5.22	Was ist Notstand?	Bei einem Notstand besteht eine gegenwärtige Gefahr für ein Rechtsgut, die nur durch Verletzung eines anderen Rechtsgutes abgewendet werden kann, wobei eine Abwägung der widerstreitenden Interessen stattfinden muss, in deren Ergebnis das als minderwertiger erkannte Rechtsgut geopfert wird.	
5.23	Was bedeutet rechtfertigender Notstand?	In rechtfertigendem Notstand handelt, wer in einer gegenwärtigen, nicht anders abwendbaren Gefahr für Leben, Leib, Freiheit, Ehre, Eigentum oder ein anderes Rechtsgut eine Tat begeht, um die Gefahr von sich oder einem Anderen abzuwenden, wenn bei Abwägung der widerstreitenden Interessen das geschützte Interesse das beeinträchtigte wesentlich überwiegt.	
5.24	Was bedeutet entschuldigender Notstand?	Wer in einer gegenwärtigen, nicht anders abwendbaren Gefahr für Leben, Leib oder Freiheit eine rechtswidrige Tat begeht, um die Gefahr von sich, einem Angehörigen oder einer anderen ihm nahestehenden Person abzuwenden, handelt ohne Schuld.	

V

Kapitel I.	Waffenrecht und sonstige Rechtsvorschriften 5. Notwehr und Notstand	72

5.25	Welche Situation beurteilen Sie als Notstandslage?	a) Sie finden eine geladene Jagdwaffe im Wald. ☐ b) Sie werden durch ein herrenloses Tier angegriffen. ☒ c) Sie werden durch eine Person angegriffen. ☐
5.26	Nennen Sie vier wesentliche Voraussetzungen für den rechtfertigenden Notstand!	1. Gegenwärtige Gefahr liegt vor. 2. Rechtsgüter sind bedroht (Leben, Leib, Freiheit, Ehre, Eigentum). 3. Das zu schützende Rechtsgut ist wesentlich höherwertiger als das beeinträchtigte. 4. Die Abwehrhandlung muss angemessen sein.
5.27	Welches sind die Voraussetzungen des rechtfertigenden Notstandes?	a) gegenwärtige, nicht mit geringerem Eingriff abwehrbare Gefahr für ein Rechtsgut; wesentliches Überwiegen des geschützten Interesses ☒ b) Absicht, die Gefahr nicht von sich oder einem anderen abzuwenden ☐ c) gegenwärtiger rechtswidriger Angriff ☐
5.28	Was versteht man unter Nothilfe?	Die Abwehr eines Angriffes gegen einen Anderen; sie ist ein Unterfall der Notwehr; die Voraussetzungen sind gleich.
5.29	Nothilfe ist diejenige Verteidigung, die erforderlich ist, um einen gegenwärtigen rechtswidrigen Angriff...	a) von sich selbst abzuwenden. ☐ b) von einem anderen abzuwenden. ☒ c) vom eigenen Auto abzuwenden. ☐
5.30	Was ist ein gegenwärtiger Angriff?	Jede unmittelbar bevorstehende, gerade stattfindende oder fortdauernde Verletzung eines Rechtsgutes.
5.31	Welche Verteidigungshandlung ist erforderlich, um einen Angriff abzuwenden?	Die Erforderlichkeit bestimmt sich nach Stärke und Gefährlichkeit des Angriffs; grundsätzlich ist das mildeste Mittel zur Abwehr zu wählen, das erfolgversprechend ist.

Kapitel I.	Waffenrecht und sonstige Rechtsvorschriften 5. Notwehr und Notstand	73

5.32	Wann ist ein Angriff gegenwärtig?	a) Wenn er abgeschlossen ist.	☐
		b) Wenn er unmittelbar bevorsteht.	☒
		c) Solange er andauert.	☒
5.33	Wann ist ein Angriff gegenwärtig?	a) Wenn zu befürchten ist, dass durch eine Drohung des Angreifers zukünftig eine Gefahr für Leib und Leben eintreten könnte.	☐
		b) Wenn ein Angriff unmittelbar bevorsteht oder noch nicht beendet ist.	☒
		c) Wenn der Angreifer in die Flucht geschlagen ist, aber mit einem späteren Angriff droht.	☐
5.34	Wann ist die Gefahr gegenwärtig?	a) Es kann jeden Augenblick ein Schaden eintreten.	☒
		b) Es wird vielleicht ein Schaden eintreten.	☐
		c) Es ist ein Schaden eingetreten.	☐
5.35	Was bedeutet „rechtswidrig"?	Ein Angriff ist rechtswidrig, wenn er gegen eine Rechtsnorm verstößt und ein Rechtfertigungsgrund nicht gegeben ist.	
5.36	Was ist Ihre Pflicht nach einem abgewehrten Angriff?	a) Ich habe keinerlei Pflichten gegenüber dem Angreifer.	☐
		b) Ich bin zum Schadensersatz verpflichtet.	☐
		c) Wenn die Notwendigkeit erkennbar und die Situation zumutbar ist, habe ich Hilfe zu leisten.	☒
5.37	Regelungen über Notwehr und Notstand finden Sie im...	a) Grundgesetz	☐
		b) Waffengesetz	☐
		c) Strafgesetzbuch / BGB	☒

V

Kapitel I.	Waffenrecht und sonstige Rechtsvorschriften 5. Notwehr und Notstand	74

5.38	Was sind u.a. Rechtfertigungsgründe nach dem Strafgesetzbuch?	a) Notwehr	☒
		b) Nothilfe	☒
		c) Notstand	☒
5.39	Welches ist das höchste Rechtsgut?	a) Freiheit	☐
		b) Eigentum	☐
		c) Leib / Leben	☒
5.40	Bei der Abwehr eines nicht auf Kommando angreifenden Hundes handeln Sie...	a) in Notwehr.	☐
		b) in Nothilfe.	☐
		c) in Notstand.	☒
5.41	Dürfen Sie auch bei der Gefahr des Verlustes geringwertiger Gegenstände von der Schusswaffe Gebrauch machen?	Nein (Bei der Gefahr des Verlustes geringwertiger Gegenstände ist Schusswaffengebrauch keine durch Notwehr gebotene Verteidigungshandlung.)	
5.42	Sie beobachten wie jemand mit einer Schusswaffe bedroht wird. Sie greifen mit Ihrer Schusswaffe ein. Dabei wird der Angreifer verletzt. Es stellt sich hinterher heraus, dass kein rechtswidriger Angriff vorlag, weil es sich um Filmaufnahmen handelte. Sie handelten in...	a) Putativnotwehr (scheinbare Notwehr).	☒
		b) Notstand.	☐
		c) Notwehrexzess.	☐
5.43	Eine Person bricht Ihren PKW auf. Sie sehen das vom Fenster Ihres Hauses aus und schießen. Die Person wird dabei verletzt. Wie ist die Situation zu beurteilen?	a) Der Einsatz der Schusswaffe war durch Notwehr gerechtfertigt.	☐
		b) Die Notwehr wurde überschritten (Notwehrexzess).	☒
		c) Der Einsatz der Schusswaffe war durch Nothilfe gerechtfertigt.	☐

V

Kapitel II.	Waffentechnik (Waffen, Munition, Geschosse)	75

01	Was ist eine Kurzwaffe?	Eine Kurzwaffe ist eine Schusswaffe, deren Lauf und Verschluss in geschlossener Stellung insgesamt kürzer als 30 cm sind und/oder deren kürzeste bestimmungsgemäße verwendbare die Gesamtlänge von 60 cm nicht überschreitet.
02	Was versteht man unter halbautomatischen Schusswaffen?	Dies sind Schusswaffen, die nach Abgabe eines Schusses selbsttätig erneut schussbereit sind und bei denen aus demselben Lauf durch erneute Betätigung des Abzuges jeweils ein weiterer Schuss abgegeben werden kann (ausgenommen Double-Action-Revolver).
03	Was sind die typischen Merkmale einer halbautomatischen Büchse?	a) Durch einmaliges Betätigen des Abzuges kann ich mehrere Schüsse hintereinander abgeben. ☐ b) Nach Abgabe eines Schusses wird die Büchse selbsttätig erneut schussbereit und es kann aus demselben Lauf durch erneute Betätigung des Abzuges jeweils ein weiterer Schuss abgegeben werden. ☒ c) Hierbei handelt es sich um eine Militärwaffe. ☐
04	Was ist der Unterschied zwischen Pistole und Revolver?	a) Die Pistole hat ein Patronenlager im Lauf, der Revolver hat mehrere Patronenlager in der Trommel, getrennt vom Lauf. ☒ b) Der Revolver hat einen Hahn, eine Pistole nicht. ☐ c) Pistolen sind leichter gebaut als Revolver. ☐
05	Welches sind die wesentlichen Teile eines Revolvers im waffenrechtlichen Sinne?	1. Lauf 2. Griffstück (Rahmen) 3. Trommel
06	Was ist das typische Merkmal eines Revolvers?	a) Ein Magazin im Griffstück. ☐ b) Die Trommel ist zugleich Patronenlager und Magazin. ☒ c) Ein außenliegendes Schlagstück. ☐

V

Kapitel II.	Waffentechnik (Waffen, Munition, Geschosse)	76

07	Was ist ein typisches Merkmal einer halbautomatischen Pistole?	a)	Trommel zur Aufnahme von Patronen	☐
		b)	Magazin zur Aufnahme von Patronen	☒
		c)	Lauf vom Patronenlager getrennt	☐
08	Welcher Unterschied besteht zwischen Büchse und Flinte?	a)	Büchse für Kugelschuss, Flinte für Schrotschuss / Flintenlaufgeschosse.	☒
		b)	Büchsen haben Kammerstängel und Zylinderverschluss, Flinten haben immer einen Kipplauf.	☐
		c)	Keine Unterschiede.	☐
09	Besonderes Merkmal einer Flinte ist, dass ...	a)	mit ihr Flintenmunition verschossen wird.	☒
		b)	sie einen gezogenen Lauf besitzt.	☐
		c)	Sie einen Kipplauf besitzt.	☐
10	Was ist bei der Flinte der „Choke"?	a)	Laufverengung im Bereich des Patronenlagers	☐
		b)	Laufverengung im Bereich der Mündung	☒
		c)	Rückstoß beim Schuss	☐
11	Welche der nachfolgenden Aussagen ist richtig?	a)	Mit halbautomatischen Waffen kann man mehrere Schüsse aus demselben Lauf abgeben, ohne dass man Patronen per Hand nachladen muss.	☒
		b)	Mit halbautomatischen Waffen kann man durch einmaliges Betätigen des Abzugs mehrere Schüsse aus demselben Lauf abgeben.	☐
		c)	Mit halbautomatischen Waffen kann man einen Schuss abgeben, dann muss stets eine neue Patrone aus dem Magazin per Hand durchgeladen werden.	☐

Kapitel II.	Waffentechnik (Waffen, Munition, Geschosse)	77

12	Was versteht man unter dem Begriff „halbautomatische Waffe"?	a)	Eine Waffe, die nach Abgabe eines Schusses selbsttätig erneut schussbereit wird und bei der durch nochmalige Betätigung des Abzuges ein weiterer Schuss aus demselben Lauf abgegeben werden kann.	☒
		b)	Eine Waffe, die nach Abgabe eines Schusses durch manuelles Vor- und Zurückziehen des Verschlusshebels die leere Patronenhülse auswirft und eine neue Patrone aus dem Magazin zuführt.	☐
		c)	Eine Waffe, bei der nach Abgabe eines Schusses die leere Patronenhülse automatisch ausgeworfen wird, eine neue Patrone aber manuell per Hand geladen werden muss.	☐
13	Was sind „wesentliche Teile" von Schusswaffen?	a)	Das Griffstück, oder sonstige Waffenteile von Kurzwaffen, soweit sie für die Aufnahme des Auslösemechanismus bestimmt sind.	☒
		b)	Das Gehäuse	☒
		c)	Der Verschluss	☒
		d)	Das Patronen- oder Kartuschenlager (wenn dieses nicht bereits Bestandteil des Laufes ist)	☒
14	Aus welchen wesentlichen Teilen besteht eine Schusswaffe?	a)	Lauf, Patronenlager, Verschluss, Gehäuse, Griffstück bei Kurzwaffen	☒
		b)	Patrone, Visierung, Abzug	☐
		c)	Magazin, Schaft, Schlagbolzen	☐
15	Was ist ein „wesentlicher Teil" einer Schusswaffe?	a)	Verschluss	☒
		b)	Abzug	☐
		c)	Magazin	☐

V

Kapitel II.	Waffentechnik (Waffen, Munition, Geschosse)	78

16	Welche der nachfolgenden Aussagen ist richtig?	a)	Repetierwaffen haben immer ein Magazin.	☒
		b)	Revolver haben immer eine Trommel.	☒
		c)	Pistolen haben immer ein Magazin.	☐
17	Was versteht man bei Sportwaffen unter dem Begriff „Kleinkaliberwaffe"?	a)	Eine Waffe in einem Kaliber unter 40 mm.	☐
		b)	Eine Waffe im Kaliber .22lr (.22 lfB).	☒
		c)	Eine Waffe mit einer Mündungsenergie unter 7,5 Joule.	☐
18	Was ist ein Drilling?	a)	Eine Repetierwaffe	☐
		b)	Eine halbautomatische Waffe	☐
		c)	Eine Einzellader-Schusswaffe	☒
19	Was sind Einzellader?		Schusswaffen ohne Magazine mit einem oder mehreren Läufen, die vor jedem Schuss aus demselben Lauf von Hand geladen werden.	
20	Eine Kleinkaliberpatrone besteht aus...		Hülse, Geschoss, Zündsatz, Treibladung.	
21	Aus welchen Teilen besteht eine Zentralfeuerpatrone?	a)	Zündhütchen, Treibladung, Hülse, Geschoss	☒
		b)	Pressling und Geschoss	☐
		c)	Hülse, Treibladung, Zündsatz	☐
22	Was versteht man unter Randfeuerpatronen?	a)	Alle Patronen mit Rand.	☐
		b)	Alle Patronen mit Zündsatz im Hülsenrand.	☒
		c)	Alle Patronen mit speziellen Geschossen (z.B. Scharfrandgeschosse).	☐
23	Welche Zündarten gibt es?	a)	Zentralfeuerzündung	☒
		b)	Randfeuerzündung	☒
		c)	Vorratszündung	☐

Kapitel II.	Waffentechnik (Waffen, Munition, Geschosse)	79

24	Was bedeutet „R" bei der Patronenbezeichnung „7 x 57R"?	a) „R" steht für „RASANT".	☐
		b) „R" steht für Rand.	☒
		c) „R" steht für „Randfeuerzündung".	☐
25	Welche sichtbaren Merkmale kennzeichnen eine Randfeuerpatrone?	a) Patrone ohne Zündhütchen	☒
		b) Zündhütchen am Patronenboden	☐
		c) Hülse aus Nickel	☐
26	Was ist eine Pufferpatrone?	a) Eine Platzpatrone.	☐
		b) Eine Patrone mit besonders geringer Treibladung.	☐
		c) Eine Patrone ohne Zündhütchen und ohne Ladung zum Üben.	☒
27	Was bedeutet die Bezeichnung „Magnum"?	a) Es handelt sich um eine ausländische Patrone.	☐
		b) Eine in ihrer Kaliberklasse besonders starke Patrone.	☒
		c) Eine Patrone mit übergroßem Durchmesser.	☐
28	Welche Bedeutung haben folgende **hervorgehobene** Angaben in Patronenbezeichnungen: a) 7.63 **Mauser** b) .30-**06** Springfield c) 7 x 57 **R**?	a) Angabe über den Hersteller / Entwickler. b) Angabe über das Einführungsjahr, (1906 militärisch eingeführt). c) Bei den Büchsenpatronen bedeutet der Zusatz „R", dass die Hülse der Patrone einen Rand hat.	

V

Kapitel II.	Waffentechnik (Waffen, Munition, Geschosse)	80

29	Was bedeutet die Zahl 12 bei Schrotpatronen?	a)	Der Durchmesser des Laufs beträgt 12 mm.	☐
		b)	In der Schrotpatrone befinden sich 12 gleich große Kugeln.	☐
		c)	Die Zahl 12 ergibt sich aus der Anzahl der Bleikugeln vom Laufinnendurchmesser, die zusammen die Masse von einem englischen Pfund (453,6g) ergeben.	☒
30	Schrotmunition im Kaliber 16 ...	a)	ist größer als Kaliber 12.	☐
		b)	ist kleiner als Kaliber 12.	☒
		c)	entspricht dem internationalen Kalibermaß 2 x 8 mm.	☐
31	Was bezeichnet die Zahl „12" bei dem entsprechenden Flintenkaliber?	a)	Den Innendurchmesser des Laufes in Millimetern.	☐
		b)	Den Innendurchmesser des Laufes in Zoll (Inch).	☐
		c)	Der Innendurchmesser des Laufes entspricht dem Durchmesser einer Bleikugel mit dem Gewicht eines zwölftel (1/12) Pfundes (englisches Maß, ca. 454 Gramm) Blei -> es handelt sich also um einen „Zwölftelpfünder".	☒
32	Woran erkennt man die für eine Waffe zugelassene Munition?	a)	Wenn die Angaben auf der kleinsten Verpackungseinheit mit den Angaben auf der Waffe übereinstimmen.	☒
		b)	Wenn man die Munition von einem Sportwaffenhändler hat.	☐
		c)	Wenn sie ins Patronenlager eingeführt werden kann.	☐

V

Kapitel II.	Waffentechnik (Waffen, Munition, Geschosse)	81

33	Welche der folgenden Aussagen über Schalldämpfer ist richtig?	a)	Ein Schalldämpfer verringert den Mündungsknall.	☒
		b)	Ein Schalldämpfer kann die Mündungsgeschwindigkeit des Geschosses beeinflussen.	☒
		c)	Ein Schalldämpfer kann die Präzision der Waffe beeinflussen.	☒
34	Was bewirkt ein Schalldämpfer?	a)	Er verringert den Mündungsknall beim Schuss.	☒
		b)	Er verstärkt den Rückstoß beim Schuss.	☐
		c)	Er verringert den Geschossknall.	☐
35	Was sind Schalldämpfer?		Schalldämpfer sind Vorrichtungen, die der wesentlichen Dämpfung des Mündungsknalls dienen und für Schusswaffen bestimmt sind.	
36	Was bewirkt ein Schalldämpfer nicht?	a)	Er verringert den Mündungsknall beim Schuss.	☐
		b)	Er verstärkt den Rückstoß beim Schuss.	☒
		c)	Er verringert den Geschossknall.	☒
37	Was versteht man unter einem Kompensator?	a)	Eine Vorrichtung am Waffenlauf, die das Hochschlagen beim Schuss verringern soll.	☒
		b)	Eine Vorrichtung im Verschluss von halbautomatischen Waffen, die den Rückstoß verringern soll.	☐
		c)	Eine Vorrichtung am Magazin, die dessen Kapazität erhöht.	☐

V

Kapitel II.	Waffentechnik (Waffen, Munition, Geschosse)	82

38	Was versteht man unter einem Einstecklauf?	a)	Wechsellauf, der anstelle des Laufes in die Verschlusshülse der Waffe eingesetzt und durch Einstecken befestigt wird.	☐
		b)	Ein Lauf ohne eigenen Verschluss, der in die Läufe von Waffen größeren Kalibers eingesteckt werden kann.	☒
		c)	Ein Lauf mit eigenem Verschluss, der in die Läufe von Waffen größeren Kalibers eingesteckt werden kann.	☐
39	Was versteht man unter einem Nachtzielgerät?	a)	Ein Gerät, das mit Montagevorrichtung für Schusswaffen versehen ist und durch Bildwandler oder mittels elektronischer Verstärkung ein Zielen bei Nacht ermöglicht.	☒
		b)	Ein Zielfernrohr mit besonders großen Linsen, das ein Erkennen des Zieles auch bei schlechten Lichtverhältnissen ermöglicht.	☐
		c)	Eine selbstleuchtende oder fluoreszierende Visiereinrichtung, die ein Zielen auch bei Dunkelheit ermöglicht.	☐
40	Was versteht man unter Kaliber?	a)	Den Außendurchmesser eines Laufes.	☐
		b)	Den Innendurchmesser des Laufes.	☒
		c)	Den Durchmesser des Einzelgeschosses.	☒
41	Was versteht man unter Kaliber?		Das Kaliber weist auf den Durchmesser des Geschosses bzw. Innendurchmesser des Laufes hin. (In Waffen mit gezogenen Läufen unterscheidet man zwischen: - Feldkaliber = Laufdurchmesser sich gegenüber liegender Felder - Zugkaliber = Laufdurchmesser sich gegenüberliegender Züge - Geschosskaliber = Geschossdurchmesser)	

V

Kapitel II.	Waffentechnik (Waffen, Munition, Geschosse)	83

42	Was versteht man unter Kaliber?	a) Durchmesser der Hülse	☐
		b) Innendurchmesser des Laufes	☒
		c) Außendurchmesser des Laufes	☐
43	Darf Munition im Kaliber .22lr auch aus Kurzwaffen verschossen werden?	a) Ja	☒
		b) Nur mit Genehmigung des Schießleiters.	☐
		c) Nein	☐
44	Warum ist z.B. die Munitionsbezeichnung „9 mm" nicht ausreichend?	a) Weil es verschiedene 9 mm-Patronen gibt.	☒
		b) Weil die Kaliberangabe in der Regel nie ganz exakt ist, sondern auf gerundeten Werten beruht.	☐
		c) Weil die Kaliberangabe keine Information über die zulässigen Treibladungsmittel (Schwarz- oder Nitrozellulosepulver) enthält.	☐
45	Was versteht man unter Double-Action-Only Pistolen?	a) Pistolen, deren Abzug jedes Mal vorgespannt werden muss.	☐
		b) Pistolen, bei denen nur der erste Schuss mittels Spannabzug abgefeuert wird.	☐
		c) Pistolen, bei denen jeder Schuss mittels Spannabzug abgefeuert wird.	☒
46	Welche der nebenstehenden Schusswaffen können auch halbautomatische Waffen sein?	a) Büchsen	☒
		b) Doppelflinten	☐
		c) Pistolen	☒

V

Kapitel II.	Waffentechnik (Waffen, Munition, Geschosse)	84

47	Was versteht man unter dem Begriff „Double-Action-Pistole"?	a) Eine Waffe mit Spannabzug (auch im entspannten Zustand kann durch Betätigen des Abzugs ein Schuss abgegeben werden).	☒
		b) Eine Waffe, die für mindestens zwei Schießsportdisziplinen zugelassen ist.	☐
		c) Eine Waffe, bei der durch Betätigen der Sicherung im gespannten Zustand sowohl der Hahn (das Schlagstück) entspannt, als auch der Schlagbolzen gesichert wird.	☐
48	Bei einem Teilmantelgeschoss...	a) liegt in der Regel an der Spitze der Bleikern frei.	☒
		b) ist das Geschoss immer verkupfert.	☐
		c) liegt nur am Geschossboden der Bleikern frei.	☐
49	Welche Läufe weisen Züge und Felder auf?	a) Glatte Läufe	☐
		b) Gezogene Läufe	☒
		c) Polygonläufe	☐
50	Züge und Felder sind typische Merkmale von...	a) gezogenen Läufen.	☒
		b) glatten Läufen.	☐
		c) gezogenen wie glatten Läufen.	☐
51	Das Feldkaliber ist im Verhältnis zum Zugkaliber...	a) größer.	☐
		b) kleiner.	☒
		c) gleich groß.	☐
52	Müssen Pistolen manuelle Sicherungen haben?	a) Auf jeden Fall.	☐
		b) Nein	☒
		c) Nur halbautomatische Pistolen.	☐

Kapitel II.	Waffentechnik (Waffen, Munition, Geschosse)	85

53	Welche Arten von Sicherungen an Schusswaffen unterscheiden Sie a) nach der Art der Betätigung (mind. 3) b) nach der Wirkung (mind. 3)?	a) Die Betätigung erfolgt z.B. durch: Schieber, Druckknopf, Hebel, Flügel b) Die Sicherung wirkt auf: Abzug, Stange, Schlagstück, Schlagbolzen	
54	Woran erkennt man, ob eine Schusswaffe gesichert oder entsichert ist?	In der Regel ist im entsicherten Zustand ein roter Punkt oder ein „F" (= Feuer, fire, feu) und im gesicherten Zustand ein „S" (= sicher, safe, sûr) sichtbar.	
55	Wozu dient der Verschluss?	a) Er soll die Waffe gegen Wegnahme sichern.	☐
		b) Er soll den Rückstoß mindern.	☐
		c) Er soll das Patronenlager nach hinten abschließen.	☒
56	Bei einer halbautomatischen Waffe können mehrere Schüsse abgefeuert werden...	a) durch jeweiliges Betätigen des Abzuges.	☒
		b) durch einmaliges Betätigen des Abzuges.	☐
		c) nach erneutem manuellen Spannen.	☐
57	Was ist ein Einstecklauf und welchen Zweck hat er?	a) Ein Einstecklauf ist ein Lauf ohne eigenen Verschluss, der in einen Lauf von Waffen größeren Kalibers eingesteckt werden kann, um Munition mit einem kleineren Kaliber verschießen zu können.	☒
		b) Ein Einstecklauf ist ein Lauf mit eigenem Verschluss, mit dem ein kleineres oder größeres Kaliber verschossen werden kann.	☐
58	Wie ist in der Regel die Schussfolge bei Bockflinten beim nicht umschaltbaren Einzelabzug?	a) oben / unten	☐
		b) unten / oben	☒
		c) rechts / links	☐

V

Kapitel II.	Waffentechnik (Waffen, Munition, Geschosse)	86

59	Wie groß ist die (ungefähre) Anfangsgeschwindigkeit der Geschosse mittlerer Büchsenkaliber für Zentralfeuerpatronen?	a)	200 - 300 m/s	☐
		b)	700 – 1000 m/s	☒
		c)	1500 – 1700 m/s	☐
60	Was bezeichnet in der Ballistik das Kürzel „v"?	a)	Geschossenergie	☐
		b)	Höchstreichweite des Geschosses	☐
		c)	Geschossgeschwindigkeit	☒
61	Was bedeutet die Bezeichnung „v_0"?	a)	Die Fluggeschwindigkeit rotierender Schrote nahe dem Nullpunkt.	☐
		b)	Die Geschossgeschwindigkeit reduziert sich auf Null.	☐
		c)	Die Geschossgeschwindigkeit beim Verlassen der Mündung.	☒
62	Was bedeutet der ballistische Begriff „v100"?	a)	Geschossgeschwindigkeit 100 Meter vor der Mündung.	☒
		b)	Gefahrenbereich des Geschosses bei 100 Metern.	☐
		c)	Geschossenergie 100 Meter vor der Mündung.	☐
63	Die Faustregel für die Reichweite von Schroten in Metern beträgt...	a)	1000 x Schrotgröße in mm.	☐
		b)	100 x Schrotgröße in mm.	☒
		c)	10 x Schrotgröße in mm.	☐
64	Welches Geschoss hat die größte Durchschlagskraft?	a)	Bleigeschoss	☐
		b)	Vollmantelgeschoss	☒
		c)	Teilmantelgeschoss	☐

V

Kapitel II.	Waffentechnik (Waffen, Munition, Geschosse)	87

65	Was versteht man unter der Höchstreichweite eines Geschosses?	a)	Die Strecke zwischen Schützenstand und Geschossfang.	☐
		b)	Das Produkt aus Treibladung und Geschossgewicht.	☐
		c)	Die Entfernung zwischen Laufmündung und maximal entferntem Auftreffpunkt des Geschosses.	☒
66	Der Gefährdungsbereich von Geschossen der Patrone im Kaliber .300 WinMag beträgt...	a)	3000 m.	☐
		b)	5000 m.	☒
		c)	7000 m.	☐
67	Welche Höchstreichweite haben Geschosse der Patrone im Kaliber .44 Rem. Mag.?	a)	1500 m	☐
		b)	3000 m	☐
		c)	2000 m	☒
68	Welche Höchstreichweite haben Geschosse der Patrone im Kaliber 9mmLuger?	a)	1500 m.	☐
		b)	2000 m.	☒
		c)	1000 m.	☐
69	Wie groß ist der Gefährdungsbereich der Schrote bei einer Korngröße von 2 mm Durchmesser?	a)	150 m	☐
		b)	200 m	☒
		c)	250 m	☐
70	Die Höchstreichweite eines Geschosses im Kaliber .22lr beträgt ca. ...	a)	1000 m.	☐
		b)	1500 m.	☒
		c)	2000 m.	☐
71	Die Höchstreichweite oder Reichweite von ca. 1500 m kann erreicht werden von einem Geschoss der Patrone...	a)	.22lr	☒
		b)	.32 S&W Long N.P. (Wadcutter).	☐
		c)	9 mm Luger.	☒

Kapitel II.	Waffentechnik (Waffen, Munition, Geschosse)	88

72	Was versteht man unter Gefährdungsbereich eines Geschosses?	a) Die Höchstreichweite	☒
		b) Den Streukreis	☐
		c) Die günstigste Schussentfernung	☐

73 Nennen Sie die Gefahrenbereiche der Geschosse folgender Munitionssorten:

		ca.
1.	4 mm M20	300 m
2.	.22lr	1500 m
3.	.223 Rem.	4300 m
4.	9 mm Luger	2000 m
5.	.32 S&W Long N.P.	1200 m
6.	.38 Special	1500 m
7.	.44 Rem. Magnum	2000 m
8.	.308 Win.	5000 m
9.	12/70 Flintenlaufgeschoss	1200 m
10.	Schrotpatronen Schrot 3 mm	300 m

74	Welcher Begriff gehört nicht zur Ballistik?	a) Gasdruck	☐
		b) Geschossflugbahn	☐
		c) Abzugsgewicht	☒
75	Womit befasst sich u.a. die Außenballistik?	a) Mit Wettereinflüssen	☒
		b) Mit der Geschossflugbahn	☒
		c) Mit der Geschossform	☒
76	Womit befasst sich u.a. die Innenballistik?	a) Mit dem rotationslosen Geschossweg.	☒
		b) Mit der Strecke zwischen Patronen-lager und Auftreffpunkt.	☐
		c) Mit dem Gasdruckverlauf.	☒

Kapitel II.	Waffentechnik (Waffen, Munition, Geschosse)	89

77	Was versteht man unter der Streuung der Geschosse?	a)	Eine schlechte Schießleistung.	☐
		b)	Die Abweichung einer Reihe von Treffern zueinander bei gleichem Haltepunkt.	☒
		c)	Die Verformung des Geschosses beim Aufprall.	☐
78	Welche Flugbahnbeschreibung ist richtig?	a)	Das Geschoss beschreibt auf seiner Flugbahn eine ungleichförmige Kurve, die mit zunehmender Entfernung von der Mündung immer steiler abfällt.	☒
		b)	Das Geschoss steigt auf seiner Flugbahn bis zur Mitte auf und fällt zum Ziel ebenso ab.	☐
		c)	Die Visierlinie ist gleichzeitig auch die Flugbahn des Geschosses.	☐
79	Was bedeutet der ballistische Begriff „Steighöhe eines Geschosses“?	a)	Die maximale Höhe eines Geschosses in der sogenannten „ballistischen Kurve“.	☐
		b)	Gefahrenbereich des Geschosses bei höchster Steigung.	☐
		c)	Die Entfernung zwischen Laufmündung und Scheitelpunkt der Geschossbahn bei senkrecht nach oben abgegebenem Schuss.	☒
80	Was bedeutet der ballistische Begriff „E0“?	a)	Geschossgeschwindigkeit auf 100 m.	☐
		b)	Steighöhe des Geschosses (Gefahrenbereich).	☐
		c)	Bewegungsenergie des Geschosses beim Verlassen des Laufes.	☒

Kapitel II.	Waffentechnik (Waffen, Munition, Geschosse)	90

81	Wovon hängt die Eindringtiefe eines Geschosses ab?	a) Je geringer das Geschossgewicht und die -härte, desto tiefer das Eindringen.	☐
		b) Je größer die Querschnittsbelastung, je härter das Geschoss, desto tiefer das Eindringen bei gleicher Auftreffenergie und gleichem Zielmedium.	☒
		c) Je schwerer und stumpfer das Geschoss, desto größer ist die Geschwindigkeit und das Eindringen.	☐
82	Was bewirkt der Drall?	a) Das Flugverhalten des Geschosses wird erheblich stabilisiert.	☒
		b) Die Reichweite des Geschosses verkürzt sich erheblich.	☐
		c) Die Bewegungsenergie des Geschosses erhöht sich erheblich.	☐
83	Welchen Zweck hat der Drall?	Der Drall ist für die Flugstabilität des Geschosses erforderlich.	
84	Was versteht man unter der Länge des Dralls?	a) Die Länge eines gezogenen Laufes.	☐
		b) Die Strecke, auf der sich das Geschoss einmal um seine eigene Längsachse dreht.	☒
		c) Die Länge eines speziell gehärteten Laufes einer Schusswaffe.	☐
85	Was bedeutet der ballistische Begriff „Geschossrotation“?	a) Fluggeschwindigkeit rotierender Schrote.	☐
		b) Die mathematisch festgelegte Energie des rotierenden Geschosses bei verlassen des Laufes.	☐
		c) Die Drehung des Geschosses um seine Längsachse.	☒

V

Kapitel II.	Waffentechnik (Waffen, Munition, Geschosse)	91

86	Wodurch wird der Geschossknall erzeugt?	a)	Das verbrannte Pulver erzeugt den Knall im Inneren der Schusswaffe.	☐
		b)	Durch die Expansion der vor dem Geschoss komprimierten Luft bei überschallschnellen Geschossen.	☒
		c)	Das nicht vollständig verbrannte Pulvergas vermischt sich mit Sauerstoff und bewirkt den Knall.	☐
87	Wodurch entsteht der Mündungsknall?	a)	Durch die mit Überschallgeschwindigkeit austretenden Gase.	☒
		b)	Die dem Geschoss folgenden Pulvergase stoßen auf die kalte Umgebungsluft.	☐
		c)	Durch das nicht vollständig verbrannte Pulver.	☐
88	Warum weisen Langwaffenläufe im Bereich des Patronenlagers stärkere Wandungen auf als im vorderen Laufteil?	a)	Damit eine bessere Montage der Visiereinrichtung erfolgen kann.	☐
		b)	Weil in diesem Bereich der höchste Gasdruck auftritt.	☒
		c)	Weil in diesem Bereich Hersteller, Beschusszeichen und Nummer am besten sichtbar angebracht werden können.	☐
89	Was verstehen Sie unter dem Begriff „Basküle"?	a)	Visiereinrichtung für Spezialgewehre	☐
		b)	Vorderschaft einer „Pump Action"	☐
		c)	Verschlusskasten einer Kipplaufwaffe	☒

V

Kapitel II.	Waffentechnik (Waffen, Munition, Geschosse)	92

90	Wie wird eine Schusswaffe dauerhaft unbrauchbar gemacht, um sie ohne Erwerbsberechtigung erwerben zu können? (sog. Dekorationswaffe)	Dauerhaft unbrauchbar gemacht wird eine Schusswaffe durch den Inhaber einer Waffenbearbeitungs- oder Waffenherstellungserlaubnis, wenn sie gemäß den Vorgaben der Durchführungsverordnung (EU) 2015/2403 (Deaktivierungsdurchführungsverordnung) bearbeitet wurde, sodass mit allgemein gebräuchlichen Werkzeugen die Schussfähigkeit der Waffe oder der wesentlichen Teile nicht wiederhergestellt werden kann und dies durch das Anbringen eines Zulassungszeichens (Ortszeichen in der Raute) und durch das Ausstellen einer Deaktivierungsbescheinigung durch ein Beschussamt bestätigt wird.	
91	Wie wird eine Schusswaffe dauerhaft unbrauchbar gemacht, um sie ohne Erwerbsberechtigung erwerben zu können? (sog. Dekorationswaffe)	a) Ein Büchsenmacher macht mehrere wesentliche Teile dauerhaft unbrauchbar und bringt sein Markenzeichen auf der Dekorationswaffe an.	☐
		b) Ein Waffenhändler macht alle wesentlichen Teile vorübergehend unbrauchbar und bringt ein Beschusszeichen auf der Dekorationswaffe anbringen.	☐
		c) Der Inhaber einer Waffenbearbeitungs- oder Waffenherstellungserlaubnis macht alle wesentlichen Teile gemäß den Vorgaben der Durchführungsverordnung (EU) 2015/2403 (Deaktivierungsdurchführungsverordnung) unbrauchbar und lässt vom Beschussamt das Zulassungszeichen anbringen. Das Beschussamt stellt überdies eine Deaktivierungsbescheinigung aus.	☒
92	Wann sind Feuerwaffen oder deren wesentliche Teile dauerhaft unbrauchbar gemacht?	a) Wenn die Waffe mit einem Blockiersystem vorübergehend blockiert wurde.	☐
		b) Wenn sie gemäß ihrem Waffentyp und in jedem wesentlichen Bestandteil den Maßgaben Durchführungsverordnung (EU) 2015/2403 (Deaktivierungsdurchführungsverordnung) entsprechen.	☒
		c) Wenn der Lauf der Waffe verzogen ist.	☐

Kapitel III.	Handhabung von Schusswaffen und Munition	93

01	Darf eine Schusswaffe, auch wenn sie ungeladen ist, auf Menschen gerichtet werden?	a)	Niemals	☐
		b)	Ja	☐
		c)	Nein, außer bei Notwehr.	☒
02	Wie soll eine Schusswaffe an eine andere Person übergeben werden?	a)	geladen, gesichert	☐
		b)	geladen, ungesichert	☐
		c)	ungeladen	☒
03	Mit welchen Waffen darf man auf seinem befriedeten Grundstück schießen, wenn sichergestellt ist, dass die Geschosse das Grundstück nicht verlassen können und niemand durch Lärm behindert oder belästigt wird?	a)	Druckluftwaffen mit dem Zulassungszeichen „F im Fünfeck" und Softairwaffen.	☒
		b)	Mit Waffen für Randfeuermunition bis Kaliber .22lr (= lfB).	☐
		c)	Mit Waffen (z.B. im „Kleinstkaliber" 4 mm M20), sofern diese das Zulassungszeichen „F im Fünfeck" und das Zulassungszeichen „PTB im Viereck" tragen.	☒
04	Wie sollte man Munition im Bedarfsfall ordnungsgemäß entsorgen?	a)	In den Hausmüll werfen.	☐
		b)	Beim Waffenhändler abgeben.	☒
		c)	In den Sondermüll geben.	☐
05	Welche Munition dürfen Sie aus Ihrer Waffe verschießen?	a)	Alles, was ins Patronenlager passt.	☐
		b)	Munition, für die diese Waffe konstruiert und zugelassen ist.	☒
		c)	Nur Zentralfeuermunition	☐
06	Wie darf unbrauchbar gewordene Munition entsorgt werden?	a)	Geschoss abziehen, Pulver in Wasser auflösen, Rest in Hausmüll geben.	☐
		b)	Als Sondermüll / Gefahrstoff bei der örtlichen Annahmestelle abgeben.	☐
		c)	An den Verkäufer / Hersteller oder einen Delaborierbetrieb geben.	☒

Kapitel III.	Handhabung von Schusswaffen und Munition	94

07	Wie viel Munition darf mit einer Waffenbesitzkarte bei entsprechender Munitionserwerbsberechtigung erworben werden (ungeachtet von Transportbeschränkungen)?	a) bis zu 1000 Patronen je Kauf / Lieferung	☐
		b) bis zu 5 kg Nettoexplosivmasse je Kauf / Lieferung	☐
		c) unbegrenzt	☒
08	Nennen Sie mindestens fünf Grundregeln zum Umgang mit einer Schusswaffe, die Sie unbedingt beachten müssen!	Hier sind allgemeine Sicherheitsregeln zu benennen wie z.B.: - eine Schusswaffe ist immer als geladen zu betrachten, so lange man sich nicht persönlich vom Gegenteil überzeugt hat - es ist immer dafür Sorge zu tragen, dass kein Unbefugter die Waffe an sich nehmen kann - die Waffe darf nur in sicherer Richtung ge- und entladen werden - eine geladene Waffe darf nicht aus der Hand gelegt werden - eine Schusswaffe darf nicht spielerisch auf Personen gerichtet werden - auf Schießanlagen ist die Schießstandordnung zu beachten - den Anweisungen der Aufsicht ist folge zu leisten - fremde Waffen dürfen nicht ohne die ausdrückliche Genehmigung des Besitzers oder der Standaufsicht berührt werden - kein Hantieren mit Waffen unter dem Einfluss berauschender Mittel	
09	Wie soll eine halbautomatische Pistole auf der Schießstätte an eine andere Person übergeben werden?	a) Die geladene Waffe ist zu sichern, der Ladezustand ist mitzuteilen.	☐
		b) Aus der geladenen Waffe ist das Magazin zu entnehmen, der Ladezustand ist mitzuteilen.	☐
		c) Ungeladen, mit geöffnetem Verschluss.	☒

V

Kapitel III.	Handhabung von Schusswaffen und Munition	95

10	Was sollte als erstes geschehen, wenn man eine Schusswaffe übergeben bekommt?	a)	Die Waffe ist sofort auf ihren Ladezustand zu überprüfen.	☒
		b)	Es genügt die Sicherung der Waffe auf ihre Funktionssicherheit zu prüfen.	☐
		c)	Die Waffe ist sofort zu zerlegen und auf Beschädigungen zu prüfen. Außerdem sollten die Beschusszeichen in Augenschein genommen werden.	☐
11	Was haben Sie zu tun, bevor Sie mit einer Schusswaffe schießen?	a)	Waffe auf sichtbare Beschädigungen prüfen.	☒
		b)	Überprüfen, ob das Patronenlager und der Lauf frei von Fremdkörpern sind.	☒
		c)	Prüfen, ob die bereitgestellte Munition aus dieser Waffe verschossen werden darf.	☒
12	Wo darf ein Sportschütze seine Waffe laden?	a)	Nur auf dem Schützenstand.	☒
		b)	Auf dem gesamten Schießstand.	☐
		c)	Im Aufenthaltsraum.	☐
13	Darf ausnahmsweise eine geladene Waffe einem anderen übergeben werden?	a)	Ja, bei Waffenstörung der verantwortlichen Aufsichtsperson.	☒
		b)	Nur an den Nachbarschützen.	☐
		c)	Nein, auf keinen Fall.	☐
14	Dürfen Sie mit einem Druckluftgewehr (E0 max. 7,5 J) in Ihrem Keller schießen, wenn sichergestellt ist, dass hierbei niemand gefährdet wird?	a)	Das ist waffenrechtlich erlaubt.	☒
		b)	Nein, das ist verboten.	☐
		c)	Nein, ich darf nur mit sogenannten Spielgeräten (Energie 0,08 J) außerhalb von Schießständen schießen.	☐
15	Darf mit jeder beliebigen Waffe auf Schießstätten geschossen werden?	a)	Ja, wenn sie funktionssicher sind.	☐
		b)	Nein.	☒

Kapitel III.	Handhabung von Schusswaffen und Munition	96

16	Den Anordnungen der verantwortlichen Aufsichtsperson auf dem Schießstand ist Folge zu leisten:	a)	Nur im Wettkampf.	☐
		b)	Nur bei Gefahr im Verzug.	☐
		c)	Immer	☒
17	Darf eine verantwortliche Aufsichtsperson am Schützenstand dem Schützen im Rahmen der Ausbildung eine geladene Waffe übergeben?	a)	Ja, da er umfangreiche Fachkenntnisse besitzt.	☐
		b)	Nein, geladene Waffen dürfen nicht übergeben werden.	☒
		c)	Ja, wenn er Anfänger unterweist.	☐
18	Wie ist eine Kipplaufflinte auf einer Schießstätte zu tragen?	a)	Gesichert, mit einem Tragriemen auf der Schulter.	☐
		b)	Ungeladen, mit geöffnetem Verschluss.	☒
		c)	Geschlossen und gesichert.	☐
19	Wie sind Kleinkalibergewehre auf dem Schießstand abzulegen?	a)	Entladen, mit geöffnetem Verschluss, Magazin entnommen.	☒
		b)	Unterladen, mit der Mündung nach oben.	☐
		c)	Gesichert, mit geschlossenem Verschluss.	☐
20	Darf ich eine fremde Schusswaffe auf dem Schützenstand in die Hand nehmen?	a)	Nur mit Erlaubnis des Besitzers.	☒
		b)	Nur mit Erlaubnis des Schießleiters.	☐
		c)	Ja, wenn sie entladen ist, immer.	☐
21	Dürfen Sie zur Scheibenbeobachtung eine geladene Schusswaffe ablegen?	a)	Ja, wenn die Schusswaffe gesichert ist.	☐
		b)	Nur mit Erlaubnis des Schießleiters.	☐
		c)	Nein, nur die entladene und geöffnete Waffe darf abgelegt werden.	☒

Kapitel III.	Handhabung von Schusswaffen und Munition	97

22	Wann darf mit dem Schießen begonnen werden?	a)	Wenn sich niemand mehr vor dem Ziel aufhält.	☐
		b)	Wenn die verantwortliche Aufsichtsperson das Schießen freigegeben hat.	☒
		c)	Wenn alle Schützenstände belegt sind.	☐
23	Darf ohne waffenrechtliche Erlaubnis Munition auf einer Schießstätte zum Schießen überlassen werden?	a)	Ja, nur einem Mitglied des Schützenvereins.	☐
		b)	Ja, aber nur zum sofortigen Verbrauch.	☒
		c)	Nein	☐
24	Ist es zulässig im Aufenthaltsraum Anschlagübungen mit Schusswaffen zu machen?	a)	Ja, dies ist nur nach Anleitung des Schießleiters zulässig.	☐
		b)	Ja, wenn eine entsprechende Ladeecke eingerichtet wurde.	☐
		c)	Nein, dies ist nur auf dem Schützenstand erlaubt.	☒
25	Darf einem Gastschützen, der nicht im Besitz einer waffenrechtlichen Erlaubnis ist, eine erlaubnispflichtige Schusswaffe überlassen werden?	a)	Ja, aber nur zur Mitnahme nach Hause.	☐
		b)	Ja, nur zum Schießen auf einer Schießstätte.	☒
		c)	Nein, unter keinen Umständen.	☐
26	Wie sind Schusswaffen auf dem Schießstand aus der Hand zu legen?	a)	Geladen, entspannt und gesichert.	☐
		b)	Entladen, nur mit leerem Magazin, Verschluss geschlossen.	☐
		c)	Verschluss offen, Lauf Richtung Geschoßfang, leeres Patronenlager, leeres Magazin (entfernt von Waffe).	☒

V

Kapitel III.	Handhabung von Schusswaffen und Munition	98

27	Was ist beim Schießen mit einer halbautomatischen Pistole hinsichtlich der Schussbereitschaft zu beachten?	a)	Die Waffe ist nach jedem Schuss wieder schussbereit, solange sich Patronen im Magazin befinden.	☒
		b)	Nichts besonderes, wenn die Waffe eine Sicherung hat.	☐
		c)	Die Waffe ist sofort nach Schussabgabe zu sichern.	☐
28	Darf mit einem Gewehr im Kaliber .22lr im befriedeten Besitztum geschossen werden?	a)	Nein.	☒
		b)	Ja, wenn die Geschosse das Grundstück nicht verlassen können.	☐
		c)	Ja, wenn Personen oder Sachen nicht gefährdet werden können.	☐
29	Mit welchen Schusswaffen darf im befriedeten Besitztum außerhalb von Schießstätten ohne Schießerlaubnis geschossen werden?	a)	Nur mit schallgedämpften Waffen (Immissionsschutz).	☐
		b)	Mit allen, vorausgesetzt es ist ein ausreichender Kugelfang vorhanden, so dass die Geschosse das Besitztum nicht verlassen können.	☐
		c)	Mit bauartzugelassenen Schusswaffen, deren Geschossen eine Energie von max. 7,5 Joule erteilt wird und die Geschosse das Besitztum nicht verlassen können.	☒
30	Was ist beim sportlichen Schießen auf Schießstätten zu beachten?	a)	Es darf nur unter Aufsicht geschossen werden (ausgenommen die zur Aufsichtsführung befähigte Person schießt alleine).	☒
		b)	Es darf nur mit für den Stand zugelassenen Waffen und Munition geschossen werden.	☒
		c)	Sportliches Schießen liegt dann vor, wenn nach festen Regeln einer genehmigten Sportordnung geschossen wird.	☒

Kapitel III.	Handhabung von Schusswaffen und Munition	99

31	Welche Voraussetzungen müssen erfüllt sein, bevor der Schießbetrieb aufgenommen werden darf?	a)	Eine verantwortliche Aufsichtsperson muss anwesend sein.	☒
		b)	Die Waffen müssen geladen werden.	☐
		c)	Waffen und Munition müssen der Standzulassung entsprechen.	☒
32	Darf unter Alkoholeinfluss geschossen werden?	a)	Nein	☒
		b)	Ja, weil Alkohol beim Zielen hilft.	☐
		c)	Ja, aber nur mit Langwaffen.	☐
33	Wie sind Schusswaffen und Munition während des Aufenthaltes auf Schießstätten außerhalb des Schießens aufzubewahren?	a)	Auf Schießstätten ist eine Aufbewahrung nicht zu beachten.	☐
		b)	Ungeladen und getrennt von der Munition.	☒
		c)	So, dass sie nicht in den Besitz Unberechtigter gelangen können.	☒
34	Was besagt der Begriff Gefahrenbereich?	a)	In diesem Bereich darf auf dem Schießstand nicht geschossen werden.	☐
		b)	Schützen, die mit großkalibrigen Waffen schießen, haben einen Gefahrenbereich von 4 m. In diesem Bereich darf sich kein Zuschauer aufhalten.	☐
		c)	Es handelt sich hierbei um die Höchstreichweite von aus Schusswaffen abgefeuerten Geschossen.	☒
35	Was versteht man unter Gefahrenbereich?	a)	Die Höchstreichweite von aus Schusswaffen abgefeuerten Geschossen.	☒
		b)	Der Bereich, in dem Menschen oder Sachen gefährdet werden können.	☒
		c)	Der unmittelbare Bereich hinter dem Schützen.	☐

Kapitel III.	Handhabung von Schusswaffen und Munition	100

36	Darf mit einem Gewehr (im Kaliber .308Win) mit Einstecklauf (im Kaliber .22lr) auf einem 50 m KK-Stand geschossen werden?	a)	Ja, aber nur mit Zentralfeuerpatronen.	☐
		b)	Nein	☐
		c)	Ja, wenn der Einstecklauf bauartzugelassen ist.	☒
37	Eine halbautomatische Pistole entlade ich, indem ich ...	a)	den Verschluss öffne und das Magazin entleere.	☐
		b)	den Verschluss öffne, das Patronenlager entferne, den Verschluss schließe und das Magazin entnehme.	☐
		c)	das Magazin entnehme, den Verschluss öffne und das Patronenlager entleere.	☒
38	In welcher Reihenfolge werden halbautomatische Waffen entladen?	a)	Erst nachsehen, ob das Patronenlager frei ist, dann das Magazin entnehmen und durch Abdrücken das Schlagstück entspannen.	☐
		b)	Erst das Magazin entnehmen, Verschluss öffnen, dann das Patronenlager überprüfen; wenn leer, die Waffe, soweit möglich, mit offenem Verschluss ablegen.	☒
		c)	Erst entspannen, sichern, das Magazin entnehmen, ablegen.	☐
39	Wie ist ein Revolver im Kaliber .357 Mag. zu entladen?	a)	Trommel ausbauen	☐
		b)	1.Trommel ausschwenken bzw. Ladeklappe öffnen 2. alle Kammern entleeren	☒
		c)	Trommel ausschwenken und eine volle Patrone entnehmen	☐
40	Was ist hinsichtlich der Schussbereitschaft mehrläufiger Waffen zu beachten?	a)	Wegen der automatischen Sicherung nichts.	☐
		b)	Eine weitere Schussbereitschaft nach Abgabe eines Schusses ist möglich.	☒
		c)	Ein erneutes Entsichern ist erforderlich.	☐

V

Kapitel III.	Handhabung von Schusswaffen und Munition	101

41	Dürfen aus Schusswaffen mit Beschusszeichen „SP" oder „PN" auch Nitro-Cellulose-Treibladungen verschossen werden?	a)	Nein	☒
		b)	Ja	☐
		c)	Nur, wenn die Waffe auch das Zeichen „J" trägt.	☐
42	Halbautomatische Pistolen mit Sicherung dürfen auf dem Schützenstand abgelegt werden...	a)	gesichert und gespannt.	☐
		b)	entladen und mit geöffnetem Verschluss.	☒
		c)	mit sichtbarer Sicherung.	☐
43	Wie verhalten Sie sich beim Versagen einer Patrone Ihres Kleinkalibergewehres?	a)	Die Waffe mit der Mündung mindestens 10 Sekunden in Richtung Geschossfang halten, dann die Waffe entladen.	☒
		b)	Waffe öffnen und Patrone weit wegwerfen.	☐
		c)	Waffe nach oben halten und auf das Brechen des Schusses warten.	☐
44	Wie wird eine Repetierbüchse beim Öffnen des Verschlusses auf dem Schützenstand gehalten?	a)	Die Mündung der Waffe ist in Richtung Scheibe / Geschossfang zu richten.	☒
		b)	Die Waffe ist senkrecht nach unten zu richten.	☐
		c)	Beliebig, um eine möglichst bequeme Handhabung zu ermöglichen.	☐
45	Wie ist die Schusswaffe beim Laden zu halten?	a)	Mit der Mündung zum Geschossfang.	☒
		b)	So wie es die Schießaufsicht gerade möchte.	☐
		c)	Fest in der Hand, damit der Rückschlag nicht die Waffe aus der Hand schlägt.	☐

V

Kapitel III.	Handhabung von Schusswaffen und Munition	102

46	Welche Sicherheitsregeln hat jeder Schütze immer zu beachten?	a)	Keine Sicherung ist als absolut zuverlässig zu betrachten.	☒
		b)	Waffen sind stets entladen zu transportieren und aufzubewahren.	☒
		c)	Schusswaffen sind immer als geladen zu betrachten, solange man sich nicht persönlich vom Gegenteil überzeugt hat.	☒
		d)	Der Lauf von Schusswaffen darf nie auf einen Menschen gerichtet werden.	☒
47	Woran erkennen Sie, dass die von Ihnen zu erwerbende Munition zu Ihrer Schusswaffe passt?	a)	Kennzeichnung auf Schusswaffe und Munitionsverpackung / Patronenhülse identisch.	☒
		b)	An den Beschuss- und Prüfzeichen auf Waffe und Munitionsverpackung.	☐
		c)	An der Gebrauchsanleitung des Waffenhändlers.	☐
48	Wann dürfen Schützen mit dem Schießen beginnen?	a)	Sobald die Aufsichtsperson den Schießstand öffnet.	☐
		b)	Wenn die verantwortliche Aufsichtsperson das Schießen freigegeben hat.	☒
		c)	Sobald Munition und Scheiben vorhanden sind.	☐
49	Wer darf den freien Raum unmittelbar hinter dem Schützen betreten?	a)	Zuschauer	☐
		b)	Aufsicht	☒
		c)	Schießleiter	☒

V

Kapitel IV.	Not- und Seenotsignalmittel	103

01	Was versteht man unter pyrotechnischen Seenotsignalen?	Notsignale, die mit Hilfe explosionsgefährlicher Stoffe ausgelöst werden.
02	Was versteht man unter pyrotechnischer Munition?	Munition, die explosionsgefährliche Stoffe oder Stoffgemische enthält und einen Licht-, Schall-, Rauch- oder ähnlichen Effekt erzeugt und keine zweckbestimmte Durchschlagskraft im Ziel entfaltet.
03	Was sind explosionsgefährliche Stoffe?	Feste oder flüssige Stoffe und Zubereitungen, die durch eine nicht außergewöhnliche Beanspruchung (thermisch, mechanisch oder andere) zur Explosion gebracht werden können.
04	Was darf zur pyrotechnischen Notsignalgebung verwendet werden?	a) Die Signalpistole Kaliber 4 (26,5 mm) ☒ b) Signalwaffen mit Zulassung der Physikalisch-Technischen Bundesanstalt (PTB) ☒ c) die von der Bundesanstalt für Materialforschung und -prüfung (BAM) zugelassenen sonstigen Notsignale. ☒
05	Welche Arten von Zündern werden bei Not-Handfackeln gewöhnlich verwendet und wie funktionieren sie?	a) Reibkopf-Zündung – funktioniert wie ein Streichholz, zündet mit einer Verzögerung direkt den Leuchtsatz (nicht mehr im deutschen Handel) ☒ b) Luntenzünder – durch das Entzünden einer Lunte wird nach gewisser Zeit der eigentlichen Signalsatz gezündet. ☐ c) Reißzünder – ein Draht im Inneren wird durch einen reibempfindlichen pyrotechnischen Anzündsatz gezogen, der dann den eigentlichen Signalsatz zündet. ☒
06	Wann dürfen pyrotechnische Notsignale verwendet werden?	Nur im Notfall, d.h. unter anderem, wenn angezeigt werden soll, dass Gefahr für Leib und Leben besteht und Hilfe erforderlich ist.

V

Kapitel IV.	Not- und Seenotsignalmittel	104

07	Was ist sicherheitstechnisch bei der Verwendung einer Seenot-Handfackel zu beachten?	a)	Die brennende Fackel nach Lee waagerecht so halten, dass versprühter Abbrand keine Verletzungen (Hand, Augen) verursacht oder das Boot/Schiff beschädigt.	☒
		b)	Die brennende Fackel nach Luv waagerecht so halten, dass versprühter Abbrand keine Verletzungen (Hand, Augen) verursacht oder das Boot/Schiff beschädigt.	☐
		c)	Gebrauchsanweisung beachten.	☒
08	Was ist bei der Verwendung von Seenot-Rauchsignalen zu beachten?	a)	Rauchsignale nur am Tage und bei geringen Windstärken verwenden.	☒
		b)	Die Anzündung erfolgt durch eine Reißschnur, die unter einer abschraubbaren Schutzkappe liegt.	☒
		c)	Nach der Zündung ist das Rauchsignal zur Leeseite außenbords zu werfen.	☒
09	Welche pyrotechnischen Seenot-Signalmittel werden an Bord verwendet?	a)	Signalraketen und Fallschirmraketen	☒
		b)	Rauchtöpfe und Bengalische Feuer	☐
		c)	Handfackeln und Rauchsignale	☒
10	Zu welchem Zweck, außer der Signalgebung, kann die „Signalwaffe" im Kaliber 4 (26,5 mm) noch verwendet werden?	a)	An Silvester zum Abschuss von Leuchtfeuerwerk.	☐
		b)	Als Abschussgerät für einen Trägerkörper zur Herstellung einer ersten Leinenverbindung.	☒
		c)	Die Verwendung als Startpistole ist im Rahmen von Regatten erlaubt, wenn eine Schießerlaubnis vorliegt	☒
11	Wann sind Rauchsignale zu verwenden?		Nur am Tag und erst wenn Hilfe gesichtet worden ist.	

V

Kapitel IV.	Not- und Seenotsignalmittel	105

12	Welche Farbe ist bei Signalraketen international als Notsignal zu verwenden?	a)	Rot	☒
		b)	Weiß	☐
		c)	Grün	☐
13	Wann dürfen Notsignale verwendet werden?	a)	In Notfällen, wenn unter anderem Leib und Leben von Personen in Gefahr sind und dringend fremde Hilfe benötigt wird.	☒
		b)	In Notfällen, wenn bedeutende Sachwerte in Gefahr sind und dringend fremde Hilfe benötigt wird.	☒
		c)	Ausschließlich wenn alle anderen Kommunikationsmittel ausgefallen sind.	☐
14	Wie lang ist die Verbrauchsdauer pyrotechnischer Notsignale bei sachgemäßer Lagerung?	a)	Die Verbrauchsdauer ist unbegrenzt.	☐
		b)	Soweit auf dem einzelnen Gegenstand nichts anderes vermerkt ist, max. 3 Jahre.	☒
		c)	Maximal 10 Jahre	☐
15	Was verkürzt die durch den Hersteller vorgegebene Verbrauchsdauer pyrotechnischer Notsignale oder beeinträchtigt ihre sichere Verwendung?	a)	Feuchtigkeit und Korrosion	☒
		b)	hohe Lagertemperaturen	☒
		c)	mechanische Beschädigung	☒
16	Was machen Sie mit überlagerten pyrotechnischen Notsignalen?	a)	Können über den Hausmüll entsorgt werden.	☐
		b)	Über den Munitionshandel zurückgeben oder Delaborierbetrieben übergeben.	☒
		c)	Können auch als Feuerwerkskörper verwenden werden.	☐

V

Kapitel IV.	Not- und Seenotsignalmittel	106

17	Wie lange dürfen Sie Signalmunition verwenden?	a)	Drei Jahre ab Kauf im Fachhandel.	☐
		b)	Fünf Jahre ab Herstellung im Werk.	☐
		c)	Das Verfallsdatum ist auf der Munition und/oder der Verpackung angebracht.	☒
18	Wie darf Signalmunition entsorgt werden?	a)	Durch Rückgabe an den Fachhandel.	☒
		b)	Durch Abgabe bei einer Sondermüll- und Gefahrstoffsammelstelle.	☐
		c)	Öffnen der Patrone, Durchfeuchten des Inhaltes mit Wasser, dann wie b).	☐
19	Wie ist pyrotechnische Munition während der Liegezeit im Hafen zu lagern?	a)	Keine bestimmte Lagerung erforderlich.	☐
		b)	Möglichst originalverpackt, kühl und trocken in einem Metallbehältnis mit Schwenkriegelschloss.	☒
		c)	Die Munition darf keinesfalls an Bord gelagert werden.	☐
20	Wie ist an Bord eines seegehenden Schiffes im Hafen eine Signalpistole im Kaliber 4 (26,5 mm) aufzubewahren?	a)	In einem mit dem Schiffskörper sicher verankertem Behältnis aus Stahlblech. Die Tür muss mindestens 4mm dick und elektronisch oder mechanisch verriegelt sein (sog. Hamburger Kasten).	☒
		b)	Die Signalpistole kann frei zugänglich an Bord gelagert werden.	☐
		c)	Die Signalpistole darf keinesfalls an Bord gelagert werden.	☐
21	Wem kann zum Zweck der sicheren Aufbewahrung an Land die Signalpistole im Kaliber 4 (26,5 mm) übergeben werden?	a)	Einer Person mit bestandener Sachkundeprüfung.	☐
		b)	Nur einem Berechtigten, z.B. mit Waffenbesitzkarte.	☒
		c)	Einer zuverlässigen Person, die mindestens 18 Jahre alt ist.	☐

V

Kapitel IV.	Not- und Seenotsignalmittel	107

22	Wie ist an Land eine Signalpistole im Kaliber 4 (26,5 mm) aufzubewahren?	a)	In einem Behältnis der Sicherheitsstufe A (VDMA 24992).	☐
		b)	In einem Behältnis der Sicherheitsstufe DIN/EN 1143-1 Widerstandsgrad 0 oder I. Bei Fortführung einer Nutzung eines Behältnisses der Sicherheitsstufe B nach VDMA 24992, die vor dem 06.07.2017 begründet werden, kann dieses Behältnis weitergenutzt werden.	☒
		c)	In einem Stahlblechschrank mit Schwenkriegelschloss.	☐
23	Wie ist eine Signalpistole im Kaliber 4 (26,5 mm) aufzubewahren, wenn sich die Yacht im Winterlager befindet?	a)	Eine Aufbewahrung an Bord ist nur mit einer speziellen behördlichen Erlaubnis möglich.	☒
		b)	Eine Aufbewahrung an Land in einem Behältnis der Sicherheitsstufe DIN/EN 1143-1 Widerstandsgrad 0 oder I. Bei Fortführung einer Nutzung eines Behältnisses der Sicherheitsstufe B nach VDMA 24992, die vor dem 06.07.2017 begründet werden, kann dieses Behältnis weitergenutzt werden.	☒
		c)	In einem Stahlblechschrank mit Schwenkriegelschloss.	☐
24	Wie ist an Land erlaubnispflichtige Munition aufzubewahren?	a)	Munition darf nicht an Land aufbewahrt werden.	☐
		b)	Es gibt keine Auflagen für die Aufbewahrung von pyrotechnischer Munition.	☐
		c)	Mindestens in einem Stahlblechbehältnis (klassifizierungsfrei), das mit einem Schwenkriegelschloss oder einem gleichwertigen Verschluss gesichert ist, oder in einem gleichwertigen Behältnis.	☒
25	Warum sollte pyrotechnische Munition möglichst original verpackt gelagert werden?		Diese Verpackungen sind in der Regel <u>wasserdicht</u> und <u>schwimmfähig</u>.	

V

Kapitel IV.	Not- und Seenotsignalmittel	108

26	Wie ist die Signalmunition während der Fahrt zu lagern?	a)	Wie bei einem längeren Aufenthalt im Hafen.	☐
		b)	Zugriffsbereit in der Nähe der Signalwaffe.	☒
		c)	Nicht zugriffsbereit, in größerer Entfernung zur Signalwaffe.	☐
27	Wozu berechtigt eine Waffenbesitzkarte (ausgestellt für das Bedürfnis als Inhaber eines seegehenden Schiffes)?	a)	Mit entsprechendem Voreintrag zum Erwerb, sowie zum Besitz einer Signalpistole.	☒
		b)	Zum Führen der Waffe an Land.	☐
		c)	Zum Erwerb der zur Signalpistole gehörigen Munition bei entsprechendem Eintrag.	☒
28	Wo ist eine Waffenbesitzkarte für Inhaber von seegehenden Schiffen zu beantragen?		Bei der zuständigen Behörde des Wohnortes (nicht des Liegeplatzes).	
29	Welche Signalwaffen darf der Inhaber eines Kleinen Waffenscheins führen?	a)	Alle	☐
		b)	Nur amtlich beschossene Signalwaffen im Kaliber unter 12 mm.	☐
		c)	Nur Signalwaffen mit dem Zulassungszeichen „PTB im Kreis".	☒
30	Was haben Sie nach dem Erwerb einer erlaubnispflichtigen Signalpistole zu tun?	a)	Innerhalb von 2 Wochen nach dem Erwerb habe ich der zuständigen Behörde den Erwerb schriftlich oder in elektronischer Form anzuzeigen.	☒
		b)	Waffenbesitzkarte der zuständigen Behörde zur Eintragung des Erwerbs mit entsprechenden Erwerbsnachweisen (Kaufvertrag, Überlassungsvertrag etc.) vorlegen.	☒
		c)	Es ist keine weitere Handlung erforderlich.	☐
31	Welche Signalwaffen können frei erworben und an Bord mitgeführt werden?		Signalwaffen (SRS-Waffen) mit dem Bauartzulassungszeichen der Physikalisch-Technischen Bundesanstalt („PTB im Kreis").	

V

Kapitel IV.	Not- und Seenotsignalmittel	109

32	Welche Voraussetzungen müssen gegeben sein, um eine Waffenbesitzkarte für eine Signalpistole, Kaliber 4 (26,5 mm), erwerben zu können?	a)	Der Antragsteller muss das 18. Lebensjahr vollendet haben.	☒
		b)	Der Antragsteller muss zuverlässig, sachkundig und persönlich geeignet sein, und ein amts- oder fachärztliches oder fachpsychologisches Zeugnis vorlegen, sofern das 25. Lebensjahr noch nicht vollendet ist.	☒
		c)	Es muss ein Bedürfnis vorliegen (Inhaber eines seegängigen Wasserfahrzeugs).	☒
33	Wie kann ein Wassersportler nachweisen, dass ein Bedürfnis für den Erwerb einer Signalpistole vorliegt?	a)	Durch Vorlage von Unterlagen, aus denen der Besitz eines seegängigen Wasserfahrzeugs (Kaufvertrag, Chartervertrag, Versicherungspolice, Standerschein, Internationaler Bootsschein usw.)	☒
		b)	Durch Vorlage eines Sportbootführerscheins.	☐
		c)	Durch Vorlage von Unterlagen, aus denen die Notwendigkeit für Lehr- und Prüfungszwecke hervorgeht.	☒
34	Welche amtlichen Dokumente berechtigen zum Erwerb von erlaubnispflichtiger pyrotechnischer Munition?	a)	Die Waffenbesitzkarte mit entsprechender Munitionserwerbsberechtigung.	☒
		b)	Ein entsprechender Munitionserwerbsschein.	☒
		c)	Ein Kleiner Waffenschein.	☐
35	Welche pyrotechnischen Seenotsignale können erlaubnisfrei erworben, aufbewahrt und verwendet werden von Personen, die das 18. Lebensjahr vollendet haben?	a)	Die der Unterklasse P1, d.h. „Handfackeln rot" und bestimmte Rauchsignale, Abschussgeräte ohne Schusswaffeneigenschaft.	☒
		b)	Seenotsignalgeber mit einer Steighöhe von bis etwa 60 Metern (Signalgeber und ihre Munition, die nicht dem WaffG unterliegen)	☒
		c)	Die der Unterklasse T2, d.h. „Signalraketen rot", „Fallschirmsignalraketen rot" und bestimmte Rauchsignale.	☐

Kapitel IV.	Not- und Seenotsignalmittel	110

36	Welche erlaubnispflichtigen pyrotechnischen Seenotsignale dürfen Wassersportler mit einem im Führerschein eingedruckten Befreiungsvermerk bzw. Sachkundenachweis erwerben?	Die der Unterklasse P_2, d.h. „Signalraketen rot", „Fallschirmsignalraketen rot" und bestimmte Rauchsignale.	
37	Bis zu welchem Alter ist vom Antragsteller auf erstmalige Erteilung einer waffenrechtlichen Genehmigung zum Erwerb einer Signalpistole Kaliber 4 (26,5 mm) stets ein ärztliches oder fachpsychologisches Zeugnis beizubringen?	Bis zur Vollendung des 25. Lebensjahres.	
38	Darf mit einem Bootsführerschein mit eingetragenem Befreiungsvermerk nach dem Waffen- und Sprengstoffgesetz Seenotsignalmunition im Kaliber 4 erworben werden?	a) Nein, hierfür ist eine Waffenbesitzkarte mit eingetragener Munitionserwerbsberechtigung für das Kaliber 4 erforderlich.	☒
		b) Nein, hierfür ist eine Waffenbesitzkarte mit einer eingetragenen Signalwaffe im Kaliber 4 erforderlich.	☐
		c) Ja, die Waffenbesitzkarte wird nur für den Waffenerwerb benötigt und dient als Legitimation für den Waffenbesitz.	☐
39	Welches ist das Zulassungszeichen für pyrotechnische Munition nach § 10 BeschG?	a) PTB im Kreis (Physikalisch-Technischen Bundesanstalt) PTB	☐
		b) BAM-Zeichen (Bundesanstalt für Materialforschung und –prüfung) BAM	☒
		c) Bundesadler, B (Böllerbeschuss) B	☐
40	Neben dem Zulassungszeichen (BAM) folgt zusätzlich eine Klasseneinteilung. Welche Klassen gibt es?	a) P 1 (Bsp.: Handfackeln)	☒
		b) SM 1 (Signalmunition der Klasse 1)	☐
		c) P 2 (Bsp.: Signalraketen bzw. Fallschirmsignalraketen mit einer Steighöhe von bis zu 300 Metern)	☒

Kapitel IV.	Not- und Seenotsignalmittel	111

41	Nennen Sie sechs pyrotechnische Notsignale!	1. Signalraketen, rot 2. Fallschirmsignalraketen, rot 3. Handfackeln, rot 4. Rauchsignale, orange 5. Lichtrauchsignale 6. Blitz-Knall-Patronen	
42	Welche Farben haben pyrotechnische Notsignale?	a) Leuchtsignale rot	☒
		b) Rauchsignale orange	☒
		c) Leuchtsignal gelb	☐
43	Was ist bei allen steigenden Seenotsignalen unbedingt zu beachten?	1. Auf freies Schussfeld achten (z.B. Mast und Segel), 2. Signalgerät senkrecht (ggf. in den Wind geneigt) nach oben halten, 3. beim Handhaben und Abfeuern nicht auf Personen richten und selbst nicht mit Körperteilen oder Kleidung vor die Mündung kommen, 4. nicht an Versagern hantieren, sondern diese über Bord werfen.	
44	Was ist bei steigenden Notsignalen zu beachten?	a) freies Schussfeld	☒
		b) Windrichtung und Abschusswinkel	☒
		c) keine entflammbaren Gegenstände im Gefahrenbereich	☒
45	Welche Vorteile haben Signalraketen bzw. Signalpatronen, die mit Fallschirmen ausgerüstet sind, gegenüber Signalsternen?	Auf Grund geringerer Sinkgeschwindigkeit (5 m/s) ist eine längere Sichtbarkeit/ Brenndauer möglich; dadurch haben sie einen höheren Aufmerksamkeitswert.	
46	Woraufhin sind pyrotechnische Seenotsignale ständig zu überwachen, damit die Funktionsfähigkeit gewährleistet ist?	a) Verbrauchsdauer/Verfallsdatum beachten.	☒
		b) Auf Korrosion oder Beschädigung prüfen.	☒
47	Mit welchen Zeichen ist Notsignalmunition im Kaliber 4 gekennzeichnet?	1. Bezeichnung der Munition und der Verbrauchsdauer. 2. Bei „Notsignalen rot“ durchgehende Rändelung des Patronenbodenrandes und roter Lackverschlussdeckel.	

V

Kapitel IV.	Not- und Seenotsignalmittel	112

48	Welche Steighöhe und Leuchtdauer haben Fallschirmsignalpatronen?	a) Steighöhe mindestens 300 m, Leuchtdauer mindestens 30 Sekunden.	☒
		b) Steighöhe mindestens 100 m, Leuchtdauer mindestens 10 Sekunden.	☐
		c) Steighöhe mindestens 50 m, Leuchtdauer mindestens 50 Sekunden.	☐
49	Woran erkennen Sie an einem pyrotechnischen Notsignal, um welche Unterklasse es sich handelt?	Am Zulassungszeichen: BAM-PT_1 oder BAM-PT_2.	
50	Wer darf pyrotechnische Notsignale der Klasse T verwenden?	a) Jeder, der damit anzeigen will, dass ein Seenotfall vorliegt, d. h. unter anderem, dass Gefahr für Leib oder Leben der Besatzung und daher die Notwendigkeit zur Hilfe besteht.	☒
		b) An Silvester dürfen die Signale uneingeschränkt verwendet werden.	☐
		c) Jeder, der damit anzeigen will, dass ein Seenotfall vorliegt, obwohl keine Notwendigkeit zur Hilfe mehr besteht.	☐
51	Wie lang ist die Brenndauer einer Seenot-Handfackel?	a) 5-10 Sekunden	☐
		b) 5 Minuten	☐
		c) 30 bis 60 Sekunden	☒
52	Beschreiben Sie den allgemeinen Aufbau eines Seenot-Rauchsignals!	In einem Behälter befindet sich ein Anzünder (meist Reißzünder) mit Verzögerung, der einen pyrotechnischen Satz anzündet, der dann bis zu 4 Minuten lang orange-farbenen Rauch abgibt.	
53	Fallschirmsignalraketen und Handfackeln sind bei klarem Wetter unterschiedlich weit zu sehen. Welche Aussage/n ist/sind richtig.	a) Fallschirmsignalraketen werden verwendet, um weit entfernte Helfer auf eine Notlage aufmerksam zu machen und grob in die Richtung einzuweisen.	☒
		b) Handfackeln werden verwendet, um die genaue Position bei Annäherung kenntlich zu machen.	☒
		c) Handfackeln sind ausschließlich Nachts zu verwenden.	☐

V

Kapitel IV.	Not- und Seenotsignalmittel	113

54	Welche Angaben finden sich auf allen pyrotechnischen Signalpatronen im Kaliber 4 (26,5 mm)?	1.	Hersteller bzw. Herstellerzeichen	
		2.	Bezeichnung der Munition	
		3.	Herstellungsjahr und Verbrauchsdauer	
		4.	Art des pyrotechnischen Satzes	
55	Was bedeutet die Zahl „4" bei der Kaliberangabe der Signalpistole?	a)	Die Waffe verschießt Patronen mit einer Hülsenlänge von 4" (Zoll).	☐
		b)	Die Waffe verschießt Munition mit einem Geschossdurchmesser von 4 cm.	☐
		c)	Die Zahl „4" bezeichnet die Anzahl der Bleikugeln vom Laufdurchmesser, die zusammen ein englisches Pfund (453,6 Gramm) wiegen. Das entspricht einem Laufinnendurchmesser von ca. 26,5 mm.	☒
56	Wann muss eine Signalpistole durch ein Beschussamt erneut geprüft werden?	a)	Alle 3 Jahre	☐
		b)	Alle 10 Jahre	☐
		c)	Wenn wesentliche Waffenteile ausgetauscht oder instand gesetzt wurden	☒
57	Wie hoch steigen Seenotsignalraketen bei senkrechtem Abschuss-winkel?	a)	Bis zu 50 Metern	☐
		b)	Bis zu 300 Metern	☒
		c)	Bis zu 200 Metern	☐
58	Dürfen Sie den Lauf der Signalpistole mittels eines Stahlrohrs zur Leistungssteigerung verlängern?	a)	Nein	☒
		b)	Ja, ich muss die Signalwaffe dann aber durch ein Beschussamt neu beschießen lassen.	☐
		c)	Ja, sofern der Rohrinnendurchmesser um mindestens dreizehntel (3/10) Millimeter größer ist als das Munitionskaliber und zudem das Rohr eine Wandstärke von mindestens 2 Millimetern aufweist und gasdicht ist.	☐

V

Kapitel IV.	Not- und Seenotsignalmittel	114

59	Brennen pyrotechnische Geschosse weiter, wenn Sie ins Wasser fallen?	a)	Nein	☐
		b)	Nur, wenn es sich um militärische Munition handelt.	☐
		c)	Ja	☒
60	Dürfen Sie pyrotechnische Gegenstände selbst herstellen und bearbeiten?	a)	Personen mit bestandener Sachkundeprüfung dürfen pyrotechnische Gegenstände bearbeiten.	☐
		b)	Nein, nur als Inhaber einer entsprechenden Erlaubnis nach dem Sprengstoffgesetz.	☒
		c)	Jeder darf herstellen und bearbeiten.	☐
61	Welche pyrotechnischen Notsignale unterliegen dem Waffengesetz?	a)	Die Signalpistole (Kaliber 4) und die hierfür bestimmte Munition (nur mit WBK).	☒
		b)	Seenotsignalgeber mit einer Steighöhe von bis etwa 60 Metern (frei erwerblich ab 18 Jahre)	☐
		c)	Handfackeln (frei erwerblich ab 18 Jahre)	☐
62	Was kann die missbräuchliche Verwendung von Notsignalmitteln für Folgen haben?	a)	Die missbräuchliche Verwendung stellt in Deutschland nur eine Ordnungswidrigkeit dar.	☐
		b)	Die missbräuchliche Verwendung stellt in Deutschland ein Vergehen dar (Missbrauch von Notzeichen gemäß § 145 StGB und/oder Verstoß gemäß Waffengesetz).	☒
		c)	Der Missbrauch kann auch weltweit enorme Schadenersatzforderungen nach sich ziehen.	☒

V

Kapitel IV.	Not- und Seenotsignalmittel	115

63	Welche pyrotechnischen Seenotsignale unterliegen dem Sprengstoffgesetz?	a) Alle pyrotechnischen Seenotsignale, die nicht aus einer Signalpistole abgefeuert werden, wie Signalraketen, Handsignalraketen mit Fallschirm, Handfackeln und Rauchsignale.	☒
		b) Nur die Signale, in denen explosive Stoffe verwendet wurden.	☐
		c) Signalmunition im Kaliber 4	☐
64	Welche pyrotechnische Gegenstände (Zulassungsklasse) unterliegen dem Waffengesetz?	a) BAM P I	☐
		b) BAM PM I	☒
		c) BAM PM II	☒
65	Was regelt das Sprengstoffgesetz?	Den Umgang und den Verkehr mit sowie die Einfuhr und die Durchfuhr von explosionsgefährlichen Stoffen und Sprengzubehör.	
66	Welche Bestimmung regelt den Einsatz von Notsignalen auf See?	Kollisionsverhütungsregeln (KVR; Regel 37).	
67	Welche Vorschrift regelt die Pflicht zur Hilfeleistung in Seenotfällen?	Verordnung über die Sicherung der Seefahrt.	
68	Welche nautische Veröffentlichung (Broschüre) beschreibt die seemännische Sorgfaltspflicht für Wassersportler, auch für den Seenotfall? Wer gibt sie heraus?	Die Broschüre „Sicherheit auf dem Wasser", herausgegeben vom Bundesamt für Seeschifffahrt und Hydrographie (BSH).	
69	Welche nautische Veröffentlichung (Handbuch) für die Sport- und Kleinschifffahrt enthält Anleitungen zur Bewältigung von Notlagen auf See? Wer gibt sie heraus?	Das Handbuch „Suche und Rettung", herausgegeben vom Bundesamt für Seeschifffahrt und Hydrographie (BSH).	
70	Welche pyrotechnischen Signalmittel unterliegen dem Waffengesetz?	a) Alle Leuchtraketen, die einen eigenen Treibsatz beinhalten.	☐
		b) Alle Signalpistolen und Abschussvorrichtungen, sowie die für diese bestimmte Munition.	☒
		c) Alle steigenden Signale, die einen Durchmesser von mehr als 12 mm aufweisen.	☐

Kapitel IV.	Not- und Seenotsignalmittel	116

71	Welche pyrotechnischen Signalmittel unterliegen dem Sprengstoffgesetz?	a) Handfackeln und Rauchkörper	☒
		b) Handsignalraketen mit Fallschirm	☒
		c) Blitz-Knall-Patronen im Kaliber 4	☐
72	Wie verhalten Sie sich bei einem Munitionsversager in der Signalpistole?	Waffe in Schussrichtung belassen, über Kopf erneut spannen und nochmals abdrücken, bei erneutem Versagen die Waffe mit nach oben gerichtetem Lauf frühestens nach 1 Minute nach außenbords öffnen und den Versager herausgleiten lassen.	
73	Was ist zu tun, wenn die Patrone in der Signalpistole nach Abzugsbetätigung nicht gezündet hat?	a) Sofort eine neue Patrone laden und erneut versuchen zu schießen.	☐
		b) Waffe einem anderen Besatzungsmitglied geben, damit eine Fehlbedienung ausgeschlossen werden kann. Waffe nach frühestens 5 Minuten entladen.	☐
		c) Waffe in Schussrichtung belassen, über Kopf erneut spannen und nochmals abdrücken, bei erneutem Versagen die Waffe mit nach oben gerichtetem Lauf frühestens nach 1 Minute nach außenbords öffnen und den Versager herausgleiten lassen.	☒
74	Was machen Sie mit Munition, die beim versuchten Verschießen aus der Signalwaffe nicht gezündet hat (Versager)?	a) Wieder in die Originalverpackung zurücklegen.	☐
		b) An einer freien Stelle über Deck lagern.	☐
		c) Über Bord werfen.	☒
75	Dürfen Sie Seenotsignalmittel in öffentlichen Verkehrsmitteln befördern?	Nein	
76	Wie dürfen Sie Ihre Signalpistole von der Wohnung zur Yacht transportieren, wenn Sie keinen Waffenschein besitzen?	Nicht schuss- und nicht zugriffsbereit.	

V

Kapitel IV.	Not- und Seenotsignalmittel	117

77	Wie ist eine Signalpistole an Land zu transportieren?	a)	entladen, entspannt, gesichert	☐
		b)	entladen, entspannt, von der Munition getrennt	☐
		c)	entladen, verpackt, von der Munition getrennt	☒
78	Wem dürfen Seenotsignalmittel dauerhaft überlassen werden?	a)	Nur berechtigten Personen im Sinne des Waffen- oder Sprengstoffrechts.	☒
		b)	Nur Waffenhändlern.	☐
		c)	Jeder natürlichen Person.	☐
79	Wem dürfen Sie ohne Erlaubnis die Signalpistole im Kaliber 4 (26,5 mm) nebst Munition vorübergehend überlassen?	a)	Volljährigen Personen meines Vertrauens zur sicheren Aufbewahrung.	☐
		b)	Feuerwehrleute	☐
		c)	Charterern von seegehenden Wasserfahrzeugen, sofern der Besitz über die Waffe nach den Weisungen des berechtigten Überlassers erfolgt.	☒
80	Welche Dokumente sind bei Besitz einer Signalpistole im Kaliber 4 (26,5 mm) in deutschen und europäischen Gewässern, sowie in den Gewässern anderer Länder an Bord mitzuführen?	1.	Personalausweis oder Pass,	
		2.	Waffenbesitzkarte,	
		3.	In EU-Mitgliedstaaten und nicht EU-Staaten, die zum Schengen Raum gehören: Europäischer Feuerwaffenpass, ggf. Einfuhrgenehmigung,	
		4.	Drittstaaten: ggf. Einfuhrgenehmigung.	
81	Darf an Silvester mit Signalmunition Kaliber 4 (26,5 mm) geschossen werden?	a)	Ja, aber nur durch den Erlaubnisinhaber selbst innerhalb der amtlich zugelassenen „Abbrennzeit" (meist 18.00 – 02.00 Uhr), wenn keine brennbaren Objekte in der Nähe sind.	☐
		b)	Ja, aber nur wie unter a) beschrieben. Zusätzlich muss der Schütze Inhaber des Kleinen Waffenscheins sein.	☐
		c)	Nein, dieses Schießen bedarf einer besonderen waffenrechtlichen Erlaubnis.	☒

Kapitel IV.	Not- und Seenotsignalmittel	118

82	Wer darf während der Fahrt auf einem Gewässer oder See die Signalwaffe am Körper tragen (führen)?	a) Jedes Besatzungsmitglied.	☐
		b) Alle Inhaber einer Waffensachkundeprüfung.	☐
		c) Der verantwortliche Führer des Wasserfahrzeugs.	☒
83	Wer darf in Seenotfällen mit einer Signalwaffe schießen?	a) Jeder	☒
		b) Nur Inhaber einer Waffensachkundeprüfung.	☐
		c) Nur der verantwortliche Führer des betroffenen Wasserfahrzeuges.	☐
84	Was müssen Sie tun, wenn Ihnen Signalmittel oder Waffen abhanden kommen?	Der Verlust ist der zuständigen Behörde unverzüglich anzuzeigen.	
85	Für den Erwerb und Besitz welcher Signalwaffe benötigen Sie eine Erlaubnis der zuständigen Behörde?	a) Signalpistole Kaliber 4 (26,5 mm).	☒
		b) Für Signalwaffen (SRS-Waffen), die kein Bauartzulassungszeichen „PTB im Kreis" (Physikalisch-Technische Bundesanstalt) tragen.	☒
		c) Signalwaffen (SRS-Waffen), die die Bauartzulassungszeichen „PTB im Kreis" (Physikalisch-Technische Bundesanstalt) tragen.	☐
86	Wodurch verliert ein Bootseigentümer das Bedürfnis zum Besitz einer Signalpistole im Kaliber 4 (26,5 mm)?	a) Wenn das Eigentum an einem seegehenden Boot/Schiff nicht mehr nachgewiesen werden kann.	☒
		b) Wenn der Sportbootführerschein seine Gültigkeit verliert.	☐
		c) Wenn er ins Ausland verzieht.	☐
87	Welche Ausnahme von den waffenrechtlichen Erlaubnispflichten für Waffen und Munition betrifft den Charterer einer seegehenden Yacht?	Der Charterer darf ohne waffenrechtliche Erlaubnis die tatsächliche Gewalt über eine an Bord befindliche Signalpistole im Kaliber 4 (26,5 mm) und die dazugehörige Munition ausüben.	

Kapitel IV.	Not- und Seenotsignalmittel	119

88	Welche pyrotechnischen Handsignale für den Seenotfall sind erlaubnispflichtig?	Handsignale der Unterklasse P_2 („Signalraketen rot", „Fallschirmsignalraketen rot" und „Rauchsignale orange").
89	Welche Behörde prüft pyrotechnische Seenotsignale und lässt sie zu?	a) Die Physikalisch-Technische Bundesanstalt (PTB) ☐ b) Die Bundesanstalt für Materialforschung und -prüfung (BAM). ☒ c) Der Technische Überwachungsverein (TÜV) ☐

Stichwortverzeichnis

Sie finden das jeweilige Stichwort über die fettgedruckte Angabe der Leitziffer gefolgt durch die Vorschriftenabkürzung. Beispiel: I.1/WaffG weist auf die Leitziffer I.1; hier im Abschnitt I in der Ordnungsziffer 1 wurde das Waffengesetz eingeordnet. Im angegebenen Paragraphen finden Sie das gesuchte Stichwort.
Ausführliche Hinweise auf die einschlägigen Paragraphen im Waffengesetz und der Allgemeinen Waffengesetz-Verordnung finden Sie auch im Fundstellenverzeichnis am Anfang des Abschnitts I.

Findex

Findex

Findex

Schnellübersicht